# 青年马克思的阅读与思想起源

Young Marx's Reading & Origins of His Thought

何永江 ◎ 著

中央编译出版社
Central Compilation & Translation Press

图书在版编目（CIP）数据

青年马克思的阅读与思想起源 / 何永江著. —北京：中央编译出版社，2023.11（2024.11 重印）

ISBN 978-7-5117-4509-5

Ⅰ. ①青… Ⅱ. ①何… Ⅲ. ①马克思主义-研究 Ⅳ. ①A81

中国国家版本馆 CIP 数据核字（2023）第 170220 号

## 青年马克思的阅读与思想起源

| | |
|---|---|
| 责任编辑 | 李媛媛 |
| 责任印制 | 李　颖 |
| 出版发行 | 中央编译出版社 |
| 网　　址 | www.cctpcm.com |
| 地　　址 | 北京市海淀区北四环西路 69 号（100080） |
| 电　　话 | （010）55627391（总编室）　　（010）55627319（编辑室） |
| | （010）55627320（发行部）　　（010）55627377（新技术部） |
| 经　　销 | 全国新华书店 |
| 印　　刷 | 佳兴达印刷（天津）有限公司 |
| 开　　本 | 710 毫米×1000 毫米　1/16 |
| 字　　数 | 1063 千字 |
| 印　　张 | 67 |
| 版　　次 | 2023 年 11 月第 1 版 |
| 印　　次 | 2024 年 11 月第 2 次印刷 |
| 定　　价 | 238.00 元 |

新浪微博:@中央编译出版社　　　微　信:中央编译出版社(ID: cctphome)
淘宝店铺：中央编译出版社直销店(http://shop108367160.taobao.com)　（010）55627331

本社常年法律顾问：北京市吴栾赵阎律师事务所律师　闫军　梁勤
凡有印装质量问题，本社负责调换，电话：（010）55627320

# 国家社科基金后期资助项目
# 出版说明

后期资助项目是国家社科基金设立的一类重要项目，旨在鼓励广大社科研究者潜心治学，支持基础研究多出优秀成果。它是经过严格评审，从接近完成的科研成果中遴选立项的。为扩大后期资助项目的影响，更好地推动学术发展，促进成果转化，全国哲学社会科学工作办公室按照"统一设计、统一标识、统一版式、形成系列"的总体要求，组织出版国家社科基金后期资助项目成果。

全国哲学社会科学工作办公室

# 序　言

　　探索马克思的思想起源是一个冒险又易失败的事业。说它"冒险",是因为马克思的思想是一个充满巨大精神宝藏的迷宫,更有无数的研究者在这迷宫周围挖掘了数不尽的陷阱,修建了纵横交错的秘密小道。"谁用过多时间观测这神圣可怖的无垠,谁就会在脑际浮现出一片漫无边际的景象。抛向这神秘世界的探测器,它给你带回了什么?你看到了什么?猜测在哆嗦、学说在颤抖、假设在漂浮。"① 说它"易失败",是因为研究马克思思想的著作浩如烟海,创新持续不断。"你抱着脑袋,竭力想看明白、弄明白。你已经站在俯瞰未知世界的窗口。因果关系的浓雾,一团又一团地堆积起来,密密匝匝地将你围住。"②偶然的灵感闪现着真理的轮廓,瞬间又消失在书籍翻页声之中。复杂的思想、丰富无比的材料,还需要长时间的研究,才能融入一部篇幅较大的作品之中。"可是,你脑袋里如果装着大作品,就不可能同时想到任何别的事情,如此一来所有思想都被排挤掉了,你也会长时间失去生活本身的乐趣。仅仅为使一部大作品的构思变得完整、严谨,就需要耗费多少的努力和心智;而随后要流畅自如地把它表现出来,又需要花多少力气以及何等安静而不受干扰的生活环境哟。要是整体有所失误,那自然前功尽弃。再说,题材如此巨大,只要不能完全把握好一个个的细节,整部作品必然这儿那儿出现漏洞,你于是会挨骂,……写大作品却要求有多方面的知识,这一来就必然跌跤子。"③ 更何况,任何一本无名气的著作都可能会淹没在这浩

---

① ［法］维克多·雨果:《莎士比亚传》,丁世忠译,北京:团结出版社,2005年,第115页。
② ［法］维克多·雨果:《莎士比亚传》,丁世忠译,北京:团结出版社,2005年,第115页。
③ ［德］艾克曼:《歌德谈话录》,杨武能译,成都:四川文艺出版社,2007年,第8—10页。

瀚的资料、美轮美奂的猜测及武断的言辞之中。

因为兴趣，因为困惑，我在过去的多年中投入马克思的思想起源这个既复杂又艰深的主题研究之中。说它复杂，是因为有关马克思的思想起源的研究众多，观点林立。说它艰深，是因为马克思的思想博大精深，阅读量非常大。如果马克思像维柯一样写了《自传》，或者像歌德一样写了《诗与真》这样一部青年时期思想形成的自传——一部"怎样地由幼年，而少年，而青年，是怎样地循着种种路径，为接近那种超感性的东西所做的努力"的自传，① 本书就纯属多余，至多具有考证的意义。青少年时代大量的阅读、家庭和大学教育、社会交往和游览为歌德的创作提供了广博的知识基础，但从旧观念中挣脱出来和出类拔萃的创作却需要额外的动力，莱辛和莎士比亚的戏剧、温克尔曼的艺术思想，以及与赫尔德的交往促成了歌德思想的根本性转变。莱布尼茨曾说："可是研究旁人的创造发明的方式如果能使我们见出那些创造发明的来源，使那些创造发明仿佛成为我们自己的，这毕竟是件好事。所以，我希望作家们肯告诉我们他们的创造发明的历史，告诉我们他们如何一步一步地达到了那些创造发明。如果他们没有当心这样原原本本地说出来，我们就必须把那些步骤探求出来，这样才能使人从他们的作品中得到更多的益处。"② 本书所做的工作与此相似，但我们只能依靠有证据的推测。所依靠的直接证据是马克思在 1835 年的课程表、1836 年的诗作、1837 年致父亲的信、在波恩大学和柏林大学的选修课程表和教授的思想、1839—1840 年的伊壁鸠鲁笔记和博士论文、1841 年的柏林笔记、1842 年在《莱茵报》发表的文章、1843 年的《黑格尔法哲学批判》以及 1844 年的巴黎手稿。因此，青年马克思就是在 1835—1844 年期间阅读和思考的马克思，这比阿尔都塞界定的 1840—1844 年的青年马克思增加了马克思在大学期间的阅读与思考阶段。诚如维柯所说："记忆有三个不同的作用，当记住事物时就是记忆，当改变或摹仿时就是想象，当把诸事物的关系作出较妥帖的安排时就是发明或创造。"③ 我们相信，深入分析这些证

---

① [德] 歌德：《歌德自传：诗与真》，李咸菊译，北京：团结出版社，2004 年，第 513—514 页。
② 转引自 [意] 维柯：《新科学》下册，朱光潜译，北京：商务印书馆，2009 年，第 664 页。
③ [意] 维柯：《新科学》下册，朱光潜译，北京：商务印书馆，2009 年，第 470 页。

据，理解马克思的记忆、摹仿和创造，就能重构马克思的思想起源。

研究的结果，有满意的地方，也有不满意的地方。满意的地方在于，该著作以青年马克思的阅读文献为基础，比较清晰地勾勒出了马克思思想的错综复杂的起源，可能对现有的或流行的马克思思想起源的各种观点有所修正，打破了在马克思的阅读与其思想起源之间的诗意的联想。

首先，该著作采用思想形成的有机体分析方法。一个人的思想形成，类似于植物的成长，与周围的社会环境、个人的实践、阅读和教育密切相关。按照19世纪文史学家丹纳的说法，"首先必须了解种族和血缘，通常研究父亲母亲兄弟姐妹就能识别；其次必须了解幼年教育、家庭环境、家庭影响以及塑造青年和少年的一切因素；再次必须了解后来成人时周围第一批杰出人物参与的文学团体。最后对如此形成的个体加以研究，寻找揭示其本质的线索，探究反面和正面的因素，以便点明其主导的激情和独特的气质，总之分析其人，追查在一切情况下的表现"。① 该著作对马克思思想起源的分析，基本上遵循这个民族、时代、文化和社会语境相结合的路径，在马克思的阅读中寻找当时的时代精神及其社会转型所带来的需要解决的新问题，由此判断马克思思想发展的路径及可能的伟大创新。叶隽说："学术史轨迹既受到思潮脉络的影响，在某种意义上也反映出大的思想潮流对具体文化语境的整体性制约，但同时学术史本身又有着自身的能动轨迹，这也是要予以充分关注的。总体来说，这是一种综合性的、立体的、充满各种生长可能的、博弈性质的前进轨迹，它肯定不是固定的、线性的，也未必就是进步的，但它至少是具有继承性的，甚至是反叛式的批判性的继承性的，因为创新本身就是一种悖论。"②劳动异化论、历史辩证法和唯物史观的产生与当时的学术环境、社会政治氛围和跨学科的知识互动密切相关，在马克思那非凡的想象力和基于批判精神的创造力中得以成形。这种思想的有机生成观也符合马克思的唯物史观的本义：历史就是在先前历史基础上的创造。

其次，该著作打破了学术界对青年马克思的思想起源进行唯哲学诠释的神话。培根说："所有的知识分类只是为了划出界线、定出条理，而不是为了分成不相干的部分和片断，这应当作为一个普遍的原则。此外还要照顾到知识的连续性、完整性。相反，有些学科如果不能从公共的

---

① 叶隽：《歌德学术史研究》，南京：译林出版社，2013年，第84页。
② 叶隽：《歌德学术史研究》，南京：译林出版社，2013年，第211页。

源泉吸取营养和供给，就会变得贫瘠、浅薄、错误百出。"①我们把马克思的著作、阅读笔记、书信与他在文学、法律、历史、哲学和自然科学方面所受教育与阅读联系起来，在马克思的整体思想框架的演变中考察各种思想的选择亲和力及其对青年马克思思想形成的影响。马尔库塞说："从黑格尔到马克思的转变，从各方面来看，是趋向一个有本质区别的真理秩序的转变，依据哲学是难以解释这一转变的。……但是，向马克思理论的进步绝不可能通过表明旧哲学的范畴的演化而实现。在马克思的理论中，任何一个简单概念都有一个本质不同的基础。"②与研究马克思的思想起源按照专业领域划分和各专业互不联系的方法不同，本著作采用的是一种综合的、跨学科的研究方法。这种方法就是"把这些相互分离的学科都组合到一起，形成一个更大的、要从高空俯视才能看清楚的共同的科学领域"，以便"把一些确凿无误的零星证据集合、组合到一起，去发现新方向和新结论"，将马克思的思想当作一个有机整体。③ 马克思的思想起源研究是一个多学科交流和合作的平台，不是某种学术话语垄断的思辨空间；是学者们碰撞思想和激励创新的学术舞台，不是对文本的断章取义的语言游戏。

狄尔泰曾说："哲学所发挥的最强烈的影响并不是来源于各种哲学体系，而是来源于这种不受任何约束的哲学思维过程——这种思维过程既充满了各种科学，也充满了整个文学……戏剧、小说，以及现在还有抒情诗歌，都已经变成了这种最富有活力的哲学活动的承载工具。"④ 莎士比亚戏剧中包含宗教异化论、政治异化论、财富异化论和人性论的思想，歌德的小说和戏剧中包含进化论、人性论和有机整体的思想，施莱格尔兄弟的文学评论中包含诠释学、功利主义批判的思想，海涅的文论中包含宗教对本土文化异化的思想，温克尔曼的艺术史包含着生产力与艺术发展关系的思想，等等。狄尔泰有一句话讲得很好："天才的本质是渗透

---

① [英] 弗朗西斯·培根：《学术的进展》，刘运同译，上海：上海人民出版社，2007年，第95页。
② [德] 赫伯特·马尔库塞：《理性和革命：黑格尔和社会理论的兴起》，程志民等译，上海：上海人民出版社，2007年，第223页。
③ [美] 刘易斯·芒福德：《机器神话》上卷，《技术发展与人文进步》，宋俊岭译，上海：三联书店，2017年，第17页。
④ [德] 狄尔泰：《历史中的意义》，艾彦等译，北京：中国城市出版社，2002年，第278页。

和集中。"① 如何把这些多样化的要点结合在一起，这是由马克思特有的理解方式和批判方法所决定的。姚斯说："接受过程是有所选择的。接受过程具有删节、价值变换的过程，简单化，同时也再次复杂化。因为接受毕竟是独立的，具有新创的能力，而不是一味地对传统进行依赖性模仿。"② 在卡西尔看来，影响是一种"精神上的合拍"，是外在的思想与内在的思想的一种契合。③ 一个人得先有某种思想或者对某个问题的认识，才会受到相似思想的触动，后者推动前者更明确化和系统化。马克思在学习和研究中做出过多次思想框架整合的努力，如1837年的法哲学框架、1841年博士论文的自然哲学思考以及1844年的经济学哲学框架的构建。诚如爱因斯坦所说："感觉经验是既定的素材。但是要说明感觉经验的理论却是人造的。它是一个极其艰辛的适应过程的产物：假设性的，永远不会是完全最后定论的，始终要遭到怀疑。"④ 这些框架，在持续不断的批判过程中，借助于他的直观、想象和创造才能，观察、体验和理解历史现实的方法，大量的阅读活动和政治斗争实践，最终浓缩为具有巨大综合性质的唯物史观的基本架构。唯物史观之所以是科学的，是因为"科学是这样一种企图，它要把我们杂乱无章的感觉经验同一种逻辑上贯彻一致的思想体系对应起来。在这种体系中，单个经验同理论结构的相互关系，必须使所得到的对应是唯一的，并且是令人信服的"。⑤

再次，该著作纠正了此前对马克思思想起源的一些泛泛的说法，力图把青年马克思思想起源的研究建立在一个历史—批评、客观、科学的基础之上，"求得合理的真知灼见"。休谟说："有些人在寻找一种掩藏起来的东西，而在他们所预期的地方找寻不到时，就毫无确定的观点或计划，只是在附近各处遍处搜索，希望他们的好运气最后会引导他们碰到他们所要寻找的东西。"⑥ 传统观点认为，费尔巴哈的批判方法或者黑格尔的逻

---

① ［德］威廉·狄尔泰：《体验与诗》，胡其鼎译，北京：三联书店，2003年，第175页。
② ［德］姚斯、［美］霍拉勃：《接受美学与接受理论》，周宁等译，沈阳：辽宁人民出版社，1987年，第146页。
③ ［德］卡西尔：《卢梭·康德·歌德》，刘东译，北京：三联书店，2015年，第83页。
④ ［德］爱因斯坦：《爱因斯坦文集》第1卷，许良英等编译，北京：商务印书馆，1976年，第384页。
⑤ ［德］爱因斯坦：《爱因斯坦文集》第1卷，许良英等编译，北京：商务印书馆，1976年，第397页。
⑥ ［英］休谟：《人性论》（上册），关文运译，北京：商务印书馆，1997年，第94页。

辑方法对马克思思想的形成有很重要的影响。这其实是颠倒了思想本身与表述方法之间的关系：是思想本身寻求适当的表述方法，而非表述方法形成了思想。歌德曾经对人们只关注诗歌的语言而非意境时做过类似的评论："这首诗很美，她们说，说时想到的只是情感，只是语言，只是格律。却不知道真正的力量和诗意在于意境，在于母题……他们通常以为，只要学到了技巧，就掌握了本质，就已经是诗人；然而他们大错特错啦。"①诗歌的意境就是一个人的思想。逻辑术语或者批判方法都是语言表达技巧。尝试某些语言表达技巧，一方面是说明一个人已经掌握了这种语言表达技巧，另一方面是说明这个人已经有了这种思想或认识，需要寻找最适合的表达方式。"他应该说，作品里的一切全是我自己写的！不管取自生活还是书本，都一个样，问题只在于我用得恰当！"②

不满意的地方在于，因为语言能力的关系，该著作未能以青年马克思所阅读的所有原版著作作为基础，只能依赖于马克思所阅读的、翻译为中文的部分著作作为基础，进行不完全的文献学分析。比如，李特尔、斯特芬斯、鲍威尔、甘斯、施莱格尔兄弟、萨维尼、赫尔德等人的著作，就缺少足够的中文译著。按照维特根斯坦的"凡你能说的，你说清楚；凡你不能说清楚的，留给沉默"的格言，本著作的许多观点可能会随着新译著和新材料的增加而需要进一步修正。"人类意识已经发生过多次大的改变，而这些改变只有通过对古代著作进行批判性的解读才能体察得比较清楚。"③在此，我谨守休谟的话："一个真正哲学家必须具备的条件，就是要约束那种探求原因的过度的欲望，而在依据充分数目的实验建立起一个学说以后，便应该感到满足，当他看到更进一步的探究将会使它陷入模糊的和不确实的臆测之中。"④这种满足是心灵所期待的："心灵在其趋向知识的进程中，每行一步，就能有所发现，而且所有的发现至少在当下说来，不但是新的，而且是最好的。"⑤

---

① [德] 艾克曼：《歌德谈话录》，杨武能译，成都：四川文艺出版社，2007年，第68页。
② [德] 艾克曼：《歌德谈话录》，杨武能译，成都：四川文艺出版社，2007年，第69页。
③ [英] 以赛亚·伯林：《浪漫主义的根源》，吕梁等译，南京：译林出版社，2011年，第12页。
④ [英] 休谟：《人性论》上册，关文运译，北京：商务印书馆，1997年，第20页。
⑤ [英] 洛克：《人类理解论》，关文运译，北京：商务印书馆，1997年，"赠读者"第9页。

在写作的过程中，我首先对《马克思恩格斯全集》的翻译者以及马克思所阅读著作的翻译者致以衷心的感谢。是他们数十年的辛苦努力，才构建了虽不完善但足够研究的中文文本。我也要对南开大学图书馆、天津市图书馆、首都图书馆和国家图书馆的丰富藏书和工作者的热情服务表示真挚的谢意。没有它们提供的关于马克思及其阅读著作的最新研究成果，本书恐怕很难完成。我的许多老师、同学、同事和学生在该书的研究和写作过程中，提供了大量的帮助和研究的动力，在此深表感谢。我还要感谢全国哲学社会科学规划办公室提供的国家社科基金后期资助项目（批准号：17FKS009）的资金支持，让我有时间进行更从容的研究和写作。本书得以出版。我也要感谢匿名评审的有益建议，是他们的质疑和鼓励让本著作更加完善。我还要感谢中央编译出版社的编辑纪宛伯女士和李媛媛女士提供的帮助。最后，以一首《思起源》的小诗慰劳曾经的风霜岁月：

风雨十载思起源，上下追寻数千年。
东翻西找无难易，南来北往知苦甜。
机械还原怨辩证，综合创造喜实然。
别样青春应有色，不问冬夏迈古贤。

# 目  录

导  论 …………………………………………………………… 1

**第一章  马克思的青年时代与家庭** ………………………… 10
  第一节  德国自由主义的运动 ……………………………… 10
    一、德意志的立宪政治斗争 ……………………………… 11
    二、教会与君权之间的斗争 ……………………………… 14
    三、德意志的宗教批判斗争 ……………………………… 16
    四、空想社会主义思潮和社会运动的崛起 ……………… 17
  第二节  马克思的生活环境与中学教育 …………………… 20
    一、特里尔的政治变迁 …………………………………… 20
    二、犹太人的政治地位变迁 ……………………………… 22
    三、马克思的家庭背景及新人文主义教育 ……………… 26
    四、马克思的中学作文分析 ……………………………… 37

**第二章  马克思的中学阅读** ………………………………… 45
  第一节  亚里士多德与马克思 ……………………………… 46
    一、德福论 ………………………………………………… 46
    二、公正理论 ……………………………………………… 49
    三、理论与实践关系的颠倒 ……………………………… 54
    四、私有制与奴隶制理论 ………………………………… 58
    五、最优城邦模型 ………………………………………… 60
    六、亚里士多德对马克思的影响 ………………………… 65

第二节　修昔底德与马克思 ································· 74
　　一、修昔底德的人性论 ································· 74
　　二、城邦兴衰的历史逻辑 ······························· 75
　　三、战争的非理性 ··································· 77
　　四、修昔底德对马克思的影响 ··························· 80
第三节　莎士比亚与马克思 ································· 82
　　一、莎士比亚的戏剧与人性观 ··························· 83
　　二、莎士比亚的历史剧与权力异化观 ······················· 85
　　三、莎士比亚的悲剧与宗教异化观 ························· 89
　　四、莎士比亚的戏剧与财富异化 ··························· 92
　　五、莎士比亚对马克思的影响 ··························· 93
第四节　歌德与马克思 ··································· 101
　　一、人性论：人的自由和全面发展 ······················· 102
　　二、歌德的政治思想 ································· 105
　　三、歌德的宗教观 ··································· 107
　　四、歌德的自然哲学思想 ····························· 108
　　五、歌德对马克思的影响 ····························· 112

# 第三章　马克思的大学教育与阅读　118
## 第一节　马克思在波恩大学的教育　119
　　一、道尔顿的自然史思想 ····························· 119
　　二、韦尔克的艺术史思想 ····························· 122
　　三、奥·施莱格尔的艺术思想 ··························· 123
## 第二节　马克思在柏林大学的教育　127
　　一、萨维尼的生平与成就 ····························· 127
　　二、甘斯的法学思想 ································· 132
　　三、鲍威尔的自我意识哲学与宗教批判思想 ················· 136
　　四、李特尔的地理学思想 ····························· 142
　　五、斯特芬斯的生平与思想 ··························· 144
## 第三节　马克思在大学的早期阅读　147
　　一、佐尔格与《埃尔温》 ····························· 148
　　二、温克尔曼与《古代艺术史》 ························· 153
## 第四节　马克思大学早期的创作与分析　163

一、《乌兰内姆》与传统伦理道德的批判 ……………… 163
　　二、《学说汇纂》的阅读与法学体系的建构 …………… 183
　　三、马克思放弃法学博士的分析 ………………………… 191

## 第四章　英国近代哲学与马克思 …………………………… 200
### 第一节　培根与马克思 …………………………………… 201
　　一、哲学与宗教的分离 …………………………………… 202
　　二、培根的批判理论：四假象说 ………………………… 207
　　三、培根的研究方法：科学归纳法 ……………………… 210
　　四、培根对马克思的影响 ………………………………… 214
### 第二节　霍布斯与马克思 ………………………………… 217
　　一、机械唯物主义的感觉论 ……………………………… 218
　　二、功利主义的人性论 …………………………………… 220
　　三、霍布斯的国家理论 …………………………………… 222
　　四、霍布斯的宗教批判 …………………………………… 233
　　五、霍布斯对马克思的影响 ……………………………… 237
### 第三节　洛克与马克思 …………………………………… 243
　　一、洛克的知识论 ………………………………………… 243
　　二、洛克的功利论 ………………………………………… 248
　　三、洛克的语言哲学 ……………………………………… 252
　　四、洛克的政治哲学 ……………………………………… 256
　　五、洛克对马克思的影响 ………………………………… 269
### 第四节　休谟与马克思 …………………………………… 274
　　一、休谟的观念论 ………………………………………… 274
　　二、休谟的道德情感论与正义论 ………………………… 284
　　三、休谟的社会历史思想 ………………………………… 293
　　四、休谟的政治经济学思想 ……………………………… 299
　　五、休谟对马克思的影响 ………………………………… 300

## 第五章　德国古典哲学与马克思 …………………………… 307
### 第一节　德国古典哲学的演变与特征 …………………… 307
　　一、德国古典哲学的缘起 ………………………………… 308
　　二、德国古典哲学的演进逻辑 …………………………… 309

三、德国古典哲学的主要特征 …………………………… 315
第二节　康德与马克思 …………………………………………… 320
一、康德的思想演变及理论哲学 ………………………… 321
二、康德的道德哲学 ……………………………………… 328
三、康德的法哲学 ………………………………………… 345
四、康德的历史哲学 ……………………………………… 356
五、马克思对康德的继承与批判 ………………………… 366
第三节　费希特与马克思 ………………………………………… 378
一、费希特思想的主要特征 ……………………………… 378
二、费希特的法哲学 ……………………………………… 381
三、费希特的政治经济学思想 …………………………… 392
四、费希特的历史哲学 …………………………………… 403
五、费希特对马克思的影响 ……………………………… 411

## 第六章　马克思与浪漫主义 …………………………………………… 421
第一节　浪漫主义运动：启蒙运动的反叛 ……………………… 421
一、启蒙运动与德国 ……………………………………… 422
二、浪漫主义者对启蒙运动的批评 ……………………… 426
三、德国浪漫主义运动的特征 …………………………… 429
第二节　弗·施莱格尔的文学批评理论与美学思想 …………… 432
一、弗·施莱格尔的文化与文学演化理论 ……………… 433
二、弗·施莱格尔与浪漫主义的反讽理论 ……………… 435
三、弗·施莱格尔的文艺批评理论 ……………………… 441
四、浪漫主义的美学思想 ………………………………… 443
五、弗·施莱格尔对马克思的影响 ……………………… 446
第三节　谢林哲学与马克思 ……………………………………… 448
一、谢林哲学思想的演化 ………………………………… 449
二、谢林的同一哲学和广义历史学 ……………………… 455
三、谢林的辩证法：对立统一律 ………………………… 458
四、谢林对黑格尔的批判 ………………………………… 461
五、谢林对马克思的影响 ………………………………… 468
第四节　马克思对文学浪漫主义的批判与继承 ………………… 474
一、文学对马克思的影响 ………………………………… 474

二、马克思的诗歌与文学浪漫主义 ················· 479
　　三、马克思对文学浪漫主义的继承、批判与超越 ········· 487

## 第七章　马克思与历史主义　495
### 第一节　历史主义的崛起与发展　495
　　一、历史主义的起因 ······················ 496
　　二、历史主义的产生与发展 ·················· 499
　　三、历史主义的特征 ······················ 506
### 第二节　维柯与马克思　512
　　一、制度和人性的宗教理论 ·················· 513
　　二、神话起源理论 ······················· 515
　　三、国家兴衰模型与历史辩证法 ················ 517
　　四、维柯对马克思的影响 ··················· 522
### 第三节　赫尔德与马克思　525
　　一、语言的理性起源论 ···················· 526
　　二、赫尔德的美学思想 ···················· 531
　　三、赫尔德的历史主义诠释学 ················· 535
　　四、赫尔德的宗教理论 ···················· 538
　　五、赫尔德的历史哲学 ···················· 540
　　六、赫尔德对马克思的影响 ·················· 543
### 第四节　萨维尼与马克思　545
　　一、萨维尼与历史法学派 ··················· 545
　　二、萨维尼的法律文本考证学 ················· 548
　　三、萨维尼的法律诠释学 ··················· 550
　　四、法的民族精神说 ······················ 553
　　五、理论与实践的统一 ···················· 558
　　六、萨维尼对马克思的影响 ·················· 559

## 第八章　黑格尔、黑格尔学派与马克思　572
### 第一节　黑格尔的思想演变　572
　　一、耶拿时期的思想演变 ··················· 572
　　二、纽伦堡时期黑格尔思想的演变 ··············· 576
　　三、柏林时期黑格尔思想的演变 ················ 580

## 第二节　黑格尔的社会政治思想 ········· 583
- 一、自由理论 ··········· 583
- 二、相互承认理论 ············ 586
- 三、抽象法权理论 ············ 589
- 四、道德行为理论 ············ 594
- 五、市民社会理论 ············ 597
- 六、理性国家观 ············· 600
- 七、黑格尔的历史哲学 ··········· 605

## 第三节　黑格尔学派及其对马克思的影响 ········ 608
- 一、黑格尔学派的历史演进 ········· 608
- 二、费尔巴哈的宗教异化论与人本主义思想 ····· 611
- 三、黑格尔学派对马克思的总体影响 ······· 626
- 四、费尔巴哈对马克思的影响 ········· 629

## 第四节　黑格尔对青年马克思思想的影响 ······· 641
- 一、马克思与黑格尔的关系：学术争论 ······ 641
- 二、马克思与黑格尔：历史的相遇 ········ 643
- 三、马克思的语言哲学及其对黑格尔辩证法的批判 ··· 646
- 四、黑格尔对青年马克思的影响 ········ 656

# 第九章　马克思的博士论文与批判性阅读的尝试 ······ 664
## 第一节　马克思研究伊壁鸠鲁问题的起源 ······· 665
## 第二节　马克思阅读伊壁鸠鲁哲学的程序 ······· 673
- 一、马克思的摘录 ············· 674
- 二、马克思的评论 ············· 678

## 第三节　马克思的批判性阅读 ··········· 684
- 一、政治批判与启蒙 ············ 685
- 二、宗教批判：普卢塔克与伊壁鸠鲁的神学论战 ··· 688
- 三、哲学批判：伊壁鸠鲁和德谟克利特的自然哲学的差别 ············· 694
- 四、哲学和宗教关系的批判 ········· 706
- 五、结束语 ·············· 709

## 第十章　斯宾诺莎与马克思 ················· 713
### 第一节　斯宾诺莎的思想演变 ················ 713
### 第二节　斯宾诺莎的认识论与圣经诠释学 ·········· 719
　　一、认识论 ·························· 719
　　二、圣经诠释学 ······················ 722
### 第三节　斯宾诺莎的宗教批判与政治哲学 ·········· 726
　　一、宗教批判 ························ 726
　　二、斯宾诺莎的政治哲学 ················ 734
### 第四节　斯宾诺莎对马克思的影响 ··············· 744
　　一、斯宾诺莎对马克思影响的间接路径 ······· 744
　　二、斯宾诺莎对马克思影响的阅读证据 ······· 745
　　三、马克思对斯宾诺莎的继承与批判 ········· 746

## 第十一章　孟德斯鸠、卢梭、弗格森、舒尔茨与马克思 ········ 752
### 第一节　孟德斯鸠与马克思 ··················· 752
　　一、社会的人性论 ···················· 753
　　二、政体理论 ························ 755
　　三、地理环境决定论 ·················· 765
　　四、辩证法思想与历史演化的逻辑 ········· 768
　　五、孟德斯鸠对马克思的影响 ············ 780
　　六、孟德斯鸠与马克思的比较 ············ 784
### 第二节　卢梭与马克思 ······················ 789
　　一、动态的人性论 ···················· 789
　　二、卢梭的历史哲学 ·················· 800
　　三、法治国家的理论 ·················· 806
　　四、卢梭的宗教哲学 ·················· 814
　　五、卢梭对马克思的影响 ················ 816
### 第三节　弗格森与马克思 ···················· 830
　　一、动态的社会人性论 ················ 830
　　二、社会分工理论 ···················· 836
　　三、国家的演化理论 ·················· 838
　　四、弗格森对马克思的影响 ·············· 846
### 第四节　舒尔茨与马克思 ···················· 855

一、物质生产和精神生产的分化与结合规律 …………… 856
二、社会分工的历史演化 …………………………………… 858
三、舒尔茨对马克思的影响 ………………………………… 862

## 第十二章 马克思的阅读与心智模式变迁 …………………… 872
### 第一节 文本阅读的理论与马克思的心智模式建构 …………… 872
一、心智模式与文本阅读：一个现代观点 ………………… 873
二、马克思的早期阅读与心智模式的建构 ………………… 876
### 第二节 马克思与《黑格尔法哲学批判》 ……………………… 885
一、《黑格尔法哲学批判》写作的缘起 …………………… 887
二、马克思对黑格尔的文本诠释 …………………………… 891
三、《黑格尔法哲学批判》批判方法分析 ………………… 897
四、《黑格尔法哲学批判》的理论阐发 …………………… 914
五、结束语 …………………………………………………… 920
### 第三节 《巴黎手稿》与马克思心智模式的变迁 ……………… 924
一、《巴黎笔记》与马克思的政治经济学阅读分析 ……… 924
二、《1844年经济学哲学手稿》与马克思的理论框架的
　　初步整合 ………………………………………………… 931
三、结束语 …………………………………………………… 944

## 第十三章 青年马克思的思想起源与变革 …………………… 948
### 第一节 马克思思想起源的理论与重构 ………………………… 948
一、思想起源的理论 ………………………………………… 949
二、唯物史观的起源 ………………………………………… 955
三、历史辩证法的起源 ……………………………………… 960
四、政治经济学研究的起源 ………………………………… 965
五、马克思的思想起源与综合性创造 ……………………… 970
### 第二节 青年马克思的思想变革 ………………………………… 979
一、哲学的功能 ……………………………………………… 979
二、辩证法：马克思与黑格尔的比较 ……………………… 987
三、唯物史观与人类社会的规律 …………………………… 1003

**参考文献** ……………………………………………………………… 1018

# 导　论

马克思的思想是西方思想和社会发展的逻辑产物。它从古希腊罗马思想开始奠基，在近代科学、文学和思想中得到锤炼，在19世纪科学和德国古典哲学思想中得到升华，在社会生活和政治斗争中得到充实。借助于众多的思想来源，马克思以罕见的创造力，采用借用、隐喻、类比、还原等方式，融合各家思想之所长，综合地形成了具有伟大生命力的唯物史观和历史辩证法思想。本著作就是要在文本阅读的基础上，阐述这种内在的思想关联。布尔说："这样追溯马克思的思想来源，同时也是进一步研究他的思想的出发点，是进一步创造性地坚持他的思想的前提。"①

现代心理学认为，一个人的思想是由潜意识和自我意识两部分组成的。自我意识更多地体现在手稿、笔记、专著、文章和通信之中，潜意识则由所阅读的书籍、所听的讲座和课程、所交往的朋友、所生活和观察的环境构成的。要理解一个人的思想，就需要理解一个人的潜意识和自我意识。马克思曾说："哲学家并不像蘑菇那样是从地里冒出来的，他们是自己的时代、自己的人民的产物，人民的最美好、最珍贵、最隐蔽的精髓都汇集在哲学思想里。"② 研究马克思的人在传统上非常注重体现在专著、文章以及手稿和通信中的自我意识部分，不太注重笔记、所阅读的书籍和早期所受教育的潜意识部分。尽管大量的马克思传记十分关注马克思的生活环境、交往的朋友以及学习的个别课程，但是，马克思所阅读的书籍却很少受到关注。即使像麦卡锡的《马克思与古人》这样的研究著作，也是根据马克思自我意识中的论述部分来寻找马克思与柏

---

① ［德］布尔：《费希特哲学在当代的重要意义》，见沈真主编：《费希特在当代各国》，北京：中国社会科学出版社2006年版，第25页。
② 《马克思恩格斯全集》第1卷，北京：人民出版社1995年版，第219页。

拉图、亚里士多德、黑格尔等思想家之间的联系。这些研究者没有询问，在众多的前人思想之中，马克思是在什么基础上进行有机选择并逐渐形成自己独具特色的思想。按照海德格尔的说法是，"在精神的此在（Geistigen Dasein）中，只有当某种东西以有机的方式生长起来时，它才是本质性的。但因为有培植的地方才有生长，故而我们必须追问的是：胚芽应当在何处生长出来？"① 也就是说，我们试图提出一个康德式的问题：马克思是如何可能的？研究马克思哲学的人喜欢强调黑格尔和青年黑格尔派在马克思的思想形成过程的影响。研究政治经济学的人则看到了马克思思想中的亚当·斯密或者李嘉图的背影。研究科学社会主义的人则看到了空想社会主义者在马克思思想中的巨大影响。如何将这些不同的碎片解读整合起来，恢复马克思思想的有机整体性，是一个具有挑战性的工作。费希特说："所有的哲学认识，按其本性来说，都不是事实性的，而是发生性的，不是要领会某一个静止的存在，而是要在内部产生和构成这种源自于其生命之根的存在。"②

卡尔·马克思是一位伟大的思想家和革命家。其伟大之处，不仅在于深邃的思想，而且在于独特的人格魅力。费希特说："人的伟大之处在于，人不是他的时代乔装打扮出来的东西，而是从永恒的、原初的精神世界生长出来的自然原本的东西，人的伟大之处在于，在他心中产生了一种对整个世界的新的和独特的看法，在于他具有将自己的这种看法应用于现实世界的坚定意志和铁的力量。"③ 马克思的思想一方面来自他的政治斗争和革命实践活动，另一方面也来自他那博学而系统的阅读和创造性的思考。本书是关于马克思早年阅读的观念史，马克思的批判理论、历史辩证法和唯物史观就是从阅读和实践活动中生产出来的。按照德国历史学家梅尼克的说法，观念史"可以提供思想是如何从经历中提炼出来，又如何使之成为自身发展的精神动力，此后又如何产生理想的结果……通过把经历转变为观念，人们便能把自己从过去中解放出来，并

---

① ［德］马丁·海德格尔：《德国观念论与当前哲学的困境》，庄振华、李华译，西安：西北大学出版社2016年版，第335页。
② ［德］费希特：《费希特文集》第4卷，梁志学编译，北京：商务印书馆2014年版，第349页。
③ ［德］费希特：《对德意志民族的演讲》，梁志学等译，北京：商务印书馆2010年版，第195页。

以此创制动力，来创建新的生命"。① 我们过去比较重视马克思的思想发展史，却少对这些思想发展的基础进行深入的探讨。认真地分析马克思的阅读和教育史，有助于我们发现和更好地理解马克思创造力的来源、历史辩证法和唯物史观的形成、政治经济学研究的转向，以及科学社会主义理论的形成。

马克思的思想来源问题一直是马克思主义研究的重要组成部分，也是一个存在众多争论的问题。这些问题包括：马克思的思想到底有哪些来源？这些不同来源的思想是机械地还是有机地构成马克思的思想？马克思自身独立的思想发展与各种思想来源之间的关系是怎样的？有没有可能对马克思的思想起源建构一个清晰的理性模型，用以说明只要满足这些条件，其他人也可以理性地产生出与马克思相似的思想成就？而且，研究者的视域、主观臆断的程度，对马克思主导性研究问题的判断、思想和使用方法的混淆，术语的借用与思想之间的关系，也加剧了问题争论的激烈程度。

对马克思思想来源的观点主要有机械还原论和有机生成论两种。机械还原论强调各种思想来源与马克思的思想及著作之间的一一对应关系。持有机械论观点的人喜欢从马克思的著作或者手稿的各种词句中寻找相应的证据，不区分持久影响、临时影响及词句的便利使用之间的关系，容易贬低马克思自身的创造性和学养水平，将马克思的思想分割为一些片段，如政治经济学、哲学或科学社会主义。研究哲学的人则从哲学角度看待马克思的思想起源，强调黑格尔、费尔巴哈、康德、谢林、亚里士多德、莱布尼茨、斯宾诺莎等哲学家中某一人的独特作用，看不到地理学、人类学、自然科学、文学在马克思哲学思想形成中的作用。研究政治经济学的人则从政治经济学角度看待马克思的思想起源，强调李嘉图、斯密、魁奈等经济学家中某一人的独特作用，忽视跨学科知识和理论的影响。有机生成论强调马克思在阅读和搜集各种思想来源中的主体创造性，在自身思想发展过程中和现实的政治环境变化中，将各种来源的思想进行对比、分析、综合、借用、类比、隐喻、还原、批判之后，形成自己独具特色的、综合性的和内在统一的思想。

传统上，对马克思的思想来源问题的研究采取了机械还原的方式，

---

① ［德］弗里德里希·梅尼克：《世界主义与民族国家》，孟钟捷译，上海：三联书店2007年版，"译序"第16页。

即马克思的思想是由特定的思想组合而成。根据恩格斯的《反杜林论》、考茨基的《马克思主义的三个来源》和列宁的《马克思的三个来源和三个组成部分》的阐述，马克思的思想被归结为德国古典哲学、法国社会主义与英国古典政治经济学三个理论来源，进而构建了哲学、政治经济学和科学社会主义三个组成部分。科尔纽（1987）将马克思的哲学思想起源简单地归结为卢梭、康德、歌德、费希特、谢林、黑格尔、布鲁诺·鲍威尔和摩泽斯·赫斯。切凯奇（1979）从德国古典哲学家康德、费希特、谢林、黑格尔和费尔巴哈中去寻找马克思思想的哲学来源，认为费希特对马克思具有十分重要的影响。阿维瑞纳（2016）认为，马克思的政治和社会学说是将费尔巴哈的"主谓颠倒法"创造性地运用于黑格尔思辨体系以批判和改造社会现实的结果。科拉科夫斯基认为，"马克思思想的出发点是由黑格尔遗产中所涵括的哲学问题提供的"。① 海德格尔也说："对于马克思来说，存在就是生产过程。这个想法是马克思从形而上学那里，从黑格尔的把生命解释为过程那里接受来的。"② 针对德国古典哲学的过度负荷问题，英国历史学家斯蒂芬·里格比由此说："人们过多关注于德国古典哲学对马克思的影响，大大超出了它所应受关注的程度。对那些希望寻找马克思历史唯物主义根源的人而言，他们至少应该在同等程度上去关注英国的政治经济学和法国的社会主义，而不仅仅是关注黑格尔和费尔巴哈对马克思的影响。"③

随着对马克思思想研究的深入，马克思的思想来源延伸到古希腊罗马的思想、基督教传统，甚至德国浪漫主义思潮。伯尔基的《马克思主义的起源》和麦卡锡的《马克思与古人》将马克思的思想追溯到古希腊罗马思想，特别是亚里士多德和伊壁鸠鲁的思想。俞吾金（2005）认为，青年马克思的思想来源，除了传统的三个来源，还有英、美、德、俄的人类学思想。④ 张一兵（2009）认为，大学时代马克思的思想来源

---

① ［波兰］莱泽克·科拉科夫斯基：《马克思主义的主要流派》第一卷，唐少杰等译，哈尔滨：黑龙江大学出版社2015年版，第7页。
② 海德格尔：《晚期海德格尔的三天讨论班纪要》，丁耘摘译，载《哲学译丛》，2001年第3期，第53页。
③ ［英］S. H. 里格比：《马克思主义与历史学：一种批判性的研究》，吴英译，南京：译林出版社2012年版，第92—93页。
④ 俞吾金：《重新理解马克思》，北京：北京师范大学出版社2005年版，第7页。

主要是德国浪漫主义和黑格尔哲学。① 郑忆石（2007）将马克思哲学的思想来源拓展到包括18世纪法国唯物论的历史观、19世纪黑格尔的思辨唯心论历史观、19世纪费尔巴哈自然人本主义的历史观、19世纪空想社会主义的历史观、维柯和赫尔德的历史主义以及近代欧洲的自然科学革命。② 维塞尔（2008）、刘聪（2013）和刘森林（2010）则分析了马克思的早期诗歌中出现的科学社会主义的浪漫派起源。莱文（Levine，1987）认为在德国历史法学派中能够发现历史唯物主义的起源。凯勒（Kelley，1978）则强调马克思的法学专业学习与后来从事政治经济学研究和唯物史观的发现之间的内在关联，认为马克思的劳动产权理论是将萨维尼的产权依赖于占有的观点颠倒过来的结果。对于这些分歧，我们必须将马克思的各种写作和阅读的著作与其人生的发展结合起来，探寻其思想的根源及内在的演变。

本著作提倡马克思思想来源的有机生成论，强调马克思在阅读各种文本、接受新人文主义的教育和广泛参与各种社会实践活动基础上的思想创造性，展示了马克思思想的有机生成过程，并纠正了关于马克思思想来源的许多错误观点。为此目的，本著作将马克思的阅读文本与马克思的创作文本（书信、读书笔记、手稿、发表的著作）结合起来进行理解式阅读，充分揭示其不断自我更新的思想运动。这种阅读方法不仅能够探讨文本之间的继承关系和马克思的思想渊源，而且有助于探讨马克思是如何在继承现有文本基础上的创新过程。由于文本阅读的过程就是一个开启意义生成的过程，因此，将具有规范性、权威性和高度约束性的经典文本与马克思所阅读的文本结合起来阅读，就可以成为研究马克思的一个新视角。

文本阅读是一种事实探索与认知深化相结合的学问。在阅读文本及其对文本的相关性解释中，研究者可能会萌发一个需要解决的疑惑或者困境。在问题意识的驱动下，阅读者需要对文本的解读提出一个猜测性的答案，以便协调文本的内在逻辑结构和相关解释之间的矛盾。根据初步的猜测，阅读者需要审慎地调查各种资料和研究成果。在对资料进行研究和分析的基础上，阅读者将猜测性的答案作为一个假说来进行详细阐明，以便使假说与更大范围内的事实和资料取得一致。最后，阅读者

---

① 张一兵：《马克思哲学的历史原像》，北京：人民出版社2009年版，第64页。
② 郑忆石：《马克思的哲学轨迹》，上海：华东师范大学出版社2007年版，第23—30页。

将各种资料和事实进行系统性的整理和归纳，以便对假说进行检验。如果对阅读文本的假说能够得到文本资料和事实的系统性支持，那么，研究者就能将文本阅读的成果转化为一篇文本阅读的著作。这就意味着，学术性的理解式阅读包括以下几方面的内容或者符合理性原则的程序。

第一，文本表层结构的解读。在对文本的表层结构进行理解式阅读的过程中，研究者不仅还原了原书作者的研究问题和叙述问题的方法，还能锻炼自己的思维组织能力，从而为发现文本的深层次观念和结构做准备。

第二，文本深层次观念的把握，如文本的主要意旨、总体意图、体系框架等。这需要研究者掌握文本研究主题的相关理论，具有较强的概括能力和总结能力，了解和掌握相应的诠释学理论和知识。

第三，结合文本之外的佐证、作者同时代的文献研究以及同一文本的不同版本的分析和推理，进行文本的自洽性分析。伽达默尔认为，理解活动是个人视野与历史视野的视界融合，而历史视野就是历史中其他人的研究和理解。对于文本阅读而言，研究者必须注重从原著中搜集第一手资料，而不能单纯依靠他人引用的资料或阐释性著作进行摘录和编辑。在详细搜集资料的基础上，要秉持"有一分证据，说一分话"的精神，进行严谨的归纳、总结以及推演。按照马克思的话说，就是在充分占有资料的基础上分析资料的内部结构。

第四，阅读者对作者思想的理解、概括和阐述。在做这项工作时，研究者需要广泛比较国内外同行对同一文本的理解和分析，以便从中吸取必要的和最新的研究成果。这就是互文式阅读。在了解他人的研究动向和成果时，我们还需要"坦率而细致地检验别人的看法，驳斥某些人人认可的偏见，捍卫和激活这个或那个常常已被遗忘了的古老的悖论"。[1]

第五，阅读者按照自己的理论框架对作者思想和方法的重构。诚如弗·施勒格尔所说："只有当人们能够重构一部作品、一个思想的发展过程和构造时，人们才可以说理解了这部作品、这个思想。"[2] 在积极的意

---

[1] ［德］施勒格尔：《浪漫派风格：施勒格尔批评集》，李伯杰译，北京：华夏出版社2005年版，第258页。

[2] ［德］施勒格尔：《浪漫派风格：施勒格尔批评集》，李伯杰译，北京：华夏出版社2005年版，第265页。

义上，阅读就是文本的重构。美国文学评论家布斯说："'已完成'的作品作为一个有机整体，可以由敏锐的批评家将其重构，加以说明，给予其'灵魂'或必要的获取信息原则供人们参照，便于人们理想地解释作者所做的每个选择。"① 在对作者的思想和方法进行重构时，阅读者必须秉持"同情的态度"，坚持"好学深思，心知其意"的心态，不要脱离创作的艰难与自身能力的有限而进行穿凿附会的评价。因此，在阅读和理解伟人的作品中，我们不仅能够逐步发现自我，还能够获得交流的愉悦和有用的知识，体会伟大人格的魅力。在阅读马克思的著作中，我们还能了解马克思提出问题的方式，观察现实问题的独特视角，以及掌握从现实中一步步地凝练出独特思想的方法。

在本著作中，我们将"青年马克思"界定为马克思在批判地获得其独具特色的思想或者唯物史观开端之前的时期。根据这里阐述的理解式阅读方法，我们追溯了在1835—1844年间马克思思想的起源。康德说："所谓（最初的）起源，是指一个结果从其最初的原因产生，这样一个原因不再是另一个同类的原因的结果。它可以要么作为理性上的起源，要么作为时间上的起源而被考察。在第一种意义上，所考察的只不过是结果的存在；在第二种意义上，所考察的是结果的发生，从而也就是把它当做事件与其在时间中的原因联系起来。"② 马克思的思想起源于转型时期的德国所产生的特殊社会问题与新人文主义教育之间的冲突。这个冲突构成了马克思的问题意识和社会实践活动的动力所在。广泛的阅读为马克思理解现实并提炼出一种解释和改造现实的理论和方法提供了可能性。我们根据马克思的文献所提供的阅读书目，详细分析了古希腊罗马的修昔底德、亚里士多德、伊壁鸠鲁和卢克莱修，英国的培根、莎士比亚、霍布斯、洛克、休谟和弗格森，法国的孟德斯鸠和卢梭，德国的温克尔曼、康德、歌德、赫尔德、费希特、萨维尼、谢林、黑格尔、李特尔、施莱格尔兄弟、兰克、甘斯、鲍威尔、费尔巴哈和舒尔茨，荷兰的斯宾诺莎，意大利的维柯等人的思想及其对马克思影响的具体途径，并将这种影响放在德国启蒙运动、新人文主义运动、浪漫主义运动、唯

---

① ［美］韦恩·C. 布斯：《修辞的复兴：韦恩·布斯精粹》，穆雷等译，南京：译林出版社2009年版，第140页。
② ［德］康德：《单纯理性限度内的宗教》，李秋零译，北京：商务印书馆2012年版，第36页。

心主义运动和民主运动的背景中进行理解。① 根据这些众多的思想来源，我们分析了马克思的早期文本及其与思想来源的关联，阐述了马克思思想的发生学式的形成过程。大卫·弗里德里希·施特劳斯说："发生学式的描述是从已经形成的全部思想出发阐明这些思想的形成，但是它并不是阐明它实际上是怎样形成的，并不阐明作为形成的必然条件的各种各样的偶然性而是要阐明这些思想应该怎样形成。发生学式的描述就像任何一种艺术的和科学的表现手法一样，是一种理想的手法。"② 因此，判断这些研究结果的一个标准就是看其内在逻辑的一致性，是否能更好地解释马克思的思想演化。

本书的基本观点是，马克思的唯物史观和历史辩证法是综合性创造的产物。马克思的思想既不存在"认识论断裂"，也不是德国古典哲学特别是黑格尔哲学的简单推移的结果，更不是黑格尔和费尔巴哈的耦合。马克思从唯物主义的立场出发，经过对主体能动性、实践和人的社会性的根本性改造，结合现存的社会生产力理论、物质生产力决定论、上层建筑反作用理论、物质生产和精神生产的相互作用理论这些零散地分布于众多的哲学、自然科学、政治经济学、文学、艺术等领域的理论的归纳而总结，才在《关于费尔巴哈的提纲》和《德意志意识形态》中初步形成了唯物史观的基本思想。马克思利用历史主义和逻辑学的方法，对黑格尔的概念辩证法进行了根本性改造，才形成了历史与逻辑的内在统一的历史辩证法。马克思的唯物史观、历史辩证法和政治经济学的核心思想都来源于历史、政治哲学和法哲学综合而形成的这一思想：社会是一个力量关系之间的斗争，力量的来源和规模决定了力量的分布形式。在政治上，不同政治体的区别只在于政治力量的结构或关系不同，而政治力量的根源在于物质力量。因此，物质力量的生产和分布结构就决定了政治力量的结构及其语言表达形式。各种力量之间的再生产和斗争就推动着社会形态的不断演变。不同的社会形态，由于力量的再生产和斗争的方式不同，会表现出不同的历史规律。资本主义社会的特殊历史运动规律，就体现在《资本论》所表述的资本积累规律和

---

① 由于时间和篇幅的关系，本著作没有考察柏拉图、莱布尼茨、亚当·斯密、霍尔巴赫、狄德罗、席勒、海涅和空想社会主义者对马克思的思想影响。
② ［德］F. W. 卡岑巴赫：《施莱尔马赫传》，任力译，北京：商务印书馆1998年版，第115页。

剩余价值理论之中。因此，马克思的唯物史观、历史辩证法和政治经济学是辩证统一的。希望本书能为从宏观上解读马克思的思想提供一个更有张力的诠释空间。

# 第一章　马克思的青年时代与家庭

青年马克思生活的时代是近代德国从农业社会向工业社会转变的时代，也是民主与专制进行激烈斗争的时代。马克思和恩格斯在《德意志意识形态》中说："一切划时代的体系的真正的内容都是由于产生这些体系的那个时期的需要而形成起来的。所有这些体系都是以本国过去的整个发展为基础的，是以阶级关系的历史形式及其政治的、道德的、哲学的以及其他的后果为基础的。"① 阿尔都塞认为，像马克思这样的独特思想体系的发展，"取决于在这一发展过程中该思想的变化同整个意识形态环境的变化以及同构成意识形态环境基础的社会问题和社会关系的变化的关系"，而其动力则来自"作为具体个人的思想家，以及在这一个人发展中根据个人同历史的复杂联系而得到反映的真实历史"。② 德国的社会转型提出了立宪民主制、国家与宗教之间的特殊关系问题，马克思的犹太人背景凸显了被压迫的少数族裔如何取得宗教和政治平等的问题，德国的新人文主义教育更是放大了理想与现实、应然与实然之间的差距。时代提出了需要回答的问题，马克思在青少年时代感知了这些问题，思索着如何为这些问题寻找出路。马克思的中学教育为回答这些时代的问题做出了富有成效的准备。

## 第一节　德国自由主义的运动

19世纪初期德国的各种社会思潮之所以重要，主要是因为各种社会思潮之间的斗争提供了在政治和社会转型时期，一个落后国家所面临的各种社会、政治、宗教和民族问题及其相应的解决方案的分析与较量的

---

① 《马克思恩格斯全集》第3卷，北京：人民出版社1960年版，第544页。
② ［法］阿尔都塞：《保卫马克思》，顾良译，北京：商务印书馆2016年版，第136页。

范本。德意志的政治斗争表现在自由主义、社会主义与保守主义之间的斗争，提出的解决方案包括回到传统或者重塑传统的保守封建主义，传统与现代相结合的折中主义或者君主立宪制，采取现代模式的政治自由主义，对传统宗教和政治的批判的空想主义，超越传统与现代的共产主义，等等。与政治斗争相伴随的宗教斗争为宗教批判提供了发酵的土壤，教会与君权之间的斗争则展示了在民族主义兴起的背景下教权与君权之间的复杂关系，而工业的发展和农业的土地改革带来的社会贫困化问题则催生了空想社会主义思潮和社会运动的兴起。马克思正是在这些复杂的社会斗争情境中登上了历史舞台，在宗教批判、政治批判以及对无产阶级贫困化的深刻认识的基础上逐渐走上了共产主义的道路。

## 一、德意志的立宪政治斗争

19世纪初德国面临的主要政治问题是国家的统一和宪政民主的选择问题。在1806年7月，巴伐利亚、符腾堡等16个德意志邦国，在波拿巴·拿破仑的策动下，签署了《莱茵联邦议定书》，组成莱茵联邦，于法兰克福设两院制的议会，从而开启了德意志诸邦的立宪运动进程。在1806年的耶拿战败后，普鲁士在首相海因里希·施泰因（1807—1808）和卡尔·哈登堡（1810—1822）领导下进行了一系列的农业、工商业、军事、教育、行政机构等方面的改革，以赎买的办法废除了农奴制和农民对容克贵族的人身依附关系，允许从商自由和土地自由买卖，废除了普鲁士境内的所有关卡和关税。随着哈登堡-施泰因改革带来的社会经济结构变化，"普鲁士成为一个同其他德意志国家相比较进步的国家"。①在法国占领期间，普鲁士的民族独立运动不断高涨。利用爱国主义和民族主义精神，普鲁士成功地领导德意志民族取得了民族解放战争的胜利。这也推动了在1815—1818年间以普鲁士为中心的全德大学生追求民族统一运动的高涨。

同时，专制主义思潮在德意志国家境内从1815年神圣同盟建立以后开始复苏，进步的改革逐渐放缓了脚步。1815年的维也纳会议将莱茵地区归还给封建制度浓厚的普鲁士。尽管在拿破仑战争期间，普鲁士的首相哈登堡公爵在1810年提到了人民代议制，并在1815年5月22日《关

---

① [波] 兹维·罗森:《布鲁诺·鲍威尔和卡尔·马克思：鲍威尔对马克思思想的影响》，王谨等译，北京：中国人民大学出版社1984年版，第133页。

于建立国会》的法令中准备建立一个宪法起草委员会,以便实现人民所期望的新闻自由、君主立宪和选举权等方面的愿望和要求,但是,普鲁士国王以确定实施的时间是国王的特权为由一再拖延普鲁士宪法的制定。在汉诺威,普鲁士废除了拿破仑法典和它的诉讼程序,代之以16世纪的审判方式。为了镇压大学生的激进运动,根据1819年9月20日德意志联邦发布的《卡尔斯巴德法令》,普鲁士政府取消了全德大学生联合会,对大学和新闻界加强了监管;所有出版物都要受到新闻审查,"所有的大学里都被安插了特务,他们监督青年人的思想和教授们的讲课内容"①。在这样政治高压的背景下,弘扬民族传统精神和君主专制的政治保守主义成为复辟时期普鲁士的官方理论,自由和民主运动遭到无情的镇压。以阿诺德·卢格和卡尔·费尔巴哈为首的上百名学生因参与争取德国的统一和政治自由的激进活动而在1824年被判刑。马克思在《〈黑格尔法哲学批判〉导言》中说:"我们没有同现代各国一起经历革命,却同它们一起经历复辟。我们经历了复辟,首先是因为其他国家敢于进行革命,其次是因为其他国家受到反革命的危害;在第一种情形下,是因为我们的统治者们害怕了,在第二种情形下,是因为我们的统治者们并没有害怕。"②

随着1830年7月法国革命的爆发,德意志的自由主义运动重新振作起来。尽管黑森大公国在1829年颁布了宪法,成立了上议院和下议院,但是,贫穷的市民、手工业者和农民没有被纳入新议院。苛捐杂税和沉重的封建徭役迫使农民和手工业者于1830年9月在上黑森起义,捣毁了不少贵族庄园和府邸。1831年,巴登议会批准《新闻法》,不仅废除了农村保留的什一税,而且置联邦议会的新闻检查制度于不顾,进一步鼓舞了巴登、巴伐利亚、黑森和法兰克福等地的自由主义运动。巴伐利亚的立宪自由派在1832年3月成立了"新闻和祖国协会",发起了"统一与自由"的运动。黑森、不伦瑞克、萨克森和汉诺威则在民众举行武装起义后在1831—1833年间颁布了新宪法,赋予议会以立法权。随着各邦立宪运动的展开,各邦追求自由和统一的民众也在汉巴哈集会中展示出了新的力量。1832年5月27—30日,全德3万民众在汉巴哈城集会,要

---

① [丹麦]勃兰兑斯:《十九世纪文学主流》第六分册,高中甫译,北京:人民文学出版社1986年版,第9页。
② 《马克思恩格斯全集》第3卷,北京:人民出版社2002年版,第201页。

求实现政治自由和国家的统一，遭到士兵的袭击。在汉巴哈大会的推动下，巴登、法兰克福、黑森等地也举行了类似的人民大会或起义。保守势力在梅特涅主导的联邦议会领导下，加强书报检查，禁止集会和结社自由，在汉巴哈城实施戒严，逮捕汉巴哈大会的领导者。德国境内的黑森—卡塞尔、萨克森、汉诺威各王国都在1832—1837年间解散了议会，宣布宪法无效，同时强化了对自由主义者的迫害。在这些压制性法律的推动下，到1838年底，德意志联邦内有23个邦以叛逆罪对约1800人进行起诉和审讯，其中约1200名大学生联合会成员和许多手工业者被判处死刑或者监禁。仅普鲁士在1836年就逮捕了204名学生，并将39人判处死刑，4人处以车裂刑。[1]

为了抵御法国民主思潮的涌入，普鲁士王储威廉四世支持雅尔克和舒尔茨少校在1830年创办了《柏林政治周报》，其中的合作者包括冯·格拉格兄弟、亨利希·列奥、哈克斯特豪森、菲利普斯、冯·哈勒等人。冯·哈勒等人主张将政治权力归还给贵族和上流阶层，不信任普鲁士的官僚体系，断定开明专制是自由主义的前兆。针对威廉四世的保守主义倾向，马克思在1843年5月致卢格的信中说："早在他还只有《柏林政治周报》作为自己的刊物时，我就认识到了他的价值和他的使命。"[2] 同时，为了应对自由主义的批评和为普鲁士的官僚体系进行政策辩护，普鲁士外交大臣冯·伯恩斯托夫创建了《历史—政治杂志》（1832—1836），由历史学家利奥波德·兰克任主编，法律史家卡尔·弗里德里希·艾希霍恩和弗里德里希·卡尔·萨维尼参与咨询。兰克希望历史研究能够为保守的政治理论提供基础，主张政治家的决策遵循自身的、不受伦理学说引导的利益逻辑，坚信德国的君主制是与德意志的民族精神相符合的真正的政治制度。[3]

在强大的保守主义压力下，德国的自由主义独具特色。德国与英法的自由主义观在许多方面是共同的，如建立法治国家，反对王权绝对主义，提倡法律面前一律平等，坚持新闻出版和学术研究的自由，主张立宪君主制，反对普选制，赞成用选区取代等级代表来组成代议制政府。

---

[1] 郑寅达：《德国史》，北京：人民出版社2014年版，第205页。
[2] 《马克思恩格斯全集》第47卷，北京：人民出版社2004年版，第59—60页。
[3] ［美］格奥尔格·G. 伊格尔斯：《德国的历史观》，彭刚、顾杭译，南京：译林出版社2006年版，第92页。

这些自由主义观念体现在巴伐利亚、巴登和符腾堡在 19 世纪 20 年代颁布的宪法中。但是，德国自由主义的传统观念，除康德、早期的费希特和威廉·洪堡外，在许多重要方面不同于英法的个人自由主义观。德国自由主义观念是建立在民族假设基础之上的，认为王侯权力和国家权力是政治自由的组成部分或保障力量。因此，德国自由主义者不赞成制定一份书面的权利宣言，不支持议会在君主制中有至高无上的权力地位。他们从历史角度坚信国家权力、国家的统一和民族利益优先于个人自由和公正的发展。尽管国家会关注创造法律和公正的条件，但是，国家不是保障个人实现幸福的必要工具，而是具有伦理价值的历史产物，是促进民族精神甚至伦理目的的工具。他们拒绝了自然法理论的国家观，后者认为所有的国家都按照理性的力量朝着一个共同的目标不断进步。德国自由主义者认为，每个国家都按照自己民族内在的特性发展和进步。这样，国家目的的正当性就确保了国家的权力本身就具有伦理道德性，不存在英法自由主义者所相信的权力与权利的冲突问题。德国自由主义者由此盲目相信国家权力的善良本性和国家理性，相信政治精英或者英雄人物那天才般地理解历史趋势和把握时代机会的独特能力，不担心权力的滥用或者政治压迫，也不担心国家的非理性和政治精英的谋求私利行为。① 这种国家权力观与黑格尔在《法哲学原理》中表达的国家权力观完全一致。马克思在 1843 年 2 月 4 日写的《评部颁指令的指控》一文中说："黑格尔在世时认为，他在自己的法哲学中已奠定了普鲁士制度的基础，而且政府和德国公众也都这样认为。政府用来证明这一点的方式之一是通过官方来传播他的著作；而公众用来证明这一点的方式则是谴责他充当普鲁士的国家哲学家。"②

## 二、教会与君权之间的斗争

除政治领域的自由主义运动外，国家与教会在世俗和宗教上的权力划分以及德国本质上属于天主教还是新教的国家问题，在 19 世纪初的德国长期存在争论和斗争。在新教的普鲁士，批判天主教是允许的，但批判新教特别是国家教会则会面临严格的审查。为了抵制法国大革命所带

---

① [美] 格奥尔格·G. 伊格尔斯：《德国的历史观》，彭刚、顾杭译，南京：译林出版社 2006 年版，第 130 页。
② 《马克思恩格斯全集》第 1 卷，北京：人民出版社 1995 年版，第 425 页。

来的民主和自由化的浪潮，德国境内的许多地方统治者与教会联手，以便确立新教信仰的正统性。尽管遭遇了加尔文和路德教派的抵制，但是普鲁士国王威廉三世在1822年还是组建了加尔文教会和路德教会联合的国家教会"普鲁士联盟"，制定了统一的宗教仪式和严格的宗教体系。对各路教派的统一管理，或者教权与王权的真正联合，体现了普鲁士国王集权和确立绝对权威的实质。

同时，虔诚主义从对个人的灵魂关怀向政治和宗教权威的绝对服从的转型，进一步强化了普鲁士的神学保守势力和专制主义意识形态。柏林大学的神学教授恩斯特·威廉·亨斯滕堡、戈特罗伊·奥古斯特·特罗克、巴龙·冯·考特维茨等人在19世纪20年代发动了一场信仰复兴运动，鼓吹宗教保守主义。德国南部兴起了一场由杜宾根大学的约翰·亚当·默勒、慕尼黑大学的约翰·德林格尔和约瑟·冯·格雷斯领导的新天主教教义运动，主张教会的联合与统一。

为了解决与天主教在莱茵区的长期冲突问题，普鲁士政府在1837年监禁了科隆的大主教并接管了其辖区。教会与国王的激烈斗争为依附于教会或者依附于政府的评论家提供了足够的批判空间。格雷斯提倡德国要在天主教的旗帜下统一起来，恢复中世纪的实力和政治版图，因此猛烈攻击普鲁士政府因禁科隆大主教的行为，掀起了天主教的复辟运动。亨利希·列奥则认为，教皇拥有世俗的权威和教堂的权威，因此，虔诚的新教教堂也拥有帮助德国统一的世俗权威。在1838年出版的《黑格尔门徒》一书中，列奥批评黑格尔及其追随者是反基督教的，坚信宗教教条和哲学之间存在不可逾越的鸿沟，赞成王权、教权和贵族结盟的思想。列奥的政治和宗教观点得到威廉四世的老师、《柏林政治周刊》的主编亨斯滕堡的支持。

在1840年成为国王之后，威廉四世宣布普鲁士为一个基督教国家，将普鲁士引导着向"浪漫主义君主制、有神论的非理性主义和国家基督教思想"的方向前进。① 普鲁士政府和天主教教会之间的冲突，在1842年5月以普鲁士政府的妥协而告终。马克思在《关于教会纠纷问题的论文》中，指出了"国家的拥护者怎样站在教会的立场上，而教会的拥护

---

① ［美］赫伯特·马尔库塞：《理性和革命：黑格尔和社会理论的兴起》，程志民等译，上海：上海人民出版社2007年版，第303页。

者又怎样站在国家的立场上"来实现教会与国家的同流合污的现实。①普鲁士政府也因此加强了对报刊的宗教内容和自由主义倾向的审查,利用教会之间的矛盾来展开宗教批判的空间基本消失。马克思主编的《莱茵报》也在1843年3月因为"具有强烈的反政府性质"和"似乎有反宗教倾向"而被查封。

## 三、德意志的宗教批判斗争

伴随着立宪运动和教会之间的斗争,宗教神学领域的斗争也在1815—1848年的复辟时期展开。作为"19世纪民众宗教运动的发起人",弗里德里希·施莱尔马赫主张彻底改革教会的现状,用民众宗教来取代国家宗教,设立宗教宪法。1821年,黑格尔的宗教哲学演讲引发了黑格尔与新教神学家施莱尔马赫的公开冲突。虔诚派神学家奥古斯特·托拉克在1823年谴责黑格尔忽视了个体神的存在;这种攻击由虔诚派神学家路德维希·格拉克和安道夫·乐卡克在1827年发起,在恩斯特·亨斯腾堡所主编的《基督教会报》中得到继续和发展。当施莱尔马赫在1830年出版《根据新教原则提出的基督教信仰》的第二版时,大卫·弗里德里希·施特劳斯和费迪南·克里斯蒂安·鲍尔都反对施莱尔马赫的做法,断定施莱尔马赫想要摧毁基督教信仰。

尽管对施莱尔马赫的宗教改革方案不满,但是,鲍尔在《象征主义与神话》(1824—1825)中,却引进了历史学家利奥波德·兰克对史料进行严格审查的历史方法和施莱尔马赫的诠释方法来处理基督教的起源和《福音书》的形成问题。② 在随后的教义研究中,鲍尔采纳了黑格尔的辩证法,认为各种教条是在长期历史发展过程中集结、发展和互相移植的结果。③ 借助鲍尔的历史批判方法,大卫·施特劳斯在《耶稣传》中提出了《圣经》资料来源的问题,揭露了传统《圣经》注释的弱点,从而拉开了青年黑格尔派进行宗教批判的序幕。

青年黑格尔派在宗教问题上围绕灵魂不死、上帝的人格性和耶稣的

---

① 《马克思恩格斯全集》第47卷,北京:人民出版社2004年版,第31页。
② 早在18世纪末,德国思想家赫尔德在《论人类救主》中就主张采用历史—批判的原则来审查《福音书》的真实性问题。
③ [美] J. W. 汤普森:《历史著作史》下卷第四分册,孙秉莹、谢德风译,北京:商务印书馆2009年版,第898页。

真实性三个问题展开了宗教批判。① 在 1830 年出版的《论死亡与不朽》的著作中，费尔巴哈强调灵魂不死的想法代表了个人自私自利的心理需求。瑞希特（F. Richter, 1802—1848）在《关于最终的东西的理论》和《新的不朽理论》中指出，黑格尔著作中找不到个人不死的证明。耶稣的历史真实性的问题涉及福音书的考证和对"三位一体"教义的理解。黑格尔将耶稣塑造为一个人类道德的教师，保卢斯、施莱尔马赫等人在研究耶稣的著作中也承认耶稣在历史上的存在。但是，大卫·施特劳斯在《耶稣传》（1835）中彻底否认了耶稣的历史真实性，认为耶稣是基督教构造的一个神话。布鲁诺·鲍威尔则从语言文字角度认为，福音书和耶稣都与人的自我意识相关。青年黑格尔派不仅要将宗教从哲学中驱逐出去，而且要从人的本质异化的角度去寻找宗教产生的原因。与费尔巴哈将上帝看成是人的类本质的异化相似，布鲁诺·鲍威尔也从人的类本质异化的角度揭示宗教产生的根源。这些宗教批判在 1842 年后被直接的政治批判和现实批判所取代。马克思在《〈黑格尔法哲学批判〉导言》一文中由此宣布："就德国而言，对宗教的批判基本上已经结束；而对宗教的批判是其他一切批判的前提。"②

### 四、空想社会主义思潮和社会运动的崛起

在政治与宗教斗争的过程中，工业化和农奴制解放以来的社会贫困问题、道德沦丧问题、关税保护主义问题与政治立宪问题交织在一起，成为新的社会问题。对与这些新的社会问题联系在一起的商业社会的批判逐渐延伸到道德宗教、社会和政治领域，提出的解决办法包括从爱、群体团结、行业管理到国家干预、阶级斗争、暴力革命、创建新的社会的设想。空想社会主义思潮就是针对工业发展所带来的城市贫困、经济危机和对农村手工业的摧残进行批判性的思考并提出解决方案的一种社会意识。

费希特在《锁闭的商业国》（1800）中对自由贸易体系展开了批判，并设计了第一个社会主义计划经济模型。空想社会主义者夏尔·傅立叶不仅对商业社会展开了批判，而且提出了通过爱与合作社形式的群体团结来改造社会的计划。在《政治经济学新原理》（1819）和《政治经

---

① 张慎主编：《德国古典哲学》，南京：江苏人民出版社 2005 年版，第 614 页。
② 《马克思恩格斯全集》第 3 卷，北京：人民出版社 2002 年版，第 199 页。

学研究》（1837）中，西斯蒙第第一次对资本主义展开了的理论批判，指出经济自由主义会带来财富与贫困的两极分化，消费不足会带来经济危机的必然性，提倡用宗法和行会原则来组织社会经济和节制资本主义的发展，保护小生产者和反对大工业化。在《法哲学原理》（1821）中，黑格尔也看到了社会的财富集中和贫困问题的严重性，并提出了利用私人慈善、公共机构救助以及穷人移民海外的办法来解决贫困问题。

昂利·圣西门从未来乌托邦社会的角度来审视社会和经济问题，主张用爱的宗教或者早期基督教为蓝本来取代天主教。圣西门提倡发展工业和实证主义研究方法，认为工业是所有财富的源泉。为了促进工业和科学技术的发展，圣西门主张建立一个以资本家和科学家为统治阶级的和谐社会。特里尔地区最早的空想社会主义者是亨利希·路德维希·拉姆佩尔特·加尔（1790—1863）。加尔在1825年研究了圣西门、傅立叶和欧文的著作，发表了《办法何在》，并在1828年创办了《人类之友报》来宣传联合劳动和共同摆脱贫困的理念。在加尔看来，生产阶级和非生产阶级的利益是对立的，而不平等的分配制度是造成生产过剩和生产阶级贫困的主要原因，提倡开明君主制来实施降低税费的政府改革和保障所有人都有就业、消除贫困的措施。① 面对圣西门的门徒宣扬上帝的雌雄同体、自由性爱、两性平等、社会关系神圣的言论以及设立新教会的尝试，特里尔的大主教在1832年发表声明反对空想社会主义者，新教正统派则将空想社会主义视为对公共虔诚和道德的威胁，谢林、魏斯、列奥、亨斯腾堡、布莱特施奈德等人都对空想社会主义的思想进行了回应性批评。流亡法国的德国作家路德维希·博恩和亨利希·海涅都对空想社会主义进行了批判性评述，爱德华·甘斯也考察过空想社会主义的思想并主张利用国家干预、工人联合的办法来解决社会的贫困。对于甘斯等人而言，空想社会主义的重要性主要在于其"社会科学"而非其宗教主张；对于青年德意志派的作家而言，空想社会主义提供了一个对抗保守浪漫主义思潮的力量。在西奥多·奥莱克斯、西奥多·蒙特、卡拉沃等人看来，空想社会主义是将泛神论拓展到社会和政治领域的结果，目的在于建立一种人和人的关系的社会宗教，以取代人和神的关系的宗教。

---

① 葛斯：《德国空想社会主义者亨利希·路德维希·加尔》，载《国际共运史研究》，1988年第1期。

在"任何直接的革命尝试都毫无意义"的情况下，面对保守势力的残酷压迫，一部分具有革命思想、争取民主自由的大学生和手工业者在德意志境内开展秘密活动，组织秘密的人权协会，印发传单，鼓动民众起义。在《告黑森农民书》（1834）这份在《共产党宣言》之前被认为是19世纪最革命的文献中，德国现代戏剧的创始人格奥尔格·毕希纳（Georg Büchner，1813—1837）提出了"给茅舍以和平，给宫廷以战争"的口号，主张"全德意志的人民都应争得自由"。① 一部分德国手工业者、店员和大学生流亡到法国，在1832年组建了德意志人民协会，该组织在1834年解散后由其左翼代表组建了流亡者同盟。以亨利希·海涅、路德维希·伯尔尼、卡尔·谷兹科夫等为首的作家和诗人在瑞士的伯尔尼，组建了秘密的政治组织青年德意志，继续配合德意志各邦的秘密革命和反抗活动。德意志联邦议会在1835年12月颁布了禁令，禁止阅读和发表海涅、谷兹科夫、亨利·劳贝、鲁道尔夫·维恩巴格（Ludolf Wienbarg）和特奥多尔·蒙特这五位作家的作品。青年德意志的成员也在瑞士政府的迫害下，于1836年流亡到巴黎，与流亡者同盟中部分激进手工业者成员共同组建了正义者同盟。从1838年起，巴黎成立了第一个德国工人协会，威廉·魏特林是早期宣传社会主义思想的代表。莫泽斯·赫斯的《人类的神圣历史》（1837）、魏特林的《现实中的人类和理想中的人类》（1838）、罗仑兹·冯·施泰因的《当代法国的社会主义和共产主义》（1840），以及1839年5月布朗基和巴尔贝斯在巴黎领导的四季社起义，推动了共产主义思潮在德国的快速传播。② 罗仑兹·冯·施泰因认为，无产阶级及其社会地位的需要，要么促使政府进行财富重新分配的改革，要么会发生无产阶级革命和共产主义运动。在1842年出版的《和谐与自由的保证》中，魏特林认定"私有财产是一切罪恶的根源"，商业和金钱就是罪过，提倡工人阶级用"物质的暴力"来解放自己，实现自由和平等的共产主义社会，以便"社会的一切成员公平地、有秩序地共同分配生活上的劳动和享乐"。③ 与黑格尔主张采取行业公

---

① ［苏］伽·谢列布里雅柯娃：《马克思的青年时代》，刘辽逸等译，北京：中国青年出版社1982年版，第152页。

② 卡贝的《伊加利亚旅行记》（1840），蒲鲁东的《什么是所有权?》（1841）和德奥多·德萨米的《公有法典》（1842）也起了重要作用。

③ ［德］威廉 魏特林：《和谐与自由的保证》，孙则明译，北京：商务印书馆1997年版，第311页。

会和国家干预、布鲁诺·鲍威尔主张英雄拯救贫苦大众和应对资本主义所带来的问题不同,马克思则主张,只有将无产阶级组织起来,采取政治行动、消灭私有制和实现人的解放,才能改变无产阶级普遍贫困的命运。

## 第二节　马克思的生活环境与中学教育

海德格尔说:"只要一个思想家的著作或他的著作片断与遗迹已流传下来,一个哲学家的'生活'对于公众就一直会是不重要的。此外通过一种生平描述我们对一种哲学定在上真正的东西也永远不会得以知识。"① 这种生活"历史无关论"的说法,不仅忽视了思想家生活的时代所提出的重大问题及同时代人的反应、思想家参与争论的方式与路径选择,而且忽视了思想家的文本受到诠释方式制约的问题。与政治大环境一样,家庭环境、个人教育和工作经历对马克思的人格和思想的发展具有不可估量的影响。家庭环境和个人教育形成了对社会问题的特殊看法,工作经历则形成了对社会问题的特殊解决方案及其认识的广度。特里尔地区及犹太人的政治变迁对马克思的教育和思想都形成了重要的影响。马克思的中学作文和阅读书籍初步显示了这种影响的深度和广度。

### 一、特里尔的政治变迁

卡尔·马克思于1818年出生在莱茵-威斯特伐利亚省的特里尔市的一个犹太家庭。1794年,法国占领特里尔和其他莱茵地区。特里尔人立起了自由之树,满腔热情地唱着马赛曲,没收修道院和教会的地产,从而获得了"雅各宾党人"的称号。1797年,法国吞并特里尔和莱茵地区,在该地区确立了政治、法律和财产上的平等制度,废除天主教会,出售教会财产,禁止教会的公开活动,免除教会捐税,实行居住和择业自由。② 根据1801年的《吕内维尔和约》,整个莱茵地区被划归法国,

---

① [德]马丁·海德格尔:《谢林论人类自由的本质》,薛华译,北京:中国法制出版社2009年版,第6页。
② [美]乔纳森·斯珀伯:《卡尔·马克斯:一个19世纪的人》,邓峰译,北京:中信出版社2014年版,第7页。

法国将以前莱茵地区的 108 个小邦国划分为 4 个行政区。各行政区和海关的关卡被废除，莱茵地区生产的产品也可自由出口到法国，从而促进了莱茵地区的工业发展。1808 年的法令规定，犹太商人必须从法国当局获得"道德凭证"，在证明自己的商业行为合法和诚实守信之后才能经商。① 利用政治地位的提升，特里尔地区的犹太人通过服兵役、杜绝高利贷行为和从事具有技能的工作来适应政策的变化。犹太居民积极从事商业活动、律师活动和教育活动的后果就是，特里尔地区的主要居民天主教徒不断袭击和攻击犹太人。

但是，拿破仑的战败导致维也纳会议将特里尔和其他莱茵地区划归普鲁士。"拿破仑占领所留下的一个更长久的后果是莱茵地区的人们对法国和法国的思想观念有着深切的同情。"② 莱茵地区那些秉持法国精神的资产阶级也要求在省议会中拥有更多的代表席位，享有更多的言论自由和法律保证。因此，普鲁士的王室、官员和将军们的新教徒身份不仅引起了特里尔地区天主教徒的敌意和猜疑，而且普鲁士在法国税负基础上增加的地产税和消费税，更是引起了特里尔人的憎恨。伴随着贸易和税费改革，特里尔出现了大量的犯罪、乞讨、卖淫、传染病等与极端贫困相关的社会问题，在 1830 年每 4 个居民就有 1 人靠慈善救济生活。③ 由于法国统治下的政治自由与普鲁士统治下的政治压迫形成了鲜明的对比，巨大的心理落差和经济负担让莱茵地区成为德国争取自由民主的摇篮。"莱茵省的市民时代造就了当时德国的一批闯将：亨利希·海涅、路德维希·伯尔尼；德国自由资产阶级的大多数政治领袖，如康普豪森、汉泽曼、克莱森、海特男爵等；'四八年战士'队伍中的许多人，他们开创了德国政治诗歌的第一个大繁荣时期；共产主义者同盟和后来的国际工人协会总委员会的许多领导成员；还有马克思和恩格斯。……他们都受到法国大革命的影响，都在这种影响下行动；他们在塑造德国的上一个

---

① ［美］乔纳森·斯珀伯：《卡尔·马克思：一个 19 世纪的人》，邓峰译，北京：中信出版社 2014 年版，第 8 页。
② ［英］戴维·麦克莱伦：《马克思主义以前的马克思》，李兴国等译，北京：社会科学文献出版社 1992 年版，第 3 页。
③ ［美］玛丽·加布里埃尔：《爱与资本：马克思家事》，朱艳辉译，长沙：湖南人民出版社 2018 年版，第 11 页。

世纪方面起了决定性的作用,并向未来的世纪提出了挑战。"① 在特里尔,枢密顾问官路德维希·冯·威斯特华伦男爵、维滕巴赫、亨利希·马克思等自由主义者,都深受法国大革命的自由和平等思想以及圣西门的空想社会主义思想的影响。

特里尔中学校长约翰·海因里希·维滕巴赫是一位著名的教育家、特里尔市康德研究会会长和文学俱乐部的负责人,精通历史、文学和哲学,对法国大革命、山岳派、吉伦特派和雅各宾党人的专政非常熟悉,对康德哲学颇有研究。持有宪政和民主意识的维滕巴赫对马克思的政治倾向具有一定的影响,该校的许多毕业生都成了左翼分子。② 由于特里尔中学具有明显自由派的倾向,科布伦茨省教育部门多次进行核查,安插暗探,在1833年从一位学生身上搜查出一本汉巴哈大会的演说集,在1834年羁押了一位写政治诗的学生。马克思的数学和物理老师施泰宁格尔因"信仰唯物主义和无神论",希伯来语教师施涅曼因"和人们一起唱革命歌曲",分别受到普鲁士政府的"严厉的谴责"。③ 1835年,教育部门为校长维滕巴赫配备了一位副校长。此人就是以保守和反动著称的拉丁语和希腊语教师维特斯·劳尔斯,政治上有些激进的马克思在毕业时故意不去向劳尔斯道别,以致引起父亲亨利希·马克思在信中的许多规劝。刘乃勇据此认为,"从马克思所处的社会环境、家庭环境和所受的教育背景来看,自由主义是马克思思想原点的基调、底色,这是一个基本的事实判断"。④ 同时,马克思在中学时代的唯物主义"底色"也在学校的教育、家庭的教育和深受法国唯物主义思想影响的特里尔地区不断发展。

## 二、犹太人的政治地位变迁

犹太人在普鲁士和欧洲其他国家一直是一个遭受歧视、憎恨和压迫

---

① [德]曼弗雷德·克利姆:《马克思文献传记》,李成毅等译,郑州:河南人民出版社1992年版,第27页。
② [美]乔纳森·斯珀伯:《卡尔·马克思:一个19世纪的人》,邓峰译,北京:中信出版社2014年版,第19页。
③ [法]奥古斯特·科尔纽:《马克思恩格斯传》第一卷,刘磊等译,北京:生活·读书·新知三联书店1963年版,第92页。
④ 刘乃勇:《马克思的思想原点—马克思特里尔时期文本新解读》,载《江汉论坛》,2010年第2期,第46页。

的民族。这不仅是因为政治上软弱的犹太人始终坚持自己的古老宗教信仰和民族习俗，坚信自己是上帝所选定的子民，采取严格的排外主义，而且是因为政治上强势的基督教国家对保持独特宗教和民族习俗的犹太人采取了不宽容的宗教政策和压迫性的社会政策，根据《新约全书》将犹太民族当作"冥顽不化、执迷不悟的愚民"和"杀害耶稣基督的凶手"的有罪民族对待。

犹太人的真正解放是在法国大革命推动下实现的。1791年，法兰西第一共和国宣布，犹太人享有所有的公民权益。随后，法国统治下的莱茵地区、威斯特伐利亚、瑞士和意大利北部也赋予犹太人公民权，撤销隔离区。巴伐利亚、巴登、符腾堡则仿效奥地利，在承认犹太人公民权益的同时，也对犹太人保留了一些限制性措施。① 为了解决普遍的贫穷问题，犹太人多次上书普鲁士国王要求"解放"，获得与基督徒同等的权利和义务。在1806年的耶拿战役惨败之后，普鲁士从民族振兴、招募士兵和征税的角度出发，在实施社会改革的过程中，触及犹太人的解放问题。经过多年的努力，在首相哈登堡的领导下，普鲁士政府在1812年颁布了《犹太解放敕令》，宣布犹太人与基督徒享有同样的市民权和自由，犹太人在普鲁士境内可以自由居住，自由择业，自由购买地产，有权在军队中服役，但不能担任国家公职，如大学教授、政府官员等。尤其是，犹太人解放与法国革命和拿破仑征服紧密地联系在一起，而1813年德国民族解放战争的胜利和封建复辟导致德国境内普遍废除具有"法国性质"的经济个人主义、政治理性主义、人权和犹太人的权利，推崇以文化民族而非政治为中心的民族主义。② 普鲁士内务部在1817年进一步规定，1812年的《犹太解放敕令》只适用于勃兰登堡、东普鲁士和西里西亚这些老普鲁士地区，而不适用于莱茵省等新合并的省份。这些新省份存在五花八门的犹太人政策，其共同特点是限制犹太人获取市民权，只承认犹太人的经济权利，禁止犹太人做死刑执行人。

犹太人意识到，决定社会地位高低和得到政府保护的主要因素是积

---

① 德意志境内的犹太人全面解放的时间是：美因茨（1798年）、法兰克福（1811年）、不伦瑞克（1834年）、普鲁士（1850年）、巴登（1862年）、奥匈帝国（1867年）、萨克森（1868年）。

② Robert S. Wistrich, "Radical Anti-Semitism in France and Germany (1840 – 1880)", *Modern Judaism*, Vol. 15, No. 2, May 1995, pp. 109 – 135.

累财富的多少，而不是政治权利。"现在，经济生活越是致力于谋求利润，经济利益获得的影响越大，犹太人就越是会通过工商业为自己赢取在国家中的尊重与权力，而相关限制法律恰恰不让他们获得这种尊重与权力。"① 在这种物质利益观的驱动下，越来越多的犹太人从村庄迁往较大的城镇，把他们的子女送到非犹太人学校去接受中学和大学教育，年轻犹太人则积极从事商业、法律、医学、新闻业和艺术。多样化的解放犹太人的政策、犹太人与社会融合的问题、犹太人的卓越经商才干以及在经济上的迅速崛起，带来了基督徒反对犹太人的大量宣传、仇恨和暴动。1819 年 8—9 月，维尔茨堡、法兰克福、汉堡等地的暴徒攻击了犹太人的商业店铺和家庭，在"黑普，黑普，让犹太人不得好死！"的喊叫中放火焚烧犹太教堂，要求将犹太人从此前为基督徒保留的活动中驱逐出去。德国大学生联合会也在 1820 年的秘密会议中拒绝犹太人入会，要求纯化联合会的"基督徒德意志人的性质"，以致被排挤的亨利希·海涅感到"德意志的一切对我的作用就像催吐剂"②。在普鲁士回归基督教国家的理念之后，基督徒对犹太人的歧视和攻击变本加厉。1822 年 8 月，普鲁士国王威廉三世取消了 1812 年敕令关于允许犹太人"担任他们在行的大学教学、教学管理和行政区管理职务"的规定，开除大学中所有犹太人的教职。许多空想社会主义者随后将反犹太人政策与反对资本主义捆绑在一起，把犹太人当作剥削基督徒的资本家或高利贷者进行攻击。

面对种族歧视和解放运动所带来的暴动，犹太人在 19 世纪初面临着三种选择。多数比较贫困的犹太人坚持正统的犹太教，坚信犹太法典的真理性，对救世主将犹太人带回巴勒斯坦抱着不可动摇的希望。少数接受启蒙思想的犹太人力图改变犹太法典的优势地位和拉比的统治，极力宣传世俗化的教育。1818 年 11 月，爱德华·甘斯、亨利希·海涅和其他犹太知识分子创建了犹太文化和科学协会，致力于重新审视犹太人的法规和信仰，向犹太人开放现代科学的所有分支和提高犹太人的自我意识。另外一些犹太精英皈依了基督教。摩西·门德尔松、路德维希·伯尔尼、

---

① ［德］维尔纳·桑巴特：《犹太人与现代资本主义》，艾仁贵译，上海：三联书店 2015 年版，第 126 页。
② ［德］弗里茨·约·拉达茨：《海因里希·海涅传》，胡其鼎译，北京：东方出版社 2001 年版，第 34 页。

亨利希·海涅、费利克斯·门德尔松、迈耶·阿姆谢尔·罗斯柴尔德、爱德华·甘斯、弗里德里希·施塔尔等犹太人精神领袖开启了皈依基督教的风气。不幸的是，普鲁士国家与基督教的联盟强化了反犹倾向，柏林大学逐渐成为基督教国家的意识形态中心。

马克思的犹太人身份和生活体验凸显了物质利益和政治解放之间关系的重要性。1830 年，汉堡犹太人抗议基督徒的价格歧视，结果遭到大屠杀。但是，普鲁士国王腓特烈·威廉四世的反应是："可鄙的犹太集团每日都借言论、文字和图画用斧头砍德意志人的根。"① 1843 年，莱茵地区颁布了解放犹太人的决议，希望解决犹太人的异化问题。海涅在 1843 年发表的长诗《阿塔·特罗尔。一个仲夏夜的梦》则说："不错，甚至犹太人也应该享受充分的公民权，同所有其他的哺乳动物一样，在法律上处于平等地位。"② 从普鲁士国家的立场出发，布鲁诺·鲍威尔在《犹太人问题》（1843）一文中将犹太人在基督教世界所受的压迫归结为犹太人严格遵守宗教传统的民族性格和习惯。鲍威尔宣称，基督教国家"不可能使其他某一宗教的信徒和基督教阶层在权利上完全平等"，因而提倡犹太人放弃自己的宗教而采取融合到基督教世界的自由主义解决方案。③ "自由主义解决方案的失败意味着，犹太人不可能通过将个体同化到他们所置身的民族当中，或者通过成为各自由国家中同其他公民一样的公民，重新获得自己的荣誉；自由主义的解决方案至多只能带来法律上的平等，无法带来社会上的平等。"④ 马克思显然看到了这一点，在《论犹太人问题》和《神圣家族》中区分了政治解放和人类解放，分析了犹太精神产生的历史条件。马克思说："只要剥掉掩盖着犹太精神实质的宗教外壳，掏出犹太精神的经验的、世俗的、实际的内核，就能够规划一个消溶这种内核的真正的社会形式。……现实的世俗的犹太精神，因而宗教的犹太精神，是由现今的市民社会所不断地产生出来的，并且

---

① ［德］弗里茨·约·拉达茨：《海因里希·海涅传》，胡其鼎译，北京：东方出版社 2001 年版，第 233 页。
② ［德］弗里茨·约·拉达茨：《海因里希·海涅传》，胡其鼎译，北京：东方出版社 2001 年版，第 233 页。
③ 《马克思恩格斯全集》第 2 卷，北京：人民出版社 1957 年版，第 111 页。
④ ［美］列奥·施特劳斯：《斯宾诺莎的宗教批判》，李永晶译，北京：华夏出版社 2013 年版，第 7—8 页。

在货币制度中获得了高度的发展。"① 这就意味着，犹太人问题的根本解决不是取消犹太教，而是需要从根本上改变资本主义社会，在政治解放的基础上实现人类的解放。"因此，犹太人解放为人，或者人从犹太精神中获得解放，不应像鲍威尔先生那样理解为犹太人的特殊任务，而应理解为彻头彻尾渗透着犹太精神的现代世界的普遍的实践任务。已经证明，克服犹太本质的任务实际上就是消灭市民社会中犹太精神的任务，消灭现代生活实践中的非人性的任务，这种非人性的最高表现就是货币制度。"②

## 三、马克思的家庭背景及新人文主义教育

青少年时代的马克思生活在封建复辟势力和经济自由不断加强的时代中，一个深受法国启蒙运动思想影响的家庭，接受着新人文主义者反对暴政、争取政治自由和全面发展人性的教育。传统的马克思研究集中关注博士论文的问题探索及其取得的思想成就、黑格尔和费尔巴哈在马克思早期思想发展中的作用，往往忽视马克思在中学和大学时期所接受的新人文主义教育和大量的古典阅读，及其思想框架的建构和演变。"马克思的教育背景为他一生的研究工作奠定了知识和技艺的基础。个人环境有意或无意深刻地影响着他对事情的反应，并促成他的态度朝向一定的方向。"③ 实际上，马克思在中学和大学时期接触的各种思想和理论为他后来的理论创新和实现唯物史观的综合奠定了坚实的基础。

（一）马克思的家庭背景

父亲亨利希·马克思（1777—1838）爱好古典文学和哲学，推崇莱辛、伏尔泰和卢梭等启蒙运动者的自由思想。为了挽救自己的法律职业，稳定家庭收入，减少被基督徒攻击的可能性，对启蒙运动持强烈支持态度的亨利希·马克思在1817年皈依了柏林当局所推崇的路德教。海因茨·蒙茨在《卡尔·马克思和特里尔》一书中谈到，普鲁士的中央档案十分突出地强调莱茵地区的信仰对立，特别是表现在对普鲁士制度的政

---

① 《马克思恩格斯全集》第2卷，北京：人民出版社1957年版，第139—140页。
② 《马克思恩格斯全集》第2卷，北京：人民出版社1957年版，第141页。
③ 戴高礼：《马克思思想来源的古希腊传统》，见［美］麦卡锡选编：《马克思与亚里士多德：十九世纪德国社会理论与古典的古代》，郝亿春等译，上海：华东师范大学出版社2015年版，第148页。

治辱骂之中。① 迫于母亲的反对，亨利希·马克思只能拖延家中其他人的受洗礼。在1823年母亲去世后，亨利希·马克思决定全家改信路德教。卡尔·马克思和其他兄弟姐妹在1824年8月17日受洗新教，亨利希的妻子罕丽达·普勒斯堡·马克思因害怕犹太上帝的报复和惩罚，犹豫了15个月之后，才在1825年底加入新教。② 这种强迫改信基督教所带来的宗教异化，也许对卡尔·马克思早年的生活经历有重要的影响。

亨利希·马克思在1817年被任命为特里尔高等上诉法院的律师。从1820年起，亨利希·马克思还兼任特里尔地方法院的律师，为特里尔的市民和葡萄农提供法律咨询和辩护，有资格在民事案件中代表委托方出庭。由于在特里尔律师界享有崇高的威望，亨利希·马克思还被授予"法律顾问"头衔，作为律师公会会长领导特里尔律师界多年。由于普鲁士政府在19世纪20年代的复辟政策和对社会的广泛压迫，亨利希·马克思一直在内心坚持法国的自由主义精神，时刻铭记法国在政治、宗教、生活和艺术方面的自由思想，并在1825年钻研圣西门的空想社会主义著作。亨利希·马克思经常与卡尔·马克思探讨法国、犹太教、上帝、道德和自由等问题，从而培育了卡尔·马克思的社会公平意识。

伴随着财富的增加，亨利希·马克思在1831年和1833年分别被普鲁士政府授予"司法委员会委员"资格和"公证顾问"的荣誉头衔。秉持自由主义理念的亨利希·马克思和校长维滕巴赫参加了特里尔的自由主义团体文学俱乐部，与卡尔·马克思谈论英国废除《济贫法》、法国的七月革命以及德国境内压制立宪运动的行为。为了配合德国南部的拥护自由主义宪法的运动，文学俱乐部在1834年1月12日组织了一次宴会，欢迎莱茵省议会中普鲁士选区的自由派议员。作为宴会的主办者之一，亨利希·马克思发表了称颂国王的演说，但因集体唱马赛曲而引起政府的震怒、调查和审讯，俱乐部的活动受到警察局的监视。③ 亨利希·马克思也被柏林视作"认为普鲁士莱茵地区的分裂是不可调解"的人之列，饱受政治不信任的痛苦。"校长被辞退、一向奉公守法的父亲被

---

① ［德］曼弗雷德·克利姆：《马克思文献传记》，李成毅等译，郑州：河南人民出版社1992年版，第40页。
② ［苏］伽·谢列布里雅柯娃：《马克思的青年时代》，刘辽逸等译，北京：中国青年出版社1982年版，第103页。
③ ［法］奥古斯特·科尔纽：《马克思恩格斯传》第一卷，刘磊等译，北京：生活·读书·新知三联书店1963年版，第89页。

不问理由地审查时,卡尔才16岁,正是敏感的年纪。可以想象,政府的打压一定给他留下了深刻的印象。对他而言,如果说言论自由和平等在此之前还只是抽象的概念,现在却不再抽象。他亲身体会到了柏林政府的恐怖和不加掩饰的专制手段,还有面对如此现实、自己无力抗拒的那种愤怒和屈辱。"①

由于亨利希·马克思在1838年5月10日去世,卡尔·马克思从事法律职业所需要的长期培养费从此就断了根基。亨利希·马克思的自由主义倾向、对政府迫害的敏感以及对财务问题的关注,从父子之间的亲密关系来看,可能会传染给卡尔·马克思。卡尔·马克思的女儿艾琳娜·马克思在后来回忆中说:"摩尔的父亲——摩尔十分钦佩自己的父亲——是一个地道的18世纪的'法国人'。他能背诵伏尔泰和卢梭,就像老威斯特华伦背诵荷马和莎士比亚一样。而摩尔的惊人的渊博无疑在很大程度上应归功于'遗传'的影响。……马克思非常眷念他的父亲,常常不厌其详地谈起他,而且总是把他那张老式银版照片带在身边。"②但是,卡尔·马克思政治理念的发展很快就超越了父亲那具有妥协性质的自由主义理念。在1838—1848年间,除在《莱茵报》时期有半年的工作外,卡尔·马克思一直处于漂泊和财务困境之中。财务问题或者自身的经济问题不仅推动马克思对经济问题的研究,也让他意识到经济问题的基础性作用。

(二) 德国的新人文主义运动

卡尔·马克思在1830年进入特里尔的弗里德里希·威廉中学(简称特里尔中学),一所德国教育界以新人文主义教育见长的高级文科中学。③ 文科中学不同于以牧师为主的旧式文法学校,是普鲁士基于"全面教育"思想和新人文主义理想进行教育改革的产物,在常规的学校课程之外还提供一定数量的哲学和神学讲座课程。新人文主义运动是一种复兴"文艺复兴"的运动。第一次文艺复兴运动或者旧人文主义运动最初发生在14世纪的意大利,然后在十六七世纪扩展到英国和法国,目的

---

① [美] 玛丽·加布里埃尔:《爱与资本:马克思家事》,朱艳辉译,长沙:湖南人民出版社2018年版,第15页。
② [德] 曼弗雷德·克利姆:《马克思文献传记》,李成毅等译,郑州:河南人民出版社1992年版,第30页。
③ 1835年,普鲁士有112所文科中学。

是恢复被日耳曼蛮族入侵毁坏的古代罗马的语言和文化，延续古典作家的写作。第二次文艺复兴运动或新人文主义运动主要发生在18世纪末的德国，目的是恢复古希腊的文学、艺术、哲学和文化精神，教育的目标是按照古希腊的理想模式在体格、容貌、心灵甚至精神上塑造青少年，手段则是强化对古典作家的学习和研究。①

德国的新人文主义运动起源于摆脱外国文化和语言依赖的民族文学运动。莱辛、赫尔德、歌德和席勒都是民族文学运动的积极倡导者。在莱辛看来，模仿者很难超过外国原生态的文化，在忽视自身特质中无法产生原创性的东西。由此，以提倡民族语言和民族文学为己任、对外国文化展开讽刺与批评的民族文学运动得以展开。德国民族文学运动沿着两条道路前进：一是文学功能和内容的转变，即文学从上流社会的娱乐活动转为社会中下层的教育与审美活动，贵族文学走向平民文学，由此引发了以歌德和赫尔德为主要代表的狂飙突进运动；二是由温克尔曼引导的以模仿古希腊文化取代模仿法国文化的新人文主义运动。

德国新人文主义运动大致分为1770—1806年间的思想倡导阶段和1810年之后的教育实施阶段。在思想倡导阶段，温克尔曼是新人文主义运动的开创者，莱辛、赫尔德、施莱格尔兄弟、弗里德里希·沃尔夫、弗里德里希·韦尔克是其继承者，歌德和席勒是集大成者。康德、费希特、谢林等人都为此做出了贡献。威廉·冯·洪堡在1810年将新人文主义理念或新希腊精神制度化，在教育改革中创建了新人文主义中学和柏林大学，实现了中学的古希腊文化教育、大学的哲学教育和大学各科系的教育都构成一个有机统一体，而哲学居于基础性地位的理想。具体而言，德国新人文主义运动主要有以下五个特点。

第一，在基督教框架内发现或者发明了古希腊的人性完善的模型，并试图推广到所有的人类社会而构建理想的社会。温克尔曼的《古代艺术史》展现了古希腊的真正人性完美和自足的理想，莱辛则强调了希腊人的自然性，赫尔德则在《雕塑论》中感叹希腊人是"天生的美的艺术家""达到了在地球上从那时以来就不再出现过的艺术高峰"。② 席勒、

---

① ［德］弗里德里希·包尔生：《德国大学与大学学习》，张弛等译，北京：人民出版社2009年版，第48页。

② ［德］约翰·哥特弗里特·赫尔德：《赫尔德美学文选》，张玉能译，上海：同济大学出版社2007年版，第35页。

歌德、诺瓦利斯、荷尔德林、施莱格尔兄弟等人都从希腊的完满人性出发强调人的创造性、主观能动性和人性的整体性。席勒说："在他们的身上，我们看到了想象的青年性和理性的成年性结合成的一种完美的人性。"① 这些新人文主义者认识到，希腊首先开启了人性启蒙的历史，但欧洲需要在更高的启蒙阶段从希腊的地方主义和幼稚观点中解放出来，实现对全世界的启蒙和对一切人的爱。歌德的"世界文学"构想，莱辛的"世界公民"设想，荷尔德林关于国家消亡的设想，威廉·洪堡关于学术自由的设想，都是其反映。马克思在1843年致阿诺德·卢格的信中说："问题不在于将过去和未来断然隔开，而在于实现过去的思想。最后还会看到，人类不是在开始一项新的工作，而是在自觉地完成自己原来的工作。"②

第二，构建了人性完善的历史模型。赫尔德、康德和费希特的历史哲学都展现了普遍人性解放的宽阔的历史视野，尽管它们在实现目标的道路、方式、制度建构、对历史的审视和对宗教的态度等方面略有不同。在历史主义的推动下，对人性完善的哲学猜想转变为历史规律的寻求，历史学取代哲学成为谢林和马克思视野中真正"唯一"的科学。

第三，追求精神自由，反对功利主义。新人文主义者都看到了现代人在功利主义驱使和职业教育下出现的精神异化现象，都试图设计各种克服精神异化的手段和制度。康德哲学强调道德自律是精神自由和摆脱欲望统治的关键，理想的社会是建立在道德自律上的社会。席勒在《美育书简》中提倡趣味的教育和生活的趣味化，在心灵中培养对美和善的感受，作为远离功利主义和预防各种粗俗的欲望侵害的手段。在席勒看来，政治自由只有在审美教育和美的创造中才能实现，人只有在社会中才能全面、自由地发展。③ 费希特和黑格尔则强调国家制度在约束功利主义和实现精神自由中的作用。

第四，强调教育或教养在人性完善和教化中的根本性作用。新人文主义者将政治和国家当作实现人性完美的障碍，并认为促进人性完美的教育者比关注现实政治事务的政治家更高尚。新人文主义教育的目的就

---

① [德] 席勒：《美育书简》，徐恒醇译，北京：中国文联出版公司1984年版，第49页。
② 《马克思恩格斯全集》第47卷，北京：人民出版社2004年版，第66—67页。
③ [德] 席勒：《美育书简》，徐恒醇译，北京：中国文联出版公司1984年版，第39页。

是培养个人的社会道德和教养，而非具体的实用技能。这种鄙视技能和劳动的倾向体现在新型大学将技术、工程、商业等实践性科学排除在大学之外。教养的核心是哲学陶冶、科学训练和审美情趣的培养。有教养、有文化的一个标志就是掌握古希腊语和拉丁语。教养不仅需要整合所有的知识，还需要知识的创新，不断地追求真理。

第五，学者阶层与大众阶层的对立。与古希腊将整个社会分为自由人和奴隶相似，新人文主义者也将眼光瞄准有教养阶层的培养，而将没有教养的大众看成功利主义的劳动者。学者阶层是"自由的人，代表着理念"，大众阶层则是"不自由的人，代表着具体的和感性的事物"。①"在德国，那些受过大学教育的人，构成了一种类型的知识精英阶层。这个阶层由教士和教师、法官和官员、医生和技术人员等，简言之，就是所有有过大学经历并已获得某个博学职业或管理性职业准入的人所组成。这些人作为一个整体，组成了权贵阶层。"② 在费希特、谢林、萨维尼的知识共和国中，大学教育成了获取"公民权"资格的必备条件。将一个受过大学教育的、来自较低社会阶层的人根据书报检查制度或者《卡尔斯巴德法令》从学术界驱逐出去，就等于古希腊时期的政治放逐。这些被放逐的人，如海涅、甘斯、鲍威尔、马克思、路德维希·费尔巴哈，就将领导一场争取"希腊式公民权"的政治和宗教斗争。这场斗争既要反对知识精英的意识形态霸权，又要反对政治和经济精英的政治垄断和财富霸权。持续增加的、被社会排挤的新兴劳工阶层就为即将到来的工人运动提供了斗争的现实力量。

（三）马克思的新人文主义中学教育

根据1810年7月的普鲁士教育改革法，文科中学的教师必须取得由柏林大学、布雷斯劳大学和哥尼斯堡大学组织的教师资格考试的从教资格，教师考试科目包括文科中学讲授的语文、科学、数学和历史等全部学科。经过这样的严格学术训练和考试，"德国的文科中学教师完全视自己为学者"。③ 有的长期专注于科学研究，而不是教条式传授专业知识的

---

① ［德］谢林：《哲学与宗教》，先刚译，北京：北京大学出版社2017年版，第86页。
② ［德］弗里德里希·包尔生：《德国大学与大学学习》，张弛等译，北京：人民出版社2009年版，第119—120页。
③ ［德］弗里德里希·包尔生：《德国大学与大学学习》，张弛等译，北京：人民出版社2009年版，第66页。

教书匠。例如，哲学家黑格尔、历史学家利奥波德·兰克和数学家卡尔·魏尔斯特拉斯都曾长期在中学教书，然后晋升为柏林大学教授。青年黑格尔派的科本、施蒂纳、大卫·施特劳斯和鲁腾堡都曾是中学教师。与旧的文法学校主要学习拉丁文写作不同，"新的中等学校的目标是推行全面教育，以古典文学研究和德文教学培养学生在语文和文学方面的能力，以数学、自然科学、历史和宗教教育提高学生的'实验方面'的知识。实际上，教学的重点仍然是放在古典文的学习上"。①

不仅教师具有真才实学，而且学生也要连续学习拉丁文、希腊文、德文和数学近十年，每年累计周时数为拉丁文 76 小时，希腊文 50 小时，德文 44 小时，数学 60 小时，历史和地理 30 小时，宗教教育 20 小时和自然科学 20 小时。② 在谢林看来，各种古代语言的学习让人们不仅"在年幼的时候就在觉醒过来的机智、敏锐性、发明创造力等方面获得最初的训练"，而且认识到不同语言所包含的"活生生的精神"的各种可能性。③ 只有文科中学的学生才有资格参加政府组织的毕业考试和进入大学学习。1834 年，普鲁士统一了大学入学考试的办法，取代了先前各大学自行举办入学考试的做法。考试的核心是要求学生精通古典语文，希腊文考试要求考生"当场翻译"希腊原文或者将德文翻译成希腊文，拉丁文考试则要求考生撰写拉丁文论文，考生还要写一篇德文论文和解答一些数学问题。所有各科都要进行口试。"经文科中学毕业考试而入大学的学生，则不仅精通两种古典语文，并在广泛阅读中获得了历史和人文学科的知识，而且奠定了数学、自然科学和两种现代语文的良好基础。"④

特里尔中学非常重视古典文学教育，学生们大部分时间都学习拉丁文和希腊文。按照普鲁士的教育制度规定，一年级（初中）应该修学 3 年，但马克思只学习了 2 年。马克思在特里尔高级中学受到人文主义训

---

① ［德］弗·鲍尔生：《德国教育史》，滕大春、滕大生译，北京：人民教育出版社 1986 年版，第 136 页。
② ［德］弗·鲍尔生：《德国教育史》，滕大春、滕大生译，北京：人民教育出版社 1986 年版，第 135 页。
③ ［德］谢林：《学术研究方法论》，先刚译，北京：北京大学出版社 2019 年版，第 124 页。
④ ［德］弗·鲍尔生：《德国教育史》，滕大春、滕大生译，北京：人民教育出版社 1986 年版，第 137 页。

练的严格程度，可以从教学计划、马克思保留下来的毕业论文以及32个同学中只有22个考试及格的事实中看出，尽管马克思只获得了中等分数2.4分（毕业证书上写"该生才能良"）而不是最高分1分。① 根据1835年高中班的教学计划，拉丁语课程讲解西塞罗的《讲演录选》、塔西佗的《编年史》和《阿格里科拉传》、贺拉斯的《颂诗》和《讽刺诗集》；希腊语课讲解柏拉图的《斐德罗篇》、修昔底德的《伯罗奔尼撒战争史》第1卷、《荷马史诗》和索福克勒斯的《安提戈涅》；德语课程讲解歌德、席勒和克洛普什托克的诗，以及17世纪起始的德国文学史；法语课程讲解孟德斯鸠的《罗马盛衰原因论》、拉辛的《阿达莉》；数学学习代数、几何和三角几何；物理学学习声学、光学、电学和磁学；历史课程学习罗马史、中世纪史和现代史。② 在马克思的《特里尔中学毕业证书》中，关于拉丁语学习的评语如下："从实际方面看，他的作文显得思想丰富，对事物有较深刻的理解，不过经常过于冗长；从语言学方面看，作文说明该生做过许多练习，并力求运用地道的拉丁语，虽然还不免有些语法上的错误。他在口语方面，达到了相当令人满意的熟练程度。"③

在1833年写的具有新人文主义色彩的诗歌《查理大帝》中，马克思盛赞查理大帝在改变日耳曼人的陈规陋习、大力发展教育、确立法律和保障民众安居乐业等方面的巨大贡献，从而使日耳曼人摆脱了蒙昧、走向了崇高和美的诗意生活。④ 由于对拉丁语的熟练掌握，马克思在大学时代曾将《学说汇纂》的头两卷翻译成德文。同样，在希腊语方面，"他的知识和他对在校所学古典作家作品的理解能力，差不多和拉丁语一样好"。⑤ 这体现在马克思在大学时代翻译亚里士多德的《论灵魂》和《修辞学》上。此外，马克思在中学时代还阅读过荷马、贺拉斯、修昔底德、索福克勒斯、马布里、孟德斯鸠、席勒、歌德、莎士比亚、海涅以及法国作家法奈龙、勒萨日、乔治·桑等人的作品。⑥ 马克思通晓德

---

① 在1835年毕业的32名同班同学中，大部分是家境一般的、来自农民和手工业者家庭的天主教学生，只有7名新教学生来自官员、军官或者专业技能家庭。
② ［德］曼弗雷德·克利姆：《马克思文献传记》，李成毅等译，郑州：河南人民出版社1992年版，第35—36页。
③ 《马克思恩格斯全集》第1卷，北京：人民出版社1995年版，第932—933页。
④ 《马克思恩格斯全集》第1卷，北京：人民出版社1995年版，第917页。
⑤ 《马克思恩格斯全集》第1卷，北京：人民出版社1995年版，第933页。
⑥ ［苏］伽·谢列布里雅柯娃：《马克思的青年时代》，刘辽逸等译，北京：中国青年出版社1982年版，第154页。

语、法语、英语、意大利语、希腊语和拉丁语,后来还懂一点俄语,这为马克思博览各种语言的原典提供了便利。马克思去世后的书房藏有89卷古希腊和古罗马作者的书,包括荷马、修昔底德、亚里士多德、埃斯库罗斯、塔西佗、西塞罗、贺拉斯等人的原文著作。① 对古典著作和法国大革命的偏好伴随着马克思的一生,这从马克思著作中包含大量的希腊和拉丁谚语以及对古典著作的引用中可以看出。

(四) 新人文主义教育对马克思的影响

新人文主义在精神上影响了浪漫主义的发展,在方法上影响了德国历史学派的发展。除了中学的新人文主义教育,马克思或者直接受教于韦尔克、奥·施莱格尔这些新人文主义者,或者直接阅读温克尔曼、莱辛、沃尔夫等新人文主义者的著作,或者直接阅读古希腊罗马的修昔底德、索福克勒斯、柏拉图、亚里士多德、塔西佗、李维等人的著作。马克思的博士论文也是将古希腊诗歌、艺术和文学领域的新人文主义研究推广到哲学领域的重要尝试,算是新人文主义运动的一部分。新人文主义教育对马克思的影响表现在以下四方面。

第一,继续追求人性的完美,反对功利主义的异化思想。柏拉图在《斐德罗篇》中提倡一个人要追求理想和善的人生。歌德和席勒的戏剧和小说都倡导人的自由和全面发展,努力克服功利主义的异化现象。在《美育书简》第6封信中,席勒写道:"在希腊的国家里,每个个体都享有独立的生活,而一旦必要又能成为整体;希腊国家的这种水螅本性,现在让位给一种精巧的钟表机构,在钟表机构里,由无限众多但都无生命的部分拼凑成一个机械生活的整体。现在,国家与教会,法律与习俗都分裂开来了;享受与劳动,手段与目的,努力与报酬都分离了。人永远被束缚在整体的一个孤零零的小碎片上,人自己也就把自己培养成了碎片;由于耳朵里听到的永远只是他发动起来的齿轮的单调乏味的嘈杂声,他就永远不能发展他本质的和谐;他不是把人性印压在他的自然本性上,而是仅仅把人性变成了他的职业和他的知识的一种印迹。"② 席勒主张通过艺术教育和审美判断力的培养来改造人类的心灵和人性,促进

---

① 戴高礼:《马克思思想来源的古希腊传统》,见[美]麦卡锡选编:《马克思与亚里士多德:十九世纪德国社会理论与古典的古代》,郝亿春等译,上海:华东师范大学出版社2015年版,第157页。

② [德]席勒:《席勒散文选》,张玉能译,天津:百花文艺出版社1997年版,第170页。

人的自由和全面发展，避免人性的分裂与异化。在席勒看来，审美教育的目的在于"培养我们的感性能力和精神能力的整体达到尽可能有的和谐"。① 马克思在中学德语作文中追求自我的完美和人类的幸福，反对功利主义的职业选择。在戏剧《乌兰内姆》中，马克思反对功利主义的爱情观。在《关于伊壁鸠鲁哲学的笔记》中，马克思研究了伊壁鸠鲁的享乐哲学。在《莱茵报》时期，马克思反对普鲁士政府的功利主义法律和政策对自由的危害性。

卢卡奇在《歌德与其时代》（1968）中认为，古希腊文化在马克思的早期思想中扮演着重要的角色。它不仅有助于马克思理解"建立在真正奴隶制基础上的古代现实的民主的共同体和现代建立在解放奴隶制的资产阶级社会基础上的精神性的民主的代表制国家"的根本区别，而且有助于马克思理解资本主义的劳动异化所带来的人性异化及其恢复完整人性的可能性。汉娜·阿伦特在《在过去与未来之间》中认为，"马克思是根据发源于希腊城邦的经验和一系列主要的政治概念进行思考的"，而共产主义理想是"对同一个雅典城邦国家的政治和社会状况的再现"。② 在修昔底德、柏拉图、亚里士多德和伊壁鸠鲁的著作中，马克思看到了雅典的公共政治生活与近代资本主义社会私人生活的高度对立，资本主义的发展所带来的个体主义和功利主义的兴起及劳动异化的后果。马克思对席勒的《美育书简》和古希腊悲剧的熟悉会加深这种印象。实现个性的全面发展和展现人性的完美就需要在全世界范围内消除促进功利主义高度发展的私有制及其劳动异化的后果。这只有在一个新的社会即共产主义社会才会实现。《1844年经济学哲学手稿》就预设了这样一个自由人的联合体的社会，并将实现这样一个社会的主导力量赋予了无产阶级。马克思谈到了"美的规律"、美感的超功利性、美感的形式等美学问题，作为人在共产主义解放条件下实现自由的条件。

第二，反对暴政，追求自由。特里尔中学的许多课程都与反暴政、争取自由有关。索福克勒斯在《安提戈涅》中展现了公民反抗暴政的正

---

① ［德］席勒：《席勒散文选》，张玉能译，天津：百花文艺出版社1997年版，第234页。
② 梅维斯：《马克思及古希腊人对18世纪德国思想的影响》，见［美］麦卡锡选编：《马克思与亚里士多德：十九世纪德国社会理论与古典的古代》，郝亿春等译，上海：华东师范大学出版社2015年版，第23页。

义行为。① 罗马史学家塔西佗在《编年史》和《阿格里科拉传》中，批判暴政和暴君的专制压迫，歌颂贵族共和国的理想和自由。贺拉斯在《讽刺诗》和《颂诗》中哭诉了内战的血腥和政治迫害的残酷，讴歌自由的美好。拉辛在《阿达莉》中批判专制制度，展现了群众推翻暴君的斗争场面。在新人文主义教育的熏陶下，在亲眼看见各种政治活动的压力下，在阅读歌德、席勒等人的小说中，马克思在中学毕业时已经是一个秉持自由理想和信念的共和主义者。在面临普鲁士的封建复辟和加强专制的环境下，在审视了各种行政、教育和慈善改良措施无效的情况下，马克思逐渐走上了革命的道路，超越了新人文主义教育的视野。

第三，奠定了历史主义思维模式的基础。修昔底德在《伯罗奔尼撒战争史》中展现了希腊城邦兴衰的历史逻辑，并注重历史事实的校勘与考证。塔西佗的《编年史》探讨了罗马共和国衰亡和专制帝国的形成原因和实质。修昔底德和塔西佗都具有敏锐的观察力、悲天悯人的历史情怀，对历史事件崇尚简洁概括和心理分析，都聚焦于政治史而对社会的物质生活和精神生活的变化有所忽视，将亲身经历与史料的选择有机结合起来，强调历史的垂询后世和道德功能。② 两人都秉持循环史观，认为各民族处在自由与奴役、退化与进步的历史循环之中。此外，塔西佗客观地描写了日耳曼民族的风俗习惯和生活方式。索福克勒斯在《安提戈涅》谈到了人类对于大自然的改造，如开垦土地、驯化动植物、捕捉鸟类和鱼类、建立城邦和习俗。这些历史意识在大学时期更广泛地阅读各种专门史和通史的基础上得到不断深化和发展，最终铸就了马克思的历史思维模式。

第四，注重作品的艺术整体性。柏拉图的《斐德罗篇》和贺拉斯的《诗艺》都提倡艺术创作的有机整体原则，都主张将事物的真知与修辞术结合起来。柏拉图认为，研究事物的本性、获得事物的真知是第一位的，修辞术是第二位的。好的文章需要"一方面识别听众的不同性格，另一方面按本性划分事物的种类，然后把个别事物纳入一个普遍的类型，

---

① 马伊尔：《索福克勒斯的政治诗艺》，见刘小枫、陈少明主编：《索福克勒斯与雅典启蒙》，北京：华夏出版社2007年版，第51页。
② 张广智：《"惩罚暴君的鞭子"：塔西佗的社会历史观及其他》，载《河北学刊》，2003年第1期。

从总体上加以把握"。① 文章的结构安排应遵循有机的原则,每一段话放在一个特定的位置都需要充足的理由并构成整体的一部分。"每篇文章的结构都应该像一个有机体,有它特有的身体,有躯干和四肢,也不能缺头少尾,每个部分都要与整体相适合。"② 在写作时,要将研究与叙述结合起来。"头一个步骤是把各种纷繁杂乱但又相互关联的事物置于一个类型下,从整体上加以把握——目的是使被选为叙述主题的东西清楚地显示出来。"③ 这就需要对事物的概念在研究的基础上进行准确的定义,以便确保论证的清晰和逻辑的前后一致。"第二步看起来与第一步正好相反,顺应自然的关节,把整体划分为部分。"④ 这种对文章进行划分和综合、将事物的规律与多样性统一起来的艺术就是辩证法。文章的结构就由绪论,观点的陈述,直接的和间接的证据,其他可能的观点、引证、佐证、驳斥和总结等要素构成,并"把各种要素安排成一个整体,使各部分相互之间以及与整体都和谐一致"。⑤ 在柏拉图、贺拉斯等人的影响下,马克思终身都对自己和他人作品的艺术整体性保持浓厚的兴趣,并从自己的经验中总结出了从具体上升到抽象、再从抽象返回到具体的研究与写作方法。即使如此,马克思也参考了黑格尔的《逻辑学》来增强《资本论》的叙述逻辑。

## 四、马克思的中学作文分析

马克思在中学毕业时所写的宗教作文、德语作文和拉丁语作文,显示了马克思在新人文主义教育下所特有的宗教道德观、自由观和历史观。都岩(2014)认为,马克思中学时期的三篇作文表明,马克思受到康德哲学中的理性主义的道德观的影响,认为应该用伦理道德来理解宗教、规划人生和评价历史。麦克莱伦(2016)则认为,马克思中学时期的宗

---

① [古希腊]柏拉图:《柏拉图全集》第二卷,王晓朝译,北京:人民出版社2017年版,第196页。
② [古希腊]柏拉图:《柏拉图全集》第二卷,王晓朝译,北京:人民出版社2017年版,第183页。
③ [古希腊]柏拉图:《柏拉图全集》第二卷,王晓朝译,北京:人民出版社2017年版,第184页。
④ [古希腊]柏拉图:《柏拉图全集》第二卷,王晓朝译,北京:人民出版社2017年版,第185页。
⑤ [古希腊]柏拉图:《柏拉图全集》第二卷,王晓朝译,北京:人民出版社2017年版,第188页。

教观和自由观是康德的道德宗教观和自由观。① 从上文分析可知，由于受新人文主义教育的影响，马克思的道德观和自由观都非常接近康德，但在宗教问题上则与康德略微不同。康德认为宗教应该建立在伦理道德基础之上，上帝的概念是一个道德概念，而马克思则认为对基督的爱是道德的基础。在康德看来，爱上帝与对道德法则的敬重相悖。这不仅是因为把对上帝的爱作为偏好是不可能的，上帝不是感官的对象，而且是因为爱不能被命令，在合乎义务的行动中不具有命令的意向。相反，行为的道德性在于对道德法则的敬重，而不在于一个人是否乐意或者爱做某事。爱基督只不过是借助榜样的作用让道德直观化。"因此，那条一切法则的法则［爱上帝甚于一切］与福音书的一切道德规范一样，是把道德意向在其全部完善性中展示出来，就像它作为一个神圣性理想是任何受造者都达不到的，但仍然是我们应当努力去接近，并在一个不断的但却无限的进程中与之相同的范型一样。"②

（一）宗教作文

马克思在1835年8月所写的宗教作文，《根据〈约翰福音〉第15章第1至14节论信徒同基督徒结合为一体，这种结合的原因和实质，它的绝对必要性和作用》，有几点值得注意。第一，马克思以《约翰福音》为基础来诠释基督教存在的必要性，充分说明"他对基督教教义和训诫的认识相当明确，并能加以论证；对基督教会的历史也有一定程度的了解"③。这种对基督教的深刻认识为马克思与对福音书展开批判的布鲁诺·鲍威尔的结交埋下了伏笔。第二，马克思在此文中提到了柏拉图对上帝的渴望、斯多葛派的讽刺和伊壁鸠鲁派的快乐主义，说明马克思在中学时期就对古希腊哲学家们的许多思想有相当程度的了解。这种了解主要是通过对柏拉图、西塞罗、贺拉斯等人作品的阅读来实现的。这不仅为马克思在博士论文中研究伊壁鸠鲁的哲学埋下了伏笔，也为马克思对基督教思想的批判打下了基础。第三，这篇宗教作文的论证结构不同于一般的中学作文，更像一篇探讨某个问题的原因、本质和功能的学术

---

① ［英］戴维·麦克莱伦：《马克思传》，王珍译，北京：中国人民大学出版社2016年版，第9页。
② 李秋零主编：《康德著作全集》第5卷，北京：中国人民大学出版社2006年版，第89页。
③ 《马克思恩格斯全集》第1卷，北京：人民出版社1995年版，第933页。

论文。在对人类学和历史的探讨中,"他关注的是人类的历史旅程,尤其是社会发展的原因、特征和结果"。① 这种思维结构在马克思学习法律之后,被用来探讨法律的原因、本质和后果,为形成唯物史观和剩余价值理论做了初步的准备。第四,这篇文章的论证方式是非常独特的。为了论证对基督的爱是德行的基础,马克思从民族、人的本性、理性和基督的道这四方面来论证信徒与基督相结合的必要性。如果没有基督,一个民族就"不能解脱迷信的枷锁",无法形成关于自己和神的"有价值的、真正的概念",总会表现出内心的不安,其伦理道德"永远脱离不了外来的补充",即"出于粗野的力量、无约束的利己主义、对荣誉的渴求和勇敢的行为"。如果没有基督,一个人就无法实现"对真正完美的追求",受到欲望和利己主义的妨碍。不仅"欲望的火焰却在吞没永恒的东西的火花;罪恶的诱惑声在淹没崇尚德行的热情",而且"对尘世富贵功名的庸俗追求排挤着对知识的追求,对真理的渴望被虚伪的甜言蜜语所熄灭"。② 从基督的道来说,基督与信徒的结合就同葡萄藤和枝蔓的关系一样,因为枝蔓离开了葡萄藤就不能结果实和无所作为。由于"离开基督,我们就不能达到自己的目的,离开基督,我们就会被上帝所抛弃,只有基督才能够拯救我们",作为理性的人,就有必要同基督结为一体。"因此,同基督结合为一体,就是同基督实现最密切和最生动的精神交融,我们眼睛看到他,心中想着他,而且由于我们对他满怀最崇高的爱,我们同时也就把自己的心向着我们的弟兄们,因为基督将他们和我们紧密联系在一起,并且他也为他们而牺牲自己。"③ 这样,马克思就论证了对基督的爱,是一切德行的基础和一切快乐的源泉。

在1835年11月18日的信中,马克思的父亲说:"对上帝的虔诚信仰是道德的巨大动力,……这种信仰迟早都会成为一个人的真正[需]要,……因为每一个人[……]都有可能崇拜牛顿、洛克和莱布尼茨所信仰过的东西。"④ 这说明,马克思在宗教作文中表达的宗教观受到家庭的重大影响。在《柏林笔记》中阅读斯宾诺莎的《神学政治论》时,马

---

① [美]维塞尔:《普罗米修斯的束缚:马克思科学思想的神话结构》,李昀、万益译,上海:华东师范大学出版社2014年版,第85页。
② 《马克思恩格斯全集》第1卷,北京:人民出版社1995年版,第450页。
③ 《马克思恩格斯全集》第1卷,北京:人民出版社1995年版,第452页。
④ 《马克思恩格斯全集》第47卷,北京:人民出版社2004年版,第518页。

克思会留意到斯宾诺莎同样的表述:"因为爱上帝是人的最高幸福与喜乐,而且是人类一切行为的目的所在,则不因怕惩罚而爱上帝,也不因爱别的事物,如肉体的快乐,名声等而爱上帝,只有这样的人才是遵守神律的人。"① 这种关于基督的爱的论证是建立在福音书的真实性和宗教的真实性这个前提的基础上的。有趣的是,谢林在《哲学与宗教》中阐述了类似的上帝与道德之间的关系。谢林说:"只有以上帝的存在为前提,一个道德世界才是根本可能的。"② 在谢林看来,道德就是灵魂"与上帝合为一体的倾向",是一种充满爱的"绝对的极乐"。"按照一种完全相同的方式,上帝既是绝对的极乐,也是绝对的道德,换言之,极乐和道德是上帝的同样无限的属性。"③ 秉持康德、斯宾诺莎和谢林的道德观,马克思自然会对功利主义采取批判的态度。

(二) 德语作文

在某种程度上说,马克思的中学德语作文《青年在选择职业时的考虑》受到伯里克利关于阵亡将士的著名葬礼演说结构的影响。④ 在这篇演说中,伯里克利赞扬了雅典人的祖先以无谓的牺牲和开拓精神开创了一个自由、民主、独立、法治和开放的强盛城邦共和国。保卫城邦的共同利益和抵御外敌入侵是每一个自由公民的职责和使命。父母、子女、妻子和兄弟都要理性地看待自己的亲人在保卫城邦所做的牺牲中看到生命的价值和意义,因为"幸福是自由的成果,而自由是勇敢的成果"。任何个人或公民,"只有在这个志存高远和最能实现个人抱负的城邦里,才能完全发挥自身的价值",⑤ 实现个人的幸福。马克思的德语作文也是理性地对待自己的职业选择和所做出的牺牲,以便为人类的幸福而奋斗和充分发挥自己的才智。而且,马克思也像伯里克利的演说词一样,对家庭、财产、身体健康、死亡痛苦这些私人利益的领域,表现出严厉的

---

① [荷兰] 斯宾诺莎:《神学政治论》,温锡增译,北京:商务印书馆 2009 年版,第 62 页。
② [德] 谢林:《哲学与宗教》,先刚译,北京:北京大学出版社 2017 年版,第 71 页。
③ [德] 谢林:《哲学与宗教》,先刚译,北京:北京大学出版社 2017 年版,第 74—75 页。
④ [古希腊] 修昔底德:《伯罗奔尼撒战争史》上册,徐松岩译注,上海:上海人民出版社 2017 年版,第 193 页。
⑤ [美] 欧文:《修昔底德笔下的人性》,戴智恒译,北京:华夏出版社 2015 年版,第 23 页。

贬低态度，因为私人利益和财富是建立在共同体的公共生活基础之上的。这种关注公共生活的高尚情操意味着，为了人类共同体的幸福和荣耀，马克思必须对私人利益、个体主义和压制公共利益的制度展开批判。最终，"我们的幸福将属于千百万人，我们的事业将悄然无声地存在下去，但是它会永远发挥作用，而面对我们的骨灰，高尚的人们将洒下热泪"。① 德国新人文主义教育就这样扎根于青年马克思的心灵深处：一个人的永恒生命是集体记忆和荣耀的精神力量。尽管马克思在德语作文和伯里克利在葬礼演说辞中都提到了神灵，但是，他们都认为，人的价值在共同体中都能得到自我实现，人的欲望都能得到自我满足。伯里克利"描述雅典为史上第一个'无神论'社会，而且一点也不逊色于马克思为历史之终结而构想出来的社会"。②

唯一不同的是，伯里克利的共同体是城邦，主张为了一个城邦中极少数人的自由而去统治和奴役其他城邦的绝大多数人，容忍在追求最大力量发挥过程中的城邦不正义。马克思的共同体则是人类社会，主张所有人的平等，并最终消灭国家的奴役与统治，激烈反对追求权力过程中的不正义行为。为反对奴役和压迫而斗争，既是马克思在高中毕业时的政治起点，也反映出马克思对自己的前程和无限的求知欲抱着巨大的信心，坚信"年少时的远大抱负是未来成功的基础"。犹如歌德所说："我们的愿望是我们所具有的能力之预感，也是我们将来可能成就的事情的先兆。我们的想象力，会把我们所能做的和我们所想做的事，当作是一种在未来的事物而加以描绘出来。对潜藏于我们心中的东西，我们充满了憧憬。因此，以一种热情的预期先把握它们，最终才能将梦想化为现实。如果这种倾向确切存在于我们的本性之中，那么随着我们所获得的每一个进步，最初愿望的一部分便获得实现。"③

具体而言，马克思在这篇德语作文中采纳了康德道德哲学中的自由观，主张价值理性而反对工具理性，并用来分析职业的选择。在马克思看来，自由选择是人优越于其他动物的地方，因为动物只能在自然给它

---

① 《马克思恩格斯全集》第1卷，北京：人民出版社1995年版，第459—460页。
② [美] 欧文：《修昔底德笔下的人性》，戴智恒译，北京：华夏出版社2015年版，第26页。
③ [德] 歌德：《歌德自传：诗与真》，李咸菊译，北京：团结出版社2004年版，第252页。

规定时范围内活动，只有利己主义的目的和实现其目的的固定手段。人拥有自由去选择使人类和他自己趋于高尚和伟大的目标以及实现这个目标的手段。亚里士多德说："各人的幸福皆包括两件事情：其一，选择正确的行动目标及目的；其二，找出达成这些目标及目的之行动。手段与目的之间既有相符合的，也有相抵触的。"① 为了避免手段与目的的错配以及目的的不正当性，人生目标不仅要来自"内心深处的声音"，而且是"神轻声地但坚定地启示"。那些出于虚荣心、一时的热情和名利的考虑去选择的职业，只能算是"由偶然机会和假象去决定了"，而不是源自"内心深处的声音"或出于义务。这个声音就是"一个神灵催促他不断前行，他一生注定要四处奔走，只有在坟墓中才会停止前进"的声音。② 除听从内心的声音之外，职业的选择还需要考虑"我们在社会上的关系"、生活条件、我们自己的体质和能力能否胜任这份工作，以及职业能否给我们带来最崇高的尊严。

所谓尊严的职业，就是"在从事这种职业时我们不是作为奴隶般的工具，而是在自己的领域内独立地进行创造；这种职业不需要有不体面的行动（哪怕只是表面上不体面的行动），甚至最优秀的人物也怀着崇高的自豪感去从事它"。③ 需要注意，马克思没有将工资和报酬、获得高官厚禄当作选择职业的因素之一，而将尊严和创造性的工作当作职业选择的主导因素。自然地，这种创造性的工作就是"从事抽象真理的研究的职业"，而不是"干预生活本身"或者从事实际的工作。这种将奴隶般的、有失尊严的职业同有尊严的职业区分的观点，可以看到后来的强迫劳动和自由劳动区分的萌芽，也可以看到新人文主义教育强调的学者阶层与大众阶层对立的影响，还可以看到理论与实践分离的倾向。

当然，职业的选择还不能与人生的目标相分离。在马克思看来，人生的目标就是"人类的幸福和我们自身的完美"。④ 马克思舍弃了为自我

---

① ［古希腊］亚里士多德：《政治学》，郭仲德译，兰州：西北大学出版社2016年版，第199页。
② 《马克思恩格斯全集》第1卷，北京：人民出版社1995年版，第488页。
③ 《马克思恩格斯全集》第1卷，北京：人民出版社1995年版，第458页。
④ 马克思的《青年在选择职业时的考虑》一文也可能借鉴了费希特的《关于学者使命的若干讲演》（1794）第三讲关于学者阶层的自由选择问题的结构和表述。费希特不仅详细阐述了学者的职业选择与构建理想社会之间的关系，而且阐述了每个人都要完整地、均衡地发展自己的一切天赋的准则，以便实现人类的完善和所有人的幸福。

利益服务的劳动，选择了为人类服务的劳动。"人的本性是这样的：人只有为同时代人的完美，为他们的幸福而工作，自己才能达到完美。如果一个人只为自己劳动，他也许能够成为著名的学者、伟大的哲人、卓越的诗人，然而他永远不能成为完美的、真正伟大的人物。"① 在这里，哲人就是爱智慧或追求真理的人。我们看到，马克思在思考职业选择时，强烈反对奴隶般的劳动和利己主义的劳动，从内心深处赞同自由创造的劳动和为人类服务的劳动。这种渴望人的全面自由发展和反对劳动分工所造成的种种限制，也是歌德的《威廉·迈斯特》、席勒的《美育书简》和荷尔德林的小说《许佩里翁，或希腊的隐士》所探讨的主题。② 一旦踏入社会，马克思就会看到工人和农民处于强迫性而非自由劳动的境遇，看到资本家的利己主义动机与工人遭遇强迫性劳动之间的关系。在这样的环境中，自由选择就是一种现实的讽刺。

（三）拉丁语作文

马克思的拉丁语作文《奥古斯都的元首政治应不应算是罗马国家较幸福的时代？》就充满了历史意识和对政治自由动态变化的关注。孟德斯鸠在《罗马盛衰原因论》中认为，奥古斯都是一个"狡猾的暴君"，图拉真是罗马皇帝中最好的一个，"生在他所治理的国家里可以说是一种幸福"。③ 在《论法的精神》中，孟德斯鸠则基于荣誉和节俭的原则，认为奥古斯都是"最好的皇帝"。④ 孟德斯鸠在对伟大人物进行评价时，习惯于"对各个时代进行比较"，"特别注意使各个时代千差万别、使地球面目全非的那些重大变化"。⑤ 与孟德斯鸠的评判标准略微不同，马克思在这篇文章中确定了评判一个历史时代的新标准：首先是各个历史时期的对比；其次是本国人和外国人对这个时代的评价；再次是这个时代的科学和技艺的繁荣状况。根据这些标准，马克思不仅论证了奥古斯都时代是罗马历史上最幸福的时代，而且还指出了罗马社会中贵族与平民之间的斗争，以及奥古斯都的集权导致"各种自由，甚至自由的任何表面现

---

① 《马克思恩格斯全集》第1卷，北京：人民出版社1995年版，第459页。
② [英] 希·萨·柏拉威尔：《马克思和世界文学》，梅绍武等译，北京：三联书店1980年版，第6页。
③ [法] 孟德斯鸠：《罗马盛衰原因论》，婉玲译，北京：商务印书馆2009年版，第94页。
④ [法] 孟德斯鸠：《论法的精神》，张雁深译，北京：商务印书馆2004年版，第81页。
⑤ [法] 孟德斯鸠：《波斯人信札》，梁守锵译，北京：商务印书馆2009年版，第209页。

象全都消失了"。①

在这里,马克思高度关注罗马历史的动态变化。在布匿战争之前,罗马人重视农业,贵族与平民为争夺政治权利展开斗争,但不重视艺术和诡辩术。这是一个"风尚纯朴、积极进取、官吏和人民公正无私的"幸福的时代。相比之下,在专制的、最坏的尼禄时代,"最优秀的公民被杀害,到处专横肆虐,法律受到破坏,罗马城遭到焚毁",统帅们在猜疑中失去了开疆拓土的进取精神。处于中间的奥古斯都时代,消除了内战,更好地保障了人民的自由,建立了稳定的机构和法律,科学和艺术得到繁荣,清除了政府中的腐败和犯罪,优秀的人物在政府和军队中获得任职。罗马人开疆拓土,战胜了日耳曼人,建立了庞大的罗马帝国。但是,奥古斯都时代也是一个专制代替了民主、平民与贵族的斗争被终止的时代,是一个"时代的风尚、自由和优秀品质受到损害或者完全衰落了,而贪婪、奢侈和放纵无度之风却充斥泛滥"的时代。② 只是因为奥古斯都是一个"在获得权力之后却一心只想拯救国家的人",罗马才显示出强大和繁荣。一旦统治者失去了仁慈之心,专制统治必然伴随着贪婪、奢侈和腐化堕落。

因此,马克思意识到了政治制度的内在变化及其可能的后果,英雄人物在特定制度下的能动历史作用,民族经济的发展同叙述修辞、文字修饰等艺术的探索之间的联系。同时,马克思也意识到政治制度与科学艺术之间的某种关系,即专制制度似乎与科学艺术的繁荣有关。当马克思在阅读温克尔曼的《古代艺术史》之时,才会意识到政治自由是科学艺术繁荣的根本。梅林说:"还在少年马克思的头脑中,就已经闪现着一种思想的火花,这种思想的全面发挥就是他成年时期的不朽贡献。"③ 不过,马克思这时还不明白政治制度变迁的动力机制,也没有看到生产力和物质基础在政治制度变迁中的作用。马克思的自由观、宗教观和历史观将会在大学期间得到修正、批判和发展。但是,追求人类的幸福和自身完善的人文主义的理想,一直是推动马克思进行社会革命的主要动力之一。

---

① 《马克思恩格斯全集》第 1 卷,北京:人民出版社 1995 年版,第 462 页。
② 《马克思恩格斯全集》第 1 卷,北京:人民出版社 1995 年版,第 463 页。
③ [德] 弗·梅林:《马克思传》上,樊集译,北京:人民出版社 1972 年版,第 12 页。

# 第二章　马克思的中学阅读

在中学时代，马克思阅读过修昔底德的《伯罗奔尼撒战争史》、莎士比亚的戏剧和歌德的诗歌与小说。如果说思想演变的过程是在时代环境和早期的思想土壤基础上的有机发展过程，那么，马克思在中学时代的教育和阅读中所获得的思想就构成了其原生态的思想土壤，与后来在阅读中所接触到的次生思想形成了持续的对话、调整、巩固、充实和提高的关系。原生态思想的力量不仅来源于先前思想家已经思考和语言表达出来的东西，而且来源于那些先前思想家未思考或者未用语言表达出来的东西。后来接触到的次生思想或者被扬弃并作为原生态思想的一个扩充部分，或者诱发"普遍地未被追问的东西"而成为原生态思想持续发展的源泉。[①] 因此，大量原典著作的阅读和新人文主义教育不仅为马克思的思想奠定了坚实的理论基础，而且也为他在大学的深入研究和反思提供了高水平的起点。

本章主要探讨亚里士多德、修昔底德、莎士比亚和歌德的思想及其对马克思的影响。传统的研究往往忽视马克思在中学时期可能获得的人性论、历史观、历史辩证法、国家理论、自然有机体等思想，从而大大低估了马克思原创思想来源的多样性及辩证发展的可能性。如果说亚里士多德提供了"上层建筑"的分类和演化的分析，那么，歌德提供了社会化的人性和市民社会"基础"的描述，莎士比亚则提供了人性在权力斗争和财富追求中的异化。同时，修昔底德以历史辩证法的意识，展示了国家或文明社会的兴衰逻辑。

---

① ［德］马丁·海德格尔：《同一与差异》，孙周兴等译，北京：商务印书馆2011年版，第55页。

## 第一节　亚里士多德与马克思

亚里士多德（公元前384—前322年）是马克思最经常提及的"古代最伟大的思想家"，也是马克思一生都在认真研究和思考的思想家。围绕如何构建一个理想的良善之邦，亚里士多德集中阐述了德福论、公正理论、私有制和奴隶制理论。不仅亚里士多德的各种理论受到马克思的批判性审查，而且亚里士多德将理论与现实相结合的思考问题的方式也融入了马克思的理论思维之中。更为重要的是，利用历史辩证法和主体性理论，马克思形成了全新的人性理论、唯物史观和劳动异化论，最终辩证地扬弃了亚里士多德的私有制模型，构想了公有制的共产主义模型，将一个少数人享有自由发展、相互友爱和剥削多数人的社会改造为一个人人都自由发展、相互友爱和没有剥削的理想社会。因此，可以说，亚里士多德是马克思思想起源的真正起点，也是马克思需要颠倒和超越的对象。

### 一、德福论

亚里士多德从理性出发研究生活的快乐与幸福，认为善恶都是在社会中理性选择生活的行为。生活有享乐生活、政治生活和思辨生活之分，而快乐则是现实活动完美的感受。"一切技术，一切规划以及一切实践和抉择，都以某种善为目标。因为人们都有个美好的想法，即宇宙万物都是向善的。"① 理性分为理论理性和实践理性。亚里士多德说："思考自身不能使任何事物运动，而只有有所为的思考才是实践性的。……良好的行为就是目的，它是欲望之所求。所以，选择或者就是有欲望的理智，或者就是有思考的欲望，而人就是这种开始之点。"② 理论理性是指对一切事物进行思索和辨明真假的理智活动。实践理性是指对与欲望相关的理性或原理的服从活动，以便在行为中追求快乐和善。

服从于欲求的理性是工具理性。这种欲求是欲望的满足，即快乐。

---

① 苗力田主编：《亚里士多德全集》第八卷，北京：中国人民大学出版社1992年版，第3页。
② 苗力田主编：《亚里士多德全集》第八卷，北京：中国人民大学出版社1992年版，第122页。

使欲求服从于理性的理性则是价值理性。亚里士多德将其称之为善或德性，而个人的善就是"合乎德性而生成的灵魂的现实活动"。德性就是一种使个人成为善良，获得其优秀成果并与选择相关的灵魂品质。有德性不仅意味着做善事，而且意味着基于健全的道德品性去正确地判断和做善事。"如若在实践中确有某种为其自身而期求的目的，而一切其他事情都要为着它，而且并非全部抉择都是因他物而作出的（这样就要陷于无穷后退，一切欲求就变成无益的空忙），那么，不言而喻，这一为自身的目的也就是善自身，是最高的善。"① 也就是说，如果有一个目的是所有实践或行为的目的，那么，这个终极目的就是最高的善，实现这个目的就会带来终极的和自足的幸福。这种最高的、自足的善，如高尚和正义，可以是个人的，也可以是城邦的。由于城邦是所有公民的目的，因此，城邦的善就是最高的善，获得和保存城邦的善就比个人的善更重要、更完满。

亚里士多德将善的事物分为外在的善、身体的善和灵魂的善三个部分，而灵魂的善是最高的善。外在的善包括权力、财富、荣誉、地位等，身体的善包括健康、美貌等。灵魂分为理性和非理性两部分，德性按照灵魂的区别分为理智德性和伦理德性。技艺、科学、哲学智慧、明智和谅解是理智德性，而公正、慷慨、谦恭、勇气是伦理德性。伦理德性就是关于快乐和痛苦的德性，或者关于感受和行为的适当尺度。"快乐为一切生物所共有，它也伴随着一切被选取的对象，因为高尚和便利总是令人快乐的。它从摇篮里就伴随着我们，深深地铭刻在我们的生命中难以消除。"② 理智德性由教育和培养而来，伦理德性则由风俗习惯沿袭而来。工具理性追求外在的善和身体的善，而价值理性追求灵魂的善。

作为一种完全合乎德性的现实活动，幸福是快乐的生活、外在的善、身体的善、灵魂的善以及机遇的善的有机结合。欲望是对快乐的欲求，而快乐则是灵魂回复其自然本性的可感知的运动。欲望的不自制就是邪恶。有些欲望是理性的，有些欲望是非理性的。欲望的满足就是快乐，但有些快乐是对自己和他人没有伤害的，而有些快乐则是有伤害的。"快

---

① 苗力田主编：《亚里士多德全集》第八卷，北京：中国人民大学出版社1992年版，第4页。

② 苗力田主编：《亚里士多德全集》第八卷，北京：中国人民大学出版社1992年版，第31页。

乐之所以不是最高的善，是由于快乐是生成的而不是目的。"① 只有选择善的目的和善的手段，一个追求快乐的人才是幸福的，才能避免选择恶所带来的伤害。"选择并不为非理性的东西所共有。那些不能自制的人按照欲望来行动但不能选择。有自制能力的人则相反，进行选择，却没有欲望。欲望可以和选择相反，欲望却不能和欲望相反。欲望的对象可以是快乐的，也可以是痛苦的。选择则既不是痛苦的，也不是快乐的。"②

亚里士多德认为，追求肉体和外在欲望的人会对自己造成损害，因而不是真正的自爱者，只能算是自利者。只有那些理性地追求道德高尚行为而对自己不造成损害的人，才是真正的自爱者。"他们之间的区别在于一个是按照理性来生活，另一个则是按照情感来生活。一个所向往的是高尚的行为，一个所向往的看来是有利的东西。那些对高尚行为特别热心的人受到普遍的赞扬和尊敬。如若所有的人都在高尚方面竞赛，争着去做高尚的事情，那么共同的事业就会圆满实现。每个人自身也得到最大的善，因为德性就是最大的善。所以，善良的人，应该是一个热爱自己的人，他做高尚的事情，帮助他人，同时也都是有利于自己的。邪恶的人，就不应该是个爱自己的人，他跟随着自己邪恶的感情，既伤害了自己，又伤害了他人。"③ 这样，亚里士多德就在《尼各马可伦理学》第 10 卷第 1—5 节中攻击功利主义者。因为快乐并非人们追求幸福的唯一的善，快乐也包含在多种多样的活动中。带来快乐的活动随着生命历程的变化而变化，其所产生快乐的数量、强度和欲求也会不同。当然，快乐也有种类的不同。奉承带来的虚假快乐就不同于朋友之爱带来的真诚快乐，酗酒和不良行为所带来的短暂快乐可能会毁掉一个人的终生快乐，更不用说欲望的满足还伴随着灵魂的空虚和生命的虚无感。

如果幸福是合乎德性的现实活动，那么，完全追求灵魂之善的思辨活动是最完满的幸福和能带来最大的快乐。"对每一事物是本己的东西，自然就是最强大、最使其快乐的东西。对人来说这就是合于理智的生命。

---

① 苗力田主编：《亚里士多德全集》第八卷，北京：中国人民大学出版社 1992 年版，第 158 页。
② 苗力田主编：《亚里士多德全集》第八卷，北京：中国人民大学出版社 1992 年版，第 48 页。
③ 苗力田主编：《亚里士多德全集》第八卷，北京：中国人民大学出版社 1992 年版，第 203—204 页。

如若人以理智为主宰，那么，理智的生命就是最高的幸福。"① 这样，对于实现幸福而言，追求真理的、完全自足和自主的理论理性的活动，就高于需要他人的情感参与和自主受到限制的实践理性的活动。在实践理性的活动中，追求价值理性的活动也高于完全失去自足和自主的工具理性的活动。尤其是，无限地追求财富的牟利活动将快乐等同于美好生活，从而看不到自己的自然需要和德性之善。这就是亚里士多德建立在闲暇基础上的德福论。尽管亚里士多德的德福论将工具理性和价值理性结合起来，不同于功利主义者过度强调工具理性的快乐理论，但是，两者都认为，劳动是一种痛苦，从而将劳动完全排除在幸福之外。对于功利主义者来说，劳动是获得快乐的必不可少的恶。对于亚里士多德来说，劳动还被赋予了一种动物性的伦理道德意义，从而与奴隶制联系起来。

## 二、公正理论

亚里士多德设想的最优政治制度，是在各种环境和物质条件限制范围内让每一个公民的才能得到最佳发挥和获得幸福的制度。只有由实践理性活动，而不是由营养—生长活动或感觉—知觉活动，组织起来的生活，才是真正的人的生活。理性在其中不仅起着协调各种活动并将其组织为一个生活整体的能力的角色，而且起着在每种活动中将人与动物行为区别开来并使其成为人的能力的作用。

有趣的是，亚里士多德既考虑了柏拉图理想国式的整体主义方案，也考虑了以个人主义为核心的自由主义方案。② 在个体自由主义方案中，个体的幸福和善是目的，城邦是实现个人幸福和善的工具。在整体主义方案中，城邦的整体幸福是目的，个体的幸福和善只是实现城邦之善的工具。在《理想国》中，柏拉图按照劳动分工的功能来设计整体幸福的理想城邦。每一个人按照其各自的禀赋从事固定的职业，城邦就是各种职业相互合作、共同追求幸福的有机组织，个人的幸福或善不在城邦整体幸福考虑之内。亚里士多德的整体主义方案进一步将理想城邦建立在

---

① 苗力田主编：《亚里士多德全集》，第八卷，北京：中国人民大学出版社1992年版，第228页。
② 纳斯鲍姆：《本性、功能与能力：亚里士多德论政治分配》，参见［美］麦卡锡选编：《马克思与亚里士多德：十九世纪德国社会理论与古典的古代》，郝亿春等译，上海：华东师范大学出版社2015年版，第245页。

个人灵魂的有机体类比基础之上。在亚里士多德看来，只有按照个人灵魂中的善之结构的模式将各部分构建为一个整体结构并实现其部分之善的城邦，才是善的。在这种精神性的最优城邦中，每一个人的整体善的生活是不用考虑的。奴隶制也是合法存在的，因为奴隶作为劳动者代表了城邦灵魂中的欲望部分。同时，亚里士多德的个体自由主义方案则要求，每一个个体的幸福和善的总和，构成了城邦的整体幸福。城邦的产生和发展都是为了更好地生活。最优的城邦就是所有个人都实现了幸福和善的城邦。亚里士多德的德福论集中表达了这种方案。在这种城邦中，无法获得幸福和善的个人，必须要通过权利的被剥夺而排除在城邦的成员之外。奴隶制在这种城邦中也是正义的或公正的，因为奴隶不是城邦的组成部分。因此，整体主义方案和个体自由主义方案都依赖于如何界定公正，以便最优地分配公共物品让公民生活得更好。

公正是从整体角度对所有的个体成员恰当分配任何善的东西的德性或规则。"整体"可以是一个家庭、一个城邦、一个国家或者全世界的所有国家。对亚里士多德而言，公正是一种最完全的德性，是关心他人的善，是守法和均等，是人与人之间的所有与所得的平等比例关系。不公正则是违法和不均，是人与人之间所有与所得的不平等的比例关系。不公正者就是通过不公正而占有更多的人，受不公正损害的人则通过承受不公正而占有较少，公正者就是占有平等的人。

公正有部分公正和整体公正、自愿的公正和不自愿的公正之分，不公正也有部分不公正和整体不公正、自愿的不公正和不自愿的不公正之分。个别行为的不公正并不意味着整体的不公正，一个偷了东西的人不一定是窃贼。部分的公正也不意味着整体的公正，一个在市场进行等价交换的人不一定就是一个公正的人，因为存在非自愿行为和自愿行为之分。"非自愿行为是被强制的或由于无知。而自愿行为的始点则在有认识的人自身之中，他对在其中生活的事物逐一认识。"① 而强制则是"行为的原因在行为者之外的那些事情中，而对此行为者是无能为力的"。自愿行为分为自愿的选择行为和自愿的非选择行为两种，而选择是每个人经过考虑所能及的期求。自愿的选择行为是一种在力所能及的范围之内的理性行为；自愿的非选择行为则是受到欲望和激情控制的行为。人们判

---

① 苗力田主编：《亚里士多德全集》，第八卷，北京：中国人民大学出版社1992年版，第47页。

断其行为公正与否的依据,或者是共同约定,或者是特定行为的内在价值。

在此基础上,亚里士多德将公正分为分配性的公正、交往的公正、矫正性的公正。分配性的公正或分配正义,就是按照社会约定俗成或立法的标准对可分配的土地、财物、权力、荣誉和其他东西进行分配,以便达到对人和对物的均等状态。分配标准可以是出身、美德、财富、自由、劳动、能力等。不同的政体可以选择不同的标准,形成不同的价值。在理想政体下,亚里士多德认为,分配标准必须与被分配之物行使的功能活动相关,以便实现分配之物的最佳效用和城邦之善,因而不能将公共物品分配给那些其能力无法发挥效用的人。均等有数值相等和比例相等两种情形。"这样看来,公正事物必定至少有四项。两个是对某些人的公正,两个是在某些事物中的公正。并且对某些人的均等,和在某些事物中的均等两者相同。"① 若人的价值确定,那么,公正就是人的价值之比等于分配物的价值之比,即价值相等的人分得价值相等的物,价值不等的人分得价值不等的物。这样,分配性的公正就是按照各自提供物品的比例关系,对具有政治意义的公共物品进行几何比例或数值比例的分配。

这样,分配性的公正主要是政治的公正。"这种公正就是为了自足存在而共同生活,只有自由人和比例上或算术上均等的人之间才有公正,对于那些与此不符的人,他们相互之间并没有政治的公正,而是某种类似的公正。"② 在亚里士多德看来,人是天生的政治动物,因此政治的公正居于首要地位。政治的公正,或者来源于传统习俗的规定,或者来源于立法的统一规定。按照共同约定的标准对某些不重要的行为确立的政治公正称之为习俗正义,而按照行为的内在价值对重要的行为确立的政治公正称之为自然正义。③ 尽管习俗正义和自然正义都具有具体环境的可变性,但是,实施自然正义的法律就是公正的。比如,由于存在理智、性别和年龄方面的差异,主人对奴隶、男人对女人和成年人对少年的统

---

① 苗力田主编:《亚里士多德全集》,第八卷,北京:中国人民大学出版社1992年版,第99页。
② 苗力田主编:《亚里士多德全集》,第八卷,北京:中国人民大学出版社1992年版,第107页。
③ 亚科(Bernard Yack):《自然正确与亚里士多德的正义观》,见刘小枫编:《城邦与自然:亚里士多德与现代性》,北京:华夏出版社2010年版,第54页。

治就是天然公正的，自由且平等的公民之间轮流统治与被统治是"合乎自然"的。如果一个阶级在法律中不按照所有人的公共利益，而是按照其阶级的利益分配公共物品，那么，这个阶级制定的法律及其统治就是不公正的、非法的。亚里士多德在《政治学》中就试图构建一个自然正义的政体。

如果说分配性的公正提供了政治交往的准则，那么，矫正性的公正则对经济和社会交往提供了判断是非的准则。交往分为自愿的交往，如自愿的买卖、抵押、出租、借贷等交易，和非自愿的交往，如偷盗、谋杀、诱骗、抢劫等涉及暴力或暗中进行的，以危害他人为目的的交往。只要交往前后的状态不发生改变，那么，这种交往就是公正的。如果自愿的交换是等价交换、互惠的关系，那么非自愿的交往则是不等价交换、非互惠的关系。自愿交往的公正或互利的公正就是在劳动分工和交换的情况下对货物按照某种方式进行定价，以货币的形式实行等价交换的状态。"因此，城邦的福祉取决于各类组成分子是否就等值的服务进行交换。我在《伦理学》中已确立互惠原则。就算是地位平等的自由人，他们也应当遵守这个原则。"① 在等价交换中，亚里士多德区分了基于使用目的的交换活动与基于牟利目的的交换活动，从道德上反对牟利和高利贷的行为。亚里士多德认为，货币不是像物品那样是自然财富，而是人为的财富。依靠货币和贸易获取的财富是无限度的，因而是不必要的和非正当的。"由于他们对生计的欲望是无止境的，因此他们对满足生计的手段也是无止境的。即使那些企求过舒适生活的人，也追求感官方面的快乐，而后者的获得又视乎个人对金钱的聚敛，于是他们便专事赚钱。"② 追求金钱和财富一旦成为目的本身，所有行业从事的最终目的就会受到金钱的扭曲。依靠货币从他人那里获利，本身就违反自然，从事放贷业务并收取利息更是绝对的可恶。而且，亚里士多德将劳动者的生产等级与商品的定价联系起来确立商品的价格关系，从而赋予生产状况比社会等级或需要在交换中更重要的地位。

非自愿交往的公正就是矫正性的公正，即按照算术比例对交往后的

---

① ［古希腊］亚里士多德：《政治学》，郭仲德译，兰州：西北大学出版社2016年版，第25—26页。

② ［古希腊］亚里士多德：《政治学》，郭仲德译，兰州：西北大学出版社2016年版，第16页。

私人物品进行损害矫正，以便恢复到交往以前的均等状态。"所以，公正就是在非自愿交往中的所得与损失的中庸，交往以前和交往以后所得相等。"① 矫正的手段或是惩罚侵害者，或是剥夺侵害者所得，或是赔偿受害者。"法律则一视同仁，所注意的只是造成损害的大小。到底谁做了不公正的事，谁受到不公正的待遇，谁害了人，谁受了害，由于这类不公正是不均等的，所以裁判者就尽量让它均等。"②

与按照各人所有的优势分配公共物品的分配性公正不同，交往公正和矫正性公正则确保私人自愿或非自愿交往前后的均等状态，与各人所拥有的优势无关。而且，这三类公正受制于各个城邦的普遍法律或伦理道德，忽视了具体环境中的公正行为。法律存在特殊的法律和共同的法律之分。特殊的法律是指某个民族或国家为自己制定的法律，包括成文法和不成文法，而共同的法律则是依据自然本性而适用于所有民族和个人的法律，即自然法。③ 第四种公正就是对普遍性法律进行细节补充的纠正，即基于公平的法庭判决或调停的公正。"所以公平就是公正，它之优于公正，并不是一般的公正，而是由于普遍而带了缺点的公正。纠正法律普遍性所带来的缺点，正是公平的本性。"④ 可以说，公平是基于人性或友爱基础上的公正。友爱就是互相怀有善意，相互喜爱和相知，相互有用，以及在交流中感到快乐和善的情感。在友爱中，每一方都是对自身的善，并且以同等的愿望和快乐回报对方，因而友爱是相等的。"平等在公正的事情上和在友谊中，其意义是有区别的。在公正的事情上价值上的平等占据首位，而数量上的平等居次要地位。在友谊中数量上的平等居首要地位，价值上的平等居次要地位。"⑤ 在某些情况下，公平成了鉴别矫正性公正、分配性公正或交换公正的虚假性的基本准则。在《修辞术》第1卷中，亚里士多德说："处分公道是永远存在的，不会更

---

① 苗力田主编：《亚里士多德全集》第八卷，北京：中国人民大学出版社1992年版，第103页。
② 苗力田主编：《亚里士多德全集》第八卷，北京：中国人民大学出版社1992年版，第101页。
③ 苗力田主编：《亚里士多德全集》第九卷，北京：中国人民大学出版社1993年版，第394页。
④ 苗力田主编：《亚里士多德全集》第八卷，北京：中国人民大学出版社1992年版，第117页。
⑤ 苗力田主编：《亚里士多德全集》第八卷，北京：中国人民大学出版社1992年版，第175—176页。

改的做法、共同的法律也是一样（因为它依据的是自然本性），然而成文法却经常更改；……而且，公正的东西是真实的和有益的东西，但显得是公正的东西则不然，从而成文法也不包括在内，因为它并不是履行了法律的功能。陪审员就好比是一位银器鉴别者，专门识别真正的公正与假冒的公正。"① 在《莱茵报》时期，马克思在捡拾枯枝案、议会辩论案、限制出版自由的法律中，都看到了假冒的公正披着真正的公正的面纱，危害公平的现实，并予以批判地揭露。

但是，亚里士多德的分配性公正的一个缺陷是，在城邦中承认奴隶制的合法性。在君主制、贵族制和共和制这些"好"的政体中，不存在奴隶制的非正义问题。只有在僭主制这种蜕变的政体中，奴隶制的非正义性才受到了某种重视。在《尼各马可伦理学》第8卷第11节"不同政体中的友爱与公正"中，亚里士多德区分了作为单纯工具的奴隶和作为人的奴隶的区别。像马、牛这些作为工具的奴隶，不可能拥有友爱和公正。"然而，他可以作为人，对于一切服从法律，遵守契约的人，他们之间似乎有某种公正，作为人当然有友谊。"② 作为工具的奴隶，是不自由的，只拥有动物的地位，无法单独进入任何契约之中。作为人的奴隶，在一定范围内是自由的，比如作为人去签订物品交换的契约。"那么，这样就是对他的奴隶身份的否定。但奴隶是无法在真正的意义上以人之人的方式而存在的；他只是在功利意义上作为一名人类；在抽象意义上作为一名人类，而在现实中作为非人的奴隶。"③ 这样，作为人的奴隶，在涉及其自身的法律地位及与公民的交往上，是不自由的。尽管奴隶与公民都会享有肉体的快乐，但是，公民不会与奴隶分享幸福或生活。只有拥有公民身份的人，才是自由的，才能够自由地进入各种社会交往之中。

### 三、理论与实践关系的颠倒

灵魂学说不仅被亚里士多德用来论证奴隶制和社会等级制的合法性，

---

① 苗力田主编：《亚里士多德全集》第九卷，北京：中国人民大学出版社1993年版，第400页。
② 苗力田主编：《亚里士多德全集》第八卷，北京：中国人民大学出版社1992年版，第182页。
③ 巴拉诺维奇：《马克思与希腊哲学：以精神的适应和道德的伪善为主题的考察》，见[美]麦卡锡选编：《马克思与亚里士多德：十九世纪德国社会理论与古典的古代》，郝亿春等译，上海：华东师范大学出版社2015年版，第226页。

而且还被用来构建知识体系大厦和论证理论与实践脱节的合理性。在《论灵魂》中，亚里士多德用四因说、潜能与现实、本原与实体、质与量这些逻辑概念来定义灵魂。① 灵魂是生命的本原，是躯体的现实，是在原理意义上使身体成为一个有机的整体并推动身体运动的实体，而躯体是灵魂的工具。生物是灵魂与躯体的结合，只有躯体而无灵魂的东西只是无生命物质。生命是指自己汲取营养，有生灭变化的能力。在所有生命中，灵魂包含营养能力、感觉能力、欲望能力、运动能力、思维能力等多种形式。心灵或理性是灵魂中进行思维和判断的部分，是灵魂之内"不可能被消灭"的独立的实体。② 除心灵之外，所有其他的灵魂不能独立于身体而存在，并将随着身体的死亡而消散。能力组合的不同就区分了植物、动物和人类。植物只有营养和生长能力，动物则是营养、感觉、欲望、想象和运动能力的结合，比植物更加自由。在《尼各马可伦理学》中，理性灵魂的地位更加突出。人的灵魂甚至可以分为理性与非理性两部分，动物的欲望和生长灵魂都属于非理性的灵魂。这样，人的灵魂就是动物的灵魂加上理性灵魂，缺乏理性灵魂的人就具有动物的本性。在人类中，感觉、记忆、经验、技术、科学和哲学，按照包含智慧或理性灵魂的多少，呈现阶梯式的累进序列。每一个先前的、特殊的环节都要按照目的论的命令努力实现后一个更加普遍的环节，以便实现普遍的智慧或绝对真理。

经验就是同一事物的众多记忆所形成的非智慧性的默示知识，无经验只能诉诸偶然。技术就是从同一类事物的众多观念构成的经验所产生的普遍判断或明示知识。这就意味着，"经验只知道特殊，技术才知道普遍"。拥有丰富经验的人比那些只懂道理而没有经验的人更容易成功，但拥有技术和科学知识的人比拥有经验的人更智慧。"其所以如此，是因为有技术的人知道原因，有经验的人却不知道。有经验的人只知道其然，而不知道其所以然；有技术的人则只知道其所以然，知道原因。"③ 经验

---

① 苗力田主编：《亚里士多德全集》第三卷，北京：中国人民大学出版社1992年版，第35—39页。
② 亚里士多德在《形而上学》中将实体分为三类：可感觉的又可毁灭的实体，如植物和动物；可感觉的但不可毁灭的实体，如天体；既不可感觉又不可毁灭的实体，如理性的灵魂和神。
③ 苗力田主编：《亚里士多德全集》第七卷，北京：中国人民大学出版社1992年版，第28页。

无法传授，而技术是能够传授的智慧，更接近科学。动物都有记忆和经验，但只有人才有技术和科学。"在被发现的越来越多的技术中，有的为生活必需，有的供消磨时间。与前者相比较，后者总被当作更加智慧的，因为这些技术的科学，并不是为了实用。只有在全部生活必需都已具备的时候，当那些人们有了闲暇的时候，那些既不能提供快乐，也不以满足必需为目的的科学才会被发现。……有经验的人比具有这些感觉的人更有智慧，有技术的与有经验的相比，技师和工匠相比，思辨科学和创制科学相比均是如此。所以，很清楚，智慧是关于某些本原和原因的科学。"①

这样，亚里士多德就按照有关事物知识的普遍性和本质性程度，将知识或思想划分为思辨的、实践的和创制的这些不同的等级。知识越普遍，越涉及事物的本质，知识的等级就越高。"最普遍的东西也是最难知的，因为它离感觉最远。"② 从事这种更加普遍的知识研究的人就享有更加智慧和高贵的名号。反之，从事具体体力劳动的人就是更加卑贱的、缺乏智慧的人。在一个目的论的世界中，缺少智慧的人会希望获取更多的智慧。"在全部科学中，那更善于确切地传授各种原因的人，有更大的智慧。在各门科学中，那为着自身，为知识而求取的科学比为后果而求取的科学，更有智慧。一个有智慧的人，应该发命令而不被命令，不是这个有智慧的人服从别人，而是智慧低下的人服从于他。"③ 因此，拥有智慧的人就能够指导和统治缺少智慧的人。

按照这个逻辑，研究所有事物的最初本原和原因的形而上学或第一哲学就居于知识的顶端。研究哲学的人最自由，为求知而求知，不考虑知识的效用。哲学家也就是最智慧的人，应居于统治地位。其次是研究自然的物质运动、植物、动物和灵魂的较为普遍的自然哲学，如数学、物理学、植物学、动物学和灵魂学。再次是研究人类社会的道德、政治和经济活动的精神哲学，如政治学、伦理学、家政学。"思辨知识以真理为目的，实践知识以行动为目的。尽管实践着的人也考虑事物是个什么

---

① 苗力田主编：《亚里士多德全集》第七卷，北京：中国人民大学出版社1992年版，第29页。
② 苗力田主编：《亚里士多德全集》第七卷，北京：中国人民大学出版社1992年版，第30页。
③ 苗力田主编：《亚里士多德全集》第七卷，北京：中国人民大学出版社1992年版，第30页。

样子，但他们不在永恒方面进行思辨，只虑及关系和此时。我们知道真理是离不开原因的。……使后来的事物成为真的原因就是最高一级的真。这样看来，永恒事物的本原就必然永远是最真的本原。"① 最后是研究技术和技艺的创制科学，如修辞学、诗艺、工程学。实践与创制的区别在于自足性。实践以自身为目的，而创制以自身之外者为目的。只有第一哲学或思辨哲学才为自身而存在，因而是最高贵的、最神圣的，拥有绝对真理的科学。越是低级的智慧，越要考虑实际的效用，越要接受高级智慧的指导。当然，劳动不在创制之列。这样，在亚里士多德这里，理论与实践、认识与生活彻底脱节了，出现了哲学的异化现象。② 汉娜·阿伦特认为，亚里士多德开始在哲学中消除真正政治性的东西，并在制作的意义上思考政治，贬低政治实践的作用。③

尽管亚里士多德认为"求知是所有人的本性"，但是，研究形而上学或者自然哲学的人毕竟是少数获得闲暇的、具有神性的人。社会中的绝大部分人都要从事生产和家庭管理的活动，还有一部分人要从事政治活动。从事实际生产和交换活动的人，只有经验而无科学智慧，处于更低的社会层级，需要接受科学和技术的指导。这些人或者是天生的奴隶，或者是自由的人。那些不从事体力劳动而积极参与政治生活或思辨的人，则是天然的统治者。针对亚里士多德将被征服或被统治的人当作天生的奴隶并由天生的智慧的主人来统治的观点，培根批驳道，人的才能是多方面的，在谁是天生的统治者方面缺乏一致同意或历史的证据。霍布斯则说："这种说法不但违反理性，而且也违反经验；因为世间很少有人会愚蠢到不愿意自己管自己的事而宁愿受制于人的。当智者满心自傲地和不相信自己智慧的人以力相争时，并不能始终或经常获胜，甚至几乎在任何时候都不能获胜。因此，如果人生而平等，那么这种平等就应当予以承认。"④

---

① 苗力田主编：《亚里士多德全集》第七卷，北京：中国人民大学出版社1992年版，第59—60页。
② 程志敏：《论哲学思辨的异化：亚里士多德哲学批判》，载《贵州社会科学》，2015年第12期。
③ 尤西·巴克曼、许振旭：《行动的目的：阿伦特对亚里士多德实践概念的批判》，载《伦理学术》，2018年第2期。
④ [英]霍布斯：《利维坦》，黎思复、黎廷弼译，北京：商务印书馆2009年版，第117—118页。

## 四、私有制与奴隶制理论

亚里士多德的伦理和政治理论都是建立在奴隶制和私有制的现实合理性基础之上的。亚里士多德激烈反对柏拉图在《理想国》和《法律篇》提出的财产共有制，主张以私有制为主、共有制为辅的社会制度。"在某个范围内，财产应当共有，但财产私有应当是一般性原则。如果照顾财物的责任由众人分担，彼此就不会交相指责——大家忙于照顾自己名下的财物，整体情况反而有所改善。"① 物品可以私有，但通过共用可以造成公民的责任感和善意。

除了经济效率，亚里士多德认为，私有制还会带来自爱、乐善好施、自我克制和仗义疏财的美德。② 而且，财产共有时发生的纠纷比财产私有时频繁得多，因为微小的私有物的价值都很大，偷盗随时发生，惩罚也极其严重。不可忽视的是，财产共有制会造成社会的等级制。一些阶层高居其上，不劳动而使用控制权获得物品的享受。另外一些阶层则是处于生存边缘的劳动者，只有付出少有收获，完全没有政治地位、教育和法律的保护。因此，亚里士多德说："我们不能只计算财产共有制度之下公民可免除的某些罪恶，还得估算他们可能失去的好处。在那样的社会中，他们过的简直是一种不可能的生活方式。"③

但是，亚里士多德反对用财富再分配的办法解决社会的贫困、犯罪或动乱问题。由于家庭的人口数量和生育率的不同，因此，按照家庭平分土地的制度，在人口多的家庭中人均土地会急剧减少，而人口少的家庭通过联姻和赠予会积累巨额的土地财富，形成贫富的两极分化。"人口过多不可避免地造成社会贫穷，而贫穷又会造成社会内讧以及犯罪。"④ 在考虑到人的欲望无限和地位差异的情况下，平分财产并不能减少犯罪和社会的纠纷。"平均财产确实可以防止公民纷争，但总体效果毕竟有

---

① ［古希腊］亚里士多德：《政治学》，郭仲德译，兰州：西北大学出版社2016年版，第30页。
② ［古希腊］亚里士多德：《政治学》，郭仲德译，兰州：西北大学出版社2016年版，第31页。
③ ［古希腊］亚里士多德：《政治学》，郭仲德译，兰州：西北大学出版社2016年版，第32页。
④ ［古希腊］亚里士多德：《政治学》，郭仲德译，兰州：西北大学出版社2016年版，第36页。

限。地位高者认为他们应占较大的份额，对均产相当不满，经常会因此反叛并造成社会内讧。……改革与其从平均财产开始，倒不如从教化入手，让地位高者不想贪，地位低者不能贪。后一目标靠压制（但不苛待）地位低者来实现。"① 社会地位最低者就是奴隶。他们不仅被完全剥夺了财产占有权和公民资格，而且自身成了他人的私有财产。

在亚里士多德看来，奴隶是家庭私有财产的必要组成部分，是基于统治关系天然产生的、活着的行为工具。② "主人仅仅是奴隶的主人，并不属于奴隶。奴隶则不仅是主人的奴隶，而且整个属于主人。"③ 因而奴隶的本性是天生的，在家庭和城邦中拥有天然的功能。如同自然创造的不同工具有不同功能一样，奴隶在家庭和城邦中担负着社会生产、交换和家务劳动的不可或缺的功能。但是，在亚里士多德的视野中，担负着维持社会和家庭运转功能的奴隶却是不重要的。"一如生物的灵魂被称为比躯体更基本的部分，武士、司法行政人员、议事（这类任务要求某种程度的政治智慧）比供应生活必需品的部分重要。"④

之所以奴隶是天生的，是因为奴隶缺乏灵魂和理智，或者不具有深思熟虑和实践理性的能力，只能"利用他们的体力来提供生活的必需"，如烹饪、家政活动或日常技艺。统治者或自由人拥有理性灵魂，"能实现公民生活的各种目的"，如从政、参军、从事哲学或政治研究。因此，主人支配奴隶，奴隶被奴役，"不仅有利，而且公正"。⑤ 奴隶向主人提供生活必需品，主人利用闲暇从事哲学和政治，并向奴隶提供实用技艺和德性方面的教育。

这样，亚里士多德就把劳动者与非劳动者之间的分工关系，按照身体与灵魂的生物类比，解释为一种合乎自然且正义的统治关系。问题是，如何解释大量的战争奴隶和债务奴隶呢？于是，亚里士多德将奴隶划分

---

① ［古希腊］亚里士多德：《政治学》，郭仲德译，兰州：西北大学出版社2016年版，第41页。
② 在资本主义社会，劳动者被当做与机器设备一样的工具或生产要素对待，资本成了真正的主人。正是在这个意义上，资本主义制度在马克思的视野中成为一种新形式的奴隶制度。
③ ［古希腊］亚里士多德：《政治学》，郭仲德译，兰州：西北大学出版社2016年版，第7页。
④ ［古希腊］亚里士多德：《政治学》，郭仲德译，兰州：西北大学出版社2016年版，第99页。
⑤ ［古希腊］亚里士多德：《政治学》，郭仲德译，兰州：西北大学出版社2016年版，第8—9页。

为天生的奴隶和合法的奴隶两种,利用"强权与德性相一致"的原则来为合法的奴隶辩护,并主张向"那些天生应被统治而不愿被统治的人"发动战争。尽管奴隶只能得到"劳作、惩罚和食物",但是,亚里士多德也认识到,"把自由作为奖赏提供给奴隶,是一件正确而有益的事",更不用说为奴隶"提供更多的节日和快乐"。①

黑格尔在《法哲学原理》中认为,亚里士多德对奴隶制的辩护高度依赖于用生物学术语把奴隶还原到家畜和工具的地位的方法。这是"把人看作纯粹的自然实体",并将奴隶从事的生产、交换和消费领域降低到动物界的结果。这样,奴隶的不自由在于其动物特性,在于其是财富的主要生产者;主人的自由在于其摆脱了劳动这种动物特性,在于其是财富的使用者和支配者。只有从劳动中解放出来并拥有闲暇的人才能成为公民。"公民们不会过工匠和商人的生活,因为这样的生活低贱而且不利于获致德性。"② 这些公民们在城邦的政治生活中相互承认,并在家庭内部被承认为主人,不需要奴隶和其他自由人的承认,也不承认奴隶是人。这样,亚里士多德就将生产和交换领域排除在了相互承认和人的社会性之外,将生产活动、政治活动和理论活动的关系弄颠倒了。"生产和交换的可理解性,以及它们与理性德性的积极关系,因为它们与奴性的联系被低估了。结果,实践被降低到只是注重实效的地位。"③ 而且,分工所产生的价值颠倒是理想城邦、哲学和其他意识形态产生的根源。④

## 五、最优城邦模型

在德福论、灵魂学说和公正论的基础上,亚里士多德构建了一个建立在私有制和奴隶制基础上的理想城邦模型。亚里士多德认为,所有的组织都以某种善为目的。由于人是天生的政治动物,城邦就是人们为某种共同利益或最高的善而聚合的共同体。但是,城邦不是整齐划一的血

---

① 苗力田主编:《亚里士多德全集》第九卷,北京:中国人民大学出版社1993年版,第293页。
② 苗力田主编:《亚里士多德全集》第九卷,北京:中国人民大学出版社1993年版,第247页。
③ 迪普:《城邦的理想化:亚里士多德的〈政治学〉与马克思的〈黑格尔法哲学批判〉》,见[美]麦卡锡选编:《马克思与亚里士多德:十九世纪德国社会理论与古典的古代》,郝亿春等译,上海:华东师范大学出版社2015年版,第64页。
④ 刘华萍:《试析马克思对柏拉图分工理论的解读》,载《社会科学辑刊》,2009年第5期。

缘共同体，不是由完全相同的个人、家庭和村落组成的联盟，而是具有质的多样性的个人、家庭和村落，以及农民、工人、商人、技术人员和士兵等多种不同种类的人构成的互惠共同体。但是，亚里士多德根据政治活动比生产活动在构建城邦共同利益中具有更重要作用以及"奴隶完全没有思辨能力"的观念，将大量的生产者、妇女和儿童排除在城邦的公民之外。城邦的公民轮流做统治者和被统治者，进行治理权利的交换。

  共同体的构成是一个自然的进程，因为"互相依存的生物必须结合在一起"，而自然的东西就是与机缘和偶然区别开来的带有"每一事物完全发展起来"这个目的倾向和自我活动的原因。男人和女人、主人和奴隶按照满足日常生活的基本需要而自然形成家庭共同体；家庭的结合按照血缘关系形成村落，以获取家庭之外的需求。多个村落结合成为城邦共同体，以便确保生活需要得到满足和优良的生活。"城邦是由早期自然存在的共同体演变而来的，因此城邦也是自然存在的。城邦是这些共同体的目的——事物的本性即其目的。……城邦旨在实现自足，自足就是城邦的目的，因此完美。自然旨在达成完美，城邦促成自足（完美），因而是合乎自然的。"① 个人、家庭和村落在城邦中得以完美，获得完善的人类生活。离开了城邦的法律和政治生活，人便是最坏的动物。与国家的社会契约论和神创论不同，这种城邦的自然起源说，既无须诉诸于个体的权力，也无须诉诸于神圣的权力为城邦的权威辩护。"或许，亚里士多德利用自然为城邦辩护，其最重要的结果就是把哲学与城邦统一在一个单一的权力之下；这一结果预示着它既有益于城邦，也有益于哲学。"②

  作为城邦的灵魂，政体是城邦各个最高政治机构所组成的共同体。不管统治权是握在一人、少数人或者多数人手里，凡是能够有助于实现城邦共同利益的政体就是好的、正确的政体，凡是无助于实现城邦共同利益而只为谋求私人利益的政体就是坏的、变异的政体。"显然，严格按照公平原则，以共同利益为依归而建立的政体才是正确的；凡是只照顾到统治者利益的政体都有缺点，是变异的政体，因为这些政体行独裁专

---

① ［古希腊］亚里士多德：《政治学》，郭仲德译，兰州：西北大学出版社2016年版，第3—4页。
② 阿莫伯勒：《亚里士多德对城邦自然性的理解》，见刘小枫编：《城邦与自然：亚里士多德与现代性》，北京：华夏出版社2010年版，第107页。

制，而城邦则是自由人组成的共同体。"① 统治权掌握在一人手里，且只为城邦谋取共同利益的政体就是君主政体。统治权掌握在少数优秀的人手里，且为城邦谋取共同利益的政体就是贵族政体。统治权掌握在多数人手里，且为城邦谋取共同利益的政体就是共和政体。但是，统治权掌握在一人手里，只为君主谋私利的政体就是僭主政体或暴君。统治权掌握在少数优秀者手里且只为这少数人谋取私利的政体就是寡头政体。统治权掌握在多数人手里，且只为多数人谋取私利的政体就是平民政体。如果幸福的生活是在财富、健康和物质资源不缺的条件下遵从适度的德性生活，那么，哪一种政体是最能实现公民幸福的生活的政体？适度的财富或中等财富的人，被认为是最好的、最听从理性的，因而以中等人为主构成的城邦是治理良好的城邦。财富过多或过少都受到各种欲望的困扰，很难听从理性，因而由极少数富人或多数穷人治理的城邦都不是好的城邦。

如前所述，公正就是人或物的价值的平等。经济公正就是分配物品的价值与接受物品的价值相符合，社会公正涉及人的价值相等的问题。平民政体认为人与人的平等就是公正，因为人的价值相同意味着拥有财富应该相同；寡头政体则认为人与人的不平等则是公正，因为拥有的财富不同意味着人的价值不同。亚里士多德认为，单纯以财富为标准来衡量人的价值，忽视了城邦的真正目的在于所有的人要追求优良、完美自足的高尚生活。亚里士多德提出，应该按照对共同体贡献的大小来分配政治权力，"对共同体的贡献最大的人在参与城邦机构方面所分配到的理应高于公民德性不及他的人"。但是，人数众多在群体鉴别力、群体欣赏力、食物品质的鉴别等某些方面比少数精英有优势。"以民众来说，他们个别人素质不高，但大家凑合起来，他们的素质可能超过精英。"② 在政府中，民众不适于需要大量抽象的专业知识和理论进行单独决策和冒风险的职位，如战争职位，但适合与生活经验密切相关而只需要冒很小风险的集体决策职位，如担任审议和司法行政职务。这意味着，政治权力的分配不应该采取单一的标准。"我们已确立这样的原则：仅在某一方面

---

① [古希腊] 亚里士多德：《政治学》，郭仲德译，兰州：西北大学出版社2016年版，第69页。
② [古希腊] 亚里士多德：《政治学》，郭仲德译，兰州：西北大学出版社2016年版，第75页。

平等的公民不应该享有各个方面的平等，仅在某一方面优越的公民不应要求在各个方面占居优越地位。所以，凡是违背这项原则的城邦政体必然是变异政体。"① 财富、出身、贤明、人数，尤其是教育和德性都是分配政治权力的依据，混合所有这些因素而促进城邦共同利益的政体就是最优政体。

一旦政体确定，亚里士多德主张法治而非人治，因为法律更加公正。"所以，最贤明者必须立法，城邦必须通过法律，但遇法律不够中肯时不具有最高权威——在其余的情况下，则其权威高于一切。"② 即使法律不中肯时，民众集体决策的质量也会高于贤明者个人，减少错误概率。同时，民众人数多，也不容易腐败，也有许多良好品德的善人来弥补大众德性的不足。"所以，主张法律统治相当于主张全听神明和理性统治，但主张人治则引入兽性，因为欲望带有兽性——即使最贤明的行政官也会受欲望的诱惑，法律却是不受欲望影响的理性。"③ 即使成文法不足，还有习俗法在起作用。而习俗是众多先辈智慧的结晶和更公正的权威，远胜过君王个人的决断。而且，基于人性的问题，君主制很容易变成世袭和专制，而王子王孙的德性也很成问题。随着高尚品德人数的增加，君主制就变得不那么必要了，贵族制取而代之。但是，过于看重财富和欲望的满足会造成政体的变质，于是寡头政体、僭主政体和平民政体随之而起。

因此，最优的城邦就是最优政体、最优良的生活和德性相结合的城邦。最优良的生活就是城邦具备物质条件以便实践善德的幸福生活，而城邦的德性包括勇毅、公正、明智和节制。"城邦是同一等人所组成的共同体，其目的是尽可能实现最优良的生活。幸福是至善，而过幸福的生活就是德性的实现和完满运用。"④ 在这里，亚里士多德采取个体主义原则，认为个人最优良的生活方式也是集体最优良的生活方式。具体而言，

---

① ［古希腊］亚里士多德：《政治学》，郭仲德译，兰州：西北大学出版社2016年版，第80页。
② ［古希腊］亚里士多德：《政治学》，郭仲德译，兰州：西北大学出版社2016年版，第86页。
③ ［古希腊］亚里士多德：《政治学》，郭仲德译，兰州：西北大学出版社2016年版，第89页。
④ ［古希腊］亚里士多德：《政治学》，郭仲德译，兰州：西北大学出版社2016年版，第191页。

建立理想城邦需要满足以下条件。第一，物质条件，如适中的公民人数、领土、物质资源，以便提供自足的粮食、军备、工具和技术、财源、宗教事务等。第二，城邦要拥有充满知悟力和进取精神的人，以便达到德性。第三，确定城邦的公共利益和公正。第四，每个人都从事各种分工的职业，但拥有财产的公民不得从事农工商活动，以便发展德性和进行公民的活动。全体公民应平等地轮流统治和被统治，并确保统治者比被统治者优越。第五，土地划归公民私有、共用，设立公共食堂供公民和官员吃住。第六，培养德性。德性需要考虑本性、习惯与理性的一致性。立法者塑造人的本性，教育改变习惯和培养理性。习惯是身体性重复、认知和情感共同作用的结果。教育通过设定目标、扩大选择范围、培养善的情感和使欲望服从理性而改变习惯的无目的性和机械性，从而将德性建立在更为坚实的善的性情的基础之上。第七，培养人的理性。社会需要注意结婚和生育的时间，以便生育最健康的子女；家庭需要注意儿童的营养，培养孩子适应各种气候的坚强体魄、玩适当的游戏和注重语言的纯洁性，禁止接触淫秽物品或有损心灵的戏剧；国家承担教育儿童的职责，立法者要推行公共教育制度。第八，教育。教育的科目分为读、写、体育、音乐和绘画，以便培养公民的德性、理性、强壮的体魄和欣赏美的能力。教育的目的之一就是要妥善处理闲暇，防止闲暇所带来的空虚和无聊。"善用闲暇是一切生活的根本。如果说工作和闲暇都是需要的，那么闲暇比工作更值得企求，工作以闲暇为目的。……闲暇却包括了内在愉悦、快乐和幸福，且只有闲暇的人才有这些感觉，忙碌的人是感受不到的。"①

总体而言，亚里士多德的最佳城邦就是以中间阶层为主的雅典民主政体和以公共教育与公共食堂为主的斯巴达寡头政体相混合的一种城邦，并结合了柏拉图的《理想国》的某些构建要素。这个模型对国家的本质、起源和发展，政体的变化以及如何达到理想状态提供了一个比较清晰的图像。在亚里士多德看来，只要每一个人或阶层企求的权利与现有获得的权利不相符合，一个社会就有政体变革的动力。变革政体的起因和根源在于利益、荣誉、贪婪、恐惧、权势过大、鄙视、某些人口群体

---

① [古希腊] 亚里士多德：《政治学》，郭仲德译，兰州：西北大学出版社2016年版，第214页。

的过度增长、选举谋略、为政松懈、怠忽小节和各部分的相异性。① 这样，亚里士多德向马克思提供了一个可以认真研究和超越的基准模型。

## 六、亚里士多德对马克思的影响

与伊壁鸠鲁以自然哲学的原子论为基础构建的唯物主义的伦理社会模型相对立，亚里士多德以自然哲学的灵魂论为基础，以劳动—闲暇的颠倒和理论与实践相分离的形式，构建了一个包含在《政治学》和《尼各马可伦理学》中的唯心主义的政治社会模型。在德国古典哲学复兴古希腊哲学的背景下，亚里士多德对马克思的影响越来越受到学术界的重视。

（一）亚里士多德哲学在德国的复兴

1830年代是德国思想界对亚里士多德的著作进行文献考证和思想阐释的重要时期。柏林科学院在1831年出版了贝克编订的《亚里士多德全集》。柏林大学哲学教授特兰德伦堡编订了亚里士多德对柏拉图的理念论和数论批评的论文（1826）、《论灵魂》（1833），翻译了《亚里士多德逻辑学要素》（1836），撰写了《逻辑研究》（1840）和《范畴史》（1846），复兴了亚里士多德主义。在《哲学史讲演录》中，黑格尔详细阐述了亚里士多德的逻辑学、形而上学、自然哲学和精神哲学。在黑格尔看来，亚里士多德是"最多才最渊博（最深刻）的科学天才之一"，是"人类的导师"，因为"亚里士多德深入到了现实宇宙的整个范围和各个方面，并把它们的森罗万象隶属于概念之下"。唯一的缺陷是，"他的哲学却不像是一个次序及联系皆属于概念的有系统的整体，而却是各个组成部分都从经验取来，被搁在一起"。② 但是，黑格尔并没有将亚里士多德看作一个经验论者，而是看作一个思辨唯心论的哲学家。"实际上，亚里士多德在思辨的深度上超过了柏拉图，因为亚里士多德是熟识最深刻的思辨、唯心论的，而他的思辨的唯心论又是建立在广博的经验

---

① ［古希腊］亚里士多德：《政治学》，郭仲德译，兰州：西北大学出版社2016年版，第129页。
② ［德］黑格尔：《哲学史讲演录》第二卷，贺麟、王太庆译，北京：商务印书馆2009年版，第282—283页。

的材料上的。"①

（二）亚里士多德对马克思影响的直接文本证据

与黑格尔将亚里士多德定位为思辨思想家不同，马克思将亚里士多德描述为"形式逻辑和一般分类学的主要奠基人"，并将亚里士多德"变成了突破黑格尔本人思想体系的出口"。②尽管缺乏直接的证据表明马克思在中学时期阅读过亚里士多德的著作，但是，马克思在中学时期已经间接地受到亚里士多德思想的影响。因为西塞罗主张亚里士多德的混合政体，贺拉斯信奉亚里士多德的伦理学。柏拉图在《斐德罗篇》中认为修辞影响人的灵魂，因而要求研究灵魂的性质和本质，灵魂对事物起作用的方式。在柏拉图的影响下，马克思在大学时期翻译了亚里士多德的《论灵魂》和《修辞学》，并在《柏林笔记》中摘录了《论灵魂》的第二卷和第三卷。马克思在摘录时评论道："亚里士多德的深刻性以极其令人惊讶的方式挖掘出了最思辨的问题。它是一种宝藏挖掘者的方式。"③在博士论文中，马克思将亚里士多德的著作当作德谟克利特史料的主要来源，引用了《论灵魂》《形而上学》《物理学》《论动物的起源》《论产生和消灭》《天论》等著作多达33次，颂扬亚里士多德的理性认识"对启蒙教育的社会精神更为有益"并"燃烧成纯洁的理想的科学之火"。④在对德谟克利特和伊壁鸠鲁的自然哲学进行比较研究的过程中，马克思以原子论为基础对柏拉图和亚里士多德的灵魂不朽论展开了批判，从而开启了宗教批判和政治批判的历程。因为亚里士多德的灵魂论不仅为神性的存在铺平了道路，而且奠定了奴隶制、私有制和等级制的理论基础。在根据希腊的哲学发展史去理解近代的哲学发展史和基督教起源的历史的同时，马克思还根据亚里士多德体系的解体历史去理解黑格尔哲学解体的内在逻辑。在《莱茵报》时期和在青年黑格尔派进行论战阶段，亚里士多德成了马克思的主要思想资源之一。在1842年6月的《〈科隆日报〉第179号的社论》一文中，马克思将古希腊政治哲学

---

① ［德］黑格尔：《哲学史讲演录》第二卷，贺麟、王太庆译，北京：商务印书馆2009年版，第284页。
② ［法］安若澜：《作为亚里士多德阐释者的马克思》，载《世界哲学》，2017年第5期，第139页。
③ 转引自李乾坤：《马克思柏林笔记文本群的形成、内容及意义》，载《南京大学学报》（哲学·人文科学·社会科学），2020年第3期，第12页。
④ 《马克思恩格斯全集》第40卷，北京：人民出版社1982年版，第142页。

和当时的政治哲学联系起来,并认为"现代哲学只是继承了赫拉克利特和亚里士多德所开始的工作"。①

(三) 马克思与亚里士多德的思想比较

与德国的新人文主义运动和浪漫主义将希腊社会的理想人性模型从城邦扩展到全人类相一致,马克思以亚里士多德的良善的政治共同体为起点,将自由人的联合体从极少数的城邦公民扩展到所有人类社会的成员。随之而来的是马克思对亚里士多德的人性论、私有制、公正理论、实践观和国家观的根本性改造,从而形成了两个相互对立的社会政治模型。

首先,人性论的不同。在亚里士多德看来,人都是有理性的动物,但只有自由人是天生的政治动物,奴隶、妇女和儿童被排除于城邦的政治生活之外。或者说,人都有追求幸福生活的善的本性,但是,人的尊严或者灵魂只有在共同体的正义追求中最完满地表现出来。在马克思看来,政治权利并不能界定历史中形成的现实的人的本质。在《1844 年经济学哲学手稿》中,马克思说:"五官感觉的形成是迄今为止全部世界历史的产物……因此,一方面为了使人的感觉成为人的,另一方面为了创造同人的本质和自然界的本质的全部丰富性相适应的人的感觉,无论从理论方面还是从实践方面来说,人的本质的对象化都是必要的。"② 这就是说,尽管人和动物都有感觉、欲望和理性,但是,人的感觉与欲望在人类社会的历史发展中会不断发展和演变。人在劳动中改变外在自然的同时,也改变内在的自然,即人的感觉、欲望甚至理性。人的本质不是生物学意义上的理性或者费尔巴哈的类本质,而是社会关系的总和,即历史地发生的社会存在的整体构造。这就彻底否定了亚里士多德按照生物学的方式对人进行社会等级划分的尝试。

其次,国家的本质和演变的认识不同。在亚里士多德看来,城邦是一个为了自由人的道德完善的伦理共同体,尽管变异的政体只为统治者谋求私利。在马克思看来,国家是一个阶级统治和剥削另外一个阶级的暴力工具。尽管注意到了以牟利为目的的商品交换与城邦的自然本性相冲突,但是,由于缺乏历史意识、忽视奴隶所遭受的痛苦和对经济因素

---

① 《马克思恩格斯全集》第 1 卷,北京:人民出版社 1995 年版,第 227 页。
② 《马克思恩格斯全集》第 3 卷,北京:人民出版社 2002 年版,第 305—306 页。

的重视不够,亚里士多德对国家的起源和发展的根本动力、国家兴衰的历史逻辑的分析就显得比较虚弱。马克思则从唯物史观出发,认为国家是一种随着生产力发展而兴衰的历史现象。

第三,私有制与公有制的对立。亚里士多德将理想的城邦建立在私有制和奴隶制的基础之上。在马克思看来,现实的国家就是私有制和奴隶制的不同表现形式。尽管大肆谈论各种公民美德和政治制度安排的优劣性,但是,亚里士多德并没有研究奴隶制对于建立一个理想的城邦和实现幸福与善良生活目标的危害性。与黑格尔利用主奴辩证法探讨了相互承认和奴隶在自我意识上获得解放的问题不同,马克思则在奴隶制中看到了社会关系和劳动价值的颠倒,看到了人性的历史形成性,并探讨了作为被奴役的工人阶级在劳动中获得解放的问题。马克思进而以劳动异化论和剩余价值论的形式,详细地分析了对劳动力价值进行剥夺的奴隶制对工人和其他劳动者造成的身心的巨大摧残、社会共同体的瓦解和人性的异化。只有在"劳动不仅成为生活的手段,更是生活的第一需要"这种全面重新肯定劳动的价值的条件下,每一个人都得以自由发展、相互友爱和生活经验多样性的社会共同体才得以重建。这种公正且自由的共同体就是建立在公有制基础上的共产主义社会。

第四,公正观念的不同。与亚里士多德的静态的公正观不同,马克思的正义观是历史依赖性的、"本质主义的和辩证的"。① 法律形式的正义性在于与生产方式保持一致。"这个内容,只要与生产方式相适应、相一致,就是正义的;只要与生产方式相矛盾,就是非正义的。"② 同时,亚里士多德将分配性的公正与矫正性的公正、交换公正分割开来,没有看到在分配性的不公正存在的情况下矫正性的公正和交换公正如何实现的问题,也没有研究公正意识产生的历史和物质基础。③ 在《1844 年经济学哲学手稿》中,马克思批判国民经济学将公正的道德排除在经济活动之外,成为一种为牟利和劳动异化进行辩护的意识形态。马克思批判资本主义的分配性的不公正造成了交换公正的虚假性,而交换的不公正

---

① [英]詹姆斯·戴利:《马克思与正义》,载《山东社会科学》,2020 年第 8 期。
② [德]卡尔·马克思:《资本论》第三卷(上),中央编译局译,北京:人民出版社 1975 年版,第 379 页。
③ 白刚、郜爽:《正义的转向:从亚里士多德、黑格尔到马克思》,载《理论探索》,2019 年第 6 期。

则是剩余价值实现的源泉。分配性的不公正和交换的不公正就危害了社会共同体的利益，造成了社会的异化和贫富的两极分化。"《资本论》这部著作的核心，在于通过'显微镜'般的考察，揭示不公平是危害人类共同体的病根；它的治疗药方——正确地理解正义（公平）——这是此部著作隐藏但却占主导的主题。"①

第五，实践观的不同。亚里士多德认为，思辨活动、道德和政治生活领域的实践活动在知识普遍性方面高于从事技术性劳动的创制活动，而理论活动又高于政治实践活动。政治实践活动是目的与手段的统一，而创制是目的与手段的分离。"勤劳只是获得闲暇的手段；凡仅属必需或仅关实用的作为只能是获取善业的手段。"② 这样，政治共同体的善只有通过排除绝大部分劳动者的方式来实现。③ 马克思的实践概念不仅包括亚里士多德的理论理性活动、实践理性活动、政治活动、社会交往和创制活动，而且包括革命活动和物质生产劳动。与亚里士多德未探讨理论、政治和物质生产性实践活动之间的关系不同，马克思以劳动概念取代了实践概念，并以劳动分工及生产力理论为基础来阐述各种不同劳动之间的关系。在马克思看来，物质性生产劳动在一个社会中处于基础的地位，理论活动和政治活动都属于精神性的生产劳动和从属于物质性生产劳动。一个社会有什么样的物质性生产劳动，就有什么样的精神性的生产劳动。马克思反对劳动的动物性观念，主张自由的劳动是幸福的手段与目的本身。

第六，实现理想社会的手段不同。在亚里士多德看来，人都有理性灵魂，但将这个潜能转变为现实的理性则需要教育和教养。城邦的职责不仅在于实施教育来培养个人的德性，而且在于通过政治权力的实际安排来决定公民的社会生活方式及其潜能的发挥方式，实现人性的道德完善。④ 马克思认为，在资本主义的制度框架内，教育和审美都无法实现

---

① 戴高礼：《马克思思想来源的古希腊传统》，见［美］麦卡锡选编：《马克思与亚里士多德：十九世纪德国社会理论与古典的古代》，郝亿春等译，上海：华东师范大学出版社2015年，第205页。
② ［古希腊］亚里士多德：《政治学》，吴寿彭译，北京：商务印书馆1965年版，第395页。
③ 齐勇：《实践哲学古典理想的继承与超越：从亚里士多德到马克思》，载《社会科学辑刊》，2020年第4期。
④ ［美］列奥·施特劳斯：《自然权利与历史》，彭刚译，北京：三联书店2003年版，第138页。

其理想人类的目标。在《关于费尔巴哈的提纲》中，马克思认识到，教育者也会带上阶级社会的烙印。只有与资本主义社会完全决裂的无产阶级，才是实现伟大变革的历史承担者。无产阶级需要采用政治解放和人类解放的革命方式，在推翻资本主义制度的基础上建立无产阶级的政权，在废除私有制之后建立共产主义社会，最终实现人的能动性的充分发挥。由于缺少历史意识，亚里士多德的理想城邦只是一个理性的建构。马克思的共产主义社会则是各种社会形态特别是资本主义制度发展的必然结果，因而具有历史的必然性。

（四）亚里士多德对马克思的具体影响

尽管马克思和亚里士多德按照不同的路径构建了两个相互对立的社会政治理论，但是，不仅亚里士多德提出的社会政治模型构成了马克思的社会政治思想发展的逻辑起点，而且，亚里士多德的许多思想在不同时期还对马克思产生了重要影响。丁立群（2020）认为，亚里士多德关于理论的概念、实践的概念，关于人的本质及其完善的思想影响了马克思。卢巴兹（Heinz Lubaz）在《马克思的亚里士多德主义维度》（1977）中认为，亚里士多德的逻辑方法和科学研究的方法对马克思有显著的影响。① 下面，我们分析亚里士多德的形式逻辑、批判方法、批判与理论创新相结合的方法以及政治经济学对马克思的影响。

首先，形式逻辑的影响。亚里士多德不仅提供了一个各个知识领域的解释性模型，而且在《工具论》中提供了合理表达的证明工具，即形式逻辑或演绎推理和范畴表。在亚里士多德看来，有效的证明要求：（1）前提是必然真实的；（2）采取演绎推理的形式；（3）提供因果关系的解释。证明分为循环性的证明、无限递归的证明和有条件性的证明。亚里士多德把依赖于基础性前提——从经验中通过归纳抽象出来的普遍性观点——所进行科学严格证明的推理叫做演绎推理，而把依赖于可靠信念所进行的非科学证明的推理形式叫做辩证法。亚里士多德的形式逻辑试图解决语言论证形式与演绎推理形式之间的内在转换程序。根据判断的种类、判断的联结和主谓词逻辑，亚里士多德在《前分析篇》中发

---

① 戴高礼：《马克思思想来源的古希腊传统》，见［美］麦卡锡选编：《马克思与亚里士多德：十九世纪德国社会理论与古典的古代》，郝亿春等译，上海：华东师范大学出版社2015年版，第154页。

现，只有极少数的单义性语言的命题关系符合演绎推理的结构。① 当语词存在极端的非单义性、家族相似、一词多义、转义、本义、隐喻、明喻等问题时，演绎推理的形式就不适用了。与逻辑推理要求真实的、在先的、必然的和普遍的前提不同，辩证法对前提的要求大为降低。"辩证法类似于证明，不过不需要证明要求于前提的科学性和因果清晰性。在辩证法中，当推理有效性不再是个问题后，还需要的是对推理可接受性的非因果性的考虑。"② 在《正位篇》中，亚里士多德谈到，辩证法的一个主要功能是对基础性原理的可靠信念或前提进行批判分析，以便帮助科学走上寻求真理和演绎推理的道路。

在大学时期，马克思学习了加布勒讲授的逻辑学，而当时的普通逻辑学主要讲授亚里士多德《工具论》的内容。马克思还翻译了亚里士多德的《修辞学》。因此，马克思会熟悉亚里士多德关于语言形式与思维表达、演绎推理和辩证法之间的关系的各种理论，高度重视经验归纳法与辩证法在揭示理论前提中的作用。

第二，批判方法的影响。在亚里士多德看来，说服论证的方法包括例证（归纳）和推理两种。例证包括历史事实的论证、杜撰的比喻和寓言的类比论证。推理论证分为证明式的推理论证和反驳式的推理论证。反驳式推理论证包括逻辑矛盾、与事实相冲突或者一词多义。如果事实都得到确认，且没有反例存在，那么，这个论证就是真实的推理论证。表面的或错误的推理论证，或者是没有推理的过程但有推理结论的用语，如"所以非此或非彼"；或者是利用一词多义进行概念偷换；或者是无事实依据的推理；或者是利用个别事例或偶然事件进行以偏概全的推理；或者是原因与结果不相关的推理；等等。③ 马克思从中学的作文开始，就一直重视归纳、推理和历史比较的论证方法。在《关于伊壁鸠鲁哲学的笔记》中，马克思关注经验批判和反思批判的方法。在《莱茵报》时期，马克思综合运用历史事实、逻辑矛盾、道德谴责等各种批判手段。在《黑格尔法哲学批判》中，马克思应用了主谓颠倒、自相矛盾、任意

---

① 亚里士多德提出的演绎定理包括：两个否定的前提不构成演绎，结论为否定的演绎必有一否定前提，结论为普遍的演绎需要两个前提均为普遍。

② ［美］克里斯托弗·希尔兹：《亚里士多德》，余友辉译，北京：华夏出版社2015年版，第117页。

③ 苗力田主编：《亚里士多德全集》第九卷，北京：中国人民大学出版社1993年版，第482—487页。

类比、逻辑不连贯、偷换概念等批判手法来揭露黑格尔思辨哲学的错误。基于柏拉图与黑格尔都过度强调理性和精神的事实，亚里士多德在《形而上学》中对柏拉图的理念论的批评和提出的主谓词逻辑框架，为马克思批判黑格尔的《法哲学原理》提供了某些可借鉴的线索。因此，马克思不仅继承了亚里士多德注重辩证法批判的传统，而且在批判方法上不断精益求精，以便为理论创新开辟出一条道路来。

第三，批判与理论创新相结合的方法的影响。在亚里士多德看来，批判是走向理论建立和理解事物的基础，也是验证理论真伪的准则。但是，要达到有效的批判，还需要在对事物本身及其联系进行深入研究的基础上提出新的理论，以便解释现实的问题或者事物的原因。亚里士多德提出四因说，作为区分解释的好坏和判断解释的客观性的标准。因此，批判和理论解释不是孤立的，而是在每一个问题上相互联系的。在主要的著作中，亚里士多德都采取辩证法对前人的观点和理论进行了批判性处理。在《物理学》中，亚里士多德通过对早期自然哲学家的万物本原的批判和综合，形成了质料的概念以及万物都是由质料和形式构成的形质论。在《形而上学》中，亚里士多德在批评各种本原论的基础上提出了"四因说"。在《论灵魂》中，亚里士多德批判了早期自然哲学家提出的灵魂是生命的本原和灵魂是身体的某种和谐的观点，提出了灵魂是身体的形式的观点。在《政治学》中，亚里士多德在对柏拉图的《理想国》和《法律篇》的共产制进行批判的基础上提出了最优政体及相关的制度模型。在批判前人的理论之后，亚里士多德将他的概念规定奠定在各种经验现象的研究基础之上，形成了从具体上升到抽象的研究方法。

马克思在一生的研究中也是将理论批判、现实研究与理论创新紧密结合起来，形成了在研究中从具体上升到抽象的方法和在叙述中从抽象到具体的方法。马克思利用《莱茵报》时期对普鲁士政治现实的分析和研究，触发了对黑格尔的《法哲学原理》的批判，得出了私有财产异化、市民社会异化和官僚机构异化的理论。这推动马克思研究物质利益的问题，在《1844 年经济学哲学手稿》中提出了劳动异化论并展开了政治经济学批判。利用这些成果，马克思在《神圣家族》《关于费尔巴哈的提纲》和《德意志意识形态》中对思辨哲学展开了批判，提出了唯物史观。因此，马克思的理论创新也是在批判过程中辩证地发展的。

第四，政治经济学研究的影响。亚里士多德在《政治学》的第一卷

第九章中对货币功能的批评，以及在《尼各马科伦理学》第五卷中对商品的使用价值和价值的分析，对马克思后来的政治经济学研究具有很大的启发作用。在《资本论》中，马克思大量引用亚里士多德的《政治学》和《尼各马可伦理学》，并说："这位研究家最早分析了许多思维形式、社会形式和自然形式，也最早分析了价值形式。"① 要知道，形式是亚里士多德创制的范畴。马克思在《资本论》中分析的都是劳动、价值、货币和资本的各种形式的辩证运动。

同时，马克思认识到，亚里士多德为不正义的奴隶制进行意识形态辩护的做法阻碍了价值分析和政治经济学的发展。马克思说："希腊社会是建立在奴隶劳动的基础上的，因而是以人们之间以及他们的劳动力之间的不平等为自然基础的。价值表现的秘密，即一切劳动由于而且只是由于都是一般人类劳动而具有的同等性和同等意义，只有在人类平等概念已经成为国民的牢固的成见的时候，才能揭示出来。"② 当然，亚里士多德在《政治学》中区分了使用价值和交换价值，发现了货币是商品的价值形式和商品的价值相等必定体现了某种第三种共同特征，从而为劳动价值论的发展奠定了基础。

传统上，《资本论》的结构被认为是主要参考了黑格尔的逻辑学的结果。如果从亚里士多德的理论出发，我们发现，马克思的《资本论》利用了亚里士多德的四因说：目的因是资本家对剩余价值的追求和工人的生存需求，动力因是市场竞争机制，质料因是生产资料，形式因是劳动。一个产品是质料与形式的结合，商品是使用价值与价值的结合。当形式因起决定作用时，劳动价值论就是一种批判的理论。马克思的劳动二重性也采取实体性形式与偶性形式的表述，具体劳动是偶性形式，抽象劳动是实体性形式。如果只具有形式的实体是理性和神灵，那么，只具有价值形式的货币和资本也是神灵。马克思对货币拜物教的批判也就深化了亚里士多德对功利主义和商业贸易的批判。"与建基于权利的道德不同，二者都通过制度所促进的生活类型来判断制度，并且通过评价权利体现在制度中的后果来判断所提倡的权利。同时，二者关于值得促进的生活类型的一般概念高度一致，并且都与功利主义截然

---

① 《马克思恩格斯全集》第44卷，北京：人民出版社2001年版，第74页。
② 《马克思恩格斯全集》第44卷，北京：人民出版社2001年版，第75页。

对立。"① 因此,《资本论》采用亚里士多德的逻辑结构可以看作是亚里士多德影响的进一步证明。②

## 第二节 修昔底德与马克思

修昔底德(公元前460年—前396年)是古希腊的著名历史学家和文学家。其所著的《伯罗奔尼撒战争史》描述和分析了公元前431年至公元前404年在雅典帝国与斯巴达同盟之间爆发的战争历史。维柯在《新科学》中称修昔底德是"第一个严谨的希腊历史学家"。③《伯罗奔尼撒战争史》因包含了对历史真实性和客观性的坚持,对事实证据的批判和考证,对文本整体性的强调,以及对历史事件的因果关系的探寻,被视为是历史写作的典范,从而对19世纪的德国历史学产生了深远的影响。④ 德国历史学派代表人物尼布尔、兰克等人甚至认为,修昔底德开创了"批判历史学"这种全新的史学形式,因而是真正的历史学之父。⑤ 而且,修昔底德将政治权力置于历史演变之中进行分析,展现了历史与逻辑的统一,因而享有"政治现实主义之父的声名"。⑥ 下面,我们主要关注修昔底德的人性论、城邦兴衰的历史逻辑和战争的非理性理论及其对马克思的影响。

### 一、修昔底德的人性论

在修昔底德看来,人性包括自然性和社会性,两者的形塑和永恒斗

---

① 米勒:《马克思与亚里士多德:一种后果主义》,见[美]麦卡锡选编:《马克思与亚里士多德:十九世纪德国社会理论与古典的古代》,郝亿春等译,上海:华东师范大学出版社2015年版,第363页。
② 亚里士多德关于内容与形式的关系被广泛扩展为权力与权利、使用价值与价值、商品与货币、生产力与生产关系、经济基础与上层建筑等之间的辩证关系。经济平等与政治平等被界定为内容平等与形式平等之间的关系。抛开形式,资本就是一种权力,整个社会的关系就是一种物质力量之间的对立和斗争的辩证关系。
③ [意]维柯:《新科学》上册,朱光潜译,北京:商务印书馆2009年版,第10页。
④ 陈莹雪:《修昔底德与现代希腊的古典文化复兴(1790—1830)》,载《史学理论研究》,2017年第3期,第57页。
⑤ 何元国:《科学的、客观的、超然的?——二十世纪以来修昔底德史家形象之嬗变》,载《历史研究》,2011年第1期。
⑥ [美]欧文:《修昔底德笔下的人性》,戴智恒译,北京:华夏出版社2015年版,第8页。

争构成了历史前进的动力。人的社会性包括对荣誉和伟大的追求、勇于革新、自由与平等、共同体的正义和德性、对敌对城邦的仇恨与复仇，人的自然性包括情感、生存的维持、身体的爱惜、生命的自我保全、财富和权力的追求与掠夺、个人的幸福。人的社会性是高尚的，是随着城邦逐渐发展起来的，而人的自然性是低劣的和动物性的。在公正的制度下，人的理性就在于牺牲自然性去追求社会性。自由的城邦会充分发挥人性的全部潜能，让每个人献身于城邦的正义与德性。但是，不合理的政治制度会扭曲人性，迫使人更加自私和追求财富与权力。许多城邦领导者的品质在激进民主制的迫害下出现了蜕变或反叛，就是如此。在伯里克利演说词中，斯巴达与雅典的两种政治制度反映出人性的两个侧面。斯巴达残酷的军事训练培养了公民的德性，但毁灭了斯巴达人的创造才能；雅典的民主制和竞争促进了公民的才能在公共生活和私人生活中的全面发展，推动公民热爱美、智慧和高贵的事物。

在修昔底德看来，所有战争都是各国的统治者对权力的无限追求和占有欲引起的。① 伯罗奔尼撒战争的根本原因是，海洋强国雅典的势力不断增长以及采取对外扩张的政策，对陆上强国斯巴达及其同盟的扩张和经济资源的掠夺构成了威胁，最终引起了霸权争夺战。孟德斯鸠说："雅典起了野心，又把这种野心传授给了拉栖代孟，但是这个野心与其说是要统治奴隶，毋宁说是要统治自由人民，与其说是要破坏联盟，毋宁说是要做联盟之主。"② 国家权力的较量是这场战争规模大、持续时间长的主导因素。在战争中，经济因素起着重要的作用。为了准确探讨历史的规律，修昔底德高度重视事实证据，对史料及其证据进行批判性的考证和筛选，尽可能采用第一手资料。③

## 二、城邦兴衰的历史逻辑

在修昔底德看来，希腊地区的历史是一个从早期的荒芜与贫穷逐渐走向商业和航海繁荣的进步过程。与土地肥沃地区容易引起权势集团的

---

① ［古希腊］修昔底德：《伯罗奔尼撒战争史》上册，徐松岩译注，上海：上海人民出版社2017年版，第29页。
② ［法］孟德斯鸠：《论法的精神》上册，张雁深译，北京：商务印书馆2004年版，第24页。
③ ［古希腊］修昔底德：《伯罗奔尼撒战争史》上册，徐松岩译注，上海：上海人民出版社2017年版，第71页。

纷争、公社瓦解、外族入侵和频繁的迁徙不同，阿提卡地区贫瘠的土地却在贸易和勤劳的耕种中建立了众多繁荣的城邦和大量的殖民地，出现了人口快速的增长和大量的海盗劫掠活动。"他们做海盗的动机是为了满足自己贪婪的欲望，同时也是为了扶助那些弱者。"① 为了围剿和打击海盗活动，许多岛屿居民都建立了有城墙的城市和海军。这反过来促进了航海事业的发展以及生活方式的改变。"有些居民依靠新获得的财富的力量，甚至开始自己建筑城墙。出于谋利的共同愿望，弱者安于服从强者的支配，强者因拥有金钱而越发强大，进而把诸小城邦降至臣属地位。"②

大城邦实力的增长和人口的膨胀催生了不断征服和殖民的欲望，氏族部落制让位于世袭君主制。随着希腊的财富和海军实力的增长，僭主政治出现了。许多城邦在海外不断开拓殖民地，获取原材料和粮食的供应，由此引发了城邦之间的权力与财富的争夺。伪色诺芬在《雅典政制》中说："雅典人是希腊和蛮族世界唯一能够控制充足原材料供应的民族，……雅典建造船只所用的材料如下：一个城市向它提供木材，另一个提供铁，第三个提供青铜，第四个提供亚麻，第五个提供蜂蜡等等。雅典人阻止对手将商品转运到除阿提卡以外的其他国家，否则她就威胁将对手完全从海洋上驱逐出去。"③ 持续不断的战争推动了船舶制造、航海技术、作战方式和武器的发展，也通过将被俘虏的士兵贩卖为奴的方式推动了奴隶制的发展。根据生产力不断进步的观念，修昔底德推断，荷马史诗高估了特洛伊战争时期的军队人数和战争规模，因为"金钱的缺乏"以及"给养的缺乏使得这些入侵者不得不减少军队的人数，直至他们能够在作战地区维持生活"。④ 同时，远古时代也不是赫西俄德所向往的"黄金时代"。

在权力欲和财富欲的驱使下，希腊地区进一步出现了统治城邦和臣

---

① ［古希腊］修昔底德：《伯罗奔尼撒战争史》上册，徐松岩译注，上海：上海人民出版社2017年版，第57页。

② ［古希腊］修昔底德：《伯罗奔尼撒战争史》上册，徐松岩译注，上海：上海人民出版社2017年版，第59页。

③ ［美］威廉·弗格森：《希腊帝国主义》，晏绍祥译，上海：三联书店2005年版，第33页。

④ ［古希腊］修昔底德：《伯罗奔尼撒战争史》上册，徐松岩译注，上海：上海人民出版社2017年版，第62页。

属城邦、城邦联盟之间、希腊城邦与其他地区之间的对立与冲突的现象。在推翻了僭主政治之后，长期实行寡头政治的陆上强国斯巴达就与实行民主制的海洋强国雅典发生了全方位的权力冲突。"雅典势力的日益增长，由此而引起拉栖代梦人的恐惧，使战争成为不可避免的了。"① 在恐惧、荣誉和利益的争夺中，伯罗奔尼撒战争就爆发了。雅典长期奉行权力政治和征服战略，拒绝和平谈判。"当今世界通行的规则是，公正的基础是双方实力均衡……强者可以做他们能够做的一切，而弱者只能忍受他们必须忍受的一切。"② 许多独立的城邦，为了维护自己的独立与自由，不惜与强邦作战，尽管还是难逃被征服和奴役的命运。最终，奉行强权政治而违背理性的雅典帝国在被奴役城邦的反叛、奴隶的逃亡、军事统帅的战略失误、政治斗争造成的将领叛逃和决策迟疑、大规模的人口迁徙带来的冲突、瘟疫的突然爆发、过度的冒险行为，以及波斯帝国的干预等偶然事件的影响下战败而衰落。这样，修昔底德就提供了一个国家兴衰的权力理论。其中，权力被视为一种在前进过程中自我孕育、自我保持、自我增强和自我毁灭的非理性力量。③

### 三、战争的非理性

在修昔底德看来，实力是战争的诱因，偶然事件决定战争的成败。"在你们投入战争之前，要想一想偶然事件在战争中的巨大影响。随着战事的延续，它就基本上变成了偶然的事件，这些偶然的事件不论是你们还是我们都是不能避免的，我们在黑暗中冒险。"④ 战争规模越大，不确定性的因素越多，战争的非理性因素就会增加。战前的优势与劣势随着战争经验的增加、力量的耗损、新技术的发明、新谋略的构建和联盟的变换而不断转化。"因为在世间万事之中，战争是最少按固定的原则进行的。战争期间，人们主要是利用这一点制定策略以应付突发事件。在这

---

① [古希腊] 修昔底德:《伯罗奔尼撒战争史》上册，徐松岩译注，上海：上海人民出版社 2017 年版，第 73 页。
② [古希腊] 修昔底德:《伯罗奔尼撒战争史》下册，徐松岩译注，上海：上海人民出版社 2017 年版，第 496 页。
③ [美] 斯塔特:《修昔底德笔下的演说》，王涛等译，北京：华夏出版社 2012 年版，第 27 页。
④ [古希腊] 修昔底德:《伯罗奔尼撒战争史》上册，徐松岩译注，上海：上海人民出版社 2017 年版，第 111 页。

样的情况下，在战争中最能保持冷静头脑的人是最安全的；谁头脑发热，谁就会遭殃。"①

而且，随着战争的持续进行，大量士兵和将领被俘虏或者死亡，大量船只被俘虏或损失，大量的庄稼和城堡被毁坏，粮食、武器、金钱、士兵和舰船的供给会不断减少，最终造成军事实力和财政资源的大幅度下降。"战争的进程是无法预料的，攻击往往是发生于一时的冲动。在数量上处于劣势的军队，常常因为机智灵活，而击败过于自信而疏于警惕的优势敌人。"② 所有的奴隶、平民、城邦、土地上的财产与庄稼都成为那些主张杀戮与破坏的战争狂热分子的权力欲望的牺牲品。这样，战争就是敌对双方相互消耗和摧毁对方经济资源的过程。"他们的目的是通过这种行动剥夺雅典主要的收入来源，同时，如果雅典要来围攻他们的话，就将负担高昂的军费开支。"③

战争还将带来人性的改变和革命的发生。"战争是一个粗暴的教师，它使大多数人的性情随着境遇的变化而变化。这样，一个城邦接着一个城邦发生了革命，在革命发生最晚的地方，因为他们知道其他地方以前所发生的事情，又出现了许多前所未有的更为出格的暴行，表现在夺取政权时更加阴险狡诈，报复政敌时更加残忍无忌。"④ 这样，战争会摧毁原有讲究公平与正义的伦理道德，滋生更加邪恶的、更加自私自利的、纵情享乐的伦理道德。"由于贪欲和野心所引起的对权力的追求是所有这些罪恶产生的原因：一旦党派斗争爆发的时候，激情所引发的暴行也就起着推波助澜的作用。"⑤ 不择手段的报复与杀戮，就成为新的法则。因此，把战争当作一种有益的理性事业去经营或者为某个局部利益而盲目发动战争的想法，是错误的。"战争的祸害是尽人皆知的，我用不着把这些祸害来分条细说。没有人是浑浑噩噩地被卷入战争的；或者，如果他

---

① ［古希腊］修昔底德：《伯罗奔尼撒战争史》上册，徐松岩译注，上海：上海人民出版社 2017 年版，第 144 页。
② ［古希腊］修昔底德：《伯罗奔尼撒战争史》上册，徐松岩译注，上海：上海人民出版社 2017 年版，第 176 页。
③ ［古希腊］修昔底德：《伯罗奔尼撒战争史》上册，徐松岩译注，上海：上海人民出版社 2017 年版，第 270 页。
④ ［古希腊］修昔底德：《伯罗奔尼撒战争史》上册，徐松岩译注，上海：上海人民出版社 2017 年版，第 309 页。
⑤ ［古希腊］修昔底德：《伯罗奔尼撒战争史》上册，徐松岩译注，上海：上海人民出版社 2017 年版，第 310 页。

认为战争是有利可图的事业，他就不会因为畏惧而置身于战争之外的。事实上，对于前者而言，认为他所得到的利益似乎超过所遭受的损害，对于后者而言，则宁愿冒着危险而不愿忍受一时的损失。"①

实际上，多数战争的决策都是盲目的、错误的，最终造成国家的毁灭。历史布满了战争狂热者的坟墓。从国家利益角度看，和平是保存国家力量的更好选择，而战争更多的是由少数侵略成性的战争狂热分子基于私利去惩罚或掠夺他人所诱发的。"如果这里有人相信他可以通过坚持公理或求诸暴力以达到某些目的的话，那就让他不要因为失望而过于伤心了。他应当知道，过去有许多人想惩罚作恶者，但是他们既未能惩罚他们的敌人，甚至也未能保全他们自己；过去许多人相信武力能够使他们获得某些利益，但是，他们非但未能获取更多的利益，反而注定要失去他们已拥有的东西。对作恶者的报复不一定会取得成功，因为坏事已经做过；单纯相信武力，而武力也不一定是靠得住的。"②

雅典之所以会产生扩张性的战争政策，不是因为他们有永恒的强大实力，而是因为希波战争的偶然胜利带来的战利品和错觉。"他们各方面的意外成功，使他们产生这种心态，认为凡是他们能够想到的，就一定能够做到。"③ 而且，无限的扩张性战争，而非和平，被臆想为是保全帝国和统治他国的最佳手段。"人们不能仅仅满足于抵御占优势的敌人的进攻，还要经常未雨绸缪，使敌人的进攻企图无法实现。我们无法确定我们帝国将扩展到哪里为止；但是，既然我们已经处于现在的地位，那我们就一定不能满足于保持我们现有的帝国，而必须制定计划扩展帝国；因为如果我们不能统治别人，我们自己就有被别人统治的危险。……而且，城邦与其他事物一样，如果长期保持和平状态，她自己就会耗尽自己的力量的，而各方面的技术就会变得陈旧过时，但是每一次新的战斗都会使她获得新的经验，使她更惯于不以言辞而以行动来保卫自己。"④

---

① ［古希腊］修昔底德：《伯罗奔尼撒战争史》上册，徐松岩译注，上海：上海人民出版社2017年版，第375页。
② ［古希腊］修昔底德：《伯罗奔尼撒战争史》上册，徐松岩译注，上海：上海人民出版社2017年版，第377页。
③ ［古希腊］修昔底德：《伯罗奔尼撒战争史》上册，徐松岩译注，上海：上海人民出版社2017年版，第379页。
④ ［古希腊］修昔底德：《伯罗奔尼撒战争史》下册，徐松岩译注，上海：上海人民出版社2017年版，第522—523页。

但是，追求为所欲为和不受约束的权力就会造成侵略成性和奴役的思想，直至在敌对同盟的打击下走向毁灭，更何况每个城邦争取自由和独立的热忱是无限的。"在临邦之间的一切关系中，势力的平等始终是自由的保证；对于那些企图奴役邻邦，甚至企图奴役更远的城邦的国家，我们只有作战到底。"① 考虑到未来的不可预测性或不确定性，面临争端的国家最好在保持独立和自由的前提下进行和平谈判，做出某些理性的让步，不要"为了伤害我的敌人而使自己遭到更大的伤害；也不至于因为有了仇恨而产生愚蠢的想法，认为自己既能支配自己的计划，就能控制自己的命运"。②

## 四、修昔底德对马克思的影响

除中学作文以外，修昔底德的人性论、历史观和战争的非理性观对马克思的自由观和唯物史观都产生了一定的影响。

第一，丰富的自由思想。在马克思的青少年时代，普鲁士的人民在为争取政治自由和宪法而斗争。"人是自由的，而非奴隶"的观念，充斥在古希腊的著作中，尽管战争奴隶、债务奴隶和女性奴隶随处可见。《伊利亚特》出现了与战胜奴役相联系的"自由"这个词四次，埃斯库罗斯、欧里庇德斯和索福克勒斯的大量悲剧都展示了被奴役女性的苦难生活和悲惨命运。索福克勒斯的《安提戈涅》不愿屈从于随心所欲的命令，希腊的神话充满了自由的言辞。修昔底德在《伯罗奔尼撒战争史》中揭示了更为丰富的古希腊社会的自由，有"城邦的民族自由，公民的政治自由，民主自由，日常生活的自由，智者内心的自由"；而且，"雅典还疯狂地投身其间，亲身体验此种自由"，以至于自由成了一种生活方式。③ 政治自由就是"民众统治"。这些自由不是恩赐的，而是在平民与贵族、穷人与富人之间持续不断的斗争中获取的权利。这些自由不是为所欲为的任性，而是受到法律和道德约束的自由。这里的法律，不仅包括公民大会颁布的成文法和宪法，而且包括传统习俗或不成文法。索福

---

① [古希腊] 修昔底德：《伯罗奔尼撒战争史》上册，徐松岩译注，上海：上海人民出版社2017年版，第398页。

② [古希腊] 修昔底德：《伯罗奔尼撒战争史》上册，徐松岩译注，上海：上海人民出版社2017年版，第378页。

③ [法] 雅克利娜·德·罗米伊：《探求自由的古希腊》，张立译，上海：华东师范大学出版社2015年版，第2页。

克勒斯在《安提戈涅》中说:"未成文法,乃诸神所赐,不可撼动!它们既非源自今日,亦非源自昨日,谁也不知它们何时出现。"① 自由的优越性体现在,如希罗多德在《历史》中所说,"遭奴役时,他们拒绝彰显自己的价值,因为他们得为主人做牛做马,而自由后,每个人就都能找到自己的兴趣点,满怀激情地完成自己的任务"。② 自由还能滋生出勇气、无私、宽容、公正的德性,并展现完满的个性。修昔底德还揭示出,雅典对其他城邦的奴役与压迫,换来的是其他城邦争取彻底自由的反抗和暴动,犹如普罗米修斯反抗"将法律视为一己之物"的宙斯和争取自由一样。不管是屈从于国内统治者还是国外统治者,政治自由的丧失都意味着一个国家的衰落和民族的衰亡。

马克思的中学拉丁作文关注奥古斯都统治下罗马人的政治自由的丧失与幸福之间的关系,德语作文则关心才能的自由发挥与人类幸福之间关系,博士论文则关注政治自由的丧失与自我意识哲学之间的关系。在《莱茵报》时期,马克思则关注政治自由与新闻自由之间的关系,认识到随意的法律可能会剥夺自由。马克思在《第六届莱茵省议会的辩论(第一篇论文)》中引用了修昔底德在《伯罗奔尼撒战争史》中伯里克利的演说词,"就熟悉国家的需要和发展这些需要的艺术而论,我敢与任何人较量",用以讽刺支持书报检查制度的人。③ 马克思对自由的高度关注,不仅与时代有关,还与他深受德国新人文主义教育的影响有关。尽管在不同的社会存在不同形式的自由,但是,自由是不可磨灭的,且是动态变化的。即使受到奴役的奴隶,也有自我意识的自由。为了实现人的全面自由发展,马克思在一生中不仅努力构建一个美好的共产主义自由社会,而且还对资本主义制度隐含的奴役制度进行了深刻的批判;资本的自由意味着对工人的奴役和剥削的自由。

第二,人本主义历史观的影响。修昔底德主张从人本身来解释历史特别是战争史,摒弃了以占卜、神意来解释历史的做法。在修昔底德看来,"人是第一重要的,其他一切都是人的劳动成果",从而强调人在历

---

① [法]雅克利娜·德·罗米伊:《探求自由的古希腊》,张竝译,上海:华东师范大学出版社2015年版,第87页。
② [法]雅克利娜·德·罗米伊:《探求自由的古希腊》,张竝译,上海:华东师范大学出版社2015年版,第40页。
③ 《马克思恩格斯全集》第1卷,北京:人民出版社1995年版,第201页。

史上的根本性的作用，并将政治领袖和战争统帅等英雄人物置于特定的历史环境中去分析。修昔底德在揭示整个战争过程时指出，军队的人数、舰队的数量和物资供应等物质力量，而非精神或英雄行为，是决定战争胜负的主要因素，尽管军队统帅的战略失误或延迟可能会造成战争的失败。对于深受宗教影响的马克思来说，修昔底德的人本主义历史观提供了一个全新的视角。马克思所需要做的工作是，在宗教批判的基础上，将修昔底德关于战争领域的群众史观推广到人类社会的整个发展演变的群众史观上来。

第三，唯物史观的影响。在修昔底德看来，国家是一个赤裸裸的暴力工具。雅典的民主和自由是建立在奴隶制和战争剥削基础上的。国家的兴衰最终取决于经济基础，但追求政治权力的虚荣会带来国家的毁灭。因此，修昔底德从历史角度揭示的国家、战争与物质力量之间的辩证关系，为马克思发展唯物史观提供了某些启示。

## 第三节　莎士比亚与马克思

据爱琳娜·马克思回忆，燕妮的父亲路德维希·冯·威斯特华伦"灌输给了卡尔·马克思对浪漫主义学派的热情，他的父亲和他一起阅读伏尔泰和拉辛，而男爵给他阅读荷马和莎士比亚，这些都是他整个一生最喜爱的作家"。① 在马克思的《自白》中，莎士比亚、埃斯库罗斯和歌德被列为他最喜爱的诗人。② 马克思不仅将莎士比亚风格的词句搜寻出来加以分类，在许多著作中引用莎士比亚的词句来支持自己的观点或者批驳对手，而且还将三个女儿培养成了莎士比亚迷，在伦敦的家里经常举办一个名叫"道格培里俱乐部"的莎士比亚朗诵会。

威廉·莎士比亚（William Shakespeare，1564—1616）是英国最伟大的戏剧家和诗人。在创作的 37 部戏剧中，莎士比亚注入了自己的人文主义精神和历史洞察力，以历史舞台为背景，展示了当时的法律、道德、犯罪、政治、宗教冲突、合同纠纷、王位继承权、司法审判等社会问题，揭示了人性和社会的本质。莎士比亚的历史剧从戏剧的角度研究王权、

---

① ［英］戴维·麦克莱伦：《马克思传》，王珍译，北京：人民出版社 2016 年版，第 13 页。
② 《马克思恩格斯全集》第 31 卷（下册），北京：人民出版社 1972 年版，第 588 页。

司法、立法和行政的关系，因而包含丰富的历史哲学、政治哲学和法哲学思想，如政治斗争中的普遍原则、民众起义的历史作用、权力异化、宗教异化和财富异化等。因此，雨果认为莎士比亚兼具诗人、历史学家和哲学家三重身份。① 在18世纪中后期到19世纪前半叶的德国，莱辛、维兰德、赫尔德、歌德、奥古斯特·威廉·施莱格尔、路德维希·蒂克、海涅都极度推崇莎士比亚，翻译莎士比亚的戏剧和诗歌，介绍、宣传、评论和研究莎士比亚的思想。奥古斯特·威廉·施莱格尔翻译了莎士比亚的17个剧本，认为莎士比亚是一位"思想深邃的艺术家"，其作品中蕴藏着"精心哺育的心智力量，心手相应的艺术，意境高远而又深思熟虑的创作意图"。② 本节主要关注莎士比亚的人性在权力、财富、宗教领域的异化及其对马克思的影响。

## 一、莎士比亚的戏剧与人性观

莎士比亚的戏剧成功地刻画了众多个性十足、血肉丰满的、充满各种欲望的人物形象。莎士比亚的英国历史剧中有360个人物，国王、王后和丑角的形象非常突出。③ 丑角来自社会的下层，如商人、手工业者、小市民、学徒、无业游民、破落的贵族、乞丐等，最有名的是福斯泰夫。狄尔泰说："他善于密切注视每一种人的天性和激情直至其极端的后果和最隐秘的藏匿处。"④ 剧中的每一个人都是具体历史中的人，都有自己的信仰、品格、情操、肤色、年龄、地位、爱好、个性，而不是抽象的人。

每一个人的个性，不是静态不变的，而是随着权力和地位的变化而变化。同样是王后，玛格莱特的伶牙俐齿和行为果断，就不同于凯瑟琳王后的品德高尚和宗教般的隐忍精神。理查三世的畸形和暴虐，理查二世的敏锐和任性，亨利五世的机敏和善战，亨利八世的强悍与残酷，亨利六世的善良与软弱，都在他们对权力的追逐与渴望中得到淋漓尽致的表现。理查三世和麦克白都是军人和篡位者。只是他们过度地追求自己的欲望，无视了他人的基本生存权利，才酿成了重大的灾难，他们也成

---

① [法] 维克多·雨果：《莎士比亚传》，丁世忠译，北京：团结出版社2005年版，第128页。
② [美] 雷纳·韦勒克：《近代文学批评史》第二卷，杨自伍译，上海：上海译文出版社2009年版，第57页。
③ 李艳梅：《莎士比亚历史剧研究》，北京：中国社会科学出版社2009年版，第116页。
④ [德] 威廉·狄尔泰：《体验与诗》，胡其鼎译，北京：三联书店2003年版，第170页。

为暴君的典型。通过对暴君和阴谋家的批判与揭露，莎士比亚肯定了普通民众作为人而具有的生存权利，展示了下层人民在政治斗争风暴中的疾苦、被侮辱的人格和不得不创造的反讽的生存智慧。在一个基本权利得不到保障的时代，福斯泰夫只能依靠吹牛、撒谎、虚张声势、自我嘲笑来获取最基本的求生权利。相反，拥有权势、地位和财富的亨利四世，在各种利益争夺中，却连最基本的睡眠也得不到保障。因此，莎士比亚的戏剧特别是历史剧展现了人的历史概念的形成。

莎士比亚的戏剧摆脱了神学和宗教的束缚，是从人的观点来书写人的生活和历史，神的意志在历史中根本不起作用。在莎士比亚看来，政治史是在内战、灾难和斗争中不断展现进步的总体过程，是从封建分裂向中央集权发展的过程。英国当时的历史和古罗马从共和走向走向帝国的艰难历史都体现了这一点。在政治王朝的更迭沿革和历史发展过程中，人民群众起着重要甚至根本性的作用。历史的进步来自社会各种力量在相互的冲突和对抗中形成的合力，凡是违背了人民大众利益的君王或贵族都将被历史淘汰。"在这些历史剧中，大多君王和贵族人物都是被嘲讽、受谴责的对象，他们更多的是作为社会罪恶的制造者和历史进步的绊脚石出现在作品里的。"① 即使像亨利四世和亨利五世这样的理想君主或铁腕的国王，也是充满了各种内在缺陷。这间接地让莎士比亚认识到，一个良好的制度，而不是某个哲学王或理想人物的统治，更有可能促进社会的稳定和国家的统一，避免无休止的战争和政治阴谋。《亨利六世》和《理查二世》都谈到"取得了平民欢心"的君主就拥有了与军队一样的强大力量，让篡位者心怀忌惮。但是，莎士比亚没有认识到民众的独立力量，认为民众还是一股缺乏政治主体意识的盲动力量，对民众的暴力十分反感，因而将农民起义或市民暴动当作一场闹剧。

莎士比亚的人性观还体现在人的社会性和历史性方面。在莎士比亚看来，人是社会的、历史的、具体的人，人的本性只有在社会历史中才能展现出来，个人的美德随着时代和国家的不同而变迁。因此，他在各种戏剧中将人性多样化的展示与时间、地点的选择结合起来，在极限的状态下暴露人的本性。政治雄心的扩张只有在罗马才能实现，奥赛罗和夏洛克的潜能只有在完全商业化的威尼斯才能充分释放，政治权谋的展

---

① 李艳梅：《莎士比亚历史剧研究》，北京：中国社会科学出版社2009年版，第93页。

开只有在势均力敌的政治环境中才是现实的。在其各种戏剧中,"其根本目的是要在一个特定的历史舞台上,充分地展示人自身的全部的丰富性和复杂性,并揭示出人的与生俱来的悖谬性"。① 人的本性是在社会行为中展开,在社会的伦理道德中得到甄别,因此,人是社会关系的产物。脱离开社会历史舞台,人性只能是空洞的、抽象的。布鲁姆说:"诗人则能够将哲学家的思考转化成形象,触动心灵最深邃的激情,使人们在浑然不觉中领会真知。"② 莎士比亚的暴君蕴含马克思的资本家的冷血。那些为了一己私欲、肆无忌惮的暴君和人格化的资本家都不顾伦理道德,无止境地追求权力欲和财富欲,最终造成下层民众的灾难和工人的苦难。

## 二、莎士比亚的历史剧与权力异化观

莎士比亚的历史剧对历史的真实赋予了一种诗人的直观能力,从而再现了历史的真实。莎士比亚的历史剧分为两组,一组是关于英国的历史,一组是关于罗马帝国的历史。莎士比亚的罗马剧试图展现古罗马从崛起到君主政体的演变过程中制度与信仰的意义和价值,包括《裘力斯·凯撒》《安东尼和克莉奥佩特拉》《科利奥兰纳斯》《鲁克丽斯受辱记》《提图斯·安德洛尼库斯》。莎士比亚之所以要探讨罗马从共和制走向帝制的整个历史,这不仅与莎士比亚对16世纪末到17世纪初英国政体走向的判断有关,而且也与当时的英国舆论将不列颠当作"新罗马"有关。莎士比亚的英国历史剧展示了从爱德华三世的繁荣时期开始,经过一系列的灾难,到都铎王朝统治下的国内和平时期的整个政治历史。在奥古斯特·施莱格尔看来,莎士比亚的英国历史剧是一部完整的英国民族英雄史诗,反映了英国与法国之间的百年战争、英国与罗马教廷之间的斗争、理想君主与暴君之间的斗争以及贵族与国王之间的内部斗争,表达了"英国民族意识的崛起"以及"国君自身的弱点、错误和罪孽对整个国家和后代都会造成毁灭性的后果"。③ 在历史剧中,莎士比亚秉承一种英雄史观,拥护开明的君主专制,谴责暴君暴政。

每一组历史剧构成了一个整体,采取了"罪与罚"或者篡权—惩罚

---

① 李艳梅:《莎士比亚历史剧研究》,北京:中国社会科学出版社2009年版,第94页。
② [美]阿兰·布鲁姆、哈瑞·雅法:《莎士比亚的政治》,潘望译,南京:江苏人民出版社2012年版,第6页。
③ 李艳梅:《莎士比亚历史剧研究》,北京:中国社会科学出版社2009年版,第17页。

的具有悲剧情节的历史循环结构。"这一体系本质上是宗教的,各种事件在公正的法则和上帝旨意的控制下发展变化,伊丽莎白时期的英国是得到认可的发展结果。这一体系的总体框架包括:一桩罪行扰乱了自然进程,经过长时间一系列的灾祸、痛苦和斗争,这种自然进程得以恢复。这的确很像莎士比亚悲剧的结构。不过它本质上是政治的,有着独立于悲剧之外存在的可能性。"① 在莎士比亚看来,统治有合法与非法之分。合法的统治包括遵循血统的王位继承权和宪法选举,不合法的统治包括暴力掠夺或谋杀篡权。在这些历史剧中,不合法的统治会滋生社会的混乱,伴随着内外战争和社会结构的崩溃,从而使政治进入一种谋反和暴政的恶性循环之中。

按照传统亚里士多德的观点,人是政治动物,即人的本质是政治性的,会追求更大的权力和更高的声望。"对权力无休止的追求驱使着他,然而,他的快乐在于追求权力,而不仅仅是拥有权力",更谈不上关心权力的责任。② 当手段与目的颠倒时,权力的追求,在不受伦理道德或者制度的约束下会造成权力的异化——王冠"吞噬了戴上你的人"。理查三世、理查二世、麦克白、波林勃洛克这些暴君,采取马基雅维利式的欺骗、诡计、谎言、阴谋和谋杀攫取权力。在《理查三世》中,莎士比亚塑造了一个"颠倒了事物的道德秩序,试图活在这一颠倒的体系中"的理查三世这个暴君的形象。③ 对于丑陋不堪的理查三世而言,良心不过是懦夫们用来吓唬强者的名词,他信任的良心则是强大的军队和利剑。他不爱任何人,也不信任任何人。在无所顾忌地追求权力政治的魔鬼理查三世面前,任何有道德顾虑或讲究亲情和爱的人都会遭到杀戮或被迫屈服。真实的自我和良心逐渐丧失,正义之声早已远去,虚假的自我漂浮在权力的宝座之上。即使登上了国王的宝座,要是没有社会责任感,随意滥用权力、滥杀无辜、挥霍财富、攫取他人的财产和摧毁传统的习俗,其命运也会如理查二世一样。查理三世、克劳迪斯、麦克白、伊阿古、埃德蒙等人都是自私自利的、灭绝人性的人,没有任何道德观念,

---

① [英] 蒂利亚德:《莎士比亚的历史剧》,牟芳芳译,北京:华夏出版社2016年版,第355页。
② 弗里希:《莎士比亚笔下的理查三世与僭主的灵魂》,见刘小枫、陈少明主编:《莎士比亚笔下的王者》,北京:华夏出版社2007年版,第127页。
③ [英] 蒂利亚德:《莎士比亚的历史剧》,牟芳芳译,北京:华夏出版社2016年版,第236页。

欲望的实现是他们的最高追求。《亨利六世》充分展示了在玫瑰战争中道德和理想被抛弃，只有赤裸裸的政治利益之争的残酷现实。在《约翰王》中，莎士比亚说："为了王权这一根啃剩的肉骨，蛮横的战争已经耸起它的愤怒的羽毛，当着和平的温柔的眼前大肆咆哮；外辱和内患同时并发，广大的混乱正在等候着霸占的权威的迅速崩溃，正像一只饿鸦眈眈注视着濒死的病兽一般。"① 父亲劫杀儿子，儿子劫杀父亲，臣子谋杀君王，君王残忍地屠杀臣子，完全是一副恐怖和邪恶的终极表达。王权利益的争夺非常类似于资本家、地主、金融家对剩余价值的瓜分。

在权力丛林之中，任何权力的滥用或不义都会疏离最忠诚的朋友，为追求权力的人提供崛起的机会。在《理查二世》中，波林勃洛克（亨利四世）就是这样攫取理查二世的权力。"他既迷失于自身权力看上去无边的幻象，也迷失于自己权力追逐的对象，他用正义的力量交换得来的东西，最终证明不过是正义的表象和影子，因为他使用的手段是不义。"② 在莎士比亚看来，权力政治意味着权力的高度不稳定和诚信正义的根本缺失，掌权者或者成为自身权力的奴隶，或者成为他人权力的囚徒。因此，鼓吹权力政治的马基雅维利既"没能提供一种现实主义的解释来说明人的天性及其建构政治之可能性的方式"，也没有解决人的精神受到良心困扰的神经衰弱问题和对权力的过度自信产生的幻觉问题。③ 莎士比亚以众多国王的例子指出，单纯追求权力政治的人超越了人性的极限，在现实中只会导致人性的异化。离开了传统道德的支持，靠权谋和暴力维系的王权总是短命的。

将传统道德与权力政治结合在一起的最佳例子就是裘力斯·凯撒这位共和制的毁灭者和帝制的开创者——他以容忍自我谋杀或者权力完全异化的方式建立了一个取代贵族共和制的君主制。凯撒相信，他依靠持续不断的对外征服战争建立起来的崇高社会威望和丰功伟绩，在深受疾病困扰的情况下通过接受政治暗杀的方式，就可以实现凯撒家族的专制神话，彻底打击反对自己称王的贵族，从而实现凯撒的名号世代相传和

---

① ［英］蒂利亚德：《莎士比亚的历史剧》，牟芳芳译，北京：华夏出版社2016年版，第252页。
② 杰恩森：《乞丐与国王：莎士比亚戏剧〈理查二世〉中的胆怯与勇气》，见刘小枫、陈少明主编：《莎士比亚笔下的王者》，北京：华夏出版社2007年版，第153页。
③ 普罗：《哈利王子：莎士比亚对马基雅维里的批评—〈亨利五世〉新解》，见刘小枫、陈少明主编：《莎士比亚笔下的王者》，北京：华夏出版社2007年版，第5页。

灵魂不朽的目的。"也正因此，凯撒最终为了一个政权而牺牲一切——这个政权会加强凯撒家族的神圣权力，而且会带着一种对凯撒本人崇高性的偶然模仿，这不仅会允许后人像他本人那样精心计划着违背道德，而且还会允许世上曾经见过的最腐败、最残暴的统治。"① 这样，在创建自己的帝国之中，凯撒成了权力异化的代名词。权力异化的人缺乏社会情感，不关心公共之善，没有爱、信任、忠诚和慈爱，只有赤裸裸的权力野心和对永恒不朽的追求。

悲剧《李尔王》则展示了在权力异化环境中爱和忠诚的虚伪。在政治权力和领土的争夺中，人性的贪婪使家庭之爱不复存在，在权力的高压下表达的忠诚和爱都带有伪装和幻觉的成分，权力与真爱互不相容，从而为权力划出了清晰的界限。在权力的网络中，没有自由的灵魂，也没有真实的爱。爱与忠诚在权力土壤中出现了彻底的异化、言辞化、非情感化、仪式化。在权力的大棒下，臣属和儿女都以伪装的面目示人；一旦登上权力的顶峰，就会暴露出灵魂的残忍和心智的兽化畸形。因为权威就是"狗当了道，人也就得听话"。在权力的簇拥中，李尔王被权力的幻影迷惑住了，看不到他人真实的面目，看不到权力是谎言的伴侣；一旦失去权力，只能面临被侮辱、被折磨的命运。如果依然渴望得到真实的爱，只有放下权力，经历生活的艰辛与折磨，去体会他人的痛苦与绝望，"袒胸去体验穷苦人什么感受吧"。"在这种非政治意义上，要求他人的爱意味着在他人的灵魂中唤起爱。考狄利娅能够带来李尔伟大的灵魂所需要的爱，但李尔必须使自己远离至高无上的君权，或者从自己身上清除掉所有权力的痕迹。"②

作为《李尔王》的续集，《暴风雨》继续探讨，有没有可能解决权力异化的问题。莎士比亚设想了这样一个场景，一场巨大的暴风雨将权力各不相同的人物推向一个海中的孤岛，权力在自然面前立即土崩瓦解。不管是国王、公爵、臣属、水手、船长、奴隶或被流放的人，对过去权力的回忆和对被驱逐的仇恨并不能解决当前的问题。重要的是，在一个新的孤岛，每一个人在权力上都是平等的，他们需要按照自己的性格和

---

① 洛文塔尔：《莎士比亚的凯撒计划》，见刘小枫、陈少明主编：《莎士比亚笔下的王者》，北京：华夏出版社2007年版，第68页。
② [美] 阿兰·布鲁姆、哈瑞·雅法：《莎士比亚的政治》，潘望译，南京：江苏人民出版社2012年版，第119页。

动机去构想一个新的美好而公正的社会。这也许是托马斯·莫尔的乌托邦共和国：没有君主，没有权力的斗争，没有血汗的奴隶制，只有"一切丰饶"。在这个乌托邦，只有劳动才能让人获得自由，打破权力禁锢的魔咒，达到一个充满爱且自由的世界。除非所有的人对过去的罪孽都进行了反省和悔过自新，成为新人，否则，统治他人的权力梦幻依然会蠢蠢欲动。莎士比亚在此阐明，现实世界的权力斗争幻影让"每个人迷失了本性"，只有在"暴风雨"之后和一个放弃了原有权力的社会中，我们才能找到"各人自己"。"这样，《暴风雨》也可以看作莎士比亚为了对一种思想进行某种哲学表述而做出的最大努力，这种思想潜藏在他对道德与政治生活的教诲中。"①

### 三、莎士比亚的悲剧与宗教异化观

莎士比亚的悲剧有10部，主要表现重大的政治事件或政治人物，试图在复杂的社会政治生活中解释理想与现实、思想与行动之间的不可调和性，以及基督教、犹太教和伊斯兰教的冲突。我们在这里主要关心莎士比亚的宗教异化观。

《麦克白》考察了宗教异化对麦克白的影响。麦克白原来是一位苏格兰的异教徒，充满了男子汉气概和尚武精神，但在基督教灵魂不朽与崇尚平和谦恭观念的影响下变得非常脆弱。"莎士比亚创作《麦克白》悲剧正是基于英雄勇士伦理与福音法则的这种紧张关系。麦克白的故事使莎士比亚有机会描绘一个正在被基督教日益渗透的社会。基督教改变了社会的结构，但仍有一些人缅怀（怀旧一词的力量太弱）未被福音教化的日子。"② 基督教之所以让人变得软弱，是因为永生和来世的观念让基督徒感觉到现世的空虚和毫无价值，超自然的幽灵会让一个人反对自然和憎恶自然，彻底丧失行动的勇气和造成灵魂的永久不安。麦克白在妻子去世后独白道："人生不过是一个行走的影子……充满着喧哗和骚动，却找不到一点意义。"③ 相反，在《裘力斯·凯撒》中，异教徒布鲁

---

① 富勒：《〈暴风雨〉中的暂时王权与德行的轻飏之声》，见刘小枫、陈少明主编：《政治哲学中的莎士比亚》，北京：华夏出版社2007年版，第110页。
② 坎托：《"勇士与恐惧"：〈麦克白〉和苏格兰的福音教化》，见刘小枫、陈少明主编：《政治哲学中的莎士比亚》，北京：华夏出版社2007年版，第4—5页。
③ 坎托：《"勇士与恐惧"：〈麦克白〉和苏格兰的福音教化》，见刘小枫、陈少明主编：《政治哲学中的莎士比亚》，北京：华夏出版社2007年版，第24—25页。

图斯面对凯撒的鬼魂,能够克制自己,接受超自然力量的闯入,不受来世观念的困扰。来世观念会让今生世界幻影化,会让人感觉生活在一个颠倒的世界中,无法感受当下生活和行动的快乐。"麦克白应算是顶天立地的勇士,却发现自己生活在一个诡谲的世界里,无论是睡是醒鬼魂幽灵都萦绕徘徊,使他不堪其扰,'想象中的恐怖远过于实际的恐怖','心灵在猜测之中丧失了作用',直到他'把虚无的幻影认为真实了'。"①

在感觉人生毫无意义和荣誉感被宗教剥夺的情况下,一个人就会变得更加残暴,麦克白从一个勇敢的将军变成一个残暴的魔鬼君主。"基督教使他产生了新的欲望,实际上以一种微妙但意义深远的方式改变了他的野心。"② 追求来世永生和今生辉煌的生活,要让自己的统治无限地安全,并希望将权力宝座无限地传授子孙后代的观念,促使灵魂分裂的麦克白疯狂地杀戮,铲除一切威胁自己和子孙获得与巩固权力的潜在竞争者。而且,超自然力量和恩赐的观念动摇了人对自身力量的信心,将人的自我创造和努力转变为听天由命,从根本上剥夺了人的独立和自由的思索,良知也由此丧失。一旦觉得天意在自己一边时,宗教异化的人就会采取更多残忍的手段摧毁对手或无辜的人,为达目的不择手段。反之,当觉得天意不在自己一边时,异化的人则完全放弃反抗与斗争,变得麻木不仁,成为自觉的受害者。这样,不管天意如何,异化的人都会变成一个机械的行动者,放弃了采取行动的自由和道德良心的考虑。异化的人也变成了一个完全自私自利的、非理性的人,成为自己欲望的奴隶和一个现实的魔鬼。

《奥赛罗》表明,脱离社会共同体的个人,不管是物质的自我还是精神的自我,都没有自己的生命延续。"《奥赛罗》一剧的主人公们以不同的方式误解了人性。他们的观念扭曲了自己与共同体的关系,也扭曲了自己对爱、性和生育的态度,因为人和其他动物不同,要聚居在政治社会和家庭中。……在伊阿古那里,人降低为野兽,活着只为满足一时的欲望而不顾未来。对伊阿古来说,爱不过是肉欲,生育无异于动物繁

---

① 坎托:《"勇士与恐惧":〈麦克白〉和苏格兰的福音教化》,见刘小枫、陈少明主编:《政治哲学中的莎士比亚》,北京:华夏出版社2007年版,第15页。
② 坎托:《"勇士与恐惧":〈麦克白〉和苏格兰的福音教化》,见刘小枫、陈少明主编:《政治哲学中的莎士比亚》,北京:华夏出版社2007年版,第22页。

殖。相反，奥赛罗把人——或至少把他自己和新婚妻子——抬高到几近神圣的位置。他自视坚忍不拔，像宇宙一样永恒。对他来说，人的爱完全是精神性的，是思想或灵魂的交汇，用来繁衍子嗣的身体几乎是多余的。"① 伊阿古和奥赛罗之所以持有这样极端的观点，是原因他们都主动地或被动地置身于政治共同体制之外，从而对爱、生育、财产和名誉产生了异化的想法。对被肉欲和自爱思维困扰的伊阿古而言，人与人之间不存在信任关系，一切都是以肉欲和利益为中心。于是，伊阿古不施爱和关心，喜欢散布谣言、嫉妒和耍阴谋诡计，破坏人们之间的亲密关系，将生育看做是纵欲行为，具有奸商和偷盗的本性。伊阿古与理查三世、麦克白和麦克白夫人一样，均无子嗣，在阴谋中最终将自己毁灭。奥赛罗是一个具有浪漫主义气质的极端自我主义者，相信自己的永生和完美灵魂的不朽。为了忠于自己和维持自己创造的神话，奥赛罗披着不同的伪装游戏于不同的人之间，强烈地控制自己的感情，抵制任何改变，将爱情仅仅看做是精神性的。他粗野、轻信、多疑、缺乏理性。他坚持荣誉，对违命不从者施行残忍的报复。为了保证自己灵魂的洁白和想象中的不朽、维持自爱的虚荣，奥赛罗在嫉妒心的趋势下以爱的名义谋杀了自己清白的妻子。"伊阿古否认精神性的爱情，把所有人都转变成怪物。奥赛罗斥肉体欲望为兽性"，但最终却都具有"野兽行径"。② 对他人的依赖和被爱的需要，才是奥赛罗的欲望的核心。单纯追求超越人性的基督教徒与单纯追求物质利益的启蒙主义者，都脱离了人类社会，最终殊途同归，成为地地道道的功利主义者。

如果说自爱是友爱的基础，那么，两种价值观截然不同的人组建政治联盟会有什么后果呢？在《裘力斯·凯撒》中，斯多葛主义者布鲁图斯和伊壁鸠鲁主义者凯歇斯进行政治结盟，以阻止凯撒无止境的野心和重建罗马共和国。布鲁图斯是一个充满了"对道德的自我确信和对公众崇拜的迫切需求"的道德理想主义者，凯歇斯是一个为阻止暴君而不择手段的物质主义者。两者在本性上的差异产生了两种相互冲突的政治密谋策略。布鲁图斯总想为谋杀行为寻求道德面具和不考虑军队、财富这

---

① 弗罗门哈夫特：《〈奥赛罗〉中的生养与归属》，见彭磊选编：《莎士比亚戏剧与政治哲学》，马洪涛等译，北京：华夏出版社2011年版，第56—57页。
② 弗罗门哈夫特：《〈奥赛罗〉中的生养与归属》，见彭磊选编：《莎士比亚戏剧与政治哲学》，马洪涛等译，北京：华夏出版社2011年版，第72页。

些物质基础，无意识地"欺骗公众和他自己"；凯歇斯相信人都是自私自利的动物，但最后却为友谊而死；凯撒则"结合了斯多葛主义的高尚和伊壁鸠鲁主义对政治低级物质基础的认识"而实现了自己的权力欲。① 这意味着，不承认人的本性是精神性和动物性在社会中的结合，就会带来巨大的反讽。② 哈姆莱特的悲剧在于，拥有一个耶稣的心灵，却要求按照凯撒的方式行动。既要杀死敌人的身体，又要毁灭敌人的灵魂，来世的幻境和世界主义的眼光让哈姆莱特的行动变得犹豫不决。"通过让一个聪明善思的人来扮演复仇者的角色，莎士比亚能够用这样的复仇剧来揭示出文艺复兴时期的道德规范的内在矛盾，异教徒和基督教徒之间道德标准的冲突。"③

## 四、莎士比亚的戏剧与财富异化

在莎士比亚看来，永生欲望、权力欲望和财富欲望，都是无限的、永远无法满足的社会性的自我意识，都是社会的产物。《麦克白》表明，在政治斗争中，言辞和礼节都是政治利益的伪装，是内心的一个虚假表象世界，道德秩序出现了全面颠倒。《哈姆莱特》则展现了，在一个充满阴谋和相互争夺利益的世界中，不受宗教或道德约束的阴谋者都会因主观或客观的原因而毁灭。

《威尼斯商人》继续考察《奥赛罗》引发的自利问题。如果每一个人都是自利的，那么社会会是什么样的呢？《威尼斯商人》揭示了在威尼斯城邦这个秩序井然、贸易繁荣的共和国中，所有的关系都会出现颠倒，每一个人的内在精神与外在行为表象都出现了严重的脱节和异化。在《马太福音》中，耶稣讲述了一个富商变卖一切去买一颗"重价珠子"即天国永生的寓言。在这里，人们放弃了一切，去追求自己的利益，耶稣基督的肉成了利益的代名词。④ 海涅认为，基督徒打着耶稣基督的

---

① [美]阿兰·布鲁姆、哈瑞·雅法：《莎士比亚的政治》，潘望译，南京：江苏人民出版社 2012 年版，第 93 页。
② 施蒂纳是一个类似于伊阿古那样的个人主义者，费尔巴哈是一个类似于奥赛罗讲爱的宗教的人道主义者。马克思后来对费尔巴哈和施蒂纳的批判，难道没有《奥赛罗》的启发吗？
③ 康托尔：《哈姆雷特：世界主义的王子》，见刘小枫、陈少明主编：《政治哲学中的莎士比亚》，北京：华夏出版社 2007 年版，第 125 页。
④ 特蒂：《无血之牲：〈威尼斯商人〉的天主教神学》，见彭磊选编：《莎士比亚戏剧与政治哲学》，马洪涛等译，北京：华夏出版社 2011 年版，第 126 页。

口号去迫害犹太人,实质上是为了无偿地攫取夏洛克的物质利益,"阻碍犹太人发挥他们的实业才干"。① 这充分说明,观念的东西不外是移入人的头脑的物质利益而已。谎言、误解、冲突、偷窃源源不断;女儿背叛父亲、妻子背叛丈夫、律师和签约人相互背叛,每一个人都为自己的私利着眼。友谊、爱情、忠诚都是一种算计的结果,表象的世界是一个虚假的幻影世界。

在《威尼斯商人》和《奥赛罗》中,夏洛克和奥赛罗作为外国人,在宗教和政治身份凸显的时代,并没有在一个市民社会中获得"人作为人存在",这是其悲剧的根源。② 在一个信仰多样化的社会中,在法律秩序下对财富的追求而不是单纯的宗教宽容被认为是解决宗教纷争与和平相处的正道。但是,莎士比亚认识到,如果两个人的信仰完全不同,对世界的真实看法和事物价值的理解存在根本性差异,那么,完全对抗的两人在市民社会中就无法达成共识。夏洛克秉持正义即合法的原则,安东尼奥则坚信公平、仁慈和友爱比正义更重要。夏洛克是自利的代表,把他人只当做自己赢利的工具;安东尼奥则充当利他者的代表,为朋友的利益与夏洛克展开了你死我活的斗争。尽管相互的利益需要将他们联结在一起,但是,他们之间缺乏相互的认同与妥协。夏洛克的悲剧在于,"他从未考虑过法律可能只是实现目的的手段,因此是一种会根据目标而改变的工具",最后被法律欺骗了。③ 莎士比亚以鲍西娅假扮法官和曲解法律的方式解决了两人之间的纠纷,在基督的爱之中,实现了"人与上帝和解"。但是,马克思在《论犹太人问题》中认为,只有实现人类的解放,才能避免类似悲剧的发生。

### 五、莎士比亚对马克思的影响

莎士比亚拥有丰富的政治哲学和历史哲学的思想,如人性论、权力异化、宗教异化、财富异化和法律思想。这些思想让莎士比亚的诗歌和戏剧在历史中凸显出来。在《〈政治经济学批判〉导言》中,马克思在

---

① [德]海因里希·海涅:《莎士比亚的少女和妇人》,绿原译,上海:上海文艺出版社2007年版,第150页。
② [美]阿兰·布鲁姆、哈瑞·雅法:《莎士比亚的政治》,潘望译,南京:江苏人民出版社2012年版,第12页。
③ [美]阿兰·布鲁姆、哈瑞·雅法:《莎士比亚的政治》,潘望译,南京:江苏人民出版社2012年版,第25页。

谈到艺术与社会发展的不平衡问题时指出："关于艺术，大家知道，它的一定的繁荣时期决不是同社会的一般发展成比例的，因而也决不是同仿佛是社会组织的骨骼的物质基础的一般发展成比例的。例如，拿希腊人或莎士比亚同现代人相比。"① 马克思将莎士比亚的戏剧当作与希腊文化具有同等地位的划时代著作对待，显示了马克思对莎士比亚戏剧的高度推崇。② 这种推崇表现在马克思大量地引用莎士比亚的作品，借鉴其戏剧结构，以及在人的社会性、劳动异化论、法律的形式与内容的冲突、群众的历史作用、作品的艺术性等方面受到的启发密切相关。

（一）马克思引用莎士比亚的文本证据

马克思的著作及信件中涉及莎士比亚及作品的引用多达 147 次，涉及莎士比亚的剧中人物 47 个。③ 引用分别涉及作品名称、形象典故、情节和语词。例如，《1844 年经济学哲学手稿》《德意志意识形态》和《资本论》都引用了《雅典的泰门》关于货币本质的情节和语词；《第六届莱茵省议会的辩论（第三篇论文）》引用了《威尼斯商人》第四幕第一场的一段对话，用以谴责林木占有者的无理要求和非法行为；《资本论》第一卷引用了《亨利四世》《无事烦恼》《仲夏夜之梦》《雅典的泰门》和《威尼斯商人》等戏剧中关于契约的不平等方面的语句。莎士比亚的剧中人物，如王子哈姆莱特、犹太商人夏洛克、地痞无赖福斯泰夫、乡村法官夏禄、巡丁西可尔、酒店妓女桃绿蒂等，都是马克思在《法兰西内战》《福格特先生》《帕麦斯顿勋爵》《波兰集会》《资本论》等著作中经常引用的典型人物。

李定清（2011）详细分析了马克思对莎士比亚、歌德、浪漫主义的引用及其特点。和建伟（2016）从马克思的文本引用角度梳理了马克思与但丁、莎士比亚、歌德和巴尔扎克之间的关系。在政治经济学著作中，马克思对莎士比亚的引用主要表现在以下三方面：第一，英国工业发展所需要的雇佣工人来源于莎士比亚笔下的"骄傲的自耕农"，并指出英国自耕农与农业短工之间存在重大的差别。第二，为了说明货币异化理

---

① 《马克思恩格斯全集》第 12 卷，北京：人民出版社 1962 年版，第 760—761 页。
② 根据艾克曼的《歌德谈话录》，歌德在 1826 年 11 月也认为"莎士比亚和古希腊剧作家一般伟大呀"。
③ 周士琳：《马克思与莎士比亚》，载《外国语》（上海外国语学院学报），1982 年第 2 期。

论与高利贷资本的本质，使抽象的理论形象化，马克思引用了《雅典的泰门》和《威尼斯商人》关于货币颠倒人性的异化图景和夏洛克的高利贷者形象的论述。第三，对福斯泰夫、夏洛克、哈姆莱特形象的广泛使用。在莎士比亚笔下，福斯泰夫是一位撒谎吹牛、愚蠢贪婪的人物。马克思用福斯泰夫来指责欺骗民众的无良政客，如英国外交大臣帕麦斯顿勋爵、格莱斯顿；或者指责庸俗伪善的学者，如卡尔·海因岑、卡尔·福格特；或者指责内阁、报社等机构。

在莎士比亚创作的 37 部戏剧中，马克思在著作中援引的有 21 部，其中引用《亨利四世》的著作 19 篇、《威尼斯商人》11 篇、《哈姆雷特》10 篇、《仲夏夜之梦》9 篇、《特洛埃勒斯与克蕾雪达》7 篇、《无事生非》6 篇，引用《理查三世》《尤利乌斯·凯撒》《雅典的泰门》和《爱的徒劳》各 3 篇，引用《李尔王》《温莎的风流娘儿们》《皆大欢喜》《量罪记》《错误的喜剧》和《驯悍记》各 2 篇，引用《亨利八世》《约翰王》《终成眷属》《第十二夜》和《麦克佩斯》各 1 篇。莎士比亚戏剧中的人物，从君王、贵族、主教、官吏、骑士、贵夫人到商人、市民、手工业者、仆役、士兵甚至流浪、强盗，无所不有。马克思对莎士比亚剧中的 47 位人物和台词的引用，或者用来鞭斥邪恶、回击各种敌手，或者当作比喻的形象，或者用来批评时政。① 在 1842 年与保守的奥格斯堡《总汇报》就"共产主义"问题展开论战时，马克思在《共产主义和奥格斯堡〈总汇报〉》一文中大量引用莎士比亚的台词，并将对手描述为昏庸无能的"李尔王"和《亨利四世》中的各种可笑人物。在《〈黑格尔法哲学批判〉导言》中，马克思将法的历史学派比喻为贪婪成性的夏洛克："这个夏洛克，却是奴才夏洛克，他发誓要凭他所持的借据，即历史的借据、基督教日耳曼的借据来索取从人民胸口割下的每一磅肉。"② 而且，周士琳（1982）认为，莎士比亚的作品为理解马克思的思想发展和科学研究提供了必要的工具。例如，在阅读詹姆斯·穆勒的《政治经济学原理》时，马克思在笔记中用《威尼斯商人》中夏洛克的所作所为来分析和描述资本主义社会的借贷和买卖关系。马克思甚至认为，莎士比亚在说明金钱的作用这一问题上，比当时的哲学家和经济学

---

① 史志谨：《马克思和他最喜欢的诗人》，载《延安大学学报》（社会科学版），1983 年第 3 期。
② 《马克思恩格斯全集》第 3 卷，北京：人民出版社 2002 年版，第 201 页。

家的描述都更明确、更清楚。这特别体现在马克思对《雅典的泰门》对货币异化本质的"出色描述"的认同上。

（二）戏剧结构的借鉴

马克思的作品具有很强的戏剧情结。这不仅表现在早年的戏剧创作与幽默小说的写作之中，而且表现在《莱茵报》时期的大量批判论文、《神圣家族》《德意志意识形态》等著作之中。除了正式的理论阐述，马克思的这些著作还有一个典型特点，就是将被批判者的话语引用与马克思的批判交替地结合起来，形成一种戏剧性的对话结构，从中揭示被批判者的话语所隐含的秘密动机、荒谬性或自相矛盾的事实。这种对话结构的设置部分来源于莎士比亚的戏剧。马克思在评论拉萨尔的剧本《弗朗茨·冯·济金根》中主张剧作家"莎士比亚化"。在《资本论》讨论工厂童工问题的章节中，马克思让资本具有了夏洛克的外貌、说话口吻、性格和语言。而且，马克思把资本和地产都人格化了，把它们变成了"一个着了魔的、颠倒的、倒立着的世界（中的公民）。在这个世界里，资本先生和土地太太，作为社会的人物，同时又直接作为单纯的物，在兴妖作怪"。①

马克思在批判普鲁士的书报检查令时，还可能想到的是《一报还一报》的故事。在莎士比亚的这部喜剧中，一个长期政令失修的文森修公爵，任命一个充满了各种伪善的安哲鲁来充当他的代理人，希望借助他的严刑峻法来重整淫佚之风。普鲁士的书报检查令和文森修公爵的法律，都是任意限制人们自由的法律，目的是驯服人民的精神和方便统治者的统治。一个限制出版自由，一个限制人的自然欲望；一个是21年未实施，一个是14年未实施；一个打击了正常的出版，一个打击了正常的婚恋；一个是国王操纵了法律的颁布与实施，一个是公爵操纵了整个案件的审理；一个是实行封建复辟，一个是实现道德复兴；一个是采取直接的暴政，一个是采取间接的暴政；马克思关注的是法律本身，莎士比亚关注的是法律的实施过程中执法者的伪善。马克思在《莱茵报》时期与书报检察官打交道时，就看到了像安哲鲁这样的检察官。马克思利用自己的智慧和学识与其周旋，让许多宣传自由和民主思想的文章得以避开

---

① ［德］卡尔·马克思：《资本论》第三卷（下），中央编译局译，北京：人民出版社1975年版，第938页。

检察官的双眼。但是，最终，《莱茵报》以悲剧收场，马克思也走上了革命的道路。

（三）人性的思考

马克思在思考人的社会本质和人性的丰富性时参照了莎士比亚的戏剧。莎士比亚的戏剧传达了特定社会政治环境下对生命和人性的理解，"已经穷尽整个人性的方方面面，已经作过最高、最深的发掘"，不同于哲学脱离社会政治环境和时代之后谈论的抽象人性。① 由于伟大的剧作家和诗人们"用情感和知识将散布于整个世界和所有时代的人类社会这个庞大的王国联结在一起"，② 因此，在莎士比亚、埃斯库罗斯、歌德、席勒的戏剧中，马克思既看到了人性的丰富多样性，又看到了政治学中的政治人、经济学中的经济人或自然法中的自然人都是一种异化的人。布斯说："文学教人有效地决疑，即对不同'案例'进行比较、权衡及取舍。正是在故事中，我们学会对'虚拟'案例进行思考，而这些案例和我们回到更无序的'现实'世界时遇到的事情将相互呼应。……当故事真的起作用，当我们完全沉浸于故事世界，对故事中刻画的人物或爱或恨、或崇拜或厌恶之时，我们自己的渴望和思维习惯就会改变。"③

当然，马克思对人的本质的认识和表述，存在一个渐进的过程，从1841年《博士论文》中"对人的本质的自我意识存在的证明"、《莱茵报》时期的"自由是全部精神存在的类的本质"、《〈黑格尔法哲学批判〉导言》的"人就是人的世界，就是国家、社会"演变到《1844年经济学哲学手稿》的"人的本质是人的真正社会联系"和《关于费尔巴哈的提纲》的"人是社会关系的总和"。④ 在《资本论》第一卷中，马克思写道："人即使不像亚里士多德所说的那样，天生是政治动物，无论如何也天生是社会动物。"⑤ 在马克思和莎士比亚看来，人的本质是一个在社会中不断生成的过程，不是静止不变的。历史的前提，如宗教信仰、伦理

---

① ［德］艾克曼:《歌德谈话录》，杨武能译，成都:四川文艺出版社2007年版，第30页。
② ［英］蒂利亚德:《莎士比亚的历史剧》，牟芳芳译，北京:华夏出版社2016年版，第317页。
③ ［美］韦恩·C.布斯:《修辞的复兴:韦恩·布斯精粹》，穆雷等译，南京:译林出版社2009年版，第230—231页。
④ 石文静:《马克思"人天生是社会动物"的思想》，载《新闻界》，2013年第9期。
⑤ 《马克思恩格斯全集》第23卷，北京:人民出版社1972年版，第363页。

道德、哲学教条和社会环境，确定了人性发展的轨迹及其可能的悲剧性。人性不是动物性，而是在社会行动中展现出来的人的本质。社会关系和生产关系不同，人的社会本质就会发生变化。

（四）劳动异化论

马克思的劳动异化论和剩余价值论高度地综合了莎士比亚的权力异化、财富异化和宗教异化的观点，从哲学角度阐释这些异化和剥削的历史根源。在《亨利六世》中篇第一幕第一场中，莎士比亚以约克公爵的口吻谈到了掠夺者与被掠夺者之间的关系："海盗们把抢来的财富尽情挥霍，收买朋友，赏赐娼妓，直到花费干净，也毫不吝惜。而那不幸的物主却只能唉声叹气，搓手摇头，战战兢兢地站在一旁，眼看着自己的东西被人分配完毕，全都带走，自己只能忍饥挨饿，对自己的财产连碰都不敢碰一下。我约克正是处于这样的地位：我自己的土地被人家换掉了、出卖了，我只能坐在一旁，忍气吞声。"① 资本家与工人的关系，不也正是在剩余价值问题上，存在类似的情形吗？资本家、金融资本家和地主之间对剩余价值的分配，与国王和贵族对土地的争夺之间的结构也相似。莎士比亚形象地刻画的许多社会关系，可能早已在马克思的心中生根发芽。陈颀（2013）认为，"割肉契约"是一种形式上平等掩盖着实质不平等的契约，类似于工人与资本家的契约。夏洛克签约是为了报复安东尼奥对犹太人的蔑视和侮辱，安东尼奥签约是为了无偿占有夏洛克的金钱，鲍西亚的"割肉审判"结合了犹太律法和威尼斯法律。这意味着威尼斯的资本主义法律是保护少数商业家族的寡头统治，缺乏人格保护。马克思后来对资本主义的"割肉契约"——工人向资本家提供剩余价值以换取自己的生存费用的契约——展开了批判。

（五）群众在历史中的作用

尽管受到当时的周期性历史观念中上帝旨意的影响，但是，莎士比亚还是朦胧地猜测到历史不仅具有道德教化功能，可能还存在一定的结构或因果序列。在《裘力斯·凯撒》中，莎士比亚说："各人的生命中都有一段历史，观察他以往的行为的性质，便可以用近似的猜测，预断他此后的变化，那变化的萌芽虽然尚未显露，却已经潜伏在它的

---

① [英]蒂利亚德：《莎士比亚的历史剧》，牟芳芳译，北京：华夏出版社2016年版，第211页。

胚胎之中。"① 莎士比亚秉承英雄史观，相信贵族是一群拥有特殊美德和特殊权利的社会精英，穷人则因为生活的束缚而容易被误导和表现软弱。《科利奥兰纳斯》和《裘力斯·凯撒》都以平民作为开场，而平民则被认为是政治动荡局面的原因。在《科利奥兰纳斯》中，平民团结起来反抗压迫和反饥饿，传达自己的合理诉求。在《裘力斯·凯撒》中，"民众懒惰而野蛮，是一群真正的城市无产阶级。他们惯于发号施令，粗野无礼，还喜欢被人吹捧"。② 民众的堕落和暴政为凯撒的军事独裁创造了条件，科利奥兰纳斯脱离和反抗民众成为他失败与悲剧的根源。在权力政治中，民众成为可控制和可操纵的首要目标，面临的是在被压迫和被剥削中被欺骗、出卖或者杀戮的命运。在《亨利四世》中，哈利王子（亨利五世）采取亲民的策略，成功地控制了贵族，实施了对法战争和登上了国王的宝座；《亨利五世》则表明，登基意味着背叛和孤家寡人、脱离民众的开始，国王意味着过一种没有乐趣和只有礼仪的生活，婚姻、交友、生子都成了政治性的策略工具，没有爱、没有情感，只有赤裸裸的利益计算。从莎士比亚的罗马戏剧中，马克思看到了民众的力量而非神的力量才是真正影响政治格局的根本性力量，英雄只有与民众的力量相结合才会成为真正的英雄。一旦脱离民众的力量，所有的英雄都在历史的逻辑之下走向了毁灭。

莎士比亚的历史剧具有史诗性质，在许多地方展现了16世纪末到17世纪初英国社会各阶层的生活方式。《亨利六世》涉及很多社会阶层，《亨利四世》描写了伊丽莎白时代的社会图景。③ 如果说莎士比亚在历史剧中对商人阶层说得很少，那么《温莎的风流娘们儿》和《威尼斯商人》就充满了对商人的描述和抨击。《理查三世》第五幕第三场和《亨利五世》第三幕第一场都有国王鼓励自耕农进行战斗和保卫家乡的片段。马克思在《资本论》关于"自耕农"的注释中说："在英国的文艺作品和科学文献中都反映了自耕农个人的勇敢精神、他们的作战艺术以及他

---

① ［英］蒂利亚德：《莎士比亚的历史剧》，牟芳芳译，北京：华夏出版社2016年版，第325页。
② ［美］阿兰·布鲁姆、哈瑞·雅法：《莎士比亚的政治》，潘望译，南京：江苏人民出版社2012年版，第72页。
③ ［英］蒂利亚德：《莎士比亚的历史剧》，牟芳芳译，北京：华夏出版社2016年版，第332页。

们作为'英国民族'独立的真正支柱和捍卫者的作用。"① 阅读塑造一个人的爱好与想象,长期阅读和喜爱一个人的作品传达着一种教化和认同的信息。通过莎士比亚的眼睛,马克思看到的是一个更加丰富多彩的世界,并对生命、人性、社会、国家的理解而更加深刻。

(六) 法律的实质

莎士比亚的戏剧中充斥着大量的法律术语,如"开口闭口用那些条文、具结、罚款、双重保证、赔偿一类的名词吓人";美貌的占有、夏日的租期、契约、通奸、诉讼、司法审判、法庭、法官、法律证据、证人等。不仅如此,莎士比亚的戏剧还包含各种司法审判的案例。《李尔王》《亨利八世》《冬天的故事》《威尼斯商人》等戏剧都出现各种形式的审判。《奥赛罗》是一桩谋杀罪的刑事审判,展现了对犯罪嫌疑人的控告与取证过程中公众的参与文化,是"悲剧情怀与公众参与对真相的发现和见证的结合"。②《哈姆雷特》谈到了获取谋杀证据的艰难,《威尼斯商人》涉及一个借贷纠纷案件的民事法庭辩论。《错误的喜剧》讨论了残酷的法律规定所隐含的经济利益之争:禁止"叙拉古人涉足以弗所的港口",以保证以弗所的经营独占权。《量罪记》讨论了施行苛刻法律所引起的不公平问题,法官将法庭判决作为获取私利的一种手段的问题,以及犯罪的法官如何审判犯罪嫌疑人的问题。《冬天的故事》显示出,暴君借助于神谕,而不是根据案件的事实和理由进行审判,就会缺乏司法公正性。在任何一部戏剧中,"莎士比亚似乎都在思考法律制度,并赋予它可辨识的特征,但他也提出了一些问题,搅乱、破坏甚至质疑这种法律制度的可能性,甚至愿望"。③ 莎士比亚对剧本中包含的司法公正、自由、法治、契约平等思想,必然会对法律专业出身的马克思提供社会公正和法律实质方面的思考和启发。

(七) 作品的艺术性

莎士比亚戏剧全面地展示了如何将大量素材赋予生命活力的神奇能力和对于复杂素材的选择和搭配的出色掌控力,实现了艺术性和学术严

---

① 《马克思恩格斯全集》第48卷,北京:人民出版社1985年版,第585页。
② [美] 布莱迪·科马克、玛莎·C. 努斯鲍姆、理查德·斯特瑞尔:《莎士比亚与法:学科与职业的对话》,哈尔滨:黑龙江教育出版社2015年版,第98页。
③ [美] 布莱迪·科马克、玛莎·C. 努斯鲍姆、理查德·斯特瑞尔:《莎士比亚与法:学科与职业的对话》,哈尔滨:黑龙江教育出版社2015年版,第208页。

谨性的有机统一。马克思也将《资本论》当作一件精心构建的艺术品。莎士比亚对政治领域的深刻刻画，与马克思对资本主义的剥削和利益争夺的分析可以媲美。如果说莎士比亚在历史剧中将整个混乱的内战或国家战争整合为一个有机的结构，那么，马克思则在政治经济学著作中，将表面上混乱的资本主义经济运转浓缩在剩余价值的生产和分配的统一整体中。混乱的表象与有机结构的统一，都创造了一套语言来对混乱的素材进行有机的选择与处理。"艺术作品必须以适宜的对象为基础，进而靠其处理的技术、苦心、凝聚而使题材的价值更适切，更完美地发挥出来。"① 莎士比亚的戏剧表明，政治斗争充分体现了无形之手的反面和秩序的颠倒——每一个政客在追求自己的爵位、权力、地位、荣誉等利益的过程中要阴谋诡计和相互斗争，一代代的报复和复仇会不断出现，最终导致所有人的灭亡或损害。马克思则表明，经济领域也充满了政治斗争：资本家在追求剩余价值和财富积累的过程中会为自己准备掘墓人。

唯一的不同是，莎士比亚生活在一个宗教居于主导地位的时代，依靠上帝的无形之手推动历史剧本的内在发展；马克思处在一个宗教批判和解放的时代，依靠阶级斗争和工人阶级的力量来推动历史的发展。莎士比亚的历史剧展现了一种对伟大的历史行动的前进路径和人性的思考能力，如王位继承权、反叛的伦理、国王的类型、国家的命运，展现了当时社会各阶层的生活方式。在莎士比亚的戏剧中，平民大众被当做兽类而非人对待：王宫贵族充满智慧与谋略，平民大众愚昧不堪；许多地位低的人被当做王公贵族实现自己目的的手段，而不是被当做人。马克思的历史使命就是揭露资本主义的剥削，实现人的全面解放。

## 第四节　歌德与马克思

沃尔夫冈·冯·歌德（1749—1832）是德国著名的诗人、小说家、戏剧家、科学家和思想家。在科学上，歌德发现了人类的上颚间骨，提出了"原生植物"的学说和独具特色的颜色理论，创立了生物形态学，倡导进化论。在文学上，歌德坚持整体论的现实主义、经验主义和古典主义风格，接受了古代美术理想与古代生活的理念，将诗人的创造能力、

---

① ［德］歌德：《歌德自传：诗与真》，李咸菊译，北京：团结出版社2004年版，第191页。

艺术家自由的艺术经验和艺术的自主性有机结合起来而形成一种独特的艺术理论。① 歌德公开反对浪漫主义，认为古典的作品就是"强壮、乐观、健康、有活力"的作品，而"浪漫"的作品则是"软弱、苍白、病态"的。② 歌德是狂飙突进运动和新人文主义运动的代表人物之一，主张通过社会改革和社会教育来培养一代完整新人的理想人格，在小说和戏剧中表现出强烈的社会反抗精神和民主自由的渴望。尽管在科学研究中强调整体观和研究的综合法，但是，在社会政治领域，歌德既反对政治革命，也反对圣西门那种"人人都要为集体的幸福而工作，并将这个视为自身幸福的必要前提"的理念。③ 由于马克思受到歌德文学作品的长期熏陶，歌德对马克思的影响不仅体现在文学理论、艺术形象的构造和小说诗歌的阅读方面，而且也体现在思想的形成之中。歌德的思想在诗歌、小说、戏剧、散文、游记和自传等文学创作以及自然科学著作都有广泛的体现。本节只限于阐述歌德的思想及其对马克思的影响。

## 一、人性论：人的自由和全面发展

如果说莎士比亚揭示了封建社会时期的各种人性异化的现象，歌德则揭示了如何在封建社会向资本主义社会转型时期构建一个完整的人性问题，以及资本主义生产力势不可当的发展所带来的传统价值观念的丧失、传统家庭的解体等社会问题。歌德被卡莱尔称为"一个思考人类灵魂的人，是他的国家和整个世界的道德引导者"。④ 歌德反对抽象的人性，主张每一个人都有具体的、独特的个性，天才就是富有创造力的人。"我总是把每个人看做独立存在的个体，只希望能研究他，认识他的特殊个性，除此别无他求。这样做的结果使我可以和每一个人交往，也只有这样才能认识人的千差万别的个性，并且获得必须的处世本领。"⑤ 歌德提倡人的各种能力和情感在社会中得到自由、全面的发展。全面的人就

---

① [美]雷纳·韦勒克：《歌德》，见叶隽编选：《歌德研究文集》，南京：译林出版社2014年版，第371页。
② [德]艾克曼：《歌德谈话录》，杨武能译，成都：四川文艺出版社2007年版，第219页。
③ [德]艾克曼：《歌德谈话录》，杨武能译，成都：四川文艺出版社2007年版，第279—280页。
④ 叶隽编选：《歌德研究文集》，南京：译林出版社2014年版，第327页。
⑤ [德]艾克曼：《歌德谈话录》，杨武能译，成都：四川文艺出版社2007年版，第54页。

是各种能力与情感处于和谐之中并得到充分发挥的人。《浮士德》谈到了完整个性的发展问题。如果"人的总和构成人类，一切力量合在一起构成世界"，那么，一个个完整的人就构成了一个完善的社会。① 片面发展的人就是人的能力和情感处于矛盾之中，一部分能力和情感的施展是靠压制其他能力和情感来实现的人。阻碍个人的人性得到全面自由发展的是社会的伦理道德、政治、法律等社会规范。《少年维特的烦恼》就谴责了市民社会的道德束缚了人的自由发展和"破坏来自自然的真实感情和自然的真实表现"，表明了觉醒的市民阶级要求自我解放的愿望。

如果说狂飙突进运动时代的歌德"在个人与社会绝对对立之中去寻找实现理想的出路"，那么，古典主义时代的歌德则"在探求个人与社会如何才能和谐统一的可能及实现这一可能的途径"。② 《威廉·迈斯特的学习时代》（1796）从是否有利于人的自由发展角度对封建等级制、封建特权进行了批判，认为世袭财产制扼杀了人发挥才能的可能性。同时，劳动分工和功利主义的思维会造成一个人的能力的片面发展。在这部个体自我实现的小说中，歌德认为，一个"完整的人"需要在成长和反思中将美育与实用、身体与灵魂、个体与集体之间的关系结合和调和起来，社会交往和教育对塑造一个完满的人是必不可少的。在整个社会的商业化浪潮中，美育在恢复人性的完整和多样性方面承担着重要的任务，缺乏审美鉴赏力的人就会陷入功利主义的漩涡。在歌德看来，人性的完善不是像卢梭所提倡的那样完全顺应自然，而是在社会环境中自我修养和克服自由意志的结果。至于那种把个人当作绝对精神实现的一个环节或者屈服于现实的观点，与歌德相信人有能力在社会大家庭中获得新生并使自己得到全面自由发展的理想，或者将理想主义同现实精神结合起来的思想是不同的。

在小说《亲合力》（1809）中，歌德将每一个人都看做一种化学混合物。只不过人是包含理性、情感、欲望、冲动的混合物，而不是只有理性或情感这样的纯净物。人与人之间的关系就像化学反应一样，有的相互吸引，有的相互排斥，有的毫无反应，有的充当催化剂，有的充当

---

① 贾涵斐：《知识秩序中"完整的人"——论歌德小说〈威廉·迈斯特的学习时代〉》，载《外国文学》，2018年第4期。
② 范大灿：《歌德对实现人道主义理想的道路的探索》，见叶廷芳、王建主编：《歌德和席勒的现实意义》，北京：中央编译出版社2006年版，第50页。

粘合剂。一个人面对不同的人,性格表现与反应就会不同,在一个群体中遭受排斥的人在另一个社会群体中可能会成为瞩目的中心,原有的关系可能会瓦解,新的关系可能会重新确立。在歌德看来,婚姻爱情关系就最明显地体现了人际关系的化学性质,人的本性只有在不同的社会关系中才会表现出来。两个人的爱情在外在的阻力下可能无法走向婚姻,而一段封闭的婚姻在外来爱情的刺激下可能会瓦解。不仅置理性和伦理道德不顾的人之间单凭情感"魔力"的爱情是危险的,而且置情感与欲望不顾的人之间单凭理性克制的爱情也是危险的。出自本能的爱情导致人性的毁灭,而出自相互敬重的爱情导致人性的无法实现。最美好的婚姻需要爱情与理智的和谐,而任何勉强的婚姻在充满具有化学反应性质的开放人际关系中几乎都不可能长久维持的。因此,歌德在《亲合力》中不仅"对理性本身的认识能力产生怀疑,开始重新辩证地审视理性的力量",而且"把非理性力量置于考察中心,通过比喻、暗示、象征来表现和揭示它的存在,通过它来接近人性中更深一层的理性认识所达不到的真实"。[①]

在《威廉·迈斯特的漫游时代》(1821)中,歌德认为,只有每个人找到自己从事的职业和不断地行动,才能达到人性的完满。[②] 在《浮士德》中,歌德认为,人只有通过有目的、有意义的行动,才能在创造世界和改造自然中达到内心的和谐并获得智慧,克服形而上学的空虚或感性的诱惑问题。浮士德有各种欲望和目标,追求过知识、感官欲望、感性情欲、荣誉、权力、财富、美的艺术以及填海造田、开疆拓土构造人间乐园的物质生产劳动。一个目标的追求孕育着新的目标的产生。欲望是环环相扣,是具体的、历史的,感官欲望与情欲容易得到满足但会带来无聊或罪恶,荣誉、权力和财富的社会欲望构成了虚假的目的本身,美之追求也会带来空虚,只有投身于社会之中改造自然和建立人间乐园的劳动才能充分发挥人的创造力,实现人的理想——"自由的人民生活在自由的土地上"。人之所以能够从感性欲望的泥潭中挣脱出来,是因为人有反思的自我意识能力和通过创造性的社会贡献获得生命价值的欲望。

---

[①] 谷裕:《现代市民史诗:十九世纪德语小说研究》,上海:上海书店出版社2007年版,第113页。

[②] [德]歌德:《威廉·迈斯特的漫游时代》,张荣昌译,石家庄:河北教育出版社1999年版。

歌德主张通过生产劳动来建设美满的理想社会，要将生活和完美的人性建立在勤劳和拼搏的基础上，人要通过自由劳动的实践同社会与世界建立联系。尽管受了魔鬼的诱惑，浮士德在漫长的追求中完成了人性的升华，上帝也将浮士德的灵魂迎上了天界。因此，浮士德精神意味着资本主义的永不停歇的进取精神，或者"在现实的人类生活中，在自我的活生生的追求和创造中，在生命历程的展开和发展中，展现一个无限的精神本质和一个绝对的神性意识"。① 生命的价值和意义就在于无限的追求和创造过程，而不在于享受和满足。

## 二、歌德的政治思想

由于在魏玛公国担任了多年的枢密院参议、国防委员会主席和财政总监，并领导了行政、金融、税收、军事、采矿、建筑水利等领域的一系列改革措施，因此，歌德始终秉持一种政治改良主义和自由主义的价值观，坚决维护等级制的社会秩序，强调国家的教育与管理职能，对民众实施启蒙教育和提高其道德文化修养。② 歌德倡导的自由包括言论自由、思想自由和经济自由。历史剧《葛兹·冯·伯利欣根》表达了歌德对自由的渴望和叛逆的精神，书信体小说《少年维特的烦恼》表达了歌德对自由恋爱的渴望，小说《威廉·迈斯特的漫游时代》包含着迁徙自由和经济自由的诉求，《浮士德》表达了"要每天每日去开拓生活和自由，然后才能自由和生活地享受"的人生主张。由于强调"人的尊严""个性自由发展""个人自由""人活着首先要着重内心修养"、自由人的自由精神等观念，歌德自称为德国人精神的"解放者"——"从内心深处解放他的人民，把奴颜婢膝、听人吆喝的人变成自由人"。③ 在歌德看来，自由的社会环境有助于健全人格的培养。"受着千百种顾忌的束缚，我们的个性里即使有伟大的东西也麻痹了，也自由释放不出来了。我们是外物的奴隶，环境的奴隶；我们是显得渺小或是显得伟大，全取决于环境对我们的挤压程度，抑或留给了我们多大的自由伸展空间。"④ 但

---

① 高全喜：《浮士德精神》，北京：北京时代文化书局2014年版，第6页。
② 贺骥：《论歌德的政治思想》，载《同济大学学报》（社会科学版），2016年第4期。
③ 叶廷芳、王建主编：《歌德和席勒的现实意义》，北京：中央编译出版社2006年版，第40—41页。
④ ［德］艾克曼：《歌德谈录》，杨武能译，成都：四川文艺出版社2007年版，第185页。

是，这些自由不包括民众的政治自由。歌德说："市民和贵族一样地自由，只要他坚守自己出身的等级限制，也就是听天由命。贵族和君主一样地自由；只要他到了宫里遵守那一点点礼仪，就不会感觉自己是异类。自由不能靠目无尊长获得，相反得通过尊重凌驾于我们的势力。"① 对于限制新闻自由的法律，歌德在 1827 年 7 月持支持态度："带限制性的法律只会起好作用，何况限制又不涉及任何根本性的东西，而只针对某些个人。不着边际地反对一切，将乏味而无意义。限制却会迫使反对派变得聪明起来，这可太好啦。"② 让马克思感到最不满意的地方在于，歌德在 1828 年 3 月曾对年轻时的威廉四世"寄予厚望"，认为这位"非常杰出的人"会成为一位伟大的君主。③ 歌德可能没有料到，威廉四世成了普鲁士封建复辟的代表。

歌德既不赞成专制集权和实行愚民政策，也反对革命的恐怖。歌德认为，法国长期的专制制度形成了腐败的基础，法国革命也深受行贿受贿的干扰，致使宪政与腐败并行，无法形成德政。歌德坚信，"民众是可以统治，但却不可以压迫；下层民众的革命起义乃是大人先生们多行不义的结果"。④ 如果一个国家具有民主的传统，那是好的事情。《威廉·迈斯特的漫游时代》描写了移民将美国作为自由民主的理想，歌德还欣赏威尼斯、瑞士、荷兰的古老民主。如果一个国家不具有民主传统，那么这个国家需要改革，朝着民主方向前进，从乡镇和区县的民主逐步过渡到全国的民主。歌德在 1824 年 1 月 4 日说："我并且完全相信，发生任何一场大革命责任都不在民众，而在政府。只要政府始终维护正义，始终头脑清醒，能够适时进行改良以满足民众的愿望，不是一直顽抗到非由下边来逼迫你干必须干的事情不可，这样子革命就完全不可能发生。"⑤

---

① ［德］艾克曼：《歌德谈话录》，杨武能译，成都：四川文艺出版社 2007 年版，第 126 页。
② ［德］艾克曼：《歌德谈话录》，杨武能译，成都：四川文艺出版社 2007 年版，第 158—159 页。
③ ［德］艾克曼：《歌德谈话录》，杨武能译，成都：四川文艺出版社 2007 年版，第 177 页。
④ ［德］艾克曼：《歌德谈话录》，杨武能译，成都：四川文艺出版社 2007 年版，第 34 页。
⑤ ［德］艾克曼：《歌德谈话录》，杨武能译，成都：四川文艺出版社 2007 年版，第 34—35 页。

当然，歌德视野中的真正革命，就是耶稣基督和马丁·路德这样宣扬博爱精神或清除"教士阶层歪曲了的教义"的宗教革命而非暴力革命。在《威廉·迈斯特的学习时代》中，歌德主张通过社会改良的和平手段来推动社会各阶层之间的平等。因此，歌德反对文学中的政治运动和党派性，如"青年德意志运动"。但是，歌德根据当时的政治态势和人心思变的心理，断言改良主义不符合时代的发展需求，德国会发生政治革命。

## 三、歌德的宗教观

歌德是一个带有泛神论思想的进化论者，认为所有事物都渗透着神性。歌德反对宗教迷信，认为上帝是人们想象力的产物，宗教信仰"是对看不见的东西的热爱，是对不可能存在的东西寄于忠诚"。① 由于有神论是目的论的基础，否定有神论就否定了宇宙的目的论。在宗教中，人的创造作用被归结为神的创造作用，任何事物都有一定的目的或功用则被归结为神的创造。按照这种目的论，任何事物没有独立的价值，其价值完全体现在其功用上，并用这种功用来解释事物自身的存在。歌德认为，目的论是将人类的劳动观念和人类中心主义推广到整个自然界和宇宙的结果。歌德在1831年2月说："人自然会把自己看做造物的目的，把其他所有事物都仅仅看做与自己有关，也即以为它们都是为他服务，为他所用的。人征服了植物界和动物界；由于他把其他造物都当做了食品，便承认造物主为自己的上帝，并赞颂上帝像父亲一样关怀他的仁慈。……人对整个的大千世界一般都这么想，在特定的问题上也抱着同样的想法，因此就免不了把他习惯的观点从生活中移用到科学里，在研究有机体的一个个器官的时候，也要问它们的目的和用途。"② 歌德在科学方法上主张排除目的论，研究事物发展和演化的条件，而不追究事物为什么目的而发生。在歌德看来，公牛长角的目的不是自卫，而是因为公牛有角才用角自卫。"提出目的这个问题，提出为何这个问题，根本就不科学。相比之下，倒不如问如何来得更有意义。例如我要是问：公

---

① ［东德］W. 弗尔斯特：《论歌德的哲学成就》，载《哲学译丛》，1983年第2期，第20页。
② ［德］艾克曼：《歌德谈话录》，杨武能译，成都：四川文艺出版社2007年版，第292页。

牛是如何长出角的？我于是就会去观察它的生理结构，同时也弄明白，狮子为什么没有角，也不可能有角。"① 去掉了目的论，就切断了有神论的根源。

## 四、歌德的自然哲学思想

歌德是少数兼具诗人与自然科学家的巨人之一，一生在比较解剖学、植物学、动物学、矿物学和颜色学领域都做出了重要的贡献，著有《颜色学》《植物变形论》《动物变形论》《光学论文集》等著作。自然哲学就是从形而上学出发，将自然科学割裂的世界重新整合为一个统一的知识体系，以便重新认识自然和宇宙的统一性的一种哲学。自然哲学既可以采取思辨哲学的方式，也可以采取经验哲学的方式，但两者都反对机械的实验。歌德的自然哲学思想主要体现在自然有机体、进化论和方法论三方面。

（一）歌德与康德哲学思想的比较

歌德和康德在许多哲学观点上都存在相似之处，但却分别代表了经验实证与逻辑演绎的两种不同的哲学进路。首先，两人都认为人的认识能力是有限的，都主张将知识限制在经验范围和道德原则之内。康德依靠纯逻辑手段来阐明纯粹理性的界限，歌德则依靠诗歌的手段来体验和表达人的局限性，如《人性的界限》诗篇所示。在一篇地质学论文中，歌德写道："我们的看法是，设定有某些不可知事物的存在，却又不为人们的推究探索设置任何界限，这对于人来说是恰如其分的。"② 康德的物自体界定了经验知识的范围，歌德则以"终极现象"确定科学研究的极限。任何超出经验范围的东西，要么是物自体，要么是人的想象力虚构的产物。如果想象符合自然的法则并处于可能的经验范围之内，那么，"现实的精神，便是真正的理想"，而想象则是一种"对于现实真理的想象"。③ 一旦超出可能经验的范围并违反自然的法则，那么，这种想象就会成为虚构或空洞的概念或者语言游戏。

其次，康德和歌德都主张生物的演化论，都认识到生命世界与物质

---

① ［德］艾克曼：《歌德谈话录》，杨武能译，成都：四川文艺出版社2007年版，第292页。
② ［德］卡西尔：《卢梭·康德·歌德》，刘东译，北京：三联书店2015年版，第114页。
③ ［德］卡西尔：《卢梭·康德·歌德》，刘东译，北京：三联书店2015年版，第134页。

世界遵循不同的规律或理论。康德采取演绎的方式通晓了牛顿的机械力学无法用来理解和解释物体特别是生命的演化过程，歌德则通过观察和经验的方法认识到植物和动物的演化以及形态的多样性，反对以机械的模式来理解有机生命。机械论在方法上注重分析法，在表述上注重数学语言，在规律上强调因果律。分析法或还原法，按照勒内·笛卡尔在《谈谈方法》中的说法，就是："把所考察的每一个难题，都尽可能地分成细小的部分，直到可以而且适于圆满地解决的程度为止。……从最简单、最容易认识的对象开始逐步上升到复杂对象的认识。"① 与此相对应，歌德的有机整体论在研究中注重观察和经验法，在语言上注重诗意的表达，在规律上强调原型的演化。歌德甚至在《颜色学》中抨击牛顿对颜色的物理学解释，因为色彩涉及眼睛的参与。

再次，康德和歌德都主张，观察是理论负载的。康德认为，概念无直观的内容则空，直观无概念的统摄则无法单独存在。在歌德看来，直观和理论没有明确的界限。在《颜色学》的序言中，歌德说："仅仅去注视一物，将使我们一无所知。每看一眼，都导致一次审查，每一次审查，都导致一次反思，每一次反思，都导致一次综合；我们由此便可以说，在对世界的每一次注目中，我们就已经是在进行理论活动了。"②

尽管有这些相似性，但是，歌德并没有像席勒一样成为康德的狂热信徒，而是依靠自己的诗人天赋和综合能力博采众长，走出了一条独具特色的诗人—科学家的道路。康德主张对自然的理解需要用数学来表达，并将数学运用的多少当做科学性的标志。这样的自然就是能够按照普遍法则所规定的"被动的自然"。相反，歌德厌恶数学和纯粹推理，认为数学是一种贫乏的"把握和表达现象的努力"，而自然则是"能动的自然"。这就导致康德和歌德在想象力或直觉在科学与艺术中所起作用的不同认识。在康德看来，科学依赖于经验、观察和数学演绎，直觉只限于艺术领域。歌德则认为，科学的发现与艺术的创造都需要经验、观察和想象力，艺术的美是"隐匿起来的自然法则的一种显现"，数学演绎与诗歌语言只是对同一个法则的不同表达方法。歌德说："显露于现象中的法则，以最大的自由，并根据它本身的条件，产生出客观的美，而这种

---

① 周丹、安维复：《对机械论的再评价—基于思想史及文献的考察》，载《湖北社会科学》，2018 年第 10 期，第 97 页。
② [德] 卡西尔：《卢梭·康德·歌德》，刘东译，北京：三联书店2015年版，第117页。

美必然切实去寻找相称的主体来把握自己。"①

(二) 自然统一性与进化论的思想

歌德持有一种斯宾诺莎式的泛神论思想，认为自然界是不断变化的、有生命的有机体。自然与神同为一体，按照永恒的规律运动着。在《自然》和《斯宾诺莎研究》中，歌德认为，自然界不断地创造新形式和新形态，这种新形式或新形态只能在自然整体中得到理解。在歌德看来，所有生物都是根据统一的构成原理或原型被创造出来的。根据这种信念，歌德在骨学领域钻研中发现了人类的腭间骨，在脊椎动物形态的类型说研究中提出了动物的头骨是从脊椎骨变化而来的观点。在《植物变形记》（1790）中，歌德探讨了植物的种子、根茎、花萼、花瓣和果实等器官如何根据驱动力从"原初植物"中生长变形的过程。这种原初植物被断定为是叶子这种植物的本质形式或理念，植物的所有器官都是从叶子发展和变形而来的。与林奈只对植物进行分类不同，歌德则强调捕捉生命的过程，创立了"形态学"一词，从而"完成了从早期发生学观点向现代有机自然的发生学观点的转变"。② 这种对植物带有自然哲学色彩的原型研究，在康德的《判断力批判》的鼓舞下被推广到对动物的"类型"、色彩学的"原初现象"和气象学的研究。这些不同的原型理念构成了不同领域的自然物的源头，并指向一个更高的造物即神。这个自然之神或物自体无法被人类的经验和理性所认知，"只能在反射中，在范例中，在象征中，在单独和相近的现象里"才能被感知。在《气候学试验》中，歌德写道："真理，乃是一种神圣的东西，它从不允许人们去直接认识它；我们只能在映象中，在例证和象征中，在特定和相关的现象中，去观察它；我们已经意识到它是无法理解的生命，却仍然不能放弃理解它的愿望。"③

(三) 主体能动性思想

歌德不仅坚持自然有机体的思想，而且在人与自然的有机统一体思想中强调主体能动性的思想。这尤其是体现在他的独具特色的颜色理论中。在歌德看来，颜色是视觉感受到的一种基本自然现象，光、颜色和

---

① ［德］卡西尔：《卢梭·康德·歌德》，刘东译，北京：三联书店2015年版，第130页。
② ［德］卡西尔：《卢梭·康德·歌德》，刘东译，北京：三联书店2015年版，第98页。
③ ［德］卡西尔：《卢梭·康德·歌德》，刘东译，北京：三联书店2015年版，第111页。

眼睛形成了一个不可分割的统一体。① 歌德颜色学认为，完全纯粹的客观颜色我们是不知道的，主体在观察颜色中起重要作用。"观察任何现象，主体的重要性都超出了想象。"②

歌德在《光学论文集》和《颜色论》中，提出了一种关于光、阴影和颜色的理论，批判牛顿的光学理论。牛顿认为，光本身是一种折射率不同的光线的复杂混合物，光的颜色是由光谱分布决定的，白光透过棱镜后呈现出红、橙、黄、绿、青、蓝、紫诸色。在歌德看来，牛顿对颜色现象的所有解释都是从光的棱镜实验和折射理论出发的，而不是基于大自然的直接观察，因而是人类心智构造的产物，而不是自然本身的理论。歌德用原型现象来代替牛顿的假说，用真实现象—直觉的方式取代假设—演绎推理的方式对自然现象进行解释。在歌德看来，颜色是由黑白边界的原型出现时产生的，不同的颜色出自光亮与黑暗之间的相互作用，视觉在颜色中扮演重要作用。③ 现在的生物学研究表明，不同动物的视觉能力不同，观察到的颜色不同。

（四）科学方法论

歌德的自然的有机统一、进化论和主体能动性的思想，都是与其独特的科学方法论不可分离的。从艺术上说，要认知整体性的自然，只能通过象征而非经验或概念来进行诗化的表达。歌德的自然科学研究不是采取解剖和实验的机械分析方法，而是采用艺术家式的观察、想象和逻辑推理的综合方法。前者是在分割和肢解动植物的基础上进行的机械主义研究。机械论自然观将主观和客观截然对立起来，否认人的主观体验和主观能动性在认识中的作用，否认有机世界的丰富性和复杂性，认为所有的生命世界和自然现象都能象征性地还原到最为原始的物质运动形式。④ 后者则是确保动植物生命体的形态下进行的整体性直观。实验和机械分析法的优势在于借助工具和确保客观，缺点在于破坏了生命体和

---

① 莫光华：《色彩是"光的业绩，业绩和苦难"—论歌德的《色彩学》和色彩观》，载《同济大学学报》（社会科学版），2012年第4期。
② 德］艾克曼：《歌德谈话录》，杨武能译，成都：四川文艺出版社2007年版，第164页。
③ 方在庆：《歌德对牛顿光学理论的拒斥及其文化背景》，载《自然辩证法通讯》，1996年第5期。
④ ［美］刘易斯·芒福德：《机器神话》下卷，宋俊岭译，上海：上海三联书店2017年版，第63页。

看不到认识主体的作用。综合法的优点则在于确保生命体对象的完整性和认识主体的参与，缺点则是依赖于直觉、同感和理念的主观性以及文学语言的模糊性，无法实现知识的稳步积累。① 歌德将大量的拟人化修辞，如"彼此追寻""欲求""否认"等文学语言引入了科学论文，从而推动了自然哲学的发展。歌德诗化的自然观后来被浪漫派发展为"诗化一切"，特别是诗化中世纪的主张，成为逃避社会现实的一种手段。歌德的观察与直观方法，不同于谢林和黑格尔的自然哲学采用的思辨方法；但两者都反对机械论自然观，主张人与自然的有机统一性。

### 五、歌德对马克思的影响

马克思从歌德的文学作品中不仅较早地接触了自然有机体、进化论、主体能动性、宗教幻觉的思想，而且比较全面地了解了市民社会中人性的发展及其阻碍因素、工业革命的巨大创造力及其对社会的破坏作用。歌德那百科全书式的著作和研究方法论也对马克思产生重要影响。

（一）歌德对马克思影响的文本证据

马克思对歌德的小说、戏剧和诗歌非常熟悉，在早年的诗歌、论战著作、《资本论》以及晚年的通信中都有所体现，单是引用《浮士德》就多达60次。② 马克思在1836年的讽刺短诗《普斯特库亨假冒的〈漫游时代〉》对以伦理道德和教义问答的方式批判歌德的做法进行了辛辣的讽刺，为歌德的异教色彩和自由主义思想进行辩护，抨击保守派作家和虔敬主义者对歌德的攻击。③ 在《评普鲁士最近的书报检查令》一文中，马克思写道："歌德说过，只有怯懦者才是谦逊的，你们想把精神变成这样的怯懦者吗？也许，这种谦虚应该是席勒所说的那种天才的谦逊？如果是这样的话，那你们就先要把自己的全体公民、特别是你们所有的书报检查官变成天才。"④ 在这里，马克思高举歌德和席勒的文化权威来

---

① 人工智能模拟法是另一种综合法。它可以充分利用实验分析法的成就，在不破坏生命的前提下模拟生命现象、生命的演化或成长过程。
② 和建伟：《马克思对浮士德精神的承传与超越》，载《河南科技大学学报》（社会科学版），2018年第2期。
③ 普斯特库亨·格兰佐（1793—1834）在假冒歌德之名出版的《威廉·迈斯特的漫游时代》中，从宗教和道德角度对歌德进行批判，认为歌德的泛神论会危害社会秩序和破坏道德风尚。
④ 《马克思恩格斯全集》第1卷，北京：人民出版社1995年版，第111页。

对抗普鲁士的文化专制。马克思在《1844年经济学哲学手稿》中引用了《浮士德》第四场《书斋》中靡菲斯特出钱买马的话和莎士比亚剧本《雅典的泰门》关于黄金的台词,来论证货币的本质。这些文学作品及其话语,"帮助马克思构思并形成自己的词句。他们帮助他更清楚地观察他自己所处的那个世界的面貌,帮助他诱导别人分享他对这个颠倒而混乱的世界的看法,从而他便可以设想一个将来的国度的形象来同它相对照。"① 在艺术上,马克思肯定"歌德式"的从现实生活出发的创作原则,反对"席勒式"的从主观和抽象出发的创作原则。马克思和恩格斯在《共产党宣言》中接受了歌德的"世界文学"的提法并阐述了其形成的经济基础。

(二) 市民社会的经验描述

歌德不仅认为人是具体的、历史的人,在一定程度上是社会关系的总和,而且认为人只有在物质生产性实践活动中才能完善自我和全面自由地发展。歌德的成长发展小说表明,任何个体的人性都是一个在社会中演化和实现的过程,但职业的专门化造成了人的能力的片面发展和劳动异化。在政治态度上,马克思比较喜欢席勒在戏剧《强盗》和《阴谋与爱情》中所表现出来的"打倒暴君"的革命精神,不喜欢歌德的改良主义和心目中保留的等级制的政治倾向。马克思批判歌德是一个庸俗的市民,总是想同现实调和与妥协。但是,恰恰是歌德这个"市民"为马克思展开了一幅市民社会的画卷,为马克思从理论上批判资本主义做了准备。

歌德在小说中对市民的内在虔诚、循规蹈矩的宗教生活以及平庸安逸的家庭生活都有大量的描写。《威廉·迈斯特的学习时代》充满了大量的"经济""实用"等市民语言。在《亲合力》中,没有劳动的艰辛,只有贵族阶层无休止的谈话、聊天、餐宴、散步、朗读、家庭演奏会、庆典、戏剧演出、来访出访等无所事事的社交活动。在《威廉·迈斯特的漫游时代》(1821)中,歌德描述了机器代替手工时的职业选择,描绘了人的生产能力的发展,认为人的生产力和技术进步是历史进步不可缺少的基础,主张通过发展工业资本主义来实现启蒙运动的完人思想。

---

① [英] 希·萨·柏拉威尔:《马克思和世界文学》,梅绍武等译,北京:三联书店1980年版,第116—117页。

在歌德看来，"技术可以逐步地使人类凌驾于自身之上，可给最高理性和最纯洁的知识提供具有最高效能的机构和组织"，从而将劳动分工与人的个性发展结合起来。① 歌德看到了工具和仪器在科学研究中的干扰作用和人为性，无助于真正解开自然本质之谜。他说："新物理学最大的祸害就是把实验与人分开来，它仅仅通过人工仪器指示出来的现象来认识自然，并通过这种认识方式把自然的能力加以限制并证明其正确。"② 歌德还看到了生产技术和机器设备的发展破坏人与自然的和谐，机器对劳动者的替代在提高劳动生产率的同时也造成手工业者的失业和起义。尽管认识到人与自然的和谐受到技术统治的威胁，以及技术所带来的人类灾难，但是，歌德没有对世界的痛苦、统治者的剥削和现实的灾难进行控诉和批判。歌德不仅缺乏现实的批判精神，而且为了现实的生活和诗意掩盖真相。1826 年 11 月，歌德说："世界上有许多东西，诗人与其揭开它们的真相，还不如让其真相藏着更好。"③

歌德对手工纺织的劳动过程进行了诗情画意的描写，突出了人们对机器生产"渐渐地以失业威胁着手工劳动者"以及田园牧歌式的乡村生活"这一切都会慢慢地衰落、消失，经数百年之久被人居住的生气勃勃的地方又会回到原始的寂寞和荒凉"的担忧。④ 歌德有管理矿山和工厂的经验，有纺织机、陶工转盘、静电起电器、蒸汽机等方面的技术知识，对工业革命时代源源不断的技术发明和蒸汽机的使用对手工业和家庭作坊的毁灭性影响有深刻的体验。歌德说："既然蒸汽机很难被控制，在伦理道德方面也一样不可能受到控制：商业活跃起来了，到处响着哗哗的纸币声，债务膨胀起来，为的是为债务而付款，这一切都是当今的年轻人要面对的可怕的局面。"⑤ 歌德批判了资本主义社会中的个人主义、功利主义和利己主义的倾向，以及劳动分配不均产生的消极影响。在这部

---

① ［东德］W. 弗尔斯特：《论歌德的哲学成就》，载《哲学译丛》，1983 年第 2 期，第 22 页。
② 叶廷芳、王建主编：《歌德和席勒的现实意义》，北京：中央编译出版社 2006 年版，第 93 页。
③ ［德］艾克曼：《歌德谈话录》，杨武能译，成都：四川文艺出版社 2007 年版，第 106 页。
④ 叶廷芳、王建主编：《歌德和席勒的现实意义》，北京：中央编译出版社 2006 年版，第 88 页。
⑤ 叶廷芳、王建主编：《歌德和席勒的现实意义》，北京：中央编译出版社 2006 年版，第 90 页。

小说中，歌德还描述了资本主义的到来对传统农村的巨大冲击，家庭和婚姻都变得残缺不全，血缘联系减弱，人们的生活总是处在不断流动和变迁之中。在歌德的意识中，"机器生产威胁着传统的社会结构，并显示为破坏性的力量。一个技术的世界宣告着许多人的苦难，宣告着在一个为追求利润所统治的社会中无情的人剥削人，这个社会破坏了几乎人与自然的全部和谐关系——也许——终究将造成他们自己的毁灭"。① 人与人之间的社会关系特别是家庭和婚姻关系在传统手工业向机器工业的变迁中发生了剧烈的变化，传统家庭逐渐被新型的社团所取代，家庭内部的等级关系被社团内部的伙伴关系所代替。在新型的社团生产组织中，一个人既要有专长，又要有协作精神，才能发挥个人和社团的效率。

如果说歌德对工业革命的大机器生产和资本主义的入侵的描述还处于经验观察阶段，那么，马克思则将资本主义的潜力及历史过渡性进行了政治经济学的分析。《浮士德》第二部第五幕以一对善良的老人，因不肯搬迁，被活活烧死的故事，揭露了资本主义原始积累的罪恶。马克思在《资本论》第二十四章"所谓原始积累"也谈到了资本积累过程中对村庄的野蛮驱逐和破坏行动。《资本论》也像《浮士德》一样是一部将现实主义与浪漫主义有机结合的艺术品。而且，歌德开始认识到货币和资本会动摇封建社会的等级秩序的异化力量，从而看到了资本主义不可阻挡的发展力量。卢卡契说："他不仅看到了资本主义生产力的发展，并如《浮士德》第二部斐莱蒙和鲍栖时的插曲所示，他无条件地、毫不多愁善感地肯定了它的发展，而且在他所不能逾越的历史和社会的界限内，他看到了同资本主义生产力不可分割地联系在一起的各种矛盾。"② 浮士德不是依靠自身，而是依靠宗教信仰获得人的解放。马克思后来深化了资本主义社会中资本的支配力量及其所带来的剥削，并指出工人阶级依靠自身的力量获得解放，并解放全人类。

（三）百科全书式的思想总汇

歌德的小说、戏剧、诗歌、散文、自传和科学著作都是百科全书式的著作，包含各种类型的思想。在散文中，歌德描写了城市的起源及发

---

① ［德］维尔纳·舒伯特：《歌德对大自然的认识和对机器生产的态度》，见叶廷芳、王建主编：《歌德和席勒的现实意义》，北京：中央编译出版社2006年版，第92页。
② ［匈］卢卡契：《卢卡契文学论文集》第2卷，北京：中国社会科学出版社1981年版，第535页。

展、岩石的种类、土壤和气候、工业和经济、军事和政治、生活习俗和建筑艺术。歌德的小说和诗歌中包含有大量的自然哲学和社会政治经济的描写。《浮士德》涉及大量的自然科学篇章，诗歌歌颂自然的本质。歌德尝试像卢克莱修的《物性论》那样用诗歌概括新的自然哲学。这表现在歌德的谣曲、哲理诗、《上帝与宇宙》以及对动植物蜕变的诗歌解说之中。在《威廉·迈斯特的漫游时代》第二篇第九章和《浮士德》第二部第二幕中，歌德讨论了地球形成的水成论和火成论，主张生命是从水中形成并逐渐演化的观点。水成论是地质学的创始者亚伯拉罕·魏尔纳提出的理论，认为所有的岩石都是在海里结晶形成的。火成论则认为山峰和岩石是由于火热的地心运动而形成的。歌德基于反对暴力的原因赞成水成论。除颜色理论外，《颜色论》还阐述了歌德的历史理论、政治观、社会学以及文化观，认为科学和政治的专制会导致革命。

　　马克思在阅读歌德的各种作品时，一定会了解到歌德描述的各种自然哲学、政治理论、历史理论、文艺评论和文艺思想，从而为马克思后来的学习与研究提供了宽阔的视野和发展的基础。而且，歌德的《声学》《植物变形论》和《颜色论》都寻求统一的法则来对众多的自然现象提供解释的做法，一定会给马克思留下深刻的印象。马克思后来一直强调理论的解释功能。歌德将动植物的原型说和有机体成长说应用于文学艺术形式，认为存在一种原型的诗歌，后来的文学艺术形式都是从中分离发展而来的。在《诗歌的自然形式》中，歌德提出诗歌只有"叙述清楚的"史诗、"热情激动的"抒情诗和"个人表演的"戏剧三种自然形式，都是从民谣里发展起来的。这可以在马克思的剩余价值"原型"与其发展形式（利润、利息和地租）之间看到某种类似性。歌德主张直觉、经验和综合的方法论，强调想象力在创造中的作用，从而充分凸显了人的能动性。从观察走向抽象，提出一个理论，然后将概念和理论从整体角度来理解和解释个体，这就将直觉、想象力和抽象结合起来。这种从特殊到一般、再从一般到特殊的研究道路，在马克思的研究方法和叙述方法的阐述中都得到体现。

　　总之，歌德对马克思的思想影响是全方位的。这不仅体现在马克思继承和发展了歌德的文艺理论和文艺思想，而且体现在歌德的人性论、市民社会的描述、人与自然的统一、主体能动性、综合性的研究方法等都给予马克思最初的感性体验。尽管成熟时期的马克思对歌德的政治立场和宗教观持批判的态度,但是,歌德在小说和诗歌中表达出来的自由主义和非宗教精神无疑在青少年时期的马克思的心灵中滋养了对自由的渴望和对宗教的批判精神。

# 第三章 马克思的大学教育与阅读

在研究马克思思想起源的传统文献中,人们往往缺乏对马克思所接受大学教育的全面审察,孤立地认为马克思对黑格尔哲学、费尔巴哈哲学或者古希腊罗马哲学的研究奠定了马克思思想的基础,以至于对"理论和实践,研究方法和表达方法,应然和实然,道德的和唯物主义的(或者用相关的分析术语来说是:观念和利益,伦理和经济学,或者正义和公平),观点所要求的行动和如此理解的证据(理论和实践的动词形式)"等马克思所关心的问题迷惑不解。① 我们现在试图证明的是,"马克思的教育背景为他一生的研究工作奠定了知识和技艺的基础"。② 这里所指的"教育背景"包括马克思在大学所接受的严格的法学、博物学、文学艺术和哲学训练。所谓博物学(natural history)就是自然史,包括自然地理、生物进化论、人类学等学科。德国大学的课堂讲授的一个显著特点是,大学教授习惯于宣读或口授未出版的教科书或著作,从而"手把手地引领着他遨游整个学科领域,为他指明真正重要和本质的东西,并提供理解和判断他所见到的现象的原则和观点"。③ 而且,讲授这些课程的很多教授是伟大的学者和学科的开创者,其伟大的人格和科学研究精神具有潜移默化的影响。"在德国人的一生中,那些在大学里的岁月总是非常重要的,由于教授的影响而决定学生一生思想倾向的情况并

---

① 戴高礼:《马克思思想来源的古希腊传统》,见麦卡锡选编:《马克思与亚里士多德:十九世纪德国社会理论与古典的古代》,郝亿春等译,上海:华东师范大学出版 2015 年版,第 147 页。
② 戴高礼:《马克思思想来源的古希腊传统》,见麦卡锡选编:《马克思与亚里士多德:十九世纪德国社会理论与古典的古代》,郝亿春等译,上海:华东师范大学出版 2015 年版,第 148 页。
③ [德] 弗里德里希·包尔生:《德国大学与大学学习》,张弛等译,北京:人民出版社 2009 年版,第 192 页。

不少见。"① 可以说，大学课程学习的内容，教授的思想，科学研究方法和精神，连同阅读的相关著作和具有高度竞争性的大学环境，为青年马克思的思想形成、发展与系统化奠定了坚实的基础。

## 第一节 马克思在波恩大学的教育

怀抱"为人类服务"的理想，秉持着自由主义的精神，身处政治迫害和政治侦查搜捕活动风起云涌的年代，马克思从1835年10月15日到1836年8月22日在波恩大学的法学系注册学习。马克思在波恩大学选修了十门课程，其中有六门法学课程，如爱德华·普盖（Eduard Pugge, 1802—1836）讲授的法学全书、欧洲国际法和自然法，爱德华·伯金（Eduard Böcking, 1802—1870）讲授的《法学阶梯》，费迪南·瓦尔特（Ferdinand Walter, 1794—1879）讲授的罗马法史和德意志法学史。马克思还选修了韦尔克讲授的希腊罗马神话、奥·施莱格尔讲授的荷马问题和普洛佩提乌斯的《哀歌》、道尔顿讲授的近代艺术史四门课程。马克思选修大量的文学和艺术课程，一方面与德国当时比较兴盛的浪漫主义有关，另一方面也与马克思在中学时代对拉丁语和希腊语的学习和热衷于诗歌写作密切相关。德国哲学家费彻尔断言："波恩大学的学科设置和这位从特里尔来的高级中学生之前所学的东西非常接近，因此对他没有产生什么吸引力。……给马克思留下深刻印象的是施莱格尔（A. W. Schlegel）关于荷马（Homer）和普洛佩提乌斯（Propertius）的哀歌的一些讲座。"② 结合马克思给父亲所写的信件来看，费彻尔的这个说法不是完全准确的。实际上，道尔顿的进化和艺术思想、奥·施莱格尔的浪漫主义和韦尔克的历史主义思想，对马克思后来的思想形成至关重要。

### 一、道尔顿的自然史思想

爱德华·道尔顿（Eduard D'Alton, 1772—1840）是德国历史学家、

---

① ［德］弗里德里希·包尔生：《德国大学与大学学习》，张弛等译，北京：人民出版社2009年版，第8页。
② ［德］伊林·费彻尔：《马克思：思想传记》，黄文前译，北京：北京师范大学出版社2013年版，第5页。

雕刻家和收藏家。道尔顿在 1810 年和 1816 年出版了充满大量解剖图的《马的自然史》两卷著作，并在 1818 年成为自然科学家协会的会员。因在解剖绘画方面的专长，道尔顿在 1819 年被任命为波恩大学负责自然史收藏的绘画师傅和艺术史、自然史的第一位教授，在 1823 年被任命为管理艺术史和建筑理论的负责人，在 1827 年被任命为艺术史教授。在 1821—1828 年期间，道尔顿与胚胎学家潘达（Christian Pander，1794—1865）合作出版了 11 册涉及各种动物和生物的巨著《比较骨骼学》。《比较骨骼学》与法国比较解剖学和古生物学的创始人居维叶（Goerge Cuvier，1769—1832）在 1822 年完成的《骸骨化石研究》都是最早地对大量脊椎动物残骸的化石进行深入研究的著作，为脊椎动物化石的解释工作和进化论奠定了坚实的基础。

《比较骨骼学》的基本观点是，所有现存的物种都来自化石祖先；历史上物种只有一次创造，随后就是物种在环境中的连续演化；所有动物都来自海洋生物；甚至独一无二的人类也是从次于人类的祖先演化而来。道尔顿在这里接受了拉马克的观点，即环境的改变是引起物种变异的原因。① 从哺乳动物、鱼类、鸟类和爬行类动物的骨骼比较可以看出，这些动物具有相似的骨架结构，不同的器官实现了生理劳动的分工，即使某些器官在人体上没有任何用处。不同类的物种具有相似的器官结构和不同用途的器官，在当时被认为是体现了上帝设计的统一性和模型修改的多样性。

由于道尔顿和潘达在《比较骨骼学》中引用了歌德的观点和著作，歌德在 1822 年的一篇文章中对该书的前两部分进行了肯定性的评论，表示完全赞同道尔顿和潘达的论述。在歌德看来，道尔顿在利用歌德开创的方法和原理的基础上做出了许多重要发现。唯一不同的地方是，歌德认为物种变异的范围要小一些。歌德在研究动物的骨骼结构相似性时认为，动物骨骼模式的不同体现了自然的直接影响，但动物骨骼结构的相似性体现了自然的神创计划。由于受到当时宗教的强大影响，歌德坚持认为上帝创造动物，与人制造各种物品一样，都是从一个统一的观念出

---

① 在研究无脊椎动物和化石的过程中，法国博物学家拉马克（Jean de Larmark，1744—1829）认识到了生命体从简单到复杂进化的趋势：新物种在不断地形成。在拉马克看来，地球环境的变化推动生物体适应能力的改变，这种变化可以遗传给下一代。尽管拉马克的性状遗传机制被生物学家所抛弃，但是，拉马克在神创论占主导的时代第一个提出了物种进化的猜想。

发进行设计和构建的。① 这就意味着，所有动物的形式都隐藏在一个共同类型的观念之中，在气候和食物的影响下等待着发展。歌德也接受了进化论者的许多观念，如复杂的有机体来自于差别形式较小的动物；动物越高级和越复杂，器官的差异就会越大。不过，歌德极力反对物种之间的无限制变异的思想。这样，歌德在每一个物种内部坚持了进化论和环境能改变动物结构的思想，但在不同物种之间坚持上帝创造物种的思想。恩斯特·海克尔在1886年的《形态学大纲》中认为，"歌德与拉马克可称作除达尔文外物种起源论学说最重要的奠基者"。② 道尔顿与潘达合著的《比较骨骼学》的第一卷《树懒化石》（1821）在达尔文的《物种起源》的"有关物种起源的见解的发展史略"部分被提及，但没有提及歌德的进化论思想。③

由于《比较骨骼学》的重要影响，道尔顿不仅与歌德在艺术和解剖学方面进行交流，而且与乔治·居维叶在解剖学方面进行通信。居维叶反对早期的演化思想和拉马克的生物进化学说，在《论地球表面巨变》（1825）中提出了灾变论。灾变论认为，地球的历史上发生过多次的巨大灾变，这不仅使地球的表面发生了改观，而且毁灭了所有的物种。在每次灾变后，躲过灾变的残存的动物又会扩充到全球范围内，构成新的生物界。这一科学假设基本上与现代地质学、古生物学的结论相一致。只不过残存的动物不是完全按照原样，而是很大一部分经过变异和进化的方式扩充到世界的其他地方。但是，歌德反对居维叶的"地球处于重复的暴力变革之中"的学说。歌德在《地质学问题导论构想》中称："这一学说中的那些暴力与飞跃的元素与我的思想相悖，因为它们并不符合自然规律。事态应朝向它所期望的方向发展，因此必须写道：我要诅咒这种新的创世说与它该死的纷扰！"④ 居维叶甚至认为，地球的灾变与科学和国家的产生密切相关。例如，观察和控制尼罗河水变动的需要产生了天文学和祭司的统治。马克思在《1844年经济学哲学手稿》中提到过灾变论，在《资本论》第一卷中将埃及的治水工程和居维叶的阐述当

---

① George A. Wells, "Goethe and Evolution", *Journal of the History of Ideas*, Vol. 28, No. 4, October-December 1967, pp. 537–550.
② 叶隽编选：《歌德研究文集》，南京：译林出版社2014年版，第120页。
③ [英] 达尔文：《物种起源》，周建人、叶笃庄、方宗熙译，北京：商务印书馆2009年版，第11页。
④ 叶隽编选：《歌德研究文集》，南京：译林出版社2014年版，第121页。

做社会控制自然力的一个例子。① 更重要的是，马克思通过道尔顿的讲课和阅读歌德的著作，了解了拉马克和歌德的进化论和居维叶的灾变论，从而为后来将人类社会的发展规律与生物演化规律区别开来奠定了基础。

## 二、韦尔克的艺术史思想

弗里德里希·戈特利布·韦尔克（Friedrich Gottlieb Welcker，1784—1868）是"在温克尔曼之后首位将对艺术的深刻理解融入对诗歌的真知灼见的人"和著名的古典学者。② 在波恩大学，韦尔克创建了艺术博物馆和图书馆，担任第一任图书馆馆长，并与语言哲学家威廉·洪堡就语言问题进行通信交流。1820年6月29日，威廉·洪堡在柏林科学院做了《论比较的语言研究，涉及语言发展的不同阶段》的学术报告。在这次报告中，洪堡从哲学和历史的角度谈到，语言的差异就是世界观本身的差异，"语言其实并非描述已经被认知的真实之手段，而更多是发现事先没有被认知的真实"。洪堡在致韦尔克的信中，谈到他关于语言是随意符号而与事物的本质无关的观点。这种观点会被坚持语言是表达思想的手段和工具的传统观点的人，认为是"吹毛求疵，钻牛角尖儿，充满狂热"的观点。③ 1836年3月，威廉·洪堡出版了专著《论人类语言结构的差异及其对人类精神发展的影响》。在这部著作中，威廉·洪堡阐述了他的语言学思想，认为语言不仅是一个有机的整体，而且与说这门语言的人的个性和思维具有内在的密切联系。说话不仅是思想表达的形式，而且是社会活动本身。这种说话随时都可能改变语言的含义。语词含义的稳定性是暂时的，语词含义的演化是必然的。这源自人们让被发出的声音有能力表达思想和社会交流的需要，而沟通理解是语言运用的最高目的。他说："在现象世界中，语言仅仅在社会的意义上发展，而人只有这样才会相互理解：人试图通过别人来检测自己话语的可被理解性。……通过过渡到他人，语言联结到对于整个人类的共同点，关于这个个性，每个人都拥有一种修正，这种修正蕴含着被他人完

---

① 《马克思恩格斯全集》第44卷，北京：人民出版社2001年版，第588页。
② ［德］鲁道夫·普法伊费尔：《古典学术史》下卷，张弢译，北京：北京大学出版社2015年版，第235页。
③ ［德］曼弗雷德·盖耶尔：《洪堡兄弟：时代的双星》，赵蕾莲译，哈尔滨：黑龙江教育出版社2016年版，第322页。

善的渴望。"① 韦尔克必然会在波恩大学的讲课中传达威廉·洪堡的语言哲学观念，而马克思在《德意志意识形态》中阐述的关于语言是一种随着生产力发展而变化的交流工具的观点无疑受到了威廉·洪堡的语言哲学的影响。

韦尔克是大学收藏石膏模版的创建者，是 19 世纪前期研究希腊艺术的代表性人物。其最突出的学术贡献是指出特洛伊的早期故事是荷马编造的。其重构的已散佚的古希腊诗歌包括《史诗集群》（二卷，1835—1849）、埃斯库罗斯的三部曲（二卷，1824—1826）以及《与史诗集群有关的古希腊悲剧集》（三卷，1839—1841），并发表了有关古希腊抒情诗特别是宗教抒情诗的论文。作为考古学领域的先驱人物，韦尔克提倡对希腊艺术和宗教的研究要与语言学结合，强调艺术、宗教和文学思想的统一性。韦尔克还对古希腊的宗教神话有很深厚的情结，著有三卷本《古希腊诸神》（1851—1863），利用宗教、诗歌和艺术的资料构造了一幅古希腊诸神的谱系。马克思对埃斯库罗斯的喜爱，以及将文学、艺术和宗教都当作表达古希腊生活的意识形态形式，看来是与韦尔克的教导分不开的。

### 三、奥·施莱格尔的艺术思想

奥古斯特·威廉·施莱格尔（August Wilhelm Schlegel, 1767—1845）是德国著名翻译家、戏剧理论家和文学批评家，浪漫主义的耶拿学派创立者之一。在 1818—1845 年期间，奥古斯特·施莱格尔长期担任波恩大学的古典文学教授，讲授艺术的哲学理论，其主要成就集中在语言学、翻译学、艺术理论和艺术批评上。在《论文学与艺术》的第一卷《艺术理论》（1801）中，施莱格尔回顾和批判了所有过去的文艺理论，特别是对摹仿说进行了猛烈的批判，在谢林的《先验唯心主义体系》的基础上系统地提出了浪漫主义文艺理论和主张。在马克思选修的荷马史诗课程上，奥·施莱格尔用拉丁语讲解《奥德赛》，并利用相关的事实对《奥德赛》作出了评论。

奥古斯特·施莱格尔的主要艺术观点包括，诗乃是"标志性的、视觉性的思想表现""美即无限的象征显现"，抒情诗是"运用语言的音乐

---

① ［德］曼弗雷德·盖耶尔：《洪堡兄弟：时代的双星》，赵蕾莲译，哈尔滨：黑龙江教育出版社 2016 年版，第 349—350 页。

性的情感表现",艺术理论与艺术实践相结合等观点。这些观点中的一部分来自费希特、谢林和弗·施莱格尔并加以创造性地发挥,也有一部分是他独创的。例如,奥古斯特·施莱格尔将谢林提出的"美是有限地表现出来的无限",重新解释为"美是无限的一种象征性的表现""诗不过是一种永恒的象征化",从而将有限与无限在想象中联系起来。追随谢林,奥古斯特·施莱格尔将个别事物看作"宇宙的镜子",从而任何一个物体包括艺术作品都是宇宙总体的反映和无限的象征。在此,奥古斯特·施莱格尔反对古代艺术的模仿说,倡导现代艺术的创造说,因为艺术模仿"排除了一切英勇、伟大、神奇和令人惊异的东西,而微末和平庸就被充作艺术的真正对象"。① 在奥古斯特·施莱格尔看来,模仿说把艺术的目的定在"欺骗"观众上。雕塑、绘画和戏剧有模仿的对象,建筑就什么也没有模仿,诗歌等语言艺术则不可能模仿什么,艺术在于象征无限和表现无限。因此,艺术不能仅仅是模仿自然,"艺术必须塑造自然"。塑造自然的作品会采取有机的形式,而模仿自然的作品只能采取机械的形式。这种赞成创造的有机观、反对模仿的机械观的观点,在马克思的《德意志意识形态》和《资本论》中从艺术家的活动拓展到所有的人类活动。

　　奥古斯特·施莱格尔将从事艺术理论研究的人称为"专家",而将从事音乐、美术、戏剧等艺术实践的人称为"艺术家"。在奥古斯特·施莱格尔看来,艺术家的心灵要有"原始的自发性和灵敏性"、直觉和想象力,而专家则需要具备"感受力或鉴赏力,判断力和研究能力"。在艺术研究中,奥古斯特·施莱格尔意识到批评和历史、理论与实践的相互渗透和相互作用。"每个个别的艺术现象只有联系到艺术的理念,才可以显示出它的本色,即有助于发展理论。""从另一方面来说,理论没有艺术史,也同样不能存在。它的产生一般以艺术的事实为前提。"② 天才的艺术作品,因反应艺术精神而具有时代的客观必然性,因与特定的艺术家相联系而具有偶然性。因此,艺术史就必须把历史上的所有艺术品作为一个有机整体来看待,从中可以探寻出艺术精神的时代演化。"艺

---

① 曹俊峰、朱立元、张玉能:《德国古典美学》,北京:北京师范大学 2013 年版,第 298 页。
② 中国社会科学院外国文学研究所外国文学研究资料丛刊编辑委员会编:《欧美古典作家论现实主义和浪漫主义》,北京:中国社会科学出版社 1981 年版,第 363—364 页。

术作品可以同时是进步的无限环节中的一个环节,而就作品本身言,仍然令人满意,独立存在。"① 在奥古斯特·施莱格尔看来,批评是理论与历史的中间环节。除艺术史提供的事实外,"批评性反思是发现理论性表述的一个持续的实验"。② 在他看来,正确的艺术批评应该具有有机体的性质。在对艺术作品进行理解时,我们应该根据其起源与存在之间的关系,把它看成是属于一个系列,"要从其前和其后或仍旧与之俱来的作品去理解"。③ 语言与事物之间的联系是变动的。奥古斯特·施莱格尔在《艺术理论》的讲课提纲中说:"言语从纯粹的表达过渡到旨在复现的任意用法;但当任意性成为它的主要特性时,复现,即符号与所指事物的连接就消失了;那样,言语就只是一套能帮助完成理性运算的逻辑数字。"④ 能指与所指就分离了。这样,要获得一个言语的真实含义,就需要与环境结合起来,采用转义、隐喻、拟人等修辞手段来恢复言语所指向的真实含义。

在诗歌理论上,奥古斯特·施莱格尔坚持诗歌和语言的同源论,认为一切诗歌都旨在恢复语言原始的象征性,强调诗歌表达可以广泛使用比喻、假借、象征等多种修辞手段。其修辞理论的基础在于宇宙统一体和事物相互联系的概念。"万物相通,所以万物相指;宇宙的每个部分,映照着宇宙整体。"⑤ 通过象征或者比喻,事物就在人们的思维中相互转化。在神话与诗歌的关系问题上,奥古斯特·施莱格尔认为,神话是总括诗歌观的观念,是一种完整的世界观和象征系统,是诗歌灵感的主要源泉。但是,奥·施莱格尔将艺术家看作一个独特阶层的"孤立的自我主义者"。"即使在外表的习惯上,艺术家的生活方式,也应当完全与众不同。他们是婆罗门,属于比较高层的社会等级,其所以

---

① [美]雷纳·韦勒克:《近代文学批评史》第二卷,杨自伍译,上海:上海译文出版社2009年版,第68页。
② [美]雷纳·韦勒克:《近代文学批评史》第二卷,杨自伍译,上海:上海译文出版社2009年版,第71页。
③ [美]雷纳·韦勒克:《近代文学批评史》第二卷,杨自伍译,上海:上海译文出版社2009年版,第69页。
④ [法]茨维坦·托多罗夫:《象征理论》,王国卿译,北京:商务印书馆2004年版,第227页。
⑤ [美]雷纳·韦勒克:《近代文学批评史》第二卷,杨自伍译,上海:上海译文出版社2009年版,第50页。

高贵，不是出身使然，而是凭借自愿的自我奉献精神"。① 这种将艺术家当作贵族阶层或者教士阶层的思想，被海涅在《浪漫派》中进行了猛烈的抨击。②

如果说弗·施莱格尔擅长于从整体角度进行批评性阅读和论战的话，"奥·威·施莱格尔具备真正语文学家那种专注文字、仔细考究和精心阅读的一丝不苟精神"。③ 奥古斯特·施莱格尔不仅认真研究各种文学作品中的比喻和句子结构是否前后呼应，详细比较和周密考察创作的动机，而且擅长于文本的比较。例如，他曾精心比较埃斯库罗斯、索福克勒斯和欧里庇得斯的同名悲剧《埃勒克特拉》，旨在说明欧里庇得斯的处理远逊于他的两位前辈。同样不容忽视的是，奥古斯特·施莱格尔是研究中古高地德语文学和《尼龙贝根之歌》的开拓者，非常娴熟于手稿的校勘整理、主题背后史实的探索等考证方法。这些研究方法和艺术观可能会对马克思早期的研究方法和艺术观产生重要的影响。

除具有浪漫主义的一般影响之外，奥古斯特·施莱格尔对马克思还产生了一些特殊的影响。第一，奥古斯特·施莱格尔的诗歌理论和对莎士比亚的推崇，激发了马克思在大学时期的诗歌创作的热情和对莎士比亚戏剧的终身热爱。第二，奥古斯特·施莱格尔强调批评与历史、理论与实践相结合的艺术理论，有助于马克思逐渐形成历史与逻辑相统一的研究方法和走上理论与实践相结合的革命道路。第三，奥古斯特·施莱格尔从所有艺术品的整体历史中追寻艺术精神演变规律的方法，有助于马克思从所有的人类劳动产品或物质生产力的角度探讨社会意识演变的唯物史观的形成。第四，奥古斯特·施莱格尔对艺术语言的分析，有助于马克思形成对思辨哲学的语言游戏伎俩的批判。第五，奥古斯特·施莱格尔对谢林艺术思想的发挥和系统阐释，有助于马克思阅读谢林早期的哲学著作和赞赏谢林的"青春思想"。

---

① [美]雷纳·韦勒克：《近代文学批评史》第二卷，杨自伍译，上海：上海译文出版社2009年版，第24页。
② [德]亨利希·海涅：《浪漫派》，薛华译，上海：上海人民出版社2003年版，第117—118页。
③ [美]雷纳·韦勒克：《近代文学批评史》第二卷，杨自伍译，上海：上海译文出版社2009年版，第45页。

## 第二节  马克思在柏林大学的教育

马克思从 1836 年 10 月 22 日到 1841 年 3 月，在柏林大学专修法学。马克思在柏林大学选修了 13 门课程，其中法学课程有 8 门，哲学院的人类学、逻辑学等 4 门课程和神学院的 1 门课程。在 1836—1837 年冬季学期，马克思选修了萨维尼讲授的《罗马法全书》、甘斯的《刑法》和斯特芬斯的《人类学》三门课程；1837 年夏季学期选修了赫弗特尔讲授的《教会法》《德国普通民事诉讼》和《普鲁士民事诉讼》三门课程；1837—1838 年冬季学期选修了赫弗特尔讲授的《刑事诉讼》课程；1838 年夏季学期选修了哲学家和法学家加布勒讲授的《逻辑学》、李特尔的《普通地理学》、甘斯的《普鲁士邦法》三门课程；1838—1839 年冬季学期选修了鲁多夫讲授的《继承法》一门课程；1839 年夏季学期选修了鲍威尔的《以赛亚书》一门课程；1839—1840 年冬季和 1840 年夏季没有选课；1840—1841 年冬季学期选修了语文学家格佩特讲授的《欧里庇得斯》一门课程。下面，我们将详细介绍萨维尼、甘斯、鲍威尔、李特尔、斯特芬斯的生平与思想，因为"对于大学教学产生最强劲、最持久影响的，总是那些在科学界起着领导作用的人物"。①

### 一、萨维尼的生平与成就

弗里德里希·卡尔·冯·萨维尼（Friedrich Carl von Saviny, 1779—1861）是历史法学派的代表人物和 19 世纪最伟大的德国法学家。萨维尼不仅第一次系统地阐述了现代法学的方法论基础，而且还在罗马法史研究的基础上确立了现代民法学的体系。② 萨维尼在 1804 年出版的《论占有》就迈出了德国法学改革的第一步，从而确立了利用第一手法律资料进行系统研究法律问题的"一种新的方法模式"。"这篇有关占有权的专题论文准确应用自然法学的概念，并对法源进行了详尽的探究，两方面

---

① ［德］弗里德里希·包尔生：《德国大学与大学学习》，张弛等译，北京：人民出版社 2009 年版，第 170 页。

② 谢鸿飞：《法律与历史：体系化法史学与法律历史社会学》，北京：北京大学出版社 2012 年版，第 2 页。

的完美结合是其赢得巨大声望的原因。"① 借助于对人事和课程的安排，以及对自己理论的讲授，萨维尼在柏林大学建立了自己在理论上与行政上的权威。

萨维尼在柏林大学的一个突出贡献是在法学院创建了判决咨询委员会或者"教授法庭"，对法庭转交的各种诉讼案件提供有约束力的裁决。在1810—1826年期间，萨维尼在判决咨询委员会中撰写了138份判决报告。在萨维尼看来，"教授法庭"不仅是法学教育的一种重要的辅助手段，而且也是将法学理论与法学实践结合起来的重要工具。这种将法学理论与法学实践结合起来的思想，是与当时注重法学实践教学的海德堡大学竞争的结果。在法学教育中，萨维尼的一个革新是"将普鲁士的特殊法律和显见的利益置于德国的整体福祉之后"，并且"也不肯向给予普鲁士城市法典以首要地位的自然倾向屈服"。② 这就表明，萨维尼与威廉·洪堡和费希特一样，希望以大学的革新精神来重整德国的民族精神，以应对德国被法国占领所带来的挑战。

随着德意志各邦在反对拿破仑占领的解放战争中不断取得胜利，爱国主义热情和民族主义精神在德国全面爆发。秉持自然法学说和理性主义的传统，安东·弗里德里希·尤斯图斯·蒂博（1772—1840）在1814年发表了《论制定一部统一的德国民法典的必要性》一文，要求德国的实务界人士和法学家联合起来，凭借理性的力量和爱国的热情，精心构建一部完美的德国法典，进而帮助德意志民族实现政治上的统一目标。但是，萨维尼以法学家的能力不足和社会历史条件不成熟为由激烈地反对蒂博的倡议。在1814年与蒂博关于法典化的论战中，萨维尼在《论立法与法学的当代使命》中提出对普鲁士法律在学术研究的基础上逐步进行改革而非革命的观点。对萨维尼来说，"立法的主要功能之一是调整它们的相互作用，将它们协调在更高级的统一中，保留哲学上的原则而又不扼杀其民族精神的独特性"。③ 而这个源于民族精神的法律，就其本质而言就是"人类生活本身"。针对康德和费希特的理性法律观，萨维尼

---

① ［德］施罗德：《萨维尼的生平及其学说》，许兰译，载许章润主编：《萨维尼与历史法学派》，桂林：广西师范大学出版社2004年版，第296页。
② ［英］W. 格恩里：《弗里德里希·卡尔·冯·萨维尼传略》，程卫东、张茂译，载许章润主编：《萨维尼与历史法学派》，桂林：广西师范大学出版社2004年版，第307页。
③ ［英］W. 格恩里：《弗里德里希·卡尔·冯·萨维尼传略》，程卫东、张茂译，载许章润主编：《萨维尼与历史法学派》，桂林：广西师范大学出版社2004年版，第314页。

将法律建立在民族的传统基础之上。萨维尼说:"在人类信史展开的最为远古的时代,可以看出,法律已然秉有自身确定的特性,其为一定民族所特有,如同其语言、行为方式和基本的社会组织体制。不仅如此,凡此现象并非各自孤立存在,它们实际乃为一个独特的民族所特有的根本不可分割的禀赋和取向,而向我们展现出一幅特立独行的景貌。将其联结为一体的,乃是排除了一切偶然与任意其所由来的意图的这个民族的共同信念,对其内在必然性的共同意识。"① 对于民族生活中所蕴含的"法"或者"共同意识",只有借助于法律家的手在历史研究中才能被系统地发现,而只有在历史中人们才能认识社会条件。因此,"萨维尼对整个法典化问题的基础是他有关私法性质的观念,认为它直接起源于普通大众"。②

萨维尼与蒂博争论的意义在于,法典的体系化从历史经验来看依赖于法学家的努力,因为法学思想的形成主要依赖于法学家对法律现象的分析、比较、归纳和总结。萨维尼看到,拿破仑法典的颁布是与法国的中央集权强化和大革命并肩而行的。对"控制一切,并希望进行更多的控制"的担忧,让萨维尼极力反对单纯依靠热情和个人意志的法典化努力。蒂博和萨维尼论战的关键是,在当时荷兰和英国从封建社会向资本主义社会稳步转换的背景下,法国大革命在人类进步的必然性中是否具有历史的普遍性的问题仍然是值得探讨的,因为拿破仑法典只是法国大革命的产物。③ 毫不奇怪,萨维尼的普通法立场既遭到对法国革命原则感兴趣的社会群体的反对,又遭到德意志各邦维护邦权的反对,"指控萨维尼的民主化立场及其将国家立法权置于人民与法学家手中的企望"。④ 奉行权力哲学的黑格尔尤其不满意法学家阶层控制德国法院和等级议会,从而造成德国的中央集权落后和在欧洲的权力角逐中处于被迫挨打的现

---

① [德] 弗里德里希·卡尔·冯·萨维尼:《论立法与法学的当代使命》,许章润译,北京:中国法制出版社2001年版,第7页。
② [英] W. 格恩里:《弗里德里希·卡尔·冯·萨维尼传略》,程卫东、张茂译,见许章润主编:《萨维尼与历史法学派》,桂林:广西师范大学出版社2004年版,第310页。
③ Hermann Klenner, "Savigny's Research Program of the Historical School of Law and Its Intellectual Impact in 19th Century Berlin", *American Journal of Comparative Law*, Vol. 37, No. 1, Winter 1989, p. 72.
④ [英] W. 格恩里:《弗里德里希·卡尔·冯·萨维尼传略》,程卫东、张茂译,见许章润主编:《萨维尼与历史法学派》,桂林:广西师范大学出版社2004年版,第311页。

实,指责法官们制造无数得不到执行的司法判决将德国活生生弄成一个在现实中瘫痪的"思想国",主张依靠理性建立普遍有效的法律和进行彻底的司法改革。① 当然,萨维尼的保守立场在当时的知识分子中也获得了很多支持。根茨(Friedrich von Gentz)、缪勒(Adam Müller)、哈勒(Carl Ludwig von Haller)、施塔尔(Friedrich Julius Stahl)等受到马克思批判的保守派法学家分别从国家是人类事物的整体性、社会等级符合自然秩序和实现互惠交换以及国家具有人格神的伟大的角度对封建社会和君主等级制的合理性进行论证。

随着萨维尼与普鲁士王室的关系日趋密切,在1815—1848年的王朝复辟时期,具有革新与改革精神的萨维尼越来越被当作政治保守主义者的代表。萨维尼在1814年担任普鲁士王子威廉四世的罗马法、刑法与普鲁士法的教师,并在1842年任普鲁士的"国务兼司法大臣",承担立法审核和剔除已过时的废弃不用的法律条款的工作。在其任期内,普鲁士颁布了婚姻诉讼法、民事诉讼法、新闻法和票据法。尽管萨维尼的学说具有某些自由主义因素,但是,在威廉四世的反动时期担任了长达七年的内阁大臣,让萨维尼长期背上了反动和保守的罪名。这不仅严重影响了萨维尼的声誉,而且对萨维尼的理论成就的认知也制造了新的意识形态障碍。

当然,萨维尼的革新与改革精神不在于提高普通民众的精神气质,而在于培养社会的精英阶层。在《德国大学评论》一书中,萨维尼号召教师们致力于追求真正的学术声望,因为力量和永久性地位并不取决于"英雄、政治家、艺术家、博学的人或天才,也不取决于伐木工人与排水工,而是数量众多的在不同的形式和层次上致力于智力劳动、致力于农业和贸易的中间阶层及这些人中所普遍具有的健全的理智和活跃的气质"。② 这些"中间阶层"的主要来源是大学生群体。因此,萨维尼以罕见的热情和异常的口头教学天赋来传达学术精神和科学精神。萨维尼曾向他的学生舒尔(Adolf von Scheurl)谈到大学的教学经验:"大学的本质在于将学术的严肃、对学术的热爱传达给愿意接纳的学生,启发与滋

---

① [德]黑格尔:《黑格尔政治著作选》,薛华译,北京:中国法制出版社2008年版,第55页。
② [英]W. 格恩里:《弗里德里希·卡尔·冯·萨维尼传略》,程卫东、张茂译,见许章润主编:《萨维尼与历史法学派》,桂林:广西师范大学出版社2004年版,第317页。

养他们的慧命；比起其他行业，在大学教授这一行里，个人真正的成就取决于纯粹、旺盛的伦理力量，而不是表面的天分。"① 尽管晚年的萨维尼在教学中因为疾病的关系而显得有些冷淡，但他那"均衡而流畅的讲述，逻辑上完整、单纯而且清晰，优雅的句子结构，做笔记的学生感觉被坚定的双手所引导"。②

但是，萨维尼的法学理论基础存在重大的缺陷。德国法学家基尔克在1903年指出："从民族精神中推导出法律往往是不够的，民族精神也因其不明确与神秘而备受责难……可以肯定的是，历史法学派并没有对这一复杂的问题在整体上予以理解：法律起源于何处？它在社会生活中的效力是什么？……但是，对每种人类共同生活视为具有超越个体的本质的思考方式而言，在法律理论中引入民族精神都是使社会理论得以升华的一个出发点。"③ 萨维尼的学生沿着三个思路进行法学构建。一是以普赫塔的《习惯法》（1828）和伯恩哈德·温德沙伊德（1817—1892）的《潘德克吞教科书》为代表的概念法学体系的构建。这种追求"概念金字塔"体系的法学研究方式，完全忽视了工业革命后新生的工人阶级崛起的事实和所需要的法律调整。二是以鲁道夫·耶林（Rudolf von Jhering, 1818—1892）的《罗马法的精神》（1852）和《法律目的论》（1877）为代表的利益法学的构建和对概念法学的批判，认为法还应当从历史和概念以外的目的、技术和文化角度进行研究。在《为权利而斗争》（1872）中，耶林认为斗争是权利实现的本质特征。在利益对立的代理人之间，权力的确立只能通过"胜利者的独裁"或者"此前社会利益斗争的妥协"来实现。在《法律目的论》中，耶林将现实生活的目的置于法律理论的核心，而概念只是实现目的的手段。不过，耶林没有对各种目的进行评估，也不考虑目的是否有公平价值及其可能的政治后果。④ 三是马克思的唯物史观。马克思在大学时期尝试的是概念法学体

---

① 陈爱娥：《萨维尼：历史法学派与近代法学方法论的奠基人》，见许章润主编：《萨维尼与历史法学派》，桂林：广西师范大学出版社2004年版，第44页。
② 陈爱娥：《萨维尼：历史法学派与近代法学方法论的奠基人》，见许章润主编：《萨维尼与历史法学派》，桂林：广西师范大学出版社2004年版，第44页。
③ 转引自谢鸿飞：《法律与历史：体系化法史学与法律历史社会学》，北京：北京大学出版社2012年版，第220—221页。
④ ［德］米夏埃尔·马丁内克：《德意志法学之光：巨匠与杰作》，田士永译，北京：法律出版社2016年版，第95页。

系建构的道路，但因为认识到哲学的不足而放弃。在获得黑格尔哲学的滋养和政治实践的经验以后，马克思开始采取类似于耶林的批判道路，只不过马克思是从政治经济学角度入手研究问题。对马克思而言，财产有两种理解方式：一是财产被看作物，如土地、房屋、工具、工厂等；二是被理解为关系，既由与物有关的人之间所形成的法律关系。① 经济学习惯于从第一种方式理解财产，法学习惯于从第二种方式理解财产。马克思利用使用价值和价值、生产力和生产关系将财产的这两方面含义统一在一起，形成独特的唯物史观和剩余价值论。

## 二、甘斯的法学思想

爱德华·甘斯（Aduard Gans，1797—1839）是德国犹太裔法学家，萨维尼的强有力反对者、犹太人解放的倡导者、黑格尔法哲学的阐释者和空想社会主义的早期传播者。1821年，萨维尼在一份专家报告中，提出了反对接受犹太人进入法律系的四条理由。第一，根据法律和宗教的民族精神说，萨维尼认为犹太人不适合学习和讲授基督教和日耳曼的法律，否则就会引导学生成为非基督教教徒、非德国人、非普鲁士人。第二，教授对青年学子担当起"父亲般的朋友和建议者"或者良师益友的作用。犹太教授不能充当基督教学生的道德权威，基督教的父母们也不愿意让子女到犹太人教授那里接受教育。第三，犹太人低劣的社会地位无法保证获得大学教授职位所必要的"尊严和尊重"。在法律系里夹杂犹太教授不仅会贬低其他普通教授的地位，而且还会干扰大学教授掌管大学事务的权力。第四，《普鲁士解放法令》排除了犹太人担任大学教授的权利。萨维尼认为，由于犹太人不能按照大学规章制度的要求向基督教宣誓，也不能在刑事案件中出庭作证，因此，犹太人无权担任神学职位和法律职位的教授。② 在柏林大学法律系的教师集体坚持下，普鲁士国王威廉三世在1822年8月18日颁布法令，禁止犹太信仰的成员在柏林大学谋求学术职位，明确宣布甘斯不得被聘为"编

---

① ［美］斯蒂芬·茫泽：《财产理论》，彭诚信译，北京：北京大学出版社2006年版，第14页。

② ［美］特里·平卡德：《黑格尔传》，朱进东、朱天幸译，北京：商务印书馆2015年版，第579页。

外教授"。①

在与萨维尼的争论过程中，甘斯在1822年成为了黑格尔的信徒。黑格尔在《法哲学原理》的第270节中公开宣称，犹太人在现代国家中拥有获得全面解放的权利。在1822年4月的犹太文化和科学协会上发表的"促进犹太融入的协会"演讲中，甘斯将黑格尔关于有机体的多样性和统一性的观念用来解释犹太民族的历史和融合问题。在甘斯看来，犹太人长期游离于欧洲统一的观念之外，维持着同基督教世界的分离状态，构成了特殊的犹太人问题，也造成了犹太人遭受憎恨和野蛮攻击的问题。不过，甘斯根据黑格尔的辩证法和历史观认为，犹太人与非犹太人的斗争是欧洲文化走向统一性的必然阶段，消灭的是犹太人同外部世界和历史孤立起来的特殊因素，保留的则是反映整体性需要并构成整体一部分的因素。

在1825年出版的《世界历史发展中的继承法》一书中，甘斯继承了黑格尔对历史法学派的批判。在黑格尔历史哲学的基础上，甘斯从历史角度比较了雅典、罗马、印度、中国、穆斯林和摩西律法中关于继承权的法律，以便探寻法律演化的普遍历史规律。甘斯将萨维尼的研究与自然科学的经验主义作类比，认为萨维尼的研究是对社会规范或者法律进行实证认同。与此不同，甘斯阐述的"法律的历史"或者"法律的哲学"则包括两部分：第一，"法律的历史"首先是对不同文明的法进行比较研究，以便确定法的相对含义。第二，"法律的历史"还引入了黑格尔的方法论来阐述法律观念的历史变化。与黑格尔一样，甘斯将历史过程当作一个有机系统的进化，法律的历史标志着自我规定的领域的发展和自由的进步。② 在《法哲学原理》中，黑格尔认为，主体性活动到人伦实体的变化需要经历意志、人格、权利、自由、私有产权、相互承认和主体间性、道德、社会性、人伦、民族主义和国家等阶段。这种观点与萨维尼努力摆脱伦理观念的法律学说相对立。针对萨维尼的法律民族精神说，黑格尔在《精神现象学》中论述了民族精神或者地域精神受

---

① 即使到了1847年，普鲁士在一个新的犹太法令中仍然规定，法律和神学的教职不在讨论范围之内，犹太人在哲学系不可教授古典文化、历史和哲学，阻止犹太人担任教授职务和院长。

② [美]诺曼·莱文：《马克思与黑格尔的对话》，周阳等译，北京：中国人民大学出版社2015年版，第118页。

到地理、人种构成、政治结构的影响，强调不同的民族具有不同的民族精神。甘斯的比较法研究就从实证角度证明了这一点。

由于无法申请柏林大学法学教授的职位，甘斯在 1825 年 5 月到 12 月访问巴黎，加入了法国自由主义思想家团体，对圣西门主义的思想有了深入的了解。1826 年 7 月 16 日，黑格尔、甘斯、霍托等人召开"科学批评协会"的会议，由甘斯和亨宁负责主编《科学批评年鉴》，主张以署真名的方式对自然科学的发展和新发现作出评论，以突破萨维尼和施莱尔马赫等反对派对他的"封锁"。为了获得一份教职，甘斯在 1825 年 12 月 12 日在巴黎改信基督教，作为进入学术界的"入门券"。尽管"他改变信仰被广泛地看作是对希望犹太人思想解放的沉重打击"，但是，甘斯在 1826 年 3 月 13 日被柏林大学法学系聘为编外教授，代替黑格尔讲授法哲学的课程，在国王的干预下在 1828 年 11 月获得了普通教授的职位。① 甘斯持自由主义和宪政的立场，公开提出理性的要求来反对政治的现实，对法哲学的解释和讲课也是自由主义的。1829 年，甘斯受到密告，被指控在演讲中具有"反普鲁士和革命的性质"。② 王储也指责甘斯的法哲学课程将学生变成共和主义者和自由主义者。为此，普鲁士文化部要求黑格尔在 1830 年亲自开设法哲学的课程，让甘斯开设普通法律史的课程。随着甘斯的人格和学术魅力的上升，萨维尼感觉到黑格尔哲学的威胁越来越大，甘斯也被认为是法律系的一个犹太人而遭到围攻。

在 1830 年代，萨维尼和甘斯争论的主要问题是普鲁士法律的改革、民法中"占有"的学术问题。③ 萨维尼反对在法学中引入哲学，甘斯则努力将哲学引入法学，从而诱发了历史的法律关系与哲学的法律关系之间的对立。萨维尼认为，占有与所有权处于一种逻辑上的对立，应该归入侵权法而非物法。④ 在甘斯看来，从罗马历史中看到占有与产权的关系，并不意味着所有的产权都来自权力或者占有。而且，甘斯也反对萨

---

① [美] 特里·平卡德：《黑格尔传》，朱进东、朱天幸译，北京：商务印书馆 2015 年版，第 583 页。
② 苗力田译编：《黑格尔通信百封》，北京：中国人民大学出版社 2015 年版，第 246 页。
③ Donald R. Kelley, "The Metaphysics of Law: An Essay on the Very Young Marx", *American Historical Review*, Vol. 83, No. 2, April 1978, pp. 350 – 367.
④ [德] 米夏埃尔·马丁内克：《德意志法学之光：巨匠与杰作》，田士永译，北京：法律出版社 2016 年版，第 13 页。

维尼采用历史实证而非哲学的方式谈论占有与产权的关系问题。与萨维尼强调历史规律的民族性和特殊性、财产占有的权力基础不同,甘斯强调历史规律的普遍性、财产权需要结合权力和社会承认,强调财产与不断演化的社会观念之间的关系、从理性中引伸出私有财产的合法性。①

由于在1830年代初访问过英国和在1825—1835年期间多次访问法国,甘斯对英法的政治经济学和法国的社会政治思想特别是圣西门的空想社会主义思想非常了解,对德国的贫困问题和工业所带来的社会疾病尤其敏感。尽管相信黑格尔哲学是关于现代性的哲学,但是,甘斯还是认为,黑格尔忽视了民主革命和工业革命的浪潮及其所带来的大众贫困化问题,黑格尔提出的依靠行会和慈善救济来解决社会贫困问题的方案也无法适应工业社会的需要。在1832年的讲课中,甘斯不满意黑格尔解决社会贫困的方案,主张引进圣西门主义关于国家对社会贫困的直接干预政策,认为圣西门主义的主要洞见是国家必须照顾贫困人群和社会各阶层,向贫困人群提供工作机会。② 对于圣西门主义,甘斯尤其感兴趣的是其对工业社会危机的分析以及提出的解决方法,但反对圣西门的新宗教观和废除继承权的想法。在1836年的讲课中,甘斯说:"他们正确地观察到奴隶制还未成为过去。奴隶制在形式上被废除,但在实质上得到充分的发展。正如主人与奴隶,后来的贵族与平民,然后地主与农奴相互对立,现在资本家和工人也如此。访问英国工厂时,你会看到成百的男女处于饥饿和悲惨的状态。他们仅仅为了生存,就向一个人牺牲了他们的健康和生活的乐趣。当一个人把人们当作动物来剥削,即使他们可以自由地选择在饥饿中死亡,难道这不是奴隶制吗?真的是没有任何道德生活的火焰带给这个受难的无产阶级吗?"③ 针对现代社会劳动分工的危害和私有财产的不平等,与魏特林和赫斯的社会共同体的模型不同,甘斯坚持个人自由基础上的社会联合,以限制对个人自由的威胁。甘斯捍卫政治自由主义和私有制,反对空想社会主义基于社会精英和个人能力的废除财产继承权和建立新社会共同体的措施,接受空想社会主义对

---

① Nobert Waszek, "Eduard Gans on Property: Between Hegel and Saint-Simon", *The Owl of Minerva*, Vol. 18, No. 2, Spring 1987, pp. 171 – 172.

② Warren Breckman, "Eduard Gans and the Crisis of Hegelianism", *Journal of the History of Ideas*, Vol. 62, No. 3, July 2001, p. 552.

③ Warren Breckman, "Eduard Gans and the Crisis of Hegelianism", *Journal of the History of Ideas*, Vol. 62, No. 3, July 2001, pp. 550 – 551.

个人主义泛滥、雇佣劳动和阶级划分的道德抨击,主张增强政治民主和工会联合来解决社会的两极分化和贫困问题,也主张地方分权取代中央集权、纳税人的普遍投票权取代财产所有者的投票权的社会方案。这意味着,甘斯在面对工业革命和社会贫困问题上秉持一种政治改良的道路。

尽管马克思只选修了甘斯的《刑法》和《普鲁士邦法》课程,但是,甘斯精通黑格尔的《法哲学原理》并与萨维尼论战的事实就向马克思提出了法律起源于何处、研究法律的正确方法是什么、宗教信仰不同的民族如何在同一个社会获得平等权利以及如何解决社会贫困的问题。这不仅促使马克思去研究黑格尔哲学,而且促使马克思去批判地审查萨维尼、甘斯等人的法学思想。虽然宗教批判问题在青年黑格尔派的争论中占据了核心地位,但是,马克思在大学时期和《莱茵报》时期真正关心的问题都是法律问题和社会现实问题。对法律和社会现实问题的思考不仅促进了马克思对历史的深入研究,而且也促进了马克思对社会现实和政治经济学的研究。

### 三、鲍威尔的自我意识哲学与宗教批判思想

布鲁诺·鲍威尔(Bruno Bauer,1809—1882)是德国神学家和思想家,早期是青年黑格尔派的领导人之一,晚期是德国的保守主义者。[①]鲍威尔的宗教异化思想、英雄史观和对文本采取历史的比较方法,对马克思的劳动异化论、群众史观和研究方法产生了重要的影响。

鲍威尔在早期严格遵循黑格尔的宗教观,即哲学和宗教作为绝对精神的形式是统一的思想;"特别注意研究早期基督教史的一些文本,对它们进行历史的比较分析",具有很强的历史思维意识,主张发挥哲学的批判功能。[②] 在1836—1837年期间,鲍威尔对泛神论的概念、主观主义或者自我意识作为形成宗教现实的唯一因素的观点进行了批判,也对施特劳斯在《耶稣传》中阐发的圣经历史是人类被神话了的历史的观点进行批判。在鲍威尔看来,施特劳斯的神话学方法完全依靠历史和经验主义的考察,企图根据"自然历史调查的结果和常识同启示和奇迹等之间的

---

① Zvi Rosen, "The Radicalism of a Young Hegelian: Bruno Bauer", *Review of Politics*, Vol. 33, No. 3, July 1971, pp. 377–404.

② [苏]马利宁、申卡鲁克:《黑格尔左派批判分析》,曾盛林译,北京:社会科学文献出版社1987年版,第78页。

矛盾"来否定整个宗教制度。施特劳斯的神话理论在利用间接的启示代替直接的启示过程中,实质上是对正统派神学的辩护。在批判施特劳斯的无意识神话和历史方法的过程中,鲍威尔主张采取历史方法和思辨方法结合在一起的综合方法,提出了自我意识支配个体的一切活动的理论。①

在1838年出版的《旧约的宗教》和《启示史批判》中,鲍威尔开始与神学辩护的传统观念决裂,设想宗教是个人主观精神上对待上帝的态度,将犹太教的上帝构想为一个自由主体性、犹太人不拥有上帝的自由意识,将希腊和罗马的宗教设想为宗教意识发展的更高阶段,将基督教设想为宗教发展的最高阶段、基督徒拥有上帝的普遍的主体意识。这表明,鲍威尔开始采纳黑格尔的自我意识哲学来证明基督教的优越性。在此基础上,鲍威尔集中研究黑格尔哲学和原始基督教的问题,特别是对《福音书》进行历史批判的分析。在1839年的《致亨斯滕堡博士先生:评论法规与福音派的书信集》中,鲍威尔以亨斯滕堡敌视主观性原则为由,第一次集中攻击正统的神学观点,并提出以主观性原则为基础的宗教自我意识同福音书是一致的。在1840年的《普鲁士福音派教会与科学》《约翰福音史批判》和1841年的《对复类福音作者的福音史批判》中,鲍威尔提倡按照自我意识原则对福音书展开历史批判的研究,要求神学教义学服从于"理性的最高优先地位"和新教教会必须采取宽容的原则。批判的任务就是理解自我意识在历史发展进程中的文本遗迹。在鲍威尔看来,约翰福音书和其他福音书是艺术家们从实用主义和信念角度构思的文学作品,没有任何实际的可靠性,宗教也因此是以欺骗和曲解为基础的任意虚构。正如鲍威尔所说:"最初并无恶意的自我幻觉,现在变成有意识的欺骗;差错变成了谎言;辩护成了伪善和欺诈。"② 这就是宗教异化。批判的自我意识的作用就在于揭露宗教异化的根源、本质及其隐藏的利益动机。

因为批判基督教的荒谬性,鲍威尔在1842年3月被波恩大学开除后,继续利用自我意识哲学来对抗施特劳斯的集体无意识和费尔巴哈的

---

① [波]兹维·罗森:《布鲁诺·鲍威尔和卡尔·马克思:鲍威尔对马克思思想的影响》,王谨等译,北京:中国人民大学出版社1984年版,第45页。
② [波]兹维·罗森:《布鲁诺·鲍威尔和卡尔·马克思:鲍威尔对马克思思想的影响》,王谨等译,北京:中国人民大学出版社1984年版,第61页。

类本质概念。利用文学批判的研究方法，鲍威尔认为，福音书是基督教著作家有意识的创作产物，并断言耶稣不是一个真实的历史人物。借助于黑格尔的自我意识和自己的宗教观念，鲍威尔在1843年的《基督教真相》中将自我意识提升为一个脱离现实并能产生整个世界现象的实体，整个物质世界被理解为自我意识的客观化。这就意味着，鲍威尔对黑格尔客观唯心主义的解释接近于费希特的主观唯心主义观念。① 在鲍威尔看来，由于自我意识的不断发展，现存的宗教、政治和文化机制都会不断被扬弃。自我意识分为个别的自我意识和普遍的自我意识。个别的自我意识是普通人的本质，而普遍的自我意识则适用于那些从精神和自然世界的整体来看待客体的天才人物的自我意识。尽管整个物质世界都是由自我意识创造的，但是，物质世界却主导人的生活。因此，鲍威尔认为，人的本质从人类社会的开始被异化了，人失去了其意识所创造世界的控制权，宗教就是人的自我意识异化的产物。在超自然力量控制世界的自然状态阶段，意识是自然的，人并不自由，但人属于某个阶级或血缘关系之中。从自然的奴役状态解放出来的努力体现在古希腊哲学特别是伊壁鸠鲁派、斯多葛派和怀疑主义的哲学之中。在这些哲学之中，个人意识开始觉醒。随着罗马帝国在政治上和疆域上的统一，人性的统一和普遍的自我意识就在基督教中开始出现。②

与黑格尔将基督教设想为自我实现和已实现的自由不同，鲍威尔将基督教设想为自我意识异化、束缚人的自我意识发展的利己主义的宗教。鲍威尔说："它吸尽了人类的生机和活力，吸尽了人类的脂膏，直至最后一滴血：自然和艺术，家庭、民族和国家都被吮吸了，但在崩溃了的世界的废墟上只剩下奄奄一息的'自我'这个唯一的力量。"③ 在每一个人的力量被宗教完全吸收殆尽之后，"自我意识"就会感到空虚，对一切都感到畏惧，从而把自我意识异化为一种宗教意识，而在宗教意识中把历史人物耶稣异化为上帝之子。这样，宗教不仅是自我意识异化的产物，而且反过来促进具有自我意识的人的进一步异化。基督教加剧了异化，

---

① Zvi Rosen, "The Radicalism of a Young Hegelian: Bruno Bauer", *Review of Politics*, Vol. 33, No. 3, July 1971, p. 382.

② Zvi Rosen, "The Radicalism of a Young Hegelian: Bruno Bauer", *Review of Politics*, Vol. 33, No. 3, July 1971, p. 385.

③ 黄枬森、庄福龄：《马克思主义哲学史教学资料选编》上册，北京：北京大学出版社，1984年，第129页。

并使它成为一种绝对的东西,让整个世界成为一个"颠倒"的世界。

基于这样的认识,鲍威尔就对《新约》展开了宗教批判,努力在自我意识异化的《福音书》中发掘自我意识的遗迹。鲍威尔说:"自我意识在福音书中同自己发生关系,尽管是同异化了的自己,也就是同自己的极其滑稽的模拟品发生关系,但毕竟是在同它自己发生关系。"① 普通人之所以相信宗教的欺骗,不仅是因为他们自己的愚昧无知和缺乏科学知识,而且是因为他们在个人和家庭的灾难、疾病、贫困、死亡等困境中对宗教的来世报应有所欲求。宗教就是通过构造和售卖宽恕、来世欢乐的幻觉图景、歪曲意识来安慰信徒,让其得到心里的满足,并通过与国家联盟让整个现存世界"颠倒"来维持宗教幻觉的神圣性和永恒性。鲍威尔说:"我们应该把颠倒了的世界看作是由宗教信仰的一种神奇力量所造成的;这种颠倒的世界是意识作用的结果,更确切地说,是缺乏意识造成的。"② 因此,宗教批判,特别是福音书批判和基督教国家的批判,就是一种为争取自由的意识启蒙。通过揭露基督教的神秘和抽象的本性,揭露其"动物教"和将人兽性化的本质,人们就可以从宗教束缚和宗教愚昧中解放出来,恢复被基督教剥夺了的人性。③ 尽管意识到"根本的利益隐藏和掩盖着异化的深度和恐惧",反动复辟会取得暂时的胜利,但是,鲍威尔认为,"现在已从科学上和道德上完成了批判,说明和认识了宗教观点,解放了人类。"④

鲍威尔将人类的历史分为史前时期和真正人的历史时期。史前时期就是宗教和暴政压迫会造成人类社会异化的时期。准备时期是从史前时

---

① 黄枬森、庄福龄:《马克思主义哲学史教学资料选编》上册,北京:北京大学出版社1984年版,第130页。
② [波]兹维·罗森:《布鲁诺·鲍威尔和卡尔·马克思:鲍威尔对马克思思想的影响》,王谨等译,北京:中国人民大学出版社1984年版,第110页。
③ 鲍威尔的宗教异化论与费尔巴哈的宗教异化论存在根本的分歧。鲍威尔的宗教异化论是以具有主观创造性的自我意识哲学为基础,宗教的本质是人虚构的,是把人自己的属性、感情和愿望移植到自身之外而造成人的兽性的结果,基督教是一个完全异化的宗教,因此要废除宗教。费尔巴哈的宗教异化论是以外在专制权威和感觉为基础的,宗教的本质是人的类本质的异化,反映了人的特性,提倡爱的宗教。鲍威尔在《路德维希·费尔巴哈的本质》一文中,展开了对费尔巴哈宗教异化论的批判,指责费尔巴哈的爱的宗教是一种新的神秘主义,与黑格尔一样强调宗教的重要性;费尔巴哈的人都是抽象的人,不是经验的人;人类学被变成了宗教,一种新的虚构。
④ 黄枬森、庄福龄:《马克思主义哲学史教学资料选编》上册,北京:北京大学出版社1984年版,第130页。

期向真正人的历史时期过渡的阶段，启蒙运动、宗教批判甚至政治批判就属于为即将到来的决战进行准备的时期。鲍威尔说："批判是理解和解释现存自我幻觉的唯一力量，它使我们相信历史会关心寻找解决危机的办法。"① 真正人的历史时期就是人类已经获得解放和自由的时期。按照鲍威尔的观点，基督教和《圣经》的历史就是拥有普遍的自我意识的社会精英和伟大人物脱离历史环境而自由创造的历史，基督耶稣及其奇迹行为和教导都是历史虚构的普遍的自我意识。历史人物耶稣就是这样一个普遍的自我意识，"他使犹太意识的对立即神和人的分离溶化在他的自我意识中，而不让一种新的宗教分离和异化从这种溶化中产生，他从律法的奴役形式回到了它的内在本性，而没有造出新的律法桎梏"。② 那些自我意识异化的人，将耶稣虚构为上帝的"自我"，以便保护自己的利益。

由于自我意识是基督教的本质，宗教和上帝就是人的本质的异化，人的本质也分裂为属于上帝的异化的本质部分和非异化的部分。由于宗教意识渗透到所有社会文化生活中，因此，宗教批判就具有绝对的重要性。新哲学的任务就在于通过宗教批判来创造新的现实，将自我意识从宗教束缚中解脱出来，废除宗教，恢复自我意识的自由和主体性。在《普鲁士国家的天主教和科学》（1840）中，鲍威尔接受黑格尔的国家观，认为普鲁士具有理想国家的属性，是理性和自由原则的体现者，是促进科学、思想和哲学繁荣的保护人。随着宗教批判揭露了宗教的秘密和非理性性质，以及新教融入理性的国家之中，宗教异化就得以克服，教会就开始瓦解。但是，威廉四世在 1840 年登基后恢复的绝对君主制模式和提出的"基督教国家"，让鲍威尔对普鲁士国家的自由和理性本质产生了怀疑。在《基督教国家和现代生活》（1841）中，鲍威尔认为，大学和知识界是理性和自由的代表者，"政治生活和自我意识的中心"。③由于受到法国大革命的影响，鲍威尔把科学与基督教国家之间的斗争称之为实现人类解放之前的"最后的斗争"，鼓吹"与其改革，不如革命"

---

① ［波］兹维·罗森：《布鲁诺·鲍威尔和卡尔·马克思：鲍威尔对马克思思想的影响》，王谨等译，北京：中国人民大学出版社 1984 年版，第 130 页。
② 黄枬森、庄福龄：《马克思主义哲学史教学资料选编》上册，北京：北京大学出版社 1984 年版，第 131 页。
③ ［波］兹维·罗森：《布鲁诺·鲍威尔和卡尔·马克思：鲍威尔对马克思思想的影响》，王谨等译，北京：中国人民大学出版社 1984 年版，第 140 页。

的口号。在《末日的宣告》中，鲍威尔甚至将黑格尔解释为一位革命家，"他的理论就是一种极端危险的、普遍化的和毁灭性的实践，它本身就是革命"。① 因此，鲍威尔也要像黑格尔一样，"向现存关系进攻并动摇它们"，采取政治斗争，摧毁基督教国家，努力实现政治自由和人的完全解放。

为此，在1842—1843年期间，鲍威尔认真研究了法国大革命，在《德国年鉴》和《莱茵报》上发表了大量的文章，阐述了他的革命观，批判普鲁士的书报检查制度，提倡学术自由和教育自由。在鲍威尔看来，革命是反对一切暴政的形式，政策、政治新闻活动和政治运动都是实现自由的手段，政治革命同思想革命是联系在一起的。单纯理论的力量和精英人物的努力，而非普通大众的实际行动和利益，就足以让人类从宗教愚昧中拯救出来，创建民主共和国。因此，基于英雄史观和革命民主主义立场，鲍威尔反对立宪主义、共产主义运动和政府的管制活动，认为这不利于文明、文化和社会的进步。同时，鲍威尔认为，普鲁士国家在反对天主教的虚幻意识中代表了自我意识的进步，因此反对将攻击的矛头指向政府。② 由于普鲁士国家是一个受到基督教控制的非理性的国家，因此，鲍威尔认为，只要清除宗教的影响，普鲁士国家就会回到其理性的本质。马克思在《神圣家族》中准确地概括了鲍威尔对革命和政治问题感兴趣的根源，在于以"政治的权威代替了宗教的权威"，以对普鲁士国家的信仰来取代宗教信仰，从而利用政治国家来实现自己宗教批判的目的。马克思说："1840年的政治运动使鲍威尔先生摆脱了他的保守派政治，并且一度使他上升到自由派政治的水平。但是，这种政治，老实说，只不过是神学的借口而已。在'自由的正义事业和我自己的事业'这一著作中，自由的国家是波恩神学院的批判家，是反对宗教的论据。'犹太人问题'把注意力主要是集中在国家和宗教之间的对立上，以致对政治解放的批判变成了对犹太教的批判。……宗教为国家牺牲，或者，说得更确切些，国家仅仅是消灭'批判'的敌人即非批判的宗教

---

① ［波］兹维·罗森：《布鲁诺·鲍威尔和卡尔·马克思：鲍威尔对马克思思想的影响》，王谨等译，北京：中国人民大学出版社1984年版，第142页。
② 黄枬森、庄福龄：《马克思主义哲学史教学资料选编》上册，北京：北京大学出版社1984年版，第135页。

和神学的工具。"① 可以说，鲍威尔的自我意识哲学实际上是一种宣传自由和民主的启蒙哲学，以批判福音书为例子来破除神学和专制制度的迷信与奇迹。鲍威尔坚持宗教邪恶论和理性国家至上论，其宗教批判就是要摧毁宗教对理性国家的异化和束缚，方法就是揭露福音书、使徒行传的虚假性和神学家构造的各种谎言与欺骗。如果说黑格尔力图进行哲学和宗教的调和，施特劳斯试图将哲学和宗教分离开来，费尔巴哈力图从心理学上摧毁宗教，那么，鲍威尔则力图利用自我意识哲学去审查圣经和基督教的真实性，进行宗教批判，保全国家。

从1843年12月起，鲍威尔开始出版月刊《文学总汇报》，在对哲学、宗教、艺术和政治进行抽象探讨的过程中宣扬天才人物的英雄史观，以自我意识的合理发展为标准来否定群众在创造历史中的作用，甚至把群众参加历史活动说成是进步运动失败的原因，认为共产主义运动将会使"人的自由荡然无存"并造就出"由被驯服的群氓所推拥出的专制暴君"。② 鲍威尔的这些观点对当时德国境内兴起的资产阶级民主运动以及共产主义运动无疑是不利的，从而激发了马克思与鲍威尔的决裂。在《1844年的经济学哲学手稿》中，马克思针对鲍威尔继续照搬黑格尔的概念辩证法的做法阐明了批判的必要性。在1844年参加"正义者同盟"的集会并与法国共产主义运动紧密联系在一起之后，马克思和恩格斯在《神圣家族》中对鲍威尔的唯心史观展开了批判，发展了无产阶级的理论，第一次勾勒出了群众史观的轮廓。

## 四、李特尔的地理学思想

卡尔·李特尔（Carl Ritter, 1779—1859）是19世纪德国最伟大的地理学家之一，与亚历山大·冯·洪堡（1769—1859）一起被视为现代科学地理学的奠基人。亚历山大·冯·洪堡在《新大陆热带地区旅行记》和《宇宙》中提出了独特的人与环境关系的科学观，认为自然是一个整体，人只是自然中的一部分，所有的知识和艺术活动也都是自然史中的

---

① 《马克思恩格斯全集》第2卷，北京：人民出版社1957年版，第144页。
② [美]罗伯特·C. 所罗门、凯特林·M. 希金斯主编：《德国唯心主义时代》，储昭华等译，北京：中国人民大学出版社2016年版，第332页。

一部分。① 如果说亚历山大·冯·洪堡的地理学研究更多地属于经验研究，注重具体的观察和测量，那么，李特尔的地理学研究则更多的是理论研究，注重方法论概念，其主要思想体现在19卷的《地学通论，自然和人类历史的关系；或普通比较地理学，自然和历史学研究的坚实基础或者工具》之中。

在地理学研究方面，李特尔最早提出了人地关系和地理学的综合性、统一性的观点，提倡环境决定论和历史与地理的不可分离性，奠定了人文地理学的基础。李特尔的地理学建基于多样性的统一的概念之上，强调地理学的目的是寻找形成区域内在联系的内在关系和因果关系，在研究方法上提倡综合法而非分析法。在1826—1850年期间，李特尔在柏林科学院发表了五次重要的演讲，如1826年的《大陆的地理位置及其水平扩展》、1828年的《形式和数字作为体现地理空间关系的辅助工具》、1833年的《地理科学中的历史要素》、1836年的《作为自然史要素的自然和历史，或者地球上的资源评论》和1850年的《地球地表对于历史进程的影响》。这些演讲收录在《地理研究》一书中，充分体现了李特尔用历史的眼光观察地理景观的思想。由于深受康德和赫尔德的影响，李特尔在《地学通论》中带着很强的目的论色彩来寻找影响人类群体命运的环境因素。例如，李特尔认为上帝是建造人类家园地球的设计师，大洲的地理分布是上帝计划的证据。在分析人与环境的关系问题上，李特尔强调各洲的形状及海岸的曲折，较少涉及植被、土壤及气候，尤其对历史与地理间的关系感兴趣。

李特尔的地理学原理可以总结为以下几点：第一，地文学是地理学的基础；第二，地球是人类生命和历史发展的场所；第三，人和教育是地理学关注的重心，其他一切要素都要在地理学中围绕人转；第四，地球的形成不是来自偶然，而是一个智慧计划的结果；第五，国家影响人民的命运；第六，上帝及其律法是影响地球发展的决定性因素；第七，地理学的任务就是要发现地球演化的规律，并利用地球的资源最大可能地服务于人类的发展。② 在这些基本原理的指导下，地理学就不再是一

---

① [美]杰弗里·马丁：《所有可能的世界：地理学思想史》，成一农、王雪梅译，上海：上海人民出版社2008年版，第153页。

② C. A. Phillips, "The Development of Methods in Teaching Modern Elementary Geography", *The Elementary School Teacher*, Vol. 10, No. 9, May 1910, pp. 427–439.

堆不相关的事实堆积，而是包括人类在内的所有生命发展的基础。在李特尔的思想中，自然和人是相互作用、不可分离的，因此，地理学和历史紧密结合在一起。李特尔强调的地球整体性的思想，按照他的学生盖约特在1872年的话说："陆地、海洋以及空气，都是相互依存的，通过作用和反作用联系起来；因此，地球实际上是一个完美的机器，所有部分都和谐地工作，来达到全能的造物主所指定的目的。"①

尽管李特尔主要探讨自然地理学，但是，偶尔也有经济地理学的思想出现。在1840年的一篇论文中，李特尔探讨了种植园的历史起源和地理分布的变化，因此是第一个讨论种植园的地理学家。② 在李特尔看来，种植园制度的起源与白糖的制造密切相关。在公元八九世纪，波斯发明了提炼白糖的方法，欧洲在与东方的接触中掌握了种植甘蔗的方法。从那时开始，白糖的提炼就与甘蔗种植密切相关，并在热带和亚热带区域不断传播。这个种植园制度起源于白糖提炼的理论得到了历史学家的证实。这就充分表明，人类的经济活动对地表植物的分布具有重大的影响。尽管对许多国家和地区的贫困感到震惊，但是，李特尔很少关心普通人的生活方式和习俗，也不探讨导致贫穷的原因。③

尽管李特尔的地理学还带有宗教神学的成分，但是，李特尔和亚历山大·冯·洪堡关于自然是一个整体和人与自然相互作用的思想对马克思的唯物史观具有重要的意义。在《1844年经济学哲学手稿》和《德意志意识形态》中，马克思强调了实践在创造人为环境中的重要作用，反对环境决定论的思想。与李特尔不同的地方在于，马克思更加强调物质生产劳动在人与自然关系中的重要作用。正是借助于人类通过实践活动改变自然的历史现实，如《德意志意识形态》的"费尔巴哈章"所示，马克思才能批判费尔巴哈的感性世界和感性直观，创立了唯物史观。

## 五、斯特芬斯的生平与思想

亨里克·斯特芬斯（Henrik Steffens，1773—1845年）是挪威裔丹麦

---

① [美]杰弗里·马丁：《所有可能的世界：地理学思想史》，成一农、王雪梅译，上海：上海人民出版社2008年版，第184页。

② Leo Waibel, "The Climate theory of the Plantation: A Critique", *Geographical Review*, Vol. 32, No. 2, April 1942, pp. 307–310.

③ Fritz L. Kramer, "A Note on Carl Ritter, 1779–1859", *Geographical Review*, Vol. 49, No. 3, July 1959, pp. 406–409.

自然哲学家、矿物学家和浪漫主义作家，普鲁士皇家科学院和巴伐利亚科学院院士。其主要著作有《论矿物学和矿物学研究》（1797）、《地球内在自然史论丛》（1801）、《自然哲学基础》（1806）、《人类学》（1824），以及体现德国古典大学观的论文《论大学的观念》（1835）、自传《我的人生》、几篇小说和诗歌。斯特芬斯的政治倾向从早年的赞成法国大革命的理想、对绝对国家的激进批评，转变到解放战争时期的爱国主义者，最后在复辟时期转变到为普鲁士政府进行辩护的保守立场。①

在1798—1800年间，斯特芬斯到耶拿大学学习自然哲学，受业于谢林和费希特，非常热衷于斯宾诺莎和谢林的思想，信奉神秘主义。在1800—1802年期间，斯特芬斯到弗莱堡矿业学院学习矿物学，受到著名地质学家、水成论的倡导者亚伯拉罕·魏尔纳（1749—1817）的影响。② 1802年，斯特芬斯接受了丹麦的哥本哈根大学的矿物学讲师职位，讲授哲学、文学和艺术等课程，在九次公开演讲中将浪漫主义思想引入丹麦。由于受到丹麦神学家和政治家的排斥，斯特芬斯在1804年接受了哈雷大学的教授职位，讲授哲学、矿物学、自然史和生理学。③ 在1811年到1832年期间，斯特芬斯在布雷斯劳大学教授物理学。斯特芬斯在1832—1845年期间任柏林大学物理学教授。作为一位物理学家，斯特芬斯进行了许多具有实验性的科学研究工作。在1811年向普鲁士内政部提交的《医疗气象学的观念》报告中，斯蒂芬斯提出了一种气象学的有机观，要求关注环境与人畜疾病之间的相互关系，强调人与自然的有机联系。④

作为一位浪漫主义哲学家，斯特芬斯更倾向于利用科学事实和类比方法构建形而上学的思辨理论。由于熟悉现代科学特别是地质学的理论和新发现，斯特芬斯就能够纠正谢林那高度具有思辨色彩的自然哲学理论。在斯特芬斯看来，自然界和人类社会的主要原则是个体化原则。随着有机体向更高阶段发展，其构造和个性就变得更加明显，更加确定。根据谢林的《自然哲学》，斯特芬斯在《自然哲学基础》（1806）构想了

---

① Abelein von Werner, *Henrik Steffens' Politische Schriften: Zum Politischen Denken in Deutschland in den Jahren um die Befreiungskriege*, Tübingen: Niemeyer, 1977.
② 亚历山大·冯·洪堡、诺瓦利斯和斯特芬斯都是魏尔纳的学生。
③ John Whitt-Hansen, "Some Remarks on Philosophy in Denmark", *Philosophy and Phenomenological Research*, Vol. 12, No. 3, March 1952, pp. 377-391.
④ Richter Linda, "The Meteorology and Medicine of the Romantic Era in context: Henrik Steffens' Ideas on Medical Meteorology (1811) and Its Reception by the Prussian State", *NTM*, May 2019.

各种无机形式的历史演进序列,将自然理解为一种历史发展,并在《地球构造学和地质学论文集》(1810)中阐述了原始岩层内的对立观点。在斯特芬斯的影响下,谢林对自然哲学的某些理论和思辨方法进行了修改,最终强调理论要与经验研究结合起来。

斯特芬斯的思想有一定的原创性,尽管黑格尔评价斯特芬斯具有"粗糙而无学养的、粗野而无概念的想象"。① 在人类学的课程上,斯特芬斯将马克思的兴趣吸引到自然科学、浪漫派思想和基本的人类问题上。德国著名生理学家和电生理学的奠基人杜布瓦·雷蒙(1818—1896)在1837年进入柏林大学哲学院,选修了斯特芬斯的人类学课,对斯特芬斯的讲课内容甚为不满。雷蒙在人类学课程记录了如下的笔记:"人体的每一个器官都对应一种特定的动物。例如,潮湿的、滑溜的舌头,随处移动,是一种乌贼,一种乌贼属。这是因为,舌骨与骨架的任何骨头不相连。现在,乌贼只有一个骨头,那就是众所周知的海绵体。因此,这根骨头与其他任何骨头不相联。"当雷蒙去询问人类学课程的考试时,斯特芬斯给他讲了一个小时的自然哲学"胡说八道"。② 这说明,自然哲学在1830年代末已经失去了昔日的光辉,与崇尚自然科学精神的人开始分道扬镳了。

李特尔的地理学和斯特芬斯的人类学课程对马克思了解人与自然界、人与人的关系以及人同自己的关系等人类学问题大有帮助,推动马克思从哲学人类学向经验人类学转向和唯物史观的形成与发展。帕特森在《卡尔·马克思:人类学家》中利用翔实的史料证明,马克思在柏林大学选修的人类学课程,奠定了马克思长期关注和研究哲学人类学的基础,如人类的肉体组织、社会关系的基本属性、人类社会的历史性与差异性、实践在生产中的作用、人类的进化、语言交流的起源和发展、国家的形成等问题。③ 针对青年黑格尔派提出的人在精神中的自我异化这一哲学人类学的问题,马克思逐渐形成了人是社会存在物或者社会关系总和的观点。在《1844年经济学哲学手稿》和《关于费尔巴哈的提纲》中,马

---

① [德]黑格尔:《自然哲学》,梁志学等译,北京:商务印书馆2009年版,第397页。
② David H. Galaty, "The Philosophical Basis of Mid-nineteenth Century German Reductionism", *Journal of the History of Medicine and Allied Sciences*, Vol. 29, No. 3, July 1974, p. 310.
③ [美]托马斯·C. 帕特森:《卡尔·马克思:人类学家》,何国强译,昆明:云南大学出版社2013年版,第7页。

克思反对费尔巴哈那种关于抽象的、形而上学的人的类本质的观点，提出了人在社会和自然中异化的问题。在《德意志意识形态》中，马克思认为通过劳动和实践活动，人同时改造了自然和自身的社会关系。同时，马克思也反对政治经济学中脱离一切社会联系的人，即孤立的个人的观点。这样，马克思就逐渐从抽象的人类状态过渡到具体的经济社会状态，从新的视野角度观察具体的民族、国家及其不同发展阶段。可以说，马克思对人与自然的关系和人与社会的关系的关注是与他早年受到人类学和地理学的教育分不开的。

## 第三节 马克思在大学的早期阅读

在波恩大学和柏林大学，马克思怀着极大的兴趣选修法律、艺术、宗教、逻辑学、地理学和人类学方面的课程。由于大学教师的水平参差不齐，教材的选用受到教师的研究水平和政治倾向的限制，年岁较大的教师更显得精力不济，因此，马克思在对各种课程进行筛选的同时，对上课的内容越来越感到不满，逐渐减少了去课堂听课的次数，停止了做课堂笔记。这可以从马克思的大学毕业证书的评语看出。在波恩大学的肄业证书上，马克思在1835—1836年冬季学期选修的六门课程中有四门课的评语是"十分勤勉和用心"，两门课程的评语是"勤勉和用心"；在1836年夏季学期选修的四门课程中，两门课程没有评语，其余两门课程的评语分别为"勤勉和用心"和"勤勉"。在柏林大学选修的十三门课中，有六门课程的评语为"勤勉"，四门课程没有评语，只有甘斯的《刑法》和《普鲁士法》以及加布勒的《逻辑学》的评语是"极其勤勉"。相反，马克思逐渐过起了幽居的生活，越来越按照自己的选择和兴趣安排学习，将主要精力逐渐转移到教师指定的各种参考书或者提到的重要著作，依靠自主阅读来获得更加坚实的知识基础和理论阐述的技巧。在阅读中，马克思发现了通向情感表达、知识整合和理论创新的秘密。"他掌握的文化知识十分广泛，但还永不满足地涉猎各种资料，再对它们反复浓缩，经过几个比较大的消化过程，升华为改变世界的学说。"① 马克思在1837年11月在致父亲的信中，谈到对佐尔格的《埃尔温》和温

---

① ［德］曼弗雷德·克利姆：《马克思文献传记》，李成毅等译，郑州：河南人民出版社1992年版，第41页。

克尔曼的《古代艺术史》的阅读。

## 一、佐尔格与《埃尔温》

卡尔·威廉·费迪南德·佐尔格（Karl Wilheim Ferdinand Solger，1780—1819）是德国哲学家、美学家，"浪漫主义的以及浪漫主义反讽的哲学代言人"。① 黑格尔在《美学》和《评佐尔格逝世后被发表的著作和书信》中，将佐尔格评价为一位在哲学方面造诣非常深刻的、能够"认识到理念的辩证因素"的思想家。② 如果说弗·施莱格尔只是对浪漫主义的反讽做了大致的构想，那么，佐尔格则在区分幻想与想象力、象征与反讽、反讽与辩证法的基础上对浪漫主义的反讽及其美学思想进行了系统化的哲学表述。

### （一）幻想与想象力的区分

在佐尔格看来，想象力属于一般的认识力，它只是"给一般概念以特殊的表象形式，给特殊的表象形式以一般概念"。美则来自于"概念与其表象"不相宜的幻想或想象。幻想被界定为那种在艺术媒介中与完整意识的概念相符合、并能调解反思前的意识和时间性意识的暂时性的东西。这种幻想起源于"理念中二律背反的本原的同一性，使得被理念分开的诸对立因素在现实中完善地结合在一起，通过它的媒介，使我们能够明了比共同认识的对象较高的对象和能够在那里认出作为现实的同一理念；在艺术中，幻想就是把理念转变成现实的官能"。③ 因此，美就是内在于现实苦难的幻想。佐尔格说："你看，这是一个多么奇怪的矛盾：一方面我们注意到，美、本质的体现（因为它必然是表象），不可能脱离我们悲惨的贫困和苦难；……而与此同时，当本质及其表现的最恶劣和最鄙俗的东西由于美的缘故而没有暴露出来，或者它们以一种扭曲的方式表现出来的时候，在我们心中竟然能激起一种美好的快乐感。"④ 由于现实的苦难和"它自身内部各个组成部分的基本关系而变得

---

① ［丹麦］索伦·奥碧·克尔凯郭尔：《论反讽概念》，汤晨溪译，北京：中国社会科学出版社 2005 年版，第 257 页。
② ［俄］加比托娃：《德国浪漫哲学》，王念宁译，北京：中央编译出版社 2007 年版，第 78 页。
③ ［意］克罗齐：《美学的历史》，王天清译，北京：商务印书馆 2015 年版，第 149 页。
④ ［德］曼弗雷德·弗兰克：《德国早期浪漫主义美学导论》，聂军等译，长春：吉林人民出版社 2005 年版，第 306 页。

破碎",美"始终是自己的反面,可以说,是它自身的幽灵,但绝对不是那种真实的、活生生的东西,让人能时而在此一面、时而在彼一面理解成微不足道的反射"。① 在这种对立中,作为一个不稳定的、在矛盾中瓦解的综合体,艺术和美就具有永恒和暂时两种特性,在时间流中与幻想"共同存在、共同消亡"。

在佐尔格看来,幻想以三种形态来展开:作为幻想的幻想、作为幻想的感性和作为幻想的知性。"作为幻想的幻想,它孕育着作为理念和在现实中理念进行的活动的所有东西;作为幻想的感性,在现实中它是作为理念的生命表示出来的,生命导向理念;最后是(在这里,它处于比艺术活动更高的程度,等于哲学中的辩证法)作为幻想的知性或艺术的辩证法,它孕育着理念的现实,以使一个贯穿另一个,即理念贯穿现实。"② 幻想的感性与象征、幻想的知性与反讽密切相关。

(二)象征与反讽的区分

象征是佐尔格的美学的主要概念。在佐尔格看来,象征与美、艺术具有共同的外延,与符号、意识或者图式相对立。从活动的角度看,象征分为狭义的象征和寓意(反讽)。狭义的象征就是思想的活动在它内部好像已经完成而为事物塑造本质的表现方式。反讽更能感受到思想的活动本身,即"美作为仍是在行动中被感知的物质,作为仍同两个方面联系着的某个活动阶段"回溯到永恒之中。在佐尔格看来,反讽是指"普遍与特殊、本质与实在的这种片刻统一的'虚无性'",是"艺术家至高无上的客观性,对立面的和解,意识与无意识及'机智'与'观照'的和解"的表现方式。③ 与象征表示事物之间的一致不同,反讽更像是分裂,一种否定之否定。在《埃尔温》中,佐尔格说:"在古代艺术的精神里,本质和表现总是在活动中象征性地统一起来的,而在这里[在现代艺术里],它们却处在一组寓意[反讽]的对立中,这组对立只有用才智作为中介,它把事物间的孤立联系集中在一起,因而也突出了

---

① [德]曼弗雷德·弗兰克:《德国早期浪漫主义美学导论》,聂军等译,长春:吉林人民出版社2005年版,第307页。
② [意]克罗齐:《美学的历史》,王天清译,北京:商务印书馆2015年版,第149页。
③ [美]雷纳·韦勒克:《近代文学批评史》第二卷,杨自伍译,上海:上海译文出版社2009年版,第392页。

它们的孤立性。"① 佐尔格主张反讽与象征拥有同等的权利,各自拥有合适的活动范围。"象征的巨大优越性在于它能以感性存在的形式出现,因为它把整个思想集中在表达某一点上……但寓意[反讽]对更深刻的思想来说则有无穷的优越性。它能把真实的物体作为单纯的思想来把握,同时又能使它不失之为仍是物体。"② 这意味着,象征就是幻想的感性,反讽就是幻想的知性或艺术知性。

艺术知性被界定为幻想徘徊于相反方向上占优的本质倾向之间的介入领域。这两个方向就是"以普遍代特殊"的观察和"以特殊代普遍"的诙谐。诙谐就是理念在时间性特殊中的展示和毁灭。诙谐和观察是相互关联的,诙谐的存在物就是观察的非存在物,两者构成完整的知性本身。知性在观察和诙谐之间来回交替运动,从而构成了反讽的图式。佐尔格说:"在理念本身必然遭到破灭的这一过渡时刻,艺术的真正所在也必然是唯一的,其中诙谐和观察都同时以相互对抗的力量进行创造和毁灭。此刻,艺术家的精神必须把所有的思想都归入一个俯瞰一切的视线之中。我们把这个漂游于一切之上、毁灭一切的视线称为反讽。"③ 在任何理论中,分离和破碎的世界表现为一个统一体,矛盾和差异的现实就存在于这种反讽的统一性中。

(三)浪漫主义反讽的哲学基础

根据对幻想的区分,佐尔格在蒂克、诺瓦利斯和弗·施莱格尔的丑的美学理论基础上,倡导反讽理论或者"滑稽说"。佐尔格的反讽理论的精髓在于,在无限的主体性原则中看到了生活的虚无性和毫无价值。佐尔格说:"真正的讽刺是从下述观点出发的:人既然生活在现在这个世界中,他只能在这个世界中完成他的使命,……如果我们相信可以超脱有限的目的,那么所有这种想法都是虚无而空洞的妄想。就算是最高的东西,对我们的行为来说,也只是采取被限制的和有限的形态而存在的。……正因为这个缘故,它(最高的东西)在我们内部是和最

---

① [法]茨维坦·托多罗夫:《象征理论》,王国卿译,北京:商务印书馆2004年版,第278页。
② [法]茨维坦·托多罗夫:《象征理论》,王国卿译,北京:商务印书馆2004年版,第279页。
③ [德]曼弗雷德·弗兰克:《德国早期浪漫主义美学导论》,聂军等译,长春:吉林人民出版社2005年版,第309—310页。

低的东西同样无价值的,而且必然会同我们和我们无价值的感官一起消灭的。其实最高的东西只有在神那里存在着,当它在我们内部消灭时,它就转化而成为神的东西,……直接用人世事件本身来说明这种过程的那种心情就是悲剧的讽刺。"① 在佐尔格看来,美属于理念领域,但是,美有别于真和善。艺术活动属于实践哲学,不属于思辨哲学。由于艺术活动应与无限联系起来,所以,艺术就不能摹仿平庸的自然。那么,完美的本质怎样从时间性的不完美现象中表现出来呢?佐尔格回答:"通过完美的行为,以一种特定的方式,这个行为叫做艺术。这种行为只出现在理念或者本质替代现实、同时现实本身即纯粹的现象由此被毁灭的这一刻。这就是反讽的观点。"②

但是,不完美的现象怎样以非审美形式表现出来的呢?在佐尔格看来,由于物自体的问题,直接认识事物的存在是不可能的,其本质也是永远无法认识的。因此,认识一个事物的可能性,就是在与其他一切事物的相同和相异的非存在,即纯粹的否定性中表现出来的。这就意味着,对某一特定事物认识的存在就是其他一切事物的非存在,自我意识也就是对其他一切事物的非存在和我的认识的综合体,对每一个存在物的认识就是对其他一切存在物的否定。这样,存在与非存在在认识中就必然是互为依存和互相渗透,每一方相对于另一方都具有特殊性,并从特殊性中认识到普遍性。从时间角度来看,任何事物的存在都是暂时性的,其存在的完美性体现在未来和过去之中。如果说未来被看作是一种被剥夺了存在的可能性,过去成为一种被剥夺了可能性的存在,那么,现在就表现为存在与非存在的连接点,从而具有逐渐消失和暂时的性质。当非存在为存在的现实无限性划定了一个限制范围时,存在就不断与这个限制范围相抗争,从而产生了一个永无终止的有限性趋向无限性的运动。当存在实现与非存在的完全融合时,存在也就毁灭了自己,消失在非存在之中而成为永恒。由于永恒是存在与非存在的综合体,因此,永恒中的非存在就会遭到永恒中的暂时性的否定。浪漫主义的反讽就是从有限事物的无限消逝的体验中产生出来的。如果美就是这种存在的有限性对

---

① [德] 黑格尔:《法哲学原理》,范扬、张企泰译,北京:商务印书馆 2009 年版,第 178—179 页。
② [德] 曼弗雷德·弗兰克:《德国早期浪漫主义美学导论》,聂军等译,长春:吉林人民出版社 2005 年版,第 289—290 页。

非存在的无限性的表达，那么，反讽就是时间性的或者有限性的存在自我毁灭的表达。佐尔格把这种反讽的观点称之为"艺术的全部本质"。

佐尔格遵循费希特和早期浪漫主义者的传统，将自我意识划分为高级自我意识和低级自我意识。低级自我意识就是借助单纯的反思而对自身和其他事物的了解。在高级自我意识中，对超验的统一和存在基础的认识只能借助于信仰——我们自身的超验基础的不可支配性。借助于信仰，那种在反思的分裂中被否定的统一获得了自我的明确性。反讽就是这样一种把我们现实的消逝性与真理性相结合在一起的认识。"这种意识通过突出自己的相对性，将生存中无缘无故的恐惧化为一种轻松愉快的平静感。"① 当艺术传达了对超验基础的体验时，艺术就取得了与信仰等同的地位。因此，艺术所表现出来的东西是最高的存在，是依靠概念或者感性所无法表现的东西。

（四）反讽与辩证法的关系

反讽与辩证法的共同点在于，两者都以自己否定性的手段来矫正有限世界的否定性。但是，与黑格尔的辩证法通过双重的否定来获得绝对肯定的思想不同，浪漫主义反讽则试图通过对生命有限性的否定来展现理想或者渴望的无限性。这种否定，这种主体对客体的否定，只是"一种纯粹的思想产物"或者"调节性理念"。② 如果说黑格尔的辩证法是在概念累积性基础上的否定，或者是螺旋式上升的否定，那么，浪漫主义反讽则是线性的否定或者波浪式的否定。从修辞角度上讲，浪漫主义反讽，即"这种以有限影射无限，同时又不超出有限性界限的手段"，是诙谐和隐喻的综合体。③

但是，与浪漫主义者提倡完全否定和脱离现实不同，佐尔格认为，"所有自以为能够完全超脱庸碌此生的想法都不过是空洞的、不切实际的幻觉而已"。④ 这意味着，反讽作为对现实的批判，不是完全否定现实或

---

① ［德］曼弗雷德·弗兰克：《德国早期浪漫主义美学导论》，聂军等译，长春：吉林人民出版社2005年版，第305页。
② ［德］曼弗雷德·弗兰克：《德国早期浪漫主义美学导论》，聂军等译，长春：吉林人民出版社2005年版，第280页。
③ ［德］曼弗雷德·弗兰克：《德国早期浪漫主义美学导论》，聂军等译，长春：吉林人民出版社2005年版，第287页。
④ ［丹麦］索伦·奥碧·克尔凯郭尔：《论反讽概念》，汤晨溪译，北京：中国社会科学出版社2005年版，第277页。

将现实虚无化,而是要区分真实的现实和虚假的现实,并认为虚假的现实在揭露之后可以超越而"成为更高现实中的一个真正的、具有重大意义的环节"。犹如克尔凯郭尔所说:"反讽分辨是非、确定目标、限制行动范围,从而给予真理、显示、内容;它责打、惩罚,从而给予沉着的举止和牢固的性格。"①

(五)佐尔格对马克思的影响

尽管黑格尔在《美学讲演录》中批评反讽理论并无实质性的内容,但是,马克思通过阅读佐尔格的《埃尔温》,不仅深化了对浪漫主义反讽理论的认识,而且还会受到一些影响。首先,浪漫主义反讽充分反映了人类在艺术表达领域的能动性,因为"浪漫主义者发现了人类性格的复杂性、多变性以及充满危机和矛盾的状况"。② 其次,浪漫主义反讽充分反映了在意识领域中寻求现实问题的解决方案的局限性。由于反讽被佐尔格描述为一种哲学首先涉及而又无力解决的现实问题的美学手段,因此,在到处都是冲突和矛盾的、永恒变动的生活世界中,绝对完整的思辨体系不过是一种面对支离破碎的现实世界的浪漫主义反讽。③ 在这种情况下,面向生活,转向实践,对具体的事物具体研究,就是明智的现实选择。在《1844 年经济学哲学手稿》中,马克思说:"我们看到,主观主义和客观主义,唯灵主义和唯物主义,活动和受动,只是在社会状态中才失去它们彼此间的对立,并从而失去它们作为这样的对立面的存在;我们看到,理论的对立本身的解决,只有通过实践方式,只有借助于人的实践力量,才是可能的;因此,这种对立的解决不只是认识的任务,而是一个现实生活的任务,而哲学未能解决这个任务,正因为哲学把这仅仅看作理论的任务。"④

## 二、温克尔曼与《古代艺术史》

约翰·约阿希姆·温克尔曼(Johann Joachim Winckelmann,1717—

---

① [丹麦]索伦·奥碧·克尔凯郭尔:《论反讽概念》,汤晨溪译,北京:中国社会科学出版社 2005 年版,第 264 页。
② [德]曼弗雷德·弗兰克:《德国早期浪漫主义美学导论》,聂军等译,长春:吉林人民出版社 2005 年版,第 269—270 页。
③ [德]曼弗雷德·弗兰克:《德国早期浪漫主义美学导论》,聂军等译,长春:吉林人民出版社 2005 年版,第 279 页。
④ 《马克思恩格斯全集》第 42 卷,北京:人民出版社 1979 年版,第 127 页。

1768）是研究古希腊艺术的新人文主义的开拓者，被后人尊称为"近代艺术史之父"和"考古学之父"。在《古代艺术史》（1764）、《试论艺术的象征》（1766）等著作中，温克尔曼提出要以发展的观点看待古代文物，并以正确无误的感受去探索古代艺术品所要表达的真实意义，强调政治自由在推动艺术繁荣发展中的作用，猛烈抨击宫廷艺术违反自然，强调美是具体的、感性经验的而非抽象的概念，提出了艺术作品是对美的完美体现而非对自然的模仿的观点。

（一）温克尔曼的成就及影响

在艺术史的研究中，温克尔曼引入了比较研究法、实物考古法和风格学方法。温克尔曼广泛使用的比较研究方法，体现在重视实物考古，对遗址和遗物进行比较和分类，对作品风格的横向和纵向比较与分类，不同时代和不同风格的作品和艺术家的比较与分类。通过比较研究，温克尔曼发现，拉斐尔的绘画强调隐蔽的劳动和努力，米开朗琪罗的雕刻致力于洞察崇高的美，希腊的人体艺术"更多地是整体结构的统一"和"各部分更完善的结合"。[1]

在《关于绘画和雕塑艺术中对古希腊作品模仿的思考》（1755）中，温克尔曼提出了古希腊艺术的理想是"高贵的单纯和静穆的伟大"，并以拉奥孔雕像群为例，来说明希腊艺术家试图在表现激烈的痛苦中也要保持伟大心灵的节制。莱辛后来则认为，在姿态或者表情上的"静穆的伟大"的崇高原则，只适合于绘画，而不适用于诗歌。[2] 而且，温克尔曼接触到的许多希腊艺术品是古罗马时代的复制品。因此，温克尔曼忽视了古希腊艺术品的多样性，在追求形式美的过程中贬低了激情和感性美，对拉奥孔雕像群的年代判断等方面出现了许多错误。

尽管如此，温克尔曼的贡献在于，他是第一个利用古代的遗物，而不是文献资料，从事欧洲古代史研究的巨人。作为欧洲考古学的先驱之一，温克尔曼"对实物作细致的观察，在风格上与其他作品作纵向和横向的比较，并广泛地运用古代文献和神话资料。这种方法奠定了现代考

---

[1] 李轶南：《文化视野下的艺术史观：温克尔曼史学思想探微》，载《艺术百家》，2013年第2期。

[2] ［德］莱辛：《拉奥孔》，朱光潜译，北京：商务印书馆2013年版，第222页。

古科学的基础"。① 温克尔曼所创造的通过古代文物去理解古代文化的考古学方法,在《古代艺术史》中提出的一种历史叙述的模式,极大地推动了欧洲考古学和历史研究的发展,带来了"古希腊的复兴"和对古希腊文化的热爱。温克尔曼崇尚古希腊美的理想,不仅促进了德国启蒙主义美学思想的成熟,而且推动了德国古典美学的发展。美学史家鲍桑葵说:"他的见解是在席勒和歌德、黑格尔和谢林的头脑中生了根的,并且对今天的历史研究和考古学研究所具有的关心人和善于设身处地的精神,作出了不可估量的贡献。"② 这不仅是因为温克尔曼将自然与创造的完美结合所达到的"完美的美"的理念作为其最高艺术理想,认为古典艺术的最高理想就是"高贵的单纯、静穆的伟大",而且认为希腊艺术是希腊民族集体精神的产物,沿着"远古风格""崇高风格""优美风格"和"模仿风格"的发展道路从繁荣走向衰落。

(二)《古代艺术史》的主要思想

作为"关于历史性质的新发展观上"的一本里程碑式的著作,十二卷本的《古代艺术史》充分体现了温克尔曼的艺术史思想和考古学思想,特别是注重雕刻材料的解读和技术水平对艺术发展的影响。《古代艺术史》第一册名为《艺术的起源和不同民族艺术存在差异的原因》,是整部著作的总纲。在这一册中,温克尔曼不仅阐述了艺术是一种有机生命体的观点,即艺术存在一个特定的产生、发展和衰落的过程,而且还探讨了不同地方所出产材料的差异对艺术品创作的影响,气候对人体、思维方式和政治结构的影响,以及气候、人体、思维方式和政治结构对艺术发展的影响。温克尔曼认为,"任何时代的艺术都是那个时代文化总体的产物,只有在这种艺术和当时所有其他有创造性的表现之间的关系中,才能理解它,因此,为了理解一个时期的艺术,人们必须研究这个时期所有的社会和经济影响"。③《古代艺术史》其余分册涵盖了埃及、腓尼基、波斯、伊特鲁利亚直至古希腊和罗马的艺术发展史,以便突出古希腊艺术的精妙完美。在一定程度上说,温克尔曼的《古代艺术史》

---

① [德]温克尔曼:《希腊人的艺术》,邵大箴译,桂林:广西师范大学出版社2001年版,"译本前言"第16页。
② [英]鲍桑葵:《美学史》,张今译,北京:商务印书馆1985年版,第216页。
③ [美]J. W. 汤普森:《历史著作史》下卷第三分册,孙秉莹、谢德风译,北京:商务印书馆2009年版,第186页。

本质上就是一部古代希腊艺术史。

对于任何一个民族而言，温克尔曼认为，艺术的发展都需要经历三个阶段：实用性的需要推动了艺术的产生，对美的研究和理解则推动了艺术的发展，政治、宗教或者迷信的干扰等原因最终造成了艺术的衰落。① 温克尔曼认为，美是由和谐、单纯与统一这些特征构成的整体，但政治、宗教或者战争干扰了各地区艺术向完美方向的发展。埃及艺术不完美的原因是，埃及的宗教和王权束缚了艺术家个性的发挥和美学理论的进步；伊特鲁利亚艺术不完美的原因则是，罗马征服中断了其艺术发展的历程；希腊艺术的完美在于其民主政治但在罗马征服下趋于衰落。

在《古代艺术史》第四册中，温克尔曼讨论了希腊艺术繁荣的基础和原因，艺术的本质，艺术的技术方面，以及希腊艺术的兴衰史。在温克尔曼看来，"希腊人在艺术中取得优越性的原因和基础，应部分地归结为气候的影响，部分地归结为国家的体制和管理以及由此产生的思维方式，而希腊人对艺术家的尊重以及他们在日常生活中广泛地传播和使用艺术品，也同样是重要的原因"。② 希腊温暖湿润的气候不仅造成了形体美，而且让美成为一种基本需求，促成了希腊对人体美无限的追求。"气候越接近适中的地方，那里的大自然越发明亮和愉悦，便越广泛地表现在生气勃勃和聪敏机智的形象上，表现在果断和大有作为的特点中。大自然越少为霾雾和有害的瘴气所笼罩，她便越早地赋予人体以完美的形式；这种形式以结构庄重为特征，尤其女性更是如此。……因此，在希腊人那里，凡是可以提高美的东西没有一点被隐蔽起来，艺术家天天耳闻目见。美甚至成为一种功勋。"③ 在这样追求美的环境中，希腊人十分关心生育美丽的孩子，很早的身体锻炼和格斗的训练给予人体以优美的形态，全民的美容比赛、裸体表演和舞蹈、追求形体美的运动比赛比比皆是，因外表美而出名的人受到人们的追捧。竞技场成了艺术家的学校，为竞技体育的优胜者和神话中的人物树立雕像的人层出不穷。由于艺术模仿自然并力求用理性设计的形象创造出理想的美，希腊人对美的追求

---

① 刘铭：《论温克尔曼的古代艺术观》，载《文艺研究》，2011年第11期。
② ［德］温克尔曼：《希腊人的艺术》，邵大箴译，桂林：广西师范大学出版社2001年版，第107—108页。
③ ［德］温克尔曼：《希腊人的艺术》，邵大箴译，桂林：广西师范大学出版社2001年版，第108页。

和雄健魁梧的身体为艺术提供了厚实的土壤、内心的真实感受、仔细研究优美自然的机会和雕塑模仿的对象。"经常性地观察人体的可能,驱使希腊艺术家们进一步形成对人体各个部位和身体整体比例的确定的普遍观念,这种观念应该高于自然。只有用理智创造出来的精神性的自然,才是他们的原型。"① 但是,如果外在的力量禁止在土壤中播撒艺术的种子,那么,希腊的艺术也得不到发展。因此,一个适合艺术发展的自由的社会环境是至关重要的。

希腊的民主政治为艺术家的自由创作提供了足够的空间来展示艺术家的想象力。"从希腊的国家体制和管理这个意义上说,艺术之所以优越的最重要的原因是自由。在希腊的所有时代,甚至在国王像家长式地管理人民的时代,自由也不缺乏,那时智慧文明还没有使希腊人尝到更充分自由的甜头。……尽管后来出现过暴君,但他们的权力仅局限于单个城市,而整个民族没有承认过任何人是唯一的统治者。因此,没有任何一个人在自己的同胞中能专横独尊,或者在牺牲他人的情况下使自己流芳百世。"② 在政治自由的环境中,人们不用花费很多的心思去学习明哲保身的交往技术,能够将更多的精力用于促进自己才能的自由发展,从而造成人们思想的早熟,更多天才的出现和优秀人才之间的激烈竞争。"在自由中孕育出来的全民族的思想方式,犹如健壮的树干上的优良的枝叶一样。正如一个习惯于思考的人的心灵在敞开的门廊或在房屋之顶,一定比在低矮的小屋或拥挤不堪的室内,更为崇高和开阔通达。享有自由的希腊人的思想方式当然与在强权统治下生活的民族的观念完全不同。……希腊人在风华正茂时就富于思想,比我们通常开始独立思考要早二十余年。由青春的火焰燃烧起的智慧,得到精力旺盛的体格的支持而获得充足的发展;我们的智慧吸收的却是无益的养料,一直到它走向衰亡。不成熟的理智犹如娇嫩的耳膜,由于上面有切破的、不断扩大的小口,它不会陶冶于空洞的、无思想内容的声响;而记忆犹如蜡制的薄膜,当需要为真理寻找位置时,只能够存放一定数量的词汇或形

---

① [德]温克尔曼:《希腊人的艺术》,邵大箴译,桂林:广西师范大学出版社2001年版,第7页。
② [德]温克尔曼:《希腊人的艺术》,邵大箴译,桂林:广西师范大学出版社2001年版,第109页。

象，却不能充满幻想。"① 在重视智力和想象力超过权力的时代，艺术家和哲学家都会得到世人的尊重。人们为他们树碑立传，选举他们做立法者，公正地评判和奖赏他们所取得的成就。"艺术家的荣誉和幸福不受粗暴傲慢者的恣意行为的影响。他们的作品不是为迎合那些用谄媚和卑躬屈膝的手段跻身于评判团的人的庸俗趣味和不正确的眼力而创作的。他们的作品由全民最英明的代表在公民大会上来评判和奖赏。"② 在艺术家的作品得到公正评判和奖赏的环境中，艺术家们就会在技艺上精益求精，在艺术的竞争中不断提高艺术的质量和品位。"艺术的功能和使用维护了艺术本身的尊严。由于艺术是专门地献给神祇或是用于祖国最神圣和最有益的目标的，由于公民的房舍里的装饰崇尚简朴和适可而止，所以艺术家便不需要把自己的才能耗费在无关紧要和无意义的小事上，不必去适应狭小拥挤的住房的需要和去满足它们主人的趣味。……由于许许多多的城市争先恐后地占有优美作品和全民族不惜为神像和竞技会优胜者的雕像负担费用，更加剧了艺术中的竞赛。"③ 这里，温克尔曼的分析非常接近于亚当·斯密的劳动分工理论：在没有政府干预的情况下，艺术品市场规模的扩大促进了艺术家的分工和艺术才能的发展。

同样不可忽视的是，绘画和雕刻的材料和表现手法是受到生产力发展限制的，因为生产提供了造型艺术的工具、原材料和相应的技术。崖壁、粘土、石器、玉器、陶器、骨器、木器、铜器、金银器、铁器、建筑物、钱币、纸张都需要不同的艺术风格和手法。温克尔曼非常注重雕像与绘画制作的材料、工具、技术和制作方法，实质上涉及了雕刻的生产过程及其他行业的发展对艺术的支持程度。希腊雕像的原材料是云石、玄武岩、斑岩、象牙、铜，需要石（铜）矿的开采、运输、加工、雕刻、打磨的技术、工具和设备。绘画使用的材料、画笔、颜料都与生产密切相关。这就意味着，艺术的发展是受制于生产力的发展的。

温克尔曼将古希腊的艺术区分为远古的风格、伟大的和崇高的风格、精致典雅的风格和模仿性的风格，并认为每一种艺术风格随着希腊的民

---

① [德] 温克尔曼：《希腊人的艺术》，邵大箴译，桂林：广西师范大学出版社 2001 年版，第 111 页。
② [德] 温克尔曼：《希腊人的艺术》，邵大箴译，桂林：广西师范大学出版社 2001 年版，第 113 页。
③ [德] 温克尔曼：《希腊人的艺术》，邵大箴译，桂林：广西师范大学出版社 2001 年版，第 115 页。

族命运而发展变化。① 从古希腊流传下来的钱币和雕刻中，温克尔曼认为，希腊艺术远古风格的特征是"轮廓刚毅但僵硬，雄伟但不典雅，表现的力破坏了优美"，艺术家在技艺操作中追求"精细的完善性"。远古风格的发展是一个漫长的过程，从最初的无形式的艺术尝试之后就出现了，持续到公元前500年左右。随着古希腊民主自由的发展，希腊艺术开始向自由和崇高的风格过渡。温克尔曼说："远古风格建立在从自然移植过来的法则上，但由于随后和自然的远离而具有理想的性格。最初更多的是根据这些法则的条文来工作，而不是把自然作为模仿的对象，因为艺术创造了自己的属性。一些艺术革新家起来反对这些假定性的体系，他们重新接近存在于自然界的真理。大自然教导他们从僵直、从激烈表现和有棱角的人体部位转向轮廓的柔和，赋予不自然的姿势和运动以更多的完善和合理性，而且显示出来的与其说是知识性，不如说是优美、崇高和宏伟。"② 大致来说，崇高风格盛行在公元前500年到公元前370年之间，代表人物是斐迪亚斯、波利克里托斯、斯科帕斯、米隆等人。典雅风格从普拉克西特列斯（公元前375—前330年）开始，持续到亚历山大大帝和他的继承者们统治的时期。与崇高风格略微不同的是，典雅风格的主要特征是典雅、秀美，更多地模仿自然，线条更加柔和。"优雅通过动作创造出来并赖以存在，表现于活动和身体的运动；甚至当形象被衣服包裹着时，它也在人体的全部装束中显露出来。"③ 拉奥孔雕像群被温克尔曼当作典雅风格的代表作。"表现的多样化和丰富性丝毫不会有损于典雅风格作品的整体和谐与宏伟感。在这些作品里，心灵似乎通过宁静、流动的外表表现出来，任何时候都不带汹涌澎湃的激情。在描绘痛楚时，激烈的折磨仍然是隐蔽的，如在拉奥孔雕像上那样。"④

当希腊艺术在典雅风格时期达到顶峰之后，题材已被用尽，表达手法也被充分发掘，神话故事也被充分表现，剩下的就是模仿时期的到来。

---

① ［德］鲁道夫·普法伊费尔：《古典学术史》下卷，张弢译，北京：北京大学出版社2015年版，第223页。
② ［德］温克尔曼：《希腊人的艺术》，邵大箴译，桂林：广西师范大学出版社2001年版，第182页。
③ ［德］温克尔曼：《希腊人的艺术》，邵大箴译，桂林：广西师范大学出版社2001年版，第186页。
④ ［德］温克尔曼：《希腊人的艺术》，邵大箴译，桂林：广西师范大学出版社2001年版，第189页。

在模仿时期，为了显示自己的创造性，艺术家们会更加注重精雕细作，注重圆润手法的使用，转向模仿远古的风格或者崇高的风格，甚至其他国家的艺术品风格。"模仿鼓励了独立认识的欠缺，由此产生描绘的不肯定性。同时，试图用仔细来弥补知识的不足，在局部精工细雕；在繁盛期是鄙薄这样做的，因为这有害于崇高风格。"① 模仿的结果是，艺术作品越来越显得迟钝和卑俗，雕像创作从宏伟、典雅的立身像转向制作精致肖像的头像和胸像。在罗马帝国的统治下，希腊的艺术更是彻底衰落了。"野蛮从根本上消灭了科学，不文明的行为波及全国。教养、勇气和性格为残酷的压迫所镇压，自由更无法提起。"②

(三)《古代艺术史》对马克思的影响

温克尔曼的《古代艺术史》阐述了艺术兴衰演变的历史规律及其影响因素，可以说是在马克思之前最具有唯物史观性质的艺术史著作。冯·斯达顿（von Staden, 1975）将马克思的希腊完美艺术观追溯到温克尔曼、莱辛、赫尔德、席勒、奥·施莱格尔、佐尔格等人的影响。温克尔曼的艺术史观对马克思的影响具体表现在以下几方面。

第一，古代和近代的类比。温克尔曼在谈到希腊艺术衰落时说："看来，在艺术中发生的和在哲学中一样，在一些艺术家当中看到的也见于一些哲学家。有一些折衷主义者和综合主义者，他们由于缺乏个人的创造力，便努力把许多个别的优美的部分搜罗成一个整体。人们把折衷主义者视作各个学派哲学家的模仿者，认为他们提供于哲学的极少极少，甚至毫无独立的东西。同理，在艺术中没有一个选择了这条道路的人留下某些完整的、杰出的与和谐的东西。"③ 而且，温克尔曼还认为，近代艺术也同古代艺术一样，在达到顶峰之后迅速衰落。"在分成若干时期这方面，近代的艺术的命运与古代相似，其中同样经历了四种主要的形式变化，区别仅仅在于，近代的艺术不是像希腊那样从它已达到的高度逐渐衰落，而是在很快达到它那时能够达到的高度——这在两个伟人身上

---

① [德] 温克尔曼：《希腊人的艺术》，邵大箴译，桂林：广西师范大学出版社 2001 年版，第 192 页。
② [德] 温克尔曼：《希腊人的艺术》，邵大箴译，桂林：广西师范大学出版社 2001 年版，第 41 页。
③ [德] 温克尔曼：《希腊人的艺术》，邵大箴译，桂林：广西师范大学出版社 2001 年版，第 192 页。

体现出来（我特别是指素描）——之后，突然转向下坡路。"① 这种将古希腊艺术与近代艺术衰落的比较，可能诱发了马克思《关于伊壁鸠鲁哲学的笔记》中将亚里士多德哲学之后的希腊哲学的发展与黑格尔哲学之后德国哲学的发展进行比较，以便寻求突破黑格尔哲学的路径选择。

第二，对细节的关注。温德尔曼提倡从细节中发现新的东西。"就像或多或少是由微小的方面来决定艺术家之间的差别，那些被称作细节的东西的被注意表现出观察者的细心；同时，小的还会引出大的来。……当我们重新观照时，心灵会平静下来，视线也会专注和从整体转向细节。"② 马克思在博士论文中注重细微差别的对比，要用显微镜的方法来探求德谟克利特和伊壁鸠鲁的自然哲学的差别。在《古代艺术史》中，温克尔曼谈到希腊雕像的那种"怡然自得"的神情，"促使伊壁鸠鲁明白地表示出他对于神灵的形体的看法，他给它们一个像身体的身体，像血的血，但西塞罗则认为这种说法含混不清，且不可理解"。③ 马克思在博士论文中谈到伊壁鸠鲁的神灵只是"希腊艺术里面所塑造的神灵"，重复了温克尔曼的话。

第三，注重自由与艺术创造力之间的内在联系。启蒙时期的哲学家和文艺理论家，一般都重视文艺繁荣和政治自由之间的密切关系。大卫·休谟在《论艺术和科学的兴起和进步》一文中从民族整体的角度认为，自由政治、相邻国家之间的相互仿效和竞争，以及艺术科学人才的跨国流动，是一个国家艺术和科学兴起的主要原因。温克尔曼更是以翔实的历史事实，系统性地证明了民主政治与自由创作、艺术繁荣之间的关系。这不仅激励马克思在博士论文中对自由的探讨，而且将其转化为对普鲁士的政治压迫与艺术贫乏之间内在联系的批判。在马克思看来，普鲁士的书报检查制度，是德国在1819—1840年期间精神萎靡和出版堕落的原因。在温克尔曼的影响下，马克思在1842年对希腊宗教和希腊艺术的许多著作做了摘录，试图勾画出希腊艺术和基督教艺术之间的本质差别。在马克思看来，由于基督徒被教导在面对上帝的全能时要颂扬自

---

① ［德］温克尔曼：《希腊人的艺术》，邵大箴译，桂林：广西师范大学出版社2001年版，第200—201页。
② ［德］温克尔曼：《希腊人的艺术》，邵大箴译，桂林：广西师范大学出版社2001年版，第229—230页。
③ ［英］希·萨·柏拉威尔：《马克思和世界文学》，梅绍武等译，北京：三联书店1980年版，第37页。

己的软弱和焦虑，基督教的艺术就显得宏大和臃肿。希腊艺术则把握了平衡、比例和适度，充分体现了人的创造力。它们制造客体但没有变得依赖其创造物。基督教艺术则是前希腊时期的野蛮艺术的延续，是高度依赖于人自身之外的上帝或国王这些主导性力量的表现。两者构成了完全对立的两极：希腊的自由与民主，普鲁士的专制与君主制，充满创造活力的希腊人与非人化的现代人，优美的艺术与臃肿的艺术之间的对立。①

第四，最为重要的是，温克尔曼将物质生产力的发展水平放在了艺术品创作的核心地位。在研究艺术史时，温克尔曼将孟德斯鸠的《论法的精神》作为他的历史观的基础。孟德斯鸠从气候、土壤、居民的数量、财产和风俗等因素的角度来考虑法律和政治所受到的自然和社会条件的限制。温克尔曼根据这一原则，则试图从自然条件、社会条件和政治条件中探寻希腊艺术发展的原因。温克尔曼说："艺术史的目的在于叙述艺术的起源、发展、变化和衰颓，以及各个民族各时代和各艺术家的不同风格，并且尽可能地根据流传下来的古代作品来作说明。"② 这说明，温克尔曼对艺术史的研究，不是简单的资料收集和排比，而是努力探究艺术发展的历史规律和"一种提供体系的尝试"。尽管政治自由为艺术的创造性提供了必要的社会条件，但是，艺术的表达形式受到物质材料的选择和生产力发展水平的制约。温克尔曼对各种艺术品材料和技术的重视，不仅对马克思的生产力发展的思想提供了某些启发和借鉴，而且可以看做是马克思的唯物史观的重要来源之一。马克思和恩格斯在《德意志意识形态》中谈到了拉斐尔、达·芬奇和提香的艺术成就由技术进步、社会的组织、当地和所有国家的劳动分工、社会的教育和文化决定的思想。③ 但是，马克思认识到，物质生产和艺术发展之间存在不平衡性的问题，艺术在物质生产力的既定范围内具有自身发展的规律。物质生产和技术的发展会限制某些领域的想象力发挥，史诗和神话很难在生产力高度发展的社会出现。艺术的想象力弥补现实技术不足，而技术的发展缩小了传统想象力的空间，也会开发出新的但与传统生活更加脱离的空

---

① Heinrich von Staden, "Greek Art and Literature in Marx's Aesthetics", *Arethusa*, Vol. 8, No. 1, Spring 1975, pp. 134.
② ［英］鲍桑葵：《美学史》，张今译，北京：商务印书馆1985年版，第315页。
③ 《马克思恩格斯全集》第3卷，北京：人民出版社1960年版，第459页。

间。这样，艺术的演变不仅会遵循物质生产力发展的一般规律，也会遵循艺术发展的特殊规律。

第五，希腊人性的完美模型对共产主义的启示。温克尔曼崇尚古希腊的艺术是真正美的艺术，是古希腊人在自由的环境中充分发挥人的创造力的结果。这种艺术理念通过新人文主义和浪漫派的提炼在马克思那里扎下了根。按照马克思的异化劳动理论，在废除私有财产和超越了劳动的必然性王国之后，共产主义社会是一个由非异化的人组成的社会，而非异化的人就是充满创造性和审美情感的人。在《德意志意识形态》中，马克思和恩格斯渴望，在共产主义社会，艺术家不再从属于国家分工和职业的狭隘性束缚，会按照美的规律自由追求美的创造，实现活动的自由、艺术感觉和内在创造力的统一。由于希腊人的艺术成就体现了人类在正常的儿童时期的创造成果，因此，成熟的共产主义社会就是一个新的希腊人全面发挥创造力的自由社会。

## 第四节　马克思大学早期的创作与分析

马克思在大学早期不仅写作了大量的浪漫主义诗歌、小说和戏剧，而且还创作了一部法学手稿和一部哲学手稿。在戏剧《乌兰内姆》中，马克思参照柏拉图的《斐德罗篇》，以浪漫主义的艺术手法，批判了人与人之间在爱情关系领域的功利主义道德观。在未流传下来的法学手稿中，马克思尝试按照康德和费希特的法哲学框架构建一个形式主义的法学体系。现实生活的深刻体验让马克思放弃了文学道路的选择，法学体系的失败尝试推动马克思更深入地研究哲学。最终，因为家庭和政治的原因，马克思被迫放弃法学博士的寻求，撰写了哲学史方面的博士论文，走上了理论研究与革命实践相结合的道路。

### 一、《乌兰内姆》与传统伦理道德的批判

现在流传下来的手稿《乌兰内姆》是一部只完成了第一幕四场剧的戏剧。马克思采用独白和对话相结合的浪漫主义手法，讲述了自己幻化为年长的德国旅行家乌兰内姆和他的年轻旅伴卢钦多，到一家意大利旅店投宿所产生的悲剧故事。《乌兰内姆》在马克思早期思想的研究中没有得到足够的重视。麦克莱伦仅仅称其为"幽默惊险剧本"，但没有对

这一判断做出详细的分析和说明。① 聂锦芳在分析这个"故事情节无可考证"和"人生议题重大,重大而无解"的戏剧文本后说:"如果仔细地研读文本,一方面我们可以从中感受到马克思受欧洲人文经典和浪漫派思潮的强烈影响,另一方面又可以发现其中无疑也包括了他自己对人性、心理、爱情、仇恨和永恒等议题的独特理解。"② 在 1837 年 11 月 10 日致父亲的信中,马克思谈道:"在我寄给你们的最后一册笔记中,理想主义渗透了那勉强写出来的幽默小说《斯科尔皮昂和费利克斯》,还渗透了那不成功的幻想剧本《乌兰内姆》,直到最后它完全变了样,变成一种大部分没有鼓舞人心的对象、没有令人振奋的思路的纯粹艺术形式。"③ 这里需要解决的问题是:其理想主义体现在何处,为什么不算成功,为什么"到最后它完全变了样"?

(一)《乌兰内姆》的戏剧情节

人们在传统中生活,就用传统来对待人,不管这个人是陌生人还是当地人,不管这个传统是否具有理性。旅店老板佩尔蒂尼是一个小市侩,表面上友好热情,背地里却计算着如何报复自己仇恨的乌兰内姆,不管这个名叫乌兰内姆的人是不是真正的仇人。这种小市侩常常会违背康德的善良意志,即"每个人都有权要求其邻人的敬重,而且他也交互地对任何他人有这方面的责任"。④ 良心被抛在一边,相识的名字就勾起了记忆中的仇恨,任凭"看样子"的幻觉和假象行事。佩尔蒂尼不是用目光去"识别美的事物",不是用目光"使热情冲天燃烧",不是用目光去"升华万物独具魅力",不是让目光"神采四溢流转如泉",不是用目光去"穿透广阔的世界"(《盲女》),而是用目光去寻找似曾相识的仇恨。⑤ 当乌兰内姆幻化的卢钦多高度赞扬乌兰内姆"他具有一种男性的深邃而热烈的气质,一个能容下整个世界的胸怀,而那颗心又洋溢着众神的温暖"时,佩尔蒂尼询问卢钦多是否了解乌兰内姆,是否两人心心

---

① [英] 戴维·麦克莱伦:《马克思传》,王珍译,北京:中国人民大学出版社 2016 年版,第 18 页。
② 聂锦芳:《复仇与征服:马克思早期作品〈乌兰内姆〉中的情节与主题》,载《北京行政学院学报》,2014 年第 5 期,第 96 页。
③ 《马克思恩格斯全集》第 47 卷,北京:人民出版社 2004 年版,第 12 页。
④ [德] 康德:《道德形而上学》,张荣、李秋零译,北京:中国人民大学出版社 2013 年版,第 239 页。
⑤ 《马克思恩格斯全集》第 1 卷,北京:人民出版社 1995 年版,第 853—854 页。

相印——"就好像一颗心在另一颗心中直接感受到自身，一颗心早就知道另一颗心所想所念，如自己的一般真切"。① 对佩尔蒂尼来说，一个人既不了解自己，也无法说清楚与他人相交的起源，就必然是生活在"幻觉和假象"之中。心是一个物自体，在不了解它的情况下就称颂一个人的智慧、善良和情感，无疑是一种"浪漫"的事情。看来，佩尔蒂尼是一个康德的信徒，坚信心灵物自体的不可知论，但却违背了康德的道德哲学的教导。在每天的生活中，佩尔蒂尼只按照时光的表象精心地打点自己的生意，等待末日审判时"用神的拳头来检验我们的表皮"下掩盖的是"羔羊还是恶浪"。在康德看来，这就是一种内在说谎的恶习。"如果他撒谎说信仰一个未来的世界审判者的话，因为他在心中实际上并没有发现这种信仰，但他说服自己，在思想中向知人心者表白自己的信仰，以便在任何情况下都骗取他的恩惠，这毕竟不可能有坏处，但却有好处。"②

可是，幻化的卢钦多，因为没有名字，不在末日审判的生死簿上，让无所不知、无所不能的上帝也为难。③ 佩尔蒂尼把这种人叫做"杂种"——一个"不知道自己的家谱而发现自己混在别的家庭中"的人，并称杂种是顺服宗教信徒的反讽。佩尔蒂尼嘲弄着说："确实，杂种往往生气勃勃，精力充沛，不错，他们总是茁壮成长，甚至还春风得意，青云直上，好像他们知道，他们是在纵情欢乐中诞生的，而不是奴性的结合在枯燥沉闷中孕育了他们！你看，这样的杂种就像讽刺作品，其作者就是人的天性，而婚姻则像在安乐椅上正襟危坐的妇人，她戴上帽子和各种首饰，把愁苦的面容弄得奇形怪状，她脚旁放着一张干瘪的羊皮纸，纸上胡乱写着神父们亵渎神灵的肮脏词句，前景是教堂冷清清的厅堂，背后是一群打打闹闹的乌合之众。"④ 一个只知道表象的人，居然知道上帝所不知道的事情，并在上帝的头上捏造是非，批评宗教，从嘲讽他人

---

① ［德］约翰·哥特弗雷德·赫尔德：《反纯粹理性：论宗教、语言和历史文选》，张晓梅译，北京：商务印书馆2010年版，第105页。
② ［德］康德：《道德形而上学》，张荣、李秋零译，北京：中国人民大学出版社2013年版，第208页。
③ 实际上，在生活中，每一个人都有多个面孔，面对不同的对象时就展示不同的面孔。佩尔蒂尼就是如此。德国浪漫主义者在艺术手法上还将这种面孔的变化自由地幻化为不同的人，以便展开浪漫主义反讽。例如，路德维希·蒂克在《穿长靴的猫》中就设计了一个灵活多变的巨人"法规"，他能以任何面目出现，结果在幻化为老鼠时被公猫吃掉了。歌德在《浮士德》中设计的海神普洛透斯，不断变换为大龟、海豚和高贵的形体。
④ 《马克思恩格斯全集》第1卷，北京：人民出版社1995年版，第750—751页。

的尖刻言辞中获得残酷的喜悦。这又是一个多么大的讽刺呀！信徒变成了裁判人间是非的上帝，地狱与人间的界限模糊了。在卢钦多看来，佩尔蒂尼就是一个"干瘪的骷髅"，"嘴里念着恐吓的咒语"。一切都幻化了，一切都形变了，那就按照幻化的人做游戏吧。卢钦多于是说："现在，你记住，我们是游戏同伴，你这样就露出了真实嘴脸，快说出你那蛇蝎心肠里的全部东西，只要这些是猜疑和嘲弄，我将统统扔回到你喉咙里，你就得吞下你自己的毒汁，而后我再跟你做游戏，现在你就说，我要你说！"① 既然知道自己是幻化的人，那么，真实的人就是存在的，就需要说出来。佩尔蒂尼拒绝这样做，并认为大火会烧掉卢钦多。殊不知，卢钦多只是一个幻化的人。现在，坚信表象的人反而是一个真实的、无知的人，坚信心灵可知的人却是一个幻化的人，最终出现了黑格尔在《精神现象学》中批判的善恶颠倒的二重世界。②

表象的人遇到幻化的人，"又是讽刺又是辱骂"，冲突于是产生。卢钦多要求佩尔蒂尼"赔罪、雪耻、消除流毒"。佩尔蒂尼却是言辞的巨人，行动的矮子，不敢进行决斗。卢钦多说："咱们的纷争可以当场解决，然后你可以逃往地狱，告诉那里的魔鬼：是我把你打发去的。"③ 可是，佩尔蒂尼认为卢钦多只是一个名字的表象，没有真实的东西，以便为自己的冒失之举开脱。佩尔蒂尼说："你不过是一块从月亮上掉下来的石头，有人在上面划出了一个词，你看到了这个词，它念作'卢钦多'。我才不敢拿我自己，拿我的荣誉、性命和一切来跟这块空空的牌子打赌。难道你想拿我的血来做画家的颜料，想拿我当刷笔那样随意涂抹？不，我们的等级地位太不相同，实在是天差地远，我像你反对我一样反对你，我知道我是谁，可你呢？你知道你是什么东西？你连自己也不知道，你一文不值，一事无成，你那个杂种的胸膛里从未燃起过荣誉之火，你倒想像小偷一样拿我的荣誉来给我作担保？"④ 佩尔蒂尼只是在言辞里打转，贬低他人，并没有接触和了解过真实的卢钦多，就认为真实的卢钦多不存在，或者无法知晓。至于表象的东西，用眼睛看到的东西，也

---

① 《马克思恩格斯全集》第1卷，北京：人民出版社1995年版，第752页。
② [美]罗伯特·C. 所罗门、凯特林·M. 希金斯主编：《德国唯心主义时代》，储昭华等译，北京：中国人民大学出版社2016年版，第214页。
③ 《马克思恩格斯全集》第1卷，北京：人民出版社1995年版，第754页。
④ 《马克思恩格斯全集》第1卷，北京：人民出版社1995年版，第754—755页。

"只是一种骗局,是我们摆脱不了的永久嘲弄"。这样,真实的东西不一定不可知,表象的东西不一定可知。即使要认识一个人的表象,也需要无限的认识能力,要求"我的眼睛曾经饱览人世沧桑"。这就意味着,不管是本质还是现象,我们每一个人在认识它的时候,都是"像一头善于审美的、心情阴郁的瞎眼母牛",只能凭借"偶合"的机会才能获得认识。此时,佩尔蒂尼和卢钦多达成了解决冲突的初步和解:所有认识都是偶合,赋予一个人或者物体的名字也是偶然的。

趁热打铁,卢钦多请求佩尔蒂尼谈一谈是否认识乌兰内姆。承认自己是胆小鬼的佩尔蒂尼却要求决斗了,这真是一场绝妙的讽刺呀。气得卢钦多破口大骂:"你的心肠如同铁石,无法打动,你的心灵因搞惯了讥笑讽刺,已经干枯,发出臭气,它像吞服灵药似的吞下毒汁。"① 听着卢钦多的痛骂,佩尔蒂尼只是笑嘻嘻地说这是"偶合",并要卢钦多回去向乌兰内姆忏悔自己的罪过。什么罪过呀?就是卢钦多过于胆小的罪过,没有毫无理智地与佩尔蒂尼决斗的罪过。佩尔蒂尼说:"去告诉那位可尊敬的老先生,说我们吵架了。说你曾要求我决斗,但过于客气,你过于客气,你是虔诚的孩子!去向他忏悔你的罪过,请求他饶恕!"② 这里包含几层的讽刺:第一,卢钦多刚才还被佩尔蒂尼认为是不信教的杂种,现在要按照基督徒的仪式进行忏悔和饶恕;第二,佩尔蒂尼承认自己是胆小鬼,不敢进行决斗,现在却要卢钦多承担胆小鬼的罪责;第三,基督教人要顺从、虔诚、胆小,现在佩尔蒂尼却要虔诚、胆小的人忏悔。弗里德里希·施莱格尔曾说:"讽刺中,一切都既应是笑谑的,又应是严肃的;一切既应是诚恳坦率的,又应是深藏若虚的。只有当对生命艺术的敏感与科学精神得到统一时,当完美的自然哲学与完美的艺术哲学两相吻合,讽刺才能产生。它蕴含在我们心中并引起对无条件者和有条件者之间那种不可克服的矛盾的感知,对全部论点的不可能性和必然性的感知。"③ 在讽刺中,一切都颠倒了,基督徒与非基督徒都混淆了,信仰与伦理道德也分不清了。对于一个对自己都毫不了解的人而言,"我像了解自己那样了解上帝"就说明信仰是盲目的。在毫无所知的上帝面前发

---

① 《马克思恩格斯全集》第1卷,北京:人民出版社1995年版,第757页。
② 《马克思恩格斯全集》第1卷,北京:人民出版社1995年版,第758—759页。
③ [苏] 阿尔森·古留加:《谢林传》,贾泽林等译,北京:商务印书馆1990年版,第72页。

誓,就相当于将言辞抛向无穷的天际,毫无约束力可言。这是一个什么样的誓言呀?决斗的气氛缓和了,曾经满怀敌意和报复之心的佩尔蒂尼,却声称自己"只是生性率直而已"。真正率直的却是卢钦多。对于刚才发生的讽刺和讥笑的事情,他表示既不会记恨在心,也不会立即表达对佩尔蒂尼的尊重。卢钦多说:"上帝可鉴,我决不会向你立下誓言,说我喜欢你,像朋友那样尊重你,我不能,也不可以向你发这个誓,但是过去的事儿就让它永远被忘记,就作为一场令人生厌的噩梦,犹如一切梦幻那样转瞬即逝,我将把它抛到九霄云外,这一点我可以对着神灵向你发誓。是神灵创造了乾坤,他的目光所到之处,万物将成为永恒。"① 一个将多年前的往事还耿耿于怀,一个将眼前的不快发誓忘记;一个自称是基督徒,等着上帝在末日审判时检验是"羔羊还是恶狼",一个被讥讽为异教徒、杂种;自称是基督徒的人持有对"你怎么信上帝,对我无所谓"的不虔诚态度,自称杂种的人却说神创造的世界将成为永恒。在这样一个颠倒的世界中,康德视野中的善意之爱和敬重的道德就显得虚无缥缈。

人们就是在这样无聊的事情上浪费光阴,无视周围环境的巨大变化。这样的永恒有何意义!"啊永恒!它意味着无休无止的痛苦,它意味着无法言喻的神秘的死亡,它是创造出来让我们忍受嘲弄的可鄙的作品,而我们不过是听凭摆布的钟表,上好了弦去充当报告时辰的傻瓜。"② 在诗歌《愿望》中,马克思也谈到"心灵永不放纵,禁锢在内心的戒律之中"的痛苦。"欢乐只会让人陶醉一次,永恒将使欢乐变成悲怆,此后它便失去异彩奇光,昔日情景只剩下一片苍凉。那绵绵无尽的痛苦,总是同愁云和黑纱共存,因为鬼使神差,人们在世上都要拼搏斗争。"③ 幻化的乌兰内姆在佩尔蒂尼家的大厅中来回思索。生命的意义究竟何在?是随着时光机器奔向死亡,走向虚无,还是编造一个宗教谎言,唱着哀歌,夹杂着诅咒,温暖着走向死亡,还是在我们的生命的火焰中尽情地爱恋,勇敢地行动?不管人类如何行动和言语,时光会永不停歇地流逝,生生死死永无穷尽。马克思在诗歌《人生》中写道:"时光倏忽即逝,宛如滔滔流水;时光带走的一切,永远都不会返回。生就是死,生就是

---

① 《马克思恩格斯全集》第1卷,北京:人民出版社1995年版,第760页。
② 《马克思恩格斯全集》第1卷,北京:人民出版社1995年版,第761—762页。
③ 《马克思恩格斯全集》第1卷,北京:人民出版社1995年版,第850—851页。

不断死亡的过程；人们奋斗不息，却难以摆脱困顿；人走完生命的路，最后化为乌有；他的事业和追求湮没于时光的潮流。"① 也许，马克思在阅读《浮士德》时，从浮士德"对生和死作一番思考，想起了知和行以及毁灭之道"中得到某种人生意义的启发。② 也许，正像弗兰克尔（Victor E. Frankel）在《追寻意义：存在分析治疗导论》中所说，"寻找生命的意义，是人类首要的动机力"。③ 人无法改变时间女神的屹立不动，但人可以采取不同的生活道路，并赋予这样的生活以不同的生命意义。佩尔蒂尼就是这样一个"老老实实地数着钟点混日子"的人。在这样的生活中，到处都充满着"无声无息的痛苦悲伤"，死神似乎笼罩着整个世界，没有一点生气。为了摆脱生命的煎熬，"宇宙万物陷入了盲目的争端和斗争，为了要自己摆脱自己，要在争吵中把自己耗尽"。④ 几十年前的小事，都要怀恨在心，在机缘巧合的时候把心中的仇恨无端喷洒。如果在这样的生活中还有一颗火热的心，还看不到生命的尽头，那么，最好的办法就是纵身跳入深渊，"我的双臂紧抱住这严酷的存在，它就在拥抱着我时悄然逝去，然后沉没于虚无之中，完全消失而不复存在"。⑤

另一种生活态度是编造一种宗教谎言，生活的痛苦被说成是暂时的"放逐"。"啊！面对死气沉沉的生活，耳听颂扬神明的歌唱，我毛骨悚然不寒而栗，心中充满了恐怖惊惶。因为当人间万事突然终结，当一切力量的纷争都已停息，当我们不再感到生活的痛苦，当我们到达最后的归宿，我们应该赞美永恒的上帝，把虔诚的赞歌唱个不停；我们只顾对上帝表示崇敬，再也不知道什么是欢乐和伤心。"⑥ 尽管宗教谎言无法改变我们被永远地捆绑在"存在"这块大理石上的命运，无法撵走"这把一切都拴在一起的沉闷的世界"，但是，毕竟我们还可以"为创世者唱着哀歌"，也是"为自己高唱着挽歌"。即使这有滑稽的成分，但是，"眼睛由于看到了毁灭而闪烁着欢快恶毒的光芒"。⑦ 康德就认为，宗教

---

① 《马克思恩格斯全集》第1卷，北京：人民出版社1995年版，第915页。
② 《马克思恩格斯全集》第1卷，北京：人民出版社1995年版，第741页。
③ [美] 维塞尔：《普罗米修斯的束缚：马克思科学思想的神话结构》，李昀、万益译，上海：华东师范大学出版社2014年版，第30页。
④ 《马克思恩格斯全集》第1卷，北京：人民出版社1995年版，第762页。
⑤ 《马克思恩格斯全集》第1卷，北京：人民出版社1995年版，第762页。
⑥ 《马克思恩格斯全集》第1卷，北京：人民出版社1995年版，第731—732页。
⑦ 《马克思恩格斯全集》第1卷，北京：人民出版社1995年版，第763页。

义务"这个理念完全是从我们自己的理性中产生的,是由我们或者是以理论的意图,即为了解释世界整体的合目的性,或者也是为了在我们的行为中用于动机,而自己制作的"。① 为了这暂时欢愉的宗教歌声,信徒并非完全不付出代价。"我们这些冷酷的上帝的猿猴们还在辛辛苦苦用充满爱心的胸膛来温暖那条毒蛇,让它长成巨大无比的躯体,低下头来把我们咬上一口!"② 一边是时间流逝的虚无,一边是宗教谎言的吞噬。在康德看来,不管是出于好心、轻率、蓄意还是一个真正善的目的,说谎或者"表达自己的思想时任意刻意的不真实",是人对自己作为道德存在者的义务的最严重侵犯,是对自己人格的一种犯罪,是人的一个纯然欺骗性的表现。"说谎就是丢弃,仿佛就是毁掉其人的尊严。一个人自己都不相信他对另一个人(哪怕是一个纯然观念上的人格)所说的话,所具有的价值,甚至比他纯然是物品所具有的价值还要小。"③ 在为了欺骗他人的外在说谎中,一个人成为他人蔑视的对象。在为了欺骗自己的内在说谎中,一个人成为自己蔑视的对象,并伤害了自己人性的尊严。当这种宗教谎言在生活中蔓延时,不诚实的恶习就会表现在人与人的关系之中。如果说过去的人们在虔诚地相信宗教中获得了生命的意义,那么,宗教现在都处于崩塌之中,继续采取宗教生活的态度就不是一种理性的生活态度。因此,"捣毁那谎言编造出来的一切,以诅咒来结束诅咒所造成的一切",就是生活中的一部分。④ 从这里可以看出,在1837年2月,马克思批判宗教的态度就在康德道德哲学的启示下开始凸显出来。只不过在这时,采取的手段还只是"捣毁谎言"或者"诅咒"的办法。这种对现实和宗教进行批判的态度,不同于黑格尔所提倡的对现实进行调和的态度。在《法哲学原理》中,黑格尔说:"在现在的十字架中去认识作为蔷薇的理性,并对现在感到乐观,这种理性的洞察,会使我们跟现实调和。"⑤ 这种对现实调和的哲学态度,在实践上就会"象犬儒主义者

---

① [德]康德:《道德形而上学》,张荣、李秋零译,北京:中国人民大学出版社2013年版,第221页。
② 《马克思恩格斯全集》第1卷,北京:人民出版社1995年版,第763页。
③ [德]康德:《道德形而上学》,张荣、李秋零译,北京:中国人民大学出版社2013年版,第207页。
④ 《马克思恩格斯全集》第1卷,北京:人民出版社1995年版,第763页。
⑤ [德]黑格尔:《法哲学原理》,范扬、张企泰译,北京:商务印书馆2009年版,"序言"第15页。

那样装出一副狗相，象亚历山大里亚派那样穿起祭司的法衣，或者像伊壁鸠鲁派那样披上芬芳的春装"，从而"给自己戴上了各种具有特色的假面具"。① 马克思在诗歌《愿望》中说："你们可以尽心侍奉上帝，你们正是从他那里飞旋而来，你们可以对他顶礼膜拜，却无法使我同他和解！"② 相反，对现实和宗教进行批判的态度，更接近于浪漫主义者和康德哲学的批判精神。弗·施莱格尔认为那种接受现有世界的哲学和看法，是"完全错误和颠倒的，[哲学方法]必须坚决彻底地揭示……这种观点的肤浅、空洞和虚无，突破它，为最高真理铺平道路"。③ 在一定程度上说，一个哲学家对现实采取妥协态度就是一种苏格拉底的讥讽，而对现实采取批判的态度则是一种浪漫主义的反讽。

还有一种生活态度，就是积极地投入生活，去爱，去战斗，去行动，在行动中去寻求生命的意义。奥古斯特·施莱格尔在《普罗米修斯》（1797）中借普罗米修斯之口，向人类呐喊道："学会去行动，去创造，去勉力而为（do without）！即便一切都在与你作对，[你的]内在力量，仍然会证明自己的胜利。"④ 马克思的许多诗歌都表达了这种观点。与前两种生活态度把虚无、宗教谎言当作永恒不变的手段不同，行动的生活态度需要机缘的巧合。佩尔蒂尼将卢钦多带到阿尔迈德的家，去看他的养女贝娅特里瑟，就是这种机缘的偶合。在生命毫无意义的佩尔蒂尼看来，一个年轻漂亮的女人，与"巉岩间的深渊""火山喷发后形成的湖泊""静静的微波"这些风景并无不同，都代表着岁月的无情流逝。如果卢钦多不喜欢美丽的女人，那么，他就与自己一样，都对生命持有悲观的态度。佩尔蒂尼顺便可以讥讽他一下，悲观的人生哪有什么善良。如果卢钦多喜欢漂亮的女人，那么，她的情人就会与他展开决斗，了却自己胆小怕事无法参与决斗的心愿。在行动主义者和浪漫主义者卢钦多看来，峭壁、巉岩、石头、港湾"各处都有神秘的地方，使我们心醉神迷，流连忘返"。自然本身都有意义，更不用说拥有生命的人了。出于对佩尔蒂尼的不信任，当佩尔蒂尼说带他来看一个温柔的女人时，卢钦多

---

① 《马克思恩格斯全集》第40卷，北京：人民出版社1982年版，第135页。
② 《马克思恩格斯全集》第1卷，北京：人民出版社，1995年，第852页。
③ [美]维塞尔：《普罗米修斯的束缚：马克思科学思想的神话结构》，李昀、万益译，上海：华东师范大学出版社2014年版，第150页。
④ [美]维塞尔：《普罗米修斯的束缚：马克思科学思想的神话结构》，李昀、万益译，上海：华东师范大学出版社2014年版，第73页。

首先想到这是一个找妓女、损毁自己的道德情操的骗局。卢钦多着急地说:"当整个生活的重担落在我肩上,要把我压得粉身碎骨,当我的胸中有如浪潮起伏,恨不得疯狂地把自己消灭,一呼一吸都将招致千百次死亡的时刻,这个时候你还带我来找女人!"① 尽管持有谨慎的怀疑,卢钦多还是猜不透佩尔蒂尼的阴谋。一个初次相识的旅店老板,一个刚才讥讽自己到决斗的旅店老板,会把自己带到什么地方去呢? 在一个到处都是悲观主义者和宗教谎言者的世界中,行动主义者会处处碰壁,还是小心为妙。让卢钦多没有想到的是,"在碧波深处,居住着一位女神,在这个波涛汹涌的王国,她就是主宰一切的女王。她是纯洁、超凡的神灵,尘世间没有她那种韵致,我必须探明她的真意,我想要一睹她的丰姿"(《莱茵河女神》)。②

一旦见到美貌胜似倾国倾城的少女贝娅特里瑟,卢钦多就感觉到血液沸腾、心醉神迷,情感超越了冰冷的理性,开始语无伦次地赞扬起来。席勒在《秀美与尊严》中说:"只有爱是自由的情感,因为它以纯粹为原则,而且因为它源自自由的宝座,源自我们的神性。"③ 在获得爱情之前,人是处于黑暗之中的,无法欣赏美的事物。在诗歌《盲女》中,马克思谈到,盲女无法品赏人生的快乐,也无法欣赏金色的阳光和春暖花开,只能独居在幽暗的斗室中,聆听狂风怒吼、大海咆哮。崇高和美都与她无缘,生命也奄奄一息。"他飘然来到她的坐椅前边,轻轻抚摸她的睫毛,黑暗的镣铐当即粉碎,她顿觉眼前如此美妙;她紧压胸口,让心儿不要狂跳,她抬起眼睛,只见一片光华普照。……壮丽的景色使她倾倒,伟岸的形象使她涌起新潮,他的身材如此匀称,又有如此迷人的仪表。她内心思慕的形象,在他身上体现得如此美好。"④ 爱的情感击碎了冰冷的现实,让人超越了现实。

言辞这个表象,根本无法表达心这个物自体。贝娅特里瑟很想知道,卢钦多的赞扬是出于言辞上的恭维,还是出于真心的爱慕。"言语并不能将人们牵制,我们心中的真情才是行为的根基。言语如水可以一泻千里,

---

① 《马克思恩格斯全集》第1卷,北京:人民出版社1995年版,第764页。
② 《马克思恩格斯全集》第1卷,北京:人民出版社1995年版,第887页。
③ [美]维塞尔:《普罗米修斯的束缚:马克思科学思想的神话结构》,李昀、万益译,上海:华东师范大学出版社2014年版,第81页。
④ 《马克思恩格斯全集》第1卷,北京:人民出版社1995年版,第856—857页。

它不能化作纽带把心灵连在一起。"① 原来，言语是一种掩盖真相的衍生物。表象与物自体的区分，不过是言语与真情实感及其行动的区分。海涅研究者卡尔·皮茨克尔说："谁在写作文学文本，谁正体验着自身的被分离状，并且设法一边写作，一边在分离经验与融合经验之间摇摆着，制造新的统一。"② 摆脱了语言的桎梏，真情实感就会自然流露。"当你真正感到对方的话是肺腑之言的时候，自己的心灵也一定会敞开来接受一个陌生心灵的真情的流露。"③ 只有在相距较远的时候，笨拙的言辞才是表达情感的最佳手段。马克思在《致燕妮》(十四行诗)中写道："话语！你是谎言，你是随着生命移动的空洞的影子，倘若我要借用你那僵死无力的形式，怎能把自己的衷肠尽情倾诉？可是人间那些忌妒之神谙熟尘世上火焰般的激情，可怜的恋人只有用声音才能吐露心中热烈的激情。……所以，爱慕之情不得不穿上褴褛衣衫，获得一个凄惨的虚假外观，本来话语是从心中奔腾涌出，可是它却冷酷地把心剖开，于是，思恋和忧伤就发出声响，由于尚未平息就已变冷，它们永远无法领略自身的滋味，不能无拘无束地充分享受心醉神迷的快乐。……啊！话语是偷盗灵魂的卑鄙盗贼，它狡猾阴险地尽情嘲弄我们，昔日它是渣滓，被人们遗忘，如今它却成了宝贝，熠熠发光。"④ 如果在青春少年之际有丰富的恋爱经历，也许，康德就不会过多地关注表象和物自体，黑格尔也不会过多地强调语言概念的普遍性和忽视经验所包含的知识成分，而会像马克思那样关注行动和批判意识形态。⑤

卢钦多突然爱意横流，滔滔不绝地说："噢，如果我的心能说话，能够倾吐你所深深注入的一切，我的话语就会变得热情如火的旋律，我吐出的每个词儿都会永恒不灭，每个词儿都会像蓝天，像广阔无际的天国，在那里，生活中的一切思想都光芒四射，到处都充满着温存的思恋与和谐；我的胸襟里柔情脉脉地怀着整个宇宙，吐露出来的是美丽的太空之

---

① 《马克思恩格斯全集》第 1 卷，北京：人民出版社 1995 年版，第 845 页。
② [德] 弗里茨·约·拉达茨：《海因里希·海涅传》，胡其鼎译，北京：东方出版社 2001 年版，第 84 页。
③ [法] 卢梭：《忏悔录》第一部，黎星译，北京：商务印书馆 2009 年版，第 240 页。
④ 《马克思恩格斯全集》第 1 卷，北京：人民出版社 1995 年版，第 630—632 页。
⑤ 黑格尔在《精神现象学》的第 110 节中认为"无法说出的知识，完全是不真实的、非理性"的知识，从而忽视了体验和无意识的重要性。

光，因为千言万语呼唤的只是你的名字！"① 即使苍白的言辞无法完整地表达卢钦多的爱意，即使佩尔蒂尼讥讽卢钦多"喜欢乱抛音乐旋律和心中真情"，贝娅特里瑟立即对卢钦多心生好感，礼貌地要求卢钦多坐在沙发上。可以说，贝娅特里瑟和卢钦多就仿佛是诗歌《里奇奥，玛丽·斯图亚特的歌手》中的玛丽和歌手。"玛丽的双颊泛出红光，崇高的情感充溢心房，一边发出温和的责备，一边保持威严的形象。玛丽的脸上神采奕奕，人世难寻这绝色女郎，周身呈现出天仙韵致，那风姿就像女神一样。歌手此刻已心驰神往，默然享受这幸福时光，可怜的心儿已经陶醉，青春的双唇灼热滚烫。……他唱出对女王的痴情，痴情如火燃烧着心房，女王的眼泪夺眶而出，随后将头颅转向一旁。"② 惯于心计的佩尔蒂尼见此情景，故意想把卢钦多拉走，还不断地讥讽卢钦多的爱情表白是"奇思怪想"，把两个人的心心相印粗鲁地称为"从胃里出来很快就钻进心窝里"。深陷爱情漩涡的卢钦多，自然不走，发出"你在耍弄我"的愤怒，称他是一个"乖巧的滑头"。佩尔蒂尼就是要利用这样一个"温柔乡"的机会脱身，去安排自己的计划。

在佩尔蒂尼离开之后，贝娅特里瑟对他的粗鲁和阴阳怪气进行了这样的评论："从他的心灵里往往跑出怪诞的幽灵，说实话，这一点使我讨厌，好像他正在心里琢磨着阴暗的东西，他鬼鬼祟祟，不敢把那些东西呈现在光天化日之下，而那些东西比他嘴上说出来的更坏，也许比他心里盘算的更坏。"③ 在佩尔蒂尼这种看不到生命意义的人那里，似乎一切都是猜疑，一切都是阴谋，而"猜疑是条蝮蛇呀"。在卢钦多这种心口如一的人看来，"心有所感，嘴唇就会颤动"。美貌少女的魔力立即让他失去了理智，让他爱上了她。卢钦多情不自禁地向贝娅特里瑟表白："我应当赶快行动，是时候了，干吗要拖延？延误每一瞬间都会导致毁灭。我能把这事隐藏在心？——这真怪，怪得离奇，我以前从未见过你，我自己也说不清楚，我们竟是一见如故，仿佛在我内心隐藏的那些幻想的乐章，现在突然变成了一个活生生的温馨的美人，仿佛有一条看不见的红线早就把我们连在一起，而此时此刻这一结合成了现实！"④ 对于卢钦

---

① 《马克思恩格斯全集》第1卷，北京：人民出版社1995年版，第765—766页。
② 《马克思恩格斯全集》第1卷，北京：人民出版社1995年版，第860—862页。
③ 《马克思恩格斯全集》第1卷，北京：人民出版社1995年版，第769页。
④ 《马克思恩格斯全集》第1卷，北京：人民出版社1995年版，第770页。

多展开的爱情攻势，贝娅特里瑟也承认两人的一见钟情。这就是柏拉图在《斐德罗篇》中谈论的爱情的本质：爱情是追求美而非肉体享受的最强烈的欲望。"这种迷狂是诸神的馈赠，是上苍给人的最高恩赐。"① 毕竟，两个素不相识的人，一个德国人，一个意大利人，刚一见面，相互的爱慕之心就一览无余。过去，两人的分离"想必是一些阴森森的神怪暗中作梗"。现在，两人的相聚，是"一些善良之神想出甜美的幻影，用魔法把我们千里一线牵引"。贝娅特里瑟背负着宗教教导和道德戒律的沉重包袱，不敢把爱情完全表露。贝娅特里瑟说："如果你现在就赢得我的心，你肯定不会再敬重我，你会把我看成一个很快就委身事人的姑娘，这种女人真是成千上万，屡见不鲜。这念头一旦在你心上闪现，我就会丧失爱情和尊严。我的心呀，那时对于你将一文不值，而我——我一定会痛心地责备自己。"② 这里，贝娅特里瑟秉持一种传统的伦理道德观，即爱情中的矜持是婚姻幸福的源泉的观念。卢梭在《爱弥儿》中就表达了这种道德观："你要通过你的恩情而使他爱你，你要采取拒绝的办法而赢得他的尊敬……要使用娇羞的美态去达到道德的目的，要使用爱情的力量去增益理智的行为。"③ 如果爱恋时就袒露心扉，那么，结婚之后女人就会遭到男人的轻视。这种爱情道德观，不相信心心相印是真正爱情和婚姻的基础，又好像是康德的物自体，越是神秘的、不可知的东西，人们的探求欲望就越强烈。男人越是大胆地表白爱情，女人越要委婉地拒绝，不要轻露自己的爱恋情意。这种传统的爱情道德观，看重的是结婚，而不是爱情所带来的生命体验和行动中所获得的快乐。从本质上说，这是一种功利主义的爱情道德观：凡是不以结婚为目的的爱情，就是不道德的。柏拉图批判这种爱情的功利主义者："有爱情的人会算计他们的爱情能得到多少好处，付出的代价又有多大，他们要花费额外的精力去算计花费多久才能收支平衡。……如果情况确实如此，那么有爱情的人显然也会为了明天的爱人而抛弃今天的爱人，如果新的爱人有这种要求，

---

① ［古希腊］柏拉图：《柏拉图全集》第二卷，王晓朝译，北京：人民出版社2017年版，第158页。
② 《马克思恩格斯全集》第1卷，北京：人民出版社1995年版，第771页。
③ ［法］卢梭：《爱弥儿：论教育》下卷，李平沤译，北京：商务印书馆1978年版，第739页。

那么他无疑也会伤害过去的爱人。"①

卢钦多大胆地呼吁:"你的指责嘲弄了我的心,让那可鄙的商人去反复掂量,精心算计,他谨小慎微,以牟取更多的盈利,可是爱情能将宇宙万物融为一体,热恋的人们别无所求,别无希冀,试想想,什么把人们维系在一起,什么让人们互相憎恨?只有爱情如同公开的魔法,使人们难舍难离。"② 深陷爱恋中的贝娅特里瑟知道 "爱是从生命深处迸发出来的一朵火花",可是,宗教和道德的束缚让她感到痛苦。在中学毕业论文《青年在选择职业时的考虑》中,马克思曾谈道,一个人的选择要听从内心的声音,要考虑 "人类的幸福和我们自身的完美",以及选择是否能给我们带来最高的尊严。可是,一个人的选择如果受到宗教和道德的束缚,受到 "我们在社会上的关系" 的束缚,那么,在这样的环境中,自由选择和自由表达就是一种现实的讽刺。马克思和燕妮的爱情选择如此,卢钦多和贝娅特里瑟的爱情选择也如此。一个猛士要求自由的爱恋,一个身处热恋中的人被传统的伦理道德牢牢捆绑。传统与现代的冲突与结合就是悲剧的根源。贝娅特里瑟就是这样一个传统的牺牲品:"难道我还要忸怩作态?我应当鼓足勇气,让两股爱情之火高高地燃烧在一起。可是我,忧心忡忡,思绪万千,仿佛欢乐中加进了痛苦,仿佛妖魔鬼怪在暗地伸出毒舌嘲弄我们,在维系我们的纽带中搀进了咝咝声!"③ 更为麻烦的是,贝娅特里瑟的父亲,按照传统习俗,打算将她许配给一个她不喜欢的人——维林。

当卢钦多在情感的刺激下将贝娅特里瑟搂在怀里的时候,门突然打开,未婚夫维林出现了。在维林的眼中,卢钦多就是引诱自己心爱的贝娅特里瑟的一条毒蛇、一个淫棍,而平日矜持的贝娅特里瑟,不过是 "假装正经"。面对突如其来的变故和维林的辱骂,不明就里的卢钦多自然不甘示弱,骂维林是一只 "漂亮的猴子"。看到自己未来的女友被一个陌生人抢走,维林怒火中烧,立即破口大骂:"你就是我的冤家对头!亏你有副人形,却叫人恶心,轻狂自负的恶棍,一张只配擦笔尖的废纸,

---

① [古希腊] 柏拉图:《柏拉图全集》第二卷,王晓朝译,北京:人民出版社 2017 年版,第 141 页。
② 《马克思恩格斯全集》第 1 卷,北京:人民出版社 1995 年版,第 771—772 页。
③ 《马克思恩格斯全集》第 1 卷,北京:人民出版社 1995 年版,第 772 页。

活像滑稽戏里的小丑。"① 在卢钦多和维林的争吵中，佩尔蒂尼出现了，自己的阴谋得逞了。你卢钦多年轻气盛，你喜欢决斗，我就找一个与你拼死的人跟你决斗。你不是说我刚才是胆小鬼吗？我这个精于算计的老头子，就像摆布玩偶一样摆布你的命运，就像上帝一样玩弄你的小聪明。好了，维林比我想象的还要冲动，我要火上浇油，要让他从辱骂走向打斗。于是，佩尔蒂尼轻蔑地称维林是"乌鸦"，光会呱呱叫，不会干别的事情。面对卢钦多和维林的争吵，佩尔蒂尼的突然出现，贝娅特里瑟一阵心慌，当时就昏了过去。当卢钦多将贝娅特里瑟抱起来，热吻她的时候，怒火中烧的维林就要冲过去与卢钦多打架。佩尔蒂尼拦住维林，反而怂恿他与卢钦多去决斗。面对阴谋和刀光剑影，卢钦多挺身而出，威武不屈，迎接命运的挑战，抱着必胜的信念冲向决斗的场地。"我宁肯为我所爱的人的幸福千百次地牺牲自己的幸福，我看她的名誉比我的生命还要宝贵，即使我可以享受一切快乐，也绝不肯破坏她片刻的安宁。"② 从昏厥中醒来的贝娅特里瑟，刚触摸到爱情的嫩芽，就面临失去心上人的危险，担忧不幸会降临自己的身旁。贝娅特里瑟立即明白了，心心相印就是"我的爱流进你的心灵，带着我的思恋和苦涩之情"。③ 第一幕的故事就到此为止。在其中，语义双关、反讽和颂歌的艺术形式，都得以广泛地应用。

（二）《乌兰内姆》与马克思的人生关联

《乌兰内姆》的悲剧在于，一个朝气勃勃的年轻人卢钦多，无缘无故地被拖入了传统意识形态的漩涡中。佩尔蒂尼在生活无聊中寻求刺激，根据康德的物自体不可知论，对自己进行嘲讽。在嘲讽失败之后，佩尔蒂尼又用美女作为诱惑，希望从他人的争斗中榨取一点生活的乐趣。当卢钦多爱上美女贝娅特里瑟时，牢牢拴住她的依然是传统的伦理道德观，自由的爱情很难绽放。打破宗教谎言的牢笼，冲破传统伦理道德观的束缚，就是具有自由思想的卢钦多的使命，也是悲剧所在。在诗歌《暴风雨之歌》中，马克思写道："千百道障碍把我束缚，衰朽之躯束缚我的灵魂，茫茫苍天束缚我的思想，人间生活束缚我的周身。我的方寸之心是那样柔弱渺小，一旦受到电击，灵魂便要出窍。然而它永远炽热，不

---

① 《马克思恩格斯全集》第1卷，北京：人民出版社1995年版，第773页。
② ［法］卢梭：《忏悔录》第一部，黎星译，北京：商务印书馆2009年版，第89页。
③ 《马克思恩格斯全集》第1卷，北京：人民出版社1995年版，第553页。

断激起心潮，无限的辛酸痛苦在这里汹涌咆哮。……我将打碎一切镣铐，让心中烈焰冲天燃烧，燃成一片熊熊大火，满腔激情将世界拥抱。我将质问上帝和世人，我要追究他们的责任，我在自己的痛斥声中，感受到内心的力量和激愤。"① 冲破宗教和道德的牢笼，后来转变为追求政治自由和经济自由的斗争。不过，马克思撰写的《乌兰内姆》这个悲剧，更多的是对生活经历的摹仿，而不是创造。亚里士多德在《诗学》中说："悲剧是对一个严肃、完整、有一定长度的行动的摹仿，它的媒介是经过'装饰'的语言，以不同的形式分别被用于剧的不同部分，它的摹仿方式是借助于人物的行动，而不是叙述，通过引发怜悯和恐惧使这些情感得到疏泄。"② 在某种程度上说，马克思创作的这幕悲剧，更接近于亚里士多德的悲剧理论，更远离浪漫主义的悲剧理论。从浪漫主义的悲剧理论来看，马克思的这幕悲剧显得独创性不足，模仿生活的嫌疑太重，人物的性格描写和心理剖析都比较欠缺，没有典型性、机智的对话，因此是一部不成功的剧本。

实际上，卢钦多的问题就是马克思在1837年面临的问题。按照黑格尔的说法，"艺术家就在自身获得了自己的内容，就是真正自己规定自己的人类精神，是观察、思索和表述自己情感和处境的无限性的人类精神"③ 马克思试图将自身的内容，提升为"人类精神"。马克思与燕妮·冯·威斯特华伦的秘密婚约就面临着巨大的挑战。渴望爱情的燕妮曾经被介绍过几位男友，还受着传统的基督教伦理道德的约束，不轻易表露自己的情感。这体现在1836—1837年间马克思的父亲的几封信中。在1837年3月2日的信中，马克思的父亲质问道："但我有时仍不能摆脱那使我感到害怕的忧郁的怀着预感的念头，有时它们会像闪电一样划过脑海：你的心是否和你的智慧、你的天赋相称？——在你的心里有没有能够给那个在苦海中煎熬的多愁善感的人以很大慰藉的那些世俗的、然而非常温柔的感情？"④ 同时，燕妮的同父异母哥哥费迪南·冯·威斯特华伦极力破坏马克思与燕妮的爱情，可能也会咒骂从犹太教皈依基督

---

① 《马克思恩格斯全集》第1卷，北京：人民出版社1995年版，第877—878页。
② [美]维塞尔：《普罗米修斯的束缚：马克思科学思想的神话结构》，李昀、万益译，上海：华东师范大学出版社2014年版，第15页。
③ [德]卡尔·洛维特：《从黑格尔到尼采》，李秋零译，北京：三联书店2006年版，第47—48页。
④ 《马克思恩格斯全集》第47卷，北京：人民出版社2004年版，第541页。

教的马克思为"杂种"。在给燕妮的一首诗歌《寻找》中，马克思谈到了家乡的"山呼海啸""雷鸣风号""都在束缚我强健的双脚，它们的爱恋的问候成了我身上的镣铐"。① 在茫茫尘世中，忍受秘密婚约痛苦的燕妮多么希望借助爱情展翅翱翔。在诗歌《凄惨的女郎》中，马克思模仿燕妮的口吻诉说："我不能向别人倾诉衷肠，人们只会把我嘲弄一场，我内心深藏的苦衷，有谁能够关怀体谅？"② 在诗歌《女儿》中，马克思以燕妮的口吻诉说被隔离爱情的痛苦："那个夜晚阴冷昏沉，是你把他赶出家门，他心地纯洁不染纤尘，把我奉为心中的女神。怀着爱情的痛苦和悲愤，他离乡背井走向远方，置身于汹涌的狂涛巨浪，心中的火焰已化作寒霜。如今只有狂风恶浪，伴随着他四处飘荡，如今他可以爱我，在太空中把我寻访。"③ 在马克思看来，流言不过是"人生长河中的旋涡，不过是流泉飞瀑发出的可怜喧响"。马克思向燕妮建议："面对阴险的鬼蜮和尘世的纷扰，你何必感到害怕惊慌？让他们尽情地咆哮，无耻地号叫，让他们去忌妒和嘲讽，使尽种种花招，他们永远不会懂得什么是高尚的情操，也永远无法理解心灵的永恒追求、爱情的痛苦与和谐悦耳的音调，因为他们灵魂卑怯，毫无节操。"④

贝娅特里瑟把卢钦多的爱情表白称作"把毒药裹上甜美的糖衣"；在诗歌《毒液》中，马克思也把对燕妮的爱情比喻为"甜蜜的毒液不断扩散"过程；在诗歌《和谐》中，马克思将心心相印解释为"两颗心灵热血交融，一齐震荡，它们息息相通，相互依傍，它们宛如琴瑟发出柔和的音响"的美妙而神奇的景象。在《致星星之歌》中，马克思将普通人比作星星，他们用"虚假的光辉来伪装"冷漠，对"最美丽的灵魂"也不给予希望和热情。"你们只不过虚有其表，看上去如同烈火燃烧，其实你们并没有灵魂，没有热忱慈爱的春晖在心头照耀。你们在天空中发出嘲笑，讥笑人们的事业、追求和忧伤；你们让人们的希望破灭，让火热的胸膛充满悲凉。"⑤ 而且，对于马克思和燕妮的共同文学爱好，"上帝对艺术一窍不通，毫不尊重"（《小提琴手》）。在这里，星星、自然、

---

① 《马克思恩格斯全集》第1卷，北京：人民出版社1995年版，第792页。
② 《马克思恩格斯全集》第1卷，北京：人民出版社1995年版，第534页。
③ 《马克思恩格斯全集》第1卷，北京：人民出版社1995年版，第840页。
④ 《马克思恩格斯全集》第1卷，北京：人民出版社1995年版，第676页。
⑤ 《马克思恩格斯全集》第1卷，北京：人民出版社1995年版，第551页。

上帝这些充满灵性的浪漫主义者喜欢的术语，在马克思的诗歌中，转变为漠视人间痛苦和孤独的俗人。现实的关怀超越了浪漫主义的想象，这也许是马克思最终未走向诗人道路的深层次根源。

在俗人的包围圈中，马克思鼓励燕妮要"大胆享受甜美的生活"，要"意志坚定不再彷徨"（《我的世界》）。面对永恒，《乌兰内姆》谈到了三种生活态度：或者在勾心斗角中消磨时光，或者用宗教谎言来欺骗自己，或者采取行动奋起抗争。在诗歌《感触》中，马克思唱道："而我心中却激动着永恒的渴望，永恒的心潮，永恒的热情，我无法强迫自己顺应流俗，也不愿碌碌无为听天由命。我要拥抱万里长空，我要把世界融汇于心胸，我愿在挚爱和仇恨之中，让生命之泉不断喷涌。……我们要勇往直前、摧枯拉朽，我们将永不懈怠，永不停留；绝不要畏首畏尾噤若寒蝉，绝不要庸庸碌碌无所追求。切莫在空想中虚掷时光，切莫在枷锁中犹豫彷徨，只要胸怀抱负和渴望，我们就可以将事业开创。"① 但是，钩心斗角或者无所事事的人聚集在一起，就是大海的波涛，书本中嘈杂的思想还是俗人的意见。他们可以戏耍，可以喧闹，可以汹涌地咆哮，甚至让船毁人亡（《风暴》）。勇于行动的人，生活在俗人之中，就像船夫驾着小船行驶在汪洋大海之中，面临的是永恒的生死搏斗（《海上船夫歌》）。"我毫不退缩，我勇猛刚强，我用鹰隼般的锐利目光，把危险的航道扫视打量。海妖的动人歌唱，不会使我神往，我不听那悦耳的音响，那是勾魂摄魄的伎俩。"② 在马克思看来，"用行动谱成乐章"，"身体力行情操高尚"，也是对那位"把生命谱成优美的乐音，他坚韧刚毅，急流勇进，使魑魅魍魉闻风丧胆，瑟缩不停，让邪恶势力俯首屈膝、战战兢兢"的父亲，最真挚的感情的表达（《献给你》）。当钩心斗角的人分散开来，他们就像"绵绵淫雨"，"从屋顶和墙头上，却只传来细雨滴落的轻响"。"隐蔽的敌人却悄悄袭来，他蜿蜒爬行像毒蛇一样。这敌人怀着阴谋诡计，我却看不见他的形象，直到我浑身发软，直到他刺透我的心脏。"③

在悲剧《乌兰内姆》中，乌兰内姆这个隐形人是智慧的化身，而卢钦多则是行动的化身。"我知道，言语并不能将人们牵制，我们心中的真

---

① 《马克思恩格斯全集》第1卷，北京：人民出版社1995年版，第561—563页。
② 《马克思恩格斯全集》第1卷，北京：人民出版社1995年版，第578页。
③ 《马克思恩格斯全集》第1卷，北京：人民出版社1995年版，第583页。

情才是行为的根基。言语如水可以一泻千里，它不能化作纽带把心灵连在一起。"① 马克思在叙事诗《幽灵》中，将完全沉迷于书本的人——老教授——称之为居住在古堡的老人。"他埋头苦读经典文章，他痴迷地沉入梦幻之乡，他在书中寻找幸福，寻找更加美好的理想。……可是这爬满青藤的房屋，却缠绕着金色的锁链，只有甜美的声音，奇妙地飘出房檐。"② 尽管这位读书老人试图"把千年古堡炸开，挣脱身上的锁链，排除周围的障碍"，但终于力量不济，无法走出"周身笼罩着神圣的魔光"，"无法实现胸中的愿望"。马克思还把法学老教授称为"地精"、学生称为小精灵。"无论清晨还是黄昏我们总在用力敲呀，总在熟练地锤；就是在夜晚，我们也勤快地干活，十分卖劲，忙个不停。你们小精灵喜欢用风力和愿望来炫耀自己，但是你们不了解这片土地，它最早存在，埋藏得很深，却显露出光泽和晶莹。"③ 对于历史法学派来说，智慧的宝石存在于过去的历史之中。"老人们知道这本书，当我们这些小伙子采集珍珠，用光明驱散黑暗时，生就一身令人欣羡的瘦削身材、表情冷漠的白发老翁们总是看着我们。如果缺少宝石，老人们只是哭泣，这本书就会闪闪发光，于是便出现一片耀眼的、使金钢石黯然失色的金色海洋。"④ 马克思还把自己幻化为魔术师，幻化为精灵，传达对燕妮的思恋之情（《精灵们》）。与对老教授的讽刺态度不同，马克思对那些将"生活、歌唱和快乐"融为一体的诗人总是表达敬慕之情。对于席勒这位"来自仙境的少年"，马克思看到他"手中放射出闪电的神光，静穆的表情显出深渊的思想，美丽快乐的女神围着他起舞"（《席勒》）。对于歌德这位"来自巍峨的层峦叠嶂"的"魔术师"，马克思看到他"气宇轩昂"，"笑看众生熙来攘往"，"含笑面对众生的梦想"，"要让人间之火烛照天堂"。⑤

因此，《乌兰内姆》可以看作是马克思在1837年对自己的生活道路和爱情观进行选择的一种探索。职业选择、爱情选择、专业选择都会让马克思伤痕累累。每前进一步，都要挣脱无数的锁链，面临自私自利的

---

① 《马克思恩格斯全集》第1卷，北京：人民出版社1995年版，第845页。
② 《马克思恩格斯全集》第1卷，北京：人民出版社1995年版，第568—569页。
③ 《马克思恩格斯全集》第1卷，北京：人民出版社1995年版，第652—653页。
④ 《马克思恩格斯全集》第1卷，北京：人民出版社1995年版，第654页。
⑤ 《马克思恩格斯全集》第1卷，北京：人民出版社1995年版，第848页。

人生观和利他主义人生观的冲突。一个利他主义的人，就像一盏油灯，"它燃烧自己照亮别人，它的死给别人以生命"（《灯光》）；一个利己主义的人，就像狂风暴雨中的飞沙走石，所到之处，"都将摧毁一切，造成可怕的破败景象"（《钟楼上打钟人之歌》）。从《乌兰内姆》和大量的诗歌中，马克思高扬自我的主体性，反对平民的庸俗化和利己主义，抨击虚假语言构成的牢笼，揭露表象和物自体区分的虚假性。问题是，这些平民的利己主义根源何处？利己主义是人的本性还是被遮盖的现实？马克思在《乌兰内姆》中认识到，利己主义的行为更多的是一种宗教谎言产生的结果。因此，要想让所有的人都成为行动的人或者创造者，就必须撕开宗教的面纱，展开宗教批判，在伊壁鸠鲁哲学中寻找利己主义的思想根源。伽罗蒂（Garaudy）在《马克思的思想发展》中说："从处女作到终身意向，马克思的基本主题始终没变。这是打开他的哲学、经济学和政治学的钥匙：让人人都成为人，成为创造者……这种深切的人文关怀将会持续，并且不断得到证明，不是证明为哲学或伦理使命，这太像乌托邦主义，而是证明实为无产阶级发展的客观规律：努力克服和消灭阶级制度带来的异化，让人人都可能成为人，成为创造者，成为最深层意义上的'诗人'。"① 如果通俗意义的诗人仅仅是语言的创造者，那么，革命思想家则是现实生活的创造者，用一种真实的语言去取代意识形态虚假语言的创造者。在这个意义上，马克思从早期诗人的追求向后来革命家和思想家的转变，就是从语言层面向实践层面的转变。只不过在《乌兰内姆》中，马克思展示了行动者与混世者之间的斗争和冲突，如何让混世者看到生命的意义和走向行动还未进入马克思的视野。在幽默小说《斯考尔皮昂和费利克斯》的第 42 章中，马克思在论证过程中看到了自己的影像："'啊！我是自己的替身！'——这个想法在我头脑中闪过，而霍夫曼笔下的魔鬼的灵药——"。② 心灵不可知论在神秘的爱情和情敌之间的决斗中破产了，这就是悲剧的原因：行动和后来的物质生产力可以打破康德的认识悖论。

---

① ［美］维塞尔：《普罗米修斯的束缚：马克思科学思想的神话结构》，李昀、万益译，上海：华东师范大学出版社 2014 年版，第 65 页。
② 《马克思恩格斯全集》第 1 卷，人民出版社 1995 年版，第 828 页。

## 二、《学说汇纂》的阅读与法学体系的建构

从 1837 年 11 月 10 日致父亲的信来看,马克思正全力以赴地阅读《学说汇纂》或者民法的各种教材。这包括劳特巴赫的《供研究〈学说汇纂〉的理论实践文集——按综合法编写》(1714)、海奈克其乌斯的《按照〈学说汇纂〉次序叙述的民法原理便览》(1728)、蒂博的《〈学说汇纂〉的体系》(1803)、克拉默的《论〈学说汇纂〉和 [查士丁尼] 法典不同版本的词义》(1811)、韦宁-英根海姆的《一般民法教科书,根据海泽为讲授〈学说汇纂〉而写的一般民法体系的纲要汇纂》(1823)、米伦布鲁赫的《关于〈学说汇纂〉的学说》(1825)等六部教材,以及萨维尼的专著《论占有》,并将《罗马法全书》中的《学说汇纂》前两卷翻译成德文。① 这些著作的阅读为马克思构建法学体系提供了必要的材料。

马克思在 1837 年前对法学著作的阅读和思考最初体现在幽默小说《斯考尔皮昂和费利克斯》的片段之中。第一,所有权与权力的关系问题。如何证明"这笔二十五塔勒的款项是属于主上帝他个人的"?上帝拥有统治整个宇宙的最高权力,"自然也就囊括了上述这二十五塔勒"。② 第二,对长子继承权的批判。长子继承权的本质究竟是什么呢?马克思从浴室的类比中得到了某种启发。"长子继承权是贵族政体的小浴室,因为小浴室只是为了洗濯才存在,而洗濯能使东西发白,也就是说能给被洗之物增添一层淡白的光辉。同样,长子继承权也会给一家的长子镀上一层银,也就是说会使他有一层淡白的银色,与此同时却给家庭的其他成员印上一层愁苦的浪漫主义惨淡色彩。"③ 没有长子继承权的子女,必须"用强劲的双臂搏斗","跟生活的激流搏斗"。在用自己的劳动获得生活时,他们更勇于创造,"思想的内在形象会灿烂辉煌地呈现在他的眼前"。④ 相反,那些拥有长子继承权的人,像坐在澡盆里的人一样,"闭门不出,注视着浴室的壁角"。由于没有劳动和拼搏,拥有长子继承权的

---

① 《马克思恩格斯全集》第 47 卷,北京:人民出版社 2004 年版,第 14 页。
② 《马克思恩格斯全集》第 1 卷,北京:人民出版社 1995 年版,第 807 页。
③ 《马克思恩格斯全集》第 1 卷,北京:人民出版社 1995 年版,第 820 页。
④ 比较一下,黑格尔在《法哲学原理》的第 180 节和 306 节中从破坏财产自由与平等继承权的角度对贵族的长子继承权进行批判。

人就不会有创造,"只让几滴水珠洒落在自己身上"。在这里,马克思把劳动拼搏的人与不劳而获的人在长子继承权中区分开来,惊叹"哲人之石找到啦,找到啦!"①第三,对罗马法的诙谐表述。"而罗马法却无所不包,其中有反应学说,也有化学,——因为正如帕奇乌斯所证明的那样,它是一个脱离了宏观世界的微观世界。四本《法学阶梯》是四大原素,七本《学说汇纂》是七个行星,而十二本《法典》是黄道十二宫。"②马克思不仅认识到《学说汇纂》脱离普鲁士的政治现实,而且也关注当时正在兴起的化学与罗马法的类比。"总之,有机化学本来就是一个想借助无机的反应来解释生活的异教徒!它渎犯了生活,仿佛我是从代数里推算出爱情的。这一切显然都是以反应学说为基础的,而反应学说尚未获得详尽探讨而且永远也探讨不出来,因为它依据的纯粹靠运气的扑克游戏,其中爱司是主要角色。"③从这里,我们可以看到,马克思对当时的有机化学靠碰运气的研究感到不满,自然也会对罗马法关注各种偶然的情况感到不满,对法学的批判也表露出来。第四,以讽刺诙谐对付荒谬的论证。例如,从上帝的最高权力的角度论证所有权,犹如"仙女们都是长着胡子的";《约翰福音》中"道成了肉体"被讥讽为"认定道是长在大腿里的";战神的技艺同裁缝的技艺相似,"因为它裁手裁脚,裁掉人间的幸福";抽象概念犹如女人;女人是用两只眼睛看人的,而天只用一只眼睛,于是女人比天堂更有吸引力;如果要论证天比女人更有吸引力,那就假设天是在女人眼睛里;便秘就是神圣的思想和观点的堆积。④

在大量阅读法学著作特别是学说汇纂的基础上,以及在甘斯、康德、费希特的影响下,马克思曾经尝试按照法哲学的方式批判性地构建学说汇纂体系或者潘德克吞体系,走出一条不同于阿诺德·海泽、蒂博和萨维尼的道路来。马克思在 1837 年 11 月 10 日致父亲的信中说:"我必须攻读法学,而且首先渴望专攻哲学。这两门学科紧密地交织在一起,因此我一方面不加任何批判地,像小学生一般地读了海奈克齐乌斯和蒂博的著作以及各种文献,例如,我把《学说汇纂》头两卷译成德文,另一

---

① 《马克思恩格斯全集》第 1 卷,北京:人民出版社 1995 年版,第 820 页。
② 《马克思恩格斯全集》第 1 卷,北京:人民出版社 1995 年版,第 822 页。
③ 《马克思恩格斯全集》第 1 卷,北京:人民出版社 1995 年版,第 822 页。
④ 《马克思恩格斯全集》第 1 卷,北京:人民出版社 1995 年版,第 831 页。

方面又试图使一种法哲学贯穿整个法的领域。"① 这就说明，马克思是在充分掌握学说汇纂知识的基础上，走了一条法哲学而不是实证法的道路。这也为马克思后来在《莱茵报》时期批判历史法学派奠定了基础。

实际情况是，马克思在1836—1837年的冬季学期写了300个印张的法学著作。该著作计划分为两部分：第一部分，导言，名为"法的形而上学原理"，旨在先验地规定法的原则、思维、定义；第二部分名为"法哲学"，旨在"研究成文罗马法中的思想发展"和论述法的先验原则在罗马法中的贯彻。第二部分又分为形式法学说和实体法学说。马克思说："其中关于程序法的学说，应当叙述体系在其连贯性和联系方面的纯粹形式，它的划分和范围；而关于实体法的学说，则应当叙述体系的内容，说明形式怎样凝缩在自己的内容中。"② 尽管有这个类似于康德在《法的形而上学原理》中的说明，马克思关于"法的形而上学"、形式法学说和实体法学说的内容都没有任何提及，留下的体系只是对学说汇纂的勾勒。马克思将法分为私法和公法、契约法和非契约法，将契约性私法分为人身权利、物权和在物上的人身权利。对于人身权利、物权和在物上的人身权利，马克思进一步按照有偿契约、担保性契约和无偿契约来进行体系安排。这种以契约划分私法的方式，与当时流行的以权利划分私法的方式存在一定的差异。按照马克思的说法，这个按照契约划分私法"体系的纲目近似康德的纲目"。康德的《法的形而上学原理》（1797）的结构安排是这样的：导言，阐述一般的定义与权利和义务的分类；第一部分是私法；第二部分是公法，包括宪法和国际法。在私法部分，康德主张将权利分为物权、人权和有物权性质的人权，进而将契约分为无偿契约、负有法律义务的契约和告诫的契约。③ 康德的划分基本上对应于马克思对权利和契约的划分，因为康德的法学思想渊源主要来自罗马法和法国启蒙思想家卢梭和孟德斯鸠的思想。在舒国滢（2016）看来，马克思对私权的划分方式兼有蒂博、海泽、韦宁-英根海姆等人的"理论的影子"，使用了这些法学家提出的"物上对人权"等概念。④ 其实，

---

① 《马克思恩格斯全集》第47卷，北京：人民出版社2004年版，第7页。
② 《马克思恩格斯全集》第47卷，北京：人民出版社2004年版，第8页。
③ ［德］康德：《法的形而上学原理》，沈叔平译，北京：商务印书馆2009年版，第111页。
④ 舒国滢：《19世纪德国"学说汇纂"体系的形成与发展》，载《中外法学》，2016年第1期，第21页。

这是蒂博、海泽等人继承了康德的分类方法。

马克思用诗歌记录了自己创作法学体系时的灵感、激情、抱负和挫折。赫尔德说:"诗不是刻画,不是描述和解释真实,而是呈现真实,表现真实——并且不是轻描淡写地、赤裸裸地、冷漠无情地表现它,而是向它倾注着甜蜜的爱慕之情——如诗人本身所感觉到的甜蜜的爱慕之情。"① 创作的激情来自于灵感的迸发。灵感或者乃天之所赐,或者地狱所赠(《歌手最后的歌》《歌手的爱情》)。刚开始创作之时,马克思感到"永恒的空间无限宽广","那思想迸发出道道电光,雄伟凝重,把一切诟骂诅咒都抛向天穹"。② 马克思渴望利用自己的"神奇目光"和"用烈火铸成万千形象",然后在"人们满腔热情地迎接"自己时"热诚地启迪他们的思想"。③ 在创造过程中,"炽热的创作火焰,从你的胸口向我蔓延,它们在我头上汇成一片"。④ 灵感的爆发,就是思想的结晶,成就诗歌篇章。"当内心的斗争已经停息,我看到痛苦和欢乐变成了诗章。我心中激动,如痴如狂,沉醉于情深意切的锦绣辞章。"⑤ 当创作的挫折到来时,马克思意识到,这一切都不过是幻想。"你激动地陷入沉思默想,澎湃的心潮拍击你的胸膛,……而你自己只是一个原子,沉落在宇宙的浩瀚海洋。"⑥ 最终,马克思建立法律体系的首次尝试失败了。分析起来,可能出于以下几方面的原因。

第一,马克思当时对体系的基础性概念,如自由、公正、平等概念缺乏深入的探索。康德说:"一个语词定义,就能够充分地把定义的对象和其他对象区别开,并对该物的概念提出一种完整和明确的说明。一个真实的定义要求能够进一步对该定义的概念作出演绎,从而提供关于该对象实在的知识。"⑦ 罗马法的核心是公正,而康德和费希特的法哲学以及萨维尼的法学理论则是建基于自由之上的。不仅自由与公正是冲突的,而且正义是高度制度依赖的。这些都需要结合现实进行分析。马克思在

---

① 易兰:《西方史学通史》第五卷,上海:复旦大学出版社2011年,第121页。
② 《马克思恩格斯全集》第1卷,北京:人民出版社1995年版,第804页。
③ 《马克思恩格斯全集》第1卷,北京:人民出版社1995年版,第696页。
④ 《马克思恩格斯全集》第1卷,北京:人民出版社1995年版,第697页。
⑤ 《马克思恩格斯全集》第1卷,北京:人民出版社1995年版,第697页。
⑥ 《马克思恩格斯全集》第1卷,北京:人民出版社1995年版,第728页。
⑦ [德]康德:《法的形而上学原理》,沈叔平译,北京:商务印书馆2009年版,第63页。

博士论文中对自由的自然哲学基础进行了探索,在《莱茵报》的许多文章中对自由、公正和经济利益的含义进行了探索。缺乏坚实的基础性概念,整个逻辑演绎体系的大厦就很难建成。在1802—1803年的法学方法论讲义中,萨维尼也说:"所有的体系都根源于哲学,对历史性体系的论述溯源于某种统一性(Einheit)、某种理念,这种统一性与理念构成体系化论述的基础,这就是哲学。"①

第二,马克思用康德建构一个理想法治体系的方法去处理历史上的包括万象的法律材料,必然会面临一个难以克服的困难。不仅许多特殊的法律条款很难归入一般性的类别中,而且法律现实将无法整合进潘德克吞法律体系之中。由于"分类是一种包孕着一系列定义的定义",而定义只能规定应当是什么而不是过去或者现在在现实中是什么,因此,这种形式化的体系就包含着应然与实然的对立。② 事实上,康德在《法的形而上学原理》中就谈到按照权利(正义)的概念对具有多样性和差异性的法律进行分类时要达到完整性的困难。康德说:"在划分经验(指经验的诸概念)的细目时,完整性却是不可能做到的,每当企图这样做时(或者,哪怕企图去接近这个完整),由于这些概念并不是构成此体系必不可少的组成部分,其结果便变成只是举例的方式起到注释的作用而已。"③ 最终的结果,就是只能期盼获得"一种近乎体系的东西而不是体系本身"。普赫塔在1838年出版的《潘德克吞教程》中,完全抛弃了历史的内容,构建了一个"概念金字塔"的逻辑演绎体系,才解决了民法体系化的问题。

第三,如何从理论上协调人格权与财产权。萨维尼在《当代罗马法体系》中,将人作为其法律思想的核心,将每一个人当作由其自己的意思支配自己的法律主体,承认人具有一般的权利能力,但是不承认人格权。因此,人格利益损害的财产补偿是受到限制的,并由刑法来承担人格利益的保护。萨维尼拒绝人格权的做法遭到其他法学家的攻击。马克思后来的解决方案是,将物权压制人格权的行为统一在劳动异化理论的

---

① 杨代雄:《古典私权一般理论及其对民法体系构造的影响》,北京:北京大学出版社2009年版,第94页。
② [德]施勒格尔:《浪漫派风格—施勒格尔批评文集》,李伯杰译,北京:华夏出版社2005年版,第71页。
③ [德]康德:《法的形而上学原理》,沈叔平译,北京:商务印书馆2009年版,第2页。

框架下。这种解决方案是将费希特的劳动产权理论与黑格尔的物权是人格权延伸的概念的一种综合。

第四，如何在一个框架内解决私法与公法的统一问题。私法主要解决市民社会的权利义务问题，而公法则解决个人的政治权利和国家之间的权利问题。康德、费希特和黑格尔都采取传统法权与伦理相统一的方法来解决这个问题，将个人的权利从属于国家或者社会的伦理道德。马克思的唯物史观最终对此作出了回答，公法不过是私法的延伸；法律权利和义务只不过是一种社会化的意识。这样，划分人类历史的阶段就不是采取政体的方式，而是采取经济形态的变迁方式。应然和实然的对立只有在历史中才得以统一。

第五，如何构建一个摆脱宗教神学假设的法律体系。《民法大全》把天意安排当作法律的首要原则。《查士丁尼法典》将基督教教义、教会财产和教会特权等方面的教会法摆在第一编的首要位置；《新律》则涉及基督教教义、教会组织、教会特权、教会财产等方面的法律条文，以及限制或剥夺异教徒的所有权、继承权。维柯的《新科学》将所有权和国家都建立在宗教基础上。康德、费希特和黑格尔的法哲学隐含着上帝存在的假设，其宗教哲学思想与法律思想并存。因此，如果不对宗教意识形态展开批判，就很难完全从"人的眼光"来建立真正的法学体系。

但是，马克思在尝试创造体系的过程中，并非一无所获，而是对体系及其所存在的问题有了更深入的理解力。马克思用诗表达这种理解力深化的感觉："你往下沉落，就意味着不断地上升，你不断上升，就意味着那至高无上之神用颤抖的双唇对你亲吻"（《苏醒》）。面对知识的海洋，如果我们采取旁观的态度，那么知识的"浪花飞溅洁如水晶，聚成清潭波光粼粼"，感到无比奇妙。在讽刺短诗《黑格尔》中，马克思就讽刺黑格尔："因为我发现了最崇高的智慧，领会了它深邃的奥秘，我就像神那样无与伦比，像神那样披上晦暗的外衣，我曾长久地探求真谛，漂游在汹涌的思想海洋里，在那儿我找到了表达的语言，就紧抓到底。"① 一旦我们跃入知识的海洋，"用浪花洗濯我的眼睛和面庞"，"让浪花冲向我激动起伏的胸膛"，那么，"我的眼睛顿时清澈明亮"，"方才

---

① 《马克思恩格斯全集》第 1 卷，北京：人民出版社 1995 年版，第 735 页。

这儿还是一片美景,如今却成了水沫漂流的地方"。① 例如,"康德和费希特喜欢在太空遨游,寻找一个遥远的未知国度",而黑格尔的"语言已变得错杂纷纭、一片迷茫","实际上什么都没有讲"。② 不仅看似逻辑完整的知识体系更多的是一些泡沫,而且不同的知识体系之间也充满了矛盾和冲突。深陷此景,一个人是怯懦彷徨,迷惘失望,哀叹悲泣,感到知识的无用性,放弃进一步的探索,还是勇敢地迎接挑战,探索自我和宇宙,发掘生命的全部意蕴,将吸纳的各种互相冲突的知识体系"同理性的炽热光焰融合为一体"。在诗歌《幻想》中,马克思写道:"你看天上的阴云和霞光亲密无间像兄弟一样,你也要让两种对抗的思想同时共存于你的心房,如果你压制一种思想的呼唤,两种思想便会无休止地较量。你要让心灵愉快地遐想,你要把理智交付给上苍,如果两种情感发生矛盾,那就由我来把龃龉扫光!如果二者水乳交融,你就可以享受人生、无比欢畅。"③ 马克思的这种感觉非常类似于约翰·乔治·哈曼(1730—1788)在处理怀疑论和独断论时的感觉:"是的,整日待在家里的我发现我总是因两个观点而使自己陷入困惑之中——这两个观念从未达成一致,并且不对其施加最猛烈的暴力是不可能将这两相互冲突的观念变成其他的观念。……对我而言,联合对立成为整体,是所有对立矛盾构成的一个完全理性——这一结果源自矛盾的解体和妥协。"④ 在哈曼看来,思想的对立与矛盾,不是理性的结果,而仅仅是感知的结果。这些表面对立的思想本质上并不冲突,都指向一个需要理性思考的共同的联合整体。

在写作这部未完成的巨著中,马克思首先认识到形而上学的东西的空洞性。黑格尔哲学体系在思辨的漩涡中忽视了"一个支离破碎的世界"。"我们必须从对象的发展上细心研究对象本身",而不仅仅是将脱离实际的概念、原则系统化。其次,马克思认识到萨维尼在《论占有权》中关于概念的形式规定和实体规定的错误。萨维尼在《论占有权》一书中列举了历史上关于占有和财产的几十种意见和争论,将其区分为解释者和系统化者两类,并在对这些意见进行批评的基础上提出了自己

---

① 《马克思恩格斯全集》第1卷,北京:人民出版社1995年版,第891页。
② 《马克思恩格斯全集》第1卷,北京:人民出版社1995年版,第735—736页。
③ 《马克思恩格斯全集》第1卷,北京:人民出版社1995年版,第894页。
④ 易兰:《西方史学通史》第五卷,上海:旦大学出版社2011年版,第80页。

的见解，即法律的形式可以区别于法律的内容、财产权是基于非理性和非道德的占有的理论。对此，马克思予以明确的反对："这也就是我后来也在冯·萨维尼先生关于占有权的学术著作中发现的那种错误，区别只是萨维尼认为概念的形式规定在于'找到某学说在（制定的）罗马体系中所占的地位'，而实体规定是'罗马人认定与这样规定的概念相联系的成文内容的学说'，我则认为形式是概念表述的必要结构，而实体是这些表述的必要性质。"① 在这里，萨维尼将法律的学说和法律本身当作法律的形式和内容，而马克思则将法律的学说和法律本身都当作形式，而将法律的性质当作内容。由于反对将法律的形式与内容分开，马克思强调研究法律的研究与历史现实相结合。而且，萨维尼的所有权基于占有的理论，与后来蒲鲁东的"财产是盗窃"的观点具有相类似的地方。这遭到了马克思和甘斯的强烈反对。布雷克曼说："法律观念的内在发展和甘斯法律哲学的历史辩证法现在在马克思看来，是走出法律事实与法律规范对抗这个死胡同的唯一出路，这个结论暗示了马克思对他的老师关于物权法在其具体社会背景下演变的哲学与历史性研究的赞同，而不是对萨维尼关于个人财产和处理方法真实情况进行强调的赞同。"② 第三，马克思在"喜爱这些材料并获得了综览它们的能力"的基础上，认识到获得哲学方法的重要性。"这又一次使我明白了，没有哲学我就不能前进。……先前我读过黑格尔的一些片断，我不喜欢它那种离奇古怪的调子。我想再钻到大海里一次，不过有个明确的目的，这就是要证实精神本性也和肉体本性一样是必要的、具体的，并且具有同样的严格形式。"③ 在许多诗歌中，马克思表达了自己在理论探索的迷茫和黑暗中从黑格尔哲学中看到一丝光亮的喜悦。在诗歌《魔竖琴》中，马克思把自己比喻成歌手，在黑暗中受到远方传来的琴音的吸引，最终发现了一个哲学七弦琴。"在患病期间，我从头到尾读了黑格尔的著作，也读了他大部分弟子的著作。"④ 在1837年的夏季学期，马克思根据所阅读的哲学书籍写了24印张的哲学对话集，涉及"自然科学、谢林和历史"的庞大

---

① 《马克思恩格斯全集》第40卷，北京：人民出版社1982年版，第11页。
② ［美］沃伦·布雷克曼：《废黜自我：马克思、青年黑格尔派及激进社会理论的起源》，李佃来译，北京：北京师范大学出版社2013年版，第285页。
③ 《马克思恩格斯全集》第40卷，北京：人民出版社1982年版，第13—15页。
④ 《马克思恩格斯全集》第40卷，北京：人民出版社1982年版，第16页。

材料，从而开启了从哲学体系化的角度来整合不同知识领域的进程。

## 三、马克思放弃法学博士的分析

尽管马克思接受的正规训练是法学，并试图构建法学体系，但是，马克思最终放弃了法学学位的寻求，依靠自学的哲学完成了哲学博士论文。对于这个问题，有关马克思的众多传记语焉不详。例如，格姆科夫在《马克思传》中仅仅说："经过深思熟虑之后，决定不到司法界服务，而打算在大学里任教，——很可能是想当哲学教授。"① 麦克莱伦则在《马克思传》中认为，马克思在家庭援助日益减少的情况下，接受鲍威尔的建议，认为学术界比律师界"似乎能够提供一个立刻行之有效的前景"。② 斯珀伯也在《卡尔·马克思：一个19世纪的人》中认为，马克思的父亲过早地去世和经济支持的锐减，迫使马克思放弃了从事法律工作的想法，并考虑从事学术界。③ 值得注意的是，马克思也并未在柏林大学申请博士学位，而是在耶拿大学申请哲学博士学位。格姆科夫说："由于为反动势力服务的御用思想意识这时已充塞整个柏林大学并占据了统治地位，马克思认为把论文呈交这所大学进行答辩有损于自己的荣誉，就把博士论文送往耶拿大学。"④ 相反，斯珀伯则认为，马克思因为超过了柏林大学规定的4年求学时间，在写博士论文时已经不是柏林大学的学生，无法获得柏林大学的博士学位。⑤ 当然，斯珀伯的说法，与马克思的柏林大学毕业证书的说法相悖。1841年3月30日签发的柏林大学毕业证书说马克思"于1836年10月22日在本校注册入学；从那时起至1840—1841年度冬季学期止，一直在本校就读，专修法学"。⑥ 马克思获得哲学博士而不是法学博士学位的原因，可以从以下几方面来解释。

---

① ［德］海因里希·格姆科夫等：《马克思传》，易廷镇、侯焕良译，北京：三联书店1983年版，第22页。
② ［英］戴维·麦克莱伦：《马克思传》，王珍译，北京：中国人民大学出版社2016年版，第27页。
③ ［美］乔纳森·斯珀伯：《卡尔·马克思：一个19世纪的人》，邓峰译，北京：中信出版社2014年版，第39页。
④ ［德］海因里希·格姆科夫等：《马克思传》，易廷镇、侯焕良译，北京：三联书店1983年版，第24页。
⑤ ［美］乔纳森·斯珀伯：《卡尔·马克思：一个19世纪的人》，邓峰译，北京：中信出版社2014年版，第46页。
⑥ 《马克思恩格斯全集》第1卷，北京：人民出版社1995年版，第939页。

(一) 职业发展的需要

马克思在 1837 年夏天之后就决定从事大学教职的工作。在 1837 年 9 月 16 日的信中，亨利希·马克思说："当你把教职选作自己的目标时，我表示了赞许，不论你选的是法学还是哲学，经过最后考虑，我觉得后者更合适。……另一方面，不能不承认，一个对自己充满信心的人，可能在波恩作为一个法学教授而发挥巨大作用。加之从柏林派往波恩比较容易，当然，要有提携。诗歌应该使你得到提携。但是，即使你很幸运，为此也得需要几年的时间，而你的特殊状况却迫使你……"① 这个 "特殊情况" 就是马克思在 1836 年在燕妮的父母不知情的情况下与燕妮订婚，而燕妮需要马克思有稳定的工作之后才愿意与马克思结婚。原因在于，燕妮的父亲路德维希·冯·威斯特华伦曾经投资地产失败了，没有财产，在 1834 年退休后只能依靠微薄的养老金生活。② 马克思的父亲一直敦促马克思要信守自己的承诺，尽早将心思放在职业发展规划上，要对燕妮负起责任来。在 1837 年 12 月 9 日的信中，亨利希·马克思说："这位姑娘按其出众的才干、优越的社会地位，她是作了巨大的牺牲的：她以自己优越的地位和锦绣前程换取一个靠不住的、阴暗的未来，把自己和一个比她年轻的人的命运联结在一起。简单而实际地解决问题的办法，就是为她在现实中创造一个配得上她的前途，而不是让她在烟雾腾腾的房间里守着一盏放在一个放荡不羁的学者身旁的昏暗的油灯。"③ 情形似乎是，与律师职位漫长的升迁道路相比，大学教授似乎在短期之内更容易提供有保障的生活条件。"对想要在普鲁士从事法律职业的年轻人来说，需要先在大学学习数年，还要有一段无薪的实习期，之后是两次国家级别的考试，然后才有可能被任命为国家的律师、法官或者是自行执业的律师。在十多年的时间里，学生和立志从事法律职业的人士是没有任何收入的，只能完全依靠家庭的支持。"④ 即使不从事律师职业，获得法学博士学位也是一种职业选择的准备。

---

① 《马克思恩格斯全集》第 47 卷，北京：人民出版社 2004 年版，第 553—554 页。
② [美] 乔纳森·斯珀伯：《卡尔·马克思：一个 19 世纪的人》，邓峰译，北京：中信出版社 2014 年版，第 31 页。
③ 《马克思恩格斯全集》第 47 卷，北京：人民出版社 2004 年版，第 564 页。
④ [美] 乔纳森·斯珀伯：《卡尔·马克思：一个 19 世纪的人》，邓峰译，北京：中信出版社 2014 年版，第 25 页。

## (二) 家庭财务资助问题

亨利希·马克思在1835年曾计划卡尔·马克思在三年之内获得博士学位,然后找到一份稳定的工作,特别是行政管理的工作,以便减轻家庭的经济负担。在1837年11月10日致父亲的信中,卡尔·马克思曾计划先去当一名陪审法官和获得博士学位,逐渐向行政管理的职业发展,因为"我确实偏爱法学胜过所有的行政管理学",并"更可望得到兼职教授职位"。① 要知道,三年获得法学博士学位在19世纪中叶并不少见。② 这说明,马克思的父亲对他的学业期望是合理的。在1837年9月16日的信中,亨利希·马克思说:"如果你在3年学习期满后不再向家里要什么,因而经常被迫去做对你有害的工作,那么,就听天由命吧。不过,要我作出牺牲的话,我是宁愿作出牺牲,也不愿损害你的前程。如果你能理智地、无损于你的前程地做到这一点,那自然将大大减轻我的负担。因为自从法庭设立分支机构以后,加上年轻人的快速成长,我的收入减少了,而支出却相应增加了。"③ 不幸的是,亨利希·马克思身体每况愈下,咳嗽愈来愈厉害,接到诉讼委托案件和出庭的机会越来越少了。在1838年5月10日亨利希·马克思病逝后,家庭彻底失去了独立的收入来源。

当马克思打算放弃成为一名有名望的律师或者政府的官员时,马克思与务实的母亲之间便发生了第一次关系破裂。马克思因为经济困难,减少了选修法学的课程。同时,马克思还从1838年10月起,在柏林的住处迁到了城外价格便宜的"医科大学生区"。即使不断节省,在1838年至1840年间,马克思还是始终处于财务困境之中,欠下了一个裁缝、一名布匹商人以及一位书商的债务。④ 因此,马克思需要在较短时间内获得稳定职位的压力陡然增加。从1839年10月开始,马克思没有选修课程,写了七本《关于伊壁鸠鲁哲学的笔记》,在第五本笔记的最后摘录了黑格尔的《哲学全书》的五页,标题为《自然哲学提纲》,表明马

---

① 《马克思恩格斯全集》第47卷,北京:人民出版社2004年版,第16页。
② 约瑟夫·温德沙伊德于1834—1835年在波恩大学和1835—1837年在柏林大学学习法律,并在1837年以《论妇女所为的债务承保的效力》的论文获得波恩大学的法学博士学位。
③ 《马克思恩格斯全集》第47卷,北京:人民出版社2004年版,第555页。
④ [美]乔纳森·斯珀伯:《卡尔·马克思:一个19世纪的人》,邓峰译,北京:中信出版社2014年版,第39页。

克思在认真准备博士论文。1840年3月30日，布鲁诺·鲍威尔在致马克思的信中说："你现在可以巧妙地详细打听一下获得博士学位的手续。任教答辩只是一种形式，一刻钟就可以结束，因此你剩下要做的事情就是在柏林参加考试。我实在不知道，你在柏林是否需要向院里说一说。你既然要在大学任教，那就必须参加获得任教资格的考试。……在柏林考试通常主要总是围绕亚里士多德、斯宾诺莎和莱布尼兹转，没有别的，好好干吧！"① 根据鲍威尔的建议，马克思在1840年做了亚里士多德、斯宾诺莎和莱布尼茨的笔记，并最终在1841年3月完成了博士论文。

(三) 犹太人特殊身份的障碍

盖伊在《德国的犹太人》(1992) 中指出，为了避免犹太身份带来的职业障碍，甘斯在1838年参与签署了一份请愿书，呼吁取消犹太人获得法律学位的资格。这个请愿书通过法律部门得到了广泛的传播。② 之所以不让犹太人获得法律学位，一个可能的原因是法律职位的供给数量赶不上法学毕业生的增加速度。在1820—1840年期间，普鲁士境内获得无薪工作的法律毕业生增长了3倍，但发薪的国家法律岗位只增加了20%。③ 犹太学生自然是牺牲品。在1839年爱德华·甘斯死后，普鲁士政府任命保守的国家法专家施塔尔担任该教职，从而使柏林大学法学院都充斥着保守主义氛围。④ 尽管马克思在"青年人的职业选择"的中学毕业论文中对刚被解放的犹太人的模糊社会地位进行了深刻思考，但是，这种理想主义在社会现实面前不仅意味着"我们不可能总是从事自己适合的职业"，而且也不能得到适合自己的专业学位。

(四) 马克思对哲学问题的极大兴趣

在获得法学博士学位无望和缺乏资金资助实现转学的情况下，马克思只能转向哲学研究。也就是说，马克思的博士论文是一种权宜之计，并非表明马克思打算长期研究哲学，尤其是古希腊哲学。马克思在1857

---

① 刘乃勇：《马克思自述传略》，北京：新华出版社2014年版，第27页。
② Ruth Gay, *The Jews of Germany: A Historical Portrait*, New Haven: Yale University Press, 1992, p. 139.
③ [美] 乔纳森·斯珀伯：《卡尔·马克思：一个19世纪的人》，邓峰译，北京：中信出版社2014年版，第25页。
④ [德] 克劳斯·费舍尔：《德国反犹史》，钱坤译，南京：江苏人民出版社2007年版，第79页。

年12月21日致拉萨尔的信中说，他对伊壁鸠鲁、斯多葛派和怀疑论者的研究与其说出于哲学的兴趣，不如说出于政治的兴趣。当然，马克思在新人文主义教育的影响下，早在中学时期就对柏拉图、伊壁鸠鲁、斯多葛派的哲学有所了解和阅读。马克思选修甘斯的刑法学、接近博士俱乐部和普鲁士当时正在讨论的宗教问题，都推动马克思关注哲学特别是黑格尔哲学的问题。鲍威尔在1838年出版的《旧约全书的宗教及其原则在历史上的发展》中，就是按照黑格尔的指引从希腊化时期的精神背景和自我意识哲学来理解基督教的产生和发展。

在1839年夏季，马克思选修鲍威尔讲授的《以赛亚书》，开始在鲍威尔指导下写作哲学博士论文。在1839—1841年间，马克思认真研究了黑格尔的《逻辑学》和黑格尔的历史观，并撰写了未流传下来的"逻辑学著作"，从而达到了对黑格尔辩证法的合理内核的深刻理解，即"把历史理解为辩证的、合乎规律的发展过程和揭示它本质的与内在的推动力"。① 依靠这些研究中得出的认识，马克思在《关于伊壁鸠鲁哲学的笔记》和博士论文中从思想史发展的角度展开了哲学同现实、自然与自由之间关系的探讨。马克思在1839年初至1840年对伊壁鸠鲁著作的摘录是和黑格尔的评价联系在一起的，以便将亚里士多德体系的解体和黑格尔体系的解体进行类比，证明青年黑格尔派的合法性。② 同时，马克思认识到，德国古典哲学复活了古希腊哲学，特别是柏拉图和亚里士多德的哲学。谢林的自然哲学和黑格尔的逻辑学都得益于柏拉图的理念论，亚里士多德的形式与质料、潜能与现实、本质与偶性等概念，以及古希腊的辩证法的批判性改造。马克思也希望在对伊壁鸠鲁哲学和亚里士多德哲学的批判性改造中获得某些理论创新的启发。

（五）规避政治环境的影响

尽管马克思的博士论文是对德谟克利特和伊壁鸠鲁的自然哲学进行比较研究。但是，这篇论文与当时的宗教、政治和社会思潮存在明显的冲突。第一，马克思在博士论文的前言中明显讽刺当时的封建复辟，并激进地宣布对天上和地下的一切神进行宣战，宣扬自由甚至是一切物质

---

① 熊子云、张向东译：《马克思早期思想研究译文集》，重庆：重庆出版社1982年版，第95页。
② 王浩斌、张亮：《马克思的自我意识哲学：起源、形成与特征》，载《江海学刊》，2005年第3期。

性存在的本质。第二，马克思研究的主题是原子论，而原子论一贯与无神论和唯物主义挂钩。马克思选择原子论作为博士论文的主题，本身也是具有反宗教的含义。"原子论从来没有被教派支持的原因之一就是其与圣餐变体论的教义相矛盾，该教义中提到圣餐面包与酒转化成了基督的血与肉。"① 在宗教和政治双重复辟的背景下，明目张胆地宣扬原子论必然面临宗教和政府审查的问题。同样不容忽视的是，原子论是反对谢林、斯特芬斯等自然哲学家的"活力论"的。马克思在博士论文的附录"评普卢塔克对伊壁鸠鲁的神学的论战"，明确批判谢林在1841年的宗教神学，并认为"对神的存在的一切证明都是对神不存在的证明，都是对一切关于神的观念的驳斥"。② 在《关于伊壁鸠鲁哲学的笔记》中，马克思还对鲍尔关于柏拉图与基督教的关系进行了批判性的研究。在鲍尔看来，柏拉图哲学包含一种隐秘宗教，因此，哲学起源于宗教。谢林在《哲学与宗教》（1804）中提出了哲学与宗教同源而分流的观点，认为哲学与宗教都起源于神秘学，而柏拉图"喜欢从神秘学那里推导出自己的神圣学说"。③ 因此，马克思在博士论文及其笔记中对原子论的研究和对宗教的批判，完全是针对当时的自然哲学和宗教问题展开的，可以看做是公开对谢林、斯特芬斯和黑格尔的自然哲学和宗教思想的批判。④ 这种直接针对柏林大学教授的批判，定会招致书报检查制度和教授评议会的审查。马克思在大学毕业后在《莱茵报》上发表的第一篇论文就是批判当时的书报审查制度，看来与博士论文在柏林大学遭受的审查可能有关。第三，马克思在论文中公开维护黑格尔原则的正确性。这与普鲁士政府和柏林大学评议会公开谴责青年黑格尔派形成了明显的冲突，更不用说当时的宗教论战。要知道，在威廉四世的复古主义政府中，约翰·阿尔布莱希特·艾希霍恩被任命为普鲁士的文化教育大臣，对普鲁士的高校实行一种思想上极端反动的政策，甚至公开反对黑格尔哲学。这也意味着，马克思的博士论文在柏林大学的法学院、哲学院和神学院都面临着保守派势力的强烈反对。

---

① [加] 戴维·欧瑞尔：《科学之美》，潘志刚译，北京：电子工业出版社2015年版，第65页。
② 《马克思恩格斯全集》第1卷，北京：人民出版社1995年版，第100—101页。
③ [德] 谢林：《哲学与宗教》，先刚译，北京：北京大学出版社2017年版，第21页。
④ 姚远：《隐蔽的谢林批判：马克思〈博士论文〉旨趣新探》，载《江海学刊》，2016年第2期。

(六) 耶拿大学的哲学博士学位申请与授予

如果马克思不打算提交一篇迎合普鲁士政府思想的博士论文去谋求任教的前程，那么，马克思在普鲁士境内就无法获得博士学位和通过任教资格考试。布鲁诺·鲍威尔曾建议马克思去寻求加布勒和其他人的帮助，并在1841年说："无论如何应该期望拉登堡（柏林大学校长）为你铺平道路。请让他在这里为你写一封信，事先处理一下可能存在的各种问题。也应该想到你胜不过艾希霍恩（文化大臣）的情况。"① 在这样的背景下，马克思就需要在一个将政治审查和学术资格审查分开的大学申请学位。耶拿大学在1848年以前在授予博士学位方面比其他大学要容易些，尤其是在本人不到场且不举行口头答辩的情况下就可以直接授予哲学博士学位。根据1829年耶拿大学的章程，不经过口头答辩就可以对申请人授予博士学位，其条件是申请人必须"1. 证明本人以前完成的大学学业；2. 提交有效的操行评语和品行端正的证明；3. 向系里呈交一篇用拉丁文印刷或书写的应考论文及其作者身份的确凿证明"。②

鉴于不愿意在柏林接受法学家施塔尔的考试、谢林在1841年2月17日被任命为柏林大学的哲学教授、耶拿大学授予博士学位的方便性以及耶拿大学处于普鲁士管辖权之外的事实，马克思通过耶拿大学的日耳曼名誉教授奥·路·伯·沃尔夫的推荐，③ 在1841年4月6日向耶拿大学哲学系递交了博士论文、波恩和柏林大学的学业证明、自传和考试费用。哲学系主任卡·弗·巴赫曼在1841年4月13日向系务委员们推荐了这篇论文，在推荐信中说马克思的论文"才智高超、见解透彻、学识渊博"，并认为"该候选人实应授予学衔"。君·施泰格尔对巴赫曼的评价分析道："巴赫曼肯定意识到，他以如此罕见的褒奖言词把马克思的论文推荐给本系的同事，是采取了一个极不寻常的步骤。这无论如何会使耶拿的教授们得出一种印象，显然是柏林大学的一位优秀毕业生向他们申

---

① ［英］戴维·麦克莱伦：《马克思传》，王珍译，北京：中国人民大学出版社2016年版，第32页。
② ［民主德国］君·施泰格尔：《论马克思的博士论文（续完）》，见姚颖主编：《马克思主义研究资料》第11卷，北京：中央编译出版社2015年版，第310页。
③ 据推测，马克思在博士俱乐部认识了沃尔夫，并在1841年4月7日对沃尔夫的推荐表示感谢。另外，沃尔夫与亨利希·海涅过从甚密。

请获得博士学位证书。他们以识别他的才能并毫无保留地同意授予他所希望得到的学衔而感到荣幸。"① 当时，耶拿大学哲学系系务委员包括历史学家亨利·卢登、古典语文学家斐·哥·汉德、化学家约·沃·德伯赖纳、哲学家莱克·恩·哥·莱茵霍尔德和雅·弗·弗里斯、大学图书馆官员卡·威·格特林、农业科学家弗·哥·舒尔采。这些系务委员毫无保留地同意了巴赫曼的评语。对于系务委员会简单地表示同意而没有认真地审评论文的做法，一种观点认为这是在 1850 年以前德国大学通行的例行公事的做法，即对候选人进行全面考察而不仅仅是以论文和著作作为唯一的衡量标准。② 巴赫曼对论文的评语没有涉及论文的根本内容就是这一观点的佐证。另一种观点认为，巴赫曼看中了马克思论文的反黑格尔的观点。要知道，巴赫曼是基督教保守派，曾与路德维希·费尔巴哈展开论战，猛烈地批判黑格尔哲学。可能是，马克思对黑格尔哲学的批判和严谨的分析论证迎合了巴赫曼、弗里斯、卢登等人的思想。1841 年 4 月 15 日，巴赫曼签发了马克思的博士学位证书。

这样，马克思这位柏林大学法学院的毕业生就获得了耶拿大学的哲学博士学位。亨利希·马克思在 1838 年的去世，自由主义者甘斯教授在 1839 年的去世，保守的施塔尔在 1839 年被任命为柏林大学的法学教授，保守的艾希霍恩在 1840 年被任命为普鲁士的文化教育大臣，以及马克思自身的财务困境，都改变了马克思获得法学博士学位的命运，以至于马克思在博士论文中宣称"我痛恨所有的神"。尽管如此，马克思在博士毕业后未能如愿以偿地在波恩大学获得哲学教授的席位，意外地参与了《莱茵报》的编辑和文章撰写的工作，以对社会政治、法律和经济问题采取批判的态度开始了人生的旅程。包尔生说："一个拥有过人天资和雄伟抱负的人，如果仅仅因为他缺乏途径，就被禁锢在一个让他难以发展和发挥才能的范围之内的话，他一边会被迫面对完全被社会所抛弃的痛苦，一边也会把自己的遭遇看作是一种奇耻大辱。"③ 马克思在《莱茵报》时期饱含着痛苦和激情撰写的绝大多数文章，不仅与法律和政治问

---

① [民主德国] 君·施泰格尔：《论马克思的博士论文（续完）》，见姚颖主编：《马克思主义研究资料》第 11 卷，北京：中央编译出版社 2015 年版，第 314—315 页。

② 哲学家阿瑟·叔本华，曾就读于柏林大学哲学系，在 1813 年 10 月以通讯的方式获得了耶拿大学的哲学博士学位。

③ [德] 弗里德里希·包尔生：《德国大学与大学学习》，张弛等译，北京：人民出版社 2009 年，第 130 页。

题有关,而且与经济问题相关,从而推动马克思对法哲学问题进行更深入地思考和对经济问题进行更深入地研究,在批判的基础上对各种思想进行整合,迈出了理论创新的第一步。

# 第四章　英国近代哲学与马克思

英国近代哲学在马克思的思想形成中所起的重要作用长期遭到学术界的忽视。实际上，马克思在大学时期就开始钻研英国哲学。在幽默小说《斯考尔皮昂和费利克斯》的第29章和第7章中，马克思谈到"我把洛克、费希特和康德的著作推往一旁，坐着冥思苦想"长子继承权的问题，也谈到了休谟对因果关系的怀疑。马克思说："大卫·休谟曾断定，本章是重谈上一章的'老调'，而且在我写成本章之前，他就做了这个论断。他的论据如下：既然有了这一章，那就没有上一章，因为这一章挤掉了上一章；尽管这一章来源于上一章，但两者之间没有因果关系，因为他对因果关系的存在始终持怀疑的态度。"① 马克思在1837年阅读了培根的《学术的进展》，1841年阅读了大卫·休谟的《人性论》并详细摘录了该书的第三四章。在《〈科隆日报〉第179号的社论》一文中，马克思指出培根将"物理学从神学中解放了出来"，霍布斯等人"已经开始用人的眼光来观察国家了"，即"它们从理性和经验出发，而不是从神学出发来阐明国家的自然规律"。② 在《神圣家族》的第六章，马克思详细分析了从培根、霍布斯、洛克的英国唯物主义到法国机械唯物主义和空想社会主义思想发展的历史。在《德意志意识形态》的"道德、交往、剥削理论"一节，马克思阐述了从霍布斯、洛克和休谟开始的近代功利理论的历史演变及其与政治经济学的关系。

培根、霍布斯、洛克和休谟的一个共同特征就是反形而上学。培根的"四假象说"、洛克的语言异化理论和休谟的因果性分析，都具有反形而上学的性质。其次，他们是"担任着公职的人，与当前的实况、与

---

① 《马克思恩格斯全集》第1卷，北京：人民出版社1995年版，第825页。
② 《马克思恩格斯全集》第1卷，北京：人民出版社1995年版，第227页。

世界和世界进行纠缠在一起",积极参与了当时的宗教斗争和政治斗争。① 在宗教方面,洛克提倡宗教宽容,培根、霍布斯和休谟展开了宗教批判,但都主张信仰与理性、宗教与哲学的分离;在政治上,培根与霍布斯提倡绝对君主制,洛克和休谟主张民主共和政体。霍布斯和洛克都是自然法的积极倡导者,而休谟则是自然法的积极反对者。第三,他们几乎都是历史学家,具有很强的历史意识。培根写了《亨利七世》等历史著作,霍布斯写了英国内战史《比希莫特》,休谟写了英国通史。这些历史著作主要是政治史,充满了英雄史观,但带有一定的政治经济内容的分析。第四,他们都研究过政治经济学的问题,几乎都是政治经济学家。培根与霍布斯认为商人的牟利活动和积累财富会危害君权和导致叛乱,而洛克与休谟则认为商业繁荣和财富的积累是国家和平与稳定的基础。第五,在哲学立场上,培根、霍布斯和洛克都秉持机械唯物论,而休谟则持不可知论。霍布斯是理性主义者,培根、洛克和休谟都是经验主义者,但都试图将其政治和人性论建立在自然哲学的基础上,都接受原子论但反对虚空,都是将所有的思想还原为印象或观念的还原主义者,都将物质的运动量守恒和惯性定律推广到人类社会。

英国哲学之所以对马克思产生了重要的影响,不仅因为他们所关心的哲学、宗教与政治的关系问题也是马克思早年所关注的问题,而且他们对这些问题提出的各种解决方案为马克思提供了可资分析和比较的基础。他们对现实的政治经济问题和历史问题的关注,还导致了他们大量研究政治经济学问题,具有某些历史辩证法的思维。本章将分析这些英国哲学家在形而上学批判、宗教批判、政治批判和未来社会的构想方面对马克思的影响。

## 第一节 培根与马克思

弗朗西斯·培根(1561—1626)是英国哲学家、史学家、法学家、政治家和散文家,经验归纳法的提倡者和知识权力哲学的鼓吹者,经院哲学和亚里士多德哲学的强有力批判者。马克思称赞培根为"英国唯物主义和整个现代实验科学的真正始祖",从哲学、政治和道德上为现代科

---

① [德]黑格尔:《哲学史讲演录》第四卷,贺麟、王太庆译,北京:商务印书馆2009年版,第19页。

学开辟了道路。① 下面，我们主要阐述与马克思相关的培根的思想，如哲学与宗教的分离、四假象说、科学归纳法等。

## 一、哲学与宗教的分离

培根主张哲学与神学、理性与信仰分离，在原子论基础上对自然的规律进行研究。"人若无意于异端邪说，必须谦虚谨慎地区分神性和人性，分清理智和信仰。"② 培根根据上帝的创造物与上帝的启示之分，主张信仰高于理性和信仰与理性的分离。在自然界这个上帝的创造物，"神根据一条必然法则从它们身上推演出完美的井然有序的自然界"。③ 但是，"宗教神学……只是建立在上帝的话语与神迹之上的，而不是建立在自然之光基础之上的"。④ 尽管在研究自然时人的理性居于绝对的主导地位，但在宗教或神学领域，理性只是居于次要地位。"人类的理性在宗教中的用途分为两类：第一是用来理解和把握上帝为我们揭示的奥妙；第二是用来从这些奥妙推引出一些教条和指导。"⑤ 与自然领域的推理要受到归纳法的检验不同，神学领域的推理是以启示为基础，采用类比法得出的结论不需要经验的检验。"同样在神学中你使用推论和推理离开《圣经》越远，你的观点就越脆弱和虚幻。"⑥ 通过限制理性在宗教神学领域的作用，培根不仅试图解决教义解释引起的宗教纠纷和保护宗教信仰免受理性的侵害，而且试图为理性在自然和社会领域的作用开辟出独立的道路。在培根看来，人类借助理性之光对自然按其本来面目进行研究，寻找普遍的自然法则，发展科学技术，从而在摆脱为万物立法的理性自负和恢复人类自堕落以来丧失的对自然统治之基础上，最终实现在

---

① 斯宾诺莎的《神学政治论》是建基于四假象说和归纳法基础上的。
② ［英］弗朗西斯·培根：《论古人的智慧》，李长春译，北京：华夏出版社2017年版，第69页。
③ ［英］弗朗西斯·培根：《论古人的智慧》，李长春译，北京：华夏出版社2017年版，第46页。
④ ［英］弗朗西斯·培根：《学术的进展》，刘运同译，上海：上海人民出版社2007年版，第188页。
⑤ ［英］弗朗西斯·培根：《学术的进展》，刘运同译，上海：上海人民出版社2007年版，第189页。
⑥ ［英］弗朗西斯·培根：《学术的进展》，刘运同译，上海：上海人民出版社2007年版，第193页。

弘扬上帝的荣耀中回归像"新大西岛"这样的伊甸园。① 自然地，神学不能干涉哲学对自然的探求，哲学也不能对宗教或信仰进行理性化的论证，否则就会导致迷信或宗教狂热。"在哲学中寻找神学就好比在死者中寻找生者，在神学中寻找哲学就好比在生者中寻找死者。……在《圣经》中，上帝的神灵之所以传达自然的事情，只是偶然提及，无非是为了适合人们的接受能力，或者是为了说明一些道德或神学问题。人们随便提及的一些事情，是缺少权威的，这条正确的规则人们不应该忘记。"② 这意味着，科学真理只能在自然中去寻求，像信仰和信念、侍奉和崇拜这样的宗教真理则只能在《圣经》中按照一定的诠释规则去寻求。"在解释《圣经》时，不应当只看到文辞出现时的固有意义，不应当只看到说话时的特定语境，不应当只留意跟上下文语境准确适合的解释，不应当只注意当时讨论的主要论题，而是既关注《圣经》的全部或整体意义，又留心《圣经》中的单个的句子和言辞，在它们中间找出教理无限的源泉和溪流，用来浇灌教会的方方面面。"③

但是，当哲学成为宗教或神学的侍女时，人类不仅不能获得知识去征服自然，反而会生产出各种迷信的宗教和虚假的哲学。"由于宗教和哲学混杂在一起，二者都曾受到并且还将会受到极度的侵害，那样只会产生出异端的宗教和虚幻的、神话般的哲学。"④ 之所以对死亡的恐惧是宗教迷信的根源，是因为人们没有从科学上认识死亡与痛苦是相互分离的两种自然行为，以至于生命中的各种痛苦被穿凿附会地加在死亡身上，造成对死亡的恐惧和宗教迷信。不仅死亡的情感远远赶不上复仇、爱恋、追求名誉、厌倦、无聊的情感，而且许多人在死前都很从容，感受不到痛苦。伴随宗教迷信的是无休止的战争和暴政。在《宣告一场圣战》一文中，培根指出，基督教的宗教战争或者以宗教的名义进行的殖民战争本质上只是一种"为了金银、世俗的利益和荣耀"的疯狂的掠夺，但却

---

① 余丽嫦：《培根及其哲学》，北京：人民出版社1987年版，第414页。
② ［英］弗朗西斯·培根：《学术的进展》，刘运同译，上海：上海人民出版社2007年版，第195页。
③ ［英］弗朗西斯·培根：《学术的进展》，刘运同译，上海：上海人民出版社2007年版，第196页。
④ ［英］弗朗西斯·培根：《学术的进展》，刘运同译，上海：上海人民出版社2007年版，第81页。

打着文明征服和教化野蛮的意识形态旗帜。① 大量的统治和战争根据自然法是非正义的、不合法的。"最正义的战争莫过于推翻暴政。在暴政下，人民只能俯首听命，失去了精神和活力，如同被墨杜莎变成了石头。"②

　　面对一个排斥科学和知识、只讲信仰和效忠的迷信时代，培根倡导知识本身是一种增强国家实力和国王权威、延长寿命和让声誉不朽的基础性力量。在《学术的进展》中，培根利用历史事实证明，学术的繁荣与国家的昌盛是并行不悖的，宗教对学术的压制只会导致国家的衰落。这是因为缺乏知识和理性会造成狂热的欲望爆发和社会动荡。在宗教的压制下，学者们只能采取隐晦的或寓言式的写作来保护自己和有限地传达自己的理念，以至于增加了理解的难度和造成了人们的普遍无知与迷信。培根说："我深知，寓言的内容具有很强的伸缩性，你可以随意改变它的形状，一丁点技巧和诡辩就可轻而易举地把不属于它的意思强加到它头上，但看起来仍然合情合理。"③ 尽管神话或寓言可以用于消遣娱乐或传达新的思想，但是，神话或寓言是一种掩饰或隐藏意义表达的工具。"在古代诗人大量的寓言背后，一开始就隐匿着某种神秘和寓意。……有些寓言连同故事的框架结构以及合乎人物身份的名字让我发现，它们与所指物之间具有紧密而明显的联系与一致性，这不能不让人认为，这种含义是事先安排好的，经过了深思熟虑，并被故意掩盖起来。"④ 揭开语言的面纱，古代的神话、寓言甚至宗教故事实质上讲述的是人类自身活动或利益的各种故事。《论古人的智慧》就试图揭示古希腊罗马神话的表层叙述与人类社会的深层叙述之间的内在关系。在培根看来，古代神话与寓言是从民族习俗中发展起来的古老智慧。这些按照隐喻或暗示而写的神话寓言适合于智力水平较低、想象力丰富的古人的理解，部分地反映了古人的真实生活和生产状况。因此，神话寓言与哲学是不同时代

---

① ［英］弗朗西斯·培根：《论古人的智慧》，李长春译，北京：华夏出版社2017年版，第92页。
② ［英］弗朗西斯·培根：《论古人的智慧》，李长春译，北京：华夏出版社2017年版，第27页。
③ ［英］弗朗西斯·培根：《论古人的智慧》，李长春译，北京：华夏出版社2017年版，第4页。
④ ［英］弗朗西斯·培根：《论古人的智慧》，李长春译，北京：华夏出版社2017年版，第5页。

的人类生活的表达方式，存在着理性与想象力的差别。但是，宗教压迫却让哲学或科学按照神话或寓言的方式写作，将哲学塑造为一种脱离研究自然和社会的形而上学。"实际上，真正的哲学最能贴切忠实地反映世界的声音，其仿佛是把世界的盼咐付诸文字，实际上就是世界的影像。"① 这样，培根开创了一种按照人类社会的经验来阅读神话、寓言甚至宗教作品的方法，从而为斯宾诺莎的圣经批判和维柯的荷马史诗研究开辟了道路，也为马克思将政治经济学、宗教、黑格尔哲学、法律等意识形态还原为阶级利益的外在表达提供了某种启示。另一方面，诠释神话和寓言的方法也启发了培根利用四假象说对形而上学展开批判。

同时，培根指出，希望依靠哲学来加强信仰的做法也是不可靠的，因为"信仰无法靠信仰之外的事物建立"。② 培根认为，"信仰比知识更加有价值"，但要将信仰与理性、宗教与科学分开，让自然哲学研究自然的原因和运用自然知识以产生实践效果的办法，让神学研究上帝的启示。培根说："理论研究一旦进入活跃的生活领域就会获得新的血液和活力，由于有了更多的养分，根基会扎得更深，至少会长得更为高大繁茂。"③ 自然科学和人类的知识不仅对宗教信仰具有装饰和美化作用，而且能"有效地促使人们赞美上帝的荣耀"，对"无信仰和错误提供非凡的救助和防治作用"。④ 对自然的研究和理解因而是通向理解《圣经》的钥匙。

当然，知识在人类社会还有众多的功用。知识"可以抑制人与人之间的纷争，弥补人天性上的缺陷"，提升人的道德和品性。知识可以消除人们头脑中的野性、愚昧、残忍、轻浮、鲁莽、傲慢、虚假的羡慕和软弱，尤其是消除或减轻对死亡和厄运的恐惧。"学问可以重塑我们的大脑，使其避免固定或陷入不完善的状态，而且让我们的大脑能够易于发展和革新。"⑤ 与肉体快乐和情感快乐的短暂性相比，知识带来的快乐是

---

① ［英］弗朗西斯·培根：《论古人的智慧》，李长春译，北京：华夏出版社2017年版，第25页。
② ［英］弗朗西斯·培根：《学术的进展》，刘运同译，上海：上海人民出版社2007年版，第81页。
③ ［英］弗朗西斯·培根：《论古人的智慧》，李长春译，北京：华夏出版社2017年版，第3页。
④ ［英］弗朗西斯·培根：《学术的进展》，刘运同译，上海：上海人民出版社2007年版，第35—36页。
⑤ ［英］弗朗西斯·培根：《学术的进展》，刘运同译，上海：上海人民出版社2007年版，第49页。

持久的、自我更新的。"知识的乐趣没有厌足的时候,学问带来的是满足和欲望的交替,所以学问给予人的只有愉快,没有一点欺骗和意外。"① 由于人类对知识的崇敬,知识就赋予了人性更大的权威。②

因而,对知识的支配就是一种权力的来源,而"支配知识就是支配人的理智、信仰和理解"。这意味着,统治者的学问对其国内治理、道德培养、和平、政治清明、战争和军事都具有重要的影响。如果官员和统治者都拥有丰富的知识,了解宗教、政治或道德的观念,掌握了牢固而可靠的知识原则,那么,他们"就可以防止和限制他们犯下毁灭性的、无法弥补的错误和暴行",避免单凭经验所带来的危险。③ 知识在协助人类的创造与发明中,有助于实现人类不朽的渴望。"知识和学问的价值在于人们最渴望得到的不朽或延续,正是人们渴望不朽的愿望促使人们繁殖后代,修建房屋,养育子女;不朽的渴望还造就了许多的房屋、建筑、纪念碑;不朽的期望还铸就了回忆、名声、颂扬;实际上人类其他的各种愿望也正是来源于对不朽的追求。"④

在培根看来,哲学目的在于利用构建的科学研究方法来理解、解释和征服自然,以便提高生产知识和使用知识的效率。培根在《新工具》中勾画了如何提高科学研究的效率和获得有用知识的最佳办法,以便增强人类征服自然的实力。培根说:"人作为自然界的臣相和解释者,他所能做、所能懂的只是如他在事实或思想中对自然进程所已观察到的那样多,也仅仅那样多;在此以外,他是既无所知,亦不能有所作为。……人类知识和人类权力归于一;因为凡不知原因时即不能产生结果。要支配自然就须服从自然;而凡在思辨中为原因者在动作中则为法则。"⑤ 为了更好地增进知识的生产和发展,政府需要营造学问的处所、印刷学术的书籍和提升学者的境遇,赋予学术研究的特权和特殊待遇,以及颁布制度和法令来保障学者潜心的研究。培根反对过度的职业性教育而忽视哲

---

① [英]弗朗西斯·培根:《学术的进展》,刘运同译,上海:上海人民出版社2007年版,第51页。
② [英]弗朗西斯·培根:《学术的进展》,刘运同译,上海:上海人民出版社2007年版,第50页。
③ [英]弗朗西斯·培根:《学术的进展》,刘运同译,上海:上海人民出版社2007年版,第37页。
④ [英]弗朗西斯·培根:《学术的进展》,刘运同译,上海:上海人民出版社2007年版,第52页。
⑤ [英]培根:《新工具》,许宝骙译,北京:商务印书馆2009年版,第7—8页。

学和科学的通识教育和根本性学问的传统教育，反对思辨哲学而主张实践哲学。"高等教育如果不能自由发展，让学者按照自己的性情去研究历史、研究现代语言、研究有关政策和国务的著述，以及其他服务于国家事务的学问，当国君们想要找出有能力的人来辅佐自己时，也会发觉很难找到这样的人。"①

### 二、培根的批判理论：四假象说

在培根看来，真正的求知就是在"剔除无益的玄想，摒除空虚无用的东西，保留和扩大那些可靠而有益的东西"之基础上，"真正地把自己的聪明才智用在人类的利益和福祉上面"，通过发掘自然和人类社会的宝藏，将"思想和行动更紧密地结合在一起"，最终实现"彰显造物主的荣耀，改善人类的境况"的目的。② 为此目的，培根提出了著名的四假象说：族类假象、洞穴假象、市场假象和剧场假象，用以批判形而上学和其他的学问病症或谬误，以便为科学的发展开辟道路。

族类假象就是人类的理解力对经验事实或事物的性质进行歪曲的反映，以便构建或虚构出符合理性或意愿的秩序和规则，有意抛弃与确定的理论或意见不相符合的事实或证据。培根指出，古代的四元素说、实体学说和天体按照正圆轨道运行的假说，时间和线条的无限可分割性，根据事物原因的无限推演带来的目的因，占星、圆梦、预兆、神签、启示、任意相似性的类比等，都是一种理性的虚构或想象，以便满足人类理解力无限增长的欲望。培根将族类假象根据人性的不同侧面或特性分为七种：一是人的理性追求或虚构世界的秩序和规则的欲望；二是人的理性维护既有的理论或意见而抛弃反对证据的欲望；三是人的理性习惯于从相异中构建或寻求相似性的想象力的欲望；四是人的理性追求自身权力无限的欲望；五是人的理性受到意志和情感的影响而寻求或虚构合乎情感的东西；六是人的理性受到感官迟钝性和欺骗性的影响而关注视觉和触觉可即的领域，而忽视微观和宏观的事物；七是人的理性总有追求抽象和本原的欲望，构建出实体而忽视物质本身的结构、变化和运动

---

① ［英］弗朗西斯·培根：《学术的进展》，刘运同译，上海：上海人民出版社2007年版，第59—60页。

② ［英］弗朗西斯·培根：《学术的进展》，刘运同译，上海：上海人民出版社2007年版，第31、30页。

规则。一句话，人的大脑是一个思维经济的机器，将复杂的世界简化或虚构为可以理解的少数规则，从而达到自我肯定和自我满足的目的。这样，培根对族类假象的批判就将人的本性提高到一个很重要的地位，从而为洛克的《人类理解论》、休谟的《人性论》和莱布尼茨的《人类理智新论》开辟了道路。康德的《纯粹理性批判》依靠分析和综合的区分，集中批判上帝存在论和科学中的族类假象。斯宾诺莎的《神学政治论》就批判启示和预言的族类假象。克服族类假象的办法，就是要将理性限制在经验事实或现象的领域。

洞穴假象则是每个人独特的经验、教育、出身、阅读、习惯、利益、环境、性格、情绪、感觉心理等洞穴因素而形成对事物的性质及其联系进行歪曲的反映。由于洞穴假象的种类繁多，培根没有分门别类地研究，而只是列举了少数类别。一是对某个问题、方法和理论的长期研究形成习惯和权威而任意推演其适用范围，造成对许多事物的歪曲。例如，亚里士多德将他的自然哲学看做是其逻辑学的奴隶，犹如黑格尔按照辩证法来阐述自然哲学、法哲学和历史哲学一样。法国唯物主义将牛顿力学推广到自然领域，解释为机械论唯物主义。培根甚至把依据少数事例而建立科学体系的做法当作洞穴假想对待。马克思的《资本论》认为，古典政治经济学只是代表资产阶级利益的一种洞穴假象或异化的理论：将商人追求利润的模型普遍化为人类追求自身利益的现实，商业契约转化为社会契约。二是在比较领域过度寻求相同或相异的趋势。这尤其发生在各国历史和生物学领域。三是对古代和现代的不同偏爱，形成古今之争。四是对事物的部分和结构的不同偏爱，如原子论重视原子的基本成分，忽视原子的结构和整体构成。

市场假象则是虚构的或歪曲抽象的语言和文字表达造成对事物的性质及其联系进行歪曲的反映。语言和文字的语词、句子和语法大都是从生活和社会实践活动中产生的，经过历史的演化和不同地区的使用并在文学和口语的多义中不断演化。科学词汇只是嵌入整个社会生活语言领域的，不可能完全独立于社会而存在，也不能完全摆脱一词多义的问题。社会科学领域尤其是哲学领域的大部分争论，都是语词含义模糊不清或虚构名称的争论。市场假象分为错误或拙劣的抽象，如将无准确的度量、程度不同、方式不同、历史不同、结构不同和类别不同的事物都包含在一个词语内，和无实际事物的虚构名称，如火元素、幸运、第一推动力、鬼神、上帝、自然状态等。培根认为：具体事物的抽象的错误较少，比如人、泥土、石头、大象；活动的抽象的错误较多，如生成、毁灭、改变；而属性的抽象的错误最多，如重、轻、稀薄、厚等。抽象的错误程度随着适用事物的普遍性的增多和远离感官的程度而增多，所以，物体、物质、实体、生命的错误性就比地球、虫子、石头的错误性多。

剧场假象则是各种包含虚构成分和错误论证的学说体系对事物的性质及其联系进行歪曲的反映。剧场假象分为六种：一是唯理派随意选取不加考证的事例而根据普通概念任意推演的诡辩的体系。亚里士多德的体系就是"以他的逻辑败坏了自然哲学：他以各种范畴范铸出世界"。①可以说，亚里士多德的体系就是一个泛逻辑体系。培根说："在亚里士多德的物理学中，则除逻辑的字眼之外便几乎别无所闻；而这些字眼，他在他的形而上学当中，在这一更庄严的名称之下，以居然较像一个实在论者而不大像一个唯名论者的姿态，还又把它们玩弄了一番。"② 黑格尔的哲学体系就是如此。二是经验派根据少数精心研究的事例而构造的经验体系，并将其他事实扭曲来迎合这个体系。炼金术和吉尔伯特的《磁论》就是代表。三是将神学、传说、迷信和事例结合起来构建的迷信体系，依靠幻想或浮夸来将人类的理性引入歧途。毕达哥拉斯和柏拉图的哲学都将迷信或宗教连接在一起，引入目的因、第一性原因、形式因的哲学。四是包含思辨的错误题材，特别是自然哲学中的错误题材的体系。比如，根据技术的合成与分解来想象自然事物的元素合成与分解，根据动植物的种属关系推断自然界存在始基的生命及其演化形式、隐秘本性，医学关于人体的各种错误属性的虚构，对物体运动的某一个侧面研究而不是对物体的整体运动进行研究。五是，断言世界的完全知识或断言世界的不可知的体系。六是错误的论证。培根说："邪恶的论证可以说是假象的堡垒和防线。我们在逻辑中现有的论证不外是把世界看成人类思想的奴隶，而人类思想又成为文字的奴隶。实在说来，论证实际上就是哲学和科学本身，因为论证是怎样，视其树立得是好是坏，随之而来的思辨和哲学体系也就怎样。现在，在从感官和对象到原理和结论的整个过程中，我们所使用的论证都是欺骗性和不称职的。"③ 这种错误的论证包

---

① ［英］培根：《新工具》，许宝骙译，北京：商务印书馆2009年版，第37页。
② ［英］培根：《新工具》，许宝骙译，北京：商务印书馆2009年版，第39页。
③ ［英］培根：《新工具》，许宝骙译，北京：商务印书馆2009年版，第47—48页。

含着错误的感观印象，从感官印象抽取错误的或混乱的概念，利用简单枚举的归纳法而不是利用科学归纳法中的排除法和分离法来进行推断结论，以及三段论式的或从普遍的原则推导中间原理的演绎法。错误的感官印象一部分来自实验的随便，不按照科学的程序耐心地进行，另一部分来自于急于将实验成果应用于实践上。

总之，培根的四假象说从理性的扭曲、语言的扭曲、习俗和利益的偏见以及经验事实的错误方面对各种类型的谬误进行了归纳和总结，从而为霍布斯、洛克、孟德斯鸠和休谟的各种批判提供了强有力的武器。霍布斯在《利维坦》第四章中秉持培根的市场假象观，认为缺乏坚实经验基础的错误定义是争论的根源。洛克主要批判市场假象，形成了语言异化的理论；孟德斯鸠主要批判洞穴假想，形成了社会政治理论和三权分立说；休谟主要批判族类假象，形成了概然性认识的理论，否定了绝对真理的可能性。马克思则进一步将四假象说发展为意识形态理论。列斐伏尔在《马克思的社会学》中将马克思的意识形态理论当作培根的洞穴假想处理，综合了洛克、休谟和孟德斯鸠关于培根的四假象说的理论。

### 三、培根的研究方法：科学归纳法

培根反对完全依靠理性推理的方法，强调在感官的基础上依靠实验和归纳的方法来发现真理。培根把演绎法称作"培养知识的方法"，是系统化整理已有知识、辩论和"人心的冒测"的方法，而把归纳法称作"发明知识的方法""对自然的解释"方法。科学的概念和原理需要建立在坚实的归纳事实基础上而非凭空想象或捏造，然后根据有事实基础的概念和原理进一步进行归纳，逐渐得出普遍的概念和基本原理，据此进行演绎推理和解释更多的自然现象。这种将归纳与演绎结合起来发现真理的道路不同于单纯利用理性演绎发现真理的道路。培根说："钻研和发现真理，只有亦只能有两条道路。一条道路是从感官和特殊的东西飞跃到最普遍的原理，其真理性即被视为已定而不可动摇，而由这些原则进而去判断，进而去发现一些中级的公理。这是现在流行的方法。另一条道路是从感官和特殊的东西引出一些原理，经由逐步而无间断的上升，直到最后才达到最普通的原理。这是正确的方法，但迄今还未试行过。……上述两条道路都是从感官和特殊的东西出发，都是止息于最高普通性的东西；但二者之间却有着无限的不同。前者对于经验和特殊的东西只是瞥眼而过，而后者则是适当地和按序地贯注于它们。还有，前者是开始时就一下子建立起某些抽象的、无用的、普遍的东西，而后者则是逐渐循级上升到自然秩序中先在的而为人们知道得较明白的东西。"①

培根认为，将实验和理性结合起来，就有促进科学的希望。"历来处理科学的人，不是实验家，就是教条者。实验家像蚂蚁，只会采集和使用；推论家像蜘蛛，只凭自己的材料来织成丝网。而蜜蜂却是采取中道的，它在庭院里和田野里从花朵中采集材料，而用自己的能力加以变化和消化。哲学的真正任务就正是这样，它既非完全或主要依靠心的能力，也非只从自然历史和机械实验收来的材料原封不动、囫囵吞枣地累置在记忆当中，而是把它们变化过和消化过而放置在理解力之中。这样看来，要把这两种机能，即实验的和理性的这两种机能，更紧密地和更精纯地结合起来（这是迄今还未做到的），我们就可以有很多的希望。"② 为了促进科学的发展，培根主张，自然科学要从哲学中独立出来，不要被亚里士多德的逻辑学、柏拉图的自然神学所玷污或败坏。

培根提倡的科学归纳法旨在提高和促进科学实验获得成果并总结出普遍原理的效率，借助于这些新的普遍原理来发现更多的科学真理。按照确定的法则和规则进行科学研究，与仅凭随机的经验暗中摸索的研究，是完全不同的。"只有从原理的新光亮中——这种新原理一经在一种准确的方法和规律之下从那些特殊的东西抽引出来，就转过来又指出通向新的特殊东西的道路——方能期待更伟大的事物。我们的这条路不是一道平线，而是有升有降的，首先上升到原理，然后降落到事功。"③ 不过，由特殊的东西上升到一般性的原理，不是飞跃式的一步登天，而是经由中间原理循序渐进的。"我们实应遵循一个正当的上升阶梯，不打岔，不蹦等，一步一步，由特殊的东西进至较低的原理，然后再进至中级原理，一个比一个高，最后上升到最普遍的原理；……因为最低的原理与单纯的经验相差无几，最高的、最普遍的原理（指我们现在所有的）则又是概念的、抽象的、没有坚实性的。唯有中级公理却是真正的、坚实的和富有活力的，人们的事务和前程正是依靠着它们，也只有由它们而上，到最后才能有那真是最普遍的原理，这就不复是那种抽象的，而是被那

---

① ［英］培根：《新工具》，许宝骙译，北京：商务印书馆2009年版，第12—13页。
② ［英］培根：《新工具》，许宝骙译，北京：商务印书馆2009年版，第82—83页。
③ ［英］培根：《新工具》，许宝骙译，北京：商务印书馆2009年版，第88页。

些中间原理所切实规限出的最普遍的原理。"①

从经验事实得出中级原理或形成概念的过程，培根认为，不能依靠建基于少数正面事实而忽视反例的简单枚举法，而要依靠科学归纳法。"对于发现和论证科学方术真能得用的归纳法，必须以正当的排拒法和排除法来分析自然，有了足够数量的反面事例，然后再得出根据正面事例的结论。……在用这样一种归纳法来建立原理时，我们还必须检查和核对一下这样建立起来的原理，是仅仅恰合于它所依据的那些特殊的东西，还是范围更大和更宽一些。若是较大和较宽，我们就还要考究，它是否能够以对我们指明新的特殊东西作为附有担保品的担保来证实那个放大和放宽。"② 为了获得关于事物的基本原理和解释自然，培根的科学哲学建议分三步走：第一步是收集足够的资料，比如准备一部自然和实验的历史，依靠实验和观察收集数据；第二步是按照特定的方法和秩序将材料分类整理，比如制成各种相同事例、相反事例、变化程度的表格；第三步是依靠科学的归纳法得出结论或事物的原理。

归纳的依据在于对物体的解剖或分析，即将复合物体分解为单纯性质之物，并研究单纯性质的法则和规定性；然后采用排除法，排除掉不具有该性质的物体，只对具有该性质的物体进行研究和归纳，从而对自然进行解释。"研究愈是接近于单纯性质，一切事物就愈变得容易和浅显；工作是由复杂的事物转到单纯的事物了，是由不可比量的事物转到可以比量的事物了，是由不尽根数转到并无不尽根数了，是由无限的、模糊的事物转到有限的、明确的事物了，其情节正好像字母系列中的字母和音乐中的音符似的。应当指出，对自然的研究如果始于物理学而终于数学，那就会有最好的结果。"③ 培根认识到，对物体进行机械的分析得出的结论，并非完全反映了事物的性质或组织结构。事物的结构越精微和细密，机械分析得出的结论越具有人为的性质。相比于有机物，对无机物的解剖得出的结论更可靠。"由此可见，我们必须做到对物体进行分剖和分解，可不是要用火，而是要用推理和真正的归纳法，并辅以实验；要用与其他物体相比较的办法；还要用把复合物体还原为聚会并混合于其中的若干单纯性质及其若干法式的办法。一言以蔽之，我们若想

---

① ［英］培根：《新工具》，许宝骙译，北京：商务印书馆2009年版，第89页。
② ［英］培根：《新工具》，许宝骙译，北京：商务印书馆2009年版，第90—91页。
③ ［英］培根：《新工具》，许宝骙译，北京：商务印书馆2009年版，第127—128页。

揭露物体的真正组织和结构——那是事物中一切隐秘的性质和所谓种属性质与种属性德所依附,也是每一有力的变化和转化的规律所从出——,我们必须由火之神转为工艺之神才行。"①

培根提倡的科学归纳法,要求遵循严格的科学程序来筛选经验事实,构筑概念、原理、命题和推理,以便建立起真理的确实性。培根相信,依靠科学归纳法和人类的协同和分工研究,人类就有希望做出更多的发现和发明。最终,人类在批判的基础上将科学建立在坚实的实验事实基础上,按照客观世界的实际样子来认识客观世界并奠定科学的方法论基础,以便为人类的权力或福祉开辟道路。"我正是要在人类理解中建造一个世界的真实模型,如实然那样,而不是如各人自己的理性所愿望的那样;而要这样做,就非辛勤地把世界解剖一番不成了。我还要说,人们在哲学体系中凭幻想创造出来的那些愚蠢的、杜撰的世界影像都必须抛入风中,使其消散净尽。"② 培根也认识到,尽管他作为开荒者,做了很多的努力,收集了大量的事实,提出了科学归纳法,但仍不能提出一个合格的科学理论或普遍的系统学说来,也预期不能完成《伟大的科学复兴》。

科学归纳法的缺陷在于,培根把理性局限在理解力上,从而限制或否定人的创造性或想象力在科学发现中的作用。尽管培根希望利用科学的归纳法从特殊中归纳出中间原理和普遍原理,但是,科学的归纳法最多能归纳出更为普遍的经验事实或证据,却不能归纳出中间原理或普遍原理。各种原理只有经过分析经验事实和利用想象力才可能得出。自然科学家在处理实验结果时,需要高超的艺术将受外在干扰的数据排斥掉,然后根据关键数据来构建理论模型。休谟后来对归纳问题进行了批判性的研究,康德与歌德认为所有的经验事实都是理论负载的。

培根的经验论是与洛克、休谟的经验论不同的。培根的经验论集中于寻求具有普遍性的依靠工具的科学实验,并用归纳法得出普遍性的原理。洛克的经验则是普通人的观察或体验所形成的认识或总结,而休谟的经验则是思想实验。培根还认为,大量与特定实践目的或工业活动相联系的技术性实验,没有多少科学价值。只有极少数专注于发现原因和原理的科学实验,才具有真正的基础性科学价值。培根之所以重视工具

---

① [英]培根:《新工具》,许宝骙译,北京:商务印书馆2009年版,第126页。
② [英]培根:《新工具》,许宝骙译,北京:商务印书馆2009年版,第108页。

和实验，是因为他认识到感官存在明显的认识局限性。"一个对象之逃开人们的感官，不外出于以下几种原因：一是由于它的距离；二是由于有中间物体隔挡；三是由于它不适于在感官上做出印象；四是由于它在量上不够打动感官；五是没有足够的时间容它起作用于感官；六是由于它的感印非感官所能禁受；七是由于感官已先被其他对象所填塞，所占据，以致没有余地来接纳新的运动。"① 不仅感官察觉不到很多对象，而且感官自身还具有欺骗性。"感官对于自然的界划总是参照着人而不是参照着宇宙；而这是非靠理性和普遍的哲学不能加以矫正的。"② 在感官无力发现事物的规律时，类比推理就需要发挥作用。"以类推来作代用物无疑亦是有用的，不过它的准确性较少，所以应用时应带着一定的判断。使用类推来把不能直接觉知的事物提到感官所及范围之内，其办法不是对那不能觉知的物体本身进行一些可以觉知到的动作，而是把与它同族的可以觉知的物体加以一番观察。"③ 为了获得普遍性的原理，培根认识到事物结构特别是动植物的器官相似性的重要性，因此建议从表面上相异的东西中寻求功能上的相同性。"因此，人们的劳力应当转而去调查和观察事物间的相似和相类之点，从整个看亦要从部分看。只有这些方面的调查和观察才侦察出自然的统一性，并为科学的建立奠定一个基础。"④

### 四、培根对马克思的影响

由于历史法学派强调对历史资料进行严格的审查和归纳的方法本质上是培根的科学归纳法在历史研究中的一个应用，所以，马克思在1837年就阅读了培根的《学术的进展》，并在加布勒的逻辑学课程中了解或阅读了培根的《新工具》。培根的科学归纳法、四假象说、解读神话的还原法等思想都对马克思产生了重要的影响。

（一）培根对马克思影响的文本引用证据

马克思在许多著作中对培根的著作和思想进行了引用、分析与评论。在《〈科隆日报〉第179号的社论》中，马克思说："维鲁拉姆男爵培根把神学的物理学称为献身上帝的少女，是不能生育的；他把物理学从神

---

① [英] 培根：《新工具》，许宝骙译，北京：商务印书馆2009年版，第246—247页。
② [英] 培根：《新工具》，许宝骙译，北京：商务印书馆2009年版，第258页。
③ [英] 培根：《新工具》，许宝骙译，北京：商务印书馆2009年版，第262页。
④ [英] 培根：《新工具》，许宝骙译，北京：商务印书馆2009年版，第195页。

学中解放了出来，于是物理学就变成一门有成果的科学了。"① 在《评一个普鲁士人的〈普鲁士国王和社会改革〉一文》（1844）中，马克思批评，麦克库洛赫引用了培根关于利用归纳法渐次到达科学顶峰的一段话语来美化资本主义社会和掩盖赤贫现象。② 在《神圣家族》（1845）中，马克思指出："英国唯物主义和整个现代实验科学的真正始祖是培根。在他的眼中，自然科学是真正的科学，而以感性经验为基础的物理学则是自然科学的最重要的组成部分。……按照他的学说，感觉是完全可靠的，是一切知识的泉源。科学是实验的科学，科学就在于用理性方法去整理感性材料。归纳、分析、比较、观察和实验是理性方法的主要条件。"③ 在马克思看来，霍布斯将培根的唯物主义系统化了，并消除了培根唯物主义中的"有神论的偏见"，而洛克则论证了培根和霍布斯的一切知识皆来自感觉的原则。在《德意志意识形态》中，马克思对比了施蒂纳与黑格尔对培根的评论，并提到了培根在《学术的进展》《新工具》和《随笔集》中关于神学的论述。④ 在《资本论》第一卷第二十四章"所谓原始资本积累"中，马克思引用培根的《亨利七世》和《文明与道德论文集》关于亨利七世颁布法令来阻止地主对农民的圈地运动，以及自耕农与优秀步兵之间关系的论述。⑤ 在《资本论》第一卷第十三章"机器和大工业"中，马克思在谈到机器对劳动力的替代时说："笛卡儿和培根一样，认为生产形式的改变和人对自然的实际统治，是思维方法改变的结果。……一般说来，英国早期的经济学家都把培根和霍布斯当作自己的哲学家，而后来洛克成了英国、法国、意大利的政治经济学的主要'哲学家'。"⑥ 这些引用和论述表明，培根的许多思想和语言已经内化到马克思的思想中了。

（二）培根与马克思的比较

培根是有神论者，主张哲学与宗教、科学与神学的分离。马克思是

---

① 《马克思恩格斯全集》第1卷，北京：人民出版社1995年版，第226—227页。
② 《马克思恩格斯全集》第3卷，北京：人民出版社2002年版，第379页。
③ 《马克思恩格斯全集》第2卷，北京：人民出版社1957年版，第163页。
④ 《马克思恩格斯全集》第3卷，北京：人民出版社1960年版，第185—186页。
⑤ ［德］卡尔·马克思：《资本论》第一卷（下），中央编译局译，北京：人民出版社1975年版，第787—788页。
⑥ ［德］卡尔·马克思：《资本论》第一卷（上），中央编译局译，北京：人民出版社1975年版，第428页。

无神论者，主张全面消灭宗教存在的物质基础。培根批评亚里士多德的自然哲学是泛逻辑主义的哲学，马克思批评黑格尔的法哲学是泛逻辑主义的哲学。黑格尔被称为"德国的亚里士多德"，因而，培根对亚里士多德的批判就对马克思对黑格尔哲学的批判具有启发意义。培根构建了四假象说来对亚里士多德和其他的哲学体系展开批判，认为思辨哲学不过是一种市场假象。马克思批判黑格尔的概念辩证法是一种文字游戏，因为黑格尔不界定任何一个术语的内涵，利用一个抽象概念包含的多种含义进行演绎和随机的变换。

培根认为，要想获得科学的真理，就必须剔除各种体系中包含的各种谬误，将科学建立在坚实的归纳事实和基本原理之上。培根反对虚构或假设，主张按照事物实际存在着的样子对事物进行分析和研究。马克思则将培根的四假象说发展为意识形态理论，主张按照培根的神话还原的方法来解构各种意识形态，揭露意识形态掩盖下的各种"秘密"利益。之所以统治阶级"把自己的利益说成是社会全体成员的利益，抽象地讲，就是赋予自己的思想以普遍性的形式"，是统治阶级"把统治思想同进行统治的个人分割开来，主要是同生产方式的一定阶段所产生的各种关系分割开来"的结果。① 马克思反对历史的虚构，主张按照历史的前提和各种社会的物质生产的实际状态来研究历史演化的规律。"只要按照事物的本来面目及其产生根源来理解事物，任何深奥的哲学问题……都会被简单地归结为某种经验的事实。"② 培根主张对自然进行解剖和分析，将归纳法与演绎法结合起来作为发现真理的综合方法。马克思主张对社会进行解剖和分析，将研究中的归纳法与叙述中的演绎法结合起来作为发现社会规律的方法。培根重视工具在科学实验中的独特作用，认识到人类的技术发明和科学发现在扩张人类的权力和延长寿命中的重要性。与苏格拉底的"知识即德性"和亚里士多德注重知识的思辨性不同，培根的"知识是力量"的观念蕴含着知识是一种潜在的物质力量，科学技术是生产力发展的决定因素之一。马克思重视劳动工具或物质生产力在社会形态演变中的决定性作用。

培根认为，一旦掌握了物体的组织结构和相互转化的充足知识，人类就可以对物体的性质加以改变，制造出新的物体，从而实现解释和征

---

① 《马克思恩格斯全集》第 3 卷，北京：人民出版社 1960 年版，第 54—55 页。
② 《马克思恩格斯全集》第 3 卷，北京：人民出版社 1960 年版，第 49 页。

服自然的目的。对于马克思而言，一旦掌握了各个社会的结构及其转变的知识，人类就可以改变甚至改造一个旧的社会，创造出一个新的社会，从而将解释世界和改造世界有机地结合起来。培根设想，科学家在新的世界中居于主导地位。马克思坚信，工人阶级在推翻资本主义社会中必然居于主导地位，新的社会必将是一个所有人都是劳动者的无阶级的社会。因此，培根从整个人类知识的现状和不足来探讨改进人类知识的方法，对马克思从整个人类的历史发展角度来探讨改善人类生活状况的唯物史观方法，具有视野上的借鉴和启发意义。

不同的是，培根忽视了人类的想象力或创造力的积极作用，将科学英雄和政治伟人当作历史进步的主要动力。培根坚信，历史的大趋势就是要不断改革陈旧的习惯，但改革要谨慎地、不知不觉地、实效地进行。马克思则接受了德国古典哲学和浪漫主义的洗礼，看到了人的能动性或伟大的创造力。只是阶级社会压制了人的创造性，才需要革命来解放人的创造力。因而，培根秉持一种英雄史观的情结，不同于马克思的群众史观。自然地，培根没有认识到技术的发明和科学的发现对环境和人类所带来的伤害。培根的自然是一种没有人类的精神或本质歪曲的自然，马克思的自然则是包含了人类劳动改造过或异化的自然。对培根来说，利用科学技术在宇宙中建立和扩张人类的权力，则是"较为健全的和较为高贵的"。"因为我们若不服从自然，我们就不能支配自然。……我们只管让人类恢复那种由神所遗赠、为其所固有的对于自然的权利，并赋以一种权力；至于如何运用，自有健全的理性和真正的宗教来加以管理。"① 知识不仅是权力，而且是最高的权力。这就是培根提出的新时代的口号。马克思认识到，知识只是一种社会的产物，并非独立于社会而存在的，知识需要服务于人类的生产和生活。最终，培根设想的社会，是一个缺少历史逻辑的乌托邦社会。马克思则从资本主义的历史逻辑得出共产主义社会的必然结论。

## 第二节　霍布斯与马克思

托马斯·霍布斯（1588—1679）是英国著名的政治哲学家、历史学

---

① ［英］培根：《新工具》，许宝骙译，北京：商务印书馆2009年版，第114—115页。

家和宗教批判家。在政治上，霍布斯利用自然法支持绝对君主制；在宗教上，霍布斯主张政教合一，宗教权威从属于政治权威；在人性论上，霍布斯主张功利论；在哲学上，霍布斯秉持机械唯物主义的观点；在方法上，霍布斯主张哲学必须采取公理化表述形式，利用严格的定义、公理和推论构成的演绎系统来探讨事物之间的联系。霍布斯是马克思最为熟悉的政治哲学家之一。在大学时期，马克思就可能认真研究过霍布斯的《利维坦》。作为理论建构与意识形态批判的统一，《利维坦》将机械唯物论、人性论、政治哲学和宗教批判融为一体，构建了一个等级化的君主专制理论。霍布斯的《利维坦》与亚里士多德的《政治学》构成了马克思思考政治哲学问题的两种不同的思路。下面主要分析《利维坦》的主要内容及其对马克思的影响。

## 一、机械唯物主义的感觉论

机械唯物论起源于霍布斯，在洛克和法国的唯物主义中得到发展。在霍布斯看来，外物刺激身体的器官产生感觉，在思想中形成表象这种运动的假象或幻想。想象则是运动物体离开后逐渐衰退的感觉在大脑中留下的印象。由于不断有外物刺激我们的器官，因此，最近的刺激会产生强烈的感觉和想象，而过去的感觉则变得模糊。时间越长，距离越远，感觉或想象越弱。霍布斯把感觉的衰退都称之为记忆或想象，想象或记忆的集合称之为经验。

霍布斯将感觉和想象与语言区别开来。思维序列是心理讨论的一系列互相连贯的、来自于感觉的思想，人们借语言理解他人的概念、思想和行为。与外在的物质运动相似，思想就是幻想在大脑中的内在运动，是各种感觉运动的残余运动。外在感觉运动的连续性会造成思想运动的连续性，而外在感觉运动的混乱性会造成思想运动的不连贯性和随意性。因此，霍布斯将思维系列分为两种，一种是无定向的、无目的的和不恒定的思维运动。"在这种思维序列中，没有任何激情思维把自身当成某种欲望或激情的目标或范围，朝着自身来控制或引导后续思维。这种情形称为思想迷走，看来就像梦境中一样互不相属。"① 另一种就是在某种欲望和目的控制下更恒常的定向思维运动。"有了欲望，就会想到我们以往

---

① ［英］霍布斯：《利维坦》，黎思复、黎廷弼译，北京：商务印书馆2009年版，第13页。

看到曾经产生过类似现有目标的某种方法，从这种思想出发，又会想到取得这种方法的方法；这样连续下去，直到我们能力所能及的某一起点为止。"① 外在事物，比如阅读、观察或欲望的持续刺激，就会对思维产生持续的运动力量，让思维沿着原有的路径运动。即使暂时的分心，也会由于持久关注一个问题而将思维拉回原有的路径。

定向思维系列分为两种，一种是根据结果探寻原因或产生方式的思维运动，另一种是根据原因探寻结果的思维运动。由于未来只是人的心灵将过去行为的序列在当今行为序列上的推演或假设，因此，人们对未来的预测或过去历史的推测就取决于经验或掌握的信息多少。从原因计算结果的综合的方法产生的知识被称为综合知识，而从结果推断原因的分析的方法产生的知识被称为分析的知识。两者是不对称的：综合知识是确定的，而分析知识是不确定的、推测性的。"在综合推理和分析推理之间一个逻辑上相关的区别是，综合推理无需推测，而分析推理则需要。"②

在霍布斯看来，人类的心灵只有感觉、思维和思维序列的运动，语言和文字的教育会强化这些思维的运动。由于任何感觉都是有限的，因此，人类关于任何事物的观念都不可能是无限的。说上帝是无限或全知全能只是为了尊敬上帝而已的夸张说法。文字的发明能够延续人类的记忆和方便远距离地沟通交流，语言的发明更为伟大。语言的功能首先是将容易遗忘的思想记录下来，从而有助于知识的积累。其次，人们用相同的语词表达相似或相同的对象，并按照固定规则将语词联系起来，从而减少了交流的不确定性，增加了社会交流的效率。但是，语言的滥用，如用语词表达不存在的事物、不按照规定意义使用语言、用语言掩盖自己的真实意图等，都会造成危害。由于语言容易被滥用，因此，追求真理或真实知识的人就需要检查他人的概念或术语是否包含真实的内容。"语言的首要滥用则在于错误的定义或没有定义。一切虚假或无意义的信条都是从这里来的。"③ 如果不按照严格的定义、公理、定理和结论的演绎方法，推理中就会出现许多谬误。这些谬误包括不讲究语词准确定义

---

① ［英］霍布斯：《利维坦》，黎思复、黎廷弼译，北京：商务印书馆2009年版，第14页。

② ［美］A. P. 马蒂尼奇：《霍布斯传》，陈玉明译，上海：上海人民出版社2006年版，第321—322页。

③ ［英］霍布斯：《利维坦》，黎思复、黎廷弼译，北京：商务印书馆2009年版，第23页。

的方法、将物体与其偶性相混淆、将其他物体的偶性名词随便赋予另一个物体的偶性等。在霍布斯看来，推理本质上是语言的行为或语词的加减运算。荒谬的语词滥用也是一种癫狂，目的是以晦涩难懂的语词欺骗世人或者显示自己的无知。

## 二、功利主义的人性论

霍布斯废除了不可捉摸的灵魂这个概念，重塑了机械的唯物的高度简化的还原心理学，构建了功利主义的人性论。对霍布斯而言，理性就是纯粹的计算和逻辑推理，其作用就在于制定"正义和政策"的各项原则来解决人与人之间的欲望与情感冲突。

欲望或嫌恶就是外物刺激人们朝向或逃离它的运动。人们欲望的对象就称之为善。愉快是善的表象或感觉。嫌恶的对象称之为恶，因为它带来身体的痛苦和情感的悲伤。善的事物也就是美的事物，丑的事物就是人们厌恶的事物。善的事物分为三种：预期希望方面的善即美，效果方面的善即令人愉快的东西，手段方面的善即效用和利益。

美德就是在人与人的比较中显现的出类拔萃而可贵之物或品格。良好的智慧就是为人所称道、真实并希望自身具有的心理能力。由经验和习得获取的自然的智慧，具有对事物的相似性、差异性和因果关系的构思敏捷、目标确定、对不同情况说不同言语的优点，而获得的智慧是一种正确运用语言的推理。人与人之间的智慧的差异主要在于激情的不同。"最能引起智慧差异的激情主要是程度不同的权势欲、财富欲、知识欲和名誉欲。这几种欲望可以总括为第一种欲望，也就是权势欲；因为财富、知识和荣誉不过是几种不同的权势而已。"① 欲望的强烈与否决定思维的敏捷或迟缓程度。因为没有欲望，也就无法形成丰富的想象和准确的判断。

权力就是一个人取得某种未来具体利益的现有手段。权力分为自然的原始的权力和获得的权力。自然的权力就是一个人身心官能的优越性，如美貌、口才、高贵的出身、智慧等。获得的权力就是利用自身的优势、幸运和他人的联合力量获得更多的优势手段或工具的权力，如财富、名誉、朋友、国家的统治者、技术等。人都有权力欲，总是追求无限大的

---

① ［英］霍布斯：《利维坦》，黎思复、黎廷弼译，北京：商务印书馆2009年版，第54页。

权力,因为人在社会中的价值取决于他人的评价和需要。一个人权力越大,能够对更多的人提供更多的帮助,其社会价值越大,越能得到尊重。尊重的表现形式包括服从、赠予厚礼、尽心为人谋福利、对他人的退让、爱、颂扬、信赖、有礼貌地说话、倾听对方的说话、尊重其习惯和所尊重的人、同意别人的意见、仿效、商量、统治地位等,以及当权者将职位、称号、爵位、财富等授予他人。"幸福就是欲望从一个目标到另一个目标不断地发展,达到前一个目标不过是为后一个目标铺平道路。所以如此的原因在于,人类欲望的目的不是在一项间享受一次就完了,而是要永远确保达到未来欲望的道路。"① 最大的欲望是永无止境的权势欲。"造成这种情形的原因,并不永远是人们得陇望蜀,希望获得比现已取得的快乐还要更大的快乐,也不是他不满足于一般的权势,而是因为他不事多求就会连现有的权势以及取得美好生活的手段也保不住。……财富、荣誉、统治权或其他权势的竞争,使人倾向于争斗、敌对和战争。因为竞争的一方达成其欲望的方式就是杀害、征服、排挤、驱逐另一方。"② 这是在高度不确定性状态下同质化竞争的结果。

由于人与人之间在自然能力、智慧、经验、智力等方面都大体平等,因而希望达到生命的自我保全或物品分配的平等,无形中造成了权力与荣誉的猜疑性竞争。在能力平等、权利不确定、自我保存受到危害的社会中,每一个人追求权力和荣誉的竞争就在猜疑中造成了人与人之间采用武力、欺诈、征服等手段进行预期性战争,以便剥夺他人的生命、自由和劳动成果,迫使他人对自己的评价更高,实现自己的欲望满足和快乐。"所以在人类的天性中我们便发现:有三种造成争斗的主要原因存在。第一是竞争,第二是猜疑,第三是荣誉。第一种原因使人为了求利、第二种原因使人为了求安全、第三种原因则使人为了名誉而进行侵犯。……根据这一切,我们就可以显然看出:在没有一个共同权力使大家慑服的时候,人们便处在所谓的战争状态之下。"③ 在这种自然状态下,每个人都力求保全自己的生命,对任何事物和他人的身体都具有无

---

① [英]霍布斯:《利维坦》,黎思复、黎廷弼译,北京:商务印书馆2009年版,第72页。
② [英]霍布斯:《利维坦》,黎思复、黎廷弼译,北京:商务印书馆2009年版,第72—73页。
③ [英]霍布斯:《利维坦》,黎思复、黎廷弼译,北京:商务印书馆2009年版,第94页。

限的占有权。每一个人都是他人的障碍或阻力，只受自己的理性控制，毫无伦理道德可言。"这种人人相互为战的战争状态，还会产生一种结果，那便是不可能有任何事情是不公道的。是和非以及公正与不公正的观念在这儿都不存在。没有共同权力的地方就没有法律，而没有法律的地方就无所谓不公正。暴力与欺诈在战争中是两种主要的美德。"①

面对暴力死亡的高度不确定性和正义的缺乏，霍布斯的解决办法就是，人们在理性的指导下将自己追求统治的权力让渡给统治者，让统治者利用权力来构建社会的和平和保障生命的安全。"使人们倾向于和平的激情是对死亡的恐惧，对舒适生活所必需的事物的欲望，以及通过自己的勤劳取得这一切的希望。于是理智便提示出可以使人同意的方便易行的和平条件。"② 这种和平条件在最大限度内保全每一个人的生命，让每一个人在没有外在干预的条件下利用自己的理性认为最合适的手段去做自己意愿的任何事情。

### 三、霍布斯的国家理论

霍布斯是现代政治学的奠基人，从唯物论和人性论角度出发系统地阐述了国家主权的概念和学说。"尽管霍布斯政治学的这个或那个部分总可以在以往的文献中找到，但霍布斯为其赋予了某种统一性，它们原本没有这种统一性，而只有从某种完全独创的角度出发来分析才能获得这种统一性。"③ 在自然法的基础上，霍布斯提出了一个包括主权的构建、主权者的权利、臣民的义务、法律的规则、罪行与奖惩的分析在内的完整的国家理论。

（一）自然法

为了摆脱人与人之间的战争状态，霍布斯设想了实现和平所需要的必要条件。统治者与被统治者达成的有助于和平的协议被称为自然法。自然法的第一条规则是，寻求和平、信守和平，并利用一切办法来保卫

---

① [英]霍布斯:《利维坦》，黎思复、黎廷弼译，北京：商务印书馆2009年版，第96—97页。
② [英]霍布斯:《利维坦》，黎思复、黎廷弼译，北京：商务印书馆2009年版，第97页。
③ [美]列奥·施特劳斯:《霍布斯的宗教批判：论理解启蒙》，杨丽等译，北京：华夏出版社2012年版，第84页。

自己。第二条法则是,每个人为了和平自愿放弃对一切事物的权利,每个人放弃的自由权利等于从他人获得的自由权利。一个人放弃自己的权利实质上等于放弃对他人实施其权利时的阻碍,放弃权利等于减少他人实施原有权利的阻力,并未增加他人的权利。每个人不能放弃的权利包括保全生命的抵抗权利,防止被人伤害、枷锁或监禁的权利。由于契约就是权利的相互转让或交换,因此霍布斯就将私人契约的自愿行为任意地推广到社会契约的强制行为。马克思后来指出,看起来是自愿行为的劳动契约,本质上是一种带有剥削性质的强制性契约;而且,霍布斯忽视了社会契约产生的历史条件。第三条法则是,所订契约必须履行,理性地遵守契约就是正义。一个人一旦自愿宣布放弃自己的自由权利,不管其他人是否履行诺言,就有义务永远遵守这个誓言,受约束不得妨碍他人权利的实施。宣布放弃自己的自由权利而又妨碍他人权利的实施的行为就是一种不公正或损害的行为。在这里,霍布斯将正义行为与契约的履行、国家的强制权力结合起来。因为强制权力建立了所有权,消除了每个人对任何事物和他人身体的权利,所以,正义与无限的占有权不相容,没有国家存在的地方就不存在不正义的事情。凡是在国家强制权力下履行或信守契约的行为都是正义的行为,凡是不履行契约的行为就是非正义的行为。"由此看来,正义的性质在于遵守有效的信约,而信约的有效性则要在足以强制人们守约的社会权力建立以后才会开始,所有权也就是这个时候开始。"① 与亚里士多德认为交换的正义在于交换物品的价值相等和分配的正义则在于对条件相等的人分配相等的利益不同,霍布斯认为,交换的正义不在于交换物品的价值相等,而在于交换双方原意支付的价值。交换的正义就是立约者履行签订契约的正义,包括亚里士多德所说的分配的正义。真正的分配的正义就是公断人的正义或公道,即受托人按照委托人的契约份额分配给每一个人的行为。因此,正义就取决于事先存在的契约。第四条法则是,自愿施予的恩惠(慈爱)不能反悔,否则互助和人与人之间的协调就不存在,依然是战争状态。第五条法则是,每一个人都应当力图使自己适应其余的人。这就是说,当一个人拥有自己不需要但别人不可或缺的东西时,就必须通过交换或赠予让每一个人得到自我保全,否则就要对贫富不均或过剩与稀缺并存

---

① [英]霍布斯:《利维坦》,黎思复、黎廷弼译,北京:商务印书馆2009年版,第110页。

所引起的战争负责。第六条法则是，宽宥那些承诺不再重新犯罪的人，否则就会陷入无休止的战争状态。第七条法则是，报复行为需要权衡报复带来的未来利益是否大于过去罪恶的坏处。这条法则就是禁止对无罪之人施加随意的惩罚或伤害。第八条法则是，任何人都不得以行为、言语、表情、姿态表现仇恨或蔑视他人。因为很多人在他人的侮辱或欺凌下会奋起反抗，冒着生命的危险与之斗争，从而危害和平与安宁。第九条法则是，所有的人都生而平等。霍布斯认为，在自然状态下，所有的人都是平等的，而不平等状态则是由市民法引起的。第十条法则是，在和平的社会状态中，任何人保留的权利都不得多于其他人保留的权利，如支配自己身体的权利、道路通行的权利、享受空气和水的权利等有助于生命保全的权利。自然权利就是为所欲为的权利。第十一条法则是，裁决争端时，要按照分配正义的原则进行秉公处理。任何偏袒都是滥用职权，危害和平。第十二条法则是，不能分割之物应当共享，否则按照有权分享的人数按比例分享。对于不能共享和分割之物按照抽签方式决定占有的全部权利，或者轮流使用。第十三条法则是，对和平的调停者给予安全通行的保证。第十四条法则是，对于自然法的实施所引起的争端，争议各方应将其权利交给中立的公断人裁断。由于在自然状态下，每个人的欲望是善恶的尺度，因此，欲望的不同就产生无数的争论与争执，最后酿成战争。危害每个人的生命安全的战争对于每一个人都成为恶，而和平则是善。因此，达成和平的手段或必要条件就是正义、感恩、公道、仁慈、自由、平等这些自然法。

（二）国家主权的建构

缺乏强制权力的支持，单纯具有良好意愿的自然法也无法实施。因为每个人都只有在安全得到保证时才会自愿遵守自然法，否则不会放弃自己的自由权利。"没有武力，信约便只是一纸空文，完全没有力量使人们得到安全保障。这样说来，虽然有自然法（每一个人都只在有遵守的意愿并在遵守后可保安全时才会遵守），要是没有建立一个权力或权力不足，以保障我们的安全的话，每一个人就会，而且也可以合法地依靠自己的力量和计策来戒备所有其他的人。"① 这种权力或者来自于有形的统

---

① ［英］霍布斯：《利维坦》，黎思复、黎廷弼译，北京：商务印书馆2009年版，第128页。

治者，或者来自于风俗习惯，或者来自于集体的惩罚。霍布斯只考虑有形的统治者或共同权力来限制群体相互间的掠夺和抢劫行为，因为在完全敌对的群体或缺乏社会性的个人之间只有掠夺、征服、抢劫的发生。

国家就是作为代理人根据委托人的授权而产生的共同权力或多数人的意志组成的集体，负责保障每个人的和平与安宁，抵御外敌，制止相互之间的侵害。"这就等于是说，指定一个人或一个由多人组成的集体来代表他们的人格，每一个人都承认授权于如此承当本身人格的人在有关公共和平或安全方面所采取的任何行为或命令他人作出的行为，在这种行为中，大家都把自己的意志服从于他的意志，把自己的判断服从于他的判断。这就不仅是同意或协调，而是全体真正统一于唯一人格之中；这一人格是大家人人相互订立信约而形成的，其方式就好像是人人都向每一个其他的人说：我承认这个人或这个集体，并放弃我管理自己的权利，把它授予这人或这个集体，但条件是你也把自己的权利拿出来授予他，并以同样的方式承认他的一切行为。"① 按照人民订立社会契约并授予其保护全体的和平和共同防卫的力量和手段的这种集体人格，就是国家。

统治者通过战争暴力或社会契约获得的统治权，分别形成以力取得的国家和按约建立的国家。按约建立的国家起因于人们的相互畏惧，而以力取得的国家则起因于人们畏惧强权者而授予统治其生命和自由的权力。不管国家建立的方式如何，主权者的统治权都是相同的，臣民都不得破坏诺言。"主权者的权力，不得其允许不能转让给他人，他的主权不能被剥夺，任何臣民都不能控诉他进行侵害，臣民不能惩罚他，和平所必需的事物由他审定，学说由他审定，他是唯一的立法者，也是争执的最高裁判者，他是和战问题的时间与时机的最高审定者，地方长官、参议人员、将帅以及其他一切官员与大臣都由他甄选，荣衔、勋级与赏罚等也由他决定。"② 统治者对臣民的管辖权，按照生育原则世代相传，按照征服原则在地理上不断扩张。对于征服的管辖权，臣仆和奴隶不同。前者以臣服换取生命的契约，后者不需要服从。"战胜者获得这种管辖权的方式是这样：被征服者为了避免眼前丧生之灾，以明确的语词或其他

---

① ［英］霍布斯：《利维坦》，黎思复、黎廷弼译，北京：商务印书馆2009年版，第131—132页。
② ［英］霍布斯：《利维坦》，黎思复、黎廷弼译，北京：商务印书馆2009年版，第153页。

充分表示意志的形式订立信约，规定在允许他保全生命和人身自由时，战胜者可以任意加以使用。订立了这种信约以后，被征服者就成了臣仆，但未订约前则不是。……奴隶，根本不受什么义务约束；他可以打开镣铐或监狱，杀死或掳走他的主人；这样做是合乎正义的。"① 这就是说，臣仆之间有保护与服从的不平等契约关系，主奴之间不存在契约关系，因为主人完全剥夺了奴隶的自由甚至随时处死奴隶的生命。

在霍布斯看来，不可转让和不可分割的国家主权包括如下内容：第一，人民这个委托人要遵守契约，不能违反自己的授权去推翻主权者或承认另外的主权者，必须绝对服从主权者。第二，主权者这个代理人则不受契约的约束，因为主权者不是社会契约的任何一方。主权者的任何行为都不会违反社会契约。第三，在多数人同意建立主权者之后，其余的少数人必须绝对服从主权者的一切行为，否则其他人或主权者就可以正当的理由杀掉他。因为少数人是以默认的方式自愿加入并遵守契约的，否则就得逃亡。这就是多数人或主权者合法的暴政。第四，主权者对人民的任何行为都不构成伤害或侵害，即主权者的任何行为都是正义的。第五，人民对主权者的任何惩罚、反抗或者处死主权者都是非正义的行为。第六，主权者有权决定任何有助于和平与防卫的手段和力量，有权根据安全理由进行出版审查和决定哪些学说和意见具有危害性，以保障社会的绝对安全。第七，主权者拥有全部的立法权和司法权，如确定财产的制度、管制人民的道德行为、裁决一切纠纷的权力。第八，主权者拥有宣战和媾和权力，也拥有军队的控制权、征税权、官吏的选择权、奖惩权和授予荣誉的权力。霍布斯认为，这些核心主权在主权者，如国王、贵族、参议院、众议院等之间的分割是内战和冲突的来源。至于铸币权、财产和人身的权利、市场购买权等则是可以转让的国家主权。只要统治者的危害小于人与人之间进行战争的暴力死亡威胁，那么，专制统治就是可取的，个人的财产、自由和劳动果实都可以让渡。

按照逻辑，在高度不确定和互不信任的环境中，人与人之间争夺权力的暴力斗争必然是强者胜出成为统治者，弱者为了活命而成为被统治者。这些暂时软弱的被统治者被迫同意统治者的无限统治权力。一旦统治者的实力削弱，一些实力强劲的被统治者就会夺取最高权力，形成强

---

① ［英］霍布斯：《利维坦》，黎思复、黎廷弼译，北京：商务印书馆2009年版，第156页。

权即政治的逻辑。但是，霍布斯既要保持统治者的强权，又要被统治者不反抗和服从，于是构造了一个虚假的社会契约和委托人—代理人理论。这个虚假的社会契约既可将所有国家的起源纳入这个框架体系，又可确保专制君主的优越性。因此，霍布斯的国家理论具有非历史性。

（三）消极自由观与臣民的自由

霍布斯从机械论出发奠定了自由主义的消极自由观的基础。在不考虑物体能动性情况下，自由就是没有外在阻力或阻碍下物体的运动状态。在人类社会中，自由指个人的行动不受任意的法律或信约的约束。如同阻力越大，运动的物体越不自由一样，个人受到法律或统治者的约束越多，就越不自由或者说选择的范围就越小。"自由人一词根据这种公认的本义来说，指的是在其力量和智慧所能办到的事物中，可以不受阻碍地做他所愿意做的事情的人。"① 这里的"阻碍"只是人为的阻碍，不包括自然的阻碍或者自然的必然性。因此，人的自由行为与必然性是相容的，人的自由行动不能违反自然律或上帝的意志。

在霍布斯看来，国家就是人类为了生命安全或降低冲突的风险所建造的锁链，"通过相互订立的信约将锁链的一端系在他们赋予主权的个人或议会的嘴唇上，另一端则系在自己的耳朵上"。② 臣民自由就是相对于国家的锁链或法律约束而言的剩余物。"在法律未加规定的一切行为中，人们有自由去做自己的理性认为最有利于自己的事情。……因此，臣民的自由只有在主权者未对其行为加以规定的事物中才存在，如买卖或其他契约行为的自由，选择自己的住所、饮食、生业，以及按自己认为适宜的方式教育子女的自由等等都是。"③ 霍布斯根据社会契约论中个人放弃的权利和保留的权利来确定国家建立后臣民的义务和自由。这包括保护自己身体的权利（抵抗权和自卫权）、不承认自己所犯罪行或控告自己的权利、找人替代自己当兵和战争中逃生的权利、诉讼权利、投降保全性命的权利，以及主权者法律规定的臣民自由。臣民对主权者的义务

---

① [英]霍布斯：《利维坦》，黎思复、黎廷弼译，北京：商务印书馆2009年版，第163页。
② [英]霍布斯：《利维坦》，黎思复、黎廷弼译，北京：商务印书馆2009年版，第164页。
③ [英]霍布斯：《利维坦》，黎思复、黎廷弼译，北京：商务印书馆2009年版，第164—165页。

受到主权者对臣民的保护的约束，保护的失效就意味着义务的取消。例如，一个人在战争中被俘虏和投降的人就不再对原来的国王有臣服的义务；主权者放弃王位和被俘虏，或者臣民被放逐后，臣民就不再有服从的义务。"臣民对于主权者的义务应理解为只存在于主权者能用以保卫他们的权力持续存在的时期。因为在没有其他人能保卫自己时，人们的天赋自卫权力是不能根据信约放弃的。主权是国家的灵魂，灵魂一旦与身躯脱离后，肢体就不再从灵魂方面接受任何运动了。服从的目的是保护，这种保护，一个人不论在自己的武力或旁人的武力中找到时，他的本性就会使他服从并努力维持这种武力。"① 这样，消极自由就被限制在市民社会的选择自由方面。不同政体下的人的政治自由都是相同的，即为零。但是，由于君主政体完美地实现了公私利益的结合、决策的保密性和连续性，反对裙带关系，限制了内部的党派纷争和降低了内战的风险，因而，君主政体优越于民主政体和贵族政体。

霍布斯反对政治自由，认为这是主权者的权力范围。臣民无权反抗主权者，也无权分享政治权利，认为充分和绝对的政治自由会导致人与人之间的战争状态。在霍布斯看来，现代人崇尚政治自由是受了亚里士多德等古希腊罗马哲学家的经验欺骗。"人们由于读了这些希腊和拉丁著作家的书，所以从小就在自由的虚伪外表下养成了一种习惯，赞成暴乱，赞成肆无忌惮地控制主权者的行为，然后又在控制这些控制者，结果弄得血流成河，所以我认为可以老实地说一句：任何东西所付出的代价都不像我们西方世界学习希腊和拉丁文著述所付出的代价那样大。"② 霍布斯强调国家的保护与臣民服从的辩证关系以及每个人都有不可剥夺的生命政治权，使"他成为自由主义的奠基人"。对霍布斯而言，人的天赋自由就是人的自然权利，国家对天赋自由的限制就是个人对国家的义务。"单纯保全性命的权利——这种权利是霍布斯自然权利的概括——具有人权之完全不可剥夺的性质，换言之，个体的权利要求先于国家并决定国家的目的和权限。霍布斯所奠定的单纯保全生命的自然权利要求，为自由主义的整个人权体系开辟了道路，即使这一基础事实上并没有必然产

---

① ［英］霍布斯：《利维坦》，黎思复、黎廷弼译，北京：商务印书馆2009年版，第172页。

② ［英］霍布斯：《利维坦》，黎思复、黎廷弼译，北京：商务印书馆2009年版，第168页。

生这种进程。"① 在不可剥夺的生命权基础上，洛克增加了财产和天赋自由的不可剥夺性，从而奠定了（消极）自由主义的基础。

(四) 法律规则与奖惩

法律是国家以语言、文字或者其他充分的意志表示的对有服从义务的人发出的命令。这些命令构成了关于正义与不正义问题的法规，确立了所有国家的居民普遍遵守的法律规则。在霍布斯看来，只有主权者能充当立法者，设立或废除法律。但是，主权者无须服从国法，因为主权者有权设立或废除任何妨碍其行动的法律。在国家产生后，习惯只有在主权者同意或默认的情况下才可以成为法律。所有的成文法与不成文法的权威与效力都来自国家的意志，而非来自法官或议会。自然法只有通过主权者的立法，才能成为国家的法律。主权者的理性意志就是上帝的意志。法律可以剥夺或限制人的天赋自由。"世界之所以要有法律不是为了别的，就只是要以一种方式限制个人的天赋自由，使他们不互相伤害而互相协助，并联合起来防御共同敌人。"② 但是，法律必须与自然法相一致，因为自然法是理性的法律，法律不过是主权者以语言文字表示的一部分自然法。

在霍布斯看来，法律的解释不能根据字面意义，决不能违反国家理性，即法律的解释必须符合立法者的理性意向和公正。据此，霍布斯反对民法高于王权的观点，贬低法官和法学家的法律解释权，将法官的任意解释和主权者颁布的错误法律限制在理性范围之内。在霍布斯看来，良好的法官或法律解释者需要对公正有正确的理解，在审判时要摆脱功利和私人情感因素，耐心对正反双方的辩论进行认真的倾听。由于罪行不仅是违反法律的罪恶行为，而且包含对立法者的任何藐视的动机或意图，因此，在没有法、法律和主权的地方，都没有罪恶。这里，霍布斯区分了法律上的犯罪与道德上的罪行，单有道德上犯罪的意图但没有采取犯罪的行为的罪行都不算是犯罪的罪恶。"一切罪行都是来源于理解上的某些缺陷、推理上的某些错误或是某种感情暴发。理解上的缺陷称为无知，推理上的缺陷则称为谬见。同时，无知又可以分为三种：第一种

---

① [美] 列奥·施特劳斯：《霍布斯的宗教批判：论理解启蒙》，杨丽等译，北京：华夏出版社2012年版，第34页。

② [英] 霍布斯：《利维坦》，黎思复、黎廷弼译，北京：商务印书馆2009年版，第208页。

是不知法；第二种是不知主权者；第三种是不知刑律。"① 一个人不知道主权者和没有宣布的法律而采取的行为不算是罪行，但不知道自然法和宣布的法律而采取的行为可能是罪行。一个人运用谬误的原则、听信异端学说或者从正确的原则中做出谬误的推论，都不能作为免责的根据。一个人根据虚荣、仇恨、恐惧、贪婪等激情进行犯罪的行为要区别对待，有的是可以宽恕的犯罪，有的却是需要加重处罚。"从这些不同的罪行来源中就已经可以明显地看出，事情并不像古代斯多葛派所主张的那样，所有的罪行都是性质相同的。非但是对于表面上是罪行而证实后完全不是罪行的事情可以实施恕宥，同时对于表面上重，但却证明为轻的罪行也可以实行减罪。斯多葛派的人说得对，所有的罪行都同样应蒙不义之名，就好像偏离直线的线都是曲线一样；但这并不等于说，所有的罪行都是同样不义的，正像所有的曲线并不全都同样弯曲一样；这一点斯多葛派却没有看到，于是便主张杀鸡与弑父同罪。"②

即使一个人犯了法，其罪行的轻重也要根据犯罪的动机、坏事的影响、后果的危害性以及其他因素加以权衡。在霍布斯看来，明知故犯的罪行比误认为合法而犯的罪行更严重，倚仗权势藐视法律犯下的罪行比隐蔽性的犯罪的罪行更大，听信法律解释者而犯下的罪行比自行决断和推理犯的罪行更大，经常被惩罚而犯的罪行比经常免罪的罪行更严重，长期预谋的犯罪比一时冲动所犯的罪行要重，在众所周知的法律面前犯罪比在知之甚少的法律面前所犯的罪过要大，违反法律和立法者同时禁止的罪行要比违反法律但立法者默许的罪行要重。如果一个行为损害的时间越长，伤害的人越多，与国家越敌对，那么，这个罪行就越大。惩罚就是主权者对罪犯根据公开定罪施加的痛苦，如体刑、财产刑、名誉刑、监禁、放逐等。但是，政府没有根据法律授权，没有公开定罪，不是基于罪犯或其他人服从法律，或者施加那些重于法律规定的惩罚所进行的惩罚，都不是罪行的惩罚，而是敌视行为。当然，对无辜的臣民的任何惩罚，都违反了自然法。

---

① [英] 霍布斯：《利维坦》，黎思复、黎廷弼译，北京：商务印书馆 2009 年版，第 227—228 页。

② [英] 霍布斯：《利维坦》，黎思复、黎廷弼译，北京：商务印书馆 2009 年版，第 233—234 页。

（五）霍布斯的国家理论的意义

霍布斯继承了塔西佗、马基雅维利关于将道德与政治相分离、权力而非正义的理想是政治的决定因素的传统，将政治哲学转移到现实主义领域，强调社会契约中的自然权利与自由。霍布斯将伊壁鸠鲁与亚里士多德的思想结合起来，抛弃了亚里士多德关于人天生是政治动物的假定，接受了伊壁鸠鲁关于人天生是非政治动物的假定以及善等于快乐的假定，从个人的自然权利推导出在极端情形下国家安全的专制。"他试图将政治理想主义的精神贯注于享乐主义传统之中。于是，他成为了政治享乐主义的创始人，这种学说使人类生活的每个角落都革命化了，其范围之广超过了任何别的学说。"① 自然法不再是从人的实现自我和自我完善的目的而来，而是从人的最初本性推导出来：自我保全的权利推导出社会义务，国家的职责就在于保全每个人追求自己幸福的自然权利。这就从古典时代重视个人义务的自然权利论——政治学建立在伦理学基础上，个人在公民社会或国家中实现自我完善——转变为近代重视权利的自然权利论，政治学与伦理学分离，伦理只是政治伦理。根据自我保存的人性假设，亚里士多德推崇的恢宏大度和正义为基础的德性理论就被霍布斯简化为争取和平与平等的道德理论，其他与此不相关的传统德性，如勇气、节制、慷慨、智慧等都被排挤掉了。正义被转化为社会契约的履行的习惯：交换的正义、分配的正义和政治的正义都让位于自我保存或权力的追求，从而抛弃了伊壁鸠鲁单纯对心灵快乐的追求的道德观，强调感官快乐的自由追求和解除对所有欲望的限制。一个追求快乐的社会取代了一个注重善或高尚情操的社会，合法政府或有效政府的制度追求取代了理想政府的追求。社会契约的同意优先于智慧的卓越，平等优于正义，统治者从柏拉图的智慧之王转变为群体的同意或意志、从理性的统治转变为权力的统治。这是霍布斯政治哲学革命所带来的后果：宣扬每个人追求自己的自然权利和国家工具论的启蒙运动由此展开，并滋生出经济学和社会学这个庞大的体系。

但是，霍布斯赞成合法的死刑，这与自我保全的自然权利不相符合。其次，霍布斯允许战争中出于恐惧的逃兵行为，这就破坏了国家防御的

---

① ［美］列奥·施特劳斯：《自然权利与历史》，彭刚译，北京：三联书店2003年版，第172页。

道德基础。再次，对死亡的恐惧比对地狱或上帝的恐惧的情感更微弱，因为圣战、保卫战争和信仰保卫战中都有不害怕死亡的英雄，何况自杀行为普遍地存在。对此，霍布斯需要进行宗教批判或大众启蒙，以便不断提高生命的价值，实现一个培尔的无神论社会：为了持久的保全生命的和平，一个人愿意交出所有的一切，不再有野心和贪婪，以便建立一个正当的社会秩序。

在霍布斯看来，尽管每个人都是理性的、高度依赖于感觉的动物，但是，在不确定的混乱环境中，人的理性不足以完全确保社会契约得到有效的执行。因为每个人都可能在他人遵守社会契约时出现搭便车或实施道德风险而获利的行为，从而将整个社会拖入自然状态。权威或国家的出现是社会契约得以执行的有效条件。因此，霍布斯认识到了理性在建构社会以及社会交往中的局限性，也认识到了社会是建立在权力基础之上的。这种现实主义的权力观在斯宾诺莎那里得到推广，并且在马克思的阶级斗争理论中得到认可。法律、宗教、政治经济学都只是一种意识形态，掩盖的只是权力或利益的斗争。①

霍布斯的国家理论的进步意义在于，将服从与保护结合起来，认为保护是服从的必要条件。即使是专制政府，也必须保护人的生命安全，才能获得绝对服从的权利；否则，人民就无须服从。这不仅为无保护的脱离提供了条件，而且否定了基于血缘关系的传统政治统治。

但是，霍布斯的错误在于将国家这种虚拟人格与特定的群体联系起来，将君主的财产与权力同国家的财产与权力混淆起来。在专制统治下，只有统治者可以实现自然状态下的权势欲，被统治者则保持自然状态下的孤立状态。因为君主也是一个挥霍无度和腐败、滥用职权的自私自利者。在国家形成之后，如果具有统治欲的人没有减少统治的欲望，而是将权力欲从对个别人的土地占有和对他人身体的私人奴役转移到对所有人的财产占有和对所有人的政治奴役，即从经济领域转移到政治领域，那么自然状态在借助国家的力量形成法律秩序和和平规则的同时也带来或强化了政治的自然状态。从逻辑上说，霍布斯并没有建立一个真正和平的文明社会。这种社会还存在统治者与被统治者之间的战争状态，还存在重返自然状态的可能性。这意味着，国家可能是异化的一个源泉。

---

① ［美］列奥·施特劳斯：《霍布斯的宗教批判：论理解启蒙》，杨丽等译，北京：华夏出版社2012年版，第5页。

马克思就看到了资产阶级社会就是这样一种一切人反对一切人的异化社会。因此，霍布斯过度重视了权力欲带来的掠夺性动机，忽视了社会的习惯和习俗，以及劳动分工和交换的需要对人与人之间合作关系的影响。

### 四、霍布斯的宗教批判

霍布斯是近代宗教起源理论与圣经批判理论的开创者之一。在伊壁鸠鲁对宗教的功利主义批判基础上，霍布斯从政治主权角度对宗教展开了批判，从而影响了斯宾诺莎和维柯从历史角度对宗教的批判和解构。在列奥·施特劳斯看来，就历史效应、否定的坚决性、论证的彻底性和奠基性工作而言，霍布斯的宗教批判可以与斯宾诺莎的宗教批判媲美。只是斯宾诺莎的《神学政治论》比《利维坦》"在得出结论和宣布结论时更无所顾忌"，更注重历史批判而非语言批判。①

（一）宗教起源的理论

在霍布斯看来，世界上的所有运动都是物质的机械运动。这种机械运动一方面表现为所有的心理活动或精神活动都是外物对人的感觉器官刺激的不同运动形式，另一方面表现为人类社会的冲突与斗争就是追求权势、财富、名誉、地位等统治欲的不同运动形式。上帝或鬼神等精神实体不具有物质的形式，因而在客观上是不存在的。"不存在非物质的实体，就不存在独立于人的躯体的人的灵魂，也就不存在天堂里的永福，不存在地狱里的永恒痛苦，而只存在有形的实体，只存在尘世生活——尘世的幸福和尘世的痛苦。因此，天国和尘世国度的二元论不成立，精神权力和尘世权力二元论也不成立。对实体二元论的否定，导致对权力二元论的否定。"②

只是人类的无限求知欲和权势欲的结合造就了社会的宗教。宗教的种子或对不可见的事物的畏惧是人类特有的。因为只有人类具有探求事物的原因以获得事物秩序的欲望，以及利用自己的想象力探求甚至虚构事物终极原因和关注未来命运的欲望，以便实现事物的完全可理解性。"人类却能观察一个事件是怎样从另一个事件中产生的，并记住其中的前

---

① ［美］列奥·施特劳斯：《霍布斯的宗教批判：论理解启蒙》，杨丽等译，北京：华夏出版社2012年版，第82页。

② ［美］列奥·施特劳斯：《霍布斯的宗教批判：论理解启蒙》，杨丽等译，北京：华夏出版社2012年版，第107页。

因和后果。当他自己对事物的真正原因感到没有把握时（因为好运厄运的原因大部分是无形的），他就会根据自己的想象的提示，或是信靠自己认为比自己高明的朋友的权威，而设想出一些原因来。"① 全能的无所不知的上帝就是根据人类的无限求知欲幻想出来的，而对自己未来命运关心和死亡的恐惧很容易让人们接受灵魂不朽的想法。由于无法探知不可见力量的原因，人们便根据类似或接近原则将先后出现的偶然事件以迷信的方式联系起来，或者将自己的命运归结于地方、出身、旁观者、他人的言辞、疯癫的人、山、动物、太阳、月亮等万事万物的魔力，利用自己对人敬拜的方式来崇拜这些不可知的力量，以便求好运，避免厄运，找替罪羊，让心灵停顿在一个假象的安全地方。"这些种子受到了两种人的培育。一种人根据自己的独创加以栽培和整理，另一种人则是根据上帝的命令与上帝的指示。但这两种人这样做的目的都是要使依附于他们的人更服从、守法、平安相处、互爱、合群。"②

霍布斯认为，宗教是"头脑中假想出来的，或根据公开认可的传说构想出的对于不可见的力量的畏惧"，而迷信则是根据非公开认可的传说构想出来的对于不可见力量的畏惧。③ 由于无法区分梦境的幻觉和现实感觉，一些人就利用迷信和巫术来故意迷惑或欺骗他人。"我认为人们是有意灌输或不驳斥有关神仙鬼怪的看法，其目的是为了让别人相信符咒、十字架、圣水以及那些阴险邪恶的人搞出的这类名堂有用。"④ 对霍布斯而言，宗教只是制度化的迷信或欺骗而已。"但阴险邪恶的人托辞上帝无所不能十分胆大妄为，明知纯属子虚，但只要能达到自己的目的便什么事都编造得出来。"⑤ 霍布斯将神的启示当作激情或疯狂行为对待，先知就是疯子，并认为圣经的很多段落不过是一种比喻。

在霍布斯看来，宗教就是自我神化的统治者利用无知的人们的无限

---

① ［英］霍布斯：《利维坦》，黎思复、黎廷弼译，北京：商务印书馆2009年版，第79页。
② ［英］霍布斯：《利维坦》，黎思复、黎廷弼译，北京：商务印书馆2009年版，第83页。
③ ［英］霍布斯：《利维坦》，黎思复、黎廷弼译，北京：商务印书馆2009年版，第41页。
④ ［英］霍布斯：《利维坦》，黎思复、黎廷弼译，北京：商务印书馆2009年版，第11页。
⑤ ［英］霍布斯：《利维坦》，黎思复、黎廷弼译，北京：商务印书馆2009年版，第11页。

求知欲和死亡畏惧心理而构造的一种政治欺骗和统治工具。"通过这些以及其他这类的制度,他们达到了为了使国家安宁起见,让一般平民在遭受不幸时归咎于祭仪不谨或有误,或是归咎于自身不服从法律,因而不那样倾向于反抗统治者,此外再加上节日的盛大仪式和娱乐以及敬神时举行的公共竞技,于是便只要有饭给人民吃就可以免除人民的不满、抱怨和叛乱。"① 为了让人们信仰创立的宗教,宗教信徒必须将他们的创始人打扮为为民谋福利的贤人和宣传上帝福音的圣者,用奇迹和启示来证明上帝的神奇魔力和用灾祸来惩罚违反上帝旨意的人,幻想来世的永生并放弃现世的幸福追求。但是,宗教首领的贪污腐败和权势欲最终暴露了宗教不过是实现统治和获得私利的一种工具,并造成许多宗教的改革、衰败或者瓦解。

(二) 宗教批判

宗教批判尤其是圣经批判是政治批判或政治学建构的前提,以便霍布斯论证无神的社会秩序是可能的。霍布斯的宗教批判首先是对神学的批判,以便实现哲学与宗教分离,因为神学之争造成了持续不断的宗教战争和危害了国家主权。霍布斯根据自己的绝对主权论和社会契约论发现,《圣经》记载的以色列国是一个绝对主权的君主国,主权者享有绝对的立法权、司法权、征税权、军事权、宗法权等权力。由于教会的权力来自主权者的授权,因此,试图凌驾于主权者之上的天主教就成了"黑暗王国"或世俗骗子的同盟。天主教教士出于贪婪和野心,利用亚里士多德的灵魂学说,歪曲圣经,构想虚幻的思辨神学,试图证明精神权力与世俗权力并行的权力二元论。由于亚里士多德的灵魂学说虚构的对神灵和精神死亡的恐惧是宗教的根源之一,霍布斯在《利维坦》第46章中攻击亚里士多德等学院派哲学不过是虚妄的、肤浅的谋求私人荣誉的哲学。"我相信自然哲学中最荒谬的话莫过于现在所谓的亚里士多德的形而上学,他在《政治学》中所讲的那一套正是跟政治最不能相容的东西,而他大部分的《伦理学》则是最愚蠢不过的说法。"②

霍布斯相信上帝的存在和真实性,坚信只有圣经是上帝之言和诫命,

---

① [英]霍布斯:《利维坦》,黎思复、黎廷弼译,北京:商务印书馆2009年版,第88页。
② [英]霍布斯:《利维坦》,黎思复、黎廷弼译,北京:商务印书馆2009年版,第544页。

因而呼吁以圣经而非神学家的思辨作为宗教和虔信的唯一根据。"经院神学者的著作大部分都是一大串毫无意义的奇怪而粗俗的词句，或是以不同于当时通行的拉丁文的用法搞出来的词句，……这种无意义的话，我虽不能说是错误的哲学，但它却具有一种性质不但能掩盖真理，而且还能使人认为自己已经得到了真理而不继续追求了。"① 为了将真经从被歪曲的圣经中拯救出来，霍布斯提倡圣经批判和圣经诠释学，并主张圣经的内容由政治权威决定。霍布斯将圣经的内容区分为基本信条和非本质性的教义两部分，并认为《圣经》只包括耶稣是基督、上帝是不可知的实体、上帝是一个相信东西的标签、上帝的存在只是一种第一动力因的推论、宗教语言只是对上帝的尊崇而非真理描述等少数的基本信条。霍布斯主张，只能从圣经本身出发来解释圣经，并且只能根据基本信条来解释非本质性的教义。在对圣经的具体字句进行解释时，需要结合圣经的整体意图和字面含义进行解释。为了展开圣经批判和诠释，霍布斯研究了宗教的本质、启示的本质、奇迹、先知的作用，否定了永生和天命，只承认耶稣和摩西是先知，第一个提出摩西不是摩西五经的作者，等等。

（三）霍布斯宗教批判的历史意义

首先，霍布斯的宗教批判是其绝对主权学说的一个必要组成部分。《利维坦》中大量的宗教研究，是为了构建一种适合于英国的专制君主制的神学理论。霍布斯并不是一般地反对宗教，而是反对将精神权力与政治权力并置的天主教。因此，霍布斯的宗教批判并没有否认上帝的存在、先知、奇迹，也没有否认圣经是上帝的命令。作为维护传统意识形态的努力，霍布斯努力保持宗教在君主制下适当的权威，承认宗教领导人的特殊能力，并与英国的《至尊法案》保持一致。

其次，霍布斯的宗教批判具有历史意义。宗教批判的历史是一个从一般性的心理批判逐渐走向宗教典籍的历史批判和社会批判的过程。伊壁鸠鲁开创了对宗教的心理批判方法，培尔、休谟、法国唯物主义者和费尔巴哈都继承并发展了伊壁鸠鲁的批判方法。"与原初的伊壁鸠鲁主义相比，霍布斯的宗教传统批判是对伊壁鸠鲁主义的一种后基督教的修

---

① ［英］霍布斯：《利维坦》，黎思复、黎廷弼译，北京：商务印书馆2009年版，第558页。

改。"① 这种修改不仅需要一般性地承认宗教起源于人类对灵魂死亡的恐惧心理，而且要结合具体的宗教经典和教会制度来批判宗教异化。因此，霍布斯强调天主教教士出于权力欲构建了教会制度和一切虚幻的神学意识形态，开启了对圣经的历史批判研究。斯宾诺莎则从犹太人的历史角度论证犹太国不过是政教合一的国家，犹太教是确保犹太国绵延的意识形态，旧约不过是以色列人的氏族演化和国家演变的历史的记忆。维柯则进一步推断，荷马史诗和其他民族的神话表达的也只是希腊和其他民族的国家历史演化。费尔巴哈的宗教批判的意义在于，指出对于人的能动性的无知或不自信是人们相信全能上帝的根源。马克思的宗教批判是将宗教与政治紧密联系起来，从更广泛的社会角度探索宗教的政治经济根源，从而将宗教当作一种意识形态。

## 五、霍布斯对马克思的影响

霍布斯的人性论、国家理论和宗教批判都是马克思的思想来源之一。霍布斯关于"一切人反对一切人的战争""权力是法的基础"、人性论和功利主义理论，不时出现在马克思的早期著作中。例如，在《论犹太人问题》一文中，马克思说："宗教成了市民社会的、利己主义领域的、一切人反对一切人的战争的精神。"② 霍布斯的宗教起源理论与宗教批判方法也体现在马克思早期关于宗教批判的著作中。

### （一）林木盗窃与理性国家观的破产

马克思在《关于林木盗窃法的辩论》一文的分析显然从《利维坦》第二十七章"论罪行、宥恕与减罪"的阐述中得到启发。如同霍布斯要求在犯罪处罚中对各种行为进行具体区别一样，马克思在批判那种将捡拾枯枝当作林木盗窃的观点时，首先指出两种行为的本质差别。盗窃林木或者是直接以暴力砍伐并偷走林木，或者直接偷窃所有者砍伐的林木，而捡拾枯枝对林木没有任何的侵害行为。"对象不同，作用于这些对象的行为也就不同，因而意图也就一定有所不同。"③ 如果任何行为不加区别，那么，砍伐林木就与谋杀相同，任何私有财产都是盗窃。如果将无

---

① ［美］列奥·施特劳斯：《霍布斯的宗教批判：论理解启蒙》，杨丽等译，北京：华夏出版社2012年版，第131页。
② 《马克思恩格斯全集》第3卷，北京：人民出版社2002年版，第174页。
③ 《马克思恩格斯全集》第1卷，北京：人民出版社1995年版，第244页。

辜的行为当作犯罪加以惩罚，那么，这不仅是在掩饰犯罪，而且会造成法律本身的腐败。由于法律是"事物的法理本质的普遍和真正的表达者"且必须"按照事物的法理本质行事"，因此，对各种极不相同的行为和罪行形式不加区分的后果就是，"你们也就把罪行本身当作一种和法不同的东西加以否认，你们也就是消灭了法本身"。①

其次，对侵犯财产的行为的惩罚要根据其价值的大小确定，以便罪罚相符。马克思说："价值是财产的民事存在的形式，是使财产最初获得社会意义和可转让性的逻辑术语。"② 但是，林木所有者是一个霍布斯的功利主义者，坚持"某项法律规定由于对我有利，就是好的，因为我的利益就是好事"，于是要求捡拾枯枝者不仅赔偿枯枝的简单价值，而且还根据习惯法要求加倍赔偿枯枝的"诗意的价值"或者护林官随意确定的价值，以便"把一切不正当的非分要求点成法之纯金"。马克思反对贵族的习惯法，支持穷人的习惯法，因为林木所有者利用贵族的习惯法与制定法来剥夺穷人的利益，而穷人只能依靠穷人的习惯法来保护自己的生存。

在马克思看来，贵族的习惯法反映了封建社会的各等级不平等的现实和贵族奴役穷人的特权。它不仅是与自然法相抵触的习惯，而且违反制定法。"贵族的习惯法按其内容来说是同普通法律的形式相对立的。它们不能具有法律的形式，因为它们是无视法律的形态。这些习惯法按其内容来说是同法律的形式即通用性和必然性的形式相矛盾的，这也就证明，它们是习惯的不法行为，……在实施普通法律的时候，合理的习惯法不过是制定法所认可的习惯，因为法并不因为已被确认为法律而不再是习惯，但是它不再仅仅是习惯。"③ 在这里，马克思反对萨维尼关于法律来自民族习惯的观点，而采纳了霍布斯关于习惯只有经法律的确认才能上升为习惯法的观点。"因此，习惯法作为制定法同时存在的一个特殊领域，只有在法和法律并存，而习惯是制定法的预先实现的场合才是合理的。因此，根本谈不上特权等级的习惯法。法律不但承认他们的合理权利，甚至经常承认他们的不合理的非分要求。……而贫民的习惯法则是同实在法的习惯相抵触的法。贫民的习惯法的内容并不反对法律形式，

---

① 《马克思恩格斯全集》第 1 卷，北京：人民出版社 1995 年版，第 245 页。
② 《马克思恩格斯全集》第 1 卷，北京：人民出版社 1995 年版，第 247 页。
③ 《马克思恩格斯全集》第 1 卷，北京：人民出版社 1995 年版，第 249 页。

它反对的倒是自己本身的不定形状态。法律形式并不同这一内容相抵触，只是这一内容还没有具备这种形式。"① 这就是说，贵族的习惯法虽然违反自然法，但却被法律所承认。贫民的习惯法虽然与自然法相一致，但却不被法律承认。"这些立法必然是片面的，因为贫民的任何习惯法都基于某些财产的不确定性。"② 这种在法律上对各等级的习惯法区别承认的现实，就造成了贫富的对立和不同的产权观。与特权者依靠国家的法律确认的私有产权不同，"贫民在自己的活动中已经发现了自己的权利"，即劳动产权观。"由此可见，在贫苦阶级的这些习惯中存在着合乎本能的法的意识，这些习惯的根源是实际的和合法的，而习惯法的形式在这里更是合乎自然的，因为贫苦阶级的存在本身至今仍然只不过是市民社会的一种习惯，而这种习惯在有意识的国家制度范围内还没有找到应有的地位。"③ 贫民的自然权利得不到国家法律的承认，而特权者的非法要求反而得到国家法律的认可和鼓励。

在马克思看来，法律的目的是预防犯罪，"给法提供实际的活动领域"，"给这一阶级本身以运用法的现实可能性"，而不是限制法的领域和肯定法的否定本质，不能把捡拾枯枝这样的特定过错变成犯罪并加以重罪惩罚。"处罚不应该比过错引起更大的罪感，犯罪的耻辱不应该变成法律的耻辱。如果不幸成为犯罪或者犯罪成为不幸，那么这就会破坏国家的基础。……有道德的立法者首先应当认定，把过去不算犯罪的行为列入犯罪行为的领域，是最严重、最有害而又最危险的事情。"④ 马克思希望，立法者要站在公正的立场来保护穷人的利益，而不要从私有财产者的利益角度进行立法。"如果自私自利的立法者的最高本质是某种非人的、异己的物质，那么这种立法者怎么可能是人道的呢？"⑤ 如果立法者或国家从私有财产者的利益角度进行立法，那么，国家就成为"私有财产的同理性和法相抵触的手段"。"如果国家哪怕在一个方面降低到这种水平，即按私有财产的方式而不是按自己本身的方式来行动，那么由此直接可以得出结论说，国家应该适应私有财产的狭隘范围来选择自己的

---

① 《马克思恩格斯全集》第1卷，北京：人民出版社1995年版，第250页。
② 《马克思恩格斯全集》第1卷，北京：人民出版社1995年版，第251页。
③ 《马克思恩格斯全集》第1卷，北京：人民出版社1995年版，第253页。
④ 《马克思恩格斯全集》第1卷，北京：人民出版社1995年版，第254—255页。
⑤ 《马克思恩格斯全集》第1卷，北京：人民出版社1995年版，第256页。

手段。私人利益非常狡猾，它会得出进一步的结论，把自己最狭隘和最空虚的形态宣布为国家活动的范围和准则。"①

林木所有者不仅要求立法者按照私有财产的方式来行动，而且要求立法者授予他们完全的自由意志，以便可以随意直接处理任何侵犯其特权和利益的行为，让护林官和乡镇官员完全服务于他们。"这种把林木所有者的奴仆变为国家权威的逻辑，使国家权威变成林木所有者的奴仆。整个国家制度，各种行政机构的作用都应该脱离常规，以便使一切都沦为林木所有者的工具，使林木所有者的利益成为左右整个机构的灵魂。一切国家机关都应成为林木所有者的耳、目、手、足，为林木所有者的利益探听、窥视、估价、守护、逮捕和奔波。"② 与霍布斯把国家当作灵魂、人民当作身体不同，马克思发现，私有财产才是社会的灵魂，国家只不过是保护私有财产的器官。这种私有财产的国家完全是理性国家的颠倒。一切都围绕着特权阶层的私人利益在旋转。"那时，利益便能说会道起来，血液也在它的血管中流动得更快。那时，甚至损人利己的美好事情也干得出来，恭维奉承的言词、悦耳动听的甜言蜜语也说得出来。而这一切的一切都是被用来达到一个目的：把违反林木管理条例的行为变为林木所有者的流通硬币，把违反林木管理条例者变成一项收入，使自己获得更有利的投资机会，因为对林木所有者来说，违反林木管理条例者已成为资本了。"③

林木所有者不仅要从林木的生产和销售中获得利润，而且要从捡拾枯枝者那里获得"利息的增加"——加倍的罚款或者强迫劳动的补偿。如果说加倍的惩罚是惩罚犯罪意图，即"犯罪行为的实质并不是对物质的林木侵犯，而是对林木的国家神经即财产权本身的侵犯，是不法意图的实现"，那么，林木所有者就具有了国家特性。"如果把国家交还给他——既然他除私人权利外，还获得处置违法者的国家权利，那就确实把国家交还给他了，——那么，国家也必定是他的失窃物了，因此，国家就必定是他的私有财产了。"④ 当林木所有者拥有对捡拾枯枝者的审判权、劳役权和罚款权，拥有对护林官和乡镇长的监督权和控制权时，维

---

① 《马克思恩格斯全集》第1卷，北京：人民出版社1995年版，第261页。
② 《马克思恩格斯全集》第1卷，北京：人民出版社1995年版，第267页。
③ 《马克思恩格斯全集》第1卷，北京：人民出版社1995年版，第269页。
④ 《马克思恩格斯全集》第1卷，北京：人民出版社1995年版，第277页。

护公共利益的理性国家与追求私人利益的市民社会的二分法，就这样消融在私有财产及其与人性的对立之中了。捡拾枯枝就成了林木所有者将穷人变成自己的农奴的契约——一个夏洛克式的割肉契约。从林木盗窃法的辩论中，马克思看到，物质利益或者私有财产才是立法、司法和行政的中心，国家只是屈从于私人利益的一种工具而已。如果说《关于林木盗窃法的辩论》还是从林木所有者的意志角度谈论国家屈从于私人利益，那么，《摩泽尔记者的辩护》则从社会关系的角度谈论国家对社会的普遍贫困状况采取的漠视或禁止公开报道的行为。"人们在研究国家状况时很容易走入歧途，即忽视各种关系的客观本性，而用当事人的意志来解释一切。但是存在着这样一些关系，这些关系既决定私人的行动，也决定个别行政当局的行动，而且就像呼吸的方式一样不以他们为转移。"① 在《论犹太人问题》一文中，马克思从美国的宪法和法国的《人权宣言》进一步看到，资产阶级国家只是保障私有财产和市民社会生活的一种手段。因此，任何脱离物质利益的生产和交往来谈论国家的行为都是一种浪漫主义的行为，国家对公民的生命保护是建立在私有财产基础上的。

这样，马克思就从霍布斯关于犯罪行为的区别对待出发，得出了国家并非凌驾于社会之上并公正地保护所有公民的利益的有机体的结论。国家只不过是保护私有财产的一个工具，也是社会贫困的主要根源。这种国家异化观同时使霍布斯和黑格尔的理性国家观破产。

（二）霍布斯对马克思影响的其他文本证据

在《德意志意识形态》中，马克思说："从近代马基雅弗利、霍布斯、斯宾诺莎、博丹，以及近代的其他许多思想家谈起，权力都是作为法的基础的，由此政治的理论观念摆脱了道德，所剩下的是独立地研究政治的主张，其他没有别的了。"② 权力是权利或法的基础的观点，显然不同于法律是统治者的意志的观念。针对人与人之间的一切社会关系归结为金钱关系或功利关系的说法，马克思指出："在第一次和第二次英国革命时期，即在资产阶级取得政权的最初的两次斗争中，在霍布斯和洛克那里出现了这种理论。……政治经济学是这种功利论的真正科学；……我

---

① 《马克思恩格斯全集》第 1 卷，北京：人民出版社 1995 年版，第 363 页。
② 《马克思恩格斯全集》第 3 卷，北京：人民出版社 1960 年版，第 368 页。

们看到，爱尔维修和霍尔巴赫已经把这种学说理想化了。"① 霍布斯将生活物资的生产与分配、人口的增长当作国家运转的营养和生殖，提出了一个国家的生活物资的数量取决于自然资源的丰裕度和人类劳动勤劳的程度的观点，并强调贸易自由的重要性。马克思指出："自由这一人权不是建立在人与人相结合的基础上，而是相反，建立在人与人相分隔的基础上。这一权利就是这种分隔的权利，是狭隘的、局限于自身的个人的权利。自由这一人权的实际应用就是私有财产这一人权。"②

在《利维坦》中，霍布斯根据社会契约论将人与人之间的自然状态转变为文明社会的和平状态。利用自然状态的高度不确定性和不信任的逻辑，霍布斯提出了一种专制理论。马克思看到了霍布斯的人性论与国家理论的结合必然导致一种新的自然状态，或者一切人反对一切人的私有制社会。阶级社会在私有制基础上的不断对立和冲突，最终在阶级斗争和革命的浪潮中转变为共产主义社会的和平状态，中间存在一个无产阶级专政的过渡阶段。因此，霍布斯的君主专制理论与马克思的无产阶级专政理论结构上存在相似之处，即从高度竞争的不确定状态转变为和平的确定性状态。不同之处在于，霍布斯利用社会契约的假设将民众的自然权利转让给统治者，马克思利用无产阶级的历史性革命来消除剥削和创建美好社会。

如同培根一样，霍布斯也强调哲学的解释功能和实践功能。霍布斯说："哲学就是根据任何事物的发生方式推论其性质，或是根据其性质推论其某种可能的发生方式而获得的知识，其目的是使人们能够在物质或人力允许的范围内产生人生所需要的效果。"③ 为了对事物的原因进行解释或者结果进行推断，人们不仅需要不同种类事物的经验，而且还需要劳动分工带来的闲暇。"闲暇是哲学之母，而国家则是和平与闲暇之母。"④ 对于哲学的功能及其与劳动分工的关系，马克思在《关于费尔巴哈的提纲》和《德意志意识形态》中进行了更详细的阐述。

---

① 《马克思恩格斯全集》第 3 卷，北京：人民出版社 1960 年版，第 479 页。
② 《马克思恩格斯全集》第 3 卷，北京：人民出版社 2002 年版，第 183 页。
③ [英] 霍布斯：《利维坦》，黎思复、黎廷弼译，北京：商务印书馆 2009 年版，第 540 页。
④ [英] 霍布斯：《利维坦》，黎思复、黎廷弼译，北京：商务印书馆 2009 年版，第 541 页。

## 第三节　洛克与马克思

约翰·洛克（1632—1704）是英国著名的哲学家和教育家，经验主义和唯物主义的主要代表之一，与斯宾诺莎一起开创了政治自由主义哲学。洛克提倡宗教宽容，其知识论、政治理论以及教育方法都影响深远。本节主要研究洛克的思想及其对马克思的影响。

### 一、洛克的知识论

洛克的知识论是建立在感觉经验和人的有限理性基础之上的，因而包括经验论、观念论和有限知识论等理论。洛克的观念论经过休谟的修改，在德国古典哲学中得到系统的发展。

（一）经验论

在洛克看来，人心如白板，根本不存在天赋观念。一切观念都是从感觉经验或内心反省的经验得来的材料。① 心灵有知觉则有观念，心灵失去知觉则失去了观念。随着人的老化，感觉器官和思维能力都会逐渐衰退，人们对外在的刺激就越来越不敏感，能够接受的新观念和记忆的观念也就越来越少。人们接触的外在物体越多，获得的感觉经验就越多。所谓感觉，就是外物在感官上所印的印象。灵魂借助这些印象进行反省而形成反省观念。人们获得反省观念的多少，取决于反省的方式。心理的反省活动包括知觉、思想、怀疑、信仰、推理、认识、意欲、情感等。知性就是人们感知心中的观念、符号的意义、观念的联合和矛盾、事物之间的关系的知觉能力。

洛克的经验论有大量的缺陷。第一，感觉经验只是很小一部分的意识活动。洛克思辨地认为，心灵并不永远思想、不能恒常地意识到自己，从而忽视了大脑的神经运动和无意识活动。第二，经验假象大量存在。洛克从日常经验的物体运动和静止中进行归纳推理，得出有静止的物体存在和虚空的假象。同时，他也将运动和时空分离开来，对时间和空间的本质做出了错误的分析。这由此诱发了休谟对归纳问题的批判。第三，没有利用人类制造的工具。科学的发展趋势是逐步脱离日常经验的思维，

---

① ［英］洛克：《人类理解论》，关文运译，北京：商务印书馆1997年版，第81页。

充分利用想象和工具来扩展人类的认识。第四，导向不可知论的必然性。只要超出物体性质的简单观念的范围，物体的本质和因果关系就变得不可知。"我们如果要进一步来研究它们底本质、原因和方式，则我们不但不能明白地知觉到思想底本质，亦并不能知觉到广袤底本质。……我们由感觉和反省得来的那些简单的观念，就是我们知识底范围。人心不论如何努力，亦不能超过这个范围以外更进一步。"① 这样，洛克就否定了自然科学的可能性。"因此，我就猜想，在物理的事物方面，人类的勤劳不论怎样可以促进有用的、实验的哲学，而科学的知识终久是可望而不可即的。"② 洛克的实在本质与康德的物自体相似，都是不可知的。由于洛克否定了能够发现事物之间的因果联系的规律的可能性，休谟也将因果性解释为一种习惯性的想象联结。

(二) 观念论

洛克将感觉获得的观念分为简单观念和复杂观念。简单观念就是在感觉和反省中只包含单纯的现象，能在心灵中引起单纯的认识的独立观念。简单观念是所有观念的组合材料，人不能在感觉和反省之外获得其他的简单观念，也不能抹杀或毁灭简单观念。简单观念或者来自一个感官，或者来自两个感官的结合，或者来自反省获得的简单观念，或者来自反省和感官的结合获得的简单观念。这些简单观念对应物体的性质，因为感觉是外物刺激我们的感官所引发的运动。

洛克认识到，认识的过程不是一下子就完成的，而是一个各种器官协同发挥作用的过程。首先，知觉能力的发挥。从感官获得的印象，经过反省，就获得对外物知觉的观念。因此，知觉是最初的、最简单的反省观念。缺乏反省或注意，印象不能转化为观念；而且，判断会改变感觉的印象而形成新的观念。其次，感官印象和反省观念的储存和提取，即记忆能力的发挥。注意力越强，重复的次数越多，对特定观念的记忆就越加以清晰。那些能产生快乐或痛苦的观念，记忆也越加清晰。随着时间的流逝，记忆中的观念会变得越来越模糊，直到消失，除非有不断的感官刺激观念的复现。当然，记忆力越好的人，意味着大脑中可以随时调动的材料越多，解决问题的能力就会越强。"一个能思想的人，他底

---

① ［英］洛克：《人类理解论》，关文运译，北京：商务印书馆1997年版，第284—285页。

② ［英］洛克：《人类理解论》，关文运译，北京：商务印书馆1997年版，第548页。

过去的推论和思想如果不断地呈现在他底心中，则他底知识会得到不小的利益。"① 第三，辨别能力的发挥。辨别能力包括对事物或观念的比较、组合、命名和抽象的能力。为了避免对无穷无尽的事物进行命名和记忆的困难，人类将某些特殊事物的特殊观念延伸到该类事物的所有对象，去掉了时空的特殊性，从而形成了抽象或共相作用。"借着这种作用，由特殊事物而来的各种观念才能变成同种事物底概括代表；而且这些观念底名称——概括的名称——才可以应用于同这些抽象观念相契合的任何东西。"② 即使有较好的知觉和记忆能力，一个人如果缺乏对观念进行分门别类的整理和归纳、区分其差别的辨别能力，那么，这个人的观念还是模糊不清，无法形成系统的知识和理论，也无法形成准确的判断和有效的理性分析。第四，推理能力的发挥。在拥有了各种可分别的简单观念和复杂观念之后，人就可以借助推理能力从比较原始的观念组成命题和推导出一些新的知识来。

洛克认为，有些观念是明白的、清晰的，而有些观念则是模糊的、纷乱的。模糊的观念来自于暗弱的感官、微弱的短促的印象和薄弱的记忆。明白的观念来自于适当的感官在强有力的印象作用下所留下的长时间记忆。清晰的观念就是人心能将观念分离开来的观念名称，纷乱的观念则是混杂在一起而无分别的各种观念名称。这或者是因为由较少的共有简单观念组成众多的复杂观念，或者是因为由简单观念形成复杂观念的方式比较混乱而造成观念的名称与事物之间缺乏关联，或者是因为复杂观念名称中的某些简单观念是不确定的。"因此，一个人如以一种名称来标记厘然各别的一类事物或一个特殊的事物，则他在这个名称上所附加的复杂观念之清晰与否，是看组成它的这些观念如何而定的。那些观念如果愈特殊，它们底数目如果愈大，秩序如果愈确定，则那个复杂观念亦会愈清晰。"③ 名称的确定性取决于其包含内容的差异性。差异性越多，名称与事物的关系越确定。名词越具体，概念越清晰，越精确。名词越抽象，概念越模糊。

洛克认为，人类习惯于对具体事物形成种、属、类等各种抽象观念，是思维经济带来的命名缘故。"因为这样集合以后，人心或则借思维事物

---

① ［英］洛克：《人类理解论》，关文运译，北京：商务印书馆1997年版，第120页。
② ［英］洛克：《人类理解论》，关文运译，北京：商务印书馆1997年版，第125页。
③ ［英］洛克：《人类理解论》，关文运译，北京：商务印书馆1997年版，第343页。

自身、或则借同别人谈论它们，可以较容易地扩展其知识。我们所以要把各种事物归类在含盖较广的观念以下，把它们分成属、分成种、并且给它们以各种名称，就是因为这个缘故。"① 将具体思维抽象化的名称，在节约记忆力的同时，却在写作、交流和应用时，容易把名称、标记或者符号当作事物的本质，形成抽象思维的异化这个形而上学的后果。"因此，我们就常常看到，一个人如果见了自己所不知道的一种新东西，他立刻会问说，那是什么东西。他所问的实则就是名称；好象名称能使人知道那种事物底种类及其本质似的；因为人们用这个名称原就是当做本质底一种标记，并且常假设它和本质是相连带的。"② 只有观念与名称、观念与事物之间完全契合，则关于这个事物的知识才是完全正确的。

简单观念与名称和事物最容易相契合，最不容易发生虚假，但由简单观念比较、结合或随意联想形成的名词化的复杂观念则容易发生虚假。洛克认为，实体或上帝就是我们所不知道东西的别称，是所有知道的性质和不知道性质的归集。因此，在复杂观念中，实体观念是虚幻的，混杂情状的复杂观念容易发生虚妄，关系观念则因为所有的关系都归结为简单观念之间的关系而最不容易发生虚假。

由于受到生产和风俗习惯的影响，不同的社会或民族构造和使用不同的复杂观念或惯用语，从而造成复杂观念在不同的社会和民族中缺乏同样的名称，更不用说有些观念、制度或组织是特定社会所独有的。同时，亲属关系、法律关系、道德关系、政治关系、夫妻关系的命名详尽程度也不相同。"各种语言因为只系供传达思想之用，因此，它们只同人们常用的意念成比例，同人类所有的思想底沟通成比例，而不同事物底实况和范围成比例；而不同它们底各种关系成比例；而不同人们对它们所形成的各种抽象的观察成比例。"③ 即使在一个社会或民族内，生产和风俗习惯的变化也会导致观念组合的变化，新名词不断产生，旧名词不断失去交流的作用，以便提高交流的效率。

总之，洛克对简单观念和复杂观念的划分，目的就是将复杂观念还原为简单观念的组合，看看哪些复杂观念是人为虚构的，以便削减文字

---

① ［英］洛克：《人类理解论》，关文运译，北京：商务印书馆 1997 年版，第 364—365 页。
② ［英］洛克：《人类理解论》，关文运译，北京：商务印书馆 1997 年版，第 365 页。
③ ［英］洛克：《人类理解论》，关文运译，北京：商务印书馆 1997 年版，第 326 页。

假象和获得真实的知识。"任何别的复合观念，都可以如此还原；这些观念不论如何一再混合，最后都可以分解成简单的观念，因为我们所有的一切知识或思想，都用简单的观念作为其组成的材料。"①

(三) 有限知识论

洛克认为，观念分为知识性观念和包括信仰和意见在内的非知识性观念，而知识是人心对两个观念的契合或矛盾所生的一种知觉。按照确定性的等级不同，知识分为最确定明白的直觉的知识、解证的知识、推理的知识和当下感觉的知识四种。知识的明白性或含糊性，不仅取决于观念的清晰或含糊，而且取决于知觉的明白或含糊。直觉、理性和感觉这三种官能并不能应用于所有的观念，有的观念借助于直觉的比较形成确定的知识，另有一些观念只能借助于推理或理性形成确定的知识，还有一些观念只能借助于感觉形成确定的知识。

由于事物的范围超过观念，观念的范围超过知识，因此，知识的范围就很狭窄，不能在所有的观念上形成确定的契合关系并认识所有的事物。"我们知识底范围不但达不到一切实际的事物，而且甚至亦达不到我们观念底范围。我们底知识限于我们底观念，而且在范围和完美方面，都不能超过我们底观念。"② 在涉及观念的同一性或差别性方面，直觉知识与观念具有同等的范围；在观念的共存方面，对实体的知识就是关于经验到的简单观念共存于实体这个复杂观念的知识，但对简单观念之间是否具有必然联系的知识很少；在涉及情状观念的关系方面，我们对关系的推理知识知道得较多；在涉及实在的存在方面，我们对自己的存在有一种直觉的知识，对上帝的实在存在有一种解证的知识，对物体的存在有一种感觉的知识，但我们对实在的本质和原始性质一无所知。

人类的无知表现在，或者缺乏对宏观或微观事物的观念，或者缺乏观念之间的普遍确定的联系，或者无法找到中介观念来发现观念之间的契合关系。由于人类认识的局限性，我们对很多问题特别是事物的本质就会显得无知，于是在那些超出知识范围的领域保持信仰和或然性就是明智的。这样，洛克就实现了理性与信仰的分离：人类有限的知识与无穷的信仰并行不悖，人类不要用自己的有限理性越界去证明上帝的存在

---

① [英] 洛克：《人类理解论》，关文运译，北京：商务印书馆1997年版，第263页。
② [英] 洛克：《人类理解论》，关文运译，北京：商务印书馆1997年版，第530页。

或认识其他物自体。

针对知识是事物真相的直接反映或描写的观点,洛克提出知识是观念符合的知觉的观点。因为事物的本质不可知,只有观念的可知来推断观念与事物的相符合。真理就是观念与事物相契合的命题。在洛克看来,只有部分的知识性观念包含真理,其余的知识性观念则是幻想的产物。第一,一切简单的观念都是与事物契合的、非想象的。第二,除了实体观念,一切复杂观念都和事物相契合,因为它们是人心自己所造的原型,如数学知识和道德知识都是实在的和确定的,不需要真正的存在。第三,实体观念经常与事物本身不相契合。只有极小一部分实体观念包含实在的知识,因而缺少实体命题的普遍真理。

尽管人类对外物存在的知识和真理知之甚少,但是,洛克认为,只要知识能满足人类自己的生存和生命延续就足够了,因为获取知识的目的在于服务于人的幸福追求。"我们底各种官能虽不足以达到全部存在物底范围,并不能毫无疑义地对一切事物得到完全的、明白的、涵蓄的知识,它们只足以供保存自我营谋生命之用,因此,它们只要能把有利有害的事物确实地报告我们,那它们底功用就已经不小了。"① 这样,洛克的知识论就从属于他的实践哲学,知识只是服务于幸福生活的手段或力量。由于强调知识起源于经验,洛克反对逻辑学和公理演绎法来寻求新知识,批判分析命题为无聊命题。在某种程度上,洛克甚至反对科学归纳法、否认抽象的作用、否认研究自然本质的自然哲学能成为一门科学,只相信感觉、直观获得的知识和承认研究事物的性质可以获得技术和工业制成品。这是对培根的倒退。

## 二、洛克的功利论

在洛克看来,不仅认识来自于人的感觉或反省经验,而且人们对事物的善恶评价也来源于快乐与痛苦的感觉。"事物所以有善、恶之分,只是由于我们有苦、乐之感。所谓善就是能引起(或增加)快乐或减少痛苦的东西;要不然它亦得使我们得到其他的善,或者消灭其他的恶。在反面说来,所谓恶就是能产生(或增加)痛苦或能减少快乐的东西;要不然,就是它剥夺了我们底快乐,或给我们带来痛苦。"② 之所以如此,

---

① [英]洛克:《人类理解论》,关文运译,北京:商务印书馆1997年版,第631页。
② [英]洛克:《人类理解论》,关文运译,北京:商务印书馆1997年版,第199页。

是因为人都有欲望和自由选择的意志能力。欲望即痛苦或不快,欲望的满足即痛苦的解除。意志的作用就在于实现某种欲望,并克服其他欲望的干扰。

(一) 自由的界定

在洛克看来,意志力就是人们借心中的思想或偏向来自由选择、支配或规划心理或身体的运动或行为的能力。与意志是人的主体能力的一种动作不同,自由则是主体的思想或行为的一种运动状态。"所谓自由观念就是,一个主因有一种能力来按照自己心理底决定或思想,实现或停顿一种特殊那样一个动作。在这里,动作底实现或停顿必须在主因底能力范围以内,倘若不在其能力范围以内,倘若不是按其意欲所产生,则他便不自由,而是受了必然性底束缚。"① 这意味着,主体的自由是以自我意志、理性和能力为前提,被自然或他人强迫的、非理性的和超出自己能力以外的行为或思想都不是自由的行为或思想。不自由分为任性和必然性两种。任性就是主体不是按照理性而是按照欲望在自己的能力范围之内所采取的行动。必然性就是任何事物在缺乏理性和能力的条件下被迫采取某种运动的行为。因而,人的自由思想和行动的范围取决于自身的能力的大小与外在阻碍力量的大小。一个人的力量越大,外在的阻力越小,一个人的自由活动和自由思想的范围就越大。这样,洛克对自由的界定就与霍布斯的消极自由不同。

(二) 快乐与痛苦的分析

人之所以要改变运动状态的主观动机是,当下的不快乐或痛苦迫使其去自由地追求快乐或避免痛苦。"促动人心使它发生动作的,不快就是它底最大的动机。"② 欲望越强烈,克服痛苦的意志力也会越强烈,即欲望是意志的牵引力,是行动的源泉。"好事和较大的好事,纵然被人认识,被人承认,亦不能决定我们底意志,只有在我们底欲望按照好事的比例,使我们感觉到需要,生起不快时,才能决定我们底意志。"③ 这就意味着,推动一个人持之以恒地追求或不从事某种东西的是需要或欲望,特别是当下的需要或眼前的欲望。

---

① [英]洛克:《人类理解论》,关文运译,北京:商务印书馆1997年版,第208页。
② [英]洛克:《人类理解论》,关文运译,北京:商务印书馆1997年版,第219页。
③ [英]洛克:《人类理解论》,关文运译,北京:商务印书馆1997年版,第223页。

与快乐是局部的、暂时的不同，痛苦对身体或精神的影响是全局性的、持续性的。"我们一观察幸福和苦难底本质，就会分明看到这种理由。一切当下的痛苦，都可以形成当下苦难底一部分，可是一切不存在的好事不能常常形成当下幸福底一个必然部分，而且幸福底不存在亦并不能形成我们苦难底一部分。倘或不然，则我们将有无限的恒常的苦难，因为有无数等级的幸福，都是我们所不曾享有的。"① 快乐的出现并不能完全消除痛苦，但是，痛苦的出现会彻底消灭所有的快乐，一点痛苦就能消灭了我们所享有的一切快乐。极度的幸福就是我们所能享受的最大快乐，极度的苦难就是我们所遭受的最大的痛苦。所以，当下的痛苦与未来想象的快乐相比时，会具有较大的动力来克服痛苦、较小的动力来追求未来的幸福。这就是绝大多数人安逸享受或追求当下较小的快乐而放弃未来的重大快乐的原因。

而且，痛苦与幸福的出现是不对称的。随着器官之间的和谐程度增加，幸福或快乐的幅度增加，痛苦不断减少。但是，器官之间的不和谐比其和谐出现的频率要高得多。因此，痛苦几乎是必然的事情，幸福或快乐是非常偶然性的事情。

在痛苦与快乐的人际传递方面，两者也是不完全对等的。痛苦的人际传递是自然的，因为我们对绝大部分痛苦都有类似的体验。因此，宗教之所以能利用痛苦、灾难来形成普遍的恐惧，就是基于痛苦的心理传递作用。但是，很多快乐或幸福的事情，由于多数人缺乏体验，因而在想像中无法完成人际传递。有很多实际的快乐，如饮食或节日的快乐，则是多数人有所体验的，故而在现实中能够完成人际传递。因为缺乏体验，想象的快乐并不能转化为痛苦；但想象的痛苦，很快就会感染快乐，将快乐化为乌有。可以说，痛苦是连续的、不容易分割的，快乐则是离散的、很容易分割的。特别是，快乐很容易被痛苦切割成无限的小，最终加以消融。

（三）理性的幸福观

随着人生阅历的增加，痛苦的种类和数量也不断增加，痛苦的体积和厚度越来越膨胀，快乐或幸福不断缩小。所以，童年是最幸福的，因为痛苦的种类和数量都很少，中老年则是最痛苦的，因为痛苦的种类和

---

① ［英］洛克：《人类理解论》，关文运译，北京：商务印书馆1997年版，第230页。

体验在不断增加。由于处于幸福之中，童年不珍惜眼前的快乐。由于深陷痛苦的泥潭，对于每一次出现的快乐，中老年人都深感庆幸，知道机会的难得，因而想尽一切办法将痛苦隔离开来。人的一生更多的是如何在有限的时间和精力范围内去应付接连不断的不快或苦难，以便让自己很好地生存下去，而不是去追求幸福或快乐的东西，更不会去追求那些无法实现的好事。在众多的欲望需要同时满足的过程中，人的自由意志或智慧就体现在按照习俗的、社会的、家庭的或理性的标准，来选择和判断某些欲望优先满足，其他欲望排在后面等待未来满足的次序。如果没有这种自由意志，人就会成为欲望或激情的奴隶。人的自由就在于能够理性地改变欲望满足的优先秩序，从而为善恶的选择开辟了道路。"因此，欲望或选择的能力，如果被善所决定，则正同动作能力被意志所决定一样，都是一大优点；而且决定底程度愈确，优点底程度亦就跟着愈大。不但如此，我们如果不被人心在判断动作底善、恶后所得的最后结果所决定，而被别的事情来决定，则我们便不是自由的。"①

由于对自身的欲望及其重要性所可能引起的危害性进行了价值理性的判断和分析，一个人的可欲望之事与社会欲望之事就会出现高度重合或一致的情形。个人追求自身的真正幸福就会成为社会的善事。"普遍的幸福就是所谓最大的善，亦就是我们的一切欲望所趋向的。我们如果受了必然性底支配，来恒常地追求这种幸福，这种必然性愈大，那我们便愈为自由。有了这种自由，则在任何特殊的似乎可意的好事出现时，我们就可以任意先考究它是否有引起真正幸福的趋势，是否与真正幸福相吻合，而不必被我们底意志决定所强迫，来实现某种特殊的动作，并且来顺从那种特殊的好事所引起的欲望。"② 在去掉了任性的欲望和限制极端的情感之后，一个人就在理性的帮助下追求社会之善，从而将个人的自由、幸福与社会的善结合在一起。这样，洛克的幸福论在引入了理性或自由意志之后，就转化为一种基于自由选择的德福论，从而将伊壁鸠鲁的快乐理论与亚里士多德的德福论结合在了一起。

由于欲望对象的多样性和赋予的价值不同，选择达到幸福的途径不同，对欲望和途径的理性分析和判断不同，因此，人们追求幸福的善恶判断自然具有多样性，没有一种东西是能满足所有人的欲望并得到赞赏

---

① [英] 洛克：《人类理解论》，关文运译，北京：商务印书馆1997年版，第234页。
② [英] 洛克：《人类理解论》，关文运译，北京：商务印书馆1997年版，第236页。

的。古代的至善论，比如最高的善是知识、德性、权力、身体的快乐还是财富的争论，就失去了绝对的意义。这就意味着，只要运用理性，每一个追求自己幸福的人都是有选择自由的，都能实现自身幸福的。这种自由主义的观点，就取代了社会单一价值标准的传统观点。追求幸福的关键在于理性与否，而理性又与克服错误的知识和教育有关。"如果他本来有选择真正幸福的自由，可是因为他忽略了这种自由，或误用了这种自由，致陷于错误，则后来的谬行，应该归咎于他底选择不当。"① 这些错误或不当的选择，或者来源于因匮乏、疾病、恐惧、伤口引起的任性，或者来源于错误判断引起的不存在幸福的欲望。这种任性和不当的欲望，或者来源于我们的愚蠢，或者因为我们的疏忽，或者因为我们的情感或恶习，使我们缺乏足够的知识和信息，而只看到其对自己当下的快乐或幸福的一面。因此，要实现一个人人理性地追求幸福和快乐的社会，就需要对整个社会进行启蒙和教育，养成良好的习惯，用科学的知识来武装每一个人的头脑，让每一个人对自己的行为作出理性的判断和选择。这样一个理性的社会就是一个充满善的、不断消除罪恶的有德社会。

### 三、洛克的语言哲学

洛克认为，语言是为了人类的生存与发展而进行社会交流的工具。这种起源于非认识的社会工具在人的成长过程中得以发展，并在人类思维的抽象化发展中被强化，从而造成了人类语言的客观异化。形而上学就根源于语言的异化现象。为了减少语言异化并根绝形而上学，洛克提出了语言改革的建议。

#### （一）语言的社会交往理论

洛克认为，人是一个社会的动物，而语言则是"组织社会的最大工具、公共纽带"，是沟通思想或观念的工具和标记。② 由于认知能力的限制和社会交往的需要，任何社会都不能对所有事物或所有观念命名，只能对常用的、对生活有帮助的和有助于交流的事物与观念根据经验单独命名。"人所关心的就是互相的交与，因此，我们对于人及其行动和表示所有的知识是很重要的。因此，他们就把行动底各种观念分别得很细微，

---

① ［英］洛克：《人类理解论》，关文运译，北京：商务印书馆1997年版，第240页。
② ［英］洛克：《人类理解论》，关文运译，北京：商务印书馆1997年版，第383页。

并且给那些复杂的观念以名称,以便于在记载和谈论他们日常所习见的事物时,较为顺利,而不至周章弯折,以便于在表示和接受各种思想时,可以迅速地互相了解所说的事物。"① 对于绝大部分对生活只有间接影响的同类事物与观念,人们只赋予概括的、通用或普通的名词。"观念之所以成为概括的,乃是因为人们把它们从时间、空间的特殊情节,以及决定它们成为或此或彼的特殊存在的其他观念分离开。借着这种抽象方法,它们便能表象一个以上的多数个体。其中的各个体既都与那个抽象观念互相契合,因此,我们就说它是属于那一类的。"② 一旦利用归纳形成某个名称或抽象的名词,具有这种性质的事物或相应的观念都可以归于这个名称之下。"语言所以有表示作用,乃是由于人们随意赋予它们一种意义,乃是由于人们随便来把一个字当做一个观念底标记。"③

这样,社会交往的需要不仅决定了语言的产生,而且也影响了普通名词和专有名词的划分范围。专有名词在语言与事物之间存在高度确定的、不依赖于经验的对应关系,普通名词则在语言与事物之间存在不确定的、高度依赖于经验的对应关系。随着人类认知的事物、性质及其关系,以及制造的工具和生活用品越来越多,语言的发展就呈现出一个从更多地表达具体可感知事物的观念转移到更多地表达抽象观念的趋势,以便利用抽象观念来减少需要记忆的观念数量和增强交流的效率。思辨哲学也推动着观念的抽象化发展。

(二) 语言异化的根源

在洛克看来,人类语言异化的根源在于人的社会本性和抽象思维的发展。人们从幼年时期开始更多地与语言打交道,而缺乏对应的观念或事物的契合。"因为人在儿童时,虽然对事物只有不完全的意念,可是他们既然先学会了各种文字,因此,他们往往不经思考,就乱用它们,而且往往不能形成确定的观念,用它们表示出来。"④ 在早期教育和交流的影响下,人们习惯于字词的声音,不知道这个声音所代表的意义。"不但是儿童,就是一些成人,说起话来,亦只如鹦鹉一样,因为他们只学会那些声音,并不知道他们底意义,但是字眼只要有功用和意义,则声音

---

① [英]洛克:《人类理解论》,关文运译,北京:商务印书馆1997年版,第195页。
② [英]洛克:《人类理解论》,关文运译,北京:商务印书馆1997年版,第392页。
③ [英]洛克:《人类理解论》,关文运译,北京:商务印书馆1997年版,第386页。
④ [英]洛克:《人类理解论》,关文运译,北京:商务印书馆1997年版,第511页。

和观念之间，必然有恒常的联络，而且可以指示出，此一个就表示着彼一个。我们如不能这样应用它们，则它们只不过是一些无意义的喧声。"① 尤其是，在脱离习惯和经验的束缚之后，一个人可以赋予一个字词任何特殊的观念，或者用任何字词来指示某个特定的观念。字词与观念、事物之间的恒常联系因而就失去了，语言游戏往往占据主导地位。

借助命名和名称的延伸方式，人类就将不同的对象根据相似性进行分类，形成抽象的观念。这种带有名称的抽象观念或共相，往往被认为是事物的独立的本质。"总相和共相不属于事物底实在存在，而只是理解所做的一些发明和产物，而且它所以造它们亦只是为自己底用途，只把它们作为一些标记用，——不论是字眼或观念。"② 这样，事物、观念和语词之间的关系存在显著的不对称性。任何事物都是特殊的，观念则具有某种程度的抽象性或概括性，而语言则普遍具有更高程度的抽象性或概括性。因此，大量的观念是对事物的抽象，大量的字词是对观念的抽象。名称与观念、事物之间的完全对应关系，只能是一种非常罕见的现象。"人们虽然拿各种文字作为武器，并且自信不疑地拿各种文字来向各方进攻，可是他们如果一观察某些观念是包含在这些文字以内的，某些观念是不包含在这些文字以内的，并且他们考察的范围超出了时髦的声音（语言 255）以外，则他们会常看到，在自己所夸张的一切意见中，所有的理性和真理是很少的，或者竟然就没有。"③

在洛克看来，事物本身不存在本质，只存在众多的性质，只是人的观念和经验才让物体的某些性质变成了所谓本质的东西。早期人类在根据物体的用途和相似性原理来对物体进行命名时，并不知道各物体的众多性质和本质。"在一切语言中，那些较概括的名词大部分都是由无知识的文盲产生的，而且它们的意义亦是由这些人们所赋与的。不过这些人们在分类和命名时，只依据于他们所看到的那些可感的本质；而且在要提到一个物种或特殊的事物时，他们亦往往依此来向人表示。"④ 在对物体命名的过程中，可感觉的自然的恒常联系是观念联系的基础，而没有感觉到的自然联系就被观念所忽略。这样，各人理解的同一名称所表示

---

① ［英］洛克：《人类理解论》，关文运译，北京：商务印书馆1997年版，第389页。
② ［英］洛克：《人类理解论》，关文运译，北京：商务印书馆1997年版，第395页。
③ ［英］洛克：《人类理解论》，关文运译，北京：商务印书馆1997年版，第421页。
④ ［英］洛克：《人类理解论》，关文运译，北京：商务印书馆1997年版，第437页。

的物种本质也互相有差异，人们在同一名称下谈论和交流的可能是不同的东西。随着观念的抽象程度的增加，被忽略或故意排斥的物体的性质和特征的数量也急剧增加，以至于被忽略的性质和特征的数量与包含在观念中的性质和特征的数量之比接近于无穷大。"因此，在有关物类和物种的这全部议论中，较概括的类只是种方面的片面的概念，至于种，则它亦是各个体方面的片面的概念。"① 谈论的对象越加抽象，我们的无知就表现得越充分。越是脱离社会经验和实际生活的人们，越是喜欢用抽象的名称进行谈论和争论。

（三）文字假象的表现形式

洛克将文字假象分为客观的文字假象和主观的文字假象。由于语言文字是用于快速记载和简易地传达我们的思想和观念，不是为了认识事物本身而产生的，所以，语言文字在认识事物的问题上就存在很多缺陷或含混不确定的东西。其含混或不确定的地方在于，文字与所希望传达的观念和事物之间缺乏对应关系，以及听众与传达者对文字所包含的观念与事物的理解不同。

除语言文字与观念、事物之间缺乏稳定的内在联系容易引起混乱的客观文字假象以外，人们还故意采用错误和忽略的办法造成主观的文字假象。第一，使用或编造不包含任何明白观念和事物的文字来做文字游戏。尤其是，因为不懂具体的规范，人们采取隐喻、类比、通用、假借等修辞手段将各种有意义的文字滥用于毫无意义的事物或观念上。第二，文字的含义在使用中前后不一贯、自相矛盾，存在一词多义的交叉使用问题。第三，故意使用含混的文字来掩盖自己的意思、权威、意图或弱点。第四，把文字当作事物本身。第五，用某个语词表示本不能表示的东西，特别是用名称来代替变化物体的本质或不知道的观念。第六，将一定的观念附加在文字上，总认为文字有某种需要探求的确定意义。这些文字假象造成了理解的困难和欺骗的可能性。

（四）语言改良的建议

为了探求知识和追求真理，人们就要去掉语言文字所带来的主客观假象或避免语言的混淆、含混和歧义，以便实现名称、观念和事物之间保持恒常的、完全的对应关系。对于语言文字的异化现象，洛克建议的

---

① ［英］洛克：《人类理解论》，关文运译，北京：商务印书馆1997年版，第444页。

改良方法包括：第一，不要乱用无意义的文字和无观念的名称。第二，各种文字要有清晰的观念。第三，名称要与实在的事物相契合。第四，人们要通过著作和讲话来传播与事物和观念具有恒常联系的名称，或者传播特定的思想，逐步取代混乱的文字用法。第五，利用百科全书、字典或著作，明确指出所用文字的意义或所包含的观念和事物。第六，在使用和交流中，确保文字的意义前后一致。洛克的这些设想不仅在科学语言和数学语言之中得以实现，而且通过字典和百科全书的编撰，有助于缩小日常语言中出现的文字假象的范围。

## 四、洛克的政治哲学

洛克的政治哲学是建立在霍布斯的社会契约论和斯宾诺莎的民主思想的基础之上的。洛克采纳了霍布斯关于自然状态和社会状态的区分，但修改了自然状态的含义，区分了按照社会契约建立的社会共同体和按照委托契约建立的国家，从而按照霍布斯的逻辑得出了斯宾诺莎的民主政体的政治结论。"洛克思想中的重要观点，很少有哪一条对洛克自己来说是自创的，他广泛汲取了同时代思想家们的观点。洛克的革命性贡献不在于某一具体的观点，而在于他把这些观点结合起来的新方式。他以新的方式将这些观点结合起来，并且比任何人都更加严谨地将它们推至逻辑结论。"①

（一）自然状态

洛克设想的自然状态是一个人人按照自然法生活的、自然平等的、自由的、产权得到充分界定的，但偶尔有产权纠纷的状态。"那是一种完备无缺的自由状态，他们在自然法的范围内，按照他们认为合适的办法，决定他们的行动和处理他们的财产和人身，而无须得到任何人的许可或听命于任何人的意志。这也是一种平等的状态，在这种状态中，一切权力和管辖权都是相互的，没有一个人享有多于别人的权力。"② 自然法就是理性或上帝的律令。自由就是不受他人的束缚和强暴。洛克区分了自然的自由与社会的自由。自然的自由就是不受人间任何上级权力的约束

---

① [美]格雷格·福斯特：《从洛克出发》，孙礼中译，哈尔滨：黑龙江教育出版社2016年版，第15页。

② [英]洛克：《政府论》下篇，叶启芳、瞿菊农译，北京：商务印书馆2009年版，第3页。

而只以自然法为准绳进行行动的自由。在自然的自由状态中，每个人都享有自由处理他的财产或人身的自由，享有惩罚罪犯并获得损害赔偿的权利，但不包括毁灭自身或所占有的生物的自由、侵害他人的生命和财产的自由。如果一个人的生命、财产或自由受到他人的非法侵害，那么，这个人就享有平等地审判和惩罚罪犯并获得罪犯赔偿的权利，以维护人类的和平与安全。因此，自然的自由不是野兽般的任性，而是理性的行动。"人的自由和依照他自己的意志来行动的自由，是以他具有理性为基础的，理性能教导他了解他用以支配自己行动的法律，并使他知道他对自己的自由意志听从到什么程度。"① 社会的自由就是以法律为规则并受到法律约束的行动自由，以及"在规则未加规定的一切事情上能按照我自己的意志去做的自由，而不受另一人的反复无常的、事前不知道的和武断的意志的支配"。② 奴役则是受到他人的任意的绝对权力的约束，是征服者与被征服者之间的战争状态的继续。自然的平等是指"每一个人对其天然的自由所享有的平等权利，不受制于其他任何人的意志或权威"。③ 每个人的这种平等权利，并不排除个人因为年龄、德行、才能、出生、关系和利益等方面所享有的不平等地位。父母对未成年的子女享有一种暂时的统治和管辖权，以便承担保护、养育和教育的责任。随着年龄的增长和理性的成熟，成年的子女也会与父母一样享有完全的平等权利，按照自然法进行自由的活动。"法律按其真正的含义而言与其说是限制还不如说是指导一个自由而有智慧的人去追求他的正当利益，它并不在受这法律约束的人们的一般福利范围之外作出规定。"④

为了减少不同的教义分歧所带来的纠纷，洛克接受了霍布斯所提出的自然法，即每个人都有保全自己及子孙后代的生命的权利，武力只能用来对付他人不正当使用的武力。但是，洛克聪明的地方在于，将保全生命的法则进行延伸，不仅直接保全生命，更重要的是要保全维持生命

---

① ［英］洛克：《政府论》下篇，叶启芳、瞿菊农译，北京：商务印书馆2009年版，第39页。
② ［英］洛克：《政府论》下篇，叶启芳、瞿菊农译，北京：商务印书馆2009年版，第15页。
③ ［英］洛克：《政府论》下篇，叶启芳、瞿菊农译，北京：商务印书馆2009年版，第34页。
④ ［英］洛克：《政府论》下篇，叶启芳、瞿菊农译，北京：商务印书馆2009年版，第35页。

的物质资料,从而提出了劳动产权理论。

(二) 劳动的产权理论

在洛克看来,生命的维持需要生活物品的持续供给和财产权的保障。由于生活物品主要来自土地,而土地是人类的公共物品,因此,确定生活物品的财产权的关键在于确定土地的财产权。洛克采取了生命活动的沾染理论,即劳动的产权理论来划分土地。洛克的逻辑是这样的:"每人对他自己的人身享有一种所有权,除他以外任何人都没有这种权利。他的身体所从事的劳动和他的双手所进行的工作,我们可以说,是正当地属于他的。所以只要他使任何东西脱离自然所提供的和那个东西所处的状态,他就已经掺进他的劳动,在这上面参加他自己所有的某些东西,因而使它成为他的财产。"① 采集水果、汲取河水、河中捕鱼、林中猎取动物等采集狩猎活动正是以劳动来划分物品的所有权的原型。但是,洛克进而将劳动沾染共有物品的产权理论转变为一种财产权沾染共有物品的产权理论。"因此我的马所吃的草、我的仆人所割的草皮以及我在同他人共同享有开采权的地方挖掘的矿石,都成为我的财产,无须任何人的让与或同意。"②

洛克不断扩大劳动沾染的东西的范围,最后土地的所有权也按照劳动沾染的方式确定。"一个人能耕耘、播种、改良、栽培多少土地和能用多少土地的产品,这多少土地就是他的财产。这好像是他用他的劳动从公地圈来的那样。……这种开垦任何一块土地而把它据为己有的行为,也并不损及任何旁人的利益,因为还剩有足够的同样好的土地,比尚未取得土地的人所能利用的还要多。"③ 在土地无限多的情况下,随意的土地占有不发生纠纷。"因此,开拓或耕种土地是同占有土地结合在一起的。前者给予后者以产权的根据。……而人类生活的条件既需要劳动和从事劳动的资料,就必然地导致私人占有。"④ 多占用土地或多获取自然

---

① [英]洛克:《政府论》下篇,叶启芳、瞿菊农译,北京:商务印书馆2009年版,第18页。
② [英]洛克:《政府论》下篇,叶启芳、瞿菊农译,北京:商务印书馆2009年版,第19页。
③ [英]洛克:《政府论》下篇,叶启芳、瞿菊农译,北京:商务印书馆2009年版,第20—21页。
④ [英]洛克:《政府论》下篇,叶启芳、瞿菊农译,北京:商务印书馆2009年版,第22页。

的果实而让其腐烂就等于违背了自然法,因侵犯了邻人的应享部分而会受到惩罚。这是凭借占有获取土地和其他财产的所有权的唯一限制。①在洛克看来,私有财产制度是逐渐发展和演化的。每个人利用自己的劳动所有权去对共有土地进行耕作和收获而获得劳动产品的收益权和土地的占有权,在满足自身的需要之后将剩余的劳动产品进行交换以便积累货币财富和扩大土地占有权,然后政府颁布的法律确定了土地占有的合法化,转化为土地所有权。

洛克利用劳动来确立土地的占有权的逻辑是建立在劳动价值论基础之上的。在洛克看来,土地的绝大部分价值来源于劳动的改良作用。"一种是单靠自然供给我们的衣食;另一种是我们的血汗和勤劳为我们准备的物资。任何人只要计算一下后者的价值超过前者的程度,就会见到劳动所造成的占我们在世界上所享受的东西的价值中的绝大部分的情况。"②尽管土地等自然的东西是人所共有的,但是,自然本身提供的价值很小,劳动提供了产品中的绝大部分价值。在每个人是自己劳动的所有者的情况下,每个人的劳动产品就归自己所有,不与他人共享。土地共有和劳动产品私有的制度,随着人口的增加和土地的稀缺,就会面临更多的冲突。于是人与人之间就需要联合起来形成社会,基于社会契约和普遍的同意,确立土地和劳动产品的私有财产权。

(三)社会状态与社会契约

所谓"社会",就是人与人之间建立各种社会关系和联合在一起的共同体。在洛克看来,个人出于"必要、方便和爱好的强烈要求"进入社会生活,主要是基于两点理由。

首先,建立公正的法律和争端解决机制。在自然状态中,每一个人享有自己的财产、生命和自由,都拥有执行自然法的权力。但是,人性的自私,无限扩张的欲望,人口的增长和不严格遵守公道和正义的做法,就造成每一个人容易受到他人的威胁,财产的享有也很不安全。之所以在自然状态下缺少公道和正义,一是因为缺少明确的是非标准和共同同意接受的法律。二是因为缺少众所周知的公正裁判者。每个人充当自己

---

① [英]洛克:《政府论》下篇,叶启芳、瞿菊农译,北京:商务印书馆2009年版,第25页。

② [英]洛克:《政府论》下篇,叶启芳、瞿菊农译,北京:商务印书馆2009年版,第27页。

的法官会带来很多弊病。比如,"自私会使人们偏袒自己和他们的朋友""心地不良、感情用事和报复心理都会使他们过分地惩罚别人,结果只会发生混乱和无秩序"。① 三是缺少执行正确判决的共同权力,结果造成依靠暴力和强力来执行自己的判决。这意味着,自然状态中的自由是一种具有高度不确定的和带有巨大风险的公地悲剧。降低风险和增加确定性的一种办法就是人与人之间联合起来形成社会和政府,受到其共同法律的约束,以放弃天然的自由为代价来保护他们的财产、自由和生命。"正是这种情形使他们甘愿各自放弃他们单独行使的惩罚权力,交由他们中间被指定的人来专门加以行使;而且要按照社会所一致同意的或他们为此目的而授权的代表所一致同意的规定来行使。这就是立法和行政权力的原始权利和这两者之所以产生的缘由,政府和社会本身的起源也在于此。"②

其次,充分利用劳动分工和交换来实现财富的积累。人们之所以要组成社会,是因为每个人单独生产和供应的物品无法满足自己和维持生命的多样化的需要。由于社会契约有助于建立一个劳动分工与交换的体系,因此,每个人都能要利用社会的分工与协作来满足自己的需求。为了不让占有的东西腐烂而丧失自己的权利,一个人就会把多余的易于腐烂或者价值不大的产品用来交换易于保存或价值较大的产品,并可以无限地积累经久耐用的物品。"这些结实耐久的东西,他喜欢积聚多少都可以。超过他的正当财产的范围与否,不在于他占有多少,而在于是否有什么东西在他手里一无用处地毁坏掉。货币的使用就是这样流行起来的——这是一种人们可以保存而不至于损坏的能耐久的东西,他们基于相互同意,用它来交换真正有用但易于败坏的生活必需品。"③ 这样,货币的发明不仅造成了继续积累和扩大财产的机会,而且造成了土地的兼并和贫富分化。"既然金银与衣食车马相比,对于人类生活的用处不大,其价值只是从人们的同意而来,而且大部分还取决于劳动的尺度,这就很明显,人们已经同意对于土地可以有不平均和不相等的占有。他们通过默许和

---

① [英]洛克:《政府论》下篇,叶启芳、瞿菊农译,北京:商务印书馆2009年版,第8页。
② [英]洛克:《政府论》下篇,叶启芳、瞿菊农译,北京:商务印书馆2009年版,第78—79页。
③ [英]洛克:《政府论》下篇,叶启芳、瞿菊农译,北京:商务印书馆2009年版,第30页。

自愿的同意找到一种方法，使一个人完全可以占有其产量超过他个人的消费量更多的土地，那个方法就是把剩余产品去交换可以窖藏而不致损害任何人的金银；这些金属在占有人手中不会损毁或败坏。"①

总之，自然状态的缺陷在于财产占有和交换引起的纠纷和冲突，而私人裁决的成本过大且具有偏向性。相比之下，社会提供了劳动分工和集体裁决纠纷的好处。一个人放弃自然自由的代价是，面临组成社会的不确定性和权力滥用的道德风险问题。因而，社会契约就是解决社会不确定性的一种机制。"任何人放弃其自然自由并受制于公民社会的种种限制的惟一的方法，是同其他人协议联合组成为一个共同体，以谋他们彼此间的舒适、安全和和平的生活，以便安稳地享受他们的财产并且有更大的保障来防止共同体以外任何人的侵犯。"② 这个共同体作为基于每个人同意的原始契约而形成的整体，享有按照多数人的同意和决定而行动的权力，每个人则负有服从大多数人的决定的义务。因此，组成共同体的原始契约需要全体一致同意的原则，共同体采取行动时只需要共同体中的多数人同意的原则。因而，社会的多数人可以决定政府采取适合于本民族的风俗习惯的形式。洛克区分了明白的同意和默认的同意。默认的同意就是事实上的同意，即一个人在占有任何政府的土地或享用任何政府的领地的任何一部分时，就等于在占有期间对服从那个政府的法律表示了同意。但是，一个人默认地同意遵守一个国家的法律，并不能使他成为该社会的成员。只有通过"明文的约定以及正式的承诺和契约"，才能使一个人加入一个国家而成为其公民或臣民。一旦通过明确的同意而加入，"他就永远地和必然地不得不成为、并且始终不可变更地成为它的臣民，永远不能再回到自然状态的自由中去"。③

（四）国家的建立与权力划分

建立社会共同体的目的，就是为了保护人民的和平、安全和公众福利。"真正的和惟一的政治社会是，在这个社会中，每一成员都放弃了这

---

① ［英］洛克：《政府论》下篇，叶启芳、瞿菊农译，北京：商务印书馆2009年版，第31页。
② ［英］洛克：《政府论》下篇，叶启芳、瞿菊农译，北京：商务印书馆2009年版，第59页。
③ ［英］洛克：《政府论》下篇，叶启芳、瞿菊农译，北京：商务印书馆2009年版，第75页。

一自然权利，把所有不排斥他可以向社会所建立的法律请求保护的事项都交由社会处理。于是每一个别成员的一切私人判决都被排除，社会成了仲裁人，用明确不变的法规来公正地和同等地对待一切当事人。"① 为了提高争端裁判的效率和适应社会的劳动分工的需要，社会共同体就会通过委托契约来组建国家，由国家去代理执行社会共同体的职能。"通过那些由社会授权来执行这些法规的人来判断该社会成员之间可能发生的关于任何权利问题的一切争执，并以法律规定的刑罚来处罚任何成员对社会的犯罪；这样就容易辨别谁是和谁不是共同处在一个政治社会中。……由此可见，国家具有权力对社会成员之间所犯的不同的罪行规定其应得的惩罚（这就是制定法律的权力），也有权处罚不属于这个社会的任何人对于这个社会的任何成员所造成的损害（这就是关于战争与和平的权力）；凡此都是为了尽可能地保护这个社会的所有成员的财产。"② 因此，国家的权力来源于社会共同体的授权。按照共同体中享有制定法律的权力的人数多少，国家可以采取民主制、寡头制、世袭君主制和任选君主制。共同体可以将立法权委托给任何数量的人，让其组建政府，并可以随时收回。由于社会共同体的权力来自于每个人在自然状态中放弃的权力，因此，国家的权力不能超过个人放弃的权力，政体就可以根据共同体的授权而不断变迁。"这样，他就授权社会，或者授权给社会的立法机关（这样和授权给社会的性质一样），根据公共福利的要求为他制定法律，而他本人对于这些法律的执行也有（把它们看作自己的判决一样）尽力协助的义务。设置在人世间的裁判者有权裁判一切争端和救济国家的任何成员可能受到的损害，这个裁判者就是立法机关或立法机关所委任的官长，而由于这种裁判者的设置，人们便脱离自然状态，进入一个有国家的状态。"③

洛克将国家的权力划分为立法权、执行权和对外权。立法机关是将国家的成员"联合并团结成为一个协调的有机体"的组织和统一的意志

---

① ［英］洛克：《政府论》下篇，叶启芳、瞿菊农译，北京：商务印书馆2009年版，第53页。
② ［英］洛克：《政府论》下篇，叶启芳、瞿菊农译，北京：商务印书馆2009年版，第53页。
③ ［英］洛克：《政府论》下篇，叶启芳、瞿菊农译，北京：商务印书馆2009年版，第54页。

的表达,因而是"给予国家以形态、生命和统一的灵魂"。① 立法权是神圣的和不可更改的国家的最高权力,旨在保卫每一个人和平和安全地享受他们的财产。但是,这个最高权力是有限制范围的:第一,它不能多于每个人在自然状态中曾享有但放弃的保护自己和其余人类的权力,即保护财产或为人民谋福利的目的。由于自然状态中的一个人不可能拥有对另一个人的生命、财产和自由进行专断的权力,因此,立法机关也不能享有绝对的毁灭、奴役、制造他人贫困的专断权力。"他们的权力,在最大范围内,以社会的公众福利为限。"② 第二,它不能以临时命令进行统治,必须以颁布的有效法律和合格的法官来执行司法和判断臣民的权利。法官的作用在于从意识中发现自然法,防止人们对自然法的随意解释和冲突。自然状态的人们加入社会状态,是为了更好地保护他们的生命、财产和权利,而立法机关的随意专断命令就将社会状态的人们置于自然状态的处境之下,剥夺了人们保护自己的权利。第三,它不能未经同意就通过法律或命令去剥夺任何人的任何财产。保护财产是政府的目的,随意取走任何人的财产等于实际上取消了稳定的财产权。根据这条原则,维持政府正常运转的税收也需得人民的同意才能征收。第四,立法机关的立法权不能转让给其他人。因为人民只受他们委托的立法机关制定的法律的约束,不受任何其他法律的约束。

为了避免立法者的私人利益干扰和保证每个人都受到法律的约束,立法机关只是临时的、定期集会的机构,不是常设机构。只有持续不断地执行法律的机构才需要持续存在,因此立法权和执法权是分离的。同时,一国的每个人与外国的人处于自然状态,涉及战争与和平、联合与联盟和跨国交往的对外权与国内的执行权是紧密相连的。由于对外关系处于自然状态,因而对外权就不能由立法机关事先制定的法律来规范,只能由专职人员采取权宜行事的办法。这样,执行权就必须与对外权分开。

在受托权力中,立法权高于执行权和对外权,但要低于人民全体的委托权,即人民的共同体享有最高的权力来罢免或更换立法机关。"因

---

① [英]洛克:《政府论》下篇,叶启芳、瞿菊农译,北京:商务印书馆2009年版,第135页

② [英]洛克:《政府论》下篇,叶启芳、瞿菊农译,北京:商务印书馆2009年版,第84—85页

此，社会始终保留着一种最高权力，以保护自己不受任何团体，即使是他们的立法者的攻击和谋算。"① 这种最高权力的划分是基于社会与国家分离的结果：政府存在的时候，立法机关享有最高的权力；政府解体的时候，社会共同体享有最高的权力。当立法机关不是常设机构时，执行权在立法机关不存在的期间就享有最高的权力。当立法机关是常设机构时，执行权和对外权要受立法机关的统属和并对其负责，立法机关可以随意调动和更换执行机构的人员。当立法机关不是一个常设机构时，执法机构就享有召集和解散立法机关的权力。当执行机构利用强力阻止立法机关的集会和立法活动时，执行机构实际上是在与人民宣战，人民以反击侵略者的名义来打击执行机构，并恢复立法机关及其权力的行使。

当立法权与执法权分属于不同机构时，执法机构的权力包括：第一，在立法机构未预见到的情形和未立法的期间，执法机构享有利用自然法为社会谋福利的权利；第二，在立法机构不能立法的事情中，执法机构享有为人民谋福利的自由裁量的特权。当立法机构或执法机构剥夺人的生命、财产和自由时，这就违背了政府的目的。人民就有权诉诸上帝，采取革命的行动来夺回自己的自然权利。即使绝对的专制君主，也要受上帝和自然的法律的约束。"许可、诺言和誓言是全能的上帝所受的约束。"② 洛克不否认，专制政府会设置法律和法官来裁决臣民之间的争执和便于臣民的申诉。但是，这种法律不是出于专制君主的爱和慈善，而是为其利益服务。"这不过是每一个爱好他自己的权力、利益或强大的人可能而且一定自然地会做出的行径，使那些只是为他的快乐和好处而劳动的和做苦工的牲畜不要互相伤害或残杀；其所以如此得到照顾，不是由于主人对它们有什么爱心，而是为了爱他自己和它们给他带来的好处。"③ 洛克借此猛烈抨击权力不受约束的专制君主好比豺狼。

暴政就是行使越权的、任何人没有权利行使的权力。"这就是任何人运用他所掌握的权力，不是为了处在这个权力之下的人们谋福利，而是为了获取他自己私人的单独利益。统治者无论有怎样正当的资格，如果

---

① ［英］洛克：《政府论》下篇，叶启芳、瞿菊农译，北京：商务印书馆2009年版，第94页。
② ［英］洛克：《政府论》下篇，叶启芳、瞿菊农译，北京：商务印书馆2009年版，第124页。
③ ［英］洛克：《政府论》下篇，叶启芳、瞿菊农译，北京：商务印书馆2009年版，第56—57页。

不以法律而以他的意志为准则，如果他的命令和行动不以保护他的人民的财产而以满足他自己的野心、私愤、贪欲和任何其他不正当的情欲为目的，那就是暴政。"① 暴君就是不按照法律的授权来为人民谋福利，而是把人民当做工具来满足自己的私欲和服从自己的意志的统治者。在法律救济无效时，人们可以用自己的强力来反抗不义的和非法的暴君及其官员，但不能用强力反对建基于社会契约基础上的合法的政府行动。

（五）政府的解体和反抗权

公民社会的解体只能来自外国人的征服所带来的原有的社会契约的瓦解，政府也因此会解体。在社会共同体存在的情况下，政府解体的方式包括：执行权凌驾于立法权之上，执行权阻止立法机关的定期集会或权力行使，执行机关未经人民同意就变更立法机构的选举的权利和方式，执行权让人民屈从于外国的权力，执法机关让法律无法实施，立法机关和执行机构在行动上违背人民的受托责任，立法机关或执行机构随意侵犯人民的财产或生命。由于叛乱是利用强力反对或破坏宪法和法律的权威，因而立法机关和执法机关违背受托责任，就是对人民犯了叛乱罪、制造了新的战争状态，人民有权在反抗中收回自己的权力并重建立法机关。"人民普遍地遭受压迫和得不到公正待遇时，一有机会就会摆脱紧压在他们头上的沉重负担。"② 洛克认为，当人民随时享有反抗暴政的权利时，暴君滥用权力就会受到限制，真正的和平才能实现，人民的利益才能得到保障。因为统治者的压迫而不是人民的反抗才是社会动荡的根源。"但祸患究竟往往是由于人民的放肆和意欲摆脱合法统治者的权威所致，还是由于统治者的横暴和企图以专断权力加诸人民所致，究竟是压迫还是抗命最先导致混乱，我想让公正的历史去判断。"③

（六）洛克与霍布斯：政治哲学的比较

洛克和霍布斯都是社会契约论的倡导者，都主张按照社会契约论从自然状态中推导出社会状态和国家。社会契约是由人与人之间签订的原

---

① ［英］洛克：《政府论》下篇，叶启芳、瞿菊农译，北京：商务印书馆2009年版，第127页

② ［英］洛克：《政府论》下篇，叶启芳、瞿菊农译，北京：商务印书馆2009年版，第141页

③ ［英］洛克：《政府论》下篇，叶启芳、瞿菊农译，北京：商务印书馆2009年版，第145页

始契约和由人民与统治者之间签订的委托契约构成。原始契约确立社会有机体、主权者、人民主权或者社会的权力，委托契约规定主权者（被统治者）与统治者之间的权利和义务。人民是信托人或委托人，也是无法保障自己利益的受益人；政府是共同的受托人，为了受益人的利益而管理信托的财产，实施机制就是通过社会契约的共同委托。社会契约论具有唯意志论的、合意的、个人主义和理性主义的典型特征：第一，政治权威的合法性取决于人们的自愿服从的意志行为，因而为政治权威提供了一种唯意志论的说明；第二，政治权威的合法性还取决于人们一致同意的行为；第三，政治权威的合法性取决于个人的承认；第四，为了达成一致同意，个人的意志必须是理性的而非任意的。① 按照社会契约论，政治权威起源于人民的集体委托行为，而且唯一的目的就是承担起追求公民集体利益的职责。

霍布斯利用社会契约论对绝对君主制进行辩护的独特之处在于，社会契约只是人民将全部自然权利转让给主权者的契约。统治者因为不属于契约的一方而不受社会契约的约束，人民则要受社会契约的约束而承担服从统治者的绝对义务。统治者不仅获得了人们在自然状态下的一切自然权利，如判断善恶的权利，而且还享有制定市民法或发布任何命令及其强制推行的权利，包括强制推行宗教的权利。人民必须在统治者的统治范围内绝对地服从统治者的法律，不仅不能用自然法来对抗市民法，而且不能对统治者的各种命令进行批评和抵抗。统治者可以随意地处死或剥夺臣民的生命。尽管臣民不能积极地反抗或废黜统治者，但却可以采取消极反抗的措施，如战争中的逃亡、在他国领土上摆脱统治者的管辖等。在统治者的权力管辖不到的地方，臣民就可以恢复其自然权利而不违背社会契约的承诺。这样，霍布斯就在一个社会契约论和信托论的框架内，从人性和自然状态合乎逻辑地推导出国家的起源并将宗教权当作政治权的一个从属部分。

与霍布斯支持统治者对臣民的生命权等自然权利进行任意剥夺的立场不同，洛克主张，每一个人都拥有不可剥夺的生命、财产和自由的自然权利，从而对政治权威进行了限制。对洛克而言，主权者不等于政府，政府的解散或者驱逐国王并不等于社会的解体。洛克采纳了霍布斯的自

---

① ［英］迈克尔·莱斯诺夫等：《社会契约论》，刘训练等译，南京：江苏人民出版社2009年版，第12—13页。

然状态、公民社会和国家的架构，只是认为自然状态是一个"和平、善意、互相帮助和共同生存"的、缺乏"有权威的公共法官"的状态。在这种自然状态下，每一个人都按照自然法生活，有权占有他通过劳动、交换或馈赠而获得任何物品，从而产生了私有财产占有的不平等性。这种财产权的不平等性造成了自然状态的不稳定性并很容易转变为霍布斯的战争状态，因而产生了对公共法官执行自然法的权力的需要，以便裁判并惩罚违反自然法的人。因此，人们进入公民社会，仅仅转让了执行自然法的权力给政治权威，生命、财产和自由的自然权利并没有转让。政治权威获得的权力也是非常有限的，主要享有立法权、经人民同意的征税权；相应的责任是在人民已经拥有的土地合并的范围内执行自然法，保护个人的自然权利和公共利益，提供一种公正解决争端的裁决系统。如果政治权威违背或者滥用了人民委托的权力，那么，人民就会根据不可剥夺的自然权利进行反抗，集体审判并废黜非法的统治者，按照合适的方式重新分配政府的权力。

这样，与霍布斯主张主权者享有完全的自然权利而其他人受到社会契约的约束不同，洛克的社会契约论要求统治者和臣民都要受到社会契约的约束。霍布斯和洛克都主张，统治者不是原始契约的当事人而是受托人。与霍布斯主张统治者不受委托契约的制约不同，洛克主张，统治者要受到委托约束，并对人民这个委托人负责。人们对政治权威的服从，如征税，要取得他本人的同意，包括默认的同意，除非离开政治权威管辖的领土。针对政治权威与父权的类比，洛克认为，父母对子女的合法权力来自于子女对父母的依赖和保护的需要，一旦子女成人，父母的合法权力就终止了，子女成为一个自由而且理性的人，准备同意或不同意接受政治权威。霍布斯则认为，母亲对子女享有天然的权力，父亲的权力来自婚姻契约和子女的同意。

总之，两人从同样的前提出发，最终推导出两种对立的国家形式。霍布斯从每个人的生命受到他人直接的暴力威胁的角度寻找政府的军事行政起源，洛克则从每个人的生命受到他人物品供给短缺而受到慢性死亡的间接威胁的角度寻找政府的立法和司法裁判的起源。霍布斯把自然状态直接同等于战争状态，洛克则通过让霍布斯的战争状态的范围扩大化的方法证明自然状态很容易导致战争状态。对洛克来说，战争状态不仅是一种直接的敌对和生命毁灭的状态，如谋杀、暴力杀戮等，而且是另一个人试图将自己的自由及财产置于他的绝对权力之下而进行奴役的状态，如盗窃或剥夺他人的财产。由于盗贼与我处于战争状态，我可以按照自然法杀死他。每个人享有以暴制暴的权利，除非法律能做出公平的裁决、侵犯者做出完全的损害赔偿并保证无辜者的安全。避免这种战争状态和寻求人间的救济办法，是人类组成社会和脱离自然状态的原因。与霍布斯对宗教采取批判态度不同，洛克则认可在宗教启示基础上建立民主政府。与霍布斯强调权力分析不同，洛克强调理性分析：政府的权力和宪法理性地派生于每一个人的自然权利和理性的社会契约，只有如此的民族才能实现和平与繁荣。洛克的政治哲学就是要消除统治与被统治中的暴力成分，建立理性的统治与被统治关系。自然法于是就成了自然权利基础上的理性产物、一种公民社会的理性法。根据自然权利说，洛克就破除了传统的伦理道德和宗教分歧的影响。与霍布斯不同的是，洛克认为自然权利是绝对的，人民有权推翻那些侵犯自然权利的政府，主权是相对的。为了保障人民的自然权利，洛克强调法治，政府的权力置于由人民选择和定期撤换的立法议会的理性法律之下，限制甚至消除政府的武断法令。洛克尤其强调政府对财产的保护，提出了独具特色的财产学说。自我保存的自然权利推动了占有欲和贪欲的发展。政府的职责就是保护每个人的财产及其财富积累。与霍布斯全力关注政治权力不同，洛克则关注政治权力的基础，即获得和占有最大的财富本身，从而为政治经济学开辟了道路。"洛克的财产学说以及他整个的政治哲学，不仅就《圣经》传统而言，而且就哲学传统而言都是革命性的。通过将重心由自然义务或责任转移到自然权利，个人、自我成为了道德世界的中心和源泉，因为人——不同于人的目的——成为了那一中心和源泉。洛克的财产学说比之霍布斯的政治哲学，是这一根本转变的更加'先进'的表达。按洛克的看法，是人而非自然，是人的劳作而非自然的赐予，才是几乎一切有价值的东西的源泉；人们要把几乎一切有价值的东西归功于他自己的劳动。"① 劳动的创造性成了人的高贵性的标志，人的贪欲也通过劳动得以正当化，对欲望的限制从而在劳动带来的和平与繁荣中得以解放。

---

① ［美］列奥·施特劳斯：《自然权利与历史》，彭刚译，北京：三联书店2003年版，第253页。

## 五、洛克对马克思的影响

洛克对马克思的影响是多方面的。在《神圣家族》的"对法国唯物主义的批判的战斗"一节中,马克思阐述了起源于近代唯物主义演变的历史及洛克对法国唯物主义思想发展的影响。马克思认为,洛克的《人类理解论》是一部"能够把当时的生活实践归结为一个体系并从理论上加以论证的""肯定的、反形而上学的体系"。① 洛克论证了"健全理智的哲学",即"哲学要是不同于健全人的感觉和以这种感觉为依据的理智,是不可能存在的"。② 在《德意志意识形态》中,马克思阐述了霍布斯和洛克的功利主义思想为古典政治经济学奠定了哲学基础,指出依赖于抽象人性观的功利主义"把所有各式各样的人类的相互关系都归结为唯一的功利关系"。③ 对功利主义的批判开启了马克思对政治经济学批判的道路。在《1844年经济学哲学手稿》中,马克思说:"不言而喻,国民经济学把无产者即既无资本又无地租,全靠劳动而且是靠片面的、抽象的劳动为生的人,仅仅当作工人来考察。……国民经济学不考察不劳动时的工人,不把工人作为人来考察,却把这种考察交给刑事司法、医生、宗教、统计表、政治和乞丐管理人去做。"④ 除唯物主义和功利主义的思想之外,下面主要从劳动产权、上帝观念的演化和伦理道德角度分析洛克对马克思思想发展的影响。

(一) 具体的社会道德观

洛克认识到,道德观念都是一些由简单观念组成的复杂观念。所有社会都有评价行为的道德标准。凡是与道德标准或规则相符合的行动,就是善的或有德的行动。凡是低于道德标准的行动,就是恶的或者坏的行动。但是,不同的社会划分德行的标准是不同的,甚至是相互冲突或对立的。"人类底脾胃、教育、风尚、格言和利益,因有种种不同,所以此地所称赞的,在彼处或者不冤于受责难,因此,社会如不同,则德行和坏行或者会易地而处。不过在大体说来,它们大部分到处仍是一律

---

① 《马克思恩格斯全集》第2卷,北京:人民出版社1957年版,第162页。
② 《马克思恩格斯全集》第2卷,北京:人民出版社1957年版,第165页。
③ 《马克思恩格斯全集》第3卷,北京:人民出版社1960年版,第479页。
④ 《马克思恩格斯全集》第3卷,北京:人民出版社2002年版,第232页。

的。"① 在洛克看来，道德只是利益和习俗的产物，不同的利益阶层会有不同的道德观。"人们所以普遍地来赞同德性，不是因为它是天赋的，乃是因为它是有利的——因此，自然的结果就是人们对于各种道德原则，便按照其所料到的（或所希望的）各种幸福，发生了纷歧错杂的各种意见。"② 人们按照社会契约将部分权利转移给国家时，仍保留道德评审的权利。"因为人们在联合成为政治团体以后，虽然自行恬退，把自己底一切力量让公家来处理，而且在法律所许可的范围以外，不准向其同胞来利用自己底暴力，可是他们仍然有能力来称讥、来毁誉与他们相处的那些人们底行动。因此，他们借这种赞赏和不悦，便在人类中建立起所谓德行和坏行来。"③

马克思继承了洛克关于道德是一种社会意识的观念，并探究道德的社会经济根源。不仅不同社会的道德观不同，而且同一社会内部的不同阶级之间的道德观也不相同。马克思说："每一个时代的个人的享乐同阶级关系以及产生这些关系的、这些个人所处的生产条件和交往条件的联系，迄今为止还和人们的现实生活内容脱离的并且和这种内容相矛盾的享乐形式的局限性，任何一种享乐哲学同呈现于它之前的现实的享乐形式的联系，这种不加区别地面向一切个人的哲学的虚伪性，——所有这一切当然都只有在可能对现存制度的生产条件和交往条件进行批判的时候，也就是资产阶级和无产阶级之间的对立产生了共产主义观点和社会主义观点的时候，才能被揭露。这就对任何一种道德，无论是禁欲主义道德或者享乐道德，宣判死刑。"④

(二) 上帝观念的历史演化机制

在《人类理解论》的第一卷第四章中，洛克提出了一个上帝观念的历史演化和扩散过程的理论。在洛克看来，道德和上帝的观念只是青少年教育和习俗的社会产物。"习俗比自然底力量还大，它只要能教人把自己底心理和理解屈从于某种事理，它就往往使人崇拜那种事理为神圣的。"⑤ 因此，自己的虚荣和利益的考虑，在缺乏充足的理性思考的情形

---

① [英] 洛克：《人类理解论》，关文运译，北京：商务印书馆1997年版，第331页。
② [英] 洛克：《人类理解论》，关文运译，北京：商务印书馆1997年版，第29页。
③ [英] 洛克：《人类理解论》，关文运译，北京：商务印书馆1997年版，第330页。
④ 《马克思恩格斯全集》第3卷，北京：人民出版社1960年版，第490页。
⑤ [英] 洛克：《人类理解论》，关文运译，北京：商务印书馆1997年版，第44页。

下,就维系着青少年时期接受的宗教信仰和道德观念,从而把自己崇拜的任何偶像想象为无所不能的上帝,以此达到心灵生活的平静。而且,上帝的观念是在社会中逐渐形成,并借助于语言的想象得以实现的。有些原始民族就没有上帝的观念,有些民族则有上帝的观念。"因为人们原来虽然没有这些观念,可是他们既然有本国底文字、言语,一定免不了得到那些事物底观念,因为同他们来往的人们一定会以为这些事物底名称一再向他们提说。而且假如有一个观念带有'至善'、'伟大'和'奇特'种种意味,而且那个观念又能引起人底忧虑和恐怖,而且人们对于绝对不可抗的权力所有的恐怖又把这个观念明印在心中,则那个观念一定又会进得深一些,展得广一些。这个观念如果是与公共的理性光亮相契合,而且可以由我们的知识中任何部分演绎出来,如'上帝'观念之类,则更是这种情形。"① 具体地说,上帝的观念,是由无限性、存在观念、能力观念、知识观念等集合而形成的复杂观念。"而我们所以能得到这个观念,只是因为自己无限地扩大了由反省自己心理作用所得到的那些观念,或借感官由外面所得来的那些观念。"② 因此,上帝观念与其他复杂观念的构成方式没有不同,只是组合的简单观念不同罢了。在这里,洛克将上帝等各种虚构的观念的社会形成和扩散过程描述得很清楚。当然,提出上帝名称的这些人,不仅有自己的利益包含其中,而且充分利用了自己的理性来探究事物的原因和人心的自然倾向。"在世界上任何一部分,上帝底名称只要一提出来,以表示一种崇高的、聪明的和无敌的存在,则它必然会传得很广很远,继续到万古千秋。因为那个意念是同公共理性底原则相契合的,而且人们常常提说这个名词亦是于自己有利益的。"③ 不同的地区和方言中有很多不同的上帝观念,就是因为当地的风俗和创立者提出的上帝观念不同。这种特定上帝观念的构建、接受和扩散的区域化过程,也是比较符合历史事实的。但是,洛克忽视了权力因素在宗教观念普遍化过程中的作用。

与洛克描述的上帝观念的社会化过程相似,马克思在《神圣家族》第八章中阐述了宗教观念的社会化过程。马克思指出,宗教异化与政治异化是密不可分地植根于社会的教育环境中的。当一个善良的人将社会

---

① [英]洛克:《人类理解论》,关文运译,北京:商务印书馆1997年版,第51页。
② [英]洛克:《人类理解论》,关文运译,北京:商务印书馆1997年版,第288页。
③ [英]洛克:《人类理解论》,关文运译,北京:商务印书馆1997年版,第52页。

中遭遇的不幸或灾难直接地和持续地当做罪孽深重的表现时，原罪的意识就会滋生。在社会交流中，宗教信徒不断谴责善良之人的罪孽，借助于暴力和恐怖要求他不断地为自己赎罪和刺激他对虚幻天堂的渴望。同时，宗教信徒将社会中的任何人的善意或宽恕都解释为上帝的仁慈，将个人的宗教依赖感解释为崇高的情感，将个人的自我折磨看成美德，将个人的自信与坚强当作原罪的表现。在这种宗教教育环境中，一个全知全能而又仁慈的上帝形象与人类犯有原罪的意识就在善良人的心中不断生长和发育。结果，善良的人就沦为宗教的牺牲品，在牺牲自己的生命、自由和财富的过程中成为一名虔诚的宗教信徒。

（三）马克思对劳动产权理论的批判

洛克在自我的人格所有权和劳动原则的基础上提出的劳动产权理论，不仅为私有制以及保护私有财产的国家职能进行了合法性的论证，而且奠定了古典政治经济学发展的基础。① 在洛克看来，人格的所有权是不可掠夺的。但是，持有自身人格的所有者可以自由地将自身人格的所有权让渡给他人。这就意味着，自我所有权的产物即劳动产品及其价值也可以由他人支配。根据这样的逻辑，洛克不仅暗示了雇佣劳动的合法性，也证明了财富积累的正当性和贫富分化的自然性。② 由于受到历史法学派的影响，马克思认为，洛克把财产权理解为人与物之间的占有关系，掩盖甚至否定了财产权体现的人与人之间的社会关系的本质。这是因为洛克混淆了私人劳动与社会劳动、自由劳动和强迫劳动、以直接劳动为基础的私有制与以剥削他人的劳动为基础的私有制的结果。尤其是，劳动者按照契约让渡劳动力商品的"同意"行为是一种劳动者与生产资料分离的强制条件下的被迫行为，而非劳动者的自由选择的行为。对此，马克思区分了在资本主义生产方式下的商品所有权规律和无偿占有规律。"第一条是劳动和所有权的同一性；第二条是劳动表现为被否定的所有权，或者说，所有权表现为对他人劳动的异己性的否定。"③ 剩余价值的根源就表现在商品所有权规律向资本主义无偿占有规律的转化过程中。马克思说："如果我们把洛克关于劳动的一般观点同他关于利息和地租的

---

① 张梧：《马克思对洛克财产权理论的透视与批判》，载《哲学研究》，2020 年第 5 期。
② 黑格尔在将劳动界定为自由意志的对象化的基础上，提出了自由意志的产权理论。与洛克一样，黑格尔将财产权当作人格权的延伸，主张财富的自由积累。
③ 《马克思恩格斯全集》第 30 卷，北京：人民出版社 1995 年版，第 463 页。

起源的观点……对照一下，那末，剩余价值无非是土地和资本这些劳动条件使它们的所有者能够去占有的别人劳动，剩余劳动。"① 在推翻资本主义制度之后，马克思主张重建自由劳动的个人所有制。总之，洛克的劳动产权理论不仅推动马克思对私有制的本质进行批判性的思考，在《1844年经济学哲学手稿》中得出了劳动异化论的结论，而且为马克思进行政治经济学批判提供了必要的准备。马克思在《资本论》中说："洛克哲学成了以后整个英国政治经济学的一切观念的基础，所以他的观点就更加重要。"②

（四）形而上学批判的影响

马克思在对思辨哲学的批判过程中，直接继承了洛克关于文字假象特别是抽象观念的批判。在《神圣家族》的"对法国唯物主义的批判的战斗"一节中，马克思认识到，德国思辨哲学复兴了17世纪的形而上学。因此，洛克对形而上学的批判方法就适用于马克思对黑格尔的思辨哲学的批判。

（五）人的能动性

尽管人心通过感觉和反省接受简单观念时是完全被动的，但是，洛克认为，人心的主观能动性表现在"能施用自己底力量，利用简单观念为材料、为基础，以构成其他观念"，如将多个简单观念合成一个复杂观念，将多个观念并列观察形成一个关系观念，以及将多个观念进行区分和抽象而形成一个概括的观念，从而构造成一个思维的世界。这里，洛克将物质世界的劳动与心灵世界的劳动进行了类比。"这就分明表示出，人类的能力同其作用方式，在物质世界方面同理性世界方面，都是一样的。因为在两种世界方面，所有的物质，人都没有能力来支配，亦不能造作，亦不能毁灭；人所能为力的，只是把它们加以连合，或加以并列，或完全分开。"③ 这意味着，物质生产和思维生产都是材料和劳动的结合。在《1844年经济学哲学手稿》中将黑格尔的主要贡献归结为阐述了精神生产的运动形态时，马克思就能够根据这种类比，将黑格尔的绝对精神的运动过程作为参考，转移到研究物质生产的运动形态中去。

---

① 《马克思恩格斯全集》第26卷第1册，北京：人民出版社1972年版，第390页。
② 《马克思恩格斯全集》第26卷第1册，北京：人民出版社1972年版，第393页。
③ [英]洛克：《人类理解论》，关文运译，北京：商务印书馆1997年版，第130页。

总之，洛克对马克思的影响，既有继承的成分，也有批判的成分。马克思继承了洛克对形而上学的批判方法、宗教观念的社会化的观念以及物质生产劳动与精神生产劳动的类似性的观念，但批判了洛克的社会契约论、劳动产权理论、功利主义观念。当然，马克思的历史唯物主义思想完全超越了洛克的机械唯物主义思想。

## 第四节　休谟与马克思

大卫·休谟（1711—1776年）是英国著名的哲学家、历史学家、政治经济学家和政治思想家，苏格兰启蒙运动的代表性人物之一。休谟在宇宙、人类社会、因果律、私有制和国家的起源上都持有历史演化的思想，在人性论中关注人的社会性，强调情感和实践领域的主体能动性，但却坚持人性的不变论和世界的不可知论，批判社会契约论、形而上学和宗教。本节主要阐述休谟的观念论、道德情感论、正义论、政治经济学和社会历史思想，及其对马克思的影响。

### 一、休谟的观念论

休谟的观念论是建立在洛克的经验论和牛顿哲学的研究方法的基础之上的。袁建新（2009）的研究表明，休谟的心理原子论受到牛顿的微粒说、颜色理论和光学理论的影响。《人性论》的副标题"在精神科学中采用实验推理方法的一个尝试"，就是将牛顿力学的惯性定律采用思想实验的方式推广到精神领域的经验习惯。习惯就是牛顿物理学的惯性。每一个过去的经验都被认为是一种外物对心灵施加力量的机会，因此，经验的重复就会在概率不断增加中形成习惯的力量。万有引力定律在心理上的应用就是因果律：两个对象之间联系的力量或信念，与其距离成反比，同两个对象重复出现的次数成正比。通过引入不确定性对因果观念的解构，休谟得出了物质世界不可知的结论。

（一）观念论的基本假设

休谟在《人性论》中得出世界不可知的观念论，是建立在一系列假设基础之上的。这些基本假设可以归纳为：

第一，我们只知道知觉，只对知觉有一个清楚明晰的观念。"我们所确实知道的唯一存在物就是知觉，由于这些知觉借着意识直接呈现于我们，所以它们获得了我们最强烈的同意，并且是我们一切结论的原始基础。"① 这里的"我们"就是意识或精神性存在，而不是物质性存在。这个假设就将观念论建立在唯心主义的基础之上，脱离了洛克的唯物论基础。

第二，知觉或心灵的能力是有限的。知觉的有限性表现出多种形式。首先，感官产生知觉的生理机制具有不可理解性。"至于由感官所发生的那些印象，据我看来，它们的最终原因是人类理性所完全不能解释的。我们永远不可能确实地断定，那些印象还是直接由对象发生的，还是被心灵的创造能力所产生的，还是由我们的造物主那里得来的。"② 其次，事物之间的联系无法知觉。"理性永远不能把一个对象和另一个对象的联系指示给我们，即使理性得到了过去一切例子中对象的恒常结合的经验和观察的协助。因此，当心灵由一个对象的观念或印象推到另一个对象的观念或信念的时候，它并不是被理性所决定的，而是被联结这些对象的观念并在想像中加以结合的某些原则所决定的。"③ 再次，睡觉、精力分散等因素造成知觉发生的间断性。这意味着意识无法形成外在事物的一个连续印象，只有借助于外物持续存在的虚构或想象来填充，获得外物同一性或恒定性的印象。另外，人的记忆力是有限性的。记忆力的有限性和想象力的丰富性造成抽象观念的泛滥，以减轻大脑的能量消耗。"观念就其本性来说既然只是特殊的，同时它们的数目又是有限的，所以观念只是由于习惯才在其表象作用上成为一般的、并且包括了无数其他的观念。"④ 知觉的各种有限认识能力结合在一起，不仅使我们无法知觉到外物的独立存在及其相互联系，而且让我们无法知觉到事物构成的整体。

第三，知觉的有限可分性。休谟秉持心理原子论的观念，即所有观念都是由最简单的印象即印象原子直接或间接构成的。"我们在想像中所形成的某些观念和呈现于感官的某些印象可以达到最小的限度，没有东西能够比它们更小，因为有些观念和印象是完全简单而不可分的……最

---

① ［英］休谟：《人性论》上册，关文运译，北京：商务印书馆1997年版，第239页。
② ［英］休谟：《人性论》上册，关文运译，北京：商务印书馆1997年版，第101页。
③ ［英］休谟：《人性论》上册，关文运译，北京：商务印书馆1997年版，第110页。
④ ［英］休谟：《人性论》上册，关文运译，北京：商务印书馆1997年版，第37页。

小的原子。"① 按照这种原子论的机械假设,我们只能知觉到部分,不能知觉到整体。

第四,物体及其结构是处于高度不确定性的运动和变化之中的。这种运动和变化的假设造成物体的同一性在时间序列中的不可能性。实体和有机体的概念也就不成立。心灵只是相互关联并分离的知觉的集合体,物体观念则是在心灵中各种可感知观念借助于想象而形成的集合体。

第五,个体的知觉是存在的唯一决定性的标准。"心中除知觉以外既然再也没有其他东西存在,而且一切观念又都是由心中先前存在的某种东西得来的;因此,我们根本不可能想像或形成与观念和印象有种类差别的任何事物的观念。"② 凡不能由个体知觉的东西就不存在,心灵的本质与物体的本质一样都是不可认识的。只有借助实验才能判断心灵的能力和性质,并形成概念。一旦通过经验原则确定了理性的最后界限和最可能达到的普遍原理,那么,我们就把那些超出理性界限的猜测与假设(形而上学)当作虚妄的错误,从而将科学建立在坚实的经验事实和理性之上。无意识、上帝、灵魂、自我等都是不可知的。这个假设就忽视了社会、工具和实践在判断存在中的作用。

(二) 观念论的建构

根据这些基本假设,休谟就在《人性论》中阐述了他的复合观念论。按照外物对意识刺激的强烈程度的不同,知觉分为印象与观念。印象分为感觉印象和反省印象两种。外物刺激感官得到感觉印象,感觉印象在心中的复本就是观念。反省印象就是观念在心中通过反省产生的欲望、厌恶、希望和恐惧的新印象,并在记忆和想象中复现为观念。观念分为记忆观念和想象观念。记忆观念保持了印象的活泼程度,而想象观念失去了印象的活泼性,不受原始印象的秩序和形式的束缚。与记忆努力保持简单观念的秩序和位置不同,想象可以自由地移置和改变它的观念。

知觉有简单与复合的区别。复合的知觉由简单的知觉构成,复合的印象由简单的印象构成,复合的观念由简单的和其他复合的观念构成。"每个简单观念都有和它类似的简单印象,每个简单印象都有一个和它相

---

① [英]休谟:《人性论》上册,关文运译,北京:商务印书馆1997年版,第41页。
② [英]休谟:《人性论》上册,关文运译,北京:商务印书馆1997年版,第83—84页。

应的观念。"① 尽管印象是观念的原因,但是,只有简单印象与简单观念存在精确的对应关系。复合观念的来源比较多,或者通过记忆来自复合的印象,或者通过想象对简单观念和其他复合观念进行组合。"心灵的全部创造力只不过是将感官和经验提供我们的材料加以联系、调换、扩大或缩小的能力而已。……简言之,所有思想的材料,或者是来自我们的外部感觉,或者是来自我们的内部感觉。心灵和意志只是将这些原料加以混合和组合而已。"② 观念可以按照乘数的方式,在想象力的作用下,不断滋生和联结,形成原始观念、次生观念等层级结构。想象力对观念的联结主要采取对象之间的相似性、时空接近性或者因果性的方式,而因果关系的联结机制的作用力最强。复合观念分为关系、样态和实体的观念。实体观念和样态观念都是通过非感觉印象得来的简单观念的虚构集合体,根本不存在精神实体、物质实体、人格同一性这些东西。只有关系构成的观念才具有真实的可能性。

关系就是两个对象联系起来的性质,如类似关系、同一关系、时空关系、数量关系、差别关系、相反关系和因果关系。这些观念关系可以归纳为仅涉及观念间的关系,如类似关系、相反关系、性质的程度和数量关系,与包含事物间的观念关系,如时空关系、同一关系和因果关系。观念间的关系在观念与印象之间存在直接记忆的对应关系,可以通过直观进行比较,不需要推理就形成客观确实性的知识。包含事物间的观念关系无法从感觉印象或直观的比较中得到确实性的知识,只能通过推理形成盖然性知识。在休谟看来,因果关系成立的条件包括:第一,原因或结果的对象在时空中是接近的,即原因或结果存在接近关系;第二,原因在时间上先于结果,即原因和结果是非同时性的持续关系;第三,原因和结果之间存在经验上的恒常结合的相关关系。③

休谟证明,每一个存在的事物必有其原因不是来自逻辑推理或直观,而是来自观察和经验形成的想象上的习惯或信念。信念是一种强有力的、高度活泼的观念或者一种习惯上的感觉。通过想象的作用将简单观念提升到印象的活泼程度,信念成为一种与当前活动或印象密切联系的活泼观念,并对当前的观念附加一种强烈和活泼的程度,从而改变我们想象

---

① [英]休谟:《人性论》上册,关文运译,北京:商务印书馆1997年版,第15页。
② [英]休谟:《人类理智研究》,吕大吉译,北京:商务印书馆2009年版,第13页。
③ [英]休谟:《人性论》上册,关文运译,北京:商务印书馆1997年版,第93页。

任何对象或活动的方式。信念的活泼性的来源是多样化的。机会的偶然性、情感的异常性、否定性的言语、教育、想象、推理和证明环节的数量，对象的类似性、近邻性或因果关联性等，都能激发我们对一个对象的观念的活泼性。随着这些因素重复刺激感官的次数增多，信念变得越来越坚强，但信念增强的幅度在持续下降。外物对感官刺激的强烈影响也随着印象向观念转移的时间变长和阻力的增加而不断降低。"一个生动的印象比一个微弱的印象产生较大的信念，因为它有较为原始的力量可以传给相关的观念，这个观念因此就获得了较大的强力和活泼性。一次新近的观察也有相似的作用；因为习惯和转移过程在那里较为完整，并且在传达过程中较好地保存了原始的力量。"①

由于信念或习惯的强大力量，因果律就不是一个逻辑定律或客观事实定律，而是一个经验习惯的联想律。从过去的经验归纳出来的前后相继关系并不意味着未来也会发生同样经验上的相继关系。因此，在想象力和习惯的作用下，因果律蕴含着不确定性或者盖然性的关系，全部关于事物的知识也就可以归结为一个概然判断。"我们既然在每一个概然推断中，除了那个研究对象所固有的原始不确定性以外，已经发现了由判断官能的弱点发生的一种新的不确定性，并且已经把这两者一起调整，现在我们就被我们的理性所强迫，再加上一种新的怀疑，这种怀疑的发生是由于我们在评价我们官能的真实可靠性时所可能有的错误。"② 这就是说，我们在根据假设对事物间的关系进行演绎推理时，包含了多种容易导致错误的不确定性，如运动事物自身的不确定性、经验知识的内在不确定性、认识扭曲带来的不确定性、③ 信念的不确定性以及推理环节增多带来的不确定性。④ 各种各样的不确定性就会造成对象与印象之间、印象与观念之间、观念与语词之间不存在必然的因果关系。由于归纳以因果律为基础，归纳的各个环节之间的联系也中断了。具有盖然性的恒常联系通过语词的习惯性使用在想象中被归结为必然的因果律。对人类而言，现实中不存在适用于所有时间和空间的必然律或绝对真理，只存在适用于一定时间和空间的概然律或相对真理。人类应该满足于对事物

---

① [英]休谟：《人性论》上册，关文运译，北京：商务印书馆1997年版，第166页。
② [英]休谟：《人性论》上册，关文运译，北京：商务印书馆1997年版，第208页。
③ 理性受到想象、情感和利益的干扰。
④ 随着推理步骤的增多，知识的可靠程度急剧下降，或者错误会急剧增加。

间的关系获得的具有相对真理性质的经验定律。根据过去的经验定律不能推断未来发生的所有情况的结论，也意味着事物在时间上存在某些拐点或转折点的不确定性，或者在空间上存在结构改变的不确定性，从而造成需要持续不断地研究经验和修正经验。

（三）观念论的蕴含

在休谟看来，观念间的关系和事物间的关系在确定性的确认方面存在质的区别。观念之间的推理是建立在同一律基础上的，而事实之间的推理是建立在类比基础上的。"我们关于事实的一切推理，都是建基于一种类比之上，正是这种类比引导我们从一种原因而期待所观察到的由相似的原因产生的相同的事件。只要这些原因是完全相似的，这种类比就是完善的，由此而作出的推论也被看成是确定的、断然无疑的。……但是如果对象不具有如此严格的相似性，类比的完善性就较少，推论也就不那么断然无疑；虽然，它仍然具有与其相似性和类似性成比例的某种力量。"① 因此，观念之间关系的证明推理是确定的，而事实之间的或然推理则因为事物的不断变化而带有不确定性。"因为自然过程可以变化，而且一件事物即使和我们经验过的事物表面上相似，但也可能产生出不同的或相反的结果，这些都是并不包含矛盾的事。"② 这意味着，根据过去的经验推测未来，就包含着高度的不确定性。"事实上，一切来源于经验的论证都建立于我们在自然中所发现的那种相似性上面。由于相似性，我们被引诱出期望将要产生的结果会与我们已曾看到的由同样事物所产生的结果相似。"③ 人们没有想到的是，相似性本身包含着大量的差别性和高度的不确定性。随着时间的延长和空间距离的增大，过去相似性的事物会变成差别性极大和不确定的事物，更不用说事物本身的不断变化。休谟认为，因果观念或相似的原因产生相似的结果的信念之所以出现，只是由于长期习惯或生活经验重复的想象产物，并不是理性的推理或理解发现的。习惯就是大样本的重复性事件，因而会产生较大概率的、或然性的、倾向性的结果。某一原因产生的结果的事件出现的概率越大或次数越多，那么，人们对该事件的再次出现就拥有更强的信念。当原因与结果之间的联系在大量重复性事件中都恒常地出现时，这种因果联系

---

① ［英］休谟：《人类理智研究》，吕大吉译，北京：商务印书馆2009年版，第96页。
② ［英］休谟：《人类理智研究》，吕大吉译，北京：商务印书馆2009年版，第28页。
③ ［英］休谟：《人类理智研究》，吕大吉译，北京：商务印书馆2009年版，第29页。

就呈现出高度确定的规律性。这些具有高度规律性的因果联系一般出现在时空比较接近的简单环境中。相反，在一些复杂系统中，因果联系就具有高度的不确定性或不规则性。"在我们的一切推论中，我们为习惯所决定，从过去移到未来，在过去发生的事件完全有规律，完全齐一的场合，我们就会以最大的把握来期待这种事件的发生，并且不给任何相反的假设留下容身之地。但是，在发现不同的结果随着表面上十分相似的原因产生的场合，当我们将过去移到未来时，这些不同的结果必定要显现在我们心中。当我们测定事件的或然性时，也一定要考虑到这些不同的结果。"① 如果自然界的事物处于完全的不确定性之中，每个个体之间没有任何相似性，事物之间的联系无法确知，那么，人类就不会产生必然观念或联系观念，所有的理性推理宣告结束。只有在事物之间存在恒常联系或齐一性时，借助于经验和习惯才能形成必然观念和联系观念。

数学和逻辑主要研究观念之间的关系，可以完全凭借理性的证明和确定性的推理形成逻辑真理。但是，对于现实事物之间的观念关系，只能借助或然性推理来发现其真理性，而其真理性取决于感觉经验的多少和事物的不确定性程度。"因为经验借助于我们从勤勉的观察中所得知的互相反对的事件，通常预先就把它们的不确定性告诉了我们，一切后果并不以相同的确定性跟随其假定的原因而来。……所以，在我们关于事实的推理中，存在着一切可以想象的各种程度的确信，包括从最高度的确定性到最低的或然性的证据。"② 人们的感觉经验越多，事物的确定性程度越大，则现实之间的观念关系就越确定，越容易形成普遍的规律。人们的感觉经验越少，事物的不确定性程度越大，则现实之间的观念关系越不确定，越不容易形成普遍的规律。这意味着，人类所认识的自然规律不是完全绝对的客观规律，而是受到人的经验习惯制约的主观规律，即以极大的概率在一定的经验范围内呈现出确定性质的必然性规律。这种主观规律的普遍性和客观性程度取决于运动事物的确定性和人类经验的广泛性。自然或社会的历史进程改变的速度越慢，经验定律越能起作用；改变速度越快，经验定律的作用就越小，主观能动性的作用就越大。

由于人性的不变性和动机与行为之间的齐一性，人性科学可以形成

---

① ［英］休谟：《人类理智研究》，吕大吉译，北京：商务印书馆2009年版，第50—51页。

② ［英］休谟：《人类理智研究》，吕大吉译，北京：商务印书馆2009年版，第102页。

比较普遍的规律。因为存在不变的人性，一个时代的历史就可以用另一个民族的相似历史来说明。"人性在原则和作用方面是始终不变的。同样的动机总是产生同样的行为；同样的事件总是伴随着同样的原因而来。……人类在一切时代和一切地方都是非常相同的，历史在这个特殊的方面并没有告诉我们什么新奇的东西。历史的主要用处只在于通过指出人们在各种各样环境和情况下怎样活动，以求发现人性的恒常、普遍的原则，并且给我们提供材料，从而进行观察，使我们认识人类行为和举止的合乎规律的动机。"① 但是，由于自然事物的多样性和变化性，人们对自然事物的感觉经验随着距离的增加而减少，因而，自然哲学或科学只能形成适用范围比较狭窄的、表象性的规律。对于隐藏在自然事物可感性质之后的神秘力量，是不可知的。精神领域、精神与物体的相互作用、宇宙的起源等都是超出人类理性认知范围的领域。之所以如此，是因为因果观念起源于感觉经验的重复性或习惯，人们的经验只能感知事物的表象而不能感知事物的本质、神秘力量或者联系因果之间的能力。自然地，数学和逻辑学具有普遍的逻辑真理性，人性科学的确定性和真理成分高于自然哲学，形而上学和宗教神学完全不具有现实的真理性。

（四）基于观念论的宗教批判

休谟的观念论认为，知觉由印象和观念构成，外物刺激感官形成印象，印象在记忆和想象的作用下形成观念。想象的东西可能包含非存在物的观念。外界对象只是借着知觉才能被认识，外界对象之间的关系被想象任意组合。对感官不产生刺激的东西，如真空、实体、上帝，都是不存在的。这些观念只是一种想象的复合观念，是对持续不断的运动变化之物渴望保持同一性的虚构。休谟解释了人类虚构上帝、实体、真空、偶性、奥秘性质等观念的心理根源。"因为我们在屡次使用真正有意义而可以理解的名词以后，既然通常是略去我们用这些名词所要表示的观念，而只保留我们可借以任意唤起那个观念来的习惯；所以自然而然地就发生了下面这件事，就是：在经常使用完全无意义而不可理解的名词以后，我们也就想像这些名词和前一类名词处于同等地位，并具有一种我们可以借反省发现出来的秘密意思。这些名词的外表上的类似，也和通常一样，欺骗了心灵，使我们想像两者之间有一种彻底的类似关系和

---

① [英] 休谟：《人类理智研究》，吕大吉译，北京：商务印书馆2009年版，第75页。

一致关系。"① 上帝的观念就是人们借助自己的想象力对自己善良和智慧的品质进行无限扩大的虚构产物或者抽象。

如果信念和虚构都依赖于想象，都是在经验基础上对各种观念的随意组合和分离，那么，两者的差别是什么呢？信念是一种对观念持有强烈的、生动的、稳定的感情，而虚构则不对观念附加某种感情。"无论什么时候，任何事物只要呈现于记忆或感觉之前，它就会凭着习惯的力量，立即促使想象力去设想那个经常与它相结合的事物。这种构想伴随着一种感情或情绪，与放荡不羁的幻想截然不同。信念的全部本性即在于此。"② 因此，宗教是建立在人们的日常恐怖的经验基础之上来获得奖惩权威的组织或制度。宗教信仰就是一种利用了人们的恐惧和崇拜心理的虚构，借助于各种礼仪和礼拜的重复性力量而变成为一种社会的信念。如果说记忆保持事物或观念的秩序或结构，想象改变了事物或观念的秩序或结构，那么，信念改变了人心构想事物或观念的方式和感觉。由于信念在建构事物或观念的联系中的中介作用，所以，不同的信念就会根据相似性、接近性和因果性的联系建构起不同的观念体系或者事物的认知逻辑，支配人们不同的行动。是习惯性的经验的力量，而不是理性，在人类生活中占据支配地位。

除阐明宗教产生的认识根源和心理根源之外，休谟还借助于证据的力量对宗教神迹展开了批判。在休谟看来，圣经的权威或上帝的全知全能是建立在使徒目击奇迹的经验证据之上的。神迹或奇迹就是在神的意志的干预下对自然规律的一种破坏。除了使徒对奇迹的目击描述，没有任何证据证明上帝的存在。由于缺少直接的感觉经验证据，信徒从使徒的书信或言辞中获得上帝存在或权威的证据力量会进一步减弱。因此，基督教真理的证据比自然真理的证据要少，力量要弱。基督教真理包含较少的、较弱的、与使徒以外的所有人的感官证据相矛盾的证据，并不能消灭自然真理的较多和较强的经验证据。更重要的是，使徒提供的证据的可信度依赖于证据是否相互矛盾，目击者的品德和数目，以及提出证据的方式等因素。"当见证人互相矛盾的时候；当见证人人数极少或品德可疑的时候；当他们确认的东西与其私利有关的时候；当他们提出证

---

① ［英］休谟：《人性论》上册，关文运译，北京：商务印书馆1997年版，第251—252页。

② ［英］休谟：《人类理智研究》，吕大吉译，北京：商务印书馆2009年版，第42页。

据或者犹豫不决,或者相反而过于专横武断的时候,我们对他们所说的有关事实,就持一种怀疑态度。此外,还有许多其他的同类事例,也可以削弱或抵消由人类提出的各种论证的力量。"① 考虑到这些影响奇迹的证据的不利因素以及宗教奇迹的相互矛盾性,与人类众多的经验和观察建立起来的自然规律相比,使徒提供的奇迹就是完全与普通人的经验背道而驰的虚构证据或者骗局。"因此,每一种神怪的事件必定是和一种齐一的经验相反对的,否则这种神怪事件就不配称那个名称。……它的虚妄比之于它所要努力证实的事实更为神奇。"②

人们之所以选择相信奇迹或怪异之事,是因为人们有天生的好奇心和丰富的想象力,希望从不常见的事物中获得快乐与满足。"但是倘若宗教精神和对奇异的爱好结合无间,常识便无地自容了。在这些情况下,人类的证据便全部丧失了它所自负的权威。一个宗教家可以是一个狂言者,并能够想象出他看到了实际上并不存在的东西。他也许知道他的叙述是虚妄的,然而他为了振兴如此神圣的事业,便怀着世界上最良善的意图,固执其虚妄的叙述。即使他没有这种妄想,但为如此强烈的一种诱惑所激起的虚荣心,对于他的影响,也比处于任何其他情况下的其余人类的影响更为有力;而且自私自利之心也有同样强烈的影响。"③ 这样,宗教家的虚荣心、自利之心和群体利益的考虑,就为奇迹的构造或欺骗打开了方便之门。群众那强烈的好奇心、丰富的想象力和匮乏的判断力就为奇迹的泛滥提供了广阔的空间。当奇迹的宣扬与统治利益相结合时,奇迹的幻想充斥于整个社会,理性和反省的声音就被压制。"人们看到,所有超自然的和神怪的传闻,主要地是充斥于野蛮无知的民族之中,这一点构成了反对神迹的有力的理由;或者,如果一个文明的民族也相信了某些传闻,人们发现它们是从其野蛮无知的祖先那里接受过来的,他们的祖先是以其接受信仰时总是伴有的那种不可触犯的敬意和权威,把这些传闻传给了他们。"④《圣经》也是一部由此构成的充满怪诞奇迹的虚妄之书。因此,宗教的神迹是以愚昧和无知作为基础进行欺骗

---

① [英]休谟:《人类理智研究》,吕大吉译,北京:商务印书馆2009年版,第104页。
② [英]休谟:《人类理智研究》,吕大吉译,北京:商务印书馆2009年版,第106页。
③ [英]休谟:《人类理智研究》,吕大吉译,北京:商务印书馆2009年版,第109页。
④ [英]休谟:《人类理智研究》,吕大吉译,北京:商务印书馆2009年版,第110—111页。

的伎俩，根本就没有任何现实的经验证据。"任何人类的证据都不能具有证明一桩神迹的力量，并使它成为任何一种宗教体系的正当基础。"① 没有了神迹的支持，宗教剩下的只能是伦理和道德的教诲。

休谟为伊壁鸠鲁派否认神灵、天命和来世的观点进行辩护，并反对利用宇宙设计论来证明上帝存在的企图。根据原因与结果成比例的规则，从自然秩序的结果最多能推导出宇宙是由一个具有无限能力的智慧者设计的，而不能推导出宇宙的设计者具有任何公正、仁慈和爱心这些想象的品德。而且，从人类的产品设计本身并不能根据类比推理得出宇宙有一个智慧的设计者。因为我们对人类的产品设计和生产具有无数的经验和观察的证据，但对于自然秩序这个产品，我们没有上帝创造的任何经验证据。因此，对于宇宙设计论，我们既不能从自然本身推导出一个有智慧的设计者，更不能从自然本身没有的公正、仁慈和爱心等属性和品德来推导出上帝是一个公正仁慈的创造者。"在这个题目方面，我们之所以犯错误、之所以沉迷于那种无限度的纵情猜想，其最大的原因就在于我们默然地把自己放在最高神灵的地位，并且断言，他将在任何情形下也和我们处在他的地位时一样，遵守我们认为是合理可行的行为准则。"② 在这样做的时候，人就是按照自己的形象、意图、计划、智慧和品德来设计上帝的。因此，上帝在本质上就是人的异化。

## 二、休谟的道德情感论与正义论

在休谟看来，人是有理性的、情感的和行动的社会性动物，人与外在对象的关系是多方面的，如认识关系、情感关系和行动关系。休谟反对理性主义哲学家们将理性、情感与行动割裂开来的做法，认为理性单独不能成为任何意志活动的动机，认识也会伴随着情感和行动的变化而变化。"理性是并且也应该是情感的奴隶，除了服务和服从情感之外，再不能有任何其他的职务。"③ 理性影响行为是通过情感发生作用的，如在情感的激发下确认某种对象或者对象之间的因果联系。"我们的绝大部分推理，连同我们全部的行动和情感，竟会只是由习惯和习性得来的。"④

---

① ［英］休谟：《人类理智研究》，吕大吉译，北京：商务印书馆2009年版，第118页。
② ［英］休谟：《人类理智研究》，吕大吉译，北京：商务印书馆2009年版，第135页。
③ ［英］休谟：《人性论》下册，关文运译，北京：商务印书馆2009年版，第449页。
④ ［英］休谟：《人性论》上册，关文运译，北京：商务印书馆1997年版，第138页。

由于经验主要来自于情感和行动，因此，事物之间的恒常联系更多地是建基于情感和行动而非理性的基础之上的。但是，人的情感和行动是在人际比较和社会交往中产生的。同一对象在与社会性的比较和交往中往往会产生多种不同的情感或行动方式。这不仅增加了人与对象之间的关系的不确定性，而且还会影响观念的形成和信念的强烈程度，甚至会对行动和价值判断产生影响。

（一）情感论与道德情感论

一个对象可能会对自我引起欲望、厌恶、悲伤、喜悦、希望和恐惧等众多的高度不确定的情感。情感就是任何对象对感官刺激所引起的精神和感官的运动方式，特别是一种快乐或痛苦的欲望。直接情感就是对象不经过比较的中介就直接对自我产生的情感，如美感、身体的痛苦。间接情感就是对象通过比较而对自我产生的各种情感，如财产、权力、地位。休谟看到了人的社会性在一个人的快乐与痛苦中的作用。"人类是宇宙间具有最热烈的社会结合的欲望的动物，并且有最多的有利条件适合于社会的结合。我们每有一个愿望，总不能不着眼于社会。完全孤独的状态，或许是我们所能遭到的最大惩罚。每一种快乐，在离群独享的时候，便会衰落下去，而每一种痛苦也就变得更加残酷而不可忍受。"[①] 当然，休谟谈论的社会性是人与人之间的同情作用所产生的愉快。"人类在其情绪和意见方面很少受理性的支配，所以他们总是借比较而不借其内在的价值来判断各个对象。"[②] 人的社会性意味着人总是生活在社会比较和判断中的。这些社会性的比较和判断是各种快乐或痛苦的情感的根源。影响情感的因素包括习惯力量的大小、外在刺激和想象的强弱程度、时空的临近性。外在对象的刺激愈强烈，想象力愈丰富，刺激的次数越多，主体在时间和空间上距离刺激对象越近，那么，主体的情感爆发就越强烈。

认识过程总是伴随着情感的产生。这种情感是审美判断的基础，也是人生幸福与痛苦判断的基础。将自己的境况与他人的境况的比较是产生快乐或不快的根源。"我们既然很少依据对象的内在价值来判断它们，而是根据它们和其他对象的比较来形成它们的观念，因此，随着我们观

---

① ［英］休谟：《人性论》下册，关文运译，北京：商务印书馆2009年版，第396页。
② ［英］休谟：《人性论》下册，关文运译，北京：商务印书馆2009年版，第405页。

察到他人享有或大或小的幸福，遭到或大或小的苦难，我们就据以估量自己的幸福和苦难，并因而感到一种相应的痛苦或快乐。"① 一个人与他人比较的基础在于距离远近所带来的观念的活泼程度，因而人们习惯于与熟悉的人群比较。他人与自己在财富、权力、关系、地位等方面的不同及变化，是自己痛苦或快乐的根源。骄傲就是人们在观察道德、美貌、财富或权力时，因对自己的满意而在心中产生愉快的印象。谦卑则是对自己的不满而在心中产生不快乐的感情。财富、权力、美丑、罪恶、道德、名誉、意见或其他任何与自我有关的特质都会引起自我的骄傲或谦卑的情感。如果说骄傲和谦卑的对象是自我，爱恨的对象则是我们无法确定其思想、行为和感觉的他人。他人的美貌、财富、权力、地位、声誉、德行、品格、能力、种族、宗教、教养、房屋、习惯、家族、子女等东西都是自己爱恨的对象，间接地引起自我的愉快或痛苦的情感。"爱永远跟随着有一种使所爱者享有幸福的欲望，以及反对他受苦的厌恶心理；正像恨永远跟随着有希望所恨者受苦的欲望，以及反对他享福的厌恶心理。"② 爱在情感融合和希望别人幸福的同时，也是一种相互限制与他人自由交往的约束。自我的骄傲和谦卑恰恰是他人对我们产生爱恨的根源。情感与想象是关联的，他人对自我的赞许转变为我对他人的爱，朋友的情感和内心想法的传达让我们对于自我的不确定性变得稳定起来。情感永远随着社会关系和感觉而转变，而一个人的社会关系和感觉是不断变化的。"任何人都是随着我们由他所获得的快乐或不快，而获得我们的好感，或遭到我们的恶意，而且这些情感都恰恰是随着感觉的种种变化而变化的：这一点是十分明显的。任何人能够通过他人的服务、美貌或谄媚使他对我们成为有用或使我们愉快，就一定会博得我们的爱；而在另一方面，任何人伤害了我们，或使我们不快，就总是会刺激起我们的愤怒或憎恨。"③ 如果说理性认识还无法改变认识的主体和客体，那么，情感的相互作用则改变了情感主体和客体。

"妒忌是由别人现时的某种快乐刺激起来的，那种快乐在比较之下就削弱了我们自己快乐的观念。而恶意是不经挑拨而想嫁祸于人，以便由

---

① ［英］休谟：《人性论》下册，关文运译，北京：商务印书馆2009年版，第408—409页。
② ［英］休谟：《人性论》下册，关文运译，北京：商务印书馆2009年版，第400页。
③ ［英］休谟：《人性论》下册，关文运译，北京：商务印书馆2009年版，第380页。

此较获得快乐的一种欲望。"① 他人拥有更多的权力、财富、地位等都成为一个人嫉妒的对象,一个不如自己的人与自己相比较往往带来快乐。嫉妒的强度与地位、权力、财富的距离成反比。越是相互接近,嫉妒越强。但是,一个不如我们的人比我们爬升更快也会成为我们嫉妒甚至恶意的对象。一个位高权重的人在与他的奴隶的状况相比时,会获得双重的快乐:自己权威的快乐和奴隶提供的快乐。如果一个新贵将过去优越于自己的人当作奴隶使唤,会获得三重的快乐,将现在的奴隶与它过去位高权重的显赫相比,就感到加倍的快乐。普通人只与同类的人相比才生嫉妒心理,但邪恶的人甚至与不同类的人相比都产生嫉妒心理。"一个对手几乎也像伙伴一样与我有同样密切的关系。因为正像伙伴的快乐引起我的快乐、伙伴的痛苦引起我的痛苦一样,同样,对手的快乐就引起我的痛苦,他的痛苦就引起我的快乐。"② 慈善是对所爱之人的幸福的一种欲望或对他之所受苦难的一种厌恶行为。愤怒是对所恨之人的苦难的一种欲望或对他之幸福的一种厌恶行为。慈善与怜悯相关,而愤怒与恶意相关。

由于社会关系的不同,同一对象可以引起自我的骄傲与谦卑、爱恨、仁慈与愤怒、同情与嫉妒等众多情感,因此,休谟主张道德的情感论,反对道德建基于理性基础上。因为道德义务影响人们的情感和行为,理性对人的情感和行为没有影响,因此,道德不是由理性的推论发现的,而是被感觉到的。理性能发现事实或观念间关系,但不是道德善恶的源泉。"发生德的感觉只是由于思维一个品格感觉一种特殊的快乐。正是那种感觉构成了我们的赞美或敬羡。"③ 因为道德发生的印象是令人愉快的,罪恶发生的印象是令人痛苦的,因此,道德就具有一种社会效用。"在一切道德决定中,社会效用这个条件是人们主要考虑的。"④ 这样,休谟将道德、法律规则、产权、国家、美丑等观念和制度的起源都建立在社会有用性的功利主义原则的基础之上。因为人是社会性的人,人的快乐和痛苦主要是建立在社会情感基础上的。善的东西是有益的,恶的

---

① [英]休谟:《人性论》下册,关文运译,北京:商务印书馆2009年版,第410页。
② [英]休谟:《人性论》下册,关文运译,北京:商务印书馆2009年版,第417页。
③ [英]休谟:《人性论》下册,关文运译,北京:商务印书馆2009年版,第507页。
④ [英]大卫·休谟:《论道德原理;论人类理智》,周晓亮译,南京:译林出版社2010年版,第13页。

东西是有害的。物品给人带来直接愉快的就是美,给人带来间接用处的就是经济价值;一个人给他人带来直接愉快的就是美德,给他人带来间接用处的就是功利价值。道德、美和价值就在功利主义的社会效用之中联系在一起。

休谟坚持道德的动机论。"显而易见,当我们赞美任何行为时,我们只考虑发生行为的那些动机,并把那些行为只认为是心灵和性情中某些原则的标志或表现。外在的行为并没有功。我们必须向内心观察,以便发现那种道德的性质。"① 问题就在于发现正义、诚实等道德行为的善良动机。"但是利己心,当它在自由活动的时候,确是并不促使我们作出诚实行为的,而是一切非义和暴行的源泉;而且人如果不矫正并约束那种欲望的自然活动,他就不能改正那些恶行。"②

(二) 正义论:私有制和国家的起源

休谟认为,私人或公众的慈善行为都不是正义的基础。正义和非正义的感觉不是从自然得来的,而是在财产的占有基础上由人类的协议发生的。设置政府的最终目的是分配正义,防止财产的被掠夺与欺骗。

在休谟看来,人的有限理性和情感的多变性让个体的人成为一种有缺陷的动物。个体需要和欲望的无限性与满足这些需要的手段的有限性之间的矛盾造成了劳动和社会的需要。"人只有依赖社会,才能弥补他的缺陷,才可以和其他动物势均力敌,甚至对其他动物取得优势。社会使个人的这些弱点都得到了补偿;在社会状态中,他的欲望虽然时刻在增多,可是他的才能却也更加增长,使他在各个方面比在野蛮和孤立状态中所能达到的境地更加满意、更加幸福。……借着协作,我们的能力提高了;借着分工,我们的才能增长了;借着互助,我们就较少遭到意外和偶然事件的袭击。社会就借这种附加的力量、能力和安全,才对人类成为有利的。"③ 人类社会的组建起源于男女两性的结合和家庭的自然之爱。由于血缘关系和交往,家庭之爱逐渐扩大到亲朋好友的爱。这种以自我为中心的等级之爱,逐步产生了对他人财物的掠夺倾向、情感和行为的对立。"因此,这种偏私和差别的感情,必然不但对我们在社会上的

---

① [英]休谟:《人性论》下册,关文运译,北京:商务印书馆2009年版,第513页。
② [英]休谟:《人性论》下册,关文运译,北京:商务印书馆2009年版,第516页。
③ [英]休谟:《人性论》下册,关文运译,北京:商务印书馆2009年版,第521—522页。

行为有一种影响,而且甚至对我们的恶和德的观念也有一种影响;以至于使我们认为显著地违反那样一种偏私程度(不论是把感情过分扩大或过分缩小),都是恶劣的和不道德的。"①

休谟将个体的福利分为内心的满足、身体外表的优美和劳动所获财物的享用三种。他人无法剥夺自己内心的满足,可以剥夺我们的身体的优美而无所益,但却可以剥夺我们的财产而增益。因此,社会存在的真正问题是稀缺财物占有的不稳定性。解决办法就是从理性角度签订财产私有和占有的社会契约,尽管是逐渐而缓慢发生的。"协议只是一般的共同利益感觉;这种感觉是社会全体成员互相表示出来的,并且诱导他们以某些规则来调整他们的行为。我观察到,让别人占有他的财物,对我是有利的,假如他也同样地对待我。他感觉到,调整他的行为对他也同样有利。当这种共同的利益感觉互相表示出来,并为双方所了解时,它就产生了一种适当的决心和行为。"② 这是一种私有财产制产生的演化博弈观点。"因为我们双方各自的行为都参照对方的行为,而且在作那些行为时,也假定对方要作某种行为。……关于财物占有的稳定的规则虽然是逐渐发生的,并且是通过缓慢的进程,通过一再经验到破坏这个规则而产生的不便,才获得效力,可是这个规则并不因此就不是由人类协议得来的。正相反,这种经验还更能使我们确信,利益的感觉已成为我们全体社会成员所共有的,并且使我们对他们行为的未来的规则性发生一种信心;我们的节制与戒禁只是建立在这种期待上的。……在人们缔结了戒取他人所有物的协议,并且每个人都获得了所有物的稳定以后,这时立刻就发生了正义和非义的观念,也发生了财产权、权利和义务的观念。"③ 休谟将私有财产界定为正义的法律所承认的恒常占有物,即私有财产与正义是等同的。"一个人的财产是与他的关系的某种物品。这种关系不是自然的,而是道德的,是建立在正义上面的。"④ 正义就是在财产权的确立方面同等地对待所有。每个人按照正义的原则都继续享有其现时所占有的东西,因为长期占有和赋予占有物相应的情感产生禀赋

---

① [英]休谟:《人性论》下册,关文运译,北京:商务印书馆2009年版,第525页。
② [英]休谟:《人性论》下册,关文运译,北京:商务印书馆2009年版,第526页。
③ [英]休谟:《人性论》下册,关文运译,北京:商务印书馆2009年版,第526—527页。
④ [英]休谟:《人性论》下册,关文运译,北京:商务印书馆2009年版,第527页。

权利。① 这就是正义规则的产权理论。

休谟认为,人类对财产的贪欲是原始的,而非社会滋生的。"没有人能够怀疑,划定财产、稳定财物占有的协议,是确立人类社会的一切条件中最必要的条件,……只有这种为自己和最接近的亲友取得财物和所有物的贪欲是难以满足的、永久的、普遍的、直接摧毁社会的。几乎没有任何一个人不被这种贪欲所激动;而且当这种贪欲的活动没有任何约束、并遵循它的原始的和最自然的冲动时,每个人都有害怕它的理由。"② 每个人都有以自我为中心的情感和掠夺他人财物的倾向性,每个人的无限欲望与满足欲望的手段的有限财物之间存在的冲突,那么,获取他人的财物或者利用自己的劳动生产物品来增强满足自己的欲望的能力就成为一种原始的动机。通过改变获取财物的手段,即每个成员放弃掠夺他人财物而保有自己劳动产物的社会契约,就可以控制自利的情感。这个确立正义规则的社会契约,不仅有助于减少纠纷和争执引起的冲突,而且有助于社会的分工协作和物质生产能力的提高。因此,人类从一开始就是社会性的,不存在自然状态。正义的和私有制的社会是个人感情和理性结合的演化产物。正义就是要确立不同利益的平衡规则。"不过单独的正义行为虽然可以违反公益或私利,而整个计划或设计确是大有助于维持社会和个人的幸福的,或者甚至于对这两者是绝对必需的。益处和害处是不可能分离的。财产必须稳定,必须被一般的规则所确立。在某一个例子中,公众虽然也许受害,可是这个暂时的害处,由于这个规则的坚持执行,由于这个规则在社会中所确立的安宁与秩序,而得到了充分的补偿。"③

由于财产占有和所有权是偶然的、随机的,并往往与人的需要不相符合,因此,避免暴力掠夺的产品交换和劳动分工就发展起来。"地球上各地产生不同的商品;不但如此,而且不同的人的天性适宜于不同的工作,并且在专门从事于一种工作时会达到更大的完善程度。所有这些都需要互相交换和交易。"④ 自愿性的交换不仅需要依据所有者的同意而进

---

① 萨维尼关于财产权与占有关系的探讨,占领、长期占有的时效或长期占有、添附和继承也可以获得财产权
② [英]休谟:《人性论》下册,关文运译,北京:商务印书馆2009年版,第528页。
③ [英]休谟:《人性论》下册,关文运译,北京:商务印书馆2009年版,第534页。
④ [英]休谟:《人性论》下册,关文运译,北京:商务印书馆2009年版,第551页。

行财产的转移，而且产生了义务许诺及其道德约束力的需要，以便达到互利的效果和避免暴力冲突。"许诺是以社会的需要和利益为基础的人类的发明。……他们所能企图的，只是给予那些自然情感以新的方向，并且教导我们说，我们通过间接的、人为的方式，比起顺从我们的欲望的直接冲动来，更可以满足这些欲望。因此，我们就学会了对别人进行服务，虽然我对他并没有真正的好意；因为我预料到，他会报答我的服务，以期得到同样的另一次的服务，并且也为了同我或同其他人维持同样的互助的往来关系。"① 许诺的相互性和道德力量的约束就促进了交易的发展和劳动分工的深化。休谟由此将稳定的财物占有、根据同意转移所有物和履行诺言的法则归结为交换正义的三个自然法则。这意味着，公正产权的确立和交换是每个人追求利益最大化和良好社会交往的前提。

但是，随着人数的增多和免费搭车问题的存在，契约的不可执行程度增加。"因为各人都在找寻借口，要想使自己省却麻烦和开支，而把全部负担加在他人身上。"② 少数人于是形成了执行正义规则的政府，打击破坏正义规则的犯罪，保障自己和社会的利益，维持社会的安全。"没有政府的社会状态是人类的最自然的状态，……只有财富和所有物的增加，才会迫使人们脱离这个状态；而因为一切社会在初成立时既然都是那样野蛮而不开化的，所以一定要过了许多年以后，这些财富才会增加到那样大的程度，以致扰乱人们对和平与和睦的享受。"③ 但是，社会争端通常不是来自同一个社群，而是来自不同群体的争端。这样，政府就是建立在征服和掠夺基础上的一种有益于社会的工具。"时间和习惯以权威授予一切政府形式和一切国王的继承；而且原来只是建立在非义和暴力之上的权力逐渐就变成了合法的、有约束力的。"④ 这样，财富和劳动产品的增加不仅推动了财产制度的确立，而且推动了维持财产制度的国家的出现，以便维持更大规模社会的稳定和安全。"社会功利是正义的唯一源泉，对这种德所产生的有益后果的思考，是其价值的唯一根据。"⑤

---

① ［英］休谟：《人性论》下册，关文运译，北京：商务印书馆2009年版，第555—557页。
② ［英］休谟：《人性论》下册，关文运译，北京：商务印书馆2009年版，第575页。
③ ［英］休谟：《人性论》下册，关文运译，北京：商务印书馆2009年版，第577页。
④ ［英］休谟：《人性论》下册，关文运译，北京：商务印书馆2009年版，第603页。
⑤ ［英］大卫·休谟：《论道德原理；论人类理智》，周晓亮译，南京：译林出版社2010年版，第16页。

在大规模的饥荒、瘟疫、内战和国家战争时期，抢劫、杀戮、谋杀、逃亡、财产破坏的行为频繁发生，正义毫无用处。只有在生命安全得到保障的前提下，正义观念才会被普遍地意识到。这意味着，正义观是有历史前提的。"因而，公平或正义的规则完全依赖于人们所处的特定状态和条件，它们的发生和存在是由严格而经常地遵守这些规则给公众带来的功利所决定的。"① 这些前提包括自然（劳动）物质产品的丰富和急剧变化程度、人的自私或慷慨程度、社会的稳定或混乱程度、每个人的自我保护能力的大小、实力或权力的平衡程度等等。在休谟看来，正义规则就是在这些历史前提下，逐渐从家庭和氏族内部根据社会交往和分工的便利不断扩大到部落和社会的。"如果我们再假定，若干不同的社会为了相互的方便和利益保持着一种交往，那么，正义的适用范围也就随着人们视野的扩大和相互联系力的增强而加大了。历史、经验和理性充分告诉了我们人类情感的这个自然发展的进程，并且告诉我们，随着我们对正义这种德的广泛效用的了解，我们对正义之德的关注也逐渐加强了。"② 随着私有财产制和正义规则的演化和扩散，私有制和正义规则就在与各社会的风俗习惯和生活方式的结合中产生出多样性来。"我们一般可以说，一切关于财产权的问题都是服从于民法的，民法根据每个社区特殊的便利条件对自然的正义规则进行扩充、限制、修正和改变。法律与每一社会的政府构成，生活方式、风尚、宗教、商业、社会状况等有永恒的关系，或应当有这种关系。"③ 据此，休谟反对自然正义观，主张各国产权和契约的法律规则是非常复杂和具体的，不能依靠本能进行单纯的逻辑演绎。休谟也反对财产平均分配的原则，因为在"人们的技艺、关注点和勤劳的程度不同"的情况下，财产的平均分配会导致普遍的贫穷，而不断纠正和惩罚财产分配不平等的措施又会导致权力的高度集中、社会的不公平和暴政。

总之，由于每个有限理性的人出于搭便车的动机和无法自动实施正义规则，因此，国家就是基于实施产权的正义规则、维持社会的和平与

---

① ［英］大卫·休谟：《论道德原理；论人类理智》，周晓亮译，南京：译林出版社 2010 年版，第 20 页。
② ［英］大卫·休谟：《论道德原理；论人类理智》，周晓亮译，南京：译林出版社 2010 年版，第 24 页。
③ ［英］大卫·休谟：《论道德原理；论人类理智》，周晓亮译，南京：译林出版社 2010 年版，第 28 页。

安宁的目的而产生的。"正义这种德的用处和趋向是通过维护社会的秩序来获得幸福和安全。当这个社会由于极端的危机而濒于灭亡，人们就不会担心由暴力和非正义带来的更大罪恶了，这时每一个人都会采取能慎重把握的，或人性所允许的一切办法来养活自己。"① 当然，休谟也认识到，统治者是以战争或暴力来获取权力和建立国家，并不是为保护社会正义而生的。不过，一旦统治者获得权力，就需要建立社会交往的正义规则，即提供稀缺的公共物品来控制社会。休谟认识到，如果社会拥有极大丰富的物品或者人具有无限的慷慨和同情心，那么，私有财产制度和正义规则就没有必要了。"于是，全人类组成了唯一的一个家庭。在这个家庭里，一切物品都是公共的，人人都可以自由使用，与任何财产权无关。而对于各人的必需品也要给予认真而充分的考虑，就像最密切地关心我们自己的利益一样。"② 人和人之间也就只有仁爱、慈善和同情。一切财物都可以共同所有，各尽所能，各取所需，正义与非正义的区分就不必要了。自私恰恰起源于满足人类欲望的手段的稀缺性，私有财产制度就是为了解决财物稀缺性所引起的纠纷和充分利用社会的分工与协作来增加财物的数量。"正义只是起源于人的自私和有限的慷慨，以及自然为满足人类需要所准备的稀少的供应。"③

### 三、休谟的社会历史思想

除了从生产的发展和财富的增加角度解释私有制和国家的起源外，休谟还有一些丰富的社会历史思想，如人类历史的动态演化观、人口增长观、科学艺术的动态发展观等。

（一）宇宙和人类的动态演化观

休谟对物质世界、动植物和人类都持一种运动的观点。不仅个别的物体会运动与变化，而且整个物质世界和人类社会都有一个产生、发展、瓦解和毁灭的过程。"所有这些都有力地证明这个世界结构终将灭亡、腐烂、瓦解，将其从一种状态或秩序转化为另一种状态或秩序。因此，世

---

① ［英］大卫·休谟：《论道德原理；论人类理智》，周晓亮译，南京：译林出版社2010年版，第19页。
② ［英］大卫·休谟：《论道德原理；论人类理智》，周晓亮译，南京：译林出版社2010年版，第18页。
③ ［英］休谟：《人性论》下册，关文运译，北京：商务印书馆2009年版，第532页。

界和每个人的形态一样，分为幼年、青年、成年和老年几个时期；也可能是，人类的这些不同时期与动植物分享着相同的阶段。……不过，如果说世界万物的整体体系和人类社会的进程处在一个逐渐演进的过程之中，那这一过程是如此缓慢，以致在历史和传统的短暂时期内难以察觉。"① 由于秉持宇宙和人类社会的演化思想，休谟就认为，所有的自然和社会规律包括因果律都是经验规律，根本不存在所有历史阶段都存在的普遍自然和社会规律，在一个阶段发现的规律并不适用于另一个阶段。例如，科学艺术在一个国家具有无法预知的崛起、繁荣与衰落的过程，国家的兴衰、战争和疾病瘟疫的出现也都无法预知。因此，与理性主义者秉持一种静态的或者形而上学的世界观不同，休谟的动态世界观是与其经验主义相一致的。

在人类历史的范围内，动态的世界观和有限理性的结合蕴含着任何制度和行为都可能蕴含着无法预知的结果。根据原因无法推知结果，或者根据结果无法推知原因。只有具体的经验研究，根据经验事实，才能将具体的原因与具体的结果联系起来。由于原因与结果都是无穷无尽而且不可知的，因此，根本不存在根据一般的原因推知一般的结果或者根据一般的结果推知一般的原因的情形。在《论技艺和科学的兴起与发展》一文中，休谟区分了人类社会中的偶然性事件与因果性事件，或者取决于个别人行为的完全不确定性事件和取决于多数人行为的概率确定性事件。休谟说："在很大程度上，那些取决于少数几个人的问题源于偶然，即神秘的、不可知的原因；那些取决于大多数人的问题，往往可由确定的、可知的原因解释清楚。"② 前者如政治决策、革命、战争、伟大作品等，往往受个人的心情、出身、健康、饮食、幻想等微小变化的影响。这意味着，政治行为具有高度的不确定性和复杂性，经常蕴含着不可预期的后果。休谟说："一切政治问题都极为复杂，很少产生一种深思熟虑的想法，也很少出现一种完全好或完全坏的选择。复杂多变的结果可以从后来实施的每项措施中预见到，但事实上，很多不可预见的结果

---

① ［英］大卫·休谟：《论政治与经济》，张正萍译，杭州：浙江大学出版社2011年版，第252—253页。

② ［英］大卫·休谟：《论政治与经济》，张正萍译，杭州：浙江大学出版社2011年版，第75页。

也常常来自这些措施。"① 后者如经济行为，往往受习惯和一般利益的影响。② 根据参与人数的大数定理和行为稳定性来说，解释商业行为的变迁就比解释政体的变迁与知识的兴起更容易些。"一个鼓励商业的国家比一个培养学术的国家更有把握获得成功。贪婪，或对财富的欲望，是种普遍的激情，体现在任何时代、任何地方、任何人身上；但是，好奇心，或者说对知识的热爱，却只有有限的影响，而且还需要年轻、闲暇、教育、天赋和榜样的配合，才能支配一个人。"③ 因此，历史上有很多成功的商业国，但只有很少的科学强国。

（二）制度对科学艺术的崛起的影响

尽管科学和艺术的崛起取决于少数人的偶然成就，但是，一些客观的原因会推动一个国家科学和艺术的崛起。

第一，社会各阶层存在普遍的较高的知识水平或强大的社会需求。"虽然在任何国家、任何时代，钻研科学取得惊人成就、引起后人赞叹的始终是少数人，但在这些产生优秀作家的人中间，此前就散播和分享着同样的精神和天赋，目的是从最早的幼年时期就产生、形成和培养作家的趣味和判断力。平民百姓不可能都是平庸乏味之人，这种高雅的精神正是来自他们中间。"④ 也就是说，社会多数人的趣味、天赋和精神是推动一个国家科学和艺术兴起和发展的关键因素。

第二，科学艺术都产生于自由的社会特别是自由的政府之中。人的创造才能的发挥与社会的自由成正比，而与社会的束缚成反比。在一个不自由的社会中，君主设置无数的法律和羁绊来巩固自己的统治，人们将大量的时间和精力都用来保障自己的生命和财产安全，或者用来应付政府的无尽羁绊。由于自由的心灵得不到培养，想象力得不到激发，自由创作的时间有限，多数人会不择手段地追求财富与权力，因此，需要长时间研究的科学成果就很难出现，大部分都是重复与记忆的传承。"因

---

① ［英］大卫·休谟：《论政治与经济》，张正萍译，杭州：浙江大学出版社2011年版，第369页。
② 在马克思看来，许多经济制度，如私有制和自由交换的制度，也会带来无法预期的后果，如生产过剩、经济危机、贫富对立等问题，这就是历史的辩证法。
③ ［英］大卫·休谟：《论政治与经济》，张正萍译，杭州：浙江大学出版社2011年版，第77页。
④ ［英］大卫·休谟：《论政治与经济》，张正萍译，杭州：浙江大学出版社2011年版，第77—78页。

此，期望技艺和科学最先在君主制国家中兴起，就像指望河水倒流。"① 相反，在一个自由的法治社会，"法律提供安全保障，安全产生好奇求知之心，好奇心催生知识"。② 有了安全和法律的保障，每一个人都可以按照自己的兴趣，在较小社会的阻力下进行各种探索。在好胜心的驱使下，多样性的探索会产生卓有成效的科学成果。

第三，以商业为基础的国家之间的竞争体系确保了科学和艺术的持续发展。"没有什么比那些相邻而又独立、彼此间以商业和政策联系在一起的国家更有利于文明和学术的发展了。竞争自然会在这些相邻的国家形成，而且显然也是进步的来源。不过，我主要坚持的是，这些疆域有限的国家限定了权力和权威的发展。"③ 小国林立的国际体系不仅有助于遏制国家权力和权威的发展，而且也有助于思想和科学在各国之间的竞争、审查、交流与传播。相反，专制大国不仅在国内阻止科学的进步，而且还会在各国之间形成猜疑的气氛和利用书报检查制度来阻止科学在各国之间的传播。

第四，尽管科学和艺术最适于在自由国家发展，但是，科学和艺术可以移植到任何政体的国家。不过，共和国对科学发展最有帮助，而君主国对高雅艺术的发展最有帮助，缺乏法治的野蛮专制会阻止科学和艺术的发展。

第五，所有科学艺术曾经繁荣的国家都会走向衰落，且不会在原来的国家复兴。原因是，伟大的科学艺术作品不仅培养了无数的崇拜者和模仿者，而且占据了后来者获得名声的市场。后来者在既无法获得名声，也感觉到在实力差距和社会鄙视的情况下，根本无法做出伟大的成就。在一个国家还未确立经典的文明初期，各种思想和作品展开了完全竞争，不断推动更好的作品出台。这种竞争氛围为年幼无知但天赋满满的人敢于发表自己的各种作品提供了广阔的舞台。但是，经典的确立让后来者看到了差距所在，不仅幼稚的早年作品根本没有发表的机会，而且发表的作品也无法获得赞扬和荣誉。预期的失败让持续的努力毫无价值。最

---

① ［英］大卫·休谟：《论政治与经济》，张正萍译，杭州：浙江大学出版社2011年版，第81页。
② ［英］大卫·休谟：《论政治与经济》，张正萍译，杭州：浙江大学出版社2011年版，第82页。
③ ［英］大卫·休谟：《论政治与经济》，张正萍译，杭州：浙江大学出版社2011年版，第82—83页。

终,在伟大的前人面前,后来者只能在沉默中述说着自己的生活,留下的是伟大的过去的繁荣的影子。同样,引入外国的太完美的科学和艺术也会压抑国内的竞争,降低了年轻人豪迈的热情。在发达国家的疯狂科学研究的对比下,发展中国家的科学很难取得进步,最多只有模仿和抄袭。

(三)民族精神的决定性因素

民族性就是指一个民族具有特殊的风俗和行为习惯。休谟反对孟德斯鸠关于民族精神的气候决定论。休谟将影响民族精神的原因分为精神因和物质因。精神因包括政府性质、生活方式、贫富程度、地理位置等影响人们的心灵而形成习惯的因素,物质因则指水土、食物和气候等影响人们的性情和形成特殊的体制的因素。休谟认为,精神因素是民族性格形成的主要因素,如政府的压迫会剥夺人民在科学艺术方面的创造性,长期的职业习惯会影响人的性格和品性。

在休谟看来,民族精神的形成来源于利用共同语言对防御、商业、治理等问题的频繁交流和英雄人物的世代模仿,从而获得相似的风俗。① 证据是,地理和气候多样性的大帝国具有同样的风俗和习惯,地理和气候相近的毗邻小国则具有多样化的风俗和习惯,在两国边界的同一民族会有不同的风俗习惯,同一个国家中的不同民族特别是少数民族具有不同的风俗习惯,宗教和语言将同一个国家的同一民族分割开来形成不同的风俗习惯,同一种语言和宗教的民族分布在世界各地但保持同一的风俗习惯,同一民族在不同时代和不同政体下具有不同的风俗习惯,各国因政策、商业或旅游的密切交往而形成相同的风俗习惯。科学、技术和艺术在全世界的扩散会在各民族之间形成相似的旨趣。休谟承认,气候和水土对热带、温带和寒带的人会形成差异程度较大的风俗习惯,如情感的丰富性随纬度而变化,但温带地区的民族性差异极大,不能用气候因素解释。因此,民族精神是在物质因的基础上根据精神因逐渐演化和发展的,犹如因果联系是在生命史中自然演化和习惯的产物一样。

(四)制度对人口增长的影响

休谟是提出现代世界的人口数量要多于古代世界的第一人。孟德斯

---

① [英]大卫·休谟:《论政治与经济》,张正萍译,杭州:浙江大学出版社2011年版,第116页。

鸠、弗格森、罗伯特·华莱士、米拉波等人都持有人口退步论，认为古代世界的人口数量比现代世界多。休谟在《论古代人口的稠密》一文中，基于历史的考证，认为从人口的自然繁衍角度看，现代的人口数量比古代多，但是瘟疫、饥荒、战争、疾病、节制生育都会减少人口，从而造成人口的波浪式增长。为了论证人口的进步论，休谟分析了影响人口变动的各种因素。

第一，生产方式的影响。休谟观察到，农耕地区比畜牧业区的人口密度大、人口数量多，而土地开垦的数量也在不断增多。在农业地区，工商业的发达、交通的便利和出行的安全都有助于农产品市场的扩大和生活条件的改善，减少人口的自然死亡率。但是，工商业的繁荣推动了财富的集中和大城市的发展，提高了住房和商品的价格，从而造成收入较低的城市人无力生育孩子而收入较高的富人却不愿生孩子的现象。"从古往今来的历史经验看，人们可以猜测，任何城市的人口增长都不可能超出其相应的比例。无论那座宏伟的城市是建立在商业还是在武力基础之上，总有一种难以克服的障碍阻碍了它的进一步发展。庞大的君主国，其中心位置由于铺张奢侈、消费无度、游手好闲、依赖成性，再加上门第等级的虚荣心做祟，不适于从商。商业的发展又阻碍了商业本身，因为它提高了所有劳动和日用品的价格。只要庞大的朝廷里还出入着无数贵族，过着挥霍糜烂的生活，中间阶层的士绅就只能呆在他们的地方城市中。"① 这就意味着，城市化和财富分配不均会造成人口的自然出生率的下降。

第二，社会制度的影响。首先，自由国家的人口数量会多于奴隶制国家的人口数量。这是因为，不仅奴隶制的残酷迫害和劳作会造成大量奴隶的非正常死亡，而且奴隶的生育率也受到限制。由于养育费用和生活费用的差异，城市的奴隶主不允许奴隶结婚，阻止女奴的生育，从而造成家生奴很少和城市人口的减少。随着奴隶制的消灭和自由国家的增多，人口数量也会增多。其次，修道院和僧侣制度也减少了人口数量。由于僧侣和修女一般被禁止结婚和生育，所以，随着修道院和僧侣制度的废除，结婚率和生育率都会上升。

第三，战争的影响。休谟认为，从战争频率、数量和死亡人数占人

---

① ［英］大卫·休谟：《论政治与经济》，张正萍译，杭州：浙江大学出版社2011年版，第315页。

口的比例看,古代都要高于现代。因为古代的部落多,纠纷多,缺少协调纠纷的机制,所以只能依靠战争和冲突来解决问题。

总之,将生产方式、社会制度和战争的影响综合考虑,人口的数量是随着时代的发展而不断增多的。"古人的财富均分、自由以及小国寡民的情形,的确有利于人类的繁衍;但古人的战争却更血腥、更具破坏性,政府更混乱、更不稳定,商业和制造业更薄弱、更萎靡,一般的政策更为松散无序。后面的这些不利因素足以抵消前面那些有利因素;因而在这个问题上更容易支持与通常流行看法相反的意见。"① 可以说,马尔萨斯的《人口论》综合了休谟与罗伯特·华莱士的观点。

### 四、休谟的政治经济学思想

休谟的《政治与经济论文集》包含《论商业》《论奢侈》《论货币》《论利息》《论贸易平衡》《论赋税》《论公共信用》等7篇经济学论文。在这些论文中,休谟将货币数量论、铸币的价格机制、比较优势理论、工商业发展理论和税收理论结合起来,倡导自由贸易政策,反对金银出口的管制政策、重农抑商政策和财政赤字政策,促成了政治经济学的形成,为亚当·斯密对政治经济学的系统化论证开辟了道路。因篇幅的关系,下面只论述休谟的工商业繁荣论。

休谟将社会状态分为以狩猎和渔业生活为主的野蛮状态和以农业和工业为主的文明状态。随着社会的发展、技艺的提高和农业生产力的提高,农民人数减少,制造业者的人数增加。如果大量的农业剩余人口不去从事制造业而去参加军队,农业剩余产品也让军人消耗,那么,政府的强人与人民的幸福就是对立的。"一个人只有享受到别人的劳动才会感到心满意足。君主的雄心壮志必然会侵犯到个人的奢华生活,个人的奢华生活也必然会削弱国家的力量,遏制君主的野心。"② 休谟反对国富民弱的政策,因为工商业不发达的地方,剩余农产品就缺乏市场,农民的劳动积极性较低,农业技艺也无法提高,懒惰成性和掠夺抢劫的习惯就会出现。当国家突然需要大量人口从事公共事务时,农业的低效率就会

---

① [英]大卫·休谟:《论政治与经济》,张正萍译,杭州:浙江大学出版社2011年版,第292页。
② [英]大卫·休谟:《论政治与经济》,张正萍译,杭州:浙江大学出版社2011年版,第132页。

造成公共人口和军队的粮食供给的不足,军队的实力也遭到削弱。

相反,在工商业发达的地方,大量的制造业人口不仅能给农产品提供巨大的市场和促进农业技艺和生产效率的提高,而且也为军队提供了预备军人。"世上一切事情都是由劳动购买得来;我们的激情是唯一的劳动因由。制造业和手工业兴盛繁荣的国家,地主和农民都会把农业当成一门科学加以研究,他们的勤勉和关注也会倍增。劳动生产出的剩余品不是浪费了,而是向各个制造业者换取日用品——这正是他们当下最渴望得到的奢侈品。如此,土地不仅养活了种地的农民,还为其他大量人口提供了生活必需品。……概言之,制造业只有积累大量劳动力,当社会需要某种产品又不会减少人们生活中的必需品时,才能增加国家的实力。因而,从事非必需品生产的劳动者越多,这个国家就越强大;因为从事这些行当的人可以很容易地转到社会服务方面。"① 这意味着,国家的强大和人民的幸福是与强大的工商业密不可分的。工商业和对外贸易的发展,在贪婪和勤勉精神的指引下,既能为农产品提供广阔的市场、促进生产效率的提高和技艺的改进,又能为政府提供更多的税收。个人利益通过劳动分工和效率的提高,就能促进社会利益,为政府提供足够多的剩余产品和军事人员。因此,休谟反对压制工商业的政策,从而为18世纪英国的工业革命开辟了道路。

## 五、休谟对马克思的影响

由于马克思引用休谟的直接文本证据较少,休谟对马克思思想发展的影响没有得到足够的重视。实际上,休谟的思想在马克思的唯物史观、历史辩证法的形成、政治经济学研究的转向及其对黑格尔辩证法的批判中都起到了重要的作用。

(一) 休谟影响马克思的直接文本证据

马克思在 1841 年的《柏林笔记》中,阅读和详细摘录了休谟的《人性论》第三章和第四章关于不确定性或观念论建构的论述。在《博士论文》的序言中,马克思引用了休谟关于哲学为自身辩护而感到耻辱的话语。在《资本论》第一卷第三章"货币或商品流通"中,马克思谈

---

① [英] 大卫·休谟:《论政治与经济》,张正萍译,杭州:浙江大学出版社 2011 年版,第 136—137 页。

到了休谟的货币数量论。在《资本论》第一卷第二十三章的一个脚注中，马克思不仅谈到了马尔萨斯的《人口原理》是对华莱士等人的人口论的剽窃，而且谈到了休谟的无神论和共和主义思想。在《资本论》第三卷，马克思引用了休谟关于利息只是利润的一部分的观点。

（二）休谟对马克思的间接影响

霍布斯和洛克的机械唯物主义都认为，物质世界不依赖于人的意识而独立存在，知觉和印象都是物质的机械运动在惯性力量的作用下产生的大脑神经的震动，知识就是体现在数学规律之中的知觉表象和观念的联结。洛克还认为，大脑具有将简单观念联结成复杂观念的能力。乔治·贝克莱主教的唯心主义则否定物质的存在，认为存在就是被感知，只有意识和知觉是唯一真实的存在。大卫·休谟则整合了洛克和贝克莱的理论，形成了独具特色的观念论。休谟认为，意识只是印象和观念的集合，空间、时间和因果关系都是印象和观念的一种习惯性的联系，理性不过是根据经验习惯和联想律建构的思想观念。休谟在《人性论》和《人类理智研究》中对因果关系提出了两种截然不同的思路。《人性论》指出，两个事物之间的联系并不是必然的，联系的力量是不可知的。《人类理智研究》则提出，事物的秘密力量与其表面性质之间的联系是不可知的，表象之间的联系是可知的。

黑格尔在《哲学史讲演录》中说，休谟哲学的"历史意义就在于：真正说来，康德哲学是以它为出发点的"。① 实际上，康德继承并发挥了《人类理智研究》的思想进路，试图通过先天综合判断和分析判断、表象与物自体的划分来为观念论奠定基础。康德在《纯粹理性批判》中断言，存在着习惯和联想以外的其他组合我们观念的方式。先天综合判断构成了联想和经验的基础，现象世界的认识仍需要以理性为基础，尽管理性绝不可能拥有自在之物的知识。为了消除现象和自在之物的区分所产生的不可知论和虚无主义，费希特进一步高扬主体自我意识的能动性，利用"自我＝自我""自我设定非我"和"自我＝自我"三个知识学原理来阐述自我意识如何综合质料和实现自我意识的统一问题。为了克服费希特从自我出发建构非我的非充分性问题，谢林引进绝对同一哲学，

---

① ［德］黑格尔：《哲学史讲演录》第四卷，贺麟、王太庆译，北京：商务印书馆2009年版，第226页。

将费希特的自我区分为绝对自我和有限自我。黑格尔在《精神现象学》中完全抛弃了经验的自我，阐述了观念的辩证运动，在将现象作为观念的外化的基础上彻底消除了现象与物自体的二分法。可以说，休谟在《人类理智研究》中的观念论为德国古典哲学开辟了道路。

由于深受德国古典哲学的熏陶，因此，马克思了解休谟在《人类理智研究》中的观念论思路及其与德国古典哲学的内在联系。休谟的观念论的合理性在于，任何关于事物的概念或观念都需要生命主体能力的参与，离开了主体的认知能力就不能建构、想象事物的概念及其相互之间的关系。"人的想象比任何东西都更为自由。它虽然不能越过内部感觉和外部感觉所提供的那些原始观念的范围，但是它却有无限的能力可以依照各种各样的虚构和幻想来混合、组合、分离和区分这些观念。它可以虚构一连串事件，使它们具有实在的一切外表；它可以给它们一个特殊的时间和地点，把它们设想为存在的，并且给它们涂抹上那种确信无疑的历史事实所具有的一切情节。"① 但是，休谟在《人性论》中还指出，推理和信念是一种感觉或特殊的想象方式，生产和生活的实践活动以及生命的演化会限制感觉或想象的方式。"理性也只是我们灵魂中的一种神奇而不可理解的本能，这个本能带着我们经历一系列的观念，并按照特殊情况和关系而赋予那些观念以特殊的性质。这种本能诚然是由过去的观察和经验发生的；……自然确实可以产生出一切由习惯发生的行为；不但如此，而且习惯也只是自然的一条原则，并且是从那个根源获得它的全部力量。"② 这不仅将推理在内的精神活动间接地建立在生命活动的基础之上，而且将主体能动性的范围从精神领域扩大到情感和实践领域。马克思主要关注人的主体能动性的实践性一面，并在此基础上逐渐形成了不同于黑格尔的概念辩证法和唯心史观的历史辩证法和唯物史观。

（三）社会契约论的批判及暴力国家观

休谟秉持一种暴力起源的国家观，反对国家起源的社会契约论。君主的权力来自暴力征服与继承，根本无需人民的同意就能实行统治。"几乎所有的政府——无论是现存的，还是在历史记载中出现的——最初建立的时候，要么通过篡夺，要么通过征服，或者二者兼具，从来都没有

---

① ［英］休谟：《人类理智研究》，吕大吉译，北京：商务印书馆2009年版，第41页。
② ［英］休谟：《人性论》上册，关文运译，北京：商务印书馆1997年版，第204—205页。

什么人民公平合理的同意或自愿服从的伪装。"① 对于休谟来说，政府的产生方式与政府的职能是两个完全不同的问题。人们服从政府是基于政府的职能，而不是基于产生方式，况且历史上根本不存在与政治义务相关的原始契约。"但是，征服或篡夺——说明白点就是靠武力摧毁旧政府，几乎是世上一切新政府成立的起源。只有在极少数情况下似乎产生了人民的同意，而这往往是不合常规、极其有限的，不是欺诈就是暴力，要么二者混在一起，因而这种同意也没有多少权威。"②

人民默认政府的统治不仅是因为恐惧和需要的结果，而且是因为人民整体没有选择离开居住地的自由，也没有随便抛弃自己的语言、文化和习俗的自由。"无论凭借何种手段建立的新政府，最初人民总是对它不满意。人们服从它更多是出于恐惧和需要，而非出于忠诚或道德义务的观念。……政府最早的建制形成于暴力，服从于需要。接下来的管理同样也是由于权力而不是义务维持。"③ 而且，大多数民众在建立政府时还未出生，不可能承诺服从政府；政府以叛逆和谋反罪惩处人民，与社会契约论不符合；专制政府不是人民的自由选择和同意的结果；人民不断反抗谋求私利和危害社会安全的政府。"我们根据人性的不规则性，还往往可以预料到统治者们甚至会忽略这种直接的利益，而被他们的情感所转移，陷于种种过度的残酷和野心的境地。……我们可以对于最高权力的较为强暴的行为进行反抗，而不犯任何罪恶和非义。"④ 政府建立的目的本来是为了执行正义的规则和维护社会的安全，却被统治者转变为攫取社会利益的一种工具。因此，社会契约论没有历史的证据支持，国家只能是在一定社会条件下无意识地演化出来的强制性力量，国家演化的条件和具体的演化方式需要历史地决定。

除了缺乏历史证据，社会契约论在理论上也站不住脚。人民承认政府的统治是出于社会安宁和社会利益的需要，而不是因为有限理性的人们的集体同意。不仅政府的起源可以追溯到暴力和欺诈，而且私人财产

---

① [英] 大卫·休谟：《论政治与经济》，张正萍译，杭州：浙江大学出版社 2011 年版，第 335 页。
② [英] 大卫·休谟：《论政治与经济》，张正萍译，杭州：浙江大学出版社 2011 年版，第 338 页。
③ [英] 大卫·休谟：《论政治与经济》，张正萍译，杭州：浙江大学出版社 2011 年版，第 339 页。
④ [英] 休谟：《人性论》下册，关文运译，北京：商务印书馆 2009 年版，第 589 页。

和其他各种权利的起源都有欺骗或非正义的基础，不能完全以正义和平等的原则来评判。休谟认为，同意或契约是建立政治权威的充分条件，而征服或篡夺则是建立政府的必要条件。由于革命的次数很少而改变政府或创建一种新的政府形式的革命就更少，因此，人们默默忍受破旧政府的暴力行为就被社会契约论曲解为普遍同意的原则。

马克思在大学时期不仅选修了自然法的课程，而且阅读了洛克、康德和费希特关于社会契约论的政治哲学著作，在《关于伊壁鸠鲁哲学的笔记》中注意到伊壁鸠鲁对社会契约论的最早阐述，了解休谟、黑格尔和历史法学派对社会契约论的批判。康德明确承认社会契约是一种非历史性的理性观念，可以用来检验现实政治制度的公正性，指导立法者的立法活动。在黑格尔看来，社会契约论的根本错误在于假设抽象的不变的人性论，而人是社会性和历史性的存在，其个性是由他所处的特定文化或民族精神决定的。如果人性在历史和文化上是多种多样的，那么，社会成员的需求的多样性并不会导致一个普遍有效的社会契约的达成。即使所有的人都有放弃自然权利而获得政治权威的相同需求，但是，如果人们采取搭便车的行为，既享受政治权威的好处又不放弃自然权利，那么，每一个人的理性就会让社会契约无法自愿地达成或者让达成的协议自动瓦解。这意味着，不管人性是相同的还是多样性的，单凭理性的自愿行为都无法从逻辑构建一个社会契约，更不用说构建社会契约的成本随着公民数量的增加和语言的多样化而急剧增加。① 因此，政治权威或国家绝不是人类理性有意识地构建的自愿合作的产物。在批判社会契约论的理性国家工具论基础上，黑格尔强调理性国家的目的论，即国家的主要目的是实现民族精神。

马克思接受了休谟和黑格尔对社会契约论的批判，拒绝了黑格尔的国家目的论思想。借助于休谟的批判，马克思不仅从历史研究和社会契约论中发现了黑格尔颠倒了市民社会与国家的关系，而且认识到，社会契约论是个人主义占主导地位的社会的产物，因而是一种维护其阶级利益的意识形态理论。自然状态下的自由而平等的个人之间的权力争夺反映的不过是市场状态下自由而平等的企业之间不择手段的经济权力争夺。进而，马克思将休谟关于国家的暴力起源论延伸到国家的暴力本质，即

---

① ［英］迈克尔·莱斯诺夫等：《社会契约论》，刘训练等译，南京：江苏人民出版社2009年版，第121页。

国家只是维护统治阶级利益的一种暴力工具。在将私有制和国家的起源与财富数量的增多或者生产力的发展结合起来时，休谟的国家起源理论也为马克思的唯物史观的创立提供了可资借鉴的思路。

(四) 历史辩证法的影响

辩证法是关于事物的结构及其辩证运动状态的一种非定量化和非机械性的表述方法。这里的"事物"指任何运动变化的东西，如物质、宇宙、地球、生命、植物、动物、人类社会、意识、语言、个体等。与假设事物结构不变的物理运动和化学运动不同，辩证运动涉及事物本身的能动性或结构性变化。辩证法可以分为形式的辩证法和内容的辩证法两种。黑格尔的概念辩证法就是形式辩证法的典型，马克思的历史辩证法就是内容辩证法的典型。在形式辩证法中，事物的结构是同质的，事物的运动状态呈现出某种循环的规律性。在内容的辩证法中，事物的结构是异质的，事物的微观运动状态呈现出高度的不确定性，事物的宏观趋势具有某种可确定的趋势。基于对事物的结构及其运动状态的假设不同，形式辩证法可以先验地规定事物的辩证运动规律。内容辩证法却需要在对特定的对象进行具体的、历史的经验研究基础之上，探索出特定对象的具体结构及其运动变化的原因与后果，从而后验地得出该对象的辩证运动规律。

为了确立事物的历史辩证运动，我们需要确立事物的结构、事物与其他事物组成的系统、事物运动变化的不确定性的因果联系、事物及其系统在历史分期内的协同演化等因素。可以说，休谟在观念论中将不确定性因素引入因果律和强调对历史的经验研究，为历史辩证法的发展铺平了道路。"我们关于因果关系的知识，在任何情况下都不是从先验的推理获得的，而是完全产生于经验，即产生于当我们看到一切特殊的对象恒常地彼此联结在一起的那种经验。……心灵即使用最精密的考察也绝不能在所假定的原因里面找出结果来。因为结果是与原因完全不同的东西，所以我们绝不能在原因里面发现结果。"[①] 由于原因与结果之间的联系是有条件的或者历史依赖性的，因此，要发现复杂事物之间的真实的因果联系并排除想象先验地建构的任意联系，则只有通过具体的历史的

---

① ［英］休谟：《人类理智研究》，吕大吉译，北京：商务印书馆2009年版，第21—23页。

研究而非先验的推理才能确定。要具体地、历史地研究事物的因果机制，就是研究一个事物的产生、发展和演变的辩证运动过程。根据因果联系是具体的、历史的理论，人类只能根据类比、经验、观察和推理从具体事物的结果中逐步归纳出一般性的原则或原因。在历史条件的制约下，任何辩证运动的规律都表现为特定系统内的运动规律。

　　休谟关于私有制和国家的起源、人口增长和科学艺术的动态演变的阐述，都具有某些历史辩证法的性质和历史法学派的先兆。马克思在休谟和历史法学派的影响下，认识到了结构的改变和历史的辩证运动在人类历史发展中的重要性。与休谟强调社会制度或政体的反作用和不变人性论不同，马克思强调人的社会关系性和经济基础的运动规律。不仅原始社会的运动规律不同于阶级社会的运动规律，而且在私有制下的资本主义运动规律不同于奴隶制或封建制的运动规律。可以说，休谟在观念论中对不确定性和因果关系的分析，不仅推动了马克思的历史辩证法思想的形成，而且推动了马克思从因果联系高度不确定的上层建筑研究转向因果联系高度确定的经济基础研究，即政治经济学研究。

# 第五章  德国古典哲学与马克思

德国古典哲学特别是黑格尔哲学在传统上被先验地认为是马克思思想的主要来源之一。M.布尔说:"这种停留于塑造马克思与黑格尔的形象的做法,无不带有教条主义的性质。只有从全部德国古典哲学(包括莱布尼茨)里追溯马克思思想的来源,才能克服这种教条主义的性质,而这是极其具体的史学工作。"① 德国古典哲学从休谟的观念论和卢梭的政治哲学出发,通过将自由与主体能动性进行内在关联,开辟出一条精神的辩证发展与人性的道德完善之路。本章、第六章和第八章试图从德国古典哲学的演进逻辑和具体的文本出发,重估康德、费希特、谢林、黑格尔和费尔巴哈对马克思思想发展的具体影响。

## 第一节  德国古典哲学的演变与特征

德国古典哲学是在近代西方哲学基础上发展起来的具有典型日耳曼特征的一种哲学形态。近代西方哲学一方面接受了基督教神学关于上帝创造的世界是一个理性的、必然的、可以理解和认识的世界的观点;另一方面则凸显人的理性本质,以理性眼光来审视世界和构造世界的图景,认为凡是未经理性审视和检验的东西都是值得怀疑的、不可靠的。在近代哲学家看来,上帝为人的理性认识设置了一个边界,人只能认识上帝在世界上的各种表现形式而不是上帝本身。德国古典哲学在此基础上进一步对理性进行反思,认为上帝在世界上的各种表现形式就是上帝力量必然性的活动方式。上帝不是静态的实体而是一个运动过程,人类在有限与无限的整体关联中就能彻底理解上帝。理解上帝的过程就是自我意

---

① [德]布尔:《费希特哲学在当代的重要意义》,见沈真主编:《费希特在当代各国》,北京:中国社会科学出版社2006年版,第25页。

识或绝对精神的建构或者历史发展的过程。① 基于德国在 19 世纪初的特殊社会环境,德国古典哲学获得了蓬勃的发展,展现了自身兴衰的历史逻辑和特征。

## 一、德国古典哲学的缘起

德国古典哲学就是从康德至黑格尔整个时期的德国哲学整体。这不仅包括康德、费希特、谢林和黑格尔四位伟大的哲学家,还包括同时代的许多哲学家和思想家,如施莱格尔兄弟、施莱尔马赫等。在 1790—1840 年间,德国古典哲学经历了一个快速崛起、繁荣和衰落的过程。主要的原因如下:

第一,哲学填补了宗教分裂和衰退留下的空隙。谢林认为,德国人长期保持着对哲学的巨大兴趣和热忱,是"基于德国人在信仰上的分裂,基于两种具有同等权利的宗教流派在德国的并存"。这种宗教分裂在思想上造成的一个后果是,德国人希望"把那种外在地失去了的统一性在内部,在科学的领域里面重新建立起来"。② 思辨哲学提供了这样一种统一性,满足了德国人的心理需求。"宗教,特别是基督教,伴随着《启示录》的观念正在撤退。哲学很自然地填入了这个知识缺口中,但它是思辨的,在这个意义上,哲学家无论来自哪里,由于没有教会的权威,他必须依靠他思想和见解中理性的力量和内部统一性说服别人。"③

第二,自然科学发展的不足。思辨哲学将常识、扭曲性的实验结果和宗教因素融合在思辨之中,在科学发展落后的情况下看起来非常有道理。如果说物理学和化学试图将所有的生命运动还原为物理和化学运动,那么,德国的思辨哲学则试图将所有的非生命运动形式拔高为生命运动,特别是人或上帝的精神的运动。这些看似理性的东西,在实证科学崛起和技术取得巨大发展之后,就面临严峻的挑战。电磁学、热力学、有机化学、心理学和生物学的发展,基本上颠覆了自然哲学的思辨内容。

---

① 庄振华:《确定性与有限性—论海德格尔的德国观念论研究(代译后记)》,见[德]马丁·海德格尔:《德国观念论与当前哲学的困境》,庄振华、李华译,西安:西北大学出版社 2016 年版,第 452 页。

② [德]谢林:《近代哲学史》,先刚译,北京:北京大学出版社 2016 年版,第 235—236 页。

③ [英]彼得·沃森:《德国天才》卷二,王志华译,北京:商务印书馆 2016 年版,第 27—28 页。

第三，德国的教育改革。新人文主义教育和大学的改革让更多受过教育的学子渴望新知识。大学的哲学院需要为威廉·洪堡的教育改革引进的高级中学培养大量的教师。这导致越来越多的学生要在大学学习自然科学，而德国当时的自然科学传授形式采取的是自然哲学教科书。哲学院注册的学生比例从1800年的2.4%增加到1854年的21.3%。① 随着物理学、化学等自然科学不断独立于哲学院，以及大量的技术学院建立起来，选修哲学课程的听众越来越少，选择技术学校的学生越来越多。当越来越多的自然科学家采取实验和经验的方法进行科学研究时，思辨哲学的衰落就不可避免了。

第四，为保守的政治辩护。思辨哲学暗示，人类社会正朝着完美的社会演变，只需要对现存的制度进行巩固和加强即可。费希特、谢林和黑格尔的法哲学都为现存社会制度特别是普鲁士的专制或王权的神圣性进行辩护。在书报检查令趋严的时期，德国知识界只有转入浪漫主义的小说幻想、历史的考证或者思辨哲学领域。马克思对此评论说："当时著作界中唯一还有充满生机的精神在跃动的领域——哲学领域，已不再说德语，因为德语已不再是思想的语言了。精神所说的话语是一种无法理解的神秘的话语，因为已不允许可以理解的话语成为明辨事理的话语了。"② 随着自由主义运动在德国不断兴起和发展，特别是在1848年革命之后，思辨哲学因其保守性就被彻底抛弃了。

## 二、德国古典哲学的演进逻辑

近代西方转型的一个典型特征是从人的眼光而不是从神学出发来观察和阐明自然和社会的规律。随着教会的神权统治在宗教战争中毁灭，出现了霍布斯、洛克、卢梭等人的自然法政治学说。这些政治学说试图将统治的基础从外在权威的上帝转移到人类社会内部，注重国家的制度构建和自然权利的保护。为了实现垂直性的等级制度向水平性的民主制度转移，哲学家就需要在理性基础上构建自由、平等、财产权、民主和公正的新内容，需要在相互承认的基础上确保共同利益。

康德首先以绝对命令的形式将卢梭的原则普遍化，并将自然法政治

---

① ［英］彼得·沃森：《德国天才》卷二，王志华译，北京：商务印书馆2016年版，第17页。

② 《马克思恩格斯全集》第1卷，北京：人民出版社1995年版，第149页。

学说结合普鲁士特殊的政治现实进行适应性改造。① 权利、意愿、道德、行为和共同体的基础，都建立在每一个人都是相同的理性人和相同的权利的基础上。知识的真理性就在于其普遍接受性和社会性，知识的价值就在于被更多的人所接受。康德提出，人通过先天综合判断为自然立法和形成抽象概念。对事物的整体性所形成的概念框架就是"统觉的先验的先天统一"。人类就是根据这种概念框架来对所出现的事物形成判断和分析的，事物的可理解性就在于事物是我们经验世界的一部分。经验是认识的必要条件，不能被经验的东西就不能被认识。在康德看来，经验世界遵循自然因果律，一切都是有原因的，按照概念框架来认识；在物自体这个自由意志的世界，自由因果律发生作用。责任伴随着自由而生，宗教和道德的本质不在认识的领域而在意志活动的过程中。尽管康德哲学成功地对知识的经验性质给出了实证性的本质界定，断言体系就是根据一种理念将多样性的认识统一在必然性的联系之中，或者将多样性的知识进行理性化的行为，但是，康德仍未能对哲学成功地进行一种体系性论证，如"未能论证作为批判而完成的那种知识的本质"，未指明上帝、世界整体和人的自由这些理念的本原等。② 这意味着，康德哲学存在一个内在矛盾，即无法认识物自体的有限理性与科学的真理性要求具有体系建构能力的无限理性之间的矛盾。因此，康德哲学的二元论色彩和内在逻辑矛盾构成了德国观念论哲学家的智力挑战。

为了确保知识的真理性和内在统一性，德国唯心论首先展开了对本质知识整体的哲学自我论证。与康德将哲学界定为人类理性目的论不同，德国唯心论思想家将哲学界定为"对绝对的理智直观"，从而扩大了理性的认识能力，以至于黑格尔断定"思维的本质事实上本身就是无限的"。③ 关于整体存在的非对象性的知识这种真正完全的知识，不能由感性直观获取，只能是理智直观的存在结构。这种整体的结构在知识中形成本身，即在知识中思维与存在是绝对同一的，而且历史本身成了绝对知识通向自身的道路。唯心论就是坚持存在在本质上可以由思维来规定

---

① 卢梭的原则是，人只有在自愿地遵守法律或道德时才是自由的。或者说，只有意志自发地具有原则时，人才是实践理性的。

② ［德］马丁·海德格尔：《谢林论人类自由的本质》，薛华译，北京：中国法制出版社2009年版，第64页。

③ ［德］黑格尔：《小逻辑》，贺麟译，北京：商务印书馆1994年版，第51页。

的学说，也意味着思维着、行动着的主体在其中居先的存在学说。如果说康德还坚持现象与主体、思维与存在的二元对立，那么，费希特则将自我意识看作是一个动态演变的过程，将非我或自然纳入主体之中，让非我具有了我性或主体性，从而将康德的统觉的先验统一与"自我"公设捆绑在一起。与费希特努力把自然销毁为单纯的非我不同，谢林则设定自然是未展开的主体，是一种活的还没有展开自由的东西。这就是主客体同一的哲学：认识对象和认识过程的同一，自我同时作为主体和客体而存在。黑格尔在谢林同一哲学的基础上，进一步把理性当作存在的本质形式，在《逻辑学》中论述了存在本身的概念结构。因此，任何概念和真理都体现了思想与现实本质的二重性，思想与现实的同一是在辩证运动的对立面的统一过程中得以实现的。因此，德国观念论在否定康德的物自体的过程中改变了理性的含义，并突出了辩证法在真理认识和实现中的作用。海德格尔说："德国观念论阵营对康德那里的物自身发起的斗争意味着：对以现象为转移的、有其内在界限的那种直观的斗争。对物自身的斗争意味着从形而上学出发消除有限性问题。……与对物自身的斗争相配合的，乃是绝对精神概念［以及辩证法］的造就。"①

尽管德国唯心论都秉持同一哲学和辩证法思维，但是，在如何将外部经验世界纳入自我的认知结构并形成可靠知识的路径上存在众多的差异。费希特从道德实践的观点，谢林从艺术家直觉的观点，黑格尔从逻辑思想的观点来理解这种同一性。与康德将行为的普遍性作为判断道德性的依据不同，费希特将行为的完成性作为道德性的判断依据。在完成任务的过程中，自我与任务实现了同一，自我实现了自身的目的与手段并形成了性格的发展。在费希特的视野中，世界总是一个有待完成的任务或者行动场所，个体建构世界的过程就是实现自我与世界同一的过程。这样，费希特就把按照权利和义务去实现自己目的并进行反思的行动者，或者将义务变成自己爱好的人，称之为有道德的人。利用行动去克服自我和非我之间的矛盾，个人的人格才能发展，自我才能形成。行动的过程就是一个自我发现的过程，绝对的自我就是完全社会化的自我或者社会整体。如果每个人坚持在行动中履行自己的义务，成为一个有道德的人，那么，整个社会就可以构建一个有道德的社会，实现自我与非我的

---

① ［德］马丁·海德格尔：《德国观念论与当前哲学的困境》，庄振华、李华译，西安：西北大学出版社2016年版，第347页。

同一。

因此，费希特的自我就是在设置自身的同时内在地、结构地设置他者的任何主体。设置就是自我意识确定一种规则的精神活动，被设置的事物受这个规则调节。自我设置非我，不是自我创造或任意设置某个存在者，而是自我的对立设置活动表现了某种自我存在的特征。随着非我的被设置，自我被否弃了，自我与非我相互否弃自身。最终，自我性被设置为既是自我，又是非我，对自我与非我都进行限制。这就意味着，自我的设置活动不仅改变了自身，也改变了非我，将自我与非我纳入一个更普遍的概念之中。自我在自身内就是自我与非我的同一，这种同一就是自身性与有限自我的整体性的同一，也是具体概念在更普遍的概念基础上的同一，从而解答了康德的先天综合判断如何可能的问题。这种对自我的构想放弃了实体的思考模式，而是一种运动的思考模式，即自我和非我都是构成性的、整体关联性的，每次都具体地规定和实现自身。这种构成性或运动性就是自由，因此，自由就是自我的存在方式。由于费希特把自我等同于自我意识，排除了自我存在、自身存在和自我活动的特征，忽视了设置活动和自我性的有限性，从而在夸大自我的能动性的同时否定了自我对环境的受动性。在费希特的知识学中，经验和自然消失了，知识完全是绝对自我的逻辑演绎和想象。自然地，费希特的道德哲学或者行动哲学无法建立起一种知识理论。

与费希特从完成义务的行动中去构建主客体的同一不同，谢林从非我的创造性或艺术家的直觉创造的角度补充费希特的自我哲学，形成了整体有机论的自然哲学和先验哲学。谢林将费希特知识学的形式架构，即设置与否定的结构置于自然之中，并对自我的设置与对立设置的结构进行了规定和限制，从而在想象力中以有机论的形式建构起自然，并将自然科学的知识充实到这个图式中。在谢林看来，艺术家在创作经验的过程中发现他自身、在他工作的材料中发现他的观念的结构就是自然创造的过程。这个自然创造的意义和观念是与自我的本质相同一的。有机体就是被截断的原因和结果的某种连续。当原因和结果不受阻断地沿着直线往前流动时，这种自然观就是机械论；当原因与结果被阻断并转回自身时，这种自然观就是有机论。但是，一种不受限制或者没有任何规定性的机械论必然导致自然的自行毁灭，因此，自然必然就是一种被阻断的有机体，生命就是"有机物谋求其同一性的一场持续的斗争"。有机体则按照潜能阶次的主客体同一性的方式演化，不同层级的有机体则构成自然总体。较低级的个体展现的是主体性的最原始形式，而最高级的个体或有机统一体则展现的是主体性的最高级、最完美的形式。低层级的个体通过各自的功能组成高层级的有机体，后者通过同样的组织结构，构成更高一级的有机体，直到所有的个体都融合到一个最高层级的有机体之中。① 自由就是在持续的斗争中存在或创造的方式，恶就是人脱离上帝之善的普遍意志而固守个人意志，或者以个人意志作为普遍意志的倾向。与费希特和黑格尔坚持无限理性不同的是，谢林在后来的肯定哲学和否定哲学中承认理性的有限性。费希特和谢林后来都在自我和自然之后加入了上帝，而黑格尔则直接把包含自然和自我的绝对精神等同于上帝这个绝对者。

黑格尔将谢林的自然哲学思想进一步扩大到社会和历史而形成绝对精神学说。绝对精神或理念展开的过程，既是一个逻辑的过程，也是一个历史外化的过程和绝对认识的建构过程。不同种类的事物先天地、绝对地是同一的，都是绝对者的一种外化活动。黑格尔说："自然和精神一般而言就是表现它的定在的不同方式；艺术和宗教是它们掌握自身和给出一种与自身相适合的定在的不同方式；哲学与艺术和宗教有着相同的内容和相同的目的；但哲学是掌握绝对理念的最高的方式，因为它的方式是最高的——概念。"② 在黑格尔的视野中，精神绝对不是宗教中独立于人而存在的上帝，而是通过人的创造性活动才能作为精神而存在。在绝对精神通过主观精神和客观精神实现的过程中，个人、伟人、民族、国家都是实现绝对精神的工具。与谢林依靠直觉或者想象力对整体进行直接的、综合性的把握不同，黑格尔借助理性的分析运动和概念的发展在辩证法的对立与统一中来把握绝对精神。在绝对精神之中，自由就是个体获得完美的发展，并且个体的完美发展只有在有机整体中才能实现。这就是黑格尔以自我实现为主旨的主体理论：个体和有机统一体都是实现着某个特定形式、相互依赖的、具有某种目的的主体。作为一个有目的的行动者，个体依赖于有机统一体来实现自身的完美，有机统一体依靠个体来实现自己的功能，以便最终完全实现理性与自由。在黑格尔看

---

① 这种有机体的螺旋式构成方式，恰好与进化论的分化与多样化的发展方向相反。
② ［德］马丁·海德格尔：《德国观念论与当前哲学的困境》，庄振华、李华译，西安：西北大学出版社2016年版，第285页。

来，有机体的层级结构不仅存在于整个宇宙和无机自然界，而且存在于生物界、动物界和人类组成的生命链条之中，还存在于人类社会的继续发展所带来的各种文化形式以及意识形态的时间序列之中。

通过让有限主体的知识在无限主体的自我意识中达到极致的方式，黑格尔和谢林都解决了现象与物自体的分离问题。"因为我们发现，那被认为超越思想的世界，实际上是思想所设定的，换言之，它是理性必然性的呈现。其次，那原来被认为与世界对峙的思想，亦即我们作为有限主体的思维，也变成了宇宙本身或宇宙主体、上帝等的思想，换句话说，我们乃是上帝或宇宙主体的媒介。从思辨哲学的更高视角来看，世界丧失了它对思想的他性（otherness），主体性也超越有限性，从而二者也达到了融合的目的。"① 但是，展现出层级结构的宇宙和生物界不同于人类社会发展的地方在于，"人类文化有一个时间系列上的发展，而自然事物包括动物类在内的全体秩序并无此种发展"。② 这就意味着，与人类社会具有时间性的历史不同，宇宙和自然界是无时间性的或无历史的，只是宇宙主体在思想上和行动上完全一致地设置自我的理性过程。这样，黑格尔不仅拒绝了康德的天体演化论和赫尔德的宇宙有机发展的思想，而且拒绝了歌德等人的进化论思想，并高度依赖于谢林等人的自然哲学思想。这个依赖于精神的有机体模式，由于与泛神论或上帝存在某种内在的联系，在宗教批判和自然科学的发展之中就轰然倒塌，留下的只是有机体、外在化、异化、对象化的观念。即使在社会及历史领域，黑格尔哲学也面临马克思等人的挑战。这不仅是因为黑格尔在夸大无限理性的同时牺牲了人类的想象力，而且利用国家的有机统一体的观念剥夺了个体的自由和能动性。

总之，思辨哲学的出现与发展有其特殊的历史背景和内在的演进逻辑，但其衰落的源头在于其基础假设遭到科学的发展、宗教批判、群众运动的崛起、非理性主义和历史主义的发展的多重打击。宗教批判剥离了思辨哲学的泛神论因素，科学的发展则切断了无机自然界与生命界的内在统一，非理性主义的崛起则强调意志、无意识比理性在人类的生活

---

① ［加］查尔斯·泰勒：《黑格尔与现代社会》，徐文瑞译，长春：吉林出版集团有限责任公司2009年版，第76页。
② ［加］查尔斯·泰勒：《黑格尔与现代社会》，徐文瑞译，长春：吉林出版集团有限责任公司2009年版，第45页。

与发展中的作用更为重要，群众运动直接否定了思辨哲学的社会和谐假设，历史主义用真实的历史取代了思辨哲学的虚构历史。思辨哲学的宇宙精神假设和有机整体观就此破产。高度依赖于这两个假设的著作和思想就此被淘汰，黑格尔特别是谢林就遭遇了这样的命运，成为众人批判和打击的目标。叔本华说，思辨哲学"无一例外都是在至为抽象、至为普遍和含义极为广泛的概念中摇摆，所以几乎满纸尽是含义不定、不确切、苍白无力的字词。……其内容最终就只能流于词句；这些词句也只是肥皂泡而已，只供短暂的玩耍，但不可接触到实地，否则就会破坏"。① 这样，在德国自然科学的迅猛发展，空想社会主义思潮和社会运动的兴起，历史主义的思维方式不断扩张，以及宗教批判的压力下，德国古典哲学特别是谢林和黑格尔的哲学就在 1840 年代走向了历史的终结。

## 三、德国古典哲学的主要特征

黑格尔说："一定的哲学形态与它所基以出现的一定的民族形态是同时并存的：它与这个民族的法制和政体、伦理生活、社会生活、社会生活中的技术、风俗习惯和物质享受是同时并存的。而且哲学的形态与它所隶属的民族在艺术和科学方面的努力与创作，与这个民族的宗教、战争胜败和外在境遇——一般讲来，与受这一特定原则支配之旧国家的没落和新国家的兴起（在这新国家中一个较高的原则得到了诞生和发展）也是同时并存的。"② 德国在科学上的落后、政治上的保守、宗教上的虔诚和国家的分裂就滋养了德国古典哲学的主要特征，如哲学与科学的统一、有机整体观、思辨性、主体能动性、神学韵味、重视精神的历史哲学、社会制度的设计等。

（一）哲学与科学的统一

在摆脱神学和宗教束缚的过程中，近代科学从哲学中独立出来以后呈现出与哲学相互分离的趋势，甚至自然科学成了机械唯物论哲学的基础。德国古典哲学则主张，哲学是科学的科学或者一种系统化的知识体

---

① ［德］叔本华：《叔本华哲学随笔》，韦启昌译，上海：上海人民出版社2018年版，第180—181页。
② ［德］黑格尔：《哲学史讲演录》第一卷，贺麟、王太庆译，北京：商务印书馆2009年版，第59—60页。

系。"这种知识是知识整体中存在东西的最终和最初的根据,并根据这一原则性知识以一种经过论证的本质联系阐释可知东西的本质性方面。"①哲学不仅按照确定的原则把知识的各部门包括自然科学的思想都纳入其体系中,而且要求科学按照哲学提供的准则或方法进行理论建构。黑格尔说:"科学从哲学得到它们的本质,它们的概念,它们的活力。哲学从其他科学汲取充实其内容的映像,并且推动其他科学,补足了它们在概念上的缺欠,它同样也为科学所推动,使它的抽象有了充实的内容。"②按照这样的理念,一个知识系统的科学性就取决于与哲学原则的联系程度。哲学家的主要工作就在于构造统一科学的哲学原则。康德的先验唯心论、费希特的主观唯心论,以及谢林和黑格尔的客观唯心论,都力图为人类的认识能力和认识活动寻找一个坚实的理性基础。这种理性基础并非建立在理性能力的考察上,而是根据某种先在的理性原则和初始概念来规定人类从事认识活动的基本前提,从而开辟出一条新的认识论研究路径。③

(二) 有机整体观

由于追求哲学与科学的统一,德国古典哲学在思维、自然和社会领域都秉持有机整体观。"整体是普遍的实体,它既是原因,又是作为结果而产生的总体,并且是作为现实性的总体。它是同一体,这个同一体把处在其自由状态中的各部分连在一起时,就把这些部分包含在自身之内。"④ 有机整体论的思想沿着赫尔德、歌德、亚历山大·洪堡、缪勒的经验论和康德、费希特、谢林和黑格尔的思辨唯理论两条道路前进。赫尔德和浪漫主义将人看作是行动中的有机统一体,感性与理性、肉体与灵魂在有机体统一体中都有各自的功能,并在历史中不断发展。康德从理性角度探讨的理念是一种总体的理念,如自然总体、人类社会总体、民族总体等。在《关于学者的本质及其在自由领域的表现》中,费希特将整个不断变化发展的宇宙整体设想为上帝的神圣生命在时间序列中展

---

① [德] 马丁·海德格尔:《谢林论人类自由的本质》,薛华译,北京:中国法制出版社2009年版,第26页。
② 苗力田译编:《黑格尔通信百封》,北京:中国人民大学出版社2015年版,第199页。
③ 江怡:《重新审视德国古典哲学的意义》,载《华中科技大学学报》(社会科学版),2016年第2期
④ [德] 黑格尔:《自然哲学》,梁志学等译,北京:商务印书馆2009年版,第416页。

现为感性世界的过程，而自在的神圣生命就是这个完整的统一体。每一个存在物都是活生生的和能动的感性生命，是上帝生命的感性表现。谢林和黑格尔继承并发扬了有机总体及其外化的观念。康德提出先天综合判断，费希特和谢林以理智直观为基础，和黑格尔以语言概念和逻辑命题为基础，对有机总体进行辩证的把握。德国古典哲学的辩证法由此经历了康德的二律背反、费希特的正反合、谢林的潜能与现实、黑格尔的否定之否定的辩证法四个阶段。黑格尔的《精神现象学》实现了有机整体观、体系化思维和辩证思维的同一。所有的个体事物构成了一个有机统一体。潜能被理解为事物的类本质，否定就是潜能超越现实的过程。潜能的实现就是否定个别事物的现实性而形成新的现实性的过程。因此，潜能与现实的矛盾或者否定之否定构成了事物内在发展的动力。

（三）思辨性

德国古典哲学以思辨性著称。它把生命世界的精神和意识扩展到所有无生命的世界或者低级生物的世界，以便让有机界和无机界服从于同一个精神模型，让经验科学包含在具有高度综合性的思辨哲学之下。在费希特看来，"哲学的任务在于把全部经验作为自我意识的必然条件推导出来的根据"。① 思辨哲学的最高成就就是黑格尔的概念辩证法。对黑格尔来说，"各门经验科学的结果皆应该依其对各相关实在层次逼近或不精确的程度，来彰显'概念'的结构"。② 黑格尔利用整个思辨哲学去领会和把握自然、宗教、艺术、哲学史、法律，以便对它们作"一个普遍的、理性的解释和说明"。③ 脱离经验研究的思辨哲学不仅容易陷入语言游戏的旋涡，而且不断面临自然科学的挑战而走向衰落。

（四）主体能动性

德国古典哲学高扬人的主体能动性。人能够真实地认识自然，不仅因为人与自然属于相同的精神实体，而且人与自然的创造者具有内在的

---

① 费希特：《费希特文集》第 2 卷，梁志学编译，北京：商务印书馆 2014 年版，第 771 页。

② [加] 查尔斯·泰勒：《黑格尔与现代社会》，长春：吉林出版集团有限责任公司 2009 年版，第 209 页。

③ [德] 黑格尔：《黑格尔历史哲学》，潘高峰译，北京：九州出版社 2011 年版，第 38—39 页。

本质联系。① 这个内在联系就是人与自然一样，都是宇宙精神的自我实现的工具。人不仅有把握自然的倾向，而且通过自己的创造能够实现与宇宙精神合一的倾向。这既确保了人与整体的统一，又没有牺牲自我的主体能动性。在这个意义上，人就不是自然的被动反映者，而是主动的创造者。在康德看来，尽管知识的确定性要求理性受到经验的制约，但是，自我意识是意识的预设条件。在费希特的知识学中，经验和自然消失了，知识完全是绝对自我的逻辑演绎和想象。与康德强调知识的纯粹感性直观根据和费希特强调知识的主观自设立的观念不同，谢林则认为知识是一个主体在思想和行动的活动中先验直观到它自己的自约束活动。黑格尔进一步认为，知识是主体的概念运动，自我意识对它自身的充分知识就是一种绝对知识。

人的主体能动性不仅体现在认识领域，而且表现在实践领域。康德把理性从逻辑和分析的领域转移到创造的领域，强调主体的创造性。在康德看来，人能够利用自己的实践理性限制甚至克服欲望的冲动，人能够在道德上和自然上立法。人的主观自由就在于按照自己确立的、独立于一切自然动机的道德法则行事。这种主观自由在费希特那里发展为自我设置自我、自我设置非我的能动性公式，在谢林手中发展为反讽、理智直观和想象力的强调，在黑格尔那里则增添了社会制度中的交往自由。

（五）神学韵味

德国古典哲学具有典型的神学韵味。康德、费希特、谢林、黑格尔、费尔巴哈、大卫·施特劳斯、布鲁诺·鲍威尔等人，都是神学专业出身、虔诚的新教徒，都精通基督教历史并力图为基督教奠定哲学基础。康德的道德宗教、黑格尔的泛逻辑宗教、费尔巴哈的爱的宗教就是如此。他们在某种程度上都是神学家和唯心主义者，都有宗教哲学著作，在其哲学中具有泛神论的思想。②

---

① ［加］查尔斯·泰勒：《黑格尔与现代社会》，徐文瑞译，长春：吉林出版集团有限责任公司2009年版，第16页。
② 英国哲学家，如培根、霍布斯、休谟等人，都是法学专业出身，都精通罗马法和英国普通法并力图为法律奠定哲学基础，都提出了国家理论和导向了政治经济学的研究，都反对形而上学和本体论，在某种程度上都是法学家。作为法学专业出身的马克思，更容易接受英国哲学家的许多观念。

### (六) 重视精神的历史哲学

在德国古典哲学家看来，历史只是一个不同形态的精神发展的历史。康德和费希特认为，历史是克服个人的本能而走向理性的历史。黑格尔则将历史看作是世界自身向自我意识发展过程的显现。在《哲学全书》中，历史则表现为从无意识的自然界向人类社会的精神实现方向逐渐显现的进化过程。德国古典哲学家一致认为，历史不是一系列孤立事件的混乱和无意义的组合，而是存在着一种理性的价值和意义。在康德看来，历史哲学就是"用理性对历史知识进行了一种批判，即指出历史只有作为一种类比和臆测才有可能，而作为历史知识和历史规律则不可能"。① 在费希特看来，历史哲学提出假设和特定的问题，以便理解历史事件的内在涵义和重要性，历史学家则按照这些问题进行历史事实的探索并用这些经验事实来检验假设，分析历史事实的丰富多样性。② 黑格尔认为，现实的历史只是提供了一个民族或国家的表象图景，只有体现了精神演化的哲学史或历史哲学才是"真正的历史"。世界历史就是由世界各民族国家的民族生活统一起来而构成的世界精神。历史哲学就是要揭示世界精神在霸权民族之间的历史演化，以便获得有关理念的知识。③

由于过度强调了在历史发展中人类的智力或精神的日益增长的重要性，反对对法律、政治、人类的起源和社会的演变进行历史研究，因此，这些历史哲学都表现出唯心史观和英雄史观的特征。康德的人类进步的道德史观、费希特的本能—理性史观、黑格尔的精神史观和鲍威尔的伟人史观都是强调理性、道德、精神、伟人在历史进步中的决定性作用。

### (七) 重视社会制度的设计

由于对历史和理性的认识差异，以及对拿破仑战争所带来的认知体验不同，德国古典哲学家提出了多种多样的社会制度设计模型。康德在《法的形而上学》中从政治哲学角度对英国古典政治经济学进行了审视，构建了自由资本主义的制度框架。在《锁闭的商业国》中，费希特从哲

---

① 邓晓芒：《康德历史哲学："第四批判"和自由感—兼与何兆武先生商榷》，载《哲学研究》，2004年第4期，第28页。
② ［德］费希特：《费希特文集》第4卷，梁志学编译，北京：商务印书馆2014年版，第574页。
③ ［德］黑格尔：《黑格尔历史哲学》，潘高峰译，北京：九州出版社2011年版，第3页。

学角度构建了一个计划经济的制度框架。黑格尔的《法哲学原理》构建了一个将中央集权与自由资本主义结合在一起的混合制度框架。马尔库塞说:"德国唯心主义曾经被认为是法国大革命的理论。这并不是说,康德、费希特、谢林和黑格尔为法国革命提供了理论先导,而是说,他们所撰写的哲学著作,大体上是对在理性基础上建立国家和社会,以便使社会制度和政治制度能够符合个人的自由和利益的法国大革命所提出的挑战的一种反应。"①

总之,德国古典哲学的典型特征不仅体现了其内在发展的逻辑,而且体现了其内在的局限性。与启蒙运动时期的理性主义者强调对封建专制集权和宗教的批判和提倡个人的快乐与幸福不同,德国古典哲学家则强调理性的反思和对世界现实状态的满足,从根本上忽视了个人的物质化快乐的巨大需求以及社会底层的普遍的痛苦和社会的不公正。随着资本主义社会矛盾的展开,无产阶级作为一个独立的能动性阶级逐渐登上了历史的舞台,完全超出了德国古典哲学设计的蓝图。此外,德国古典哲学为自然、政治、宗教、神话、哲学史和历史提供了以精神为基础的某种理解和猜想,充分展示了观念论的理论极致和局限性,从而为后来的理论发展预示了新的方向。

## 第二节　康德与马克思

康德的伟大之处不仅在于将莱布尼茨-沃尔夫的唯理论与休谟的经验论在物自体与表象、自由因果性和自然因果性区分的基础上融合为一个二元论的理论哲学体系,而且在于将霍布斯、洛克、卢梭的自然法和社会契约论在道德和政治统一的基础上整合为一个新的实践哲学框架,回到了亚里士多德的伦理—政治传统。在理论哲学领域,康德提出了认识就是利用先天综合判断对表象知识进行整合的洞见和物自体不可认识的观点。在实践哲学领域,康德将道德哲学、政治哲学和历史哲学融为一体,提出了一个从自然状态经历政治宗教异化状态而向伦理共同体演化的模型。康德的巨大理论成就及其所隐含的内在缺陷不仅通过德国古典哲学、历史主义、浪漫主义和自然哲学思想对马克思产生了间接的影响,

---

① [美]赫伯特·马尔库塞:《理性和革命:黑格尔和社会理论的兴起》,程志民等译,上海:上海人民出版社2007年版,第19页。

而且通过马克思直接阅读康德的《纯粹理性批判》《道德形而上学》以及罗森克兰茨的《康德哲学史》等著作对马克思的思想发展产生了重要的影响。

## 一、康德的思想演变及理论哲学

康德的思想演变一般分为1770年前的前批判时期和1770年以后的批判时期两个阶段。在前批判时期，康德展现了他那博大的思想是如何形成的过程。在批判时期，康德撰写了以《纯粹理性批判》《实践理性批判》和《判断力批判》为标志的著作，奠定了康德在近现代哲学转型中的基础性地位。

### （一）前批判时期康德思想的形成与发展

伊曼纽尔·康德（1724—1804）出生于普鲁士的一个普通马具师的虔敬派家庭。由于普鲁士国王腓特烈·威廉一世强制推行虔敬派的教义，康德深受虔敬派教育中所强调的宗教纪律与服从之苦。康德在《实践理性批判》中说："法规与定则等机械性的工具，与其说是理性的利用，不如说是天赋的戕害，为人们带来了永无止境的蒙昧，有如脚镣一般。"① 康德成熟时期的哲学观点，都在努力合理化以自由意志为基础的道德自律性，反对那些征服他人意志的奴役行径。在大学时期，康德深受莱布尼茨—沃尔夫学派的理性主义思想的影响。与虔敬派要求绝对的安静行为不同，莱布尼茨—沃尔夫学派强调善的道德行为是理性能力的充分表现。与笛卡尔、斯宾诺莎和莱布尼茨认为单凭理性就能发现独立于经验的先天真理的纯理性主义者不同，克里斯蒂安·沃尔夫则拒斥天赋观念论，主张知识包含理性和经验两个成分，认为理性拥有的一切知识和真理都来自于理性加工整理的经验和历史事实。

神秘主义者约翰·格奥尔格·哈曼（1730—1788）的批判哲学让康德获益匪浅。在哈曼看来，词源学意义上的理性就是将感官获得的经验判断上升到一般性知识的推理方式。推理的一种方式就是将推理与感觉区别开来的人格化的语言表达，如将观念人格化为实体，将非人类的现象人格化为人类的某种行为、情感或者外观。这种借助人格化表达的理

---

① ［英］曼弗雷德·库恩：《康德传》，黄添盛译，上海：上海人民出版社2014年版，第86—87页。

性并不是一种真正的理性，而是一种非理性或者语言的任意性。因此，启蒙哲学的理性概念就是一种被拔升到宗教信仰高度的非理性主义的推理。理性本来是帮助人们理解实在的一种符号，一个方便分类和组织材料的工具，却被启蒙哲学家误解为一种通过语言概念来强调普遍性的现象，从而造成"语言是理性误解的核心问题"和忽视了生命世界和人的内心生活的丰富多样性。① 在哈曼看来，真正的知识不是来自人格化、符号、象征或者类似的语言表达，而是来自将感觉经验从个体性或者特殊性事物中获得的各种碎片化甚至矛盾的知识构成一个整体。信仰和理性并不存在对立，两者都只是作为独立的个体而存在于人类的整体生活之中的。从基督教原教旨主义和休谟的怀疑论出发，哈曼断言，如果没有信仰，单纯的理性只会导致怀疑主义，而对理性的自我批判则会导致虚无主义。在哈曼看来，最根本的经验必然包含信仰，从而否定启蒙主义者的理性神学。哈曼的批判让康德更深入地思考理性的本质、理性与信仰相协调的问题。② 在康德看来，理性不仅是一种逻辑推理能力，而且是人的能动性的核心，是构建规则和使用规则的能力。信仰和概念则是置于内心深处的、理性构建的规则。

卢梭对现存社会制度与伦理的批判和回到自然状态的提法，让康德领悟到，对现存的文明进行批判性的审查是建设未来美好社会的必不可少的一步，理性只有在确保人性的尊严时才是有价值的。按规则生活不仅是道德的，体现人性尊严的，而且是有益于身心健康的。规则越普遍，德行就越是崇高而高贵。道德品格的善依赖于准则的善，而不是感觉和偏好。这种注重道德重生，根据准则来重塑自己的道德解决方案，预示着康德在道德观念上比较接近于主张道德教化的休谟，而不是主张德行是自然天赋的卢梭。在《视灵者之梦》（1766）一书中，康德谈到，来世的希望应该建立在道德品质之上，人类的理性在灵魂或者来世的问题上都存在天然的认识界限。如果缺乏可靠的经验，单纯的逻辑方式会推导出奇特的定理和体系。康德由此彻底告别了莱布尼茨和沃尔夫的理性

---

① 易兰：《西方史学通史》第五卷，上海：复旦大学出版社2011年版，第83页。
② 哈曼对康德形式主义的批判，预示了雅各比（Friedrich Heinrich Jacobi）和黑格尔对康德的批评，即康德哲学充满了形式与内容、理性与经验、自然与自由、感性与理性相分离的二元论。克服这种二元论的努力体现在费希特的自由意识、谢林的生命或力、黑格尔的绝对精神、叔本华的意志、马克思的实践、尼采的权力、弗洛伊德的无意识、海德格尔的存在等更高的统一原则之中。

经院形而上学。

（二）批判时期康德思想的形成与发展

在1770年的就职论文《论感性世界与理智世界的形式与原则》中，康德严格区分了知性与感官知觉。在康德看来，感性与知性具有各自的认识对象，拥有各自的法则。时间与空间只是感性的直观形式，而时空里的事物只是涉及现象而非物自体本身。纯粹知性的独立目标是对事物的实在性的评判，以便思考原始的存在者。纯粹知性的原理就是一个观念的模型或者形式，目的在于建构确定的实在性知识，阻止感性的概念应用到本体。面对现象与本体之间存在不可逾越的鸿沟的观点遭受的批判，以及对休谟揭示的理性的局限性和卢梭提倡的直觉的思维方式的不满，康德努力恢复理性的崇高地位。在1781年出版的《纯粹理性批判》中，康德全新地探讨了范畴与知性原理的先验分析论以及二律背反的先验辩证论。

在康德看来，感性与知性是相互依赖的，知性的认知必须与感性认知相关才有可能，而感性认知也必须以知性认知为成立的条件。否则，"没有内容的思想是空洞的，没有概念的直观是盲目的"。康德认为，有限理性的人类不可能先验地认识独立于经验以外的世界，因此，灵魂、上帝或者其他物自体是不可能认识的。现象就是某种自我显示的有限的存在者，而物自体则是在自身中被思考的无限的存在者。"这样一来，现象与物自身之间的区别就是：有限的认识和绝对的认识，有限性和无限性。"① 对于可知的现象世界，所有经验的认识都需要借助先天的认识机制以便形成先天综合判断。"判断就是概念的联结，而概念就是一些综合的规则，判断把不同的感觉或概念带到一起。"② 综合判断与分析判断的区别在于，分析判断的谓词可以通过对主词概念的分析而找到，而在综合判断中谓词并非逻辑地包含在主词概念之中。那些必须借助于经验才能判断真假的综合判断就是后天综合判断，而那些不需要借助于概念分析或者经验归纳就能判断其真实性的综合判断就是先天综合判断。

由于先天综合判断是分析判断和后天综合判断的基础，因此，回答

---

① ［德］马丁·海德格尔：《德国观念论与当前哲学的困境》，庄振华、李华译，西安：西北大学出版社2016年版，第347页。
② ［美］罗伯特·C.所罗门、凯特林·M.希金斯主编：《德国唯心主义时代》，储昭华等译，北京：中国人民大学出版社2016年版，第49页。

先天综合判断如何可能的问题就至为重要。在康德看来，认识就是杂多的统一，认识的形式包括直观、感性、知性和理性。直观是一种不同于感性的自发的认识能力，分为纯直观和经验直观。数学则是纯直观的知识。感知则是一种被给予的经验东西，经验是现象在一个意识里的综合的联结。知性分为直观性的知性和推论的知性，后者是从一般的概念来规定所给予的经验对象，能够达到对象的实在性的知识和具有经验的真理性；前者是在一种整体直观的高度来规定经验的个别和想象整体，只能获得对象的可能性的知识。科学就是知性整合感性材料的知识。理性思辨的推理需要依靠直观性的知性。理性与知性不同的地方在于，理性不仅划分感性与知性的界限，而且试图将知性范畴用来去把握超感性的、无条件的对象，即物自体或者理念。"人自身实在有个使他与万物有别，并且与他受外物影响那方面的自我有别的能力；这个能力就是理性。理性是纯粹自发，所以比智性都还高。为的是：智性虽然也是自发，不像感官那样只含着我们被动地受外物影响而后起的意念，但是智性只能够产生那些把感官意念规则化并把它联合在一个意识之内的概念，此外不能产生什么；并且倘若没有这样利用感官，智性就决不能够有思想作用。反之，理性在所谓理念（Ideas）这方面那么纯乎自发，弄到它高于感官所能贡献的一切东西；并且理性的最重要的功能就在于把感觉世界与智性世界分别开，因而规定智性的限界。"① 认识的感性直观形式主要是对于一切经验的必要条件的时间与空间的分析，认识的知性形式主要是探讨有关量、质、关系和模态的十二个先天范畴，并认为范畴是一切可能经验的预设。康德提出了这样一个基本思想："一切科学的本质就在于我们将直观可见的，无穷无尽的森罗万象概括于比较少的一些抽象概念中并从这些概念中整理出一个系统来，以此系统便能完全掌握所有那些现象于我们'认识'的权力之下，便能说明过去和预测将来。"② 这就是说，先天综合判断的形成依赖于概念或范畴的联系作用。在先验辩证论部分，康德探讨了多组二律背反，指出传统形而上学关于灵魂、上帝或者其他物自体的许多谬误推理，以此证明理性的有限性和传统哲学的许

---

① ［德］康德：《道德形而上学探本》，唐钺译，北京：商务印书馆2012年版，第71—72页。
② ［德］叔本华：《作为意志和表象的世界》，石冲白译，北京：商务印书馆2009年版，第614页。

多命题不过是将同一名词的不同意义互换使用的语言游戏或者错把主观当作客观的结果。康德对旧形而上学的批判，即实体概念不可以应用到那些超感性对象上面的观点，也不排除斯宾诺莎的上帝是感性存在的直接实体的说法。但是，在《纯粹理性批判》中，康德没有明确区分直观的和抽象的认识，没有指出直观的内容是如何进入知性的概念，没有对知性和理性概念进行精确的界定，没有把外在世界或者现象看作是认识着的主体的表象，没有指出直观是理智的，从而引起大量的自相矛盾。

在1785年出版的《道德形而上学基础》中，康德在西塞罗的基础上发展了义务道德论。在西塞罗看来，义务的根源主要在于认识真理、维系人类的共同体、精神的崇高与伟大，以及言行的节制与谦虚。这就意味着，义务来自人的天性，特别是天性中的社会性或者群体性。康德拒绝了西塞罗将伦理道德集中在荣誉、忠诚、社会性和合宜性这些个人性层面，而主张从纯粹理性角度去探寻普遍义务的观念，集中处理道德的形式，陈述和建立"道德的最高原理"。在康德看来，行为分为出于义务的行为和合于义务的行为。许多从自己利益出发的行为都是合于义务的行为，但是，只有出于义务的行为才有道德价值，而义务的履行则需要预设意志自由。在1787年出版的《实践理性批判》中，康德探讨了自由和道德法则的关系、道德法则和至善的关系以及通过理性的实践运用把我们的知识扩展到经验的界限之外的可能性。自由是道德的预设概念，是使道德成为可能的先决条件，而上帝和灵魂不朽的概念仅仅是纯粹理性合法的需要。因此，从理性的实践需要出发，康德支持纯粹理性宗教或者理性的信仰。在《单纯理性限度内的宗教》（1793）中，康德进一步认为，善就是善的准则，恶就是将偏离善的准则接纳到个人的道德准则之中。因此，按照绝对的且无条件的准则进行理性行动的人就是自由的。借此，康德主张建立一个道德宗教，抨击祈祷、圣仪、朝圣和告解等外在的宗教习俗，认为它们违背了理性与道德，导致了伪善，侵蚀了人们的正直与忠诚。

基于启蒙就是让不成熟的人成为自由且理性的人的观点，康德在1785年对赫尔德的《关于人类历史哲学的思想》展开了批判，认为赫尔德的想象力妨碍了他的理性探讨，否定了赫尔德关于人类共同起源的假说，主张人种的差异以遗传为特征。在赫尔德看来，历史而非理性是我们判定真理和光明的标准，信仰重于思辨理性的探讨。"对道德的 kalon k'agathon（善和美）做无尽的哲学思辨，就像一张脆弱的蜘蛛网：精美无比却毫无用处；……如果你拿走了他们的信仰，用你那永恒的理性是替代不了任何东西的，理性也就枯萎死去。"① 而且，理性是神和教育塑造并教导的，不是什么先天的。"理性需要培养，它不是从天上掉下来的。……如果没有慈父的教导抚育我们成长，并继续发展出好的教义和宗教，人类还会是四肢爬行的动物，就像那位解剖学家想要证明的那样。如果你打断这个链条，如果你把人从语言、教育、习俗、指导和实践的环境中拎出来，那他们就不再是人了。他们的理性也不会发展。"② 在社会的学习和模仿中，人的理性得以成长和演化。"理性是灵魂之观察和运用的汇聚；它是我们人类教育的总和。它的学生就像异国的艺术家，依着已存的、外在的模型，在自身之内完成教育。这就是人类历史之原则，若没有它，人类历史根本不会存在。"③ 这意味着，理性不能代替动态的、活生生的文化和历史，理性和历史是内在联系在一起的。对多样性和独特性的艺术、民族精神、语言和习俗都需要历史性地理解。"我相信无论何处，理性和历史都是联系在一起的，不单如此，理性还是在特定的条件下——这么说吧，是被机缘唤醒——从历史中发生出来。你是从这些机缘中做抽象，从中寻找真理，分门别类，为的是要感受它们的美与和谐。"④

这意味着，康德与赫尔德的争论就是思辨理性与历史理性的价值和功能、对同一性的演绎推理与对生命体独特性的历史理解、数学—物理学的模式与生物学的模式之争。在赫尔德看来，脱离历史事实的单纯抽象思辨是幻想和谬误的根源，因为思辨哲学家是把自己当作无所不知的上帝。实际上他不过是一位具有独特历史经验的个人，误把自己的经验和渴望当做所有人的理性和理想。只有进入历史中，才能理解个人、民族、文化、宗教、艺术的独特性和变化性。而且，每个历史阶段都具有

---

① ［德］约翰·哥特弗雷德·赫尔德：《反纯粹理性：论宗教、语言和历史文选》，张晓梅译，北京：商务印书馆2010年版，第251页。
② ［德］约翰·哥特弗雷德·赫尔德：《反纯粹理性：论宗教、语言和历史文选》，张晓梅译，北京：商务印书馆2010年版，第266页。
③ ［德］约翰·哥特弗雷德·赫尔德：《反纯粹理性：论宗教、语言和历史文选》，张晓梅译，北京：商务印书馆2010年版，第17—18页。
④ ［德］约翰·哥特弗雷德·赫尔德：《反纯粹理性：论宗教、语言和历史文选》，张晓梅译，北京：商务印书馆2010年版，第267页。

其独立的意义，各种思想和艺术都与社会发展的历史紧密相连，神话也是历史的产物。不过，赫尔德在自由观上与康德非常接近，主张人必须有精神自由，按照他自己认为正确的和真的方式，去理解和解释神之言。"自由是一切常识之基础，一切自由表达之德性之基础，人心之基础，人类能够努力向前的全部幸福之基础。"① 而且，赫尔德也认为，人之本性的目的在于人性，在理性和正义的指导下实现人的尊严。"让人为人！让他们按自己认为最好的方式塑造自己的生活。……如此，无论如何，我们都看到人们有权利并运用权利去塑造自身，成为自己认得的那一种人。"② 在实践这条自然法则的过程中，人得以在错误中不断完善人性。

1790年，康德出版了美学著作《判断力批判》，以便处理审美判断的有效性和从道德发展的角度去理解目的论判断与神学的问题。康德将判断力界定为将普遍法则与特殊事物联结起来的能力，并区分了将普遍法则应用于特殊事物之上的规范性判断力和从特殊事物中提炼出普遍法则的反思性判断力，而后者包括审美判断力、自然目的论判断力和历史目的论判断力，从而在《纯粹理性批判》和《实践理性批判》之间架起一座桥梁。《判断力批判》的第一部分分析了判断力与审美意识之间的关系，因为在研究多样化的自然中获得符合知性范畴的普遍法则会伴随某种愉悦的情感和满足。在康德看来，审美愉悦不同于欲望或需求的满足所带来的愉悦，是"唯一一种没有兴趣和自由的愉悦"，而"美者是无须概念而被表现为一种普遍的愉快之客体的东西"。③ 在康德看来，认识就是将先天构建的规则强加于自然和社会的过程，认识的目的就是获得愉悦。与认识获得的愉悦不同，艺术创造的规则和审美获得的愉悦还有助于人性的完善和道德的改进。认识需要理性，审美只需要直觉。这样，真、美、善都统一在人的认识和创造之中。但是，无须概念但又带有主体间普遍同意性质的鉴赏判断是如何可能的呢？康德认为，这是想象力和知性的和谐一致所产生出来、每个人在自由状态下都能期望分享的一种整体"精神力量的娱乐"。艺术作品的独特性在于，它借助于人

---

① ［德］约翰·哥特弗雷德·赫尔德：《反纯粹理性：论宗教、语言和历史文选》，张晓梅译，北京：商务印书馆2010年版，第318页。
② ［德］约翰·哥特弗雷德·赫尔德：《反纯粹理性：论宗教、语言和历史文选》，张晓梅译，北京：商务印书馆2010年版，第26页。
③ ［美］罗伯特·C. 所罗门、凯特林·M. 希金斯主编：《德国唯心主义时代》，储昭华等译，北京：中国人民大学出版社2016年版，第119—120页。

的想象力，生产出一种自然或生活都不存在的完备性的强大刺激力量。在第二部分"目的论判断力的批判"中，康德断言机械力学的方法无法描述生命过程，因为自然的机械作用原理不仅无法理解事物的起源和演化，而且无法获得带有某种目的的有机物与其内部的可能性知识。这种目的绝不是外在功利的目的，而是内在的目的性。这里，康德从宇宙的星云演化理论推进到生物演化的理论设想，尽管带有机械论与目的论的二元色彩。

弗里德里希·谢林将康德称为法国大革命时代的"德国精神的最高代言人和先知"，"不仅在道德科学和政治科学方面，而且直接地或间接地在绝大多数科学方面都奠定了一种新颖的观察方式"。[①] 这表现在，康德的思想影响了德国古典哲学、浪漫主义、历史法学派、自然哲学的发展。费希特、谢林和黑格尔等人为了克服康德的二元论哲学而推动了德国古典哲学的发展，康德的自由观和人性尊严的观点成为安瑟姆·费尔巴哈、胡果和萨维尼等人的法学理论的基础性假设，康德的美学思想在席勒和浪漫主义者中得到发扬光大，康德的进化论思想在歌德和其他生物学家中得到充实和发展，康德的经验论推动了德国的经验心理学的发展。因此，康德的思想是18世纪通向19世纪的一座桥梁。

## 二、康德的道德哲学

康德的道德哲学，即研究意志自由律的科学或自由概念构成的理性知识体系，主要体现在《道德形而上学探本》《实践理性批判》和《道德形而上学》中。在这一系列的著作和《单纯理性限度内的宗教》中，康德提出了独特的人性论和自由观、德性论和道德宗教观，对宗教的道德异化现象展开了批判，设想了一个以理性宗教为核心的伦理共同体社会。

（一）人性论与自由观

人是一个本能、理性、情感、欲望和行动相混合的有机体，都有着在特定的规则下追求自己的幸福和至善的终极目的。人不仅与动物一样有快乐或者痛苦的感受，而且还有渴望快乐的能力和活动。那种与渴望活动发生联系的快乐，或者那种由于渴望对象的存在而产生的快乐，就

---

[①] ［德］谢林：《哲学与宗教》，先刚译，北京：北京大学出版社2017年版，第5页。

是实践的快乐。那些与渴望活动不发生联系，而仅仅附加在心里表述中的快乐，就是精神的快乐。渴望能力的活动构成了人的行动或不行动的力量，而这种渴望能力与追求渴望对象的行动力量的意识相结合，就构成了选择的行动。这种有意识的渴望能力，就构成了意志。

康德将人的那些与欲求能力和任性的使用直接相关的原初禀赋，按照与人的目的的关系分为三类。一是人作为一种有生命的存在者，具有动物性的保存生命的禀赋。保存生命的动机包括以机械性的自爱形式保存自己本身，借助性本能确保种族繁衍的自然欲望以及与他人共同生活的社会本能。人在违背这些自然目的时就会出现饮食过度、荒淫放荡或者野蛮的各种"牲畜般的恶习"。二是人作为一种有生命的理性存在者，具有人性的禀赋。这种禀赋表现为"比较而言的自爱"或霍布斯的统治欲，即在与他人的比较中判定自己幸福与价值。人际竞争和互爱就会产生嫉贤妒能、争强好胜、忘恩负义、幸灾乐祸或者对他人的敌意这些"魔鬼般的恶习"。但是，这些文化的恶习是促进文化进步的动力。三是人作为一种有理性的道德存在者，具有人格性的禀赋。人格性的禀赋表现为对道德法则的敬重和将道德法则当作自由任性的充分动机。这三种禀赋，分别以自然欲望、一般实践理性和纯粹实践理性为根源，都是人性中道德和行动的原初禀赋。

所有缺少理性认识的动物都在实践活动中按照自然欲望或本能行动，受着自然的必然法则支配。具有理性的人类则超越本能而按照意志的准则采取行动，受着自由律的支配。意志就是根据理性法则的观念而行动的能力，而理性则是一种对意志颁布法则和原则的能力。"意志是一种要么产生出与表象相符合的对象、要么规定自己本身去造成对象（无论自然能力是否充足）亦即规定自己的因果性的能力。"[①] 理性不仅提供关于法则的知识，而且要求意志的行动遵循法则的知识。提供法则的知识的理性就是理论理性。将法则的知识付诸于行动，以便克服或者指导冲动的理性就是实践理性。单纯依靠自己就能发现法则的理性就是纯粹理性，而必须将自己与经验结合起来发现法则的理性则是一般理性。一般实践理性就是与欲求对象、经验和具体条件密切相关的经验性的实践理性，即在实践活动中理性受制于欲望和本能的工具理性。那种内在地实践的

---

① 李秋零主编：《康德著作全集》第5卷，北京：中国人民大学出版社2006年版，第16页。

理性或者无条件的实践法则就是纯粹实践理性，即在实践活动中欲望和本能要受制于理性法则的价值理性。一般而言，理论理性发现的法则都是外在的、经验性的并且偶然是实践的，而纯粹实践理性发现的法则则是内在的并且必然是实践的。

如果把纯粹理性看作是一种制定法则的能力，那么，只有由纯粹理性决定的选择行为，才是自由意志的行为。这种自由意志的行为不受感官冲动或刺激的决定，而是受到纯粹理性所制定的各种普遍法则的约束。纯粹理性制定的自由法则分为自然界的自然法则和社会的道德法则。自然法则需要将先验的原则与经验的证明结合起来才能发现，但有时甚至以经验证实的原理作为推导普遍法则的基础。道德法则则排除经验和具体爱好的作用，仅仅建立在合乎理性的先验原则基础之上。"它们给每个人颁下命令，而不考虑他特殊的爱好，仅仅因为他是自由的并且有实践的理性。"① 一切理性存在者都被假设具有自由意志，因为自由只是理性的一个理念。人的行为都是自由意志作用下的行为。这种自由不是无规律或者任意的意思，而是按照普遍的道德律发生作用。"自由的原因必须遵照不变的规律发生作用，但这些规律是自由原因所特有的；其实，离开规律，自由意志就毫无意义。"② 自由是道德法则的存在根据，而道德法则是自由的认识根据。实践理性的真正价值在于根据道德法则追求至善。在康德看来，按照价值理性行动的人就是有道德的，获得了"先验的自由"，不受个体感性冲动的观念规定的至善之人。这样，自由的概念通过实践理性，不仅"构成了纯粹理性的、甚至思辨理性的一个体系的整个大厦的拱顶石"，而且"使上帝和不死的理念获得了客观的实在性和权限"。③

康德将自由分为"先验的自由"和"实践的自由"，或者精神的内在自由和社会的外在自由。先验自由最初是康德用思辨理性来解释自然而设定的概念。即，先验的自由是能够绝对地自行开启一个按照自然规律进行的显象序列的自因，或者原因的一种绝对的自发性。道德性需要

---

① [德] 康德：《法的形而上学原理》，沈叔平译，北京：商务印书馆2009年版，第16页。
② [德] 康德：《道德形而上学探本》，唐钺译，北京：商务印书馆2012年版，第65页。
③ 李秋零主编：《康德著作全集》第5卷，北京：中国人民大学出版社2006年版，第4—5页。

先天综合判断，而对先天综合判断的证实需要一个更为实在的自由概念，一个在先验自由基础上的实践自由的概念和自律概念。① 因而，在实践领域，先验自由被解释为超越自然特别是主体的自身欲求的理性意志和成为一切人性道德的原初根据，使人得以在实践的自由中提升自己的精神界域。"先验自由本质上是一种形而上学的规定性，而且因为不关乎自然质料，而是纯粹的理性形式。也正是因为这个原因，先验自由才是无条件和绝对的。先验自由以这种纯粹的无条件的形式性，给出了自由者的人格，一种绝对不可让渡、不可剥夺的无条件的人格。"② 实践的自由就是在意志作用下的自由行动，分为"一般实践理性"的自由或者"自由的任意"和"纯粹实践理性"的自由或者"自由意志"。自由的任意表现为按照自己的癖好自由地行动，审美鉴赏的"自由美"，通过自然目的论展示在社会历史中的"自由目的"，技术上的实践规则，等等。从对自由任意的强制角度，人的自由分为内在自由和外在自由。内在自由或"纯粹实践理性"的自由要求一个人在给定的情况下控制自己和做自己的主人，即驯服自己的激情、驾驭自己的情欲。外在自由要求一个人在外在的行动中遵循理性立法的规则。

在法哲学和伦理学这两门道德形而上学中，自由都是最高的、基础性的概念，所有其他概念都围绕自由概念建立起来。例如，道德的人格就是受道德法则约束的一个有理性的人的自由，绝对命令就是基于意志自由的实践规则，责任是自由行为的必要性，权利则是任何与责任不相矛盾的被允许去做的自由行为，义务则是使人受到责任约束的行为，物则是意志自由活动的对象，权利则是把责任加于其他人的一种根据等。唯一的区别是，法哲学涉及外在自由法则，而伦理学涉及道德的内在自由法则。德性义务依据自由的自我强制，而法权义务则依据外在的强制。正当地强制别人或外在自由的限制是权利，对自我的正当强制或内在自由的限制就是德性。按照纯粹实践理性的普遍法则而自由地行动就是有道德的，按照一般实践理性的普遍法则而自由地行动就是合法的。

(二) 德性论

康德的德性论是建立在人都具有自由意志和人的存在即是目的本身

---

① ［美］刘易斯·贝克：《〈实践理性批判〉通释》，黄涛译，上海：华东师范大学出版社2010年版，第11页。
② 赵广明：《康德政治哲学的双重根基》，载《哲学研究》，2015年第11期，第78页。

的假设基础上的。① 任何理性存在者的行为都是特定目的和准则下的行为。所谓目的，就是"充做意志自决根据的客观理由的根据"和直接欲求的对象，分为主观目的、技术目的或感性冲动的目的，和客观目的、义务的目的或道德目的。主观目的来自欲望的冲动，客观目的则来自理性的动机。在众多目的中，只有自己的完善和他人的幸福才是自己义务的目的，追求自己的幸福和他人的完善只能是技术的目的。与在行为中理性存在者服从于某种冲动或者他人的意志相比，行为应该是从人这个目的出发的，人自身的存在目的就决定了行为的价值。康德说："我们把有理性者称为人，因为他的本性就证明他就是目的，不能只当做工具。人既然是应受尊重的对象，所以一切对他的任意处理就受某种限制。个人并不是单单主观的目的，不是因为它是我们行为的结果，它的存在对于我们才是有价值的目的；人乃是客观的目的，那就是说，他的存在即是目的，没有什么其他只用它做工具的目的可以代替它；……因此，实践的令式是如下：你须要这样行为，做到无论是你自己或别的什么人，你始终把人当目的，总不把他只当做工具。"②

为了确保人性的尊严或者始终把人当做目的本身，一个人就要有善良的意志，按照纯粹实践理性确立的道德法则，出于义务心而行动。所谓善良意志，就是出于为正当行为之动机的意志，出于对法则的敬重而行动的意志。善良意志不仅是理性的最高的实践目的，而且是评估我们行为的全部机制的基础。或者说，善良意志不仅使我们受到道德法则的约束，而且还赋予我们生活的价值和意义。③ 出于义务心的行为是与个人的直接或间接爱好无关、具有道德价值的行为。

人的义务分为人对人的义务和人对非人类存在者的义务。后者包括人对人下存在者的义务，如保护环境、不虐待动物等，和人对人上存在者的义务，如宗教义务。人对人的义务包括人对自己的义务和人对他人的义务，而人对自己的义务是人对他人义务的基础。人对自己的义务可以从主观和客观两个角度来划分。从主观角度说，人可以把自己视为动

---

① 德性是一个人在遵从其义务时意志克服欲望的道德力量，义务就是法则对自由任性的强制。
② ［德］康德：《道德形而上学探本》，唐钺译，北京：商务印书馆2012年版，第45—46页。
③ ［美］约翰·罗尔斯：《道德哲学史讲义》，张国清译，上海：三联书店2003年版，第215页。

物性的和道德的混合主体，或者纯然道德的存在者。人作为动物性的主体对自己的义务包括保全自己的生命、确保人类繁衍的必要性爱和保持具有动物性的生活享受能力的冲动，从而反对对生命的剥夺、对性偏好的非自然使用和饮食无度的恶习。人作为道德存在者对自己的义务就是确保人性的尊严，即"他不得剥夺自己作为一个道德存在者的优点，亦即按照原则来行动，也就是不得剥夺自己的内在自由，不得由此使自己成为纯然偏好的游戏，因而成为物品"，从而反对说谎、吝啬和阿谀奉承的恶习。① 从客观角度说，人对自己的义务分为限制性的（消极的、否定的、无为的）义务和扩展性的（积极地、肯定的、有为的）义务。限制性的义务就是禁止或阻止违背人性目的而行动，以便在道德的自保和道德健康的前提下保持自己本性的完善。扩展性的义务就是运用许可的力量来命令某个任性的对象成为自己的目的，以便在道德富足的前提下陶冶自己的能力和让自身更加完善。在康德看来，人的本性都有期望幸福和追求幸福的目的，但只有追求他人的幸福才是自己义务的目的，如在物质财富上帮助他人，在情感上协助他人摆脱忧伤、恐惧和痛苦。尽管人没有追求自己幸福的义务，但人却有防止贫穷、匮乏、痛苦的义务，让自己富裕、强大和健康也是一种间接的义务。这就意味着，每一个人都需要按照与自己的义务相关的道德完善来认识自己，清除内在的障碍或者恶的意志，发展源始的向善禀赋。

人对他人的德性义务分为在交互责任中对他人的义务和在他人无责任中对他人的义务。在这两种义务中，对他人的博爱和敬重是最基本的义务。敬重不是人们之间的价值相互比较的情感，而是指一个人通过人性尊严来限制自我评价的一个准则。"人性本身就是一种尊严；因为人不能被任何人（既不能被他人，也甚至不能被自己）纯然当做手段来使用，而是在任何时候都必须同时当做目的来使用，而且他的尊严（人格性）正在于此，由此他使自己高于一切其他不是人、但可能被使用的世间存在者，因而高于一切事物。"② 善意或博爱的义务又分为对有需要的人的行善的义务、感激的义务和同情的义务三种。爱他人的义务准则就

---

① ［德］康德：《道德形而上学》，张荣、李秋零译，北京：中国人民大学出版社2013年版，第199页。
② ［德］康德：《道德形而上学》，张荣、李秋零译，北京：中国人民大学出版社2013年版，第239页。

是，使他人的道德目的成为我自己目的的义务。敬重他人的义务准则是，不要把他人贬低为仅仅是达成我的目的的手段。因此，对他人的爱则是一种广义的、积极的义务，而对他人敬重的义务就是一种狭义的、消极的义务。不过，康德仅仅把交往的德性当做"外围的东西或者附属的东西"，或者"小事情"，其功能仅仅是"促成了德性情感本身，由此人们同时使其他毕竟致力于德性意向的他人承担责任"，以及"使得德性变得可爱"。① 由于秉持孤立主义的道德观，康德就不是从劳动和社会交往中研究伦理道德的形成与发展，而是认为教学和意志的力量就可以培育出道德高尚的人。"德性能够并且必须被教授，这是从它并非生而具有得出的；因此，德性论是一种教义。"② 在德性教育中，一个人就能从模仿和学习逐步过渡到独立的道德判断和健全的理性，通过自己的意志的力量与偏好的冲突中产生道德能力，从而在行动中按照绝对命令或者善良意志行事。

由于义务是具有某些主观限制和障碍的善良意志，是行为在实践上无条件的必要性，因而，一个人的行为就可分为与义务不相容的行为、出于义务心的行为和合乎义务的行为。与义务不相容的行为可能出于特定目的，但与义务相冲突。偏爱贪污腐败、大吃大喝、纵欲或者求得自己幸福的行为都与义务不相容。合乎义务的行为就是那些与义务相容的行为。这些行为或者出于利己的目的，或者受个别或者直接的爱好所驱使。"这样的行为，无论是多么正当，多么可爱，总没有真正的道德价值，只不过与其他爱好居于同等地位——这类爱好，例如好荣誉，假如恰巧目的在于有益公众并合乎义务因而是荣誉的事情，是值得赞美并鼓励，但不值得敬重。"③ 在康德看来，只有出于义务心的行为才具有道德价值，才值得敬重，因为行为的道德价值在于行为本身被决定时所遵循的准则，而不在于"所期望于这个行为的结果，也不在于要从这种结果得到原动力的任何种行为原则"。④ 尊重一个人就是尊重他以身作则的规律，一切对道德的兴趣就表现为对规律的尊重。

---

① ［德］康德：《道德形而上学》，张荣、李秋零译，北京：中国人民大学出版社2013年版，第249页。
② ［德］康德：《道德形而上学》，张荣、李秋零译，北京：中国人民大学出版社2013年版，第251页。
③ ［德］康德：《道德形而上学探本》，唐钺译，北京：商务印书馆2012年版，第13页。
④ ［德］康德：《道德形而上学探本》，唐钺译，北京：商务印书馆2012年版，第16页。

道德规则分为依靠经验的道德规则和依靠纯粹理性推导出来的道德规则两类。依靠经验的道德规则很有用，也许具有普遍性，但并不能称之为道德律。只有依靠纯粹理性推导出来的道德规则才能称之为道德律或道德法则。每一个人的道德行为的准则就是"使得我能够立定意志要我行为的格准成个普遍规律"，以便大家共同遵守它。这样，一个人的行为准则与普遍规律相符合就成为决定意志和行为判断的原则。每一个人在日常实践活动中都会表现出立志将他的行为准则成为普遍规律的想法，并以此作为行为取舍的判断标准。但是，康德认为，不能从经验上来判断一个人的行为是否是道德行为。因为自私的动机、爱好和想象力都混杂在行为和意志之中，以至于无法区分出于义务心的行为和合乎义务的行为，更何况义务往往还需要自我牺牲。同时，经验中没有发生的事情，也并不取消我们对这些原则的需要。因此，我们必须从理性出发，确立道德的最高原理，来判断道德律在每一位理性存在者内心深处的普遍和绝对的适用性。

与自然界的事物按照规律活动不同，理性存在者则是按照理性的原则或者按照他对规律的概念行动。在众多的行动准则中，有些准则只是对理性存在者自己的意志主观有效，有些准则对所有的理性存在者的意志客观有效。所谓客观的、普遍有效的准则就是意志只需要以它自己本身为前提条件，无需依靠把自己与其他理性存在者区分开来的偶然的、主观的条件。只有对所有理性存在者的意志客观有效的准则才能成为实践的法则或者道德准则。一个意志必须遵从的客观原则的提出就是理性的命令。表现理性命令的公式分为有待的（有条件的）令式和无待的（无条件的）令式。有待令式就是欲达到特定目的而必须要采取的理性行动，这个行动就是达到目的的工具或手段。无待令式就是不依赖特定目的就客观地必须采取的理性行动，这个行动本身就符合理性的意志原则。真正的无待令式或者绝对命令不依赖任何一个动机，也不允许对理性的实践原则加以灵活处理，而是只凭自身的权威就可以发出绝对命令的实践规律，并且遵循这个规律就是义务。[①] 因而，义务就是出自对法

---

[①] 一个行为准则是否成为普遍的法则，是历史地演化的，是伴随着生产力的发展和社会交往范围的扩大而逐步被广泛接受的。行为规则的普遍化并不完全是一个有限理性存在者的顿悟或者逻辑推理的问题，而是一个社会构建和意识的问题。马克思后来强调道德的阶级性就与此有关。

则敬重的一种行为必然性。

由于每个理性存在者都是一切目的之主体，一切实践规律制定的客观依据就是规则以及使规则成为规律的普遍性，所以，每个理性存在者的意志都是颁布普遍律的意志。根据这个原则，任何与意志是颁布普遍律者这个观念不相容的行为准则，或者任何在义务心中夹杂着利益的行为准则，都要排除在无待令式之外。例如，自杀或者自我伤害就是把自己当作工具，假许诺或者侵犯别人的财产就是把别人当作工具。因此，自杀就违背了对自己的必要义务，侵犯别人的自由或者财产就违背了对他人的必要义务。康德把自己的意志颁布的普遍规律叫做意志的自律原则，而把按照意志之外的爱好、暴力等强迫人们遵守的原则叫做他律的原则。自律原则是无待令式，他律原则是有待令式。意志的自律是道德的最高原则，而意志的他律则是一切虚假的道德原则的根源。一切理性存在者由共同的客观规律的关系所组成的系统就叫做目的国，而这里的客观规律就是每一个人立志要让他的行为准则成为普遍律的意思。在这个目的国中，理性存在者彼此之间连成一个目的与工具的意志自由关系。一个理性存在者既颁布普遍律又服从这些规律，那么，他就是目的国中的一分子。那些只颁布规律但自己不受别的理性存在者的意志的支配的人就是国中的元首。由于规律是每一个理性存在者本性中固有的和发自他自己的意志，因此，理性存在者在自己的行为准则与普遍规律不一致的情况下就有必要在行动上遵照这个客观原则。

之所以理性存在者有义务遵照这个客观原则去行动，是因为理性存在者感觉按照自己亲手制定的规律去行动就体现了人性的尊严，蕴含着尊重所有理性存在者的最高价值。"在目的国内，个个不是有价值，就是有尊严。凡是有价值的，都可以用别的等值的东西代替；反之，任何高于一切价值，因而没有等值的东西的，就有尊严。"① 其他一切东西的价值就在于满足某个对象，产生功用和利益，而美德的价值就在于满足人自身，自己跟自己立法。因而，服从自己参与制定的道德律既是理性存在者享有美德的原因，也是理性存在者有权参与制定普遍律的前提。在目的王国，每一个理性存在者都会敬重法则，按照同时能够成为普遍法则的那种准则而行动，从而自觉地去维护自己的人性的尊严。

---

① ［德］康德：《道德形而上学探本》，唐钺译，北京：商务印书馆2012年版，第52页。

在康德看来，行动的善恶取决于行动是否符合道德法则，而与行动所带来的快乐或者痛苦无关。凡是符合法则的行动都是善的，凡是不符合法则的行动都是恶的。所谓善恶，就是理性存在者欲求能力或者厌恶的一个对象。按照这种观点，那种把达到惬意的东西称之为善的、把是不惬意和痛苦的原因的东西称之为恶的观点，就是错误的。即使人们的行为符合道德法则，但是，行为的道德性必须除道德法则之外不包含任何别的动机，如偏好和感性冲动。这就是说，行动的道德性不仅要求符合道德法则，而且要求动机的纯洁性。如果动机不纯，符合道德法则的行动就可能是十足的伪善。只有出于道德法则的行动才具有道德性，而符合道德法则但动机不纯的行动则只具有合法性。

一个人所有偏好的总和就构成了自私。自私可以分为自爱和自负。自爱就是对自己本身的一种超出一切的宠爱的自私，其实质是按照任性的主观规定根据使自己成为一般意志的客观规定根据的癖好。而自负则是对自己感到满意的自私，其实质就是使自己成为无条件的实践原则。为了使自己的行动具有道德性，我们的自爱就必须是理性的自爱，即纯粹实践理性将自爱限制在与道德法则相一致的条件上。而且，为了使自己的行动具有道德性，纯粹实践理性还会摧毁人的自大，以便让人格建立在与道德法则相一致的一个意向的确定性之上。在缩小了自爱性质的偏好的范围和清除自大性质的偏好之后，纯粹实践理性就会确保一个人的偏好与道德法则相一致。这时的偏好就是理性统治下的偏好，这时的道德法则就是一种值得敬重的情感。偏好的理性满足即幸福与德性一起在人格中构成了至善，即有德性地和有理性地谋求幸福是两个完全同一的行动。这种对道德法则敬重的情感就是道德情感。这种道德情感不同于其他感性情感的地方在于，它是受实践的纯粹理性支配的，并被用来使道德法则在自身中成为准则的动机。对道德法则的敬重就衍生出对人格的敬重，而人格就是对整个自然的机械作用的自由和独立。人的人格性就体现在人不仅仅是手段，也是目的自身。义务就是按照道德法则排除一切出自偏好的规定根据而在客观上是实践的行动。对于有限理性存在者而言，自由意志和偏好的作用使道德法则无法完全成为人的本性中的一部分，因此，道德法则就是义务的法则，就是行动的绝对命令。对于无限理性存在者或者上帝而言，其所有行动都是出自道德法则，因此，其道德法则就是神圣性的法则。

康德的核心伦理主张，如义务是绝对命令的表达，道德具有自身独立的价值，只有善良意志才是唯一无条件的善，都代表了人们在实际生活中理所当然的道德话语和常识准则。康德道德哲学解释了我们每一个人行动的界限和可能依据的原则，但无法解释各个社会存在各不相同的现实道德原则。"如果这样追问康德，义务是出于对法则的遵从，这法则的内容是什么？建立在什么基础之上？康德是无法回答的，他不过把道德原则和道德基础紧密地结合在一起，这是康德不得不面临的困难。"①

（三）道德宗教观与宗教批判

康德的宗教观是其道德哲学的一部分，是体系化的需要，因为宗教就是把我们的一切义务都认作是上帝的诫命的理念。由于至善是由道德法则规定的意志的必然客体，所以，至善的实现就只能在一种无限进展的进步中才能达到与道德法则的完全适合。人的生命的有限性就需要预设理性存在者具有一种无限绵延的实存和人格性，或者灵魂不死。同时，为了保证与道德性相适合的幸福的可能性，康德还推断出了上帝实存的公设。上帝存在的假设就包含着自然与道德在形式上和动机上的一致，亦即自然的因果性与自由的因果性的合而为一。这就意味着，上帝实存的公设仅仅是确保至善实现的主观需要而由纯粹理性提出的，不能当作一切一般责任的一个必然根据。理性存在者并不存在遵守上帝诫命的客观的义务，而是把它当作纯粹实践理性的自律原则。因此，人们信仰上帝，并不是因为恐惧或者希望，而是纯粹实践理性的内在需要，即让道德成为人们应当配享幸福的学说。

在康德看来，人性无所谓善恶。人性的善恶不在于欲望或者冲动，而在于行为准则的理性程度。恶只能存在于行为准则背离道德法则的可能性的主观根据中。尽管人性蕴含向善的原初禀赋，但是，人性中的原初禀赋在理性中的错误使用就会产生趋恶的倾向。这表现为人心在遵循已被接受的道德法则方面的软弱，人的心灵的不纯正以至于混淆非道德的动机和道德的动机，人的本性的恶劣以至于有接受恶的准则的倾向或者具有一种把出自道德法则的动机置于非道德的动机之后的颠倒倾向。因此，人性善恶区分的关键并不在于行动是否与法则相符合，也不在于

---

① 戴兆国：《明理与敬义：康德道德哲学研究》，北京：中国社会科学出版社2012年版，第234页。

是否存在感性冲动和自然偏好，而在于行为的准则是否与法则始终保持一致并将法则作为唯一的动机。当一个人的行动始终与法则相一致，但在行动中还参杂了功名欲、自爱、同情等动机，那么，这个人的本性中就具有恶的或者越轨的倾向。这种人是行为善良的人，不是道德上善良的人，不是在任何时候都将道德法则作为唯一的和最高的动机的人。"因此，人（即使是最好的人）之所以恶的，乃是由于他虽然除了自爱的法则之外，还把道德法则纳入自己的准则，但在把各种动机纳入自己的准则时，却颠倒了它们的道德秩序；他意识到一个并不能与另一个并列存在，而是必须一个把另一个当做最高的条件来服从，从而把自爱的动机及其偏好当做遵循道德法则的条件；而事实上，后者作为满足前者的最高条件，应该被纳入任性的普遍准则，来作为独一无二的动机。"① "人天生是恶的"无非是说，人意识到了道德法则，但总是把对这一原则的背离纳入自己的行为准则之中，从而在自由的任性中出现了一种趋恶的自然倾向。即是说，一个人在道德上的善恶都是他自由任性的结果，是他把向善的原初禀赋所包含的各种动机接纳或者不接纳入自己的准则的结果。配享幸福就是每一个人所有的准则与法则一致，而自爱被当作所有准则的原则时则会成为一切恶的源泉。因此，从善向恶或者从恶向善的转变是行动准则的转变，"必须建立在按照道德法则对采纳其所有准则的最高内在根据所作出的改变之中，而这个新的根据（新的心灵）本身是不再改变了的"。② 当人们采取合乎法则的行动时，坚定不移地执行准则就会带来德性的改善或者习俗的转变，让一个人成为律法上的善人。但是，当人们采取出自法则的行动时，坚定不移地执行准则就会让一个人成为道德上的善人，这需要一种心灵的转变和革命。③ 但是，要成为一个道德上的善人，不仅要让原初禀赋中向善的种子不受阻碍地发展，而且还需要与人性中恶的原因进行斗争。这种恶的原因不是在人的偏好或者欲望之中，而是在准则的颠倒或者不正确的排序中。"人们所能做的最初的真正的善，就是从恶走出来，而这种恶也不应该到偏好中去寻找，

---

① ［德］康德：《单纯理性限度内的宗教》，李秋零译，北京：商务印书馆2012年版，第33页。
② ［德］康德：《单纯理性限度内的宗教》，李秋零译，北京：商务印书馆2012年版，第49页。
③ ［德］康德：《单纯理性限度内的宗教》，李秋零译，北京：商务印书馆2012年版，第46页。

而是应该到颠倒了的准则中，因而也就是应该到自由自身中去寻找。偏好只是给实施相反的善的准则增加困难罢了。"① 理性的作用在于按照一个人的整体的幸福出发，按照道德法则的要求，将各种偏好的准则有机地排序。只有那些违背道德法则的偏好才是恶的，才是需要加以纠正和根除的。

当人们对道德改进感到无能时，就提出了各种超验的宗教观念为自己的道德观进行辩护，即宗教仅仅是为我们的道德利益服务的工具。这些超验的理念，包括对神恩的狂热、对奇迹的迷信、对神秘的超自然事物的幻觉或者顿悟、对超自然事物施加影响的魔术、对道德上的彻底完善状态的任性追求，完全是纯粹理性超越自己的界限而幻想的结果。② 康德将宗教分为祈求神恩的宗教和道德的宗教。祈求神恩的宗教观认为，人们只要向上帝祈祷，自己无需做其他事情，魔术般地就会获得永远的幸福或者变成更善良的人。道德的宗教观认为，每一个人都必须尽其所能去做，充分发挥自己的向善的原初禀赋，才有机会成为一个更完善的人。至于上帝为自己的永福在何时何地提供帮助，则不是人所考虑的问题。康德认为，犹太教是祈求神恩、依靠奇迹的宗教，而奇迹只能说明道德上的无信仰。基督教则是道德的宗教，是一种建立在心灵和诚实基础上的宗教，而"《圣经》（基督教部分）以一种历史的形式讲述了这种理知的道德关系"。③ 在基督教中，遵守上帝的律令是人类的义务。由于上帝按照人类的自由原则对待人类，错误地运用自己的理性或者恶的原则就在人类社会发展起来。这种恶不是来自原初的自然禀赋，而是来自群体生活中滋生的"激情"或社会欲望。"当他处在人们中间时，妒忌、统治欲、占有欲以及与此相联系的怀有敌意的偏好，马上冲击着他那本来易于知足的本性。……这就足以相互之间彼此败坏道德禀赋，并且使对方变恶了。"④

---

① ［德］康德：《单纯理性限度内的宗教》，李秋零译，北京：商务印书馆2012年版，第53页。
② ［德］康德：《单纯理性限度内的宗教》，李秋零译，北京：商务印书馆2012年版，第50页。
③ ［德］康德：《单纯理性限度内的宗教》，李秋零译，北京：商务印书馆2012年版，第76页。
④ ［德］康德：《单纯理性限度内的宗教》，李秋零译，北京：商务印书馆2012年版，第91页。

由于社会欲望是恶的根源，因此，单个人根本无法摆脱恶的原则的统治。只有建立一个遵照道德法则、并以道德法则为目的的社会联合体，才能期望善的原则对恶的原则的胜利。康德把仅仅遵循道德法则的社会联合体称作一个伦理的社会。如果道德法则具有公共性，这样的伦理社会就被称作伦理的—公民的社会或者伦理的共同体。与在律法的—公民的状态中人们共同地服从强制性的公共的律法法则不同，人们在伦理共同体中是在无强制的或者纯粹的德性法则之下联合起来的。因此，伦理的共同体与政治的共同体在联合的原则、形式和制度方面都不相同，尽管伦理的共同体可以部分地或者安全地处于一个政治的共同体之中。如同政治共同体之前存在一个法律的自然状态一样，伦理共同体出现之前也有一个伦理的自然状态，一种内在的无道德的社会状态。"在这两种自然状态中，每一个人都给他自己立法，而且这不是一种外在的、他认识到自己与所有其他人都遵循着的法则。在这两种自然状态中，每一个人都是他自己的法官，不存在任何一种公共的、具有权力的权威，来按照法则以具有法律效力的方式，规定每一个人在各种出现的场合里的义务，并使义务得到普遍履行。"①

由于不可能强迫人们的内心遵守道德法则，因此，伦理的自然状态就可以存在于法律的自然状态或者政治共同体之中。如果政治共同体的某些人想采取强制的手段来建立伦理共同体，那么，这不仅会造成新的社会的恶，而且还会危及政治制度。在政治共同体中，那些自愿地结合起来进入伦理共同体的人，也必须遵守国家公民成员的相应义务。但是，由于伦理共同体涉及整个人类，因此，在一个社会中出现的少数人的伦理联合体还不是真正的伦理共同体，只能算作是一个特别的社会。"每一个局部的社会，都只是它的一个表现或一个图型，因为每一个局部的社会自身都又可以被想象为处在与其他这一类的社会的关系中，即处在伦理的自然状态中，连同这种状态的全部不完善性（正像各种各样的政治国家，当它们没有通过一种公共的国际法结合起来时，也是这种情况）。"② 在完全处于伦理的自然状态或者出现局部联合的自然状态中，

---

① ［德］康德:《单纯理性限度内的宗教》，李秋零译，北京：商务印书馆2012年版，第92—93页。
② ［德］康德:《单纯理性限度内的宗教》，李秋零译，北京：商务印书馆2012年版，第94页。

每一个人身上都存在社会欲望的恶,在每一个人心中都存在着善的原则与恶的原则的斗争,相互之间彼此败坏了道德禀赋。

由于道德上的至善只有通过人类联合体来能实现,因此,每一个人对人类都有一个独特的义务,即尽可能走出伦理的自然状态和建立伦理的共同体——一个遵循德性法则的普遍共和国。这种独特义务的实现就需要一个更高的道德存在者的理念和服从公共的立法为前提条件。与政治共同体由人类自身作为公共立法者对外在律法进行立法不同,伦理共同体则需要由上帝作为公共立法者来立法。上帝的立法或者诫命不是强制性的法律义务,而是从每一个人的内在意念出发来确立作为上帝子民需要践行的真正义务。这样,伦理共同体就是一个遵循上帝诫命的民族。与神权政治下的律法的共同体必须遵循外在的权力和建立在恶的原则基础上不同,伦理共同体遵循的是上帝的德性法则。一个遵循上帝的道德立法的伦理共同体就是教会。不具有可能经验的对象的教会被称作不可见的教会,即人们在上帝直接的、道德上的世界统治之下联合体的纯粹理念。可见的教会就是人们按照不可见的教会的理想现实地联合为一个整体的教会。真正可见的教会必须具有原理的普遍性、道德动机的纯粹性、交往关系的自由性和宪章的不变性这些特点。尽管教会中有首脑和会众之分,但是,作为上帝之国的代表的教会只能采取类似于具有血缘关系的家庭合作社的制度,而不能采取与政治制度相似的制度,即不能采取君主制、贵族制或者民主制。也就是说,真正的教会只能是上帝子民之间的家族联合体,"这些成员们崇拜这位圣子就是崇拜父亲,并且彼此之间达到一种自愿的、普遍的和持久的心灵联合"。①

在康德看来,犹太教的信仰是一种神权政治的信仰,其上帝被当作一个世俗君主受到敬重,保护的仅仅是犹太民族而排斥所有其他的民族。基督教的信仰尽管包含着道德学说的种子,但夹杂着奇迹和奥秘的证明,服务于压迫人的教会制度和僧侣制度这个神权政治。理性的启蒙让人们恢复了对真正宗教的追求。对真正宗教的信仰就是理性的信仰和造福于人的信仰,即任何具有道德接受能力的人都能够享受永恒幸福的信仰,是一个包含着救赎和在奉行善的生活方式中让上帝喜悦的信仰。上帝,作为道德的世界统治者和人类的道德元首,从理性存在者与人类在道德

---

① [德] 康德:《单纯理性限度内的宗教》,李秋零译,北京:商务印书馆2012年版,第101页。

上的关系的角度看，就是道德上圣洁的立法者、人类的慈善的统治者和道德上的照料者，以及神圣法则的公正的法官的"三位一体"。它不同于对其他宗教的历史性的信仰，即建立在作为经验的启示基础上的信仰。在这些历史性的或者事奉神灵的宗教中，上帝被视为规章性法则的立法者，人们对这种宗教的认识是凭借启示来实现。人们把道德上至善的生活方式与事奉上帝的行为分离开来，忽视了对人的义务也是上帝的诫命之一。在纯粹的理性信仰中，上帝被视为纯粹道德上的法则的立法者，人们通过自己的理性来认识上帝的意志。与纯粹的道德法则的必然性、普遍性和自愿遵从性不同，规章性的立法不仅是偶然的、任意的规定，而且并非对每一个人都具有普遍的约束力。这意味着，在这种历史性信仰或者规章性的教会信仰中，人们的义务是道德义务和公共义务的混合，不仅包括作为一个人对上帝的义务，还包括作为一个尘世的神性国家的公民对教会的义务。历史性的信仰的功能就在于通过包含纯粹的宗教信仰的原则，作为发展纯粹宗教信仰的引导性的手段。当一个教会的领袖们把自己教会的信仰称作正确信仰时，教会领袖们会对不信教者满腹仇恨，对异端者当作传染病人加以隔离，把异教徒当作叛乱者加以惩罚或者开除教门。这样一些事奉神灵的、采取强迫和恐惧手段的宗教信仰就只能是"一种奴役性的信仰和有报酬的信仰"，因而也是不道德的、并非建立在一种自由心灵意念上的信仰。

康德认为，教会的大量规章制度并非必然是上帝的规章性法则，并不具有普遍合法要求的特征，只是教会的虚构或者冒充具有普遍约束力的，"以便用教会章程伪装成神圣的权威给群众套上枷锁"。① 这就意味着，需要按照道德宗教的精神和伦理共同体的要求，来展开对教会的各种规章制度和崇拜仪式进行批判和揭露。在批判地审视和诠释代表上帝启示的《圣经》和各种规章制度中，人们要排除启示文本中不包含任何有益于道德性的字句、象征或者意义，或者与道德性的动机背道而驰的字句或者牵强附会的解释，仅留下与普遍的道德信条相一致的本质性的内容。"而唯有纯粹的道德信仰，才在每一种教会信仰之中构成了在它里

---

① ［德］康德：《单纯理性限度内的宗教》，李秋零译，北京：商务印书馆2012年版，第105页。

面是真正的宗教的东西。"① 除诠释以外，人们还需要对《圣经》从历史角度进行不受国家干预的考证，借助《圣经》产生的状况和当时的风俗来增强对《圣经》神性起源的理解。② 这就意味着，所有历史性的宗教都是政治异化的宗教。纯粹的理性宗教，作为实现伦理共同体的一个手段，不能依靠损害自由的外部革命和偶然幸运的结果来实现，而是必须依靠每一个人心中的自然禀赋和道德禀赋，通过逐步的改革来实现。在这个纯粹的宗教信仰王国和伦理的国度之中，传说、规章、仪式、教士与平信徒的区别都将完全消失。所有的人一律平等，联结在一个不可见的共同政府之下，服从自己规定的、显示世界统治者的意志的法则，实现永恒的和平。

当然，纯粹的理性宗教还是会以教会的感性形式表现出来。当教会官员的学说与纯粹理性宗教的目的一致时，对教会的事奉就是对宗教的真事奉。这种真事奉是在采取善的生活方式中让上帝喜悦的行为。当教会官员，出于教会元首的私利，诅咒纯粹理性宗教的目的或者将教会信仰的历史性规章宣布为唯一造福于人的规章时，对教会的事奉就是对宗教的伪事奉，是把对教会的事奉转化为对教会成员统治和奴役的手段。③ 在这种宗教妄想中，"我们为自己创造了一个上帝"，偶像崇拜和宗教异化的问题又会重新出现。

总之，康德宗教批判的实质在于提出宗教经验的可能性的必要条件，指出真正宗教和虚假宗教的界限。尽管所有服从自己的私人义务的人可能会"偶然地一致趋向一种共同的善"，但是，只有在宗教中，人们才能建立一个遵循公共的道德法则、必然有助于至善实现的共同体。上帝的功能从保证至善实现的实践公设转变为道德世界的统治者，从而增强了道德的力量和实在性。道德宗教的功能从保证实现道德目的的可能性转变为为人们履行道德义务提供动力，道德法则从人的自己立法转变为

---

① ［德］康德：《单纯理性限度内的宗教》，李秋零译，北京：商务印书馆2012年版，第112页。

② ［德］康德：《单纯理性限度内的宗教》，李秋零译，北京：商务印书馆2012年版，第115页。

③ ［德］康德：《单纯理性限度内的宗教》，李秋零译，北京：商务印书馆2012年版，第172页。

上帝的命令。① 结果是，康德的宗教批判和宗教重建"播撒了 19 世纪宗教思想的许多流派的种子"。②

### 三、康德的法哲学

作为近代哲理法学派的开创者和自由政治的理论家，康德在《政治权利原则》（1793）、《永久和平论》（1795）和《法的形而上学原理》（1797）中，阐述了他的法哲学思想，特别是实现外在自由最大化的宪法构建和国际联盟构建的思想。与法学主要研究实在权利和实在法律的实际知识不同，法哲学则研究"有关自然权利原则的哲学上的并且是有系统的知识。从事实际工作的法学家或者立法者必须从这门科学中推演出全部实在立法的不可改变的原则"。③ 康德的全部法律理论都是从他的先验认识论或者理性推导出来的一个基于自由的权利分类体系，并作为他的伦理学说的一个组成部分。

（一）法权论

与德性论关注内在自由和德性义务不同，法权论关注外在自由和法权义务。由于"人应该是自由而有道德的理性生物"，因此，每个人的行为准则同时应该成为他人普遍行为的准则。这种"道德绝对律令"会导致人类行为的最完善的和谐，而法律则是为了保障人类自由与和谐秩序而规定的权利体系。由于权利只涉及"一个人对另一个人的外在的和实践的关系"，表示"他的自由行为与别人行为的自由的关系"，而且不考虑"意志行动的内容"，因此，康德将权利界定为"任何人的有意识的行为，按照一条普遍的自由法则，确实能够和其他人的有意识的行为相协调"的全部条件。根据这个定义，自由行为之间的相互协调就是一条普遍的原则，而限制或者侵犯他人自由的行为就是一种侵权行为。康德这样表述"权利的普遍原则"："任何一个行为，如果它本身是正确的，或者它依据的准则是正确的，那么，这个行为根据一条普遍法则，

---

① 张会永：《德哲学中的道德与宗教之辩》，载《社会科学辑刊》，2011 年第 2 期，第 11—15 页。

② ［美］詹姆斯·C. 利文斯顿：《现代基督教思想》，何光沪译，成都：四川人民出版社 1999 年版，第 152 页。

③ ［德］康德：《法的形而上学原理》，沈叔平译，北京：商务印书馆 2009 年版，第 40 页。

能够在行为上和每一个人的意志自由同时并存。"① 因此，权利就是在不侵犯他人的权利范围内的一种自由行动。这种自由行为以不侵犯他人的权利为界限。

每一个人的权利并不是平均分配的或者完全平等的，而是"与资格相结合的或者与强制的权威相结合的"。这样，康德就将自由与权利的不平等或者强权结合在一起。奴仆在较小的权利范围内是自由的，强权者在更大的权力范围内是自由的。奴仆超出自己的权利范围就会侵犯强权者的权利。在康德看来，越权行为是不允许的。"现在根据普遍法则，凡是妨碍自由的事情都是错误的，任何方式的强制或强迫都是对自由的妨碍或抗拒。因此，如果在某种程度上，行使自由的本身就是自由的妨碍，那么，根据普遍法则，这是错误的；反对这种做法的强迫或强制，则是正确的，因为这是对自由妨碍的制止，并且与那种根据普遍法则而存在的自由相一致。"② 同样，强权者超出自己的权利范围去侵犯奴仆的权利也是不允许的，因为强权者违反了自由并存的准则。由于思想、意图、信念和倾向的内心世界被排除在权利之外，康德反对政府利用法律工具来惩罚持不同的政治信念、伦理信念甚至宗教信仰的人。因此，尽管康德对权利的界定还达不到"法律面前人人平等"的地步，将需求、偏好、信念和意图排除在权利之外，但是，康德确立了强权者与弱者的权利界限，确保了每一个人自由行动和预防的领域，并把任何违背这种权利界限的人都看作是妨碍他人的自由行为。如果考虑到强权者的无法无天，那么，康德在承认强权者的资格和强权的同时，也适当给强权者施加了某种界限，即强权者也要尊重弱者那微小的自由。这就将不受法律约束的专制国家向法治国家迈进了谨小慎微的一步。康德说："权利的法则，如前面所阐明的那样，是在普遍自由的原则支配下，根据每一个人的自由，必然表示为一种相互的强制。于是，权利的法则，可以说是权力概念的典型结构。"③ 也就是说，权利概念只能是一个法治的权利概念，而不是一个无法的权利概念，尽管每一个人实际拥有的权力不同。

---

① ［德］康德：《法的形而上学原理》，沈叔平译，北京：商务印书馆 2009 年版，第 42—43 页。
② ［德］康德：《法的形而上学原理》，沈叔平译，北京：商务印书馆 2009 年版，第 44 页。
③ ［德］康德：《法的形而上学原理》，沈叔平译，北京：商务印书馆 2009 年版，第 45 页。

这个法治的权利概念是从人与人的关系中推导出来的一个确保自由的权利概念，权利即权力的相互强制。康德的良苦用心是，为了给无权者争取一份有稳固基础的权利，就必须主张权利与伦理道德相分离，即将外在的行为与内在的动机相分离。

所有的权利分为天赋的或自然的权利和获得的或法定的权利两种。天赋的权利就是理性赋予人的先验的自由，而获得的权利或者法定权利则是先天权利的社会化和法律化的表现。与权利相对的义务也可以划分为先验的义务和法定的义务两种，而先验的义务包括为理想目的而生活、不侵害他人和确保个人物权的义务。① 在康德看来，天赋自由是"每个人由于他的人性而具有的独一无二的、原生的、与生俱来的权利"，包括思想交流的自由、维持自己生命的自由和成为自己的主人等天赋权利。一个人的天赋权利是"他不受别人约束的权利，但同时，这种权利并大于人们可以彼此约束的权利"。其在法定权利中的功能就是当法定权利存在争议时，人们就可以根据自己的天赋权利来论证应该获得某项法定权利的合法性。自然权利体系由自然的权利和文明的权利，或者私人权利（私法）和公共权利（公法）构成。② 在康德视野中，自然状态就是一种没有分配正义的社会状态，也被称为无法律状态，而文明状态则是建立在分配正义基础之上的社会状态。"在第二种状态中，人们彼此相互间的义务，并不多于和异于前一状态下可能设想到的同样性质的义务，个人权利的内容在这两种状态中其实是相同的。因此，文明状态的法律，仅仅取决于依据公共宪法所规定的人们共存的法律形式。"③ 依据这样的区分，康德将法律分为民法、刑法、国家法和国际法。民法属于私法的领域，而刑法、国家法和国际法则属于公法的领域。

（二）所有权的理性占有理论

在民法部分，康德受到罗马法的影响，研究了占有、所有权、财产的获得、契约形式、权利保护、损害赔偿、婚姻家庭等民事问题，建立

---

① 康德明确地将权利与义务的划分作为法学的基本内容，对后世法学理论体系的结构安排影响巨大。
② 康德把人们生活在一种普遍的、外在的权威和武力以及公共立法状态之下的社会状态称之为文明状态。
③ [德] 康德：《法的形而上学原理》，沈叔平译，北京：商务印书馆2009年版，第139页。

了系统的民法理论体系。如果说权利是主体自由行动的范围，那么，康德就从人与对象或者主体与客体的意志选择关系中来界定占有和所有权。占有就是一个人的自由意志行使范围内的一切对象，即"它的用途处于我的力量之内，我便在体力上能使它按照我的意志成为对我有某种用途的东西"。① 占有被区分为感性的、经验的、物理的占有，和理性的、纯粹法律的占有两种。由于"经验中的占有仅仅对该对象在可以感觉到的外表方面的现象的占有或持有而已"，因此，这个被经验占有的对象就是一个不能被理性认识的物自体。② 经验的占有起源于每个人都可以根据自己的自由意志和拥有共同占有地球表面的天赋权利而对无主土地的占有。因此，经验的占有遵循先占的原则，包含在普遍的原始共同占有之中。但是，经验的占有得依靠力量来维持，缺乏他人承认的基础，他人也没有义务来尊重这种经验的占有。

相反，理性的占有不依赖于空间和时间的条件，只依赖于意志的想象力"在实践上把该物置于我的力量之中并任由我处置"。由于对一个对象的理性占有是通过纯粹理解力能够想象和认识的，所以，这种理解力"就把一种与此对象有关的责任加给其他所有的人"而形成某种约束条件。这种责任和约束就意味着主体的意志与该对象之间存在某种特殊的法律关系。这种对一个对象的理性的、纯粹法律的占有，就被称为所有权或者"我的"权利。康德说："任何东西根据权利是'我的'，或者公正地说是我的，由于它和我的关系如此密切，如果任何他人未曾得到我的同意而使用它，他就是对我的损害或侵犯。使用任何东西的主要条件就是对它的占有。"③ 因此，与物质的占有单纯依靠力量不同，法律上的占有或者所有权就依赖于人的理性、主体的自由和公共立法机关制定的法规。所有权意味着，不仅任何其他人有责任不得侵犯我的意志施加于其上的那个特定的对象，而且我必须承诺我也不会去侵犯别人从法律上占有的对象。"这种互不侵犯属于别人的东西的保证，并不需要特别的法律条文来使其生效，而是包含在一种权利的外在责任的概念之中，因

---

① [德]康德：《法的形而上学原理》，沈叔平译，北京：商务印书馆2009年版，第60页。
② [德]康德：《法的形而上学原理》，沈叔平译，北京：商务印书馆2009年版，第63—64页。
③ [德]康德：《法的形而上学原理》，沈叔平译，北京：商务印书馆2009年版，第58页。

为这种普遍性以及由此而来的相互间的责任,是从普遍法则产生出来的。"① 也就是说,如果权利是一种相互的强制,那么,对某一对象的权利,即所有权,也是人与人之间的一种相互的强制。当他人侵犯了我的所有权或者我侵犯了他人的所有权时,我们都需要依赖公共立法机构制定的法律而不是依靠武力来解决纷争。但是,公共立法机构只能维护而不能侵犯每一个人的所有权,否则就是违反了每一个人的自然权利。这就意味着,康德设想的政府是建立在维护私有产权利益基础之上的。

法律占有的方式包括直接占有、通过契约的间接占有和相互占有三种,分别表现为物权、对人权和物权性的对人权。物权和对人权是罗马法的概念。物权性的对人权则是康德添加的,并被康德认为是他在法学上的一大发现。物权或者在一物中的权利就是假定在某人和所有其他人共同占有某物的前提下某人单独使用一物的权利,或者反对其他任何人对此物的法律占有权。这种法律占有权必须"与自由的公理、权利的公设以及公共意志的普遍立法相一致"。康德仅把物权局限于一个外在对象的所有权、使用权和处置权,而利用普遍的人性权利这个概念排除了每一个人自己对自己的权利。这就表明,康德对私有财产制度的论证,不是建立在人的利益和需要的基础之上,也不是建立在契约订立的基础上,而是建立在自由概念基础之上的相互承认或者普遍同意。根据"非契约论的共识理论",康德反对洛克提出的劳动原初获得理论,认为劳动本身不能形成权利,也不能使他人承担不侵犯的责任。这样,康德不仅反对劳动所有权的理论,而且反对每个人拥有自己的人格权,特别是肉体和生命权。

对人权或人身权就是通过我的意志,去规定另一个人的自由意志做出某种行为的权利。与对物的法律占有需要所有人的联合意志不同,对人权仅需要两个人的自由意志的相互作用。由于对人权"绝对不能是原始的或专断的",那么,对人权只能通过契约转让或者让与的方式实现。根据契约的获得目的不同,契约分为无偿的契约,负有法律义务的契约和告诫的契约。通过这些不同的契约方式,一个人的财产就可以转让或者让渡给另一个人。除了通过契约的方式,人们还可以通过凭时效、继承或者不朽的功绩(好名声)的方式间接占有某物,并获得该物的法律

---

① [德]康德:《法的形而上学原理》,沈叔平译,北京:商务印书馆2009年版,第72—73页。

上的所有权。

物权性的对人权就是一个人把另一个人当作一个物来使用的权利。这涉及家属和家庭的权利，如夫妻、父母子女以及主仆的权利。家庭的权利来自于婚姻契约，而婚姻则是"两个不同性别的人，为了终身互相占有对方的性官能而产生的结合体"。由于婚姻双方都是平等地占有对方的人身和财物，因此，婚姻双方的平等关系就只能表现在一夫一妻制婚姻中。但是，基于自然能力的差别，康德并不反对婚姻中丈夫的绝对权威和妻子的绝对顺从，只要法律赋予丈夫优越地位就可以。① 这就充分说明，康德看重的是婚姻中的形式平等，而不是实质平等。如果婚姻中生育了子女，那么，子女就根据自己的天赋权利要求获得父母的细心抚养，直到他们有能力照顾自己为止。一旦子女达到谋生的年龄，父母就丧失了管教和训练子女的权利，也无权要求孩子补偿他们过去的操心和麻烦，只能根据感恩的责任向子女提出道德义务的要求。但是，父母（家主）和成年的子女或者其他人可以通过签订契约的形式来维持这个家庭。这就形成了主人和奴仆的契约关系。在这种有明确约束条件的主仆契约关系中，主人拥有发号施令的权利，有资格将逃跑的奴仆带回来，需要承担奴仆的子女的教育责任。但是，主人无权把自己当作奴仆的所有者或者物主去对待他们，也不能剥夺奴仆的天赋自由权利，更不能滥用自己的权力将奴仆变成奴隶或者农奴。

(三) 理性国家理论

与霍布斯、洛克一样，康德的国家理论也依赖于自然状态的假设。每个人和每个国家都追求自己利益的自然状态会导致冲突和纷争，危害自己的财产和人身安全。"人们就这样进入了一个公民的联合体，在这其中，每人根据法律规定，拥有那些被承认为他自己的东西。对他的占有物的保证是通过一个强大的外部力量而不是他个人的力量。对所有的人来说，首要的责任就是进入文明社会状态的关系。"② 也就是，人类进入法治状态，并不是基于审慎和功利的计算，而是基于理性的考虑。从自然状态进入法治状态就是为了摆脱物理性占有的不确定性而进入法律占

---

① [德] 康德：《法的形而上学原理》，沈叔平译，北京：商务印书馆2009年版，第103页。
② [德] 康德：《法的形而上学原理》，沈叔平译，北京：商务印书馆2009年版，第144页。

有的确定性状态。"财产是先于国家而存在的法律机制。但是直到国家才对财产所有权做了最终有效的规定,保证它们不受侵犯,强制归还非法获得物,使财产所有者从依靠自己的力量捍卫自己之所有的艰辛中摆脱出来。由于按康德所说,财产对于自由和国家对于财产来说都是理性必然的,所以国家也具有了一种理性必然的机制等级。国家是一个为一级机制即实物所有权、契约以及婚姻家庭服务的二级机制。"① 在这种文明社会状态中,所有人的私有财产都联合起来置于一个公共的普遍的占有者之下。最高的普遍所有者或者统治者不把任何一部分土地当作自己的私有财产。"因为,如果他有私人产业的话,他占有多少就全凭他的高兴了,这么一来,该国就会出现危险,因为所有的土地都被拿到政府的手中,所有臣民都将被当作土地的奴隶来对待。这是由于这些所有者所占有的东西,完全是别人的私有财产,那些失去财产的人便可能因此被剥夺一切自由,并被看成是农奴或奴隶。……然而,也可以这样说,他占有一切,因为他对全体人民拥有最高的统治权利,他把全部外在资财各别地分给人民,这样,由他决定如何分配给每个人,哪些东西应归哪一个所有。"② 在国家不占有私有财产的条件下,每个人的财产和人身安全都会得到保护,暴力冲突减少,暂时性的物理占有也会转变为持久的法律占有。康德视野中的理想国家就是这样的共和国或者政治共同体,即"由所有生活在一个法律联合体中的具有公共利益的人们所组成的"社会。这种理想的国家完全是按照理性的权利原则建立起来的,从而为"每一个真正的联合体提供了规范性的标准"。这样,康德就提出了国家与财产相互依赖的理论,不同于霍布斯提出的财产是国家创设、用以维持和平的工具的理论,也不同于洛克提出的国家是确保财产的工具的理论。

康德认为,每一个国家,作为人民的普遍联合意志,都在原始契约中包含立法权、执行权和司法权这三种政治权力,以人格化的形式体现在立法者、统治者和法官这些个人中。作为最高的政治权力,最高立法者的意志"要被认为是不能代表的;最高统治者的执行职能要被认为是

---

① [德]奥特弗里德·赫费:《康德:生平、著作与影响》,郑伊倩译,北京:人民出版社2007年版,第207页。
② [德]康德:《法的形而上学原理》,沈叔平译,北京:商务印书馆2009年版,第161页。

不能违抗的；最高法官的判决要被认为是不能撤销的，不能上诉的"。① 执法权力的职能是通过颁布布告或者法令而不是法律，来任命官吏并对人民解释规章制度。立法权力的职能是颁布法律，罢免或者改组行政机关。司法权力的职能则是在审判案件和法庭判决中伸张司法正义。在这三个权力中，康德认为立法权因体现了全体人民的联合意志而最重要，行政权次之，而司法权殿后，并统一构成国家的自主权。② 康德认为，理想的政治体制是立法权、执行权和司法权的相互制衡、彼此协作和相互牵制。即，每一种最高权力都有一定的活动范围和原则，都处在一位最高长官的意志指导之下，但是，每一种最高权力都是另一种最高权力的补充，一种权力不能超越自己的活动范围去篡夺另一种最高权力的职能。在这样的条件下，每个臣民的权利才能够得到保障。

这种理想的政治体制，康德称之为"爱国政府"。"一个爱国政府却是这样的一个政府，它一方面把臣民当作大家庭中的成员，但同时又把他们作为公民对待，并且依据法律，承认他们的独立性，每个人占有他自己，不依附于在他之外的或他之上的他人的绝对意志。"③ 在这种理想的政治体制下，公民享有宪法规定的自由、平等和独立自主权。自由就是在与其他所有人的自由相容的范围内，独立于他人意志的控制。平等就是强制的交互性，或者没有人拥有先天的单边的资格去强制他人。独立自主权就是在自身的存在不受制于他人的意义上，每个人都有权主宰自己。因此，平等和独立自主都源于自由这项唯一的天赋权利，违背个人意志的强制就是罪恶的。但是，通过人民的联合意志建立的公共权威机构实现的强制，或者通过个人之间的契约方式实现的权利让渡，不是对他人施加的专断意志，而是合法的强制。据此，康德主张言论自由、艺术和科学的自由，谴责贵族特权、农奴制、专制政体、殖民主义和政府规定的固定的宗教信仰。

在理想的法治国家中，康德认为，人民不能质疑最高权力的来源，只有遵守和服从法律的义务。如果统治者在征税、征兵等问题上违背了

---

① ［德］康德：《法的形而上学原理》，沈叔平译，北京：商务印书馆2009年版，第150页。
② ［德］康德：《法的形而上学原理》，沈叔平译，北京：商务印书馆2009年版，第146页。
③ ［德］康德：《法的形而上学原理》，沈叔平译，北京：商务印书馆2009年版，第151页。

平等的原则，或者统治者滥用权力去侵犯臣民的利益，那么，臣民只能以不公正的名义提出申诉和反对意见。这就意味着，人民只拥有消极的抵抗权或者拒绝权，但不拥有积极的抵抗权或者拒绝权。"最不该的是，当最高权力具体化为一个君主时，借口他滥用权力，把他本人抓起来或夺去他的生命，这还有什么合法性可言呢？哪怕是最轻微地尝试这样做，也是重大的叛逆罪。这样一个有意推翻他的国家的叛徒应该受到惩罚，作为政治上的叛国罪，甚至可以处以死刑。"① 相反，对于被废黜的国王，人民却不能处以死刑，"对国王本人不予任何侵犯，目的在于让这个国王可以离位去过平民生活"。这不仅是因为统治者的所作所为"都是根据必需的权利去做的"，"他自身是不能做错事的"，而且是因为犯法者把自己错误的暴力行为当作自己行为的规则，而暴力行为则是违背自己理性和法治的"一次彻底的堕落"。② 这样，为了维护法治国的形式，康德宁愿让统治者滥用权力，甚至与外国结成同盟来镇压革命和实现复辟，也不愿意让人民进行反抗、革命和处死专制的国王，从而违背了从博丹、格劳秀斯、洛克和普芬道夫把反抗权当作人权的传统。在这里，康德混淆了理想的法治国和现实的封建君主国，认为人民在理想的法治国中无权反抗就意味着，在现实的封建君主国中人民也无权反抗和处死国王，也无权反抗国家恐怖主义和大屠杀，从而利用理想的法治国的精神来为现实的封建君主国的剥削和压迫进行辩护。"对一个已经存在的宪法（政体）造反，就是推翻所有文明的和法律的关系，并且一般地是推翻一切权利（法律）。因此，这不仅仅是对公民宪法的更改，而且还要废除它。"③

现存政体可能会变化，出现与原始的社会契约不一致的情形。比如，统治者根据自己的喜好，将民主政体改变为贵族政体，或者将贵族政体改变为君主政体甚至专制政体。当政体存在缺陷并与原始的社会契约精神不一致时，康德也主张进行宪法改革，让政体趋于完善。当然，宪法

---

① ［德］康德：《法的形而上学原理》，沈叔平译，北京：商务印书馆2009年版，第155页。
② ［德］康德：《法的形而上学原理》，沈叔平译，北京：商务印书馆2009年版，第156—157页。
③ ［德］康德：《法的形而上学原理》，沈叔平译，北京：商务印书馆2009年版，第182页。

的改革不是由人民来改革，而是由统治者改革。① 为此，康德根据公民的独立自主权将公民划分为积极公民身份和消极公民身份。只有拥有积极公民身份的公民，如政府官员、企业主、农场主、大学教授等这些经济实力雄厚的人，才拥有选举权，参与政治事务和管理国家，才有资格成为统治者。贵族和教士这些特殊权力阶层，只能拥有土地的暂时使用权，国家可以随时收回贵族、教会和其他所有者的土地，但需要补偿现存者的利益。学徒、仆人、未成年人、妇女等这些具有消极公民身份的人，就不拥有选举权。这些被统治者有义务遵守法律，服从命令，有权要求法律不违反自然法所规定的自由和平等，有权移居国外生活。尽管有某些设计上的缺陷和现实的妥协，康德的理想的政治体制还是一个法治国家。康德希望，在真正的共和国中，人民不仅代表主权，而且本身就成为统治者，从而取代那些控制政府的代理人，实现真正的人民主权。

在康德看来，刑法是为了恢复人类的理性和谐而做出的努力。其刑法研究的重点在于论证刑罚的正义性和合理性，提倡尊重人格、罪刑法定等主张。在康德看来，任何人犯了罪，都要根据公正和平等的原则来进行处罚，只有统治者例外。统治者犯了罪，只可免除他的最高职位，但不能惩罚他。惩罚的目标是罪行，而不是促进善良的目的。如果把刑法当作某种促进善良的目的，那么，公正和正义就会让位于功利主义的计算，包括犯人在内的任何个人都会变成实现某种目的的手段，而不是目的本身。康德主张，为了伸张社会的公正和正义，对任何犯罪的人要采取罪罚相等或者"以牙还牙"的报复原则。盗窃犯的财产必须全部被没收，因为盗窃行为就等于剥夺了自己财产的安全。谋杀者和参与政治叛乱的人必须处死，但绝不能对他有任何虐待和有损于他的人性。因此，对罪犯的惩罚，是基于法律公正的原则，而不是基于个人的理性。根据这样的理由，康德就主张，减刑或者完全免除罪犯的惩罚，只适用于叛逆罪或者政治犯，不适用于臣民之间的罪行上。总体而言，康德的刑法理论是一种报复理论，而不是一种预防或者社会威慑理论。惩罚是为了一种侵犯法律的行为，并且是按照侵犯法律的情况而实施的。惩罚权不属于受害者和社会公众，而是属于有法律权威的权力机构。权力机构只能按照法庭判决的尺度行动，而法庭又只能按照现行立法采取行动。只

---

① ［德］康德：《法的形而上学原理》，沈叔平译，北京：商务印书馆2009年版，第158页。

有犯罪者才受到刑事惩罚，而惩罚无辜者则会造成一种严重的不公正现象。

（四）理性的国际体系理论

康德的国际体系理论探讨如何从国家之间的无政府状态或者战争状态，过渡到国家之间的法治状态的问题，以便确保每个民族的权利，让地球上所有地区都成为法治状态，实现永久的和平。在康德看来，国家之间的自然状态就是一种无法律的状态，一种战争状态。在这种自然状态中，国家之间盛行强权理论，强者的权力占优势。面对强大邻国的进攻和为了保护本国免受外国的侵犯，弱小国家就有动机建立原始契约，实现民族的联盟，建立国家之间的联邦，以便废除有形的统治权力和实现势力的平衡。但是，在实现国家之间的文明状态之前，每个国家在自然状态中都拥有进行战争的权利。这是统治者对人民所尽的义务。当然，统治者要对敌对国家从事战争，需要得到人民或者人民的代表机关的同意。因此，宣战权属于立法权，而不属于行政权。一旦国家之间因为损害、报复或者随意的反击而造成战争的爆发，这样的战争决不能是毁灭性的战争或征服战争。因为毁灭性的战争或者征服战争会造成民族的灭亡或者精神上的奴役，无助于建立起法治状态。被侵犯的国家可以采取一切必要的抵抗方式和防卫手段进行自卫，或者将入侵之敌赶出本国的领土。但是，被迫作战的国家不能使用间谍、暗杀、投毒、伪造新闻等不讲信义的手段，因为这无助于建立持久和平的信念。入侵国家可以向被征服的敌人强行征税和纳贡，但不得强行剥夺个人财产和掠夺人民。在战争结束之后，战争的双方都要签订和平条约，规定战争者获得的好处，战争赔款费用，交换战俘。这个和平条约不能剥夺被征服的国家和臣民的政治自由，不能将被征服的国家变为殖民地或者奴隶。和平条件要规定一个国家中立的权利，保证和平的权利，结盟的权利和反对一个不公平敌人的权利。

因此，为了实现国家之间的永久和平和建立国家联合体，处于自然状态的国家都有自卫和战争的权利，从事的战争要遵守某些法治的规则，不能进行毁灭性和征服性的战争，要在和平条约中保证一些基本的权利。最终，每个民族都从对地球土地的物质占有过渡到法律占有，建立一个普遍的、和平的和友好的法律占有联合体。在这种世界联合体中，每一个人都对所有其他人处于一种最广泛的关系之中，有权要求和其他民族的人进行交往。这就是"世界公民的权利":所有地球上的人都能在一个不再有战争的世界中自由和公正地交往。康德认识到,要建立世界的永久和平,尽管只是一个梦想、一种虔诚的愿望,但我们有义务去实现它。这样,康德的国际和平方案是建立在所有国家都是法治国家和正义基础之上的联邦体制,与霍布斯依靠国家之间的威慑和军备竞赛实现国际和平的方案不同,也与黑格尔的世界霸权国家理论不同。

总之,康德从社会契约论角度论证国家权威的绝对性,提出了"法治国"的概念,构建了一个与市场经济相对应的法治国模型,强调公共权力在制定法律中的作用和公民具有服从义务的绝对性,重视司法活动在实现社会正义中的重要作用。① 康德的国际法是将其伦理原则推及全人类,提出了通过建立理性法典和国际联盟法而实现世界大同的理想。由于将应然的法律与实然的法律相分离,康德的法哲学是从先验的自由前提出发,通过演绎推理逐渐建立起实在法具体原则与该前提相联系的统一的法学理论体系。这种静态的法律建构主义的好处在于确定与自由、正义和社会和谐相一致的法律规则,以此评判和纠正现行法律中与自由和正义不相一致的法律。但其缺陷在于,它不仅忽视了社会中妇女、儿童、奴仆和大量的普通人的无权利现实,也反对任何形式的离婚和公民的反抗,从而有助于为当时的普鲁士的专制制度进行辩护。

### 四、康德的历史哲学

康德的历史哲学以他的道德哲学和法哲学为基础,同时又以历史进步论为基础假设来探讨理性演化和道德演化的机制及其前进动力。如果说康德的法哲学从普鲁士的专制现实出发对格劳秀斯、霍布斯、洛克与卢梭的自然法理论和孟德斯鸠的政治理论进行了综合和适应性改造,那么,康德的历史哲学则对卢梭的文明异化理论、弗格森的历史辩证法和亚当·斯密的"无形之手"的理论进行了新的综合和批判性改造,以便应对赫尔德的人类历史哲学的挑战。对于康德来说,历史知识本身没有

---

① 按照法律被占有的可能性、真实性和必要性,公共正义被分为保护正义、交换正义和分配正义。保护正义是指,法律明确规定哪些法律关系在形式方面是正确的、得到法律保护的。交换正义是指,交换的对象是符合法律的和占有是合法的。分配正义则是指法庭根据现行的法律在一个具体案件中裁定什么是正确的和公正的。与分配正义和交换正义属于自然权利不同,保护正义只能通过法律行为来实现,以便矫正人际之间的实际冲突。

什么价值和意义，只有与特定的目的联系起来才有意义。由于康德的历史概念不关注一系列历史事件的相互联系，而关注这一系列事件与一个理想的统一的内在目的之间的联系，因此，康德的历史进步观，即人类精神历史的演进是与自由观念的不断深化是同步的观念，能够容纳政治制度和宗教的道德异化现象。

（一）人类进步的独特性

在康德看来，自然是一个经济人，所有动物和人类都是实现大自然目标的一个手段。在自然界，所有除人以外的任何一种动物都能充分地利用本能最经济地实现大自然的目标，而任何一个人却因为理性的不完善而无法单独地实现大自然的目标。人类要实现大自然的目标却受制于人的理性需要自己去发展的现实。按照大自然的经济原则，人类充分地利用理性最终可以达到完满的状态。但是，理性的充分发展只能通过人类社会在一定制度约束下的社会对抗性才能实现。因此，人类的历史就是理性的实践运用在时间序列中展示的印记，这个印记就是"人类物种的完美的公民结合状态"。康德说："人类的历史大体上可以看作是大自然的一项隐蔽计划的实现，为的是要奠定一种对内的、并且为此目的同时也就是对外的完美的国家宪法，作为大自然得以在人类的身上充分发展其全部禀赋的唯一状态。"① 这样，人的理性的不完善是其演化的前提，而动物本能的完善则阻止了动物演化的动力。可以说，康德的精神演化是与生物演化相分离的。

（二）人类的理性演化

在《人类历史起源臆测》一文中，康德构造了理性是如何在本能基础上进行演化和人类得以超出动物社会进行历史演化的猜想。第一步，构造本能以外的欲望。如果说所有的动物的欲望满足都受本能的驱使，那么，人的理性却可以靠想象力的帮助制造出种种欲望来。最初尝试满足这种制造出来的欲望的成就增加了人的选择生活方式的能力，也增强了人们去尝试满足新的欲望的倾向。第二步，发展情感而节制感官冲动。与动物的欲望需要感官接触才能满足不同，人的理性则尝试在想象中满足或者节制自己的欲望。这便是爱情、谦虚、友谊等道德和文化的起源。

---

① ［德］康德：《历史理性批判文集》，何兆武译，北京：商务印书馆2009年版，第16页。

第三步，深思熟虑地期待着未来。为遥远的未来进行思考和准备的能力，既是"人类的优越性之最有决定性的标志"，也是"无从确定的未来所引起的忧虑和愁苦的无穷无尽的根源"。① 这增加了人类储蓄、节约和发明创造的意愿，也促进了人的理想的培养，更是增加了人类对未来的恐惧和对不朽的渴望。寻求宗教的安慰与现实的和解就成为一种有效的解决手段。第四步，人认识到自己是大自然的目的和宇宙的中心，大自然中的一切都是服务于自己的手段和工具。每一个人都是大自然的目的和其恩赐的"平等的分享者"这个观念，不仅意味着每一个人"就其本身就是目的"而言需要获得别人的尊重，而且意味着每一个人都要对自己的意志加以限制，从而对社会的建立提供了必要的条件，还意味着在历史进程中实现自然的意图。尽管动物的本能在任何单个的动物身上都会得到充分的实现，但是，由于人的生命的有限性，理性能力的实现只能依赖于人类的整体"通过无限多的世代系列中的进步"，以便"最终把我们的类的自然胚芽推进到完全符合自然意图的那个发展阶段"和实现自然的意图。

根据这种理性演化的观点，康德认为，《圣经》关于亚当和夏娃被驱赶出伊甸园的故事，只不过意味着人类"从单纯动物的野蛮状态过渡到人道状态，从本能的摇篮过渡到理性的指导"，或者"从大自然的保护制过渡到自由状态"。② 从本能向理性的演化过程，对人类来说是从野蛮到文明状态的过渡，对个人来说却是从自然的无知和无辜状态向人为的犯罪和道德堕落的状态过渡。康德说："因此，大自然的历史是由善而开始的，因而它是上帝的创作；自由的历史则是由恶而开始的，因为它是人的创作。对个人来说，由于他运用自己的自由仅仅是着眼于自己本身，这样的一场变化就是损失；对大自然来说，由于它对人类的目的是针对着全物种，这样的一场变化就是收获。因此之故，每一个人就有理由把自己所遭受的一切灾难和自己所犯下的罪恶，都归咎于自己本身的过错；然而同时作为整体（作为整个物种）的一个成员，则应该惊叹和

---

① ［德］康德：《历史理性批判文集》，何兆武译，北京：商务印书馆2009年版，第67页。
② ［德］康德：《历史理性批判文集》，何兆武译，北京：商务印书馆2009年版，第70页。

赞美这种安排的智慧性与合目的性。"① 这种"智慧出,有大伪"的文化发展状态,被黑格尔巧妙地称作"理性的狡计"——个体的恶是整体的善的驱动力。按照亚当·斯密的说法,每个人有意识的行动却在无意中推动了历史的进步。

(三) 人类的道德演化

为了证明大自然存在一个隐蔽的计划或者人类历史改善的"自然的目标",康德在《世界公民观点之下的普遍历史观念》一文中根据目标与手段之间的关系做出了如下的假设:第一,所有的被创造物的全部自然禀赋都注定了要充分地并且合目的地发展出来。第二,动物的本能在任何一个动物身上都会充分地发展出来,但人类的理性却因为生命的有限性不能在单个人身上,而需要在整个物种的时间序列中充分地发展出来。第三,所有的产品、智慧和意志的善良都是人类创造的产物,人类理性的目标就是在世代的奋斗中创造自由的幸福或者美满的生活。康德说:"人类并不是由本能所引导着的,或者是由天生的知识所哺育、所教诲着的;人类倒不如说是由自己本身来创造一切的。生产出自己的食物、建造自己的庇护所、自己对外的安全与防御……一切能使生活感到悦意的欢乐、还有他的见识和睿智以至他那意志的善良,——这一切完完全全都是他自身的产品。"② 第四,推动人类的全部禀赋特别是理性前进的手段是人类在社会中的对抗性或者单独化的倾向。康德认为,人的社会性具有社会化和单独化两种倾向。人的社会化就是指人有彼此结合为社会的倾向,人的单独化是人类的非社会的社会性,即在社会中具有分裂社会的一种倾向。人在社会化中才能充分发展自己的自然禀赋和感觉到自己的人性,在单独化或孤立化的倾向中意图"一味按照自己的意思来摆布一切"和克服一切阻力来凌驾于一切人之上。康德说:"正是这种阻力才唤起了人类的全部能力,推动着他去克服自己的懒惰倾向,并且由于虚荣心、权力欲或贪婪心的驱使而要在他的同胞们——他既不能很好地容忍他们,可又不能脱离他们——中间为自己争得一席之地。于是出现了由野蛮进入文化的真正的第一步,而文化本来就是人类的社会价

---

① [德]康德:《历史理性批判文集》,何兆武译,北京:商务印书馆2009年版,第70—71页。
② [德]康德:《历史理性批判文集》,何兆武译,北京:商务印书馆2009年版,第5页。

值之所在；于是人类全部的才智就逐渐地发展起来，趣味就形成了，并且由于继续不断的启蒙就开始奠定了一种思想方式，这种思想方式可以把粗糙的辨别道德的自然禀赋随着时间的推移而转化为确切的实践原则，从而把那种病态地被迫组成了社会的一致性终于转化为一个道德的整体。"① 也就是说，每一个人在社会中追求私利所带来的社会对抗和阻力才是人类前进的根本动力。

康德说："因此，让我们感谢大自然之有这种不合群性，有这种竞相猜忌的虚荣心，有这种贪得无厌的占有欲和统治欲吧！没有这些东西，人道之中的全部优越的自然禀赋就会永远沉睡而得不到发展。……人类要求生活得舒适而满意；但是大自然却要求人类能摆脱这种怠惰和无所作为的心满意足而投身到劳动和艰辛困苦之中去，以便找到相反的手段好把自己非常明智地再从那里面牵引出来。"② 这种自然与人类的辩证法产生了人的自然禀赋的发展的可能性。这种可能性要成为现实性，就需要建立一个普遍法治的公民社会来确定自由对抗的限度。康德说："唯有在社会里，并且唯有在一个具有最高度的自由，因之它的成员之间也就具有彻底的对抗性，但同时这种自由的界限却又具有最精确的规定和保证，从而这一自由便可以与别人的自由共存共处的社会里；……大自然给予人类的最高任务就必须是外界法律之下的自由与不可抗拒的权力这两者能以最大可能的限度相结合在一起的一个社会，那也就是一个完全正义的公民宪法。"③ 但是，确立一部充满正确、经验和善意的宪法，又受制于人的动物本性。由于任何自私自利的人都有可能滥用自己的自由和权力，因此，公正无私的宪法就不能依赖于任何正直无私的首领或者集体，只能依赖于国家合法的对外关系即国家之间的有节制的对抗性。由于任何一个共同体都会像任何一个人那样具有权力欲和统治欲，国家之间只有经过反复的冲突、破坏和毁灭之后才能达成和平的协议，组建一个确保相互安全和权利的国家联盟。个人和国家为追求权力和地位的博弈行为，源源不断的竞争、冲突、战争和摧毁，而不是追求私利的无

---

① ［德］康德：《历史理性批判文集》，何兆武译，北京：商务印书馆2009年版，第7页。
② ［德］康德：《历史理性批判文集》，何兆武译，北京：商务印书馆2009年版，第7—8页。
③ ［德］康德：《历史理性批判文集》，何兆武译，北京：商务印书馆2009年版，第9页。

意识后果，才会导致公民社会和国家联盟的建立和法治社会的出现。

（四）人类社会的演化与异化

从野蛮状态摆脱出来之后，人类就进入了采集狩猎时期并逐步转化到驯养牲畜和农业生产的时期。① 为了争夺土地，牧人的自由放牧生活与农业的定居和产权保障的生活就会发生冲突。农业就会从游牧业中分离出来，形成村庄和城市以便保护自己的财产，进行交易，从而产生了文化、艺术、娱乐和工艺。农业和城市生活不仅为公民宪法和公共正义奠定了基础，而且也滋生了社会的不平等。游牧民族与农业民族之间的长期土地争夺和连绵不断战争也因此限制了专制主义的发展，为内部自由的发展奠定了基础。在康德看来，战争需要物质财富，而人们只有在自由的前提下才能创造财富和支付战争的费用。但是，随着城市繁荣的发展，牧人便放弃了游牧生活而被吸引到城市和农村生活中，从而造成游牧民族和农业民族的融合，结束了战争。代价是，在不受战争威胁的情况下，农业民族的内部自由也被剥夺，专制制度和野蛮状态中的全部罪恶交织在一起而得到发展。但是，地球上的民族和国家是如此之多，对意外突袭的担忧和战争的恐惧让每一个国家都对未来的战争进行长期的准备。"国家的全部力量、它那文化的全部成果，本来是可以用之于促进一个更高的文化的，却都被转移到这上面去了；自由在那么多的地方都遭到了重大的损害，国家对于每一个成员那种慈母般的关怀竟变成了残酷暴虐的诛求，而这种诛求却由于外来危险的威胁，竟被认为是正当的。"② 这种损害自由的战争和专制被认为是推动文化发展的动力。"因而，在人类目前所处的文化阶段里，战争乃是带动文化继续前进的一种不可或缺的手段。唯有到达一个完美化了的文化之后——上帝知道是在什么时候——永恒的和平才对我们是有益的，并且也唯有通过它永恒的和平才是可能的。"③ 这样，康德就把人类的历史分为原始野蛮时期、采集狩猎、游牧与农业并行的时期、农业社会的专制时期和未来的永久和

---

① 在《国富论》的第五卷第一章中，斯密认为人类在摆脱野蛮状态之后先后出现了狩猎社会、游牧社会、农业社会和现代商业文明社会。
② ［德］康德：《历史理性批判文集》，何兆武译，北京：商务印书馆2009年版，第78页。
③ ［德］康德：《历史理性批判文集》，何兆武译，北京：商务印书馆2009年版，第78页。

平时期。

人类不能对各个历史时期的灾难、不幸和道德堕落进行抱怨，因为所有历史时期都是人类自身不满足先前的状态而进行理性选择和行动的结果。这就意味着，祖先的原罪、天意或者末日审判是不存在的，它们只不过是人类自己误用或者未使用自己的理性的一种托词。对于"末日审判"和世界充满了"恐怖的终结"的提法，康德认为，这一方面是人的理性希望存在一个终极目的来判断自己的生命和行为的价值，另一方面是理性对现实的谎言、腐败、不平等和道德堕落感到绝望，希望采取极端的手段来对其惩罚并恢复社会的公平与正义，以继续生存的希望。其实，各种罪行和道德败坏层出不穷的根本原因，就在于理性的进步快于道德的进步。康德说："在人类的进步过程中，才能、技巧和趣味（及其后果，逸乐）的培育，自然而然地要跑在道德发展的前面；而这种状况对于道德以及同样对于物质福利恰好是负担最大而又最为危险的事，因为需求的增长要比可以满足他们的手段更强烈得多。"① 当道德进展的速度超过理性进步的速度时，永久和平的时代就来临了。

问题是，如何让道德的进展速度超过理性进步的速度？退一步说，人类在道德改善、停滞和倒退三种状态中，如何在未来具有道德改善的可能性？在《重提这个问题：人类是在不断朝着改善前进吗？》（1797）中，康德试图回答这个问题。之所以提出这样一个问题，是因为政治家们采取了一种让预言自我实现的政策方式和人的自由行为的不可预知性。许多政治家认为，人的本性很邪恶，于是采取各种"不正义的强制、通过政权随手捏造背信弃义的阴谋"的措施，强迫人们自由地表现出"固执不化而又反叛成性"的人性邪恶。这种自己"制造了并布置了他所预先宣告的事件"的政策，就构成了一部"先天"的历史。在先天地预告未来的历史中，"恐怖主义的人类历史观"认为人类的堕落和罪恶已经达到顶点，末日审判和更新的世界即将来临；"幸福主义的人类历史观"则认为，人类天性中的善恶总量是固定的，善的增加是以恶的减少为前提的；"阿布拉德主义的人类预先决定自己历史的假说"则认为，人的愚蠢本性让人不能在善的道路上持续不断的前进，善与恶"有进有退地交互进行"，以至于人们始终表现出停顿和停滞的倾向。在康德看来，法

---

① ［德］康德：《历史理性批判文集》，何兆武译，北京：商务印书馆2009年版，第88页。

国大革命所宣布的自由和平等的原则以及创建的公民权利体制和能够"避免侵略战争的"共和制,就足以作为一种"示意"和"历史符号",表明"人类的特性和能量乃是他们朝着改善前进的原因及其创造者"。①这些改善包括暴力行为的减少,遵守法律的人增多,人们更讲信用良好行为更多。改善的手段是"自上而下"的教育。但是,一个国家却可以采取许多政策措施来阻止道德改善的可能,如禁止教师们"把人民对于自己所属的国家的义务和权利公开地教导给他们",采取欺骗的手段掩饰宪法或者法律的真正性质来阻止人们"去寻求真正的、遵守权利的体制",从事侵略战争。为了促进道德的改善,人类要确保战争"首先是一步一步地人道化,从而逐步地稀少起来,终于是完全消灭其作为侵略战争,以便走入一种按其本性来说是奠定在真正的权利原则的基础之上的而又不会削弱它自己并能坚定地朝着改善前进的体制"。②

(五)历史演进的动力:斯密、康德与黑格尔的比较

在摆脱神学史观之后,近代思想家非常关注历史演进的动力机制。他们大多从人性中寻找历史演进的动力。例如,伯纳德·曼德维尔在《蜜蜂的寓言》中论述了人性的恶在社会进步中的地位和价值;维柯认为,历史是一个有自身规律的、由人们的自私行动创造的、让自私的人学会关心整个社会利益的进步历程;伏尔泰把历史看作是善与恶不断斗争、善最终取得胜利的过程;卢梭认识到,人的理性和自我完善化的能力是道德败坏的根源,科学和艺术的进步同时也是社会风尚的退步。在这个思想序列中,亚当·斯密的"无形之手"、康德的"自然意图"和黑格尔的"理性的狡计"的影响非常显著。

亚当·斯密的"无形之手"原理奠定了市场经济的基础。在斯密看来,每个人有意识地追求自己的私利,会无意识地促进劳动分工、供需的平衡和社会的繁荣,从而推动历史的进步和经济的增长。在《世界公民观点之下的普遍历史观念》一文中,康德表达了类似的观念:"当每一个人都根据自己的心意并且往往是彼此互相冲突地在追求着自己的目标时,他们却不知不觉地是朝着他们自己所不认识的自然目标作为一个

---

① [德]康德:《历史理性批判文集》,何兆武译,北京:商务印书馆2009年版,第155页。
② [德]康德:《历史理性批判文集》,何兆武译,北京:商务印书馆2009年版,第166页。

引导而在前进着，是为了推进它而在努力着；而且这个自然的目标即使是为他们所认识，也对他们会是无足轻重的。"① 据此，李秋零（1991）将康德以"大自然的隐蔽计划""大自然的智慧""森林之喻""无目的的合目的性"等语言形式表达的"无形之手"，解释为追求私利是历史的动力，是大自然实现自己意图的手段，因而，以恶为动力的历史却是向善的进步。这种观念上的相似性不仅被归结为两人"在学术见解上的'灵犀相通'"，②而且被归结为两人具有相似的基督教和牛顿力学的背景。③ 但是，这种简单的类比不仅忽视了康德熟悉亚当·斯密的《道德情操论》和《国富论》，在法哲学中大量引述斯密的经济学观点，而且没有注意到康德对斯密"无形之手"原理的批判性改造，犹如康德对卢梭的政治理论或休谟的因果性理论进行批判性改造一样。"亚当·斯密思考的是人类社会最核心最根本的问题，即每一个个体的行为原则与社会政治立法的原则之间如何协调默契的问题。这恰恰是康德实践哲学的核心逻辑，是康德政治哲学所要解决的核心问题。"④ 康德通过一般实践理性和纯粹实践理性的区分解决了"斯密问题"，行为的道德性就体现出来。同时，康德通过内在自由和外在自由的区分，设立了市场经济运行的国内法治和国际和平的条件。两者的不同之处在于，斯密将无形之手限制在社会经济领域，而康德则将其推广到人类的精神历史领域，作为理性演化和道德进步的动力机制；在人性利己动机问题上，斯密认为它是正当的、无所谓善恶，康德则认为它是恶的动机；在私利的问题上，斯密强调物质利益的追求，康德则重视社会的统治欲望；在私利与社会的关联机制问题上，斯密强调行为的未预期后果，康德则重视力量的对抗和有意识的博弈。斯密的无形之手原理更具经济学传统，与曼德维尔存在直接的关联；康德的"自然意图"更具政治学传统，与霍布斯和维柯存在直接的关联。因此，斯密和康德两人的"无形之手"在本质上是不同的。

黑格尔的"理性的狡计"显然来自于康德的"自然意图"。在黑格

---

① [德]康德：《历史理性批判文集》，何兆武译，北京：商务印书馆2009年版，第2页。
② 韦森：《经济学如诗》，上海：上海人民出版社2003年版，第94页。
③ 莫贤梁：《大自然的隐蔽计划：斯密与康德的无形之手思想诠释》，载《理论界》，2013年第1期。
④ 赵广明：《康德政治哲学的双重根基》，载《哲学研究》，2015年第11期，第83页。

尔看来，理性的狡计就是，"让事物按照它们自己的本性，彼此互相影响，互相削弱，而它自己并不直接干预其过程，但同时却正好实现了它自己的目的"。① 理性的狡计表现在认识活动与每个规定之间、客观规律与具体事物之间、人的目的与外在客体之间、普遍的东西和特殊的东西之间的关系中。在历史领域，理性的狡计表现为，理性驱动人的私利或者欲望为自己工作，而个人的欲望和需要是推动历史前进的动力。黑格尔说："那寻求和实现自己目的的个人生活和民族生活，它们的一切表现同时也是更高的目的和更宽广事业的手段和工具。而当它们这么做的时候，对那更高的目的和更宽广的事业是无知的，它们是在不自觉的状态下去实现这个目的和事业的。"② 李秋零谈到康德的自然意图和黑格尔的理性狡计之间的一致性："在两位思想家的历史哲学中，都有一个拟人的主体（自然、理性）的意志（意图、狡计）决定着历史的必然进程；它们都需要一种现实的力量供自己驱策，自己却躲在幕后悄悄地实现自身的目的；这个现实的力量也就是人的恶劣的情欲及其引起的行动，以及它们之间的对抗、斗争；历史的发展最终都表现为一种合规律的、合目的的进步过程。"③ 但是，两人的差别还是明显的：第一，黑格尔从强调历史的必然性出发将历史发展的规律变成为一种生硬的、预定的模式，将历史看成是精神在时间中展开的过程，忽视了其中的偶然性和特殊性，而康德的理性是高度可塑的、不确定的。对于黑格尔来说，历史是已经完成了的，事物的本质出现在结果当中。这是"事后"看待历史的方式。对于康德来说，历史是有待生成的。尽管我们不能预见未来的历史发展，但是，我们能够设定前提，并确信它，以便历史朝向一个"目的王国"运动和道德律令的实现。第二，黑格尔将历史的主体赋予了精神，而将个人和民族当作精神摆布的工具，康德认为历史的主体是人，历史的发展是人的自然禀赋和文化的全面发展。第三，黑格尔将理性等同于上帝，世界历史就是上帝计划的见诸实行，康德则将理性和上帝分开，理性则依靠人去发展。这就是黑格尔的"理性是世界的主宰"与康德的

---

① ［德］黑格尔：《小逻辑》，贺麟译，北京：商务印书馆1994年版，第394页。
② ［德］黑格尔：《黑格尔历史哲学》，潘高峰译，北京：九州出版社2011年版，第95页。
③ 李秋零：《从康德的"自然意图"到黑格尔的"理性狡计"——德国古典历史哲学发展的一条重要线索》，载《中国人民大学学报》，1991年第5期。

"人是目的"的区别。①

## 五、马克思对康德的继承与批判

康德对马克思的影响很少有系统而深入的研究。现有的研究,不是过少地,就是过多地谈到康德对马克思的影响。之所以过少,是因为德国古典哲学对马克思的影响在传统上主要被归结为黑格尔和费尔巴哈的影响,从而留给康德的空间很小。之所以过多,是基于对"过少观"的矫枉过正,从而将大量的,但缺少具体联系机制的马克思的思想归结为康德的影响。阿尔都塞是"过多观"的代表。阿尔都塞说:"除他的意识形态哲学时期的最后一部著作外,青年马克思实际上(学生时代的博士论文不算在内)从来不是黑格尔派,而首先是康德和费希特派,然后是费尔巴哈派。广为流传的所谓青年马克思是黑格尔派的说法是一种神话。……今天,我们比任何时候都更应该看到,黑格尔的影子是最重要的幻影之一。必须进一步澄清马克思的思想,让黑格尔的影子回到茫茫的黑夜中去。"② 科莱蒂(Colletti, 1973)认为,马克思主张的思想与存在的异质性,不同于黑格尔的思想与存在的同一性哲学,更多地隐藏着康德哲学的巨大身影。芬维斯(Fenves, 1986)认为,马克思的博士论文试图解决黑格尔的逻辑学和康德的自然科学之间关于科学本质争论的问题。俞吾金(2009)认为,马克思的实践、自由和决定意志的物质生产关系的概念来自于康德的"实践理性"和"物自体"概念的剥离和揭秘。内田弘(2015)认为,马克思的博士论文的主要任务就是要对康德的《纯粹理性批判》进行总体性的批判。在柄谷行人(2013)看来,马克思对黑格尔的观念论体系的颠倒不仅是简单的头足倒置的颠倒,而且是前后的颠倒,即从黑格尔退回到康德的历史观。这两种观点,都不是从马克思的思想的内在形成和演变的角度,而是从文本的简单类比或者术语使用的类同的角度,来论证康德对马克思的影响。

这一部分从康德思想的内在缺陷、马克思对康德著作的阅读及分析批判的角度出发,来论证马克思对康德的继承与批判。青年马克思的思

---

① 俞吾金:《从康德的"理性恨"到黑格尔的"理性的狡计"》,载《哲学研究》,2010年第8期。

② [法]路易·阿尔都塞:《保卫马克思》,顾良译,北京:商务印书馆2016年版,第15—16页。

想发展历程经历了一个接受和认可康德的道德哲学和自由观到逐步批判康德的物自体与现象相分离、外在自由与内在自由的分离、自由与自然的对立以及善良意志的过程。更为重要的是，马克思还批判了康德的私有财产理论和理性国家理论。在此基础上，马克思认识到，先天综合判断是不存在的，所有的认识都要依赖于社会生产力的发展，并在生产力的基础上不断扩大认知的范围和深度。当然，康德的著作中包含的政治经济学思想、分工思想和实践观对马克思的影响也不容忽视。

（一）康德对马克思影响的文本证据

由于受到新人文主义的教育和父亲的影响，康德的道德哲学在马克思的中学时代就扎下根来。马克思在中学德语作文《青年在选择职业时的考虑》中充分展示了康德的或新人文主义的道德理想，对功利主义的职业道德观展开了批判。在戏剧《乌兰内姆》中，马克思进一步对功利主义的爱情观进行了批判。马克思的父亲多次在信中谈到马克思要出于义务遵守爱情的承诺，反对功利伦理学。亨利希·马克思说："只有当你的心始终是纯洁的，它的每一次跳动都是真正人道的，任何一个恶魔都不能使你的心疏远那些比较美好的情操，——只有那时候，我才会得到我从你那里梦寐以求的幸福。"① 在1835年11月18日的信中，马克思的父亲谈到，愿望的价值随着实现程度的增加而不断降低，而马克思在写诗的理想中很难找到幸福。"因为遵循这种思想，人们就会消除不道德的享受，甚至把容许享受的东西也予以推迟，为的是以此来保住自己的愿望，或者甚至获得更高的享受。我［认为］康德在他的《人类学》中就说过类似的话。"②

在大学时期，马克思阅读了康德的《实践理性批判》和《道德形而上学》等法哲学的著作，按照康德的法学分类体系撰写了一部未流传下来的法哲学手稿。马克思不仅认识到了实然与应然的对立，还在《黑格尔：讽刺短诗》中谈到"康德和费希特喜欢在太空遨游，寻找一个遥远的未知国度"。康德的伦理共同体早已引起了马克思的关注。马克思在博士论文中证明，自由不仅存在于道德实践中，而且存在于原子的偏斜运动中，从而对康德关于自然与自由相对立的观点进行了质疑。在博士论

---

① 《马克思恩格斯全集》第47卷，北京：人民出版社2004年版，第542页。
② 《马克思恩格斯全集》第47卷，北京：人民出版社2004年版，第519页。

文的附录中，马克思不仅认为"对神的存在的证明不外是空洞的同义反复"，而且认为康德在《纯粹理性批判》中对神存在的本体论证明、宇宙论证明和自然神学证明的批判"也毫无意义"。这是因为"康德所举的例子反而会加强本体论的证明"，以及每一个人都会"受到幻想和抽象概念的支配"。①

在《莱茵报》时期，马克思借助康德的道德观和自由观来对抗普鲁士的封建复辟和历史法学派。针对书报检查令利用宗教进行道德审查的做法，马克思批判说："道德只承认自己普遍的和合乎理性的宗教，宗教则只承认自己特殊的现实的道德。……所有这些道德家［康德、费希特和斯宾诺莎］都是从道德和宗教之间的根本矛盾出发的，因为道德的基础是人类精神的自律，而宗教的基础则是人类精神的他律。"② 基于康德的内在自由和外在自由的区分，马克思批判"追求倾向的法律"是"一种危害我的生存的法律"："只是由于我表现自己，只是由于我踏入现实的领域，我才进入受立法者支配的范围。对于法律来说，除我的行为以外，我是根本不存在的，我根本不是法律的对象。我的行为就是法律在处置我时所应依据的唯一的东西，因为我的行为就是我为之要求生存权利、要求现实权利的唯一东西，而且因此我才受到现行法的支配。"③ 然而，"追求倾向的法律"则侵犯了人的内在自由，而"自由是人的本质"。在《历史法学派的哲学宣言》中，马克思指责历史法学派曲解了康德的法哲学思想，因为康德的理性主义思想不同于历史法学派重视习俗中的偶然现象和历史考证的实证方法。"如果说有理由把康德的哲学看成是法国革命的德国理论，那么，就应当把胡果的自然法看成是法国旧制度的德国理论。"④ 马克思在批判历史法学派时采用的是康德的理性标准而反对历史起源的研究。康德说："对政治机构历史渊源的探究是徒劳的，因为要找到文明社会开始出现的时间是不可能的。野蛮人不可能写下一份文件，记录他们自己如何遵守法律。考虑到野蛮人的天性，人们倒可以猜想，他们是从一种暴力状态中开始的。如果抱着寻找一种借口的意图去探究这个问题，即想用暴力去改变现存的政体，这样的一种探

---

① 《马克思恩格斯全集》第1卷，北京：人民出版社1995年版，第101页。
② 《马克思恩格斯全集》第1卷，北京：人民出版社1995年版，第119页。
③ 《马克思恩格斯全集》第1卷，北京：人民出版社1995年版，第121页。
④ 《马克思恩格斯全集》第1卷，北京：人民出版社1995年版，第233页。

索不亚于犯刑事罪。"①

随着对普鲁士政治现实的深刻认识和转向共产主义思想，马克思对康德的道德观、自由观和国家观采取越来越多的批判态度。在《德意志意识形态》中，马克思谈到了唯物主义的自由和唯心主义的自由。唯物主义的自由是"对个人生活于其中的各种境况和条件的能力亦即统治"，而唯心主义的自由则只是脱离尘世的"精神自由"。唯物主义的自由具有合目的性、控制外部世界和自我实现这三个特征。自由本身不是目的，而是个人自我实现的前提和"表现其本身的真正个性的积极力量"。康德的自由主要体现在"意图的道德性"或者善良意志的观念上。马克思说："18 世纪末德国的状况完全反映在康德的'实践理性批判'中。……康德只谈'善良意志'，哪怕这个善良意志毫无效果他也心安理得。他把这个善良意志的实现以及它与个人的需要和欲望之间的协调都推到彼岸世界。康德这个善良意志完全符合于德国市民的软弱、受压迫和贫乏的情况，他们的小眼小孔的利益始终不能发展成为一个阶级的共同的民族的利益。"② 因而，出于义务的道德行为只是反映了德国市民的无所作为的内心世界，康德构建的道德法则只是资产阶级软弱性的一种意识形态表达。由于德国市民阶级的软弱性和国家表现出来的虚假独立性，德国理论家构想的理论就与市民阶级的利益脱节。"在康德那里，我们又发现了以现实的阶级利益为基础的法国自由主义在德国所采取的特有形式。不管是康德或德国市民（康德是他们的利益的粉饰者），都没有觉察到资产阶级的这些理论思想是以物质利益和由物质生产关系所决定的意志为基础的。因此，康德把这种理论的表达与它所表达的利益分割开来，并把法国资产阶级意志的有物质动机的规定变为'自由意志'、自在和自为的意志、人类意志的纯粹自我规定，从而就把这种意志变成纯粹思想上的概念规定和道德假设。"③ 与此相一致，康德设计的法治国赋予了普鲁士政府几乎无限的权力，留给人民的只有信仰的自由或者精神自由。在《1848 年至 1850 年的法兰西阶级斗争》中，马克思说："康德认为共和国作为唯一合理的国家形式，是实际理性的基准，是一种永远不能实

---

① [德]康德：《法的形而上学原理》，沈叔平译，北京：商务印书馆 2009 年版，第 182 页。
② 《马克思恩格斯全集》第 3 卷，北京：人民出版社 1960 年版，第 211—212 页。
③ 《马克思恩格斯全集》第 3 卷，北京：人民出版社 1960 年版，第 213 页。

现而又是我们应该永远力求和企图实现的基准。"① 这样的共和国当然只是理性的一种幻想，一种脱离现实的浪漫主义愿望。

(二) 康德与马克思的比较

康德是一位思维方式的革命者，马克思是一位社会制度的革命者。康德开启了对哲学范畴和宗教的批判审视，马克思开启了对政治经济学范畴和资本主义制度的批判。一位过着大学教授的安逸稳定的生活，一位过着革命者的流亡苦难的生活。一位以瘦弱多病的身躯得以颐养天年，一位以强壮的身体在苦难生活中疾病重重。

两人都追求人的自由的真正实现。自由的主体在马克思那里是具体的和历史中使用工具的人，在康德那里则是抽象的、只拥有理性的人。在自由的概念上，马克思考虑自由选择的历史条件和生产力发展水平，康德的自由选择则是脱离前提条件和各种制约的理性选择行为。也就是说，马克思的自由概念考虑选择的范围大小，而这种选择范围的大小则是历史地发展，是人类用自己的劳动创造的工具性结果。康德不考虑自由选择的实质限制，认为欲望和冲动导致了判断的失常或理性的误用。"如此说来，马克思与康德之争不是关乎'外部的好处'，而是关乎选择的性质，以及选择、自律和独立是否可在不考虑其立法范围的情况下获得恰切的把握。"②

康德注重道德实践，马克思注重劳动实践。康德认为，人的本性就是按照自由律或者理性能够独立地做出善行的能力，即人是一个道德人。为了实现人性的道德完善，康德展开了宗教批判，反对神恩、迷信、妄想。马克思则认为，人的本性就是社会关系的总和，即人是一个具体的、历史的劳动者。由于资本主义的生产力的高度发展，人摆脱了自然的束缚而成为自然的真正主人，但在劳动异化下人却为生产资料所支配。为了摆脱资本的束缚和充分发挥人的能动性，马克思展开了政治经济学批判，反对剥削、投机、寄生虫。

在康德看来，凡是脱离道德原则而由规章性的诫命、教规和戒律构成教会的本质和基础的地方，都可以发现物神崇拜；在马克思看来，凡

---

① 《马克思恩格斯全集》第7卷，北京：人民出版社1959年版，第89页。
② ［美］威廉·詹姆斯·布思：《自律的限度：卡尔·马克思对康德的批判》，见吴彦编：《康德法哲学及其起源：德意志法哲学文选（一）》，北京：知识产权出版社2015年版，第348页。

是脱离劳动原则而由私有产权构成社会的本质和基础的地方，都可以发现货币拜物教。前者剥夺了人们的道德自由，后者剥夺了人们的创造的自由。康德发现了教会中的道德异化："无论教会的体制（教阶制）是君主制、是贵族制，还是民主制，这都仅仅涉及组织；教会的宪章在所有这些形式中都是，并且始终是专制的。"① 马克思发现了私有制下的劳动异化。康德反对所有教会异化的教阶制，马克思反对所有劳动异化的政治体制。康德从历史性的信仰中发掘出纯粹理性宗教的道德成分，马克思从历史的社会形态中发掘出共产主义社会的生产力和劳动创造性成分。如同教会的教义不构成道德追求的终极目的而是只能被用来增强人为善的手段一样，所有制形式也不构成劳动实践的终极目的，而只能被用来增强人们发挥创造力的手段。如同教会教义为德性理念"预示和保证了对终极目的的期望"，所有制形式也为劳动创造力的充分实现提供了保证，因此，康德的伦理共同体和马克思的共产主义是一种运动而不是一种固定的社会形态。

马克思和康德都认同国家和个人都是处于社会关系网络之中，任何一个人或者国家试图摆脱这种关系网络的努力都会危及到网络中其他人或者国家的利益，从而引起后者的不满甚至干涉。在康德的视野中，社会是自由个人的联合体，法律是一个人的自由与所有其他人的自由相协调的条件的总和。私有财产制是实践理性必然、确保自由和人是目的的一种机制，国家是确保私有财产的一种理性制度机制。最好的政府在于确保公民的权利，而不在于确保人民生活得最幸福，因为从幸福出发会让统治者成为暴君。在马克思的视野中，社会是组织集团或者阶级的联合体，外在自由是确保实现内在自由和创造性的条件。在现实中，人却成为一种服务于财产的工具而出现了劳动异化的现象。康德认为，单独一个国家的市民革命都会遭到其他国家的抵抗和干涉，这必然诱发市民革命的国家走向强权国家和走向战争体制，因此，市民革命的完成需要民族联合体的实现为前提。马克思认为，由于任何一个国家采取社会主义革命都必然要遭到其他国家的干预和制裁，很容易发展为强权国家和从事对外战争，因此，社会主义革命的成功需要全世界无产者联合起来和世界革命为前提。

---

① ［德］康德：《单纯理性限度内的宗教》，李秋零译，北京：商务印书馆2012年版，第186页。

总之，康德的思想和马克思的思想是处于两个平行的宇宙之中，存在众多的类似性。康德的思想深置于马克思的内心之中，因而提供了马克思的思想发展路径的一种参考基准和超越的内在动力。马克思不仅要求康德的人性尊严，而且要求建立一个人人都能发挥自己创造力和实现人性尊严的共产主义社会。与康德的伦理共同体的方案具有浪漫主义虚构不同，马克思的共产主义解决方案植根于历史的分析和资本主义的内在逻辑矛盾，因而具有更强的现实性。不过，对康德著作的内在缺陷的深刻认识是马克思发展自己思想的起点。

（三）康德法哲学的内在矛盾

马克思在大学时期认真研究过康德的《道德形而上学》和《实践理性批判》，并模仿康德的法律分类体系来建构自己的法学体系。在1836年12月28日的信中，马克思的父亲说：“你的法律观点不是没有道理的，但如果把这些观点建立成体系，就很可能引起一场风暴，而你还不知道，学术风暴是何等剧烈。”①尽管我们无法确定马克思当时的法律观点是什么，但是，可以确定的是，由于马克思在波恩大学学习过法学全书、法学阶梯和自然法，以及柏林大学萨维尼讲授的《学说汇纂》，马克思可能发现了康德法哲学的一些内在矛盾。这些内在矛盾推动马克思对资本主义制度展开了政治批判和经济批判。

首先，康德的人性尊严思想与政治原则之间隐含的内在矛盾，为马克思对国家展开政治批判提供了有益的启示。康德一方面主张每个公民享有宪法规定的自由、平等和独立自主权，另一方面要求按照独立自主权的大小来划分公民身份，甚至认为劳动者只具有"一种市场价值"而"不具有尊严"。由于按照财富的多少或者经济能力的大小划分政治权利，康德的政治原则出现了逻辑矛盾：自由与平等都与理性的法律相一致，但基于财产基础上的自主权却是将偶然的经济因素放到了支配性的地位。"在这个问题上，康德应为一个严重的理论错误负上责任，这种错误的做法凭借对所有康德哲学原则（无论是方法论层面还是体系层面）的违反，从而把理性国家转变为财产拥有者的国家：前者把所有的人都接纳为公民，而后者则把那些没有财产的人降格为次等的政治存在

---

① 《马克思恩格斯全集》第47卷，北京：人民出版社2004年版，第535页。

者。"① 显然，康德注重形式的平等和形式的独立自主权，忽视了实质性的平等和实质性的独立自主权。马克思认识到，自由是与政治权利的分配密不可分的。不公正的权利会带来一些人的权利和财富的极度增加，另一些人的权利极度减少，贫困和犯罪也接踵而来。林木盗窃案就预示着林木所有者权利的增加，而捡拾枯枝的穷人的传统权利的被剥夺。摩泽尔河岸的葡萄种植者的贫困与德意志关税同盟成立后的自由贸易密切相关：大土地所有者在自由贸易中的利润不断增加，而小土地所有者则在激烈的竞争中则越来越面临利润下降和贫困的威胁。自由的问题就与被剥夺权利者的贫困问题联系在一起。"他的革命深植于一个根本的前提，那就是任何人都没有权力剥削他人，历史的车轮终有一天会走向被剥削者的胜利。同时，马克思深知：广大被剥削者尚未意识到自己可以发出政治声音，更不要说要求权利。他们也完全不知道国家的经济和政治体制运作方式。但马克思相信，只要自己能够阐明19世纪中期社会现实形成的历史过程，从而揭示资本主义的秘密，就能建立一个理论基础，并借以建立一个没有阶级的社会。"② 在康德视野中公正的理想法律被马克思看作是不公正的现实法律，国家和政府的出现不是为了保护每个人的财产和人身安全，而是为了剥夺他人的财产和侵犯他人的人身安全。基于贫困阶层的政治权利被剥夺的现实，马克思就对资本主义国家展开了政治批判。

其次，康德的人性尊严思想与物权性的对人权之间的矛盾，为马克思对资本主义制度展开经济批判提供了某些启发。康德一方面把充分发展自己的才能和完善自己的人格当作一项绝对命令，另一方面又承认物权性的对人权，容许在家庭范围内主人把奴仆当作工具使用。主人通过合意的契约取得奴仆，就可以合法地占有奴仆的意志，而奴仆也就失去了独立自主权和政治权利，遭受主人的剥削。尽管康德将物权性的对人权限制在家庭范围之内而将雇佣劳动契约当作对人权，但是，马克思认识到，随着工厂制度的发展，雇佣劳动契约才真正体现了物权性的对人权。在雇佣契约中，如果雇佣工人的法律权利得不到保障或者根本没有

---

① ［德］沃尔夫冈·凯尔斯汀：《政治、自由与秩序：康德的政治哲学》，见吴彦编：《康德法哲学及其起源：德意志法哲学文选（一）》，北京：知识产权出版社2015年版，第176页。
② ［美］玛丽·加布里埃尔：《爱与资本：马克思家事》，朱艳辉译，长沙：湖南人民出版社2018年版，第3页。

法律权利，那么，雇佣工人就会"成为别人意志的单纯的工具"，甚至变成事实上的奴隶而遭到折磨和剥削。康德说："事实上，他已变成了一个奴隶，并且像财产那样属于别人，此人不仅仅是他的主人，而且还是他的所有者。这样的一个所有者，有资格把他作为物去交换或是出让，这位所有者可以按照自己的意志来使用他，但不能出于侮辱的意图；主人可以任意使用这种人的劳力，但不能处置他的生命和他的家属。……那么，他只不过成为一个仆人并服从主人的意志，而不是奴隶。但是，这只是一种幻想，因为主人既然有资格随意使用这些臣民的气力，主人便可以用尽仆人的气力——如同黑人在甘蔗岛上已经发生过的情况一样——主人可以折磨他们的仆人直到绝望和死亡。不过，这仅仅适用于那些仆人们实际上已经把自己作为财产交给了他们的主人的情况，如果他们是享有法律权利的人，就不可能发生这样的事情。"① 针对一些人依靠劳动为生和另一些人依靠土地和资本剥削他人的问题，马克思则用劳动异化或者剥削理论来颠覆康德所谓的主奴关系是自由、平等和独立的人与人之间的正当关系。"我们可以这么来表述马克思对契约论的核心批判：真实契约关系（非由前面讨论的强制所产生的合意）的普遍存在，与持续的不自由和对自律的否定完全相容。马克思在其政治经济学作品里努力阐明的正是这样一项关键的悖论：我们可把社会关系准确描述为出自个人间的自愿契约或交换，同时，支配却仍然是社会的一个主流特征。"② 资本家完全可以依靠延长劳动时间和增强劳动强度来强化对工人的剥削。马克思还指出，工人出卖自己的劳动，从历史起源上说，是与圈地运动中暴力强制没收农民的土地密切相关的；从现实角度上说，工人的生存方式受到政府的法律限制，以至于工人被迫出卖劳动为生；从再生产角度上说，工人被迫自愿出卖劳动力的各种条件都在持续不断的生产过程中被再生产出来。马克思的分析表明，自愿的劳动契约只是在经济强制、法律强制和历史暴力基础上的一种自由选择行为。结果，"奴隶或雇用劳动者遭受自律方面的双重损失：在其与主人的关系方面，以

---

① [德]康德：《法的形而上学原理》，沈叔平译，北京：商务印书馆2009年版，第169—170页。
② [美]威廉·詹姆斯·布思：《自律的限度：卡尔·马克思对康德的批判》，见吴彦编：《康德法哲学及其起源：德意志法哲学文选（一）》，北京：知识产权出版社2015年版，第355页。

及由此在其与政治共同体的关系方面"。① 尽管商品买卖契约和劳动契约在形式上都表现为自愿交易，但是，商品买卖契约的基础是真实的平等交换，但劳动契约的基础却是不平等的交换。这种不平等并非源自资本家的"专断意志"或者政治社会地位，而是剩余价值生产的要求和资本积累的职能。也就是说，在资本主义这个法治社会，人身强制只是不自由的一个次要来源，自然压迫、经济强制、经济过程的压迫和法律强制才是不自由的主要来源。康德利用物权性的对人权来粉饰现实的努力，在马克思手中转变为一个强有力的批判武器。

（四）康德对马克思思想的启发

除康德的法哲学与伦理学之间存在内在的逻辑矛盾之外，马克思还从康德的著作中获得了某些思想启发，如政治经济学研究、劳动分工的思想和实践的观念。

首先，康德著作中包含大量的经济思想，为马克思后来研究政治经济学铺平了道路。在《法的形而上学原理》中，康德谈到了价格与内在价值的区别、货币的交换价值与物品的使用价值的不同、洛克的劳动所有权和劳动价值理论。价格是存在等价物的东西，内在价值则是不存在等价物的独特价值。把人当作工具而非目的的做法就是赋予人的内在价值以某种价格形式，从而降低了人性的尊严。在《共产党宣言》中，马克思攻击资本主义，"它把人的个人尊严变成了交换价值，它把无数特许的和自力挣得的自由都用一种没有良心的贸易自由来代替了"。② 康德将货币界定为"人们在彼此交换'互换物'中，继续维持人们勤劳的手段"，并引用亚当·斯密在《国富论》中关于货币是商业的普遍使用的交换手段的论述来证明自己对货币定义的正确性。在康德看来，被人们普遍接受的货币"它自身没有什么价值"，不能满足人们的直接需求，而与货币交换的物品则是"具有一种特殊的价值，能在人们中间满足特别的需要"的"勤劳的产品"。这就意味着，康德认识到货币的交换价值与物品具有特殊的使用价值之间的不同。"相反，货币的价值仅仅是间接的，它本身不能被享用，也不能起到直接被享用的作用。可是，货币

---

① [美]威廉·詹姆斯·布思：《自律的限度：卡尔·马克思对康德的批判》，见吴彦编：《康德法哲学及其起源：德意志法哲学文选（一）》，北京：知识产权出版社2015年版，第352页。

② 《马克思恩格斯全集》第4卷，北京：人民出版社1958年版，第468页。

是达到这些目的的手段,在所有的外在物中,它具有最高的用途。……因此,自然界的财富(就它通过货币的手段去获得而言),恰当地说,仅仅是勤劳的总和或者是人们用来彼此补偿的实用劳动,它在人们中间流通时,用货币作为代表。"① 康德还认识到,作为货币的物品也必须依靠劳动才能生产出来,货币的价值取决于所包含的劳动多少。康德说:"那个被称为货币的物品,必须花费很大的勤劳才能产生出来,或者甚至把它放在别人的手里,它可以相等于那些用来交换的财物或商品或货物(包括天然的和人造的产品)所需要的勤劳或劳动。"② 但是,以缺乏劳动为理由,康德反对把钞票和票据看成货币,认为这些纸币的价值"仅仅建立在流行的舆论上;它们在未来仍如既往可以和现款交换"。如果缺乏足够的金银支持这些纸币,那么,这些纸币就会贬值。在某些商品或者货物成为货币的起源问题上,康德设想了一个君主的奢侈消费的起源说。在康德看来,君主及其宫廷将某种物品作为装饰品的巨大需求,就促使该国进口或者大量生产这种物品。当君主把这些劳动产品按照市场规则作为支付劳动报酬的手段,以及臣民也把这种物品作为它们彼此交换劳动的手段时,这种物品就变成了货币,并规定一切其他物品的价格。由于"价格就是一件东西的价值的公共判断"和货币是一种以对人权形式所表现的物权和交换媒介,因此,一国的货币数量就代表了他们的劳动财富。显然,康德论述的货币理论和国民财富的劳动价值论,以及与亚当·斯密的关系,都会推动马克思在关注物质利益问题的时候逐步走向系统地研究政治经济学。

其次,康德著作中包含丰富的分工思想,为马克思的劳动异化论和唯物史观的创立做了初步的准备。在《纯粹理性批判》中,康德从分工角度认为直观、感性、知性和理性都有各自的认识对象和认识范围,并将理性分为理论理性和实践理性。由于《纯粹理性批判》和《实践理性批判》分别对超越经验认识的纯粹理性能力和对侵入纯粹实践能力的经验认识进行了批判,因而,康德秉持分工思想对经验论和唯理论进行了区域化的处理,并在各自领域增添了先天综合判断和自由的公设。在

---

① [德]康德:《法的形而上学原理》,沈叔平译,北京:商务印书馆2009年版,第114页。
② [德]康德:《法的形而上学原理》,沈叔平译,北京:商务印书馆2009年版,第115页。

《道德形而上学探本》中，康德从劳动分工有助于把"工作做得烂熟，做得美满"的角度处分，将哲学分为自然哲学、道德哲学和逻辑学。在《判断力批判》第83节中，康德谈到了人们追求幸福所导致的社会分工和不公正的发展。在《道德形而上学》中，康德继续沿着分工的思想将自由分为内在自由和外在自由，德性论只关注内在自由和德性义务，法权论则关注外在自由和法权义务。如果说康德的主要著作高度关注精神领域的分工，那么，在《世界公民观点之下的普遍历史观念》一文中，康德则关注农业与畜牧业的分工、城市和农村的分工以及在此分工的基础上产生的财产权、文化、艺术、娱乐和工艺的发展。马克思和恩格斯在《德意志意识形态》的"费尔巴哈章"所阐述的社会分工及其历史演化的思想，可以看作是对康德、柏拉图、弗格森和亚当·斯密的劳动分工思想的系统总结和深化发展。

第三，康德的实践观，对马克思具有重要的启示。① 在传统上，马克思思想中的社会"实践"概念或者"理论与实践的统一"的观念通常追溯到切希考夫斯基在《历史哲学导论》（1838）中对实践概念的强调，卢格在1840年的一篇文章中的"实践唯心论"的观念，鲍威尔在1841年3月31日致马克思的信中提出的"理论是最强的实践"的说法，赫斯在1841年的《欧洲的三头政治》中提出"问题在于社会实践"的说法，以及卢格和费尔巴哈在1843年的《德法年鉴》上提到的"实践解放"问题。阿维瑞纳在列举了这些使用实践概念的说法之后说："正是青年黑格尔派，塑造了理论与实践之间新的和革命的关系。马克思赋予这种新的关系以具体的历史内容。"② 其实，马克思完全没有必要从这些残缺不全的提法中学会理论与实践的统一的思想。在奥·施莱格尔的艺术课程和萨维尼的法学课程讲座中，到处都充斥着理论与实践统一的说法，更不用说康德还有一篇《论俗语》包含着理论与实践的一致性问题。更重要的是，缺乏劳动分工和社会生产力的思想，单纯的实践观很难产生唯物史观。

在康德看来，理论就是具有普遍性和必然性的规律的总体，而实践则是按照某种普遍规划过程的原则实现特定目的的活动。康德使用过

---

① 孙洋：《康德哲学及其对马克思主义哲学的意义》，载《攀登》，2008年第2期。
② ［以］阿维纳瑞：《马克思的社会与政治思想》，张东辉译，北京：知识产权出版社2016年版，第152页。

"道德实践""技术实践""纯实践"等术语，强调实践理性重于理论理性。作为有目的有意识的活动，实践需要认识能力、判断能力和行动能力的有机结合。康德讨论了在道德、国内政治和国际政治方面理论与实践的关系，并在《论俗语》中从个人的道德实践、国家法的政治实践和国际法的历史实践三个层次论证了义务原则的实践有效性。康德的实践观不仅推动马克思积极参与现实的政治实践活动，而且推动马克思将实践活动置于理论活动的基础性地位，在著作中使用过"实践理性""二律背反"等概念。在康德看来，人们追求社会统治欲望的斗争是推动理性演化和道德进步的动力，尽管伴随着物质生产活动的发展与变化。在马克思看来，物质生产活动和阶级斗争才是推动历史进步的主要动力，精神性的实践活动受制于物质性的实践活动的发展。

## 第三节 费希特与马克思

马克思思想中的费希特成分一直是一个长期遭到忽视且容易引起争议的问题。这主要是因为费希特哲学在德国古典哲学中既具有过渡性又具有独特性造成的。其过渡性不仅表现在费希特的知识学开启了对康德的批判并铺平了谢林和黑格尔的辩证法发展的道路，而且表现在费希特早期的自由主义思想和后期的集权主义思想意味着康德的自由主义思想向黑格尔的集权主义思想的转向。其独特性不仅表现在费希特从民族精神的角度深化了康德的历史哲学，而且表现在费希特提出了第一个社会主义计划经济模型、制定出辩证法、提出理论服务于实践等众多观念。费希特哲学的过渡性让马克思更好地理解了思想的继承与发展的逻辑，而费希特思想的独特性让马克思更好地理解了思想创新的现实根源。自然地，费希特的许多思想对马克思产生了重要的影响。

### 一、费希特思想的主要特征

约翰·哥特利布·费希特（Johann Gottlieb Fichte，1762—1814）的哲学是德国唯心论哲学中第一个体系化的哲学。由于时代的特殊性，费希特的思想还具有实践性、阶段性和通俗易变性的特点。

第一，体系性。对费希特而言，哲学就是根据知识学原理对整个现实进行理论认识和实践建构的活动。知识学就是关于一般科学知识的科学,即对表象与物之间的关系进行理性思考,对行动的序列进行描述,并确立知识的真实条件、基础与界限的科学。① 自我意识捕捉自身、把握自身的活动就是一种被称为理智直观的认识活动,而知识学的最基本原理就是自我意识本身——认知的无条件的根据。费希特将意识的认知活动或者主客体同一的理智直观称为"设定",将主客体的绝对同一性的自由行动或构成任何经验意识行为的基础和条件的意识的原初创造性行动称为"自我",而客体不是某种静止的、凝固的东西,而是一种活动的、在其活动中被显示出来的东西。自我设定自我、自我设定非我、自我与非我的同一就是费希特的知识学的三条基本原理,也是费希特构建自己的体系和消除表象与物自体之区分的论证方法。在费希特的视野中,整个科学都构成一个演绎体系,统一在哲学或者知识学的基本原理之中。按照自我意识受到的限制不同,费希特将他的体系分为理论哲学、实践哲学和公设哲学三个部分。理论哲学分析意识的特定类型和使意识成为可能的客体性质;实践哲学或伦理学则要揭示从自由地限制自身的普遍职责中特殊义务的推演和良心的分析;公设哲学中的法权理论则要分析相互限制和相互承认的理性存在者之间如何构建一个正义的国家和社会,公设哲学中的宗教哲学则探讨"神圣的天意"如何与道德目标相协调的问题。② 但是,由于费希特仍维持康德的现象与物自体或自我与非我的区分,忽视了自然哲学的建构和缺乏有机统一体的概念,因此,费希特的知识学建构是不成功的、持续变动的。

第二,阶段性。费希特的思想以1800年为界可以分为两个阶段。第一阶段是在耶拿时期不考虑上帝、神学和有机体的条件下形成的自由个体的思想。在1792年写的《索回迄今被欧洲君主们压制的思想自由:一篇演讲》和《纠正公众对于法国革命的评论》两篇文章中,费希特主张,个人具有不可让渡的人格与自由的权利,君主必须履行自己的受托责任,维护思想自由和言论自由,稳步地推进国家宪法的改良,防止暴力革命的发生。在《以知识学为原则的自然法权基础》(1796—1797)和《知识学原则下的伦理学体系》(1798)两部著作中,费希特在知识

---

① [美] 罗伯特·C. 所罗门、凯特林·M. 希金斯主编:《德国唯心主义时代》,储昭华等译,北京:中国人民大学出版社2016年版,第156页。
② [美] 罗伯特·C. 所罗门、凯特林·M. 希金斯主编:《德国唯心主义时代》,储昭华等译,北京:中国人民大学出版社2016年版,第170页。

学原则下为自由立宪政府的初始政治和伦理原则作哲学辩护,证明所有人的自由都并存的社会是可能存在的,人民有权对那些被排除在人民之外的国家官员和世袭贵族进行公开的起诉、审判甚至驱逐出国。① 在这一阶段,费希特的思想与康德比较接近,具有民主主义和大众主义的特征。第二阶段是在柏林时期考虑上帝和有机体的条件下形成的个人工具的思想。由于受到"无神论事件"及与谢林关于最高哲学原理争论的影响,费希特在1800年到达柏林之后,在思想和性格上都发生了深刻的变化,在知识学中把绝对知识而不是本原行动当作出发点,在实践哲学中更多地强调宗教的基础性作用。意识和存在甚至被当做上帝、绝对或者理念的两种具体存在形式或者图像。在1800年发表的《人的使命》三卷本哲学著作中,费希特试图证明真正的实在和知识只有在信仰和自然整体性中才能被给予和表达,无信仰的知识只是空洞的、无意义的。在《极乐生活指南》的演讲中,费希特按照《约翰福音》阐述了他的宗教哲学观点。费希特说:"本真生活是在上帝中的生活,并爱上帝;单纯假象的生活则是在世界中的生活,并试图爱这个世界。"② 为了追求极乐生活,人类的精神经历了一个从感性世界观、法律世界观、道德世界观向宗教世界观和科学世界观的演化过程。可以说,费希特在第二阶段的思想具有精英主义和集权主义的特征,比较接近于黑格尔法哲学、宗教哲学和历史哲学的思想。

第三,实践性。德国费希特研究专家M. 布尔说:"费希特是在哲学史上旨在积极改变现实的少数思想家之一。"③ 由于把自由纳入其核心,费希特哲学就是一种趋向实践的、行动的和批判的理论。在费希特看来,学者的真正使命在于"高度注视人类的普遍的实际发展进程,并经常促进这种发展进程"。与康德将实践理性对思辨理性的优越性仅仅限制在知识领域不同,费希特强调实践理性在本质上高于理论理性,并将自由行动或者实践概念放在其理论体系的核心,认为主体和客体都在行动中不断产生出来。费希特不仅在理论上强调行动的本原性,而且采取积极的

---

① [德]费希特:《费希特文集》第2卷,梁志学编译,北京:商务印书馆2014年版,第435页。
② 梁志学:《费希特柏林时期的体系演变》,北京:中国社会科学出版社2003年版,第145页。
③ [德]M. 布尔:《费希特哲学在当代的意义》,见沈真编:《费希特在当代各国》,北京:中国社会科学院出版社2006年版,第23页。

行动参与历史进程和长期关注社会问题，如依据自然法权对市场进行了批评，对当时的历史事件和法国革命表明了明确的态度，在实践上关注人性、人类和人的尊严，从而试图让理论理性和实践理性统一起来，以便让哲学影响现实世界。在《关于埃尔兰根大学的内部组织的一些想法》（1805）的报告中，费希特主张，大学需要为社会培养有思维头脑的精英人才而成为社会的核心机构，号召自由的大学生要承担道德责任，实现道德重生和精神重生，成为有教养的人。费希特在1807年冬天以罕见的胆识发表了《对德意志民族的演讲》，激励德意志人民以充沛的爱国情感为保卫自己的祖国进行反抗侵略的斗争。在费希特看来，在德意志民族战败的时刻，寻求自身私利的努力让位于寻求民族的理性认识，改造国民的精神现状，废除书报检查制度和创建新的教育制度来培养全新的自我，推动德意志民族的再生，建立理性的国家，从而为德意志民族主义的崛起铺平了道路。

第四，通俗易变性。由于特殊的生活经历和职业的不稳定性，费希特的大量著作都是以通俗演讲和讲稿形式出现。这不仅造成费希特的思想存在持续变动的性质，而且造成费希特的思想难以被准确的把握。比如，费希特在1794年5月发表了《全部知识学基础》的耶拿大学公开演讲，第一次阐述了知识学原理。由于对《全部知识学基础》的阐述深为不满，费希特在1796—1797年第一次讲授关于《用新方法阐述的先验哲学基础》，对他的基本原理和纲要进行了彻底的修改和不同的表述，出版了《对知识学进行新的阐述的尝试》（1797）和《以理论能力为参照的知识学特征论纲》。在柏林大学时期，费希特继续对知识学原理在演讲中做出不同的表述。同样，费希特在不同时期讲演伦理学和法权学说时，也在表述和思想方面存在持续变动的性质，缺乏系统性的理论研究。

正是由于具有体系不彻底性、阶段性和通俗易变性的特点，费希特的哲学在德国古典哲学中才具有明显的过渡性质。但是，费希特的哲学思想不仅影响了早期的谢林、黑格尔和浪漫主义运动的发展，而且在法哲学、政治经济思想和历史哲学方面具有许多独特性。

## 二、费希特的法哲学

费希特的自然法权说是在领会康德实践哲学的精神实质和《论永久和平》的基础上，基于康德伦理学和法哲学的内在矛盾，根据普鲁士的政治现实、洛克的劳动产权理论和基于对土地私有制的缺陷的认识，利用其知识学的原理所进行的哲学推演。因此，费希特的自然法权学说与康德的法哲学共享有限的理性存在者、自由、自由人组成的共同体等基本概念，接受了道德与法律相分离、国家组织的社会契约论和行政权的转让的基本假设，但在构建具体的制度机制方面，如立法权与行政权是否分离、民选监察院是否设立等，存在一些明显的差别。费希特早期的法权学说是以理性人的劳动产权和契约论为基础，以实现自由为目标，试图构建一个理性的无冲突的国家，一个"自由存在者组成的共同体"。柏林时期费希特的国家理论就是柏拉图的国家理论的基督教版本，利用有机整体中分有的理念来支持自由和平等，强调国家的强制功能，从而导致费希特从大众民主主义走向精英主义集权的思想，从个人是目的的观念转向民族和国家是目的、个人是工具的观念。

（一）自然法权说

费希特的自然法权说旨在表明，确保相互自由的自愿性的社会契约具有不可实施性的特征，实施强制法权的共同体具有产生的逻辑必然性。法权是一种形式自由的权利，即限制自己的自由行动范围以便使其他人作为完全自由的人也能同时存在的权利。这种自由行动的权利，分为原始法权和强制法权。原始法权就是自我保存的绝对权利，包括"延续躯体的绝对自由和不可侵犯性的权利"，"延续我们自由地影响整个感性世界的权利"，以及对未来生存的全部权利。根据原始法权，一个人就有权根据他的能力和愿望，去尽量扩展他的自由，直到把整个感性世界据为己有。在人数众多的环境中，每一个行使原始法权的人就可能会损害其他人的原始法权而造成占有的冲突，因此，在良心不可靠的地方，对任意扩展原始法权的限制就成为必要。对原始法权的限制可以采取自我限制和外在强制两种。为了实现对原始法权的相互的自我限制，每一个人都必须认识到其他所有人都享有自由的权利，并以善良意志承认这种强制权利优先于自己对原始法权的扩展，公布自己占有的财产份额，达到法权平衡。

法权关系就是道德上不完善的理性存在者之间的一种特定自由的关系，即由众多的理性存在者构成的共同体，为了确保在共同的自由世界中进行社会交往，而对每个理性存在者划分、限制和相互承认各自所拥有的自由范围。相互承认需要理性存在者之间具有共同的意识，采取承认的行动以及承认的普遍有效性。这就意味着,所有权的根据在于人与人之间对占有的相互承认或占有意志的联合形成的社会契约。根据社会契约或相互承认,所有权制度的最终稳定性和完备性,取决于世界上每一个国家都采取所有权制度,并相互承认各自的所有权制度以及不会发生争夺土地和资源的冲突。在设定的消极自由范围内,每一个理性存在者都不得侵犯其他人的法权,其他人也不会侵犯这位理性存在者的法权,从而在人们相互规定和相互制约中实现所有人的自由共存。但是,只有当一个人的目的能在共同体中实现时,他才有义务服从法权规则。"每个人都必定是他自己的法官,凡是在出现强制法权的地方,具有这种法权的人同时也是他有权反对的另外那个人的法官,因为强制法权只有通过那种对法权的认同才是可能的,但是,除这个条件以外,任何人原来都不是他人的法官,也不可能是他人的法官。这一推演的结论是:没有判决的法权,就没有强制法权。"① 这意味着,只要一个人侵犯了另一个人的原始法权,那么,被侵犯者就可以亲自对他实行强制法权,以便恢复原始法权。"这种强制应该进行到完全令人满意和赔偿损失的程度,以至双方都可能恢复到他们在未遭受不公正的侵犯以前的那种状况。"②

但是,即使侵犯者迫于劣势的地位而做出了赔偿,侵犯者与被侵犯者也会在侵犯者是否服从法权规律的确信问题上进行博弈。被侵犯者不相信侵犯者的诚信而继续进行强制,侵犯者则为了维护自己的自由和安全而抵御这样的进攻,也不相信被侵犯者的公正性或善良意志。随着人数的增加,对原始法权进行自愿的相互限制的不确定性以概率的形式接近于1。而且,即使最初的社会契约达成了,情势的变化或投机行为会让某些人改变初衷,不再信任他人,按照自由意志任意地扩展自己的原始法权,从而造成自愿契约和法权关系的瓦解,以及冲突的不断发生。在自我的相互限制不可能、财产占有必然带来冲突或者邪恶意志随意撕毁社会契约的地方,共同体实施的强制法权就成为必要。

为了确保各自的合法自由和安全,侵犯者和被侵犯者就会把他们的全部裁判权转交给一个强有力的、可信赖的第三方,而这个第三方就可

---

① [德]费希特:《费希特文集》第 2 卷,梁志学编译,北京:商务印书馆 2014 年版,第 353—354 页。
② [德]费希特:《费希特文集》第 2 卷,梁志学编译,北京:商务印书馆 2014 年版,第 355 页。

以对双方永久性地执行强制法权。这种强制法权或者消除一个人的邪恶意志对他人造成的损害，或者消除一个人的疏忽和不作为对他人造成的损失，以便确保相互的安全和自由。但是，每一个人让渡的裁决权仅仅以保障原有的自由和安全为限，未来的法律判决的标准也必须经过每一个人的检验。这样，为了防止每一个人遭到法律的损害和共同体内其他人的威胁，实定法就必须与法权规律保持一致，不能随意将不公正和不合乎理性的行为确立为法律，而且法律判决必须与实定法保持一致，以便彰显法律的公正性。这意味着，法律是最高权力，那个可信赖的、强有力的第三方只能是所有自由存在者的联合体，其公共意志就是法律。为了让共同体的意志始终如一地发挥有效的作用，法律制度的安排就要遵循严格的规则，不要让任何权力凌驾于法律之上，也不要让不公正侵蚀法律的肌体。如果法律是普遍有效的，对所有人都是公正的，所有人的权利都得到了充分的保障，那么，法权的统治和自由人的联合体就实现了。但是，如果共同体与侵害者联合起来危害被侵害者的权利，那么，被侵害者就可以联合起来形成新的联合体，以对抗侵害者和原来的共同体。

（二）国家的人民主权说

共同体全体成员通过签订社会契约，在合乎法权和理性的宪法中规定了国家的最高权力。一旦签订了社会契约，共同体全体成员就不能插手公共权力，必须以代议制的形式将其对公共权力的管理权转让给特定的人员，以便保证法律的公正实施。公共权力的管理者不承担任何责任的政体就是专制政体，而在合理合法的政体中，管理者则需要承担责任，需要受到监督。国家权力因此分为行政权和监督权。行政权包括不可分开的裁决权和法律裁决的执行权，监督权是由共同体全体成员选举的监察院对行政权进行监督和判定的权力。与孟德斯鸠主张立法权、行政权和司法权相分离不同，费希特主张行政权与司法权不可分离，只对民选监察院负责。

行政权力机构是按照宪法设置的。执行行政权力的政府官员是由每个共同体成员投票产生的任职终身的人，拥有监察权力和警察法制定权、监督公民的行为举止的权力和权利，只受自己的良知、信仰和个别的限制。如果政府官员没有执行法律判决，或者在执法时自相矛盾，或者进行违法活动和滥用职权，或者对人民采取暴力活动，那么，共同体全体成员有权对政府官员作出判决。在政府官员违背自己的职责而失去了共同意志代表的资格之后，人民有权通过宪法宣布自己为共同体，要求政府的高级官员定期在集会中向他们报告国家行政管理的情况。为了降低全体成员集会和讨论共同事务的巨大成本，代表公共意志的民选监察院就具有持续不断地监督公共权力的职责，享有监视和调查权，享有废弃一切诉讼程序、完全吊销公共权力及其各个组成部分的权力，享有对政府官员或政府谋反罪的诉讼权。民选监察官从国家的第一流最有智慧的人物中选出，享有绝对自由和人身安全的保证，享有与行政官员同等的生活福利和优厚待遇。任何对民选监察官的侵犯或暴力行为，都是叛逆罪。即将离任的民选监察官必须向新上任的民选监察官说明任期内发生的重大事项。在任的民选监察官有权对离任的民选监察官进行议论和审查，违背责任的民选监察官将会以叛逆罪遭到处罚。

尽管行政权和监察权是宪法规定的最高权力，但是，它们都从属于人民的主权。"按照法权说，人民实际上是最高的权力，在它之上没有任何权力，它就是一切其他权力的源泉，它只对上帝负责。在人民集合起来的时候，按照法权说，行政权力实际上就失去了权力。"① 只有在人民授权的情况下，行政权才是最高权力，反对此时的行政权就等于反对人民的共同意志。一旦政府官员通过自己的违法行为或腐败失去了人民的信任，人民就有权集合起来通过人民的决议来夺回自己的权力。人民的决议在确立或修改社会契约或宪法时需要完全一致的同意，在任命或废除政府官员甚至政府时则只需要绝大多数人的同意即可。如果民选监察官进一步联合行政权力来反对人民的自由，人民就有权作为一个整体发动起义，消灭腐败的政府、重新掌握行政权力。如果是人民中的一部分人发动起义，如果人民认为他们的号召有根有据，那么，这些起义者的意志就代表了人民的共同意志，就成了民族的维护者和不经委托的民选监察官。如果起义者的号召没有根据，违反了人民的共同意志，那么，他们将作为反叛者受到审判。

（三）国家公民契约

国家公民契约就是每一个人与国家这个实在的整体签订的、保障其

---

① ［德］费希特：《费希特文集》第 2 卷，梁志学编译，北京：商务印书馆 2014 年版，第 440—441 页。

主权的契约。由于契约主体人数众多且不确定，契约客体不是特定的财产而是在整个感性世界中自由行动的权利，因此，每一个人在国家公民契约中都要对他理应享有的财产、权利和自由，以及他应放弃的不伤害所有其他人的自然权利，同所有其他人达成一致意见。任何一位公民对其他人的财产和自由的伤害都会取消整个公民契约，受害者有权从侵犯者那里取走他能取走的财产。这意味着，"每个人都应把他的全部财产作为他不愿意损害所有其他人的财产的抵押"，而一无所有的人的存在就会危及国家公民契约的持续有效性。

国家公民契约包括公民财产契约、保护契约、结合契约和服从契约四部分。公民财产契约或民法就是规定每一个人针对客体所独有的自由界限，构成了一个国家关于财产、收益、自由和特权所能制定的一切法律的基础。每一个人根据公民财产契约，拥有在整个国家内共同生活和相互往来的权利。保护契约则规定对公民财产契约提供有形权力的强制保护，而不是依靠每个人的善良意志对个人自由提供保护。保护契约要求，每一个人都要承诺用自己的力量帮助所有其他人保护得到承认的财产，而所有其他人也以同样的方式帮助此人保护他的财产。费希特说："保护契约的公式是：在你将保护我的权利的条件下，我会保护你的权利。"① 这种权利保护的相互性，就将公民财产契约中不侵犯任何其他人的财产的许诺，转变为要帮助所有其他人抵御第三者对他们财产的侵犯的许诺。或者说，保护契约就将以单纯放弃权利为目的的许诺转变为以肯定履行义务为目的的许诺。由于相互履行义务的或然性、依靠善良意志的不可靠性以及每个人遭受侵犯的不确定性，国家就需要在签订社会契约时组建一支保卫力量，保卫每一个人特别是保卫每个遭受侵犯的人。每一个人在对保卫力量做出贡献时就直接意味着履行了保护契约的义务。通过这种方式，每一个人就成为社会总体的一部分，个人的意志就表现于整体意志之中。这种将公民财产契约和保护契约结合为一个公民契约的契约，就是结合契约。根据结合契约，个人成为有机整体的一部分并持续不断地对其作出贡献。相应地，国家整体有义务保护每个人的财产和自由，"把对所有的个人的一切损害都看作，并且必定看作对它自己发生的伤害"，但只能把每个人有责任贡献给国家的东西当作国家的财产。

---

① ［德］费希特：《费希特文集》第 2 卷，梁志学编译，北京：商务印书馆 2014 年版，第 454 页。

在国家中，每一个人在不逾越法律赋予的自由界限之内都是自由的独立的人。一旦逾越法律的界限，每一个人就是臣民，要服从于提供保护的国家权力，在违法的情况下要接受国家的审判和处罚。这就是服从契约，即每一个人用自己的全部财产表示臣服并接受政府作为法官的契约。

总之，国家公民契约就是个人与国家签订的以放弃部分财产来换取保障公民的所有其他财产和自由的契约。针对人与人之间关系的高度不确定性，国家公民契约就将松散的个人结合为一个有机整体，每一个人在这种确定的结合中获得了相对其他人的确定地位。因此，每一个人对继续生存的需求，或者通过市场交换，或者通过设立国家公民契约，都间接地得到了最大程度的满足。只不过，斯密的无形之手在费希特那里转为国家有机体论，需求的满足从不确定的市场交换转换为确定的制度保护。

（四）财产契约与劳动产权

财产契约是国家公民契约的一部分，构成了个人之间法律关系的基础。这种契约的实施，即对各种客体的占有权，是保障个人的自由、满足各种有助于继续生存和发展的需求的工具。

首先，每个人独占客体的权利范围必须满足每个人能够靠自己的劳动生存的要求，即财产权的建立要满足劳动是实现人们生存和发展的手段的条件。这就意味着，一个国家的穷人享有要求资助的绝对强制法权，而富人的财产则受到以资助额为限的再分配安排。但是，穷人获得救助的条件必须是在充分使用自己的劳动之后依然处于无法继续生存的贫穷状态。因此，国家有权监督每个公民如何管理自己的财产，每个人都有权监督穷人为自己的生活付出所必需的劳动量。

其次，每个人都必须在财产契约中明确规定自己所从事的维持生计的职业，根据生计和劳动的需要去占有适当的财产。每一个人都享有从事劳动的权利，而国家有权监督每一个人从事的职业、付出的劳动以及财产的使用情况。在确保每一个人的劳动都得到充分发挥和每个人都有权获得生活需要的条件下，国家可以将土地、矿产资源和其他资源分配给效率最高的农牧业使用者，或者直接雇用工人自己组织生产和获得收益。这意味着，费希特的财产理论是建立在土地和资源的国家所有制基础之上的劳动产权理论。这个理论在《锁闭的商业国》中被扩展为一个计划经济模型。

再次，国家有责任保护公民的货币财产及其货币价值的稳定，保护居民的住宅不受任何暴力的侵犯，但无权监督每个人占有的现金数量和住宅内的财产情况。为了确保每一个人的正常生活和生产，国家有权监督财产的使用，特别是土地的耕作、原材料的加工、商品的交换、馈赠等。

（五）刑法理论

国家公民契约的目的就是保障每一个人有追求幸福的权利。但是，如果一个人有意或无意破坏了国家公民契约，他则面临被驱逐出共同体或在共同体中接受处罚的境地，以便保障其他公民不受违法行为的伤害。为了避免被驱逐出境，每一个人就要在国家公民契约中增加一个在违法情况下的赎罪契约，即每一个人承诺采用与公共安全一致的方式对违法行为赎罪。"惩罚是实现国家的最终目的——公共安全——的手段；这里的唯一意图在于，用惩罚的威慑作用防范犯法行为的发生。"① 这种刑罚威慑说，强调惩罚的示范作用，以便阻止新的犯罪行为的发生。在对罪犯进行处罚的问题上，费希特主张罪罚相等的原则，即犯人要用同等的权利和自由去补偿被损害的权利和自由，以便人们从自利心出发不会再去犯罪。伤害公民人身的犯罪就间接是对国家保护公民的犯罪，要受到更加严厉的惩罚。对各种犯人，要让他们在劳教所从事劳动和改造，获得改恶从善的机会。已经改恶从善的人，则要回到社会中生活，在公共舆论方面要信任他们。

（六）费希特与康德的法哲学比较

费希特的法哲学是对康德法哲学思想的发挥和改进，既有相同的地方，也有不同的地方。相同的地方在于，两人的法哲学体系都是从理性出发按照自由的相互限定来规定权利或者法权，都将自由界定为根据理性命令或者义务的观点而行动的能力，主张道德和权利的分离，声称人民或者共同体是政治权利的最初源泉、最高权力的拥有者。这种框架结构的相似性掩盖了两人法哲学的实质性差异。费希特与康德的法哲学不同之处具体表现在如下方面。

第一，叙述方法的差异。费希特的法哲学就是从人的理性本质出发，

---

① ［德］费希特：《费希特文集》第 2 卷，梁志学编译，北京：商务印书馆 2014 年版，第 517 页。

经过严格的逻辑演绎，推导出整个法权体系。费希特的"演绎"不是从人的理性公理出发推导理性的内涵，而是构造那些能够实现人的理性潜能得以充分发挥的必要条件。因此，费希特的"演绎"遵循的是目的—手段、结论—条件的思维路径，不同于公理演绎法的条件—结论的思维路径。这种演绎的过程就是费希特说的"设定"、选择、行动或者发挥自我能动性的过程。与费希特的演绎体系不同，康德的法哲学承袭了罗马法的分类体系，将法律分为公法和私法，在公法部分阐述了宪法、刑法、国际法等，在私法部分阐述了物权、人身权、契约等。由于注重法律的经验内容，康德认为法哲学体系就不是一个单纯依靠演绎的完备体系，而是一个分类和举例的体系。费希特完全摒弃了历史中的经验内容，将法哲学体系完全建立在理性演绎的基础上，从而实现了康德先验哲学的系统化和彻底化。

第二，在权利的界定、道德与法律是否分离、三权分立说和财产占有等法哲学理论方面的具体差异。康德从共时性角度主张从道德法则中演绎出法权概念，费希特则从历时性角度主张法律与道德的分离。对于康德来说，道德法则就是在道德上被命令或禁止东西的法则，在被命令或者禁止领域之外就是人们有权可以自由行动的领域，法权是一种许可性的法律或者在道德领域内被许可的法律。在费希特看来，法权概念只是道德法则的一个历史条件，而行使自由选择的能力与行使道德自律的能力是两种完全不同的自我决定能力。因为法权涉及外在性的行动、工具理性、承诺的有条件性，道德法则涉及的是内在行动、价值理性、善良意志的无条件性，所以，国家和法权状态的建立是实现道德法则的一个必要条件，人类只有经过国家或者法权状态才能普遍地达到职业伦理和道德境界。道德自律也就构成了法权的最终目的，因为法权有助于培养人的个体性。这种培养的个体性不是在行动中发现人的自然禀赋或者德性，而是按照普遍方式行动的社会规范。这意味着，要在以阶层分工和普遍利己主义为基础的社会中实现良善的生活，就必须通过法律的保障和社会的行动来培育各阶层的职业伦理，特别是义务感和责任感，进而通过模仿和榜样的作用推动整个社会的道德境界的提升。这样，费希特就主张法律与道德相分离，人的权利本质上是社会共同体下的权利。社会共同体优先于个人，因而对个人具有多重的责任，如对儿童实行义务教育、限制个人财产的使用渠道、对贫弱的公民提供公共救助，以便扫除自由公民发展中的障碍，将公民发展为负责任的自由人。最有意义的自由是共同体中的言论自由和行动自由，而不是思想自由或者道德自由。

费希特反对三权分立说，认为执行权、立法权和司法权是不可分离的，主张设立民选监察院来监督政府权力的运用和确保每个人的基本权利。费希特区分了自由行动和必然行动，更强调行动和实践、立法权和行政权的合一，主张按照共同意志分配给每一个人同等的自由。费希特利用代议制民主制取代了卢梭所宣扬的城邦和市镇的直接议会民主制，主张代议制按照人民主权的原则运行。法国学者费洛年柯（A. Philonenko）在《康德和费希特论理论与实践》（1968）中写道："康德把积极公民同消极公民区分开，费希特则把人定为最高价值，认为人有权利成为或不成为国家公民。康德把人移植到以自身为目的的国家中，费希特则把国家，而不再把公民视为达到目的的单纯手段，而认为只有人才是目的。康德区分了法律上的平等与事实上的平等，费希特则认为人能驾驭决定国家的一切关系，而要求人人平等。康德谴责任何革命，因而像普封多夫那样认为任何压迫都有合法性，费希特则认为革命是合法的。康德依据的是一切人反对一切人进行战争的自然状态，所以他指向秩序的必然性，费希特却不相信自然状态会变腐败。康德从这种自然状态推演出国家的必然性，费希特则从自然状态推演出人在国家之外生存的可能性。"① 康德批判贝卡利亚提出的消除死刑的思想，积极主张死刑的必然性，费希特则支持卡贝利亚关于消除死刑的呼吁。费希特的刑法理论是一种预防理论，康德的刑法理论则是一种报复理论。

与康德关于所有权来源于理智地占有的观点不同，费希特主张所有权来源于劳动或者人的目的的观点。在费希特看来，每个人都拥有原始权利，包括延续躯体的绝对自由和不可侵犯的权利，即人身权和劳动权。人只有在原始权利的基础上，才可能获得所有权。为了防止在获取自身自由中的相互摧毁和原始权利的相互破坏，就需要在一个法治共同体中确立强制法，在委托的情况下确立国家法。确立产权关系就是将人与人之间的不确定关系转变为确定的关系。因而，费希特的法哲学，按照自由和公正的指导原则，沿着理性的道路，原创性地构建了一个以代议制

---

① [法] M. 埃斯庞热:《费希特政治哲学在法国》，见沈真编:《费希特在当代各国》，北京：中国社会科学院出版社 2006 年版，第 106 页。

和民选监察院为核心的、重视劳动产权的法律体系。

第三，社会有机体观和自由主义个人观的对立。社会有机整体观的权利界定与自由主义个人权利的界定的区别在于，一个是秉持社会价值理性，一个是秉持个人的工具理性。在费希特的社会整体观中，权利被界定为一种在其中人们相互限制自己的天然自由的关系，或者自由选择和行动范围的界定，而法律和道德是实现个人自由行动的积极条件；在康德的自由主义个人观中，权利就是个人对某物的独占权和自由行使权，不考虑对他人的自我限制，而法律和道德就成为实现个人自由行动的障碍。但是，社会有机整体需要超人或者上帝的存在预设来考虑社会的整体利益，而自由主义个人观不需要这样的假设。因此，费希特把权利归结为一个行动问题。确保劳动和每个人的生存是基础性的权利，物质产权是派生性的权利。物质产权只是国家存在状态下的自然权利，而劳动产权则是国家不存在状态下就存在的自然权利。对于费希特而言，如果一个人无法依靠自己的劳动生活，就没有必要遵守物质产权的法律，也就可以自由地剥夺他人的物质产权以便维持自己的生活。国家是将劳动产权实现为物质产权的必要工具，国家的作用就在于保障物质产权的分配最大限度地满足每个人的劳动和生存的自由。

(七) 费希特法哲学的缺陷

费希特的法哲学纳入了普鲁士的官僚行政体制和法国大革命后保护私有财产和农民分配土地的经验内容，以至于费希特的法权概念总是"在纯然先验的理念的理性法权原则与一个具体个别的国家的实定基本法之间"摇摆不定。[1] 在柏林时期，费希特将个人的自由纳入上帝的范畴，认为所有人的自由的实现就是上帝的目的的实现。在这样的理解下，法律就成为上帝为世俗世界安排的一种理性秩序，个人的权利和地位极大地贬低，国家的权力得到极大地扩张。费希特说："一个人只有通过他对国家权力所做的贡献才能毫无争议地表明自己是一个法权主体，并获得财产权和人身权。唯有做出这种贡献才是对法权的贡献，没有这种贡献，在法权学说中的单纯领域里任何人都毫无权利。"[2] 这种强调公民对国家的贡献和服从，强调国家是目的和监工的思想，导致费希特不重视立法

---

[1] 张东辉：《费希特的法权哲学》，北京：中国社会科学出版社 2010 年版，第 140 页。
[2] 张东辉：《费希特的法权哲学》，北京：中国社会科学出版社 2010 年版，第 169 页。

权，抹杀了公民的自由，让统治者不受限制地按照道德动机进行统治，让自我能动性的劳动异化为一种维持劳动者生存和服务国家的工具。在政府缺乏善良意志和民选监察院缺乏实际权力的情况下，民选监察院的国家禁令要么根本不起作用，从而招徕政府的压迫，要么召集民众进行国家大事的商讨，从而在人民缺乏公共生活的经验以及没有养成共同意志的意识的条件下激发暴动和造成国家的混乱。①

### 三、费希特的政治经济学思想

作为"在政治思想史上被列入研究财产权和分配正义的最重要的理论家之一"和历史上第一个空想社会主义思想家，费希特拥有丰富的政治经济学思想。② 如果说《自然法权基础》初步阐述了劳动产权基础上的劳动分工理论和价值规律，那么，《锁闭的商业国》则进一步以劳动产权为基础，展开了对自由贸易体制和私有制的批判，构建了一个计划经济模型和封闭的国际体系。

（一）劳动产权理论

在费希特的理性国家观中，确保财产的正义性和对财产的保护是政府承担的职责，而财产正义的基础在于劳动。由于每一个人都有生存下去的权利，都有追求更美好生活的权利，因此，每个人的天然平等就意味着劳动的平等。为了确保所有公民的一律平等，费希特主张，首要的和原始的财产被界定为"一定的自由活动的专有权"。这种自由活动的专有权，或者是与某个它指向的客体相联系的自由活动领域，或者是不考虑它所指向的客体的固有自由活动或者技艺领域，或者是专门对某个客体采取一定行动的领域。根据这种界定，土地财产根本就不存在，土地作为客体就消失在自由活动之中。

费希特认为，财产的占有理论本来是为了解决人们之间的自由活动所引起的争执而提出的。每一个人都必须放弃损害别人的劳动果实来确保自己的劳动果实和在观念上界定自己的劳动权利。排除外来活动的权利就是对物品的财产权的真正所在。但是，财产的占有理论却没有集中

---

① ［以色列］阿维纳瑞：《黑格尔的现代国家理论》，朱学平、王兴赛译，北京：知识产权出版社2016年版，第103页。
② ［南非］詹姆斯：《财产与德性：费希特的社会与政治哲学》，张东辉、柳波译，北京：知识产权出版社2016年版，第56页。

在自由活动的专有权并对每一个人的自由活动进行限制方面,却滑向了对象的占有权。"因此,构成一切财产权的基础的,是把别人排除在某种唯独给我们保留的自由活动之外的权利,而绝不是对于客体的独占。"①这样,费希特就从每个人的自由活动、自由活动的相互限制性和在契约中人人平等的原则,推导出财产权就是对一个特定活动领域的占有权或特许经营权。

在费希特看来,财产的劳动理论比财产的占有理论优越的地方在于,所有劳动者都会根据契约相互尊重各自的劳动专有权,而不会出现无财产者不尊重财产者的财产状况。在财产的占有理论下,无财产的人不受财产契约的约束,手工业者和商人可能也不受农民对土地占有的约束。在不受约束的条件下,不仅有财产者可以用暴力掠夺他人的财产,无产者也可以这么做,商人和手工业者也可以掠夺农民的土地。因此,财产的占有理论是一个不完全的契约,将大量不受契约约束的人排除在契约之外,从而造成占有财产的阶级与没有占有财产的阶级之间在公民权方面会形成严重的政治对立。相比之下,所有人都有不可剥夺的劳动权,所有人能够形成相互之间的约束。国家的职责就是确保每一个人的劳动权得到发挥。农民可以用自己的劳动耕作土地,手工业者用自己的劳动和工艺加工产品,商人用自己的劳动进行产品的交换。为了让每一个农民、工人和商人的劳动权得到发挥,国家就需要将农业、手工业和商业封锁起来,形成专门的经营权,通过相互签订的阶层契约网络来实现产品的交换和生活品的获取,并禁止臣民与外国进行直接的贸易。"只有通过这种封锁,这个劳动部门才成为这个部门从事工作阶层的财产;只有通过这种对生活必需品的操心,这个劳动部门才成为他们赖以为生的财产;只有换得到他们自己的这种财产,他们才能放弃对农民阶层的财产的要求。"②

费希特之所以选择劳动权而不是法律占有权来界定财产,还考虑了追求国民财富的效率和均等分配的要求。在费希特看来,理性国家的劳动不应该是像牲畜般的劳动,而是应该符合人性的自由劳动,即"人应

---

① [德]费希特:《费希特文集》第4卷,梁志学编译,北京:商务印书馆2014年版,第56—57页。
② [德]费希特:《费希特文集》第4卷,梁志学编译,北京:商务印书馆2014年版,第59页。

当无所畏惧地劳动，工作得兴致勃勃，身心愉快。他应当有空余的时间，使他的心灵和他的眼睛敬仰天国"这样的自由劳动。国家的"内在的、本质的福利在于人们能用最不繁重的和持续不断的劳动，获得最适合于人的享受"。① 将自由劳动与国家的福利结合起来，就不应依靠自然力量来获得国民的福利，而应该同等程度地考虑所有人的福利，防止出现极端的贫富差距。因此，出于效率和平等的考虑，将劳动权界定为财产权的核心就能够最大限度地利用专业化分工来提高国民财富，并可以按照劳动者的效率来分配行业的劳动权。费希特说："我们必须靠劳动来致富。为此，除了运用技艺和技巧，就没有任何其他办法。借助这种技艺和技巧，最微小的力量通过合目的的应用，会变成等于大千倍的力量。而技艺和技巧是靠持续不断的实习产生的。它们之所以能产生，是由于每个人都把自己的整个一生献给了一个唯一的专业，把他的全部力量和全部思考集中到这个专业上。因此，人类生活所必需的各个劳动部门必须予以分工。只有在这种条件下，力量才能发挥得最有效益。"② 利用这种劳动分工，每一个社会就会生产质量更好、数量更多的产品，从而把每一个人都从繁重的体力劳动中解放出来，从事自由的劳动。

在费希特看来，理性国家出于分工效率和国民福利的考虑，财产权就不能被界定为财产的法律占有权，而只能被界定为财产的劳动权。具体而言，财产权是以土地开采权、加工经营权和贸易权的形式表现出来的。首先，整个社会的人群按照自由活动范围的不同分为原材料生产者、手工业加工者、商人和公职人员。这些不同阶层的人通过签订单纯的否定性契约在各自活动范围内活动，同时签订相互效劳的肯定性契约向其他阶层的人提供自身需求外的必要产品。生产者阶层开采自然产物，许诺不对原材料进行加工，同时有义务向手工业者提供必要的原材料。手工业者则对原材料进行加工，许诺放弃原材料的开采，同时向商人提供必要的产品。作为降低生产者和手工业者之间的交易成本，如"寻求他们当下所需的商品和商定交换的条件而妨碍他们的工作，浪费他们的时间和精力"，商人阶层专门从事生产者和手工业者之间的交换。生产者和

---

① [德] 费希特：《费希特文集》第 4 卷，梁志学编译，北京：商务印书馆 2014 年版，第 35—36 页。

② [德] 费希特：《费希特文集》第 4 卷，梁志学编译，北京：商务印书馆 2014 年版，第 36—37 页。

手工业者阶层承诺，彼此之间不进行直接的交换，而且必须按照规定的基本价格向商人阶层提供满足自己需求之后的剩余的产物和产品；商人阶层则向生产者和手工业者承诺，不直接开采自然产物和不直接对这些产物进行加工，有义务按照规定的基本价格向他们提供商人需求之外的剩余产物和产品。按照费希特的理解，原材料生产者、手工业者和商人阶层通过彼此之间的否定性契约和相互效劳的肯定性契约，就能获得适意和维持生存的生活，从而构成了国家的基本组成部分。在生产者阶层内部的粮农、菜农、果农、渔夫、畜牧者、采矿者各小阶层和个人，在手工业阶层中的各种小阶层和个人，以及在商人阶层中的各种小阶层和个人，都有权在他们专门的活动范围内建立专营权，同时通过否定性契约和肯定性契约来确保相互的权利和相互提供产品。"政府成员、教师阶层以及军人阶层，都不过是为那三个阶层存在的，可以算作他们的组成部分。"[①] 这些公职人员的职责是通过确立劳动权和保护契约、规划各行业的人数来维护社会秩序，提供教育，保卫国家和对付国内外敌人的暴动。但是，与农民、工人和商人相互提供交换的产品不同的是，公职人员只能提供服务，不能提供可供交换的产品。赋税就是社会其他阶层提供给公职人员服务的等价物。这样，理性国家就是建立在法权和公正基础之上、由不同层级的共同意志所组成的结构性契约体系。国家的职责就是赋予这些不同种类的契约以外在的法律根据，并监督各类契约的实施，确保各部门的有计划的劳动分工正常进行。

这样，费希特就构造了一个计划与市场交换相结合的自给自足经济模式。每一个有完全理性的人都依靠劳动为生，政府控制每一个具体部门的从业人数和比例，保证各部门之间的契约有效地执行，保证每一个劳动者都能从社会总产品中获得一个相当于它承担的劳动的份额。在这个模型中，市场发挥基础性的作用，政府通过法律和监管对市场进行调节，保证物品价格的稳定性和各种物品之间的相对价值。

（二）劳动价值论与价值规律

由于理性国家把能够生活和生活适意看作是一切自由活动的目的，因此，衡量一个自由活动的真正内在价值的东西就是这种自由活动所生

---

[①] [德] 费希特：《费希特文集》第 4 卷，梁志学编译，北京：商务印书馆 2014 年版，第 19 页。

产的物品能够维持生活的时间。在费希特看来，每个人都需要面包、小麦、黑麦等谷物来维持生活，因此，谷物就具有绝对价值，其他物品的价值都要根据维持一定时间所消耗的谷物数量来衡量，而食物的价值就等于耗费在生产内在营养价值和外在营养价值所耗费的劳动量。①

由于生产适意的东西需要耗费劳动力，因此，费希特主张，劳动力首先要分配去生产生活必需品，节省下来的劳动力按照比例均衡地分配到所有人中去生产适意的产品。按照同样的方法，理性国家就可以计算适意产品的价值。"如果谷物是被当作价值的共同标准来看的，这就必须支付这样一个数量的谷物，这个数量使所有的上述人员能靠谷物养活自己，其剩余部分则能换取用来满足他们的其他生活需要的必需品。"② 这样，费希特的劳动价值论，就是所有劳动按照能够生产多少谷物为标准进行换算的价值理论。通过以谷物作为价值标准，所有人的劳动就能够形成一系列的换算系数。将所有人的劳动按照这种换算系数进行加总计算，就能够得到社会的有效总劳动。社会的总产品除以有效总劳动，得出单位劳动应该获取的社会产品。每一个人按照一年提供的总劳动时间，乘以每单位劳动的社会产品，就得出每一个人在一年内获得的各种生活必需品和奢侈品。这种按照劳动计量和分配产品的办法，就可以消除社会的贫富差距，以及依靠运气、暴力和特权获取巨额财富的问题。"在这种国家里，所有的人都是为整体效劳的仆人，他们为此而在整体的财富中占有自己的公平合理的份额。谁也不能特别富有，但同时谁也不会受穷。每一个人都有能维持他的状况的保障，因而整体也有能维持它的安定与和谐的保障。"③

当国家拥有唯一的制造货币的权力时，劳动价值论在使用货币的情况下有何变化呢？费希特认为，货币就是那些内在价值最少的持久的材料制成的物品，用以衡量拥有东西的全部价值的代表。在商品交换之中，货币还因为方便性而充当交换媒介，用来缴纳赋税。由于货币"凭借国家的意志才代表某种东西"，因此，一个理性国家的货币数量的多少是随

---

① ［德］费希特：《费希特文集》第 4 卷，梁志学编译，北京：商务印书馆 2014 年版，第 30 页。
② ［德］费希特：《费希特文集》第 4 卷，梁志学编译，北京：商务印书馆 2014 年版，第 31—32 页。
③ ［德］费希特：《费希特文集》第 4 卷，梁志学编译，北京：商务印书馆 2014 年版，第 32 页。

意的，也是无关紧要的。"全部流通的货币的总量代表处于社会交往中的全部商品量：前者的十分之一代表后者的价值的十分之一，前者的百分之一代表后者的价值的百分之一，以此类推。这百分之一是叫作一塔勒，还是叫作十塔勒、一百塔勒，那完全无关紧要。不管怎样，我可以用它买到百分之一处于社会流通中的商品。"① 一旦国家的货币价值确定，根据前面计算的生产谷物的有效劳动量或者各种换算的谷物数量，就可以计算出每单位谷物的货币价格。再根据各种产品与谷物之间的换算系数，就可以计算出各种产品的货币价格。这样，不同商品之间的货币价格的比例，体现的是商品所含的劳动量的比例。费希特初步地表述的价值规律是：货币的价值是由商品的数量决定的，商品数量的增加或者货币数量的减少都会导致货币价值的上升。②

当一个国家由于人口的增加而出现财富水平的增长时，进入流通中的商品就会越来越多。国家或者在保持商品价格不变的前提下投入更多的货币和平等地将增量货币按应得的比例分配给每一个人，或者在保持货币总量不变的前提下降低每一种商品的价格。通过这两种政策手段，货币和商品之间的平衡得以恢复，每一个人的生活水平都按照同样比例增长。如果货币出现了伪造的情况，那么，投入社会生产的劳动会减少，而部分生产的物品会被伪造货币的人剥夺。当然，货币由于磨损和居民的储藏而减少，可能会影响商品价格的稳定性。对于磨损的货币，费希特要求政府无偿地替换新的货币。对于货币储藏的问题，费希特认为这可能是某些人实际的劳动时间多于预计的劳动时间，从而将多劳多得部分储蓄起来。费希特认为，这种储蓄是一种预防储蓄，政府不要去干预，因为在长期中储蓄和消费是平衡的。如果当前人们的储蓄数量与他们当前花费他们父母积蓄的数量相等，那么，货币流通量保持不变，储蓄行为不会影响商品和货币的平衡关系。如果人们在刚进入理性国家时就有储蓄行为，那么，政府在确定商品价格时，就需要从现有货币中扣除掉这部分储蓄，按照剩余的流通货币价值与流通的商品总价值的比例确定价格。

---

① ［德］费希特：《费希特文集》第 4 卷，梁志学编译，北京：商务印书馆 2014 年版，第 46 页。

② ［德］费希特：《费希特文集》第 2 卷，梁志学编译，北京：商务印书馆 2014 年版，第 493—494 页。

根据这种社会整体性的劳动价值论，费希特就批评亚当·斯密在《国富论》中将金银当作商品的一般等价物的理论。在斯密看来，金银之所以能充当商品的一般等价物，是因为金银所包含的劳动量与交换的商品包含的劳动量相等。费希特反问道："假定真有这种使用等量劳力的情况，人们不禁要问：既然靠大自然生活的人完全不是按照他人对产物付出的劳力，而是按照他自己想从这产物获得的好处来评价这产物的；既然矿工没有农民的谷物便根本无法活下去，而农民在自然条件下则丝毫用不着矿工的金子，那么，为什么农民能把矿工用来开采一块金子的劳力等同于它用来开垦若干舍非尔谷物的劳力，而且认为那劳力同样使用得很好呢？"① 金银的价值，更多的是外在价值，而不是加工的可用性这种内在价值。因此，人们接受金银作为货币的根据就是人们相信其他人也会用金银交换商品的社会舆论。"然而，恰恰由于世界货币交换商品的价值除社会舆论以外，没有任何别的保证……所以这种比例关系也像社会舆论一样是波动的和可变的。"②

（三）对自由贸易体系的批判

在费希特看来，自由贸易就是每个人都尽可能利用较少的劳动产品去换取更多的劳动产品的不等价交换。"他对自己的劳力的估价高于对别人的相应的劳力的估价，从而使别人为他付出的劳动远远多于他为别人付出的劳动"③。如果每个人都采取这种欺诈性的不等价交换，那么，自由贸易就等于是无所顾忌的自由战争，从而加剧了市场价格的波动，造成了社会的不公和贫困。费希特说："在商业界，以买卖双方争斗的形式发生了一切人反对一切人的无休止的战争。世界上居住的人愈多，商业国通过兜揽生意而囊括的范围愈广，生产和工艺愈发达，因而投入流通的商品的数量和一切人的需求愈增长和愈多样化，这种战争就愈激烈，愈不正义，就其后果而言也愈危险。在各个民族保持简单的生活方式和不发生明显的不公与欺压的情况下业已消逝的东西，在需求提高之后便

---

① ［德］费希特：《费希特文集》第 4 卷，梁志学编译，北京：商务印书馆 2014 年版，第 67 页。

② ［德］费希特：《费希特文集》第 4 卷，梁志学编译，北京：商务印书馆 2014 年版，第 68 页。

③ ［德］费希特：《费希特文集》第 4 卷，梁志学编译，北京：商务印书馆 2014 年版，第 70 页。

成了极其明显的不公和严重贫困的根源。"① 买者随意地压低售价的行为会造成生产者的工资降低和家庭贫困,而卖者随意提高商品的价格会让贫困者更加贫困。采取任意欺诈和操纵价格的自由贸易,就是社会毁灭的根源。

当现存的国家参与自由贸易的国际体系并且使用世界货币进行交换和征税时,国家的贫困和人口迁移还会出现。首先,政府税收是对公民劳动财富的剥夺,造成人民的财富减少。其次,贸易平衡状况对国家的实力和货币数量有很大的影响。如果一个国家进出口平衡,那么流通中的货币量保持不变,尽管政府征收的进出口税会削弱公民的内在富裕程度。如果一个国家出现长期的贸易盈余和世界货币的积累,那么,这个国家就会在不断增加的富裕中获得贸易垄断的地位。"这个富有的国家用这种货币盈余可以换得它或缺的东西,却迫使那种连自己的生活需要也几乎难以满足的外国人为满足它的需要而工作;这个富有的国家以损害那种变得愈来愈贫困的外国人为代价,来不断提高自己的内在富裕程度。……或者,这样一个国家的政府按照能拿多少便拿多少的准则,利用这种对国外的有利地位,迫使国外的劳力为它的目的服务。"② 对于一个国家来说,积累或者控制世界货币就等于国家实力的积累,形成与其他国家的不平等贸易。

相反,如果一个国家出现长期的贸易赤字和外币债务,那么,这个国家就会不断输出世界货币,造成国内的货币量减少、商品价格的下降和贫穷的加剧。"这种经济造成的实际结果,是分得所剩无几的国民财产的人愈来愈少,因为国家的人口在不断减少,所以这些个人仍能得到比人口不会减少时更多的份额;许多人都迁移出去,到一个被他们视为天堂的异国他乡,去寻求避难所,以逃脱他们的祖国土地上难以逃脱的贫穷;或者,政府将他们变成商品,拿他们去换取外国货币。……还有一种本来几乎不应当涉足的商品,那就是国家把自己,把它的独立出卖掉。它不断获得资助,从而把自己变成了另一个国家的一个行省,变成了这

---

① [德] 费希特:《费希特文集》第 4 卷,梁志学编译,北京:商务印书馆 2014 年版,第 70—71 页。
② [德] 费希特:《费希特文集》第 4 卷,梁志学编译,北京:商务印书馆 2014 年版,第 74 页。

另一个国家用以达到任何目的的一个工具。"① 在这里，费希特描述了一个由于长期贸易赤字所引起的生产量下降、国民财富的减少、各行业的破产、人口迁移和饥荒、国家失去独立的殖民化过程。

面对贸易上可能出现的不利地位，各国纷纷采取了重商主义政策和措施。这些措施包括奖励本国的农业和加工业，鼓励向外国输出工业品，设置重税和障碍阻止外国工业品的输入，在各国之间充当商品买卖和运输的中间人，从而实现最大可能地将外国的货币吸引到本国来和将货币尽可能地留在国内。各国采取重商主义贸易政策会带来许多严重的后果。首先，为了追求贸易中的垄断地位，一个国家可能会限制本国或者殖民地的生产，甚至会破坏多余的产品。其次，为了越过其他国家的限制进口的政策，一个国家可能会鼓励，甚至公开提倡向其他国家进行走私活动，或者打击敌对国家的商船队。再次，重商主义国家之间直接展开贸易战争，争夺海洋和殖民地的控制权。但是，殖民地的独立和反抗终将会削弱宗主国的国民财富。这就是说，重商主义政策所带来的优势，即使是殖民地的优势，也是暂时的。这种暂时的优势，或者由于殖民地的反抗和独立，或者由于邻国的进步和强大而被削弱。

更为有害的是，这种注重对外军事实力的提升和领土扩张的行为是以牺牲国内的安宁和臣民的日常生活状况的保障为代价的。在重商主义的贸易体制下，外国政府不断实施的进出口禁令、提高关税或者鼓励工业发展的措施，会减少本国产品的进出口或者削弱国内生产某一种工业品的销售市场，从而造成本国产品的供求和价格的巨大波动、企业的破产，影响人民生活的稳定性。如果说外国政府的关税和进出口管制措施会造成进出口商品价格的波动，那么，本国政府的各种税收则会直接减少臣民的财富。对于这种财富的被剥夺和权利的被损害，国民会感到不公正，对政府的仇恨也会滋生，并发展出走私和诈骗的各种手段。为了多增加税收，政府就会采取搜查、鼓励民众的告密，使用各种谎言和诡计，以便打击走私和偷税漏税的行为。结果，民众与政府互不信任、相互仇恨。民众以私人武装相对抗，政府以强化官僚管理体制作为应对。②

---

① [德] 费希特：《费希特文集》第 4 卷，梁志学编译，北京：商务印书馆 2014 年版，第 76 页。
② [德] 费希特：《费希特文集》第 4 卷，梁志学编译，北京：商务印书馆 2014 年版，第 86 页。

走私人员和政府雇员的增加和暴力冲突都减少了投入国民财富生产的劳动力,从而直接减少了国民财富的生产,最终导致国家的贫困。

(四)锁闭的商业国的构建①

重商主义政策所带来的各种恶果表明,重商主义政策不可长久实行。它既危害了各国之间的和平与国家的安全,也危害了国民财富的增加和人民的安康。由于只看到了国际贸易的无政府状态所具有的危害性,没有看到国际贸易有助于各国利用比较优势、更有效率地扩大生产,因此,费希特就主张国家必须完全锁闭国外贸易。为了维持公民在自由贸易的初始状态的财富水平和生活水平,费希特首先主张在转型初期实现完全的进口替代战略。所有进口的工业品和农业品,不管本国先前是否有能力生产、加工和种植,都要想出一切办法,不惜任何代价生产出来。对于那些在国内不可能生产或制作的产品要逐渐从流通中排除出去,国家应该有序地减少供给直至完全停止供给这些产品。理由是,那些在国内不能生产或制作的进口产品是国际贸易所带来的暂时的奢侈享受,不是一个民族维持富裕生活所必需的。因此,锁闭的商业国就要恢复到没有国际贸易时的民族特色,"在我们所能拥有的范围内,竭力从整个地球表面现有的美好东西中占有我们的份额"。②

其次,锁闭的商业国还必须具备一些锁闭领土的自然条件。那些不具有天然边界的国家,就必须扩大领土和征服他国。"一个打算作为商业国把自己锁闭起来的国家,在这一刻来临之前就必须把自己扩大到或缩小到自己的天然边界上。"③ 这就是说,在一个国家成为锁闭的商业国之前,首先需要调整边界或者从事长期的领土掠夺战争,以便将所有讲同一种语言的人包括在天然疆界之内,然后向其他国家保证不再进行扩张。依靠领土兼并达到天然边界后,这个国家就可以变成锁闭的商业国,对外可以宣布"不再参与任何国外的政治事务,不加入任何联盟,不接受

---

① 《锁闭的商业国》是费希特在1800年8月完成的一部国民经济学著作。费希特的基本观点是,统一的国家内部应该实行自由贸易体制,不同国家之间应该实行锁闭的贸易体制。这本书不仅可以看作是李斯特的《国民经济学体系》和普鲁士的关税同盟体系的先驱,也可以看作是拿破仑的大陆封锁体系的先驱。

② [德]费希特:《费希特文集》第4卷,梁志学编译,北京:商务印书馆2014年版,第91页。

③ [德]费希特:《费希特文集》第4卷,梁志学编译,北京:商务印书馆2014年版,第94页。

任何调停"。

再次,在锁闭的商业国中,政府控制货币的发行和外汇储备,垄断对外贸易,按照计划在各个行业中分配劳动力和生产产品,确保价格的长期稳定。除学者和高级技艺人才外,政府要禁止公民到国外旅行和浪费外汇储备,但允许外国人"光临那种最繁荣的农业、工场和技艺的地方"。在这样的国家中,政府的规模很小,赋税很低,没有常备军,实行全民皆兵的制度。尽管这样的国家让某些人"感到难受、压抑和拘泥",但是,政府没有独立的利益,不会随便征税和滥发货币。在这样的国家中,没有贸易和赚钱的自由,只有监督和公安的自由,只有秩序和道德的自由。

在这种重建的社会交往机制中,投机买卖、赌博和突然的发财致富的机会都不会出现。人人都遵守法律,过着相当可观的富裕生活,没有极端的贫困和欺骗,也没有犯罪和暴乱,也没有政府的审查和惩罚。"在这样一个锁闭的国家里很快会产生一种高度的国民尊严感和一种非常确定的国民性格。"① 看到这样安居乐业的场景,其他国家也纷纷模仿,逐渐成为锁闭的商业国,世界就成为锁闭的商业国构成的世界。"一俟这个体系成为普遍的,永久和平在各个民族之间确立起来,地球上就没有一个国家会有丝毫兴趣,向另一个国家隐藏自己的各种科学发现……因此,什么也阻挡不了各个国家的学者和技艺人员彼此进行最无拘无束的交流。"② 费希特认为,只有科学才能在各国之间建立起真正的和平联系。各国不会在贸易方面展开竞争,而会在科学方面展开和平竞争,从而"靠人类共同努力来丰富科学,甚至能推进分散的尘世目的的实现。"③

显然,费希特从18世纪末的重商主义贸易体制和德国的官僚主义现实出发,看到了国家在国际贸易体制中的争夺、战争、殖民,以及人民的反抗和贫困,并试图在劳动的财产理论基础上构建一个计划与市场相结合的、存在部门劳动分工的经济体制,和一个和平、稳定、富裕的、

---

① [德] 费希特:《费希特文集》第4卷,梁志学编译,北京:商务印书馆2014年版,第118页。
② [德] 费希特:《费希特文集》第4卷,梁志学编译,北京:商务印书馆2014年版,第121页。
③ [德] 费希特:《费希特文集》第4卷,梁志学编译,北京:商务印书馆2014年版,第121页。

法治的、封闭的国际体系。这确实是一个了不起的成就。费希特把当时流行的重商主义体制与无政府状态联系起来，为空想社会主义者批判资本主义铺平了道路。尽管如此，费希特的体系存在许多自相矛盾的地方，如锁闭的商业国的领土扩张带来的国家的集权与个体自由的冲突，封闭的计划与科学创新的矛盾等。

### 四、费希特的历史哲学

如果说体现在《法权学说基础》和《锁闭的商业国》中的法哲学和政治经济思想构建了一个理性国家的政治制度和经济制度，那么，费希特在《现时代的根本特点》和《对德意志民族的演讲》中则在理性国家基础上建构了一个实现自由人的联合体的历史哲学。在历史变迁的过程中，不仅存在人的理性形态的变迁，而且存在国家和人性的变迁。

（一）理性形态的变迁

费希特的历史哲学是建立在"宇宙蓝图"的有机统一体和全部时间的统一性思想基础之上的。这种"宇宙蓝图"的精神关心人类整体或类族在争取实现"自由地、合乎理性地建立自己的一切关系"的过程中所经历的时期。为此，费希特对理性的概念及其表现形式进行了不同于康德的解释。在费希特看来，"理性是人类生活的基本规律，也是一切精神生活的基本规律"，理性在现实的人类的生活和关系中表现为模糊的本能、合理的本能或者完全自由的理性等多种形式。历史就是理性的各种变化形态得以充分发挥的概念的历史。"理性是唯一能以自身为基础，以自身为载体的存在和生命，一切表现为现实存在的和生机勃勃的东西，只不过是理性的进一步的变化形态、特殊规定和独特造型。"[1]

按照理性克服本能和实现自由的方式不同，费希特将人类的历史分为五个时期。一是本能进行绝对统治的时期，人类处于无辜状态。二是外在强制权威占统治地位的时期，人们被要求盲目信仰和绝对服从。这一时期也是恶行开始和理性觉醒的状态。三是摆脱专断的权威的时期。这一时期也是工具理性的统治或恶贯满盈的时期。四是理性科学的时期。科学认清了理性的内在规律的一切规定，并阐明和构造了这些规律，人

---

[1] ［德］费希特：《费希特文集》第4卷，梁志学编译，北京：商务印书馆2014年版，第464页。

类按照科学的规则在自由行动中建立起一切关系。五是，合理技艺的时期。按照科学规律，技艺在现实中建设起价值理性的生活，类族达到了说理完善和圣洁完满的状态。总结起来，人类生活经历的五个时期为"理性作为盲目本能占统治地位的时期；这种本能变成外在专断权威的时期；这种权威的统治与理性本能的统治一起被毁灭的时期；理性及其规律被清晰的意识把握的时期；最后，通过完善的技艺，按照理性的那些规律，类族的一切关系得到调整和安排的时期。"① 前两个时期是本能直接或间接地统治的时期，后两个时期是理性以知识或技艺进行统治的时期，而第三个时期则是本能向理性过渡的时期。这样，费希特将康德关于纯粹实践理性和一般实践理性的区分，与赫尔德关于理性的历史演变和民族精神结合起来，提出了一个从本能向一般实践理性和纯粹实践理性演变的历史化和社会化过程。

（二）国家的历史演化

在本能和理性演化的过程中，国家起着重要的作用。费希特认为，他所处的时代就是第三个时期，一个摆脱外在权威、合理本能和理性统治的时期，也是一个对真理漠不关心而完全采取欲望放纵的空洞的自由的时代。在这个时代，个体性原则在松散的社会占据统治地位，类族或有机整体的观念还未形成，只是"变成单纯的、空洞的抽象"。"给这个时代留下的这种个体和个人的生活，是由自我保存和追求幸福的冲动决定的，在人之内，天性也不会超越这种冲动。"② 人们依靠前两个时代积累的经验和智慧，而不是理性和本能，将整个可理解的世界当做促进自我保存和个人幸福的目的的工具，将自我理解为至高无上的唯一真实的东西，将一切认识的来源都归结为经验，否认先验的知识和怀疑一切。这个时代就是功利主义的时代，就是以追求自己的私利视为唯一的德行的时代，就是依靠历史经验或抽象思考构建国家宪法的时代，就是将宗教变成为一种单纯寻求幸福的学说的时代。在这个启蒙的时代，经验科学得到发展，教育得以普及，宗教信仰衰落，独立思考得以出现，建立在自我理解基础上的个人尊严得以确立。理性存在者充满了对真正宗教

---

① ［德］费希特：《费希特文集》第 4 卷，梁志学编译，北京：商务印书馆 2014 年版，第 458 页。

② ［德］费希特：《费希特文集》第 4 卷，梁志学编译，北京：商务印书馆 2014 年版，第 466 页。

的需求、对人的尊严和完善自身的渴望。在这个只注重个人感性生活的时代中，类族和统一体的一切高级生活都被当做不会存在的东西。由于理性被费希特界定为类族生活的统一性和理念，因此，这种个体生活占据主导地位的生活就被认为是非理性的、不道德的、利己主义的生活。在理念的视野中，类族的生活才是现实的，而个体根本不是现实的存在。这种类族的生活，只有依靠道德高尚的人们在为理念牺牲自己的生活享受中才能真正产生出来。

国家的任务在于"把一切个体力量引向类族生活，在这种生活中将它们融合起来"。① 这种类族生活就是国家的生活，而类族就是公民的整个总和。国家对所有公民提出同样的要求，并要求每个个体按照国家的计划贡献其全部力量，以便提高国家已经达到的文明水准。② 这种意义的国家就不是按照社会契约论由单独的个体组成，而是由个人之间的社会关系通过劳动所组成。在这样的国家中，个人通过国家发展本身和贡献其全部力量，在公共领域服从他人的监督和意志，在家庭生活中是一个自由人。

因此，费希特将国家分为理性国家和现存国家两类。理性国家就是费希特在法哲学中按照自由和公正的法权概念构建的国家。在理性国家诞生之前，人们生活在现存国家之中。按照自由或服从的关系，现存国家在历史上采取三种不同的形式。第一种国家形式是国家各个成员的绝对不平等，统治者和被统治者泾渭分明，统治者竭力将被统治者变为奴隶来服务于它的目的，被统治者不享有任何权利。第二种国家形式是，所有人在权利方面一律平等，毫无例外地服从自己的权利，利用这种权利来实现自己的目的。但是，国家的各成员之间并不具有完全相同的权利。第三种国家形式是绝对的国家形式，即每个人都拥有完全平等的权利和财产，所有人的力量都用来实现国家的共同目的。尽管这种平等允许阶层之间的差别，但是，国家不容许任何一个人不考虑整体的利益并将其劳动成果在整体内进行分配。在第一种国家形式中，服从者作为臣民享有人身自由但不享有公民自由。亚洲专制国家就体现了这种一个部

---

① ［德］费希特：《费希特文集》第 4 卷，梁志学编译，北京：商务印书馆 2014 年版，第 583 页。
② ［德］费希特：《费希特文集》第 4 卷，梁志学编译，北京：商务印书馆 2014 年版，第 585 页。

族对其他部族的统治形式。在第二种国家形式中，服从者作为臣民享有人身自由和有保障的公民自由。古希腊和罗马的国家就是这种形式。在第三种绝对的国家形式中，每一个人都享有平等的公民权利或公民自由，都是独立自由的公民和臣民，都在接受其他一切人的约束条件下约束着其他一切人。日耳曼国家就接受了人人平等的基督教原则。这些公民的权利和自由需要在国家宪法中得到保障。如果所有的人都有权利参加政治活动制定宪法，那么，这个国家的所有人都是政治自由的参与者。相反，如果一个国家只有一个特殊的阶层有权制定宪法，那么，这个国家的政治自由只属于统治者，被统治者全部被剥夺了政治自由。

国家的目的在理性科学时代和理性技艺的时代就是要按照理性的规律建立人类的一切关系，但在本能时代却是保存自己和促进类族的发展。这不仅要求文明国家在面对野蛮人时通过战争、奴役甚至欺骗的手段来实现文明的无意识传播和民族的融合，而且要求文明国家在不断征服和驯服自然的过程中建立各种产业部门，改良农业，用科学技术和机器设备来缩短劳动时间和增加考察内心生活的时间，促进文学艺术的发展。国家不能将追求内在自由的宗教、科学和道德当作其目的，但可以为科学、宗教和道德的发展创造良好的外部条件。"国家可以通过立法和监督，向否定性的良好习俗挺进，通过人人权利平等，向肯定性的良好习俗挺进，从而消除道德发展中的最大障碍。"① 作为一种对善的爱，宗教与国家应该实行分离，宗教不要对国家提出要求并干涉政治，国家也不要干涉人们的宗教信仰而强制人们服从某种宗教，因为"宗教的实质在于，一切生活都被看作和承认为统一的、原始的、完善的和极乐的生活的必然发展阶段"。② 每一个国家追求保存自己和扩张势力的做法，促使其对外采取势力均衡的原则，对内采取保护人身自由和公民平等的措施来吸引其他国家的基督教徒到本国进行劳动生产、贸易和财富积累。而且，一个希望增强自身国力的国家还要优待婚姻生育，促进人口的增长，在农业、手工业和商业之间保持平衡。如果特权阶层、市民阶层和劳动者阶层之间存在尖锐的对立，那么，促进科学和国家知识的传播有助于

---

① ［德］费希特：《费希特文集》第 4 卷，梁志学编译，北京：商务印书馆 2014 年版，第 674 页。
② ［德］费希特：《费希特文集》第 4 卷，梁志学编译，北京：商务印书馆 2014 年版，第 678 页。

让每一个阶层认识到自己在国家整体中效劳的价值和实现相互尊重。希望在国际竞争中扩大内部力量的国家,还要废除一切特权和野蛮的刑法,进行人道的司法改革,实现人人的权利平等,促进良好习俗的发展,以便每一个人都将自己的力量全部用于实现国家的目的。"每个人的使命和价值都在于,他奉献自己本来所是、所有和所能的一切,为类族服务,并且由于国家规定类族通常需要的服务方式,所以也在这个限度内为国家服务。"①

随着有道德的个体的增加,法治国家在这些社会精英的领导下根据民众契约得以建立,将各个孤立的个体联系起来,并在社会分工和职业发展中不断推动伦理道德的发展。最终,随着每一个人的道德完善,法权状态就变得不必要,国家也将消失。伦理共同体将取代政治共同体,自由人的联合体就会出现。

(三) 历史演变的动力:民族教育的作用

费希特认为,从第三个时期过渡到第四个时期或者从现存国家过渡到理性国家的唯一的出路就是培养将个人和民族联结起来的民族同感,培养一种"全新的自我"。那么,如何培养一种"全新的自我"呢?费希特的建议就是,"完全改变迄今的教育制度",将教育成为"培养人的某种东西"和使"教养成为学子的财富"的旧理念转变为教育成为"培养人本身"和使"教养成为学子人格的组成部分"的新理念。② 现行教育制度,不仅集中在社会的精英阶层的欲望偏好和自然本性方面,忽视了善良意志和人格的培养,而且,忽视了绝大部分民众的教育需求,造成大众只能受盲目的机遇和利己主义的摆布,结果带来的是精英阶层与普通大众之间的对立和分裂。③ 新的教育就是要将一个国家的所有人都纳入教育系统的民族教育,所有人都要不分彼此地接受人格和意志的教育,以便把国家培养成为一个整体。

与旧式教育以感性幸福为目的不同,新式教育以道德和宗教为目的。

---

① [德] 费希特:《费希特文集》第 4 卷,梁志学编译,北京:商务印书馆 2014 年版,第 663 页。

② [德] 费希特:《对德意志民族的演讲》,梁志学等,北京:商务印书馆 2010 年版,第 20 页。

③ [德] 费希特:《对德意志民族的演讲》,梁志学等,北京:商务印书馆 2010 年版,第 19—20 页。

旧式教育通过提供更多的知识和依靠劝诫性的说教，让学子们在善恶决断时拥有更强大的自由意志和更多的选择。新式教育在于确立行动的规则和培养完善的人格，完全消灭决断中的自由意志，永远按照道德法则行事。旧式教育把善良意志或者对共同体的关切依附在感性幸福或者人的自爱的功利目的之下，学子们只能被动地把握、重复地理解和记忆由教育者提供的关于道德或者共同体的图像，缺乏主动学习和精神创造活动的兴趣。新式教育则试图确立以善自身为目的的爱，对善良意志感到愉悦的爱，在精神中创造民族共同体蓝图的爱，对自己创造力量的愉悦。这就要求在新式教育中激发学子们对学习与精神创造活动的兴趣，培养学子们的认识能力。一旦自主学习的能动性被激发起来，教育就不需要惩罚和奖励就能自动地实现其目标，学子们会直接致力于精神活动的训练和基本规律的探寻。相反，在以感性需要和享受为目的的旧式教育中，需求的满足就会妨碍学习兴趣的培养，并将持久的学习当作一件痛苦的事情对待。在这种功利主义教育中，学子们会把目光转向容易引起需求得到满足的感官事物上，缺乏对事物本质规律认识的动力。这样，在认识方面，旧式教育提供的是知识和一定量的感性认识素材，借助记忆的知识力图实现对现存事物的理解，无法对事物的本质和本原有任何的猜想和认识，甚至麻痹和扼杀认识；新式教育则会激起合乎规则地发展的精神活动和努力地塑造现实生活图像的愉悦，产生"一种真正超越一切经验的、超感性的、具有严格必然性的和普遍性的认识"。① 旧式教育依靠学生的死记硬背，发展的是记忆力；新式教育依靠的是学生的自主学习和兴趣，发展的是独立思考和创造的能力。在旧式教育的被动接受中，学生们的厌学情绪不断弥漫，只能依靠奖惩、生计需要或者荣誉的外在手段来刺激被动的精神。在注重兴趣培养的新式教育中，学子们不仅从相互联系和实践的角度牢固地掌握了学校传授的知识，而且养成了热衷探索事物秩序和理性地勾画现实生活的道德秩序图像的习惯。这种热爱精神活动的习惯不仅帮助学子们认识精神活动的规律，而且让学子们远离了感性享受活动的追求，为道德意志的养成做了直接的准备。

更重要的是，新式教育还能帮助实现宗教目的。费希特认为，存在"一种高级社会秩序"，学子们利用新式教育所获得的精神发展会能动地

---

① [德] 费希特：《对德意志民族的演讲》，梁志学等，北京：商务印书馆2010年版，第32页。

去认识这种高级秩序,"在思想中设计超尘世界秩序"的图像。在这种思想图像中,学子们将会认识到,只有精神生命才是真实存在的,其余的一切都是来自思想的、缺乏真实存在的和只能泛泛地把握的表象。相反,过去的宗教将精神生命从神圣生命中分离开来,设置了世俗的此岸世界和宗教的彼岸世界,利用利己主义的畏惧和希望将人们从此岸世界引向彼岸世界。费希特认为,在这样一个新的时代,精神生命与上帝的生命合为一体,现实生活本身就是宗教生活。一旦通过教育或者其他的方式对自我的冲动和外在的东西有了清晰的认识,那么,人们就会对所有的人和事物表现出一种"超乎一切的爱",每一个自我都会在对伦理秩序的爱中得到发展。利己主义的根源,即模糊的感觉,就会在清晰的认识中被连根拔除。在爱这个"上帝的直接显现和启示"的推动作用下,原始创造活动就会发挥作用,世界就会成为"一种应该生存的世界,一种先验的世界,一种在未来存在的和永远在未来存在的世界"。① 现实的世界及其历史不过是这个精神不断创造和生存世界的图像和阴影而已。人类也依靠这种新式教育和新的认识把自己塑造为一种新人,一种"新颖的形态"。②

(四) 理想社会:自由人的联合体

费希特心目中的理想社会就是自由人的联合体。在这种社会中,每一个人都是理性存在者、自由的社会人,没有奴役,也没有压迫。在《关于学者使命的若干演讲》(1794)中,费希特将理想的人与自在的人、社会的人和学者区别开来。自在的人就是孤立的、与其同类的理性存在者没有关系的人。这种自在的、孤立的人的使命就是为自己而存在,不包含存在以外的任何目的。这种自在人的最终目的和最高目标就是确保意志同永远有效的意志观念相一致,以及外在事物与人的意志相一致,实现康德的"伦理的善"和"幸福"。③

如果说孤立的人要追求自身的幸福和道德的完善,那么,社会的人

---

① [德] 费希特:《对德意志民族的演讲》,梁志学等译,北京:商务印书馆2010年版,第48页。
② [德] 费希特:《对德意志民族的演讲》,梁志学等译,北京:商务印书馆2010年版,第49页。
③ [德] 费希特:《费希特文集》第2卷,梁志学编译,北京:商务印书馆2014年版,第12页。

就要追求人类的完善。社会的人就是与其同类的理性存在者具有社会联系和交往的理性存在者。在费希特那里，社会就是理性存在者之间的相互关系或康德意义上的合乎目的的共同体，包括国家以及有理性的人们的任何结合。理性存在者对其他理性存在者有社会需求或社会冲动，希望其他人符合理性存在者的概念，以便在理性存在者之间进行社会交往。但是，每一个人都有特殊的理想，都按照这个理想来检验他人是否符合这个理想，由此产生了承认的斗争。"每个人都凭着这个基本冲动，渴望在任何别人身上找到同这个理想相同的东西；他们千方百计地试验别人，观察别人，如果发觉别人低于这个理想，他就努力把别人提高到理想的程度。在这种智慧生物和智慧生物的斗争中，总是那种属于较高的、较好的人的智慧生物取得胜利；这样通过社会就产生了人类的完善，同时我们也就发现了整个这样的社会的使命。"① 自由的人会使周围的一切人都获得自由，让每一个获得自由的人以自身为目的而不是达到他人目的的手段。每一个人都依靠自己的劳动和勤勉，成为一个有道德的和幸福的人。"而在这时，社会中的每一个人都在至少按照自己的观念，力求使别人变得更完善，力求把别人提高到他自己所具有的那种关于人的理想的程度。因此，社会的最终的、最高的目标就在于同社会的所有可能的成员完全一致和同心同德。"② 社会的人的使命就在于无限地接近这一目标——同所有个体的完全一致，并在此基础上实现自由人之间持久的、广阔的联合。"在这种结合中，谁也不能不为其他所有人工作，而只为自己工作，或者说，谁也不能只为别人工作，而同时不为自己工作，因为一个成员的成就就是所有成员的成就，一个成员的损失就是所有成员的损失。"③

建立自由人联合体或和谐的社会的目的，就是为了克服各个人在体力上的不平等，利用所有人的理性和获得的技能来征服自然、统治自然、摆脱自然的奴役，最大限度地实现所有个人的福利和自由。"现在社会联合起来了，所有的人都一致行动；原来个人所不能做到的，大家同心合

---

① ［德］费希特：《费希特文集》第 2 卷，梁志学编译，北京：商务印书馆 2014 年版，第 19 页。
② ［德］费希特：《费希特文集》第 2 卷，梁志学编译，北京：商务印书馆 2014 年版，第 22 页。
③ ［德］费希特：《费希特文集》第 2 卷，梁志学编译，北京：商务印书馆 2014 年版，第 34 页。

力就可以做到。虽然每个人都各自为战，但是，依靠共同的斗争削弱了自然界的威力，每个人在自己的岗位上取得的胜利，都对大家有利。"① 为了实现这种自由人的联合体及其目的，费希特把希望寄托在学者提供的文化教育身上，以便每一个自由人获得给予的技能和获取的技能。学者的责任就在于研究人的天资和需求的知识，研究那些发展天资和满足需求的知识，研究文明的发展阶段和实现更高文明所需要的手段，研究历史发生的事件与文明发展的关系。这些哲学的、历史哲学的和历史研究的知识，就有助于实现学者阶层的真正使命，即"高度重视人类一般的实际发展进程，经常促进这种发展进程"。②

### 五、费希特对马克思的影响

布尔认为，在马克思的思想发展过程中，"费希特的哲学起了特别重要的作用"。③ 沈真与梁志学（1995）从马克思对费希特的引用与评价、实践观念以及马克思构建政治经济学批判等方面提纲挈领地探讨费希特与马克思之间的联系。司强（2014）认为费希特对马克思早年的哲学观、批判方式和批判思想都有一定的影响。这些研究主要是从哲学角度探讨费希特对马克思的影响，忽视了费希特的法哲学、国家理论、经济理论对马克思的具体影响及其途径。

（一）费希特对马克思影响的直接文本证据

马克思在其著作和书信中多次谈到费希特。马克思在诗歌中表现出非常强烈的浪漫主义气质，断言"康德和费希特喜欢在太空中遨游"。在1837年11月致父亲的信中，马克思谈到自己初步构建的法学著作："最初我搞的是我慨然称为法的形而上学的东西，也就是脱离了任何实际的法和法的任何实际形式的原则、思维、定义，这一切都是按费希特的那一套，只不过我的东西比他的更现代化、内容更空洞而已。"④ 这意味着，马克思对费希特的法哲学演绎体系非常熟悉。马克思还在这封信中

---

① ［德］费希特：《费希特文集》第2卷，梁志学编译，北京：商务印书馆2014年版，第29页。

② ［德］费希特：《费希特文集》第2卷，梁志学编译，北京：商务印书馆2014年版，第40页。

③ ［德］布尔：《费希特哲学在当代的重要意义》，见沈真编：《费希特在当代各国》，北京：中国社会科学出版社2006年版，第25页。

④ 《马克思恩格斯全集》第47卷，北京：人民出版社2004年版，第7—8页。

对自己在写作诗歌和戏剧时的理想主义同康德和费希特的理想主义进行了对比。在 1842 年所写的《评普鲁士最近的书报检查令》中，马克思以康德、费希特和斯宾诺莎为例说明，试图用宗教来排斥自由思想就会否定这些"思想巨人"，因为"他们不信仰宗教，并且要损害礼仪、习俗和外表礼貌"。① 在《〈科隆日报〉第 179 号的社论》中，马克思谈到卢梭、费希特和黑格尔等人"已经用人的眼光"而非神学的眼光来观察国家和研究国家的规律了。马克思在《莱茵报》时期的自由观是康德和费希特的自由观。② 在《第六届莱茵省议会的辩论（第一篇论文）》中，马克思认为，人类的自由始终是存在的，不同社会的自由只是表现形式不同，是以特权、普遍权利还是以理性表现出来。在《摘自〈德法年鉴〉的书信》中，马克思谈道，"符合人性的"现代国家"必须实现法律的、伦理的、政治的自由，同时，个别公民服从国家的法律也就是服从自己本身理性的即人类理性的自然规律"。但是，马克思认识到，这种理性国家观"又到处陷入理想的使命和各种现实的前提的矛盾中"。③ 在《1844 年经济学哲学手稿》中，马克思说："平等不过是德国人所说的自我 = 自我译成法国的形式即政治的形式。平等，作为共产主义的基础，是共产主义的政治的论据。这同德国人借助于把人理解为普遍的自我意识来论证共产主义，是一回事。"④ 在《神圣家族》中，马克思谈到鲍威尔不过是使用了费希特的自我意识来"获得了片面的、因而是彻底的发展"，即基督教不过是英雄人物自我意识的产物。⑤ 而黑格尔的体系则包含着斯宾诺莎的实体、费希特的自我意识和黑格尔的绝对精神三个要素。在《关于费尔巴哈的提纲》这部对费希特的批判性吸收的历史文献中，马克思谈到了"能动的方面却被唯心主义抽象地发展了"，以及"教育者本人一定是受教育的"。⑥ 马克思在 1872 年致第一国际海牙代表大会的文章中，确认了费希特是第一个社会主义者的这个观点。⑦ 恩格斯在

---

① 《马克思恩格斯全集》第 1 卷，北京：人民出版社 1995 年版，第 119 页。
② [法] 路易·阿尔都塞：《保卫马克思》，顾良译，北京：商务印书馆 2016 年版，第 191 页。
③ 《马克思恩格斯全集》第 1 卷，北京：人民出版社 1956 年版，第 417 页。
④ 《马克思恩格斯全集》第 3 卷，北京：人民出版社 2002 年版，第 347 页。
⑤ 《马克思恩格斯全集》第 2 卷，北京：人民出版社 1957 年版，第 177 页。
⑥ 《马克思恩格斯全集》第 3 卷，北京：人民出版社 1960 年版，第 7 页。
⑦ 《马克思恩格斯全集》第 44 卷，北京：人民出版社 1982 年版，第 595 页。

《社会主义从空想到科学的发展》德文第一版序言中谈道："我们德国社会主义者却以我们不仅继承了圣西门、傅立叶和欧文,而且继承了康德、费希特和黑格尔而感到骄傲。"① 因此,费希特的思想贯穿于马克思的整个人生历程之中,展现出众多的相似之处和对立之处。只是由于费希特著作的通俗性和明晰性,马克思才没有在专门的著作中对费希特的思想进行公开的批判和回应。

(二) 费希特和马克思的比较

费希特和马克思在人格与思想上既有相近之处,也有相异之处。费希特和马克思都主张出版自由和展开了大量的论战,批判普鲁士的书报检查令;支持法国大革命,抨击保守主义对法国大革命的攻击;批判利己主义、功利主义、自由贸易主义和重商主义,重视政治经济学的研究,提出了一个历史演化的图式;主张理论和实践相结合,主张学者要参与政治活动。费希特赋予哲学家一个指导政治家进行制度改革和设计的责任,马克思看重哲学家的直接革命行动。

不同的是,费希特将自我意识放在其哲学的核心位置,构造了一个自我意识的辩证认识过程和唯心史观。费希特反对启蒙运动的机械国家观,倡导有机国家观和精神自由、民族精神论,认为国家会随着教育和道德水平的提高而自动消亡。马克思则将实践特别是物质生产活动放在其理论体系的核心,构建了唯物史观,认为国家只有在生产力高度发展的基础上通过革命斗争才能消亡。费希特在知识学中推崇演绎法,强调事物的同一性;马克思则注重事物表达形式的多样性统一的辩证法,强调事物的特殊性和多样性。费希特主张自然法权学说和人的绝对自由;马克思则批判自然法权学说,认为自由是建立在社会的物质生产力发展水平和力量较量基础之上的,雇佣劳动的自由本质上是一种奴役,国家不过是一种暴力剥削的工具。费希特将自由行动作为自我意识的基础和条件,现实世界看作是精神创造的世界的图像,但却没有考虑自由行动的条件以及现实可能性。马克思则将人的自我意识看作是实践活动的衍生物,认为观念不过是植入大脑中的人的物质利益的表达。与费希特主要关注意识领域内的自由实现不同,马克思则关注实现精神自由的物质条件。因此,费希特关注知识学原理或辩证法及其精神自由的实现,马

---

① 《马克思恩格斯选集》第3卷,北京:人民出版社1995年版,第692页。

克思则关注个人利益和社会利益的辩证关系及其现实运动的规律。在某种程度上说，费希特过度宣扬精神自由的思想很容易走向英雄主义和极端个人主义思想。施蒂纳和鲍威尔就是费希特主义的极端化表达，也成为马克思批判的主要对象之一。

如果说耶拿时期的费希特更接近康德的自由主义思想，那么，柏林时期的费希特就从康德主义转向斯宾诺莎主义，更加注重信仰在知识建构中的独特价值，认为只有在上帝中的生活才是真实的生活。这是一种颠倒宗教与生活的观点。与费希特认为人是按照理性自由地建构自己的关系不同，马克思则认为，人建构自己的关系受到社会生产力和历史条件的制约，理性的作用微乎其微。与费希特按照理性的发展程度不同来进行历史分期不同，马克思则根据社会生产力和社会关系的发展及其关系来对历史进行分期。费希特认为，人类的历史就是理性异化和恢复自身的历史，认识或教育在其中起作决定性的作用；马克思则认为，人类的历史就是劳动被异化和恢复自身的历史，对立面之间的斗争在其中起到决定性的作用。因此，不管是个人主义时期还是集权主义时期，费希特唯一不变的是理性主义，大学和国家都要成为为理性或上帝服务的工具；英雄主义和民族主义精神由此产生。费希特过度重视学者们的精神自由和宗教生活，而忽视了普通大众物质贫困问题。马克思则将物质的生产和分配置于问题研究的中心，重视大众的贫困化问题，并将阶级斗争作为解决贫困化问题的主要手段。此外，费希特主张语言的社会交往理论，提出了外来文化异化论；马克思则主张了语言的劳动理论，提出了劳动异化论。费希特主张宗教是目的和归属，马克思则将宗教当作一种意识形态加以批判。费希特反对历史起源的研究，马克思则将历史和哲学有机地结合起来，高度重视历史起源和历史演变的研究。

(三) 费希特对马克思思想的影响

对比分析马克思和费希特的著作之后，我们发现，费希特的思想对马克思的影响是深远的。除哲学传统注重的主体性思想和自由人的联合体思想之外，费希特的国家契约论、劳动产权理论、劳动价值论、计划经济模型以及对自由贸易的批判，都对马克思有显著的影响。

第一，主体性思想。马克思在其著作中多次提到了费希特的主体性思想。卢卡奇在《历史和阶级意识》中强调了费希特的主体性理论对马克思的影响。这种影响的途径，一是马克思对费希特著作的研究；二是青年黑格尔派中的鲍威尔、赫斯的影响。汤姆·洛克莫尔在《费希特、马克思与德国哲学传统》《马克思是一个费希特主义者吗?》《费希特在马克思思想中的影响》《费希特的唯心主义和马克思的唯物主义》等专著和论文中,也确认费希特的主体能动性思想对马克思影响,并激进地主张马克思是一个费希特主义者。"马克思的全部立场是试图以人类能动性理论为基础,在现代工业社会中规划人类自由的现实条件。这种通过人类的能动性理解人类的方法是由费希特在批判康德的时候所形成的,马克思批判黑格尔的时候借用并改造了这一方法。"① 由于费希特的主体能动性思想在浪漫主义文学中得到广泛的应用,因此,马克思还可能通过早年对浪漫主义文学的热爱而熟知了费希特的主体性思想。但是,由于费希特将理性赋予学者阶层和政府官员,因而,费希特的主体性思想是高度局限性的,并将普通大众排斥在意识主体性之外。马克思则将主体性扩展为实践主体性而非意识主体性,从而将普通大众特别是工人阶级当做物质劳动的社会主体,并注重主体的再生产。通过这样批判性的改造,马克思的主体性思想就与劳动异化论结合起来,从而将自由人的联合体建立在物质生产劳动高度发达而非道德自由的基础之上。

第二,自由人的联合体思想。费希特在历史哲学中,以理性和国家的历史演化为基础,以外来文化异化为中介,以人格教育为手段,构建了一个以自由人的联合体为目标的理想社会,以便实现康德关于每个劳动的人都是目的而不仅仅是手段的理想。尽管具有唯心史观和英雄史观的性质,但是,费希特的历史图式无疑对马克思的共产主义理想具有启发作用。马克思在劳动异化论和所有制的动态发展的基础上,以社会革命和阶级斗争为手段,构建了一个以自由人的联合体为目标的共产主义社会,从而彻底实现所有的人都是目的而不仅仅是手段的理想。在这种平行模式中,费希特主要关注日耳曼民族如何在战败之后恢复自身的活力和获得民族解放的历史使命,马克思则关注工人阶级如何在劳动异化的资本主义社会中组织起来推翻资本主义和实现自身的解放。费希特把民族解放的责任放在学者阶层和国家官员之上,马克思则将阶级解放的使命放在无产阶级之上。这样,与费希特关注教育和道德自律不同,马克思则关注物质生产力的发展及其社会关系的变动。

---

① [美] 汤姆·洛科莫尔:《马克思是一个费希特主义者吗?》,见林进平主编:《马克思主义研究资料》第24卷,北京:中央编译出版社2015年版,第76页。

第三，国家契约论的启发。费希特和康德的法权学说，是对启蒙时期的自然法权学说的系统化表达和发挥。在社会契约论的论证中，社会契约的建立需要主权国家的确立，否则每个追求自由和权利的人就会陷入无止境的争斗之中。斯密的"无形之手"理论则进一步表示，在国家确保法律规则的建立和国家安全的情形下，每个人追求的私利与公共利益是一致的，并能导致国家的繁荣。这就意味着，国家是确保每个人的私利得以实现或者外在于人们的自由的偶然的工具。黑格尔以市民社会的相互需要体系来反对费希特以相互承认和理性选择为基础的国家契约理论，认为国家契约论是一种主观形式的必然性，而相互需要体系的市民社会理论则是一种客观形式的必然性。马克思在黑格尔对费希特批判的基础上认识到，国家并非中性的、偶然的，而是阶级斗争的历史产物，即国家是某些集团或阶级借此剥削其他阶级的暴力工具。因此，国家并非确保每个人的劳动所有权的最佳工具，而是劳动异化的产物。社会契约和国家并没有消除社会的不确定性，而是在市场交换或者资本主义生产方式中增加了社会的不确定性或危机的可能性。因此，费希特表述国家契约论的过程中无形地启发了马克思对资本主义社会危机的分析思路。①

第四，劳动产权理论的启发。费希特将洛克的个体劳动产权理论改造为国家所有制基础上的劳动产权理论。劳动产权是自由活动的权利或特许经营权，而非对对象占有的权利。洛克在《政府论》中提出的劳动产权理论包含了占有土地的私有权，可以称之为沾染的劳动产权理论，即任何土地和其他物品沾染了劳动就变成这个人的私有财产，从而允许不平等的财产占有和社会贫富差距的广泛存在。费希特的劳动产权理论可以称之为不沾染的劳动产权理论，即反对暴力占有和掠夺，也反对土地的私有产权。而且，洛克的财产理论主要是基于一个孤立的主客体关系的思想，将社会理解为一个法律和政治共同体，不考虑主体间的相互承认问题和资源匮乏引起的主体间冲突的问题。② 费希特的财产理论依赖于主体间性的概念或者相互承认和冲突的问题，衍生出再分配和职业

---

① 马克思在《〈政治经济学批判〉导言》中将卢梭的社会契约论与斯密的自由竞争理论做了类比，在给恩格斯的一封信中将英国资本主义与霍布斯的自然状态做了含蓄的类比。

② [南非] 詹姆斯：《财产与德性：费希特的社会与政治哲学》，张东辉、柳波译，北京：知识产权出版社2016年版，第50页。

干预的问题。费希特认识到,私有财产的占有理论是一种不完全的契约,因为无产者可以不遵守社会契约。"一旦某人不能靠自己的劳动生活下去,那么,完全属于他的东西就得不到承认了,因而涉及他的契约也就完全取消了,并且从这时起,他也不再受到法律的约束,去承认其他人的财产。这是,为了不使他造成财产的这种无保障性,一切人都必须通过法律途径,并根据公民契约,从自己的财产中分出一部分给这个人,直到他能够生活下去。"① 由于每个人都拥有劳动的天赋,因而,费希特提倡用财产的劳动理论取代财产的占有理论。在每个人的劳动权得到保障和社会分工的前提下,整个社会就会趋于繁荣和不会出现极端的贫富分化现象。相反,社会占主导的私有制或者财产的占有理论是对劳动权的异化。私有制下的劳动就不是自由的劳动,而是强迫性的或者奴役性的劳动。在这种不自由的劳动中,无产者就会与有产者形成对立和斗争的局面。基于此,费希特反对基于占有的产权理论,而赋予国家统一管理、再分配土地和其他生产资料的权力。

而且,费希特将国家的不同形式与劳动产品的再分配结合起来。在费希特看来,在三种现存的国家形式中,第一种国家的大多数成员辛勤劳动,但其劳动成果却被极少数统治者随心所欲地掠夺。第二种国家的所有成员都进行了劳动,但劳动成果的绝大部分被少数的统治者所享有,只有极少数的劳动成果是为整个社会而生产和分享。第三种国家的所有成员联合起来共同劳动,对整个社会的劳动成果和财产都占有平等的份额,老弱病患者不管是否有贡献都有权分享这个份额。因此,国家的实质就在于统治者对劳动产品的再分配。可以说,马克思之所以能够在1843年10月转入政治经济学的研究并很快在《1844年的经济学哲学手稿》中构建出一个劳动异化的理论和共产主义社会的设想,费希特的劳动产权理论和国家对劳动产品的再分配理论在其中起着显著的中介作用。马克思在《共产党宣言》中,也遵循费希特的思路,主张在推翻资本主义社会之后将土地和生产资料收归国有,实行按劳分配。

第五,劳动价值论的影响。费希特的劳动产权理论与劳动价值论具有内在的一致性:所有产品的价值取决于产品包含的劳动量。按照劳动计量和分配产品的办法,就可以消除社会的贫富差距。这与洛克依靠劳

---

① [德]费希特:《费希特文集》第2卷,梁志学编译,北京:商务印书馆2014年版,第469页。

动产权论得出私有财产的占有理论和劳动价值论是不同的。亚当·斯密和大卫·李嘉图的劳动价值论则与私有财产理论存在内在的矛盾。只有在劳动出现异化时,劳动价值论才与私有制表现出内在的一致性。但是,费希特的劳动价值论是不彻底的。费希特依然秉持亚里士多德和柏拉图关于精神劳动优于物质劳动的观念,最终滑入了英雄史观的巢穴。在费希特的视野中,整个社会分为两个群体,一个是按照自我利益行事的、有限理性的普通大众或者低级职业成员,一个是按照公共德性和无限理性行使的社会精英或者高级职业成员。这两个群体及其所属的各个社会阶层构成了一个有机整体。在其中,"高等阶层是人类这个巨大整体的精神,低等阶层是这个整体的四肢,前者是思考者和谋划者,后者是执行者"。① 黑格尔也继承了这种思想,将其改造为以普遍利己主义为基础的市民社会与以公共伦理德性为基础的国家的分离。由于存在众多的劳动价值论和劳动产权理论,马克思在 19 世纪 40 年代对劳动价值论经历了一个从怀疑、肯定到改造的过程。马克思对李嘉图的劳动价值论的改造,最根本的一点就是从社会有机体的角度将社会关系植入价值之中。毫无疑问,费希特从社会有机体角度分析劳动价值为马克思提供了有益的借鉴,尽管费希特还没有从抽象劳动或社会关系角度分析产品的价值。

第六,对自由贸易的批判。在费希特看来,在自由贸易的情况下,人人都是商业国的独立的自由的成员,政府也是拥有独立财产的市场成员。"买者力求挤压卖者的商品。因此,他要求贸易自由,即卖者有转移他的市场的自由,找不到任何销路和由于急需而以远比商品价值低的价格出卖商品的自由。因此,买者也要求工业品制造者和商人进行激烈的竞争,这样,他就可以利用销售困难和急需现金,迫使这些人以他还想本着宽容精神给他们制定的任何价格向他提供商品。如果他的这种做法能成功,劳动者将会变得贫穷,勤劳的家庭将由于匮乏和贫穷而衰落,或移居到不公正的人群之外。针对这种欺压,卖者捍卫自己,或者,卖者使用各种手段,比如收购商品、人为提价和诸如此类的做法,确实预防自己受害。这样,他就将买者置于一种危险的境地,使买者突然缺少自己日常必需品,或不得不以非常高的价格买这种必需品,因而不得

---

① [德]费希特:《伦理学体系》,梁志学、李理译,北京:商务印书馆2010年版,第344页。

在其他方面匮乏不堪。或者，卖者在被迫降低价格以后，降低商品的质量，这样，买者就得不到他期望得到的东西了，他受骗了。"① 除此之外，自由贸易还有效率的损失，如因为劳动不佳和轻率而在社会力量和时间方面发生的纯损失，以及在制作劣质产品方面发生的纯损失。因此，自由贸易是一种不等价的、欺诈性的贸易，是一切人反对一切人的战争，是社会毁灭性的根源。

由于自由贸易被等同于欺诈贸易，费希特进一步指出，各国之间的经济贸易关系，并不像康德和斯密所主张的那样是一种自愿的和相互同意的平等的关系，而是包含着强制的、不平等的关系。费希特描述了一个国家由于长期贸易赤字所引起的生产量下降、国民财富的减少、各行业的破产、人口迁移和饥荒，从而失去独立的殖民化过程。基于此，费希特否定各国公民之间的自由通商权，主张世界公民权利只包括科学与文化交流的权利。费希特对自由贸易和重商主义的批判，后来为空想社会主义者所继承和发展。这些空想社会主义者力图以生产和消费合作社来取代市场交易。受到费希特和空想社会主义者的影响，马克思在对资本主义社会的批判中，始终坚持自由贸易就是欺诈交易、雇佣劳动的买卖就是不等价交换的观点，并将国内外的自由贸易看作是一种体现了强制的、不平等的阶级关系的交易。当然，马克思还重视自由贸易在推动封建社会的瓦解、人的解放中的积极作用。

第七，计划经济模型的影响。费希特在《锁闭的商业国》中构造了一个计划与市场交换相结合的、生产资料归国家所有的自给自足经济模式。费希特的计划经济模式包含按比例分配和各部门平衡的经济思想。在费希特看来，在锁闭的商业国实行计划经济的前提条件包括：人口在各部门均衡增长，不存在人口过剩或者人口不足的问题，没有大规模的饥荒和自然灾害；每一个具体的行业都不会被淘汰；各部门均衡增长，没有创新；一个国家的产品足够满足各类需求。这些前提条件和各部门平衡的思想，完全融入了马克思的《资本论》的两部门经济模型和经济危机的理论之中。当然，费希特的计划经济模型是在资本主义生产方式还未完全确立阶段提出的农业社会的经济模型，因而无法解决工业生产力的高度发展所带来的新问题。这是马克思的资本积累规律所要解决的

---

① ［德］费希特：《费希特文集》第 4 卷，梁志学编译，北京：商务印书馆 2014 年版，第 70—71 页。

问题。

此外,费希特关于社会有机体的应用、价值规律的表述、对私有制的批判等思想的清晰阐述,都为马克思的政治经济学研究和对资本主义社会的批判提供了重要的启示。当然,马克思不会赞成费希特的唯心史观和宗教观。在某种程度上说,马克思对鲍威尔和施蒂纳的批判,也可以看作是对费希特的某些观点的回应与批判。

# 第六章　马克思与浪漫主义

马克思与浪漫主义的关系是一个值得深入探讨的问题。马克思不仅直接受教于浪漫主义的主要代表人物奥·施莱格尔、谢林的弟子斯特芬斯，阅读了佐尔格的美学著作《埃尔温》、霍夫曼和歌德等人的小说、海涅的诗歌，而且在中学和大学时期都创作了大量具有浪漫主义风格的诗歌、小说和戏剧。浪漫主义不仅加深了马克思对人的能动性、历史辩证法和意识形态的理解，推动了马克思对思辨哲学、宗教、政治、政治经济学以及消极浪漫主义的批判，而且形成了马克思在《神圣家族》《德意志意识形态》《哲学的贫困》甚至《资本论》等著作中表现出来的浪漫反讽风格，强化了马克思的思想的雄辩力量。

## 第一节　浪漫主义运动：启蒙运动的反叛

启蒙运动和浪漫主义运动，是继文艺复兴和宗教改革运动之后的两场伟大的运动。如果说启蒙运动是西方传统理性主义的继续，那么，浪漫主义运动则开创了一个非理性主义的时代。从历史角度上说，浪漫主义思潮是在传统社会向资本主义社会转型过程中社会各阶层在社会、政治、经济、历史、法律和艺术领域对资本主义持批判甚至否定态度的一种思想和文化表现。浪漫主义者的共同特点是他们"关注中世纪，把中世纪从启蒙运动的讥讽中解救出来"，他们"喜爱大自然，把直觉视为真理的来源，注重表达情感，把社会视为一个有机体"，他们都对现存资本主义社会和功利主义进行批判。[①] 浪漫主义思潮从文学领域发端，逐步延伸到音乐、哲学、法学、神学、政治、政治经济学等领域，并从德

---

[①] [美]罗兰·斯特龙伯格：《西方现代思想史》，刘北成、赵国新译，北京：金城出版社2012年版，第230页。

国扩散到英国、法国等众多国家。德国浪漫主义的特殊性在于，面对强大的、统一的和革命的法国，德国浪漫主义者需要用民族精神来解决德国的封建落后与邦国林立的问题，从而推动了民族主义的崛起。

## 一、启蒙运动与德国

启蒙运动是文艺复兴和宗教改革的产物。它是欧洲的知识分子和市民阶级，从正在崛起的商人价值观念和牛顿力学的科学成就出发，主张人生来就是理性、善良、自由和平等的，人类有足够的理性、善良和美德去实行根本的社会变革和实现美好生活的愿望。因此，启蒙运动的思想家主张利用科学对宗教甚至专制国家展开批判，主张宗教宽容政策，实现政教分离。但是，启蒙运动在德国的发展有着自己独特的一面，并催生了浪漫主义运动。

### （一）德意志诸侯的政治集权和道德腐败

从三十年战争到法国大革命，德国经历了再封建化的过程，德国文化也就萎缩成为一种地方性的文化。各诸侯强化了对贸易和经商的控制，通过对商业和工业的超强税收来增强诸侯的财政收入，维持强大的军队。在专制统治不断增强的普鲁士，贵族取得了占有全部军官和文官职位的权力，对商人和农民进行各种压榨。伴随着大量的移民、驱逐、沉重的税负、越来越严厉的监控、上层的奢侈腐化和道德败坏的加剧，国家处于分崩离析的状态中。人们的生活回归家庭、宗教和内在的精神追求，以便逃避社会的欺凌和政治的苦难。

### （二）德国启蒙运动的崛起与发展

与农村地区回归传统和追求宗教生活不同，商业比较发达的汉堡、莱比锡、法兰克福等城市的市民阶级，则通过自己的炫耀性消费和模仿法国宫廷生活的奢华形式来凸现自己的独特地位。广泛的阅读让社会各阶层的人分享共同的经验，做着同步的思考，无形之中构建了一个追求世俗平等的想象的共同体和民族意识。市民阶级也在法国重农学派和亚当·斯密的经济理论，洛克、孟德斯鸠和卢梭的政治理论的影响下，开始摆脱宗教和道德的严密约束，提倡经济自由，反对垄断和政府管制，甚至提倡自由、平等和公民权利。

更重要的是，这些被认为有教养的人逐渐形成了一个知识分子阶层，在政府、军队、教会、大学和各种专业性的职业中占据了主导地位，自认为在实现德意志文化复兴方面比其他群体承担更重大的责任。这个新兴的有教养阶层，不仅要求国家对其人民负有家长式的启发和教育的责任，而且推动了德意志民族向文化民族的转向，并对商人阶层在道德和文化上施加了反对利己主义的强大影响。①

（三）启蒙运动：德国与法国的比较

由于德国的宗教势力比较强大，经历了再封建化过程，自然科学的发展和贸易经济比较落后，因此，德国的启蒙运动呈现出与英法两国明显不同的特点。德国启蒙运动承担了双重任务，既要启蒙，又要摆脱对法国文化的依赖，实现文化的自主独立。英法两国的启蒙思想家更多地强调民事自由、政治平等和人的尊严，对宗教甚至专制政府展开批判。德国的启蒙思想家则更多地强调精神自由，反对天主教神学，主张宗教和理性的调和。与法国启蒙运动崇尚理性主义、个人主义和功利主义，反对历史主义不同，德国的启蒙运动则注重历史的连续性、伦理道德和集体主义，强调独特的民族精神。由于经济发展和私人机构发展的差异，英法的启蒙主义者往往与各种协会、沙龙、学院等机构相联系，而德国的启蒙主义者主要是大学教授、大学和政府的管理者。英法的启蒙主义者相信科学的分工，私人机构成为科学创新的中心，而大学更多地传授传统的知识，学术上趋于保守。德国的启蒙主义者更相信综合性的科学或哲学，大学成为传授实用知识的中心。② 政府也增强了对大学的控制和管理，甚至控制课程的讲授内容、大学教授职位的设置与任命。

与法国的无神论不同，德国的启蒙思想家都是自然神论者。在专制主义的背景下，对牧师、贵族甚至教会的攻击更多地从道德角度进行抨击，迫使启蒙主义者提出解决道德堕落的方案。大量的启蒙主义者把教育当作产生真正的道德的主要途径，而合乎道德的行为是真正合乎人性的。对于如何充实和培育完善的人性的问题，德国的启蒙思想家采取了不同的路径。这些不同路径对自我培育意义上的教育或者教养的强调，都主张通过学习和阐释古希腊和罗马的经典文本来增强整体人格，并坚信教养在形成自尊和社会荣誉方面可与贵族出身相匹敌。随之而兴起的

---

① ［英］彼得·沃森：《德国天才》卷一，张弢、孟钟捷译，北京：商务印书馆2016年版，第86页。

② Frederick Gregory, "Kant, Schelling, and the Administration of Science in the Romantic Era", *Osiris*, Vol. 5, No. 1, February 1989, pp. 17–35.

研究型大学、研讨会和哲学性科系的扩张，都与这种阐释性和历史性的学科的兴起和教养的培养密切相关。同时，对阐释性研究和纯科学中教养的强调，也导致德国科学界长期轻视实验科学和技术性学科，以便杜绝功利主义对科学的"纯粹性"的侵害。这无疑推动了德国思辨哲学的兴起和阻碍了德国早期实验科学的发展。在这种观念和利益的转变下，德国的知识阶层就逐渐与君主制结盟，认为普鲁士政权是"文化国家"的担纲者和民族文化的体现者。大学的学术自由就表现为对普鲁士的政权合法性、社会改革和扩张主义纲领的论证。黑格尔哲学、法的历史学派、经济学的历史学派和历史领域的普鲁士学派都具有这个共同的特征。他们把民族利益和文化放在资本统治之上，将君主国家和官僚体制视为确保社会和谐和维护民族利益的根本，支持父爱式的社会政策，反对逐利的理性经济人这一观念，保护农业以对抗商业资本主义的入侵。

这种差异来源于德国和法国启蒙运动中的不同主导力量。在法国，中央集权化的努力牺牲的是贵族的封建特权。大量被排挤或者失去权力的贵族就成为启蒙运动的中坚力量，组建各种沙龙，展开对教会和专制王权的批判。在法国启蒙运动的领袖人物中，孟德斯鸠、孔多塞、马布里、孔迪亚克、布丰、沃尔内、达朗贝尔、爱尔维修、格林、霍尔巴赫、加里尼亚、莫雷莱、雷纳尔、伏尔泰等人都是贵族出身或者与贵族相关联，只有狄德罗和卢梭是平民出身。这些贵族出身的知识分子，手持自然科学所取得的成就和理性的力量，主张宗教理性化、国家理性化、社会理性化，让最优秀的人分享政治权力，防止权力的滥用。

相比之下，在封建诸侯林立的德意志，较小邦国中的贵族通过占据议会的席位而取得了统治地位。普鲁士的贵族在失去其政治功能后却获得了社会特权，不仅继续维持对地方政府的控制，而且被融入了官僚体制的等级特权之中。在强盛的法国影响下，一般是掌握权力的公爵或者王室来提高平民的启蒙教育。个别受过良好教育的平民成为启蒙运动的主要知识分子，要求在现有的框架内进行改革以便实现经济自由、思想自由、宗教宽容、正当的法律程序，而不是政治平等。莱辛、温克尔曼、摩西·门德尔松、康德、赫尔德、费希特、蒂克都出身卑微，黑格尔、谢林、席勒、荷尔德林、施莱尔马赫、施莱格尔兄弟、维兰德、戈特弗里德·毕尔格、盖勒特、戈特舍特、霍夫曼、伦茨、让·保尔来自中下层或牧师家庭，只有阿尔尼姆、克莱斯特、诺瓦利斯、瓦肯罗德、施托尔贝格兄弟、富凯、卡尔·冯·艾克肖申来自贵族或者政府官员家庭。这些知识分子，自认为构成了一个独特的学者阶层，认为有责任对公共事务进行公开的评论、研究和提出改进的建议，反对书报审查制度对言论自由和思想自由的限制。

在这些平民出身的知识分子中，生活中每前进一步，都面对着与强者和制度的斗争、抗争，矛盾、冲突、悲剧、死亡似乎是生命的本色。在伯林看来，这也许是德国浪漫主义运动兴起的一个契机：受过良好教育的平民在等级制度的挫折中无法实现智力上和情感上的抱负，在法国大革命的刺激下所引发的一场边缘人物的革命运动。① 只要等级制度开始松动，只要那里受过良好教育的平民得不到应有的社会地位，只要那里还存在压迫和不满，浪漫主义运动就会在那里找到生根发芽的地方。这些文学浪漫主义者会在小说、诗歌、绘画、音乐甚至哲学中表达他们的主体能动性或者超人的特质，追寻他们的梦想。政治浪漫主义者还会在政治行动中表现他们超人的特质。这些浪漫主义者既无法融入主流的统治者阶层，也无法回到原有的平民阶层，从而滋生了强调民族精神或者集体主义的情结，希望在民众或者民族的力量中找到自己的依托。在一切都感到陌生的环境中，这些平民知识分子感觉到，真诚、奉献、纯洁的心灵和理想主义是更好的道德品质，远胜于堕落、自私自利、谎言、剥削、算计这些罪恶的品质。于是这些平民知识分子掀起了对那种"矫揉造作、过分讲究、极度自负、枯燥无趣"的法国贵族文化的反抗，以激情、特殊性、创造力、天才来对抗理性、普遍性与平庸，以创造和行动的快乐去对抗认识和功利主义的快乐，以社会正义感来对抗统治者对个人和家庭的压迫和干预。

可以说，法国和德国在启蒙运动方面的差异，产生了不同的后果。法国在贵族和第三等级的联合中产生了政治上的大革命，德国的平民知识分子只能在历史的幻想或者思辨哲学中消耗自己的能量，浪漫主义和唯心主义就是其表现形式。无尽的悲哀弥漫在消极的浪漫主义者心中。阿图尔·叔本华在《作为意志和表象的世界》中表达了这种心境，并认为只有在艺术和宗教中才能获得灵魂的安宁。一旦群众特别是工人阶级的力量登上历史的舞台，浪漫主义者的使命就完成了，一种新的大众化

---

① ［英］以赛亚·伯林：《浪漫主义的根源》，吕梁等译，南京：译林出版社2011年版，第130—131页。

的思想将取而代之。

## 二、浪漫主义者对启蒙运动的批评

启蒙运动在本质上是理性主义和世界主义对抗各民族偏见和宗教迷信的运动，是哲学和科学精神贬低诗歌想象力和艺术天才的运动。在法国大革命、反法同盟和拿破仑征服的背景下，各国的民族主义情绪完全爆发。德国浪漫主义思潮就成为维护民族独立和取代（深化）启蒙运动的一场文化和政治运动。从总体上讲，启蒙运动的衰落或者浪漫主义运动的兴起具有如下的原因。

（一）暴力革命与大众教育

启蒙运动是一个批判的时代，对宗教信仰、传统的伦理道德、不公正的社会政治秩序和民族偏见都进行了批判。但是，理性和科学不能给道德和宗教提供明确的指导，从而导致许多人将暴力恐怖和法国大革命与启蒙运动对传统价值观的批判结合起来。雅各宾专政似乎印证了启蒙运动对暴力恐怖的传播作用。由此，人们怀疑，德国大众化的启蒙教育是否会带来社会革命的威胁。

浪漫主义是针对普鲁士大众启蒙的一种批判运动。浪漫主义一方面是对贵族统治的民主反抗，嘲笑等级意识，另一方面是对法国雅各宾暴力专政和拿破仑占领的反抗。这些浪漫主义者认为所有价值观都源自历史和民族，而非理性；德意志民族是一个独特的充满创造力的民族；国家是代表民族伦理的最高实体，即强者的正义。作为启蒙运动的批评者，浪漫主义在不同阶段都表现出认同和拒绝启蒙运动的两面性。早期浪漫主义者诺瓦利斯、施莱格尔兄弟、谢林、施莱尔马赫等人都认同自由、平等和博爱的理想，但不赞同采取暴力革命的手段在德国实现这些理想。在这些早期浪漫主义者看来，暴力革命带来的社会破坏性太大，启蒙的速度太慢，最适合于改变德国落后现状的手段就是自上而下的改革和全面推进政治、道德和美学教育。但是，作为一个整体趋势，"浪漫主义变得越来越保守、越来越具有集体主义和反理性主义的色彩，因此越来越敌视启蒙运动的某些价值"。[①]

---

① 弗雷德里克·C. 拜泽尔：《早期浪漫主义和启蒙运动》，见 [美] 詹姆斯·施密特编：《启蒙运动与现代性：18世纪与20世纪的对话》，徐向东、卢华萍译，上海：上海人民出版社2005年版，第328—329页。

(二) 功利主义与人的异化

启蒙运动相信进步，提倡感官的物质欲望，否定内在的精神，从而导致物欲泛滥和功利主义思潮。奥·施莱格尔在《启蒙运动批判》一文中认为，尽管启蒙运动造就了宽容、思想自由、出版自由、博爱等"在看法和观念上引以为自豪的所有一切"，但是，启蒙运动具有忽视情感而过度注重理性的危险，尤其是将道德和真理置于功利原则之下，将所有超出感官范围以外的现象都视为病相。[1] 启蒙主义者对理性的无限崇拜和幻想不仅把理性与神的全知全能同等对待，造成对理性缺乏思辨及其局限性的认知，而且也要求理性和科学研究服从于人类幸福这个最终目的，造成理性的工具论或者功利主义。这样，奥·施莱格尔就将启蒙运动与功利主义的兴起联系起来进行批判，认为理性主义摧毁了诗歌、艺术、想象力、幻想、天才、古代作品，缺乏历史眼光。这个启蒙运动和理性主义的时代恰好就是资本主义的时代，对启蒙运动的批判就与对资本主义的批判联系起来。

弗·施莱格尔进一步对理性主义所带来的教会分裂、教会权威的失落、道德沦丧、功利主义、人性的分裂和限制天才创造力等理性主义异化的问题给予了极大的关注。雪上加霜的是，道德败坏、粗俗的趣味以及欧洲人对古典文化理念的模仿进一步恶化了人的整体性的分离。[2] 面对人的自由和自然的成长被感性欲望引入歧途的悲哀，面对"理智不完善的洞察力不可避免地会伤害自然、歪曲自然的单纯性，把自然美妙的组织肢解成基本的碎块，加以毁灭"的危险，人类完全可以依靠理智的能力来纠正这种错误的偏向。[3] 总之，浪漫主义作家不仅对启蒙运动的理性进行批判，而且也对市民社会的功利主义原则和工业化所带的单调与无聊进行了初步的批判，从而为马克思批判资本主义制度奠定了时代潮流的基础。

---

[1] 奥·威·施莱格尔：《启蒙运动批判》，见孙凤城：《德国浪漫主义作品选》，北京：人民文学出版社1997年版，第374页。

[2] [德] 施勒格尔：《浪漫派风格—施勒格尔批评文集》，李伯杰译，北京：华夏出版社2005年版，第234页。

[3] [德] 施勒格尔：《浪漫派风格—施勒格尔批评文集》，李伯杰译，北京：华夏出版社2005年版，第16页。

### （三）理性的怀疑和非理性主义的崛起

启蒙运动是理性和科学信仰的时代，但对理性本身的怀疑导致了怀疑主义的兴起。从哲学层面上说，休谟对归纳法的怀疑否认了从经验中找到普遍法则的有效性。从文学和艺术层面上说，启蒙运动贬低了诗歌和艺术的想象力和直觉，从而导致对大自然或古希腊罗马艺术的模仿，将艺术和美简化为一系列的规则和公式。康德将艺术和道德从理性的领域分离出来，赋予直觉在艺术、宗教和道德领域中的优先地位。

在《纯粹理性批判》中，康德对人的认识能力特别是理性的力量进行了限制，摧毁了对理性盲目崇拜的信仰。康德认为，理性不仅不能认识物自体和事物的本质，而且不能创造事实。理性的作用只在于认识事物的表象，利用推理能力将各种事实联系起来。康德的《判断力批判》进一步强调想象力的作用，费希特的《知识学原理》则把人的"自我"放在观察世界的中心。自我意识不仅能理解外部事物，甚至能够创造和想象外部事物。人的主观能动性，在艺术上被改造为浪漫主义的反讽、魔幻唯心主义。谢林则把自然精神化，认为"自然是看得见的精神"，自然是充满灵魂和感情的，从而彻底将自然诗化和浪漫化。在某种程度上说，德国浪漫主义是在接受康德和费希特对理性批判的基础上对启蒙运动方案的一种修正，是一种用艺术直观和想象力来补充理性力量不足的新的启蒙。因此，浪漫主义者就把艺术想象和艺术直观看作最高的权威，取代了理性在传统启蒙中的位置。

### （四）历史虚无主义和文化传统的发掘

德国启蒙运动的一个显著特点就是对法国文化的依赖和模仿以及历史虚无主义。由赫尔德、歌德等人领导的狂飙突进运动，从1770年开始对法国的启蒙运动观念，如理性、博爱和公民的民主权利进行批判，试图摆脱对法国文化的依赖性，反对新古典主义的文化革命。在《关于人类历史哲学的思想》（1784）中，赫尔德高扬民族主义精神，认为上帝是通过民族的活动在历史中实现它的意志。每个民族的独特性就在于它是独特的风土人情和文化演变历程的产物。神话、史诗或民间歌谣都是一个民族最具创造力的文化表现。民族主义的崛起要求发掘本土文化，否定自然法。同时，启蒙运动对偏见、迷信和教条的批判，在德国大众启蒙运动的环境中，实质上就是对乡村农民的许多生存方式的否定。在赫尔德的影响下，德国的历史主义得以诞生，大量的民间传说和歌谣在格林兄弟、阿尼姆和布伦塔诺的努力下得以搜集，大量的诗歌和音乐也得以创作。

随着法国大革命的爆发、雅各宾专政的恐怖和拿破仑征服欧洲的霸权主义的到来，德国的知识分子阶层主张从德国的传统文化中发掘生命力量，以便实现国家的复兴。"德国浪漫主义运动的历史意义在于它部分地保留了一种农业的、古老的、工业化前的意识形态，并且迅速地让位于一个不同的物质世界从而产生了不同的意识形态。德国浪漫主义运动反对启蒙运动的理性主义思想，试图用新的神话来重新诠释这个世界，其中充满想象中的浪漫、魔术、神话、传奇和奇迹。"①

### 三、德国浪漫主义运动的特征

从历史角度看，德国浪漫主义运动分为三个发展阶段。一是1790—1830年期间的文学浪漫主义运动；二是1810—1848年间的保守的政治浪漫主义运动；三是1831—1848年间的激进政治浪漫主义运动。在每一个阶段，浪漫主义都有不同的特征。

#### （一）文学浪漫主义运动

文学浪漫主义运动是在约翰·戈特弗里德·赫尔德和席勒影响下形成的，由施莱格尔兄弟领导的一场文学运动。其主要成员包括诺瓦利斯、蒂克、施莱尔马赫、荷尔德林、谢林、约瑟夫·冯·艾兴多夫和 E. T. A. 霍夫曼等人。浪漫主义作家从席勒那里接受了艺术游戏的理论，以神秘主义的小说形式和反讽的游戏展现现实的不可预知性、怪异性、文学与生活的交错游戏，以此对抗启蒙运动的理性，反抗劳动分工及其畸变性的后果。当浪漫主义作家过度地强调自我、人与人之间的社会关系以及世界的不可理解性并努力保持个性的多样性和绝对性时，秉持生活游戏和浪漫反讽态度的人就会容易陷入自我中心主义和虚无主义。但是，浪漫主义者也不是完全沉迷于文学幻想之物的构造，他们也想改变生活自身，让生活充满意义，防止人的异化和碎片化，只不过采取了一条迂回曲折的方式，即"现实中尚且隐藏着的可能性，应该通过游戏的、同时

---

① ［德］克劳斯·费舍尔：《德国反犹史》，钱坤译，南京：江苏人民出版社2007年版，第69页。

又是探索的幻想显现出来"。① 在空洞无聊的生活中，浪漫主义作家看到了农民和工人辛勤劳动所包含的满足和喜悦，乡村风景的神往。

但是，感情的过度强调和以游戏姿态构造艺术的做法最终带来了心灵的空虚。"放肆"地摧毁伦理道德甚至理性的约束，就在让现实虚无化中实现了主体感性欲望和权力欲的绝对自由。主体绝对自由和现实虚无化相结合产生的结果是，浪漫主义者对真实的历史理解不感兴趣，也不受现实的伦理、道德或法律的制约，而对虚构的神话、传说或童话感兴趣。中世纪的神秘或异域的新鲜情调就成为浪漫主义者经常选择的背景，以便人能够诗意地生活和诗意地创造他的生活环境。"的确，反讽是自由的，没有现实的忧虑，但也没有现实的欢乐，没有现实的祝福。"② 逃避现实的这种无限自由，最终会导致反讽者的无聊与空虚，自杀、遁入空门或者皈依天主教就是其生活选择。

（二）保守的政治浪漫主义运动

面对法国大革命和拿破仑战争所带来的巨大冲击，浪漫主义者高扬民族主义的大旗。德国浪漫主义者认为，民族是一个由众多个体连接在一起而组成的生活共同体。它不仅表现为最大可能性的自治，而且表现为最大可能性的自给自足、和谐统一和内外力量与天赋的综合。因此，保存历史的国家个性和民族个性就成了复辟时代的精神信息。德国历史学家尼布尔接受了浪漫派关于民族是拥有共同起源和共同文化遗产的生活群体的观念，在文化民族与国家的关系中强调民族性高于国家而存在。③ 萨维尼借助浪漫派的这个观念和谢林的无意识理论，强调所有的权利通过风俗与民族信仰而产生。

对普鲁士复辟时期影响巨大的瑞士法学家和政治理论家卡尔·冯·哈勒在《一般治国术》（1808）和《政治学的复辟》（1816）中借助君权神授理论来阐述他的国家法理论。在哈勒看来，权力与统治是一种上帝赋予的自然权利。由于上帝"既是一位创造者，又是一位对人类所享

---

① ［德］吕迪格尔·萨弗兰斯基：《荣耀与丑闻：反思德国浪漫主义》，卫茂平译，上海：上海人民出版社2014年版，第149页。
② ［丹麦］索伦·奥碧·克尔凯郭尔：《论反讽概念》，汤晨溪译，北京：中国社会科学出版社2005年版，第226页。
③ ［德］弗里德里希·梅尼克：《世界主义与民族国家》，孟钟捷译，上海：上海三联书店2007年版，第157页。

有全部权力的立法者与规制者",因此,从上帝手中获得权力的贵族和邦国就具有传统的合法性,革命机构的权力就具有非法性。① 基于对权力关系的认识,哈勒认为小邦"具有真实的、简单的自然秩序",由众多小邦构成的体系就避免了数不清的委托代理关系所带来的权力扭曲与滥用,人民依赖贵族的存在与财富而生活,天主教的等级体系将各邦国结合在一起,从而形成了"基督教国家"的理念。哈勒为封建制辩护的理论得到普鲁士贵族们特别是弗里德里希·威廉四世的赞赏。在1840年进入柏林大学之后,弗里德里希·尤利乌斯·施塔尔在《法哲学》的著作中,进一步从宗教的角度来论证等级君主制的合法性。在施塔尔看来,国家是建立在民族精神基础之上的最高精神秩序,国家的伦理高于民族。因此,自由主义就等同于背弃基督教教义的行为。马克思在《莱茵报》时期就对这个保守的政治浪漫派及普鲁士的国家体制展开了批判,认识到宗教批判是政治批判的前提。

(三) 激进的政治浪漫主义运动

如果说第一阶段的浪漫主义是将现实诗化、注重幻想,第二阶段的浪漫主义则将政治浪漫化、关注复辟,那么,第三阶段的浪漫主义试图将诗变为现实、注重行动。与"浪漫诗人试图通过诗人的内在精神和语言的神奇力量使整个世界诗意化"不同,青年德意志派主张冲破教会和习俗的束缚,实行社会改革、妇女解放和民主革命,展开了对文学浪漫主义的批判,对书报检查制度进行抗议。在文学艺术方面,青年德意志派开始向文学现实主义过渡,强调文学要更多地描写日常的政治生活,主张进行社会批判。②

这些新的政治浪漫主义者,不仅认识到肉体的压迫,而且宣扬圣西门主义,甚至认识到解放自己的行动必须依靠暴力革命斗争。卡尔·L. 伊默曼的小说《效仿者》(1836)和《蒙豪森》(1838)标志着德国的古典浪漫小说向现实主义小说的过渡。《蒙豪森》描述了资本主义崛起、社会动荡和贵族制日趋衰落的社会现象,批判了物质功利主义、黑格尔学派的唯心主义、大卫·施特劳斯和格雷斯的神学观点、浪漫派弗·施

---

① [德] 弗里德里希·梅尼克:《世界主义与民族国家》,孟钟捷译,上海:上海三联书店2007年版,第166页。
② 谷裕:《现代市民史诗:十九世纪德语小说研究》,上海:上海书店出版社2007年版,第43—44页。

莱格尔的艺术观点和谢林的自然哲学,试图在农民和土地的田园生活中寻找心理依托和价值支持,建立一种以爱为核心的新宗教。格奥尔格·毕希纳在小说《棱茨》和戏剧《雷昂采与蕾娜》《沃伊采克》中反映了社会各阶级的异化现象,并在历史剧《丹东之死》中分析了法国大革命失败的原因和革命的辩证法。在毕希纳看来,现在的国家不是一个所有人为了共同的福利而组建的政治共同体,而是诸侯和贵族同农民和手工业者这两个天生对立的阶级组成的剥削与被剥削的暴力机构。①

总之,德国的浪漫主义思潮走了一条曲折的道路,从以浪漫反讽的形式无限地宣扬主观精神和回到中世纪开始,到最终以返回现实和批判现实告终,中间穿插着政治保守与立宪民主之间的斗争。浪漫主义者在美学和艺术领域的成就突出,如对古典主义艺术和浪漫主义艺术之间对立的认识,对创作过程本质的认识,对美的解释等。随着诺瓦利斯在1801年的去世和黑格尔发表《费希特哲学体系与谢林哲学体系》,浪漫主义与德国古典唯心主义之间的分歧开始逐渐显现,越来越重视艺术直觉和宗教神秘论,从而与传统的理性主义思潮形成了鲜明的对立。

## 第二节 弗·施莱格尔的文学批评理论与美学思想

弗里德里希·施莱格尔(Friedrich von Schlegel,1772—1829)是德国早期浪漫主义的精神领袖和最具权威的理论家,德国著名的文学理论家、作家和语言学家,在语言学、文学理论、诗歌理论、美学思想、文化史、文学史等方面都做出了开创性的贡献。弗·施莱格尔提出的小说理论、文艺批评理论、美学思想、浪漫反讽、文化与文学演化等理论充分融入了浪漫主义的理论之中,成为德国精神文化的一个组成部分。在施莱格尔兄弟中,弗里德里希·施莱格尔比较有独创性,擅长于思辨,奥古斯特·施莱格尔主要充当"整理和传播弗·施莱格尔的学说"的角色,擅长于系统性的理论阐述和细节分析,以至于奥古斯特·施莱格尔

---

① [德]格奥尔格·毕希纳:《毕希纳全集》,李士勋、傅惟慈译,北京:人民出版社2008年版,第3—4页。

的阐述在世界的影响更大。① 由于思想的独创性与传播混杂在一起,因此,我们坚持这样的假设,奥古斯特·施莱格尔在大学教学和理论著述中会转述弗·施莱格尔的思想。这样,我们在处理奥古斯特·施莱格尔对马克思的影响时,会自动地包含弗·施莱格尔的思想。

## 一、弗·施莱格尔的文化与文学演化理论

语言的民族精神说是弗·施莱格尔的文化与文学演化理论的基础。在1804—1806年的哲学与政治讲座中,弗·施莱格尔提出从语言角度划分国家,认为语言的统一证明了共同体的起源。"部族越古老、越纯粹、越保持纯正性,其风俗也就越古老、越纯粹、越保持纯正性;其风俗越古老、越纯粹、越保持纯正性,对这种风俗的坚定性也就越真实、越忠诚,那它一定是一个民族。"② 用本民族的语言进行写作,对祖国历史的追忆和对祖国的感情抒发,就成为激发民族精神的重要表现形式,就成为文学家们的社会实践活动。"精神的作品植根于其中的土壤不是别的,首先是一切那些品德高尚的、在寻找上帝的人们所共有的信念和感觉,其次是对于自己祖国的爱和这个民族的民族记忆。这种记忆都留存在这个民族的语言当中,当然首先应当对这个民族施加影响。"③ 因此,凡是那些"只要以生活和人自身为对象,不以外在行动[和物质效果]为目的,只在思想和语言中起作用,只借助语言和文字来替精神进行表现,而不求诸其他物质的材料"的艺术和科学,都被弗·施莱格尔归之于文学。④ 思想和语言、内容和表达的内在统一,却在日常生活中被大量滥用,造成语言的表达形式凌驾于思想内容之上。当语言的表达力对我们的思想具有巨大的权力和我们习惯了语言生活时,"人们都习惯于、倾向于从语言推导出精神,从表达推导出思想",从而造成语言的异化,或者

---

① [美]雷纳·韦勒克:《近代文学批评史》第二卷,杨自伍译,上海:上海译文出版社2009年版,第1页。
② [德]弗里德里希·梅尼克:《世界主义与民族国家》,孟钟捷译,上海:上海三联书店2007年版,第63页。
③ [德]施勒格尔:《浪漫派风格—施勒格尔批评文集》,李伯杰译,北京:华夏出版社2005年版,第270页。
④ [德]施勒格尔:《浪漫派风格—施勒格尔批评文集》,李伯杰译,北京:华夏出版社2005年版,第271页。

语言与生活的脱节。① 为了追溯反映生活的真实语言，文学家就需要承担起在历史中发掘和保存民族记忆的责任。"某些艺术作品在观察思索、在表现；在这样的作品中表达出来的一个民族的自我意识，就是历史。"② 由于文学是一个民族精神生活的表现，因此文学史就立足于阐述那些具有民族精神的诗歌、传说、思想、艺术、语言和思维方式及其流变、相互影响。

基于这样的认识，弗·施莱格尔非常注重历史学的知识。他说："热爱知识，乃是哲学的最初源泉，它应当是从历史中完整而独立地发展起来。也就是说，如果没有历史材料和历史精神，知识学本身根本不能维持，甚至连一步也行不通。"③ 历史研究的对象就是"一切实践中必然的事物变为现实"，即自人类诞生以来地球上所有的民族和地区的精神生活，包括原始社会、中世纪的社会和那些创造了精神文化的民族国家。他说："每一个民族国家对于其自身而言，都是一个独立的存在个体，它绝对是自身的独一无二的主人，它具有自身的特性，根据自身特别的法则与习惯风俗进行统治。"④ 文化史家的任务就是研究"人类已实现的历史"的"完整草图"，揭示各历史阶段和人类文化的全部历史特征和规律。为此，就需要将每一文化阶段中那些绝对的、本质的和普遍的东西，同那些个别的、偶然的和相对的东西区分开来。在细致研究每一个历史阶段的发展规律的基础上，我们就可能会总结出人类历史的发展规律，形成文化历史哲学。

弗·施莱格尔将文学纳入文化历史哲学的框架之内，将文学看成是一个从生成、发展、繁荣到衰落的历史过程。在弗·施莱格尔看来，文学史就是"民族精神生活的总和"。"真正的文学史"就是要考察"每个时代的文学精神"，作为"整体"的文学以及"它在主要民族那里的发展趋势"。这种把"文学的历史看作群体世界观的历史，看作不断变化着的群体的人跟现实之间关系的标尺"的文学史，就相当于历史哲学。

尽管当时欧洲的文化是对古希腊罗马文化的有机发展，但是，鉴于

---

① [德] 施勒格尔：《浪漫派风格—施勒格尔批评文集》，李伯杰译，北京：华夏出版社2005年版，第273页。
② [德] 施勒格尔：《浪漫派风格—施勒格尔批评文集》，李伯杰译，北京：华夏出版社2005年版，第273页。
③ 易兰：《西方史学通史》第五卷，上海：复旦大学出版社2011年版，第100页。
④ 易兰：《西方史学通史》第五卷，上海：复旦大学出版社2011年版，第101—102页。

人们审美力的全面衰落和"审美力的暂时危机",弗·施莱格尔主张,在对现有的理性主义文化进行批判的基础上,重构未来文化的理想模式,实现"美学革命"。弗·施莱格尔强调说:"看来,从已经衰退的艺术转到真正的艺术,从已经败坏的审美力转到正确的审美力,只可能发生骤然飞跃。"① 弗·施莱格尔断言,"一场能够让客观的东西成为当代美育中主宰者的美学革命"的时机已经"成熟"了。这场美学革命的基础在于"人为教育"是一种面向无限性的、持续趋向完善的教育,从而培养了具有高度自由和卓越审美能力的主体。唯一欠缺的就是艺术家们需要制定出"完备的美学理论",以便赋予美感教育"坚实的基础、正确的方向与合理的旨趣"。这种在美学革命中诞生的未来客观美的艺术,必然是对于古代的"优美"艺术和当代的主观艺术的综合。

## 二、弗·施莱格尔与浪漫主义的反讽理论

浪漫反讽是浪漫主义最独具特色的概念之一。弗·施莱格尔在1797—1798年间写作的《论莱辛》《歌德"论迈斯特"》《雅典娜神殿》杂志上的断片以及随想录《论无知》中对浪漫派的反讽理论进行过阐发。诺瓦利斯和蒂克则将反讽概念在艺术上加以具体化,佐尔格则在《埃尔温》中对浪漫派反讽进行哲学论证。本节主要在讽刺的分类中阐述浪漫派的反讽理论及其黑格尔对反讽理论的批判。

(一) 反讽的分类

从哲学角度上说,讽刺是主观性的规定,体现的是主体的消极自由和客体的虚无性。② 这种客体可能是言辞、认识或者现实世界。藉此,弗·施莱格尔区分了反讽的不同层次,尤其是强调了修辞反讽、辩论反讽、拙劣的模仿这些低级反讽,同真实的、完全的、绝对的浪漫反讽之间的区别。

最普遍、最简单的讽刺是语言修辞的讽刺。这种讽刺可以采取幽默、含糊、挖苦、滑稽、晦涩、嘲笑、大话、欺骗、模棱两可、拙劣模仿、揶揄、笑话、戏弄、轻描淡写、说谎、逗趣、诙谐、拐弯抹角、奚落等

---

① [俄] 加比托娃:《德国浪漫哲学》,王念宁译,北京:中央编译出版社2007年版,第114页。
② [丹麦] 索伦·奥碧·克尔凯郭尔:《论反讽概念》,汤晨溪译,北京:中国社会科学出版社2005年版,第210页。

多种表现形式。① 这些不同的讽刺形式都有一个共同的特征,就是行为或者事实的实际状况较大程度地偏离说话人的预期或者希望状态,迫使说话人利用讽刺的语言来弥补这个差距。因此,修辞讽刺就是让人领会某种与字面意义具有相反含义的一种语言手段,或者说是借助于某一事物的反面来表达这个事物的实质,并与一种明确的强调或者态度相联系的一种语言表达方式。其功能在于通过"愿被理解但不愿被直截了当地理解"来将不同文化的人或外人排除在外,从而具有内部团结和区分不同文化群体的意向,也有将他人的真实自我显露出来的意向和实现主观自由的乐趣。②

第二层次的反讽就是苏格拉底反讽。苏格拉底式反讽表现了假象与本质之间的矛盾,如苏格拉底对于交谈者的不真诚和不真实的颂扬与吹捧、苏格拉底的故意自我菲薄或者掩盖着真才实学的无知假象。③ 这种思想修辞的讽刺就是一个人"通过一种伪装的谦虚、一种富有才智的自谦做法,让自以为占优势的对手撞在暗藏的尖刀上,并在大笑中将其置于死地"。④ 与普通的讽刺经过三言两语表现出反面的意义不同,苏格拉底式的讽刺则需要长时间的语言交流或者长期的行为举止才能揭示出其最初语言的反面意义。苏格拉底的反讽并不是挖苦,而是要隐藏自己的意思和卓越,减少对话者因智力水平的不同所表现出来的不安全感,从而将同一语词表象下的不同信息内容传达给智力水平不同的听众。

第三层次的反讽就是浪漫反讽。浪漫反讽就是反讽的一种哲学使用方式,即将某个陈述移入另一个更广阔的视角中,由此先前的陈述被相对化,甚至更正。在《论不可理解性》一文中,弗·施莱格尔将反讽的基本特征概括为永恒的、拒绝被清楚定义或者绕过的干扰力量。当反讽被当作一种知觉模式时,它就感觉到矛盾的无处不在,并努力在思想中超越这种矛盾。这样,弗·施莱格尔就将反讽从一种语词和辩论中的修

---

① [美] 韦恩·C. 布斯:《修辞的复兴:韦恩·布斯精粹》,穆雷等译,南京:译林出版社2009年版,第93页。
② [丹麦] 索伦·奥碧·克尔凯郭尔:《论反讽概念》,汤晨溪译,北京:中国社会科学出版社2005年版,第199页。
③ [俄] 加比托娃:《德国浪漫哲学》,王念宁译,北京:中央编译出版社2007年版,第86页。
④ [德] 曼弗雷德·弗兰克:《德国早期浪漫主义美学导论》,聂军等译,长春:吉林人民出版社2005年版,第316页。

辞使用转变为一种认识论、美学意义和存在论意义上的反讽。通过这样的转换，弗·施莱格尔就将反讽与哲学联系在一起，即将反讽置于思想、认识和意识的过程之中，以便利用浪漫主义的感知来应对世界的模棱两可。这样的反讽就表现为自相矛盾的形式，或者两个极端之间的悬置，自我创造和自我毁灭之间的永恒变化，激情和怀疑之间的律动。① 在这种混乱、永恒躁动的世界中，弗·施莱格尔认为，人们既不能解释也不能理解这个世界，只有直觉才能揭示世界的秘密。因此，真实的反讽或浪漫反讽就是人们面对有限世界的矛盾和限制时实现超越的手段。

与普通的讽刺或者苏格拉底式的讽刺通过对话和行动对一个人先前的言词进行简单的否定不同，浪漫主义的反讽则表现为众多人在语言和行动上的相互对立、冲突和否定，是在对有限世界或特定时代的整个现实的超越基础上所表现出来的轻松愉快和智慧。与修辞上的讽刺肯定一部分而否定另一部分不同，浪漫主义反讽不否认整体的一部分而认可另一部分，而是把相反的东西纳入一个语言统一体并自行毁灭。许多具有悖谬结构的浪漫主义片断就体现了浪漫主义反讽的精髓，如"把极端结合起来，你们就有了真正的中心"，"所有的诗都是一种有意图的偶然创造"，等等。从这个角度看，浪漫主义的反讽就是一种语言悖谬的处理形式。尽管都是批判的手段，但是，苏格拉底反讽与浪漫主义反讽存在重要的区别。苏格拉底反讽有一个中心。这个中心可能是完美的知识、完美的道德、真理或者美自身。讽刺的对比就是这个中心与某种非中心之间的对比。浪漫主义的反讽没有对比的中心，只有无限的超越。苏格拉底反讽渴望建立一个普遍的法则和普遍的认识，而浪漫主义反讽却渴望建立超验的自我或从事物中发掘诗意的独特性，从而打破普遍的法则或破坏传统的约束。②

（二）浪漫主义的反讽理论

浪漫派的反讽理论是费希特哲学和苏格拉底式的反讽在弗·施莱格尔身上发生形变的特定产物。弗·施莱格尔将美的事物的范围扩展至抽象事物的领域，让反讽跟无限和有限这些哲学抽象概念相关。在费希特

---

① Ayon Roy, "Hegel contra Schlegel; Kierkegaard contra de Man", *PMLA*, Vol. 124, No. 1, January 2009, pp. 107–126.
② ［美］欧文·白璧德：《卢梭与浪漫主义》，孙宜学译，北京：商务印书馆2015年版，第233页。

的"自我"设定"非我"的程序中,弗·施莱格尔洞察到,反讽艺术就在于"它视一切于藐然,无限提高自己,超越一切有限,包括自己的艺术、美德和天才"。① 这就需要有限的、具有高度创造力的"自我"借助于想象力或者直观,在"一种无限和有限无休止冲突的情感"中宣泄对于无限"非我"世界的反讽,才蕴含着消除冲突的可能性。与哲学将现实世界进行逻辑化、条理化不同,浪漫反讽面对的是一个充满冲突和矛盾的世界。浪漫反讽就是要把这种冲突和对立纳入逻辑范围,因而"反讽是悖理事物的形式"。这种反讽的逻辑就是"世俗日常生活里使用的逻辑",是容许矛盾和对立的"逻辑化学",而不是哲学中那种静止的、片面的、无矛盾的理性思维。

因此,反讽就是对立面的融合。这种融合不是通过事物本身,而是通过艺术"绝对反题的绝对合题"和"两种冲突的思想不断进行自我创造的交流"来使所有的对立面消失。② 谢林在《先验唯心论体系》中强调了艺术的这种作用:"一切艺术创作的基础是无限制地分裂成对立的活动,但到艺术作品里,这种分裂却全然消除了。"③ 比如,有意识与无意识的对立,自由与必然的对立,意向与本能的对立,自然与人为的对立,形式与内容的对立,现实与理想的对立,一般与特殊的对立,等等,都在艺术作品中相互渗透、融合和消失。这种将相互对立的东西融合在一起,就是一种艺术的综合。

弗·施莱格尔认为,浪漫主义的反讽兼有诙谐和隐喻的功能。这里,诙谐被定义为能使自我集中于一点的观点或者随意的联想艺术,隐喻被界定为把激发无限渴念和通往无限的开放姿态。"隐喻和诙谐是反思的着眼点和转折点,但是这两点——在谢林和诺瓦利斯看来——永远不可能同时兼顾:诙谐倾向于统一,而不倾向于丰富;隐喻倾向于无限性,被统一倾向所代替。两者中间缺少一个能瞬时或者在意识统一中把两方面

---

① [俄]加比托娃:《德国浪漫哲学》,王念宁译,北京:中央编译出版社2007年版,第56页。
② [法]茨维坦·托多罗夫:《象征理论》,王国卿译,北京:商务印书馆2004年版,第235页。
③ [法]茨维坦·托多罗夫:《象征理论》,王国卿译,北京:商务印书馆2004年版,第236页。

集合起来的机构。"① 反讽就是将诙谐与隐喻联结起来的"机构"。隐喻的希腊语原义是"实际所说的内容不同于表面所说的内容",与"伪装"是近义词,具有掩饰、佯装无知、自贱、虚情假意的意思。弗·施莱格尔认为,反讽的功能并不是把无法表现的东西单纯表现为意义丰富的象征,而应该让人感知到绝对抗拒一切表现这样一个事实。所采取的表现方式并不是象征,而是隐喻。弗·施莱格尔说:"如果我们要解释从一个概念到另一个概念的过渡,那么我们只能在两者之间插入一个概念,也就是图像或者表达的概念、即隐喻,此外别无它法。"② 隐喻的功能包括表达不可言说或者未知之事物、事物在概念上的同一化过程以及在概念之间建立联系的过程。在这种隐喻中,作者被纳入艺术品之中。艺术品作为一面镜子,从中反映出作者创造行为的活动。艺术品在表明作者的创造行为的同时,与作者的创造行为形成了对立和分离。而这正是弗·施莱格尔所指出的自我创造与自我毁灭的交替游戏。在《穿靴子的猫》中,路德维希·蒂克采取戏中戏的手法,将剧本作者、剧中人物和观众混杂在一起,同台表演和批评,从而制造出一幅艺术游戏的空虚场面和生活秘密在被泄漏的危险处境。

这种反讽的基础在于物自体的不可认知性和语言陈述的软弱性。在弗·施莱格尔看来,人的本己、人与人之间的关系和宇宙都是一个混沌状态,都具有不可知性或者不可理解性。而不可理解性恰恰是生命力量的本质所在,也是反讽游戏的魅力所在。弗·施莱格尔说:"家庭和民族的福祉正建立在无法理解上。"③ 当面对无法理解的事物之时,反讽让我们宽容,充满智慧,避免独断和僵化。当反讽参与社交和文学游戏时,意见得以尊重,生活得以升华,冲突得以保留,个性得以弘扬。对于文学批评而言,反讽则意味着"批评不该根据一种通常的理想判断一部作品,而该寻找每部作品那有个性的理想"。④ 当每一部文学作品都展示出

---

① [德] 曼弗雷德·弗兰克:《德国早期浪漫主义美学导论》,聂军等译,长春:吉林人民出版社2005年版,第268页。
② [德] 曼弗雷德·弗兰克:《德国早期浪漫主义美学导论》,聂军等译,长春:吉林人民出版社2005年版,第265页。
③ [德] 吕迪格尔·萨弗兰斯基:《荣耀与丑闻:反思德国浪漫主义》,卫茂平译,上海:上海人民出版社2014年版,第70页。
④ [德] 吕迪格尔·萨弗兰斯基:《荣耀与丑闻:反思德国浪漫主义》,卫茂平译,上海:上海人民出版社2014年版,第75页。

独特的个性时，文学批评理论就在展示这种个性无限性的过程中表现出一种哲学反讽的姿态，从而赋予批评理论以一种独立的价值。

(三) 黑格尔对浪漫反讽的批评

黑格尔将弗·施莱格尔的反讽概念当作费希特哲学的一个应用：绝对自我意识和绝对主体性对现实的道德、真理、理性、法律、善和权利的否定。在《精神现象学》的"能够自我确证的精神道德"一章的"良心、美的心灵、恶及其宽恕"一节中，黑格尔将反讽纳入良心课题的范围。在《法哲学原理》的"道德"篇中，黑格尔在分析良心时再次考察了浪漫反讽，认为反讽就是颠倒黑白和道德上的"恶"。在《哲学史讲演录》和《美学》中，黑格尔区分了浪漫反讽和苏格拉底式反讽，并在联系费希特的主观唯心主义哲学的过程中批评了浪漫反讽，认为浪漫反讽是失去了任何客观内容的主观性的学说。黑格尔认为，弗·施莱格尔的反讽辩证法在佐尔格的手中达到更为成熟的阶段。在《法哲学原理》中，黑格尔说："更为正确的鉴赏力和哲学的洞察力，促使佐尔格继承并坚持的，是以前只是隐藏在这种用语中原本辩证的一面、思辨考察的运动脉搏。"①

在黑格尔视野中，浪漫反讽仅仅是艺术家和天才们的特有生命活动方式，仅仅是一种绝对的、主观的自我意识。在《精神哲学》中，黑格尔说："反讽善于将任何客观的内在的内容，变成为无价值的和空虚的东西，从而自己就显得空虚缥缈，它随心所欲地给自己的定义塞进一个偶然的和任意攫来的内容，这时它就成了这内容的主宰，不受这内容的约束，似乎它站到了宗教和哲学的最高阶段，而其实恰恰陷入了空虚的任性。"② 在这种任意性的主观创造中，黑格尔确实看到了浪漫主义者对法律、道德和真理采取不严肃的、游戏的态度，带有颠覆法律、道德和真理的危险。黑格尔没有认识到的是，浪漫派反讽修改了费希特的"非我"，将其作为一个充满矛盾和对立的有机体。经过这种修改，浪漫反讽的重心就不再是费希特的"自我"，而是在自我创造和自我毁灭中围绕"非我"的矛盾和冲突运转。问题仅仅是，"非我"的矛盾和冲突是任意

---

① [俄] 加比托娃：《德国浪漫哲学》，王念宁译，北京：中央编译出版社2007年版，第62页。

② [俄] 加比托娃：《德国浪漫哲学》，王念宁译，北京：中央编译出版社2007年版，第76—77页。

构造的游戏还是现实世界本身的反映。黑格尔看到了把"非我"当作任意构造的游戏时浪漫派作家所表现出来的"病态的心灵美和精神上的饥渴症"。但是，黑格尔忽视了浪漫派作家中将"非我"看作是现实世界的矛盾和冲突的一面，利用否定之否定的辩证法否定了矛盾的辩证法。20世纪研究浪漫派反讽的专家都一致认为，黑格尔谈论浪漫反讽的地方，与弗·施莱格尔所阐发的反讽概念毫不相干，更多的是有意的歪曲和憎恨的宣泄。① 这主要是因为黑格尔一直坚持在《论费希特和谢林哲学体系的异同》中所阐述的对费希特哲学采取批判的观点，并将浪漫派反讽与费希特的主观唯心主义哲学联系起来。

在弗·施莱格尔看来，黑格尔试图将费希特哲学置于"某种更糟的境地"。为此，弗·施莱格尔在1822年发表了对黑格尔的《逻辑学》批判的长篇论文，并在1827年的《生活哲学》中展开了同黑格尔的论战。在1828年发表的《评佐尔格逝世后被发表的著作和书信》中，黑格尔将费希特的直觉和施莱格尔的反讽理联系起来批判，认为反讽就是"对客观的东西进行有意识的谴责"。黑格尔说："主体可以嘲笑自己，但它只是虚幻的、伪善的和厚颜无耻的。"② 在黑格尔看来，反讽主义者对善和美的操控，实质上掩盖了将外部世界当作主观投射的绝对主体性。在混乱和矛盾的世界中，一个绝对的自我意识在操纵着世界，在自己的作品中犹如一个神一样创造一个世界。这本身就不是反讽。要对绝对主体实现反讽，黑格尔认为，这就需要通过无限的绝对否定来辩证地超越反讽，即高于个体存在的更高存在或者制度。在终极的意义上，黑格尔的国家理论不外是用逻辑学语言对普鲁士国家制度的浪漫化表达，黑格尔的《精神现象学》或《哲学全书》也是对自然界和精神现象所作的浪漫反讽。马克思在《关于伊壁鸠鲁哲学的笔记》（五）就认识到了世界的支离破碎与哲学的内在统一性之间的反讽，从而提出了要哲学世界化和世界要哲学化的主张。

### 三、弗·施莱格尔的文艺批评理论

弗·施莱格尔是近代诠释学的开先河者之一，其理解理论或文艺批

---

① ［俄］加比托娃：《德国浪漫哲学》，王念宁译，北京：中央编译出版社2007年版，第82页。
② ［德］黑格尔：《哲学史讲演录》第四卷，贺麟、王太庆译，北京：商务印书馆2009年版，第374页。

评理论"经过施莱尔马赫和伯伊克赫的概括，影响到整个一大批德国研究方法论的理论家"。① 弗·施莱格尔把他的文本理解方式称之为"综合的道路"，即综合自我和非我、统一主体和客体的认知方式。在弗·施莱格尔看来，批评就是"发现诗意的艺术作品中，哪些存在着价值，哪些并无价值"，或者"以一种单纯、完整而又十分明确的方式，理解和解释一部作品的意义"，以便提高阅读者的判断能力和洞察力。② 因此，批评就具有两种表现形式：一是否定性的批评或者论战，将作品中虚假的、伪劣的成分剔除掉；二是建设性的批评或者激发性的批评，在说明和保存的基础上去引导或者促成新的理论或者新的文学。这种文本价值发现或者意义捕捉的过程，就是一个新的文本重建过程。批评家必须"重建、洞达和概括一个整体比较微妙的特色……。只有在能够重建整体的进程和结构的情况下，论者才能够说，已经理解了一部作品和一颗心灵。这种透彻的理解，倘若用明确的文字来表达，即谓之概括特征，这是批评的实际职责和内在实质"。③

为了发现作品的价值，阅读者首先应该将作品的研究细节和整体的直观结合起来，因为"一切理解的首要条件，因而也是理解一件艺术作品的首要条件，在于认识整体的一种直觉"。④ 其次，阅读者在同情地理解文本的同时，还需要谙熟一位作家的全部作品，以便把握作家的所有作品中的共同精神。借助这些共同精神，阅读者就能够"窥探他想从常人视线中隐藏起来的东西，或者说他至少不想由他首先披露的东西：窥探作者默默追求的隐秘意图"。当然，要理解作品中的共同精神，需要阅读者充满激情、发挥想象和直觉的思维。再次，阅读者还需要具备相应的专业理论和了解作者的生命历程。具体而言，优秀艺术批评所需要的条件是"（1）具备关于艺术世界的一种地理知识；（2）认识作品、作品性质、作品基调的精神和审美方面的建筑构造学；最后，（3）认识作品

---

① ［美］雷纳·韦勒克：《近代文学批评史》第二卷，杨自伍译，上海：上海译文出版社2009年版，第2页。
② ［美］雷纳·韦勒克：《近代文学批评史》第二卷，杨自伍译，上海：上海译文出版社2009年版，第70页。
③ ［美］雷纳·韦勒克：《近代文学批评史》第二卷，杨自伍译，上海：上海译文出版社2009年版，第6页。
④ ［美］雷纳·韦勒克：《近代文学批评史》第二卷，杨自伍译，上海：上海译文出版社2009年版，第5页。

的心理起源，作品受到人性的规律和条件的驱动过程"。① 最后，阅读者需要从作品之间的相互联系去理解。"尽管每件艺术作品理应自成一个天地，可是我们应该根据作品的起源与存在之间的关系，视为属于一个系列，要从其前和其后或仍旧与之俱来的作品去理解。"② 借助这些发生学的解释或者"一个整体解释和阐明另一个整体"，不同文本之间就可以实现"互证性"和"互知性"，阅读者就可以重新构建文本理解的过程。但这并不是说，理解文本的过程仅仅是一个主观的过程。借助于理论和历史研究，作品的内部结构或者内在形式就能够把握，理解的客观性将会有所提高。

在理解具体的作品、作家的所有作品和作家的生命历程的基础上，批评家就能对具体的作品进行批评、鉴赏或者展开论战。批评或者鉴赏的旨趣就在于"给予我们一道作品的折光，传达作品特有的精神，如此呈现出纯粹的印象，从而使得呈现本身证明其作者的艺术家身份：不仅以诗解诗，以求获得片刻的光彩夺目；不仅是谈论一部作品，昨日或今日给此一人或彼一人的印象；而是要道出作品永远会对一切受过教育的读者所产生的印象"。③ 这就意味着，鉴赏的著作一方面是一个印象的精确复制品，另一方面则通过去伪存真，为比较优秀的作品保留存在的位置。这样，弗·施莱格尔就将作品的理解、诠释、研究和批评有机地结合起来，形成了一种综合性的文艺批评理论。

### 四、浪漫主义的美学思想

浪漫主义在美学思想方面有多方面的贡献，如追求有机艺术观、表达的综合性、观念的创造性、浪漫反讽的风格，提倡为艺术而艺术等。

（一）有机艺术观

浪漫主义者提倡艺术作品的有机形式，反对艺术作品的机械形式。在施莱格尔兄弟看来，机械形式是任意的、偶然的、附加在作品上的，

---

① [美]雷纳·韦勒克：《近代文学批评史》第二卷，杨自伍译，上海：上海译文出版社2009年版，第6页。
② [美]雷纳·韦勒克：《近代文学批评史》第二卷，杨自伍译，上海：上海译文出版社2009年版，第69页。
③ [美]雷纳·韦勒克：《近代文学批评史》第二卷，杨自伍译，上海：上海译文出版社2009年版，第7页。

有机形式是自然的、与内容紧密联系的、由内向外展开的形式。在《关于戏剧艺术和文学的讲演》的第三卷中，奥·施莱格尔说："同样，在美的艺术之中，凡是名实相副的形式，都属于有机性质，即艺术作品的内容决定作品形式。简而言之，形式无非是个有意义的外表，是事物活灵活现的面貌，只要并不由于偶然情况的干扰，从而失去本来面目，则可为其隐然的性质作真正的见证。"① 作品中的每一部分通过同整体的其余部分的有机联系而提高了每个孤立成分的地位和作品整体的艺术价值，但通过机械联系却扩大了各部分之间的分离性，削弱了整体的艺术价值。在理解一个作品的时候，如果通过作品的有机形式去捕获了作品的内在结构，就可以克服诠释学循环所带来的问题。② 因此，一部真正的艺术作品需要保持统一性和不可分割性。这种统一性就是将作品的全部内容统摄成篇、造就作品独特性的内在形式或者理念。这种内在形式要做到"整体和局部内在的相互设定"，一切都与整体互为依存，"其中的内容与形式，文字与神理，已经完全一气贯穿，结果我们便无从分辨二者"。③

（二）注重艺术的创造性

在浪漫主义者看来，事物不存在固定不变的本性或者结构，事物的本性和价值、艺术作品和科学理论是在行动中创造出来的。在行动中，人们利用材料创造价值、目的、目标和劳动产品。作为一种劳动产品，科学定理、公式、图式、神话、象征和艺术不是事物的反映，而是人类的创造杰作，是人类对事物创造的图像碎片。因此，与科学不在于理解和认识而在于创造一样，艺术在于创造，而不在于摹仿。藉此，浪漫主义者反对艺术的摹仿说，提倡艺术的创造说；反对作品的摹仿观，提倡创造的摹仿观。在浪漫派看来，不仅对不同的人来说，自然有多种多样的含义，而且自然夹杂着美的和丑的、完善的和不完善的、僵死的和生机勃勃的事物，无法简单地摹仿。诗歌的诗行、音乐的节奏甚至造型艺

---

① ［美］雷纳·韦勒克：《近代文学批评史》第二卷，杨自伍译，上海：上海译文出版社2009年版，第60—61页。
② 诠释学循环是指作品任何部分的解释都是以对整体的理解作为其前提，但是对整体的理解又需要对作品的各部分进行理解。这就是说，作品的整体和部分相互制约，互为前提。
③ ［美］雷纳·韦勒克：《近代文学批评史》第二卷，杨自伍译，上海：上海译文出版社2009年版，第61页。

术等在自然界更是找不到原型。

浪漫主义者赞成创造的摹仿观,认为艺术家在创造作品时仿效自然或者上帝创造自然的过程。这种创造之力正是通过"概念之力"在自然精神中体现出来的。由于创作作品同创造世界没有什么不同,因此,艺术品与自然界的事物就具有相同的内部结构,两者的关系就是自然事物与自然事物之间的关系,只不过艺术品是一个微型版的微观世界。由于创造活动中自然的和无意识的因素是事物在外在自然中无意识地发展的内在表现,艺术作品同世界一样都是一个自足的整体。因此,创造的摹仿观就认为,艺术作品同自然界没有必然的联系,艺术美是独立自主的。由于自然的产品能被使用,而艺术品却不能,因此,从美的角度看,表达生命永恒的艺术高于自然。

(三) 表达的综合性

由于自然和艺术都是一个有机体,浪漫主义者提倡科学、艺术与哲学的密切结盟,在思想、艺术和生活中追求综合性,以便在多样性的表达中实现有机体的内在统一。一部作品应包含诗歌、哲学、散文、对话、独白等众多互补的因素,形成表达形式的综合性。弗·施莱格尔在《断片集》第116则中说:"浪漫诗是渐进的总汇诗。它的使命不仅是要把诗的所有被割裂开的体裁重新统一起来,使诗同哲学和修辞学产生接触。它想要、并且也应当把诗和散文、天赋和批评、艺术诗和自然诗时而混合在一起,时而融合在一起,使诗变得生机盎然、热爱交际,赋予生活和社会以诗意,把机智变成诗,用一切种类的纯正的教育材料来充实和满足艺术的形式,通过幽默的震荡来赋予艺术的形式以活力。"① 浪漫主义者推崇歌德的小说《威廉·迈斯特》,不仅是因为歌德以自我为原型构造了一个天才的自我形成过程,而且在科学的描述、诗意和抒情的叙述、优美的散文笔法穿插中展现了敏捷转换的力量,突破了各种传统艺术规则的限制和束缚,从而实现了创作主体的自由。

(四) 艺术的非功利性

任何真正的艺术作品都是以自身为目的而存在,而不依附于任何外在的政治、道德或者其他功利目的。诺瓦利斯说:"艺术……再分成……

---

① [德] 施勒格尔:《浪漫派风格:施勒格尔批评文集》,李伯杰译,北京:华夏出版社2005年版,第71页。

(两个）主要部分：一部分是由它的对象规定的艺术，或是借助确定的、完成的、有限的、间接的概念，目标针对意义的其它中心功能的艺术；另一部分是不确定的、自由的、直接的、最初的、不受驾驭的、循环出现的、美的、独立自主的、能实现纯理念并因理念而富有活力的艺术。第一部分只是达到目的的手段；第二部分则是自在的目的、解放精神的活动，以及通过精神实现的精神享受。"① 那些以功利为目的的艺术作品，只要求自己的意图保证得到表达。这不仅扭曲了表达事物之间的真实关系，而且抹杀了真正艺术品所带来的精神享受乐趣。真正的艺术作品，并不是不表达某种寓意，而是在语言和作品内容的运动中逐渐显露出来的。

（五）语言表达的有限性

在浪漫主义者看来，语言的表达是一个产生的过程，一个创造的生命过程。随着作者的内部精神活动的变化，语言表达也要随之变化。由于所有文字语言都是人类的有限理性创造的产物，艺术表达的许多内容、创造的过程甚至体验本身都是无法用贫乏的逻辑语言阐明的，诗歌、雕刻、绘画、音乐都会"在我们身上激起一群无法表达的感觉和附带的表象"。这就需要联想、象征、类比、隐喻、谜语、寓意等手段来补充，因此"一切艺术作品都是无穷尽的影射"。在康德看来，正是因为艺术作品的不可言传性或者不可转译性才构成了艺术作品的永恒价值。② 同时，艺术表达内容的不可言传性，也意味着理解和解释的无限多样性。奥·施莱格尔说："对事物的非诗意的看法把事物当作是由感官感知或由理智确定的已经解决了的问题；诗意的看法则不断地对事物进行解释，并从中看到取之不竭的形象性质。"③ 由于语言表达的有限性，诗歌和艺术就会高于单纯依靠语言的逻辑表达或哲学。

## 五、弗·施莱格尔对马克思的影响

作为奥·施莱格尔的学生，马克思必然熟悉他所讲授的浪漫反讽、

---

① ［法］茨维坦·托多罗夫：《象征理论》，王国卿译，北京：商务印书馆2004年版，第221页。

② ［法］茨维坦·托多罗夫：《象征理论》，王国卿译，北京：商务印书馆2004年版，第246页。

③ ［法］茨维坦·托多罗夫：《象征理论》，王国卿译，北京：商务印书馆2004年版，第249页。

艺术的有机整体观、艺术的非功利性、艺术的创造性的观念及其文艺批评理论。这些观念和理论不仅有助于提高马克思的文艺批评和艺术鉴赏力，而且为马克思的文艺理论提供了一个继承和批判的起点。

弗·施莱格尔认为，小说是表现浪漫思想的最好方式，是实现"渐进的总汇诗"的最理想途径。因为小说可以容纳各种题材、体裁、情感、幻想、思想和哲学思辨，是一部生活的百科全书。马克思的许多著作都体现了弗·施莱格尔关于表达的综合性的观念。马克思的《资本论》在表达形式上可以说是一首"总汇诗"，各种现实的材料、戏剧、诗歌、经济学理论、数据分析、哲学、化学术语、生物学术语、现实的和虚构的人物都融入其中。如果小说显然是最具综合性的文学表达方式，那么，《资本论》就是最具小说性质的政治经济学著作。

弗·施莱格尔秉持文化的民族精神说和文化演化理论，不仅将艺术和文学当作民族精神的一个统一的不可分割的整体，提出了文学是民族精神的集中体现的观点，而且将各民族精神的发展放到古代和现代的人类历史进程中加以考察，提出了诗歌经历生长、增殖、成熟、硬化和解体的演化说。弗·施莱格尔的诗歌演化说与温克尔曼的艺术演化说，在马克思的博士论文中体现为哲学演化说。这不仅有助于马克思摆脱黑格尔描述哲学史的概念辩证法，而且有助于马克思提出哲学是时代精神的体现的观点。同时，马克思在《关于伊壁鸠鲁哲学的笔记》中谈到阐述哲学史方法的观点与施莱格尔兄弟阐述的文学整体观相似。在马克思看来，哲学史"应该找出每个体系的规定的动因和贯穿整个体系的真正的精华"，并同它的历史存在联系起来阐述"它的统一性，相互制约性"。

虽然强调的是精神生活的动态演化过程，但是，弗·施莱格尔关于文化和文学的演化、异化和革命的观点，对马克思的劳动异化论和唯物史观的发展具有一定的启发性。这不仅让马克思感受到唯心史观在文学、法律、宗教、哲学和历史研究领域的普遍性，而且让马克思认识到从根本上改变唯心史观的历史重要性。尤其是，弗·施莱格尔从研究各个民族和社会的具体文化发展规律中总结出人类文化发展的普遍规律的思想，被马克思改造为既要研究人类社会发展的普遍规律，又要研究人类社会各发展形态的特殊规律的思想。浪漫反讽的辩证法虽然过度夸大了主体能动性的作用，带有语言游戏的成分，但是按照对立面的分解去进行认识的原则却包含现实矛盾的对立和统一的思想。然而，施莱格尔兄弟把人类的历史归结为人类的精神文明史，并把艺术史看作人类总的历史的一部分的唯心史观，不仅与萨维尼提出的法律的民族精神说具有相似之处，而且把物质文化的历史特别是多数人劳动的历史排除在历史视野之外，从而看不到劳动和生产力的发展在人类文明发展历史过程中的作用。这就让马克思有机会从整体上辩证地思考主体能动性在社会中的确切表现方式和基础，发展经济基础与上层建筑的对立统一的思想。

## 第三节　谢林哲学与马克思

马克思在大学时期首先研究谢林的哲学，主要是因为教授自然哲学的斯特芬斯是谢林的学生和谢林哲学的积极倡导者。在1837年11月10日致父亲的信中，马克思谈到在1837年初写了《克莱安泰斯，或论哲学的起点和必然的发展》的对话，试图从辩证法的角度揭示概念、宗教、自然和历史中的神性，并由此深入阅读了"自然科学、谢林、历史"方面的著作。① 同时，奥古斯特·施莱格尔是谢林的朋友，在许多艺术哲学的观点上有交流和启发。在《关于伊壁鸠鲁哲学的笔记》的"附录"中，马克思引用了谢林早期的著作《关于独断主义和批判主义的哲学通信》和《论自我是哲学的原则》的三段话，对比了谢林早期对自由的崇尚与对神学的批判同晚期的政治保守与宗教神秘主义之间的差别。马克思说："如果早在1795年这样的时候就已到来，那么到了1841年又该怎样说呢？"② 在1843年致费尔巴哈的信中，马克思对"谢林的真诚的青春思想"抱有好感，但对后期谢林的保守主义思想深恶痛绝。这不仅是因为"书报检查令不会放过任何反对神圣的谢林的东西"，而且是因为"谢林的哲学就是哲学掩盖下的普鲁士政治"。③ 在1846年的《德意志意识形态》中，马克思谈到唯物主义与唯心主义的统一在谢林那里叫作"无差别"或"没有区别"，而在黑格尔那里叫作否定的统一。④ 马克思极力反对谢林的宗教哲学或哲学和神学结合起来的意图，曾邀请费尔巴哈对谢林展开宗教批判。因此，认真探究谢林的"青春思想"及其对马

---

① 《马克思恩格斯全集》第47卷，北京：人民出版社2004年版，第13页。
② 《马克思恩格斯全集》第1卷，北京：人民出版社1995年版，第100页。
③ 《马克思恩格斯全集》第47卷，北京：人民出版社2004年版，第69页。
④ 《马克思恩格斯全集》第3卷，北京：人民出版社1960年版，第210页。

克思的影响就显得尤其重要。

## 一、谢林哲学思想的演化

弗里德里希·威廉·约瑟夫·冯·谢林（1775—1854）是一位具有诗人和艺术气质的哲学家，近代自然哲学的主要建构者。谢林的哲学分为早期（1795—1800）、中期（1801—1809）和晚期（1810—1954）三个阶段。早期阶段是在费希特和康德哲学的基础上对自然哲学的建构和对立统一的辩证法的表述。中期阶段是同一性哲学的体系建构。晚期阶段是同一哲学的历史实证，体现在宗教哲学和神话哲学的建构上。

（一）谢林早期阶段的哲学

谢林于1790年10月进入杜宾根神学院。借助于语言方面的优势和圣经的历史研究，谢林在1792年写了《根据创世纪第三章对人类罪恶起源的古代传说的哲学批判阐释》的硕士答辩论文。借助于其他民族的古代传说、康德的想象力假说和先前的神话理论，谢林把圣经中有关原罪的故事当做神话来解释，并将神话当作民族传统的产物，"一种承自父辈并转化成民族精神、性格、习俗和规约的东西"。①

由于受到费希特的知识学的强烈影响，谢林从神话的历史研究转向哲学的理论构造，试图为康德哲学奠定理论基础。在1794年写的《关于一般哲学形式的可能性》一文中，谢林从纯粹形式方面考察了哲学体系的概念，并强调批判哲学的目的是使人们注意到一切知识的最终原则。在1795年写的《论自我是哲学的原理或人类知识的无条件东西》中，谢林在诠释费希特的知识学理论基础上强调自我与非我之间的相互约束，表现出对客观本原的兴趣和重视。在谢林看来，费希特试图将客体的东西消灭在自我的理性直观之中，走向了斯宾诺莎哲学的对立面。因此，真正的知识学不是体现在费希特的《全部知识学的基础》中，而是包含在康德的《纯粹理性批判》中。

由于受到电流发现、化学合成、生命是一种特殊的联系类型、斯宾诺莎关于"能生的自然"和"无限的实体"等理论的影响，谢林开始从有机体和精神的角度思考自然界的演化，并取消了康德关于现象和物自

---

① ［苏］阿尔森·古留加：《谢林传》，贾泽林等译，北京：商务印书馆1990年版，第12页。

体的区分。谢林从当时的电力和磁力的新发现角度出发,试图从本体论的角度将重力、电力、磁力甚至光和生命等多样性统一到一个本原,提出肯定性本原和否定性本原、肯定性力量和否定性力量来解释引力和斥力、电磁的极性、自由等现象。谢林把自由引入自然哲学,提出了一种更加整体论的自然观,认为自然界是能动的、自行决定的,强调自然界特别是有机界的演化是自由的、非线性的,一切物质都是内在统一和运动的,从而改变了康德提出的自然完全受因果性所决定的机械论观点。在谢林看来,自然界存在退化和进化的两个过程。退化就是物体凝聚状态的预选组成,而进化则是处于凝聚状态的物体展开的过程,是从有机体发展到无机体的过程。这样,自然界和天体的起源和发展过程就不能从机械规律来解释,而是必须借助于自然力来解释一切。基于这样的认识,谢林就把研究"产物的自然界"或者客体自然界的学科叫做自然哲学,而把研究"生育力的自然界"或者主体自然界叫做先验哲学。按照这样的理解,自然界就不能仅仅是一个客体,而是一个在精神本原中不断生成的过程。

在谢林看来,先验哲学主要探讨自由的自我意识的发展,并且以自我直观的提高过程和特定潜能的自我实现为依据,最终达到意识和存在的同一。由此,自我意识发展的历史分为三个时期。在第一时期里,自我意识经历着从简单的感觉到创造性的理智直观的道路;第二时期则从创造性直观延伸到反思;第三时期则从反思进入到意志活动。在谢林看来,人只有在社会中才能产生自我意识和意志行动。如果说艺术是绝对同一的实在的现实的反映,单独的艺术作品是对这些神圣理念的反映,哲学是对绝对同一的实在的理想的反映,那么,艺术高于哲学的地方在于艺术使"每个整体的人"都达到最终的顶点和完成先验理念论的任务,而且审美直观也是理智直观的根据。因此,科学和诗将统一于新的神话之中。谢林关于艺术的评论和哲学思考对早期的浪漫派产生了重大的影响。

(二) 同一哲学时期

在1801年5月写的《对我的哲学体系的阐述》一文中,谢林提出了一个更具有包容性的同一哲学体系来整合自然哲学和先验哲学,抛弃了历史哲学部分,开启了持续到1809年的《论人类自由的本质》为止的同一哲学阶段。为了确证同一哲学的正确性,谢林认为,基督教的独特之处在于坚持上帝与世界的同一，无限者内化为有限者的精神，有限者可以直观上帝，自然哲学成为直观上帝的一个新的源泉；异教哲学坚持有限者与无限者的对立，自然事物直接就是神性，希腊神话就只能是自然界的一个图示化。这种对比表明，谢林试图从"普遍的历史学角度"来证明同一哲学，实现历史与逻辑的统一。"即从一些更高概念的角度出发来看待历史因素，超出普通知识所认识到的经验必然性，将其提升为一种无条件的、永恒的必然性，通过这种必然性，一切总的说来属于历史的东西，还有一切属于自然界的历程的现实东西，都已经预先被规定。"①

在1802年的《论哲学中的建构》中，谢林论证了同一哲学是在绝对无差别中把普遍者理念和特殊者统一起来的一种演绎哲学体系。"体系就是全部规定的整体；也就是说，它是杂多的统一体。"② 进而，在《学术研究方法论》的讲座中，谢林以科学的有机整体观为指导，阐述了一个更具包容性的同一哲学体系并将之与大学改革结合起来。谢林主张，要建立教学与研究并重的综合性的大学，将各门科学统一在哲学之下，教师和学生都要保持学术自由并以追求学术创新为目的，以解决科学分工的发展所带来的知识碎片化和教育片面化的问题。哲学是一个完整的、不可分割的有机整体，各门具体科学既是一个局部的有机整体，又在总体上是哲学的一个环节，与哲学存在不可分割的联系。"哲学的完满现象只能出现在全部潜能阶次的总体性里面；正因为如此，哲学的本原，作为全部潜能阶次的同一性，本身必然不具有任何潜能阶次。尽管如此，绝对统一体的这个无差别之点仍然包含在每一个单独的特殊统一体里面，正如所有统一体都会在每一个统一体里面再现。哲学的建构活动的目标不是要把严格意义上的潜能阶次（亦即各个相互有别的潜能阶次）建构起来，而是要在每一个潜能阶次那里呈现出绝对者，表明每一个单独的潜能阶次同样是一个整体。"③

大学教育的最终目的是培养具有创造性的人才，"科学中的艺术"

---

① ［德］谢林：《学术研究方法论》，先刚译，北京：北京大学出版社2019年版，第16—17页。

② ［德］谢林：《学术研究方法论》，先刚译，北京：北京大学出版社2019年版，第52页。

③ ［德］谢林：《学术研究方法论》，先刚译，北京：北京大学出版社2019年版，第3—4页。

就是创造。"一切创造活动都是基于普遍者与特殊东西的邂逅或融贯。创造活动的秘密在于，敏锐地发现每一种特殊性与绝对性的对立，同时在一个不可分割的行为里面，理解把握到普遍性中的特殊性，以及特殊性中的普遍性。"① 大学的哲学训练能够帮助人们获得辩证法，即"把一切东西作为一个整体而呈现出来，并企图通过那些形式（尽管它们原本隶属于映像）而把原初知识表现出来"的理性与想象力相统一的辩证艺术。谢林的辩证法集中在同一哲学的对立统一：有机整体观必然包含对立统一的辩证法。因此，辩证法不仅以理性的思辨和反思为基础，而且立足于一种诗人般的艺术创造能力。② "每一个真正的、通过想象力而创造出来的艺术作品都解决了一个矛盾，这个矛盾和那个在理念里面得到统一和得到呈现的矛盾是同一个矛盾。单纯的反思知性只能理解一些简单的序列，只知道知性是对立双方的综合，是一个矛盾。"③ 这不仅意味着黑格尔的辩证法只截取了辩证逻辑部分，忽视了人的创造力，而且辩证法要求哲学与艺术的联盟，辩证的分析不是机械的逻辑术语的应用而是要求巨大的想象力。

在谢林看来，绝对者自我设定自我，就是理智直观和绝对同一性的自我开展的过程，绝对者的客观化或外化、潜能或观念性转化为实在性的创造性活动。绝对者的自我直观或在潜能中的堕落过程就形成自然界。"整个历史指明，全部艺术、科学、宗教和法律制度都具有一个共同的起源"，即来自绝对理念或上帝的神秘学。④ 谢林设想，地球的生物存在一个退化或堕落的过程，即从早先"更高贵、教化程度更高"的更完满的生物，因不适应地球的变迁或"地球的逐渐恶化"而走向灭亡，留下的都是带有"原罪"的退化种类。因此，谢林与黑格尔的区别在于，黑格尔注重中介活动（概念语言的描述）、关系的认识，而谢林强调理智直观、实体的属性或性质、对绝对者的理念的认识。这样，哲学和宗教具有共同的起源和追求真理的共同目标，只是宗教与世俗权威的结合才导

---

① ［德］谢林：《学术研究方法论》，先刚译，北京：北京大学出版社2019年版，第118页。
② ［德］谢林：《学术研究方法论》，先刚译，北京：北京大学出版社2019年版，第148页。
③ ［德］谢林：《学术研究方法论》，先刚译，北京：北京大学出版社2019年版，第149页。
④ ［德］谢林：《哲学与宗教》，先刚译，北京：北京大学出版社2017年版，第77页。

致宗教背离哲学，成为谬误的根源。但是，"倘若宗教能够完全发挥纯粹的道德感化力，稳妥地不再与实在的东西和感性的东西纠缠在一起，不再追求外在的统治权和那种与它的本性相悖的暴力"，那么，哲学"与宗教结成永恒的同盟"就是可能的。①

在《精神现象学》（1807）中，黑格尔对谢林的同一哲学进行了批判，认为同一哲学指出了思维与存在的同一性、认识论上的主客观同一性和具体真理三个优点，但批判谢林的同一是抹杀差别的，不承认除量的差别之外的任何质的差别，也批判谢林的同一是原始的静态的同一，而不是活的动态的同一，因为"活的实体"是"单一的东西分裂为二的过程或树立对立面的双重化过程"。② 针对黑格尔批判绝对同一哲学是一种"认识上空虚的幼稚性"，谢林认为，主客体只有量的差别才能同一，而有质的差别无法同一。进而，谢林开始思考主客体之间的动态演化过程，并写了《论人类的自由本质及相关对象》（1809）作为回应。在这篇著作中，谢林把上帝设想为生动的爱，设想为活生生的自由之根据，而人性的本质是精神的自我性，只有爱才能使一切达到同一。上帝的爱是创世的动力，是在精神内起支配作用的本质，而创世的行动则属于上帝的本质。精神本原地把本质结合于其本身就是爱意欲。作为爱的气息或者意志，精神则是根据与实存相互连接的统一性。上帝观看它本身的过程就是世界的生成和生命的创造过程，普遍理智之光照亮爱的运动过程就是被创造物的个别化形成过程。③ 理智之光照亮得越多，被创造物就越会渴求回到它自己的中心即上帝，被创造物的理智与欲望一同成长。对谢林来说，人是"在上帝本身内产生一种内在的反映性的表象"，在被创造物中具有最高的理智和最多的欲望。由于理智的意志与被造物的私欲或盲目的意志相对立，因此人的欲望被提高于理智的意志之上并试图占统治地位，便是恶的根源。恶作为私意或欲望对公意或普遍理智的颠倒，是一种对人类精神的异化。自由是（自然和社会）存在的真正本质，是活动的展开过程。自由的本质是致善和致恶的可能，而人是自由

---

① ［德］谢林：《哲学与宗教》，先刚译，北京：北京大学出版社 2017 年版，第 91—92 页。

② 麻磊：《论谢林和马克思内在逻辑继承性——即马克思对黑格尔批判谢林所做的超越》，载《山西青年》，2016 年第 21 期。

③ ［德］马丁·海德格尔：《谢林论人类自由的本质》，薛华译，北京：中国法制出版社 2009 年版，第 273 页。

的所有物,人的本质是建立在自由之中的。谢林试图按照自然的演进阶段,根据善恶的变化和力量的分配来构造人类历史的阶段或世界时代,强调恶的统治原则在历史演进中的推动力。据此,谢林反对人格化的上帝,主张"上帝无非就是绝对的自我",提出未来的宗教要建立在人的自由基础上,是"理性和心灵的一神教,同时还是想象力和艺术的多神教"。①

(三) 晚期哲学的理论构建

由于强调理智直观,谢林无法像黑格尔那样采取固定的逻辑形式将其同一哲学体系完整地建构起来。在1810年的《斯图加特私人讲授录》中,谢林解释说,他的同一哲学谈论的是对立面的有机统一,而不是主客体的简单同一。其哲学的包罗万象体现在兼容了自然界、上帝和人之中,其贡献是注意到了自然科学的哲学问题。在《世界时代》(1811)中,谢林将绝对同一性体系转变为以过去、现在和未来为线索的世界时代体系,并以对立统一的辩证法来取代主客体的辩证法作为演化的动力。由于强调原初行动的后果的不确定性,谢林就反对从过去推导出现在和未来的逻辑主义和黑格尔式样的机械辩证法,主张过去世界和现在世界在原初行动是可分开的。"辩证法一旦成为一个纯粹的形式,就是一个空洞的假象和阴影。"② 在《世界时代》(1813)的原稿中,谢林引入了欲望、意志和无意识等概念作为世界辩证发展的因素,将世界建构为一个以肯定性本原和否定性本原在欲望的驱使下从无意识的对立统一走向有意识的对立统一的过程,或者从自然界走向人类社会的历史发展过程。

在《神话哲学导论》中,谢林批判了解释神话的"诗意论"和"哲学语言说",认为这些理论无法解释各民族具有共同的神话传说。在谢林看来,神话是人类发展到一定阶段上创造的意识,从本质上体现了人的存在与意识的原初统一,因此需要从哲学和历史角度对神话的起源进行考察。谢林认为哲学就是由各种独特的体系构成的,各种体系的相互斗争和相互影响共同构成了哲学的繁荣,并将哲学分为否定哲学和肯定哲学。肯定哲学就是与存在或现实认识相关联的哲学,而否定哲学则不考虑现实认识而仅仅谈论"对象在单纯的思维里面所处的关系"。否定哲

---

① 张慎主编:《德国古典哲学》,南京:江苏人民出版社2005年版,第397页。
② [德] 谢林:《世界时代》,先刚译,北京:北京大学出版社2018年,第5页。

学要求按照严格的逻辑顺序来构建哲学史，肯定哲学则强调历史中的自由因素和哲学的多样性。谢林着重批判了黑格尔试图以逻辑和概念取代历史和自然界的实际发展的方法。谢林说："概念本身只存在于意识之中，可以对它进行客观的考察，然而它们并不先于自然界而是在自然界之后才存在的。黑格尔剥夺了它们的天然地位，把它们置于哲学的开端。"① 在1830年代，谢林转入启示问题的研究，将启示看作是人类发展进程中的必然现象，并试图构建以神话哲学和启示哲学为核心的实证（肯定）哲学体系。作为谢林哲学的崇拜者，普鲁士国王威廉四世在1841年2月邀请谢林到柏林大学主持哲学讲座，希望借助谢林来消灭"黑格尔泛神论这棵独苗"。

总之，谢林的一生从宗教神学的学习和思考开始，在神话和宗教启示的研究中终结，中间穿插着自然哲学、艺术哲学和先验哲学的研究。与黑格尔在《精神现象学》中确立自己的哲学观点并在随后著作中不断改进和应用不同，谢林在青年时期就提出了有机统一体、理智直观和对立统一的辩证法等许多富有创造性的观点，在随后不断拓展的著作中改变自己的观点，并"热情地为自己唯一的立场进行斗争"。② 传统观点认为，谢林及费希特仅仅是"从康德到黑格尔"的过渡环节。这种观点不仅忽视了费希特的伦理学、经济学和政治哲学，也忽视了谢林的对立统一的辩证法、艺术哲学和宗教哲学的原创性。在同一哲学的核心思想指导下，谢林阐述了宗教与哲学的异化，关心宗教和神话的历史起源等问题，其自然哲学和先验哲学带有泛神论的色彩。可以说，谢林的哲学在德国古典哲学中是最具有宗教色彩的哲学，谢林也被恩格斯称之为"基督教的哲学家"。

## 二、谢林的同一哲学和广义历史学

谢林的整个哲学体系本质上是一种将斯宾诺莎的上帝当作绝对实体，将理念当作上帝，将整个普遍性和整个本质性内化在特殊性之内的创造活动形式的思辨神学。谢林采纳了柏拉图的理念分有说，认为理念分有

---

① [苏] 阿尔森·古留加：《谢林传》，贾泽林等译，北京：商务印书馆1990年版，第257页。
② [德] 马丁·海德格尔：《谢林论人类自由的本质》，薛华译，北京：中国法制出版社2009年版，第9页。

了上帝的本质的全部属性，并使特殊事物能够在上帝之内存在。"借助这种分有关系，理念和上帝一样是创造性的，并且按照同样的法则、以同样的方式发挥作用，也就是说，理念把自己的本质性内化在特殊事物之内，使人们能够通过个别的特殊事物而认识到这种本质性。"① 特殊事物或自然界的物质也是上帝使自己成为一个客观的、实在之物的自我直观行为，具有内在地包含着理念的永恒生成和运动的属性。"每一个特殊事物的理念都是一个绝对的单一体，而这个单一的理念已经确保了同类型的无穷多事物的转变和生成，而且它的无限可能性绝不会通过任何现实性而被穷尽。"② 事物的形体是物质的身体、偶性，光则是物质的灵魂、本质，而物质形体和光则构成了物质的生命形式。"形体的特殊化具有一个普遍的形式，这个形式使得形体相互一致且相互联系在一起。实际上，这个普遍的形式就是统一体在差别中的内化，因此从形体与它的各种关系出发，我们必定也能够认识到物质的一切门类差异性。"③

与斯宾诺莎将精神和自然当作上帝的两种并列情状不同，谢林将理念或精神放在自然之先并充当自然事物的灵魂，从而让与精神绝对同一的自然充满了整个可以理智直观的精神。"理念相当于事物的灵魂，事物相当于理念的身体；在这个关联下，理念必然是无限的，事物必然是有限的。"④ 任何事物都是实在与观念相结合的有机统一体，并在整体上构成自然或宇宙。"自然界里面的一切东西都是以万物的前定和谐为中介，而且任何一个事物都只能通过一个普遍实体的中介而去改变或影响别的事物。"⑤ 因此，整个宇宙就是由可见的自然世界和不可见的理念世界构成，不可见的理念世界按照主客体的辩证法内在地规定着可见自然界的各种形式的生成和运动，创造出多样化的自然。这种充满理念的自然必然是一种辩证发展的、充满创造性的有机自然，而不是与理念分离的、

---

① [德] 谢林：《学术研究方法论》，先刚译，北京：北京大学出版社 2019 年版，第 213 页。
② [德] 谢林：《学术研究方法论》，先刚译，北京：北京大学出版社 2019 年版，第 224—225 页。
③ [德] 谢林：《学术研究方法论》，先刚译，北京：北京大学出版社 2019 年版，第 228—229 页。
④ [德] 谢林：《学术研究方法论》，先刚译，北京：北京大学出版社 2019 年版，第 213 页。
⑤ [德] 谢林：《学术研究方法论》，先刚译，北京：北京大学出版社 2019 年版，第 216 页。

孤立的、没有生命的自然。因此，形式和内容、灵魂和身体、理念和形体就在主客体辩证法的驱动下按照潜能阶次在自然界表现出无机界和有机界的各种运动形式的演进过程，如无机自然界的磁性、电性和化学的演进过程。

对于这种有机自然，正确的认识方式是理智直观自然事物中所包含的神性或理念的有机论认识方式，而不是采取感性直观的机械论认识方式。谢林由此倡导一种广义的历史学，将物质的门类差异性理解为"同一个实体通过单纯的形式概念而发生的变形，从此以后，一条通向形体序列的历史学建构的道路也开辟出来了"。① 宇宙学、地质学、地理学、气象学、生物学都是"以自然界本身为研究对象的历史学"。这些学科将天体、地球、地理环境都当做一个有机生命对待，而研究其演化和相互作用。艺术科学也被当做艺术的历史学建构。机械论自然观的缺点表现在单纯考察事物的形体，不考虑事物存在的意义，未认识到原初的统一体和普遍形式，仅仅把一切现象理解为一种完全偶然的东西，无法用一个统一的理论去解释所有的生命现象和无机界的现象，并试图解释事物的单纯序列而不是建构宇宙的有机整体。由于解释是从观察到的后果回溯到原因，因此，原因的多样性就会造成解释的高度不确定性。相比之下，建构或演绎是从自在的原因推导出后果，从而"原因和后果之间的联系才会是一种必然的、自明的联系"。②

同样不可忽视的是，理论包含大量的经验内容，或者说，经验都是理论负载的。"实际上，理论之唯一区别于经验的地方在于，理论是通过抽象提炼的方式让经验摆脱各种偶然条件，让经验在其最原初的形式中呈现出来。……唯有理论在指导着实验，假若没有理论的指导，实验压根就不知道应当向自然界提出什么'问题'……不仅如此，理论的深远意义也决定了答案可具有的自明性。"③ 理论借助于实验获取的经验和解释，在对自然现象的局部建构的累积过程中最终实现对自然的整体建构和理解。"只有当经验致力于以独特的方式成为科学里面的'经验建

---

① ［德］谢林：《学术研究方法论》，先刚译，北京：北京大学出版社2019年版，第227页。
② ［德］谢林：《学术研究方法论》，先刚译，北京：北京大学出版社2019年版，第216页。
③ ［德］谢林：《学术研究方法论》，先刚译，北京：北京大学出版社2019年版，第218页。

构'，它才会作为科学的身体而与之结合在一起；只有当经验把各种解释和猜想具体展开，成为现象本身的纯粹客观的呈现，仅仅希望把这个呈现当作一个理念而陈述出来，它才会在整体的精神里面得到教导和推动。"① 因此，谢林主张，自然科学要接受同一哲学关于建构模式和各种现象都源于共同理念的思想的指导，才能摆脱盲目性或实验中的幻想，从而在获得一种有条理的、目标明确的科学方法的基础上建立一种统一的自然科学或历史学。"进而言之，由于全部事物的内在范型出于共同的来源，必然是同一个范型，而且人们能够认识到这个范型的必然性，所以这个必然性也伴随着那个以范型为基础的建构。因此建构不需要经验的证实，毋宁说它本身就是自足的，而且可以一直延伸到那样一个地方，在那里，经验遭到一些不可攀越的界限的阻碍，比如它就不可能深入到有机生命和普遍运动的内在动力机构里面。"② 尽管理论建构有独特的作用，但是，谢林后来在《近代哲学史》中弱化了对经验论的批判，区分了低级经验论和高级经验论，并把自己的理论建构观与高级经验论等同，即理论的根据或假设需要建立在经验或历史事实基础之上进行演绎。因此，谢林的同一哲学在广义历史观的指导下，从早期的单纯逻辑演绎发展为晚期的注重逻辑与历史的统一。

### 三、谢林的辩证法：对立统一律

与黑格尔的概念辩证法强调否定之否定规律不同，谢林的辩证法集中体现在对立统一律的表述。在《世界时代》中，谢林以唯心论的方式阐述了自然界在对立统一规律的作用下的历史演化过程。在谢林看来，任何事物都存在肯定性本原与否定性本原之间的冲突，或任何事物都是矛盾统一体。"假如没有矛盾，就不会有生命，不会有运动，不会有进步，只剩下全部力量的一种死一般的寂静。唯有矛盾驱动着一切，甚至可以说，唯有矛盾迫使人们去行动。因此，真正说来，矛盾乃是一切生命的毒素，而一切生命运动的目标就是要克服这个毒素。"③ 否定性本原

---

① ［德］谢林：《学术研究方法论》，先刚译，北京：北京大学出版社2019年版，第219页。
② ［德］谢林：《学术研究方法论》，先刚译，北京：北京大学出版社2019年版，第222页。
③ ［德］谢林：《世界时代》，先刚译，北京：北京大学出版社2018年版，第159页。

就是要否定自身，驱动自身进行无限的扩张与创造。肯定性本原则努力保持自身，抵抗自身的发展过程。"任何一个存在着的东西，任何一个存在者，都想要停留在自身内，同时又想要脱离自身。它想要停留在自身内，因为它已经把自己设定或整合为存在者或主体，并在这种情况下抵抗着发展过程和扩张；它想要脱离自身，因为它渴望外在地成为它内在所是的东西。"①

肯定性本原完全战胜或取消否定性本原的结果就是事物没有任何变化，保持绝对的宁静与死寂。否定性本原完全战胜肯定性本原的结果就是永恒地发展与变化，即否定之否定。只有在否定性本原与肯定性本原进行持续的斗争过程中，时间才得以产生。无所欲求的意志位于上帝之上、是一切时间的开端和终点，矛盾的展开过程就是时间的起源和发展过程。因而，无矛盾是永恒性（灵魂）的本质，而矛盾则是推动事物运动和变化的主导力量。永恒者是一个基于自身且处于自身的本质的无条件者，一个存在者（肯定性本原）和存在（否定性本原）处于平衡状态的、无意识的对立统一体。

起初，作为对立的双方，存在者和存在都对对方漠不关心，在寂静中渴求"到达自身，发现自身，享受自身"。这种无意识的渴求产生了"一种趋于意识的躁动"，一种"无意识地渴求着对方，想要掌握对方"的冲动。"现在，当永恒性被迫无意识地寻求自身，在它内部，在不依赖于它的情况下，而且在它没有意识到的情况下，通过一个对它来说不可理解的方式，一个独立的意志自己产生出自己；这个意志尚且不认识永恒性，而是仅仅憧憬着它，并且在无需永恒性的参与下，盲目地寻求着本质，因此它不是一个有意识的意志，而是一个在其开端无意识的意志。"② 这个意志在欲望的驱使下寻求自己永恒的本质，成为一个欲求着永恒性的意志。这种意志就是一种否定性的力量。由于永恒意志把本质设定在自身之外，因此，缺乏本质的永恒意志就呈现为单纯的自然界。

在原初的自然界中，向外扩张的意志与向内紧缩的、渴求自身和分享自身的力量形成了一种对立，一种力量的分化和相互外化。向外扩张的意志就是一种推动自然界变化的否定性力量，由此产生了力、电、磁等精神性的力量。"自然界从一个最低的层次出发，在其最隐秘的内核的

---

① ［德］谢林:《世界时代》，先刚译，北京：北京大学出版社2018年版，第158页。
② ［德］谢林:《世界时代》，先刚译，北京：北京大学出版社2018年版，第177页。

驱动下欲求着各种东西,而且它的渴求不断提升和扩张,直到它终于把那个最高的本质性东西,把那个纯粹的精神性东西吸引过来,将其据为己有。"① 自然界自由地欲求着永恒精神的结果就是主体或生命的产生。在生命中,精神与身体形成了新的对立的统一体,由此开始了动植物在精神欲求的推动下展开了回归到永恒性的过程。"从事创造的精神贯穿着受造物的全部序列,从最低级的东西直到最亲切可爱的人类形象;它把物质当作它的自由乐趣的质料来处理,不是通过盲目的作用,而是把它在永恒存在那里看到的事物的可能性或灵魂当作模型,给予它们身体,随之把整幅图像展开为一个未来的世界。"②

在主体和客体或者光和物质的基础上,谢林设定了一个自然界朝着绝对主体演进的潜能阶次的递进法。低级的潜能阶次的东西成为高级潜能阶次的属性或者转化为高级潜能阶次的纯粹基础。"那在之前的层面上尚且被设定为主观的东西,总是在下一个层面上成为客观的——附着在客体身上,直到产生出一个最完满的客体,到最后则是一个终极的、唯一持存着的主体,这个主体再也不能转变为客观的东西(因为一切形式都已经存在着),因此真正说来,它才是最高的、作为这样一个东西而被设定的主体;那在发展过程中显现为主体的东西,仿佛只有在一个环节上面是主体,而在接下来的环节上面,我们发现它已经隶属于一个客体,不可能再被设定为客观的。主体有一个走向客体的必然趋势,而这个趋势必须穷尽自身。"③ 物质和光在无机自然界按照动态学的演进过程演化出磁性环节、电的环节、化学环节,在有机自然界里演化出各种生命形式。在无机自然界,物质坚持着它的独立性,磁性、电性和化学性这些行为形式仅仅被当作偶性纳入物质之中。在有机自然界,形式是一种事关本质的东西,沿着层次分化的秩序演化出植物、动物和人。"现在再也不会有原初的有机组织产生出来。就此而言,这个原初有机的、创造出有机组织的原则也已经成为一种历史意义上的过去。"④ 这就是谢林的一次性线性演化理论:人的出现也意味着自然进程的终结。此时,纯粹的

---

① [德]谢林:《世界时代》,先刚译,北京:北京大学出版社 2018 年版,第 181 页。
② [德]谢林:《世界时代》,先刚译,北京:北京大学出版社 2018 年版,第 201—202 页。
③ [德]谢林:《近代哲学史》,先刚译,北京:北京大学出版社 2016 年版,第 129 页。
④ [德]谢林:《近代哲学史》,先刚译,北京:北京大学出版社 2016 年版,第 133 页。

主体就是纯粹的知识，它与世界的联系仅仅是观念或者知识上的联系。①按照这个理论，谢林就解释了灵魂的非物质性，即灵魂仅仅是一种必然存在的观念。在纯粹观念领域里，许多新的精神环节按照主体与客体的交互作用和潜能阶次的方式产生，出现艺术、哲学、宗教等观念。艺术是精神的客观创造，宗教则是精神的主观显现，哲学则是主客观的统一。②

显然，谢林是从精神性的欲求角度来谈论自然界的肯定性力量和否定性力量，认为对立双方仅仅想要"拥有彼此和察觉彼此的不倦乐趣"的欲望推动了自然界的演化，完全忽视了自然演化中的毁灭性破坏力。之所以如此，是谢林要从"最美好和最完满的统一体"中看到上帝的仁慈与爱。同时，谢林也没有注意到，无机自然界和有机自然界演化的肯定性力量和否定性力量之间的对立和斗争存在不同的机制。尽管带有将精神性力量当作主导性的否定性力量的唯心论的色彩，但是，谢林的一个伟大成就是认识到对立统一是一种力量之间的对立统一，而不是逻辑或概念之间的否定之否定。马克思正确地认识到，自然界的力量之间的斗争都是物质性力量之间的斗争，而人类社会的独特性在于物质性力量与精神性力量之间存在的斗争。人类社会的物质性力量就是物质产品的生产和交换，精神性力量则表现为社会意识或整个的上层建筑。这种经济基础与上层建筑之间的力量斗争是一个永无休止的、充满暴力的、在不同社会形态中表现出不同形式的阶级斗争。

### 四、谢林对黑格尔的批判

谢林与黑格尔创建了两种相似但又明显不同的客观唯心主义体系。两者都采纳了有机整体或总体性的概念，都是以世界灵魂、绝对精神或上帝作为理论的出发点与终结点，但两者在连接出发点与终结点的道路和方式是不同的。谢林在存在论的意义上以理智直观或想象力的主客体交互作用和对立统一来建构同一哲学，黑格尔在认识论的意义上以概念的逻辑体系的否定之否定来建构绝对的同一哲学。谢林与黑格尔的区别在于，谢林关心如何进行理论创造和克服理性主义的局限性，黑格尔关心的问题是如何把现有的各种知识整合为一个逻辑性的理论体系，并将

---

① ［德］谢林：《近代哲学史》，先刚译，北京：北京大学出版社2016年版，第135页。
② ［德］谢林：《近代哲学史》，先刚译，北京：北京大学出版社2016年版，第141—142页。

理性主义推演到极致。对谢林来说，诗歌、艺术、宗教、哲学和科学都是一种理论创造。因此，谢林重视理智直观和想象力的作用，不断构建新的哲学体系来容纳新的问题和新的思想，形成泛艺术主义的思辨哲学。黑格尔则重视逻辑学的作用，将一套逻辑体系应用到所有的问题上，形成泛逻辑主义的思辨哲学。由于理智直观是一种从局部的、片面的、个体的主观性那里解放出来的普遍性的抽象，因而理智直观设定了理解哲学的先验条件，从而导致谢林哲学被限制在艺术家或非理性主义者范围内。相反，黑格尔哲学只要求人具备理性的假设，因而在理性主义的时代就更容易传播和接受。歌德说："让精神高度愉悦，有两种途径，即直觉和概念。而直觉是必需的但未必是伸手可得的高贵对象，它需要相当程度的教养。但是概念则只需感受力即可有内容，并且其本身即为教养的工具。"① 因此，相互联系的谢林哲学和黑格尔哲学因为内部的构造机制和命运的不同而展开了相互批判的斗争。

　　黑格尔对谢林的批判体现在《精神现象学》《哲学史讲演录》第四卷等众多文本之中。黑格尔承认，谢林是近代自然哲学的创始人。"谢林的功绩并不在于他用思想去把握自然，而在于他改变了关于自然的思维的范畴；他运用概念、理性的形式来说明自然，例如他就用［理性的］推论形式来说明磁力。他不仅揭示出这些形式，而且还企图构造自然、根据原则来发挥出自然。"② 但问题是，谢林试图对所有自然现象提出一种普遍的解释性假说或形而上学，最终不过是"按照一个假定的图式而夹杂进去一种外在构造的形式主义"。③ 这个形式就是思维与存在的动态的、具体的统一。"具体的统一只能说是一种过程，是一个命题里的有生命的运动。这种不可分离性只存在于上帝那里。"④ 黑格尔进一步认为，谢林的自然哲学是将引力和斥力发展为肯定性力量和否定性力量作为斗争的推动力量，并利用康德的《自然形而上学》的术语来说明经验现象。谢林的先验哲学，则不过是费希特的自我理解为斯宾诺莎的实体的

---

① ［德］歌德：《歌德自传：诗与真》，李咸菊译，北京：团结出版社2004年版，第207页。
② ［德］黑格尔：《哲学史讲演录》第四卷，贺麟、王太庆译，北京：商务印书馆2009年版，第384页。
③ ［德］黑格尔：《哲学史讲演录》第四卷，贺麟、王太庆译，北京：商务印书馆2009年版，第409页。
④ ［德］黑格尔：《哲学史讲演录》第四卷，贺麟、王太庆译，北京：商务印书馆2009年版，第379页。

产物而已。因此，谢林哲学是一种植根于康德和费希特的土壤之中的形式主义哲学。谢林一方面在《近代哲学史》等著作中阐述自己哲学体系的独创性和理论渊源，另一方面将黑格尔哲学归入否定哲学的范畴，与自己的肯定哲学相对立，并从概念辩证法建构的任意性、经验内容的缺失和浪漫化的语言游戏三方面，展开了对黑格尔哲学的全方位批判。①

（一）逻辑批判

谢林认为，黑格尔在否定哲学里面的贡献就是，"他确实洞察到了那种哲学的纯粹的逻辑本性，他尝试着改造那种哲学，并且许诺要让它达到完满的状态"。②但是，黑格尔却在《逻辑学》里宣称"概念就是一切"，将存在和上帝吞并在概念之中。谢林认为，黑格尔这句话的意思就是：（1）概念意味着事物本身；（2）上帝无非是概念；（3）概念的运动就是三位一体的运动，即圣父作为逻辑概念外化为世界这个圣子，然后通过人类精神（圣灵）在艺术、哲学和宗教中的完成返回自身，成为完满的自我意识。"你们看到，黑格尔是如何理解我的自然哲学所发明的那个'演进过程'，以及他是如何以一种决定性的方式把它处理为一个客观的和实在的演进过程。"③

与费希特将纯粹的主观主体、谢林将客观的主体作为开端不同，黑格尔设定的理论出发点是"纯粹的存在"的概念。这种开端设定的不同，就意味着演进的推动力不同。谢林以主客体交互作用为自身的内在推动力，而黑格尔只能采取思辨的否定之否定为概念前进的推动力，以便充实概念的内容。谢林说："然而在这个号称是必然的运动过程中，存在着一个双重的错觉：首先，概念不但顶替了思想的位置，而且被设想为一个自行运动着的东西，但是概念就其自身而言只能是一个完全不动的东西，除非它是一个思考着的主体的概念，也就是说，除非它是一个思想；其次，人们以为，思想仅仅是被一个包含在它自身内的必然性推动着前进，但实际上，人们很显然早就已经有了一个努力追求的目标，而且，即使哲学家想尽办法企图掩盖他的意识，那么这也不过表明，那

---

① 先刚：《重思谢林对于黑格尔的批评以及黑格尔的可能回应》，载《江苏社会科学》，2020年第4期。
② ［德］谢林：《近代哲学史》，先刚译，北京：北京大学出版社2016年版，第151页。
③ ［德］谢林：《近代哲学史》，先刚译，北京：北京大学出版社2016年版，第154页。

个目标是以一种更具决定性的方式无意识地影响着哲学家的活动。"① 如果把"纯粹的存在"当作谢林的"潜能"理解，那么，世界精神的潜能与现实的斗争就会促进概念的自我运动。认识就被理解为潜能的现实化和概念化的运动。黑格尔的《哲学全书》就阐述了单纯存在的概念外化为现实存在的世界的观点。"'存在'——一个纯粹抽象的、形式的形而上学概念——必须以某种方式走向最终的物质化，将自身物化为实在，也就是说，这种自我封闭的概念必须将自己外化于自身之外，外化为自然！由此出发，黑格尔进而揭示了'无知'的自然如何必然产生出它自身的有机体，诞生出生命。同样黑格尔也由此揭示出生命如何依此必然走向意识，进而达到自我意识。更重要的是，他还揭示了这些单个的阶段如何必然依次相随，不只是作为一种偶然的生物学意义上的演化过程，而是体现出一种逻辑上的必然性。"② 这充分说明，黑格尔的整个体系确实是谢林核心观点的泛化。

在确定纯粹存在之后，哲学家一看，纯粹存在不包含任何确定的内容，于是提出"纯粹存在是无"的命题。谢林认为，这个"是"有两含义：一是同语反复，"纯粹存在"和"无"是同一个东西的两种不同表达方式，因为"纯粹存在"就是"一个纯粹的，亦即空洞的概念"；二是主词和宾词的关系，"纯粹存在"是代表某种东西的主体，是"无"的承担者，这意味着两者是矛盾的。黑格尔从"存在"和"无"那里推导出"转变"，即从"无"到现实存在的过渡。谢林对此说："真正说来，人们不可能反驳这些命题，或宣称它们是错误的，因为它们其实是一些完全空无内容的命题。"③ 在谢林看来，黑格尔的逻辑学不外是按照他自然哲学的方法整合所有概念的结果，即"所有在他那个时代通行的、简单摆在面前的概念，全都作为绝对理念的不同环节被纳入进行，分别获得一个确定的地位"，同时，"随意扭曲了那些概念的意义"以便"与预定的体系相兼容"。④ 这就意味着，黑格尔的逻辑学是一种完全偶然的、任意的体

---

① ［德］谢林：《近代哲学史》，先刚译，北京：北京大学出版社2016年版，第158—159页。
② ［美］罗伯特·C.所罗门、凯特林·M.希金斯主编：《德国唯心主义时代》，储昭华等译，北京：中国人民大学出版社2016年版，第282页。
③ ［德］谢林：《近代哲学史》，先刚译，北京：北京大学出版社2016年版，第163页。
④ ［德］谢林：《近代哲学史》，先刚译，北京：北京大学出版社2016年版，第167—168页。

系，尽管其中"包含着许多非常聪明的，尤其是方法论方面的阐释"。

（二）经验批判

谢林认为，经验论"有一个高级概念和一个低级概念"。经验论的"低级概念"是指除了经验之外没有任何别的知识或者只有合乎经验的东西才能被认识。这里的经验则是一种通过外部感官对于外部事物及其性质的认识获得的确定性，以及通过内部感官的"自身观审"而获得的经验。当外部经验的研究被归于自然科学时，哲学就只能去"分析和组合意识的内部现象和内部活动"。19世纪的经验论就是一种纯粹的感觉论，它将"一切高级的精神性功能、一切行为和概念，甚至三段论"都归结为被动感觉的组合和重复，排斥人的主体性、理性和意志。在这种经验论看来，理性只是一个感觉到的事实，只是借助反思或者启示的形式让我们认识真、善、美。经验论排斥理性的一个后果就是否定普遍和必然的认识，容易"堕落到神秘主义的怀抱里面"。谢林反对这种低级的"仅仅从事一些鼠目寸光的、所谓的心理学上的观察和分析"的经验论或者经验心理学，赞成高级的经验论。之所以赞成高级的经验论，是因为谢林看到当时的物理学、解剖学、自然史和地质学方面取得的进步。这些科学事实为通过哲学探索得到的哲学经验提供了条件。谢林说："当经验论像推演另一个人格性的存在一样，从一些经验性的、合乎经验的蛛丝马迹或象征出发，推演出上帝的存在，它就恰恰因此奠定了我们和上帝之间的一种有益的、自由的关系，而这种关系是唯理论已经扬弃了的。"① 与低级的经验论将一切理智的东西都驱赶到知性概念和经验之外、不能理解因果性原则和实体概念如何获得不同，高级的经验论允许在经验基础上进行演绎，从而达到以经验为中介的最高认识。"所以它不一定否认超自然的东西，而且也不认为法律规章、道德法则、宗教的内容等等是某种纯粹偶然的东西，也就是说，经验论仅仅把一切事物都还原为单纯的情感，而情感本身仅仅是教育和习惯的产物。"② 这样，高级的经验论就能解释或者理解世界的创造性或者运动。

谢林期待"真正普遍的哲学"就是这种"高级的"、能得到世界各

---

① ［德］谢林：《近代哲学史》，先刚译，北京：北京大学出版社2016年版，第239—240页。

② ［德］谢林：《近代哲学史》，先刚译，北京：北京大学出版社2016年版，第240—241页。

国"普遍的理解"的经验科学，而不是黑格尔式的极端唯理论。极端的理性主义就是不顾经验事实而进行任意的概念推演。黑格尔的理性主义就是如此。谢林说："这个人似乎天生就注定要在我们这个时代复兴一种新的沃尔夫主义，他仿佛出于本能对经验性东西避之唯恐不及，于是用逻辑概念取代了那种活生生的、现实的东西（这些东西在先前的那个哲学那里具有这样的属性，即先是过渡到对立面或客体，然后从那里返回到自身之内），不仅如此，他凭借着一种最为罕见的臆想或虚构，甚至赋予逻辑概念以一种类似的必然的自身运动。"① 在逻辑运动结束之后，黑格尔的概念还被虚构为要在现实世界经历主观精神、客观精神和绝对精神的三个阶段的运动，以便产生出自然界、人类社会和精神科学。这样的现实性就是一种虚构的、脱离真实历史的现实性。在谢林看来，黑格尔的纯粹唯理论不仅回归传统的经院哲学的立场，而且无法解释现实世界。

谢林认为，真正的哲学是唯理论与经验论的统一："二者统一在同一个概念里面，这个概念作为二者共同的源泉，一方面推演出思维的最高法则和一切派生的思维法则，推演出一切否定的（即所谓纯粹的）理性科学的本原，另一方面推演出那种最高的科学——惟独它才有资格被称作真正的（sensu proprio）科学——的肯定内容。"② 统一的基础不在于将人的认识能力和认识活动从其他能力和活动中分离出来进行机械的研究，而在于将人的能力与活动看成一个完整的有机整体。把认识活动孤立起来进行研究的做法不仅意味着这是"为了认识活动进行认识"的目的而把认识者等同于存在者，而且还意味着"认识者是一种仿佛具有优先地位的存在者"而把非认识者当作无关紧要的存在或者不存在。这种为了认识活动本身而取消世界存在的做法就忽视了哲学认识活动的根本目的之一，就是解释世界。正确的做法是，将存在者分为能够进行认识的存在者和不能够进行认识的非存在者两部分，或者意识存在者和非意识存在者，或者认识者和认识对象（知性将两者联系起来）。

谢林认为，他的自然哲学就是一种建立于事实基础上的真正的哲学，实现了自然界和精神的内在同一。这个事实是"世界进程的基础是主体相对于客体而逐步获得的优势地位。""对于真正的事实，惟有通过一个

---

① ［德］谢林：《近代哲学史》，先刚译，北京：北京大学出版社2016年版，第258页。
② ［德］谢林：《近代哲学史》，先刚译，北京：北京大学出版社2016年版，第263页。

科学的发展过程，不是从任何早先的体系出发，而是从每一个开始进行哲学思考的人所置身的立场出发，我们才能指望给这个事实带来完整的内容和最终的决定性规定。"① 黑格尔不是从各门具体科学的经验事实出发去建构理论，而是将逻辑概念任意性地甚至扭曲性地应用于哲学史、艺术史、宗教史和历史，从而构造了一个泛逻辑体系的语词游戏理论。

（三）语言游戏的批判

谢林根据莱布尼茨的逻辑和对立统一律来理解主谓结构。"A 是 B"并不意味着 A 与 B 是同一个东西，或者 B 是 A 的属性，而是意味着"那是 A 的东西，也是那是 B 的东西"，即 A 和 B 都表现为第三个东西 X 的二重性。"从这里出发，可以得出各种不同的结果。比如，判断里面的纽带（'是'）不是判断的一个单纯的组成部分，而是所有组成部分的共同基础，又比如，谓词和主词本身各自已经是一个统一体，因此，判断里的纽带绝不是一个单纯的东西，而是一个所谓的双重化的东西，是那两个统一体的统一体。由此进而可以得出，单纯的概念已经包含着判断，而判断则是包含着推论，因此概念仅仅是一个内敛的判断，而推论则是一个展开的判断。"② 据此，谢林批判黑格尔的概念设定与扬弃的做法是一种语词游戏。"他们说，无条件者起初是一个纯粹的、位于自身之内的东西，一个没有发生外化、隐蔽起来的东西，然后呢，这个东西出离自身，外化自身，扬弃了自己的永恒的漠不关心状态。但是这不过是一些无所云谓的词语。"③ 在谢林看来，黑格尔的《逻辑学》恰恰是一种缺乏真实时间的纯概念运动，没有考虑到如何从理念世界过渡到现实世界的问题。因此，黑格尔的概念辩证法或否定之否定的辩证运动，不过是一种包装着逻辑外衣的浪漫化的语词游戏。

总之，谢林开启了对黑格尔哲学的逻辑批判、经验批判和语言游戏批判的思路。雅各布·弗里斯、J. F. 赫尔巴特和弗里德里希·贝内克都继承了谢林对思辨哲学的经验批判思路，主张对心理现象和认识过程进行经验研究。阿道夫·特兰德伦堡则在《逻辑研究》（1840）中，从逻

---

① ［德］谢林：《近代哲学史》，先刚译，北京：北京大学出版社 2016 年版，第 283 页。
② ［德］谢林：《世界时代》，先刚译，北京：北京大学出版社 2018 年版，第 166—167 页。
③ ［德］谢林：《世界时代》，先刚译，北京：北京大学出版社 2018 年版，第 174 页。

辑学角度反对黑格尔的概念辩证法、思维与存在的同一、逻辑与形而上学的同一，以及绝对以纯思维的形式辩证地发展的观念。① 特兰德伦堡说："我们研究了人类的思维，询问是否存在如黑格尔所断言和使用的在人类掌控能力范围之内的任何创造性的辩证法。我们的回答是否定的，不仅因为辩证法所依赖的概念不成立，而且因为辩证法使用的手段仅仅是错觉。"② 费尔巴哈在1839年写的《黑格尔哲学批判》，也遵循着谢林对黑格尔泛逻辑主义的批判，"将黑格尔的逻辑看作是一种混淆了哲学的形式或表达手法与事物本身的武断的结构"，并指出黑格尔哲学本质上是一种理性的思辨神学。③ 马克思则在《神圣家族》中遵循着谢林对黑格尔哲学的语言游戏批判，并揭露了这种语词排列方法的秘密，即思辨哲学家将各种事物的众所周知的属性当作抽象事物的规定性，以便抽象语词能够按照思辨哲学家的意志进行演绎。"显而易见，思辨哲学家之所以能完成这种不断的创造，只是因为它把苹果、梨等东西中为大家所知道的、实际上是有目共睹的属性当做他自己发现的规定，因为他把现实事物的名称加在只有抽象的理智才能创造出来的东西上，即加在抽象的理智的公式上，最后，因为他把自己从苹果的观念推移到梨的观念这种他本人的活动，说成'一般果实'这个绝对主体的自我活动。这种办法，用思辨的话来说，就是把实体了解为主体，了解为内部的过程，了解为绝对的人格。这种了解方式就是黑格尔方法的基本特征。"④

## 五、谢林对马克思的影响

作为德国自然哲学的创立者和主要推动者，谢林在广义历史学、对立统一规律、自然和科学的有机统一体、人的自由和创造性、宗教和神话的类意识本性等概念和理论方面都做出了重要的贡献。尽管马克思很早就接触到了谢林的哲学，并试图对谢林的宗教哲学进行批判，但是，谢林与马克思的思想渊源关系在学术界没有得到应有的重视，只有一些

---

① ［德］克劳斯·杜辛：《黑格尔与哲学史：古代、近代的本体论与辩证法》，王树人译，北京：社会科学文献出版社1992年版，第89页。
② Adolf Trendelenburg, "The Logical Question in Hegel's System", *Journal of Speculative Philosophy*, Vol. 6, No. 2, April 1872, p. 174.
③ ［美］沃伦·布雷克曼：《废黜自我：马克思、青年黑格尔派及激进社会理论的起源》，李佃来译，北京：北京师范大学出版社2013年版，第138页。
④ 《马克思恩格斯全集》第2卷，北京：人民出版社1957年版，第75页。

零星的研究。张园（2010）认为，谢林和马克思在人的现存状态的关注、完整的人的渴望和直观概念的使用上具有"深层的一致和契合"。姚远（2016）认为马克思在博士论文中对谢林及其盟友进行了多重影射和批判。麻磊（2016）认为，马克思与谢林在主客体、自然与人的关系方面都以同一性为基础，将自由与必然结合起来，同时在同一分化的方向、矛盾观和现实关怀方面具有一定的相似性。冯波（2017）夸张地认为，施蒂纳思想中的后期谢林因素是促使马克思思想转变的关键因素，即从强调人的"类本质"的实现转变为关注"每个人的自由发展"和关注个人实存。我们认为，从总体而言，马克思吸收了谢林的主体能动性思想、对黑格尔思辨哲学的批判、有机统一体和辩证运动的思想，但坚决反对谢林关于神的存在证明、哲学与宗教、教会与政治联盟的思想。

（一）自然总体与社会总体

按照谢林的自然统一性思想，自然被看做是一个充满绝对运动的巨大的有机体或所有存在物的总体，不同力量之间的对立和统一的斗争是推动自然界发展的主导力量。自然的统一性、有机性和能动性的思想推动德国科学家在心理学、精神分析学、生理医学、细胞生物学、地质学、矿物学、气象学、农业学等领域取得了重大成就，尽管自然科学家对自然哲学家随意地采用非实验性的类比、猜测和诗意的解释各种自然现象的做法深恶痛绝。紫外线、电磁效应、大气循环、植物与环境之间的物质交换的发现，能量守恒与转化定律和细胞学说的提出，都与自然的统一性思想密切相关。马克思很早就认识到了谢林这个"青春的思想"，因而马克思的自然概念与谢林的自然概念都表现出能动性和有机性的一面。① 这种自然有机体的观念，在李特尔和亚历山大·洪堡的地球有机整体的思想中得到强化。马克思从道尔顿、斯特芬斯和李特尔的课程中了解到地球有机体和物种演化的思想。在《评奥格斯堡〈总汇报〉论普鲁士等级委员会的文章》一文中，马克思谈到了自然界"有生命的统一体这个精灵"的演化思想："甚至元素也不是始终处在静止的分离状态。它们在不断地相互转化，单单这种转化就形成了地球的物理生命的第一阶段，即气象学的过程，而在有生命的有机体中，各种元素作为元素本

---

① 王一哲：《自然与自我的同一：论谢林与马克思的"自然"概念》，载《理论观察》，2019年第11期。

身的任何痕迹全都消失。在这里，差别已经不在于各种元素的彼此分离的存在，而在于受同一生命推动的不同职能的活生生的运动。所以，这些职能的差别本身不是现成地发生在该生命之前，而是相反，不断地从生命本身发生，同样不断地在生命中消失和失去作用。自然界没有在现成的元素上停步不前，而是还在自己生命的低级阶段就已证明，这种差别不过是一种无精神真实性的感性现象。"① 由于李特尔和亚历山大·洪堡的地理学以及歌德的小说强调人的活动在人与自然相互作用中的重要性，因而，自然与人的同一的基础就不再是谢林的世界灵魂或黑格尔的绝对精神，而是人的感性实践活动。这种感性实践活动不仅构成了人与自然之间的对立统一与斗争，将人类史纳入自然史，而且不断地改变着自然的面貌，形成了人类发展的历史前提。由于人只是自然的一部分，自然有机体的思想就蕴含着社会总体的思想。与谢林相似，马克思也是从总体或有机体的角度思考社会形态的演化及其动力机制。与谢林不同的是，马克思是从社会的物质生产而非精神生产的角度来界定社会形态的演化，并将社会演变的动力机制从一般的对立统一规律转化为唯物史观。马克思也把社会设定为一个对立统一体。不同形态的社会的对立阶级和统一的方式是不同的。劳动创造的产品异化为自身的客体并与主体相对立，在一个社会有机体中就表现为阶级之间的对立，劳动者是主体性阶级，资产阶级是异化的客体阶级。因此，马克思在谢林的主客体的辩证法中增加了一个异化的环节，即劳动主体创造的产物不仅成为发展自己的历史前提，而且成为剥削自己的工具，从而为根本性地改造辩证法创造了条件。

(二) 人的自由能动性思想

在谢林看来，自由是存在的真正本质，是活动的展开过程。人的自由就是创造的自由，特别是艺术创造的自由。人的能动性就是创造性，就是自身力量的自由发挥。"心灵的内在自由乃是全部精神性创造活动的前提。"② 这种自由与能动性同一的思想，既不同于个体自由主义者理解的消极自由观，也不同于黑格尔理解的积极自由观。消极自由和积极自由只不过是创造性自由的两个前提条件。只不过，谢林秉持天才观，认

---

① 《马克思恩格斯全集》第 1 卷，北京：人民出版社 1995 年版，第 332—333 页。
② ［德］谢林：《世界时代》，先刚译，北京：北京大学出版社 2018 年版，第 214 页。

为只有极少数的天才才拥有创造性的自由。马克思从早期的自由主义思想向共产主义思想转变的一个关键因素就是对主体能动性或创造性的自由的理解。在博士论文中,马克思从伊壁鸠鲁的原子偏斜运动中认识到自由是物质存在的本质,并以浪漫反讽的风格赋予原子以"自我意识"。在《莱茵报》时期,马克思认识到,尽管自由是普遍存在的,但是,社会中的法律和政治会限制一部分人的自由,以便让另一部分人拥有更多的自由或为所欲为。"自由确实是人的本质,因此就连自由的反对者在反对自由的现实的同时也是实现着自由;他们想把曾被他们当作人类本性的装饰品而抛弃了的东西攫取过来,作为自己最珍贵的装饰品。没有一个人反对自由,如果有的话,最多也只是反对别人的自由。可见,各种自由向来就是存在的,不过有时表现为特殊的特权,有时表现为普遍的权利而已。"① 被限制的自由和为所欲为的自由,都是自由异化的两种形式。在《黑格尔法哲学批判》中,马克思看到了自由的异化本质上是劳动的异化。在《1844年经济学哲学手稿》中,马克思认识到,劳动异化的根源来源于劳动分工或私有制,群众被认为缺乏创造性的根源是劳动异化的结果。具有能动性的人在分工状态下就会变成片面的、畸形发展的人,从而丧失能动性而成为机器。因此,那种只认为天才或英雄才具有创造性或能动性的思想,不过是劳动异化社会的特殊反映。进而,马克思认识到,所有的人都具有实践的能动性,都是内在自由的。根据这种群众的能动性观念,未来的共产主义就被设想为每一个人都是全面发展的、能够充分发挥自己能动性的人。这种作为"个人的独创和自由的发展"的社会,是建立在"经济前提、一切人的自由发展的必要的团结一致以及在现有生产力基础上的个人的共同活动方式"基础之上的。② 当然,德国的新人文主义者,如歌德、席勒、威廉·洪堡等,都提倡人特别是天才人物的全面发展,以便创造全新的艺术和文化。因此,在《关于费尔巴哈的提纲》中,马克思谈到唯心主义"抽象地发展了"主体能动性的思想。之所以是"抽象",是因为唯心主义者不是根据具体历史条件确定主体能动性的社会形式,如阶级斗争、各种物质生产活动等,而是根据抽象的对立统一规律来谈论自然的创造、艺术的创造、理论的创造等。这种创造不是孤立的创造,而是在矛盾中的创造。谢林说:

---

① 《马克思恩格斯全集》第1卷,北京:人民出版社1995年版,第167页。
② 《马克思恩格斯全集》第3卷,北京:人民出版社1960年版,第516页。

"没有矛盾,就没有自由。"① 尽管如此,谢林和费希特的自由能动性思想,在马克思的思想发展中具有至关重要的作用。在《神圣家族》中,马克思谈到,历史的主体是群众,因为群众是物质资料的生产者。"历史活动是群众的事业,随着历史活动的深入,必将是群众队伍的扩大。"② 革命要取得成功,革命的思想就必须反映群众的利益,才能获得群众的支持。脱离群众的革命必然是空想与虚幻的。

(三) 广义的历史科学

尽管赫尔德将自然史和人类史按照进化的设想统一于《关于人类历史哲学的思想》之中,但是,谢林是第一个提出广义历史学的哲学家,将天体、地球、大气、地理环境和艺术作品都当作有机生命对待而研究其演化的历史,发掘其内在统一的对立统一规律。在《1844年经济学哲学手稿》中,马克思说:"历史本身是自然史的即自然界生成为人这一过程的一个现实部分。自然科学往后将包括关于人的科学,正像关于人的科学包括自然科学一样:这将是一门科学。"③ 马克思和恩格斯在《德意志意识形态》中说:"我们仅仅知道一门唯一的科学,即历史科学。历史可以从两方面来考察,可以把它划分为自然史和人类史。但这两方面是密切相联的;只要人存在,自然史和人类史就彼此相互制约。自然史,即所谓自然科学,我们在这里不谈;我们所需要研究的是人类史,因为几乎整个意识形态不是曲解人类史,就是完全撇开人类史。意识形态本身只不过是人类史的一个方面。"④ 我们认为,马克思的统一历史科学的设想主要来源于谢林的猜想。

我们知道,马克思是一位具有历史思维的思想家,在其一生中都保持对历史学的持续关注和深入研究。马克思在中学时代就获得了历史的良好训练,学习了罗马史、中世纪史和近代史的课程,阅读了修昔底德的《伯罗奔尼撒战争史》、塔西佗的《编年史》、孟德斯鸠的《罗马盛衰原因论》等著作,熟悉莎士比亚的历史剧,写了诗篇《查理大帝》和毕业论文《奥古斯都时代是否是最幸福的时代》。在大学时代,马克思阅读了温克尔曼的《古代艺术史》、卢登的《德国史》,翻译了塔西佗的

---

① [德] 谢林:《世界时代》,先刚译,北京:北京大学出版社2018年版,第225页。
② 《马克思恩格斯全集》第2卷,北京:人民出版社1957年版,第104页。
③ 《马克思恩格斯全集》第3卷,北京:人民出版社2002年版,第308页。
④ 《马克思恩格斯全集》第3卷,北京:人民出版社1960年版,第20页。

《日耳曼尼亚志》，撰写了哲学史方面的博士论文等。1840 年，马克思写了宗教史和艺术史的《波恩笔记》，摘录了梅涅尔斯的《宗教批判通史》、巴尔贝拉克的《教父道德史概论》、鲁莫尔的《意大利研究》等。随后，马克思从文艺史、哲学史和宗教史的研究转向国家史和政治社会史的研究。在 1843 年 6—10 月的克罗茨纳赫期间阅读了大量的国家历史的著作，如路德维希的《近五十年史》、瓦克斯穆特的《革命时代的法国史》、兰克的《德国史》、路易·勃朗的《十年历史》、汉密尔顿的《论北美》等，写作了《克罗茨纳赫笔记》。1844 年，马克思在研究法国大革命时，阅读了路韦《回忆录》、蒙格亚尔的《法国史》、德穆兰《论法国和布拉邦的革命》等。从 1845 年开始，马克思投入政治经济学研究，阅读了许多政治经济学史的著作，如尚博朗的《论贫困，古代与今天的状况》、佩基奥《意大利政治经济学史》、布朗基《欧洲政治经济学从古代到现代的历史》等。这些历史研究为马克思在《德意志意识形态》中形成唯物史观提供了基础。

但是，这些历史研究主要集中在国家史、艺术史、宗教史、政治经济学史、社会史和革命史等人类史，并不包括自然史。在大学时期，马克思从李特尔和斯特芬斯的课程中了解到部分自然史、人与自然的关系的历史。因此，马克思的阅读知识并不足以构建一门包罗万象的历史学。但是，马克思在接受谢林的广义历史学猜想的基础上，集中研究人类历史演变的特殊规律，得出了唯物史观的结论。"整个所谓世界历史不外是人通过人的劳动而诞生的过程，是自然界对人来说的生成过程。"[1]

总之，谢林对马克思的影响是多方面的。马克思在接受谢林的自然总体、对立统一规律和广义历史学等观念的基础上，更强化了历史因素，从而在具体的历史辩证法中理解人类社会发展及其各种形态的独特性。在《共产党宣言》中，马克思和恩格斯说："至今所有一切社会的历史都是在阶级对立中演进的，而这种对立在各个不同的时代又是各不相同的。但是，不管这种对立具有什么样的形式，社会上的这一部分人对另一部分人的剥削却是过去一切世纪所共有的事实。"[2] 由此，马克思不是从先验的思辨角度出发，而是从历史的前提或现实的经验事实出发来研究人类历史，看到了物质生产的实践活动的决定性作用，看到了阶级斗

---

[1] 《马克思恩格斯全集》第 3 卷，北京：人民出版社 2002 年版，第 310 页。
[2] 《马克思恩格斯全集》第 4 卷，北京：人民出版社 1958 年版，第 489 页。

争的结局"不是整个社会受到革命改造,就是斗争的各阶级同归于尽"。①

## 第四节 马克思对文学浪漫主义的批判与继承

马克思是在浪漫主义的环境中成长起来的思想家。他不仅在小说、诗歌和戏剧中践行浪漫主义的艺术风格,而且深受浪漫主义者施莱格尔兄弟、斯特芬斯、谢林、海涅等人的理论影响。尽管莎士比亚、埃斯库罗斯、歌德、席勒等人的影响以及封建复辟的现实并没有让马克思走上浪漫主义作家的道路,但是,马克思在大量著作中保留了浪漫主义的艺术风格,区别对待不同类型的浪漫主义,继承并扬弃了浪漫主义的美学理论,提出了自己的文艺理论。更重要的是,马克思将浪漫主义的思维方式推广到精神生活的所有领域,对浪漫主义性质的宗教、哲学、政治经济学、法学、政治学等领域的理论展开了批判,提出了意识形态理论。因此,浪漫主义在马克思的视野中不仅是一种美学理论,而且是一种批判理论。

### 一、文学对马克思的影响

马克思终生喜爱的文学家很多,如荷马、埃斯库罗斯、卢克莱修、莎士比亚、塞万提斯、歌德、海涅、但丁、席勒、普希金、雨果等。这是与他在青少年时期大量阅读和创作文学作品,并培养了艺术行为模式分不开的。② 在1833—1837年期间,马克思创作了大量的诗歌和剧本,有对未婚妻的爱恋、对歌德和席勒的赞美、对哲学思潮的反思和浪漫主义的思考。在莎士比亚的戏剧、歌德的诗歌和小说以及席勒的《美育书简》的影响下,马克思初步有了对自由的追求、人的异化感觉、自由与美的统一、人的全面发展的渴望。施莱格尔兄弟对社会问题和人性问题的探索,通过奥·施莱格尔的讲课和弗·施莱格尔的《卢琴德》阅读,在马克思的叙事诗《卢欣妲》和大量的社会批判文章中留下了烙印。马

---

① 《马克思恩格斯全集》第4卷,北京:人民出版社1958年版,第466页。
② [英]戴维·麦克莱伦:《马克思主义以前的马克思》,北京:社会科学文献出版社1992年版,第195页。

克思不仅在学生时代的文学创作，从主题到语言，留有海涅的痕迹，而且在巴黎期间与海涅的亲密交往更加体验了德国浪漫主义的精神，以至于梅林从创作题材、文学意向和诗学理念角度直接将马克思学生时代的诗作归结为"散发着平庸的浪漫主义气息"。① 文学创作的经验和文学作品的阅读对马克思的思想形成带来多方面的影响。

第一，提高了马克思的审美鉴赏力，促进了马克思写作的艺术化倾向。尽管马克思在一生之中没有发表过一篇完整的美学论文或者正式的文学批评著作，但是，柏拉威尔说："文学点缀着他的个人生活和私人事务；他的博士论文中提到文学作品的地方比比皆是；在他早年当记者的时候，文学成了他有力的战斗武器。"② 在批判的过程中，马克思在不断深化和阐述自己的思想的同时，在其著作中形成了独特的浪漫主义艺术风格。海登·怀特提倡以喜剧形式作为阅读马克思著作的叙事方式。马克思在《德意志意识形态》的"莱比锡宗教会议"部分，将鲍威尔、施蒂纳，与费尔巴哈、马克思、恩格斯、赫斯之间的论战，描述为一场宗教审判的浪漫主义的滑稽戏剧。詹姆逊认为，《资本论》是一部关于资本主义生存与死亡的历史悲喜剧。剧中的两个主角是资本家阶级和工人阶级，工人阶级不过是生产剩余价值的机器，资本家也不过是把这剩余价值转化为追加资本的机器。两者都以物化的形式生活在一个非人性的世界中。这就是《资本论》的浪漫主义反讽。③

第二，增强了马克思引用文学作品的趋势。在1837年放弃诗歌和文学事业之后，马克思逐渐将所阅读的小说、诗歌、戏剧运用到新闻通讯、政治评论或政治经济学的著作之中，以便"从文学作品中寻找精神上的支持、游戏的材料、论战的弹药"。④ 与科学语言注重陈述客观事实不同，文学语言注重表现情感，以期劝说读者并期望改变读者的想法或态度，从而放大了文学文本的审美权威。丹尼尔·布鲁尼说："美学质量高的作品道德关联度也比较高，而美学质量低的作品就没有那么高的关联

---

① ［德］弗·梅林：《马克思传》，樊集译，北京：三联书店1965年版，第19页。
② ［英］希·萨·柏拉威尔：《马克思和世界文学》，梅绍武等译。北京：三联书店1980年版，第537页。
③ ［美］弗雷德里克·詹姆逊：《重读〈资本论〉》，胡志国、陈清贵译，北京：中国人民大学出版社2015年版，第91页。
④ ［英］希·萨·柏拉威尔：《马克思和世界文学》，梅绍武等译。北京：三联书店1980年版，第537页。

度。这种直觉不是说美学质量必然带来道德上的善良,而是说这种质量使得人们有理由认真地看待内含的道德命题,包括看上去存疑的命题。"① 利用文学作品广为流传并与道德关联的优势,马克思在著作中大量引用文学作品的名言、警句或人物形象,并对消极浪漫主义采取了批判性引用和对积极浪漫主义采取了赞成性引用两种不同的态度。马克思在《第六届莱茵省议会的辩论(第一篇论文)》引用贝朗瑞的诗句"我活着只是为了编写诗歌,呵,大人,如果您剥夺了我的工作,那我就编写诗歌来维持生活",来表达压迫和剥夺是让劳动变成作家生存的手段而不是目的本身的思想。②《哲学的贫困》引用乔治·桑的名句"不是战斗,就是死亡;不是血战,就是毁灭。问题的提法必然如此",以表达阶级斗争的必然性。③ 马克思在《西班牙的革命》《德意志意识形态》《神圣家族》等著作中引用了海涅的《抒情诗插曲》《近卫兵》《北海》《汤豪塞》《阿塔·特洛尔》《德国——一个冬天的童话》等诗篇的诗句。根据《资本论》"人名索引:文学作品和神话中的人物"提供的资料,《资本论》引用了大量的文学典故,包括贺拉斯、但丁、荷马、歌德、海涅、维吉尔、莎士比亚、奥维德,以及吸血鬼故事、德国通俗小说、英国浪漫小说、通俗剧等。④ 这些引用不仅具有信手拈来、画龙点睛和言简意赅的特点,以便服从于马克思的理论阐发、社会批判或者思想建构的需要,而且具有文献证据、社会批判或文学修辞的功能,增强了文章的说服力和可读性,为其文化批判和文学批评的全面展开奠定了坚实的基础。

第三,为马克思批判思辨哲学做了必要的准备。艺术性创造是人的能动性的表现之一。它不仅体现在文学作品中,而且体现在哲学、政治经济学之中,并以隐喻、借代、类比、排比、夸张、反讽等语言形式表现出来。拉曼·塞尔登指出:"浪漫主义诗人和批评家给人们提供了一个'想象性'和'创造性'的诗歌世界,以此作为对工业革命所带来的严

---

① [美] 布莱迪·科马克、玛莎·C. 努斯鲍姆、理查德·斯特瑞尔:《莎士比亚与法:学科与职业的对话》,王光林等译,哈尔滨:黑龙江教育出版社2015年版,第30页。
② 《马克思恩格斯全集》第1卷,北京:人民出版社1956年版,第87页。
③ 《马克思恩格斯全集》第4卷,北京:人民出版社1958年版,第198页。
④ 柏拉威尔的《马克思与世界文学》对马克思的文学渊源进行了资料梳理汇编。

酷的社会现实和经济现实的抗议和补偿。"① 在《关于伊壁鸠鲁哲学的笔记》中，马克思就认识到，思辨哲学以"个别意识的主观形式"构建的"完善的、整体的世界"，不过是对现实的"支离破碎的世界"的一个"假面具"。② 怀特认为，马克思的"思想表现出对一套比喻性结构的持久追求"，特别是采取转喻和提喻的比喻策略来综合对历史和现实的理解。③ 由于马克思对大量的文学手法比较熟悉，因此，马克思发现，思辨哲学与大量的浪漫主义小说一样，都采取语言游戏的方式进行随意的推演。《神圣家族》以小说《巴黎的秘密》来揭示思辨哲学的语言游戏花招，《德意志意识形态》将施蒂纳的所作所为按照塞万提斯的《唐吉诃德》的荒诞行为进行对比分析。马克思由此揭露了黑格尔、鲍威尔、费尔巴哈、施蒂纳、蒲鲁东等人玩弄的语言游戏。刘森林说："事实表明，马克思的确从德国早期浪漫派那里汲取了批判资本主义、唯心主义的思想资源，并获得了某些思想的启发，进而在对德国早期浪漫派的批判和超越中实现了思想的飞跃。"④ 在此基础上，马克思对脱离现实的物质生产关系研究的政治经济学和空想社会主义思想展开了批判。

第四，为马克思研究政治、经济和历史提供了一个独特的视角。柏拉威尔认为，马克思对文学的关注是与他广义地从政治视角探讨时代和人类社会问题紧密地联系在一起的。当大量的文学著作包含以文学笔法表现的政治、经济和社会的分析时，情况更是如此。莎士比亚的戏剧包含丰富的异化思想，卢梭的《爱弥儿》第五卷包含了《社会契约论》的主要政治思想，歌德的小说展示了人的自我发展与完善的理念，卡贝的《伊加利亚旅行记》宣传共产主义思想，《巴黎的秘密》宣传傅立叶的空想社会主义思想，巴尔扎克的《农民》揭示了高利贷者无偿榨取农民的剩余劳动的现实。⑤ 温克尔曼的《古代艺术史》包含生产力的发展水平决定艺术所采取的工具和形式的观点。此外，一些政治诗歌特别是无产

---

① Raman Selden, *Practicing Theory and Reading Literature*, Kentucky: The University Press of Kentucky, 1989, p.2.
② 《马克思恩格斯全集》第40卷，北京：人民出版社1982年版，第136页。
③ [美]海登·怀特：《元史学：十九世纪欧洲的历史想像》，陈新译，南京：译林出版社2004年版，第387页。
④ 刘森林：《切入现实：马克思对德国早期浪漫派的批判与超越》，载《中国社会科学》，2015年第8期，第5页。
⑤ [德]卡尔·马克思：《资本论》第三卷（上），中央编译局译，北京：人民出版社1975年版，第47页。

阶级的诗歌，"一直努力把贫穷和富有，受压抑的困难与一种向上奋斗的教育愿望之间的世俗差别变得直观"，进一步加深了马克思对社会现实的理解。①

第五，为马克思全面地理解人性及其社会关系提供了多样化的手段。尽管文学作品多是感性的、经验的，但是，文学具有启发思考、社会批判、解释和认知世界的功能。歌德认为，小说可以表达对人性的认识、人道思想以及人的思维意识。与哲学容易陷入抽象的人性探讨或无法解决主体的社会建构过程不同，小说、诗歌、戏剧或史诗等文学作品都"包含一种对普遍人性的探讨以及对理想世界的追求"，甚至能"再现完整的人性以及复杂的人类社会"，提供"整个社会生活的全景图"。② 歌德等人的个体发展小说充分反映了独特的主体是在社会中如何建构和完善的问题。歌德在《亲合力》中，以社会现象为媒介，努力探讨人性的本质问题。尽管文学与历史都植根于现实的生活，拥有一个共同的哲学世界观，受到政治制度和社会制度的约束，处理人与外在世界的动态的互动过程，但是，历史的世界是一个碎片化、充满权谋和政治斗争的世界，文学的世界则是一个充满了忠诚、勇敢、爱的统一完整的世界。与历史只对已发生事件的记载或分析不同，文学更多地借助想象力来构造一个新奇的世界，能更好地满足人们的心理需求，实现道德伦理的教化功能。小说可以全面地描写人性中的骄傲、贪婪、虚荣等性格，而且比历史更全面、更真实地再现人的感受与人性的特点，从而引发个人对良心的思考和形成社会批判。③ 可以说，文学、历史和哲学都是马克思认识世界和改造世界的手段。

第六，为马克思系统地提出唯物史观性质的文艺理论提供了丰富的材料和必要的启示。从马克思的早期文学创作中，李定清看到："它必然是马克思文学之思现实的展开。它以艺术化的方式，孕育了诸多文艺思想的萌芽，诸如艺术思维的特点、创作激情与灵感、艺术掌握方式、创

---

① ［德］弗里德里希·威廉·舒尔茨：《生产运动》，李乾坤译，南京：南京大学出版社2019年版，第129页。
② 谷裕：《现代市民史诗：十九世纪德语小说研究》，上海：上海书店出版社2007年版，第1页。
③ 谷裕：《现代市民史诗：十九世纪德语小说研究》，上海：上海书店出版社2007年版，第38页。

作倾向、文艺的社会功能等等。"① 在此基础上，马克思在大量的著作中探讨文艺的一般性质和规律，如文学的本质、文学创作的规律、文学作品的特征、文学与生产力的关系。在《1844年经济学哲学手稿》中，马克思提出了"宗教、家庭、国家、法、道德、艺术等，都不过是生产的一些特殊方式；并且受生产的普遍规律的支配"的思想，从而把文艺生产纳入人类生产的范畴。在马克思看来，人类把实用的需求和审美的需求结合起来，按照美的规律进行艺术生产。劳动会创造美，但在劳动异化的历史条件下，自然的美就会遭到破坏。在《德意志意识形态》和《共产党宣言》中，马克思和恩格斯区分了精神生产和物质生产，提出"精神生产随着物质生产的改造而改造"的思想。在《政治经济学批判》（1859）的"序言"中，马克思把文学艺术当作一种社会意识形态，阐述了意识形态同生产关系、交往关系的关系，提出了"艺术生产"的概念。在马克思看来，文学艺术是社会意识形态的一种形式，是社会存在的反映，在一定的经济基础和劳动实践上产生，但在与政治、宗教、伦理、哲学等其他意识形态相互作用中，与经济的发展之间具有一定的不平衡性。

## 二、马克思的诗歌与文学浪漫主义

维塞尔（2008）从马克思早期所创作的诗歌出发，认为马克思的无产阶级观念是诗歌的浪漫形式，对浪漫派诗歌的接受和反抗是形成马克思提出世界历史问题的根源。"的确，马克思的科学社会主义的观点本质上是变形的诗歌，其无产阶级的'发现'，即科学社会主义庞大体系的关键要素，是受到马克思早期（1836—1837）诗歌兴趣的极大推动。"② 尽管这是一种明显的误读，但是，维赛尔看到了早年的诗歌创作在马克思的思想形成中的重要作用。里夫希茨在《马克思的艺术哲学》中指出，马克思的早期精神生活完全为浪漫主义所主宰，马克思的诗歌具有席勒式的语言和风格。③ 马克思流传下来的诗歌共有140多首，其中包

---

① 李定清：《马克思恩格斯文艺思想与欧洲文学》，武汉：华中师范大学博士论文2011年版，第38页。

② ［美］维塞尔：《马克思与浪漫派的反讽—论马克思主义的神话诗学的本原》，陈开华译，上海：华东师范大学出版社2008年版，第1页。

③ Mikhail Lifshitz, *The Philosophy of Arts of Karl Marx*, London: Pluto Press, 1973, p. 14.

括 1836 年秋天寄给燕妮·冯·威斯特华伦的《歌之书》23 首、《爱之书》34 首；1837 年作为生日礼物送给父亲的诗歌集 39 首诗；在 1833—1837 年期间马克思的姐姐索菲亚手抄笔记中发现的 39 首诗；此外包括一些讽刺诗。① 这些诗歌，以比喻和象征的方式，反映了青少年时期的马克思对大量课程学习的渴望、失望、痛苦和寻找新的出路的努力，也表达了对大学教育的不满和批判，创作的潮起潮落，爱情的追求和世俗阻力的反抗。②

尽管在 1835 年 10 月进入波恩大学之后就对法学专业才产生了兴趣，但是，马克思对法学材料的枯燥无味开始感到厌烦。在《愿望》中，马克思表达了这种体会。在 1835 年 11 月 18 日致卡尔·马克思的心中，父亲亨利希·马克思说："你不应当要［求］法律课程悦耳动听并富有诗意。材料不容许［……］诗作，你一定得适应它，并［……］认为值得深思。……顺便提一句，你的诗我逐字逐句地读过了。亲爱的卡尔，我坦率地对你说：你的诗，无论就它的真正含义，还是就它的意图来说，我都不理解。在日常生活中，当我们的最热烈的愿望得到实现的时候，所希望东西的价值就大大减少了，甚至往往会完全消失，这个论点是无可争辩的。这也许不是你想要说的。"③ 针对卡尔·马克思打算发表诗歌和希望成为一个诗人的想法，亨利希·马克思在 1836 年 2 月底的信中规劝说："你不急于［发］表是做得对的。一个诗人，一个文学家，如果想要崭露头角的话，当前必须能创作出一些有价值的东西。否则虽说他崇拜诗神，这始终仍是一种博得女人欢心的高尚手法。但是如果说无论在什么地方初次露面大多是有决定意义的，那么这种情形首先适用于这些半神的人物。他们的优势必定在第一首诗中就表现出来，使每一个人都能看出他们的才华。我毫不掩饰地对你说：你的天分着实使我感到高兴，对它我寄予很多期望，但是，如果看到你成了一个平庸的诗人，我会感到伤心的。"④ 当然，马克思的父亲也愿意评论马克思打算寄给他的处女作。在进入柏林大学后，亨利希·马克思希望卡尔·马克思"尽快

---

① 歌德曾在自传《诗与真》中谈到大学时期写作的讽刺诗或戏剧的目的，是为了摆脱自己对爱情、道德、人性、遥远事物的独特思考和苦恼。
② 这些学习的苦恼和思考被维塞尔和刘聪无限夸大地解释为现实的压迫、人的主体性意识觉醒和人类解放之路。
③ 《马克思恩格斯全集》第 47 卷，北京：人民出版社 2004 年版，第 517—519 页。
④ 《马克思恩格斯全集》第 47 卷，北京：人民出版社 2004 年版，第 523 页。

获得教职（哪怕是低级的教职）和用自己的作品来逐渐获得声望"。在1836年12月28日的信中，亨利希·马克思还说："诗歌应当是第一个杠杆，不言而喻，在这方面诗人是内行。可是，创作引人入胜的那类诗歌，更是有智慧的、有生活经验、善于社交的人的事。在日常生活中，这可能是对年轻人的过高要求。但是，凡是承担起这一崇高职责的人，必须始终不渝，甚至对美好而崇高的职责的履行将使智慧和政治在诗人自己的眼里变得神圣起来。"① 为了帮助卡尔·马克思尽快谋求律师、陪审推事或者教授的职业，在1837年2月3日的信中，亨利希·马克思要求他尽快选择："哲学或法学，或者两者加在一起也许对打基础是最好的。好的诗作似可占据第二位，它永远无损于声誉，只有在某些书呆子眼里才以为它会损害声誉。"② 针对父亲的希望，马克思在1837年11月10日的信中最终答复："写诗可以而且应该仅仅是附带的事情，因为我必须攻读法学，而且首先渴望专攻哲学。"③

在《致星星之歌》中，马克思把自己比作"最美丽的灵魂""最坦诚的心儿"，希望在课堂上"汲取永不枯竭的思想"。但是，那些"围着圈儿翩翩起舞，闪闪烁烁放射光芒"的年老的教授们——"老翁""老水怪"，不仅"虚有其表，看上去如同烈火燃烧，其实你们并没有灵魂，没有热忱慈爱的春晖在心头照耀"，而且"在天空发出嘲笑，讥笑人们的事业、追求和忧伤；你们让人们的希望破灭，让火热的胸膛充满悲凉"。④ 在《星星》中，马克思继续谴责受到管制的教授们缺少生命的激情："星星啊，如果你们受制于上帝的力量，漠漠长空就会显得一片荒凉，你们只知道运行于永恒的轨道，却不管一个温柔、崇高的心灵从此消亡！……不，冷漠的星星，你们总是静静地运行于轨道，你们没有心，不会激动地认出他的品貌，你们没有唇，不会深情地向他发出呼号，而正是他的祥光向群星闪耀。"⑤ 在这样"用虚假的辉煌来伪装"的课堂上，马克思感觉到淡然无味，教授们讲课的声音像"严寒彻骨"的水流一样，激不起一点学生们心中的热情。在《老水怪》中，马克思写道：

---

① 《马克思恩格斯全集》第47卷，北京：人民出版社2004年版，第535页。
② 《马克思恩格斯全集》第47卷，北京：人民出版社2004年版，第539页。
③ 《马克思恩格斯全集》第47卷，北京：人民出版社2004年版，第7页。
④ 《马克思恩格斯全集》第1卷，北京：人民出版社1995年版，第550—551页。
⑤ 《马克思恩格斯全集》第1卷，北京：人民出版社1995年版，第897页。

"水流在那边奇怪地潺潺作响,旋涡飞转,激起层层波浪,水在奔流,但是听不见浪涛拍岸回声震荡。水流有一副冰冷的心肠,它只顾潺潺流去,流向远方。"① 这些"想喝干那道小小的山溪"的老教授们,从自己的古堡书屋出发,根本不关心甚至反对新的思想和时代的潮流。"水浪是杀死老翁的凶手,水浪在腐蚀和啃啮他的骨头。每当他看见水浪如此翻腾,他就感到严寒彻骨、周身凉透,他满脸愁云,翻飞起舞,直到送走月夜,迎来白昼。"②

面对革命的风暴和风起云涌的争取民主与自由的运动,老教授们无动于衷,仅把它当做宇宙秩序的干扰。马克思在《讽刺短诗集》(一)中详细地描述了这种保守心态:"德意志人各自坐在安乐椅上,神情麻木,一声不响。四周的风暴在肆虐逞狂,天上阴云密布,暗淡无光,雷声隆隆,闪电似银蛇狂舞,他们的脑海里却风平浪静,十分安详。但只要天空升起了太阳,暴雨停歇,和风轻轻荡漾,他们就站起来高呼,还写下一本书:《灾患已告消除》。"③ 在这样无热情、脱离现实甚至不关心民主运动的课堂训练下,曾经"甜蜜而温柔的"学生们都成了"苍白的姑娘",是"那样忧郁和惆怅",总希望有的教授能像骑士一样拯救这些濒临绝望的心。但是,"骑士却扬鞭奔向远方,吸引他的是鏖战的沙场","甚至没有向我投过目光"。在"你永远逃不出我的手掌"的恐惧中,在一切都感到"冷清凄凉"中,那满怀激情的"少女纵身一跃,跳进滔滔巨浪","在一块坚硬的礁石上,她的玉体碎成碧浪"。④ 有时,马克思的心里发出复仇的怒吼:"如果有个神灵把我的一切夺走,使我遭到诅咒,失去自由,他拥有大千世界,我却一无所有!我只有一条路可走,那就是复仇!"⑤ 波恩大学课堂的枯燥无味和外部的政治压迫,让马克思感觉到非常压抑,希望依靠酗酒来摆脱心中的烦恼。事实上,马克思在1836年6月13日因夜间酗酒吵闹被大学法庭判处禁闭一天。这记载在马克思的波恩大学肄业证书的评语中。马克思的父亲也劝他说:"参加小型聚会比起参加酒宴来,你可以相信,要使我满意得多。在这样的聚会中

---

① 《马克思恩格斯全集》第 1 卷,北京:人民出版社 1995 年版,第 703 页。
② 《马克思恩格斯全集》第 1 卷,北京:人民出版社 1995 年版,第 704 页。
③ 《马克思恩格斯全集》第 1 卷,北京:人民出版社 1995 年版,第 734—735 页。
④ 《马克思恩格斯全集》第 1 卷,北京:人民出版社 1995 年版,第 497—498 页。
⑤ 《马克思恩格斯全集》第 1 卷,北京:人民出版社 1995 年版,第 730 页。

寻求快乐的青年人，必然是一些有教养的人，他们认识自己作为国家未来的优秀公民的价值也比那些以放荡不羁为其［特］长的人认识得更清楚。"① 当马克思在 1836 年 3 月因携带违禁武器而受到法律调查和在 1836 年 8 月参与决斗时，马克思的父亲亨利希质问道："难道决斗也与哲学密切有关吗？这是对舆论的尊重，甚至是敬畏，而那是谁的舆论呢？决不总是正经人的，可你还是！！！无论何处人总是很少前后一贯的。不要让这种爱好，即使不是爱好，也是欲望，在你的心里扎下根。"②

决斗、禁闭、课堂的无味和父亲的劝告驱使马克思走上自学的道路，以重新获得求知的激情。"我想获得一切，获得神的种种恩宠，我要勇敢地获取知识，掌握艺术和歌咏。"③ 在求知的道路上，"我们要勇往直前、摧枯拉朽，我们将永不懈怠，永不停留"，目的是"将事业开创"（《感触》）。但是，在知识的海洋中，到处都充斥着分散人们注意力的"海妖们"，它们利用优美的舞姿和奇妙的歌声将人们"沉如碧浪，葬身汪洋"。例如，黑格尔的崇高智慧"披上晦暗的外衣"；"教授的语言已变得错杂纷纭、一片迷茫"；"康德和费希特喜欢在太空遨游，寻找一个遥远的未知国度"；"有人把席勒狠狠地骂一遭：他不懂人情，不会逗人发笑，他傲世出尘，过于清高，该干的日常活儿他却干不了；他净卖弄些雷鸣电闪之类的辞藻，全没有市井坊间的诙谐情调。他们说歌德的格调实在过于高雅，他爱看维纳斯而不爱看衣衫褴褛的人；他虽然好好儿地从生活底层入手，却把人逼得高高地飞入云层，他赋予各种事物以过分崇高的外形，因为它们全没有内在的灵魂。"④ 作为年轻的求知者的"歌手"，要坚守"凌云的志向"，才能不被诱惑落网，躲开那些"骗人的伎俩"。⑤ 同时，年轻的求知者还要像船夫用船桨猛划狠击波浪一样，积聚力量对各种"海妖们"的知识进行批判和鞭挞，进行"生死搏斗"，以便"捣毁那谎言编造出来的一切，以诅咒来结束诅咒所造成的一切"。⑥

面对歌德的《威廉·迈斯特的漫游时代》被新教牧师约·弗·威·普斯特库亨-格兰佐的攻击，马克思在《普斯特库亨》这首诗中进行了

---

① 《马克思恩格斯全集》第 47 卷，北京：人民出版社 2004 年版，第 522—523 页。
② 《马克思恩格斯全集》第 47 卷，北京：人民出版社 2004 年版，第 527 页。
③ 《马克思恩格斯全集》第 1 卷，北京：人民出版社 1995 年版，第 561 页。
④ 《马克思恩格斯全集》第 1 卷，北京：人民出版社 1995 年版，第 735—738 页。
⑤ 《马克思恩格斯全集》第 1 卷，北京：人民出版社 1995 年版，第 648 页。
⑥ 《马克思恩格斯全集》第 1 卷，北京：人民出版社 1995 年版，第 763 页。

反击。在马克思看来，歌德的作品在探求人的本性，不必用伦理道德来遮掩，不需要根据基督教的教义来判断歌德的动机是否卑鄙，也不需要用法律的缰绳去束缚艺术作品的创造，更不能用浮士德怀疑上帝和宇宙来判断歌德的作品是否亵渎了基督教。"上帝对艺术一窍不通，毫不尊重，艺术是从阴暗的地狱跃入我的心中，它使我心荡神迷，如痴如醉，把这生机勃勃的艺术卖给我的是魔鬼。"① 马克思在这里表达的艺术灵感来源于魔鬼或者上帝的观点，频繁地出现在诺瓦利斯、霍夫曼等浪漫派作家的著作中，而《海妖之歌》和《海上船夫之歌》所表达的主题也见于布伦坦诺、爱辛多夫、海涅等人的诗作中。② 在歌德看来，诗歌乃是诗人的无意识或直觉的自我表现，是人与自然、主观与客观和谐一致的表达。在抒情诗中，马克思谈到了灵感的萌发状态、生成过程，以及浪漫主义关于灵感的观点。《歌手最后的歌》和《歌手的爱情》表达了霍夫曼等人关于灵感的相互冲突的观点。《创作》体现了艺术灵感的生成过程。《人的自豪》呈现了现代城市对人的精神造成的压抑感或者异化感觉，《感想》则表达了对压抑感的抗争与斗争的激情。这些抒情诗结合了生活的思考和浪漫主义的情结。

有一点不同的是，马克思并没有屈服于海妖或者外在环境的诱惑和限制，更多地强调意志力和主观能动性，在诗歌中表达了勇于向传统的伦理道德和现实枷锁挑战的勇气和力量，并为歌德和席勒辩护。在《人的自豪》中，马克思说："我就向整个世界提出挑战，面对庞然大物发出嘲笑，外表魁伟的侏儒将倒地哀号，他的残骸窒息不了我心中的火苗。"③ 在《关于伊壁鸠鲁哲学的笔记》中，马克思也对青年黑格尔派怀疑黑格尔的动机而不从作品进行批判分析的做法进行了批判。同时，马克思将"温情地向上探寻"的康德，"望着地上芸芸众生"的费希特，还有"满树繁花竞放"的黑格尔称作"三盏灯"。"三盏灯在远处熠熠齐明，像三只眼睛，三颗闪烁的星星；即使狂风在怒号呼啸，只要一个心灵溶合另外两个，幸福就会降临。"④ 这样，在大学时期，不盲从权威的

---

① 《马克思恩格斯全集》第 1 卷，北京：人民出版社 1995 年版，第 778 页。
② [英] 希·萨·柏拉威尔：《马克思和世界文学》，梅绍武等译，北京：三联书店 1980 年版，第 12 页。
③ 《马克思恩格斯全集》第 1 卷，北京：人民出版社 1995 年版，第 486 页。
④ 《马克思恩格斯全集》第 1 卷，北京：人民出版社 1995 年版，第 780 页。

批判精神就开始在马克思的心中扎下根来。

在大量的爱情诗歌中，马克思都将自己比喻为骑士、歌手。面对现实的财富和地位的障碍，马克思表达了寻求真理和实现伟大抱负的巨大艰辛，对燕妮的父母强迫婚姻的担忧，思恋燕妮的苦痛，害怕燕妮离他而去。这些诗歌向燕妮衷肠倾诉，吟咏燕妮的美，表白自己的心迹。爱情是理想的支柱，理想限制了爱情选择的范围，"只有爱才会使语言充满心灵的温馨"，只有爱和神圣的感情才会使美充满力量，只有爱才会赋予理想以飞翔的翅膀，只有用爱情的誓言才能"不断地抚慰双方的心灵"。爱情能"医治创伤"，能让人"心雄胆壮"，能让"一切讥讽化为灰烬"，能"时时激起奋进的力量"。① 在《苍白的姑娘》中，马克思把自己比喻为一位鏖战沙场的"高贵骑士"，燕妮在苦苦的等待中，担心"也许另一个女人正偎依在他身旁，把他紧贴在自己的胸膛"，于是"少女纵身一跃，跳进滔滔巨浪"，"在一块坚硬的礁石上，她的玉体碎成碧浪"。② 这首诗的结构非常类似于弗里德里希·富凯描写水妖和骑士的恋爱童话《温蒂娜》（1811）。③ 唯一不同的是，在诗歌《苍白的姑娘》的结尾处，"那位高贵优雅的骑士，正依偎在情人身旁，他拨动三角琴的琴弦，把幸福和爱情的命运吟唱"。④ 在另一首诗《卢欣妲》中，马克思写道，如果他心爱的姑娘与另一人结婚，那么，他就会在婚礼时刻"拔出匕首，迅猛地刺穿胸膛"，自杀身亡。

此外，幽默小说《斯科尔皮昂和费利克斯》的"整个结构，散文格调，情节突然故意急转而下，以及漫画式的表达，都受到斯特恩的小说《特里斯川·项狄》和海涅的特写集《旅途景色》的影响。而且一遇时机便引用《圣经》、奥维德的《哀歌》、义克尔曼的著作、歌德的《迷娘曲》、哥尔斯密的《威克菲牧师传》著名的开宗明义的一节，霍夫曼的《魔鬼的仙丹》以及其他许多文学作品和人物。其中莎士比亚显得特别突出"。⑤ 可以说，这部幽默小说充分体现了后来马克思在论文和著作

---

① 《马克思恩格斯全集》第1卷，北京：人民出版社1995年版，第547页。
② 《马克思恩格斯全集》第1卷，北京：人民出版社1995年版，第497—498页。
③ 卫茂平：《德语文学辞典：作家与作品》，上海：复旦大学出版社2010年版，第123页。
④ 《马克思恩格斯全集》第1卷，北京：人民出版社1995年版，第498页。
⑤ [英] 希·萨·柏拉威尔：《马克思和世界文学》，梅绍武等译，北京：三联书店1980年版，第20—21页。

中的广博引用风格。柏拉威尔还认为,《乌兰内姆》受到歌德和阿道夫·默尔奈（Adolf Müllner, 1774—1829）的影响,如佩尔蒂尼是歌德的《浮士德》的魔鬼靡非斯托斐勒斯的翻版。"马克思所运用的一些形象化描述,在德国文学里是有其因袭传统的;那些有关痛苦、死亡、时间、永恒、艺术、工艺品和时钟装置的概念,可与许多浪漫主义作品里的概念相媲美。"①

总之,在诗歌、小说和戏剧中,马克思试图采取浪漫主义的风格来表达自己的感知、痛苦和渴望。1837 年 10 月,马克思曾寄给《德国缪斯年鉴》一组诗稿,但被拒绝发表。深邃的洞察力和批判力的发展,让马克思意识到自己在诗歌、小说和戏剧方面的构思和表达能力的明显不足。而且,在阅读培根等人的著作中,马克思逐渐认识到诗化语言的非现实性和非历史性,对浪漫主义者只注重表达形式而脱离现实内容的虚构产生了怀疑。在培根看来,诗歌是一种迎合人们的天性和好喜悦的特性的语言艺术,但就其内容而言只是一种伪装的历史。"这种伪装的历史的功效在于,当自然不能给予人们满足时,它能让人产生一种虚幻的满足,在这种历史中,自然的世界与人的灵魂相比处于比较低下的位置。……因此,诗歌似乎适合并有助于彰显崇高的行为,有助于宣扬道德规范,有助于人们的娱乐。"② 叙事诗歌是对历史的模仿,写景诗歌是一种视觉性的历史,寓言性的诗歌则用以表达或隐藏特定的目的或特殊的观念。在蒙昧时代和愚昧的地区,诗歌或浪漫主义小说会大行其道。因此,诗歌的缺点不仅表现在历史的虚构,不敢正视历史和现实,而且表现在其表达的观念缺乏多样化的例证和精妙的概念。维柯也认为,诗性智慧只适合于智力不发达的阶段。在海涅看来,大量使用幽默的讽刺是一个国家"政治不自由的标志"。③ 这些因素结合在一起,促成马克思在 1837 年的思想转变:放弃诗歌文学之路,走现实主义的理论分析和实践的道路。在 1837 年 11 月致父亲的信中,马克思对自己的诗歌创作进行了批判性的总结:"对当代的抨击,漫无边际、异常奔放的感情,毫无

---

① [英] 希·萨·柏拉威尔:《马克思和世界文学》,梅绍武等译,北京:三联书店 1980 年版,第 25 页。
② [英] 弗朗西斯·培根:《学术的进展》,刘运同译,上海:上海人民出版社 2007 年版,第 75 页。
③ [德] 亨利希·海涅:《浪漫派》,薛华译,上海:上海人民出版社 2003 年版,第 141 页。

自然的东西，纯粹的凭空想像，现有之物和应有之物的的截然对立，以修辞上的刻意追求代替充满诗意的构思、不过或许也有某种热烈的感情和奋发向上的追求。"① 既要解剖自己，又要解剖他人，就成了马克思批判的特色。

### 三、马克思对文学浪漫主义的继承、批判与超越

尽管没有走上浪漫主义的文学创作道路，但是，马克思不断深化对浪漫主义的反讽风格的理解，在理论上对浪漫主义艺术进行批判地总结。在《关于伊壁鸠鲁哲学的笔记》第五册中，马克思谈到了自己对苏格拉底的讽刺和浪漫反讽的理解。苏格拉底的讽刺就是"普通常识应该摆脱任何僵化"而要"达到它本身所包含的内在真理"的一种辩证法圈套，是"哲学在其对普通意识的主观关系方面所固有的形式"。浪漫反讽则是"一般内在形式的讥讽"，一种"凡是坚持内在论而反对经验个人的哲学家都会使用讥讽"的形式。② 苏格拉底的讽刺是理性展示经验缺乏普遍有效性的一种手段，而浪漫反讽则是理性以语言的形式展示自身对立统一的一种手段。在一定程度上说，浪漫主义的反讽本身就是一种社会批判的手段。

（一）浪漫反讽与社会批判

浪漫反讽是一种以语词矛盾来揭露现实矛盾的一种艺术表达手法，在展现反讽者的机智的同时也表达了对现实的无知与无奈。"反讽就是试图通过辩证的否定和不断的互动逾越主客体之间、理性与心灵之间的对立……启发和带动读者进行批判的思考。"③ 马克思不仅在大量的语言表达和作品结构上采取浪漫反讽的表达方式，而且在现实的政治、宗教、法律和经济领域中发现了大量的浪漫反讽的行为，从而展开了对社会现实的全方位批判。

首先，马克思在著作和书信中广泛使用浪漫反讽的语言表达方式。例如，"把人兽化的信仰，竟成了政府的信仰和政府的原则，这真是咄咄怪事。诚然，这与信教并不矛盾，因为把动物神化也许是宗教最始终如

---

① 《马克思恩格斯全集》第47卷，北京：人民出版社2004年版，第7页。
② 《马克思恩格斯全集》第40卷，北京：人民出版社1982年版，第139—140页。
③ 谷裕：《现代市民史诗：十九世纪德语小说研究》，上海：上海书店出版社2007年版，第52页。

一的存在形式"。① 普鲁士政府"怀疑整个人类，却把个别人物神圣化。他们描绘出人类天性的可怕形象，同时却要求我们拜倒在个别特权人物的神圣形象面前"；这些秉持封建原则的人在理解"自由"时，"说它不是理性的普遍阳光所赐的自然礼物，而是吉祥的星星所赐予的超自然礼物。既然他们认为自由仅仅是个别人物和个别等级的个体属性，他们就不可避免地得出结论说，普遍理性和普遍自由是有害的思想，是'逻辑地构成的体系'的幻想"。② 在《神圣家族》中，马克思指出，黑格尔的思辨构造本质上是一种浪漫的反讽或语言游戏。在《德意志意识形态》中，马克思和恩格斯对施蒂纳的批判是："他苦修苦练的是对无思想进行痛苦的思想，对无可怀疑进行连篇累牍的怀疑，把毫不神圣的说成是神圣的。"③ 马克思批判的力量部分地来自于这种充满对立的浪漫反讽的语言表达。

其次，马克思揭示意识形态上的反讽。马克思在《莱茵报》时期，通过对书报检查令、新闻出版自由法等法律的考察，揭示了复辟时期的普鲁士政府在立法、司法和行政上表现出来的反讽风格，从而为马克思批判霍布斯、洛克、康德、费希特特别是黑格尔的理性国家观开辟了道路。在马克思看来，普鲁士国王表面上宣布放松书报检查令，但所有的规定都指向加强管制和专制，限制自由。表象与隐藏的本质的尖锐对立，就是一种浪漫主义的反讽。马克思批评道："颁布这一法律的政府疯狂地反对它本身所体现的东西，即反对那种反国家的思想，同样，在每一种特殊的场合下，政府对自己的法律来说好像是一个颠倒过来的世界，因为它用双重的尺度来衡量事物。对一方是合法的东西，对另一方却是违法的东西。政府所颁布的法律本身就是被这些法律奉为准则的那种东西的直接对立面。"④ 在《关于新闻出版自由和公布省等级会议辩论情况的辩论》一文中，马克思观察到，代表诸侯等级的议员支持书报检查制度，而代表骑士等级的议员却要求完全以议会的自由意志和利益来决定是否公开议会的辩论记录，防止人民的审查。马克思在《〈黑格尔法哲学批判〉导言》中说："这是一幅什么景象呵！社会无止境地继续分成各色

---

① 《马克思恩格斯全集》第47卷，北京：人民出版社2004年版，第25页。
② 《马克思恩格斯全集》第1卷，北京：人民出版社1956年版，第80、58页。
③ 《马克思恩格斯全集》第3卷，北京：人民出版社1960年版，第89页。
④ 《马克思恩格斯全集》第1卷，北京：人民出版社1995年版，第122页。

人等，这些心胸狭隘、心地不良、粗鲁平庸之辈处于互相对立的状态，这些人正因为相互采取暧昧的猜疑的态度而被自己的统治者一律——虽然形势有所不同——视为特予恩准的存在物。甚至他们还必须承认和首肯自己之被支配、被统治、被占有全是上天的恩准！"① 在对黑格尔的法哲学批判的基础上，马克思进而将批判的矛头指向颂扬资本主义社会和谐的政治经济学家，分析了庸俗经济学家的观点本质上就是一种为资本主义辩护的浪漫主义观点。在《1844年经济学哲学手稿》中，马克思批判地指出，政治经济学家的许多核心观点都具有浪漫主义反讽的性质，比如"劳动是人的能动的财产"但资本家"处处高踞于工人之上，并对工人发号施令"；"劳动是惟一不变的价格"但劳动价格的波动最大；分工提高了生产力但却让工人陷入了贫困；劳动促进了资本的积累但却让工人越来越依附于资本家；等等。② 马克思认识到，浪漫化的实质在于将个体的和有限的潜能升级为绝对化和整体化的东西。这种将个体或个别集团的利益进行浪漫化的语言表达就是意识形态，体现在法律、宗教、政治经济学、哲学等等之中。宗教崇拜、商品拜物教、法律崇拜和国家崇拜本质上都是一种意识形态的反讽。③

再次，马克思揭示了历史的反讽。批判的目的不仅要攻击和反驳整体上错误和扭曲的哲学模式，揭示其发生和演变的历史根源，而且要分析产生错误认知的社会现实的动态演变及其必然的历史逻辑。《1844年经济学哲学手稿》表达的劳动异化理论和《资本论》阐述的剩余价值论，就是从私有制或者商品的前提中推导出来的结论。《共产党宣言》指出，资本家本意是利用工人来生产剩余价值和获取资本的增殖，但没想到却"生产的是它自身的掘墓人"。在马克思看来，资本主义社会的自由劳工契约，本质上包含着资本剥削工人的自由和工人为了生存工资不得不出卖劳动力的不自由。这种自由与不自由的对立最终造成了资本的无限积累和工人的日益贫困，以及随之而来的经济危机和资本主义的灭亡。因此，"马克思在批判资本主义社会时有意识地用到了这种反讽方式。马克思的策略是，从资产阶级认同的原则、前提、规律出发，推导

---

① 《马克思恩格斯全集》第3卷，北京：人民出版社2002年版，第202页。
② 《马克思恩格斯全集》第3卷，北京：人民出版社2002年版，第231页。
③ [美]海登·怀特：《元史学：十九世纪欧洲的历史想象》，陈新译，南京：译林出版社2009年版，第380页。

出的结论却是资产阶级的毁灭,将资产阶级置于自悖谬的两难境地,这种悖谬正是施莱格尔所谓的反讽"。①

但是,在探寻马克思的浪漫主义根源的同时,学术界存在一种将马克思及其理论全面浪漫化的错误倾向。克罗齐认为,马克思是浪漫主义的历史学家,其表现为"在过去、传统和传统的辩证法中为自己的倾向找到辩护词"。②施密特和维塞尔认为,马克思划分的无产阶级是浪漫主义群体,即将无产阶级等同于人民、等同于人类、等同于历史的主宰、等同于"指定的新造物主",人民和历史被浪漫化了。③伯林则认为,马克思的许多概念,如经济力量、生产力、阶级斗争都是"一种浪漫主义的概念"。④刘聪甚至认为马克思的实践辩证法是浪漫派的反讽和黑格尔的概念辩证法的综合。这些说法显然将马克思对资本主义现实的理论把握错误地等同于诗意的表达。恩格斯在1892年9月28日致梅林的信中说:"这种极力把唯物史观的发现归功于历史学派的普鲁士浪漫主义者的主张,对我来说确实是新闻。"⑤

(二) 对浪漫主义的批判与超越

随着在1837年将主要的精力转向法学、哲学特别是历史的学习,历史理性的精神逐渐在马克思的心中取得了对浪漫主义情怀的优势。在培根、歌德、席勒、黑格尔、海涅等人的影响下,马克思开始对浪漫主义采取否定的态度:不仅将浪漫主义当作虚构或幻想,而且将一切领域的虚构或幻想都当做浪漫主义加以否定。在1842年3月20日致卢格的信中,马克思说:"如果您愿意久等,我保证在4月中旬把我那篇论述宗教艺术的文章寄出。我更乐意从新的观点来考察这个问题,并写出一个论浪漫派的结尾作为附录。目前我要按照歌德的说法,积极有效地继续研究这个问题,并等待您的决定。"⑥在《歌德谈话录》中,歌德把浪漫派

---

① 罗纲:《马克思与浪漫主义初探》,载《马克思主义研究》,2008年第11期,第47页。
② [意]克罗齐:《历史学的理论和历史》,田时纲译,北京:中国社会科学出版社2005年版,第187页。
③ [德]卡尔·施米特:《政治的浪漫派》,冯克利、刘锋译,上海:上海人民出版社2004年版,第68页。
④ [英]以赛亚·伯林:《浪漫主义的根源》,吕梁等译,南京:译林出版社2008年版,第109页。
⑤ 《马克思恩格斯全集》第38卷,北京:人民出版社1972年版,第479—480页。
⑥ 《马克思恩格斯全集》第47卷,北京:人民出版社2004年版,第27页。

的文学打上了"软弱、苍白、病态"的标签。黑格尔、海涅和卢格都站在歌德的立场对浪漫派采取了批判的态度。黑格尔也认为浪漫派是处理疾病、死亡、丑恶等问题的历史反题,将浪漫派的精神归结为"无限制的主观主义"。海涅在歌德的健康与病态模式基础上将文学划分为进步与反动的模式,将浪漫派精神与封建复辟、教会势力的反动以及政治镇压联系在一起。① 卢格在1839年《哈雷年鉴》上发表的《根茨和浪漫派的政治后果》一文中,对文学、哲学、法学等领域浪漫派宣扬的艺术中的自由、对自我意识的颂扬、世界主义、异国情调、对大自然的新感受、对古建筑和传统的好奇、神秘主义、天才论的观点进行了抨击。在《新教与浪漫派》(1839/1840)一文中,阿诺德·卢格继续发挥了黑格尔对浪漫派的批判,认为浪漫派"以我们文化修养的手段来对抗启蒙的时代,在科学、艺术、道德甚至可以说是在政治的领域里,也抛弃并攻讦那个在其自身里已经得到满足的人道原则",从而违背了德国当时追求政治自由和宗教解放的潮流。② 在1842年4月27日致卢格的信中,马克思说:"我将给您寄去四篇文章:(1)《论宗教的艺术》,(2)《论浪漫派》,(3)《历史法学派的哲学宣言》,(4)《实证哲学家》(我稍微戏弄了一下这些哲学家)。这些文章在内容上都是相互联系的。"③ 在《历史法学派的哲学宣言》一文中,马克思将浪漫主义等同于虚构,将历史法学派的教科书等同于充满了"天花乱坠的现代语词"的诗集。在《评普鲁士最近的书报检查令》中,马克思批判书报检查令是一种无法逃脱"浪漫主义命运"的"精神的浪漫主义",即"赋予纯粹的偶然性以空想的精神,并以普遍性的激情宣布了某种纯粹个人的东西"。④ 在《关于新闻出版自由和公布省等级会议辩论情况的辩论》中,马克思批判骑士等级的发言人根据"基督徒兼骑士的,现代的兼封建"的浪漫主义原则,来阐述他们在"中世纪的自由和独立的假想"。⑤ 可以说,马克思在《莱茵报》时期全面批判了普鲁士在政治、法律、行政和宗教领域中表现出的各种浪漫主义形式。《黑格尔法哲学批判》则批判黑格尔的《法哲学原

---

① [德]卡尔·施米特:《政治的浪漫派》,冯克利、刘锋译,上海:上海人民出版社2004年版,第13—14页。
② 李伯杰:《德国浪漫派的研究》,载《外国文学评论》,1994年第3期,第31页。
③ 《马克思恩格斯全集》第47卷,北京:人民出版社2004年版,第28—29页。
④ 《马克思恩格斯全集》第1卷,北京:人民出版社1995年版,第131页。
⑤ 《马克思恩格斯全集》第1卷,北京:人民出版社1995年版,第162页。

理》对普鲁士的混合君主政体的泛逻辑化的浪漫主义解读。《神圣家族》集中批判布鲁诺·鲍威尔及其同伙对欧仁·苏的浪漫主义小说采取思辨哲学式的浪漫主义解读。① 在1856年1月18日致恩格斯的信中，马克思谈到布鲁诺·鲍威尔的浪漫主义情结："浪漫情调愈来愈证明是批判的批判的'前提'。在政治经济学方面，他热衷于他所不理解的重农学派，并且相信地产的特殊恩赐作用。此外，他对德国浪漫派亚丹·弥勒的经济幻想估价很高。"② 《德意志意识形态》批判施蒂纳对近代人性论和政治哲学的浪漫主义解读，《哲学的贫困》则批判蒲鲁东按照黑格尔的概念辩证法对政治经济学的浪漫主义解读。

但是，随着对浪漫反讽和历史的理解的不断深化，以及与海涅等浪漫主义者的交往，马克思也越来越辩证地认识和理性地分析浪漫主义。从历史起源上来看，浪漫主义是在劳动分工的基础上产生的一种社会意识的表达方式。"在分工的范围里，这些关系必然取得对个人来说是独立的存在。一切关系表现在语言里只能是概念。相信这些一般性和概念是神秘力量，这是这些一般性和概念所表现的实际关系获得独立存在以后的必然结果。"③ 浪漫主义的一个典型特征是，"任意虚构一切，使最不相干的东西带上莫须有的因果联系"。④

马克思一方面分析各种形式的浪漫主义产生的方式和历史根源，另一方面基于唯物史观对各种浪漫主义思想展开批判。在《德意志意识形态》的序言中，浪漫主义被界定为一种脱离现实的虚假的观念体系。"人们迄今总是为自己造出关于自己本身、关于自己是何物或应当成为何物的种种虚假观念。他们按照自己关于神、关于模范人等等观念来建立自己的体系。他们头脑的产物就统治着他们。"⑤ 虚构的观念体系充斥在人类生产和生活的各个领域。"法律、道德和宗教……全都是掩蔽资产阶级利益的资产阶级的偏见。"⑥ 由此形成了文学艺术的浪漫主义、哲学的浪漫主义、政治的浪漫主义、宗教的浪漫主义、法律的浪漫主义、政治

---

① 欧仁·苏的浪漫主义小说《巴黎的秘密》描述了巴黎的下层人民所遭受的贫困与社会的罪恶，并按照傅立叶主义的方式提出了道德和宗教的解决方案。
② 《马克思恩格斯全集》第29卷，北京：人民出版社1972年版，第2页。
③ 《马克思恩格斯全集》第3卷，北京：人民出版社1960年版，第421页。
④ 《马克思恩格斯全集》第3卷，北京：人民出版社1960年版，第112页。
⑤ 《马克思恩格斯全集》第3卷，北京：人民出版社1960年版，第15页。
⑥ 《马克思恩格斯全集》第4卷，北京：人民出版社1958年版，第477页。

经济学的浪漫主义以及各种形式的空想社会主义思想。"你们的偏颇观念，驱使你们把自己的生产关系和所有制关系从生产发展过程中暂时的历史性的关系夸大成为永久的自然规律和理性规律，而你们的这种偏颇观念原是过去一切灭亡了的统治阶级所共有的。"① 在 1868 年 3 月 26 日致恩格斯的一封信中，马克思区分了与中世纪相联系的反动的浪漫主义和与"社会主义趋向相适应的"积极浪漫主义，如海涅、乔治·桑、拜伦、雪莱等。在马克思看来，浪漫主义和空想社会主义都是法国大革命和启蒙运动的产物："法国革命以及与之相联系的启蒙运动的第一个反作用，自然是把一切都看作中世纪的、浪漫主义的，……第二个反作用是越过中世纪去看每个民族的原始时代，而这种反作用是和社会主义趋向相适应的，虽然那些学者并没有想到他们和这种趋向有什么联系。"② 马克思对浪漫主义的批判，主要集中在复辟时期保皇主义者、封建的和小资产阶级的浪漫主义者的政治反动性方面。马克思和恩格斯在《共产党宣言》中分析了封建的浪漫主义的阶级本性。封建的浪漫主义的主要特征表现为讴歌中世纪贵族时代的田园牧歌式的生活，恐惧与憎恨资产阶级革命和共和制度。马克思在《法兰西阶级斗争》等著作中对拉马丁、西斯蒙第等小资产阶级的浪漫主义者进行了批判。这些小资产阶级的浪漫主义者从农民或小资产阶级的利益出发，批判资本主义但不理解资本主义的内在矛盾，幻想回到封建社会的稳固秩序之中。

  马克思逐渐从文学浪漫主义和政治浪漫主义的批判扩展到对一切主观精神和客观精神领域的历史唯心主义或历史浪漫主义的批判。在马克思看来，历史唯心主义就是将一切历史的经验关系颠倒过来的幻想。这种浪漫主义认为精神或观念统治着现实的物质生产和交往关系。对于历史唯心主义而言，前进的动力就是观念或概念。"思辨的观念、抽象的观点变成了历史的动力，因此历史也就变成了单纯的哲学史。……这样，历史便成为单纯的先入之见的历史，成为关于精神和怪影的神话，而构成这些神话的基础的真实的经验的历史，却仅仅被利用来赋予这些怪影以形体，从中借一些必要的名称来把这些怪影装点得仿佛真有实在性似

---

① 《马克思恩格斯全集》第 4 卷，北京：人民出版社 1958 年版，第 485 页。
② 《马克思恩格斯全集》第 32 卷，北京：人民出版社 1974 年版，第 51—52 页。

的。"① 因此，马克思对浪漫主义的认识与理解，不仅与其宗教批判、政治批判、思辨哲学的批判、政治经济学的批判密切相关，而且是发展唯物史观的必要前提。

---

① 《马克思恩格斯全集》第 3 卷，北京：人民出版社 1960 年版，第 131—132 页。

# 第七章　马克思与历史主义

马克思是一位具有深度历史思维的伟大思想家。马克思的唯物史观是在历史主义特别是历史法学派的土壤中发展起来的，但又明显区别于历史主义的历史观。历史主义是一场与浪漫主义相伴随的关注历史的文化思潮，其典型特征是强调历史发展的连续性、人类历史不同于自然界的独特性和直观理解历史的必要性，主张在人类社会的整体中研究历史，并突出历史中的个体在知识寻求中的价值，反对理性主义的抽象演绎。① 维柯和赫尔德是历史主义的先驱，利奥波德·兰克是历史主义的代表。历史法学派特别是萨维尼的法学诠释理论和法学思想，维柯的人的社会性理论，赫尔德的语言理论和历史哲学，兰克的史料学，都在马克思的思想发展中起着重要的作用。

## 第一节　历史主义的崛起与发展

马克思的唯物史观与历史主义有着重要的渊源。历史主义是一系列关于历史观念的集合。这种观念强调利用考据的标准程序来处理历史性的过去，鉴定文献的真伪，区别对待原始材料和二手资料，并提出了一些推断历史事实之间的连贯关系的新的历史图式。"历史主义主要是一个寻求对人类现实做理性理解的学术运动。它承认所有人类行为中的情感特性，并试图形成一种重视人类生活的非理性层面的逻辑。作为历史主义政治和道德思想之特点的对人类生活的最终共同体的牢固信仰，也成为其知识论的特点。"②

---

① 易兰:《西方史学通史》第五卷，上海：复旦大学出版社2011年版，第333页。
② ［美］格奥尔格·G.伊格尔斯:《德国的历史观》，彭刚、顾杭译，南京：译林出版社2006年版，第9页。

## 一、历史主义的起因

历史主义是 19 世纪的一个重要社会现象。历史与神学的分离、历史哲学的发展、线性进化论的出现以及民族主义的崛起，都是影响历史主义产生的重要因素。

### （一）历史与神学的分离

欧洲的历史观经历了古希腊罗马时期的历史循环论，中世纪基督教神学的宿命论和历史退化论，以及近代摆脱神学观念的历史进步论等多个阶段。① 在中世纪的历史学家看来，历史既是一个体现神意或道德的过程，也是一个神奇的想象过程。因此，历史的真实材料就与口头传说、随意的想象和虚构混淆在一起。由于天人合一的神学世界观曾长期统治着中世纪历史的研究和分期，近代早期的编年史家在写历史时习惯性地注入了正统神学的普遍观念，强调王室谱系的单一性和各民族道路的共同性，并用教父们的言论作为品评历史人物的标准。按照这种观念，历史分为人的历史、自然史和神的历史。

在地理大发现和世界各地信仰的多样性的影响下，神的历史脱离了史学的领域。弗朗西斯·培根在《学术的进步》将历史分为自然史和文明史，后者分为神圣的历史、民史和文艺史，斯宾诺莎将历史分为人类史和自然史。在德国，普芬多夫将历史与神学相分离，使历史成为记载统治者大事的历史。这样的历史就是为统治者的权利和行为辩护的历史。意大利的政治哲学家和历史学家马基雅维利认为，研究历史就是获得权谋术和政治规制。霍布斯明确抛开神学来研究国家，认为专制是出于维护公民安全的需要。维柯的历史哲学看到了人类社会的变动，而孟德斯鸠则试图用自然界的原因来解释维柯的思想。伏尔泰进一步从人类进步而不是从君主的角度来书写历史，将文化、风俗习惯、工商业、艺术和科学等方面的发展包括在政治史的叙述之中。温克尔曼的《古代艺术史》甚至从生产力发展的角度来阐述古希腊罗马的艺术变化规律。这说明，到 18 世纪中后期，历史学的主要任务开始从单纯地展现历史事件和材料转移到说明历史现象的认识规律问题上。

---

① 何平：《历史进步观与18、19世纪西方史学》，载《学术研究》，2002 年第 1 期。

### (二) 历史哲学的框架

在人的历史中，马基雅维利、博丹、霍布斯、伏尔泰、休谟、吉本、黑格尔等信奉历史的理性主义模式，认为自然和人类社会中存在一种普遍的理性结构，历史仅仅是理性原则、自然法或天意的体现，强调历史知识的道德和社会目的，或者以政治和宗教原则来指导历史的写作。这种理性主义模式分为历史循环论和完善论两种。十七八世纪的历史学家基本奉行历史的循环论，而德国唯心主义者则奉行完善论或精神的自我发展理论。孔多塞的《人类精神进步史表纲要》认为人类的历史就是人类的理性精神不断进步的历史，康德和费希特的历史哲学则强调人类的历史则是本能向理性演变的历史，黑格尔的历史哲学则认为人类的历史就是绝对精神演化的历史。

相比之下，莱布尼茨、维柯、杜尔哥、赫尔德等人主张历史理性，认为自然和人类历史都存在一个内在演化的独特结构和类似生物学的模式，带有神意或目的论的色彩。莱布尼茨提出了一些历史哲学的基本观点，如历史的连续性，人类社会的变革既是发生的过程又是发展的原则，变化是向一个特定的目标发展等。维柯在《新科学》中不仅坚持对史实的考证，而且强调史实之间的内在因果联系。维柯在史学方面实现了三项变革：第一，确立了判定历史事实的依据。维柯认为，人们只能知道自己创造的东西为真，因此，历史的真实性依赖于历史原因或起源的分析。第二，确立了历史原因的具体性和环境依赖性。与外在地、先验地推导历史事实的普遍原因不同，维柯强调历史原因是具体的、时空环境依赖的，并受到特定文化模式的制约。第三，确立了历史演变的生物学模式。维柯认为，各民族的历史是一个连续的、相互关联的有机生命发展的过程，各种风俗制度具有高度的不可分离性和演化协同性。① 但是，各民族的历史不是互不相关的，而是共同体现了"神意"。同样，赫尔德认为，历史也是沿着神意通过多样化的民族精神而不断完善的有目的的过程，并在活力论基础上将人类历史作为有机整体来思考。基于生物学模型，赫尔德则将历史哲学推进了一大步，将宇宙和人类历史看做是一个向更高阶段不断进化的过程。历史发展的动力因素被定位于人类的

---

① 克瑞格：《历史主义：通史的早期史》，见刘小枫编：《从普遍历史到历史主义》，北京：华夏出版社2017年版，第216—217页。

精神活动,目标是人类的完美性。因此,到了19世纪,探讨历史进步的原因、方式和阶段成为新的主题。

(三) 线性进化论思想

更为重要的是,德国的历史哲学和历史研究的兴起与生物学的发展密切相关,因为活力论是对抗机械论的一个有力工具。德国的启蒙学者认识到,法国唯物论和自然法的基础是牛顿的机械力学。莱辛、摩西·门德尔松等人都批评机械论世界观的缺陷,推崇生物学的视角,认为对植物、动物等生命形式的探索能够获得体验式的认知。在神创说或者宇宙目的论——宇宙朝着由上帝预先决定的归宿发展着——的影响下,线性进化论即各种非物理的力量(活力)推动着生命朝着更完美的方向前进的观念最先得到发展。莱布尼茨、林奈、赫尔德、拉马克、谢林、黑格尔等人都秉持这种观点。

与法国唯物主义者对感觉或观念的机械运动来源分析不同,德国古典哲学则从精神或心灵的动态发展角度构建其自然哲学和历史哲学,并试图将自然哲学和社会哲学整合为一个统一的精神体系。在笛卡尔—牛顿的机械论宇宙观中,物质是一个由原子组成的被动物体,在机械力的作用下运动。法国的机械唯物论甚至认为,精神也是外力刺激身体的一种机械运动,自由意志或人的主观能动性根本就不存在。德国的活力论则认为,自由意志或精神不仅存在于人的内心深处,而且也存在于自然界之中并不断运动。所有物体,即使是矿物和化学化合物,都为一种生命力所渗透,这种力是事物成长的原因,也是决定事物成长的形式。因此,康德和赫尔德则认为,宇宙是历史发展的产物。谢林提出,自然界是对立斗争的产物,前一阶段的最后产物是后阶段产物的基础。黑格尔则力图证明,自然界的规律与精神的规律不仅是相似的,而且是同一的,因为自然界的规律就是绝对理念的辩证发展过程。

(四) 民族主义的形成

历史主义的兴起与各封建诸侯在启蒙时代的中央集权化进程中利用民族传统来维护自己的特权和独立性密切相关。为了对抗拿破仑在欧洲的统治,历史主义者利用历史权利对抗自然权利,以至于兰克说"历史研究发展起来的真正原因就是对拿破仑式的专制思想的反抗"。[①] 之所以

---

① [美] J. W. 汤普森:《历史著作史》下卷第三分册,孙秉莹、谢德风译,北京:商务印书馆2009年版,第270页。

如此，就是因为"在这场革命中，那些最高贵、最结实的政治机构，原本无惧岁月的侵袭、天灾的破坏，原本在经历千年岁月依然可以傲然矗立，那些原本将继续永远耸立的政治体系，都在这次骚乱中灰飞烟灭"。①

而且，德国历史主义的兴起还与德国历史语言学的崛起密切相关。历史主义对文献真实性的关注，一方面来源于将语文学知识用来考证和诠释圣经或荷马史诗等历史文本，以便对宗教权威或古希腊罗马文化予以支持或反驳；另一方面来源于罗马法学家对罗马法文本的考证和诠释，以便对政治权威给予合法的支持；第三方面来源于宗教改革带来的宗教争论和迫害异端的倾向，各种宗教派别撰写有大量文献考据的教会史来为支持的教会正当性进行辩护。语言学家弗里德里希·奥古斯特·沃尔夫（1759—1824）在1795年的《荷马研究绪论》中对荷马史诗的历史作出了有系统方法和坚实证据的考察，从而开创了"以学术去征服古代世界"的古典学。沃尔夫采纳了"历史的与校勘的证据"的方法，即从历史事实本身而不是从愿望出发进行考察的方法。在推动"荷马问题"和语言学研究的发展的同时，沃尔夫倡导的古希腊文化热将德意志文化从启蒙时代的反权贵导向国家统一的追求，催生了文化民族的出现。

## 二、历史主义的产生与发展

启蒙时代的理性主义史学只对现在和最近的历史感兴趣，浪漫主义史学关注整个人类和各民族的历史，将历史服从于政治、道德、宗教的目的。在19世纪，史学的发展可以区分出浪漫主义史学、客观主义史学、实证主义史学和马克思的史学四个明显的发展阶段。马克思的唯物史观是在与其他的历史观进行批判与斗争的基础上逐渐发展起来的。

（一）浪漫主义史学

浪漫主义史学在康德和赫尔德的历史有机体和民族精神的观念影响下，否定理性至上主义，反对革命的破坏性，将民族精神解释为"天赐神授"的神学史观，坚信人类历史是一个有机发展的整体过程，用移情和同情的方式理解历史的内在精神、思想和情操。埃德蒙·柏克的《法国革命论》（1790）开创了浪漫主义史学的传统，强调每一个国家都是

---

① 易兰：《西方史学通史》第五卷，上海：复旦大学出版社2011年版，第128页。

历史地形成的。夏多布里昂（1768—1848）在1797年发表了《论革命》，批判法国大革命的破坏性作用。随后，保守的浪漫主义史学在各国扩散开来，法国复辟时期的贵族官方史学，德国的耶拿学派、历史法学派，俄国的正统学派和斯拉夫学派都是其代表。同时，激进的浪漫主义史学，如法国的米什莱、瑞士的西斯蒙第、德国的奇美尔曼、英国的卡莱尔，则从群众立场出发研究历史，批判资本主义的罪恶现象，将中世纪理想化作为解决现实的出路。自由派浪漫主义史学，如法国的基佐、米涅、梯也尔，英国的麦考莱，德国的F.施洛泽尔等，则反映资产阶级的自由意识，将中世纪当作近代资本主义制度萌芽和初步形成时期，将历史进化论与社会有机发展理论结合起来，将被压迫阶级的反抗精神和自由精神当作民族精神的精髓，强调市民阶级在民族文化发展中的历史决定性作用。

德国浪漫主义史学家，不管是耶拿学派、海德堡派还是历史法学派，具有美化中世纪、宣扬民族主义的特点，强调历史著作的政治功能和宗教道德功能，注重情感和想象在理解历史事件和撰写历史著作中的作用，强调一个民族国家的政治制度和精神生活都是在自身历史演变之中形成和变化的整体观和发展观。① 亨利希·卢登（Heinrich Luden，1780—1847）在《德意志民族史》和《德国史》（3卷）中极力宣扬德意志民族精神，以便推动德意志的民族意识的觉醒、统一和自由。卢登坚信，"德意志人无论是在权力上还是在文化上都是居于最高地位的"，德意志民族是"能干、强壮而高贵种族的后代"，历经千百年的历史而绵延不绝。② 在卢登看来，德意志民族的文化、习俗、语言、法律等精神内容都是在中世纪奠定的，历史上的任何时代和任何民族所创造的历史都具有独特的价值，都是值得子孙后代珍藏保护的财富。在卢登的基础上，亨利希·莱奥（1799—1878）甚至认为，中世纪基督教会的历史构成了世界历史的核心，以至于"上帝看待所有的民族国家就如同看待他的动物与植物一样"。③ 在史学问题上，莱奥激烈反对兰克关于史料考证的观点，认为历史事实只不过是内在精神联系的外在表现。因此，需要理解和移情的办法来理解历史的内在联系。马克思在《历史法学派的哲学宣

---

① 易兰：《西方史学通史》第五卷，上海：复旦大学出版社2011年版，第139—140页。
② 易兰：《西方史学通史》第五卷，上海：复旦大学出版社2011年版，第144页。
③ 易兰：《西方史学通史》第五卷，上海：复旦大学出版社2011年版，第148页。

言》中说："应当把哈勒、施塔尔、莱奥及其同伙的法律理论和历史理论看作只不过是胡果的自然法的旧版翻新，在经过几番考证辨析之后，在这里又可以看出旧的原文了，以后如有机会，我们将更为详细地来说明这一点。"① 总体而言，马克思对保守的浪漫主义史学采取批判的态度，继承了激进的和自由派浪漫主义史学一些积极的观念。

(二) 客观主义史学

浪漫主义史学唤起了人们对早期历史的兴趣，其缺陷表现在选择材料时缺乏严格的方法论程序，不注重严谨资料的搜集和汇编，无法按照历史事件的意义和连续性来认识并理解历史的发展，最终被客观主义史学所淘汰。德国历史主义者继承了温克尔曼对古希腊艺术、斯宾诺莎和赫尔德对《圣经》、维柯和沃尔夫对荷马史诗研究的方法，对史料的考证和筛选更为严格。

德国历史主义的开拓者是丹麦人、柏林大学历史学家巴托尔德·乔治·尼布尔（1776—1831）。在《罗马史》（1811）这本系统研究罗马历史的开山之作中，尼布尔按照沃尔夫处理语言学的方式来批判地处理罗马历史。尼布尔在罗马自由民思想的指导下，抛弃了许多旧的传说和传统，利用诗歌来弥补历史事实的不足，在对资料的精挑细选和分门别类的基础上依靠语言学和考古学的知识作出历史结论，认识到历史叙述中"制度比事件重要，阶级比个人重要，习惯比立法者重要"。萨维尼在《论占有》（1804）中采用了严格的史料批判方法，在《论立法和我们这个时代的使命》中提出了法律是民族精神的表现的观点，在《中世纪罗马法史》中强调了罗马法律史的连续性和历史的因果关系。这种强调法律应该与一个民族的整个历史联系起来研究的观点，无疑是将温克尔曼研究希腊艺术的各种观点应用于法律研究的结果。这样，历史哲学中连续性和有机整体性的观念就在德国的历史主义中形成并占据主导地位。

近代德国"历史学之父"利奥波德·兰克（Leopold Ranke, 1795—1886）则在尼布尔、萨维尼等人的基础上开创了历史写作的一个"如实直书"的新时代，一个史料批判的时代，形成了历史科学。兰克将史学界定为搜集、发现、钻研和重构个别实在之物于整体的科学与艺术，并将哲学当作一种知识现象加以处理，不承认哲学知识的绝对优先性和有

---

① 《马克思恩格斯全集》第 1 卷，北京：人民出版社 1995 年版，第 238—239 页。

效性。"哲学总是令人想起最高蹈的思想;史学则始终与生存之条件相联。前者总是涉及普遍物,后者则离不开日常生活的具体兴趣;前者视进步为本质:对其而言,一切个别事物无非是整体可有可无的部分;后者却对个别物情有独钟。前者总是喜新厌旧:一旦达成某个状态,就旋即弃离之,就其本性而言,哲学俨然是向前探视的先知;相反,史学则试图把握既有的事物与事迹,其目光乃是向后回溯。"① 然而,兰克依然以神学史观为最后的依据,认为史学研究是"从每个具体的存在中认识到了无限者",渗透着黑格尔主义的精神。"此种观念构成了史家治史旨趣背后的宗教式理由。我们认为,若无神,便无物存在;而万有的存在又无不仰赖神。当我们脱离了那有限的神学的束缚,便会认识到我们所有这些治史努力的背后,皆有一种更高的、宗教性的本源。"② 之所以以神学史观为原则,是因为兰克史学研究的主要是英雄人物和伟大的历史事件,而英雄人物则是上帝意志或精神的最佳体现。这意味着,兰克史学兼有英雄史观和神学史观,但是,兰克提倡对历史进行客观和公正的实证性研究、整体性的把握,寻求历史事件的普遍因果联系和内在的结构性因素,以便展现历史事件所包含的更高原则。

(三) 历史主义的缺陷及唯物史观的崛起

由于强调历史的连续性和人类的有机整体,历史主义者拒绝启蒙运动的理性主义者的机械世界观,反对将历史尤其是中世纪的历史看作是弊病与迷信的堆积,反对通过革命或者改革的措施来改变传统和重构政府的行动。不过,历史主义者赞同启蒙运动的人道主义理想,赞成人性的高贵和尊严,只是在实现人性尊严的路径上却不相同。启蒙运动者更注重政治自由,而历史主义者偏重精神自由。启蒙运动者认为人性的尊严体现在每一个人都追求自身幸福的努力中,历史主义者却认为人性的尊严和个人的独特性只有在民族精神或者国家的行动中通过个人的发展才能得到实现,拒绝将幸福当做生活的目的。"确切地说,使得德国历史研究主要传统中的历史学家的著作与众不同的,正是它们有关历史性质和政治权力特点的基本理论信念。这一历史信念不仅仅决定了历史实践

---

① 兰克:《论普遍历史》,见刘小枫编:《从普遍历史到历史主义》,北京:华夏出版社2017年版,第182页。
② 兰克:《论普遍历史》,见刘小枫编:《从普遍历史到历史主义》,北京:华夏出版社2017年版,第183—184页。

活动，而且决定了历史学家所提出的问题。"① 与启蒙时期的历史学家关注于发现历史事件中所体现的永恒的理性、宣扬伦理道德并为教育目标服务不同，历史主义者则试图使历史学独立于哲学、神学和语文学，强调历史的发展具有自身的意义和历史的客观性。启蒙历史学家以理性作为认识历史的主要方法，历史主义者还强调感觉、经验、理解和预知能力在历史认识中的作用，揭示历史的内在关联。

历史主义的主要贡献在于对事实的考证，取代了不实的文件或推测。但是，其缺陷也很明显。历史主义不仅不关心法国大革命与工业革命所提出的新问题，而且不考虑研究历史问题的选择意义和价值的问题。结果，在历史考证的基础上，历史主义主要关心与时代精神有关的欧洲主要大国的政治史、战争史和外交史，而忽视了社会经济史、文化史、艺术史、教会史或立宪史等方面的主题。兰克研究的普遍历史排除了无文字记载的史前史、地质学论述、自然史、中国和印度的历史。尽管坚持科学客观性和个人无先入之见的理想主张，但是，兰克批判审查史料的方法仅仅限制在书面记录的档案材料和著作，即"坚持已用语言表达出来的东西，或者可能从中相当有把握地发展起来的东西"来撰写政治外交史著作，而将实物证据、考古证据或者历史推断排除在外，也不研究历史上的社会因素和经济关系。兰克的客观史学具有实证主义的性质，忽视了规范因素或文化对历史研究的影响。历史主义还坚持唯心史观，即用观念来解释历史，用个人的行动而非社会力量来看待历史事件，因此，历史主义缺乏一个整体的理论架构来理解历史，也无助于理解人类社会。②

到19世纪中叶，理解人类社会整体的历史，出现了两个理论框架。一是实证主义史学采用生物进化论或者地质学的自然科学的模式来研究人类社会。奥古斯都·孔德和赫伯特·斯宾塞是这种理论框架构建的代表。亨利·巴克尔、伊波利特·丹纳、欧内斯特·雷南、兰普勒希特是实证主义史学家的代表。与兰克史学强调对史料的考证、新材料的获取和依靠理解的方法来对历史真相的探寻不同，实证主义史学则是希望在

---

① [美] 格奥尔格·G. 伊格尔斯：《德国的历史观》，彭刚、顾杭译，南京：译林出版社2006年版，第1—2页。
② [英] 艾瑞克·霍布斯鲍姆：《论历史》，黄煜文译，北京：中信出版社2015年版，第216—217页。

已有材料的基础上采取自然科学的观察方法来探寻普遍的历史法则或者历史规律，强调研究的预测功能，将整个人类历史看作是一种结构和单一的连续发展过程，认为自然界和人类社会都服从相同的因果律。实证主义史学注重归纳和演绎方法的使用，不断从心理学、生物学等学科引进新的方法；主张把社会作为一个整体当作史学的研究对象；重视普通大众在历史发展中的作用；反对历史哲学，强调实证研究；注重精神文化史的研究。① 实证主义史学的主要贡献，在于引进了自然科学的概念、方法与模式来进行社会研究，但其主要缺陷是试图将人的因素从历史中排除掉，采用类比的方法强调社会研究的自然科学模式。② 二是马克思的唯物史观，一个对社会的结构—功能进行动态分析的理论。在马克思看来，人类历史是一个社会经济系统的持续不断的发展，阶级及其经济基础决定了社会上层建筑的历史发展。与实证主义史学相比，马克思同时考虑了社会结构的存在以及历史性，强调历史的动态变化和人类历史的独特性。马克思谈到的阶级冲突的角色、社会经济形态的连续性、历史各阶段转折的机制、东方社会的概念、内在稳定性的观念等，都引起了争论。通过这些争论，马克思成功地将历史学转变为一门社会科学。马克思的唯物史观在 19 世纪末开始对主流历史产生冲击，到 20 世纪二三十年代之后逐渐取代了唯心史观而成为历史学中的主流。"马克思仍然很适合作为历史研究的基础，因为到目前为止只有他把历史当作一个整体来发展方法论，并且只有他从一个预见的角度来解释整个人类社会进化的过程。"③

（四）兰克史学与马克思唯物史观的比较

在 1843 年 7—8 月的《克罗茨纳赫笔记》中，马克思阅读并摘录了法国、英国、德国、瑞士、意大利、波兰和美国的历史，法国革命史，国家理论和政治制度史方面的 23 部著作。④ 马克思阅读了兰克的《宗教改革时期的德国史》，摘录了有关私有财产的观点和兰克对德国宗教改革

---

① 易兰：《西方史学通史》第五卷，上海：复旦大学出版社 2011 年版，第 328—330 页。
② ［英］艾瑞克·霍布斯鲍姆：《论历史》，黄煜文译，北京：中信出版社 2015 年版，第 218 页。
③ ［英］艾瑞克·霍布斯鲍姆：《论历史》，黄煜文译，北京：中信出版社 2015 年版，第 250 页。
④ 王旭东、姜海波：《马克思〈克罗茨纳赫笔记〉研究读本》，北京：中央编译出版社 2016 年版，第 79 页。

的评价。而且，马克思还对兰克主编的《历史—政治杂志》上的一些文章进行了详细的摘录。这包括萨维尼的《德国的大学制度与评价》《普鲁士的城市制度》；兰克的《论法国的复辟时期》《德国与法国》《评1830年宪章》《论1831年最后几月里的一些法国传单》《1815年议会》等。在摘录这些文章中，马克思不仅关注各种历史文献的援引，而且关注法国政治制度及其党派的争论问题，还对黑格尔的国家观的颠倒特征进行了评论。① 马克思在《德意志意识形态》中对兰克历史观中关于自然与历史的对立、反对理性主义的抽象演绎和理论构造的思想进行了批判。

在哲学层面上，兰克和马克思都相信历史现象背后存在一种客观秩序，都采取对历史现象进行客观的、批判的考察来认识表象之下的实在的可能性。区别在于，兰克相信客观秩序的知识只能通过对个体事件的全面研究和直觉来获得，反对用抽象概念加以考察和归纳。在兰克看来，哲学家从一般概念和抽象的理论出发考察实在，试图将丰富多样的生活包含在一个统一的概念框架之中。这种概念框架就被认为是"民族认识的语言形式的表现"，是不具有"任何绝对有效性"的一种时间中的历史现象。历史学家则从个体的存在状况出发，高度关注个体所蕴含的精神和意义。兰克说："当哲学家以他自己领域的视角看待历史时，他只是在进步、发展和整体中寻找无限。历史学家则在每一个存在中寻找无限，在每一个存在中寻找来自上帝的永恒因素，这种永恒因素是它的生活原则。"② 这样，兰克就将历史表象之下的客观秩序与上帝关联的普遍精神联系起来，从而将历史学建立在"更高的宗教源泉"基础之上。在对真理的纯粹的爱就等于上帝的爱的信仰之中，兰克主张，对历史个体的全面深入的研究就有可能通过直觉或者精神领悟来达到对精神统一体的理解。国家和民族本身就是有意义的单位、伦理上善的事物，具有"无法想象的独特性和精神性"，对它们的研究本身就是展示上帝存在的一种方式。因此，兰克史学本质上是一种有神论的、保守主义、唯心主义史学，与马克思的唯物史观是一种无神论的史学具有本质上的不同。马克思的

---

① 王旭东、姜海波：《马克思〈克罗茨纳赫笔记〉研究读本》，北京：中央编译出版社2016年版，第96页。

② [美] 格奥尔格·G.伊格尔斯：《德国的历史观》，彭刚、顾杭译，南京：译林出版社2006年版，第97—98页。

唯物史观包括：批判宗教，强调精神、文化、宗教、法律都是人类生产力发展的产物；关注经济社会史和科技史，试图在社会过程和结构中寻找因果解释，强调人民群众的历史作用、社会阶级结构观念和阶级斗争；强调自然和历史统一于人的实践活动；主张将理论构造与史料批判考察相结合，强调对各种思辨理论的历史批判；采取暴力国家观来反对理性国家观。尽管马克思反对兰克的唯心史观、英雄史观和国家中心观，但是，马克思还是采纳了兰克史学关于史料的批判分析、历史有机整体、历史前提等观念。

## 三、历史主义的特征

德国历史主义或兰克史学的主要特征表现为对史料的批判分析、强调理解的方法、坚守国家中心观的理念、有机整体观、真实客观的历史书写。

### （一）有机整体观

整体性的把握分为研究与叙述两个方面。在研究方面，兰克要求史学研究者不要只关注某个特定的专门史，而要看到各个历史方面的"相辅相成，结成整体"，因为"其中某个局部领域的缺失，将给整个史学研究之目标带来损害"。[①] 兰克说："历史意义的人类整体，乃由此前一切时代构成。要想认识这种整体，则两端皆不可偏废：既需意识到千百年间人类生活的无尽多样性，亦不可忽视其中呼之欲出的变革进程。"[②] 同时，历史研究要关注事件的"整体脉络"或因果联系，而不能简单地诉诸"自利心与支配欲成为历史事件的主要推动力"。"同时发生之物彼此接触、相互作用；发生在前的事件则成为发生在后的事件之条件；原因与结果之间有着内在联系；——即便未能体现在年份之中，这种联系也未曾减损：它就存在于此，而正因其存在，我们就必须认识它。"[③] 而且，在研究中面临对立的观点或斗争时，研究者要采取客观公正或者不

---

[①] 兰克：《论普遍历史》，见刘小枫编：《从普遍历史到历史主义》，北京：华夏出版社2017年版，第185页。

[②] 科瑟尔：《兰克的普遍历史概念》，见刘小枫编：《从普遍历史到历史主义》，北京：华夏出版社2017年版，第315页。

[③] 兰克：《论普遍历史》，见刘小枫编：《从普遍历史到历史主义》，北京：华夏出版社2017年版，第186页。

偏不倚的态度,从整体上进行同情的理解,避免有意识的政治或宗教偏见。"也就是说,在研究许多类似的斗争和对抗过程之时,史家须对对立双方都作设身处地的考虑,并从双方各自的内部状况出发加以考量。简言之,作出判断之前,应对双方有全方位的把握。"①

在叙述时,史家要将历史中的个别事件和各个环节表述为一个相互联系的有机的艺术整体,以便表达某种哲学理念。"于是,我们便沿着史学的路径,来到哲学的问题那里。倘若哲学真的是其所当成为的那样,倘若史学真是如此完满清晰,尽善尽美,那么此两者最终将完全合而为一。借助哲学的精神,历史科学将穿透历史要素。"② 这个哲学精神就是黑格尔的历史哲学精神。兰克甚至还说:"客观性乃真史学之前提;此史学之兴,必凌驾学派纷见之上。以本质言,此史学当内含宗教道德之要素。……史家者,无非普遍精神之材具;此精神则借其口笔得以呈现。"③ 这样,在兰克史学中,神学史观与黑格尔的唯心史观完全合二为一,成为理解历史的根本原则。"在我们看来,世界史的整个界域充满了精神内容;它们蕴含着内在的真理、必然性和能量,世界史本身就是一系列不可估测的进步所构成,而我们也正处于其中。"④

(二) 史料的批判分析

对史料的批判分析方法在早期的历史学家、《圣经》批判研究和文学批评研究中都得到广泛的应用。兰克则更严格地追求史料的客观性,在对比分析的基础上力图把历史资料和浪漫小说区分开来,避免资料的虚构和幻想,同时坚定不移地以外交档案、手稿等第一手资料为基础来撰写历史著作。对于各种著作,特别是历史著作,兰克提倡要进行批判性地阅读和严格的审查,剔除其抄袭、捏造甚至歪曲的资料,保留其第一手资料。为了消除档案和回忆录中第一手史料的主观性和倾向性,兰克不仅利用多个档案馆的文献和多种同时代的回忆录就同一事件的叙述

---

① 兰克:《论普遍历史》,见刘小枫编:《从普遍历史到历史主义》,北京:华夏出版社2017年版,第187页。
② 兰克:《论普遍历史》,见刘小枫编:《从普遍历史到历史主义》,北京:华夏出版社2017年版,第189—190页。
③ 科瑟尔:《兰克的普遍历史概念》,见刘小枫编:《从普遍历史到历史主义》,北京:华夏出版社2017年版,第310页。
④ 兰克:《论普遍历史》,见刘小枫编:《从普遍历史到历史主义》,北京:华夏出版社2017年版,第192页。

进行对比分析，而且还利用书信、反馈报告甚至具有确定性的二手资料进行补充。在《近代史家批判》中，兰克说："人们使用他的著作以前，必须先问，他的材料是不是原始的；如果是抄来的，那就要问是用什么方式抄的，收集这些材料时用的是什么样的调查研究方法。"① 除文献相互比较的"外证"方法外，兰克还注重"内证"的方法，即从著作者的立场与意图、著作内在的矛盾，结合当时的社会政治文化背景，去辨别其史料的价值。兰克认为，历史研究"直到这些史料被很严谨地排列在一起，史料所蕴含的历史事实才会自动地展现在我的面前"。② 在研究某一个具体对象时，兰克不仅收集和整理这个具体对象的史料，而且还收集和整理与这个具体对象直接相关的更大范围的整体资料，以便从一个适宜的历史整体出发去理解具体对象的起源、演变和发展的历史或者精神内容。在对权威材料的批判研究和公正无偏的理解基础上，兰克认为，撰写历史著作还需要客观公正的叙述，尽可能将作者的价值观、信仰和主观性排除在外。在历史叙述中，历史学家要在理解资料的基础上凭借自己的能力对资料进行全新的塑造。这样，兰克的客观主义史学就建立了一个收集史料、外证、内证并将史料置于更大语境进行综合理解的研究程序和保证客观公正叙述的写作程序。

（三）理解和诠释的方法

历史主义不仅是一种关注细节与个体并重塑历史真实性的方法，也不仅是一种对史料进行严格批判审查的研究方法，而且是把历史当作连续发展的有机整体的一种思维方式。在历史主义的思维方式中，人的理性、语言、生活方式和制度都是随着历史发展而变化的。每一个民族和国家都有一个独特的发展模式，都是人类整体的一个有机组成部分。在人类的历史整体中，所有的民族和国家都是平等的，都只能按照自身潜力是否得到充分发展或者它当时的价值来进行评价。因此，评价标准本身就是历史性的，不存在对所有的民族和国家进行评价的统一的、永恒不变的标准，也不存在单一的真理、价值和美。真理、价值、美、诗歌和艺术都是在历史中被发现，在民族精神甚至阶级中得到表达。在人类历史的发展过程中，尽管有的民族和国家做出的贡献和影响范围比别的

---

① ［美］J. W. 汤普森：《历史著作史》下卷第三分册，孙秉莹、谢德风译，北京：商务印书馆2009年版，第273页。

② 易兰：《西方史学通史》第五卷，上海：复旦大学出版社2011年版，第210—211页。

民族和国家要大一些，但是，这并不能证明前者就比后者优越，只能说明前者比后者拥有更好的历史条件和发挥了更好的创造性。尽管所有民族和国家在自身的历史条件下都是平等的，但是，人类社会并不是静态的或者倒退的，而是处在不断的进步之中。每一个往后阶段的民族和国家都会利用前一个阶段的民族和国家所创造的成果作为自身生活和生产的历史前提。这就意味着，先前阶段的民族和国家越是丰富多样，创造的成果越多，后面阶段的民族和国家所能利用的成果就越多。社会的进步就体现在人类可利用的成果的不断累积之中，不管这些成果是道德、法律、生活方式、语言还是其他的劳动产品。

要对这样一个不断进步但包含众多独特性、不可比较的民族和国家的历史进行研究，就不能采取自然科学研究中频繁使用的归纳法或者演绎法，而是必须采取同情地理解或者直觉静观的方法。这就意味着，理解和解释历史不可能存在任何客观的历史研究方法。因此，历史主义就不仅是一种历史研究的新方法，而且是"一种全面的生命哲学"，一种历史理性的思维方式。① 因为强调的侧重点不同，历史主义在文学、法律、艺术、历史、哲学等领域存在众多的变体。

（四）唯心史观

尽管兰克宣称在撰写史书时要保持客观公正的原则和"消灭自我"，但是，作者在选择具体的研究对象、史料的范围、对史料的理解和确立史料之间的联系时，还是具有高度的主观能动性，带有一定的价值观和信仰。例如，兰克根据民族血统的优劣表现出对德意志民族国家的赞美、对新教的推崇、对世袭君主的颂扬等，在其历史著作中体现了相应的民族政治观、宗教观和君主观。兰克坚信，任何事物和行为都是上帝精神的体现，欧洲史的本质是强权的崛起与敌对的现实政治。他说："所有的历史中都有上帝在居住、生活。每一项行动都在证明上帝他的存在；每一项重大的时刻也在宣扬着上帝的名字，最能证明上帝存在的，我认为是，历史的伟大连续性。"② 这种泛神论思想就充斥在兰克的历史著作中。于是，宗教观念成为解释历史事件的重要因素，上帝成了历史事件得以发生的主要动因。各国之间的重大战争和冲突就归结为源自不同的宗教信

---

① ［美］格奥尔格·G.伊格尔斯：《德国的历史观》，彭刚、顾杭译，南京：译林出版社2006年版，第36页。
② 易兰：《西方史学通史》第五卷，上海：复旦大学出版社2011年版，第223页。

仰或者对上帝的不同理解，君主去追求世界霸权就成为上帝意志的体现。历史研究也被归结为探知最高精神存在的一种手段。这样，客观史学就拜倒在政治利益和偏见的屠刀之下了，从根本上忽视了国家行为的伦理道德因素。为此，兰克为德意志的"特殊道路"进行辩护，尽管这种特殊性在是否起源于中世纪碎片化的帝国、路德的宗教改革还是德国古典哲学家注重观念的自由而忽视实际的政治领域之间存在很大的争论。

在《历史上的各个时代》（1854）一书中，兰克批判了普遍进步的历史观念——"整个人类历史是从一个特定的原始状态"，在"一种普遍的指导性的意志的推动"下或者在"精神列车"的推力下，"朝着一个积极的目标发展着的"的观念。① 这种线性进步历史观不仅否定了人的自由和主观能动性，而且否认了各民族"主要的历史性的发展因素以及一种呈阶段性的精神力量"，看不到各民族及其文化的兴衰历史，以及无法解释各民族的诗歌、艺术、哲学、道德和宗教在早期历史阶段取得的无法超越的伟大成就。既然每个时代都具有同等的价值，"各个时代的人是权利平等的"，那么，历史学家的任务就是要研究各个时代的"所思所为"，发现其主导观念、特定的大趋势和特有的理想，并"寻找各个历史时代之间的区别以及前后历时时代之间的内在联系"。兰克注重各民族的语言、道德、法律、宗教、文化、政体的制度和观念在不同区域的征服与扩张中形成、交流、传播与融合，并将其当作文明化和国家化进程的一个组成部分。这充分说明，兰克不仅持有有神论和英雄史观，而且还坚持唯心主义的观念论，认为观念的传播、交流与对立是世界发展的主要动力。在某种程度上说，兰克的观念的对立与统一的发展思想，不同于黑格尔的概念辩证法。因为兰克强调了观念的民族特性以及出现的偶然性。兰克看到了物质领域的进步性与道德艺术领域的非进步性之间的矛盾现象，但并未试图去理解为什么会有这种现象的历史逻辑，而是归结于"与神的福音"或"和上帝直接相关联"的精神突现。②

（五）国家中心观

德国的历史学家将国家看成是一个有自身目的、体现了民族精神甚

---

① ［德］利奥波德·冯·兰克：《历史上的各个时代：兰克史学文选之一》，杨培英译，北京：北京大学出版社2010年版，第5页。
② ［德］利奥波德·冯·兰克：《历史上的各个时代：兰克史学文选之一》，杨培英译，北京：北京大学出版社2010年版，第11页。

至上帝思想的有机体。每一个国家都有独特的民族传统，体现了独具特色的民族精神和道德，继承和发展自己特有的政治制度和其他制度。国家的主要任务就是在国际体系中获得最大程度的独立和力量，以便充分发展自己的潜力，促进国内的自由、法律和文化创造力的发展，以及实现更高的伦理道德目的。① 因此，不仅个人追求幸福和自由的目标必须服从于这一目的，而且国家行动的道德性也从这一目的中得到肯定和评判。这种独特的国家中心观不仅为19世纪的德国的传统政治社会结构提供了理论基础，而且为德国的历史学家带来了理解历史研究的独特方法，主张对历史主体的独特性进行理解，反对概念化和文化比较研究，也不寻求历史中蕴含的稳定因素和发展模式。尽管拒斥黑格尔的思辨哲学和神学论点，但是，兰克在无形中还是采纳了黑格尔的历史哲学，即历史是绝对精神在各个主导民族国家的展现过程。大卫·施特劳斯的《耶稣传》开启了将历史学的方法用来探讨圣经人物和事件的历史真实性的先例，也启发了历史学家从历史事实中寻找上帝存在或行动的证据。由此，兰克认为，"每个历史时代都直接与上帝相关联"，具有自身独特的历史价值、特殊的个性、特定的趋势和特定的理想，因而在民族和国家的历史多样性中不存在线性的历史进步、绝对精神的复归或历史的终极目标。民族和国家的历史多样性与各个国家的历史阶段性的思想，被马克思采纳，从而否定黑格尔的辩证法的先验演绎。

（六）英雄史观

兰克认为，所有的历史现象都拥有具体的、客观的价值，反对用理论或者伦理道德来评价一种制度或者政策行动，因为后者只能"依据那个人自己的立场及其固有目标来作出"。在兰克看来，"有眼光的人在历史的各个时期都知道什么是好的和伟大的，什么是被允许的和正确的，什么构成了进步以及什么是衰退。它的粗线条轮廓铭刻在人的内心之中。对我们来说仅仅思索就足以理解了"。② 这就隐含了政治军事人物都是完全理性的、不受伦理道德约束的"整个民族中选出的最能干的人"。既然政治家都是理性的，都选择适合民族精神的政治制度和政策，那么，

---

① ［美］格奥尔格·G. 伊格尔斯：《德国的历史观》，彭刚、顾杭译，南京：译林出版社2006年版，第7页。
② ［美］格奥尔格·G. 伊格尔斯：《德国的历史观》，彭刚、顾杭译，南京：译林出版社2006年版，第92页。

在众多民族生存的世界上，在国家理性的抽象原则指引下，每个民族都有适合它的政治制度，不能随便移植外国那些与本民族的传统背道而驰的政治制度。而且，每个民族按照自己的传统在政治精英的领导下选择最适合本民族的政治制度，也是上帝赋予各民族实现其国家理念的任务。即是说，"它存在的条件（就是）为人类精神提供一种新的表现形式，以它自己的新形式表现这一形式，并且重新展示它"。① 因而，联邦制和君主制更适合德意志的民族传统。在这一民族传统中，个人利益必须服从国家利益，每一个人都要服从国家政治精英在国际舞台上利用外交政策和军事力量去追求霸权的需要和展开大国之间的斗争。兰克和其他历史主义者假设，任何一个民族国家都只存在一个传统，占主导地位的政治力量就是那个历史根源最深、最具有合法性的力量，那些被忽视的普通大众的利益会自动得到政治精英的照顾和考虑。兰克否认个人的政治权利和为普鲁士制定宪法的必要性，强调国家对国防、商业关系和新闻出版方面的控制，无条件地接受普鲁士的官僚结构。这事实上就将工业无产阶级和广大的人民群众排除在国家的政治框架之外，重塑社会的革命努力也被简单地排斥为无机的、非历史的和非理性的行为。②

## 第二节 维柯与马克思

扬姆巴蒂斯达·维柯（1668—1744）是意大利哲学家、法学家和语文学家，被公认为"现代社会学、人类学、心理学和社会历史学的重要先驱"、现代第一位历史哲学家以及反启蒙运动的先驱。③ 维柯在《关于各民族共同性的新科学原则》（1725）中开创了历史哲学研究的先河。在维柯看来，人类历史和文化应被视为一个经历不同发展阶段的有机发展过程，历史学家应从当时和当地出发去认识和理解历史，而不应该从本民族的立场和现代的观念来研究历史。在《论意大利最古老的智慧》（1710）中，维柯提出了真理即创造物的命题，真理的法则和标准就是

---

① ［美］格奥尔格·G. 伊格尔斯：《德国的历史观》，彭刚、顾杭译，南京：译林出版社2006年版，第93页。
② ［美］格奥尔格·G. 伊格尔斯：《德国的历史观》，彭刚、顾杭译，南京：译林出版社2006年版，第95页。
③ ［美］马克·里拉：《维柯：反现代的创生》，张小勇译，北京：新星出版社2008年版，"导言"第3页。

证成它,或创造它。脱离创造的认识是偶然的,只有立足于创造的认识才是真理。维柯的《新科学》在批判自然法理论的基础上,提出了人类学、法学、语言学、美学、政治学和历史学等领域的许多原创性思想,实现了近代思想史上第一个哲学、法学与历史的理论综合,为马克思开创的哲学、法学、政治经济学和历史的更大综合铺平了道路。

## 一、制度和人性的宗教理论

在维柯看来,一个民族或国家就是制度和文化关系的总和。制度的自然本性与不可分割性依赖于其产生的方式。"各种制度的自然本性不过是它们在某些时期以某些方式产生出来了,时期和方式是什么样,产生的制度也就是什么样,而不能是另样的。各种制度的不可分割的特性必然是由于它们产生的方式,所以根据这些特性,我们就可以断定它们的本性或产生情况是这样而不是另样的。"[1] 维柯将上帝和宗教置于人类演变理论的中心,采纳了《圣经》的天堂—堕落—人性恢复的宗教逻辑,并称之为"天神意旨的一种理性的民政神学",来展示人类制度和人性的历史演变。

人类最初住在上帝的天堂,享有与人性相匹配的完美但有限的精神、心灵和语言能力。但是,人类的原罪在于,人类渴望拥有上帝那无限的知识、意志和能力,渴望见着上帝的真面目,渴望窥测上帝的天宇或统治范围。人类对上帝秘密的窥探是大逆不道之罪,上帝的惩罚就是让人类无知、语言的贫乏和精神的邪恶。人类脱离了上帝的自然状态只能是一种野兽生活的堕落状态。但是,天恩还存在,人都有行善事的潜能和自然正义的观念。维柯借助于柏拉图的理念分有论和回忆说认为,堕落的人仍然会回忆起某些模糊的神意安排,从而在无意识中创建各种制度来摆脱野蛮性和获得人性,走向理性和德性。"天神意旨的调和作用除了对联结人类知识、自由和德性具有重要意义外,对人类意图与结果的所有关联也举足轻重。"[2] 没有这个回忆说和理念分有说,堕落的人类就处于伊壁鸠鲁的原子偶然或斯多葛派的命运的境地,无法回归神性。

---

[1] [意] 维柯:《新科学》上册,朱光潜译,北京:商务印书馆2009年版,第109页。
[2] 卢森特:《维柯的"天神意旨"观与人类知识、自由及意志的限度》,见刘小枫、陈少明主编:《维柯与古今之争》,北京:华夏出版社2008年版,第8页。

从天堂堕落和背弃"诺亚的真教"后,诺亚的后代在森林中相互分散,腐化了人的知识、意志和能力,成长为缺乏心灵和具有庞大躯体的巨人族。人就变成自私自利、享有野兽般自由和受情欲支配的动物,依靠感官对外在事物进行认识。"人堕落到对自然的一切救济都绝望了,就希望有某种超自然的力量来救济他。这种超自然的力量就是天神,而这个道理就是天神放射给全人类的光亮。"① 对天神的畏惧就会产生一种类似于物理学所说的外力,作用于受制于情欲的、不断激动的和成长的肉体。按照作用力与反作用力相等的牛顿运动定律,灵魂在肉体欲望和天神畏惧的相互作用下就会趋于平静。"这种对肉体激动的控制当然是人类的自由选择,亦即自由意志的一种结果。这种自由意志就是一切优良品质(其中包括公道或正义)的来源和寄托所。意志在受到公道指使时,就是一切公平事物和一切凭公道制定的法律的来源。"② 这意味着,对天神的畏惧或天神公道是人类约束自身的肉体欲望和确保人间正义的最重要的支撑点,人类制度依赖于神的制度。

对天神的畏惧首先产生出虔敬的伦理道德,而"在一切民族中,虔敬是一切伦理的、经济的和民政的德行之母"。"虔敬起于宗教,宗教就恰恰是敬畏神祇。"③ 对上帝的虔敬和传种的自然本能就产生了婚姻制度,从而将野兽般的自由状态向人道的社会转变。由婚姻和人道的友谊产生出谨慎、正直、节制、强壮、勤劳和宽宏大量的德行。随着人口的不断增多,更多的制度、神话和美的观念就发展起来。

与宗教神学认为上帝以有形之手创造人类的制度但却充满了数不清的罪恶的理论不同,维柯采用了上帝借人类这个无形之手创造人类制度的理论。即,所有的人类制度都是人类根据自身的需要和效用自己创造的,并体现在各民族的风俗习惯和法律之中,但却无意识地反映了天神意旨的统一性。不过,维柯的重心并不放在天神意旨本身,而是放在各种人类制度的起源和演变,即"每个民族的出生、进展、成熟、衰微和灭亡过程中的历史"。④ 如同几何学是在创造的数学世界中认识一样,人类也在自己创造的制度中认识。"这个民族世界确实是由人类创造出来

---

① [意] 维柯:《新科学》上册,朱光潜译,北京:商务印书馆2009年版,第164页。
② [意] 维柯:《新科学》上册,朱光潜译,北京:商务印书馆2009年版,第165页。
③ [意] 维柯:《新科学》上册,朱光潜译,北京:商务印书馆2009年版,第266页。
④ [意] 维柯:《新科学》上册,朱光潜译,北京:商务印书馆2009年版,第169页。

的，所以它的面貌必然要在人类心智本身的种种变化中找出。如果谁创造历史也就由谁叙述历史，这种历史就最确凿可凭了。……因为在天神身上，认识和创造就同是一回事。"① 人类心智最明显的变化就是理性的演变。在维柯看来，人类早期缺乏认识和推理的能力，也就缺乏内心正义的观念，"而理性正是理智感到满意的那种内心公道（主持公道的心）的泉源"。只是在人类社会中，人们才逐渐获得了理性能力和正义的观念。尽管如此，维柯借助天神意旨来断言人类具有共同意识和共同制度的神学假设，就切断了研究人类制度演变的动力机制。

## 二、神话起源理论

维柯认为，神话是"各民族习俗的真实可靠的历史"，是各族人民根据"必需和效用"的原则集体创造出来的。"这些神的神谱或世系是在这些原始人心中自然形成的，可以向我们提供一部关于神的诗性历史的时历。"② 例如，希腊的神谱就是出于宗教安慰的需要而产生的。伴随着占卜和宗教制度这种"天神制度"的产生，婚姻、埋葬、灵魂不朽、土地划分和耕种、家庭、民族、城市、国家、语言文字、人头税、封建制、奴隶制、贸易、殖民地、货币、法律、战争、正义、各种政体等各种"人间制度"也发展起来。维柯正确地猜测到，长期定居和埋葬死者同土地占有权之间存在紧密的联系，各种语词出现的次序是与各种制度和创造物出现的次序密切相关的。人类的演化是从游民的野兽般生活向农业定居的文明社会发展的，伴随着大量伦理风俗和社会制度的产生与发展。

维柯假设，语言、观念与事物具有同步性，因而研究语言的变迁就意味着观念、习俗和事迹的变迁，语词的相似或演化也就反映了民族心智的相似或演化。"因为这个民族世界既然确实是由人类造成的，它的各种原则就只能从人心内部变化方面去寻找。"③ 借助于丰富的想象力，原始人这人类的儿童就采取诗歌表达的形式和拟人的方式，将任何它们无知或感到惊奇的事物的原因都归诸于具有实体性的天神。对天帝的创造

---

① ［意］维柯：《新科学》上册，朱光潜译，北京：商务印书馆2009年版，第170页。
② ［意］维柯：《新科学》上册，朱光潜译，北京：商务印书馆2009年版，第9页。
③ ［意］维柯：《新科学》上册，朱光潜译，北京：商务印书馆2009年版，第187页。

性想象来自于天空中的惊雷或闪电所造成的恐惧，以及将人类的咆哮或呻吟移情到天空说话的结果，幻想天地像人一样"有生气的巨大躯体"，利用雷电或灾害进行发号施令。由于天帝约夫是"在诗里自然产生出来的一种神圣的人物性格或想象的共相"，因此，凡是能解释或精通神谕或预兆的人，即占卜者或祭司，就获得了崇高的地位，享有特权，成为统治者。

按照同样的人格化方式，早期人类用其他神祇来指明各类事物，想象其具有感觉和情欲。每一类事物各有一种神，于是就有了多神教的偶像崇拜。随着人类社会的发展和职业的分化，各民族就将各种英雄人物或统治者神化，以便保护自己的氏族或城邦。随着人类的抽象思维能力的成长，"上述那样的人格化也就化成一些小型的符号"，从有形想象为无形，从具体事物衍生为"想象的类概念"。① 诗歌、神话、占卜、偶像崇拜、祭礼和宗教因而具有同源性，神话也成为了"与想象的类概念相应的一些寓言故事"。在语言上，神话就采用隐喻、替换、转喻和讽刺等方式，借用人的各部位、感觉、情欲和行为来移情地表达周围事物的属性及其行动。因此，神话和宗教就是人类创造的一个带有自身影子的虚构世界，各种比喻都是一切原始民族的所必用的语言表达方式。

这种神话和诗歌创造只有在抽象思维极度不发达的时代或个人中才可能产生。语言的抽象词汇的发展、写作艺术的精炼、数字的普遍应用，都让人类的心智脱离了单纯的感官思维，而走向更丰富的抽象思维。古人的想象力和感知能力强，其诗歌和艺术成就非常卓越；现代人的理性能力较强，科学成果超越古人。拥有高度抽象思维能力的现代人不仅很难再创造出原始人的神话和诗歌，而且很难体会他们巨大的想象力。而且，由于人类的推理能力是不断提高的，因此，过度强调"古人的智慧无敌"或者理论理性优越于实践理性也是错误的。② 显然，维柯的这种上帝观就比费尔巴哈的宗教异化论更符合宗教创造的历史。

维柯对人类早期的野蛮流浪生活和因恐惧而产生上帝观念的历史描述，借鉴了卢克莱修的《物性论》第四部分的宇宙演化理论。但是，维柯认为，神话的产生不是一步完成的，而是一个随着生产和生活的发展而不断扩展的过程。任何民族的神话体系都包含了满足人类需要的各种

---

① ［意］维柯：《新科学》上册，朱光潜译，北京：商务印书馆2009年版，第206页。
② ［意］维柯：《新科学》上册，朱光潜译，北京：商务印书馆2009年版，第194页。

神祇，每一种神祇都推动了相应的仪式和制度的发展。因此，神话体系蕴含着各民族制度起源和发展的真实历史。随着各种习俗和制度的发展，人的社会性得以增强，心智也不断完善。在创造自己的产物的过程中，人类的基本能力在历史中不断演化。有些能力不断增强，有些能力则不断减弱。维柯尤其关注人的想象力、判断力、推理能力、批判能力等各种能力在人类历史上和个体发育上的先后秩序，希望借助个人与民族在基本能力发展阶段的相似性来确保历史学家认识历史真理的可能性。因此，维柯对古代语言和神话的解释，揭示了无意识所掩盖的真实历史过程。

维柯的一个伟大贡献是从语言学角度，在各民族的神话、史诗、法律、习俗和寓言故事的语言中，发掘出早期人类起源时各种制度的形成过程和早期人类社会的血腥残暴历史。同时，维柯雄辩地证明，语词和概念的内容和表达形式是随着历史演变和生产的发展不断变迁的，并且在不同民族之间具有某种共同性。但是，维柯从古代典籍的词源学角度错误地认为，文字的起源与语言的起源在本质上是联系在一起的，各民族先以书写的方式说哑语，然后才说有声语言，民族的数量和语言的数量同样多。由于受到神学思想的影响，维柯在其语言起源的理论中还认为，语词产生的先后顺序是象声词、感叹词、代名词、小品词、名词和动词。

### 三、国家兴衰模型与历史辩证法

维柯认为，各民族都经历了神的、英雄的和人的三个先后衔接的时代，"根据每个民族所特有的因与果之间经常的不间断的次第前进"。① 每一个时代都会产生一种不同的自然本性、习俗、部落自然法、政体、语言、字母、法律、所有制、理性和裁判。"这些（共十一个）三位一体的特殊整体以及派生其他这样的整体在本卷中都将罗列出，它们全部都包括在一个总的整体中。这个总的整体就是都信仰一种有预见的天神的宗教。这就是形成和赋予这个民族世界以生命的精神整体。"② 因此，民族的演进就是这些制度和人的心智演变的总和。

在神的时代，上帝利用人类的无知和恐惧，提供了宗教、婚姻和土

---

① ［意］维柯：《新科学》下册，朱光潜译，北京：商务印书馆2009年版，第501页。
② ［意］维柯：《新科学》下册，朱光潜译，北京：商务印书馆2009年版，第502页。

地所有权这三种制度,在先于国家之前形成了社会的"共同意识"。所有权本身是一个复杂的制度体系,它包含了先前的宗教和婚姻含义。这就意味着,先发展起来的制度不仅是后来制度的发展基础,而且后发展起来的制度是镶嵌在先发展起来的制度之中,形成不可分割的关系。但是,这种土地占有权和其他事物的所有权,并不是平均分配给每一个人的,而是由控制天神的占卜权的人或者自信拥有某种神性的人所拥有。"凭这种占卜权,他们也把英雄城市中的一切公私制度都掌握在本阶层手里。"① 伴随着土地所有权而来的是封建制的产生,城市、土地税、实物交换、契约、贵族与平民之间的阶级划分及阶级斗争的出现。

在英雄的时代,家庭内部争夺土地所有权的斗争催生了家主联合起来形成寡头集团和贵族政体的国家,共同对付家奴或农奴争取社会权利的反抗。"一切国家都产生于所有权、自由权和保卫权。"② 因此,国家是阶级斗争的产物,而不是像自然法学家所说的孤独的理性个人之间的社会契约的产物。③ 在这样的利益驱动下,贵族和统治者就不会主动地为平民谋福利,而是不断地压榨和剥削,甚至把剥削和残暴当作美德。这意味着,国家只是控制和分配剩余产品的一种暴力手段或方式。尽管贵族对农奴进行了残酷的统治和剥削,但是,维柯认为,贵族政体促进了宗教、财产、契约和婚姻制度的发展,更加关注于公共利益,从而促进了人性的社会化。

在人的时代,家奴经过阶级斗争获得了土地所有权、婚姻权和宗教崇拜权,享有与贵族一样的平等人性,人类进入理性共和国的时期,法律变得更加公正、刑法更加人道。随着传统习俗的权威遭到理性的削弱,个体追求自由的本性和集体的无理性导致共和政体向君主政体转变。"但是等到民众政体下一些强人凭私人权力的利害计较去执行公共事务时,自由的人民也为私人利益计算,让自己受掌权的强人们的诱骗,让自己的公众自由权受制于掌权的强人们,于是派系斗争,暴动叛变,内战就

---

① [意] 维柯:《新科学》上册,朱光潜译,北京:商务印书馆2009年版,第213页。
② [美] 马克·里拉:《维柯:反现代的创生》,张小勇译,北京:新星出版社2008年版,第102页。
③ 在亚里士多德那里,国家是家庭的自然延伸。在霍布斯和洛克那里,国家是由个人的社会契约组成,直接忽视了家庭。维柯则将国家当作维护家庭的私产产权的工具,将农奴制看做是在家庭与国家政治生活之间的制度变迁。黑格尔则将国家看作是家庭实现民族精神的内在目的。

接踵而起,对他们的国家本身成了致命伤,于是君主独裁的政体形式就应运而起了。"① 在君主政体中,君主凭军事力量垄断了全部的公共事务,而臣民们则照管他们的私人事务,家族的传统权威被摧毁。由于在君主政体下,所有的臣民在法律面前一律平等,君主驯服了强者、确保大众免于强者的压迫和授予某些阶级特权和荣誉,人民则享有生活必需品、安全和自然的自由权,所以,君主政体是"理性充分发达时最能适应人性的一种政府形式"。② 但是,在缺乏正义和传统制度崩溃的情形之下,追求私利的自由和理性的滥用也会导致一个君主政体的灭亡,进入无政府状态,重新成为一个具有高度反思和充满阴谋诡计的野蛮社会。这里,维柯看到了过度的个人自由和理性的严重社会后果:脱离公共生活的理性虚构会摧毁一个社会。

在维柯看来,推动各个民族的历史依次经过这三个发展阶段的动力来自于上帝在人心中蕴含的心灵力量,借助于虚假的神意观念和阶级斗争得以实现。尽管人类世界是"由人类自己创造出来的",但其中却隐含着"超人的智慧所计划好的"习俗在起着"无形之手"的作用。维柯说:"不过这个世界所自出的那种心智往往是不一致的,有时是彼此相反的,而且经常超出人们自己所追求的那些个别特殊的目的;用这些狭小的目的来为较广泛的目的服务,人类心智经常用这种办法来把人类保存在这个地球上。人类存心要满足自己的淫欲而抛弃自己的子女,而他们却创建了合法的正式结婚制,各家族就是由婚姻制产生的。家族父主们存心要对自己的受庇护者们毫无节制地运用父主权,而他们却使受庇护者服从民政权力,诸城市就是由民政权力产生的。贵族的统治阶层存心要对平民们滥用主子的自由,而他们不得不服从法律,而法律就奠定了民众的自由。各族自由的人民存心要摆脱他们的法律束缚,而他们却变成服从独裁君主的臣民。独裁君主们存心要巩固自己的地位,于是用各种淫逸的坏风气来腐化臣民,而结果却把人民送交较强民族手里去忍受奴役。"③ 曼德维尔在《蜜蜂的寓言》中提出了私人的恶德是公共的福利的观点,而维柯则将个人有目的的行为与无意识的社会制度联系起来,以证明天神意旨的神奇作用。也就是说,任何人追求自身目的的行动会

---

① [意] 维柯:《新科学》下册,朱光潜译,北京:商务印书馆2009年版,第557页。
② [意] 维柯:《新科学》下册,朱光潜译,北京:商务印书馆2009年版,第559页。
③ [意] 维柯:《新科学》下册,朱光潜译,北京:商务印书馆2009年版,第624页。

造成社会制度的不易察觉的变化这种未预料到的社会后果和个人观念的社会化。

但是，维柯的这种社会历史的辩证法不同于黑格尔的概念辩证法。"因为在黑格尔那里，精神依靠一系列辩证对立面变化，朝长远看来必然是进步的方向发展。相反，在维柯的体系中，不仅这种系列未必长远说来是进步的，因为随社会进步而来的是社会衰败，并且其中所包含的各阶段也不是真正的辩证对立面，而是揭示人的合理性、公正和民德的不断改善，至少直到完美状态。"① 而且，黑格尔的辩证法否认人的无意识或想象力的创造性作用，而维柯的辩证法尤其强调想象力或非理性在人类早期的制度发展和神话构建历史中的重要作用。在维柯看来，人的各种能力是历史演化的，人的理性能力出现得较晚并且高度依赖于各种社会制度和想象力的变相。与理性运用抽象的概念对抽象的总体进行理解不同，想象力则利用具体的意向和情感，借助于模仿和非理性的联想发挥作用，构建具体的总体。同样值得注意的是，黑格尔的民族精神是一个具有先验目的的、不变的、外化的过程，而维柯的民族精神是在社会化的个人行动中以习惯法的形式不断地历史构成的过程。"他认为作为整体的、作为制度体系发展的历史是被决定的；他把自由选择的能力赋予在这些架构中行动的人。诚然，制度所产生的约束影响一般必定是成功的。"② 这意味着，黑格尔的民族精神看不到民众的作用，很容易形成英雄史观，因为伟大的历史人物是民族精神实现自己目的工具或"理性的狡计"。维柯的民族精神则强调阶级斗争的驱动作用，被压迫阶级的反抗既是推动民族历史演化和政体变迁的主要动力，又是天神意旨的潜在作用。同时，神意是指引一切民族经历"理想的永恒历史"的观点，也不同于黑格尔的历史哲学集中在绝对精神有选择性地应用于霸权民族的观点。

维柯的国家演化理论具有重要的历史价值。首先，维柯区分了神的理性、国家的理性和自然理性。神的理性与神的权威等同，通过启示或预兆传达给人类。国家的理性就是一切法律都要服从的民政公道或政治

---

① [英] 利昂·庞帕编译：《维柯著作选》，陆晓禾译，北京：商务印书馆1997年版，"英译者引言"第42页。

② [英] 利昂·庞帕编译：《维柯著作选》，陆晓禾译，北京：商务印书馆1997年版，"英译者引言"第53页。

正义。自然理性就是利益平等的自然公正。"因为统治的政府必须符合被统治者的自然本性,实际上政府正是由被统治者的自然本性产生出来的。同理,法律也须符合各种政府形式而去实施。因此,就须按照各种政府的形式而去解释。"① 与自然公正关注私人利益并受功利主义的动机支配不同,政治正义关注公共利益和权力分配。因此,国家理性就在于将政治正义与自然正义结合在一起的智慧,或者牺牲个人利益以产生巨大的公共利益的智慧,或者确保不与公共利益相违背的个人利益的智慧。其次,维柯认为,历史上存在一条君主与人民的力量此消彼长的"永恒的最高的自然法"。"凭这种自然法,一个政权的自然权力,正因为它是真实的,就必然要实现,这就是说,掌权势者愈丧失了他们的力量,人民的力量也就按比例地增长,直到他们变成自由的,而且随着各族自由的人民愈放松他们的掌握,国王们的力量也成比例地增强,直到他们变成了独裁君主。"② 因此,力量就是正义。再次,维柯认识到阶级斗争的历史作用。尽管天神意旨推动人类各种制度的演化,但是,阶级斗争在政体演化中起着重要作用。这个阶级斗争就是主奴辩证法。流浪的人投奔家主而成为奴隶和构成社会,但家主滥用权利对奴隶进行压迫,迫使奴隶采取权利平等的斗争,从而推动了政体的演化。"弱者要求法律,强者把法律留在自己手里不给弱者;野心家们为着争取群众,就宣布法律;君主们为着使强者和弱者平等,就保卫法律。"③ 在历史上,统治者的法律从秘密到公开、从任性到受到规则的约束、从绝对不平等到相对平等的发展都是一个漫长的、充满阶级斗争的历史过程。

当然,维柯的国家理论存在许多缺陷。首先,阶级斗争的推动力只局限于国家的产生和贵族政体向共和政体的转变。一旦达到人的时代,阶级斗争的推动力就消失了。"年代误植问题也消失了,随着它的消失,《新科学》的方法和主要问题也达到了他们的自然界限。"④ 随之而来的是自然法理论的普遍适用和神意的推动力开始发挥作用。"一旦人成为理性的人,脱离了奴隶地位,不再恐惧、羞耻和无知,那么他的历史就能

---

① [意]维柯:《新科学》下册,朱光潜译,北京:商务印书馆2009年版,第521页。
② [意]维柯:《新科学》下册,朱光潜译,北京:商务印书馆2009年版,第605页。
③ [意]维柯:《新科学》上册,朱光潜译,北京:商务印书馆2009年版,第141页。
④ [美]马克·里拉:《维柯:反现代的创生》,张小勇译,北京:新星出版社2008年版,第242页。

够通过一种完全传统的方式来研究。"① 社会契约论因而成为理性共和国法律构建的基础。维柯指出，契约以大量的制度化机制为前提，自然法不适合于高度缺乏理性的早期人类社会，只有依赖于模仿和想象的习惯法才符合早期的人类能力。从受想象力、习俗和迷信支配的早期人类社会向受理性能力支配的社会演进过程，是经历了神的、英雄的和人性的时代的。神的时代依靠想象力产生了习俗法，英雄的时代则将习俗法典化，人性的时代则在习俗的基础上按照理性或正义的原则进行法律推演。第二，维柯秉持历史循环论，认为每一个民族都要经历三阶段论，宗教、婚姻和财产所有权在历史进程中保持恒定一致，没有意识到宗教、家庭、婚姻和财产所有权的多样性和历史变迁。第三，由于高度依赖于宗教神学，维柯对国家的发展和政治活动呈现悲观的态度，认为君主政体的崩溃会导致人类重回野蛮状态。这就是上帝的"无形之手"或神意在历史变革中的作用。但是，维柯没有看到国家这种所有权的组织形式与劳动之间的紧密关系，以及人类语言、文化和技术的积累。对于社会的动态变迁和制度的兴衰，维柯也在神意的指使下宣布保守主义的解决方案：保住传统和宗教习俗的权威，复兴古代的教育，摒弃理性和自由的诱惑。

### 四、维柯对马克思的影响

维柯是18世纪欧洲启蒙运动的一部分，受到洛克《人类理解论》和斯宾诺莎的《神学政治论》强有力影响，并将斯宾诺莎的泛神论归于雷电引起的神话阶段和野蛮时期的独特经验和将斯宾诺莎研究《圣经》的语言学方法用来研究荷马史诗。由于理性主义占据绝对的主导地位，意大利整体思想的落后，著作的晦涩难懂，以及支持传统的权威和君主政体，维柯的思想在18世纪没有得到广泛的传播。但是，维柯影响了孟德斯鸠、杜尔哥、卢梭、赫尔德、歌德等人的思想发展。孟德斯鸠的《罗马盛衰原因论》受到维柯《新科学》的明显影响。卢梭在《论人类社会不平等的起源和基础》中利用了维柯的自然状态，并将人的社会化和制度化理解为人的异化或专制剥削的基础。歌德称赞维柯的《新科学》"包含着女仙式的预言，预见到今后将会或应该实现的美好公正的世界，

---

① ［美］马克·里拉:《维柯：反现代的创生》，张小勇译，北京：新星出版社2008年版，第243页。

这些预言是以生活和传统的深思熟虑为根据的"。①

但是，维柯思想对欧洲思想进程的全面影响发生在历史主义崛起的19世纪。《新科学》和《维柯自传》在1822年由韦伯（W. E. Weber）翻译成德文。法国"史学之父"儒勒·米什莱（Jules Michelet，1798—1874）在1827年的《新科学》法译本中将维柯推举为最具原创性的思想家，因其发现了"人的自我创造的原则"。米什莱将《新科学》当作法国"七月革命"这场大众运动的根据，认为"七月革命"在人类中产生了一种"人能决定自己的社会命运"的自信能力的新意识。米什莱根据维柯关于人在历史中创造自己的本性的观点，得出了人性是社会的产物和人性化的过程就是社会化的过程的观点，并利用人的创造性将维柯的循环历史观修改为线性历史观。② 在《世界史导论》（1831）中，米什莱认为，人类史是一个从亚洲的专制过渡到欧洲自由的精神过程，法国大革命完美地结合了自由与平等的精神理念。法国大革命的精神在历史中向全世界扩散的过程就充分体现了法国是世界精神的中心和承担者。在《法国革命史》中，米什莱主张普通群众是推翻旧制度、建立共和国的进步力量，而英雄人物主要起的是破坏作用。

米什莱等法国史学家的阶级斗争理论和群众史观对马克思有一定的影响。在马克思看来，法国大革命是一种权力分配的社会调整过程，资产阶级以贵族为代价获得了新的公民权。在新的资产阶级社会，底层群众在获得政治权利之时并没有获得相应的经济权利，资产阶级与无产阶级之间的矛盾取代了贵族阶级与农民阶级之间的矛盾，因而其解放是不完全的。真正的人类解放需要同时解决政治权利和经济权利的问题，从而消除阶级对立和民族压迫的现实。只有从经济生活的压迫中解放出来，被压迫阶级才会有更高的社会精神追求，发挥人类全部的创造性潜力。马克思高度重视人的创造性，特别是人在社会中创造性地回应环境的挑战过程中形成的社会意识，因而人类意志和社会意识在社会发展的过程中至关重要。在社会变革中，包括创造性的想象力和社会蓝图在内的社会意识与社会行动特别是暴力革命共同推动历史的发展。尽管维柯的阶级斗争理论通过米什莱对马克思产生了重要的影响，但是，维柯的唯心

---

① 朱光潜：《朱光潜全集》第10卷，合肥：安徽教育出版社1993年版，第712页。
② 哈顿：《维柯的历史理论与法国革命传统》，见刘小枫、陈少明主编：《维柯与古今之争》，北京：华夏出版社2008年版，第94页。

史观与马克思的唯物史观是根本对立的。维柯的《新科学》充斥着"天神意旨"的语言,认为宗教是一切社会制度的基础。马克思的唯物史观批判这种宗教神学观,认为物质生产方式的变动伴随着阶级的变化和阶级斗争的发展。在 1862 年 4 月 28 日致费迪南·拉萨尔的信中,马克思说:"我注意到,你似乎没有读过维科的《新科学》。你在那里当然找不到与你的直接目的有关的东西,不过这本书还是有意思的,因为与法学市侩对罗马法的精神所作的理解相反,它对此作了哲学的理解。……在维科那里,以萌芽状态包含着沃尔弗(《荷马》)、尼布尔(《罗马帝王史》)、比较语言学基础(虽然是幻想的),以及还有不少天才的闪光。"①

不过,维柯强调人的社会性,认为人性是在历史中形成和变化的。"人类本性有一个主要特点,就是人的社会性。……本书要阐明的就是:这种社会生活方式才符合人类的真正的民政的本性,因此,自然界本来就有法律。"② 维柯不仅看到了人的社会性,而且看到了人性的异化问题。这种人性异化的理论,通过卢梭,对马克思的劳动异化理论有所影响。

同样不可忽视的是,维柯的认识即创造的观点对马克思的实践观具有一定的影响。维柯对因果论的解释不是认识论的,而是存在论的,即原因是创造和认识的同一,结果和真理就是创造物。维柯说:"如果真理就是创造出来的东西,那么通过原因来证明就是做出结果;同样,caussa(原因)也将和 negocium(事因)相同(即 operatio,运作);最后,真理与创造相同(即 effectus,结果)。"③ 这样,人类就对自己的创造物,如数学、逻辑、制度、语言和文化等,能够获得绝对的真理。对于非人类的创造物,由于人类的认识能力受到其创造能力和抽象能力的限制,人类所获得的一切自然知识都是有限的和不完善的。马克思将维柯的人类创造物从精神领域扩大到物质领域,认为人类借助于工具和劳动,能够不断地扩大自然界的认识领域。

总之,维柯的阶级斗争理论、历史辩证法、人的社会性及其异化的理论,以及社会制度的历史演化和神话起源的理论,都对马克思的思想

---

① 《马克思恩格斯全集》第 30 卷,北京:人民出版社 1974 年版,第 617—618 页。
② [意]维柯:《新科学》上册,朱光潜译,北京:商务印书馆 2009 年版,第 5 页。
③ [美]马克·里拉:《维柯:反现代的创生》,张小勇译,北京:新星出版社 2008 年版,第 23 页。

发展具有直接或间接的影响。朱光潜在《维柯的〈新科学〉及其对中西美学的影响》一文中说："在一些基本哲学观点上，（例如人性论，人道主义以及认识论凭创造的实践活动观点，人类历史由人类自己创造出来的观点等）维柯都是接近马克思主义的。"① 不仅如此，维柯对自然法和思辨哲学的批判，对马克思批判黑格尔哲学和政治经济学也有所启发。在维柯看来，自然法的观念是一定历史阶段的产物，思辨哲学也是从社会实践活动中涌现出来的。脱离实践的思辨哲学不仅造成了社会的衰落和无序状态，而且忽视了人类心灵及其激情的本性、善恶的道德、权力的政治以及大量细节的常识，也就无助于社会的实践活动。马克思在批判黑格尔哲学和政治经济学的过程中认识到，所有的意识形态都是与特定历史时期的生产方式和社会分工相联系的社会意识，不存在独立于任何物质生产活动的、永恒的社会意识。

## 第三节　赫尔德与马克思

约翰·哥特弗雷德·赫尔德（Johann Gottfried von Herder，1744—1803）是德国的哲学家、语言学家、人类学家和诗人。赫尔德不仅是影响德国浪漫主义和历史主义形成的关键人物之一，而且在青年马克思的思想形成中起着遭到忽视的重要的作用。赫尔德反对思辨理性，提倡历史理性，认为人是历史中的人，按照历史的语言和历史的信仰进行思考和选择。赫尔德批判启蒙运动的唯理论，认为理性来自感觉经验的比较、评价、概括和抽象，不存在永恒不变的、不依任何东西为转移的理性。赫尔德反对社会契约论、自然权利论、理性国家观和抽象的幸福观，主张从起源的角度研究通往政治的"文化路径"，认为只有奠定在民族精神之上的民族共同体才是自然的。赫尔德提出了独具特色的语言的理性观、美学理论、历史主义的诠释学、宗教理论和历史哲学。赫尔德提出的艺术即表现的观点、艺术的群体归属观点以及真正的理想互不相容的观点，对浪漫主义的发展影响巨大。②

---

① 朱光潜：《朱光潜全集》第10卷，合肥：安徽教育出版社1993年版，第718页。
② [英] 以赛亚·伯林：《浪漫主义的根源》，吕梁等译，南京：译林出版社2011年版，第62页。

## 一、语言的理性起源论

在《论语言的起源》（1771）中，赫尔德反对语言的上帝创造说和约定俗成论，主张语言扎根于人的精神本性，是意识的根本特征，每一种民族的语言都是语言可能性的独特表现。赫尔德将语言分为自然语言和人类语言两种。自然或感觉语言是人类和动物都共有的表达感觉和情感的独特声音。惊喜、痛苦、悲伤、绝望、愤怒、恐惧、感动、欢呼等不同的情感或者感觉，都有不同的语音表达，都能唤起不同的图像。在同一种类的动物中，其自然语言就是这类动物用于交流的社群语言。人类语言却是人按照自己的愿望和意图构成、修饰、组织并有意识地运用这些感觉的声音，并将这些声音与言说之物对应起来，因而人类的语言同时具有发声表达与意义传达两种功能。尽管所有的人类语言都还保留着自然之音的残迹，如用重音表达的强烈情感或者感叹词，但其主要部分已不再是这种自然的声音，而是言说之物及其关系。问题是，人类独特的社会语言是如何起源的？赫尔德从人和动物的活动差异入手来解决社会语言的起源问题，提出了语言是理性的区分和命名活动的观点。

在赫尔德看来，"整个地球都是为人类设计的"。人类能够在地球的各个角落生存和发展，动物只限于某个地方的狭窄的活动范围。任何动物的本能都与其固定的活动领域具有反比的关系。"动物的感知越是敏锐，它的本能越是强大和确定，它的艺术本能创造的作品越是精妙，则它的领域也就越狭小……相反，动物的活动和意图越是丰富，它的注意力越是分散在不同的对象上，它的生活方式越是多变，简而言之，它的领域越大、越丰富多彩，则它的感知就越是分散、有所削弱。"① 这就是说，动物的敏感、技能和艺术本能的强弱程度，与其活动领域的大小和丰富程度成反比。如果所有动物的本能是一个固定的量，那么，活动的种类越多，感官的分工就越细，在每一个种类上的本能就越少；活动的种类越少，则每一个种类上分得的本能就越多，更何况精细的感官在较小的活动范围内还具有自我强化的倾向。

赫尔德认为，活动种类的数量与语言的需求量成正比。动物的感性的、含混的语言就适合于在较小活动范围内的协调活动和更多地依靠本

---

① ［德］约翰·哥特弗雷德·赫尔德：《反纯粹理性：论宗教、语言和历史文选》，张晓梅译，北京：商务印书馆2010年版，第39—40页。

能来生存，而人类的精致的社会语言就适合在较大范围内的协调活动和信息交流。"动物的活动领域越小，对语言的需要也就越少。它们的感官越敏锐，想象能力越是专注在一个对象上，它们的本能也就越强大；它们可能发出的声音、符号或语音的一致性就越受限制。"① 这就是说，所有动物的语言都要适合于它的需求和活动的领域，适合于它感官的构造、想象能力的指向和欲望的强度。因为活动领域的差异，人就可以多种方式自由地运用自己的能力，将动物那种与某种具体活动联系起来的感官发展为"更一般化的、面向整个世界的感官"，将动物那种局限于某种活动的想象力发展为更大范围内的想象力，并在活动中不断地改进自我。当动物将感官构造和想象力结合的本能局限在某种固定的活动领域时，人类却可以在众多活动中自由地反思和自我观照，形成理性能力，并以自身为行动的目的。

理性就是"人身上相对感性和本能而言的全部思维力量"，是围绕特定的目的自由地施展力量的能力。"它是人全部能力的总和，人的感觉和认知、认知和意志力之本质的整个体系。"② 理性和本能是完全对立的。动物有敏感的本能，人有自由的理性。这就是大自然的"经济规律"。随着活动范围的扩大，动物本能的敏锐性逐渐减少，人的理性能力得以发展。这种理性能力，这种"积极的心灵力量本身"，是人作为人而存在或者从出生开始就具有的，不能与熟练地运用理性能力相混淆，也不能与感性经验和记忆相混淆。动物有个别事件和具体场合的感性经验和记忆，但无法将这些不同的经验由思考联系起来，将经验普遍化和形成规则，并将这些经验用来改善种群的状况。人却能通过理性将各种经验联系起来和统一起来，以最便捷有效的形式确保这些经验的延续。"换言之，人类心灵在不停地考虑它已积聚的东西和进一步要积聚的东西，它是一种永不歇止地进行着积聚的力量。这一过程伴随着人的一生，直至死亡。人似乎永远不是完整的人，他始终在发展，在进步，在完善。……与此相反，蜜蜂从建造第一个蜂房之时起，就已是完整的蜜蜂。"③ 当

---

① [德] 约翰·哥特弗雷德·赫尔德：《反纯粹理性：论宗教、语言和历史文选》，张晓梅译，北京：商务印书馆2010年版，第41页。
② [德] 约翰·哥特弗雷德·赫尔德：《反纯粹理性：论宗教、语言和历史文选》，张晓梅译，北京：商务印书馆2010年版，第44页。
③ [德] J. G. 赫尔德：《论语言的起源》，姚小平译，北京：商务印书馆2009年版，第85页。

然，如果要熟练地运用这种理性能力，人还需要社会的培养和教育训练，理性思维才能从不成熟发展到更为成熟的状态。教育就是通过特定的语词，引导受教育者注意事物之间的区别和联系，从而利用语言促成和推动了理性的运用和概念框架的形成。

赫尔德认为，人在初次自由地运用反思认知能力的过程中就发明了语言。或者说，心灵的语言是从理性最初的行动中极其自然地生成的。"积累的经验越多，认识的面越广，语言也就越丰富！越经常运用已有的经验，重复已形成的区分特征，语音就越稳固、越流畅！区分越细，分类越精，语言也就越有条理！在积极活跃、变化多端的生活中，在与困难和需要的持续斗争中，在对物象不断更新的认识中，人提高着自身和他的语言。"① 在这里，赫尔德把语言的发明等同于意识内在地对事物的命名和对其特征的记号，这种心灵内在地说话不同于人们在交流中的外部语言。人的理性按照对象的少数几个可感知的属性，将众多对象区别开来，并赋予具有独特属性的对象以某个固定的名称和记号。如果说语词是一个明确的意识行为的标记，那么，语言就是这样命名的语词的集合，而不是来自发音器官的改善、激情的呼叫、模仿自然的声音、人类的约定俗成或者上帝的创造。赫尔德因此把语言看作是理性能力的一个功能，语言的运用对于理性的运用是不可或缺的。只要人在思考，语言就存在于人的心灵之中。

在赫尔德看来，听觉在区分事物特别是发出声响的物体的特征方面具有优先性，发声的动词也因此是语言中最早的要素、语言的根基。根据事物的声音来确定事物的名称，于是，名词从动词中发展起来。按照这样的逻辑，赫尔德认为，一个民族的词源发展史，如果能够完全整理出来的话，就会是"一幅人类精神进步的图画，一部人类发展的历史"。从这个词源历史中，我们就可以看出动词如何演变为名词，表达具体事物的名词如何演变为抽象名词，从对具体事物的声响关注中如何衍生出自然崇拜，在人与事物的联系中如何产生了表达情感的各种词语和让各种语词充满了情感色彩。不仅如此，语言中表现的情感和性别区分还反映了人类的兴趣和人类感觉的弱点，语词的意义之间的联系反映了生活在特定区域、特定时期和特定自然条件下的民族独特的思维方式和观察

---

① [德] J. G. 赫尔德：《论语言的起源》，姚小平译，北京：商务印书馆2009年版，第87—88页。

方式。

对于不能发声的事物，人类是如何依靠自身的力量加以区别辨认和发明语言呢？赫尔德认为，一切感官都只不过是心灵的知觉方式和触感方式。人类依靠感性知觉对事物的颜色、形状、香味等事物的属性进行模糊的区别，并通过与声音的联系和类比进行命名。也就是说，人类的心灵力量区分和辨认感觉、运用已知的感觉的过程，就是一个发明语言的过程。在人类的所有感官中，"触觉将一种内在、强烈、难以言状的联系纽带赋予了极不同的感觉"，而视觉在初始阶段也接近于"朦胧不清的触觉"。人类依靠触觉感知到的"坚硬""平滑""毛茸茸"等事物的区分属性或者依靠视觉看到的"黑暗""高大""遥远"等事物的特征属性，通过由触觉或者视觉传递给耳朵，好像事物发出声音一样。"这类交混成一团的感觉一齐涌入心灵，心灵便不得不为之创造词语，于是，心灵便有可能从混合的感觉流中抓住一个相邻感官的词。这样一来，所有的感觉，哪怕是最冷冰冰的感觉，就都有了名称。"① 如果任何触觉都会自动获得语音表达，那么，为什么听觉是一切感官通往心灵的门径和联系纽带呢？赫尔德从各种感官面对外部事物的刺激、自身的清晰明确性和生动性、作用时间的长短、自我表达的需要以及发展心灵力量等方面认为，听觉是人类语言的最适中的感官，其他感官都通过听觉具有了语言能力。因此，感官是观念的主要来源。

根据所有的感觉器官在心灵力量的作用下共同造就语言的观点，赫尔德推断人类早期的语言具有许多重要特征，如古老原始的语言在其词根中展示出感官的相似性，具有共同词根的语词通过比喻、转义、夸张而具有多义性和多种感觉的混同性，语词的意义在历史中不断湮没和创造，原始语言因各种感觉的混杂而造成用精确逻辑整理的困难，原始语言中感性的词汇较多而抽象的词汇较少，原始语言的语法较少和更多的是语词的汇集，距离起源越近和越生动的语言越容易发生变化和形成方言。语言是在人类心灵的作用下通过感官和知觉形成的，语言萌芽于理性之中并随着理性的成长而成熟起来，如构造语法、有规则地使用和构造词汇等。理性创造并改变了语言。"正是由于人类理性离不开抽象，每一步抽象又都离不开语言，语言才必须包含在每个民族的抽象概念之中，

---

① ［德］J. G. 赫尔德：《论语言的起源》，姚小平译，北京：商务印书馆2009年版，第55页。

即，语言既是理性的工具，也是理性的映像（Abdruck）。"①

如同理性是人类内在的区别特征一样，语言就构成了人类外在的区别特征。每一个人的心灵都具有利用理性发明语言的潜能或者区别事物标记的词，并利用这个词来与其他心灵进行交流。在理性能力的基础上，人按照社会群体的本性在社会中就根据适当的条件直接推动语言的产生。在赫尔德看来，人本质上是群体的、社会的生物。这体现在，人的孱弱无能需要集体群居，女性怀孕和生育需要社会的帮助，婴幼儿需要父母的保护和社会的体贴。在人类的纽带中，赫尔德强调家族和部落的独特价值，认为整个人类是以家庭的精神形式相联系。通过父母对孩子的教育和思想的传授，不仅形成了家族思维方式，而且确保了语言的持续发展。家族之间的交流就形成了部族和部族语言。由于气候、空气、饮食、水和地理位置都会影响发音器官、词及其意义，因此，同一个部族在不同地方就会形成不同的方言。民族和语言的多样性都是持续不断的家族分化和相互隔绝的结果。在社会群体中生活，"迫切的需要和生活的烦恼使他保持清醒和紧张，繁忙的劳作使他的心灵处于持续兴奋的状态；他会对自己的创造活动感到惊奇，但越是这样，他创造得就越多"。② 技术发明、语言和思想都是群体生活和紧密联系的结果，并在民族间不断传播和模仿。同与世隔绝的民族相比，生活在众多民族交往地区的民族在艺术、科学、文化和语言会得到更多的完善和提高。因此，赫尔德认为，所谓野蛮人或者未开化的民族，就是指那些生活在与世隔离的民族，而文明民族就是那些生活在众多民族的文化、发明和语言相互交流的民族。从文化交流、语言完善和文明传播的角度看，所有民族都是平等的，只是地理的隔绝让某些民族失去了与其他民族交流的机会而成为野蛮人。一个民族的现代语言都是在原初的语言基础之上经过各民族的交流和本民族的创造而历经千百年的历史积累起来的。

在赫尔德看来，诗歌依靠的是感觉和想象力而非理性。各个民族因为同样的需要和能力产生了内容上十分相似的早期诗歌。这就是面对艰难环境中赞美英雄、爱情和忠诚的赞美诗。创世记是一部古老的诗歌和

---

① ［德］J. G. 赫尔德：《论语言的起源》，姚小平译，北京：商务印书馆2009年版，第72页。
② ［德］J. G. 赫尔德：《论语言的起源》，姚小平译，北京：商务印书馆2009年版，第121页。

启示传说，充满了民族感情的想象力，只是后来被当成了教义学著作。诗歌是语言的青年时代，到处充满形象、比喻的说法；散文是语言的成熟期，在富有诗意的美的基础上增加了言语的严格性和严整性；哲学是语言的老年时期，抽象思维代替了诗意的表达。赫尔德非常推崇荷马的有节奏的诗的语言。按照历史地理解一切文学和艺术的准则，赫尔德反对温克尔曼将希腊艺术当作评判标准的做法，认为这是一种非历史的观点。

如果说动物的语言是感性表象的表达，那么，社会性的语言则是在广阔空间中活动的交流。交流信息的需求越强烈，交流活动越多样性，社会性的语言就越需要。民间诗歌还保留着自然的语言禀赋和早期人类的语言创造力，而现代的学者撰写的书籍强调规则和抽象，注重语词游戏，已经失去了人类早期的创造力。总之，赫尔德从世界各民族的语言发展史察觉到，语言和理性都存在一个演化过程，但却断定内在语言和理性是随着人类的出现立即产生的，并用外部语言的各种语词演变过程去证明内部语言。

## 二、赫尔德的美学思想

赫尔德认为，各个感觉器官对物体表象的认识是不同的；没有感官和实践经验，对物体的认识是不可能的。触觉与视觉、听觉一样，都给予我们美的观念。感官的残缺不全也导致对物体表象的认识残缺不全，尽管各种感官对事物的认识在一定范围之内可以互补和转换。

视觉能够认识物体具有光亮部分的平面形象、图形和颜色。手的触觉让我们感知物体外表的立体形式和特性，如坚硬、光滑、大小、形体等。对物体特性的真实认知来自触觉，而对物体的美的形式的认知则出自视觉。如果说事物是其图形的基础，美的形式的抽象依赖于活生生的物体，那么，触觉就是视觉的基础。"眼睛只不过是指路牌，只不过是手的理性；只有手才提供它所意指的东西和居住在它们之中的东西的形式和概念。"[1] 缺少对物体的熟知，图形就不能与物体在想象中联系起来，绘画的美也显示不出来，很容易变成虚无的东西。尽管视觉不能获知物体的最根本的特性，需要依赖其他感官作为认知的基础，但是，视觉在

---

[1] ［德］约翰·哥特弗里特·赫尔德：《赫尔德美学文选》，张玉能译，上海：同济大学出版社2007年版，第38页。

认知中具有独特的作用。"视觉是最艺术化和最哲学化的器官。它通过最精细的练习、推论、比较而得到琢磨润色和修改校正，它运用太阳光进行雕刻。"① 视觉和触觉在联结使用时就会对事物的概念和观念进行相互检验、扩展、提高和加强，形成对事物的初步的判断。一旦形成对事物的观念和判断，即使不触摸，我们的视觉也能利用以前感官的基础有一个比较清晰的、好像是真实的认知。

　　人们在物体中寻求的是自身的力量和美的展示。"人的身体上的每种崇高和美的形式实际上就只不过是在这个艺术化巧妙造物的每个肢体中的健康、生命、力量、安好的形式，同样反之，一切丑只不过会把残废者、精神的压迫、不完善的形式始终当作它的最后目的。"② 每一个艺术作品，都以某种特殊的方式体现了普遍的美的理念或生命的活力。在物体的形状或质地之中，人们感觉到的是生命的力量或人性的光芒。每一个部位都捕捉到了生命力量运动的创造物，就是美的艺术。这样，艺术的规则与生命的规则就是相似的，运动和力量就是美。"因此，人的美的永恒规律就是形而上的和身体的，精神的和造型的完全规律。"③ 凡是反对偶像崇拜或雕像的民族，本质上都是在遏制生命的能动力量。基督教就是这样压制了艺术的创造力：不允许表现生命的活力与欲望，由此走向了沉思与幻想。

　　与传统的艺术作品的价值在于自身美的观点不同，赫尔德认为，艺术作品的价值与艺术家的生平、精神状态、写作动机以及整体素质密切相关。赫尔德区分了个人创造的艺术品和集体创作的艺术品的不同。个人艺术品的价值间接与创造者相关，这些艺术作品的价值只有在具有归属感的群体中才能体现出来。这个群体是按照类似于植物或者动物的方式逐渐成长的，艺术作品也是像植物一样从其归属的群体的历史、传统、习俗、宗教、时代的精神、人民的精神、情感的精神和语言的精神中生

---

① ［德］约翰·哥特弗里特·赫尔德：《赫尔德美学文选》，张玉能译，上海：同济大学出版社2007年版，第9页。
② ［德］约翰·哥特弗里特·赫尔德：《赫尔德美学文选》，张玉能译，上海：同济大学出版社2007年版，第57页。
③ ［德］约翰·哥特弗里特·赫尔德：《赫尔德美学文选》，张玉能译，上海：同济大学出版社2007年版，第69页。

长出来的。而集体艺术品的价值则直接与创造者有关。① 一个民族的语言、民歌、音乐、舞蹈、法律、道德、生活习惯都与民族精神这个共同心理模式有关。因此，赫尔德主张艺术即表现、艺术即交流的观点，艺术品的价值体现在归属感的群体之中。不存在超越时空的群体归属感，也就不存在永恒的美的标准去判断特定的艺术品。如果说风格就是思想和写作方式的精神，那么，不同民族的作家和同一民族的不同时代的作家风格就会体现不同的民族精神或者同一民族在不同时代的民族精神的变迁。

藉此，赫尔德反对当时许多人从古希腊和罗马的文章中去寻找福音书作者的表述和用语的做法，主张福音书以耶稣的故事传达了古希伯来人的弥赛亚传统和世界观。在赫尔德看来，福音书是历史地形成的。秉持着希伯来人的圣书经典的精神和思维方式，耶稣和他的众使徒就在布道中口头宣讲弥赛亚和福音。由于使徒们所在各地宣扬的福音的多样性，为了统一讲话的基础、纠正大量的错误教导和建立教会的需要，福音书的作者们才将口传福音勾勒的基本框架根据各自的环境写成书，指明古时的预言如何在耶稣身上得到圆满的实现，并要门徒们相信耶稣是基督和上帝之子。按照这样的理解，福音书体现了古希伯来人的弥赛亚精神，其中涉及犹太和罗马历史的部分需要根据历史——批判的原则来检验，有关教会部分谈到的是历史上的奇迹和教会的信仰，而涉及耶稣福音部分则是借福音书作者之口来传达上帝的精神。② 这意味着，耶稣的故事和神性更多地是各位福音书作者从这种传统出发而进行的虚构，以便教化和提升信徒的心灵。而福音书的作者"都是用自己所能的方式思想，也愿意依着自己智性的能力、人力的倾向和尺度、性情的构成，甚至是学来的知识和写作的本领来思想"。③ 在赫尔德看来，缺乏具体历史内容的抽象概念毫无价值。"各民族的诗是变幻无常的海神普罗透斯，依着民

---

① ［英］以赛亚·伯林：《浪漫主义的根源》，吕梁等译，南京：译林出版社2011年版，第66页。
② ［德］约翰·哥特弗雷德·赫尔德：《反纯粹理性：论宗教、语言和历史文选》，张晓梅译，北京：商务印书馆2010年版，第218页。
③ ［德］约翰·哥特弗雷德·赫尔德：《反纯粹理性：论宗教、语言和历史文选》，张晓梅译，北京：商务印书馆2010年版，第242页。

族的语言、道德、习性、气质、天候，甚至是口音轻重而变化形貌。"①缺乏内容和相关的比较标准，不同时代或者不同民族的诗歌、戏剧、文学、文化、宗教这些名词和类型的优劣比较就毫无意义，它们隐藏的精神完全不同。如果不根据各种诗歌所产生的时代、地点、手段和目的来确定各种形式和类型的规则，如果不对各类诗人的天赋、遭遇、拥有的传统、手头资源的运用和设定的目标有所了解，那么，诗歌的排序或者评判就会依赖于评判者的偏好。按照文学形式或者情感来对诗歌进行分类，都无法准确地把握诗歌的精神和内涵的真情流露。只有结合诗歌的成长背景和作者的生活环境，如民族传统、宗教和语言的混杂，习俗、情感、知识和经验的历史表述，读者才能对诗歌加以理解。

但是，启蒙运动的思想家们，认为人们必须摆脱未成年或者历史上所形成的一切偏见和文化噪音，才能充分发挥理性的认知作用。这种理性认知观忽视了语言在塑造人类思想中的独特作用，也忽视了各民族最具特色的品性和他们看世界的不同眼光。从民族精神发展的角度看，"一个民族越不开化，也就是越有生气、越无拘束，如果它有诗歌，那么它的诗歌就必然会越粗野、越生动、越自由、越有直感、越充满抒情意味！这个民族离人为的、科学的思想方法、语言和构词方式越远"。② 也就是说，越是古老的诗歌，越体现了民族的精神和创造力，越少人为地虚构和扭曲。在赫尔德看来，希伯来诗歌是原始民族诗歌的典范。《圣经》呈现了一个东方游牧民族的许多原始诗歌。福音书中关于耶稣的信息，是基督教作家们从设想和体验的角度构建特殊人物耶稣所希望传达的信息。随着民族的需要、精神的发展、人群的混杂、气候和地理区域的变化，语言的词汇、表达和构成都会不断发生变化。

如果把每一个文学作品，都当做一个在各自生长环境里出现的生命体，那么，每一个文学作品都有其独特的美、生命力和价值，不存在统一的、僵死的美学规则，也没有必要脱离时代和民族背景去模仿其他时代或者其他民族的文学作品。不管是古希腊还是莎士比亚的戏剧，其伟大之处都在于其根据文化传统和民众需要所体现出来的创造力，从传奇、故事和寓言中创造出一个活生生的戏剧整体。

---

① [德] 约翰·哥特弗雷德·赫尔德：《反纯粹理性：论宗教、语言和历史文选》，张晓梅译，北京：商务印书馆2010年版，第145页。
② 易兰：《西方史学通史》第五卷，上海：复旦大学出版社2011年版，第121页。

## 三、赫尔德的历史主义诠释学

在启蒙时代，人的理性被认为是超越时空的永恒存在法则，可以脱离历史而独立存在。在赫尔德看来，理性是不能脱离历史环境而存在的，也根本无法做到超出自身的起源、内部和外部的经验来思考自己。"与历史相比，所有抽象概括都是苍白无力的，任何一般的、普遍的规范都不能包容历史的丰富性。每一种人生状况都有其特有的价值，历史的每一个别阶段都有其内在效用和必然性。这些阶段互不分离，它们仅仅在整体中并由于整体而存在。但每一阶段又都是同等地不可或缺的。真正的统一性正是这种彻头彻尾的差异性中显现，它只有作为过程的统一性，而不是作为现存事物的同一，才是可以想象的。"① 人是有限理性的存在者。这不仅体现在人的理性受着经验、语言、文化、制度和传统等因素的影响，而且人的本质也只有在与世界打交道的过程中才得以显现。为了理解历史，我们就必须理解一个个体或者民族的精神，尽可能地进入那个时代、那个地方的全部历史，领会它的每一个细节。然后，我们要采取移情的方式，从研究的个体或者民族的具体条件中去感受其愿望、行动或者内在精神，并用想象重构个体或者民族的生活方式、道德准则、价值观、法律或者文化。

为了理解某个时代的艺术作品或者思想，我们就需要了解那个时代那个地方的物质生活、民族精神、气候、植物、土壤、地理、历史甚至语言、哲学或者政治。一个民族的诗歌表达方式，总是与该民族的时代、道德和思维方式相适合。不同地理区域的人民的生活方式和道德并不相同，试图以我们时代的标准去评判古代民族的生活方式和道德习俗，就会造成扭曲和错误。"你若要彻底理解一个民族的哪怕一个思想或作为，必得先进入它的精神。你必须找到一个人其骨髓的词，通过它深入理解一切。否则，你不过是读出一个词而已。"② 因此，注意个人的和时代的特殊背景，细细分辨民族的生活方式和道德的独特性和多样性，就是理解艺术作品的关键。这就意味着，不仅个人的创造与民族有关，而且理

---

① [德] E. 卡西勒：《启蒙哲学》，顾伟铭等译，济南：山东人民出版社1988年版，第214页。
② [英] 以赛亚·伯林：《浪漫主义的根源》，吕梁等译，南京：译林出版社2011年版，第2页。

解一个人的创造品也与理解民族精神或者文化有关。"他们只能根据自己的成长环境所提供的象征进行创造，他们成长的那个某种意义上的封闭社会关系密切，形成了一种独一无二彼此会意的交流方式。"① 但是，同一民族的文化，在不同的时代，会有不同的重心或者理想。要理解某一个时代的作品，就需要找到这个民族的时代重心。不同的民族具有不同的文化，同一民族在不同的时代也有不同的重心。每一个民族的文化和每一个时代的民族文化都值得同样的尊重，尽管它们是互不相同的。这就是历史主义和进化论的观念。按照这种观念，文化没有优劣性之分，民族没有优劣性之分。一个民族采取暴力的方式去消灭另一个民族的文化，或者一个民族用自己的文化理想去取代另一个民族的文化理想，就是野蛮的。因为这破坏了另一民族的原生态文化，消灭了文化的多元性。搜集和拯救那些没有遭到破坏的民歌、历史、史诗或者童话，就是民俗学者的使命。

在赫尔德看来，为了在阅读《圣经》的过程中提升我们的心灵和获得神的恩典，我们需要在阅读时首先"要怀着一颗崇敬和善良的心"，不带任何偏见和指责批评的意图。移情共感是阅读者对作品的情感、思想按照作者的眼光和生活的世界进行设身处地的感受和理解。其次，要"调动起全部的理性、整全的身心、饥渴的求知欲"来进行思考，要"调动全部的思想和潜能，接受每一束穿透灵魂的光芒，接纳每一份真实的确信"，领会神之语言。② 依着自己的思想去阅读，不要偷懒，也不要让他人的解说代替自己的思考。"圣灵和神的恩典只能是用人的方式作用于人，用理性的方式作用于理性的存在者，用道德的方式作用于道德的存在者。因此，你必须思考，激起心中的情感，让你的良知说话，你读《圣经》，要像任何其他一本有教益、打动人、教化人的书那样，积极主动、勤于思考。"③ 第三，将一部书当作一个整体来阅读，不要肢解它们，以便把握作者的线索和语调，甚至进入他们的"思想之链"，考察文本各部分的内在一致性。如果联系上下文也无法理解某些段落或者文

---

① ［英］以赛亚·伯林：《浪漫主义的根源》，吕梁等译，南京：译林出版社2011年版，第67页。
② ［德］约翰·哥特弗雷德·赫尔德：《反纯粹理性：论宗教、语言和历史文选》，张晓梅译，北京：商务印书馆2010年版，第243页。
③ ［德］约翰·哥特弗雷德·赫尔德：《反纯粹理性：论宗教、语言和历史文选》，张晓梅译，北京：商务印书馆2010年版，第246页。

字，阅读者不要把自己束缚于少数几个词，应该关注那些最能传达作者思想的段落或者文字，以便掌握文本的精神。因为要理解和感受文本的精神，不单单是通过语词，还要藉着思想、行为和经验。第四，如果是翻译本，要对照原文阅读，看到各种文本的插入、尝试性的结论、评注和规则。对于文本中出现的过时的无用语词，要在阅读的过程中进行清理和抛弃，并用符合时代的新词语取而代之。第五，理解文本要用历史的方法，即透视性阅读来理解文本的精神。以《圣经》的阅读理解为例。"要理解它们，首先必须是依历史的方法，关联着教会的起源和基础，其次还要联系到我们自身。"① 理解《诗篇》，要放到大卫王原来的历史环境中去理解它的思想和情感。为此目的，就需要了解诗人们谈论的主题和场景，研究《诗篇》的独特语言并与那个时代的历史进行比较，理解并欣赏而不是漠视和盲目辩护其中所包含的情感。在考察这样的艺术作品时，我们不应拿其他民族的例子或者自己的偏好作为评判的标准，而必须"参照它所源出的情感、情绪和语言的特质"，按照同一题材流露出来的最适宜的规则来进行评判，从而展现这些艺术品的本性和美。② 第六，阅读还要与目的（需要）结合起来。"人们学习原理，绝不仅仅是为了原理本身，而是要谈到使用、益处和运用，这才是学习和探究神学的目的。目的决定了通向它的道路。神学的目的，除了培养我们个人的品格，还有通过辨义明理、教书育人。"③ 对于其他的书籍，阅读的目的还有掌握技术性知识和文本的构造技巧，批判性地思考其理论前提，或者作为创造性工作的诱因，等等。第七，用自己的语言，将对文本的理解表达出来。"每个人都是从圣灵那里领受了各自要说的话，忠实于自己对真理的理解。"④ 根据文本不同的内容，采取不同的语言表达形式。"形式是由内容决定的，尽管形式也被历史环境所塑造。"⑤ 当然，

---

① ［德］约翰·哥特弗雷德·赫尔德：《反纯粹理性：论宗教、语言和历史文选》，张晓梅译，北京：商务印书馆2010年版，第290页。
② ［德］约翰·哥特弗雷德·赫尔德：《反纯粹理性：论宗教、语言和历史文选》，张晓梅译，北京：商务印书馆2010年版，第193页。
③ ［德］约翰·哥特弗雷德·赫尔德：《反纯粹理性：论宗教、语言和历史文选》，张晓梅译，北京：商务印书馆2010年版，第290—291页。
④ ［德］约翰·哥特弗雷德·赫尔德：《反纯粹理性：论宗教、语言和历史文选》，张晓梅译，北京：商务印书馆2010年版，第293页。
⑤ ［德］约翰·哥特弗雷德·赫尔德：《反纯粹理性：论宗教、语言和历史文选》，张晓梅译，北京：商务印书馆2010年版，第295页。

用自己的语言表述，要紧扣文本的主题和精神。"如文本的本来面目去展现它，为它注入生命，运用于整体和发展的每一个细节——还有比这更自然的吗？你介绍文本的内容，内心定要谦卑，用短短数语描绘文本写成的背景，令它生动有趣，或者把文本的教导运用于某个具体的场境。然后要解说这个故事、寓言或教导的每一个细节，既要栩栩如生，又不可拖泥带水。普遍的东西要具体化，具体的东西要普遍化。你的文本要成为普遍的文本；你的故事和寓言要成为关心人心的故事和寓言；你说到的场境，各个曲折回旋之处，都要成为我们自己生活中的场境。"① 尽管这段话是赫尔德针对圣经的讲道而说的，但是，我们对其他文本的诠释和表达，也要按照这些要求进行解说，才能对其他读者具有吸引力。

## 四、赫尔德的宗教理论

在赫尔德看来，作为"人性之最高表达"的宗教是理解民族精神的途径。因为宗教具有政治目的，是政府的基石，因此，"我们可以用宗教来解释各种不同的政府，以及家庭、婚姻和民间社会的构造。从这种观点出发，我们会发现很多契约、政治仪式和政治建制，首要地都是基于祖先宗教。我们还会发现，政治的大变革，还有艺术的发展变化，宗教乃是隐藏的主要源泉"。② 那么，人类为什么需要宗教呢？赫尔德认为，这是人类的理性追溯终极原因的结果。人的理性或者知性的任务就是追索各种或隐或显的因果关系，但是，人类无法看到自然现象或者社会现象的最内在的原因。因此，作为良知和确信的宗教的起源，就与恐惧无关，而与人类运用理性去追求和用语言符号去表达根本的因果关系，并追求生命的不朽有关。"这就是说，理性的、抽象的概念最初的形成和联系，必得先有一种宗教感作为基础，它在人类周遭的混沌世界中感知到不可见的、活生生的力量。"③ 这种宗教情感甚至道德情感，在赫尔德看来，早在理性之先就被上帝植入人的心中，构成了人性的基础，借助传统和教育、理性和经验来实现。宗教确立了所有问题的终极原因，触及

---

① [德]约翰·哥特弗雷德·赫尔德：《反纯粹理性：论宗教、语言和历史文选》，张晓梅译，北京：商务印书馆2010年版，第298页。
② [德]约翰·哥特弗雷德·赫尔德：《反纯粹理性：论宗教、语言和历史文选》，张晓梅译，北京：商务印书馆2010年版，第58页。
③ [德]约翰·哥特弗雷德·赫尔德：《反纯粹理性：论宗教、语言和历史文选》，张晓梅译，北京：商务印书馆2010年版，第71页。

了人的整个灵魂、潜能和欲望。文字、医药、来生、预言、死亡的各类问题都在宗教中获得了解答。人们就在宗教中获得了心安,免去了用理性去无休止寻根究底的辛劳,也在践行和认识宗教中发现自己的人性和找到正确发挥潜能与欲望的道路。

宗教来自人的宗教情感,不同于人为构造的、向人们提供特定的思维方式和特定语言的各种教义。只要人在自由和良知的指引下,借助于理性,就能识别内在的宗教——一种内在的意识和信仰,也能识别和理解自然法则。在这些个人宗教传统的基础上,民族的宗教得以发展起来。各原始民族根据自己的传统和习惯,利用语言符号去神话各种选择的对象和构建各种崇拜仪式。各民族的音乐、舞蹈、艺术、医学、天文历法、自然和社会的知识,都"披着宗教的面纱"得以发展。因此,宗教也就成为各民族最古老和最神圣的传统的一部分,与文化、历史、政治和科学密切相关,并在民族语言的表达中得以繁荣昌盛。

所有宗教都被视为是"自然的、人性的",而不同阶段的宗教体现了不同的民族精神。"最朴素、最古老的宗教揭示了人心最深处。中等的宗教揭示了立邦建国者的心思。而最晚近的宗教,则是诗人的古董收藏。幸运的是,几乎没有人达到第四级,也就是科学系统论者的宗教。"① 在宗教之前,各民族都有各种不同的神话。与神话被当作迷信、理性的不足或者伪神的说教不同,赫尔德却从理性演化的角度出发,认为神话是"人类理性之活动,是最早的、初级的努力,为要整合人的世界为理念或形象,体现存在之物或事件的精神、抒发情感,并通过习俗、歌唱、故事和传统,不单确立人类抽象理性之宝贵成果,更将它代代相传"。② 因此,一个民族的神话,展现了其幼年时期的整个形而上学和其思维方式的精妙之处,提供了一个民族最古老的符号学及它们动情和运思的方式。为了理解神话,我们就必须用"宽厚之心去审看和对待",而不能带"任何偏见、愤怒、仇恨、妒忌或诽谤之心"。各民族的神话体现在图画、雕刻、庙宇、诗歌或者神话故事之中,展现的是原初民族独一无二的理性、品性和创造力,以及各民族的人的力量运用的极限。在赫尔德

---

① [德] 约翰·哥特弗雷德·赫尔德:《反纯粹理性:论宗教、语言和历史文选》,张晓梅译,北京:商务印书馆2010年版,第59页。

② [德] 约翰·哥特弗雷德·赫尔德:《反纯粹理性:论宗教、语言和历史文选》,张晓梅译,北京:商务印书馆2010年版,第60页。

看来，神话起源于物神崇拜。蒙昧之人和开化之人在物神崇拜方面的区别不在崇拜的对象本身，而是思维方式的变化。在蒙昧之人那里，物神崇拜就体现为偶像崇拜，而在开化之人那里，物神崇拜就表现为宗教崇拜。显然，对宗教的理解则植根于宗教演化史中。掌握宗教符号意义的祭司阶层最初就获得了社会的统治权。但是，随着时代的更替，宗教符号的原初意义变得模糊，各种伪造、拙劣模仿的意义不断滋生。王权在此过程中崛起，祭司阶层沦落为王权的仆人，不断神话王权，于是出现了王权与神权之争。

## 五、赫尔德的历史哲学

赫尔德的历史哲学思想主要体现在《又一种教育人类的历史哲学》（1774）和《关于人类历史哲学的思想》（1784）等著作中。在这些著作中，赫尔德阐述了浪漫主义史学的基本要点和原则，如民族精神的个体独特性和多样性、民族平等性、历史发展的连续性、人类有机整体观、历史理解的情感性。①

作为"人类学和原始文化学研究的先驱"，赫尔德在《关于人类历史哲学的思想》中提出了以人类的文化发展为核心的人类进化理论。赫尔德认为，社会历史与自然历史直接相连，社会历史是人类能力的自然产物，人类历史被解释为"关于随着时间和地点的不同而有所变化的人的力量、行动与习性的一部纯粹的自然史"。②赫尔德按照斯宾诺莎的泛神论来理解自然和人类社会，即将斯宾诺莎那具有物质性和思维属性的实体理解为活生生的有机力量。这种力量构成了世界本身和推动了物质世界和精神的发展，与物质相联系的思维只有在生命体这种高级阶段才能成为现实。"他把自然和人类设想为是相同的、无穷尽的生命的表现形式。相同的大的规律性和内在的必然性在自然和人类这两个方面都得到承认。这个起规律性作用的力量和存在的内在必然性，被赫尔德称之为上帝。"③赫尔德将不断发展的世界构想为由无机界、有机界、动植物界

---

① 易兰：《西方史学通史》第五卷，上海：复旦大学出版社2011年版，第120页。
② [美] I. 伯纳德·科恩：《科学中的革命》，鲁旭东、赵培杰译，北京：商务印书馆2017年版，第308页。
③ [联邦德国] 卡岑巴赫：《赫尔德传》，任立译，北京：商务印书馆1993年版，第85页。

和人类等不同阶段所组成的图式。

根据康德的天体演化思想，赫尔德认为，地球上的整个生物界都表现为一个相互联系的有机体，沿着各自独特的道路不断演进，以便实现上帝的目的。赫尔德说："一切生物都有同一种主要形式，同一种相似的骨骼结构。——从这种过渡看来，似乎水生生物、植物甚而或许所谓绝种的生命都不是不可能由同一种机体秉赋在统治着的，只不过是更加无限地粗糙和混乱而已。"① 在这个初步的进化论思想基础上，赫尔德提出，所有的动植物都是一个有机力量的生命，根据环境发展出了自己独特的肢体和器官，"猩猩在其内部和外部构造上都和人相似"。赫尔德尤其强调直立行走在人类理性形成过程中的独特作用。赫尔德说："随着直立行走，人类就变成了一件艺术创造品，他就获得了自由的、创造性的双手，只是随着直立行走，才出现了真正人类的语言。在理论上和实践上，理性都不是别的，只不过是某种获得物罢了，是人类按照自身的机体与生存方式而被塑造出来的那些观念和力量所学会的比例和方向。"② 直立行走不仅改变了人的形态，而且造就了人的道德、宗教和灵魂的不朽。赫尔德预言，人类还会进一步向更高阶段的物种演化。尽管认识到动物先于人类出现，但是，赫尔德却并没有得出人类起源于动物的结论。

在这种演化论基础上，赫尔德认为，人类的理性或者人类经验的总和也经历同样的演进。研究历史就是理解各个现象和生命体的独特演进道路。人类的成长经历了诗歌、散文和哲学三个阶段。在诗歌或者人类的青年阶段，人们通过歌唱进行交流和表达情感，史诗也就保留了人类的历史记忆。在散文或者人类的壮年阶段，人类表达的语言就是散文，显得更加成熟和聪明，利用散文表达美。在哲学或者人类的成熟阶段，人类关心的不是美，而是表达是否恰当，思想是否清晰，语言的魅力在沉思的哲理中就丧失了。尽管坚持文化演化的思想，但是，赫尔德认为更早起源的原始文化，如早期的诗歌、《圣经》等，更具有纯朴性和自发性，更能体现民族精神。

赫尔德认为，地球上到处分布的人类都属于一个物种，气候和地理

---

① ［德］康德：《历史理性批判文集》，何兆武译，北京：商务印书馆2009年版，第36页。
② ［德］康德：《历史理性批判文集》，何兆武译，北京：商务印书馆2009年版，第38页。

条件影响了各民族的身体条件、饮食、劳动、习俗和艺术等方面的活动。在研究了中国、印度、日本、朝鲜、老挝、巴比伦、亚述、希伯来、波斯、腓尼基、迦太基、希腊、罗马和埃及这些国家和民族的地理、气候、风俗习惯、语言、经济生活、文化生活之后，赫尔德认为，人类的文化进步依赖于原始传统的继承和传播，每个民族的幸福感都是与所处的环境和习惯相适应的。从民主与和平的前提出发，赫尔德赞扬腓尼基人的商业和勤奋，推崇希腊人的诗歌、才智、科学和国家治理，对斯拉夫民族和东方民族进行了同情的理解，严厉批评中世纪和等级制的教会，认为罗马帝国的衰落是由于贵族与平民、罗马与行省之间的斗争和奴隶制所致。在赫尔德看来，历史并不是朝着道德和幸福的目标线性地向前发展。各个民族构成一个统一的发展链条，每一个民族都会利用先前民族的成就并为后继民族的发展做了准备，贡献了某些积极的、不易察觉的力量。对于每一个历史阶段，都应从它自身出发来加以理解和评价，而不是采用某个时代的固定标准来衡量以前的历史阶段和各民族的历史。行为规范、风尚、艺术和科学就是这样在民族之间传播和发展的。不存在一个占据绝对优势和永恒不变的民族。从埃及、希腊、罗马、英国、法国和德国的兴衰历史中，赫尔德反对孟德斯鸠的地理决定论。在赫尔德看来，气候和地理条件等外部环境因素对一个民族的影响是非常缓慢的，语言、科学、艺术、劳动工具、社会制度、宗教等民族内在的、有机的力量是社会发展的主要动因。赫尔德说："人们创造数量在不断增加的、大量越来越复杂的工具；他们学习着把彼此作为工具来加以利用。人类的体力在增大，进步的球在滚滚向前，应当去推动这个球的机器正在变得更复杂、更精巧，功率更强大，更灵敏……自然对象可能包括的联系是无限的；以利用自然对象为目的的发明的精神是不受任何东西限制的，它在向前发展。一种发明引起另一种发明，一种活动引起另一种活动。往往一种发明开辟成千上万种新的活动形式。"① 与启蒙时代乐观的进步主义不同，赫尔德注意到发展的负面影响，如文化使人柔弱，技术带来许多痛苦。赫尔德也注意到人的活动目的与其社会后果之间的不一致性。不得不指出的是，赫尔德深刻的历史哲学思想还是披上了一层宗教的外衣，如将人类的起源与生物演化割裂开来，文化的发展和人的

---

① ［苏］阿·符·古留加：《赫尔德》，侯鸿勋译，上海：上海人民出版社1985年版，第70页。

直立行走需要上帝的干预等。

针对赫尔德关于宇宙和生物的演化及其趋于人类这一完美有机体的观点，康德认为，根据各种生命处于有机体完善的不同阶段并不能得出有共同起源的生物演化的观点。物种演化的观念以及灵魂"仅仅是对于物质在起作用并激发其生命的一种不可见的普遍大自然的效果"的观念，被认为完全超出了当时自然科学知识的领域而会"在人们已接受的概念之中引起巨大的灾难的"。① 而且，康德认为，赫尔德构造物种演化的设想超出了经验的范围，《关于人类历史哲学的思想》的缺点在于充满过多的诗意精神而缺乏哲学的严谨表达，将哲学表达与诗歌语言的表达相混淆，以致于"大胆的隐喻、诗歌的形象、神话的示意"掩盖了"思想的实体"。② 由于缺乏对物种演变的遗传和变异的机制，赫尔德的大胆设想就在康德的攻击下丧失了应有的地位，直到达尔文的《物种起源论》才恢复了赫尔德在宇宙演化和物种演化理论方面的先驱者地位。

## 六、赫尔德对马克思的影响

赫尔德的历史哲学、语言学理论、诠释学、美学理论和宗教理论都对马克思产生了不同的影响。

首先，赫尔德的历史哲学对马克思产生了很大的影响。赫尔德不仅影响了歌德思想的形成和狂飙突进运动的勃兴，而且影响了浪漫主义和历史主义思想的兴起。赫尔德的历史哲学思想在历史学派中得到充分的体现和发展，如格林兄弟的民俗研究、李特尔的地理学研究、萨维尼的法律和政治研究、黑格尔的历史哲学和兰克的历史观，以及在《关于人类历史哲学的思想》于1825年翻译成法文之后对基佐、米什莱的历史思想也有所启发。③ 马克思不仅直接受惠于李特尔和萨维尼的教育，而且进一步发展了人类历史是自然史的一部分的观点。在《1844年经济学哲学手稿》中，马克思说："历史本身是自然史的即自然界生成为人这一

---

① [德] 康德：《历史理性批判文集》，何兆武译，北京：商务印书馆2009年版，第44—45页。

② [德] 康德：《历史理性批判文集》，何兆武译，北京：商务印书馆2009年版，第53页。

③ [美] J. W. 汤普森：《历史著作史》下卷第三分册，孙秉莹、谢德风译，北京：商务印书馆2009年版，第217—218页。

过程的一个现实部分。"① 不仅如此，赫尔德的文化演化理论及其动力因素对马克思的唯物史观和历史辩证法都具有启发作用。在赫尔德看来，历史应被视为所有人类共同的有机演变，每个民族都有自己独特的历史。赫尔德提倡在多变的历史事实中去寻求不变的历史规律，并认为历史规律是由所处地区的状况及其需要、所处时代及其机会和人们的内在特征这三个因素所决定的。

其次，赫尔德的语言理论对马克思关于意识和语言关系的认识也有重要影响。在赫尔德看来，人类的语言是从动物语言（声音）进化而来的，但理性塑造了人类语言的独特性。人类之所以需要独特的语言，这不仅是因为"人是一个自由思维、积极行动的生物"，而且是因为"人本质上是群体的、社会的生物"。在赫尔德、卢梭等人关于语言起源研究的基础上，雅各布·格林和威廉·洪堡等语言学家率先使用历史比较方法来研究一些语言的同源关系，促进了把语言看作是音义约定俗成的符号系统和语言是有规律地发展的观念的传播。作为普通语言学的奠基人，威廉·洪堡在《论人类语言结构的差异及其对人类精神发展的影响》(1836) 中接受赫尔德的内在语言观念——"人因为语言才成为人"，语言是精神的流射，语言是一种将现象世界的质料塑造成为思想形式的创造活动。马克思在《历史法学派的哲学宣言》中引用了赫尔德在《论德国文学片断》中关于"自然人都是诗人，原始民族的圣书都是诗集"的观点。② 在继承赫尔德和威廉·洪堡的语言观的基础上，马克思在《德意志意识形态》中指出："语言和意识具有同样长久的历史；语言是一种实践的、既为别人存在并仅仅因此也为我自己存在的、现实的意识。语言也和意识一样，只是由于需要，由于和他人交往的迫切需要才产生的。"③ 对马克思来说，语言是意识的显现，语言和意识都是社会的产物，因而都具有社会历史性。随着劳动分工和生产力的发展，社会意识会表现为宗教、法律、政治、哲学等不同的形式。

在赫尔德看来，文学艺术是同语言和民族不可分离的一个整体，通过自然的过程向前演进，但是政治专制主义和书报审查制度会阻止科学和文化的创新，打断民族文化发展的自然历史进程。赫尔德把每部作品

---

① 《马克思恩格斯全集》第 3 卷，北京：人民出版社 2002 年版，第 308 页。
② 《马克思恩格斯全集》第 1 卷，北京：人民出版社 1995 年版，第 229—230 页。
③ 《马克思恩格斯全集》第 3 卷，北京：人民出版社 1960 年版，第 34 页。

看作是其所处社会环境和时代精神的组成部分，因此主张，理解和解释文学作品，"就必须深入作品本身的精神中去"，"探索原作的步骤并领会感受其精神"，还要"对其时代和民族的风俗习尚"进行说明。① 在赫尔德看来，最好的批评就是理解基础上的批评或者"移情的批评"。马克思在大量的批判著作中都遵循了这样的程序。

当然，马克思并不赞成赫尔德的宗教观。赫尔德的历史哲学是建立在以泛神论为背景的进化论基础之上的。赫尔德说："我在历史上寻求的上帝必定和自然界的上帝相同；因为人只不过是整体上的一个微粒；而人类历史和住在寄主身上并和寄主紧密相连的蛆虫的历史差不多；因此，上帝借以显示自己的自然法则也必然在人间进行统治。"② 在《德意志意识形态》中，马克思隐含地批判了赫尔德的宗教观念，即将一切观念都归结为宗教观念，一切意识都归结为宗教意识，政治的、法律的、道德人都归结为"宗教的人"，以及将一切占统治地位的关系都宣布为宗教关系。③

## 第四节　萨维尼与马克思

萨维尼是历史法学派的代表人物，而历史法学派在理论上具浪漫主义的性质，在史料考证和诠释方面具有客观主义史学的特征。萨维尼在文本考证学、诠释理论、法的民族精神说、理论与实践的统一等思想方面都做出了重大的贡献，并对马克思的思想产生了巨大的影响。

### 一、萨维尼与历史法学派

历史法学派是在18世纪70年代之后以反对激进的自然法的潮流，高度关注法律历史观念的真实内容而出现的一个法律学派。历史法学派的创立者是哥廷根大学的法学家古斯塔夫·胡果。胡果开启了对克里斯蒂安·沃尔夫及其自然法学派的斗争，主张自然法和实证法应该

---

① 范明生：《十七十八世纪美学》，北京：北京师范大学出版社2013年版，第652页。
② [美] J. W. 汤普森：《历史著作史》下卷第三分册，孙秉莹、谢德风译，北京：商务印书馆2009版，第216页。
③ 《马克思恩格斯全集》第3卷，北京：人民出版社1960年版，第21—22页。

区分开来。① 胡果首先提出，法律是一种历史现象，法律科学必须要解释法律规则背后的原因。胡果的主要贡献在于提出了历史法学派的核心观点，即"一个民族（people）的法律，只有通过民族（nation）生活才能被理解，因为法律本身就是那个生活的一部分和表现形式"。② 在胡果看来，法的真正来源应该是习惯法，新的法律应该是在对习惯法的历史研究和比较的基础上逐步构建的。在1798年出版的《作为实在法哲学的自然法的教科书》中，胡果提出，法律是自治的，法学可以与历史和哲学分离开来。进而，胡果断言，不存在先验的先天的权利，只存在经验的、个人的和偶然的权利。

历史法学派诞生的标志是1814年尤斯特斯·蒂博与萨维尼有关民法典制定必要性的论战，以及1815年萨维尼与艾希霍恩创办的《法律史杂志》。蒂博认为，由德国人自己主持制定的民法典不仅有助于推进德国的统一，强化民族意识，而且还可以改变德国的法律混乱状况。但是，蒂博反对以晦涩难懂、不符合德国现实需求的罗马法为蓝本来制定《德国民法典》。③ 针对蒂博贬低罗马法的价值和罗马法的研究成果不足以为《德国民法典》提供理论支持的论调，萨维尼在1814年发表了《论当代立法与法学的使命》论战性文章，在批驳蒂博的观点基础上提出了历史法学派的纲领。萨维尼认为，法律和语言都是"民族精神"的体现，植根于民族的生活习惯之中，并随着民族精神的发展而演进。将"民族精神"或者生活习惯提升为法律，需要法学家深入地研究来发现"法"。因此，法律是一种需要认识的历史现象，而罗马法提供的概念和基本原则为制定反映德意志民族精神的《德国民法典》提供了必要的理论框架。法律科学也必然是一门历史科学，是一门发现历史中最深层次的原则为目标并据此构建体系的实证法科学。

在《法学方法论讲义》和《当代罗马法体系》等著作中，萨维尼详

---

① 克里斯蒂安·沃尔夫及其追随者形成的自然法学派认为，从人的本性出发，无需考虑历史因素，就能够推导出各种永恒有效的基本法律规则。利用准数学的操作和演绎推理，沃尔夫学派建立起一个庞大的、逻辑严密的、内容广泛的自然法体系，从而使形式逻辑推理主导了18世纪德国的法学理论。

② [英] 乔治·皮博迪·古奇：《十九世纪历史学与历史学家》，耿淡如译，北京：商务印书馆2009年版，第130页。

③ [德] 蒂博：《论制定一部德意志统一民法典之必要性》，傅广宇译，载《比较法研究》，2008年第3期。

细阐述了法学体系的内涵。在萨维尼看来，体系不是简单的材料堆积，也不是便于记忆的简单的框架，而是在确认内在一致性基础上将单个的法律概念和规则整合成为一个有机的整体。这就要求"界定单个规范之间的彼此关系，决定何者必须连接起来以及何者要保持分离"，同时在每个单独的部分，"规则和例外之间的关系必须被精确地显示出来"。但是，法律概念不是理性推演的结果，而是必须来源于历史素材。这样，历史的方法和体系的方法就有机地统一起来，从具体的历史素材中抽象出概念和原则，然后将这些概念和原则分门别类地构建为体系。历史和逻辑的统一就体现在法律体系的构建之中。萨维尼也因为成功地实行了在历史研究的基础上构建法律体系的计划而成为德国法律科学的奠基人。

为了创建新的"有方法意识的、体系性的"法律科学，历史法学派在法学领域引入了新的研究方法。通过文本批判、概念辨析、历史考证和诠释方法，历史法学派试图将"现代运用的法释义学提升到以对认识的批判为基础，将实证法律素材全体组织成具内部体系的学术"。"它真正的主要作品比较少是历史性的，毋宁是体系性—释义学的、考古—语言学或文学史的作品。"① 在批判理性精神的指引下，法学研究的最高目标就转变为"将法源处理成'法体系的结论'与'完成的内部体系'"，或者所有的法律判决都能从体系与概念逻辑地推导出来的逻辑形式主义。② 因此，历史法学派所试图建立的法学本质上是一种批判性法学。

借助于法律之历史本质的深刻认识，历史和体系的有机结合，以及将法律植根于自由的观念基础上，历史法学派逐渐在与自然法学派和哲理法学派的竞争中取得了主导地位。但是，萨维尼所取得的研究成果是以罗马私法和罗马法学家的智识历史为基础的。这不仅将宪法、行政管理法和其他的公法排除在法律科学之外，将民众在参与法律制定中的作用排除在外，而且其法律体系是建立在观念而非实践规则之上的，也没有将非罗马法的研究成果纳入其体系之中，从而造成排斥社会和政治现实，忽视对真实历史的研究的后果。③ 而且，历史法学派所理解的历史，

---

① ［德］弗朗茨·维亚克尔：《近代私法史：以德意志的发展为观察重点》下，陈爱娥、黄建辉译，上海：上海三联书店2005年版，第359页。
② ［德］弗朗茨·维亚克尔：《近代私法史：以德意志的发展为观察重点》下，陈爱娥、黄建辉译，上海：上海三联书店2005年版，第363页。
③ ［美］马蒂阿斯·雷曼：《19世纪德国法律科学》，常鹏翱译，载《私法》，2005年第1期，第210页。

不是社会和政治的历史,而是法学素材和文献的文化历史。就萨维尼研究的罗马法而言,历史就等同于"手稿、书籍等得以将有关罗马法之论述、学术意见传诸后世的历史"或者考证的文献史。因此,19世纪德国的法律科学是"一种集实证主义、唯心主义和形式主义于一体的奇特东西"。其唯心主义表现在,法律是民族精神的表现,历史被当作一种展示理念并显示绝对之过程的信条。由于萨维尼将法律的功能建立在保护个人自由特别是有产者的自由的基础上,"法律因而与实质正义的观念无关,也与社会目标的实施无关。它不考虑协商权力或者团体利益的平等性"。① 这些缺陷成了不同学派的批评和冲突的来源,也成为历史法学派逐渐走向解体的根源。

## 二、萨维尼的法律文本考证学

法律诠释的基础在于文本的考证。《当代罗马法体系》的第一篇主要涉及法律文本学和文本诠释学的理论,特别是注重各种法律渊源或者各种法律文本的制定、发展、传播和接受的历史考证与文献梳理,然后确立法律诠释的规则。萨维尼将文本的确定过程称为文本评论。由于所有解释的基础都是待解释的文本,因此,文本评论是解释的前提。文本评论分为低层次的或者复原性的评论和高层次的评论两个阶段。低层次评论的任务在于确定和完整地获得文本材料,高层次评论的任务在于根据既定的材料确定真正的可信赖的文本。也就是说,文本评论的目的在于尽可能多地获得文本材料,然后根据文本的可信赖度尽可能地选择真正可靠的文本作为文本诠释的基础。萨维尼确定的评论原则是:"复原性的评论必须要收集手稿材料,并且根据其年代和价值对于手稿进行审查,由此对手稿进行外在排列。它还要进一步通过对所有外来部分的排除而保持所继受法规的纯粹,根据大多数新版本的内容,这些外来部分很容易由于疏忽而被列入所继受的法规之内。"②

在复原性评论的基础上,高层次的评论所要做的工作就是对流传下来的手稿进行加工整理,并对其进行完善。高层次评论不仅要利用复原

---

① [美] 马蒂阿斯·雷曼:《19世纪德国法律科学》,常鹏翱译,载《私法》,2005年第1期,第242页。
② [德] 萨维尼:《当代罗马法体系》第一卷,朱虎译,北京:中国法制出版社2010年版,第192页。

性评论的成果和各种手稿的数量与价值，通过对手稿材料的自由选择来构建文本，而且要对手稿文本通过推测修正进行完善，纠正印刷错误、翻译错误等。根据手稿文本的选择和修改同不完善制定法中的不确定表述和不正确表述之间的相似性，萨维尼认为，确定真实文本的手段包括：第一，篇章本身关联的必然性，即根据评论所涉及的一些篇章或者具体篇章所属的这类篇章的文献特征确定两个篇章存在近似的亲和关系；第二，推断不正确的文本是如何从真实文本中产生的；第三，根据文本理解的难易程度，誊写人因为理解的困难而拒绝了真实的较难的文本。为了确定真实文本，高层次评论需要综合考虑文本的历史要素、体系要素和整体要素。在对具体的篇章进行解释时，萨维尼要求使用此篇章的所有历史特征，包括时代、作者、篇章诱因、标题、标记等所有能够获得的信息。这不仅需要对同一文本内的不同篇章进行比较，也需要将此篇章与先前和后来的文本进行比较。当一个具体的篇章被纳入全集、学说汇编或者法典等文本网络体系时，这个不完善的文本就被视为文本网络体系的一个有机组成部分。解释者可以根据标题或者主题的相似性寻找添加、语词含义的变更或者重要性的改变等解释手段。作为一个文本，全部法律渊源在进行整体解释时需要考虑其统一性和完备性。

为了根据全部法律渊源构建一个包含法律关系和法律制度的法体系，解释者就需要考虑制定法基础，法学的有机形成力量，以及具体篇章之间的对应关系。按照萨维尼的看法，法律渊源具体部分，如公开出版的著作、手稿、读书笔记、私人信件、阅读书籍上的批注或者划横等之间的矛盾，可以依据具体制定法中的不明确表述的纯粹逻辑的认识方式和历史途径的补救方式而得到解决。根据较新的渊源优先于较早的渊源的规则，萨维尼确定了德国法律渊源的先后秩序：法院惯例最为优先，其次是帝国制定法的应用，接着是教会法，最后是罗马法；在查士丁尼法典的各组成部分之间，新律最为优先，法典、学说汇纂和法学阶梯作为相互关联的大文本而依次具有法律效力。

这样，解释者就可以利用体系方式和历史方式实现相互矛盾的篇章的统一。"体系的统一可以通过以下方式而实现，即相互矛盾的篇章中的任何一个篇章都取得其适用的特别条件，从而取得一个特别的支配范围；或者我们将规则的范围根据不同的条件而拆分成两个并列的部分，或者我们将一个篇章作为规则，而将另一个篇章仅仅作为此规则的例外。但此种体系统一也可通过以下方式而实现，即将两个篇章作为一个整体而加以考虑，这样，其中一个篇章通过另一个篇章而被补充，由此一个篇章的表面普遍性通过另一个篇章而被更为详细地确定和限制。"① 在体系的统一不能解决篇章之间的矛盾时，就需要利用历史统一的方法。"历史的统一通过以下观点而实现，既相互矛盾篇章中的其中一个篇章包含了真正的、持续性的立法观点，而另一个篇章则仅仅包含了历史资料。"② 这就需要按照目的性和时间先后顺序来确定篇章的优先秩序：较新的篇章优于较老的法律篇章。如果现有的法律渊源不足够判决一个法律问题，那么，萨维尼主张通过类推而实现实在法的自身完善或者发现新的法。对于新的法律关系或者新的法问题，立法者和法官都要依靠类推来进行新的立法或者判决解释。"类推的任何应用都依赖于所假定的法的内在一致性；但此种一致性并非仅仅是类似于因果关系的这种单纯的逻辑一致性，而同时是一种有机的一致性，它产生于法律关系及其原型之实践性质的总体直观。"③ 这就是说，类推是建立在规则的普遍性条件基础之上的，而特权和个别法的类推因为缺乏内在关联就不成立。这些解释的规则，部分存在于学说汇纂之中，部分是近代法学家和诠释学家努力的结果。总之，萨维尼提供的文本考证方法，足以与兰克的史料学相媲美。

### 三、萨维尼的法律诠释学

作为一代法学大家，萨维尼不仅有系统的文本考证学，而且在数十年的讲授和研究法学方法论的过程中形成了一个系统化的法律诠释学。在萨维尼看来，法学不仅是一门历史性的科学，一门哲学性的科学，而且是历史性科学和哲学性科学的统一，"注释性因素与体系性因素的结合"。

萨维尼的法律诠释学理论是建立在19世纪初的法律诠释学和一般诠释学理论的基础上进行继承和创新的。在萨维尼看来，以诠释学规则为根据的真正解释应当是完全自由的。法律解释就是根据给定的文本，"站

---

① ［德］萨维尼：《当代罗马法体系》第一卷，朱虎译，北京：中国法制出版社2010年版，第211—212页。
② ［德］萨维尼：《当代罗马法体系》第一卷，朱虎译，北京：中国法制出版社2010年版，第213页。
③ ［德］萨维尼：《当代罗马法体系》第一卷，朱虎译，北京：中国法制出版社2010年版，第225页。

在立法者的立场,模拟后者再次形成法律思想",或者"洞悉法律所蕴含的思想,揭示其内容",或者"对法律所包含的思想的重建",而不是探寻立法的偶然理由或者动机。① 这就意味着,法律解释包含逻辑、语法和历史三个要素。逻辑要素意味着"对法律表达出来的思想予以发生学阐述"和揭示文本字面没有表达出来的意义。语法要素则是"对法律表达思想所使用的媒介进行阐明"或者呈现文本的语法含义。而历史要素则是"对法律所规定的历史对象予以阐述,通常需要对该法律得以诞生的那个时代进行考察",以便限定或者修正文本错误表述的意义。"第二、三种要素仅仅是第一种要素的条件,后者直接包含了真正意义上的解释。此外,法律本身必须是客观的,也就是说,它必须自我展现,因此,解释的全部前提条件都必须存在于法律自身之中,或者存在于一般知识之中,惟其如此,解释本身才能具备一般性与必然性。"② 这就意味着,法律解释不应当以立法者的意思为准,也不能把法律解释看作是阐明模糊不清的法律。解释者应该结合逻辑的、语法的和历史的要素去探寻文本的含义,以便将法律文本应用于个案的判决过程中排除个人主观臆断和实现解释的客观性。

在进行具体解释时,萨维尼提出了法律解释的"个殊性原则"和"普遍性原则"。"解释越具有个殊性而不是一般性地解释文本,就越有利于认识立法。……每个文本都应当表述立法整体的一个部分,因此,作为一个部分,它只有在整体之中,即在其自然的脉络关联之中才能被认识。对于立法整体的构建是体系性研究的任务,然而,解释本身也需要阐明立法各部分之间的直接关联。"③ 这就意味着,法律解释还应包括体系化因素,将解释结果作为有机联系的整体的一部分看待。因此,法律解释或者案例的判决就是以法律概念和理论为前提,借助于现行适用的法律文本作为中介,针对具体的案件而展开逻辑的、语法的、历史的和体系化的诠释并将其整合为一个具有确定结论的新文本的过程。

为了确保解释结论或司法判决的客观性和必然性,萨维尼要求,法

---

① [德] 萨维尼、格林:《萨维尼法学方法论讲义与格林笔记》,杨代雄译,北京:法律出版社2008年版,第7页。
② [德] 萨维尼、格林:《萨维尼法学方法论讲义与格林笔记》,杨代雄译,北京:法律出版社2008年版,第8页。
③ [德] 萨维尼、格林:《萨维尼法学方法论讲义与格林笔记》,杨代雄译,北京:法律出版社2008年版,第11—12页。

律应该是客观的，法律应该包含着所有解释的前提，法律的内容应该得到准确充分的表述，立法者对各种法律关系及其之间的联系有深刻的理解和融会贯通。① 法律关系及其之间的联系就是最初以习惯法的形式存在于人们的日常生活中并通过法学理论得以提炼出来的"法"。在萨维尼的视野中，法就是在历史发展过程中形成和发展，并以制定法的形式得以表达的民族精神，因此，法不是立法者个人意志的产物。法和制定法的关系就是内容和形式的关系：法是制定法所要保存和表达的内容，而制定法是法的表达形式。

在萨维尼看来，法律的历史就包含法律的外部历史和法的内部历史。前者是国家活动的结果，法律史就成为对国家政治体活动的记录和研究；后者是将法的发展看作是一个持续稳定发展的过程，其发展的动力来自于法律生活的需要。法的动态发展过程可能与制定法的发展过程并不一致，在一定时点上确立的制定法并不能准确反映其后的法律生活的需要以及法的发展。这就要求解决如何认识法的发展以及制定法与法之间存在的时滞问题。法学家阶层的责任就在于将这些存在于人们的日常语言中的共同意识形式的法提炼出来并将其科学化，为法实现制定法的形式提供必不可少的中间环节。同时，法学家阶层还需要借助于对制定法的法律解释在实际的案件中实现当下"法"的具体要求。这就意味着，法学家阶层具有理论和实践的双重功能，既要认识民族意识中存在的法并将其提炼为以法律概念、原理和结构共同构成的一个有机联系的自洽体系，又要在实际的案例实践过程中解释法律文本，以便实现法的要求。因此，法的实现是一种对个案和法律文本进行解释的技术，而解释就是借助法律文本找到"法"的过程。文本解释不仅是一种字面上的语义解释，而且是植根于历史中的逻辑解释，即从个案中找到内含于制定法之中的法的基本原理。解释的历史性意味着解释必须是历史的，即将制定法看作某一历史时期的自我延续；解释的逻辑性意味着解释不仅在单个的法律文本范围内保持逻辑一致性，而且还要在整个法律制度和相互关联的法律文本范围内保持逻辑一致性。这就是说，法律解释在借助于制定法文本实现和发展法的过程中具有语义、逻辑、历史和体系因素。在这个意义上，法律科学就是一门法的认识和法律解释的科学。

---

① 余履雪：《德国历史法学派：方法与传统》，北京：清华大学出版社 2011 年版，第 54 页。

由于法是持续稳定发展的，人们对制定法的需求也是不断变化的，因此，法律科学中所包含的概念、原理和基本原则都是一个不断更新演变的系统，随着历史的发展而处于一个自发演变和不断自我完善的运动过程之中。但是，法律科学的这种技术性活动可能会受到立法者的政治性活动的影响或者干扰。因此，萨维尼希望，法律科学能够摆脱政治活动的干预，成为一门法学家阶层垄断和控制的技术性活动。

### 四、法的民族精神说

萨维尼提出的法的民族精神说是建立在孟德斯鸠、胡果等人的历史法学派的思想，赫尔德和浪漫主义关于习俗、语言、意识和法律的成长等思想，以及康德的法律制度的逻辑和建构的自然法学说基础之上的。①民族精神是指一个民族受到地理、气候、语言、伦理、政治等因素影响的习性、传统、道德习俗。在孟德斯鸠看来，立法应当与一个民族的精神相符合，即制定法是统治者意志和民族精神的双重产物。赫尔德进一步认为，制定法甚至可以不受民族精神的决定而在外部强制力的作用下独立出现，法的历史就是在民族精神与外部力量的相互作用下实现文明最终目的的进程。萨维尼则认为，不受民族精神制约而单纯出于政治需要的立法，会妨碍法和民族精神的发展。相反，只有通过民族精神的代表即法学家阶层发现法的认识活动和参与立法的实践活动，制定法才能体现法的精神。这样，萨维尼就颠覆了国家法的统治地位，将法律科学从国家意志中拯救出来，将法律科学中的理性或技术因素置于政治因素之上。

萨维尼将法律制度和具体法规则在内的一般法产生的根据称为法律渊源。那么，一般法的产生根据或者法律渊源是什么呢？萨维尼认为，法产生的根据不是事件的影响以及人类的意志、思考和智慧，而是民族的共同意识或者民族精神。这里的民族，不仅包含在民族之中同一时代的具体个人，而且包含"当前与过往、未来"在内的所有具体的个人。这就意味着，法通过民族传统而得以实现渐进的代际更替，在民族中个人生活的连续性就保证了法规则的延续性和渐进变动性。"但是，存在于民族共同意识中的法所采取的形式并不是抽象的规则，而是处于有机联

---

① ［德］米夏埃尔·马丁内克：《德意志法学之光：巨匠与杰作》，田士永译，北京：法律出版社 2016 年版，第 11 页。

系中的法律制度的生机勃勃的直观,这样,如果在其逻辑形式中意识到规则这种需求产生出来,则规则必须首先通过根据整体直观(Totalanschauung)的人为程序而被形成。"① 按照民族精神形成的法,在民族生活或者实践中得以阐明和改变。"并且,此发展同最初的产生一样受到了相同的产生法则的支配,即根据内在力量和必然性并独立于偶然和个人任意。但是,不仅在这个自然发展过程中,民族经历了一般的改变,而且在特定的、经常的一系列状况中,民族也经历了一般的改变,这些状况中的每一个都与产生法的民族精神的特别表达具有特殊的联系。"② 这个按照民族的共同意识产生的法在民族的内部联系密切和法的意识得到普遍传播的青年时期"表现得最为确定和有力",但在"个体素养更为异质化并居于支配地位"以及职业、认识和阶层分化的时期就会表现得很困难,需要依赖立法和法学来补充和避免消亡。③

尽管民族个体的界限是不确定的、摇摆不定的,但是,作为"精神性的民族共同体的实在形态"或者"民族的有机表现形式"的国家却具有非常明确的界限。"如果我们考察国家的产生,我们必须认为它同样具有一种高度的必然性,内在于由内而外的形成力量(bildene Kraft)之中,如同上文对于法所进行的论述一样;进一步而言,这一点不仅适合于国家的一般存在,而且也适用于国家在任何民族中都会具备的特别形态。因为,国家产生也是法产生的一种方式,甚至是法产生的最高阶段。"④ 这样,法就区分为国家法和私法两大领域。私法以全部法律关系作为对象,而国家法以国家作为对象。两者的相似之处在于家庭和国家、国家组成的行政区域与个人具有相似性。两者的不同之处在于,在公法中,"整体是目的,而个人是从属",而在私法中,"个人本身就是目的,所有的法律关系都只是此个人的存在或此个人的特别情势的手段"⑤。在

---

① [德]萨维尼:《当代罗马法体系》第一卷,朱虎译,北京:中国法制出版社 2010 年版,第 18 页。
② [德]萨维尼:《当代罗马法体系》第一卷,朱虎译,北京:中国法制出版社 2010 年版,第 19 页。
③ [德]萨维尼:《当代罗马法体系》第一卷,朱虎译,北京:中国法制出版社 2010 年版,第 19 页。
④ [德]萨维尼:《当代罗马法体系》第一卷,朱虎译,北京:中国法制出版社 2010 年版,第 23 页。
⑤ [德]萨维尼:《当代罗马法体系》第一卷,朱虎译,北京:中国法制出版社 2010 年版,第 24 页。

两者的关系方面，萨维尼认为，国家对私法具有多方面的影响。第一，国家对于私法存在的现实性的影响。由于国家是民族的人格存在，法依存于民族精神就相当于存在于国家的"总体意志"之中，因此，私法通过国家的司法机构的建立而获得了"生命和现实性"。"只有在这时，法规则才作为外在和客观之物而面对个人。并且，在这种新的关系中，能够进行不法的个人自由似乎才被总体意志所约束，并且从属于总体意志。"① 第二，国家对于私法产生的内容和界限的影响。国家不仅保护权利受到损害的个人对抗此种侵犯，而且要通过惩罚来维护并恢复受损害的法权。同一国家中的法联系更为紧密，不同国家的同一民族也具有相似的法。

由于"实在法的真正基础在民族的共同意识中享有其存在和现实性"，因此，法的表现形式是多种多样的，包括习惯法、立法和科学法。② 习惯法体现在人们日常行为的实践、惯例和习惯之中。尽管偶然和任意行为的重复会形成习惯，但是，绝大多数的习惯并非是法产生的根据，而仅仅是实在法或者民族精神的标志。只有那些非民族本质的明显层面的实践或者无关紧要的规定中，习惯才会影响到法的形成。"在这里，人类观念、行为以及情势的延续性的法则会起到作用；这个法则在许多具体的法律制度中具有广泛的影响。"③ 为了排除习惯法中的错误和可能的邪恶意图，快速确定实在法基础中的许多不确定的细节，以及适应社会需求和习惯的变化，国家的立法就有必要。由于"制定法是民族的有机组成部分"并体现了民族法的内容，因此，萨维尼断言，立法者只是理性地根据总体直观将民族法用法律语言表达出来，基于民族精神的立法权在立法中是次要的。"毋宁说，立法者处于国族的中心位置，立法者汇聚了国族的精神、价值观念以及需求，因此我们必须将立法者视为民族精神的真正代表。"④ 由于制定法包括规则和命令等多种形式，因

---

① ［德］萨维尼：《当代罗马法体系》第一卷，朱虎译，北京：中国法制出版社2010年版，第25页。
② ［德］萨维尼：《当代罗马法体系》第一卷，朱虎译，北京：中国法制出版社2010年版，第33页。
③ ［德］萨维尼：《当代罗马法体系》第一卷，朱虎译，北京：中国法制出版社2010年版，第34页。
④ ［德］萨维尼：《当代罗马法体系》第一卷，朱虎译，北京：中国法制出版社2010年版，第37页。

此，萨维尼认识到，制定法与法律制度之间存在矛盾和冲突的问题。"对于法律制度而言，其有机本质不可能完全体现于制定法的上述抽象形式之中。"①

解决制定法和法律制度之间的冲突以及将习惯法明晰化的责任取决于法学家阶层的独特贡献。"法学家阶层对于立法产生影响，或者是因为通过此阶层发展出来的民族法同原始意义上的民族法一起成为立法的素材，或者是因为对于立法产生不同程度影响的个人的法学素养。但法学家阶层也对立法进行加工，并且促进立法向现实生活过渡。此阶层所利用的各种自由的、多种多样的形式使得他们有可能在制定法的抽象规则与法律制度之间的生机勃勃的相互联系之中来描述上述抽象规则，制定法的出发点事实上也是此种相互联系的直观，但此种直观却并非直接表现于制定法之中。"② 这样，法学家阶层就具有双重的作用：一是实质上的实践作用，作为民族的代理人不断进行民族法的产生活动。为了承担起历史地考察民族法律的责任，"法学家必当具备两种不可或缺之素养，此即历史素养，以确凿把握每一时代与每一法律形式的特性；系统眼光，在与事物整体的紧密联系与合作中，即是说，仅在其真实而自然的关系中，省察每一概念和规则"。③ 二是形式上的作用或者纯粹科学上的作用，作为科学家对法进行描述和理论分析。"通过具有既定内容的科学形式，此形式力图揭示并且完成其内在的统一性，新的有机生命得以产生，此有机生命对于内容本身具有一种构成性的反作用，这样，一种新的法产生方式就不可遏制地产生于此种科学之中。"④

尽管实在法有习惯法、制定法和法学家法三种表现形式，但是，随着民族的发展，制定法和法学家法具有替代习惯法的趋势，从而掩盖了民族法或者实在法的起源。为了克服和揭示这种异化，萨维尼主张，法学家应该重视对实在法的真正起源的研究。萨维尼总结说："所有的实在

---

① [德] 萨维尼：《当代罗马法体系》第一卷，朱虎译，北京：中国法制出版社2010年版，第40页。
② [德] 萨维尼：《当代罗马法体系》第一卷，朱虎译，北京：中国法制出版社2010年版，第43页。
③ [德] 萨维尼：《论立法与法学的当代使命》，许章润译，北京：中国法制出版社2001年版，第37页。
④ [德] 萨维尼：《当代罗马法体系》第一卷，朱虎译，北京：中国法制出版社2010年版，第42页。

法最初都是民族法，并且此种最初的法产生（常常在早期就）以制定法作为补充和支持。……但法的健康状态只存在于以下情形中，即这些法产生的力量协同作用，而并非相互隔绝。并且，立法和科学始终是个人有目的、有意识的产物，因此非常重要的是，关于实在法的起源以及对此具有作用的力量的真正关系的正确观点应被取得和主张。"① 在萨维尼看来，民族法的内容不仅包括"特别属于每个民族的特别要素"，如严格法和公正法，而且还包括"人类本质的共同性作为根据的普遍要素"，如善良风俗和道德目标，公共设施等国家利益，促进贸易、保护未成年人等个人福利的考虑。这两个要素不仅"处于确定的对立之中，相互对抗，相互限制"，而且"特别要素"采取法律理性的方式，不同于采取效用理性方式的"普遍要素"。另外，与高度重视逻辑的内在一致性的"特别要素"不同，"普遍要素"则表现为"法的道德本质在整体上发生作用"的不同形态，即"处处相同的人类道德尊严和自由得到承认，通过法律制度，所有根据实践一致性而起源于此法律制度的本质和规定的事物以及被今人称为事物本质（Natur der Sache）的事物，此种自由也处处得到了体现（公正或者自然理性［aequitas oder naturalis ratio］）"。② 因此，对民族法的研究，既包括了民族的特殊性的法，也包括了体现人类本质的普遍性的法。立法要同时承认法的普遍性和特殊性，或者说"普遍要素和特殊要素"。进而，萨维尼认为，对法的研究可以"简单溯归至人类本质的道德规定"，而没有必要考虑社会福利或者国民经济原则。萨维尼说："但承认上述一个目标就已经完全足够了，完全没有必要在此之外再承认一个完全不同的具有公共福利名称的第二个目标，也即没有必要在道德原则之外再承认一个独立于此原则的国民经济原则。因为，这样一个原则只是致力于扩展我们对于自然的支配，它只能增加和改善达致人类本质的道德目标的手段。"③ 这样，萨维尼就简单地否定了法的内容即政治经济学的研究。

---

① ［德］萨维尼：《当代罗马法体系》第一卷，朱虎译，北京：中国法制出版社2010年版，第45—46页。
② ［德］萨维尼：《当代罗马法体系》第一卷，朱虎译，北京：中国法制出版社2010年版，第48—49页。
③ ［德］萨维尼：《当代罗马法体系》第一卷，朱虎译，北京：中国法制出版社2010年版，第48页。

## 五、理论与实践的统一

在法学中，萨维尼主张法学理论和法律实践的统一。法学中的理论与实践在"思维的方式和方向，以及通向它们教育"上是相同的，"不同的只是外在的职业和所获得的法认识的应用"。① 所谓法律实践，就是法学家要参与司法审判与立法活动，案件裁决和辩护等法律活动。"在一定意义上，每个理论研究者都要保持和发展实践意识，而每个实践者也都要保持和发展理论意识。如果没有做到这一点，理论和实践完全分裂，那么这样一种危险就必然会产生，即理论降格为空洞的游戏，而实践降格为单纯的技艺。"② 相反，积极参与法律实践的法学家能够极大地提升自己的法学思维能力，将法学理论正确地锚定法律实践活动。萨维尼说："如果正确的精神作用于法实践，那么从此之中，必然会产生健全法学的确定进展，法实践也必然会对于理论努力产生支持作用，在后者有偏离时，前者会将它们拉回到正确的道路上；尤其是，法实践必然会为立法做好准备工作，由此制定法和法适用会合乎自然地前进到内在的统一之中。……现在，如果我们法状态的主要弊端在于不断增长的理论和实践之间的分离，那么补救也就只能在理论和实践天然统一性的建立中寻求。"③ 法学理论的一个重要组成部分就是法律解释，而脱离了法律实践活动的法律解释就只能是一种语言游戏。④ "所有的解释都必须具备实践目的，否则它就只能算是花拳绣腿。惟其如此，前面所要求的解释与体系的结合才是可能的。"⑤ 不仅如此，法学家参与法律实践活动，还有助于纠正法官和立法者脱离法学理论随意审判和随意立法的不良倾向。罗马法学家的"理论和实践乃是同一的。他们的理论是构建来即刻加以适用的，而他们的实践则因为秉受科学的洗礼而全然升华"；"藉由这一理

---

① ［德］萨维尼：《当代罗马法体系》第一卷，朱虎译，北京：中国法制出版社2010年版，第13页。
② ［德］萨维尼：《当代罗马法体系》第一卷，朱虎译，北京：中国法制出版社2010年版，"前言"第6页。
③ ［德］萨维尼：《当代罗马法体系》第一卷，朱虎译，北京：中国法制出版社2010年版，"前言"第8—9页。
④ ［德］萨维尼、格林：《萨维尼法学方法论讲义与格林笔记》，杨代雄译，北京：法律出版社2008年版，第5页。
⑤ ［德］萨维尼、格林：《萨维尼法学方法论讲义与格林笔记》，杨代雄译，北京：法律出版社2008年版，第13页。

论和实践之间的相互接近，法律的实施必将获得切实的改善，在此过程中，我们尤其必须向罗马人多多请益。我们的理论也同样必须更加具有可实践性，而我们的实践则须较迄今为止更为科学化"。①

萨维尼对法律实践的重要性的关注，表现在他广泛参与法律实践活动，并努力影响法律的形成。在法律实践活动方面，萨维尼在1810年的柏林大学设立与法学教师相关的判决咨询委员会，开创了"教授审判"的先例；1817年担任普鲁士枢密院法律委员，1819年担任莱因州控诉法院兼上诉审核院的枢密法律顾问，1842年担任司法大臣，1847年被任命为内阁主席，负责枢密院和行政厅。在这些实践活动中，萨维尼积极利用罗马法逐步改造普鲁士的司法实践和立法实践，协助树立了法学家和法官阶层在德国社会中的威信和地位。借助于法官受法律学家和法学理论的约束，历史法学派不仅奠定了"司法判决在十九世纪君主立宪法治国中的宪法地位"和法官的独立地位，而且在宗教的正义观崩溃之际"还具有正义之替代品的间接辅助作用"。② 但是，作为法学家，萨维尼将实践看作低于理论的领域，在参与实践活动中写作了《中世纪罗马法史》《当代罗马法体系》等学术著作。因为萨维尼坚信，"实践是法学的仆人，唯有理论才是法学的主人"。③

## 六、萨维尼对马克思的影响

萨维尼在政治上的保守主义态度与其学术上的自由主义立场形成了鲜明的对比。作为"普鲁士复辟时期最具影响力的司法、文化政治家"，萨维尼的"基本态度是缓和的保守主义，偏向维持现状"，而这种保守主义的态度"随其年龄的增加以及感受到新兴力量的威胁而趋于强硬"。④ 马克思继承了萨维尼的严谨治学风格，在博士论文中熟练地应用了萨维尼的文本考证方法和诠释理论，将理论与实践相统一的思想应用

---

① ［德］萨维尼：《论立法与法学的当代使命》，许章润译，北京：中国法制出版社2001年版，第24、94页。
② ［德］弗朗茨·维亚克尔：《近代私法史：以德意志的发展为观察重点》下，陈爱娥、黄建辉译，上海：上海三联书店2005年版，第421页。
③ ［德］弗里德里希·卡尔·冯·萨维尼：《论占有》，朱虎、刘智慧译，北京：法律出版社2007年版，"译者前言"第41页脚注②。
④ ［德］弗朗茨·维亚克尔：《近代私法史：以德意志的发展为观察重点》下，陈爱娥、黄建辉译，上海：上海三联书店2005年版，第373—374页。

于社会批判和学术批判。针对萨维尼及历史法学派对法律的社会和政治条件的漠不关心,主张法学理论的中立性和法官独立性的观点,坚持受法理约束的法官判决就能实现司法正义的观点,以及将相互对立的社会经济利益排除于司法裁判和立法之外的观点,马克思在《莱茵报》时期基于普鲁士的封建复辟现实,对其展开了广泛的批判。这种批判不仅引导马克思对物质生活条件的重视和对政治经济学的研究,而且加深了马克思对萨维尼的法律诠释学的理解,帮助马克思不断挖掘萨维尼的思想来推动理论创新。

(一) 萨维尼与马克思的比较

萨维尼与马克思在政治上是对立的两极,将两人联系在一起的是治学精神和思想结构的相似性。两人的最大不同之处在于,两人的出身、人生发展轨迹和政治理念的不同。萨维尼出身于富有的新教贵族家庭,而马克思出身于一个中等富裕的改信新教的犹太家庭。在始终维护封建贵族的利益的同时,萨维尼反对犹太人的解放,认为犹太人是"人性的毁坏",在德国从来不是自由人,因此,任何解放犹太人的行动都是违法行为。① 马克思则在《论犹太人问题》中对此进行了反驳,提出了政治解放与人类解放之间的关系。尽管萨维尼强调法律来源于民族精神和人民的生活,但是,借助于逻辑系统地追溯历史起源的方法,萨维尼构建了脱离社会条件的法律概念和准则之间的内在联系。在1838年的《论近代欧洲贵族法史》一文中,萨维尼并没有考虑贵族制度在现代社会中的逻辑合理性问题。即使在1840年出版的《当代罗马法体系》中,萨维尼依然按照罗马法的传统将人分为自由人和奴隶。相比之下,马克思很早就追求民主和自由的思想。这不仅表现在中学考试作文《青年在选择职业时的考虑》中要求选择职业遵循"人类的幸福和我们自身的完美"的准则,而且表现在中学毕业时未向当时比较反动的校长勒尔斯辞行。在柏林大学求学时期,马克思不仅写下了许多反抗专制压迫和追求民主的诗篇,而且还参加了具有自由主义思想的博士俱乐部和青年黑格尔派。马克思在博士毕业后未能成功地在大学获得教职,被迫转入报社工作,

---

① Hermann Klenner, "Savigny's Research Program of the Historical School of Law and Its Intellectual Impact in 19th Century Berlin", *American Journal of Comparative Law*, Vol. 37, No. 1, Winter 1989, p. 69.

收入和生活长期处于不稳定的状态，以至于成为一个长期处于政治流亡状态的革命家。① 在政治观念上，萨维尼不仅将民主与专制相混淆，而且将法学家和学者当作民族精神或者文化传统的唯一代表，断言只有训练有素的法学家才有资格立法，反对公民平等，坚守贵族文化而拒绝民主政治改革。这与马克思追求真实的民主和平等而反对各种形式的专制和精英主义的思想，积极领导无产阶级革命和组建工人政党的实践活动，形成了鲜明的对比。

这种生活、社会实践和政治观念方面的差异性掩盖了萨维尼与马克思之间的不可思议的相似性。萨维尼和马克思都嗜书如命和崇尚科学精神，在大学时代和中年时期都因为读书过度和工作过度损坏了身体健康，在一生中都备受疾病的折磨。两人在科学研究中都充分地占有资料和竭尽全力开辟文献的新来源。萨维尼在1804—1808年期间在巴黎图书馆搜集各种罗马法手稿，而马克思则在1850—1883年期间在伦敦大英博物馆搜集政治经济和外交方面的原始文献。两人都将理论和实践紧密结合起来，都感觉到过多的社会实践活动干扰了理论著作的完成。萨维尼因为担任普鲁士的内阁大臣而延误了《当代罗马法体系》的出版，而马克思则因为参加第一国际而延缓了《资本论》第一卷的出版和未能在生前出版《资本论》第二、三卷。但是，两人都在实践活动中取得了伟大的业绩，一个推动了德国大学和科学的崛起，一个推动了国际工人运动和无产阶级政党的崛起。在科学研究中，两人都将文献史研究与理论阐述结合起来，萨维尼以《中世纪罗马法史》和《当代罗马法体系》著称，而马克思则以《剩余价值学说史》和《资本论》著称。两人都有一个著名的宣言，萨维尼以《立法和法学的当代使命》作为历史法学派创立的标志，马克思和恩格斯则以《共产党宣言》确立了无产阶级革命的纲领。在理论方面，萨维尼确立了法的民族精神说，用以解释法律的演变和立法者的责任；马克思则创立了唯物史观和剩余价值论，用以解释历史的变化和革命者的责任。

（二）萨维尼对求学时代的马克思的影响

马克思在1836—1837年的冬季学期选修了萨维尼讲授的《罗马法全

---

① J. E. Seigel, "Marx's Early Development: Vocation, Rebellion, and Realism", *Journal of Interdisciplinary History*, Vol. 3, No. 3, Winter 1973, pp. 475–508.

书》。萨维尼在教授潘德克吞法学的过程中，以《学说汇纂》为基础，高度重视概念的分析和构造法律的结构体系。萨维尼一生注重批判性阅读和历史性阅读，将法学界定为历史性和哲学性统一的科学，并在该讲义中列举了大量的书目和评析，为马克思阅读法学著作提供了指南。尤其值得一提的是，萨维尼在1835年春季拟定了《当代罗马法体系》的写作计划。由于罗马法课程的"所有讲课都只是为对此的准备工作而被利用"以及"所要处理的素材常常有机会在讲课中进行研究"，而且萨维尼坚信真理可以通过直接的认识和表述、指明和开辟通向真理的道路以及确定问题和任务得以促进和传播，所以，《当代罗马法体系》的主要思想和方法论会充分地体现在萨维尼所讲授的罗马法课程之中。①

为了进行有效的学术研究，萨维尼在讲课中详细阐述了自己的批判性阅读和历史性阅读的思想。"批判地阅读是指在阅读的过程中把著作本身与其所要实现的理想进行比较，易言之，探究这本著作的目标何在——只有在阅读的过程中才能知悉其目标；为了实现这个目标，这部著作中做了些什么。"② 为了进行批判性阅读，研究者必须尝试研究某些东西，阅读一些能够帮助我们确立一个正确的评判基准的名著，并且在阅读中集中注意力进行素材的筛选和记录。"对阅读素材进行摘选，这是非常有效的手段，同时要把自己对于这些素材的评判记录下来，这是很重要的。"③ 阅读名著、做详细的阅读笔记和评论以及尝试研究某些东西这三个步骤，都体现在马克思在上过萨维尼的所讲授的课程之后所作的阅读和研究之中。为了进行卓有成效的学术研究，除进行批判性阅读之外，我们还应该"把完整的文献性研究作为目标"，"必须历史地阅读所有与之相关的东西"。因此，历史地阅读就意味着我们把某一本书和它的历史整体联系起来进行观察。在萨维尼看来，"每一个作者都被他生活于其中的那个时代所限定（共时性），此外，他也被以往的时代所限定（历时性），易言之，他是整体的一个部分，只有把他置于这个整体之中，才能完全地理解他——借此也可以在研究过程中排除所有的偶然性，

---

① ［德］萨维尼：《当代罗马法体系》第一卷，朱虎译，北京：中国法制出版社2010年版，"前言"第20—21页。
② ［德］萨维尼、格林：《萨维尼法学方法论讲义与格林笔记》，杨代雄译，北京：法律出版社2008年版，第35—36页。
③ ［德］萨维尼、格林：《萨维尼法学方法论讲义与格林笔记》，杨代雄译，北京：法律出版社2008年版，第36页。

并且有可能获得一个完满的评判"。① 这样，历史地阅读不仅要考虑一个文本的历史情况，同时将不同历史时期的文本作为一个有机的整体联系起来理解。因此，历史地阅读就为批判性阅读提供了条件。批判性阅读有助于我们认识文本是如何解决其所提出的问题的，而历史地阅读则有助于我们理解文本是如何针对其所处的历史时期提出问题及其在整个历史进程中的解决方案。从这里可以看出，萨维尼非常注重在文本相互比较和对照理解中发现文本的问题意识，从而将文本阅读置放在问题研究的进程之中作为不可或缺的一部分。在学习罗马法的课程中，马克思阅读了七本《学说汇纂》的教材和萨维尼的《论占有》，写了300个印张的法学著作。尽管建立法学体系的尝试失败了，但是，马克思不仅认识到哲学的综合能力在建立体系中的重要性，而且认识到了萨维尼在《论占有》中存在概念的形式与概念的内容相互分离的问题。

萨维尼主导的柏林大学法学院在1838年之后拒绝授予犹太人法学博士学位，迫使马克思被迫选择哲学方面的博士论文题目。但是，马克思在论文的选题和资料的考证与诠释方面都紧随萨维尼。萨维尼的《论占有》是法律诠释学的典范之作，论述了占有的概念、取得、丧失和保护，以及历史的演变过程。萨维尼谈到，他之所以选择占有问题进行研究，是因为以前的罗马法研究对占有问题的普遍忽视或者"冷落"。《论占有》根据罗马法的原始文献对占有的概念和观念进行了研究和修正，对之前的关于占有的通行观点进行了反驳，进而对占有问题进行了清晰、逻辑一贯和系统的讨论。② 马克思的博士论文，也选择了一个哲学史上被疏忽的问题进行详细的论证，根据有关伊壁鸠鲁的各种原始文献对德谟克利特和伊壁鸠鲁哲学的内在差异进行了深入的研究，并追寻两人的人文价值观和方法论的差异。萨维尼对历史和文献证据尤其是原始文献证据的重视，在文本研究中注重材料的归纳和比较的方法，利用语义学的、逻辑的、历史的方法来对概念进行诠释的做法，都体现在马克思的博士论文之中。马克思的研究成果最终体现了萨维尼的解释原则："解释的最高任务是深层次的考证，易言之，将毁损残缺的文本恢复原状，通

---

① ［德］萨维尼、格林：《萨维尼法学方法论讲义与格林笔记》，杨代雄译，北京：法律出版社2008年版，第37页。
② ［德］弗里德里希·卡尔·冯·萨维尼：《论占有》，朱虎、刘智慧译，北京：法律出版社2007年版，"德文第四版序言"第1页。

过解释本身对解释的素材进行重构。"① 马克思在《莱茵报》的评论文章和《黑格尔法哲学批判》等著作的评论和解释都是按照严格的法律段落解释的方式进行的，继承了萨维尼的严谨批判精神。追求阅读文献的完整性、注重文献的内在继承性和在此基础上对其进行清晰明辨的观察的历史性阅读，充分体现在马克思的《剩余价值学说史》中。作为"许多世纪法律研究的集大成者"和"深入而丰富的法学考证研究的先驱"，萨维尼无疑对马克思的治学精神、研究方法论和对历史的关注都产生了深远的影响。② 从马克思一生长期注重历史研究和晚年的人类学的笔记来看，萨维尼的影响都是重要的。

(三) 理论与实践的统一

从职业角度，萨维尼在法学领域提倡理论和实践相统一的观点，反对法学家脱离立法、司法或审判等法律实践活动。马克思的博士论文从关注伊壁鸠鲁的理论与实践的一致性出发，批判黑格尔没有完成思想与现实的真正结合，造成了理论与实践的分离，强调哲学的世界化和世界的哲学化，从而"把这种责任与激进的黑格尔派哲学家将哲学转变为用最初的复杂哲学干预而进行实践的尝试联合起来了"。③ 在《莱茵报》时期，马克思不仅批判鲍威尔和柏林自由人在理论与实践分离的状态下空谈理论，而且批判历史法学派的法学理论与普鲁士立法活动相分离的现实，更是批判普鲁士政府的新闻报道与农民贫困相分离的现实。在宗教理论、法学理论、法律等各种社会意识与社会实践活动的不断分离中，马克思逐渐认识到，理论与实践的分离的根源在于劳动分工所带来的劳动异化。这就推动马克思对政治实践活动和革命实践活动的认识扩大到物质生产实践活动的认识。柏拉图、弗格森和亚当·斯密的劳动分工理论无疑提供了有益的分析思路。在对政治经济学的研究过程中，马克思不仅认识到了劳动异化的现象，而且在共产主义的蓝图中找到了克服理论与实践分离的办法。同时，马克思在《关于费尔巴哈提纲》中提出了

---

① [德] 萨维尼、格林:《萨维尼法学方法论讲义与格林笔记》，杨代雄译，北京：法律出版社2008年版，第79页。
② [英] 约翰·麦克唐纳、爱德华·曼森:《世界上伟大的法学家》，何勤华等译，上海：上海人民出版社2013年版，第465页。
③ [美] 沃伦·布雷克曼:《废黜自我：马克思、青年黑格尔派及激进社会理论的起源》，李佃来译，北京：北京师范大学出版社2013年版，第286页。

"哲学家不只是解释世界,更重要的是改造世界"的实践哲学观点。不过,实践也是不能脱离理论进行的,因为"征服我们心智的、支配我们信念的、我们的良心通过理智与之紧紧相连的思想,是不撕裂自己的心就无法挣脱的枷锁"。①

(四) 马克思对萨维尼的批判与超越

马克思对萨维尼及其所代表的保守主义立场的批判集中在《莱茵报》时期。在《历史法学派的哲学宣言》一文中,马克思将历史法学派的教科书等同于充满了"天花乱坠的现代语词"的浪漫主义诗集。在青年马克思的理性主义视角看来,历史法学派的主要罪过是:强调人的动物本性、奴隶制的历史合理性和国家制度的暂时合理性;对研究事物的"起源的爱好达到了极点";坚信"每一个时代都有自己的特征,并产生出自己的特种类型的自然人";在研究上采取了实证的或者非批判的方法,同等对待世界历史上的各民族,证明各种制度的非理性。② 在《〈黑格尔法哲学批判〉导言》中,马克思批判历史法学派是"以昨天的卑鄙来说明今天的卑鄙行为是合法的","把农奴反抗鞭子""的每一声呐喊都宣布为叛乱"的,甚至"杜撰了德国历史"的反动学派。"这个夏洛克,却是奴才夏洛克,他发誓要凭他所持的借据,即历史的借据、基督教日耳曼的借据来索取从人民胸口割下的每一磅肉。"③ 进而,马克思认为,"应当把哈勒、施塔尔、莱奥及其同伙的法律理论和历史理论看作只不过是胡果的自然法的旧版翻新"。④

尽管明确提到萨维尼及其所代表的历史学派只有《历史法学派的哲学宣言》一文,但是,马克思在《莱茵报》时期发表的文章主要是围绕萨维尼理论的现实缺陷而展开的。在1842—1848年期间,萨维尼被任命为立法改革大臣,主持了婚姻法、刑法、汇票法、商法、债券法的编纂工作。马克思在《莱茵报》时期总共发表的34篇论文、评论和声明。一是有关立法与政府指令的法哲学评论,如《评普鲁士最近的书报检查令》《关于新闻出版自由和公布省等级会议辩论情况的辩论》《关于林木盗窃法的辩论》等7篇文章;二是有关报刊之间的辩论与评论,如《集

---

① 《马克思恩格斯全集》第1卷,北京:人民出版社1995年版,第295—296页。
② 《马克思恩格斯全集》第1卷,北京:人民出版社1995年版,第229页。
③ 《马克思恩格斯全集》第3卷,北京:人民出版社2002年版,第201页。
④ 《马克思恩格斯全集》第1卷,北京:人民出版社1995年版,第238页。

权问题》《〈科隆日报〉第179号的社论》《共产主义和奥格斯堡〈总汇报〉》等20篇文章；三是有关书报检查官的指令、评论与声明，如《〈莱茵报〉编辑部关于即将对冯·沙培尔总督作出答复的通告》《评部颁指令的指控》等5篇文章；四是其他的学术评论，包括《历史法学派的哲学宣言》和《再谈谈奥·弗·格鲁培博士的小册子〈布鲁诺·鲍威尔和大学的教学自由〉1842年柏林版》两篇文章。从内容上说，这些文章都是秉持自由主义的理念，反对复辟时期的普鲁士政府在立法、行政和司法领域的任意性和专断的行为。这不仅表现在加强专制的书报检查令和剥夺出版自由的书报检查官的随意审查，而且表现在新婚姻法中关于国家从属于教会的规定和宗教干预法的问题，还表现在等级会议试图实现不受限制的议员自由和城乡之间的权利不平等、地方政府掩饰社会贫困的自由以及地主剥夺农民的传统权利的自由。

　　普鲁士政府任意干预出版自由、结婚和离婚的自由和农民传统权利的自由的现实，是与萨维尼关于市民社会与国家的分离、私法与公法的分离以及国家同等保护所有权利受到损害的个人的法学假设是相矛盾的。在萨维尼看来，生物人享有对自己的权利或者"原权"。每个人都享有不可剥夺的原权，而法律的职责就是"保障内在于所有个人意志中的道德力量的自由展开"和所有人的自由生存与活动的空间。生物人对不自由的自然和他人偶然和暂时取得的所有其他权利被称为"取得权"。在原权和取得权之间，原权是基础和前提，是法律制度的核心。① 但是，萨维尼"根本不将此权利作为一个真正的权利"，从而完全排除了对原权或者人权的研究，而"将取得权承认为唯一的权利"。② 只考虑财产权等取得权利的一个意想不到的后果是，"它拒绝个体的人有任何权利和任何价值，从而让良知陷入沉默；它为暴力、压迫和屠杀辩解"。③ 例如，萨维尼不考虑财产使用或取得的道德性。"由此，富人可以通过拒绝提供救助，或者通过债权（Schuldrechts）的严苛行使，从而放任穷人自生自灭；如果相反，救助发生了，那么这种救助也并非产生于私法基础，而

---

① ［德］萨维尼：《当代罗马法体系》第一卷，朱虎译，北京：中国法制出版社2010年版，第261页。
② ［德］萨维尼：《当代罗马法体系》第一卷，朱虎译，北京：中国法制出版社2010年版，第266页。
③ ［意］卡洛·安东尼：《历史主义》，黄艳红译，上海：格致出版社2010年版，第12页。

是产生于公法基础。"① 正是在这一点上，马克思对历史法学派进行了攻击。在萨维尼看来，习惯法是民族精神的最好体现，是最重要的法律形式。"法律首先产生于习俗和人民的信仰……完全是由沉潜于内、默无言声而孜孜矻矻的伟力，而非法律制定者的专断意志所孕就的。"② 马克思不认同法律的民族精神说。在《论离婚法草案》一文中，马克思说："立法者应该把自己看作一个自然科学家。他不是在创造法律，不是在发明法律，而仅仅是在表述法律，他用有意识的实在法把精神关系的内在规律表现出来。如果一个立法者用自己的臆想来代替事情的本质，那么人们就应该责备他极端任性。"③ 法律的本质、婚姻的本质、宗教的本质、国家的本质等等，都是一种社会关系。立法者所要做的事情是，认识现实的伦理关系和其他社会关系的运动变化，并以法律的形式表述出来，形成"法律是人民意志的自觉表现，因而是同人民的意志一起产生并由人民的意志所创立"的真正法律。这样，"立法者的观点是必然性的观点"。④ 在《关于林木盗窃法的辩论》中，马克思通过农民捡拾枯枝的习俗权利被林木所有者控制的立法权力所剥夺的事实，不仅看到了现实的法律与萨维尼的民族精神说无关，而且发现了现实的法律所隐藏的物质利益及其所蕴含的阶级对立与社会贫困的根源。如果说历史法学派利用民族概念取代了自然法中的普遍的人性概念，那么，马克思就用阶级概念取代了萨维尼的民族概念，将法律的民族精神起源论改造为物质利益起源论，将法律的历史延续性的假设改造为历史革命的理论。在《本地省议会议员选举》一文中，马克思看到了莱茵省的物质利益就是其贸易和工业地位。在《评奥格斯堡〈总汇报〉论普鲁士等级委员会的文章》一文中，马克思在讨论地产是决定等级代表制的一般条件的过程中，也看到了财产与政治之间的关系。这些物质利益的讨论和社会贫困问题的关注不仅推动了马克思对政治经济学的研究，而且让马克思看到了财产权对人权的异化。最终，马克思将萨维尼关于法来自民族的共同意识或者民族精神的观点，修正为法来自民众的物质生活和生产力的发

---

① [德] 萨维尼：《当代罗马法体系》第一卷，朱虎译，北京：中国法制出版社2010年版，第287页。
② [德] 萨维尼：《论立法与法学的当代使命》，许章润译，北京：中国法制出版社2001年版，第11页。
③ 《马克思恩格斯全集》第1卷，北京：人民出版社1995年，第347页。
④ 《马克思恩格斯全集》第1卷，北京：人民出版社1995年版，第349页。

展所形成的生产关系。

(五) 萨维尼对马克思的启示

尽管对萨维尼的保守主义和理论的缺陷持批判的态度,但是,随着对黑格尔的思辨哲学批判的持续进行,马克思在研究方法和历史取向上回到萨维尼的立场,充分挖掘萨维尼的思想所蕴含的理论意义。萨维尼在《当代罗马法体系》中对自己思想的潜力充满信心:"本著作可能包含了大量真理的萌芽,这些萌芽也许在他人那里才能完全成长进而结出累累硕果。如果在新的、更为丰富的发展之中,对此提供了萌芽的当前这个工作退居幕后甚至被遗忘,那么这无关紧要。具体的著作是暂时的,如同个人的外在形态一样;但个人终其一生所作出的思考却是不朽的,通过这些思考,我们所有以严肃和爱的心态进行工作的人会联合成一个大的永久共同体,在此之中,个人的所有贡献,即使它无足轻重,都取得了永恒的生命。"① 尽管将"深刻的理论与显著的错误融会在一起"并"严重地低估了法律哲学的优点",但是,萨维尼的著作是一个巨大的思想宝库。② 除法的民族精神说、理论与实践的统一之外,萨维尼的许多思想和表述都给马克思提供了启发和思考的路径,促进了马克思思想的形成与发展。从起源角度上说,对马克思的思想和治学风格影响最大的人应该是萨维尼。

首先,马克思在研究中积极实践"一切追溯至其源头"的历史研究方法。萨维尼的阐释原则要求,追溯制度的起源以便发现根本的原理原则或者公理,"从中推导出存在于一切法律概念和规则间的内在联系及其确切的亲合程度"。③ 尽管在《历史法学派的哲学宣言》中批判历史法学派对制度起源的偏爱,但是,马克思基于历史法学派的长期训练,习惯于追寻事物的根源或思想和制度的起源,以便研究事物、思想或制度的动态演变。在博士论文中,马克思从德谟克利特和伊壁鸠鲁的自然哲学对比中研究唯物主义和宗教的起源。在《克罗茨纳赫笔记》中,马克思

---

① [德] 萨维尼:《当代罗马法体系》第一卷,朱虎译,北京:中国法制出版社2010年版,"前言"第21—22页。
② [英] 乔治·皮博迪·古奇:《十九世纪历史学与历史学家》,耿淡如译,北京:商务印书馆2009年版,第138页。
③ [德] 萨维尼:《论立法与法学的当代使命》,许章润译,北京:中国法制出版社2001年版,第18页。

非常关注大量历史著作关于法国、英国和德国的封建社会特别是私有制的起源、发展及其向资本主义演变的历史叙述。① 在《神圣家族》中，马克思详细地阐述黑格尔的思辨哲学和鲍威尔的思辨神学的根源，以及近代唯物主义和共产主义思想的起源和演变。在《德意志意识形态》中，马克思阐述了人类社会特别是资本主义的起源和历史演变。民法和罗马法的长期训练，让马克思对私有财产和契约的历史变迁非常敏感，从而为创造性地批判和研究政治经济学铺平了道路。在政治经济学的研究中，马克思阐述了货币起源于劳动价值，以及利润、地租和利息都起源于剩余价值的理论。在晚年的人类学笔记中，马克思高度关注人类历史的早期起源。可以说，对事物、制度和思想起源的研究与关注贯穿了马克思的一生。

第二，贫富两极分化根源于私有制。萨维尼认为，财产的权利与特定人之间的关联是偶然的和可变的。任何社会都存在共同财产和共同使用、共同财产和私人使用，以及私人财产和私人使用三种总体财产分配的方式。在萨维尼看来，私人财产和私人使用蕴含着私人所有权的概念，而"对这个概念的完全承认可能会导致没有任何限制的富裕和贫穷"。② 在《克罗茨纳赫笔记》中，马克思不仅研究了欧洲诸国和美国的所有制的产生、发展及其在历史上的表现形式，做了索引"所有制及其后果"，而且关注所有制与政治法律之间的关系，以及各国在不同历史阶段表现出来的经济问题，从而为全面转向政治经济学的研究做了必要的准备。在《1844年经济学哲学手稿》中，马克思借助于对政治经济学的广泛研究，将私有制和贫富分化通过劳动异化连接在一起，提出了在共产主义社会中废除私有制以消除贫富分化的理想。在《资本论》中，马克思充分证明，以积累剩余价值为目标的资本主义私有制最终会通过财富与贫

---

① 在对亨利希的《法国史》摘录中，马克思关注法国封建社会的起源、不同形式的封建所有制的产生等问题；在对达鲁的《威尼斯共和国》的摘录中，马克思关注贵族特权的起源与基础问题；在对深受历史法学派影响的拉彭贝尔格的《英国史》摘录中，马克思主要关注英国封建社会的阶级、权力和法律的关系，以及封建阶级向资产阶级转变的历史起源；在对恩斯特·施米特的《法国史》摘录中，马克思主要关注封建财产的各种形式的起源和演变；在对普菲斯特尔的《德国史》摘录中，马克思特别关注德国封建社会的形成、发展及其原因；在对历史法学派的先驱默泽尔的《爱国主义的幻想》摘录中，马克思主要关注德国封建社会的形成，地产的各种形式及其发展。

② [德] 萨维尼：《当代罗马法体系》第一卷，朱虎译，北京：中国法制出版社2010年版，第286页。

困的两极积累而瓦解。

第三，价值的区分。在对私人财产进行一般考察时，萨维尼主张对财产各组成部分的具体权利特性进行抽象化和数量化处理。这种对财产的纯粹数量化处理方式就是通过价值这个概念而得以实现。"价值这个概念又再次外在表现为金钱（Geld），并通过金钱而被引入到现实生活中，以至于对法学术语而言，价值和金钱价值（Geldwerth）是相同含义的表述，事实上，它们也常常被互换运用。"① 同时，萨维尼还对黑格尔的《法哲学原理》第63节中对于价值和金钱两个概念的界定进行了评论，认为黑格尔承认了所有权价值或出售价值，没有承认使用价值、不可转让所有权前提下物的价值、行为的价值特别是劳动的价值。萨维尼关于价值和使用价值、货币的讨论为马克思铺平了从法学研究转向政治经济学批判的道路。与历史法学派强调人的动物性相似，"国民经济学把工人只当作劳动的动物，当作仅仅有最必要的肉体需要的牲畜"。② 马克思一直重视使用价值和价值、人的自然属性和社会属性的区分，并将其归之于劳动的二重性，最终在1859年的《政治经济学批判》中取得了价值理论上的突破。

第四，财产是权力和权利扩展的同一。在萨维尼看来，财产就是以所有权和债权的方式扩展个人权力的关系的总和。③ 在财产概念中，萨维尼就将权力和权利融为一体：财产在法律关系上是权利，而在经济关系上就称为权力。马克思对剩余价值的分析，就建立在财产的权利和权力统一的基础上：资本不是物，而是一种权力和社会关系。

第五，剩余价值理论是不当得利的扩大。萨维尼认为，所有权是人对物的不受限制且排他的支配权利，不当得利就是"一方获得财产利益而另一方没有法律基础地减少财产"。面对他人的不当得利，失利人有请求返还得利的权利。④ 不当得利分为消极的不当得利和积极的不当得利，后者包括残酷的没收、奴役、劫掠和剥削。马克思关于剩余价值的研究

---

① ［德］萨维尼：《当代罗马法体系》第一卷，朱虎译，北京：中国法制出版社2010年版，第291页。
② 《马克思恩格斯全集》第3卷，北京：人民出版社2002年版，第233页。
③ ［德］萨维尼：《当代罗马法体系》第一卷，朱虎译，北京：中国法制出版社2010年版，第263页。
④ ［德］米夏埃尔·马丁内克：《德意志法学之光：巨匠与杰作》，田士永译，北京：法律出版社2016年版，第23页。

起源与此有关。

此外，马克思的"人是社会关系的总和"的观点，就与萨维尼关于"所有的法律关系就是通过法规则而界定的人与人之间的联系"的观点相近。马克思关于从具体上升到抽象和从抽象下降到具体的双重过程，在《资本论》序言中关于研究方法与叙述方法的表述，都可以追溯到萨维尼的法律诠释学。当然，详细考察萨维尼与马克思的思想之间的内在关联还需要更深入研究《当代罗马法体系》和其他萨维尼的著作。

# 第八章 黑格尔、黑格尔学派与马克思

黑格尔哲学是德国古典哲学中最具思辨性、最具系统性的综合哲学。其思辨性体现在《逻辑学》和辩证法思维之中，其系统性体现在利用逻辑学去整合自然哲学和精神哲学，其综合性体现在《精神现象学》和《哲学百科全书》之中。借助于其辩证法思想和庞大的体系，黑格尔在哲学、宗教、法哲学、历史、美学等领域都展开了艰巨的斗争，形成了黑格尔学派。在哲学内部，黑格尔哲学面临康德哲学和费希特哲学的继承者，以及谢林领导的慕尼黑学派的批评。马克思就生活在黑格尔哲学遭受各种攻击的兴盛时代，积极参加了青年黑格尔派的论战，在系统地研究黑格尔哲学、激烈的思想竞争和现实斗争中形成了自己独具特色的理论。

## 第一节 黑格尔的思想演变

黑格尔的思想演变不仅受到启蒙运动的反思和德国古典哲学的影响，而且受到法国大革命及其自身生活经历和反思的影响。在黑格尔的思想中，居主导地位的问题是在法国大革命的冲击和普鲁士改革取得巨大成就的基础上，如何将传统的宗教和国家进行适合于自身特色的现代化。黑格尔在耶拿时期的辩证法风格的形成、纽伦堡时期的体系化的成熟、柏林时期的思想的广泛阐发和学派的形成中对这一问题给出了独具特色的解决方案。

### 一、耶拿时期的思想演变

德国哲学家威廉·黑格尔（Georg Wilhelm Friedrich Hegel, 1770—

1831）出生于符腾堡公国的一个低级官僚和牧师家庭。宗教和政治问题在黑格尔的早年家庭和学校生活中占据着重要位置。① 在中学作文《论希腊人和罗马人的宗教》中，黑格尔从启蒙运动的角度考察了古代的多神论，认为"宗教信仰的多样性促使我们要批判自身的观点"。② 在毕业演讲《土耳其人的艺术和科学的可悲状况》中，黑格尔通过符腾堡公国和土耳其在宗教、教育和统治方面的对比，认为在符腾堡公国的生活更加幸福。在1788—1793年期间，黑格尔在图宾根神学院学习，对传统独断论的神学及其所带来的虚伪表示反感，但认识到神学教义是与利益密切关联的。"只要正统教义的功能还是和尘世的利益紧密相连的，还是交织在国家整体之中的，那么它就不可动摇。这利益还很密切，还不能很快被废除，尽管人们自身并不完全明确地意识到这一点，但它还在起作用。"③ 基于神学院利用康德的思想来论证宗教启示引起的众多争论，黑格尔在《图宾根论文》一文中试图制定某些反对康德哲学的设想，将宗教区分为制度化的客观宗教和人心中的主观宗教或者心灵的宗教，后者涉及真实的宗教情感体验、道德和精神的改造问题。黑格尔强调人类的欲望动机而非道德律与人的感觉的关联，认为心灵的宗教是一种自由的人民宗教。

在1793—1796年从事家庭教师期间，黑格尔抨击了将行政权、立法权和司法权集于一身的伯尔尼专制政府。在黑格尔看来，这样一个专制政府不仅按照财产的多寡和抓阄的方式选择行政官员和议员，而且剥夺了民众的自由和财产权利，在没有刑法典的状态下随意判处人死刑，不按照司法程序随意征用家庭财产，从而造成整个社会的道德败坏和人性堕落。④ 在1795年4月16日致谢林的信中，黑格尔说："宗教和政治是一丘之貉，宗教所教导的就是专制主义所向往的。这就是，蔑视人类，不让人类改善自己的处境，不让它凭自己的力量完成其自身。"⑤ 在此期

---

① ［法］雅克·董特：《黑格尔传》，李成季、邓刚译，上海：上海人民出版社2015年版，第31页。
② ［法］雅克·董特：《黑格尔传》，李成季、邓刚译，上海：上海人民出版社2015年版，第28页。
③ 苗力田译编：《黑格尔通信百封》，北京：中国人民大学出版社2015年版，第40页。
④ ［德］黑格尔：《黑格尔政治著作选》，薛华译，北京：中国法制出版社2008年版，第5页。
⑤ 苗力田译编：《黑格尔通信百封》，北京：中国人民大学出版社2015年版，第47页。

间，黑格尔接触到了英国历史学家爱德华·吉本的《罗马帝国衰亡史》、亚当·斯密的《国富论》和詹姆斯·斯图亚特的《政治经济学原理研究》，认真研究了康德、费希特和谢林的哲学，发出了"从康德的体系和它的最高完成出发，我期待在德国发起一场革命"的口号，试图实现宗教、历史和政治思考的结合。① 在《耶稣传》（1795）和《实证宗教观念批判》（1795—1796）中，黑格尔描述耶稣那注重内心自由和人的尊严的道德宗教与耶稣门徒所创立的客观宗教之间的差异，试图利用康德的宗教哲学在历史上的应用来解释耶稣的自由追求如何变成了基督教的权威，以及思考如何将基督教改良成为一种个体与社会、理性与感性相统一的人民宗教的问题。基于此，黑格尔不仅批判"康德忽视了伦理的本土性而过分倾向于普遍的范畴体系"的做法，而且还批判了人与上帝、理性与情感、理论与实践相互分裂的观念。② 随着思想的不断深化，黑格尔的宗教批判态度逐渐转向将宗教当作一种人类精神发展的必由之路的辩证观点。

由于符腾堡公国被法国军队占领，黑格尔参与了符腾堡公国改革的政治辩论，写下了《论符腾堡的新形势，特别是关于市官员的地位》的短文，提出了自己的政治主张，倡导代议制和君主立宪制。在法兰克福时期，黑格尔研究了英国的政治状况和康德的法权学说和伦理形而上学，并对斯图亚特在《政治经济学原理研究》中关于市民社会的本质、需要和劳动、劳动分工、等级制度、警察和赋税等问题进行了评论。在1799年撰写《基督教精神及其命运》等手稿中，黑格尔尝试将哲学、宗教和经济理论融为一体，并逐渐从通俗哲学转向谢林正在研究的思辨哲学和体系哲学。在这篇论文中，黑格尔试图以犹太教和基督教的差异来阐述国民的命运是其逻辑发展的结果的观点。在黑格尔看来，犹太教是一种奴性十足的异化宗教，不具有自由精神，犹太人会继续受到社会的歧视直到犹太人抛弃犹太教为止。基督教也是一种自我强制的、爱的异化的宗教，爱构成其道德伦理的基础，因此基督教绝不能改造成自由的宗教。黑格尔在批判康德的道德宗教观的基础上，提出了以爱这种"神圣精

---

① ［美］罗伯特·皮平：《黑格尔的观念论：自意识的满足》，陈虎平译，北京：华夏出版社2006年版，第20页。
② ［美］罗伯特·C. 所罗门、凯特琳·M. 希金斯主编：《德国唯心主义时代》，储昭华等译，北京：中国人民大学出版社2016年版，第198页。

神"为核心的新宗教观,要求创立新的人民宗教来取代基督教。①

在 1801 年写的《论德国法制》论文中,黑格尔提出了一种比较成熟的有机国家观,反对机械论的国家观。与部分之和等于整体、私权之和等于国家权力、邦国利益之和等于德意志神圣罗马帝国的利益、每个邦国都独立参加国际政治和对外战争、各部分之间只维持伦理宗教或文化精神的联系的机械国家观不同,黑格尔的有机国家观主张中央集权,认为在私权之外还存在独立的、基于正义的和普遍利益的、邦国和个人利益要服从的国家权力。这种国家权力要求"各个部分向社会牺牲自己的特殊性,全部结合在一个普遍物之内,在共同自由服从一个最高国家权力中找到自由",也要求"有一个普遍的中心,一个君主和一些等级,各种权力、外交事务、军事力量、与此有关的财政等等都结合于这一中心",各部分在国家权力的领导下共同理性地参与国际政治和对外战争。② 黑格尔基于有机国家观反对民主选举,认为这不过是财阀统治的私利而已,也反对重视传统的浪漫主义和实定法这些私权,认为民众的自由得不到保障、战争损失和国家瓦解是私权和私人利益充斥着机械国家的各部门的结果。从当时的战争和国际斗争出发,黑格尔要求建立高度中央集权的有机国家,保障每一个德国人的自由和私人利益。在黑格尔看来,法国强盛的根源就是高度的中央集权,拿破仑的国家观就是个人自由从属于国家利益的有机国家观。黑格尔利用这种有机国家观,不仅用来批评符腾堡的等级议会和英国的议会改革,也作为《法哲学原理》的国家法部分理论构建的基础,并在历史哲学中延伸为现实主义政治的权力哲学。③

在 1803 年的《伦理体系草案 I》中,黑格尔构建了一个自然、家庭和民族的伦理演进的框架,认为理性、神性或者人类精神存在于每一个民族中,一个合法的等级社会机构是一个自由民族所必需的。每一个社会等级代表着一个伦理统一体而非社会组织。黑格尔试图在重新界定社

---

① [美]伍德:《黑格尔的伦理思想》,黄涛译,北京:知识产权出版社 2016 年版,第 212—213 页。
② [德]黑格尔:《黑格尔政治著作选》,薛华译,北京:中国法制出版社 2008 年版,第 23、25 页。
③ 马克思后来反对的就是黑格尔的有机国家观,认为所有的国家都是私权的总和、是一个阶级压迫和剥削另一个阶级的暴力工具,从而集中研究私权不平等的经济社会后果。而且,马克思认为,经济权力和政治权力,都是非理性和劳动异化的根源。

会等级的基础上把社会等级的权力纳入更大的社会整体之中，从而在支持普鲁士集权的基础上保留社会各等级。黑格尔在1804—1805年写了《耶拿体系草案II：逻辑学、形而上学和自然哲学》的手稿，构建了一个庞大的体系，包括探讨思想的规则，思想与存在的关系，自然存在、社会存在和精神存在的规律。对最后一部分的思考构成了1805—1806年写作的《耶拿体系草案III：自然哲学和精神哲学》手稿。① 在这部手稿中，面对英国和法国政治民主和工业的现代化问题，政治经济落后的德国应该采取什么措施来挽救自己衰败的命运呢？与浪漫主义者主张保留传统、利用传统的伦理道德的方法和启蒙主义者主张采取法国革命的方式、将旧传统和过时的制度完全废除、建立全新的制度不同，黑格尔则采取折衷的办法，保留优秀的传统宗教、家庭和代议制，同时依靠艺术、宗教和科学的伟人来改革过时的体制。

## 二、纽伦堡时期黑格尔思想的演变

在1807年出版的《精神现象学》这部追索现代性的精神起源和异化的历史著作中，黑格尔以概念发展的形式辩证地考察了意识形态或者精神发展的各阶段，包括意识、自我意识、理性、客观精神和绝对精神五个环节，并试图对其加以融合和系统化。对黑格尔而言，人在意识和自我意识中的存在是通过言说和欲望揭示和给予存在的。意识具有自然属性和社会属性两种，而社会属性是一个建构的过程。黑格尔将为社会存在或集体达成的实践的社会意识称之为精神，追求知识就是参与一个社会制度的、受目的论支配的实践活动。在社会性的认识过程中，认识的对象、意识本身、社会主体的欲望和生命的追求都发生了改变。

黑格尔把语言纳入具有普遍性的意识范围，说出来的东西就是一般的、普遍的东西。"因此，凡是被称为不可言说的东西，不是别的，只不过是不真实的、无理性的、仅仅意谓着的东西。"② 在意识环节，黑格尔忽视了无意识、想象力与创造的作用，只强调感觉确定性所预设的概念

---

① 这份手稿尤其值得注意的是，黑格尔对斯密的劳动分工理论及其所带来的财富两极分化和劳动异化的问题进行了深入的阐述。这些研究的理论成果部分地体现在《法哲学原理》中，成为市民社会理论的一部分。阿维纳瑞在《黑格尔的现代国家理论》第5章中对这份手稿的政治经济学内容进行了详细的阐述。

② ［德］黑格尔：《精神现象学》上卷，贺麟、王玖兴译，上海：上海人民出版社2013年版，第127页。

性和所蕴涵的抽象普遍性。与过去将经验看作是在本质上把握对象及其特性不同，黑格尔强调经验不能够直接地或无中介地意指它的对象，必须从本源上运用概念和中介理论。即使对对象的简单形式的指示要成为可能，也需要某种进行描述、区别的能力和植根于特性关系的抽象理论。因此，对象是通过某个概念被把握的，概念的各个特性被理解为该对象的各种力或法则的一个结果，独立于经验的超感性世界或者脱离超感性世界的经验世界都是一个颠倒的、异化的世界。

由于"意识为其自身的不完善性所驱迫，去追求另外一种更完善的知识形式"，孤立的意识就跃进到一种新的意识形态——一种带有丰富的社会需求和欲望的自我意识。① 这种自我意识只有在另一个自我意识中才能获得满足或者成为自在自为的自我意识——一种通过对他人的意识的认识达到对自身意识的普遍性的认识。黑格尔强调了相互承认在自我意识和自由追求中的作用，引入了两个意识相互对峙的主奴关系的有机整体论分析。黑格尔认为，自我意识的斗争带来主人的支配和奴隶的屈从。主人通过战争和奴隶的劳动成果获得动物性的欲望满足和不幸的虚无意识，奴隶在恐惧、陶冶和劳动中获得自为存在或者独立的自我意识，从而在每一个个体中都形成了肉体与灵魂相互分裂和相互否定的内化了的主奴关系。这种新的主体间性和宗教禁欲主义直接取代了个人对存在的孤立认识，是权力而不是理性主导历史。传统伦理和权力的冲突是悲剧的根源，权力支配的社会在历史中是一种异化的发展。黑格尔因此主张，要消除与权力的运用或者与依赖性的劳动直接相联系的承认基础，建立一种在社会规范的约束下以自我理解和自由为基础的真正相互承认的社会。②

在理性的环节，黑格尔引入了自然哲学的内容，将有机物界定为具有感受性、激动性和再生性的物体，主张对自然按照有机整体观来考察。但是，黑格尔错误地认为，有机生命界没有历史，不像无机自然界那样存在规律性，也不存在心理学规律，没有接受当时出现的进化论。在客观精神环节，黑格尔将家庭、民族和国家都当作建立在共同价值和共同

---

① ［美］罗伯特·C. 所罗门、凯特林·M. 希金斯主编：《德国唯心主义时代》，储昭华等译，北京：中国人民大学出版社2016年版，第211页。
② ［美］罗伯特·皮平：《黑格尔的观念论：自意识的满足》，陈虎平译，北京：华夏出版社2006年版，第207页。

习俗基础之上的伦理实体对待，对个人享乐主义和孤立的个人在道德上的自主性展开了批判，反对去追问伦理道德的起源和论据。在此，黑格尔提出了一系列颇具争议性的观点，如上帝是意识的产物，信仰的绝对本质是社团的精神，启蒙是有意识的谎言，战争具有恢复伦理实体本质和预防腐败的特点，等等。黑格尔还认为，私有财产制和非私有财产制都存在占有与使用、个别性和普遍性之间的自相矛盾。① 在绝对精神环节，黑格尔谈到了宗教、艺术和科学。宗教划分为自然宗教、艺术宗教和天启宗教，耶稣基督代表着神与人类相统一的概念的象征，但基督教只有在整体概念化的基础上才能到达绝对真理。可以说，《精神现象学》将康德的统觉的先验统一和费希特知识学扩展为一个百科全书式的知识体系，不时闪现出社会政治思想的火花和辩证思维的魅力，如关于人类精神的历史性格、自我意识的社会本性、现代社会的异化和分裂、道德观的局限、现代民族国家的主张等。

黑格尔的《逻辑学》（1812）兼具形而上学和形式逻辑的二重性，既揭示存在、本质、量、质等范畴的最一般的形式及其运动，又涉及概念、判断、推理的逻辑形式。《逻辑学》分为三编："存在论"论述对现实事物的判断，包括定性判断、定量判断和尺度判断；"本质论"关注判断的规范化结构以及现象与本质之间的矛盾；"概念论"则探讨进行判断活动依据的概念结构和主体间的自我意识结构。这就是说，黑格尔的《逻辑学》描述了人们利用自己的概念框架或元语言去实现对具体事物认知的过程，特别是思想和存在统一的过程，前提是把世界设想为一个不断运动着的理性结构或元语言的概念体系。这样的元语言既"包含它固有的真理概念，能够真实地表达它固有的对于世界（及自身）的关系"，又"在表达上也必然更为圆满，并能够证明这种表达的圆满性"，从而实现对日常语言、科学、宗教、艺术和哲学的体系化和把握整个世界"。② 不过，黑格尔忽视了，在认识过程中，概念框架本身也会发生协同演进，同时每一个人的概念框架中的很大一部分也是人类在进化中获

---

① ［德］黑格尔：《精神现象学》上卷，贺麟、王玖兴译，上海：上海人民出版社 2013 年版，第 259 页。
② ［美］罗伯特·C. 所罗门、凯特林·M. 希金斯主编：《德国唯心主义时代》，储昭华等译，北京：中国人民大学出版社 2016 年版，第 254 页。

得的，根本不存在终极性的元语言。① 尽管如此，黑格尔还是利用在《逻辑学》中获得的认知框架和语言概念结构去研究自然、社会生活、艺术、宗教、哲学和历史过程。从这个角度看，研究人类精神历史动态发展的《精神现象学》似乎是《逻辑学》的认知结构的一个特例，体现了具体的现象在意识中是如何上升到抽象的本质即绝对知识的过程。

黑格尔在1817年出版的《哲学全书》中阐述了单纯存在的概念外化为现实存在的世界的观点。"'存在'——一个纯粹抽象的、形式的形而上学概念——必须以某种方式走向最终的物质化，将自身物化为实在，也就是说，这种自我封闭的概念必须将自己外化于自身之外，外化为自然！由此出发，黑格尔进而揭示了'无知'的自然如何必然产生出它自身的有机体，诞生出生命。同样黑格尔也由此揭示出生命如何依此必然走向意识，进而达到自我意识。更重要的是，他还揭示了这些单个的阶段如何必然依次相随，不只是作为一种偶然的生物学意义上的演化过程，而是体现出一种逻辑上的必然性。"② 在该书的第二部分"自然哲学"第221节，黑格尔为歌德关于颜色是由明和暗、光和影两者结合的观点进行辩护，谴责牛顿的光学理论是"漏洞百出的""极坏的反思形式"，指责"牛顿的观察和实验中充满了幼稚和愚蠢"。黑格尔对牛顿的攻击和对原子论的讥笑，最终让黑格尔付出了惨重的代价。

在海德堡大学时期，黑格尔赞成蒂博的法学思想，反对萨维尼的历史法学派的思想和冯·哈勒关于强者对弱者的统治、国家非理性主义的复辟政治学说。针对加强王权和剥夺等级议员权力的符腾堡宪法草案，黑格尔在1817年底发表了《评1815年和1816年符腾堡王国邦等级议会的讨论》的文章，试图从封建采邑制向主权国家过渡的角度，阐述各利益集团的权力之争和寻找在宪法中达到暂时的权力平衡的社会契约，利用社会生活方式的变化来反对贵族的传统权利诉求。黑格尔积极支持符腾堡的新宪法，认为它"给予邦等级议员们的权利所具有的无限重要性和自由主义精神"充分体现了民主制原则和国王享有"至高的荣誉"，

---

① 马克思对黑格尔的《法哲学原理》的批判和自然科学家对黑格尔的《自然哲学》的批判，都指出了黑格尔直接应用逻辑术语在分析和阐述现实问题时所带有的内容空洞性和逻辑混乱性。

② [美] 罗伯特·C. 所罗门、凯特林·M. 希金斯主编：《德国唯心主义时代》，储昭华等译，北京：中国人民大学出版社2016年版，第282页。

并认为新宪法排除律师、医生、教士的议员资格的规定是合理的。① 黑格尔反对直接民主选举制，认为从理性的角度看，不仅单独个人的投票毫无价值，而且，大多数投票人关心的是私人利益而非国家的普遍利益。

### 三、柏林时期黑格尔思想的演变

黑格尔在 1818—1831 年期间担任柏林大学的哲学教授。面对封建复辟的现实，黑格尔一方面为《卡尔斯巴德法令》和书报检查制度进行辩护，另一方面攻击施莱尔马赫的宗教情感学说和萨维尼的民族精神说。受制于《卡尔斯巴德法令》，黑格尔在写作《法哲学原理》的过程中不得不在内容和论证中进行选择，以避免书报检查制度的麻烦。1821 年出版的《法哲学原理》对普鲁士改革运动的合理性进行了论证，如强烈赞成施泰因—哈登堡的改革模式。在黑格尔看来，现代化国家需要在受过良好教育的政府官员的管理下运行，防止各种社会组织和地方机构中的利益集团各行其是。自由主义者主张的民主政治，在黑格尔的视野中，恰恰是赋予了社会组织、地方机构和传统势力过多的权力，从而削弱了国家的有机统一体。这就意味着，黑格尔反对基于个体自由的民主政治，而主张建立以行政为中心的、带有等级色彩的君主立宪制度。这种观点似乎对首相哈登堡所说的"在君主制下的民主原则才是符合时代精神的恰当形式"提供了一个系统性的论证和发展，也是对普鲁士官僚体制高效运转和进步倾向的一种确信。② 黑格尔认为，法律、道德和伦理是实现自由的制度保障。在行动自由中，人的意志力就会包括承诺的能力、思考承诺的价值以及承诺的自愿性。这样，在社会中按照自己的意志自由行动，就意味着一个人会遵循社会的准则按照理性的方式行动，来实现自己的利益。因此，为了个人的行动自由，一个人就必须学会遵从社会准则，遵从社会权威。

黑格尔在《自然哲学》一书中用逻辑概念和辩证法将物理学、化学、地质学、生物学的概念、定律和思想加以重新表述和理解，综合形成一个百科全书式的有机整体图像。黑格尔认为，理念或者精神是世界

---

① ［德］黑格尔：《黑格尔政治著作选》，薛华译，北京：中国法制出版社 2008 年版，第 128—129 页。
② ［法］雅克·董特：《黑格尔传》，李成季、邓刚译，上海：上海人民出版社 2015 年版，第 310 页。

的本原，自然仅仅是外化或者自我异化的精神。精神哲学和自然哲学就是理念按照辩证法在精神和自然中合目的性地展开的过程。在《自然哲学》导论中，黑格尔提出"自然界自在地是一个活生生的整体""自然界处处有生命力"，是由各个阶段组成的有机体，按照辩证的概念的指引向前阶段性地发展。从无机界向有机界的发展就是从自然界的散文向自然界的诗歌的过渡。逻辑概念构成一切生命和事物存在的原则，真正的泉源"有一种内在的生命、倾向和冲动"。① 黑格尔对生命加以思辨的理解，认为生命的真正规定性在于设定观念性、个体性和目的性。在《自然哲学》第三篇"有机物理学"中，黑格尔赞扬"生命即理念"的观念，并把"地球的构造过程"看作是"形成有机形态的表演和尝试"。立足于生命有机体理论，黑格尔不仅批判机械论，而且从同一性和概念本质论角度出发反对磁、电和化学的同一以及生物进化论。在黑格尔看来，自然是一个由各阶段组成的体系，"唯有概念的变化才是发展"，而"把类属想象成时间上逐渐进化的，那是完全空虚的。时间上的区别对思想毫无趣味"。② 自然界的发展被理解为从完善到不完善的流射和从不完善到完善的进化两种形式。不管是以流射形式出现的上帝创世说还是进化论，黑格尔都认为"两种过程都是片面的和表面的，都设置了一个不确定的目标"。相比之下，黑格尔认为，上帝创世说考虑了"完善的有机体的原型"，比生物进化论有助于理解退化组织中的附属物或疾病。不过，黑格尔认为，"人不是从动物形成的，动物也不是从植物形成的，每种生物一下子就完全是其所是的东西"，即物种是不变的，只有个体会发生形态的变化。③ 黑格尔秉持自然的合目的性观念，认为整个宇宙就是精神合乎目的的发展或自我实现的过程。在自然界之内，"动物自然界是植物界的真理，植物自然界是矿物自然界的真理，地球是太阳系的真理"。④ 在地球的历史部分，黑格尔提到了地质构造的水成论和火成论，魏尔纳的岩石分类，亚历山大·洪堡描述的动植物化石和地层的关系等内容。但是，黑格尔仅仅把这些当作"纯粹机械的形成过程"，当作"外在的理解""无所谓的好奇心""与哲学考察毫无关系"，而没有看到

---

① [德] 黑格尔：《自然哲学》，梁志学等译，北京：商务印书馆2009年版，第410页。
② [德] 黑格尔：《自然哲学》，梁志学等译，北京：商务印书馆2009年版，第29页。
③ [德] 黑格尔：《自然哲学》，梁志学等译，北京：商务印书馆2009年版，第392页。
④ [德] 黑格尔：《自然哲学》，梁志学等译，北京：商务印书馆2009年版，第30页。

地球的运动与地球表面形态、动植物的演化以及化石之间的内在联系。①

　　黑格尔熟悉林奈、拉马克和居维叶的著作，但因为受制于动物原型的概念而无法理解生物进化论的意义。黑格尔不理解约翰·道尔顿的化学原子论的重大意义，反对亨利·卡文迪许关于水的化学组成的定义，攻击牛顿的万有引力理论、光的微粒说和颜色理论，还坚持古希腊的四元素说，支持歌德的黑白色彩论。这种用逻辑构造和资料堆积取代自然界变化的思想的做法，与自然科学的主流研究成果的距离越来越远，留下的就是逻辑术语的主观演绎。自然哲学的主要贡献，就是在科学研究尚处于空白的阶段，自然哲学以扭曲的形式普及了部分科学知识，启发了人们的科学思考和研究科学的热情。一旦科学研究起步，自然哲学就完成了其历史使命。

　　面对新的自由主义浪潮和法国的"七月革命"，黑格尔的保守主义倾向就凸现出来了。在黑格尔看来，接连不断的革命和起义让"从前合理合法的东西，现在似乎都被弄出了问题"，让"先前被看作是颠扑不破的东西，现在看来好像都变得摇摇欲坠了"，让合法的和稳定的社会秩序变得动荡不安起来，甚至会摧毁合法的政治权威和道德权威，让各种利益集团主导政治格局和出现新的专制。② 当英国在1831年准备进行议会改革时，黑格尔写了一篇《论英国改革议案》的长文。在黑格尔看来，英国并不是世界各国政治发展路线的自然终点，模仿英国的发展路径并不能解决德国人生活中的问题。这不仅是因为英国的议席存在公开的买卖或贿赂行为，而且英国的国家法权是建立在"特殊权利、特殊自由和特权"基础上的、缺乏有机整体性的私人法权和自私欲。如果缺乏理性原则的英国在改革中按照财产确定选举权资格的方式被采纳，英国的政治结构就会改变，从而有可能诱发社会的动乱。事实是，黑格尔具有先见之明，英国的议会改革和相应的济贫法改革诱发了工人争取政治权利的宪章运动，资产阶级最终在议会中取代贵族成为主导议会的力量。随着青年黑格尔派的兴起，普鲁士官方对黑格尔哲学采取了公开打压的姿态。黑格尔的声誉也在社会生活的碎片化和政治斗争中开始急剧下降，而黑格尔在1848年革命后越来越被描述为反动和落后的代表。

---

① [德] 黑格尔：《自然哲学》，梁志学等译，北京：商务印书馆2009年版，第390—391页。
② [美] 特里·平卡德：《黑格尔传》，朱进东、朱天幸译，北京：商务印书馆2015年版，第683页。

## 第二节 黑格尔的社会政治思想

黑格尔的社会政治思想主要体现在《法哲学原理》中，但也包含在《精神现象学》《哲学百科全书》《历史哲学》等著作中。尽管黑格尔的辩证法和整个体系遭到很多的批判和质疑，但是，黑格尔的社会政治思想却依然具有重大的影响力。本节集中阐述黑格尔的自由理论、相互承认理论、抽象法权理论、道德理论、市民社会理论、理性国家理论等社会政治思想及历史哲学。我们将会看到，这些思想或者提出了新的问题，或者作为批判的对象，或者提供了论述的理论框架，与马克思的思想发展高度相关。

### 一、自由理论

黑格尔是一个自由主义者，但绝不是英法传统意义上的个体自由主义者，而是具有德国特色的整体自由主义者。个体自由主者从自然法和社会契约论出发，认为社会是由原子式的个体通过社会契约组成的集合体，个体是国家的目的，以议会主权和限制王权为其宪政特征的国家只是实现个体自由的手段。整体自由主义者则认为，社会是一个有机的整体，"政府和民众的关系，是以一种原始的、实体的统一为其相互关系的基础的""一种客观的、必然性的、不以任意和癖好为转移的关系"，不同于社会契约中"以双方同等独立、互不相关为基础的，双方在某种事情上互相产生的结合，是从两者的主观需要和任意产生的一种偶然性的关系"。[①] 个体自由只有在国家中才能实现，而国家有独立于个体权利和福利的其他更重要追求。黑格尔的自由理论典型地体现了这种整体自由主义者的自由观。

黑格尔认为，法哲学的目的就是要建立一个能够实现个人自由和国家自由的正义制度，个人的自由要在抽象法权、道德、社会的组织机构和国家的法律制度框架中得以实现。个体自由主义者理解的自由只包括消极的自由和选择的自由。在黑格尔看来，消极的自由就是"形式的自由""否定的自由""空虚的自由"或"抽象的自由"，就是在"自我在

---

① ［德］黑格尔：《黑格尔政治著作选》，薛华译，北京：中国法制出版社2008年版，第153页。

自身中纯反思"的意志中实现个体的本性、需要、欲望和冲动这些特殊性和规定性，从而达到不受任何限制的纯思维或者绝对抽象的普遍性。①在现实中，这就意味着要限制他人或者国家对个体进行合法干预的范围，区分干预的范围和不干预的范围，以便确保人格自由、市民自由、交易自由在内的个体权利得到保证。在黑格尔的国家有机体观看来，所有的人在消极的自由中都是抛弃伦理，从主观上孤立地实现自我利益的人。过分关注个体的权利并对国家进行防范和限制的社会，会造成个人自由的伦理价值的颠覆和国家统一维护主观自由的破坏，带来政治和宗教的狂热、法国大革命的恐怖行动。②

除了消极的自由，人类的自由还具有选择的自由的含义，即人在自我规定中对需要、欲望和偏好进行反思性选择可能做某事的积极行动能力和能动性的条件。费希特强调的出于个体自身的理性而行动的自由就是选择的自由。这种作为可能性的自由或者从我们的欲望中抽身而出的能力，黑格尔称之为"主观自由"，即一种反思性的、有意识的并且明确由行动者选择的行动。在主观自由中，精神性存在者或者理性的人能将自身同他的欲望、冲动和愿望分离开来，并且不受其强制而自主地行动，从而将任意选择当做与需要、欲望偶然相关的不自由。尽管形式自由是精神自由的根据，但是，从黑格尔的整体观出发，这种主观自由还不是精神自由本身，因为它包含一种从他者之中脱离或自我撤退的策略。真正的精神自由是融于社会交往中的"绝对自由""实体意义上的自由""具体的自由""自为的自由"或者"积极的自由"。这种绝对自由是一种社会中的自由，而不是康德的自律，即我们的意志仅仅受纯粹理性规定时的行动。"具体的自由在于对欲望采取漠然无动于衷的态度，但是并不躲避欲望，而是在这种满足中自己享有自由，固守伦理，并且坚持参加公正的人的生活。"③ 这种绝对自由不仅要求人认识到自己的潜能和拥有"以思维的方式自己规定自己的能力"，而且要求将这种能力应用于自己的社会行动和交往，按照普遍的原则在发展自己的过程中将自己当

---

① ［德］黑格尔：《法哲学原理》，范扬、张启泰译，北京：商务印书馆2009年版，第15页。
② ［美］伍德：《黑格尔的伦理思想》，黄涛译，北京：知识产权出版社2016年版，第58页。
③ ［德］黑格尔：《哲学史讲演录》第二卷，贺麟、王太庆译，北京：商务印书馆2009年版，第154页。

做社会有机体的组成部分，实现个人与社会的有机融合。黑格尔之所以看重绝对自由，不仅是因为绝对自由将消极的自由和选择的自由作为必要的条件，而且因为主要的人类之善包含在绝对自由之中，还因为绝对自由可以通过概念化的形式避免绝对的自我能动性所带来的革命恐怖问题。

　　黑格尔按照自由规范的等级将家庭、市民社会和国家区分开来。家庭是以爱为规定的直接伦理实体，而"爱是精神对自身统一的感觉"，是"意识到我和别一个人的统一，使我不专为自己而孤立起来"。① 在家庭中，每一个人都不是独立的、孤单的人，但却通过婚姻、财产和教育获得了相互承认。婚姻作为"具有法的意义的伦理性的爱"和伦理关系，不是任性的爱、民事契约或性的关系，是当事人双方自愿"抛弃自己自然的和单个的人格"而组成家庭这个"双方人格的同一化"统一体的基础。在婚姻中，个体不是受到了束缚，而是通过家庭的自我意识而获得了解放，建立了"恩爱、信任和个人整个实存的共同性"，满足了"本性冲动"。② 家庭的财产是所有家庭成员的共同财产，每一个家庭成员都对此享有平等地使用和继承的权利，只是男性家长基于出外谋生和关心家庭的需要而享有支配和管理家庭财产的优先权利。子女是父母的爱的客观化，享有被抚育和受教育的权利，但父母则享有子女提供家庭服务的权利和纠正子女任性的权利。在受教育和任性被纠正的过程中，子女逐渐获得了爱、信任和服从的伦理生活，摆脱了自然的直接性，达到了独立性和自由的人格。与家庭将人的自然情感结合起来不同，市民社会则通过市场交易获得相互满足和摆脱共同体的依赖而独立。在市民社会中，人们失去了自然谋生的手段，对核心家庭提供保护的宗族解体，孤独的个人受制于市场力量的波动，失业、贫困、财富不均和道德溃败的问题困扰着整个社会。在每一个行业内，同业公会提供了稳定的工作和收入，确保了成员的等级尊严和职业道德，对贫困提供了救济，对成员技能的发挥提供了稳定的环境，从而与家庭一起构成了市民社会的伦

---

　　① ［德］黑格尔：《法哲学原理》，范扬、张企泰译，北京：商务印书馆2009年版，第199页。
　　② ［德］黑格尔：《法哲学原理》，范扬、张企泰译，北京：商务印书馆2009年版，第203页。

理根源。① 但是，家庭和同业公会提供的福利、个人满足和伦理道德是有局限的、分裂的。作为有机的整体和"伦理理念的现实"，国家则让个人超越自私的利益而普遍地参与公共事务，成为家庭和市民社会的"真实基础"。尽管国家的法律不可能顾及到人的心意，但是，国家在法律中可以设定善的标准和内容，在司法中模糊道德行为和法律行为的界限，从而对人的自由意志和自身反思产生影响。"在国家之中，个体才能获得自己的存在和实在，才能获得他们的知识和意志。通过国家，个体才能获得并保存自己的价值。"② 在实体性的自由得以实现的过程中，个人就成为服务于国家和民族精神利益的一个工具，包括消极自由、主观自由和伦理自由在内的主体性自由也逐渐发展起来并与民族精神融为一体。

## 二、相互承认理论

不同于康德将人性视为一种有限的理性意志或者功利主义者将人性视为一系列的欲望或情感状态的做法，黑格尔将人性即人类自我性和自我意识置于历史理论之中。自我意识在笛卡尔或洛克看来是心物关系的意识或者对心理状态的因果联系和连续性关系的消极意识，在康德看来则是个体确定自我价值、调节我们的欲望和奠定理性判断基础时对一切精神状态进行综合或联结之活动的意识。费希特将自我意识看作一种对实践意志的反思行动，从而在将给定的欲望转换为对自我价值的关注基础上强调个体实现自我价值的行动。黑格尔接受了费希特关于个体性是从自身的自我规定活动产生的观点，但强调自我只有在一个具体的社会历史体系中才能得到表达，亦即自我的特殊性，如个性、欲望或其他品质只有在普遍性的社会关切中才能历史地形成。③ 因此，自我意识就是一种社会性的历史意识，社会集体的目标和欲望就融入在个体性之中，从而个体自我的各种追求就最终汇聚起来形成不同层次的集体性主体或者精神，如民族精神或世界精神。

---

① ［德］黑格尔：《法哲学原理》，范扬、张企泰译，北京：商务印书馆2009年版，第285页。
② ［德］黑格尔：《黑格尔历史哲学》，潘高峰译，北京：九州出版社2011年版，第177页。
③ ［美］伍德：《黑格尔的伦理思想》，黄涛译，北京：知识产权出版社2016年版，第30页。

黑格尔利用费希特最初在《自然法权基础》中提出并修正过的相互承认理论来对抽象法权进行论证。这个相互承认理论认为,"只有当我为他人承认时,我才能获得对自身的充分意识,并且,唯有当承认完全是相互时,承认才充分"。① 在费希特看来,如果理性存在者想要获得自我意识,就必须要有另一个理性存在者对他产生影响,并主张"人只有在他者中才能成为人"。理性存在者之间"通过概念和根据概念"而处于"自由的交互作用"之中的关系,就是相互承认,即对他人提出要求和理解他人对自己提出的要求,为自身设定一个有限的外部范围并承认每一个他者都有一个排他性的范围,要求他者尊重我的外部自由的范围,以特定方式在行动中显示各自的自我能动性和不相互侵犯。这样,相互承认不仅要求自身和他人作为理性存在者的意识相互归结,而且在我主张一个自由范围的同时也考虑到他人的利益和为他人主张一个自由的范围。法权关系就是理性存在者之间相互给予一个排他性的活动范围并相互地自我限制自己行动的关系。这就意味着,相互承认要求人与人之间处于法权关系之中,现在和未来都共同一致地承认相互限制自己的自由,以便让他人也获得自由。这种相互承认彼此的权利或者相互提出要求并非基于内在意图的道德命令,而是为了确保各自的行动自由进行逻辑推导的结果。这样,相互承认理论不仅为法权关系建立了基础,而且与法权关系一道共同为契约奠定了基础。

尽管从逻辑上可以确立各自排他性的行动范围,但是,在不诉诸道德的情况下,一个理性存在者就可以出于利益而去侵犯他人的权利。为了预防这种侵犯,就需要一个基于强制法权的共同体来保障每个人一致地行动和尊重他人的权利。尽管费希特强调教育、社会培养等社会化的手段在建立利益的同时性相互承认或者社会化意识中的作用,但是,这种理论却无法解决这些社会化的意识符合或者达到理性的理念的问题。② 黑格尔引入了一个历史维度来解决这个问题。在黑格尔看来,相互承认是一个涉及"生死斗争"的历史过程。自我意识冒着生命的危险和参与生死斗争不仅要证明它们的存在,将对自身的确信提高到客观真理的地

---

① [美]伍德:《黑格尔的伦理思想》,黄涛译,北京:知识产权出版社2016年版,第129页。
② [美]伍德:《黑格尔的伦理思想》,黄涛译,北京:知识产权出版社2016年版,第137页。

位,而且要努力获得自身的自由。① 它最初经历了亚里士多德在《政治学》第一卷中所揭示的一个不对称的主奴关系的阶段,即主人或独立的意识的权利得到奴隶或倚赖意识的承认,而主人无须承认奴隶的权利。这种片面的人格权在奴隶冒着生死斗争中,通过基督教的观念传播逐渐被双方都意识到彼此拥有抽象法权的人格所取代,从而得出了人类的自我意识是历史地发展并最终到达绝对知识的结论。

在黑格尔看来,自我意识经历了欲望、承认和理性三个阶段。自我意识的欲望就是自我想要超越他者而获得自我价值和自我确定性的欲望。但是,这种对外部对象的超越或者自我的肯定性,则会产生对新的对象的欲望,无法实现自我意识的满足。只有获得另一个自由的自我的承认时,这种满足才能实现,达到"自我回复的同一性",从而确保我的真正自由和提供自我价值感。这种承认不仅需要意识到自我和他者都是自我意识的存在者,而且需要意识到自我和他者在欲望和利益方面都具有平等性和同一性,还需要从自身的一切特定属性中摆脱出来。但是,相互承认的需要在缺乏共同利益的前提下不是自动实现的,而是只有在相互欲求的存在者之间展开一场生死斗争,通过超越他者来实现。这个超越非外部对象的他者的形式,既包括从肉体上否定或者扬弃他者的肉体生活,也包括意识到自我的特殊个别性不受制于普遍性的欲望,还包括奴役他者。面对死亡或者肉体被消灭的威胁,他者就可能会以放弃承认和为主人存在为代价而选择保存生命的存在形式。奴隶保存生命的欲望而自愿在强制中服从胜利者的做法就实现了主人对奴隶的统治权,或者霍布斯所说的专制统治。与霍布斯单纯强调奴隶只是作为满足或者实现主人的欲望的工具不同,黑格尔强调奴役所带来的欲望约束对奴隶的自我意识或者相互承认的影响。

除作为实现主人的自我确定性的手段之外,奴役从根本上修改或者限制了奴隶自我确定性的欲望。在无尽的劳动和无限地延迟对对象的享受过程之中,奴隶的自我充足的意识或者普遍性得以发展,其特殊的欲望或利益被克服。用黑格尔的话说,奴隶的自我意识扬弃了"欲望的内在直接性,并且在这一对主人的疏离和恐惧中——这是智慧的开始——

---

① [德] 黑格尔:《精神现象学》上卷,贺麟、王玖兴译,上海:上海人民出版社 2013 年版,第 184 页。

过渡到普遍的自我意识"。① 相反，主人的自我意识在获得奴隶对其尊荣的身份承认和支配奴隶的过程中，其欲望或者特殊性得到过度发展，普遍的自我意识和自我价值的欲望反而遭到压制而得不到发展。这意味着，"自我充足的意识之真理是奴隶的意识"，而非主人的意识。② 奴隶的普遍的自我意识要成为主人的普遍的自我意识，不仅需要"通过奴隶的解放，主人才成为完全自由的"，而且需要在此基础上建立伦理共同体，实现普遍的自由和普遍的自我意识。尽管证明了单纯的统治权是建立在不充分的自我观念或者不尊重他人拥有权利的人格基础上的观念，但是，黑格尔忽视了主人意识的主导性，以及主人与奴隶各自构成独立的封闭群体所造成的社会分裂问题。马克思后来在论述无产阶级的历史使命时强调了理论批判的功能和打碎旧的国家机器的作用，在《德意志意识形态》中提出了统治社会的意识就是统治阶级的意识的思想，解决了主奴辩证法的内在缺陷。

### 三、抽象法权理论

《法哲学原理》是一个包含了抽象法权、道德和伦理生活的"客观自由的体系"。抽象法权与道德的区别在于，"抽象法是强制法，因为侵犯它的不法行为就是侵犯我的自由在外在物中的定在的暴力"，从而需要用暴力来抵抗暴力和维护每一个人的自由意志。在道德领域中，"善是我的目的，我应该按照这个理念来规定自己。善在我的决定中达到定在，我使善在我自身中实现"。③ 但是，抽象法权不仅仅是自然法领域的自然权利，而且与道德之法一样都是"伦理性总体"的抽象和对"绝对实在的伦理秩序"的直观。在脱离具体的"个体性"之后，抽象法权和道德就是普遍的价值理念。秉持这些理念的个体要想获得其生命力，就必须从抽象走向具体，回到伦理实体中，在限制中实现其自由。在《法哲学

---

① ［德］黑格尔：《精神现象学》上卷，贺麟、王玖兴译，上海：上海人民出版社2013年版，第196页。
② 黑格尔试图将奴隶意识通过基督教的观念传播发展为普遍的自我意识的特殊历史道路，当作一种普遍的历史规律对待，混淆了对欲望享受的强迫限制与对利己主义的内在制服之间的关系。实际上，主人过度发展的欲望也可能导致叔本华所强调的空虚寂寞意识或者佛教的自我意识的发展，也可能会影响奴隶的意识的发展。受到奴役压制的欲望一旦释放出来，就会导致欲望的过度膨胀和受害者意识的畸形心理，而不是奴隶的普遍自我意识的发展。
③ ［德］黑格尔：《法哲学原理》，范扬、张企泰译，北京：商务印书馆2009年版，第112页。

原理》中，黑格尔构建了一个从抽象的法权和道德过渡到伦理的具体领域的结构，并主张"具体的东西"要优于"抽象的东西"。

抽象法权包含所有权、契约和不法三部分。在黑格尔看来，法权的命令就是"尊重他人的抽象自由"或者"成为一个人，并尊重他人为人"。这就意味着，我们不仅要在正当范围内行使自己的自由和主张自身人格的积极义务，而且还要不去侵犯他人的抽象自由的消极义务。这只能通过财产权即将某物作为财产而占有的义务来实现。在这一点上，黑格尔和费希特都主张，财产权构成了每一个人行使其自由的外部范围，而对某个人的承认就是要承认他同物之间的关系是自由的。财产作为物这种"不自由的、无人格的以及无权的东西"，其根据在于人格。黑格尔说："人有权把他的意志体现在任何物中，因而使该物成为我的东西；人具有这种权利作为他的实体性的目的，因为物在其自身中不具有这种目的，而是从我的意志中获得了它的规定和灵魂的。这就是人对一切物据为己有的绝对权利。"① 与法学家将法权分为人格权、物权和诉权，或康德将权利分为物权、人格权以及物权性质的人格权不同，黑格尔认为，人格权本质上是一种物权。

与洛克将财产权建立在劳动的基础上不同，黑格尔将财产权建立在自由意志的基础上，强调所有权是自由意志的定在，并将自由、生命和身体以及外在财产当做财产权的三种不同形式。将个体的意志放在任何物中，将某物置于个体外部力量支配之下，或者使某物成为我的财产的意志活动，就是占有。占有采取先占取得的原则，最先占有的人就是合法的所有人，后来者不能占有而只能承认已经属于他人所有的东西，除非通过使用和转让获得。尽管"在人格上多数人是一律平等的"，"各人都应该有财产"，但是，黑格尔认为，每一个人"占有什么，占有多少，在法上是偶然的事情"。这就意味着，"平等只能是抽象的人本身的平等"，在财产的分配和土地的占有方面应该存在天然的不平等。藉此，黑格尔反对土地和财产的平均分配，认为不仅"这种要求是一种空虚而肤浅的理智"，而且在"财产依赖于勤劳"的条件下"这种制度实施以后

---

① ［德］黑格尔：《法哲学原理》，范扬、张企泰译，北京：商务印书馆2009年版，第60页。

短期内就要垮台的",会造成财产平等是"不法"的行为。① 对于占有的物,我就获得了该物的所有权,我就可以直接占有、使用、转让它或者在双方当事人共同意志同意的条件下成为契约标的物。占有是所有权的本质,而使用和转让是取得所有权的两种方式。占有的形式包括对某物的直接把握、加工、定形或者作标记。使用则是通过物的变化、消灭和消耗而满足自我需求的行为,是对物的直接把握的占有和意志的主观持续表现。如果我占有某物而不使用,则可能因为时效而丧失所有权。对一个物的全部范围的使用权就等于拥有所有权,而拥有部分使用权的人则不对物拥有所有权。在可交换的条件下,能满足不同需求的相等同效用的物之间就形成了可比较的价值,特定财产的所有者就成为价值的所有者,而货币就成为"需要的符号"而"被特种价值所支配"。这种价值在遭到侵犯或者违约的情况下可以得到恢复,但是,限制其所有权转让的物就不具有价值。这意味着,黑格尔将价值视为通过某物获得满足需求的效用,或者不同需求之间相互替代以满足需求的效用。转让就是我的意志表示某物不再为我所有,转让的是财产权而不是人格权。

  人格权就是自由存在者对自己的生命、身体、自由身份、道德、宗教情感、良心和财产所有权所拥有的、不可转让的、不因时效而消灭的权利。这种权利只有通过教化,获得自我与他人相互承认的能力,从而在一种普遍的自我意识中将自身视为人格共同体的成员之时才能获得。人格权对个体以利益为名所做的事设定了限制。所有的人在人格上都是平等的事实并不排斥任何人将身体和精神的特殊技能以及活动能力生产的任何产品或一定时间内的使用让与他人。但是,如果像奴隶一样将劳动的全部时间或自身能力生产的全部产品都转让了,那么,人的人格就让与了,因为能力表现的总体就是人格本身。当然,一个人生产的全部产品被抢劫、盗窃或被剥夺时,这个人的人格就被剥夺了。因此,黑格尔试图为不可转让的人格权和可转让的财产权、道德领域和抽象法权领域划出一条清晰的界限的努力失败了,因为它们都是动态的、历史地发展的。而且,黑格尔在伦理部分还主张国家的权利高于人格的抽象法权,从而国家可以基于公共的善或国家利益的理由剥夺人格权甚至财产权。

  所有权的转让一般通过契约进行。契约是以当事人双方相互承认为

---

① [德]黑格尔:《法哲学原理》,范扬、张企泰译,北京:商务印书馆2009年版,第65—66页。

人和所有者为前提，表达的是自由意志之间的理性关系，实现的是在共同意志的范围内通过他人的意志对财产的占有，消除了当事人的肆意妄为和任性变更的行为。在契约中，每一方都根据其本身和他方的意志共同设定，终止为原有物的所有者，同时成为新物的所有者。在契约的交换之中，变更的是所有权人，不变的是所有权的价值。由于"价值是物的普遍物"，所以，契约的对象"在价值上是彼此相等的"。黑格尔对契约的分类，与康德相同，即契约分为赠予、交换和担保契约。除赠予契约外，包含雇佣契约在内的交换契约必须要求等价交换。

当一个人的所有权和人格权遭到侵犯以及契约权利得不到执行时，不法行为即特殊意志否定普遍意志和相互承认的行为就出现了。不法行为分为民事上的不法（无犯意）、欺诈和犯罪。民事上的不法行为因为不存在违法的意志，故不规定任何刑罚，只需按照等价的原则进行损害赔偿即可。欺诈则主观上直接破坏了法，强制在主观上和客观上都真正破坏了法，因而欺诈和强制都要遭到刑罚。与康德一样，黑格尔对权利的侵犯坚持惩罚的报应论的观点。报应论认为，惩罚的依据在于犯罪之人本身存在某种恶，将另外一种恶施加于犯罪之人是内在地正义的。报应论反对在实施惩罚时考虑一些功利主义的后果，如对民众造成威慑或者实施道德教育，表达对犯罪行为的强烈谴责，促进对法权有效性的公共承认。在黑格尔看来，惩罚作为犯罪的扬弃、侵害的消除、法权的恢复和对强制的强制，是"自在自为地公正的"，自身即是目的。因为犯罪的行为"在其自身是虚无的"，即缺乏普遍的自我意识而只受欲望的驱使，破坏了自身的自由意志。① 惩罚就是对其特殊欲望的约束，以便恢复普遍的自我意识和相互承认的法权，确保在不法行为消失的过程中"法乃获得某种巩固而有效的东西的规定"。② 在这个意义上，保护自由理念的强制，如教育上的强制、对野蛮人和未开化人实施的强制，都是合法的强制或者针对自然意志的暴力行为的一种纠正。黑格尔由此认为，惩罚不仅"自在地是正义的"，而且"也是在犯人自身中立定的法，也

---

① 安瑟尔姆·费尔巴哈提出的、费希特坚持的威慑理论则认为，惩罚仅仅是实现国家最终目的（公共安全）的一种手段，即通过威慑作用来防范侵权行为的继续发生。黑格尔认为，威慑理论的缺陷在于以人的不自由为前提，将正义抛在一边，并认为自由意志是可以强制的。

② ［德］黑格尔：《法哲学原理》，范扬、张企泰译，北京：商务印书馆 2009 年版，第 106 页。

就是说，在他的达到了定在的意志中、在他的行为中立定的法"。① 这就意味着，惩罚是基于犯罪之人明确同意接受惩罚的主张，即"不仅犯罪的本性，而且犯人自己的意志都要求自己所实施的侵害应予扬弃"的主张。这个主张允许受到侵权的他人同等程度地侵害我的权利，因为我对他人的侵权就在理性存在者看来，实质上意味着我已经放弃或丧失了受到保护的自身同等的权利，并向他人发出了要求惩罚、恢复法权和满足自由意志的要约。如果是通过私人来执行正当的报复行动，那么，这种报复在形式上就会对法权造成新的侵害，从而造成无休止的报复行为和犯罪。黑格尔主张，只有通过国家的公共意志或者正义的法庭来对侵权实施惩罚时，惩罚才具有最终的正义性。② 此时，犯罪的含义就从对强制或者侵害他人的抽象法权转变为对法的侵害。在实施惩罚的过程中，由于犯罪之人不是作为单纯实现他人的目的的手段，而是作为恢复其自由意志或者理性存在者的目的，因而应该受到尊重。

　　黑格尔利用基于相互承认理论基础上的权利丧失理论，来证明惩罚的正当性的理论，存在若干缺陷。首先，当一个社会存在既无权利也无义务的贫穷阶层时，这些人的侵权或者犯罪行为就不能基于相互承认理论进行惩罚。其次，国家惩罚罪犯的行为与后果之间的矛盾。与理性存在者把接受惩罚当作恢复自身的理性意志或者法权不同，一个将侵害他人当作实现自己目的的手段的人将不会自愿接受惩罚。除惩罚个体之间的侵权或者不当行为之外，国家会禁止某些个体之间的行为或者禁止个体针对于国家的法律侵权。对不愿接受惩罚的人、法定犯或针对国家犯罪的人，就需要诉诸于惩罚的某些功利主义或者后果主义的观点，而这又是黑格尔所排斥的。③ 第三，罪罚相等的处罚原则，在实践应用中面临太宽泛、太严厉或者与社会之善背道而驰的情形。如果罪犯缺乏与被侵害权利的同样的东西，那么，惩罚就会显得宽泛。对强奸犯施以强奸、对奴役他人的人施以奴役、对强迫他人违背宗教意愿进行崇拜的人施以宗教改宗的惩罚、对实施酷刑的人施以酷刑、对谋杀的罪犯施以谋杀，

---

① ［德］黑格尔：《法哲学原理》，范扬、张企泰译，北京：商务印书馆2009年版，第118页。
② 黑格尔没有注意到，财产和契约领域的大量侵权行为，都是通过私人第三方的调解或者仲裁来实施。
③ ［美］伍德：《黑格尔的伦理思想》，黄涛译，北京：知识产权出版社2016年版，第191页。

则违背社会之善。对此，黑格尔采取"价值的等同"来解决罪罚相等的问题。第四，黑格尔赞成死刑。与贝卡利亚在《论犯罪与刑罚》中根据国家工具论认为国家无权采用死刑不同，黑格尔根据国家有机论支持国家有权采用死刑处罚，并且认为死刑对谋杀罪是唯一公正的惩罚。问题是，生命权作为一项不可转让的权利，如何在谋害他人的情形之下丧失了这项权利或者在终身监禁的情形之下丧失了生命整体的自由，黑格尔未做出明确的说明。当然，黑格尔反对自杀。由于在道德上坚持以恶报恶和罪刑相等，报应论在面临严重的刑事犯罪时会遭遇道德困境，但在针对罪犯可允许做的事设定限制的同时为犯罪人争取应有的权利。相反，威慑论或者结果主义的刑法理论则将惩罚作为一种对未来犯罪的威慑，以便实现犯罪预防的刑罚目标。但是，犯罪和惩罚可能不是理性的行为，惩罚的成本可能会高于犯罪的成本，而且被惩罚的罪犯更可能在未来实施犯罪。黑格尔意识到，从侵权角度或者惩罚的后果角度实施对罪犯的惩罚，都可能忽视了犯罪产生的根源。伦理方面的败坏或者市民社会倾向于产生易犯罪的阶层是比惩罚本身更应值得关注的问题。

## 四、道德行为理论

黑格尔的道德理论是一种道德行为理论，而不是道德心理理论。如果说抽象法权是自由意志通过外物以实现自身，那么，道德是"自在地而且是自为地无限的"自由意志在内心中的实现，是目的、意图、善与行为的统一。道德应该关心的问题是，合理的普遍意志如何在自我与他人的利益之间进行权衡，如何在谋取自身福利的基础上关切他人的利益，实现道德之善或者普遍的福利。关切他人的利益不仅要表现在内心中有目的和意图，而且还要有相应的善行表现。因此，与康德和费希特关于伦理道德的个体主义观，即道德理论只包含了对孤立个体的伦理关系的意识不同，黑格尔关于伦理道德的有机整体观强调个人的道德义务与伦理总体的联系，分析义务影响人们的社会地位和关系的方式，将个体之间的关系视为偶然的、特殊的意愿的自然表达。

黑格尔认为，道德行为判断的基础是责任理论。责任理论试图阐述，一个人的主观意志需要对哪些外部事件承担责任，或如何界定承担责任的范围。当一个人意识到自己的作为、财产与外部事件的应有结果或损害之间的关系时，这就是目的或故意。故意或意志的过错是归责的基础。

主体的目的构成那些意欲满足主体的欲望、善、正义的行为内容，而行为就是实现目的或意图的手段。因此，责任还需要考虑行为的意图，以及行为者对行为性质的理性认识程度。由于"后果是行为特有的内在形态，是行为本性的表现"并"包含着外边侵入的东西和偶然附加的东西"，因此，黑格尔认为，"意志只对最初的后果负责"，而不包括与行为相联系的、受外在力量影响的各种可能后果。①

道德的目标是实现体现在国家中的善或者"被实现了的自由"。在追求"世界的绝对最终目的"的过程中，自我得以充分地实现自身，获得包括特殊欲望的满足和自我满足在内的福利。与康德将美德和意志之善作为福利之善的条件不同，黑格尔认为福利与抽象法权相一致就是善。偷窃以助人的行为是道德的、不法的和恶的行为。只有在获取福利的过程中没有侵犯法权，个人的幸福才是某种善。康德认为，只有出于义务的行动才具有道德价值和发挥自身的自由，只有本能的动机不影响义务动机的地方才有纯粹意志，而善良意志或良心就是每一个人在尽最大的努力追求纯粹意志的行动中所表现出来的义务动机优于不道德动机的意志。黑格尔则认为，善良意志就是一种洞见和意图与善相符合的意志，而与善一致的行动可以表象为义务。由于善良意志必须拥有一项符合义务的意图，以及在尽义务时"正在实现真实意义上的我自己的客观性"而且"我心安理得而且是自由的"，因此，黑格尔赞成康德所说的善良意志必须努力追求为义务而尽义务的绝对价值的目的。② 与康德将为义务而尽义务当做善良意志的唯一追求不同，黑格尔认为善良意志还有其他追求，如为自身谋取幸福、声誉、荣誉或自我满足。只要其意图和洞见符合善，这些追求就不存在道德缺陷。道德价值只取决于行动的性质、行动者的意图和认识，而与心理动机或意志的善恶无关。这样，黑格尔就认为，不管是出于功利还是义务的原因，善良的行动都具有道德价值。伟大人物在追求权力和地位的过程中也会存在道德之善。

因此，康德和黑格尔的善良意志理论存在的区别包括如下几点：第

---

① ［德］黑格尔：《法哲学原理》，范扬、张企泰译，北京：商务印书馆2009年版，第138—139页。

② ［德］黑格尔：《法哲学原理》，范扬、张企泰译，北京：商务印书馆2009年版，第156页。

一，康德要求道德之善真诚地听从我们的良心，① 而黑格尔则要求道德之善根据客观上正确的伦理信念而行动。第二，康德要求义务动机优于本能动机或者其他动机，而黑格尔则不要求义务动机的优先性，只要存在义务的意图即可。第三，康德的动机是一种心理因素，黑格尔则用基于对行动的相关描述的意图取代了动机，而将动机看作是意图的特殊物或者行动者在行动中的利害关系。第四，康德的善良意志依赖于纯粹意志所隐含的本体自我、彼岸世界或无限理性的假设，从而潜在地将实践理性从自我满足中排除了，而黑格尔不需要纯粹意志的假设，强调自然禀赋和运气在实现自我价值中的作用。② 只要理性放弃了自身的纯粹性并通过经验欲求表达自身时，或者只要行动者在落实普遍目的过程中拥有特殊利害时，理性就是实践的。基于此，黑格尔就批判康德关于道德的普遍法则公式的表述是脱离了社会生活的各种关系的"空洞的形式主义"，无法产生具体的道德内容和规定，容易造成一个人的伪善，即在恶的意识中将恶行主张为善行并为恶行进行辩护。③ 当善良意图和主观信念被当作行为的根据或价值的来源时，伪善、邪恶与善的区分，重要与不重要的事情的区分都消失了，将恶的意志曲解为善的假象这种"绝对诡辩的观点"就出现了。

黑格尔主张，根据法权和福利所表达的道德原则无法区分行为的善恶的观点，只有在伦理生活或集体价值中才能明确道德义务的内容。在黑格尔看来，主观意志通过直接的确信和洞见赋予自身以内容的良知，在伦理生活中扮演了重要的角色，特别是在相互冲突的伦理义务之间进行决断的角色。此时，道德主体不考虑康德意义上的普遍法则，只根据具体处境的权利和义务来选择善的行为并承担相应的责任，以便表达主

---

① 黑格尔认为，良心是意志活动的形式，缺乏任何客观内容，因而是特定主体对行为根据及其权利义务的绝对自我确信。这种主观确信是否符合良心的理念或者与善一致，需要客观理性的判断。良心分为真正的良心和形式的良心。与真正的良心是"意愿自在自为地善的东西的意向"不同，形式的良知则诉诸主观的信念而不具有自身的内容，如基于道德教化和经验而形成的道德信念、政治信念等自我确定性。一个人可能会基于善良意志或良心、信念、意见或功利而行动。如果自我意识将任性、冲动或欲望当作行为的普遍原则，那么这种形式的良心就是恶的根源，主体要对自己的恶行负责。

② [美]伍德：《黑格尔的伦理思想》，黄涛译，北京：知识产权出版社2016年版，第243—244页。

③ [德]黑格尔：《法哲学原理》，范扬、张启泰译，北京：商务印书馆2009年版，第157页。

观的自我意识的绝对确信。这些行为在一些处境中是善的，在另一些环境下就可能是恶的。因而并不存在绝对的义务行为，只存在根据伦理义务而行动的行为。在黑格尔看来，一个人会因为违背自己的良心或顺从错误的信念而受谴责，因为违背良心或错误信念反映了这个人的主体性无法实现或有缺陷。为了避免道德错误，一个人有责任认识自身行为的本质及其行动与可能后果之间的复杂联系，因为特定的道德标准只存在于伦理生活或社会秩序中，而伦理就是善和主观意志的具体同一的自由理念。

## 五、市民社会理论

在黑格尔看来，家庭、市民社会和国家都是一种伦理秩序。作为一个包含了自由意志的各种理性规定的体系，伦理秩序是有组织的、自我推动的、按照理性分化的、包含了个体的权利和福利的实体，是个体共享的目的和价值根源所在。个体通过对伦理秩序做出牺牲，或将伦理实体的法律和权力当作约束其主观意志的义务，实现自身的权利和福利。在伦理生活中，"义务仅仅限制主观性的任性，并且仅仅冲击主观性所死抱住的抽象的善"，从而将个人从"对赤裸裸的自然冲动的依附状态"和"主观特殊性所陷入的困境"中解放出来，"达到了实体性的自由"。①

在这样的伦理秩序框架下，黑格尔提出了自己的市民社会理论，将其与国家区分开来。② 市民社会是个体的需要和欲望通过相互之间的劳动和财产权的交换实现满足的社会。"在市民社会中，每个人都以自身为目的，其他一切在他看来都是虚无。但是，如果他不同别人发生关系，他就不能达到他的全部目的，因此，其他人便成为特殊的人达到目的的手段。但是特殊目的通过同他人的关系就取得了普遍性的形式，并且在满足他人福利的同时，满足自己。"③ 这种通过把他人当作手段而实现自

---

① [德] 黑格尔：《法哲学原理》，范扬、张启泰译，北京：商务印书馆 2009 年版，第 191—192 页。
② 黑格尔从逻辑角度认为，市民社会是家庭分裂为众多家庭或构成民族的结果。民族可能是出于共同的自然渊源，暴力组合或者市民社会的自愿结合。马克思在《1857—1858 年经济学手稿》中认为，市民社会的历史起源于使用价值向交换价值的转移，完全否定了黑格尔的体系逻辑。
③ [德] 黑格尔：《法哲学原理》，范扬、张启泰译，北京：商务印书馆 2009 年版，第 224—225 页。

利目的的相互依赖体系，需要以国家为前提，特别是以国家保障的抽象法权、道德和核心家庭为前提。"利己的目的，就在它的受普遍性制约的实现中建立起在一切方面相互倚赖的制度。个人的生活和福利以及他的权利的定在，都同众人的生活、福利和权利交织在一起，它们只能建立在这种制度的基础上，同时也只有在这种联系中才是现实的和可靠的。"①

在市民社会中，每一个人的需要不是通过直接的劳动直接满足，而是通过他人的劳动和交换得到满足。这意味着，每一个人的需要以及满足的手段和方法都需要得到别人承认，从而让每一个人的需要和手段都成为社会上相互联系和相互依赖的需要和手段。在这种间接满足自己的需要的过程中，一个人不仅会尊重别人的意见，提出同别人平等的要求，而且会模仿他人更高的需求并用特殊物品来"突出标志肯定自己"。这种需要的同一和差异化不仅是"需要殊多化和扩张的现实泉源"，而且是精神需要和社会需要得到发展和解放、自然需要被隐蔽的过程。同时，"需要、手段和享受的无穷尽的殊多化和细致化"不仅是奢侈根源，而且是依赖性和贫困无限增长的根源。

自然地，获得需要满足的手段则需要劳动。劳动对物质进行加工的过程就是赋予劳动产品具有价值和实用性。需要的细致化引起生产的细致化和劳动分工。劳动分工不仅会提高生产技能和产量，造成劳动的机械化和机器代替劳动，而且也让需要的相互依赖关系得以完成，亚当·斯密的"无形之手"得以发挥作用。黑格尔说："在劳动和满足需要的上述依赖性和相关关系中，主观的利己心转化为对其他一切人的需要得到满足是有帮助的东西，即通过普遍物而转化为特殊物的中介。这是一种辩证运动。其结果，每个人在为自己取得、生产和享受的同时，也正为了其他一切人的享受而生产和取得。"② 但是，对社会生产的"普遍而持久的财富"的分配，不仅受到劳动技能的约束，更重要的是受到资本的制约。"而技能本身又转而受到资本，而且也受到偶然情况的制约；后者的多样性产生了原来不平等的禀赋和体质在发展上的差异。这种差异

---

① ［德］黑格尔：《法哲学原理》，范扬、张启泰译，北京：商务印书馆2009年版，第225页。
② ［德］黑格尔：《法哲学原理》，范扬、张启泰译，北京：商务印书馆2009年版，第239—240页。

在特殊性的领域中表现在一切方面和一切阶段,并且连同其他偶然性和任性,产生了各个人的财富和技能的不平等为其必然后果。"① 这意味着,在市民社会中,财富的分配将按照拥有资本的多寡进行分配,而单纯的劳动者将处于不利的地位。这种市民社会中形成贫富两极分化的逻辑被黑格尔称之为"市民社会的辩证法"。黑格尔说:"人通过他们的需要而形成的联系既然得到了普遍化,以及用以满足需要的手段的准备和提供方法也得到了普遍化,于是一方面财富的积累增长了,因为这两重普遍性可以产生最大利润;另一方面,特殊劳动的细分和局限性,从而束缚于这种劳动的阶级的依赖性和匮乏,也愈益增长。与此相联系的是:这一阶级就没有能力感受和享受更广泛的自由,特别是市民社会的精神利益。"② 斯密的"无形之手"却在逻辑上产生了贫富的两极分化、生产过剩和消费不足的矛盾。

不过,黑格尔认为,财富和技能的不平等,如同自然禀赋的不平等、理智教养和道德教养的不平等一样,都是市民社会的必然现象,而要求财富平等的做法则是"空洞的理智的勾当"和"自然状态的残余"。更重要的是,财富分配的不平等有助于在需要和满足需要的手段方面形成各不相同的社会等级。"各等级的真正意义就是:国家通过它们进入人民的主观意识,而人民也就开始参与国事"。③ 黑格尔将社会等级分为实体性的或直接的等级,反思的或形式的等级,以及普遍的等级。实体性的等级就是农业等级,分为有教养的贵族等级和无教养的农民等级。贵族等级依靠土地所有权而不是劳动获得财富和消费资料,其伦理是直接以家庭关系和信任为基础。贵族等级拥有不依赖于国家而拥有独立的财产,采取长子继承制来维护其家族财产,依靠出生而负有政治使命,"结果它就同时成为王位和社会的支柱"。④ 反思的等级就是对自然物进行加工制造和交换的工商业阶层,包括手工业等级、工业等级和商业等级。"它从

---

① [德] 黑格尔:《法哲学原理》,范扬、张启泰译,北京:商务印书馆2009年版,第240页。
② [德] 黑格尔:《法哲学原理》,范扬、张启泰译,北京:商务印书馆2009年版,第277—278页。
③ [德] 黑格尔:《法哲学原理》,范扬、张企泰译,北京:商务印书馆2009年版,第364页。
④ [德] 黑格尔:《法哲学原理》,范扬、张启泰译,北京:商务印书馆2009年版,第369页。

它的劳动中，从反思和理智中，以及本质上是从别人的需要和劳动的中介中，获得它的生活资料。它所生产的以及它所享受的，主要归功于它自己，即它本身的活动。"① 与农民等级依靠自然的恩赐和养成逆来顺受的心里不同，产业等级则依靠自己的劳动和倾向于自由的心理，其财产和利润受制于市民社会的不稳定性。② 产业等级的各同业公会或自治团体有权选派议员参加等级议会。普遍等级就是以社会的普遍利益为职业的公务员阶层，不参加直接的生产劳动，但依靠国家的财产生活。在黑格尔看来，市民社会中的每一个人都必须归属于某一个等级，才具有自己的权利、功绩、尊严、正直和等级荣誉，在享受自己的福利的同时承担援助的义务。在市民社会中，归属等级的办法是按照主观特殊性的原则进行自由择业，而不是按照出生或者统治者的决定。

为了确保需要和劳动体系的正常运转以及财富的生产与分配，保护所有权的法律就是必不可少的。黑格尔由此构建了一套法律制度来确保法的精神得到充分实现，消除了对所有权和人格的侵害。除保护所有权之外，市民社会还需要促进每一个人的福利和社会正义的实现。这就需要警察和同业公会来履行其职能。黑格尔所谓的"警察"就是排除军事、外交和财政之外政府对市民社会进行管理和监督的内部行政职能，包括维护生产、交换和消费方面的共同利益和公共设施，对商品进行质量检查和卫生监督，适当地再分配社会财富，实施公共教育和公共卫生保健，对挥霍成性的人进行监管，对穷人进行救助，采取殖民的事业和推动海外贸易的发展。③ 当然，市民社会的同业公会，特别是产业等级中的行业协会和工会，也在政府的监督之下享有一定的权力承担相应的责任，如维护行业的利益，接纳会员，关心成员的生活和职业尊严，负责其职业教育，对贫困的成员形成固定的救济。

## 六、理性国家观

黑格尔的国家观是理性国家观。在黑格尔看来，"国家是伦理理念的

---

① [德] 黑格尔：《法哲学原理》，范扬、张启泰译，北京：商务印书馆 2009 年版，第 243 页。

② 黑格尔的明显漏洞就是忽视了工人等级在市民社会中的位置。这个遭受忽视的等级后来被马克思赋予革命的使命。

③ [德] 黑格尔：《法哲学原理》，范扬、张启泰译，北京：商务印书馆 2009 年版，第 281 页。

现实——是作为显示出来的、自知的实体性意志的伦理精神,这种伦理精神思考自身和知道自身,并完成一切它所知道的,而且只是完成它所知道的"。① 这些实体性意志包括个体、家庭、同业公会和社会等级,都有机地统一于国家这个最终目的和伦理性整体之中。在国家中,个体成员承担最高的义务,承认国家是他们的实体性的精神,但也有享受自由的充分权利。由于私人权利和福利都从属于国家的权力本性并依存于国家权力,因此,个体利益得以全面发展,个体权利得以被承认,国家与个体的自由和福利实现了有机的结合,国家力量也得以实现。除保护所有权和个人自由之外,国家的更重要的使命还在于实现伦理生活,要认出并展示在人们的行为背后所体现的民族精神,确保自己在世界精神中的连续性。

由于"国家的根据就是作为意志而实现自己的理性的力量",因此,国家的理性就体现在国家有机体的内部构成、国家之间的关系以及国家在世界历史中的现实化三个方面。国家有机体的内部构成原则包括:第一,坚持国家与教会分离的原则,国家与教会拥有各自的管辖权。这不仅因为国家采取理性的方式对伦理精神进行认识和采取法律义务的形态对权力进行划分,而且因为宗教采取直观、感情和表象的方式对上帝的绝对真理进行认识和宗教的内心生活需要"虔敬心听从良知和内心去决定"。在黑格尔看来,宗教与国家既要有各自独立的地位和表现,也要有相互支持和承认的行为,但"宗教本身不应成为统治者"。为了促进教会的仪式、教义和教化事业,国家要保护教会的地产和财产,要求所有的公民都要加入教会,对各种宗教保持宽容,对宗教内部事务不要干预。但是,教会的财产和供职人员要受到国家法律的约束,具有共同宗教信仰的人组成同业公会要受到国家警察权的监督。由此,黑格尔反对宗教是国家的基础的观点,认为这不仅会导致人们受到迷信的束缚和失去理性与自我意识的权利,产生宗教狂热和破坏伦理关系,放弃对客观真理的认识,颠覆国家组织和破坏法律关系。黑格尔也反对国家对宗教的干预、国家与教会统一的观点,认为这会导致暴政的肆虐,社会的动荡不安,危害内心生活的权利。第二,国家为家庭和市民社会制定的理性法规,构成了国家巩固的基础和个人对国家信任与忠诚的基础。爱国心或

---

① [德]黑格尔:《法哲学原理》,范扬、张企泰译,北京:商务印书馆2009年版,第288页。

政治情绪就体现在个人利益与国家的利益和目的相容的信任之中，而不是从主观观念中产生出来的那种牺牲和行动的意愿。第三，政治制度就是按照意识到的国家的目的、基本原理及其规律对国家权力及其职能和活动领域进行理性的划分，以便保障公共自由和形成权力的有机联系。黑格尔反对各种权力相互独立和相互制衡的做法，认为这会破坏国家权力的有机统一体。因此，黑格尔既反对费希特的监察权，也反对立法、司法和行政权的分离。第四，国家制度的选择要考虑该民族的自我意识的性质和形成，特别是民族的主观自由。"一个民族的国家制度必须体现这一民族对自己权利和地位的感情，否则国家制度只能在外部存在着，而没有任何意义和价值。"① 黑格尔反对贵族制，认为君主制和民主制的优劣只能体现在它是否"在自身中容忍自由主观性的原则"和"适应成长着的理性"。② 第五，在君主立宪制国家中，国家权力分为立法权、行政权和王权，司法权包含在行政权之中。国家的特殊职能和权力不是私有财产，不能买卖和继承，而要根据个人的受教育程度、能力、才干和品质来选拔公务员阶层。第六，王权拥有宪法和法律的立法权、对行政权的监督和咨询以及最终的决断权这些对内的主权，也拥有对外的主权。王权在和平时期一方面利用各特殊领域的权力和职能的自私性来促进它们的相互保存和整体的保存，另一方面利用其限制和影响来促进各个特殊领域的权力和职能为整体目的服务。在战争或其他重大灾难时期，王权将各个特殊领域的权力和职能"集中在主权的简单概念中"，牺牲特殊权力以拯救国家整体。基于君主唯一理性的假设，黑格尔赞成王位世袭制，反对君主选举制。君主享有犯罪的赦免权、最高谘议机关及其成员的任命权、立法的裁决权、行政和司法人员的任命权，但对政府的行动不负任何责任。第七，行政权就是执行和实施国王所决定的法律、制度和公共设施等方面的权力，包括审判权和警察权。行政部门有权任命或批准自治团体和同业公会的主管人员或代表，行政部门要按照分工的原则划分为不同的部门和各级组织，行政人员要按照知识和才能的标准来选拔和形成普遍等级，行政人员要尽职履行公务和有权获得满足其需

---

① [德] 黑格尔：《法哲学原理》，范扬、张企泰译，北京：商务印书馆 2009 年版，第 331 页。
② [德] 黑格尔：《法哲学原理》，范扬、张企泰译，北京：商务印书馆 2009 年版，第 330 页。

要的收入。为了预防官吏的滥用职权,上级行政部门和同业公会的监督要结合起来,同时要对官员进行伦理教育和思想教育。黑格尔非常看重秉公执法的公务员阶层在维护国家利益中的重要地位,将其当作理性的化身。第八,立法权是国家制度的一部分,依赖于并由国家制度决定。但是,立法权不能独立于政府官吏的参与,因为立法部门是由等级议会构成,而等级议会则由普遍等级、实体性等级、产业等级和军人等级这些集团的代表构成。每一个等级依靠不同的原则参与国家事务,以便保障普遍利益的实现。实体性等级中的贵族等级按照出生和拥有的地产而天生有权参与政治活动,产业等级按照选举原则来选择各同业公会和自治团体的代表参加等级议会。为了确保立法部门不"采取直接反对政府的立场"或受偶然因素的影响,等级议会采取两院制,其立法权管辖的范围只包括一般的私法、税收、择业自由等。在黑格尔看来,等级会议的使命并不在于"它自在地使国家事务的讨论和决定做得顶好",而在于"通过它参加对普遍事务的了解、讨论和决定,其不参与国家行政的市民社会成员的形式的自由这一环节就达到了它的权利"。① 也就是说,等级议会的主要作用在于通过公布议会记录和公开议会立法程序的各个步骤,确保民众对普遍事务具有知情权和了解相关的法律。第九,国家实行公共舆论和言论自由。这不仅使民众有机会"洞悉国家及其事务的情况和概念",了解自己的真实利益及其在国家中的位置,从而具有足够的知识形成合乎理性的判断和实现主观自由,而且还会"获悉并学会尊重国家当局和官吏的业务、才能、操行和技能",从而形成对大众的国家事务方面的教育。当然,言论自由是在一定制度规范内的自由。如果自由表达意见损害了个人的名誉,诽谤官员和君主,嘲弄法律,那么,这些犯罪行为要受到处罚。但是,真正的科学研究则不属于公共舆论的范围,法律应该允许科学自由。

在对外关系方面,国家的理性表现在绝对主权原则上。第一,独立自主是一个国家最基本的原则。由于国家之间是相互排他的和相互否定的,因此,国家的权力不仅在对抗个人的生命、财产及其权利方面是绝

---

① [德]黑格尔:《法哲学原理》,范扬、张启泰译,北京:商务印书馆2009年版,第375页。

对的，而且在对抗其他国家方面也是绝对的。① 第二，为了确保国家的独立和主权，个人有普遍的义务接受危险和做出牺牲，包括生命和财产的牺牲。第三，绝对的国家主权确保了战争是一种美德。这些美德不仅意味着"战争是严肃对待尘世财产和事物的虚无性的一种状态"，而且意味着战争确保了民族的伦理健康而持久的和平则蕴含着民族的堕落。"由于战争的结果，不但人民加强起来，而且本身争吵不休的各民族，通过对外战争也获得了内部安宁。当然，战争造成财产上的不安全，但是这种实际不安全不外是一种必然的运动。"② 第四，主要承担对外战争和保卫国家的人形成一个以英勇为其美德的军人等级。军人的义务就是绝对服从和放弃争辩，随时准备为国牺牲。第五，作为国家的首脑，国王有权统帅武装力量，派驻外交使节和处理国家之间的关系，宣战媾和，缔结条约等。第六，国际法是以独立的主权国家的意志为依据签订的、应予遵守的条约。国家之间的相互承认原则要求对战争的暴力性有所限制，如在战争中保存和平的可能性，尊重使节，战争的矛头不得指向内部制度、和平的家庭生活和私人，尊重交换战俘、和平时期进行贸易的国际惯例。第七，在面临不能达成协议的国际争端、国家荣誉被损害、领土被侵害或者紧迫的危险时，国家将根据实力有权诉诸战争来解决问题，因为"福利是国家在对别国关系中的最高法律"。国家的绝对主权不受单纯的道德和私法的约束，甚至在面临国际争端时凌驾于签订的条约之上，以便追求自身的国家利益。③ 第八，国家之间的争端可以采取仲裁和调停的方式解决，但不存在一个国家充当裁判官或组建国际联盟的可能性。民族精神的原则受到国家追求自身利益的限制，但各民族在其相互关系中的辩证发展会产生出世界精神。因此，调整国家之间摇摆不定关系的"唯一最高裁判官是普遍的绝对精神，即世界精神"，即"既不受限制，同时又创造着自己"，并对民族精神行使其权利的普遍精神。

总之，理性国家是普遍的目的，是家庭和市民社会的基础，不只是

---

① [德]黑格尔：《法哲学原理》，范扬、张启泰译，北京：商务印书馆2009年版，第393页。

② [德]黑格尔：《法哲学原理》，范扬、张启泰译，北京：商务印书馆2009年版，第388页。

③ [德]黑格尔：《法哲学原理》，范扬、张启泰译，北京：商务印书馆2009年版，第396—397页。

实现个体福利的手段。个体只有投身于国家这一普遍目的，才能达到自我实现。脱离了国家的人就丧失了自由和各种市民权。在理性国家基础上，黑格尔将孟德斯鸠的三权分立思想改造为国家主权思想，其中国内主权是由王权、行政权和立法权相结合的政治制度，对外主权则表现为一个国家可以独立自主地签订国际条约、进行战争和贸易、相互承认的绝对权力，对内主权和对外主权都统一于王权。绝对君权就这样融于君主的完全理性假设或绝对精神演变之中。

## 七、黑格尔的历史哲学

在黑格尔看来，世界历史就是绝对精神通过民族国家生活不断地将自身的潜能实现出来，体现在民族精神和世界精神中的合乎理性的历史。"人类与世界精神的关系，是部分与整体的关系，世界精神是人类的本体。这种世界精神与神圣的精神，即绝对精神保持一致。"① 这种世界精神就是要在自我意识的过程之中，要根据自身的概念去创造一个精神世界、宗教和国家，以便"主体遵循自己的意识与道德的自由"，以及"主体追求和增进自己普遍目的的自由"。② 由于每个国家都有自身的特殊目的，"每个国家的内在发展和进化都遵循着一个必然的进程，……在对象带来的进步之中，根本没有一种外在的连续性和必然的持久性；在对象自身之中、在概念之中也根本没有必然性"，因而不存在所谓的历史规律。③ 因此，这种世界历史不能采取历史学家所用的感觉经验、直观或批判的方法进行把握，而必须依靠哲学的概念来把握和理解。历史理解也就需要借助理性来理解"世界的普遍计划和终极目的"、理解与概念或理念相符的历史事件，以便"获得有关历史中的理念的知识，那些民族所凭借意识到自身之内的连续性原则，并且已经意识到了它们自身之所是以及它们的行为意味着什么的精神"。④

---

① ［德］黑格尔：《黑格尔历史哲学》，潘高峰译，北京：九州出版社2011年版，第57页。
② ［德］黑格尔：《黑格尔历史哲学》，潘高峰译，北京：九州出版社2011年版，第58页。
③ ［德］黑格尔：《黑格尔历史哲学》，潘高峰译，北京：九州出版社2011年版，第13—14页。
④ ［德］黑格尔：《黑格尔历史哲学》，潘高峰译，北京：九州出版社2011年版，第3页。

由于一个民族是由个人构成以及个人的生命都有灵魂和肉体的两面性，因此，民族的生命也有自然生命和精神生命两部分。一个民族的精神生命体现在宗教、哲学、艺术、道德等文化之中，而自然生命则体现在国力、人民、土地、气候、地理等方面。决定一个民族的性格和气质的不是自然生命，而是精神生命。"宗教、知识、艺术、历史命运以及历史事件，都是精神在发展过程中展现出来的侧面。正是这些精神事物、而非民族的自然倾向，决定了该民族的性格和气质。"① 这样，如同萨维尼的民族精神说一样，一个民族的宗教、法律、宪法、风俗和艺术都是民族精神的产物。那些处于最高阶段并掌握最高精神概念的民族就会统治其他民族，而那些只掌握较低精神概念的民族则会处于世界的边缘而被统治。那些因为内部腐败或欲望失去节制的民族，就会失去民族精神而衰落，其精神原则就会转移到其他民族中去。这个连续性过程就是精神的自我意识过程，并在自我意识中创造了客观世界或概念化的世界。这个自我创造和自我实现的精神，会包含一系列体现在不同民族精神之中的发展阶段。"精神在这些阶段所假定的特别形式是世界历史的民族精神，它们各自的伦理生活，它们各自的宪法制度，它们各自的艺术、宗教和知识，都有着自己明确的特征。"②

具体而言，世界历史在东方王国、希腊王国、罗马王国和日耳曼王国的不同历史阶段中体现出民族精神的不同原则和不同宪法。③ 从家长制中产生的东方国家，"内部还没有分裂的、实体性的世界观"，表现为宗教、政治和道德都没有分离的神权政治，个体没有任何主体性自由和权利保障，在等级划分中产生了世袭种姓制度。希腊王国继续作为实体性的统一而存在，但已经出现了个体性原则和主观自由的原则，所有公民都参与国家事务。罗马王国则进一步将抽象法权或私人的自我意识从

---

① ［德］黑格尔：《黑格尔历史哲学》，潘高峰译，北京：九州出版社2011年版，第63页。

② ［德］黑格尔：《黑格尔历史哲学》，潘高峰译，北京：九州出版社2011年版，第79页。

③ 黑格尔按照精神演化来划分世界历史的做法，非常类似于费希特按照理性与本能的关系来划分历史的做法。按照精神与自然原初的统一、精神与自然相分离、精神与自然在更高阶段的统一的三段论，黑格尔就将文明历史划分为东方世界、希腊罗马世界和日耳曼世界，分别体现了家长制的不自由、主观自由和绝对自由的精神原则。如果黑格尔的历史哲学仅仅是《法哲学原理》的延伸，那么，马克思对黑格尔法哲学的批判就适用于黑格尔的历史哲学，即将历史扭曲为精神原则的演进。

伦理生活中分裂出来，民族个体性消亡，市民社会得以发展，服务于国家的普遍性原则得以确立。日耳曼王国则在与基督教的教会进行斗争中，确立了理性国家原则，将"国家展示为理性的形象和现实"，最终实现了宗教与国家的和解以及主体性的自由精神。这样，黑格尔的世界历史就是伦理秩序的各种精神性原则在民族中构建的历史。国家的整体性、个人的个体性、主观自由以及等级制的理性国家就分别构成了伦理秩序不同阶段的原则。

在世界历史的舞台上，绝对精神并不是均匀地分布在各民族之中，而是按照精神的原则集中在不同历史阶段的统治民族或世界历史性民族身上。这个统治民族在世界精神的自我意识的自我发展进程中，"具有绝对权利成为世界历史目前发展阶段的担当者，对它的这种权利来说，其他各民族的精神都是无权的"。① 这种绝对权利就是通过文明民族迫使野蛮民族承认文明民族拥有特殊权利和特定价值的斗争而实现的，由此也推动了民族精神为实现绝对精神而在世界舞台的不断转移。在此过程中，"只有那些知道这种民族精神并且根据这种民族精神来行动的人，才能被认为是真正有智谋的。他们是民族的伟人，他们把整个民族领向普遍精神的要求处"。② 这些历史伟人或英雄会按照普遍原则做事，克制自己的欲望，摒弃自己的私利性，洞察到了历史所蕴含的普遍性，并将其当作自己的目标。这些英雄们利用自己的洞察力可以识别出世界真理和时代真理，意识到时代的意愿和需要，因此，"他们做的每一件事情都是正确的"。借助这种行动的正确性，英雄们就能吸引追随者的支持，唤醒他们的无意识的内在倾向，一起去实现精神的目标和构建自己的国家。这样，英雄们就成了精神实体的工具，也借此获得了"唯一的权力"，统治世界的绝对权力。③ 他们在激情驱使下实现精神目标和获得个人满足的伟大行为也就不受世间道德的评价，不管他们的行动和暴力对人类造成了多大的灾难或损失。普罗大众就在"理性的狡计"下成了英雄们成就伟业的手段，他们的价值就体现在他们被牺牲、被抛弃。黑格尔说："在世

---

① [德] 黑格尔：《法哲学原理》，范扬、张企泰译，北京：商务印书馆2009年版，第401—402页。
② [德] 黑格尔：《黑格尔历史哲学》，潘高峰译，北京：九州出版社2011年版，第57页。
③ [德] 黑格尔：《黑格尔历史哲学》，潘高峰译，北京：九州出版社2011年版，第113页。

界精神所进行的这种事业中,国家、民族和个人都各按其特殊的和特定的原则而兴起,这种原则在它们的国家制度和生活状况的全部广大范围中获得它的解释和现实性。在它们意识到这些东西并潜心致力于自己的利益的同时,它们不知不觉地成为在它们内部进行的那种世界精神的事业的工具和机关。"①

这样,黑格尔的历史哲学在民族精神的世界历史外化过程中提出了文明民族兴衰论、霸权国家兴衰论和英雄史观,显示出深刻的洞察力。但是,作为虚构的绝对精神,要在真实的历史中去寻找其实现的过程,就必然伴随着大量的歪曲和不公正的评论,如寒带和热带地区没有世界历史民族,美洲印第安人具有精神上的劣等性。② 而且,黑格尔的统治民族及世界精神在不同民族之间转移的观点,成为后来霸权周期转移理论的思想源泉。这种观点忽视了国际制度的建立与发展,以及人性是一个不断演化的历史过程。因此,黑格尔的历史与逻辑的统一只是虚假的统一,最终是逻辑吞并与扭曲历史。

## 第三节　黑格尔学派及其对马克思的影响

与费希特和谢林的思想在其死后长期遭到遗忘不同,黑格尔则依靠其所构建的学派及其分裂的黑格尔右派、黑格尔中派和黑格尔左派让其思想得到广泛的传播、宣传和发展。每一个派别不仅抓住黑格尔的某些思想与宗教、神学、政治展开了斗争,而且要面对各种自由主义者、极端的保守派和复辟派的攻击。青年黑格尔派的路德维希·费尔巴哈因在青年马克思的思想形成具有特殊的作用而长期受到学界的重视。本节阐述黑格尔学派的思想演进、费尔巴哈的思想及其对马克思的影响。

### 一、黑格尔学派的历史演进

黑格尔学派主要是在与宗教神学、法学、哲学的论战中形成和发展,在宗教批判和现实的政治斗争中走向解体。对正统派神学家而言,黑格

---

① [德]黑格尔:《法哲学原理》,范扬、张企泰译,北京:商务印书馆2009年版,第400页。
② [德]黑格尔:《黑格尔历史哲学》,潘高峰译,北京:九州出版社2011年版,第217页。

尔的宗教哲学构成了新理性主义神学。因为黑格尔将哲学家确认为宗教思想的法官,将哲学确认为通向上帝认识的唯一通道,强调哲学对宗教的保护作用。"宗教和哲学之间存在着一个巨大的区别,就是宗教诉诸人们的信仰,而哲学却寻求证明。"① 这种认知方式不仅在实质上剥夺了神学家的宗教解释权,也意味着哲学家向神学家宣战。

更让神学保守势力感到愤怒的是,黑格尔在《法哲学原理》中将国家神圣化,强调了国家的伦理道德整合的功能,抹煞了教会和国家的区别。对黑格尔政治哲学持强烈批判态度的是保守主义者弗里德里希·施塔尔。施塔尔在谢林的启示哲学和"历史权力高于无意义的逻辑活动"的观点影响下,在《法哲学》(1830)中对黑格尔的政治哲学展开了批判。施塔尔将法律和政治科学建立在基督教的启示和实证主义基础之上,否认理性主义的政治哲学,根据宗教观念声称王权的绝对性,主张市民的自由和财产需要君主权威和上帝的保护。施塔尔断言,黑格尔的理论是一种具有"破坏性"的"敌对力量",并"一开始就拥有革命性的基础",从而把黑格尔的辩证法与法国大革命联系起来加以批判。② 在《用历史的观点评判法律哲学》的著作中,施塔尔断然否决法律和国家建立在抽象的自然规律和人类理性之上,认为法律必须反映一个国家的宗教传统和相应的民族风俗习惯。萨维尼将施塔尔的政治哲学当作其历史法学研究的哲学基础,并支持施塔尔在1840年获得柏林大学的教会法和政策的教授职位。③ 这样,黑格尔的理性主义法哲学就与历史法学派形成了巨大的冲突。

当保守主义者指责黑格尔主义的自由主义倾向时,自由主义者开始攻击黑格尔的思想过于屈从于普鲁士的国家制度,以至于爱德华·甘斯在1832年出版的黑格尔《法哲学原理》的第二版序言中不得不对自由主义者做出回应。在1839年的《论黑格尔的国家理论与普鲁士国家的最高生活原则的不可协调性》著作中,舒巴尔特集中攻击黑格尔的政治观点,

---

① [德]黑格尔:《黑格尔历史哲学》,潘高峰译,北京:九州出版社2011年版,第38页。

② [美]赫伯特·马尔库塞:《理性和革命:黑格尔和社会理论的兴起》,程志民等译,上海:上海人民出版社2007年版,第305页。

③ John E. Toews, "The Immanent Genesis and Transcendental Goal of Law: Savigny, Stahl, and the Ideology of the Christian German State", *The American Journal of Comparative Law*, Vol. 37, No. 1, Winter 1989, pp. 139–169.

认为黑格尔关于普鲁士国家的立宪君主制的观点是与普鲁士的王朝政治不相符合的。在围绕宗教神学、法学、哲学和政治争论的基础上，黑格尔学派得以形成。

但是，黑格尔学派在外部攻击下逐渐分裂为黑格尔正统派、黑格尔中派和青年黑格尔派。黑格尔正统派，又称为黑格尔右派、老年黑格尔派，在政治上更多地持保守立场。作为黑格尔在耶拿大学、纽伦堡高级中学、海德堡大学和柏林大学的学生、同事和追随者，黑格尔右派的哲学家和神学家以捍卫黑格尔的宗教思想和维护其体系的统一性为己任，赞成黑格尔的宗教哲学、哲学与神学联盟、宗教和哲学在内容上的同一性的思想，对黑格尔的著作进行保守主义注释和坚守黑格尔关于普鲁士国家理性化的观点，运用黑格尔的思想和术语来重新表述基督教思想，从神性和人性统一的思想出发来捍卫福音书的全部历史，在上帝的位格性、灵魂不死、神人一体等神学问题上与青年黑格尔派展开了激烈的论战。① 马克思在柏林大学选修过黑格尔右派格奥尔格·加布勒主讲的逻辑学课程，并受到加布勒与特兰德伦堡关于黑格尔辩证法争论的影响。

黑格尔中派大多是倾向于自由主义的君主主义者，秉持施泰因-哈登堡自由化改革的理想，倡导自由主义倾向的重大政治改革。黑格尔中派在学术上推崇黑格尔的逻辑学和辩证法，坚持哲学与宗教的分裂、理性优先性的观点，在思想上接受黑格尔关于历史性、有机主义、自由进步的历史观、理性的圣灵论和理性与现实的一致性等五条基本原则。② 马克思受教于黑格尔中派的甘斯，阅读过卡尔·罗森克兰茨的《康德哲学史》。在甘斯等人的影响下，马克思不仅在《莱茵报》时期对历史法学派展开了批判，而且加深了对黑格尔法哲学和辩证法的理解。

青年黑格尔派，又称为黑格尔左派、激进派，不赞成黑格尔关于哲学与宗教调和的观点，总体上对黑格尔的著作和正统神学持一种批判的态度。大卫·施特劳斯的《耶稣传》公开批判了正统的基督教神学和黑格尔的基督学，指出关于耶稣基督的福音故事绝大部分都是由神话和传说构成的产物。费尔巴哈则公开批判黑格尔哲学是逻辑的泛神论，断言

---

① [法] 高宣扬：《德国哲学通史》第一卷，上海：同济大学出版社 2007 年版，第 309 页。

② [美] 诺曼·莱文：《马克思与黑格尔的对话》，周阳等译，北京：中国人民大学出版社 2015 年版，第 104 页。

黑格尔试图调和哲学和宗教的努力不过是将哲学神学化。在基督教问题上，施特劳斯、费尔巴哈、鲍威尔和马克思都批判传统的基督教思想，但是施特劳斯和鲍威尔仍试图从内部重建基督教，费尔巴哈希望建立爱的宗教，马克思则主张废除一切宗教。与黑格尔右派的成员大都是专注于学术论著的写作、局限于学术整理或者系统化某些思想的大学教授不同，青年黑格尔派的大多数成员是从大学里被驱逐的教授、博士或中学教师。他们或者创办杂志和报纸，或者是靠写作为生的自由撰稿人，并在思想上具有很大的创新性。马克思的唯物史观、费尔巴哈的人本学、鲍威尔关于基督教起源的研究就是如此。与黑格尔右派着眼于现存秩序并为其辩护不同，青年黑格尔派着眼于构建理想的未来，对现存秩序进行批判，注重实践活动。由于在实践活动和未来的理想蓝图上存在众多的分歧，青年黑格尔派的成员，如布鲁诺·鲍威尔、费尔巴哈、大卫·施特劳斯在宗教的起源问题上，马克思、阿诺德·卢格、布鲁诺·鲍威尔在群众史观与英雄史观、革命与改良的道路问题上展开了相互的批判。

面对威廉四世在1840年继承普鲁士的王位之后显示出来的日趋反动和保守的复辟浪潮，青年黑格尔派开始走向激进，越来越明显地转向直接的政治反对派，批判专制制度和建设新的民主共和国成为新的目标。马克思、卢格等人在《莱茵报》和《哈雷年鉴》上发表了对普鲁士政治问题的批判，布鲁诺·鲍威尔等人在柏林组成的"自由人"团体以及费尔巴哈、施特劳斯则继续对宗教和教会展开激进的批判。由于鲍威尔等人批评工人阶级"缺乏精神""意识软弱"等"利己主义"毛病，马克思和恩格斯在《神圣家族》和《德意志意识形态》中对青年黑格尔派展开了全面的批判。青年黑格尔派最终在未来社会道路的选择和理论问题的分歧中走向了解体，其积极作用在于为1848年的资产阶级争取民主和自由的革命做了思想上了准备。

## 二、费尔巴哈的宗教异化论与人本主义思想

路德维希·安德烈斯·费尔巴哈（Ludwig Andreas Feuerbach，1804—1872）是德国哲学家和宗教批判思想家。费尔巴哈对黑格尔哲学和宗教神学的批判标志着哲学的人类学转向的开始，他在《基督教的本质》（1841）中提出了上帝是人的类本质异化的观点。

（一）费尔巴哈的思想演变

在1824—1826年期间，费尔巴哈在柏林大学学习神学时，受到施莱

尔马赫的宗教情感理论和基于心理移情的诠释学方法的影响。费尔巴哈关于宗教的依赖感、宗教是情感的事情和哲学是理性的事情、宗教的自然和道德两个层面的含义、伦理学的核心是爱的观念等观点，都可以在施莱尔马赫的宗教和伦理学著作以及演讲中找到相应的表述。① 同时，费尔巴哈选修了黑格尔讲授的逻辑学，形而上学和宗教哲学等课程。黑格尔对费尔巴哈影响最大的一点就是理性"在它内在自我的表现中设定现实事物和概念的同一"。② 这种概念自我设定的思想，对于长期学习宗教神学的费尔巴哈来说，就意味着上帝和宗教的概念是人类社会设定的。费尔巴哈在1826年4月转入埃尔兰根大学，受到晚期谢林对黑格尔批判的影响。费尔巴哈与谢林都主张爱的宗教，都认为宗教抑制了艺术和哲学的发展，都注重宗教与伦理分离。只不过，费尔巴哈主张感性直观，从伦理道德角度对永恒或者不朽进行理解；谢林强调理智直观，并将时间和永恒统一到绝对同一的框架下。

在1835年大卫·施特劳斯出版了《耶稣传》之后，费尔巴哈就开始集中精力思考宗教信仰的本质问题，并在1838年出版的《培尔论》中探讨了理性与信仰相矛盾的问题。在1838年的《论哲学和基督教》一文中，费尔巴哈对宗教和哲学进行了区分，将哲学划分为理性的领域，宗教划分为情感和心的领域。理性与情感的分离就成了哲学和宗教分离的基础，从而打破了黑格尔的思辨哲学关于宗教与哲学在内容上的同一性的观点。

阿诺德·卢格在1838年指出，黑格尔的整个思想都具有神学的性质，因为整个辩证法运动就是上帝或者绝对精神的自我实现的过程。黑格尔所说的结果，实质上是起点，因为绝对精神是隐含在辩证法的初始阶段的。这就意味着，黑格尔的体系是与具体的经验世界无关的任意的形而上学构造。③ 在1838年发表的《实证哲学批判》一文中，费尔巴哈指出，绝对精神或者世界精神就是基督教的上帝的哲学版本，是进行哲学思维的人凭借自己的残暴的、任性的权力创造的结果。因此，上帝就是客观化的自我，是颠倒着的人。这一观点以更丰富和通俗的形式体现在《基督教的本质》中。在费尔巴哈看来，近代哲学"本身只不过是溶

---

① 张会永：《施莱尔马赫至善学说研究》，北京：中国社会科学出版社2013年版，第11页。
② 苗力田译编：《黑格尔通信百封》，上海：上海人民出版社1981年版，第265页。
③ Rolland Ray Lutz, Jr, "The 'New Left' of Restoration Germany", *Journal of the History of Ideas*, Vol. 31, No. 2, April-June 1970, p. 239.

化和转变为哲学的神学",而黑格尔哲学则是"理性化和现代化了的神学"以及"神学的最后的避难所和最后的理性支柱",因此,为了创建新的哲学,就必须要展开对黑格尔哲学的批判。① 在《黑格尔哲学批判》一文中,费尔巴哈在卢格批判的基础上强调了心理发生学的批判,指出黑格尔哲学是基督教神秘主义的理性化,或者逻辑泛神论。② 在《神圣家族》中,马克思说:"费尔巴哈把形而上学的绝对精神归结为'以自然为基础的现实的人',从而完成了对宗教的批判。同时也巧妙地拟定了对黑格尔的思辨以及一切形而上学的批判的基本要点。"③ 在对宗教批判和黑格尔哲学批判的基础上,费尔巴哈在《哲学改革的临时论纲》(1842)和《未来哲学原理》(1843)中阐述了人本学的哲学思想。

(二) 费尔巴哈对黑格尔哲学的批判

费尔巴哈对黑格尔哲学的批判,包括辩证法的批判、逻辑前提的批判、逻辑语言的实在性批判、心理发生学的批判、主谓颠倒的批判等,是与对神学的批判和建立宗教人类学密切相关的,并体现在《黑格尔的哲学史》《黑格尔哲学批判》《论哲学的开端》《哲学改革的临时论纲》《未来哲学原理》《所谓同一哲学的唯灵主义或黑格尔心理学批判》《唯心主义批判》等著作中。

第一,辩证法的批判。在费尔巴哈看来,黑格尔的辩证法所包含的时间概念并不是真实的历史时间,而是逻辑时间的概念。由于"体系只是一个封闭的圆圈"和"进展就是一种复归的过程",黑格尔将逻辑形式的表达当成了逻辑思维运动本身。"当我表达自己的思想时,我就把它挪到时间里;那在我之内是同时的东西,一种依次达到的见解,现在变成一种有先有后的东西了。我把待表达的东西当成不存在的,我让它在我眼前产生,我从它在表达以前的状态进行抽绎。"④ 这种逻辑演绎的结果是,概念经过中介运动复归到自身,"取消了思想的秩序和时间化"。"黑格尔只注视和陈述各种宗教、哲学、各个时代和民族最突出的差异,并且只是就其处于逐步上升的过程中来加以陈述的;共同的、一致的、

---

① 《费尔巴哈哲学著作选集》上卷,荣震华等译,北京:商务印书馆1984年版,第146、103、115页。
② [德] 卡尔·洛维特:《从黑格尔到尼采》,李秋零译,北京:三联书店2006年版,第99页。
③ 《马克思恩格斯全集》第2卷,北京:人民出版社1957年版,第177页。
④ 《费尔巴哈哲学著作选集》上卷,荣震华等译,北京:商务印书馆1984年版,第52页。

同一的东西完全推到背后去了。黑格尔的观点和它的方法所采取的形式，本身只是排他的时间，而并非同时是宽容的空间；黑格尔的体系只知道从属与继承，而不知道任何并列和共存。"① 这种"只不过是模仿自然，可是摹本却缺少原本的生命"的线性历史观或逻辑思维的形式就忽视了不同个体之间的同时性、自然界的丰富多样性和同时并存的各个发展阶段的现实性与矛盾性。

第二，逻辑前提的批判。在费尔巴哈看来，存在、理性、现实的东西都可以是哲学的开端，不一定非得像黑格尔那样采用"纯粹的存在"作为逻辑的开端。这些开端都只是思维的表达形式或者语言形式，而不是思维本身。由于语言表达是依存于思维和表达对象的，因此语言开端的选择依赖于逻辑内容的展开。不同的逻辑内容，就决定了不同的语言开端。如果开端只是一种形式的设定，缺乏实质性的内容，那么，开端与终点、前提与结论之间就容易出现一种形式上的循环运动。当黑格尔将存在与本质设定为绝对理念的前提或者中介环节，同时设定存在以绝对理念为前提时，黑格尔就犯了前提与结论互相包含的错误。"他的《逻辑学》本身便是无中生有的逻辑结构，便是'无中不能生有'这一旧原理的否定"。② 黑格尔之所以会犯这样的错误，就是把纯粹的存在与现实的存在进行抽象分离、"与感性直观直接分裂"的结果。在不研究具体事物的前提下，概念之间的运动，表面是一种借助其他概念为中介的发展，实质上是一种"伪装"和"表演"，是哲学家根据自己的理论体系所进行的一种主观规定性。这样，费尔巴哈揭示了一个理论体系的内在结构与外在概念之间的逻辑关联性，从而否定了任何理论构造从逻辑形式上证明其真理性的可能性。要证明概念的真理性和实在性，就必须证明逻辑与现实的感性存在相符合。在缺乏现实证据的前提下，单纯的形式证明或者逻辑推演就容易出现任意诡辩或玩弄语言游戏的情形。"凡是由神推出世界、由精神推出自然、由形而上学推出物理学、由抽象的东西推出现实的东西等等做法，都被证明只不过是一些逻辑的把戏。"③

---

① 《费尔巴哈哲学著作选集》上卷，荣震华等译，北京：商务印书馆1984年版，第45—46页。

② 《费尔巴哈哲学著作选集》上卷，荣震华等译，北京：商务印书馆1984年版，第503页。

③ 《费尔巴哈哲学著作选集》下卷，荣震华等译，北京：商务印书馆1984年版，第458页。

第三，逻辑语言的实在性批判。在黑格尔的视野中，语言表达的东西就是真实的东西，语言与存在具有对应关系。与语言唯实论者黑格尔不同，语言唯名论者费尔巴哈认为，逻辑语言具有一种非实在性的本质。同一事物有多种语言表达，同一种语言表达也对应着多种事物。还有与事物不相联系的语言表达，如"无""绝对""空虚"等，因为"思维是不能超出存在的东西之外的"。这就意味着，语言"不过是一些符号，是以最简捷的方法来达到意识的目的"的媒介，因此，"对于感性意识来说，语言正是不实在的东西，虚无的东西"。① 由于思维的中介是语言，要证明一种思想的真实性，就需要理解语言这个中介的意义。"语言不是别的，就是类的实现，'我'与'你'的中介，其目的在于通过扬弃'我'与'你'的个别分离性而表达出类的统一性。"② 借助于语言表达，思维者就能与别人进行交流活动，以便达成意见的一致。在费尔巴哈看来，"表达思想的欲望是一种根本的欲望，追求真理的欲望。我们只有通过别人——当然不是这些或那些偶然的别人——才能意识到并确认我们自己的事业的真理性"。③ 因此，证明就不是思维自身的运动，而是"思想者对别人的关系"；证明和推论的方式不是内在的思维活动的形式，而是"一些传达的方式，表达的方式，只是思想的表达、表象和现象"。④ 由于语言的表达是一种形式、一种手段，因此，"证明者所传达的东西，并不是事物本身"，"并不给我对事物的理解"，而是一种应该具有的形式或者规律，其"最终目的就在于引起别人的认识活动"。⑤ 当作为"表现""理性的影像"的体系"以间接的、形式的思维代替了直接的、原始的、物质的思维"时，"每一个没有被认作单纯手段而被掌握的体系，都对精神起限制和破坏的作用"。⑥ 黑格尔哲学的缺陷就在于在把形式与内容相分离后，"把形式当成本质，把思想的为他的存在当成自在的存在，把相对目的当成最终目的"。⑦ 其实，这些都只不过是一

---

① 《费尔巴哈哲学著作选集》上卷，荣震华等译，北京：商务印书馆1984年版，第68页。
② 《费尔巴哈哲学著作选集》上卷，荣震华等译，北京：商务印书馆1984年版，第54页。
③ 《费尔巴哈哲学著作选集》上卷，荣震华等译，北京：商务印书馆1984年版，第56页。
④ 《费尔巴哈哲学著作选集》上卷，荣震华等译，北京：商务印书馆1984年版，第56—57页。
⑤ 《费尔巴哈哲学著作选集》上卷，荣震华等译，北京：商务印书馆1984年版，第58—59页。
⑥ 《费尔巴哈哲学著作选集》上卷，荣震华等译，北京：商务印书馆1984年版，第58页。
⑦ 《费尔巴哈哲学著作选集》上卷，荣震华等译，北京：商务印书馆1984年版，第59页。

种语言假象。这种语言游戏能够将整个自然科学所发现的经验规律当作自然哲学的逻辑演绎产物，但容易忽视经验规律的多样性和寻求规律的艰难性，磨灭了批判的习惯和追求真理的热情。

第四，思辨哲学的心理发生学批判。"发生学观点的批判"，就是"它对于一个由表象提供的对象"，"并不作武断的证明和理解，而是研究其起源，怀疑对象究竟是一个真实的对象，还只是一个表象，或者一般地是一种心理现象"。① 从语言起源上说，一些名词代表着真实的对象，一些名词只代表着表象，还有一些名词只是一种心理现象的表达。发生学批判的目的就是要区分语言的心理表达、表象表达和真实表达，以便将真实表达从单纯的心理表达和表象表达中分离出来，从而探寻概念在本质上的意义。从来源来说，存在与虚无的对立只是一种虚假的对立。"'无'只是人类表象能力的一个界限；它的来源并不是思维，而是不思维。……黑格尔因此没有研究'无'的起源；他把'无'当作真的接受了。"② 尽管黑格尔的辩证法因把否定的、不同的东西当作积极的、本质的东西来理解而"得到了一个否定的、批判的成分"，但是，黑格尔的哲学"缺乏发生学观点的批判研究"。"因此，黑格尔事实上是把仅仅表示主观需要的表象了解为客观真理，信以为真，这是因为他没有追索这些表象的根源，没有追索引起这些表象的需要所致。"③ 借助于心理发生学批判，费尔巴哈发现，思辨哲学是"从神学出发的，它本身只不过是溶化和转变为哲学的神学"。④ 其起源在于在宗教改革过程中将感觉和理性分离开来，并将理性赋予"抽象的神圣实体的性质"。思辨哲学则在"将上帝现实化和人化"的过程中努力"用理性或理论去论证和溶解那对宗教是彼岸的"上帝。⑤ 由于神学将上帝的本质"凭着想像力设想成为一种与理性不同的独立实体"，"思辨哲学的重大历史意义"就在于将"那与理性不同的实体终于与理性等同起来"。⑥ 通过这样的类比和转换，"上帝的本质就是理性的或理智的本质"，"上帝的本质的主要特质或属性，就是思辨哲学的主要特质或属性"。⑦ 因此，上帝是无穷无

---

① 《费尔巴哈哲学著作选集》上卷，荣震华等译，北京：商务印书馆1984年版，第76页。
② 《费尔巴哈哲学著作选集》上卷，荣震华等译，北京：商务印书馆1984年版，第82页。
③ 《费尔巴哈哲学著作选集》上卷，荣震华等译，北京：商务印书馆1984年版，第77页。
④ 《费尔巴哈哲学著作选集》上卷，荣震华等译，北京：商务印书馆1984年版，第146页。
⑤ 《费尔巴哈哲学著作选集》上卷，荣震华等译，北京：商务印书馆1984年版，第122页。
⑥ 《费尔巴哈哲学著作选集》上卷，荣震华等译，北京：商务印书馆1984年版，第123页。
⑦ 《费尔巴哈哲学著作选集》上卷，荣震华等译，北京：商务印书馆1984年版，第123、129页。

尽的、不受任何限制的、必然的、绝对的、普遍的、永恒的、独立自存的实体的说法，就只能是理性的性质的委婉说法。如果理性是人的本质，那么，上帝的本质就是人的本质。因此，"上帝的本质与人的本质的同一性"，在思辨哲学看来则是理性的同一性。① 当思想者和被思想者都具有思维和理智的本质时，思维与存在的同一就在思维范围内得到了解决，思维的对象就转变为思维的范畴而呈现在思维之中，思维的运动就成为客观世界的运动。这就是思辨哲学的秘密。

第五，主谓颠倒的批判。黑格尔在《逻辑学》第三篇"概念论"中将所有的判断都归纳为主谓词逻辑。不仅"主词和谓词自身每一个都是整个判断"，而且，主词好像是由谓词决定的。"在概念的判断里，谓词好像是主词的灵魂，主词，作为这灵魂的肉体，是彻头彻尾地为灵魂（谓词）所决定的。"② 在黑格尔的主谓词逻辑中，绝对、无限、逻辑就成为了存在、实体、主体。费尔巴哈认为，不管概念的抽象程度如何，谓词总是主词的属性或者特征，不存在谓词主导主词的情况。"主体，即存在着的本质，永远只是个体；类不过是宾词、属性罢了。但是，正是个体的宾词、属性，却使非感性的思维、抽象跟个体割裂开来，使它自为地成为对象，而且在这种抽象中将它当作个体的本质，将个体相互间的差别只规定做个体的即偶然的、不相干的、非本质的差别；……于是思维将那在实在界中是主体、是本质的东西做成了属性，做成了类概念的单纯样态，同时反将那在实在界中只是属性的东西做成了本质。"③ 因此，费尔巴哈的主谓颠倒的批判就是将思辨哲学把实体的属性或者规定混淆为实体自身的颠倒再次颠倒过来。"在黑格尔看来，思维就是存在，思维是主体，存在是宾词。……思维与存在的真正关系只是这样的：存在是主体，思维是宾词。思维是从存在而来的，然而存在并不来自思维。"④

在费尔巴哈看来，主谓颠倒的根源主要来自两方面：一是将从具体事物中抽象出来的类概念当作具体事物产生的共同根源。这是主谓颠倒的哲学的或者思辨的理由。"绝对实体自行发展"颠倒过来就是"只有

---

① 《费尔巴哈哲学著作选集》上卷，荣震华等译，北京：商务印书馆1984年版，第127页。
② [德] 黑格尔：《小逻辑》，贺麟译，北京：商务印书馆1994年版，第346页。
③ 《费尔巴哈哲学著作选集》下卷，荣震华等译，北京：商务印书馆1984年版，第624页。
④ 《费尔巴哈哲学著作选集》上卷，荣震华等译，北京：商务印书馆1984年版，第114—115页。

一种发展的、在时间中展开的实体，才是一种绝对的、亦即真正的、实际的实体"。① 二是通俗的理由或者目的论的无限演绎证明法。这种理由从人建造任何房屋或者生产产品都是有目的有计划的观念出发，断定世界也是观念建造的。显然，将自然产物类比为人为产物从而幻想出自然界是精神实体的产物的观点，忽视了自然界是没有理智和意识的盲目活动与人是有意识有目的的活动之间的根本差别。人们之所以从目的论的角度去论证一个超自然的精神实体的存在，费尔巴哈认为，这是因为人的无知与希望解释一切的愿望之间的矛盾造成的。"人一面由于无知，一面由于利己主义倾向，即凭自己去解释一切、去思想一切的倾向，总是将不可以随意左右的事情转变为一种可以随意左右的事情，把自然的事情转变为一种有目的的事情，把必然的事情转变为一种自由的事情。"② 通过这种转换，理性就把现实事物之间的关系转变为语词之间的关系，利用逻辑来构建并代替整个现实。思辨哲学和宗教就是主谓颠倒的两种形式。在《关于哲学改造的临时纲要》中，费尔巴哈说："一般思辨哲学的改革宗教的批判方法，与宗教哲学曾经应用过的方法并没有什么不同。我们只要经常将宾词当作主词，将主体当作客体和原则，就是说，只要将思辨哲学颠倒过来，就能得到毫无掩饰的、纯粹的、显明的真理。"③

（三）宗教异化论

费尔巴哈从人的安全生存需求出发来分析宗教的心理根源或者主观起源，在主谓颠倒批判的基础上提出了宗教是人的本质的异化的观点。对于任何存在物来说，努力维护自己的生存都是存在的必要条件。"每一个存在者都爱自己，爱自己的存在，并且，也理应爱自己的存在。……一切存在着而具有价值的，都是优异的存在者，从而也就都肯定自己、维护自己。"④ 由于人具有自我保存的本能倾向的观点，因此，人对维护人类生存的那些对象具有高度的依赖感。实际上，"依赖感不是别的，正是对于某对象之需要"。人的依赖感表明，对象对于自我是非常重要性。"对于另一个东西的依赖，事实上只是对于我自己，对于我自己的意向、

---

① 《费尔巴哈哲学著作选集》上卷，荣震华等译，北京：商务印书馆1984年版，第110页。
② 《费尔巴哈哲学著作选集》下卷，荣震华等译，北京：商务印书馆1984年版，第636页。
③ 《费尔巴哈哲学著作选集》上卷，荣震华等译，北京：商务印书馆1984年版，第102页。
④ 《费尔巴哈哲学著作选集》下卷，荣震华等译，北京：商务印书馆1984年版，第32页。

愿望和利益的依赖。依赖感可见不是别的,正是一种间接的、反转的或消极的自我感,自然不是直接的自我感,却是经过我所感觉依赖的对象而间接得来的一种自我感。"① 因此,人的依赖感与自我的需求、对象的权力成正比。"没有利己主义,也就没有依赖感";"没有需要,便没有依赖感"。②

这种利己主义,"乃是人对自己的爱,即对人性本质的爱,这种爱就是满足和发展一切本能和才干的推动力",就是"那个自卫本能"和"那个理性本能"。③ 人的欲望和能力之间的矛盾,对自然灾害的畏惧和克服这种畏惧感的需求之间的矛盾,为宗教崇拜和迷信提供了可能性。"宗教的前提,是意志与能力之间、愿望与获得之间、目的与结果之间、想像与实际之间、思想与存在之间的对立和矛盾。在意志、愿望、想像之中,人是一个不受限制的、自由的、无所不能的东西——神;但是在能力、获得和实际中,则是一个有条件的、有所依赖的、有限制的东西——人,是一个在有限制的、与神相反的实体这种意义之下的人。"④当人的欲望与能力呈反方向发展时,欲望与能力的差距就越大,人心寻找弥补这种差距的情感就越强烈,"所以人们就幻想出一个实体,来填满愿望及其实现、目的及其成就中间的这个鸿沟"。⑤ 为了克服对自然的恐惧,人依靠自己的想象力幻想出一个宗教、一个神和各种奇迹。依靠这种想象,人类试图利用神的力量去对付自然的力量。人们之所以崇拜上帝,"只是因为它能造福,即使因为它能降祸,也是只为的要逃避这个祸殃"。⑥

因此,人们依靠那些植根于依赖感之中的想象力,将恐怖的对象幻想为恶神,并设法用宗教的手段来对付它。动物崇拜、宗教崇拜和其他的一切崇拜的根据都相同,即都根据对象的有用性、福利性或者价值来确定崇拜的对象。"人崇拜的神灵所以有种种不同,只是因为他们给予人的福利有种种不同,只因为他们满足的人的本能和需要有种种不同;宗教的对象所以有种种不同,只因为与此对象有关的人性本质具有种种不

---

① 《费尔巴哈哲学著作选集》下卷,荣震华等译,北京:商务印书馆1984年版,第580页。
② 《费尔巴哈哲学著作选集》下卷,荣震华等译,北京:商务印书馆1984年版,第580页。
③ 《费尔巴哈哲学著作选集》下卷,荣震华等译,北京:商务印书馆1984年版,第551—552页。
④ 《费尔巴哈哲学著作选集》下卷,荣震华等译,北京:商务印书馆1984年版,第462页。
⑤ 《费尔巴哈哲学著作选集》下卷,荣震华等译,北京:商务印书馆1984年版,第704页。
⑥ 《费尔巴哈哲学著作选集》下卷,荣震华等译,北京:商务印书馆1984年版,第579页。

同的才质或能力。"① 在宗教中，"人使他自己的本质对象化，然后，又使自己成为这个对象化了的、转化成为主体、人格的本质的对象。这就是宗教之秘密"。②

费尔巴哈认为，异化给上帝的本质，只是人的类本质，而不是个人的本质。这个类本质就是爱和情感，爱自己胜过一切的情感，重视人的生命价值的情感。正因为每个人重视自己的生命，"把生命当作一种属神的宝物和本质"，所以，"他才自觉地在宗教里面，把这发生和维持那属神的宝物时所依赖的东西当作神，不管是实在依赖的，或想象中依赖的"。③ 维持人的生命所需要的东西很多，按照重要程度就会产生各种神灵。崇拜对象越能满足人们的需求，越来越多的人就会接受这个崇拜对象。尽管人们崇拜自身的力量，但是，绝大多数发明、创造等贡献都是集体的产物。为了语言方便起见和删繁就简的需要，人们就将集体的贡献安置在某个英雄或者神灵身上。这些集体名称的简称，实质上就是类概念，如"神""水果""货币"等。随着人们的宗教趣味的改变，人们的需要也就会改变，崇拜的神灵也会改变。因此，崇拜对象与人们的需要之间，存在着显著的对应关系。"所谓诸种绝对本质，诸神，那是相对的、依赖于人的东西，只当他们服务于人的本质时，只当他们对人有用，为人需要，适合于人时，总之即给人福利时，他们才被人当作神。"④ 这就表明，宗教只是功利主义和利己主义的一种表现形式：对崇拜对象的需求与对商品的需求都是基于同样的人性，即"人是只从自己的利害关系来考虑一切事物，并且只是依照这个关系评价一切事物的"。⑤

但是，只有当人缺乏文化、科学、批评，缺乏判别主观物和客观物的力量时，宗教的对象才能成为"幻想、感情和幸福欲的对象"。人们花费金钱去购买那些能满足自己需求的商品，人们采取信仰和虔诚的态度去酬谢那些能满足自己需求、对自己最有价值的神灵。"人不同，他们的宗教也不同；他们的宗教不同，他们的祭品也不同。人在宗教里面并不是满足其他的本质，而是满足自己的本质。"⑥ 未开化民族用那些满足

---

① 《费尔巴哈哲学著作选集》下卷，荣震华等译，北京：商务印书馆1984年版，第553页。
② 《费尔巴哈哲学著作选集》下卷，荣震华等译，北京：商务印书馆1984年版，第56页。
③ 《费尔巴哈哲学著作选集》下卷，荣震华等译，北京：商务印书馆1984年版，第555页。
④ 《费尔巴哈哲学著作选集》下卷，荣震华等译，北京：商务印书馆1984年版，第555—556页。
⑤ 《费尔巴哈哲学著作选集》下卷，荣震华等译，北京：商务印书馆1984年版，第563页。
⑥ 《费尔巴哈哲学著作选集》下卷，荣震华等译，北京：商务印书馆1984年版，第576页。

肠胃的动物和食物作为祭品，而具有审美的愿望和需要的已经开化的民族则拿那些比较奢侈的、感官感觉比较舒适的物品作为祭品。同时，每个民族都将其他民族的神灵看作虚幻的。"惟有人类利己主义，才使得人将自己的神看作真神，将其他民族的神看作幻想的东西。"① 最为极端的虔诚就是对自己采取自我否定、自我牺牲的态度，以报答或者祈求神灵的恩惠。"人否定自己，至少在人性意义上，乃是为着借这否定来肯定自己。否定，不过是自我肯定、自爱的一种形式、手段罢了。"② 许多民族史上的人祭，就是这些民族为了获取最高的幸福、胜利或者避免最大的灾祸所采取的牺牲个别族人或者其他人的利己主义措施。人祭现象的出现，表明较大的群体利益，如氏族、民族或者国家的利益，已经超越于个人的利益之上了。在费尔巴哈看来，基督教已经消灭了解剖学上的人祭现象，但却"实行了心理上的或精神上的人祭"，如提倡不结婚、在崇拜上帝中抑制自己的情感和否定自己，为的是获取身后幸福。这种"身后幸福"就是"永久的生命"。

这样，"神虽然是幻想的创造物，但与依赖感、与人的灾难、与人类利己主义有最密切的关联"，而且是"人的幸福欲在幻想中得到满足"的东西。宗教则"不仅是想像力的事情，不仅是感情上的事情，而且是人的欲望、努力和要求上的事情，即人要求排除不舒适的感觉并获得舒适的感觉，求取自己没有而但愿有的东西，并否定自己有而不愿有的东西"的这样一种"幸福欲"。③ 宗教的最后根据就是人的利己主义或者幸福欲，人们创造或者信仰宗教是以增强人类幸福为其目的的。神、宗教不过是人的幸福欲、幸福愿望在幻想中的满足者，是一种祈求不死的感情产物或者想象力产物而已，是"人格化了的、独立化了的幸福和不死"。

但是，自由的崇拜与强制的崇拜是不同的。在外力的强制下，"神乃是抽象的，即从感性直观中被抽离出来、被想出来的、被当作理智对象或理智存在者的自然界"，却被颠倒为"自然界是从神产生出来的""神启示在自然界里面"。④ 这就是说，自然界和人的力量或者属性在宗教中被当作了解释或延伸为神的力量或者属性。在这样的宗教诠释下，自然

---

① 《费尔巴哈哲学著作选集》下卷，荣震华等译，北京：商务印书馆1984年版，第698页。
② 《费尔巴哈哲学著作选集》下卷，荣震华等译，北京：商务印书馆1984年版，第568页。
③ 《费尔巴哈哲学著作选集》下卷，荣震华等译，北京：商务印书馆1984年版，第701页。
④ 《费尔巴哈哲学著作选集》下卷，荣震华等译，北京：商务印书馆1984年版，第701页。

界和人类自身的行动都需要借助于神或者上帝这个中介才能完成。与"自然界是一个共和国，是同等的实体或力量互相需要、互相生产和共同影响的一种结果"不同，上帝或者神灵"却是一个君主，而且是一个不受限制惟我独尊的专制君主"。① 费尔巴哈认为，在神的影响方式上存在宗法的方式、君主专制的方式和君主立宪的方式这三个阶段。② 在宗法的方式中，神与自然合二为一，神仅仅是人格化的自然，但是假设有一个神按照自己的兴趣和意志操纵自然。在君主专制的方式中，从感官中抽离出来的自然界这个神"却被人表象为与世界及其本质有分别一种东西"，并能够创造世界和要求世界屈服于自己的意志和意愿。在神的专制君主的发展阶段，神的特殊影响被归结为神的神圣庄严的奇迹，而自然的惯常影响方式被归结为"化装过的、遮掩着的神的影响"；神是唯一实在、唯一能活动和发生影响的实体，自然界的本质和力量就被否认了。当然，"宗教奇迹是以人的某种愿望、某种需要为前提"，是借以证明"行奇迹者是个万能的、超自然的、神性的实体"的证据。③ 在君主立宪的方式中，自然的直接影响得到承认，神的影响被归结为遵守自然法则基础上的间接的影响、第一原因，事物是神借以活动的手段。当神的影响归结为自然的影响时，神在内容上就与自然界没有分别，神的独立性和权威就消融在自然界之中。④ 不过，在君主立宪的方式中，基督教的学说"也就变成最愚蠢的矛盾、不彻底和诡辩的交织物了，就变成信仰和不信、有神论和无神论的不可容忍的和无可辨认的混合品了"。⑤ 特别是，基督徒大量的发明创造和改造自然的活动，都可以看作是违背神意的行为。这样，宗教就从人的自然需求出发，走到了违反人性的地步。

为了坚持宗教传统的神圣性，宗教就要反对任何文化进步和创新，"成为真正文化的敌人，成为进步的障碍"。"宗教欺骗人，或宁可说人在宗教中自己欺骗自己，因为宗教以现实的假象来偷换现实本身：宗教把影像做成一个活的实体，但这实体只在想像中是活的，事实上影像还是影像。"⑥ 由于害怕面对现实问题，宗教就是建立在"言语"和"言语

---

① 《费尔巴哈哲学著作选集》下卷，荣震华等译，北京：商务印书馆1984年版，第638、639页。
② 《费尔巴哈哲学著作选集》下卷，荣震华等译，北京：商务印书馆1984年版，第646页。
③ 《费尔巴哈哲学著作选集》下卷，荣震华等译，北京：商务印书馆1984年版，第739页。
④ 《费尔巴哈哲学著作选集》下卷，荣震华等译，北京：商务印书馆1984年版，第651页。
⑤ 《费尔巴哈哲学著作选集》下卷，荣震华等译，北京：商务印书馆1984年版，第671页。
⑥ 《费尔巴哈哲学著作选集》下卷，荣震华等译，北京：商务印书馆1984年版，第686页。

的权力"上面,"基督教的神乃是一个纯粹言语上和思想上的东西",基督教的本质"正是言语的本质了"。① 一旦获得了独立的力量,宗教就成为了一种压制人的工具。在外在的剥削和压力下,人的生命就失去了其自身的价值,便会出现轻视生命甚至自杀、自我焚烧的状况。因此,消除宗教异化现象的途径就在于恢复被宗教抽象掉的东西。费尔巴哈提倡,我们应该用一种新的理想,即"灵魂上幸福、精神上完美"和"肉体上完美、肉体上幸福和健康"的理想,去取代宗教那"阉割了的、失去肉体的、抽象的东西"的理想。② 在宗教批判的基础上将上帝之爱转化为对人的爱、自爱。"爱的宗教是怎样的一种心理,怎样的一种宗教呢?是这样的一种:它可以使人在爱中找到自己感情的满足,解开自己生命的谜,达到自己生命的终极目的,从而,在爱中获得那些基督徒在爱之外的信仰中所寻求的东西。"③ 由于宗教信仰和迷信是建立在无知和恐惧上面,因此,"要教育人,要使文化普及于一切社会阶层"就能提高人的理性能力,增加科学知识,减少对宗教的依赖。费尔巴哈坚信,除超出人类本性的愿望外,宗教领域里大部分幻想的愿望和建立在人类本性基础上的愿望都会在人类社会的不断进步中实现。因此,人类完全可以依靠自己的进步来废除宗教信仰和改善自己的生活,从信仰更美好的生活转变为在行动中获取更美好的生活,改变社会的不公平和悲惨状况。"但是为了要求这个并实现这个,我们就必须拿对人的爱当作唯一的真正的宗教,来代替对神的爱,必须拿人对自己的信仰、对自己力量的信仰,来代替对神的信仰,必须相信人类命运不是依赖于人类以外或以上的什么东西,而是依赖于人类自己,相信人的唯一的魔鬼就是人,就是野蛮、迷信、自私和凶恶的人,人的唯一的神也就是人自己。"④

费尔巴哈的主要贡献是在宗教批判的基础上提供了宗教起源的一种心理学解释。在费尔巴哈看来,宗教是人类需要的反映,是人类精神之梦。人的有限存在和对外界的恐惧和依赖感就产生了神圣存在的幻想需要。这种神圣存在本质上是人类自身,但却被错误地投射、设想和命名为上帝。不是上帝创造了人,而是人创造了上帝;不是按照上帝形象创

---

① 《费尔巴哈哲学著作选集》下卷,荣震华等译,北京:商务印书馆1984年版,第688—689页。
② 《费尔巴哈哲学著作选集》下卷,荣震华等译,北京:商务印书馆1984年版,第758页。
③ 《费尔巴哈哲学著作选集》上卷,荣震华等译,北京:商务印书馆1984年版,第242—243页。
④ 《费尔巴哈哲学著作选集》下卷,荣震华等译,北京:商务印书馆1984年版,第786页。

造了人，而是按照人的形象创造了上帝。当人们关注宗教提供的各种需求时，人的正常需求就会被压抑和剥夺，形成宗教异化。费尔巴哈在《宗教本质讲演录》中说："通过向人允诺永恒的生命，基督教剥夺了人类当下的生命，通过教导人要信赖上帝的帮助，基督教取消了人对自身能力的信赖。"① 他的宗教批判的目的，就是为了人本身，就是为了使人从宗教的精神束缚下解放出来，以便积极地从事艺术、道德和政治活动。毫无疑问，相比于施特劳斯和鲍威尔将基督教看作无意识和自我意识异化的产物的观点，费尔巴哈从宗教人类学角度准确地描述了宗教的心理起源在于人们的利益需求，也在一定程度上解释了历史上不同地区和社会的自然崇拜、动物崇拜和宗教崇拜的不同对象。根据动物崇拜和自然崇拜，特别是费尔巴哈的"人崇拜动物其实是崇拜自己"的观点，人类学家就可以发现早期先民的生活环境和历史发展阶段。但是，费尔巴哈没有研究人的欲望与能力之间的差距不断增大的历史根源，没有研究推动各种宗教形态发展的力量源泉，也没有研究大众的宗教苦难与少数人的宗教权威之间对立的社会经济根源和感官幸福的追求在私有制下会出现劳动异化和剥削的问题。同时，费尔巴哈把爱、意志、理性和意识当作人的本质的做法，在马克思看来，不过是用一种抽象范畴取代另一种抽象范畴，而没有看到人的能力和认识的多样性和差别性才是造成主观的幻想向宗教幻想转移的关键。

（四）费尔巴哈的人本学

费尔巴哈把他的理论称为"人本学"或者"人类学的人本主义"。"新哲学建立在爱的真理上，感觉的真理上。在爱中，在一般感觉中——人人都承认新哲学的真理。新哲学的基础，本身就不是别的东西，只是提高了的感觉实体——新哲学只是在理性中和用理性来肯定每一个人——现实的人——在心中承认的东西。新哲学是转变为理智的心情。"② 在费尔巴哈看来，新旧哲学的区别在于爱、感觉与思想、思维、精神的区别。"爱便是希望别人幸福，使别人幸福，从而也就是承认别人的利己主义是合法的东西。"③ 对于费尔巴哈的新哲学而言，"爱是存在的标准——真

---

① ［美］史蒂夫·威尔肯斯、阿兰·G. 帕杰特：《基督教与西方思想》卷二，刘平译，北京：北京大学出版社2005年版，第100—101页。
② 《费尔巴哈哲学著作选集》上卷，荣震华等译，北京：商务印书馆1984年版，第168页。
③ 《费尔巴哈哲学著作选集》上卷，荣震华等译，北京：商务印书馆1984年版，第249页。

理和现实的标准","一个人爱得愈多,则愈是存在;愈是存在,则爱得愈多"。① 这样,旧哲学中思维与存在的同一就被费尔巴哈替换成为爱与存在的同一或者感觉与存在的同一。因此,新哲学"是在与感觉和睦、协调的状态中进行思想的","是愉快地,自觉地承认感性的真理性的"。②

在费尔巴哈看来,感觉的对象不仅包括外在的事物,也包括人的视觉、触觉、味觉、思想和精神在内的人本身。思维与存在的统一,就不再是将存在作为思维特性的统一,而是"以对象,以思想的内容为依据的"统一,是"将人理解为这个统一的基础和主体"的统一。③ 通过将现实的、具体的人代替理性作为哲学的对象,费尔巴哈就将哲学建立在人性而非理性的基础之上,从而不仅"将神学溶化于理性之中,而且将它溶化于心情之中,简言之,溶化于完整的,现实的,人的本质之中"。④ 这样,费尔巴哈就将旧哲学的神本学或者理性主义转化为新哲学的人本学。"因此,如果旧哲学说:只有理性的东西才是真实的和实在的东西,那么新哲学则说:只有人性的东西才是真实的实在的东西。"⑤ 与黑格尔哲学的思维需要凭借中介进行间接认识不同,费尔巴哈的感觉只需要在直观中对感性事物进行认识。通过将人本身和外在事物都当作感觉的对象,费尔巴哈试图将经验论的观念起源于感觉和唯心主义"在人里面寻找观念的起源"的观点进行综合,避免经验论"忘了意识和理智的光辉只在人注视人的视线中才呈现出来"和唯心主义从"灵魂的人中引导出观念的起源"的错误性。

费尔巴哈的人本学的创新之处在于,通过将人包含在认识的对象之中,确立了观念的起源在于主体间性,而不是孤立的主体对客体的认识。"观念只是通过传达,通过人与人的谈话而产生的。人们获得概念和一般理性并不是单独做到的,而只是靠你我相互做到的。……人与人的交往,乃是真理性和普遍性最基本的原则和标准。"⑥ 而且,费尔巴哈还通过真理的主体间性和"真理只是人的生活和本质的总体"的观点确立了人的

---

① 《费尔巴哈哲学著作选集》上卷,荣震华等译,北京:商务印书馆1984年版,第169页。
② 《费尔巴哈哲学著作选集》上卷,荣震华等译,北京:商务印书馆1984年版,第169页。
③ 《费尔巴哈哲学著作选集》上卷,荣震华等译,北京:商务印书馆1984年版,第181页。
④ 《费尔巴哈哲学著作选集》上卷,荣震华等译,北京:商务印书馆1984年版,第182页。
⑤ 《费尔巴哈哲学著作选集》上卷,荣震华等译,北京:商务印书馆1984年版,第181页。
⑥ 《费尔巴哈哲学著作选集》上卷,荣震华等译,北京:商务印书馆1984年版,第173页。

本质在"人与人的统一之中"。强调"与人共存的人",强调人的本质在"团体之中",这是一个新的出发点。费尔巴哈不仅将人与人的交往确立为社会性认识的一个必要条件,而且对感性事物的认识只能建立在感性直观的思维的基础上。这种结合直观和思维的认识,就是从具体到抽象的认识,即直观"将逻辑形而上学的范畴始终具体地从对象本身中取出来",而思维则"从对象的范畴转化为独立的范畴,转化为概念的自我范畴"。①

总之,费尔巴哈在系统地批判黑格尔哲学的基础上,提出了上帝是人的类本质异化的宗教理论,创立了人本主义的唯物主义。马克思在《1844 年经济学哲学手稿》的"对黑格尔的辩证法和整个哲学的批判"部分准确地概括了费尔巴哈的这些哲学成就,并认识到黑格尔的辩证法"只是为历史的运动找到抽象的、逻辑的、思辨的表达,这种历史还不是作为一个当作前提的主体的人的现实的历史,而只是人的产生的活动、人的形成的历史"。② 尽管人本主义唯物主义为共产主义运动奠定了初步的理论基础,但是,由于过度强调感性直观和感觉活动的作用,费尔巴哈在抛弃黑格尔的辩证法的同时,如马克思在《关于费尔巴哈的提纲》中所说,忽视了人的能动性。同样重要的是,费尔巴哈依然坚持抽象的人性论,没有将其理论奠定在现实的、具体的、历史的人的基础上。最终,如马克思在《德意志意识形态》中所说,费尔巴哈走向了唯心史观。

### 三、黑格尔学派对马克思的总体影响

马克思成长于黑格尔学派与其反对派激烈斗争的年代。在黑格尔学派内部,马克思受教育于黑格尔右派加布勒、黑格尔中派甘斯和青年黑格尔派布鲁诺·鲍威尔,并参加了鲍威尔主持的博士俱乐部。黑格尔学派及其反对派的争论,为马克思早期思想的形成提供了一个竞争性的环境和交往的舞台。甘斯与萨维尼的论战,加布勒与特兰德伦堡的论战,鲍威尔与施特劳斯、费尔巴哈等人的论战,黑格尔学派与保守主义者之间的论战,都加深或丰富了马克思对宗教、法律、政治和黑格尔哲学的理解,强化了马克思早期的自由主义立场。

---

① 《费尔巴哈哲学著作选集》上卷,荣震华等译,北京:商务印书馆 1984 年版,第 180 页。
② 《马克思恩格斯全集》第 3 卷,北京:人民出版社 2002 年版,第 316 页。

在1837年3月参加博士俱乐部之后，马克思不仅结交了甘斯教授、鲁滕堡博士和鲍威尔讲师、法学家和政治著作家亨利希·伯恩哈德·奥本海姆博士，而且还强化了对现代世界哲学特别是黑格尔哲学的兴趣，以至于从头到尾阅读了黑格尔及其弟子的著作。这些阅读与交流不仅增强了马克思对黑格尔哲学的理解，而且为马克思后来认识和批判黑格尔哲学的缺陷，以及摆脱黑格尔哲学的束缚提供了条件。麦克斯·格林在回忆录中写道："不言而喻，我们的朋友们思想也非常自由，尤其是伯尔〔鲍威尔〕兄弟，他们同海涅、白尔尼和自由主义反对派的领导人很熟悉，过往甚密。"① 这意味着，马克思通过博士俱乐部成员的广泛社会关系，可能很早就对"青年德意志"作家特别是海涅有很深入的了解，从而为马克思辩证地对待文学浪漫主义铺平了道路。而且，马克思通过与鲍威尔兄弟的密切交往，结识了青年黑格尔派的其他成员。卢格与艾希特迈耶尔在1838年创办了《哈雷年鉴》，并汇聚了施特劳斯、费尔巴哈、鲍威尔、德罗伊森、拉赫曼、格林兄弟等著名撰稿人。马克思不仅与费尔巴哈和卢格有大量的书信往来，而且在反对封建复辟和宗教专制方面具有高度的一致性。同时，马克思可能通过亨利希·伯恩哈德·奥本海姆的交往，结识了《莱茵报》的两个主要股东达·奥本海姆和亚伯拉罕·奥本海姆，从而为马克思早期的政治活动提供了批判和斗争的舞台，也为马克思通过编辑和记者的调查活动深入认识社会的贫困问题和物质利益的重要性提供了大量的机会。

因此，马克思积极参加黑格尔学派的内外争论及其交往不仅影响了马克思的政治立场和批判态度，而且影响了马克思对社会问题的选择、语言表达方式的使用和理论问题的关注。尤其是，马克思的思想发展是与他对黑格尔及青年黑格尔派的思想持续较量和斗争分不开的。鲍威尔在英雄史观、犹太人问题和法国革命问题的阐述和研究，以及卢格在普鲁士的社会改革问题上的阐述，都引起了马克思的强有力回应。马克思借此阐述了改革与革命、政治解放与人类解放、宗教的世俗物质基础、革命的本质问题以及群众史观等方面的理论。

尽管马克思与卢格在早期的交往中都秉持自由主义的价值观，反对宗教对国家的干预，但是，随着马克思的思想的急剧发展，改良与革命

---

① 〔德〕曼弗雷德·克利姆：《马克思文献传记》，李成毅等译，郑州：河南人民出版社1992年版，第63页。

就成了卢格与马克思分歧的根源所在。在《评一个普鲁士人的〈普鲁士国王和社会改革〉一文》中，马克思对卢格的政治改良主义路线进行了批判，提出了社会革命或无产阶级革命的思想。在《普鲁士国王和社会改革》一文中，卢格将西里西亚的纺织工人起义归因于"局部的贫困"，提出在行政措施和慈善措施之外利用宗教情感作为解决贫困和工人起义的主要手段。马克思不仅从英法的历史证明行政改良措施和慈善救济措施无助于解决贫困，而且指出，卢格根本没有认识到国家和私有制本身才是社会贫困的根源。在私有制社会中，人的劳动发生了异化而使人脱离了社会共同体。"工人自己的劳动使工人离开的那个共同体是生活本身，是物质生活和精神生活、人的道德、人的活动、人的享受、人的本质。人的本质是人的真正的共同体。"① 针对卢格说德国工人运动的落后性和穷人的视野狭隘性，马克思赞扬西里西亚纺织工人在"反对私有制社会"中表现出来的"理论性和自觉性"。因为这次起义是"对无产阶级本质的意识"，是回到社会共同体的而不是政治共同体的尝试，因而"包含着普遍的精神"。由于政治改良无助于消除私有制的异化现象，因此，革命就成为一种必然选择的手段。"一般的革命——推翻现政权和废除旧关系——是政治行动。但是，社会主义不通过革命是不可能实现的。社会主义需要这种政治行动，因为它需要破坏和废除旧的东西。"② 当然，无产阶级在社会革命中不是去追求回到政治共同体的政治权利，而是从根本上消灭国家本身。"国家不消灭自身，就不能消灭存在于行政管理机构的任务及其善良意愿为一方与行政管理的手段和能力为另一方之间的矛盾，因为国家本身是建筑在这个矛盾之上的。国家是建筑在社会生活和私人生活之间的矛盾上，建筑在普遍利益和私人利益之间的矛盾上的。"③ 这样，通过与卢格的论战，马克思划清了社会革命和政治革命之间的界限。因此，青年黑格尔派对马克思思想发展的主要作用在于提供了一个思想竞争的场所和提出了时代需要回答的问题，让马克思的思想得到更清晰的阐述，也让马克思更好地理解唯心主义以及唯心史观产生的历史背景，间接地帮助马克思提高了对唯心主义思想的鉴别能力和分析批判能力。

---

① 《马克思恩格斯全集》第1卷，北京：人民出版社2002年版，第394页。
② 《马克思恩格斯全集》第1卷，北京：人民出版社2002年版，第395页。
③ 《马克思恩格斯全集》第1卷，北京：人民出版社2002年版，第386页。

在《德意志意识形态》中，马克思对青年黑格尔派的思想进行了全面的批判。在马克思看来，包括施特劳斯、鲍威尔、费尔巴哈、施蒂纳在内的青年黑格尔派都是从黑格尔体系出发，将政治的、道德的、法律的、宗教的、形而上学等所有的一切观念都归结为宗教观念或神学观念，并认为观念统治着世界。他们宗教批判的特点是，将观念当作某种独立的东西而展开观念或语词之间的斗争，不与社会现实、物质环境联系起来进行批判。脱离了现实，青年黑格尔派的宗教批判就是培根所说和洛克详细分析的语词假象。"他们只是用词句来反对这些词句，既然他们仅仅反对现存世界的词句，那末他们就绝不是反对现实的、现存的世界。这种哲学批判所能达到的唯一结果，就是从宗教史上对基督教作一些说明，但就连这些说明也是片面的。"① 最终，青年黑格尔派利用哲学词句"毫无意义和毫无内容的抽象"，"就能够变各式各样的戏法"，而对现实一无所知。由于脱离了现实，他们的解决方案就是不顾现实地要求人们"用人的、批判的或利己的意识"代替现有的意识，从而具有空想主义的色彩。在面对现实时，他们就会沦为"最大的保守分子"。鲍威尔、施特劳斯等人就是如此。

**四、费尔巴哈对马克思的影响**

费尔巴哈对马克思的影响是一个具有高度争议的问题。这一部分在论述马克思与费尔巴哈之间的关系演变的基础上，分析了马克思的人物评价的历史辩证性以及马克思与费尔巴哈在思想方面的异同，进而在历史事实的基础上阐述费尔巴哈对马克思影响的具体体现。

（一）青年马克思与费尔巴哈的关系

青年马克思与费尔巴哈的关系，在学术界存在等同论、无关论和环节论三种观点。② 普列汉诺夫、拉布里奥拉、阿尔都塞、亨·德曼、布雷克曼等等同论者认为，青年马克思的哲学思想是费尔巴哈的人本主义哲学，《黑格尔法哲学批判》和《1844年经济学哲学手稿》都充满了费尔巴哈式的思想和语言。阿尔都塞认为，马克思在《黑格尔法哲学批判》等著作中"对黑格尔进行的这一批判，就其理论原则而言，无非是

---

① 《马克思恩格斯全集》第3卷，北京：人民出版社1960年版，第22—23页。
② 张云阁：《马克思思维方式论：马克思哲学与费尔巴哈哲学关系研究》，武汉：武汉大学出版社2007年版，第8页。

费尔巴哈对黑格尔多次进行的杰出批判的重复、说明、发挥和引申"。①在自传中，阿尔都塞甚至认为马克思青年时期的著作"从头到尾都是费尔巴哈的"。②普列汉诺夫将马克思完全费尔巴哈化："马克思的认识论是直接从费尔巴哈认识论发生出来的，或者要是你愿意的话，也可以说马克思的认识论实际就是费尔巴哈的认识论，只不过马克思因为做了天才的修正而更加深刻罢了。"③布雷克曼认为，马克思仅仅是一个比较成熟的费尔巴哈主义者，马克思的政治社会批判思想都蕴藏在费尔巴哈的宗教著作中，《黑格尔法哲学批判》是对费尔巴哈的"转译"。④

恩格斯、列宁、梅林等中间环节论者认为，费尔巴哈是马克思从黑格尔的唯心主义走向唯物主义的中间环节。恩格斯在1888年的《路德维希·费尔巴哈和德国古典哲学的终结》序言中写道，不仅费尔巴哈"在好些方面是黑格尔哲学和我们的观点之间的中间环节"，而且"在我们的狂飙时期，费尔巴哈给我们的影响比黑格尔以后任何其他哲学家都大"。⑤列宁在《唯物主义和经验批判主义》中说："费尔巴哈是一个唯物主义者，并且大家也知道，马克思、恩格斯是通过他而从黑格尔的唯心主义进到自己的唯物主义哲学的。"⑥孙伯鍨（2010）也说，"费尔巴哈哲学是从黑格尔哲学到马克思主义哲学的前进运动的中间环节"。⑦中间环节论者之间的争论主要围绕费尔巴哈的哪些著作或方法影响了马克思。恩格斯、巴加图利亚等都强调《基督教的本质》的巨大影响，梅林的《马克思传》则强调《关于哲学改造的临时纲要》的影响。潘能伯格认为，马克思接受了费尔巴哈关于宗教批判、人的类所特有的无限性的思想，但反对费尔巴哈的利己主义思想。⑧其他一些学者强调马克思借鉴了费尔巴哈的主谓颠倒方法、心理发生学批判或者类本质的概念所发

---

① ［法］路易·阿尔都塞：《保卫马克思》，顾良译，北京：商务印书馆2016年版，第17页。
② ［法］路易·阿尔都塞：《来日方长：阿尔都塞自传》，蔡鸿滨译，上海：上海人民出版社2012年版，第222页。
③ 《普列汉诺夫哲学著作选集》第三卷，北京：三联书店1959年版，第146—147页。
④ ［美］沃伦·布雷克曼：《废黜自我：马克思、青年黑格尔派及激进社会理论的起源》，李佃来译，北京：北京师范大学出版社2013年版，第312页。
⑤ 《马克思恩格斯选集》第4卷，北京：人民出版社1995年版，第211—212页。
⑥ 《列宁选集》第2卷，北京：人民出版社1960年版，第80页。
⑦ 孙伯鍨：《探索者道路的探索》，南京：江苏人民出版社2010年版，第40页。
⑧ ［德］潘能伯格：《神学与哲学》，李秋零译，北京：商务印书馆2014年版，第358页。

生的思想转变。戴维·利奥波德（Leopold，2007）认为马克思利用费尔巴哈的类存在的概念来克服异化，从而为马克思的共产主义思想奠定了基础。许俊达（2000）认为，马克思的《黑格尔法哲学批判》是在费尔巴哈的《关于哲学改造的临时纲要》的思想启发下写成的，广泛应用了费尔巴哈的主谓颠倒法。① 黄学胜（2013）认为，"在费尔巴哈的推动下，马克思才获得了批判黑格尔法哲学的基本的方法论基础"。② 吴晓明则进一步说："在某种特定的意义上甚至可以说，要是没有费尔巴哈，马克思对黑格尔法哲学的批判就是不可能的，从而对鲍威尔的具有哲学原则高度的清算也是不可能的。"③ 科莱蒂（1973）甚至提出，"康德是通过费尔巴哈的中介影响了马克思"。④ 但是，赖金良（1986）认为，"中间环节论"过高地估计了费尔巴哈哲学对青年马克思的影响。俞吾金（2012）则认为，马克思与费尔巴哈之间存在重大的思想差异，在马克思的思想中不存在一个独立的费尔巴哈阶段。⑤

拉宾、罗森等无关论者认为，青年马克思的思想发展与费尔巴哈无关。马克思主要是通过政治斗争实践和批判黑格尔走向唯物主义道路的。罗森说："费尔巴哈对马克思的影响只表现在这样一个问题上，即改变了马克思对黑格尔的态度，使其由肯定变为批判，有时甚至是否定的。但就是在这一点上，费尔巴哈的影响也是有限的。"⑥ 在罗森看来，费尔巴哈借助于《基督教的本质》"在对黑格尔体系的批判以及强调该体系的消极方面"对马克思施加了极其有限的影响。⑦

（二）马克思与费尔巴哈之间关系的演变

马克思与费尔巴哈的关系经历了一个从了解、赞扬、承认到批判的过程。马克思在大学时代就对费尔巴哈有所了解。布鲁诺·鲍威尔在

---

① 许俊达：《超越人本主义：青年马克思与人本主义哲学》，北京：中国人民大学出版社2000年版，第119页。
② 黄学胜：《青年马克思与启蒙》，上海：复旦大学出版社2013年版，第79页。
③ 吴晓明：《形而上学的没落》，北京：人民出版社2006年版，第435页。
④ Lucio Colletti, *Marxism and Hegel*, Lawrence Carner trans, London: New Left Books, 1973, p. 113.
⑤ 俞吾金：《被遮蔽的马克思》，北京：人民出版社2012年版，第22页。
⑥ ［波］兹维·罗森：《布鲁诺·鲍威尔和卡尔·马克思：鲍威尔对马克思思想的影响》，王谨等译，中国人民大学出版社1984年版，第266页。
⑦ ［波］兹维·罗森：《布鲁诺·鲍威尔和卡尔·马克思：鲍威尔对马克思思想的影响》，王谨等译，中国人民大学出版社1984年版，第256页。

1839 年 12 月 11 日致马克思的信中谈到"怀着十分欣喜的心情读了费尔巴哈的著作"即《论哲学和基督教》的事情。① 在博士论文中，马克思引述了费尔巴哈的哲学史第一卷关于伊壁鸠鲁的论述，并关注费尔巴哈对黑格尔哲学的批判。匈牙利学者阿提拉甚至认为，马克思在博士论文中对德谟克利特的唯物主义在自然范畴内的有效性而在社会历史范围内的局限性的批判分析，是针对费尔巴哈只谈自然存在而非社会存在而言的。② 在《基督教的本质》出版后，从当时的教会纠纷和宗教斗争问题出发，马克思高度赞扬费尔巴哈对基督教的批判。但是，费尔巴哈从自然角度谈论的宗教观与马克思从政治角度特别是物质生产角度谈论的宗教观的差别逐渐显现出来。在广泛阅读伊壁鸠鲁、卢克莱修、斯宾诺莎、休谟、康德等人对宗教的批判之后，思想日趋成熟的马克思甚至有了批判费尔巴哈的《基督教的本质》的想法。在 1841 年 4 月 12 日的信中，鲍威尔从联合费尔巴哈创办《无神论文库》的哲学神学杂志的角度劝告马克思："如果你现在斥责费尔巴哈，那人从哪儿来呢？"③ 在 1841 年 9 月 2 日的一封信中，负责主持《莱茵总汇报》和见多识广的莫泽斯·赫斯称赞马克思是"一位最伟大的哲学家，也许是当今活着的唯一真正的哲学家。……他无论按其思想倾向来说还是按其哲学素养来说，都不仅超过了施特劳斯，而且超过了费尔巴哈，而后面这一点是很说明问题的"。④ 在 1842 年 3 月 20 日致阿诺德·卢格的心中，马克思谈到自己写了一篇《论宗教和艺术，特别是基督教的艺术》的论文："在这篇论文里，我不免要谈论宗教的一般本质；我同费尔巴哈在这个问题上有些冲突，这个冲突不涉及原则，而是涉及对它的理解。"⑤ 在 1842 年 9 月的《哲学轶文集》中，阿诺德·卢格发表了马克思的《评普鲁士的书报检查令》和费尔巴哈的《关于哲学改革的临时纲要》等被普鲁士的书报检查官认为是存在"有害的倾向"而无法获得正常发表的文章。反对普鲁

---

① 史清竹主编：《马克思主义研究资料》第 26 卷，北京：中央编译出版社 2015 年版，第 289 页。
② 沈真编：《马克思恩格斯早期哲学思想研究》，北京：中国社会科学出版社 1982 年版，第 15 页。
③ 史清竹主编：《马克思主义研究资料》第 26 卷，北京：中央编译出版社 2015 年版，第 318 页。
④ 史清竹主编：《马克思主义研究资料》第 27 卷，北京：中央编译出版社 2015 年版，第 302 页。
⑤ 《马克思恩格斯全集》第 47 卷，北京：人民出版社 2004 年版，第 27 页。

士政府专制的斗争,是将马克思和费尔巴哈等人联合起来的最重要力量。因此,从斗争的策略上讲,马克思公开强调费尔巴哈批判宗教的理论的积极一面,很少谈论其缺陷。针对费尔巴哈的《关于哲学改革的临时纲要》,马克思说:"费尔巴哈的警句只有一点不能使我满意,这就是:他强调自然过多而强调政治太少。"① 基于对宗教的深刻认识,马克思在1843年就宣布宗教批判已经结束,真正的问题是尘世的问题。

出于政治斗争的需要,马克思在1843年10月3日致信费尔巴哈,希望他能够写一篇批判弗里德里希·谢林的启示宗教的文章,因为"我认为您是自然和历史的陛下所召来的、谢林的必然的和天然的对手"。② 在1844年5月底到8月初写的《1844年经济学哲学手稿》中,马克思在"对黑格尔的辩证法和整个哲学的批判"一节中认为,费尔巴哈在《未来哲学原理》和《关于哲学改革的临时纲要》中是"惟一对黑格尔辩证法采取严肃的、批判的态度的人"。③ 即便如此,马克思在手稿中已经隐含地对费尔巴哈展开了批判:一是通过政治经济学的批判研究了现实的物质前提;二是明确肯定了黑格尔的辩证法正确阐述了精神活动的辩证运动过程;三是提出了劳动异化或私有财产的辩证运动是宗教异化的基础的观点。④ 在1844年8月11日致费尔巴哈的信中,马克思准备对布鲁诺·鲍威尔的《文学报》的各种错误观点展开批判,希望得到费尔巴哈的支持,因为"对我来说,最宝贵的是您能事先把您的意见告诉我"。⑤ 为了对费尔巴哈表示"崇高敬意和爱戴",马克思高度评价费尔巴哈最新出版的著作:"您的《未来哲学》和《信仰的本质》尽管篇幅不大,但它们的意义,却无论如何要超过目前德国的全部著作。在这两部著作中,您(我不知道是否有意地)给社会主义提供了哲学基础,而共产主义者也就立刻这样理解了您的著作。建立在人们的现实差别基础上的人与人的统一,从抽象的天上降到现实的地上的人类这一概念。如果不是社会这一概念,那是什么呢?"⑥ 当然,不仅是费尔巴哈的唯物主

---

① 《马克思恩格斯全集》第47卷,北京:人民出版社2004年版,第53页。
② 《马克思恩格斯全集》第47卷,北京:人民出版社2004年版,第69页。
③ 《马克思恩格斯全集》第3卷,北京:人民出版社2002年版,第314页。
④ 余品华:《略论费尔巴哈对青年马克思和恩格斯的不同影响》,载《江西社会科学》,1988年第1期,第97页。
⑤ 《马克思恩格斯全集》第47卷,北京:人民出版社2004年版,第76页。
⑥ 《马克思恩格斯全集》第47卷,北京:人民出版社2004年版,第73—74页。

义,而且是所有的唯物主义,都与共产主义和社会主义存在"必然的联系"。马克思解释道:"既然人是从感性世界和感性世界中的经验中汲取自己的一切知识、感觉等等,那就必须这样安排周围的世界,使人在其中能认识和领会真正合乎人性的东西,使他能认识到自己是人。既然正确理解的利益是整个道德的基础,那就必须使个别人的私人利益符合全人类的利益。……既然人的性格是由环境造成的,那就必须使环境成为合乎人性的环境。既然人天生是社会的生物,那他就只有在社会中才能发展自己的真正的天性,而对于他的天性的力量的判断,也不应当以单个个人的力量为准绳,而应当以整个社会的力量为准绳。"① 在《神圣家族》中,马克思为了与鲍威尔论战的需要,继续高度评价费尔巴哈的思想成就。在马克思看来,费尔巴哈借助"在理论方面体现了和人道主义相吻合的唯物主义",揭露了黑格尔体系的秘密,摧毁了黑格尔的辩证法,用人本身代替了"无限的自我意识",提出了"人是全部人类活动和全部人类关系的本质、基础"的观点,认识到"历史不过是追求着自己目的的人的活动而已",得出了创造历史的"正是人,现实的、活生生的人"的结论。② 显然,马克思将自己的思想当作费尔巴哈著作引申出来的结论,过高地评价了费尔巴哈的思想成就。③

在《关于费尔巴哈的提纲》和《德意志意识形态》中,马克思全面地总结费尔巴哈的思想及其缺陷。"费尔巴哈在关于人与人之间的关系问题上的全部推论无非是要证明:人们是互相需要的,并且过去一直是互相需要的。他希望加强对这一事实的理解,也就是说,和其他的理论家一样,只是希望达到对现存事实的正确理解,然而一个真正的共产主义者的任务却在于推翻这种现存的东西。"④ 在马克思看来,费尔巴哈不仅没有"实际地反对和改变事物的现状",而且对事物的理解也是片面的。"费尔巴哈对感性世界的'理解'一方面仅仅局限于对这一世界的单纯的直观,另一方面仅仅局限于单纯的感觉:费尔巴哈谈到的是'人自身',而不是'现实的历史的人'。"⑤ 费尔巴哈的感觉和直观因而是非历

---

① 《马克思恩格斯全集》第 2 卷,北京:人民出版社 1957 年版,第 166—167 页。
② 《马克思恩格斯全集》第 2 卷,北京:人民出版社 1957 年版,第 118—119 页。
③ 沈真编:《马克思恩格斯早期哲学思想研究》,北京:中国社会科学出版社 1982 年版,第 22 页。
④ 《马克思恩格斯全集》第 3 卷,北京:人民出版社 1960 年版,第 47 页。
⑤ 《马克思恩格斯全集》第 3 卷,北京:人民出版社 1960 年版,第 48 页。

史性的。"他没有看到,他周围的感性世界决不是某种开天辟地以来就已存在的、始终如一的东西,而是工业和社会状况的产物,是历史的产物,是世世代代活动的结果,其中每一代在前一代所达到的基础上继续发展前一代的工业和交往方式,并随着需要的改变而改变它的社会制度。"① 这意味着,费尔巴哈完全忽视了社会生产力的历史发展和社会交往形式的中介,依然沉迷于单个人与自然的直接感觉和直观。"他把人只看作是'感性的对象',而不是'感性的活动',因为他在这里也仍然停留在理论的领域内,而没有从人们的现有的社会联系,从那些使人们成为现在这种样子的周围生活条件来观察人们;因此毋庸讳言,费尔巴哈从来没有看到真实存在着的、活动的人,而是停留在抽象的'人'上,并且仅仅限于在感情范围内承认'现实的、单独的、肉体的人',也就是说,除了爱与友情,而且是理想化了的爱与友情以外,他不知道'人与人之间'还有什么其他的'人的关系'。"② 由于费尔巴哈没有看到和批判现存的生活关系是历史的产物,因此"在他那里,唯物主义和历史是彼此完全脱离的",从而陷入了唯心史观的巢穴。③

(三)马克思评判的辩证性

马克思对一个人的评价可以分为两种:一是策略性、朋友性质或礼节性的评价;二是在思想成熟的基础上展开的真实的持久影响的评价。前者是具体的、历史的、环境依赖的。为了论战和联盟的需要,马克思往往对支持自己论点或立场的理论家持赞扬态度,对反对自己论点或立场的理论家持批评的态度。④ 在《关于伊壁鸠鲁哲学的笔记》中,马克思赞扬对宗教进行批判的伊壁鸠鲁是自我意识哲学家,而对普卢塔克采取批判的态度。当马克思对功利主义进行批判时,伊壁鸠鲁的追求精神自由而忽视社会实践的做法就遭到批判。在《莱茵报》时期,马克思对历史法学派的保守性进行了批判而对黑格尔、费希特、康德进行了赞扬,也对费尔巴哈、施特劳斯和鲍威尔的宗教批判进行赞扬。随着理性国家观被否定,马克思就对德国古典哲学家和青年黑格尔派进行了批判。在

---

① 《马克思恩格斯全集》第3卷,北京:人民出版社1960年版,第48—49页。
② 《马克思恩格斯全集》第3卷,北京:人民出版社1960年版,第50页。
③ 《马克思恩格斯全集》第3卷,北京:人民出版社1960年版,第51页。
④ 余品华:《略论费尔巴哈对青年马克思和恩格斯的不同影响》,载《江西社会科学》,1988年第1期,第95页。

《1844年经济学哲学手稿》中,马克思赞扬费尔巴哈对黑格尔的批判,但否定了施特劳斯和鲍威尔。在对青年黑格尔派进行批判的过程中,马克思在《神圣家族》中将唯物主义者费尔巴哈与唯心主义者施特劳斯、鲍威尔和施蒂纳区别对待,但在《关于费尔巴哈的提纲》和《德意志意识形态》中按照唯物史观对费尔巴哈展开了批判。马克思对空想社会主义者的赞扬与批判也如此进行。在《评一个普鲁士人的〈普鲁士国王和社会改革〉一文》中,马克思赞扬魏特林的《和谐与自由的保证》在"理论方面"超过了蒲鲁东。但在与空想社会主义者进行理论斗争的过程中,马克思彻底否定了魏特林的理论成就。在《神圣家族》中,为了批判鲍威尔兄弟对政治经济学的无知,马克思则有大力赞扬蒲鲁东的《什么是财产》。但在《哲学的贫困》中,马克思对蒲鲁东的政治经济学和哲学的根本性错误进行了大力的批判。因此,离开具体的环境和比较的对象去简单地引用马克思对一个思想家的赞扬或批判,就会违背历史的辩证法。

(四)马克思与费尔巴哈的异同

马克思和费尔巴哈在宗教和哲学问题上有一定的交叉,都对黑格尔哲学和宗教采取唯物主义的批判态度,都渴望一个更加美好的世界,都希望现实世界的急剧变化,都相信只有人的行动才能改变现实的世界,都坚信现实世界的人被人为地异化了,都相信人的自我解放。[①] 但是,两人关注的重心存在巨大的差异,从现实被异化的世界向更加美好的世界转变的手段也是不同的。马克思赞同费尔巴哈关于哲学和宗教都是人的本质异化的形式的观点,但反对费尔巴哈关于人在异化中的本质是充分发展和神圣的观点。在马克思看来,人性是一个需要在历史进程中不断发展和完善的东西。[②] 对于费尔巴哈来说,宗教异化是对一个合理的现实因为知识不足而进行的虚幻的反映。只要揭露了宗教这个思想领域的异化的秘密,那么,人们就可以从宗教和迷信中解放出来,人的神圣性就可以自动恢复,现实的国家基础根本无须变动。在《黑格尔法哲学批判》中,马克思指出,存在于一个类似于宗教异化的政治异化现象。

---

[①] Miachel Gagern, "The Puzzling Pattern of the Marxist Critique of Feuerbach", *Studies in Soviety Thought*, Vol. 11, No. 3, 1971, p. 140.

[②] N. Lobkowicz, "Karl Marx's Attitude toward Religion", *The Review of Politics*, Vol. 26, No. 3, July 1964, p. 346.

但是，与思想领域的异化即宗教异化不同，政治异化是真实的、现实的异化。在将法学和神学结合在一起的刑法理论中，基督教的世界就变成了一个精神错乱的、相互迫害与摧残的非人世界。这就意味着，单纯的批判和揭露秘密并不能消除政治异化或者国家异化，而是必须采取行动和改变现实世界才能做到这一点。如果人性构成政治异化的基础，那么，现实世界的改变就必然会改变人性。在马克思看来，只有生产关系的革命性变化才能创建一个更美好的世界，宗教和哲学的消灭仅仅是人类关系变化的一个副产品。因此，人的神圣性就是一个有待完成的东西，人的自我生产是一个历史的过程。

两人不仅在实现目标的手段上存在根本的不同，而且，在批判路径和批判的客体方面也存在很大的差异。在路径方面，"在费尔巴哈那里以理论研究、主要就是宗教哲学方面的研究为途径，而在马克思那里这是为争取劳动人民的社会利益和政治利益的斗争"；在客体方面，"在费尔巴哈那里是黑格尔的宗教思辨论和一般哲学观念，在马克思那里是黑格尔的法哲学，即关于社会的思辨学说"。① 这种差异使费尔巴哈关注人的自然性或者利己主义的人。洛维特说："费尔巴哈虚构了一个人，他的实在只不过反映了市民私人人格的存在。他关于'我'和'你'的理论就像实践中市民的私人一样，回溯到单个人之间的私人关系，但却不知道，不仅表面上'纯粹人的'生活关系，而且感性确定性的最简单的对象，也都是由人生活于其中的世界普遍的社会关系和经济关系预先规定的。"② 马克思则关注历史发展中人的社会性或者社会关系的人。在《〈黑格尔法哲学批判〉导言》中，马克思说："人不是抽象的蛰居于世界之外的存在物。人就是人的世界，就是国家，社会。这个国家、这个社会产生了宗教，一种颠倒的世界意识，因为它们就是颠倒的世界。……宗教是人的本质在幻想中的实现，因为人的本质不具有真正的现实性。"③

与费尔巴哈认为人性就是人的理性、爱、情感这些固定不变的类本

---

① [苏] 尼·拉宾：《马克思的青年时代》，南京大学外文系俄罗斯语言文学教研室翻译组译，北京：三联书店1982年版，第156—157页。
② [德] 卡尔·洛维特：《从黑格尔到尼采》，李秋零译，北京：三联书店2006年版，第127页。
③ 《马克思恩格斯全集》第3卷，北京：人民出版社2002年版，第199页。

质不同，马克思认为人是社会关系特别是物质生产关系的总和。这两种不同的人性观体现了费尔巴哈的机械唯物主义与马克思的历史唯物主义立场的差异。在费尔巴哈看来，自然是原始的自然，孤立的人在自然面前只有受动性，人的活动也只有理论活动。在马克思看来，自然是劳动改造的历史自然，人在物质生产过程中既改变自然又改变自身，因而人是能动的、充满创造力的。但是，人的能动性只有在社会历史的实践活动中才能实现。在历史观方面，费尔巴哈只关注哲学史或宗教史，而马克思则关注物质生产及其演变的现实历史。因而费尔巴哈重视诠释学方法，特别是主谓颠倒法和心理发生学批判方法，并贬低黑格尔的辩证法，马克思则更加重视历史分析法特别是历史辩证法。作为个人主义者，费尔巴哈关注抽象个体之间的联合与爱来实现自我的完善，而马克思，作为一个整体主义者，则关心社会的阶级结构和阶级斗争来实现更美好的社会。因而，在理论与实践相结合、人性论、历史观、政治观等方面，马克思的思想进路与费尔巴哈的思想进路是完全不同的两种类型，完全不存在转型关系，也无法等同。

（五）费尔巴哈对马克思的影响

尽管等同论或中间环节论不成立，但是，费尔巴哈并非与马克思无关，而是在以下方面对马克思的思想发展具有重要的影响。

第一，费尔巴哈从逻辑角度批判黑格尔的方法，对马克思有所启示。尽管费尔巴哈对黑格尔哲学的逻辑批判不如特兰德伦堡那么系统化，但是，马克思一直重视费尔巴哈"巧妙地拟定了对黑格尔的思辨以及一切形而上学的批判的基本要点"，如黑格尔的辩证法忽视了事物之间的并列性和共存性、黑格尔逻辑前提与结论的相互包含和循环论证、形式与内容相分离的语言游戏、事物及其性质颠倒的主谓逻辑、语言错误使用的发生学逻辑。在《神圣家族》中，马克思在对鲍威尔等人批判时说："然而，到底是谁揭露了'体系'的秘密呢？是费尔巴哈。是谁摧毁了概念的辩证法即仅仅为哲学家们所熟悉的诸神的战争呢？是费尔巴哈。"① 黑格尔辩证法的内在缺陷让马克思不仅更加关注历史辩证法的发展与表述，而且在《黑格尔法哲学批判》等著作中区分了语法学和逻辑学意义上的主谓颠倒，以及内容与形式的颠倒，批判黑格尔在概念使用、

---

① 《马克思恩格斯全集》第 2 卷，北京：人民出版社 1957 年版，第 118 页。

命题界定和命题的关系上存在大量的自相矛盾的错误。在《神圣家族》和《德意志意识形态》中，马克思还从心理发生学批判角度揭示了黑格尔辩证法的错误根源，指出单纯的语法学意义上的主谓颠倒法不过是语言游戏。当然，马克思对黑格尔哲学能够展开有效的批判，不仅得益于费尔巴哈的批判方法，而且得益于洛克、赫尔德、费希特等人的语言学批判方法，以及历史法学派的历史起源考证方法和施特劳斯的历史比较法。

第二，费尔巴哈从人的安全生存需求角度出发分析宗教的心理根源并提出上帝是人的类本质异化的观点，对马克思的唯物史观和意识形态理论的形成有所启发。在费尔巴哈的《基督教的本质》出版以前，马克思已经对伊壁鸠鲁、卢克莱修、霍布斯、斯宾诺莎、休谟等人的宗教批判理论有了深入的阅读和理解。费尔巴哈从利己主义角度论证宗教的心理起源的观点是与伊壁鸠鲁主义一脉相承的。费尔巴哈宗教理论的新颖之处在于指出，宗教幻想是个人需求与个人能力之间的矛盾造成的。一旦马克思理解了人的本质是一切社会关系的总和，"'宗教感情'本身是社会的产物"，那么，宗教的社会根源就只能在社会需求与社会生产能力的矛盾中去寻找。在外在力量的压迫下，社会不仅会出现宗教异化，也会出现政治异化和劳动异化现象。因此，意识形态就是社会各种异化形式的利益伪装。正是从这个角度出发，马克思不仅在《〈黑格尔法哲学批判〉导言》中宣布"就德国来说，对宗教的批判基本上已经结束"，而且在《关于费尔巴哈的提纲》中列出了费尔巴哈哲学的几个本根缺陷，如不考虑人的能动性、实践活动、人的社会性和社会化的人类等。

第三，费尔巴哈的人本学唯物主义和宗教批判为马克思的政治经济学批判铺平了道路。在伊壁鸠鲁与普卢塔克的争论中，功利是虚构上帝的主要争论因素。在宗教的非人世界中，人人都是利己主义者，每时每刻都在计算着功利是非。一旦社会性的宗教出现，功利主义必然是深入其骨髓的。"正如人们在上天奖赏的观念中只是把人间的雇佣奴役理想化了一样，人们在天上的刑罚理论中也只是把尘世的刑罚理论理想化罢了。"① 因此，本质上说，宗教的奖惩制度是世俗契约理论的一个神学应用而已。这样，宗教批判就与政治经济学批判具有同构性。整个古典政治经济学的哲学基础，如马克思在《德意志意识形态》中所揭示的，就

---

① 《马克思恩格斯全集》第2卷，北京：人民出版社1957年版，第240页。

是洛克、休谟、爱尔维修、霍尔巴赫、边沁等人的功利主义或利己主义的思想。"把所有各式各样的人类的相互关系都归结为唯一的功利关系，看起来是很愚蠢的。这种看起来是形而上学的抽象之所以产生，是因为在现代资产阶级社会中，一切关系实际上仅仅服从于一种抽象的金钱盘剥关系。……政治经济学是这种功利论的真正科学。"① 尽管政治经济学家发现了现存关系和经济关系之间的联系，深入研究了经济关系内部的生产、分工和交换关系，考察了地租、利润和工资等经济关系，但是，他们并没有以此来解释和理解所有的非经济关系，也并未批判现存的经济关系，反而将功利论从一个批判的理论转变为一个替现存经济关系进行辩护的意识形态理论。费尔巴哈的宗教异化理论和人本学唯物主义正好是从利己主义角度出发论证宗教的心理根源，并希望利己主义者以爱其他利己主义者的形式在交往中实现更美好的社会。利己主义者以爱的形式进行的抽象个人之间的交往的主要表现形式就是物品的交换。由于古典政治经济学和费尔巴哈的人本学都把抽象的人当作其哲学的基础，外在强制力量既会造成剥夺生命的宗教异化现象，也会造成摧毁人的生命的劳动异化现象，因此，费尔巴哈的宗教批判就有助于启发马克思对生产和交换领域的劳动异化现象进行批判。在《1844年经济学哲学手稿》序言中，马克思也由此说："对国民经济学的批判，以及整个实证的批判，全靠费尔巴哈的发现给它打下真正的基础。"② 对肉体欲望和生命的关注，是宗教和政治经济学的共同之处。两者的区别就在于政治经济学关注现世的欲望满足，而宗教关注来世生命的永恒不朽。但是，费尔巴哈既没有审查抽象的人性论这种市民社会的特殊人格产生的历史根源，也没有研究利己主义者之间的交往会带来的社会后果。马克思的政治经济学批判正是要揭示资本主义产生的历史根源和动态发展，也要分析其必然的社会后果。费尔巴哈宗教批判和人本学唯物主义终止的地方，正是马克思开始政治经济学批判的地方。这必然导致马克思更加注重人的社会关系本质、人的实践活动和历史能动性，从而发现费尔巴哈哲学的根本缺陷。

总之，青年马克思与费尔巴哈在思想关系上的等同论、中介环节论和无关论都是不成立的。费尔巴哈的黑格尔哲学批判、宗教批判和宗教

---

① 《马克思恩格斯全集》第3卷，北京：人民出版社1960年版，第479页。
② 《马克思恩格斯全集》第3卷，北京：人民出版社2002年版，第220页。

异化观对马克思的黑格尔批判、意识形态批判和政治经济学批判只具有某种启迪或催化剂的作用。①

## 第四节 黑格尔对青年马克思思想的影响

传统上,黑格尔被认为是马克思思想的主要来源之一。本节将批判地考察这种观点,详细地分析马克思对黑格尔的认识过程和概念辩证法的批判,以及黑格尔对青年马克思影响的具体表现形式。

### 一、马克思与黑格尔的关系:学术争论

马克思哲学与黑格尔哲学之间的关系主要存在依附论、批判继承论和认识断裂论三种观点的争论。② 依附论,又称为继承学派、体系辩证法学派,主要强调马克思对黑格尔辩证法和社会总体概念的依附性。其代表人物包括欧根·杜林、卢卡奇、马尔库塞、托尼·史密斯、诺曼·莱文、吉尔特·罗伊藤(Geert Reuten)、帕特里克·默里(Patrick Murray)、克里斯托弗·阿瑟(Christopher Arthur)等人。卢卡奇的《青年黑格尔》和马尔库塞的《理性与革命》从黑格尔的《精神现象学》的体系辩证法角度关注马克思与黑格尔的相似性。马尔库塞认为,马克思继承了黑格尔的理性主义、绝对理念说和异化劳动理论,但抛弃了黑格尔关于自由与幸福相分离、人类社会发展是受不可抗拒的必然规律支配的观点,将黑格尔的普遍性辩证法限制在社会历史领域。③ 克里斯托弗·阿瑟的《劳动辩证法》和《新辩证法与马克思的〈资本论〉》认为《资本论》是黑格尔《逻辑学》方法论的具体应用。莱文在《不同的路径》中认为,"马克思将大量的黑格尔主义方法论范畴纳入自己的研究中,或者说马克思的历史分析方法建构于黑格尔逻辑学方法论的基础上",并认为马克思继承了黑格尔在历史性、市民社会、生产模式等方面的

---

① 余品华:《略论费尔巴哈对青年马克思和恩格斯的不同影响》,载《江西社会科学》,1988年第1期,第98页。
② 孙海洋:《国外马克思主义者论马克思与黑格尔的关系:一种谱系学分析》,载《国外理论动态》,2015年第9期。
③ [美]赫伯特·马尔库塞:《理性和革命:黑格尔和社会理论的兴起》,程志民等译,上海:上海人民出版社2007年版,第9—10页。

成果。① 阿尔弗雷德·施密特在《历史和结构》中认为马克思将黑格尔的"历史过程的主观—客观的'双重特性'置于自己思考的中心",指出马克思早年受到黑格尔的《精神现象学》劳动范畴的影响,晚年的《资本论》受到《逻辑学》的影响。② 麦克格雷(Macgregor,1998)认为,马克思的剩余价值理论不过是黑格尔劳动产权理论的遮掩形式,黑格尔关于商业精神的讨论也与马克思阶级冲突的观点非常类似。莱文(2008)以1837—1843年间马克思与黑格尔关系的发展为线索,认为马克思与黑格尔在历史性、社民社会、生产模式、有机体理论、形式—内容、主体—客体和方法论等方面都存在连续性,黑格尔的《法哲学原理》和《精神现象学》对马克思的影响尤其显著。

批判继承论者利用马克思在《资本论》序言中的"颠倒之喻"和"外壳内核之喻",强调马克思对黑格尔唯心主义的批判和对其辩证法的继承,代表人物包括恩格斯、普列汉诺夫、列宁、科尔施等人。黑格尔的合理内核就是恩格斯谈到的辩证法三个规律:质量互变规律、对立的相互渗透的规律和否定之否定规律。这三个规律都涉及辩证法的本质,即"对立,以其不断的斗争和最后的互相转变或向更高形式的转变"。③ 不过,恩格斯和列宁关于马克思主义思想来源的论述,并没有涉及青年马克思的思想来源问题。黄秋生(2008)认为,马克思在其1841年的博士论文中"采用了黑格尔式的表达和传统本体论的思辨",并"通过对黑格尔辩证法的娴熟运用和自我意识能动原则的强调,否定了盲目必然性带来的命定结论"。④ 毛华滨和林剑(2008)认为,黑格尔的"否定辩证法"是推动青年马克思思想转变的基本动力,特别是从博士论文时期的"自我意识"哲学到费尔巴哈的唯物主义和实践唯物主义的确立。尽管黑格尔的异化理论和法哲学在马克思的思想转变中起着重要的作用,但是,"关键的问题还在于,马克思思想中的理论逻辑的复杂性是在何种外力的作用下逐渐走向清晰化的,在最终的动力上它还是应该归功于马

---

① [美]莱文:《不同的路径:马克思主义与恩格斯主义中的黑格尔》,臧峰宇译,北京:北京师范大学出版社2009年版,第13页。
② [德]阿尔弗雷德·施密特:《历史和结构》,重庆:重庆出版社1993年版,第61页。
③ 《马克思恩格斯全集》第20卷,北京:人民出版社1971年版,第560页。
④ 黄秋生:《青年马克思的哲学立场》,载《求索》,2008年第12期,第89页。

克思的经济学研究视界的真正展开的"。①

否定论或者断裂论认为,马克思在思想演化、研究的总问题和使用的术语方面都存在一些根本性的断裂,代表人物是路易·阿尔都塞、巴利巴尔、罗歇·科莱蒂等人。② 阿尔都塞首先提出,马克思在1842—1844年期间采纳了费尔巴哈的人本主义立场,但在1845年后与人道主义决裂,并采取了不同的总问题范式。因此,青年马克思是康德和费希特派,然后是费尔巴哈派,决不是黑格尔派,并断言"黑格尔的影子是最主要的幻影之一"。③ 巴利巴尔在《马克思的哲学》中继承了阿尔都塞的认识论断裂思想,认为马克思的思想出现了1845年、1848年和1870年三次断裂,分别对应于反人道主义、无产阶级革命理论和社会革命理论的断裂。戴维·利奥波德的《青年卡尔·马克思》将《黑格尔法哲学批判》与《1844年经济学哲学手稿》对立起来,认为黑格尔的市民社会思想对马克思具有重要的影响。④ 孙伯鍨在《探索者道路的探索》和张一兵在《回到马克思》中提出了马克思哲学思想革命的两次转变和双重逻辑矛盾的观点,与阿尔都塞的"认识论断裂"观点一脉相承。张一兵说:"他的思想之绽放亦是如此,同样经历了萌生、断裂、充实、蜕变的复杂成长过程。"⑤ 安启念(2017)认为,阿尔都塞提出的"认识论断裂说",是基于误解了马克思的劳动实践概念和看不到马克思的"人的类本质"概念所包含的革命性内容的结果。对这三种观点的批判考察只有基于深入的文本分析才能得出有效的结论。

## 二、马克思与黑格尔:历史的相遇

马克思对黑格尔哲学著作的阅读和研究是建立在大量阅读浪漫主义文学作品和历史著作,歌德、席勒、康德、费希特和谢林等人的著作,以及学习法学专业的基础之上。马克思将1836年底或1837年初写作法哲学体系的失败,归结为哲学方法论的缺乏。为了"证实精神本性也和

---

① 李昆明主编:《马克思主义基本原理研究报告(2006—2009)》,北京:人民出版社2011年版,第60页。
② 俞吾金:《问题域的转换》,北京:人民出版社2007年版,第3页。
③ [法]路易·阿尔都塞:《保卫马克思》,北京:商务印书馆2016年版,第15—16页。
④ David Leopold, *The Young Karl Marx*, Cambridge: Cambridge University Press, 2007.
⑤ 张一兵:《马克思历史辩证法的主体向度:似自然性、物役性批判理论研究》,北京:北京师范大学出版社2017年版,第29页。

肉体本性一样是必要的、具体的并有着坚实的基础"，马克思最初"读过黑格尔的一些片段"，"不喜欢它那种离奇古怪的调子"。在《讽刺短诗》中，马克思讥讽拥有"最崇高的智慧"的黑格尔"教授的语言已变得错杂纷、一片迷茫，每个人爱怎么理解，完全可以按照他自己的愿望"，只是因为他"实际上什么都没有讲"。① 尽管如此，在 1837 年夏天与博士俱乐部的成员的接触和交流中，马克思说："在患病期间，我从头到尾读了黑格尔的著作，也读了他大部分弟子的著作。"② 如果说到 1837 年底，马克思对黑格尔的哲学著作有了深入的阅读和理解，那么，到 1839 年写博士论文时，马克思对当时学术界特别是青年黑格尔派对黑格尔哲学的批判以及黑格尔哲学的内在缺陷和解体过程都有了更深入的了解。马克思不仅反对从道德角度解释黑格尔体系的各种理论，"说他的见解背后隐藏着不可告人的意图"，而且反对根据"表面上首尾不一贯的毛病"来否定其思想。马克思主张，"根据他的内在的本质的意识来说明那个对于他本人具有一种外在意识形式的东西"，或者说根据黑格尔的核心思想来理解其理论体系。③ 马克思的博士论文就从黑格尔在《哲学史讲演录》中机械地应用概念辩证法来处理哲学史的材料入手，以便更好地理解哲学发展的历史逻辑。概念辩证法强调，"概念是从它本身发展起来的，这种发展纯粹是概念规定内在的前进运动的产物"。④ 这种概念辩证法，"不仅在于产出作为界限和相反东西的规定，而且在于产出并把握这种规定的肯定内容和成果"，从而合乎理性地考察事物所蕴涵的理性结构。⑤ 在马克思看来，黑格尔对伊壁鸠鲁主义、斯多葛主义和怀疑主义的处理不仅"不能深入研究个别细节"，而且其"思辨的东西的观点"妨碍了他认识这些思想体系在"希腊哲学史和整个希腊精神的重大意义"。⑥ 马克思在此阶段认识到，黑格尔的哲学体系与世界的碎片化是相矛盾的。这恰恰反映了"它自己内在的缺点"。在研究伊壁鸠鲁、斯宾

---

① 《马克思恩格斯全集》第 1 卷，北京：人民出版社 1995 年版，第 735—736 页。
② 《马克思恩格斯全集》第 47 卷，北京：人民出版社 2004 年版，第 15 页。
③ 《马克思恩格斯全集》第 1 卷，北京：人民出版社 1995 年版，第 75 页。
④ [德] 黑格尔：《法哲学原理》，范扬、张启泰译，北京：商务印书馆 2009 年版，第 43 页。
⑤ [德] 黑格尔：《法哲学原理》，范扬、张启泰译，北京：商务印书馆 2009 年版，第 44 页。
⑥ 《马克思恩格斯全集》第 1 卷，北京：人民出版社 1995 年版，第 11 页。

诺莎、休谟等人的宗教批判和康德否定神存在的证明的基础上，马克思初步批判了黑格尔对神存在的辩护，认为对神的存在的证明不仅是"空洞的同义反复"和"对人的本质的自我意识存在的证明，对自我意识存在的逻辑说明"，而且是"对神不存在的证明""对一切关于神的观念的驳斥"。从本质上说，宗教和货币都是人类想象的产物，是"受到幻想和抽象概念的支配"的。①

在大量阅读有关宗教史著作的基础上，马克思逐渐认识到，宗教只是政治的一个方面，宗教批判只能是政治批判的前提。尽管在1842年初曾经写了黑格尔法哲学批判的初稿，但是，《莱茵报》时期的政治斗争让马克思放弃了这个不成熟的稿子。借助于政治斗争的经验和历史著作的阅读，马克思在1843年夏天完成了《黑格尔法哲学批判》，指出了黑格尔利用思辨的辩证法证明普鲁士专制统治合法性的事实。② 在《1844年经济学哲学手稿》中，马克思在标题为"对黑格尔的辩证法和整个哲学的批判"中，结合自己对历史辩证法的理解，对黑格尔的思辨辩证法进行了初步的批判。在《黑格尔精神现象学的结构》和《关于费尔巴哈的提纲》中，马克思指出了唯心主义，尤其是黑格尔的唯心主义的功劳在于，强调和分析了人的主观能动性。在《神圣家族》中，马克思借批判鲍威尔的机会，批判了黑格尔的唯心史观、思辨辩证法产生的根源以及《精神现象学》的思辨结构。马克思写道："在黑格尔的'现象学'中，人类自我意识的各种异化形式所具有的物质的、感觉的、实物的基础被置之不理，而全部破坏性工作的结果就是最保守的哲学，……黑格尔把世界头足倒置起来。"③ 在《德意志意识形态》中，马克思和恩格斯不仅阐述了唯物史观和物质生产的历史辩证法，而且借批判施蒂纳的机会全面批判了黑格尔在《哲学百科全书》《逻辑学》和《精神现象学》中的语词游戏，而鲍威尔和施蒂纳都不过是黑格尔思辨哲学的语词游戏的模仿者。在《哲学的贫困》中，马克思阐述了黑格尔辩证法在蒲鲁东的政治经济学中所起的作用，批判了蒲鲁东将政治经济学变成为一种经济概念运动的形而上学的错误做法。

---

① 《马克思恩格斯全集》第1卷，北京：人民出版社1995年版，第100—101页。
② 仰海峰：《马克思对黑格尔哲学的五次批判—对唯物辩证法的一个发生学研究》，载《南京政治学院学报》，1998年第4期。
③ 《马克思恩格斯全集》第2卷，北京：人民出版社1957年版，第244—245页。

可以说，黑格尔是青年马克思集中批判的主要对象之一。这不仅是因为"黑格尔天才地把 17 世纪同后来的一切形而上学及德国唯心主义结合起来并建立了一个形而上学的包罗万象的王国"，① 即在广泛的实证知识、经验历史的探究和深刻的洞察力基础上构建了一个神学化了的思辨哲学体系，而且是因为马克思对青年黑格尔派的批判往往追溯到黑格尔的根源。"存在和思维的思辨的神秘同一，在批判那里以实践和理论的同样神秘的同一的形式重复着。"② 同时，马克思将黑格尔哲学当作了普鲁士的意识形态和哲学浪漫主义的一个典型。在《德意志意识形态》的"费尔巴哈章"中，马克思从黑格尔的思辨哲学产生的过程看到了统治阶级的意识形态产生过程。黑格尔在《逻辑学》中相信他构造的辩证法"将会公认为唯一的真正的与内容相一致的方法"。③ 这种"相信只需借助某种严格的学科，或某种方法就可达到真理"的思维模式，事实上并不能解释整个人类社会多样化的经验。④ 因而，黑格尔的概念辩证法和唯心史观构成了人类进一步认识的障碍和偏见。

### 三、马克思的语言哲学及其对黑格尔辩证法的批判

马克思对黑格尔的概念辩证法的批判是建立在其语言哲学、费尔巴哈和特兰德伦堡等人的批判基础之上的。马克思的语言哲学吸收了洛克、卢梭、赫尔德等人的语言哲学的精华，并将语言植根于劳动分工的基础上。因此，马克思在对黑格尔的批判过程中就超越了费尔巴哈和特兰德伦堡的批判，既提出了历史辩证法，又保留了黑格尔概念辩证法的适用范围。

（一）马克思的语言哲学

在马克思看来，语言是意识表达的物质手段，是"思维本身的要素，思想的生命表现的要素"。⑤ 语言与意识在其起源上纠缠在一起，随交往和社会分工而发展。在《德意志意识形态》中，马克思和恩格斯说：

---

① 《马克思恩格斯全集》第 2 卷，北京：人民出版社 1957 年版，第 159 页。
② 《马克思恩格斯全集》第 2 卷，北京：人民出版社 1957 年版，第 245 页。
③ [德] 黑格尔：《小逻辑》，贺麟译，北京：商务印书馆 1994 年版，第 1 页。
④ [英] 以赛亚·伯林：《浪漫主义的根源》，吕梁等译，南京：译林出版社 2011 年版，第 11 页。
⑤ 《马克思恩格斯全集》第 3 卷，北京：人民出版社 2002 年版，第 308 页。

"'精神'从一开始就很倒霉,注定要受物质的'纠缠',物质在这里表现为震动着的空气、声音,简言之,即语言。语言和意识具有同样长久的历史;语言是一种实践的、既为别人存在并仅仅因此也为我自己存在的、现实的意识。语言也和意识一样,只是由于需要,由于和他人交往的迫切需要才产生的。"① 一旦产生,由于教育和世代相传的特点,语言就很容易与生活条件和物质生产基础相分离。社会的劳动分工加剧了这种分离和语言的独立性,从而造成生产力、社会状况、意识和语言之间的矛盾。"因为分工不仅使物质活动和精神活动、享受和劳动、生产和消费由各种不同的人来分担这种情况成为可能,而且成为现实。"②

因此,物质与意识的关系在本质上是社会现实与社会意识的关系的一种去社会化和去中介化的抽象。意识独立于社会取决于脑力劳动与体力劳动、语言与劳动的分工,形成了哲学、宗教、道德等普遍超然于社会之外的这些颠倒物:阶级的利益被当作普遍利益作为统治合法化的工具。哲学家、宗教家和道德家好像超然于社会之外,不受阶级利益的影响而保持客观中立的立场。这只是意识形态扭曲实践的一种假象——"掩盖相关群体的利益和诉求,将特殊的东西普遍化,误将部分当作整体"。③ 这些意识形态中介通过语言的改变和精炼化进入了实践领域,被当作合理思维的工具。阶级之间的斗争就表现为意识形态与语言之间的斗争。"语言,这个与社会整体保持一致的观念仓库,充满了错误、假象、琐碎的真理和深刻的事实。"④ 这个"深刻的事实"就是生产方式的演化和群体利益的普遍化表达。一个阶级接受另一个阶级的语言和意识形态,本身就意味着这个阶级被另外一个阶级"异化"。这种异化是在社会交往、追求统治权力、文化的不对称性和利益的获取过程中实现的。劳动阶级长期以来因为贫穷和劳动分工而没有能够提供一种表达自身利益和生产活动的意识形态,在无意识中接受了主导的社会阶级或集团的意识形态。"意识形态的职能正是去博得被压迫和受剥削者的赞同。意识形态以这样的方式来表现被剥削者,即从他们那里强取的,不仅是物质

---

① 《马克思恩格斯全集》第3卷,北京:人民出版社1960年版,第34页。
② 《马克思恩格斯全集》第3卷,北京:人民出版社1960年版,第36页。
③ [法]亨利·列斐伏尔:《马克思的社会学》,谢永康、毛林林译,北京:北京师范大学出版社2018年版,第54页。
④ [法]亨利·列斐伏尔:《马克思的社会学》,谢永康、毛林林译,北京:北京师范大学出版社2018年版,第56页。

财富，还有他们对这种形势'精神上的'接受，甚至他们的支持。"① 但是，没有一种意识形态是恒定不变的。随着生产方式的发展或上层建筑内在结构的变化，新的意识形态会出现或被引进，从而展开了意识形态之间的批判、竞争甚至斗争。最终，与新的生产方式或上层建筑的内在结构取得更好协调的意识形态将会在竞争中胜出，成为一种新的占统治地位的意识形态。迷信、神话、诗歌、道德、宗教、哲学、政治经济学就代表人类历史演化中不同阶段的主导意识形态。对政治经济学进行批判就与对资本主义制度进行批判变得密不可分。

随着分工的发展，任何一个人对于整个社会的生产、分配、交换、享乐或劳动的环节及其相互之间的人与人之间的社会关系了解得越来越少。于是，人自身的求知欲就会充分发挥语言的虚构作用，利用幻想的世界来模仿、取代甚至统治现实的世界，将自己的利益说成是普遍的利益。这种语言幻想或虚构就具有了意识形态的性质，形成了人类特有的浪漫主义思维方式。这种思维方式，在特定的社会发展阶段和特定的政治环境中，就会完全脱离现实，形成语言游戏。一些法律学家、思辨哲学家、宗教学家都是玩弄这种语言游戏的大师，完全抛弃语言所包含的现实物质内容。尤其严重的是，统治阶级利用这种语言游戏来维护自己的利益并攫取被压迫阶级的利益，即将性质完全不同的行为和关系包括在同一个语词之下，从而实现利益的掠夺。在《评普鲁士最近的书报检查令》中，马克思批判了普鲁士政府将加强书报审查的命令当作保护自由的法律的做法。在《关于新闻出版自由和公布省等级会议辩论情况的辩论》中，马克思批判了莱茵省等级会议的代表将禁止公布议会辩论的记录当作省议会的自由特权的做法。在《关于林木盗窃法的辩论》一文中，马克思批判了把捡拾枯枝的农民当作盗窃犯这种黑白颠倒和混淆是非的语言滥用。"你们在不应该用盗窃这一范畴的场合用了这一范畴，因而在应该用这一范畴的场合就掩饰了盗窃。"② 在这里，同一个自由的语词就代表着加强管制、议会特权和剥夺穷人的生存权利三种不同的含义。"对象不同，作用于这些对象的行为也就不同，因而意图也就一定有所不

---

① [法]亨利·列斐伏尔：《马克思的社会学》，谢永康、毛林林译，北京：北京师范大学出版社 2018 年版，第 58 页。

② 《马克思恩格斯全集》第 1 卷，北京：人民出版社 1995 年版，第 245 页。

同。"① 这种浪漫主义的根源在于语言的抽象功能。这种功能有助于将个人对生产和生活条件的意识在语言中表达为一般人的意识或逻辑规定的概念，然后假定观念支配着历史，于是，观念的历史就成为现实历史的基础，观念的历史就成为人的历史并偷换了现实的历史。②

当所有事物之间的关系被归结为语言之间的相互转化关系时，黑格尔的概念辩证法在逻辑的幌子下构建了一部语言游戏的大全，而施蒂纳则在《唯一者及其所有物》中将语言的滥用发挥到了极致。马克思在《黑格尔法哲学批判》《神圣家族》《德意志意识形态》和《哲学的贫困》中都是批判这种在辩证法的幌子下进行的语言滥用，揭示了各种语言滥用的伎俩。③ 这种语言滥用本质上是一种语言异化或语言独立性的表现，从而造成脱离历史和现实的虚假意识观念。马克思说："语言是思想的直接现实。正像哲学家们把思维变成一种独立的力量那样，他们也一定要把语言变成某种独立的特殊的王国。这就是哲学语言的秘密，在哲学语言里，思想通过词的形式具有自己本身的内容。从思想世界降到现实世界的问题，变成了从语言降到生活中的问题。……哲学家们只要把自己的语言还原为它从中抽象出来的普通语言，就可以认清他们的语言是被歪曲了的现实世界的语言，就可以懂得，无论思想或语言都不能独自组成特殊的王国，它们只是现实生活的表现。"④

(二) 马克思对黑格尔的概念辩证法的批判

在康德看来，当理性试图将认识扩展到经验的范围之外时，就容易陷入二律背反的危险，而克服二律背反的唯一方法则是严格审查和遵守认识能力的严格界限。黑格尔接受康德关于人类思维具有超出认识能力界限的内在倾向并颠覆和推翻自身的观点，但却提出了一个不同的辩证法解决方案。概念辩证法就是试图对思维这一自我超越本性的动态变化进行体系化的规定。在黑格尔看来，思维具有超出自身界限进入对立面的内在倾向的性质，是矛盾和冲突产生的根源，是发展变化和进步的根据。这些辩证的悖论是真实的、不可避免的，而不是虚幻的、可以随意

---

① 《马克思恩格斯全集》第 1 卷，北京：人民出版社 1995 年版，第 244 页。
② 《马克思恩格斯全集》第 3 卷，北京：人民出版社 1960 年版，第 200 页。
③ 王兴辉：《如何看待历史唯物主义语言观的转向：从社会实践到政治话语》，载《哲学动态》，2019 年第 7 期。
④ 《马克思恩格斯全集》第 3 卷，北京：人民出版社 1960 年版，第 525 页。

消除的。解决的办法不是谨守知性的规则,而是认识这些矛盾,在更高的统一中达成对立面的和解。

在马克思看来,黑格尔的概念辩证法就是纯理性运动的语词公式。纯理性运动就是"它安置自己,把自己跟自己对置,自相结合,就是它把自己规定为正题、反题、合题,或者就是它自我肯定、自我否定和否定自我否定"。① 具体而言,观念的辩证法或语词的辩证法是这样运动的:"理性一旦把自己作为正题安置下来,这个正题,这个思想就会自相对置,分为两个互相矛盾的思想,即肯定和否定,'是'和'否'。这两个包含在反题中的对抗因素的斗争,形成辩证运动。'是'转化为'否','否'转化为'是'。'是'同时成为'是'和'否','否'同时成为'否'和'是'。对立面就是通过这种方式互相均衡,互相中和,互相抵消。这两个彼此矛盾的思想的融合,就形成一个新的思想,即它们的合题。这个新的思想又分为两个彼此矛盾的思想,而这两个思想又融合成新的合题。这种增殖过程就构成思想群。同简单的范畴一样,思想群也遵循这个辩证运动,它也有另一个与自己矛盾的群作为反题,从这两个思想群中产生出新的思想群,即它们的合题。正如从简单范畴的辩证运动中产生群一样,从群的辩证运动中产生系列,从系列的辩证运动中又产生整个体系。"②

当然,这些范畴、群、系列和体系的辩证运动,不外是一种将人所共知的范畴和概念翻译成人们不知道其内涵的术语的语言游戏。"这种语言使人觉得这些范畴似乎是刚从充满纯粹理性的头脑中产生的,好像这些范畴单凭辩证运动才互相产生、互相联系、互相交织。……他以为他是在通过思想的运动建设世界;其实,他只是根据自己的绝对方法把所有人们头脑中的思想加以系统的改组和排列而已。"③ 黑格尔在《哲学史讲演录》中在论述培根的思想时谈到了这一点。在黑格尔看来,作为自身运动的概念体系,理念必须从经验研究中不断获得特殊事物的概念。"经验并不是单纯的看、听、摸等等,并非只是对于个别事物的知觉,主要是由此出发,找出类、共相、规律来。经验找出了这些东西,就碰到了概念的领域;它搞出了那样一种东西,那种东西是属于理念、概念领

---

① 《马克思恩格斯全集》第 4 卷,北京:人民出版社 1958 年版,第 142 页。
② 《马克思恩格斯全集》第 4 卷,北京:人民出版社 1958 年版,第 142—143 页。
③ 《马克思恩格斯全集》第 4 卷,北京:人民出版社 1958 年版,第 143 页。

域的;它为概念准备下经验材料,然后概念才能安安稳稳地采用这份材料。当科学臻于完备时,理念就必定从自身出发,科学就不再从经验材料开始了;但是为了使科学臻于完备、取得存在,必须经过从个别到一般、从特殊到普遍的过程,必须采取主动的行动,反作用于经验的东西、给予的材料,对它进行加工改造。"① 由于各门具体科学的概念和理论的多样性和复杂性,黑格尔利用自己先验构造的辩证法去编造概念体系的辩证运动,必然以扭曲的形式表达具体概念的内容。因此,黑格尔的辩证法语言不过是一种培根所说的"市场幻像"。只有在具体经验研究的基础上,需要将不同的概念表达为一个层级分明的逻辑体系时,黑格尔的概念辩证法才有用武之地。马克思正是为了构造和完善《资本论》的逻辑体系,才在写作时多次参考了黑格尔的《逻辑学》。

借助休谟对实体概念的批判,马克思进一步揭露了掩盖现实的思辨辩证法产生的"秘密"。马克思说:"如果我从现实的苹果、梨、草莓、扁桃中得出'果实'这个一般的观念,如果再进一步想像我从现实的果实中得到的'果实'[《die Frucht》]这个抽象观念就是存在于我身外的一种本质,而且是梨、苹果等等的真正的本质,那么我就宣布(用思辨的话说)'果实'是梨、苹果、扁桃等等的'实体',所以我说:对梨说来,决定梨成为梨的那些方面是非本质的,对苹果说来,决定苹果成为苹果的那些方面也是非本质的。作为它们的本质的并不是它们那种可以感触得到的实际的定在,而是我从它们中抽象出来又硬给它们塞进去的本质,即我的观念中的本质——'果实'。于是我就宣布:苹果、梨、扁桃等等是'果实'的简单的存在形式,是它的样态。……具有不同特点的现实的果实从此就只是虚幻的果实,而它们的真正的本质则是'果实'这个'实体'。"② 这种对现实的抽象的语词游戏不仅无法获得现实的丰富内容,而且在不抛弃抽象的情况下无法从"抽象转到抽象的对立面",即无法获得各种具体事物的多样性。为了在不抛弃抽象的情况下表现事物的多样性,思辨哲学家就玩弄起抽象概念具有"活生生的、自相区别的、能动的本质"的语词游戏。"通常的千差万别的果实是'统一的果实'的生命的不同表现,它们是'一般果实'本身所形成的一些结

---

① [德]黑格尔:《哲学史讲演录》第四卷,贺麟、王太庆译,北京:商务印书馆2009年版,第22页。
② 《马克思恩格斯全集》第2卷,北京:人民出版社1957年版,第71—72页。

晶。因此，比如说，在苹果中'一般果实'让自己像苹果一般存在，在梨中就让自己像梨一般存在。因此，我们就不能根据我们从实体观念得出的看法再说梨是'果实'，苹果是'果实'，扁桃是'果实'；相反地应该说'果实'确定自己为梨，'果实'确定自己为苹果，'果实'确定自己为扁桃；苹果、梨、扁桃相互之间的差别，正是'果实'的自我差别，这些差别使各种特殊的果实正好成为'一般果实'生活过程中的千差万别的环节。这样，'果实'就不再是无内容、无差别的统一体，而是作为总和，作为各种果实的'总体'的统一体，这些果实构成一个'被有机地划分为各个环节的系列'。在这个系列的每一个环节中'果实'都使自己得到一种更为发展、更为显著的定在，直到它最后作为一切果实的'概括'，同时成为活生生的统一体。这统一体把单个的果实都消溶于自身中，又从自身生出各种果实，正如人体的各部分不断消溶于血液中，又不断从血液中生出一样。"① 这样，思辨哲学家就不是去研究现实的事物本身，而是对理智创造的虚幻事物玩弄起语词排列游戏这种概念辩证法。这种语词游戏的秘密在于，思辨哲学家将各种事物的众所周知的属性当作抽象事物的规定性，以便抽象语词能够按照思辨哲学家的意志进行演绎。"显而易见，思辨哲学家之所以能完成这种不断的创造，只是因为他把苹果、梨等等东西中为大家所知道的、实际上是有目共睹的属性当做他自己发现的规定，因为他把现实事物的名称加在只有抽象的理智才能创造出来的东西上，即加在抽象的理智的公式上，最后，因为他把自己从苹果的观念推移到梨的观念这种他本人的活动，说成'一般果实'这个绝对主体的自我活动。这种办法，用思辨的话来说，就是把实体了解为主体，了解为内部的过程，了解为绝对的人格。这种了解方式就是黑格尔方法的基本特征。"②

当然，除把事物的共同属性当作实体的主谓颠倒法之外，思辨哲学家还利用同位语和同义语伎俩进行不同观念之间的等价转换和过渡。同位语伎俩就是对观念进行任意的历史的和逻辑联系的解释，以便实现无限制的观念偷换的目的。"为了把一种观念变成另一种观念，或者为了证明两种完全不同的事物是等同的，就寻找某些中间环节，这些中间环节或者在意思上，或者在字源学上，或者干脆在发音上，可以用来在两种

---

① 《马克思恩格斯全集》第2卷，北京：人民出版社1957年版，第73—74页。
② 《马克思恩格斯全集》第2卷，北京：人民出版社1957年版，第75页。

基本观念之间建立似是而非的联系。"① 同义语歧俩就是根据一词多义而将不同的含义进行等价转换的方法。"如果两个字在字源上有联系或者哪怕只是在发音上有些相似，它们就被当成彼此有连带责任了；如果一个字具有各种不同的意义，那末它就按照需要时而作这一种解释，时而作另一种解释。"② 不同语言的翻译也被当作同义语使用，以便充分利用语词的歧义或相似义来把两个不同的语词联系起来。

将同义语和同位语与否定之否定结合起来使用，就会形成语词的辩证运动。"这一套手法就是：（1）他把最初属于系词的否定，先改属于主语然后又改属宾语；（2）他把否定、'非'，按各种需要随便理解为区别、差别、对立和直接消失的表现。"③ 这就是利用同一律的否定式表达来构造所有语词或事物之间的任意联系。"作为这一切等式的基础的伟大命题就是：我不是非我。这个非我获得各种不同的名称，这些名称一方面可以是纯逻辑的，例如自在的存在、异在，另一方面是具体观念的名称，如人民、国家等等。这样一来，如果有人以这些名称为出发点并利用等式或一系列同位语逐渐把它们又归结为本来就是它们的基础的非我，就可以造成一种思想发展的假象。因为这样引申出来的现实关系只是非我的各种不同的而且只是名称有所不同的变化而已，所以关于这些现实关系本身，根本用不着说什么。"④ 如果非我被当作我的异物，那么，非我对我的关系就是异化的关系，而不管异化是对立、差别、非同一还是其他具体的关系。这样，抽象观念或语词的关系就取代经验的现实关系而随便演绎。这样的演绎就包含着无数的逻辑矛盾和似是而非的幻想关系。

因此，概念辩证法就是黑格尔的语词排列方法。其所以具有神秘的魅力，能得到很多人的崇拜，不仅是因为"黑格尔善于用巧妙的诡辩把哲学家利用感性直观和表象从一实物推移到另一实物时所经历的过程，说成想像的理智本质本身即绝对主体本身所完成的过程"，而且是因为"黑格尔常常在思辨的叙述中作出把握住事物本身的、真实的叙述"，从而让人们无法区分思辨的发展与现实的发展，以至于把思辨的发展当作

---

① 《马克思恩格斯全集》第3卷，北京：人民出版社1960年版，第308页。
② 《马克思恩格斯全集》第3卷，北京：人民出版社1960年版，第309页。
③ 《马克思恩格斯全集》第3卷，北京：人民出版社1960年版，第313页。
④ 《马克思恩格斯全集》第3卷，北京：人民出版社1960年版，第316页。

现实的发展，或者把现实的发展当作思辨的发展。① 正是这种虚幻与现实混杂在一起的包罗万象或《哲学百科全书》赋予了黑格尔思辨哲学的神奇魅力。面对黑格尔哲学的庞大体系，人们就发生了费尔巴哈意义上的"哲学异化"而产生了偶像崇拜，陷入无穷无尽的诠释泥潭，无法对其展开批判并揭露其本质的错误。

(三) 马克思的历史辩证法

黑格尔的对立与统一是思辨概念范围内的虚假对立与统一，而非真实世界的对立与统一。在《法哲学原理》中，黑格尔集中关注抽象法权、道德和伦理，而不关注各个国家在不同历史阶段的特殊实定法或者具体的法律演变及其社会基础，从而得出"暴力和暴政可能是实定法的一个要素，但这种情况对实定法说来不过是偶然的，与它的本质无关"的结论。② 因此，对理念及其概念的现实化形态的强调不仅意味着法哲学要以有机整体观为基础，而且意味着对现实各种现象及其矛盾的研究就会被忽略。与黑格尔将生活和历史的全部多样性都归结为意识并将意识归结于语言的唯心辩证法不同，马克思的历史辩证法直接阐述现实生活的对立统一，分析对立的双方在具体历史条件下是如何对立、对立的地位如何以及如何辩证地发展的历史过程。对立双方是不对称的，一方企图保持现状，另一方试图打破现状；保持现状的是既得利益者、保守主义者，打破现状的则是利益被剥夺者、革命者。由于在不同的社会历史条件下保存现状和打破现状的社会力量、劳动分工和主体能动性不同，因而历史辩证法很难用一个抽象的、统一的公式来描述各种对立斗争的辩证运动，必须具体地历史地分析各种对立斗争的形态及力量对比的变化。因此，不同的社会形态和社会生活就会表现出不同的历史辩证法。

比如，资本主义社会的历史辩证法是这样表现的。"无产阶级和富有是两个对立面。它们本身构成一个统一的整体。它们二者都是由私有制世界产生的。……私有制，作为私有制来说，作为富有来说，不能不保持自身的存在，因而也就不能不保持自己的对立面——无产阶级的存在。这是对立的肯定方面，是得到自我满足的私有制。相反地，无产阶级，作为无产阶级来说，不能不消灭自身，因而也不能不消灭制约着它而使

---

① 《马克思恩格斯全集》第 2 卷，北京：人民出版社 1957 年版，第 75—76 页。
② [德] 黑格尔：《法哲学原理》，范扬、张启泰译，北京：商务印书馆 2009 年版，第 5 页。

它成为无产阶级的那个对立面——私有制。这是对立的否定方面,是对立内部的不安,是已被消灭的并且正在消灭自身的私有制。有产阶级和无产阶级同是人的自我异化。但有产阶级在这种自我异化中感到自己是被满足的和被巩固的,它把这种异化看做自身强大的证明,并在这种异化中获得人的生存的外观。而无产阶级在这种异化中则感到自己是被毁灭的,并在其中看到自己的无力和非人的生存的现实。……由此可见,在整个对立的范围内,私有者是保守的方面,无产者是破坏的方面。从前者产生保持对立的行动,从后者则产生消灭对立的行动。"①

在资本主义私有制的历史辩证运动中,无产阶级在消灭私有制的同时,也消灭资本主义的自由、平等与公正这些社会意识。"的确,私有制在自己的经济运动中自己把自己推向灭亡,但是它只有通过不以它为转移的、不自觉的、同它的意志相违背的、为客观事物的本性所制约的发展,只有通过无产阶级作为无产阶级——这种意识到自己在精神上和肉体上贫困的贫困、这种意识到自己的非人性从而把自己消灭的非人性——的产生,才能做到这点。无产阶级执行着雇佣劳动因替别人生产财富、替自己生产贫困而给自己做出的判决,同样地,它也执行着私有制因产生无产阶级而给自己做出的判决。无产阶级在获得胜利之后,无论怎样都不会成为社会的绝对方面,因为它只有消灭自己本身和自己的对立面才能获得胜利。随着无产阶级的胜利,无产阶级本身以及制约着它的对立面——私有制都趋于消灭。"② 当然,无产阶级要消灭自身、消灭一切违反人性的东西而解放自己,就必须消灭一切违反人性的生活条件,特别是共同利益和私人利益之间的虚假对立统一。"那些有时间从事历史研究的为数不多的共产主义理论家,他们的突出的地方正在于:只有他们才发现了'共同利益'在历史上任何时候都是由作为'私人'的个人造成的。他们知道,这种对立只是表面的,因为这种对立的一面即所谓的'普遍的'一面总是不断地由另一面即私人利益的一面而产生的,它决不是作为一种具有独立历史的独立力量而与私人利益相对抗,所以这种对立在实践中总是产生了消灭,消灭了又产生。因此,我们在这儿见到的不是黑格尔式的对立面的'否定统一',而是过去的由物质决定的个人生存方式由物质所决定的消灭,随着这种生存方式的消灭,这种对立

---

① 《马克思恩格斯全集》第 2 卷,北京:人民出版社 1957 年版,第 43—44 页。
② 《马克思恩格斯全集》第 2 卷,北京:人民出版社 1957 年版,第 44 页。

连同它的统一也同时跟着消灭。"①

## 四、黑格尔对青年马克思的影响

黑格尔的思辨哲学构成了一个巨大的智力挑战。阿隆认为，马克思在阅读黑格尔著作的过程中展开了深入的对话。"他在与这个体系的关系中找到自己，界定自己。他逐字逐句注释和驳斥其著作的对话者，是黑格尔，而不是康德或费希特。"② 在阅读和批判黑格尔的过程中，马克思不仅认识到了概念辩证法的局限性与价值，主张对社会历史领域进行历史辩证运动的分析，而且受到黑格尔的批判、黑格尔的思想和逻辑学等方面的影响。

（一）黑格尔批判的影响

黑格尔在《精神现象学》《哲学史讲演录》《法哲学原理》等著作中对各种哲学流派、德国古典哲学家、历史法学派、浪漫主义都做了大量的批判性评论。黑格尔对伊壁鸠鲁的否定性批判激发了马克思在博士论文中来辨识德谟克利特和伊壁鸠鲁的自然哲学的差异。黑格尔对历史法学派的批判造成马克思在《莱茵报》时期对历史法学派的思想采取整体性的否定态度。在黑格尔看来，历史法学派注重历史起源的研究方法，是一种"直接把一般理念，连同法的理念及其更详细规定，作为意识的事实来掌握和主张，并把自然的或被昂扬起来的感情、自己的胸膛和灵感变成法的渊源"的研究方法。这种方法不仅忽视了概念建构的作用和概念对观念的统筹作用，而且会将现实"矛盾着的东西"即"不法的东西""赤裸裸地显露出来"，从而造成"知识的主观性、偶然性和任性"，忽视了法的绝对必然性和概念的本性。③ 而且，法律的历史研究还无法将现有的法律与合乎理性的法律区分开来。"某种法的规定从各种情况和现行法律制度看来虽然显得完全有根有据而且彼此符合，但仍然可能是绝对不法和不合理的。"④ 基于这样的理由，黑格尔主张，法的历史研究

---

① 《马克思恩格斯全集》第3卷，北京：人民出版社1960年版，第275—276页。
② [法] 雷蒙·阿隆：《想象的马克思主义》，姜志辉译，上海：上海译文出版社2007年版，第163页。
③ [德] 黑格尔：《法哲学原理》，范扬、张启泰译，北京：商务印书馆2009年版，第2—4页。
④ [德] 黑格尔：《法哲学原理》，范扬、张启泰译，北京：商务印书馆2009年版，第6页。

要与法哲学的研究区分开来,"双方可以保持互不关心的立场"。黑格尔对历史法学派的态度还影响了马克思对现实历史研究的步伐,以至于马克思在早期主要关注哲学史、艺术史和宗教史。可以说,黑格尔及海涅对浪漫反讽的否定性批判延缓了马克思对浪漫主义的辩证认识的步伐。黑格尔对康德的个人自主性的批判影响了马克思对康德的个体道德自由的看法。黑格尔在《精神现象学》第 419 节指出了康德的道德自我的虚幻本质,即"这种无特征的、非特定的自我,只是一种从市民社会生活中抽象出来的含混的存在物或普鲁士臣民道德的化身"。① 马克思在《德意志意识形态》中也批判康德的道德观只是普鲁士资产阶级的软弱性表现。而且,黑格尔在《法哲学原理》中在反对康德虚幻的个人主义和道德的先验普遍性的基础上,详细分析了家庭、同业公会和国家的不同伦理。黑格尔的这种道德观为马克思的阶级道德观铺平了道路。

(二) 黑格尔思想的影响

黑格尔的许多概念和理论,如社会总体、异化、意识形态、精神生产的辩证过程、市民社会与国家之间的关系、自由观、无产阶级的概念等,都对马克思有一定的影响。

第一,异化概念。黑格尔认为,异化是精神的外化和教化并返回到自身的自由运动过程,是克服其对世界的虚妄和错误的看法并获得绝对知识的必要环节。在强调异化的积极作用时,黑格尔也看到了异化的消极作用,如苦恼意识带来的痛苦和分裂的特性,机械化劳动增加了人的劳累程度和危害健康,绝对宗教的违反人性,等等。费尔巴哈也看到了异化的积极作用,认为异化是实现人的创造力的最重要的手段,诗歌、艺术、宗教的创造都包含异化。马克思批判黑格尔将异化看做是一个绝对过程的观点,主要从否定的意义上看待异化,将异化理解为人受自己产物的制度化支配。马克思则强调异化的消极和非人的属性,认为劳动异化是现存社会的本质。在马克思看来,人的异化不仅有黑格尔的自我意识的异化,还有劳动异化、政治异化、宗教异化等多种形式,并植根于私有制和劳动分工的进程之中。

第二,意识形态概念。意识形态是人的意识领域的异化,包括宗教、

---

① [美] 罗伯特·C·所罗门、凯特林·M·希金斯主编:《德国唯心主义时代》,储昭华等译,北京:中国人民大学出版社 2016 年版,第 222 页。

法律等领域的非理性、玄想、神话、幻觉、怪影、蓄意的谎言和欺骗。其特点是鼓吹特权和虚假的动机，以幻觉掩盖事实真相，以便为现存的社会政治秩序进行辩护。虚假观念的根源在于人的创造性和社会制度的扭曲。黑格尔认为，宗教是颠倒世界的反映，是虚假的思想意识。受宗教意识支配的人无法理解世界的真实状况，因为他们生活在幻觉和影子之中。马克思将意识形态从宗教领域扩大到法律、哲学、伦理学、政治经济学、艺术、空想社会主义思想等领域，并认为宗教是意识形态的最初形式。意识形态是伴随着生产力的发展而动态发展的，科学的批判就在于揭露意识形态的谬误和幻觉。黑格尔法哲学、鲍威尔和施蒂纳的理论、古典政治经济学都成了一种意识形态。马克思在《〈黑格尔法哲学批判〉导言》中系统阐述了意识形态的思想，如被歪曲了的世界和意识，幻觉和蓄意的欺骗等。当然，如《1844年经济学哲学手稿》显示，黑格尔在《精神现象学》中阐述的精神劳动的生产过程对马克思研究物质劳动的生产和交换过程具有某种启发。在《1844年经济学哲学手稿》中，马克思认为，黑格尔的"伟大之处"首先在于，"把人的自我产生看作一个过程"，将"真正的人理解为他自己的劳动的结果"。这就将人性置于动态的变迁过程中。

第三，社会总体的概念。黑格尔将国家、民族当作一个实体看待，马克思则将社会当做一个动态的有机体看待。黑格尔强调理性的外化，马克思强调非理性的劳动异化。在《历史与阶级意识》中，卢卡奇强调黑格尔将思维与存在的统一理解为"过程的统一和总体"，并认为这"构成了历史唯物主义的历史哲学的本质"，从而强调以总体性范畴为核心重建马克思与黑格尔的思想关联。① 黑格尔认为，社会秩序的表现形式包括抽象法权、道德、家庭、市民社会和国家。家庭和市民社会依赖于政治国家并从属于它，按照社会等级服务于国家并从中实现自由。马克思则认为，社会是一个存在劳动分工和阶级对立的总体，各个阶级的物质生产劳动及其分配的斗争推动着社会总体的不断发展变化。马克思反对黑格尔的有机国家观，认为所有的国家都是私权的总和、是一个阶级压迫和剥削另一个阶级的暴力工具。利用生产总体的概念和多样规定性的统一，马克思将交换、分配和消费纳入生产的总体中，这就批判了

---

① [匈] 卢卡奇：《历史与阶级意识》，北京：商务印书馆1999年版，第87页。

古典政治经济学和新古典政治经济学将这四个环节分裂处理的办法。① "联系在一起的一个整体的内在必然性,和这个整体作为各种互不相关的独立要素而存在,这已经是种种矛盾的基础。"② 这个矛盾的动态发展就构成了《资本论》的生产、流通和分配的各环节,也预示了资本主义制度的内在不稳定性。

第四,阶级概念的启示。与黑格尔关于任何个人都从属于特定的等级相似,马克思认为所有的人都从属于其特定的阶级。由于任何个体都是具有阶级属性的个体,因此,对个体的否定是阶级社会的产物,不同阶级之间就形成了对立和斗争。资本主义社会形成了资产阶级和无产阶级这两个在利益上根本对立和伦理道德不同的阶级,资本与劳动的关系就体现了两个阶级的关系。与黑格尔强调官僚等级是普遍等级和其他等级是特殊等级类似,马克思认为无产阶级的利益具有普遍性,具有解放和否定其他阶级的属性,资产阶级的利益都是片面性的。由于"无产阶级的普遍性再次表明了它是一个否定的普遍性,表明了异化劳动已达到了自我毁灭的程度",因此,由无产阶级领导的共产主义运动就是一个具有"世界历史性"、克服阶级分裂、推翻现存社会关系、在"自由个体的联合"中实现劳动自由和个体潜能的社会革命运动,或者否定资本主义社会的一个辩证运动。③

第五,自由观。黑格尔主张在国家中实现的自由本质上是一种精神的自由。马克思区分了唯物主义的自由和唯心主义的自由,前者是决定个人生活于其中的各种境况和关系的权力,争取自由就是争取自己的权力。唯心主义的自由即脱离尘世的自我规定的精神自由,即现实无权的精神状态。马克思认为,精神自由的解放需要满足两个条件:个人在自我解放中要满足一定的、自己真正体验到的需要;个人身上存在的能力被肯定为真正的力量或者在取消限制后扩大起来,而限制的取消则是新的力量产生的结果。忽视了需要和力量,就会产生抽象自由的幻想。"但是这种幻想只是在以下的情况下才能产生:或者把政治看作经验历史的

---

① Stuart Hall, "Marx's Note on Method: A 'Reading' of the '1857 Introduction'", *Cultural Studies*, Vol. 17, No. 2, 2003, pp. 113 – 149.
② 《马克思恩格斯全集》第 30 卷,北京:人民出版社 1995 年版,第 395 页。
③ [美]赫伯特·马尔库塞:《理性和革命:黑格尔和社会理论的兴起》,程志民等译,上海:上海人民出版社 2007 年版,第 249 页。

基础；或者像黑格尔那样到处想证明否定的否定；最后，或者，在新的力量已经产生出来以后，像一个无知的柏林小市民一样仅对这种新的力量的产生进行反思。"① 因此，与黑格尔在精神领域内谈论否定的自由和肯定的自由不同，马克思主张唯物主义的自由，并将人的自由与人的能动结合起来。"人们每次都不是在他们关于人的理想所决定和所容许的范围之内，而是在现有的生产力所决定和所容许的范围之内取得自由的。"② 当社会生产力发展不足时，社会的权利明显分配不均，特权阶级就会剥夺无权阶级的劳动和财产来满足自己的需要，无权阶级就会幻想精神自由来补偿权利的不足。按照黑格尔的说法，主奴关系的内部化就促使自我将自身当作主人，在感觉到自身的自由和被教化的过程中就会产生一个全新的道德自我。不过，马克思认为，不是意识的变化，而是个人的需要及其满足需要的方式将人与人联系起来，让处于不同生产力和需要阶段的人发生交往，从而推动唯心主义的自由向唯物主义自由的发展。

第六，黑格尔的法哲学提供了一个资本主义经济制度、封建社会改良的政治制度和传统的行会制度相结合的混合模型。在《莱茵报》时期，马克思利用黑格尔的理性国家观对普鲁士的各种法律进行了批判，认识了普鲁士法律的非理性本质。进而，马克思对黑格尔的理性国家观进行了批判，得出了政治异化、市民社会和国家之间的关系颠倒的结论。黑格尔强调国家在社会整合中的核心作用，马克思则强调国家是异化和私有制发展的产物。对黑格尔理性国家观的批判不仅为马克思转向政治经济学研究提供了动力，而且为马克思批判卢格、甘斯、鲍威尔的政治改良和圣西门、傅立叶、蒲鲁东的空想社会主义铺平了道路。

第七，经济基础与上层建筑之间的关系。在《德国法制》（1802）一文中，黑格尔阐述了国家法律制度随其基础的变化而变化的观点，以便解释德国在对法战争失败后需要的国家体制改革的必要性。③ 尽管还没有明确将国家制度或法律的变动与经济基础的变动联系起来，但是，

---

① 《马克思恩格斯全集》第3卷，北京：人民出版社1960年版，第347页。
② 《马克思恩格斯全集》第3卷，北京：人民出版社1960年版，第507页。
③ ［德］黑格尔：《黑格尔政治著作选》，薛华译，北京：中国法制出版社2008年版，第22页。

黑格尔明确表达了基础与"房屋"这建筑物之间的紧密联系。而且，黑格尔还明确意识到，当基础发生变动，旧的国家制度已经失去存在的根基而新的国家制度还没有确立起来之时，整个社会就会处于过渡、转型或者崩溃状态。这个思想，后来也体现在马克思关于资本主义向社会主义过渡的两阶段理论之中。

（三）黑格尔对马克思研究政治经济学的影响

黑格尔的《法哲学原理》第三篇第二章通过对市民社会理论及由需要和劳动构成的范畴体系的政治经济学解释，将政治经济学的问题与哲学问题结合起来，阐述了自己的政治经济学思想。基于对市民社会理解的政治经济学转向，黑格尔在《法哲学原理》中第一次详尽地阐述了市民社会的性质、构成、作用等问题。对于黑格尔从社会化的个人而不是孤立的个人角度来理解生产和分工的动因的看法，马克思在《1844年经济学哲学手稿》中认为黑格尔"抓住了劳动的本质，把对象性的人、现实的因而是真正的人理解为他自己的劳动的结果"。马克思在《1857—1858年经济学手稿》和《资本论》中批判地继承了黑格尔关于劳动本质的界定，构建了劳动价值论的核心假设。

李金和（2012）认为，黑格尔的《法哲学原理》对马克思的经济学研究具有三方面的影响：第一，理论视野的启迪，即从哲学批判的角度进入对市民社会和劳动的研究；第二，研究路径的启迪，在黑格尔的直接提示下展开了对古典政治经济学的系统研究；第三，思维方法的启迪，即借助以经济学和哲学融汇的黑格尔范式对政治经济学的批判来解剖和分析资本主义市民社会。毛华滨和刘苏燕（2011）认为，马克思在《1844年经济学哲学手稿》中吸收了黑格尔在《法哲学原理》中的市民社会的两极分化、阶级对抗简化为两大阶级之间的斗争、分工的二重性、财富集中表现为资本积累的扩大、社会生产过剩等论述和思想。但是，李娉（2013）认为，马克思在继承黑格尔关于市民社会理论的基础上，批判了黑格尔关于国家决定市民社会、家庭和市民社会向国家过渡的思想，提出了市民社会决定国家、家庭和市民社会是国家前提的思想，从而为唯物史观的创立开辟了道路。美国学者洛克莫尔说："更准确地说，他利用、发展和改变了黑格尔的一系列思想，包括在现代工业社会中人们满足其需要的洞见，马克思接过这一洞见作为他自己的政治经济学批判和独特的现代工业社会理论的基础。"① 总之，费希特的计划经济模型和劳动产权理论、黑格尔的财富两极分化与私有制之间的内在联系的猜想、康德的自由贸易思想、浪漫主义对功利主义的批判，都为马克思进入政治经济学研究提供了必要的准备。

（四）黑格尔逻辑学的影响

尽管在早年曾经系统地批判过黑格尔的概念辩证法，但是，马克思在《资本论》的结构构思中参考了黑格尔的《逻辑学》，其叙述方法受到黑格尔的《逻辑学》影响。新黑格尔派马克思主义者甚至认为，《资本论》是与黑格尔的逻辑学体系相互对应和符合的辩证法体系。争论的焦点是，《资本论》是全部还是部分，是具体的范畴还是核心思想，按照黑格尔的《逻辑学》展开的体系。赵敦华（2017）认为，《资本论》第一卷前五章中关于商品形式、货币形式、价值形式和资本形式的论述，与《逻辑学》的"存在论"和"本质论"的范畴形式具有互文性。费内西（Fineschi，2009）则认为《资本论》第一卷的论证批判只是依据"本质论"。阿瑟（Arthur，2004）则认为，《资本论》第一卷的商品、货币和资本的结构对应于《逻辑学》的"存在论""本质论"和"概念论"。还有的观点认为，《资本论》三卷都是按照黑格尔的逻辑学的类比展开的：劳动价值论是存在论，剩余价值论是本质论，剩余价值的表现形式是概念论。但是，马克思在叙述方法和结构上参考了《逻辑学》，并不是说马克思对现实生活分析的历史辩证法等同于黑格尔的概念辩证法。一个明显的事实是，马克思不仅批判黑格尔的唯心论，而且系统地批判了黑格尔的概念辩证法。在批判的基础上，马克思把黑格尔的概念辩证法当作一种支持历史辩证法的叙述方法。

总之，马克思的思想发展中既不存在一个独立的黑格尔阶段或者费尔巴哈阶段，也不存在"认识论断裂"问题。不过，马克思在《莱茵报》时期确实利用了黑格尔、洛克、霍布斯等人的理性国家理论来反对普鲁士的封建复辟和批判历史法学派的反动性。这种批判的结果是让马克思认识到，国家的本质并非理性，而是社会关系特别是阶级关系的对立与斗争。马克思进而在《黑格尔法哲学批判》中批判了黑格尔的国家

---

① 聂锦芳：《清理与超越：重读马克思文本的意旨、基础与方法》，北京：北京大学出版社 2005 年版，第 247 页。

理论，发现了私有财产、市民社会和官僚机构的异化问题。这推动马克思系统地研究政治经济学和分工理论，形成了将政治经济学、法学与哲学相结合的《1844年经济学哲学手稿》。《神圣家族》延续了《1844年经济学哲学手稿》对政治经济学问题、法学问题和哲学问题的讨论，马克思进一步借助《巴黎的秘密》批判黑格尔的辩证法，借助蒲鲁东的《什么是财产》阐述了私有制的历史辩证法，借助批判鲍威尔的英雄史观阐述了群众史观。《神圣家族》《关于费尔巴哈提纲》《德意志意识形态》和《哲学的贫困》构成了马克思思想发展的有机整体。马克思不仅在批判黑格尔的概念辩证法以及鲍威尔、蒲鲁东等人滥用辩证法的过程中阐述了唯物史观和历史辩证法，而且形成了独特的浪漫主义批判风格。宗教批判和对黑格尔哲学及其青年黑格尔派的批判，为马克思进行政治经济学批判提供了理论与现实的对比分析方法、浪漫反讽、自相矛盾法、同义反复法、因果颠倒法等批判的方法，也为马克思将政治经济学与宗教神学整合进统一的意识形态框架提供了基础。因此，马克思的思想发展本身就是一个在批判中不断形成与发展的历史辩证运动过程，根本不存在所谓的"认识论断裂"。

# 第九章　马克思的博士论文
# 与批判性阅读的尝试

　　批判性阅读就是建立在详细的文本摘录和理解基础上的分析、批评和解构的一种阅读方式，而阅读则是一个解码和编码的认识过程。作为马克思流传下来的第一批文本，《关于伊壁鸠鲁哲学的笔记》和博士论文《德谟克利特的自然哲学和伊壁鸠鲁的自然哲学的差别》得到越来越多的解读和深入的研究。马克思在博士论文中的思想倾向、自然哲学、自我意识哲学、政治学思想、宗教批判、人的问题、辩证法思想和本体论思想都是探讨和解读的内容。① 这些研究都高度关注伊壁鸠鲁笔记或者博士论文文本的思想，而忽视伊壁鸠鲁笔记的内在构成和马克思理解的进程，也没有将伊壁鸠鲁笔记与博士论文作为一个研究整体来进行解读。除了伊壁鸠鲁笔记，在1840—1841年准备博士论文的过程中，马克思在八本《柏林笔记》中阅读和摘录了亚里士多德的《论灵魂》、斯宾诺莎的《神学政治论文》和《书信》、莱布尼茨的《逻辑学和形而上学》、休谟的《人性论》、罗森克兰茨的《康德哲学史》等著作。《柏林笔记》摘录的内容也部分地体现在马克思的博士论文中，如休谟关于哲学对宗教有其"独立性和威严"的思想，莱布尼茨的单子论对"原子论原则的唯心主义深化概念"，亚里士多德关于躯体和灵魂的论述以及思维与存在原则上一致的思想，斯宾诺莎对《圣经》的历史批判和语言的分析等。② 本章的目的是探讨青年马克思在思想发展的早期阶段是如何进行批判性阅读，以及如何为后来的思想发展获取必要的理论资源的。

---

　　① 裴植:《国内学者研究马克思"博士论文"成果综述》，载《长沙理工大学学报》（社会科学版），2014年第1期。
　　② ［德］玛蒂娜·汤姆:《论马克思的博士论文》，见姚颖主编:《经典作家著作研究1》，《马克思主义研究资料》第11卷，北京：中央编译出版社2015年版，第233页。

## 第一节　马克思研究伊壁鸠鲁问题的起源

马克思的博士论文是针对黑格尔的《哲学史讲演录》第一部第二篇第二部分希腊哲学，特别是分析斯多葛主义、伊壁鸠鲁主义和怀疑派的章节进行的批判性研究。马克思研究伊壁鸠鲁的目的，是以个案的形式批判地考察黑格尔关于思辨逻辑与哲学史无条件同一的观点是否成立的问题。随着《哲学史讲演录》在 1833—1836 年期间陆续出版，德国哲学界对逻辑与历史的关系问题展开了争论。埃尔德曼在《新哲学史科学论述之尝试》（1834）中和费尔巴哈在《黑格尔的哲学史》（1835）中肯定了黑格尔关于历史发展与逻辑辩证发展一致性的命题。米希勒则在《德国哲学从康德到黑格尔的最后体系之历史》第 2 卷（1837—1838）中区分了逻辑的相互关系与历史的相互关系。费尔巴哈则在《黑格尔哲学批判》（1839）中反对黑格尔哲学，并在《论黑格尔哲学史》中从感性角度批判了哲学史的逻辑辩证进程的理论。策勒（E. Zeller）在《最近 50 年的哲学史以及对该时期最新研究的特殊回顾》（1843）中和斯威格勒（A. Schwegler）在《哲学史简编》（1848）中认为黑格尔将历史次序与逻辑次序对应的方法是不恰当的。特兰德伦堡在《逻辑研究》（1840）中和他的学生吉姆（K. L. Kym）在《黑格尔的辩证法及其在哲学史中的应用》（1849）中甚至反对黑格尔对古希腊哲学史的逻辑次序建构。[①] 在这样的争论背景中，马克思形成了类似于弗里斯关于哲学史的发展逻辑依赖于对历史清晰考察的观点。马克思说："虽然黑格尔大体上正确地规定了上述各个体系的一般特点，但是一方面，由于他的哲学史——一般说来哲学史只能从它开始——的令人惊讶的庞大和大胆的计划，使他不能深入研究个别细节；另一方面，黑格尔对于他主要称之为思辨的东西的观点，也妨碍了这位巨人般的思想家认识上述那些体系对于希腊哲学史和整个希腊精神的重大意义。"[②] 1837 年，马克思在阅读培根的《学术的进展》时就注意到，包括哲学史在内的学术史"工作的价值和目的主要不是为了满足热爱学问的人的好奇心，而主要是为了更严肃、更重要

---

① ［德］克劳斯·杜辛：《黑格尔与哲学史：古代、近代的本体论与辩证法》，王树人译，北京：社会科学文献出版社 1992 年版，第 8—9 页。

② 《马克思恩格斯全集》第 1 卷，北京：人民出版社 1995 年版，第 11 页。

的目的，也就是使学者们更明智地运用学术、管理学术"。① 培根的"种族假象"认为，哲学家为了追求理论的统一性，不仅习惯于将不相关的事物看做是相关的、类似的或成对的，而且习惯于任意性地虚构和空想。不仅如此，培根的"市场假象"认为，抽象的"言辞就如同鞑靼人的弓箭似的，反过来射中最睿智的人的理解力，严重地扰乱和扭曲了人们的判断"。② 基于此，马克思反对黑格尔将逻辑强加于历史的唯心史观做法，在"历史主义的发展和由此而形成的历史意识"影响下主张从真正的历史中分析历史演化的逻辑，并据此对历史进行理解和解释。③

在《哲学史讲演录》中，黑格尔从"他自己关于本体论与辩证法的思辨构思"出发，将整个哲学史整理为一个思辨精神演化，特别是从本体论向纯粹自我意识或主体性演变的历史。黑格尔说："哲学史只有作为以理性为基础的现象的连续，本身以理性为内容，并且揭示出内容，才能表明它是一个理性的历史，并表明它所记载的事实是合理性的。"④ 在理性演化的过程中，不同时期的哲学体系就是思辨精神的外化和客观化进程的一个环节。"每一个哲学系统即是一个范畴，但它并不因此就与别的范畴相互排斥，这些范畴有不可逃避的命运，这就是它们必然要被结合在一起，并被降为一个整体中的诸环节。每一系统所采取的独立的形态又须被扬弃。"⑤ 黑格尔认为，从巴门尼德经过芝诺到赫拉克利特的哲学原则的辩证发展过程，就对应于《逻辑学》中的"纯有"经过"无"到"变易"范畴的逻辑演变。德谟克利特的原子论体现了"自为存在"的范畴，阿那克萨戈拉的努斯原则体现了理性或普遍精神的范畴，柏拉图的理念论诠释了"绝对"和"全部现实性"的范畴，亚里士多德的"可能"与"现实"范畴转变为"自在存在"和"自为存在"范畴，等等。最终，所有的哲学学说都在范畴化的过程中转变为黑格尔哲学体系

---

① [英] 弗朗西斯·培根：《学术的进展》，刘运同译，上海：上海人民出版社2007年版，第64页。
② [英] 弗朗西斯·培根：《学术的进展》，刘运同译，上海：上海人民出版社2007年版，第119页。
③ [德] 克劳斯·杜辛：《黑格尔与哲学史：古代、近代的本体论与辩证法》，王树人译，北京：社会科学文献出版社1992年版，第219页。
④ [德] 黑格尔：《哲学史演讲录》第一卷，贺麟、王太庆译，北京：商务印书馆2009年版，第38页。
⑤ [德] 黑格尔：《哲学史演讲录》第一卷，贺麟、王太庆译，北京：商务印书馆2009年版，第41页。

的有机组成部分。"通过吸收和独立地重新解释这些理论的本质要素，黑格尔完成了他自己的辩证法以及具有特定范畴序列的纲要。"① 按照这种理解，黑格尔就反对将伊壁鸠鲁哲学、斯多葛主义和怀疑主义哲学当作亚里士多德体系的倒退的传统观点，而将这三派哲学当作自我意识发展的独立阶段，从而为哲学史提供了一种新的理解和诠释方式。不过，"黑格尔的解释，乃是独特地根据他自己学说的眼光作出的，因而在许多方面歪曲了先前作者的意图和论证。……黑格尔关于西方哲学发展的构思，也并不总是同其基本趋势与历史过程相适合的"。②

在《哲学史讲演录》关于晚期希腊哲学的部分，黑格尔说："在上一时期的结尾，我们看到了对于理念或共相的意识，这本身就是目的，——意识到一个普遍的，但同时又是自身规定的原则，因而能够以这个原则统摄特殊，并应用到特殊上去。这种把共相应用到特殊上去的关系，在这里是主导的东西；因为从共相本身发展出全体的特殊化，这种思想，这时还没有出现。但是在这种关系里正包含着对于系统和系统化的要求，也就是说，必须以一个原则贯彻到底，应用到特殊上去，使一切特殊的东西的真理都可以按照这一个原则得到认知。"③ 晚期希腊的各种哲学体系，在黑格尔看来，都确立了评判一切的原则，都主张主体按照这个自由的和不动心的原则生活。"斯多葛派哲学把抽象思维当成原则，伊壁鸠鲁派把感觉当成原则；而怀疑主义则是对于一切原则持否定态度，而且是行动性的否定。"④ 按照这些原则生活，主体就获得了"精神的自由和独立"。"这是主体本身的内心的自由；这种精神的自由、这种不动心、这种漠不关心、宁静不摇、平静不扰、精神上的等视一切，不受外物干扰，不受外物牵连，那是所有这几派哲学的共同目的。"⑤ 由于斯多葛学派强调神灵和逻各斯是世界的实体和动力，因此，"整个罗马

---

① ［德］克劳斯·杜辛：《黑格尔与哲学史：古代、近代的本体论与辩证法》，王树人译，北京：社会科学文献出版社1992年版，第5页。
② ［德］克劳斯·杜辛：《黑格尔与哲学史：古代、近代的本体论与辩证法》，王树人译，北京：社会科学文献出版社1992年版，"杜辛教授为《黑格尔与哲学史》中译本所写的前言"。
③ ［德］黑格尔：《哲学史讲演录》第三卷，贺麟、王太庆译，北京：商务印书馆2009年版，第3页。
④ ［德］黑格尔：《哲学史讲演录》第三卷，贺麟、王太庆译，北京：商务印书馆2009年版，第7页。
⑤ ［德］黑格尔：《哲学史讲演录》第三卷，贺麟、王太庆译，北京：商务印书馆2009年版，第8页。

的宗教迷信在斯多葛派这里得到强有力的支持"。① 尽管很欣赏斯多葛派和伊壁鸠鲁派的生活原则，但是，黑格尔却对这些派别缺乏思辨思维感到遗憾。"事实上在斯多葛派和伊壁鸠鲁派哲学里，我们只看见片面的有限的原则之应用，而遇不到真正的思辨思维。"② 与亚里士多德哲学的思辨和对概念进行具体考察不同，斯多葛派和伊壁鸠鲁派哲学是非思辨的，只注重对个别事物进行考察。

在伊壁鸠鲁看来，世界是由原子和虚空构成的。原子在虚空中的运动产生了世间的万物和现象，感觉、印象、精神、思维和神灵也是在原子的运动中产生的。在原子的运动中，认识经历了一个感觉、表象和观念形成的过程。神灵是相似图像的汇聚而形成的一种幸福生活的理想。对未知事物的认识，就是借助于大脑中关于已知事物的图像加以类比而产生的。这种从经验上升到普遍的认识方法，与亚里士多德从思想演绎出概念来的认识方法，形成了鲜明的对比。因此，伊壁鸠鲁就破除了迷信、恐惧和灵魂不死的观念。黑格尔对此评价说："伊壁鸠鲁的哲学，就它被用来反对任意地捏造事物的原因这一点说，它在它的时代起了自然法则等等知识的兴起在近代世界所起的同一作用。……它反对了希腊、罗马人的各种迷信，使人们超出了这一类迷信。"③ 在没有宗教、迷信和摆脱了死亡恐惧的世界中，伊壁鸠鲁提倡每个人都要理性地追求快乐的、没有痛苦的、灵魂安宁的生活。所谓理性地生活，就是要了解事物的本性、了解痛苦和欲望的界限、认清人生的目标，同时要注意友谊、契约和原则。友谊是令人快乐的，而依靠契约结合的城邦正义带有强制、非自然的习俗性质。追求自然的快乐就要摆脱城邦的人为生活。"好的生活，合于自然的生活，是生活在公民社会边缘的哲学家的退隐的生活。"④ 这就是伊壁鸠鲁哲学的基本思想。

黑格尔高度赞扬斯多葛派的思维与存在同一的逻辑学和按照理性生

---

① ［德］黑格尔：《哲学史讲演录》第三卷，贺麟、王太庆译，北京：商务印书馆2009年版，第22页。
② ［德］黑格尔：《哲学史讲演录》第三卷，贺麟、王太庆译，北京：商务印书馆2009年版，第9页。
③ ［德］黑格尔：《哲学史讲演录》第三卷，贺麟、王太庆译，北京：商务印书馆2009年版，第75—76页。
④ ［美］列奥·斯特劳斯：《自然权利与历史》，彭刚译，北京：三联书店2003年版，第114页。

活的道德原则,但却对伊壁鸠鲁学派采取贬抑的态度,认为其思想琐碎、武断和乏味,其自然哲学是德谟克利特和留基波原子论的简单重复。当伊壁鸠鲁把感觉到的东西当作本质的东西时,黑格尔说:"既然把被感觉到的存在认作真实的东西,那么概念的必要性也就根本被取消了,一切便分崩离析而失去了思辨的意义,而是肯定了对于事物的一般流俗的观点;这样,事实上它并未超出一般普通人的常识,或者毋宁说是把一切都降低到一般普通人的常识观点。"① 对于伊壁鸠鲁的认识论,黑格尔说:"它是非常简单的,不可能有比它更简单的了,——它是抽象的,同时又很琐屑;它或多或少是在那开始去进行反思的通常意识之内的。……这些,总的说来是正确的,但是非常肤浅。"② 当伊壁鸠鲁设想物体表面有一个"恒定的流"不断刺激我们的感官而引发感觉和错误时,黑格尔说:"这样去设想感觉,乃是一种非常琐屑浮浅的方式。关于不被看见的东西,伊壁鸠鲁所采取的真理标准,是一个极轻率而现在也是很习见的标准,即:与所见、所闻的东西不矛盾。……伊壁鸠鲁的认识论归起来便只是这样一些十分贫乏的章节;其中有些部分讲得很晦涩,也可能是第欧根尼·拉尔修摘录得很不高明;不可能有比这更贫乏的认识论了。"③ 黑格尔继续说,关于本质、原子和感性现象的关系,"伊壁鸠鲁漂泊在一些什么也不能说明的不定的说法中";关于思维的运动是原子的运动,"这个伊壁鸠鲁体系的基本原则,再进一步应用和发挥到事物的区别上,就成为人们所能想象出来的最任意,因而也最无聊的东西";关于原子的运动和组合如何偶然地构成事物和现象,"对如此构造起来的那些原子的所作的规定,却是一种极端任意的虚构。至于向具体现象、具体物体的过渡,伊壁鸠鲁或者根本不讲,或者讲到一些十分空疏、贫乏的东西";"他关于自然界各个个别方面的那些思想,本身很可怜,是一种各式各样的观念的无思想的混合,因此完全是一些可有可无的思想";"对于伊壁鸠鲁的哲学思想我们不能有什么敬意,毋宁说这些根本不是什么思想";对于理性是由一堆精致的原子的积聚形成于、依赖于感觉的观

---

① [德] 黑格尔:《哲学史讲演录》第三卷,贺麟、王太庆译,北京:商务印书馆2009年版,第52页。
② [德] 黑格尔:《哲学史讲演录》第三卷,贺麟、王太庆译,北京:商务印书馆2009年版,第62页。
③ [德] 黑格尔:《哲学史讲演录》第三卷,贺麟、王太庆译,北京:商务印书馆2009年版,第64—65页。

点,"这是一个浅薄的、无意义的学说,它不足以引起我们多加注意"。① 对于伊壁鸠鲁的原子论,黑格尔则说:"伊壁鸠鲁进一步说明原子本身;但是他的学说并没有超出留基波和德谟克利特的范围。"② 黑格尔对伊壁鸠鲁的自然观唯一感到有所满意的是,伊壁鸠鲁使用类比法来说明自然现象。伊壁鸠鲁说:"我们不能亲身观察的东西,我们就根据类比来把握;但是这种东西可以和许多别的表象有共同之点。因此可以有各种不同的表象——当然是任意地——应用到这种东西之上;不可以断定某一种方式,是可以有各种不同的方式的。"③ 在《关于伊壁鸠鲁哲学的笔记》(五)中,马克思对黑格尔关于伊壁鸠鲁的评价做出了反应:"如果根据黑格尔的意见,以客观成就作为标准时,伊壁鸠鲁的自然哲学不值得特别称赞的话,——那么从另一方面,即从历史现象不需要这种称赞这方面来看,那种毫不掩盖的、纯哲学的彻底性是令人惊讶的,因为随着这种彻底性,原则本身中所固有的不彻底性却全面发展起来了。"④ 在马克思看来,尽管存在内在的缺陷,伊壁鸠鲁哲学将自然哲学、认识论和伦理学通过原子论彻底地融合在一起,这是一个了不起的成就。

除黑格尔的贬斥性评论外,宗教问题的争论和斗争也越来越引起马克思的关注。在 1835 年的《耶稣传》中,大卫·施特劳斯指出,《福音书》中的耶稣只是体现基督徒社区的集体精神和自我形象,与历史上的耶稣无关。为了支持施特劳斯的观点,卢格在 1838 年创办的《哈雷年鉴》中,将施特劳斯的观点和宗教问题列为《哈雷年鉴》第一年的中心问题。在 1838 年 8 月,柏林大学教授亨斯滕堡在《论哈雷年鉴》的一篇文章中指出,旨在革命意图的青年黑格尔主义者使用"世界精神""自由""自我意识""永恒"等黑格尔术语来攻击教会和宗教。在 1839 年的《致亨斯滕堡博士先生:评论法规与福音派的书信集》、1840 年的《普鲁士福音派教会与科学》《约翰福音史批判》和 1841 年的《复类福音作者的福音史批判》中,鲍威尔提倡对福音书展开批判研究,要求神

---

① [德] 黑格尔:《哲学史讲演录》第三卷,贺麟、王太庆译,北京:商务印书馆 2009 年版,第 66—67、68、68、70、78、78—79 页。
② [德] 黑格尔:《哲学史讲演录》第三卷,贺麟、王太庆译,北京:商务印书馆 2009 年版,第 65 页。
③ [德] 黑格尔:《哲学史讲演录》第三卷,贺麟、王太庆译,北京:商务印书馆 2009 年版,第 72 页。
④ 《马克思恩格斯全集》第 40 卷,北京:人民出版社 1982 年版,第 147—148 页。

学教义学服从于"理性的最高优先地位"。这说明,在柏林的博士俱乐部内部形成了研究与基督教密切相关的晚期希腊哲学的浓厚兴趣。马克思在中学时期就接触过伊壁鸠鲁哲学,了解伊壁鸠鲁是功利主义的鼻祖和伊壁鸠鲁的原子论是宗教批判的基石。尽管伊壁鸠鲁坚信神的存在,但认为神并不干预人间事务的观点,从根本上否认了普鲁士当时存在的人格神的争论。这样,追溯伊壁鸠鲁宗教批判的自然哲学基础,不仅符合历史法学派的追根溯源的方法论原则,而且显示了马克思将历史服务于现实的学术雄心。

关于马克思为何将伊壁鸠鲁哲学作为博士论文的主题的研究,学术界存在广泛的争论。内田弘(2015)认为,马克思的博士论文的主要任务,是基于康德提出的感性、知性和理性的认识论结论被德谟克利特和伊壁鸠鲁的自然哲学瓦解的考虑,以"独特投射法"的方式试图对康德的《纯粹理性批判》进行总体性的批判。聂锦芳(2014)认为,马克思之所以选择伊壁鸠鲁哲学作为研究的起点,一是受青年黑格尔派特别是布鲁诺·鲍威尔对希腊晚期哲学感兴趣的影响,二是伊壁鸠鲁哲学本身的思考框架和意旨为马克思理解世界提供了参考系和思考支点。朗格和陶贝尔特(2014)则认为,马克思从事黑格尔哲学的研究和积极参加当时围绕黑格尔体系的争论,决定了博士论文题目的选择,即寻找哲学史上面向现实状况的、强调人的自我意识的类似事例。① 按照德国学者汤姆的话说,"青年黑格尔派这些人把亚里士多德之后的古希腊罗马哲学的发展看作是对黑格尔之后的当代哲学发展的历史比拟。于是,他们认为,这两次发展都冲破了一种全面的而且具有百科全书规模的体系"。② 麦克莱伦(2016)则认为,马克思倾向于伊壁鸠鲁有两个原因:一是伊壁鸠鲁强调了"人类精神的绝对自主性,它把人从一切超验对象的迷信中解放出来";二是伊壁鸠鲁对"自由个体的自我意识"的强调,为超越黑格尔哲学指明了一条道路。③ 侯小丰(2012)认为,马克思之所以选择伊壁鸠鲁作为博士论文的主题,主要是因为伊壁鸠鲁哲学的现实指向与

---

① [民主德国]埃·朗格、英·陶贝尔特:《论马克思的博士论文》,见姚颖主编:《马克思主义研究资料》第11卷,北京:中央编译出版社2015年版,第285页。
② [德]玛蒂娜·汤姆:《论马克思的博士论文》,见姚颖主编:《马克思主义研究资料》第11卷,北京:中央编译出版社2015年版,第235页。
③ 戴维·麦克莱伦:《马克思传》,王珍译,北京:中国人民大学出版社2016年版,第31页。

马克思追求现实自由的哲学立场相吻合,即将哲学从单纯的解释思辨功能转向重视现实实践和生活的哲学或者将理论哲学转变为一种生活哲学。陈晓斌和刘同舫(2009)认为,高度关注人的自由意志的伊壁鸠鲁哲学为马克思提供了"一条哲学救赎的道路"。在黄学胜看来,马克思在博士论文中通过阐述伊壁鸠鲁的自我意识哲学,间接地阐述了"自己的启蒙主义的世界观和价值观",体现了"他对自己的所坚持的启蒙立场和启蒙原则的肯定和追求"。① 按照城塚登的说法,马克思在博士论文中所采取的法国启蒙思想的基本立场和自我意识的立场"不外是主张人的自由和主体性的自由主义、人本主义,不外是主张从感性现实的直接认识出发的感性的现实主义和实证主义"。② 奋维斯(Fenves,1986)认为,马克思的博士论文以古希腊原子论的形式,主要试图解决黑格尔的《逻辑学》中关于科学的辩证矛盾概念和康德的自然科学概念之间的冲突。麦卡锡(2011)则认为,"最初吸引他关注这一论题的是伊壁鸠鲁对科学与伦理学的融合,以及这位哲人对亚里士多德整个体系的攻击——预示着后来马克思对黑格尔形而上学的批判"。③ 桑瓦尔德(Rolf Sannwald)在《马克思与古人》中说:"马克思之所以关注伊壁鸠鲁,并不单单因为他似乎已经凭借希腊哲学重要的因果关系将其带向了结论,由此他得以从最后条件中解放出个体,也不单单因为现代的普罗米修斯式悲悯从他的著作当中获得了动力,而是因为黑格尔没有为作为古代自由意识哲学家的伊壁鸠鲁找到一个恰当的关系。这位美学的追随者抱着坚定的信念要去解决一个古希腊哲学史中尚未解决的问题。黑格尔对原子物理学家,特别是伊壁鸠鲁的判断成为了马克思分析的起点。"④ 针对黑格尔对伊壁鸠鲁的自然哲学的否定,马克思指出:"特别是我们这个时代甚至在哲学方面也产生了一些罪恶现象,暴露出其严重的罪过——反对精神和真理,因为在这里被掩盖着的意图隐藏在解释后面,而被掩盖着

---

① 黄学胜:《青年马克思与启蒙》,上海:复旦大学出版社2013年版,第47页。
② 城塚登:《青年马克思的思想》,尚晶晶、李成鼎等译校,北京:求实出版社1988年版,第35页。
③ [美]麦卡锡:《马克思与古人》,王文扬译,上海:华东师范大学出版社2011年版,第11页。
④ [美]麦卡锡:《马克思与古人》,王文扬译,上海:华东师范大学出版社2011年版,第27—28页。

的解释又隐藏在事物后面。"① 因此，马克思研究伊壁鸠鲁哲学就从马克思的兴趣和黑格尔对伊壁鸠鲁的贬抑性评论开始，试图揭示出在亚里士多德以后的古代哲学和黑格尔以后的当代哲学之间是否存在一种类似的发展现象，探讨作为一种历史现象的思想意识的社会根源，进而对宗教展开批判，并为后来对个体主义和功利主义的批判开辟了道路。

## 第二节 马克思阅读伊壁鸠鲁哲学的程序

在《关于伊壁鸠鲁哲学的笔记》中，马克思给我们展示了他的最初阅读程序。这个程序后来保持在马克思一生中所作的250本笔记之中，也体现在《黑格尔法哲学批判》的研究程序之中。② 因此，认真研究《关于伊壁鸠鲁哲学的笔记》就有助于加深我们对马克思的文本阅读与批判的理解。《关于伊壁鸠鲁哲学的笔记》是集马克思对各种思想的摘录、转述、概括、评论、批判和思想发挥为一体的松散文本，体现了马克思对宗教、政治和哲学问题的广泛关注、严谨的研究态度、高超的理论辨别和批判能力、敏锐的洞察力、创造性的想象、独特的知识结构和活跃的灵感。从形式上来看，《关于伊壁鸠鲁哲学的笔记》引用了590个段落，包含256段的评论，还对50个引用的段落加上了划线的着重号。下表对七本笔记的摘录、评论和划线的地方进行分别的段落统计。从笔记摘录的内容来看，马克思最初受黑格尔的《哲学史讲演录》的影响非常明显。例如，马克思在笔记（一）中按照黑格尔的说明和框架对伊壁鸠鲁的准则学、物理学和伦理学进行了摘录，在准则学部分摘录的二十多条内容基本上都出现在黑格尔《哲学史讲演录》中论述伊壁鸠鲁的思想部分。这就充分说明，马克思对伊壁鸠鲁的研究不具有任何摸索的性质，而是系统性地阅读、摘录和评价，以便寻找伊壁鸠鲁哲学的原则。③

---

① 《马克思恩格斯全集》第40卷，北京：人民出版社1982年版，第148页。
② 王晓红：《马克思笔记写作过程新探》，载《东岳论丛》，2009年第2期。
③ ［民主德国］恩·施密特：《论马克思的博士论文（续）》，见姚颖主编：《马克思主义研究资料》第11卷，北京：中央编译出版社2015年版，第294页。

《关于伊壁鸠鲁哲学的笔记》的摘录、评论与马克思划线的段落统计

| 笔记序号 | 一 | 二 | 三 | 四 | 五 | 六 | 七 |
|---|---|---|---|---|---|---|---|
| 摘录 | 122 | 70 | 107 | 95 | 34 | 102 | 60 |
| 评论 | 13 | 71 | 65 | 48 | 36 | 7 | 16 |
| 划线 | 38 | 1 | 0 | 2 | 0 | 7 | 2 |

资料来源：《马克思恩格斯全集》第40卷，北京：人民出版社1982年版，第27—175页。

## 一、马克思的摘录

伊壁鸠鲁三百卷的原始著作基本上已经遗失，只留下"几封书信、一些片断以及一篇关于'主要学说'的叙述"的少量残篇，以及许多不同著作的转述，如诗人卢克莱修的《物性论》等。① 这些转述也许记载了许多真实的资料和言论，但同时也收集了各种各样荒诞的传闻和转述者的虚构。因此，如何在各种不同的文本之间寻找到伊壁鸠鲁哲学的真实思想就是一个需要认真研究的问题。马克思对此确立的标准是："哲学史应该找出每个体系的规定的动因和贯穿整个体系的真正的精华，并把它们同那些以对话形式出现的证明和论证区别开来，同哲学家们对它们的阐述区别开来，因为哲学家是了解他们自己的。"② 在区别转述者的表述和伊壁鸠鲁的真实思想的方法上，马克思采纳了萨维尼的文本考证学、施特劳斯和鲍威尔的圣经考证方法。在对《福音书》的批判性研究中，大卫·施特劳斯和布鲁诺·鲍威尔都对《福音书》的文本采取了文本比较和语言分析的方法，注重甄别福音文本之间的内在矛盾。对于伊壁鸠鲁思想的研究，马克思也采用了类似的考证方法，尽可能从各种转述伊壁鸠鲁思想的文本中发掘出伊壁鸠鲁的真实思想，因为转述与评述构成的表象与真实的思想本质之间存在很大的差距。除原子论外，笔记摘录的内容包括认识论、批判的方法、功利主义的道德论、正义论、法的思想等。

（一）伊壁鸠鲁的认识论

在伊壁鸠鲁看来，感性知觉、预想、感觉、理性想象力所构成的表

---

① [英] 伯特兰·罗素：《西方哲学史》上卷，何兆武、李约瑟译，北京：商务印书馆2004年版，第309页。

② 《马克思恩格斯全集》第40卷，北京：人民出版社1982年版，第170页。

象都是真理的标准。所谓表象，就是感性知觉基础上的偶合、类比、相似和综合。当缺乏感性知觉时，那么感性知觉基础上形成的意见就是"虚妄的假设"。对神和死亡的意见就是如此，因为众人"没有保留关于众神的原始观念"，"死亡是感觉的停止"。当不同的感性知觉相互矛盾时，各种感性知觉都有可能是正确的。伊壁鸠鲁会说："事实上，同类的感性知觉不能驳倒同类的感性知觉，因为它们有相同的效用，而不同类的感性知觉也不能驳倒不同类的感性知觉，因为它们判断的不是同一个东西。一般说来，一种感性知觉不能作为另一种感性知觉的裁判，因为双方我们都要同等地倾听。"① 这个论断说明，依赖于感性知觉的道德批评往往是无效的。马克思也因此将那些从道德上评判伊壁鸠鲁哲学或者黑格尔哲学的人视为"无知"。

在伊壁鸠鲁看来，对感性知觉的真假，可以借助于感性知觉上形成的假设或者意见的真假性来判断。"他们［伊壁鸠鲁派］还称意见为假设，并断言，它可以是真的，也可以是假的，这取决于在它上面是增添还是减少些什么，取决于它是否具有明显性而得到证实或者被驳倒。要是假设得到证实或者没有被驳倒，它就是真的，反之，要是没有得到证实或被驳倒，那么它就是假的。"② 原子论就是一种假设，只要这种假设与现实的众多表象相一致，就说明这个假设是真的。"必须假设事物本身教会并迫使自然去从事许许多多和各式各样的［创造］。随后思想就对自然所提供的东西进行研究，还以自己的发现予以充实。"③ 同样，对于存在众多不同表述的文本，其真实性就取决于相应的证据，以及证据之间的连贯性。"我们应该按照它们呈现出来的那个样子去理解它们，即理解为物体的偶然特征，而不是理解为特有的、紧连在一起的［特征］，也不是理解为本身具有安排妥贴的本质的特征，而是理解为象感性知觉本身所揭示出来的它们的那种特殊性。"④ 马克思正是在这里把伊壁鸠鲁的认识论转化为自己评述和甄别各种文本表述的方法论。

为此，马克思摘录了伊壁鸠鲁致希罗多德的信中所谈到的研究方法：第一，准确地界定作为假设、探索或者怀疑基础的概念，避免"没完没

---

① 《马克思恩格斯全集》第 40 卷，北京：人民出版社 1982 年版，第 28 页。
② 《马克思恩格斯全集》第 40 卷，北京：人民出版社 1982 年版，第 29 页。
③ 《马克思恩格斯全集》第 40 卷，北京：人民出版社 1982 年版，第 45 页。
④ 《马克思恩格斯全集》第 40 卷，北京：人民出版社 1982 年版，第 42—43 页。

了的论证"和"空洞的词语";第二,依靠感性知觉、直接的观察或者智慧、现有的内心感受或者其他标准将被期待的东西和未知事物表述出来;第三,考察未知事物。① 伊壁鸠鲁认为,对于道德世界和感性世界,只有一种与可见现象相一致的解释,但对于天体运动中所呈现各种现象而言,可能存在许多不同的、与感性知觉相一致的解释。② 因此,日月的产生、天体的体积、星座的出没、昼夜长短的变化、云电的形成、彗星的出现等,都存在多种可能的解释。对于伊壁鸠鲁强调天体现象的多种解释的方法,马克思对此评论道:"解释仅仅是意识的自我阐述,而事情的本质却被神秘化了。"③

(二) 功利主义的道德观

伊壁鸠鲁的整个道德观都建立在人的本性是追求快乐、避免痛苦这个功利主义基础之上的。在伊壁鸠鲁看来,"快乐是幸福生活的开始和终结",是"幸福生活的目的"。这是因为"我们把快乐看作第一的和天生的善,我们的一切取舍都从它出发,我们是用这种内心的感受作为标准去衡量一切的善,来达到快乐的";"美德和愉快的生活紧密相联,而愉快的生活和美德也是不可分的"。④ 伊壁鸠鲁的快乐,不是所有欲望的满足,而是"能使身体健康,内心平静"的理性的快乐。"在欲望中,有些是自然的,有些是空虚的。在自然的欲望中有些是必需的,有些则仅仅是自然的。在必需的欲望中,有些是为幸福所必需的(例如为身体的康宁所必需的),有些则是生命本身所必需的。"⑤ 对口腹、嗜好、爱情、视觉、心灵的快乐是真实的、自然的快乐。对不死的渴望、永恒的追求、对天象的恐惧就是一种空虚的欲望。为了满足这个空虚的欲望,人们就构造出能够"对恶人降以大祸,对善人给予大福"的各种神灵的错觉。"错觉和错误总是存在于我们因内心运动而另外想出来的东西之中。这种运动虽与要去想象 [出现的东西] 的某种愿望有关,但毕竟还是有它自己的目标,由此才产生出错觉。……如果我们的头脑里没有出现既 [与要去想象出现的东西的愿望] 有关,而又有它自己的目标的别的运动的

---

① 《马克思恩格斯全集》第 40 卷,北京:人民出版社 1982 年版,第 35—36 页。
② 《马克思恩格斯全集》第 40 卷,北京:人民出版社 1982 年版,第 47 页。
③ 《马克思恩格斯全集》第 40 卷,北京:人民出版社 1982 年版,第 50 页。
④ 《马克思恩格斯全集》第 40 卷,北京:人民出版社 1982 年版,第 30、31 页。
⑤ 《马克思恩格斯全集》第 40 卷,北京:人民出版社 1982 年版,第 30 页。

话，那么错误是不会发生的。"① 对于能够引起自然欲望的快乐的选取，我们则"应该通过对有益的和有害的［后果］进行对比和研究加以解决"，因为"有时善证明是恶，相反地，恶却证明是善"。

同时，我们需要对各种欲望特别是肉体的目的和界限以及引起我们恐惧的各种天体进行研究和认识，以便帮助我们达到消除痛苦的快乐。在伊壁鸠鲁看来，人们之所以对各种天体心怀恐惧，不仅是因为人们无知地迷信天体是永恒不灭的，而且是因为神话不断制造恐惧，人们害怕死亡，以及各种错误的解释所致。这就意味着，伊壁鸠鲁的道德观比较接近于亚里士多德的伦理学和康德的道德哲学，不同于边沁和约翰·斯图亚特·穆勒的功利主义哲学。

（三）批判的方法

在研究了伊壁鸠鲁派的认识论和道德观之后，马克思也详细摘录和评价了怀疑派对伊壁鸠鲁派的批判。希腊怀疑派哲学的批判方法就是利用经验和反思的比方和借喻来揭露相互矛盾的陈述。马克思说："他们的工作是进行比较，因而也就是收集各种不同的，先前阐述过的主张。他们以平均调和的学术观点看待以前的体系，这样来揭露出矛盾和对立。他们的方法的一般原型包含在埃利亚派、诡辩派和学院派之前的辩证法中。"② 总体而言，怀疑论派的批判方法可以总结如下。

第一，经验角度的批判。经验角度的批判，就是以经验的方式直接反对经验的东西。在怀疑主义者看来，对事物的表象、判断或者认识存在的差异性或者相互矛盾，或者来源于主体的差异，或者来源于主体的感觉和身体状况方面的差异，或者来源于主体的各种感觉器官之间在构造上的差异，或者来源与主体处于不同的生命状态，或者来源于不同的位置、距离和地点，或者来源于不同的事物的混杂，或者来源于不同事物的结合，或者来源于事物之间的关系的相对性，或者来源于不同的习惯，或者来源于不同的伦理风俗和法律。也就是说，主体及主体的状态不同，主体与对象的关系不同，或者对象之间的关系不同，都可能造成经验或者认识的差异。以经验的方式直接反对经验的驳斥，在黑格尔看来，就是"从直接的确认提出某物是真的，再以同样的方式指出此物的

---

① 《马克思恩格斯全集》第 40 卷，北京：人民出版社 1982 年版，第 37 页。
② 《马克思恩格斯全集》第 40 卷，北京：人民出版社 1982 年版，第 167—168 页。

反面也同样确实,因而认为它的反面是有效的"。① 这种依靠经验的反驳方式,"只是揭示出变化,或者找出事物现象的反面,找出它的不稳定性,并没有指出事物的自身矛盾,亦即没有指出事物的概念"。② 马克思在博士论文第一部分中指出德谟克利特和伊壁鸠鲁在认识论和方法论方面的差异就属于经验角度的批判。

第二,反思角度的批判。反思角度的批判,按照黑格尔的说法,就是"指出一切被直接接受的东西中并无固定的东西,并无自在自为的东西"的一种具有"辩证意识"的批判。③ 在怀疑主义者看来,反思角度的批判方法包括指出不同哲学意见的差异性、根据或前提的无穷递进的批判、规定相对性的批判、假设不同的批判或者循环论证的批判。在进行反思角度的批判时,批判者就"需要有一种明晰的抽象力量从这种确定的东西里面找出它的规定性来",在各种具体材料、各种思想中去认识"这些否定的规定或对立的规定"。④ 马克思认为,怀疑派的批判方法"中肯地驳斥了尤其是伊壁鸠鲁采用的原因论,不过同时也暴露出怀疑派本身的软弱无能"。⑤ 事实上,马克思在博士论文中就使用了反思角度的批判来甄别各种论述材料的可靠性。

## 二、马克思的评论

马克思在《关于伊壁鸠鲁哲学的笔记》中所作的评论,大致可以分为命题的理解、思想的归纳、问题的启发、思想的发挥、对引文的肯定或者讽刺等多种方式。

(一) 命题的理解

对于许多重要的摘录命题,马克思根据已有的知识框架对其内容进行了理解。当伊壁鸠鲁说"当原子没有遇到任何阻力通过虚空时,它们

---

① [德] 黑格尔:《哲学史讲演录》第三卷,贺麟、王太庆译,北京:商务印书馆 2009 年版,第 143 页。
② [德] 黑格尔:《哲学史讲演录》第三卷,贺麟、王太庆译,北京:商务印书馆 2009 年版,第 143—144 页。
③ [德] 黑格尔:《哲学史讲演录》第三卷,贺麟、王太庆译,北京:商务印书馆 2009 年版,第 153 页。
④ [德] 黑格尔:《哲学史讲演录》第三卷,贺麟、王太庆译,北京:商务印书馆 2009 年版,第 153 页。
⑤ 《马克思恩格斯全集》第 40 卷,北京:人民出版社 1982 年版,第 59—60 页。

必然具有相同的速度"时，马克思则说："我们看到，必然性、联系、差别在自身中转入原子，或者更确切地说，表现在原子中，所以这里观念性只存在于这种对它来说是外在的形式中。"① 当伊壁鸠鲁说灵魂被机体的其余部分裹住但是这些其余部分又从灵魂获得这种感觉的能力时，马克思则将这个命题理解为：第一，被想象的原子在与具体的东西相冲突时表现出观念的矛盾性；第二，表象的自由只是被思考的东西；第三，被解释的客体本身被拿来充当解释；第四，灵魂的存在被设想仅仅是可能的、偶然的状态。② 当伊壁鸠鲁说天体现象存在多种解释时，马克思将其理解为：第一，"进行虚构和想象的意识的方法只是在与自己的影像作斗争；影像是什么样子——这取决于人们怎样看待它，取决于反映者如何把这个影像反映于自己内部"。第二，"任何一种解释都能使意识得到满足；因此，意识承认它的活动是有效的虚构"。③ 当伊壁鸠鲁说世界是从无限性中分出的一块，并在某种界限中结束和具有各种可能形式时，马克思将其理解为：第一，"所说明的仅仅是关于把差别的总和归结为不确定的统一物的观念，即'世界'这一观念存在于意识中，存在于通常的思维中"；第二，"世界的规定性和界限就象这些依附着它的感性表象一样，是多种多样的，而且每一个感性表象都可看成是它的界限，也就是它的更准确的规定和解释"。④ 因此，通过命题的理解，马克思就将伊壁鸠鲁哲学的许多观念与其已有的知识框架，特别是自我意识哲学联系在一起，从而为将伊壁鸠鲁的原子论解释为自我意识的哲学做了关键性的准备。

(二) 思想的归纳

除对命题进行理解外，马克思还对大量的论述进行集中的归纳。马克思高度重视伊壁鸠鲁从功利主义角度界定法和正义的思想。在"自然法是一种求得互不伤害和都不受害的[对双方]都有利的契约""正义不是一种独立存在的东西，而是在互相交往中，在任何地方为了不伤害和不受害而订立的契约""在公认为正义的东西中，那种在人们交往的相互关系中被证明是有益的东西，要是它对人们一视同仁的话，就具有

---

① 《马克思恩格斯全集》第40卷，北京：人民出版社1982年版，第38页。
② 《马克思恩格斯全集》第40卷，北京：人民出版社1982年版，第40—41页。
③ 《马克思恩格斯全集》第40卷，北京：人民出版社1982年版，第47—48页。
④ 《马克思恩格斯全集》第40卷，北京：人民出版社1982年版，第54页。

法的性质"等句子，马克思都划了三条竖线的着重号，并指出这些"段落反映伊壁鸠鲁对精神的本质、对国家的看法。他把契约看作基础，从而只把有益的原则看作目的"。① 对法和正义思想的摘录，说明长期受到法学训练的马克思对法和正义的高度关注。这些有关法和正义的思想后来在《莱茵报》时期马克思评论普鲁士的书报检查制度、出版自由、林木盗窃案等文章中得到应用和深化。在《德意志意识形态》中，马克思在批驳施蒂纳时指出，"伊壁鸠鲁哲学的真正基础是社会正义，而国家建立在民众彼此的契约之上这一理念是由伊壁鸠鲁自己首先倡导的"。②

当伊壁鸠鲁说为了保持心灵的宁静而假设天体是物质的组合和表现出周期性的运动时，马克思总结道："这里表现出被思考的东西的原则，以便一方面肯定自我意识的自由，另一方面承认神具有不受任何决定约束的自由。"③ 当伊壁鸠鲁论述原子和虚空如何构造世界时，马克思总结道："对于伊壁鸠鲁宇宙观的方法来说，具有代表性的是创造世界的问题，——这是一个永远可以用来搞清哲学观点的问题，因为它表明，在这种哲学中精神是如何创造世界的，这种哲学与世界的关系是怎样的，哲学的精神即创造潜力是怎样的。"④ 这种精神创造力既可以是纯粹思辨的，也可以是与社会实践相结合的。当伊壁鸠鲁利用原子和虚空解释世界是如何生成的时候，马克思把伊壁鸠鲁的解释方法归结为："这种解释的实质就是从意识中取得需要解释的观念。然后解释或更准确的规定被归结为：本身同一范围的被当作已知的各种观念同需要解释的观念联系在一起，所以这种观念一般存在于意识中，存在于一定范围内。这里伊壁鸠鲁承认他的哲学和整个古代哲学的缺点在于，只知道观念存在于意识中，却不知道观念的界限，它们的原则和它们的必然性。"⑤ 在进行思想归纳的过程中，马克思不断吸收伊壁鸠鲁哲学中的精华。在马克思看来，伊壁鸠鲁体系的思考原则、关于语言和表象形成的论述，都是值得

---

① 《马克思恩格斯全集》第 40 卷，北京：人民出版社 1982 年版，第 34 页。
② 巴拉诺维奇：《马克思与希腊哲学：以精神的适应和道德的伪善为主题的考察》，见[美]麦卡锡选编：《马克思与亚里士多德：十九世纪德国社会理论与古典的古代》，郝亿春等译，上海：华东师范大学出版社 2015 年版，第 218 页。
③ 《马克思恩格斯全集》第 40 卷，北京：人民出版社 1982 年版，第 45 页。
④ 《马克思恩格斯全集》第 40 卷，北京：人民出版社 1982 年版，第 53 页。
⑤ 《马克思恩格斯全集》第 40 卷，北京：人民出版社 1982 年版，第 54—55 页。

借鉴的"重要文献"。① 还有，伊壁鸠鲁将哲人界定为"阐述一种学说，而不单是怀疑的人"，对迷惑不解的问题的不断探索是从事哲学的原因等阐述，都对马克思后来的思考问题的方式有显著的影响。

（三）问题的启发

在许多情况下，马克思根据摘录的内容，提出需要解决的问题。比如："应当研究一下，为什么感觉的确实性原则被扬弃，而相反的，抽象化的表象却被提出作为真理的标准""世界到底是怎样从一个本原自由地发展为众多的，这正需要作出解释。因此，假设的东西正是要求证明的东西；因为原子本身就是应加解释的东西""应该这样提出问题：关于个人、哲人和神的概念以及这些概念的特殊规定如何纳入体系之中？它们是怎样从体系中发展起来的？"② 从阅读中获得研究的问题或者更准确地表述问题及其前提，一直是马克思在后来将研究与阅读笔记进行紧密结合的秘密之一。

（四）联想

在阅读的过程中，马克思总是习惯于将所阅读的内容与自己所处的时代或者已有的知识框架进行联想、类比或者思想的发挥。因为类比法是"一种进行虚构的意识的一般方法"，是一种进行广泛联系而寻求统一性的方法。③ 当伊壁鸠鲁说天象的各种运动不是由于某个存在物使之井然有序时，马克思说："应该把这一点同西姆普利齐乌斯代表阿那克萨哥拉所说的'理性'使宇宙井然有序的说法进行对比。"④ 当伽桑狄试图用伊壁鸠鲁的学说来维护灵魂不死时，马克思则从这个事实联想到"近代哲学产生之处，正是古代哲学表现出衰亡之所"。当恩披里柯在论述伊壁鸠鲁派和怀疑派在对待科学的不同态度时（前者认为科学对达到智慧毫无帮助，后者认为人类缺乏认识事物的能力），马克思则说："类似的态度也存在于虔信者与康德派对哲学的看法上，虽然两种学派都已退化，失去了古希腊罗马哲学所特有的新颖性""正如伊壁鸠鲁把他的世界的观念性——虚空移到世界的创造中一样，超自然主义者则把脱离前提的

---

① 《马克思恩格斯全集》第40卷，北京：人民出版社1982年版，第56页。
② 《马克思恩格斯全集》第40卷，北京：人民出版社1982年版，第39、40—41、170页。
③ 《马克思恩格斯全集》第40卷，北京：人民出版社1982年版，第39页。
④ 《马克思恩格斯全集》第40卷，北京：人民出版社1982年版，第45页。

自由,即把世界的观念体现在天堂里"。① 这意味着,马克思注重各种思想观念的融会贯通,熟练地把握了古希腊哲学与近代哲学的相似性。②

从普卢塔克对伊壁鸠鲁的错误引述中,马克思联想到古希腊哲学的整个历史进程。在马克思看来,苏格拉底以前的古希腊哲学家在理论上是封闭的、孤立的但在实践上却积极参加社会的政治生活。从苏格拉底开始,古希腊哲学家开始将主观精神提升为哲学的原则,试图用理想的原则来改造社会的道德、政治和法律。在伊壁鸠鲁那里,哲学原则开始从脱离人民性转化为融于人民的生活之中,纯粹理性的哲学转变为理论与实践统一的哲学。进而,马克思对古希腊哲学和近代德国哲学进行了对比:"不久前人们把黑格尔哲学对生活的关系同他[苏格拉底]进行比较,并以此证明斥责黑格尔哲学是正确的,不言而喻,这是何等荒谬。希腊哲学特有的弊病在于它只和实体精神相联系;在我们时代两个方面都是精神,并且它们两方面都要求把它们看作精神。"③ 在古希腊哲学从理论走上社会生活实践的过程中,马克思看到了黑格尔哲学走向政治实践的必然性。"撇开这种必然性就不可能理解,为什么在亚里士多德之后还能出现芝诺、伊壁鸠鲁甚至塞克斯都·恩批里柯,为什么在黑格尔之后还能够出现现代哲学家们的大部分毫无价值的尝试。"④ 通过这种联想或者类比,马克思就能从哲学的动态演变和转化中"推论出一种哲学的内在规定性和世界历史性",而且也能为当代哲学的演化提供某种启示。

(五) 肯定或赞赏

在阅读的过程中,马克思不断对自己喜欢的思想表现出赞赏的态度。针对伊壁鸠鲁强调在研究中要注意概念界定和注重语词的本义的思想,马克思则说:"伊壁鸠鲁作为表象哲学家在这方面最为精细,所以他更详细地规定基础所应符合的条件。他也是最彻底的,并且——和怀疑派一样,但是从另一方面——完成古代哲学。"⑤ 马克思还说:"伊壁鸠鲁哲学之所以重要,是由于它的朴素性,具有这种朴素性的结论在表述时没

---

① 《马克思恩格斯全集》第 40 卷,北京:人民出版社 1982 年版,第 58、130 页。
② 不难设想,马克思会对黑格尔和谢林虚构的自然哲学,以及亚里士多德、康德等人的灵魂不朽论进行类比联系和批判。
③ 《马克思恩格斯全集》第 40 卷,北京:人民出版社 1982 年版,第 68—69 页。
④ 《马克思恩格斯全集》第 40 卷,北京:人民出版社 1982 年版,第 137 页。
⑤ 《马克思恩格斯全集》第 40 卷,北京:人民出版社 1982 年版,第 35 页。

有近代所固有的偏见";"伊壁鸠鲁的不朽功绩和伟大,在于他并不把状态看得比观念更重要,也不努力维护它们"。① 当伊壁鸠鲁说因意识的局限性导致天象存在多种解释时,马克思说:"伊壁鸠鲁说出了这点,这正是他的功绩,即他的观点和结论的坚定的彻底性。"② 针对卢克莱修对伊壁鸠鲁思想的准确理解,马克思说:"朝气蓬勃的、大胆的、富有诗意的世界主宰者卢克莱修就是这样不同于用道德的冰雪来掩盖自己小'我'的普卢塔克""首先值得称许的是用伊壁鸠鲁的观点对从前的自然哲学家所作的中肯批评""比起普卢塔克来说,卢克莱修对伊壁鸠鲁的理解要明哲无数倍"。③

(六) 讽刺或谴责

但是,对于自己不喜欢的思想或者立场,马克思表现出更多的讽刺或者谴责的态度。在马克思看来,讥讽或者讽刺是"哲学在其对普通意识的主观关系方面所固有的形式"。④ 伊壁鸠鲁认为,对自然现象的任何非宗教解释都是可以接受的。当伊壁鸠鲁谈到天体现象存在与感性知觉一致的多种解释时,马克思说:"千篇一律的重复业已说明,伊壁鸠鲁把自己的新解释方法看得何等重要,他是怎样努力排除奇妙的东西,坚持采用不是一种,而是多种解释的,他本人在每一件事情上都为我们提供了一些极其轻率的例证。"⑤ 在马克思看来,这种对自然的任意解释不仅表现了伊壁鸠鲁"敌视那独立了的自然",而且也表现了伊壁鸠鲁"与天文学、与天体系统中的永恒规律和理性进行斗争"。"这段话表明,马克思多么懂得把哲学的自我意识与自然科学的精确性联系起来。……马克思在这里意识到,卓有成效的社会观需要卓有成效的对待自然知识的态度,因为自然界和社会是以它们的规律性为中介的。"⑥ 当伽桑狄试图用伊壁鸠鲁的学说来拯救神的干预和维护灵魂不死时,马克思说伽桑狄"完全不理解伊壁鸠鲁,更不能向我们阐明他。伽桑狄只不过想按照伊壁鸠鲁的学说教导我们,而不是解释它。在他损坏伊壁鸠鲁的严密的逻辑

---

① 《马克思恩格斯全集》第40卷,北京:人民出版社1982年版,第39、41页。
② 《马克思恩格斯全集》第40卷,北京:人民出版社1982年版,第48页。
③ 《马克思恩格斯全集》第40卷,北京:人民出版社1982年版,第111、112、112页。
④ 《马克思恩格斯全集》第40卷,北京:人民出版社1982年版,第139页。
⑤ 《马克思恩格斯全集》第40卷,北京:人民出版社1982年版,第49页。
⑥ [民主德国] 玛蒂娜·汤姆:《论马克思的博士论文》,见姚颖主编:《经典作家著作研究 I》,《马克思主义研究资料》第11卷,北京:中央编译出版社2015年版,第263页。

性的地方,他这样做的目的是为了不同他自己的宗教前提发生矛盾"。① 同时,马克思也评论说,与亚里士多德"热情洋溢的论述"比较起来,伊壁鸠鲁的论述就显得单调无味。尽管在整体上赞赏伊壁鸠鲁反对宗教和追求幸福的思想,但是,马克思还是批判伊壁鸠鲁那孤立的利己主义思想,即把个人描述为在社会领域内具有自我意识的原子,并在四分五裂的世界中采取逃避的办法来获得内心的自由与安宁。

针对普卢塔克从宗教角度对伊壁鸠鲁的道德谴责,马克思抨击普卢塔克歪曲伊壁鸠鲁的哲学,讥讽普卢塔克的理解能力低下。马克思在不同场合说了大量的讽刺普卢塔克的话语。马克思说:"只须读一读那篇反映他对伊壁鸠鲁哲学的拙劣吹嘘和荒谬解释的前言,就足以相信他完全无能力进行哲学批判""很清楚,普卢塔克不理解伊壁鸠鲁的连贯性""普卢塔克是在瞎说,他评论起来象个学徒工""这里普卢塔克也同样暴露出他不理解伊壁鸠鲁的连贯性""这个意见对伊壁鸠鲁的快乐辩证法具有重要的意义,尽管普卢塔克对它也作了错误的批评""他以为他有权把他的最荒谬的无稽之谈和鄙俗之言冒充为未知领域,来和哲学家相抗衡""普卢塔克全然不理解伊壁鸠鲁关于惧怕神的论断的含义""普卢塔克却针对这一点提出下面这种愚蠢的、只配由眼光狭小的乡村小学教师来说的反驳"。② 这些话表明,讽刺和挖苦正逐渐成为马克思进行批判的一个显著特色。

## 第三节 马克思的批判性阅读

在摘录和评论的基础上,马克思对政治、宗教、哲学、宗教与哲学的关系等问题展开了批判。这里的批判,不仅是指马克思所说的"根据本质来衡量个别的存在,根据观念来衡量特殊的现实"的狭义批判,③ 而且是指"一种普遍的文化形式,一种道德的和政治的态度,一种思想方式"的广义批判。④ 可以说,马克思一生的批判精神最充分地体现在

---

① 《马克思恩格斯全集》第 40 卷,北京:人民出版社 1982 年版,第 52 页。
② 《马克思恩格斯全集》第 40 卷,北京:人民出版社 1982 年版,第 62、62、63、74、74、75、80、103 页。
③ 《马克思恩格斯全集》第 1 卷,北京:人民出版社 1995 年版,第 75 页。
④ [法]福柯:《什么是批判?》,见詹姆斯·施密特编:《启蒙运动与现代理性:18 世纪与 20 世纪的对话》,徐向东、卢华萍译,上海:上海人民出版社 2005 年版,第 390 页。

博士论文和伊壁鸠鲁的哲学笔记中。在这些批判中，政治批判才刚刚萌芽，最不成熟；宗教批判主要是通过普卢塔克与伊壁鸠鲁的神学论战的方式展开；最为系统的哲学批判是以辨析伊壁鸠鲁和德谟克特利的自然哲学的差别的方式展开的；宗教与哲学关系的批判，与宗教批判密切相关。对这些批判的认真梳理，有助于理解马克思的思想成熟度和后来对各种思想的接受与批判。

## 一、政治批判与启蒙

马克思在1857年12月21日致拉萨尔的信中说，他对伊壁鸠鲁、斯多葛派和怀疑论的研究"与其说出于哲学的兴趣，不如说出于（政治的）兴趣"。① 在1840年的《弗里德里希大帝和他的敌人》（献给马克思）中，科本将斯多葛学派、伊壁鸠鲁学派和怀疑主义思想与近代启蒙特别是弗里德里希大帝的开明君主专制的启蒙联系起来，以便批判1830年代以来普鲁士的宗教和政治专制的回流。弗里德里希大帝曾在《对卢克莱修第三部"论对死徒劳无益之恐怖与对来世生活之恐惧"的模仿》中，利用伊壁鸠鲁的论据来反对灵魂不朽的学说。在博士论文的"献辞"中，马克思以路德维希·冯·威斯特华伦的名义表达了相信进步、反对倒退的意志。马克思说："他从不在倒退着的幽灵所投下的阴影面前畏缩，也不被时代上空常见的浓云密雾所吓倒，相反，他始终以神一般的精力和刚毅坚定的目光，透过一切风云变幻，看到那在世人心中燃烧着的九重天。"② 在这里，马克思对政治的批判只是以含蓄的方式表达出来的，但也充分说明马克思对普鲁士的封建专制复辟的高度关注。

其实，伊壁鸠鲁哲学本身就具有政治含义，不管是体现在无神论和民主政治方面，还是体现在反对基督教国家和国家的神圣性方面。黑格尔在《逻辑学》中说："在近代，原子论的观点在政治学上较之在物理学上尤为重要。照原子论的政治学看来，个人的意志本身就是国家的创造原则。个人的特殊需要和嗜好，就是政治上的引力，而共体或国家本身只是一个外在的契约关系。"③ 在伊壁鸠鲁看来，人天生就是一个追求自己幸福和快乐的非政治性或非社会性的动物。这种人性论为马基雅维

---

① 《马克思恩格斯全集》第29卷，北京：人民出版社1972年版，第527页。
② 《马克思恩格斯全集》第1卷，北京：人民出版社1995年版，第9页。
③ ［德］黑格尔：《小逻辑》，贺麟译，北京：商务印书馆1994年版，第215页。

利、霍布斯、斯宾诺莎和洛克所采纳，开创出近代的政治哲学。维柯甚至将格劳修斯、普芬多夫这些自然法家也称之为现代的伊壁鸠鲁主义者。由于牛顿力学以伊壁鸠鲁的原子论为基础，所以，以牛顿力学为基础的法国启蒙思想家的理论，如拉美特利的《人是机器》、霍尔巴赫的《论自然体系》等，也是植根于原子论。伊壁鸠鲁强调原子的偏斜运动和个人的自由，就具有了民主共和的精神。埃德蒙·柏克在《法国革命论》中将革命分子等同于伊壁鸠鲁主义者。格奥尔格·毕希纳在《丹东之死》中说："如果罗马人愿意蹲在墙角煮萝卜吃，这是他们的事……我们共和国的守门人应该是快乐欢畅的伊壁鸠鲁和臀部丰满的维纳斯，而不是道貌岸然的马拉和沙里叶。"① 毕希纳甚至将法国大革命时期的雅各宾党人的内部斗争，归结为伊壁鸠鲁主义者丹东与斯多葛主义者罗伯斯庇尔之间的斗争。丹东说："世界上只有伊壁鸠鲁，粗俗的或者文雅的，耶稣基督是最文雅的；这是我在人与人之间所能找到的唯一区别。人人都按照自己的秉性行事，也就是说，做他自己愿意做的事。"②

废除宗教和建立一个没有宗教的政府，在普鲁士当时的政府与宗教联盟形成基督教国家的形势下，是一种更大胆的政治批判。在复辟时期的普鲁士，基督教与国家开始合流。在1840年6月7日登上普鲁士王位之后，威廉四世公开使用"基督教国家"并试图将国家建立在基督教信条和绝对服从的基础之上，将科学基督教化。"基督教国家"的理念认为，"每一个特定的国家的每一项契约，都只是永恒社会的伟大初始契约中的一款，它联系着低等的自然界和高等的自然界，连接着可见的世界与不可见的世界，遵循着约束一切物理界和一切道德界各安其位的那项不可违背的誓言所裁定的固定了的约定"。③ 这就意味着，国家是上帝与人间契约的一个永恒部分。在基督教国家的理念中，"人在本质上是一种宗教动物"，因为"宗教乃是公民社会的基础，是一切的善和一切慰藉的源泉"。④ 而且，"他们认为他们的教会对他们的国家不是一种方便，

---

① ［德］格奥尔格·毕希纳：《毕希纳全集》，李士勋、傅惟慈译，北京：人民出版社2008年版，第30—31页。
② ［德］格奥尔格·毕希纳：《毕希纳全集》，李士勋、傅惟慈译，北京：人民出版社2008年半，第57页。
③ ［英］柏克：《法国革命论》，何兆武等译，北京：商务印书馆2009年版，第129页。
④ ［英］柏克：《法国革命论》，何兆武等译，北京：商务印书馆2009年版，第121—122页。

而是一种本质……他们认为它是他们整个宪法的基础，借助于宪法和宪法的每一个部分，它支撑着一个牢不可破的联盟。在他们的心目中，教会和国家乃是不可分割的概念，很少只提到其中的一个而不同时提到另一个的"。① 秉持这样的理念，宗教本身就变成了政治问题，无神论思想在政治上遭到迫害和打击。按照恩格斯在1844年4月底在《北极星报》上发表的《普鲁士局势》的报道，威廉四世"他开始是摆出一副开明的姿态，继而转向封建主义，最后建立起警察密探统治体制"和"苛刻的书报检查和法庭的起诉"，"禁止旁听"，"压制现象极为普遍"，以至于"不满情绪到处都在增长"。② 许多报纸被查封了，激进的大学讲师和学生被开除了。"复辟时期和比德迈时期的社会患有精神官能症。……面对一个过渡时期的巨大压力……德意志市民大众回撤到受政权威胁而不是受政权保护的内心世界中去，这个内心世界被理想化为一个健全的世界。太平、秩序、和谐、和平、惬意、田园生活、家居为乐……。"③

面对封建复辟时期的德国人退回到宗教的幻想或理想化的幸福图像来麻痹自己的现实，宗教批判就需要与政治批判携手并进。可以说，马克思的博士论文的"献辞"就是对普鲁士专制复辟的隐含政治抗议。在《莱茵报时期》，马克思对普鲁士的基督教国家的理念展开了公开的批判。"把人兽化的信仰，竟成了政府的信仰和政府的原则，这真是咄咄怪事。诚然，这与信教并不矛盾，因为把动物神化也许是宗教最始终如一的存在形式，或许不久就应当不谈宗教的人类学，而谈宗教的动物学了。"④ 1842年3月，马克思曾写了一篇《在内部的国家制度问题上对黑格尔自然法的批判》的文章，以便"同立宪君主制这个彻头彻尾自相矛盾和自我毁灭的混合物作斗争"。⑤ 马克思在1842年7月9日致卢格的信中，谈到"关于教会纠纷问题的论文被抽掉了"的内容："我在这篇论文中指出了国家的拥护者怎样站在教会的立场上，而教会的拥护者又怎样站在国家的立场上。"⑥ 德国学者玛蒂娜·汤姆对此总结道："其实，

---

① [英]柏克：《法国革命论》，何兆武等译，北京：商务印书馆2009年版，第132页。
② 《马克思恩格斯全集》第42卷，北京：人民出版社1979年版，第194—195页。
③ [德]弗里茨·约·拉达茨：《海因里希·海涅传》，胡其鼎译，北京：东方出版社2001年版，第56页。
④ 《马克思恩格斯全集》第47卷，北京：人民出版社2004年版，第25页。
⑤ 《马克思恩格斯全集》第47卷，北京：人民出版社2004年版，第23页。
⑥ 《马克思恩格斯全集》第47卷，北京：人民出版社2004年版，第31页。

马克思从一开始就使自己的理论研究从属于并列入各个发展阶段的已被清楚意识到的政治要求。马克思始终孜孜不息地积极参与社会进步，与此同时，他有意识地把当前的问题作为研究的出发点，这都在很大程度上决定了他的理论研究的视角和解决问题的途径；对社会进程进行理论分析的彻底性反过来又导致对意识形态要求本身作出准确的表述。于是，分析伊壁鸠鲁哲学就被进一步发展成批判地从政治上理解哲学与社会现实的关系以及世界观思想的革命功能。"①

## 二、宗教批判：普卢塔克与伊壁鸠鲁的神学论战

如果说马克思的政治抗议是隐含的，那么，马克思对宗教的批判则是公开的。这不仅与马克思对现实的关注有关，而且也与马克思缺乏完全的宗教体验、青年黑格尔派的影响和马克思的世俗救世主的情怀有关。② 对当时的青年黑格尔派来说，阐述伊壁鸠鲁哲学的无神论本身就是对现实宗教的批判，尽管伊壁鸠鲁哲学像康德哲学一样保留了神的存在。在博士论文的序言中，马克思借用普罗米修斯的口吻宣布，"我痛恨所有的神"。要知道，普罗米修斯是反抗压迫和暴政、争取自由的象征。"在普罗米修斯，通过四肢，人的意志被青铜钉子钉死，它已不能动弹；何况它身旁有两个看守：暴力和权力。"③ 普罗米修斯的奴役只是外在的奴役，心灵还是自由的。马克思不仅要反对外在的奴役，而且要反对内心的奴役。宗教奴役了人的内心和精神，所以，要展开宗教批判来获得自我意识的独立和思想的自由。在宗教批判或启蒙的意义上，伊壁鸠鲁就是一位自我意识的哲学家。

在《哲学史讲演录》中，黑格尔不仅指出了政治与哲学、宗教之间存在着紧密的联系，而且从政治角度探讨基督教产生的历史根源。黑格尔说："罗马皇帝的专制把人们的精神从地上驱逐到天上去了，剥夺了人民的自由，迫使他们抛弃了一切永恒的、绝对的东西，逃避到神那里去求庇护。剥夺自由带来的广泛苦难，迫使他们在天国里去寻找和仰望幸

---

① ［德］玛蒂娜·汤姆：《论马克思的博士论文》，见姚颖主编：《马克思主义研究资料》第 11 卷，北京：中央编译出版社 2015 年版，第 236 页。
② N. Lobkowicz, "Karl Marx's Attitude toward Religion", *The Review of Politics*, Vol. 26, No. 3, July 1964, p. 351.
③ ［法］维克多·雨果：《莎士比亚传》，丁世忠译，北京：团结出版社 2006 年版，第 158 页。

福。相信神的客观存在和人的腐化与奴役以同样步伐进行的，前者只不过是这个时代精神的一种启示、一种现象罢了。"① 对于伊壁鸠鲁而言，神是一个理性的、不会干预人间事务的快乐主义者。理性的人不需要对非人格化的神保持敬畏，完全可以在神存在的情况下追求快乐的生活。因此，对马克思而言，揭露神学的辩护性质就起着间接政治斗争的作用。"从宗教的角度看，原子论的问题在于，由于原子是不可分的，所以它们是不可改变的，因此它们就是永恒的、完美的、不可创造的。"② 这就否定了上帝创造世界的宗教观念。

普卢塔克是伊壁鸠鲁的激烈反对者。在《关于伊壁鸠鲁哲学的笔记》第二、三册中，马克思在阅读普卢塔克的《论信从伊壁鸠鲁不可能有幸福的生活》时，利用普卢塔克对伊壁鸠鲁的批判而展开了与普卢塔克的神学论战，并将对神学论战的分析放在《博士论文》的附录"评普卢塔克对伊壁鸠鲁神学的论战"中。尽管这个附录中的内容大都已经佚失，但是，马克思对宗教的批判取得了极大的成果。德国学者恩·施密特说："《关于伊壁鸠鲁哲学的笔记》中的本应成为《附录》对象的对普卢塔克的用词严厉的论战，揭开了马克思后来同政治上的和世界观上的敌人进行的一系列大论战的序幕。正是这种论战的比较一般的特征把博士论文同马克思的全部活动和创作紧密地联系在一起了。"③ 麦卡锡（2013）甚至认为马克思在这个附录中发展了一种宗教理论，"其综合了伊壁鸠鲁、希腊的唯物论者、德国古典主义者和青年黑格尔派的立场"。④

在马克思看来，伊壁鸠鲁和普卢塔克神学论战的实质就是，增加一个虚幻的神灵中介或宗教是否会增加人的幸福和快乐。伊壁鸠鲁和普卢塔克都认为，感觉上的恐惧特别是对死亡的恐惧是产生神灵的心理原因。这种恐惧主要来自"对不死的希望和生存的渴望这种一切欲望中最古老

---

① [德]黑格尔：《黑格尔早期神学著作》，贺麟译，北京：商务印书馆1988年版，第260页。
② [美] A. P. 马蒂尼奇：《霍布斯传》，陈玉明译，上海：上海人民出版社2006年版，第213页。
③ [民主德国]恩·施密特：《论马克思的博士论文（续）》，见姚颖主编：《马克思主义研究资料》第11卷，北京：中央编译出版社2015年版，第308页。
④ [美]麦卡锡：《马克思与古人》，王文扬译，上海：华东师范大学出版社2011年版，第69页。

和最强烈的欲望"，以及来自对妻子和子女的爱。在马克思看来，"爱的外衣仅仅是影子，而核心则是那赤裸裸的经验的'我'，自爱，爱的最古老的形式，它并没有更新，没有变成更具体、更理想的形式"。① 也就是说，伊壁鸠鲁从人的自爱本性出发论证神灵不存在，而普卢塔克则从人的自爱本性出发论证神灵"这个骗人的虚构"的存在。伊壁鸠鲁认为，神灵本身是原子的结合，也会死亡，虚构的神灵为人类增加了新的恐惧。普卢塔克则认为，对神的恐惧有助于人们"把他当作对好人厚道对坏人严酷的主宰"。普卢塔克说："这些人由于有这种恐惧心理便避免去做不公正的事，也不需要许多拯救者；他们的恶意逐渐受到抑制，因此他们感受的精神痛苦，比那些染上恶习和胆大[妄为]而后感到害怕悔恨的人要少"；"那些认为善良的人死后将会因[正直的]生活而得到奖赏的人，奇怪地被上述希望推动着去行善。在这些希望中也包含着这样一种[希望]：那些在现时生活中因为有钱有势而过于骄傲并且狂妄地嘲笑好人的人，一定会受到应得的惩罚"。② 在马克思看来，利用恐惧来加强公正仅仅是动物性行为，而恐惧感也只是"不公正的人提高自己的一种方式"。因此，基于奖惩的宗教只是把人看作动物的结果，持有这种宗教信念的人是"最可耻的"。③ 针对普卢塔克将"集经验恶行的一切后果之大成的共同体"这个神灵有助于阻止人们去作恶而获得更大的益处的说法，马克思评论说："伊壁鸠鲁不正是直截了当地教导同样的东西吗：勿行不义，免得经常担心受到惩罚。"④ 也就是说，普卢塔克和伊壁鸠鲁都强调内心的安宁和幸福是生活的目的。但区别在于，普卢塔克需要借助神灵将恐惧掩盖起来，而伊壁鸠鲁则直接消除人们对外来的恐惧。

同时，普卢塔克认为，想到神灵还会"轻而易举地驱散各种悲伤、恐惧和忧虑并沉醉在欢乐之中，直到狂喜、戏谑和欢笑，在爱里面"，带来各种感性的快乐。在马克思看来，这样的神灵"正是摆脱其日常束缚而被神化了的个体性，即伊壁鸠鲁的'哲人'及其'心灵的宁静'"，而神灵所带来的幸福，就在于"想象一种纯粹的幸福"。⑤ 当普卢塔克说

---

① 《马克思恩格斯全集》第40卷，北京：人民出版社1982年版，第87页。
② 《马克思恩格斯全集》第40卷，北京：人民出版社1982年版，第81、90页。
③ 《马克思恩格斯全集》第40卷，北京：人民出版社1982年版，第85页。
④ 《马克思恩格斯全集》第40卷，北京：人民出版社1982年版，第81页。
⑤ 《马克思恩格斯全集》第40卷，北京：人民出版社1982年版，第82页。

"把死亡看作一种巨大的和极完美的幸福，因为只有在那里灵魂才开始过着真正的生活"时，马克思则认为，指望死后得到生命的奖赏意味着轻视生活本身，轻视幸福本身。当普卢塔克说现实生活是"处在一种梦一般的状态中"的生活和神灵能够带来生命的永恒时，马克思则批评这种论证的自相矛盾。"既然对他们来说对生命的奖赏是一种与生命有着质的差别的东西，那么在这种情况下指望得到延长生命的奖赏是多么不合逻辑。……如果在他们看来整个生活是一种幻影，一种坏的东西，那么他们认为他们是好人这种想法究竟从何而来呢？"①

因此，普卢塔克的神学理论和伊壁鸠鲁的哲学理论，都是建立在功利主义基础之上来论证神灵是否是必要的虚构，以及虚构的神灵是否能帮助人们更加幸福地生活。伊壁鸠鲁对此作出了否定的回答，而普卢塔克则希望借助功利主义来论证虚构的神灵崇拜的必要性。马克思总结道："在对伊壁鸠鲁的论战中，普卢塔克每一步都落到伊壁鸠鲁的怀抱里；但伊壁鸠鲁扼要地、抽象地、真实地和尖锐地阐述自己的论断，并且了解他讲的究竟是什么，而普卢塔克所说的都不是他想说的，而他想说的实际上又不是他所说的。"② 但现实是，普卢塔克虚构的神灵带来的不是幸福，而是宗教的压迫和苦难，伊壁鸠鲁却是揭穿宗教压迫的英雄。马克思引用卢克莱修的话说："当大地上人类的生活有目共睹地在宗教的重压下悲惨无状，久久煎熬，而宗教则在天际昂然露出头来板着凶恶的脸孔俯视那被踩在地下的人群的时候，是一个希腊人首先敢于抬起凡人的目光，对着它以眼还眼，敢于挺身出来抗拒。"③ 正是基于这种认识，桑瓦尔德（Roll Sannwald）认为，"马克思把伊壁鸠鲁这一希腊启蒙的最伟大人物放在了与宙斯的反对者普罗米修斯并列的地位。这是一场在人类自我意识的自治王国中反对诸神和信仰，自我意识恰恰联合了这两者"。④

从普卢塔克和伊壁鸠鲁的神学论战以及黑格尔在《哲学史讲演录》的相关论述中，马克思认识到，宗教不仅是虚幻的现实反映，而且有其历史的政治根源，对宗教的批判则意味着真正解放的开始。在1795年致

---

① 《马克思恩格斯全集》第40卷，北京：人民出版社1982年版，第90页。
② 《马克思恩格斯全集》第40卷，北京：人民出版社1982年版，第91页。
③ 《马克思恩格斯全集》第40卷，北京：人民出版社1982年版，第105页。
④ ［美］麦卡锡：《马克思与古人》，王文扬译，上海：华东师范大学出版社2011年版，第28页。

谢林的信中，黑格尔说："宗教和政治是一丘之貉。宗教所教导的就是专制主义所向往的。这就是蔑视人类，不让人类改善自己的处境，不让他凭自己的力量完成其自身。"① 当亚历山大摧毁希腊城邦时，斯多葛学派和伊壁鸠鲁学派也开始宣扬个体救赎的道德理念，断言政治和公民生活不重要，以便建立一个强大的精神世界来抵御外在世界的暴力和侵扰。这种"逃向自我、沉溺于自我"的自我意识哲学，本质上是一种走向内心封闭、对现实绝望的哲学。在古希腊，城邦的瓦解产生了斯多葛派和伊壁鸠鲁派，从而奠定了基督教崛起的心理基础。

在博士论文中，马克思对伊壁鸠鲁和卢克莱修的宗教批判进行了总结，而"从每一个观点来看，伊壁鸠鲁主义都可以被称为宗教批判的古典形态和宗教批判传统的基层"。② 在伊壁鸠鲁看来，生活的目标是追求没有痛苦的快乐，而对神祇、死亡和自然必然性的恐惧是痛苦的根源。"仅当人们缺乏对真正原因的知识之时，对神祇的恐惧才会出现并持续下去。"③ 因而，对散布恐惧和幻觉的宗教展开批判并获得真理的知识是获得个人的心灵安宁或者幸福的最高任务。原子论对世界提供了一种机械论的解释，断言生存与死亡不过是原子的不同组合形式而已。因此，伊壁鸠鲁的自然哲学和宗教批判服务于他的伦理学。"他是古代真正激进的启蒙者，他公开地攻击古代的宗教，如果说罗马人有过无神论，那末这种无神论就是由伊壁鸠鲁奠定的。因此卢克莱修歌颂伊壁鸠鲁是最先打倒众神和脚踹宗教的英雄；因此从普卢塔克直到路德，所有的圣师都把伊壁鸠鲁称为头号无神哲学家，称为猪。"④

从伊壁鸠鲁的原子论角度看，灵魂、思维和天体都是与原子的碰撞、聚合和分离密切相关的，不存在永恒不变的天体和不朽的灵魂。那么，相信灵魂不死和崇拜天体的宗教是如何产生的呢？马克思根据亚里士多德和伊壁鸠鲁的论述，总结了三个原因。首先，相信感性知觉的客观性。人的生命与天体的寿命相比表现出来的短暂性，让人感觉天体具有永恒性。这种感觉知识在记忆和文化的代代相传之中成为一种不可撼动的传

---

① 苗力田译编：《黑格尔通信百封》，上海：上海人民出版社1981年版，第43页。
② [美]列奥·施特劳斯：《斯宾诺莎的宗教批判》，李永晶译，北京：华夏出版社2013年版，第54页。
③ [美]列奥·施特劳斯：《斯宾诺莎的宗教批判》，李永晶译，北京：华夏出版社2013年版，第71页。
④ 《马克思恩格斯全集》第3卷，北京：人民出版社1960年版，第147页。

统，形成了天体即众神、神的启示的神话。在不断遭受灾祸和生死幻灭的苦难时，人将灵魂与不死的天体联系在一起，起到了麻痹灵魂的作用，让灵魂更能忍受苦难的折磨。其次，群体利益的考虑。任何社会群体为了生活和法律的利益，都会在自然宗教基础上虚构与它相关的社会神话，将众神人化，以便增强群众的信仰和群体的内部团结。布鲁诺·鲍威尔和大卫·斯特劳斯从历史角度证明了，复福音书和耶稣都是社会的集体建构的意识形态。最后，将天体和众神与人的利益紧密结合起来。天体被认为能降祸福，人的愿望和膜拜行为可以改变天体的运动和众神的行为。① 人们之所以选择相信上帝，是因为现实的苦难只有在宗教的虚幻中才能得到摆脱，对恶人的惩罚只有在宗教的虚幻中才能得到实现。在卢克莱修看来，人类的恐惧来源于"无法觉察地球上、天空中所发生的各种各样事情的原因，而人们将此归因于神的意志"。② 如果人们知道天体有各自的运动规律，天体理论"并不包含有关幸福的特殊根据"，那么，获得有关天体运行和构成的知识就可以破除迷信、神话和天体崇拜的社会现象，也可以促进人们快乐地生活。这些总结表明，马克思此时还将宗教起源的功利因素、认识论根源和社会根源混淆在一起。

同时，在《关于伊壁鸠鲁哲学的笔记》中，马克思对康德批判上帝存在的证明进行了总结，得出了上帝存在的证明就是上帝不存在的根据的结论。马克思认识到，伊壁鸠鲁保留了神灵在天体上的存在，康德在论证人类的道德中还预设了上帝的存在，费希特、谢林和黑格尔全面地复活了上帝和宗教在社会中的基础性作用。如果说伊壁鸠鲁没有认识到宗教的社会根源，并将宗教批判当作获得个体心灵安宁的手段，那么，霍布斯和斯宾诺莎都将宗教批判当作获得社会安宁、免除宗教迫害与宗教战争的一种必要手段。对宗教批判的需要不仅促使马克思研究休谟、斯宾诺莎、培尔等人的宗教批判思想，而且促进马克思研究宗教的认识论根源和历史根源，阅读了大量的宗教历史著作。马克思在《莱茵报》时期与布鲁诺·鲍威尔、大卫·斯特劳斯和费尔巴哈一道积极参加了对基督教的批判。因此，马克思的宗教批判思想是建立在对伊壁鸠鲁、霍布斯、斯宾诺莎、培尔、休谟、霍尔巴赫、康德、费尔巴哈等人的宗教

---

① 《马克思恩格斯全集》第1卷，北京：人民出版社1995年版，第56页。
② [加] 戴维·欧瑞尔：《科学之美》，潘志刚译，北京：电子工业出版社2015年版，第30页。

批判思想和宗教历史基础之上的。与这些思想家保留不同程度的上帝和将宗教的根源局限于思想或政治领域不同的是，马克思坚持彻底的无神论思想，并将宗教的根源追寻到私有制和劳动的异化。这样，马克思就将宗教和国家的消灭与私有制的废除联系在一起，从而将"批判的武器"转化为重视革命活动的"武器的批判"。"一旦从宗教的幻觉中获得解放，唤醒自己对真实处境的清醒意识，从糟糕的经历中明白自己正受到既悭吝又有敌意的一个自然的威胁，他就会认识到，他唯一的拯救与职责，与其说是'培育（cultivate）自己的花园'［自我修行］，不如说首先是通过使自己成为自然的主人和所有者来培植（plant）一个花园。但这项事业在整体上首先要求政治行动，要求革命，要求生死攸关的斗争：希望安全隐遁地生活的伊壁鸠鲁主义者必须将自己转变为一个'理想主义者'，转变为懂得为荣誉和真理去战斗、去牺牲的理想主义者。"① 同时，马克思还认识到，宗教只是意识形态的一种表现形式，黑格尔哲学和古典政治经济学是意识形态的另外一种表现形式。因此，宗教批判就拓广到对黑格尔哲学的批判、鲍威尔的自我意识哲学的批判和政治经济学的批判，从而为唯物史观的建立开辟了道路。J. B. 福斯特正确地认识到，马克思在宗教批判中已经走上了唯物主义道路。②

### 三、哲学批判：伊壁鸠鲁和德谟克利特的自然哲学的差别

马克思之所以选择研究伊壁鸠鲁哲学，不仅是因为伊壁鸠鲁哲学体现了希腊哲学的"生活道路之最集中的表现和主观的要点"，而且"从伊壁鸠鲁哲学追溯希腊哲学，从而让它本身表现自己的特殊地位"。③ 在1829年出版的《古代世界哲学史》中，"李特尔以令人厌恶的道德说教的口吻谈论德谟克利特和留基伯，谈论一般原子论学说"。④ 因此，在《关于伊壁鸠鲁哲学的笔记》（五）的结尾处，马克思可能萌发了写作伊壁鸠鲁的自然哲学和德谟克利特的自然哲学之间差别的论文。马克思的博士论文《德谟克利特的自然哲学和伊壁鸠鲁的自然哲学的一般差别》

---

① ［美］列奥·施特劳斯：《斯宾诺莎的宗教批判》，李永晶译，北京：华夏出版社2013年版，第5页。
② 陈学明：《应当重视马克思对宗教目的论的批判—评 J. B. 福斯特对马克思"博士论文"的研究》，载《科学与无神论》，2010年第6期。
③ 《马克思恩格斯全集》第40卷，北京：人民出版社1982年版，第138页。
④ 《马克思恩格斯全集》第40卷，北京：人民出版社1982年版，第145页。

是一篇解读两个哲学思想之间的继承与发展关系的理解式阅读论文。针对黑格尔在《哲学史讲演录》未能深入研究伊壁鸠鲁哲学的细节和理解其在希腊哲学史中的重大意义，以及西方传统思想中把伊壁鸠鲁的自然哲学等同于德谟克利特的原子论的观点，马克思从希腊哲学发展史的宏观角度和自我意识哲学的现代观点入手探讨伊壁鸠鲁的自然哲学和德谟克利特的自然哲学的差别，并联系希腊社会的变化来探讨伊壁鸠鲁哲学的社会政治意义和哲学史演变的意义。

在博士论文中，马克思采用历史考证方法指出，西塞罗、普卢塔克、莱布尼兹等人都断定伊壁鸠鲁的物理学是从德谟克利特那儿抄袭过来的。但是，德谟克利特和伊壁鸠鲁的物理学的同一性，却与两者在认识论和方法论的对立性，是互相矛盾的。作为"经验的自然科学家和希腊人中第一个百科全书式的学者"，德谟克利特认为感性世界仅仅是主观假象，而伊壁鸠鲁则认为感性世界是客观现象；德谟克利特对感性世界采取经验观察的方法，而伊壁鸠鲁则轻视实证科学而重视思维推理；德谟克利特重视世界的必然性和因果联系，采取决定论的态度，而伊壁鸠鲁则重视偶然性和精神的自由；德谟克利特注重解释具体的物理现象，而伊壁鸠鲁注重心灵的宁静。由于德谟克利特和伊壁鸠鲁在理论意识和实践活动方面存在众多的差别，马克思根据互相矛盾的方法指出，德谟克利特和伊壁鸠鲁的自然哲学是不同的，并用其自然哲学方面的差别来解释两者在认识论和方法论方面的对立。马克思所采取的方法是"追寻现象，从现象出发进而推断出不可见的东西"，从而消除偏见和神话，证明自己的论断。

经过文献考证，马克思认为德谟克利特的自然哲学和伊壁鸠鲁的自然哲学的差别表现在五方面：第一，原子的运动差异。伊壁鸠鲁重视原子偏离直线的偏斜运动，而德谟克利特仅仅注意原子的直线运动和互相排斥。这就解释了德谟克利特只注意物质方面和必然性，而伊壁鸠鲁重视抽象的可能性和观念性。第二，原子的特性差异。伊壁鸠鲁重视原子的重力，而德谟克利特仅仅重视原子的体积和形状。这种原子特性规定的差别，就造成了伊壁鸠鲁提供了原子论科学而德谟克利特仅仅提供了有关物质的经验假设。第三，原子与元素的差异。伊壁鸠鲁区分了原则的原子和基础的原子（元素），从而利用元素来构造丰富多彩的现象世界。而德谟克利特认为原子只具有一种元素，"永远只是以对世界毫不相干的和外在的形式存在",从而无法构造整个现象世界。第四,时间规定的差异。德谟克利特将时间当作实体性的永恒的东西,而伊壁鸠鲁把时间规定为实体变化的偶性或者感性知觉对自身的反映。这样,德谟克利特就认为现象是与本质没有区别的东西,而伊壁鸠鲁则认为现象是本质的异化并在现实性中表现出来。第五,天象理论之间的差别。从相互联系的原子构成现象世界的过程出发,伊壁鸠鲁认为依赖于原子的不断聚合和斗争的天体不是永恒的,永恒的神灵也就不存在。自由地探索天体的组成和运动就有助于破除对天体的崇拜和迷信,重塑人类自我意识的信心。相反,德谟克利特的孤立的原子和虚空的运动则为神灵的存在提供了藏身之所。在德谟克利特看来,灵魂是一种能运动的球形原子。"因为这种形状最容易穿过任何物体,并且由于它们自身的运动而引起他物运动,他们认为是灵魂将运动赋予生物的。"① 由于永恒的天体是灵魂的最高居所,因此,德谟克利特与柏拉图和亚里士多德一样,都对天体抱着一种宗教的崇拜态度,而不是从物理学上去研究和解释天体的运动和构成。"对于天体的崇敬,是所有希腊哲学家遵从的一种崇拜。天体系统是现实理性的最初的、朴素的和为自然所规定的存在。希腊人的自我意识在精神领域内也占有同样的地位。它是精神的太阳系。因此,希腊哲学家在天体中崇拜的是他们自己的精神。……确实,伊壁鸠鲁反对整个希腊民族的观点。"② 根据这些差别,马克思认为,德谟克利特的原子论只是"一般的、经验的自然研究的普遍的客观的表现",是一种"纯粹的和抽象的范畴"和假设,而伊壁鸠鲁的原子论则是一种能够"自我意识"的自然哲学,是"原子论的取消和普遍的东西的有意识的对立物"。③ 这种自我意识,在马克思看来,是人的最高神性,而哲学正是关于人同现实的种种关系的自我意识及其升华,主要研究社会与个人、行动的自由与必然性的关系等问题。

因此,德谟克利特和伊壁鸠鲁自然哲学的差别,就是自然科学的假设和自然哲学的基础性原则之间的差别。德谟克利特从自然本身出发来研究自然,提出原子论的目的是为了解释自然。在《德意志意识形态》

---

① 苗力田主编:《亚里士多德全集》第三卷,北京:中国人民大学出版社1992年版,第8页。
② 《马克思恩格斯全集》第1卷,北京:人民出版社1995年版,第55页。
③ 《马克思恩格斯全集》第1卷,北京:人民出版社1995年版,第64页。

中，马克思说:"他所谓的原子仅仅是物理假设,用以解释事实的辅助工具。这完全像原子在近代化学(道尔顿等)解释化合比例方面所起的作用一样。"① 伊壁鸠鲁则是从社会角度出发来研究自然,提出"能动的原子"或者原子偏斜的思想是为了肯定生活实践中的自由。目的不同,同一理论的内容也就有所差别。这两种不同的原子论思想充分反映了德谟克利特和伊壁鸠鲁所处时代的社会环境不同。德谟克利特生活在希腊社会上升的时期,政治自由是有保障的,研究外部世界不需要论证自由的必要性。但是,伊壁鸠鲁却是生活在古希腊社会没落的时代,个人在社会中生存的分散性和孤立性需要对外部世界的压迫下心灵的自由进行论证。② 原子偏离直线的自由运动就为个人恬静的生活提供了心理安慰。因此,德谟克利特更多地是自然界的探索者,强调必然性的原子论思想体现了德谟克利特对政治自由的信心,而伊壁鸠鲁更多地是生活哲学家,强调偶然性的原子论思想则体现了伊壁鸠鲁对丧失政治自由的无奈。③ 谢林在1833年的《近代哲学史》中说:"人们必须承认,当今时代,整个形势和希腊文明和罗马文明的没落时期没有什么区别。当时只剩下斯多葛主义和伊壁鸠鲁主义分庭抗礼,而伊壁鸠鲁体系的特色恰恰是一个看起来很愚蠢的观点,即所谓的 clinamen atomorum [原子的变向],由于这个观点,伊壁鸠鲁体系在某种意义上把偶然性作为最高本原引入到哲学里面。我想说的是,尽管这个荒谬观点(确切地说,正因为有这个荒谬观点),伊壁鸠鲁体系即使在今天都仍然作为自由的一个避难所而必须被每一位自由的、热爱自由的精神所接纳,必须优于斯多葛体系而得到守护。"④ 在伊壁鸠鲁的视野中,原子论是与他的天体理论和社会伦理学说紧密联系的。这样,伊壁鸠鲁就借助原子论将自然界和人类社会统一起来,构建了自己的哲学体系。"于是,我们就看到,他一方面认为伊壁鸠鲁是按照人类社会模型来阐述原子论的,但与此相联系,马克思又批

---

① 《马克思恩格斯全集》第3卷,北京:人民出版社1960年版,第146页。
② [苏] 尼·拉宾:《马克思的青年时代》,南京大学外文系俄罗斯语言文学教研室翻译组译,北京:三联书店1982年版,第40页。
③ 在一定意义上说,马克思对伊壁鸠鲁和德谟克利特的自然哲学的比较研究,也是对德国古典哲学时期对自然哲学研究的反思。在马克思看来,谢林、黑格尔、斯特芬斯、奥肯等人的自然哲学,就是从自己的先验理论出发对自然科学成就的主观的、武断的甚至扭曲的解释。德国自然哲学的繁荣是与德国缺乏政治自由和自然科学的落后之间存在紧密的联系。随着自然科学的发展和政治自由的实现,自然哲学的衰落在所难免,黑格尔哲学体系也必将瓦解。
④ [德] 谢林:《近代哲学史》,先刚译,北京:北京大学出版社2016年版,第240页。

评了对待自然科学知识的随意性。"①

可以说,马克思根据保存下来的残篇对伊壁鸠鲁的哲学体系的重建,是1837年构建法学体系和哲学体系的继续。在重建伊壁鸠鲁体系的过程中,马克思使用了自我意识的哲学概念。"尽管自然哲学是他的论题,但是他把从原子到天体的自然现象看作可以说不是这些东西本身,而是把它们解释和评价为自我意识的反映,也就是具有意识内容的特殊状态。"② 相比之下,马克思对德谟克利特的唯物主义兴趣不大,没有考察作为社会哲学家的德谟克利特,也没有详细地研究德谟克利特的哲学体系,而是从认识论和自然哲学的角度把德谟克利特当作伊壁鸠鲁的反衬。③

从德谟克利特的自然哲学和伊壁鸠鲁的自然哲学的差别比较中,马克思推翻了西塞罗和普卢塔克等评论家关于德谟克利特和伊壁鸠鲁的物理学同一的传统偏见,纠正了黑格尔《哲学史演讲录》的一个错误,也纠正了谢林在《哲学与宗教》中将原子论当作经验论的一个错误看法,解决了希腊哲学史上的一个理论问题。"即使他自己还没有完全掌握这些体系的唯物主义基础,并且同伊壁鸠鲁相比还没有完全理解德谟克利特,他也完全知道这里所探讨的自然哲学观的价值。同时,他还发现了以对自然进行反思的方式来思考社会的方法。所以,他也重视伊壁鸠鲁哲学的无神论内容,如像他在宇宙起源学和对人类自我意识与自由的规定中所反映出来的那样。"④ 具体而言,马克思在研究方法、理论认识、批判方法和自由观上获得的新洞见可以总结如下。

第一,对一个具体事物或者思想体系的理解,不能简单地把固有的观念塞进去,而是应该在事物或者思想体系的"固有的特殊性中加以考察"。对具体事物或者思想体系的研究,应该从历史发展的角度和宏观背景中来探寻其历史意义,应该根据哲学体系与现实的内在关系来分析,

---

① [民主德国] 玛蒂娜·汤姆:《论马克思的博士论文》,见姚颖主编:《马克思主义研究资料》第11卷,北京:中央编译出版社2015年版,第246页。
② [民主德国] 恩·施密特:《论马克思的博士论文(续)》,见姚颖主编:《马克思主义研究资料》第11卷,北京:中央编译出版社2015年版,第307页。
③ [民主德国] 玛蒂娜·汤姆:《论马克思的博士论文》,见姚颖主编:《马克思主义研究资料》第11卷,北京:中央编译出版社2015年版,第246页。
④ [民主德国] 玛蒂娜·汤姆:《论马克思的博士论文》,见姚颖主编:《马克思主义研究资料》第11卷,北京:中央编译出版社2015年版,第245页。

应该在细微差别的比较中来发掘思想体系的内在逻辑结构。从博士论文第一部分"论文的对象"的写作中,马克思认识到,本质与现象似乎是分离的,本质的差别"只有用显微镜才能发现它们"。"如果按照现象的存在来考察现象,那么本质和现象就完全混淆起来了;如果按照现象的概念来考察现象,则本质和现象就完全分开了,因而现象便降低为主观的假象。"① 因此,正确的研究方法是从现象的本质和运动出发,理解整个现象的构成过程。黑格尔也说:"当有了某种东西,要对它的本性本身加以考察时,我们所得到的,每每正是这种外在的联系。这种考察没有抓住自在自为的本质,只是根据一些不确定的原则,或者只是根据一些顺便拾取的原则予以形式的推论。"② 正是从思想体系的本质或者内在结构出发,马克思认真地考察了伊壁鸠鲁哲学。"马克思进行有竞争性的对伊壁鸠鲁的研究时采用的考察方式的第一个重大长处——不仅对于那个时代,而且直到今天其实也是如此——在于把全面的,以一般的东西、本质为目标的研究和特殊的面向个别细节的研究统一起来。"③ 在某种程度上说,伊壁鸠鲁从原子论出发解释整个世界的生成与运动过程,非常类似于马克思从劳动价值论出发解释整个资本主义社会的生成与运动过程。

第二,实践是破解黑格尔关于思维与存在的同一性问题的关键。从德谟克利特的静态原子论和伊壁鸠鲁的动态原子论出发,马克思认识到,思维和表象的多样性与存在的单一性之间存在着冲突,思维与存在不是简单的同一。从原子偏斜中,马克思不仅看到了自由意志和世界的斗争,也看到了哲学史的运动不是如黑格尔所说的直线运动。"'偏离直线'就是'自由意志',是特殊的实体、原子真正的质。"④ 在原子因为偏斜而相互冲撞的过程中,马克思看到了"世界就是在原子的斗争中形成的"和原子的反抗和顽强,犹如霍布斯的"一切人反对一切人"的战争一样。⑤ 这样,在伊壁鸠鲁的自然哲学中,原子论就是为他的社会政治和

---

① 《马克思恩格斯全集》第1卷,北京:人民出版社1995年版,第52—53页。
② [德]黑格尔:《哲学史讲演录》第三卷,贺麟、王太庆译,北京:商务印书馆2009年版,第9页。
③ [民主德国]恩·施密特:《论马克思的博士论文(续)》,见姚颖主编:《马克思主义研究资料》第11卷,北京:中央编译出版社2015年版,第305页。
④ 《马克思恩格斯全集》第40卷,北京:人民出版社1982年版,第121页。
⑤ 《马克思恩格斯全集》第40卷,北京:人民出版社1982年版,第123页。

伦理学说服务的。而且，德谟克利特的理论与实践是脱节的，伊壁鸠鲁的理论和实践是统一的。"在哲学史上存在着各种关节点，它们使哲学在自身中上升到具体，把抽象的原则结合成统一的整体，从而打断了直线运动，同样也存在着这样的时刻：哲学已经不再是为了认识而注视着外部世界；它作为一个登上了舞台的人物，可以说与世界的阴谋发生了瓜葛，从透明的阿门赛斯王国走出来，投入那尘世的茜林丝的怀抱。"① 在马克思看来，黑格尔哲学在"把握了整个世界以后就起来反对现象世界"，在"给自己戴上了各种具有特色的假面具"之后就脱离了社会的实践活动。② 马克思说："所以，与本身是一个整体的哲学相对立的世界，是一个支离破碎的世界。因而这个哲学的能动性也表现得支离破碎，自相矛盾；哲学的客观普遍性变成个别意识的主观形式，而哲学的生命就存在于这些主观形式中。"③ 在马克思看来，哲学是对充满矛盾的社会现实的反映，黑格尔哲学则是在法国大革命后黑格尔对德国市民社会的经验和过程加以概括的精神产物。随着社会现实的发展，哲学体系的表现形式也必然发生变化。冲破黑格尔的体系，不仅是由社会现实本身的发展所决定的，而且也离不开社会参与者的实践活动和历史机会的利用。这意味着，马克思会更加注重哲学的启蒙功能和实践功能，而不仅仅关注哲学的认识功能。哲学必须成为行动的哲学，必须介入时代的斗争。因此，思维与存在的同一，必须经过实践环节。从这个角度看，伊壁鸠鲁利用原子论来统一自然界和社会的同一哲学就具有内在的局限性。

第三，从亚里士多德哲学的解体过程中判断黑格尔哲学解体后的走向。希尔曼（Hillmann, 1966）认为，伊壁鸠鲁对亚里士多德的批判与断裂预示着马克思对黑格尔的批判与决裂的愿望。郗戈（2014）根据马克思在《关于伊壁鸠鲁哲学的笔记》（五）中认识到"黑格尔之后"与"亚里士多德之后"哲学境遇的相似性，断定伊壁鸠鲁对亚里士多德哲学的批判和革命就预示了马克思对黑格尔哲学进行变革的历史担当。从伊壁鸠鲁和德谟克利特的自然哲学比较中，从普卢塔克对伊壁鸠鲁的神学论战中，从卢克莱修对伊壁鸠鲁的准确理解中，马克思认识到，不能因为"自己的无知"而"从道德上解释他［黑格尔］的体系"，不能说

---

① 《马克思恩格斯全集》第 40 卷，北京：人民出版社 1982 年版，第 135 页。
② 《马克思恩格斯全集》第 40 卷，北京：人民出版社 1982 年版，第 136 页。
③ 《马克思恩格斯全集》第 40 卷，北京：人民出版社 1982 年版，第 136 页。

"他的见解背后隐藏着不可告人的意图",而是要"根据他的内在本质的意识来说明那个对于他本人具有一种外在的意识形式的东西"。① 这就意味着,对黑格尔哲学的批判需要从其本质或者原则的高度进行。马克思说:"一个哲学家由于这种或那种适应会犯这样或那样的表面上首尾不一贯的毛病,是可以理解的,他本人也许会意识到这一点。但是,有一点是他意识不到的,那就是:这种表面上的适应的可能性本身的最深刻的根源,在于他的原则本身不充分或者哲学家对自己的原则没有充分的理解。"②

早在1810年,E. K. 巴赫曼在对《精神现象学》的著名评论中,就将黑格尔称作"德国亚里士多德",并断言黑格尔的弟子们的任务就是去"认识他体系中所包含的真理"。③ 根据对亚里士多德体系解体过程的研究,马克思推断,黑格尔体系也会经历类似的两方面的解体过程。一方面是哲学的世界化或者实践化过程。马克思说:"在自身中变得自由的理论精神成为实践力量,作为意志走出阿门塞斯冥国,面向那存在于理论精神之外的尘世的现实,——这是一条心理学规律。……当哲学作为意志面向现象世界的时候,体系便降低为一个抽象的总体,就是说,它成为世界的一个方面,世界的另一个方面与它相对立。体系同世界的关系是一种反思的关系。"④ 另一方面是哲学体系在面对现实的斗争中批判地发展。这种发展表现为,"它们只感觉到同体系的有伸缩性的自我等同的矛盾,而不知道当它们转而反对这个体系时,它们只是实现了这个体系的个别环节"。⑤ 由于"哲学的实践本身是理论的",因此,世界的哲学化过程也就是一个理论批判的过程。在马克思看来,德国出现了与黑格尔哲学相关联的三个不同的批判派别:一是以阿诺德·卢格、布鲁诺·鲍威尔、路德维希·费尔巴哈为代表的"自由派";二是以克·海·魏斯、伊·海·费希特、安·君特和弗·巴德尔为代表的"实证哲学派";三是以阿·特伦德伦堡为代表的"复兴派"。自由派坚持黑格尔哲学的概念和原则,利用黑格尔哲学展开对宗教的批判。实证哲学派反对理性

---

① 《马克思恩格斯全集》第1卷,北京:人民出版社1995年版,第74—75页。
② 《马克思恩格斯全集》第1卷,北京:人民出版社1995年版,第74—75页。
③ [美]特里·平卡德:《黑格尔传》,朱进东、朱天幸译,北京:商务印书馆2015年版,第285页。
④ 《马克思恩格斯全集》第1卷,北京:人民出版社1995年版,第75页。
⑤ 《马克思恩格斯全集》第1卷,北京:人民出版社1995年版,第76页。

认识，认为神的启示是"实证"知识的唯一源泉，试图使哲学从属于宗教。特伦德伦堡在1840年秋天出版的《逻辑研究》中试图复兴亚里士多德的哲学，高度评价亚里士多德的逻辑学，利用亚里士多德的《形而上学》和康德的《纯粹理性批判》对黑格尔哲学及其辩证法进行了详细的批判。对于这三个派别，马克思认为"只有自由派才能获得真实的进步"，实证哲学派则是"真正的错乱"，特伦德伦堡则是"传播后一种声音的不受欢迎的器官"。① 根据这种分析，马克思认识到黑格尔左派的历史进步性，但是，在走向实践的过程中，其局限性会越来越明显地显示出来。巴拉诺维奇（1978）也因此认为，马克思在博士论文及其附录中不仅质疑了思辨理性的能力和效用，而且也开始与鲍威尔的只有自我意识和哲学批判才能改变社会的观点决裂。② 在对待特兰德伦堡的问题上，马克思不仅没有接受鲍威尔和科本对他展开批判的要求，而且也认识到特兰德伦堡那具有唯物主义色彩的论点在批判黑格尔哲学时具有某些正确的东西。③

第四，伊壁鸠鲁的原子偏斜观认为，自然界也存在自由。聂锦芳认为，马克思"从自然哲学里解读出的实际上是自由的精义，是探讨当时德国人对自由的渴望"。④ 如果每一个原子都存在内在的自由运动，那么由原子组成的人也内在地是自由的，不自由只能来自外部的约束。从康德开始，自由就成了哲学的基础。费希特接受了康德关于自由的绝对自发性的观点，认为自我具有绝对的独立自主性。谢林将自由扩展到整个宇宙中的事物，认为存在表现为有序与自由在爱中的统一。黑格尔认为，自由是认识了的必然性，是精神的一种属性，因为"自然在其定在中没有表现出任何自由，而是表现出必然性和偶然性"。⑤ 精神是个体性的、活动着的、绝对活生生的意识，是自由的且自足的统一体。黑格尔说："正如重力是物质的本质，同理可以说自由是精神的本质。……思辨哲学

---

① 《马克思恩格斯全集》第1卷，北京：人民出版社1995年版，第77页。
② Laurence Baronovitch, "Two Appendices to a Doctoral Dissertation: Some New Light on the Origin of Karl Marx's Dissertation from Bruno Bauer and the Young Hegelians", *Philosophical Forum*, Vol. 8, No. 2-4, 1978, p. 234.
③ ［苏］马利宁、申卡卢克：《论马克思的博士论文》，载姚颖主编：《马克思主义研究资料》第11卷，北京：中央编译出版社2015年版，第362页。
④ 聂锦芳：《马克思的"新哲学"》，北京：中国社会科学出版社2013年版，第88页。
⑤ ［德］黑格尔：《自然哲学》，梁志学等译，北京：商务印书馆2009年版，第24页。

已经表明，自由是精神的真正财富。"① 这种精神自由不是去发挥自己的创造性，而是会不断地否定危及自身自由的事物，以便产生自己和认识自己。"它的自由并不存在于静态的存在者之中，而毋宁存在于一个连续的否定之中，它威胁、毁灭着自由。"② 显然，这种轻视物质的自由的观点在现实社会中就会导致轻视政治自由而只注重精神自由的问题。黑格尔显然认识到精神自由所存在的问题。"历史哲学就是精神自由的实现过程。这个精神自由之实现，其正确位置和起源是'意志'。但是，意志层面的自由还只是'主观的自由'，仅仅实现了主观自由并不是实现了自由。只有在实现了主观自由的同时实现了客观的自由，才真正地实现了自由。"③ 当然，客观自由的实现不仅依赖于民族成员的自觉，而且依赖于法律制度和国家制度。客观自由之一的政治自由是实现精神自由的必要条件。而要实现政治自由，就必须有一个合理的国家制度。马克思则进一步为自由观寻找物质基础，展开了争取出版自由和政治自由的斗争。在争取自由的斗争中，马克思逐渐认识到，只有在社会物质生产活动和社会互动中，自由才能生成和实现，因为"抽象的个别性是脱离定在的自由，而不是在定在中的自由"。④

进而，马克思认识到，原子偏斜观是一种社会性的认识。虚空中原子间的碰撞、排斥等复杂关系，反映出"在世界的作坊和铁匠铺里进行着喧嚣的、紧张的斗争。在世界……的隐秘的中心里面喧腾着这样的风景——充满了内部的斗争"。⑤ 当卢克莱修在《物性论》中认为偏斜打破了"命运的束缚"时，马克思指出，"偏斜正是它胸中能进行斗争和对抗的某种东西"，是"一切人反对一切人"的战争的根据。⑥ 这样，"正如原子不外是抽象的、个别的自我意识的自然形式一样，感性的自然也只是对象化了的、经验的、个别的自我意识"，原子和自然就被伊壁鸠鲁

---

① ［德］黑格尔：《黑格尔历史哲学》，潘高峰译，北京：九州出版社2011年版，第47页。
② ［德］黑格尔：《黑格尔历史哲学》，潘高峰译，北京：九州出版社2011年版，第49页。
③ ［德］黑格尔：《黑格尔历史哲学》，潘高峰译，北京：九州出版社2011年版，第50页。
④ 《马克思恩格斯全集》第1卷，北京：人民出版社1995年版，第50页。
⑤ 《马克思恩格斯全集》第40卷，北京：人民出版社1982年版，第117页。
⑥ 《马克思恩格斯全集》第1卷，北京：人民出版社1995年版，第34页。

赋予了自我意识的形式。① 这就意味着，观念只是一种现实的隐喻，对观念变化的探讨应该从现实历史的变化去寻找。在写作博士论文的过程中，马克思模糊地意识到，哲学史的变迁不应从概念内涵的历史变化，而应从现实的历史变化中去获得理解。如果观念与现实存在紧密的联系，那么，对现实历史的研究就能获得对这种猜想的确证。如果"世界的哲学化同时也就是哲学的世界化"，那么，所有抽象的认识都是社会性的历史认识，都是特定社会现实的反映。所谓社会性，就是人与人之间的相互联系和相互交往。德谟克利特的原子在虚空中是一个抽象的、孤立的存在，而伊壁鸠鲁的原子则是在与其他原子的联系中存在并构成现象世界的。"只有在互动中，实体才能实现为存在，原子才能意识到自己就是实体的源泉和本质。与此同理，只有在和其他人的联系和关系中才能谈论人的本质，这里才有真正的社会和人类。"② 这样，马克思对原子论的研究，不仅推动了他对人的社会关系本质和生产的社会化本性的思考，而且也推动了他对孤立个人生产的政治经济学和功利主义的批判性思考。

第五，卢克莱修在《物性论》第五卷利用原子论和四元素说构建了一个宇宙演化、天体运动和人类演化的学说。土、水、气和火四种元素，不过是重量不同的四种原子。这些原子的碰撞、聚合、分离和运动就逐渐形成了整个宇宙。首先是最重的土元素的物体相互聚合，形成地球，同时将较轻的其他元素挤出去。最轻的火元素或以太飘得最远，形成天空和天体。太阳和月亮夹杂着火和其他较重的元素，居于天与地之间。这些天体之间的原子流动推动着天体的运动。即使处于世界中心的地球也会由于空气和天空的压力而运动，并产生了各种各样的小草、树木、动物和人类。由于各种生物"总是各自按照自己的样式出生，每一个都根据自然的确定法则保持着自身特征"，因此，各种畸形动物因为找不到食物或无法繁衍后代而被淘汰了。③ 由各种动物杂交产生的后代或其肢体结合产生的动物，也都不会存在。自然地，神话中各种杂种生物，如狮子、蛇和山羊组成的"喷火怪"，也是不存在的。

---

① 《马克思恩格斯全集》第 1 卷，北京：人民出版社 1995 年版，第 54 页。
② 戴高礼：《马克思思想来源的古希腊传统》，见［美］麦卡锡选编：《马克思与亚里士多德：十九世纪德国社会理论与古典的古代》，郝亿春等译，上海：华东师范大学出版社 2015 年版，第 174 页。
③ ［古希腊］伊壁鸠鲁、［古罗马］卢克来修：《自然与快乐：伊壁鸠鲁的哲学》，包利民等译，北京：中国社会科学出版社 2004 年版，第 218 页。

不仅生物的种类在不断变化,而且人类的生活也在不断变化。最原始的人类不会使用火,没有铁制工具,不会种植庄稼,更不知道共同利益或法律习俗,只是靠本能和自然的力量像野兽一样生活。他们对太阳、月亮、黑夜都不会恐惧,只担心野兽的伤害。没有航海的技艺,没有船只和水手,"大海的汹涌怒吼全都是在白费力气,全然是徒劳无益,毫无意义;她的威胁没人能理解,与谁都没有关系"。①

人类一旦开始使用火、烧烤食物,结婚、家庭、邻居和社区也随之出现。害怕孩子和亲人受到伤害、财物受到损失的情感出现了。于是,人们"为了生活的方便"发出各种语言的声音,指定各种名称,表达各种情感。随着土地开垦和动植物的驯化,农业的耕种面积不断扩大,森林不断后退。人们在劳动和收获果实的欢快之余,就会模仿鸟类的歌声歌唱,用芦苇管做笛子,用花草编织花环,载歌载舞,谈天说地。各种艺术形式就出现了,文字也被发明出来。

随着人群的集聚,发明越来越多,城市得以建立,土地的分配也出现了。"然后,财富的力量被引进,黄金也被发现了,它们轻而易举地剥夺了体力强大和相貌优美之人的荣誉,因为不管身体如何强健,如何美丽,绝大多数人都还是会听从富人的指挥。"② 人类的欲望不断增加,开始忧虑财产占有的多寡。"就这样,无止境的欲望一点一点地将人类的生命拖到了大海的深渊,并从海底激扬起巨大的战争波澜。"③ 银、铜、铁、铅等金属在大火烧山后被相继发现,大量的金属工具和武器被制造出来,用来耕作土地和进行战争掠夺。武器落后的部落被征服,这反过来推动了各种武器和战争方式的发明,驯养各种动物充当战争武器。无尽的追求财富和权力尽管会带来"征服世界和统治帝国"的荣誉,但也会遭到他人的嫉妒和相互之间的谋杀、屠杀,并造成世界的混乱。"这样,就有一些人教导人们创立行政管理机构,制定法律,使大家都愿意

---

① [古希腊]伊壁鸠鲁、[古罗马]卢克来修:《自然与快乐:伊壁鸠鲁的哲学》,包利民等译,北京:中国社会科学出版社2004年版,第220页。
② [古希腊]伊壁鸠鲁、[古罗马]卢克来修:《自然与快乐:伊壁鸠鲁的哲学》,包利民等译,北京:中国社会科学出版社2004年版,第223页。
③ [古希腊]伊壁鸠鲁、[古罗马]卢克来修:《自然与快乐:伊壁鸠鲁的哲学》,包利民等译,北京:中国社会科学出版社2004年版,第232页。

遵守法规。"① 同时，面对各种不幸和灾害，以及对星辰井然有序的敬畏，人们就幻想神灵的存在，幻想着诸神过着永恒的幸福的生活，幻想着对神灵的崇拜就能拯救自己于苦难之中。于是，在国家的各个角落设立数不清的神坛和祭祀，宗教就出现了。

这样，一个宇宙演化、生物进化和人类社会演化的模型就自然出现了。"船只和农业，城防和法律，武器、道路、服饰和所有诸如此类的东西，所有生命的奖品，它们的奢侈繁华也是由始而终地发展过来；诗歌和绘画，精美绝伦的雕像，所有这些都是当人们逐步向前发展的时候，由实践和活跃的心灵的尝试而教给人们。时间就是这样一点一滴地将每样单独的事物带到我们跟前，而理性则将它带到光辉的境界。"② 这些都是人类劳动和发明的结果，没有任何神灵的干预力量参与其中。尽管这个模型还有许多不完善之处，存在许多与事实不符合之处，但是，物质生产力和社会交往在人类演化史中居于主导力量的思想还是非常明确的，所有的制度、国家、艺术、文字和法律都来自于人类自己的创制。尽管在阅读《物性论》时没有摘录这些带有唯物史观性质的思想，但是，马克思在 1843 年阅读卢梭的《论人类不平等的起源和基础》时，会看到两者的相似之处。

### 四、哲学和宗教关系的批判

哲学与宗教的关系问题，在德国近代哲学史和神学史上一直都是一个争议不断的问题。在《宗教哲学讲演录》一书中，黑格尔认为哲学与宗教的内容、要求和利益是相同的，不同的是活动方式。黑格尔说："宗教的对象和哲学的对象一样，是客观存在的永恒真理本身，是神，除神和对神的解释以外，再也没有任何其他东西了……因此，哲学和宗教是同一的，它们的差别就在于他们的活动方式不同。"③ 也就是说，宗教是通过表象和象征来揭示哲学概念的理性内容，而哲学的活动则是反思，在地位上高于宗教。黑格尔提倡宗教与哲学的统一，抬高理性和贬低信

---

① [古希腊] 伊壁鸠鲁、[古罗马] 卢克来修：《自然与快乐：伊壁鸠鲁的哲学》，包利民等译，北京：中国社会科学出版社 2004 年版，第 224 页。
② [古希腊] 伊壁鸠鲁、[古罗马] 卢克来修：《自然与快乐：伊壁鸠鲁的哲学》，包利民等译，北京：中国社会科学出版社 2004 年版，第 232 页。
③ 转引自吕大吉：《青年黑格尔派和费尔巴哈宗教观理论概说—马克思主义宗教理论的历史背景之二》，载《社会科学战线》，2010 年第 2 期，第 28 页。

仰。与黑格尔将福音书的故事解释为象征不同,施特劳斯在《耶稣传》中,利用费迪南·克里斯蒂安·鲍尔提出的历史考证的方法,断定福音书的故事都是人为编造的神话,而神话故事是基督教社团无意识创造的产物。鲍威尔则认为,福音书的故事都是福音书作者的自我意识的虚构和文学创作的产物。

普鲁士国王威廉四世不仅宣布普鲁士国家是一个"基督教国家",而且试图利用谢林的启示哲学来对抗黑格尔哲学。在《评普卢塔克对伊壁鸠鲁神学的论战》中,马克思摘引了谢林早期反对神学的观点作为谢林背叛的根据。谢林说:"譬如,我们假定被规定为客体的神是我们知识的现实基础,那么,在这种情况下,既然神是客体,神本身就进入我们的知识范围之内,因而对于我们来说就不可能是这整个范围所赖以建立的最后根据了。"① 而且,以魏斯为代表的实证哲学派也试图恢复启示哲学。在马克思看来,哲学与宗教的妥协已经不可能了。在博士论文的"序言"中,马克思明确指出"普卢塔克把哲学带上宗教法庭的立场是如何地错误",并利用伊壁鸠鲁的无神论来对普卢塔克的宗教观进行批判。在1842年初写的《评普鲁士最近的书报检查令》中,马克思进一步指出以人的理性为基础的伦理观念与宗教的不可调和性。"独立的道德要损害宗教的普遍原则,宗教的特殊概念是同道德相抵触的。道德只承认自己普遍的和合乎理性的宗教,宗教则只承认自己特殊的现实的道德。"② 因此,黑格尔试图利用理性为神学辩护已经不可能了,因为"非理性是神的存在"的根据。即使康德利用想象的一百塔勒不能等于现实的一百塔勒的区别来对宗教展开批判,也会加强神存在的本体论证明,因为神和货币都是人的创造物,"现实的塔勒与想象中的众神具有同样的存在"。因此,在马克思看来,对神的存在的证明不外是"空洞的同义反复",或者是"对人的本质的自我意识存在的证明,对自我意识存在的逻辑说明"。"在这个意义上,对神的存在的一切证明都是对神不存在的证明,都是对一切关于神的观念的驳斥。"③ 马克思特别注意宗教的社会起源和社会影响的条件问题,认为单纯从人的想象、意识或者道德需要的角度,并不能解释宗教拥有的巨大社会力量以及动态变迁。在马克

---

① 《马克思恩格斯全集》第 1 卷,北京:人民出版社 1995 年版,第 100 页。
② 《马克思恩格斯全集》第 1 卷,北京:人民出版社 1995 年版,第 119 页。
③ 《马克思恩格斯全集》第 1 卷,北京:人民出版社 1995 年版,第 101 页。

思看来，哲学的工作就是自由意识的精神。"哲学象一个和精神斗争的精神战士，而不象一个摆脱了自然吸引力的个别叛教者，它起着普遍力量的作用，使阻碍发现普遍东西的形式消融。"① 对马克思而言，哲学是最高的权威，"不应该有任何神同人的自我意识相并列"。因此，"只要哲学还有一滴血在自己那颗要征服世界的、绝对自由的心脏里跳动着"，哲学就要与给它带来侮辱的宗教和神学进行战斗。②

针对神学家斐·克·鲍尔在《柏拉图主义中的基督教成分》（1837）一书中试图在柏拉图和苏格拉底的哲学中寻找宗教思想的根源时，马克思对这种观点进行了反驳。第一，哲学和宗教的关系是一般和个别的关系，宗教从属于哲学。"当然，自我认识和承认罪孽的相互关系恰如一般和个别的关系，就是说，恰如哲学和宗教的关系。任何一个古代的或近代的哲学家都会采取这样的立场。这与其说是它们二者之间的统一的确立，毋宁说是它们二者之间的永恒的分离，但是这当然也算是一种相互关系，因为任何分离都是某种统一物的分离。"③ 这种分离在苏格拉底和基督的关系中表现为哲学家和传道师之间的关系。第二，基督与柏拉图是直接对立的，这反映了教会与国家之间的对立。这是因为"基督坚持主观性因素，反对现存的国家，他把国家看成仅仅是世俗的，因而是渎神的"。④ 第三，基督教里有大量的柏拉图的成分。马克思指出，柏拉图的理念与基督教逻各斯的关系、柏拉图的回忆与基督教关于回到自身原始样子的人的新生的关系、柏拉图的灵魂堕落与基督教的原罪的关系以及先有灵魂的深化，都证明了基督教的柏拉图主义的渊源。柏拉图以宗教激情教导哲学，并在哲学中出现了大量的宗教仪式的规定性和形式，从而为基督教吸收柏拉图哲学创造了条件。"因此，一方面可以断定，正是在作为宗教发展最高阶段的基督教里，跟柏拉图哲学的主观形式相同之处，要比跟其他古代世界哲学学说的主观形式相同之处多。但是与此相反，根据这一点我们有同样的权利断言，再没有任何一种其他的哲学体系能够更明显地表现出宗教成分和哲学成分的对立，因为在哲学成分

---

① 《马克思恩格斯全集》第 40 卷，北京：人民出版社 1982 年版，第 61—62 页。
② 《马克思恩格斯全集》第 1 卷，北京：人民出版社 1995 年版，第 12 页。
③ 《马克思恩格斯全集》第 40 卷，北京：人民出版社 1982 年版，第 139 页。
④ 《马克思恩格斯全集》第 40 卷，北京：人民出版社 1982 年版，第 140 页。

中哲学以宗教的规定出现，而在宗教成分中宗教又以哲学的规定出现。"① 第四，柏拉图哲学采用神话的形式表达宗教意义的真理的根源在于采用实证的解释。例如，柏拉图将苏格拉底当作"智慧的神话表现"，将死和爱当作否定的辩证法的神话，为了论证他的国家观而断言彼岸的理念世界的存在。马克思说："这种对绝对的东西作实证的解释和它的神话寓言外衣是超验东西的哲学的源泉，是它的心跳，——在这种超验的东西里面同时显示出与内在的东西的本质关系，因为它在本质上突破后者。当然，这里也显示出柏拉图哲学与一切实证的宗教，特别是与基督教——超验的东西的完美哲学——的血缘关系。"② 从对鲍尔的批判中，马克思试图说明，宗教不过是哲学的异化。恢复哲学的权威，就可以消除宗教试图凌驾于哲学之上的企图。因此，在神学与哲学的论战中，马克思坚决站在哲学一边，抨击宗教。一旦认识到宗教的虚假性，哲学与宗教的关系就瓦解了，哲学就要从人的眼光来看待宗教、国家和社会的运动状态了。

## 五、结束语

《关于伊壁鸠鲁哲学的笔记》和博士论文是马克思站在历史和现实政治的高度对哲学问题、宗教问题、哲学与宗教的关系问题进行批判性审查的第一次公开亮相。③ 从大量的哲学阅读和博士论文写作所取得的成就来看，马克思对黑格尔体系和哲学的未来走向非常关注，同时认识到思维与存在的同一需要经历实践的环节。从提倡享乐主义的伊壁鸠鲁对现实世界的逃避和忠诚于传统的苏格拉底的悲剧性死亡中，马克思坚决地表现出对复辟政治和宗教的批判斗争精神。从伊壁鸠鲁为了坚持抽象个别的自我意识观和强调个人的自由而否定自然规律的客观必然性的反思中，马克思认识到，哲学原则必须建立在对自然科学的深刻认识基础之上。从普卢塔克和伊壁鸠鲁的宗教论战中，马克思认识到宗教是建立在功利主义和集体意识基础之上的。如果说费尔巴哈的宗教哲学不外是从人的功利角度来解释宗教的心理起源，那么，费尔巴哈的宗教理论对马克思产生的影响就会融合在伊壁鸠鲁的宗教批判中。在马克思的博士论文及《关于伊壁鸠鲁哲学的笔记》中，马克思引用了费尔巴哈在

---

① 《马克思恩格斯全集》第40卷，北京：人民出版社1982年版，第142页。
② 《马克思恩格斯全集》第40卷，北京：人民出版社1982年版，第144页。
③ 《〈科隆日报〉第179号的社论》再现了马克思在伊壁鸠鲁哲学笔记中所关注的内容。

1833 年所写的《从培根到斯宾诺莎的近代哲学史》。董仲其（1992）据此认为，费尔巴哈对伽桑狄学说的批评直接影响了马克思对伽桑狄批评的思想：伊壁鸠鲁利用原子论反对上帝创造的思想却被伽桑狄解释为与宗教调和的思想。即使如此，马克思在研究伊壁鸠鲁和德谟克利特的自然哲学中也获得了坚实的唯物主义基础。巴拉诺维奇（Baronovitch，1984）认为，伊壁鸠鲁关于自然正义和自然的辩证概念化思想对早期马克思的唯物主义思想的形成起着至关重要的作用。麦卡锡则认为，马克思在博士论文中"所秉持的这样一种唯物论和科学，其与伊壁鸠鲁和谢林的自然哲学的关联之密切要远胜于跟 18 世纪启蒙运动的唯物论者和实证论者的关联"。① 如果这一判断是成立的，那么，费尔巴哈对马克思的唯物主义和宗教思想的影响就不会是非常显著的。马克思思想形成中与其说有一个费尔巴哈环节，倒不如说有一个伊壁鸠鲁环节。在 1865 年致施韦泽的信中，马克思说："和黑格尔比起来，费尔巴哈是极其贫乏的。但是，他在黑格尔以后起了划时代的作用，因为他强调了为基督教意识所厌恶而对于批判的发展却很重要的某几个论点，而这些论点是被黑格尔留置在神秘的朦胧状态中的。"② 从这里也可以间接地证明，马克思比较注重费尔巴哈对宗教和哲学的批判，而不是费尔巴哈的唯物主义和人本主义思想。

　　伊壁鸠鲁是古希腊的著名哲学家、伦理学家和道德改革家，提出了奠基于原子偏斜论的社会正义和快乐学说。伊壁鸠鲁伦理学的目标是理性地追求内心的宁静和幸福的生活，不关心政治和避开公共演说，认为参与政治事务是对生命安全的威胁并伴随太多的痛苦劳作。他教导人们不要崇拜天体或担心天体会降祸于人，因为天体都是由原子和虚空构成的物质并遵循自己的运动规律。他也教导人们遵守正义和非正义的法律，保持理智的生活，自由地探讨，友爱地待人。在面对奴隶制、社会不公正或暴政时，伊壁鸠鲁既没有采取政治批判的态度，也没有采取行动去实现社会的公正，又没有考虑实现主观自由的物质条件与制度条件，更没有考虑伦理道德在社会中是如何能被实现的，只是主张通过对欲望与思考的操控与转化来达到内在的自足。私人生活与公共生活就在伊壁鸠

---

① ［美］麦卡锡：《马克思与古人》，王文扬译，上海：华东师范大学出版社 2011 年版，第 40 页。
② 《马克思恩格斯选集》第 2 卷，北京：人民出版社 1972 年版，第 140—141 页。

鲁这里分裂了。没有公共领域的自由与公正，私人领域的自由最多也是一种主观的精神自由。伊壁鸠鲁对于马克思的意义，就是一个宗教批判领域的启蒙思想家。一旦进入政治实践领域，马克思就不得不面对伊壁鸠鲁刻意回避的问题：社会的公正、自由与正义的关系、法律与公正的关系、主观自由与客观自由的关系，等等。

不可忽视的是，马克思的博士论文对其后期著作的研究方向、目标、方法和认知模式都产生了重要的影响。① 在获得博士学位之后，马克思曾打算对伊壁鸠鲁派、斯多葛派和怀疑派哲学进行更系统性的分析，对哲学和宗教之间的关系进行深入的批判。马克思拟定了在理论上对波恩大学神学教授亨里希·海尔梅斯的拥护者的批判计划。海尔梅斯坚持哲学与神学权利平等的观点，其著作被罗马教皇列为禁书。但是，马克思对海尔梅斯派的批判计划在布鲁诺·鲍威尔被波恩大学驱逐之后就逐渐放弃了。在《莱茵报》时期，马克思对宗教和政治都展开了更深入的批判，逐渐放弃了自我意识哲学。② 在随后对布鲁诺·鲍威尔、阿诺德·卢格、费尔巴哈、施蒂纳和蒲鲁东等人的批判活动中，马克思不断将理论与政治活动结合起来，形成独特的理论批判和实践走向的二重性道路，以便实现让理论活动服务于政治活动的宗旨。在批判方法上，马克思在博士论文和伊壁鸠鲁的笔记中展现了文献考证的方法，灵活地应用了互相矛盾和比较分析的方法，吸取了怀疑派的批判方法和伊壁鸠鲁的认识论的合理部分。在研究方法上，马克思正逐渐形成从事物和思想体系的自身特性中，而不是从形而上学的公式或者传统的偏见中研究事物和思想的辩证方法。"就《笔记》和博士论文预示了马克思后期社会理论中一些核心观念而言，两者都具有极端的重要性，至于它们在马克思后来的政治经济学批判中作为有用材料为他后期的方法论考虑注入了新鲜活力这一点，总体而言是遭到了忽视。"③ 从博士论文中可以看出，马克思是从现实政治问题和黑格尔著作的一个漏洞出发去研究一个古代的哲学问题，获得了分析问题的方法，即分析理念动态发展的方法以及本质与

---

① Peter Fenves, "Marx's Doctoral Thesis on two Greek Atomists and the Post-Kantian Interpretations", *Journal of the History of Ideas*, Vol. 47, No. 3, July-September 1986, pp. 433–452.
② 李淑梅：《马克思〈莱茵报〉时期的政治哲学思想》，载《哲学研究》，2009年第6期。
③ [美]麦卡锡：《马克思与古人》，王文扬译，上海：华东师范大学出版社2011年版，第31页。

现象、概念与现象之间的辩证发展的方法。这种方法后来被马克思用来分析社会的动态发展。马克思根据现实政治问题的需要和黑格尔著作关于劳动阐述的不充分出发去研究政治经济学问题，用主体性、劳动和实践取代了黑格尔的理念、精神和泛神论，用生产力和生产方式之间的矛盾取代了自我意识与现实之间的矛盾作为社会发展的原动力。

　　从德谟克利特的原子论与伊壁鸠鲁的原子论的差别中，马克思充分认识到同一种语言形式中所蕴含的不同事物的本质差别和所遵循的特殊规律。"极为相似的事情，但在不同的历史环境中出现就引起了完全不同的结果。如果把这些发展过程中的每一个都分别加以研究，然后再把它们加以比较，我们就会很容易地找到理解这种现象的钥匙。"① 在1842年3月《关于新闻出版自由和公布省等级会议辩论情况的辩论》中，马克思对否定各种自由的差别、把新闻出版自由归结为行业自由的做法进行了批判。② 在马克思看来，行业自由的目的在于利用物质产品的生产和交换来满足人的要求和愿望，而出版自由的目的就在于精神产品的自由生产。在《资本论》中，马克思对一般资本和特殊资本如货币资本、商品资本、流通资本、生产资本等的分析，也充分体现了各种特殊的资本都遵循特殊规律的认知。可以说，马克思在对德谟克利特和伊壁鸠鲁的自然哲学的差别研究中所形成的认识模式，与马克思后来的唯物史观和各种批判形式的认知模式，存在内在的关联。

---

① 《马克思恩格斯全集》第19卷，北京：人民出版社1963年版，第131页。
② 《马克思恩格斯全集》第1卷，北京：人民出版社1995年版，第190页。

# 第十章　斯宾诺莎与马克思

现代思想家对马克思与斯宾诺莎之间的关系的理解，是从误读开始的。普列汉诺夫在《马克思主义基本问题》中认为，马克思主义本质上是"一种斯宾诺莎主义的变体"，因为"马克思和恩格斯的斯宾诺莎主义就是现代形式的唯物主义"。① 在《读〈资本论〉》之中，阿尔都塞和巴利巴尔把"斯宾诺莎看做是马克思的唯一祖先"。② 与此不同的是，佩里·安德森否定斯宾诺莎对马克思的影响："虽然马克思对康德和笛卡儿的作品不大熟悉，他却在青年时代详细阅读了斯宾诺莎的著作，但并无迹象表明他曾经受到特别的影响。在马克思的著作中只能找到最普通的、为数不多的涉及斯宾诺莎的内容。"③ 邹诗鹏（2017）则依据《神圣家族》的论断，批判阿尔都塞关于马克思哲学中的斯宾诺莎因素的观点是一种"理论想象"。当然，这两个极端的断言都缺乏足够的文本证据和思想关联的内在分析。这一章将证明，马克思早年对斯宾诺莎的《神学政治论》和《斯宾诺莎书信集》的阅读，影响了马克思在《莱茵报》时期的"自由"思想、宗教批判、对黑格尔哲学的文本解读、经济权力的分析、社会实体与总体的分析以及体系构建的思想。

## 第一节　斯宾诺莎的思想演变

巴鲁赫·斯宾诺莎（1632—1677）不仅是"第一位试图对前现代

---

① ［英］佩里·安德森：《西方马克思主义探讨》，高铦等译，北京：人民出版社1981年版，第83页。
② ［法］路易·阿尔都塞、艾蒂安·巴利巴尔：《读〈资本论〉》李其庆、冯文光译，北京：中央编译出版社2017年版，第111页。
③ ［英］佩里·安德森：《西方马克思主义探讨》，高铦等译，北京：人民出版社1981年版，第83页。

（古典—中世纪）哲学与现代哲学予以综合的伟大思想家"，而且是"首位兼民主主义者与自由主义者于一身的哲人"和"奠立自由民主制这种现代特有政制的哲人"。① 斯宾诺莎发现，笛卡尔哲学与亚里士多德哲学都强调理性、心灵与物质的二元论以及演绎法的作用，都反对原子论。但是，亚里士多德主张世界的本体是灵魂，而笛卡尔则压缩灵魂的范围，机械地理解世界的规律；亚里士多德有生物演化的观念，笛卡尔只有运动守恒的观念；亚里士多德注重经验与理性的结合，笛卡尔是单纯的理性主义者；亚里士多德有逻辑学，笛卡尔有数学和物理学的发现。犹如伊壁鸠鲁利用修改后的德谟克利特的自然哲学来阐释自己的伦理学和政治思想一样，斯宾诺莎也利用修改后的笛卡尔自然哲学和形而上学来阐述自己的伦理学和政治思想，并用怀疑和理性的方法来解构圣经和教会的权威。

在1661年9月致亨利·奥尔登堡的信中，斯宾诺莎将神界定为"由无限多的属性所构成的本质，其中每一种属性是无限的，或者在其自类中是无上圆满的"，而属性被界定为"凡是通过自身被设想并存在于自身内的一切东西，所以它的概念不包含任何其他事物的概念"。② 根据这样的界定，神是唯一的、不能被产生的、无限的实体。在斯宾诺莎看来，培根和笛卡尔哲学的缺陷是："第一个和最大的错误就在于：他们两人对于一切事物的第一原因和根源的认识迷途太远了；其次，他们没有认识到人的心灵的真正本性；第三，他们从未找到错误的真正原因。"③ 这个"错误的真正原因"就是将人的理智看作是易受欺骗的、不安定的、脱离实际的抽象思考，以及认为人的意志是自由的。斯宾诺莎说："意志只是一种思想存在物（ens rationis），它不能被认为是这个或那个意愿的原因。个别的意愿为了自己的存在既然需要一个原因，因而就不能说它们是自由的，而必须是像它们为它们的原因所决定的那样，是必然的。"④

---

① [美]列奥·施特劳斯：《斯宾诺莎的宗教批判》，李永晶译，北京：华夏出版社2013年版，第29—31页。
② [荷兰]斯宾诺莎：《斯宾诺莎书信集》，洪汉鼎译，北京：商务印书馆2009年版，第6页。
③ [荷兰]斯宾诺莎：《斯宾诺莎书信集》，洪汉鼎译，北京：商务印书馆2009年版，第6—7页。
④ [荷兰]斯宾诺莎：《斯宾诺莎书信集》，洪汉鼎译，北京：商务印书馆2009年版，第8页。

在对大量的科学实验探讨和交流中，斯宾诺莎既认识到实验对理论的证实作用及其局限性，又认识到抽象和推理特别是数学证明在形成基本概念和理论方面的独特作用。尽管总体而言"经验并不告诉我们以事物的本质，经验起的作用，充其量也不过是限定我们的心灵去思考事物的某些本质"，但是，考虑到人的心灵是一个内在经验的领域，由生理原因或心灵原因产生的想象经验与语言结合在一起，可能会在迷信、宗教或政治中发挥独特的作用。① 而且，在日常生活和不同理智的争论中，经验和观察是一种裁决的标准，"虽然这个真理在思想上不是永远绝对真实的，而仅仅是在我们假定它对理智是真的范围内才是这样"。② 这种将实验或经验与抽象推理相结合的方法，在斯宾诺莎的政治学和宗教批判著作中表现得越来越明显。

1663年，斯宾诺莎出版了《笛卡尔哲学原理》和《形而上学思想》。《笛卡尔哲学原理》包括三篇及一个附录。第一篇重新编排、改造和批判性地处理笛卡尔的形而上学原理，第二篇论述笛卡尔的力学原理，第三篇试图从这些原理推导出全部自然和社会现象，附录《形而上学思想》主要与笛卡尔的思想展开争论，论述神的实体、属性和样式的思想。黑格尔断定《笛卡尔哲学原理》是"斯宾诺莎一贯地、彻底地发挥了笛卡尔的原则"，而这个基本原则就是笛卡尔的力学原理的普遍化，以此重建其独具特色的实体理论并将其应用到人性和政治的分析。③ 斯宾诺莎接受了笛卡尔关于宇宙的力量或运动量守恒和反对原子论及虚空的观点、清晰明白的观念和公理演绎法，以及需要力量来保存自己存在力量的根本观点。作为唯理主义者，笛卡尔和斯宾诺莎的区别表现在：第一，笛卡尔以"我思故我在"作为一切知识和推理的基本原则，而斯宾诺莎则以神或自然作为唯一的实体或推理前提，将笛卡尔的心物二元论改造为一元论。在斯宾诺莎看来，笛卡尔的"思"是指思想的一切样式，如怀疑、理解、肯定、否定、欲望、意志、想象、感觉、厌恶等意识到的一切，而观念就是思想的形式，观念的客观实在性就是观念所代表的事物

---

① ［荷兰］斯宾诺莎：《斯宾诺莎书信集》，洪汉鼎译，北京：商务印书馆2009年版，第47页。
② ［荷兰］斯宾诺莎：《斯宾诺莎书信集》，洪汉鼎译，北京：商务印书馆2009年版，第253页。
③ ［德］黑格尔：《哲学史讲演录》第四卷，贺麟、王太庆译，北京：商务印书馆2009年版，第105页。

的本质。斯宾诺莎在《伦理学》中考察这些思想的样式。第二，在基本原则或知识的确实可靠性方面，笛卡尔以上帝公正无欺的道德性质作为意识获得明晰观念的保证，斯宾诺莎则以观念符合其对象的程度作为真理的根据，并认为神是否在欺骗我们的观念与数学真理无关。第三，在意志问题上，笛卡尔主张意志自由论，认为意志的范围大于理智的范围，意志是不受物质制约的独立的精神实体。斯宾诺莎认为，自由是一种运动的样式。"一个事物，如果只按照其自己的本性的必然性而存在和行动，就是自由的，但是如果被其他事物所决定，以某种确定的和限定的方式存在和行动，这个事物则是受制的。"① 这种必然的自由，不同于主观任性、欲望的想象自由或漠不关心的自由。因而，斯宾诺莎则主张人的意志具有自然必然性，认为意志和理智都是实体的思想属性的样式，意志的范围与理智的范围是等同的，从而绝对地否定偶然性，并把偶然等同于非必然。斯宾诺莎说："我们的自由并不是某种偶然的东西，或某种可有可无的东西，而是肯定或否定的样式，所以我们肯定或否定某物愈少偶然性，我们的自由就愈多。"② 第四，神的观念不同。笛卡尔的神是一位超自然的人格神，并从神的本性、神的观念的无限归因以及拥有神的观念的自我来证明神的存在；斯宾诺莎的神就是按照客观必然性活动的自然全体，从神的本性即无限的力量来证明神的存在。与笛卡尔认为神是超越万物的原因不同，斯宾诺莎认为神或自然就是万物自身的原因，不存在独立于自然的神的启示。③ 第五，对经验归纳法的认识不同。《笛卡尔哲学原理》批判性地采取了笛卡尔的界说、公理、命题和证明的公理演绎法，有选择地抽取了笛卡尔的《哲学原理》第一章中的许多定义和公理作为实体论演绎的基础，从而为斯宾诺莎后来写作《伦理学》采用几何学的公理演绎法做了有益的尝试。

在对神学问题的争论中，斯宾诺莎主张将对事物采取拟人化研究的神学与对事物按照其本性研究的哲学分离开来。斯宾诺莎主张摆脱圣经和宗教的迷信，依靠理性的力量去理解自然和信仰，坚信人是自然的一

---

① ［荷兰］斯宾诺莎：《斯宾诺莎书信集》，洪汉鼎译，北京：商务印书馆2009年版，第257页。

② ［荷兰］斯宾诺莎：《斯宾诺莎书信集》，洪汉鼎译，北京：商务印书馆2009年版，第119页。

③ ［荷兰］斯宾诺莎：《笛卡尔哲学原理》，王荫庭、洪汉鼎译，北京：商务印书馆2009年版，"译序"第10—31页。

部分，不要把上帝理解为人格化的神、人类的法官。斯宾诺莎批判神性的拟人化思维，认为宗教不过是将人的属性投射到上帝和万物以适合于普通人理解的需要。这与费尔巴哈的人的类本质异化的观念相同。之所以有这种看法，是因为斯宾诺莎坚持有机整体观，并将其与人的认识论区分开来。宇宙本身是一个各部分相互联系的有机整体，只是人们在孤立的认识时将某些部分或个体当作整体对待，而忽视了个体之间或部分之间的联系。"我所谓部分相联系，无非只是指一部分的规律或本性与另一部分的规律或本性相适应，以致它们很少可能产生对立。至于整体和部分，我是把事物看作为某个整体的部分，这是就它们的本性是这样相互适应，以致它们彼此之间尽可能一致而言。但是就事物彼此之间的差别而言，每一事物在我们的心灵中产生一个不同于得自其他事物的观念，因而它们又被认为是整体，而不是部分。"① 按照这样的思维方式，自然就是一个所有物体都以某种确定的方式联结在一起的运动的整体。"每一个物体，就它们以某种限定的方式存在而言，必定被认为是整个宇宙的一部分，与宇宙的整体相一致，并且与其他的部分相联系。因为宇宙的本性……是绝对无限的，所以宇宙的各个部分被这种无限力量的本性以无限多的方式所控制，而不得不发生无限多的变化。"②

斯宾诺莎的《神学政治论》的目的就是要通过论证圣经及其启示的真正性质来削弱宗教的政治权力，因为传教士的滥用权力对自由造成了威胁。斯宾诺莎批判宗教，认为正是教会利用人们的恐惧与希望的情感来宣扬迷信的教义，而政府则采取暴力惩处任何偏离正统教义的人，从而协助宣传迷信的教义。因此，要重新根据研究自然的方法来阅读与审视《圣经》，研究其历史演变，去掉其迷信的成分，保留其真正的道德与自然法则部分，恢复国家与宗教之间的正常关系，从而实现对神应有的崇敬和获得幸福。这样，斯宾诺莎就为哲学脱离于宗教的控制而争取地盘，强调宗教的道德化和私人性。斯宾诺莎与伊壁鸠鲁的宗教批判理论不同之处在于，斯宾诺莎对情感的奴役和相应的国家理论进行了更深的研究，从有机统一体角度强调社会与政治的层面。在《政治论》中，

---

① ［荷兰］斯宾诺莎：《斯宾诺莎书信集》，洪汉鼎译，北京：商务印书馆2009年版，第158页。
② ［荷兰］斯宾诺莎：《斯宾诺莎书信集》，洪汉鼎译，北京：商务印书馆2009年版，第159页。

斯宾诺莎通过实体或有机统一体的概念，在政治哲学上探讨了政治权力的结构，如宗教权、立法权、行政权之间的冲突与协调，进而探讨不同权力结构的政体表现形式。在这种权力结构之下，个人自由才能呈现不同的分布，个人权利的平等才有意义。

1675年7月，斯宾诺莎完成了《伦理学》，阐述了实体理论和激情思想。实体是在自身之内并通过自身而被认识或运动的东西，是唯一的、无限的、独立存在的总体。实体具有无穷多种属性，而思维和广延只是最常见的属性，个体事物以样态的方式呈现，而样态就是在他物之内并通过他物而被认识或运动的东西。人对上帝的认识只能通过对个别事物的样态和上帝的属性来实现，这就需要认识个别事物运动的自然法则。自然被分为产生自然的自然和被自然产生的自然，前者是指上帝的本质及其属性的另一种表达形式，后者则是上帝属性的全部样式。被自然产生的自然分为普遍的和特殊的两类，"普遍的被自然产生的自然"直接依赖于上帝或由上帝直接创造的样式，如运动和理智。"特殊的被自然产生的自然"则是由普遍的样式产生出来的特殊事物。任何特殊事物的本性就是努力保持自己的力量或存在。特殊事物按照这种力量展开与活动的过程就是其存在的不确定绵延或生命的现实性，也是个人或国家的具体的、个别的历史。这个被自然产生的自然遵循着机械论的自然法则或力量的因果机制。

由于个人与国家都是自然的一部分，人类史与政治史也是自然史一部分，所以，个人和国家的运动变化必须按照自然的普遍法则和因果机制得到理解和解释。除实体或自然的力量是恒定的或没有历史变化之外，任何个人或国家都会按照自然法则努力欲求保存甚至扩大自身的力量。在斯宾诺莎看来，人是欲望和自私自利的动物，很少受理性的控制。对于个人来说，激情力量的增加与欲望的满足或快乐是一回事情，力量的减少与不满、痛苦相等同。个人在欲望或激情的趋势下会相互仇恨，造成社会的纷争、冲突、骚乱、战争甚至国家的解体，直到新的稳定国家的建立和欲望的满足为止。由此，一个社会按照自然本身必然的因果法则会存在各种政体和治乱交互出现的情形。但是，由于人的情感因素的作用，人对自然、人类和国家的理性认识是有限的，无法对整个历史做出完全彻底的因果解释，才会受到恐惧和宗教的奴役。这就彻底废除了人格神和宇宙的目的论：宇宙是一个自我创造的整体，人格化的神是一个无知的庇护所。神具有平行的广延和思想的意思就是把宇宙当做一个能思能行动的实体：思想和广延是把握大自然的不同途径，每个物质的东西都有一个特定的观念表现它。事物的因果联系与观念的因果联系是相同的。感观印象、知觉的信息都是偶然的知识，是错误认识的来源；只有理性的推理和直观的知识才是真理。斯宾诺莎认为，情感也遵循自然的必然法则，因为情感被解释为运动的变化。人只要努力通过知识的增加来削弱或摆脱外在的被动情感，就能成为自主的人。心灵的痛苦来源于对自然必然性缺乏认识。一旦我们认识到某种行为是自然必然性的，那么，我们就不会为此感到痛苦。理智的知识即德性、爱、幸福和快乐，最终为自由的个人带来心灵宁静。总体而言，斯宾诺莎的伦理学说是伊壁鸠鲁主义的。

## 第二节 斯宾诺莎的认识论与圣经诠释学

斯宾诺莎认为，认识自然的方法与阅读文本的方法是相同的。"解释圣经的方法与解释自然的方法并无不同，而是与之完全一致。解释自然的方法首先在于要构建一部自然史，然后从自然史之中推出自然事物的定义，就像从确定的材料中推出一样。同样，为了解释圣经，我们需要编纂一部真实的圣经史，通过有效的途径把圣经作者的思想从这部历史中推导出来，就像从确定的材料和原理中推出一样。除从圣经及其历史所得出的东西之外，我们不认为还有其他什么可以解释圣经和探讨其内容的标准或素材。"① 认识自然的目的是为了获得心灵的宁静和人格的完善。理解、阅读和诠释文本的目的是为了去除虚假的认识，保留真知，从而为更深入的认识自然和社会的真理提供必要的准备。

### 一、认识论

斯宾诺莎认为，财富、荣誉、感官快乐和理智快乐的知识是人们追求的最高幸福。② 感官快乐的追求会在满足时伴随空虚与烦恼，追求荣

---

① ［荷兰］斯宾诺莎：《神学政治论》，温锡增译，北京：商务印书馆2009年版，第168页。
② 霍布斯在《利维坦》和《论人》中认为，人有追求快乐、名望、权力与安全的欲望而达成幸福的动力。但是，对权力和名望的追求是无止境的，没有满足的时刻，因为对更多权力和名望的追求才能确保现有的权力与名望的稳固。如果人们相信只有在对权力与名望的追求中才能实现持久的快乐或永恒的幸福，那么，对快乐的正当追求就异化为对权力和名望的无尽追求。哲学和科学被认为是权力追求的不同表现形式。

誉的人则容易受到他人意见的摆布，将财富当作目的追求的人则容易沉溺其中而失掉自我。因此，对肉体快乐、财富和荣誉的追求都是不确定的善，是对自身有害的恶。"所有这些恶的产生，都是由于一切快乐或痛苦全都系于我们所贪爱的事物的性质上。……但是爱好永恒无限的东西，却可以培养我们的心灵，使得它经常欢欣愉快，不会受到苦恼的侵袭，因此，它最值得我们用全力去追求，去探寻。"① 这种值得全力追求和探寻的东西就是"真善"和"至善"。真善就是任何帮助人们达到完善人性或品格的工具，至善就是任何可以获得并在人群中分享的真善或者心灵与自然相一致的知识。"因此这就是我所努力追求的目的：自己达到这种品格，并且尽力使很多人都能同我一起达到这种品格，换言之，这也是我的一种快乐，即尽力帮助别人，使他们具有与我相同的知识，并且使他们的认识和愿望与我的认识和愿望完全一致。"② 这不仅需要自然科学、医学和机械学的知识，以便充分了解自然、健康和劳动的节约，而且需要组建社会的知识和知性的知识，以便利人们的交流和达到崇尚知识的品格，"以便知性可以成功地、无误地，并尽可能完善地认识事物"。

但是，帮助人实现至善的各类知识并不具有同等的科学价值。根据所包含的感性和理性的认知方式的不同，知识可以分为传闻或想象、偶然的经验、推理知识和获悉事物本质或原因的直接知识。这四类知识沿着确定性、自我参与度和对事物的本质认识不断深入的路径前进。传闻或想象的知识，如神话传说、预言、随意的谎言、迷信惑任何虚构的知识，不包含任何感性或理性的确定性，更不包含对事物本质的认识，因而必须被排除在科学领域之外。不幸的是，绝大多数人都生活在传闻或想象的知识包围之中，从而为宗教或迷信的崛起提供了便利条件。偶然的经验对事物的本质缺乏认识，因而缺乏必然性和高度的确定性，不能用来推知其他事物的知识。这就意味着，单纯依靠经验或历史经验的知识是不可靠的、片面的、容易犯错误的，无助于人实现完美的品格。推理的知识依赖于对个别事物本质或普遍现象的认知，具有一定的确定性，但无助于对事物的整体本质和因果关系的认识。在斯宾诺莎看来，只有对事物本质或原因的直接知识才是我们完善自己品格所值得追求的知识。

问题是，如何才能获得事物的真知识或清楚明晰的观念呢？斯宾诺

---

① ［荷兰］斯宾诺莎：《知性改进论》，贺麟译，北京：商务印书馆2009年版，第22页。
② ［荷兰］斯宾诺莎：《知性改进论》，贺麟译，北京：商务印书馆2009年版，第23页。

莎认为，这需要研究认识的方法和途径，犹如物质生产需要研究生产工具的制造一样。"同样，知性凭借天赋的力量，自己制造理智的工具，再凭借这种工具以获得新的力量来从事别的新的理智的作品，再由这种理智的作品又获得新的工具或新的力量向前探究，如此一步一步地进展，直至达到智慧的顶峰为止。"① 这意味着，真知识的获取高度依赖于认识方法和认识工具。而认识方法的有效性取决于对理智与想象、记忆的区分和认知。记忆是观念在一定时间内伴随着大脑的某种印象的感觉。事物越独特，越容易理解，我们大脑对它的记忆就越深刻。想象则是由于对事物的不完全认知引起的某种错误的或虚构的观念。对于理智或知性，斯宾诺莎对其功能没有明确的认识，只是列举了一些特质，如知性绝对地形成的观念具有绝对性、无限性、永恒性等，并与真观念或真理联系在一起。由于真观念就是事物的客观本质的形式确定性，所以，"真的方法乃是教人依适当次序去寻求真理本身、事物的客观本质或事物的真观念的一种途径"。这种方法不仅要有将真观念与虚假的观念或事物的表象区分开来的程序，而且要有研究真观念性质的适当规则、推理过程和知性的认知能力。

虚假的观念来自对事物的存在、本质、原因及其相互关联在缺乏真实认知的条件下的想象。对事物的真实认知越少，想象就会越多，观念也就越虚假和越容易混淆。对灵魂、睡梦和遥远天体的无知，恰是迷信或宗教的虚假观念的源泉。对事物性质的不了解，才带来了"道成肉身"、"点石成金"、圣餐的面包和酒是上帝的血肉等虚假观念。由于虚假观念多是复杂的、组合的和混淆的，因此，我们尽可能从简单的事物或将复杂的事物分解为简单的事物的认识开始，获得清楚明晰的简单观念，然后将其组合成清楚明晰的复杂观念，从而避免观念的虚假性和错误性。去掉了虚假的观念，我们就会获得由简单的观念构成的真观念，即客观地包含着"在自身内并通过自身被认识"的本质或原因。真观念或真思想的形式就是在思想自身之内并依靠知性自身的力量和性质所推演的事物观念的概念。

一旦我们获得了事物的真观念，我们需要将各种观念按照特定的方式将其联系和排列成为一个整体，"以便心灵可以尽可能客观地既从全体

---

① ［荷兰］斯宾诺莎：《知性改进论》，贺麟译，北京：商务印书馆2009年版，第32页。

又从部分,以反映自然的形式"。① 由于认识方法不是直接对事物原因的认识或推理,而是在认知基础上对认识效果的"反思的知识或观念的观念",因此,如果心灵获取的真观念越多,真观念之间的联系和推理就越多,认识方法和认识工具就越多,那么,我们就越能区分真假观念和研究真观念的性质,越能认识自己的力量并建立完善的认识规则。斯宾诺莎反对根据抽象的概念或普遍的公设进行推论,认为这容易造成虚假的观念或无法认识个别事物。② 最好的认识方法就是首先获得自然全体的根源和源泉的真观念,然后心灵遵循真观念作为规范去认识未知的原则,将其他一切观念按照适当的次序都从这个原初观念推演出来,从而达到完善的知识。③ 这里的"其他一切观念"并不是个别事物或具体事物的观念,而是"自然的本质、秩序和联系"的规律和法则,或者"固定的和永恒的事物的系列"及其因果系列。遗憾的是,斯宾诺莎并没有研究清楚知性的认识能力,从而在其实现清楚明晰的观念的目的与达到此目的的手段之间形成了巨大的落差。斯宾诺莎认识到人类理智的有限性,主张"从一个肯定的特殊的本质,或者从一个真实的正确解说里推论出"所有自然法则或规律。但是,有限的人类理智很难认识自然全体及其根源,因为完善的知识需要各种事物的观念联系、自然整体的认识以及无限的理性认识能力的假定。

## 二、圣经诠释学

在文艺复兴时期,随着古希腊和古罗马的大量希腊文和拉丁文手稿得以发现并流传到西方,人文主义者将语文学的批判方法应用到这些手稿的阅读、整理和校勘之中,并从法律、历史著作逐渐扩展到圣经的考证和注释。斯宾诺莎将这种历史—语文学的批判方法应用到以希伯来语写成的旧约之中,结合近代的科学方法而形成了独具特色的历史诠释理论。"无论从观念的彻底性、方法的新颖性,还是从成果的突破性等方面来看,尤其是在圣经的自然化和把自然史的研究方略引入圣经研究方面,

---

① [荷兰] 斯宾诺莎:《知性改进论》,贺麟译,北京:商务印书馆2009年版,第60页。
② [荷兰] 斯宾诺莎:《知性改进论》,贺麟译,北京:商务印书馆2009年版,第61页。
③ [荷兰] 斯宾诺莎:《知性改进论》,贺麟译,北京:商务印书馆2009年版,第36页。

斯宾诺莎都是圣经历史批判的开创者。"①

斯宾诺莎认为，解释方法就是按照构造的理论进行演绎推理的方法。圣经作为自然历史的产物，本身就是自然的一部分，要遵循自然的必然规律和法则。与伽利略和笛卡尔等人认为自然世界是用数学语言和圣经是用一种特殊的语言写成的两种不同的书不同，斯宾诺莎认为世界上只有自然这个文本，而圣经仅仅是自然文本的一部分，两者都采用同样的符号写成，因而解释圣经的方法就是解释自然的方法，圣经的神圣性来源于自然规律和法则的神圣性。但是，由于自然是无限的，单纯通过圣经来理解自然的方式只能获得不充分的知识，要对上帝或自然进行全面的把握和深入的理解则只有通过哲学和数学才能实现。圣经的主要作用就在于提供道德教导，促使人们对上帝或自然之爱，全面地研究自然和构建一个爱邻人的社会。圣经的历史既包括圣经记述的历史，也包括圣经编撰、接受和诠释的历史。这意味着，圣经历史的研究需要将历史事实的探寻与历史意义的寻求结合起来，在此过程中寻找出圣经中所包含的普遍的东西并推导出特殊叙述的含义。经过这样的处理，斯宾诺莎就取消了博丹、培根等人将历史划分为人类史、自然史和神圣史的三分法，而将神圣史中的教会史和启示分别归结为人类史和自然史。对自然史和圣经史的研究，斯宾诺莎采纳了培根的科学归纳法，希望从大量的历史经验事实中归纳出适于演绎推理的普遍原理，从而在《神学政治论》和《政治论》中将经验归纳法与演绎法结合起来。

斯宾诺莎认为，解释《圣经》的方法与解释自然的方法是完全相同的，也是唯一适当的、正确的方法。"因为解释自然在于解释自然的来历，且从此根据某些不变的公理以推出自然现象的释义来。所以解释《圣经》第一步要把《圣经》仔细研究一番，然后根据其中根本的原理以推出适当的结论来，作为作者的原意。照这样去做，人人总可以不致弄错。那就是说，解释《圣经》不预立原理，只讨论《圣经》本书的内容。并且也可以讨论非理解力所能解的以及为理智所能知的事物。"② 解释《圣经》，只能以《圣经》的内容为依据，而不能以预言家的启示和

---

① 吴树博：《阅读与解释：论斯宾诺莎的历史观念及其效用》，上海：三联书店 2015 年版，第 169 页。
② ［荷兰］斯宾诺莎：《神学政治论》，温锡增译，北京：商务印书馆 2009 年版，第 103 页。

奇迹为依据。这就是斯宾诺莎确定的解释原则：依据《圣经》的编写和形成历史、上下文的语境和字面意义而非引申意义研读圣经。"《圣经》一句话的历史必须与所有现存的预言书的背景相关联，那就是说，每编作者的生平、行为与学历，他是何许人，他著作的原因，写在什么时代，为什么人写的，用的是什么语言。此外，还要考求每编所经历的遭遇。最初是否受到欢迎，落到什么人的手里，有多少种不同的原文，是谁的主意把它归到《圣经》里的。最后，现在公认为是神圣的各编是怎样合而为一的。"① 在做了这些文本学的考证功夫之后，我们就能剔除掉伪书、篡改的部分或混入的东西，确定真实的可靠的内容。即使是真实的内容，其普遍性也存在众多的差别。这就需要将圣经构造为一个从普遍到特殊的公理化体系。首先寻求最普遍的、适用于一切人的、明白无误的无争议的原理作为基础，如只有一个上帝、上帝万能、只应崇拜上帝、上帝爱一切人、上帝特别爱崇拜他的人与爱人如己的人。其次，有争议的、《圣经》没有讲明白的东西，如上帝的性质、上帝如何对待万物、如何供给万物等缺乏统一教义的东西，需要根据普遍原理解释。再次，较不普遍的、特定情形之下需要的、模棱两可甚至相互矛盾的教义，即那些与如何处事做人有关的教义，需要根据普遍原理和成书的背景进行具体解释和相似环境下才需要遵守。按照这种解释圣经的方法，只能按照希伯来语的字面意义解释《圣经》，预言家的传说或宗教权威的隐晦解说都是不可靠的，都不需要遵守。这就否定了只有极少数拥有神奇才能的神学家或宗教权威才能解释《圣经》的说法，从而也就论证了每一个人按照理智进行自由解读圣经的权利和好处。"所以，哪怕就是在宗教上，自由思想这种最高的权利也是人力所能及的，因为把这种权能委之于人是不可想象的。"②

斯宾诺莎主张根据历史—语文学的批判方法来诠释圣经，以便将阅读、理解和解释当作一个有机体的不同环节。首先，对语词的具体语义分析。在对语词和概念进行分析时，斯宾诺莎强调通过语境阅读的原则、联系上下文来解释语词的意义。如果"语词只有在其使用中才有意义"，

---

① [荷兰] 斯宾诺莎：《神学政治论》，温锡增译，北京：商务印书馆2009年版，第107页。
② [荷兰] 斯宾诺莎：《神学政治论》，温锡增译，北京：商务印书馆2009年版，第124页。

或者语词意义是具体的、历史语境依赖的和不断变化的，那么，脱离语境的抽象术语或概念则毫无意义。文字的意义是人的社会所赋予的，没有意义的文字只是纸和墨而已。用途改变了，其神圣性也就改变了。①其次，斯宾诺莎强调文本的历史考证方法，以便恢复文本的真实面貌或纠正时代误植的错误。再次，斯宾诺莎关注圣经中的各种表述风格及其文体的研究，强调圣经修辞的说服功能。最后，斯宾诺莎将圣经的记述还原为犹太国家的政治和宗教史。斯宾诺莎将旧约归结为古希伯来人的部落和国家的历史著作，将新约归结为耶稣的事迹及其使徒的传教历史，将圣经中的大量奇迹和预言归结为圣经编撰者为了适应普通民众低下的理解力和增强社会的团结而特别采取的象征性叙述方法。借鉴了当时流行的注重政治军事史研究、实用史观以及对历史偏见的批判，斯宾诺莎从希伯来国家历史的演变中发现，希伯来国家的神权政体只是适用于特定历史阶段的产物，摩西律法只是一种国家法律，各种宗教仪式只与特定的宗教或政治制度有关。宗教权威凌驾于行政权威之上是一个国家衰败的根源，只有行政权牢牢掌握宗教权或独立于宗教权的国家才能长久繁荣昌盛。

斯宾诺莎的圣经诠释学对历史理论产生了重要的影响。第一，斯宾诺莎去掉了神圣史的独特作用，认为根本不存在人格化的上帝和超越自然的神圣历史。伏尔泰、赫尔德、歌德等人都对斯宾诺莎的《神学政治论》和《遗著集》比较了解，从而对十八九世纪的历史学和历史哲学产生了明显的影响。第二，斯宾诺莎将人类史纳入自然史的范围，人和国家都是自然历史的一部分。维柯进一步将斯宾诺莎的这种观念推广到古希腊、古罗马的研究，从而为历史从宗教和神话的束缚下解脱出来并探讨其内在演变规律创造了条件。第三，斯宾诺莎将对自然史的研究方法应用到圣经文本的研究过程中，提出了一套比较完整的历史诠释理论，并将经验归纳法与公理演绎法的研究结合起来。第四，斯宾诺莎秉持一种进步的历史观。斯宾诺莎认为，人类的理智、生产和科学都是处于不断进步之中。《圣经》采取大量的修辞手法只适合于理解力比较低下的早期人类社会。随着人类智力的提高，直接研究自然成为现实。到了18世纪，杜尔哥的《论人类精神的持续进步》、孔多塞的《人类精神进步

---

① ［荷兰］斯宾诺莎：《神学政治论》，温锡增译，北京：商务印书馆2009年版，第179页。

史纲要》、康德的《重提这个问题：人类是在不断朝着改善前进吗?》等著作都秉持一种人类理智进步的史观。这种精神的进步史观最终为生产方式的进步史观所取代。第五，斯宾诺莎提出了历史理解的个体性原则和有机整体观。个体必须置于整体中才能得到理解，从而强调力量及其结构在整体中的作用和地位。

## 第三节　斯宾诺莎的宗教批判与政治哲学

与其认识论和圣经诠释学一致，斯宾诺莎主张宗教宽容、政教分离、哲学与神学分离，信仰没有灵魂不朽和非人格化的上帝，倡导社会契约说、天赋人权说和民主政治，主张言论自由和信仰自由。为此目的，斯宾诺莎在《神学政治论》中展开了圣经的历史批判，并在此基础上在《政治论》中提出了自己的政治哲学。

### 一、宗教批判

斯宾诺莎的宗教批判与其认识论密切相关。在斯宾诺莎看来，只有理智直觉和推理的知识才是可靠的，从感官知觉与想象力中产生的宗教知识不具有真理性。启示或奇迹是想象和激情的产物，信仰无非是一种想象的意见。由于想象只是混乱的意向表达身体的感觉而无法完全可靠地辨别外在事物，因此，对外在事物的清晰观念和逻辑的普遍性就需要借助经验和理性来纠正。但是，想象在认识中甚至起着比直观更大的作用，因为，想象或经验为理性的逻辑整合提供了素材。想象和直观不仅产生了"道德的确定性"，而且通过"想象的共相"建构起民族习惯法或社会的"共同意识"，如神话、宗教上帝、法律等观念和制度。[1] 因此，从人性心理根源上说，宗教只是出于人的自我保全的欲望的产物，是利用激情操纵和危害他人的一种工具。这种以人性论为基础构建的、基于恐惧和梦境想象的宗教心理起源论，就为宗教批判奠定了理论基础。

斯宾诺莎的宗教批判不仅是为了认识真理，而且是为了实现哲学与神学的分离，切断宗教权威干预政治的传统。斯宾诺莎主张，超理性的圣经必须根据圣经的字面意义解释，必须以圣经文本的少数几个无矛盾

---

[1] 普鲁斯：《斯宾诺莎、维柯与宗教想象》，见刘小枫、陈少明主编：《维柯与古今之争》，北京：华夏出版社2008年版，第75页。

的核心道德教条为依据来剔除绝大多数自相矛盾之处。斯宾诺莎基于圣经的批判主要分为神迹的批判、圣经教诲的批判和语文—历史的批判。神迹的批判在于揭露先知预言和启示的虚假性。圣经教诲的批判在于指出先知们的意见是相互矛盾的，不同的启示宗教也是相互矛盾的。语文—历史的批判，则是论证摩西并非摩西五经的作者，圣经文本并非原封不动流传下来而是经过不断删改与编辑的，从而彻底否定神迹的报告人和启示的可信度、摩西五经的有效性。

（一）迷信的心理起源

斯宾诺莎从人性的两种极端表现出发来讨论人的迷信和狂妄的起源，即迷信是一种心理活动或心理需求。不断成功或攫取财富的人会对自己的能力过度自信，越来越自大，以为自己是神人。不断失败或陷入困境的人会对自己的能力失去希望，希冀外力或命运之神的眷顾。迷信或轻信就是一个拐棍，陷入恐惧中的人希望藉此不费代价地跳出来，不幸却落入了更多的缺乏信息所带来的厄运之中，不断地上当受骗。"迷信是由恐惧而生，由恐惧维系和助长的。"① 面对人心的脆弱和对灾难的恐惧，宗教与迷信在人类得以滋生和繁荣。宗教预言家不断制造各种灾难的征兆来安慰受伤的大众心灵，认为只有依靠祭祀、祷告或者偏激的仇外情绪才能得以拯救。"谬误的宗教所崇奉的预兆不过是心在沮丧或惧怕的时候所生的幻影而已。最后我们还可以见到，正当国家最为危急的时候，预言家最能影响人民，对于国君最有力量。"②

（二）预言和启示的批判

斯宾诺莎认为，《圣经》中的绝大部分启示是预言家的想象或虚假的启示，只有摩西和基督的启示是真实的。摩西与上帝面对面交谈，基督与上帝心对心交谈。不同的是，基督在心中正确地理解了上帝的启示是永恒真理或普遍的法则，而摩西受到文字和符号扭曲而无法正确地理解上帝的启示，从而把上帝的启示规定为律法而非永恒真理。与摩西以现世的利益作为遵守礼仪法则的报酬不同，耶稣则许给遵守普遍的道德

---

① ［荷兰］斯宾诺莎：《神学政治论》，温锡增译，北京：商务印书馆2009年版，第2页。
② ［荷兰］斯宾诺莎：《神学政治论》，温锡增译，北京：商务印书馆2009年版，第2页。

律的人以一种来世的报酬或永恒的幸福。基督教的仪式与摩西律一样，都与永恒的幸福无关，而只是为了维持教会的权威而制定的。《圣经》的绝大部分内容因而是适合大众较低理解力的经验的表达，而不是永恒的真理及其逻辑推理的表达。按照斯宾诺莎的推理，《圣经》是人类智力极度不发达时期的产物，因此容易在"大众的理智是不足以分明地理解事物的"人群中获得认同，并在牧师的宣讲中得到某种理解。但是，对于事物的认识有高度理智力的人而言，完全没有必要相信包含很少的自然律和大量的希伯来习俗的《圣经》。他们可以直接去研究自然律，而不需要借助《圣经》的启示去模糊地猜测自然律或上帝的威力。这样，斯宾诺莎借助于理性和泛神论的原则，就彻底摧毁了《圣经》和教会的信仰权威，提倡真正的信仰在于研究自然和社会本身。

其他所有的预言家都是在睡梦中与上帝交谈、得到异象的启示或者特别生动的想象。斯宾诺莎发现，犹太人将任何他们不能解释或理解的惊奇或强大的自然现象，都以拟人的手法，归之于上帝的某种情感表达或行为。"自然本身就是上帝的力量，不过是另一名词而已。我们不明上帝的力量和我们不明自然，这两件事是相等的。"① 上帝成了人类无知的方便归因。预言家凭借语言的想象，采取比喻和语言的形式，将一切事物穿上精神或语言的外衣。各国都有预言家和先知，都有预言的本领，只是犹太人的《圣经》没有记录罢了，从而显示出好像只有犹太人有那么多的预言家和先知。上帝对所有的人和所有的民族一律平等，都会启示一些共同的律法即伦理道德。有良好德行的人都是上帝的选民，而不在于各种宗教仪式。每一个民族都要根据自己的特殊情况制定相应的法律，才能确保其社会的长治久安和民族的保存。从本质上说，斯宾诺莎认为，《圣经》主要是犹太人的民族习惯法，真正的神律在于对自然和社会的理性研究。"所有的自然现象，就其精妙与完善的程度来说，实包含并表明上帝这个概念。所以，我们对于自然现象知道的愈多，则我们对于上帝也就有更多的了解。"② 这样，斯宾诺莎就从内部瓦解了《旧约》和《新约》的绝大部分内容。

---

① ［荷兰］斯宾诺莎：《神学政治论》，温锡增译，北京：商务印书馆2009年版，第24页。
② ［荷兰］斯宾诺莎：《神学政治论》，温锡增译，北京：商务印书馆2009年版，第61页。

而且,《圣经》中的预言家都是些具有丰富想象力但缺乏完善智力的人,那些具有高度智慧的君王都不是预言家。因而,预言的想象缺乏清晰明白性,需要借助外在的理由或神迹来证明,因而不提供真理的确实性。从确实性角度看,需要神迹的预言的知识不如不需要神迹的自然的知识和数学的知识。预言的确实性,由于借助神迹和想象,因而是一种或然性。但是,神迹和启示是随着预言家的性情、脾气和意见的不同而有所差异。斯宾诺莎以归纳法的形式证明,想象的预言或启示都是根据预言家自身状况的一种外在反映或语言表达,因而自相矛盾、花样百出。① 由于预言家受到自己的职业限制或大多愚昧无知,因而,他们的预言大都与科学知识和数学知识相背离。只是由于其虔敬与忠诚,预言家才受到教会的称颂。由于这个原因,斯宾诺莎建议,阅读《圣经》只需要关注启示的目的与实质,不要去关注启示的具体细节。每个人都可以根据真的启示的目的和实质去理性地解释圣经,从而剥夺了教会的《圣经》解释权。

(三) 奇迹的批判

奇迹就是不理解事物发生的原因和过程的意思。崇拜奇迹的人从根本上就会取消科学,取消对事物原因和规律的研究。斯宾诺莎从上帝的意欲和理解就是自然法则或永恒真理、自然永远遵守法则与规律的观点出发,认为根本不存在证明上帝的奇迹。"因为自然的效能与力量就是上帝的效能与力量,自然的法则规律就是上帝的指令。所以应该相信,自然的力量是无穷的。自然法则至为广大。"② 不存在上帝的力量或自然法则不能包容的自然事物或现象,一切都是必然的。

奇迹之所以出现,是与人的认识能力低下有关。由于不理解事物的原因,因而在自然之外还需要上帝不断创造新的奇迹来证明它的存在。由于奇迹是违背自然界规律或上帝本性的无稽之谈,是人所不能理解的,因而,"我们不能借奇迹对于上帝的本质、存在和天命有所了解",反而容易造成对上帝或自然规律的怀疑或形成错误的观念。斯宾诺莎对《圣经》中上帝的各种命令或奇迹重新解释为自然现象的表现,或所有的奇

---

① [荷兰] 斯宾诺莎:《神学政治论》,温锡增译,北京:商务印书馆2009年版,第40页。

② [荷兰] 斯宾诺莎:《神学政治论》,温锡增译,北京:商务印书馆2009年版,第87页。

迹都伴随着某种自然力量。《圣经》中之所以出现那么多的奇迹，斯宾诺莎认为，这主要是为了吸引人们的想象力的诗意写法，而非理智的真实写法。① 也就是说，《圣经》中的绝大部分内容都是犹太人对其法律、所尊崇宗教或自然现象的诗意化解释。按照是否与自然规律相一致，斯宾诺莎就认为大量奇迹或预言都是混入《圣经》的虚假的东西，要从中剔除掉，留下与自然规律相一致的真实叙述。当然，要理解奇迹实际发生的情形，斯宾诺莎还要求我们熟悉犹太人的成语和比喻，以及犹太人的历史发展。

尽管《圣经》中的叙述大部分是意见或想象的虚构，但为什么人们还被要求去读圣经呢？斯宾诺莎认为，这是宗教利益的缘故。《圣经》的权威为宗教人士的话语涂抹上神圣的色彩，从而让宗教人士成为一个权威。"我们常见神学家们急于要知道如何根据《圣经》的原文来附会他们自己的虚构和言语，用神的权威为自己之助。他们毫不犹豫地，极热诚地来解释《圣经》和圣灵的心。……怕别人说他们有错误，怕推翻和看不起他们自己的权威。"② 于是，《圣经》注释者或神学家就故意构造数不清的迷信或奇迹，认为它们就是与理智或自然律相违背，名之曰超自然的事物遵循特殊的规律，以此逃避科学的审查并安心地躲在自己阴暗的无知密室中宣扬神圣的权威，并用狂热和暴力维护这种无知。

（四）历史—语文批判

与霍布斯一样，斯宾诺莎提出，摩西五书的作者不是立法者摩西，而是以斯拉。以斯拉把摩西五经及相关各书收集起来，但并没有最后润色，杂乱无章地堆放在一起。据此，斯宾诺莎从整体上否定《圣经》的神圣性，认为"《圣经》是有错误的，割裂了的，妄改过的，前后不符的"，"现在的《圣经》是断简残篇，并且说上帝和犹太人定的神约的原文已经失传了"，更不用说其中还充斥着大量的迷信和虚构了。③ 进而，斯宾诺莎指出，《预言书》的预言是东拼西凑的、自相矛盾的，甚至错

---

① ［荷兰］斯宾诺莎：《神学政治论》，温锡增译，北京：商务印书馆2009年版，第95—96页。
② ［荷兰］斯宾诺莎：《神学政治论》，温锡增译，北京：商务印书馆2009年版，第102页。
③ ［荷兰］斯宾诺莎：《神学政治论》，温锡增译，北京：商务印书馆2009年版，第177页。

误百出的历史编辑,从而驳斥《圣经》的每一个字句都具有神圣的功效和不能随意增减的谎言。

如果《预言书》都是错误百出,那么,使徒的话语更没有什么神圣性。因为预言家是上帝的使者,使徒则只是以教师的资格去传授自己理解的人道或道德,让人皈依。预言家以上帝的口吻说话,在特定的地点宣布教条或命令;而布道师则以门徒的意见说话,不断进行理智的论证,恳求或寻求支持或劝说。使徒们不断利用神迹来证明他们所说的话:神迹就是说话的证据。使徒传道的方式和方法各不相同,甚至互相矛盾,从而导致使徒的不同门派之间形成了相互斗争的局面,蕴含了教会的分裂。为了弥合这些纷争,哲学作为论证的工具被引入宗教,从而形成了神学。

这样,斯宾诺莎在否认《圣经》这个成文法文本的神圣性的基础上,就彻底否定了以《圣经》文本为基础的宗教权威。相反,斯宾诺莎主张,上帝的神约或经典"是以神力刻在人的心上的,也就是刻在人的精神上"的自然秩序与命运。① 现存的《圣经》包含大量的历史叙述和材料的拼凑,只有极少部分才体现了自然秩序与命运,因而要求删改《圣经》,保留和布道真正的上帝信仰,如爱上帝、爱邻人如己、上帝存在、维持正义等等最普遍的法则。

(五) 信仰与哲学的分离

在此基础上,斯宾诺莎主张信仰与哲学分开,即人们无需教皇的机构,直接阅读圣经就能获得拯救。针对神学以宗教的名义对哲学的审查和教会对政治权力的干预,斯宾诺莎在《神学政治论》中"既从其作为社会权力等级的意识形态方面,又从其作为知识对象的一种一般关系形式"上抨击宗教信仰的虚假性和教会的权力僭越性,以便捍卫思想自由和言论自由的权利。为了实现宗教与哲学的确定性分离,或者让哲学摆脱宗教的束缚,斯宾诺莎直接对"圣经传统的真实性和对信仰真正内容"进行历史性的追问和批判性考证。② 在斯宾诺莎看来,《圣经》的主要教义只是教导信徒顺从上帝。顺从上帝的人必须信仰上帝和有爱人的

---

① [荷兰] 斯宾诺莎:《神学政治论》,温锡增译,北京:商务印书馆2009年版,第177页。
② [法] 艾蒂安·巴利巴尔:《斯宾诺莎与政治》,赵文译,西安:西北大学出版社2015年版,第15页。

善行。爱的心与行动的结合就是信仰。在斯宾诺莎看来，《圣经》的核心教条就是，上帝是唯一的、无所不在的、有最高权统治万物的最高存在；上帝是公正与仁慈的、纯正生活的模范；崇拜上帝只在于爱人；顺从上帝的人都能得救；上帝赦免悔过的人的罪。

这些简单的教条不需要宗教神学来帮助其论证。只是由于缺乏理解力的预言家或使徒们的想象力和隐喻性的语言才让《圣经》变得复杂起来，还有宗教神学家们思辨地加入了他们的意见和歪曲。① 神学将深奥的哲学思辨，如原罪论、神迹的宇宙论、上帝选民的来世论、先知论、恩典论、人格神等神学思想引入了宗教，从而引发宗教纷争。神学家们借助于对《圣经》的解释权和君权神圣起源的合法性论证，获得了极大的政治权力，从而对国家或公民社会形成了某种威胁。

信仰在于实践，而不在于神学的思辨活动。"哲学的目的只在求真理，宗教的信仰我们已充分地证明，只在寻求顺从与虔敬。不但如此，哲学是根据原理，这些原理只能求之于自然。宗教的信仰是基于历史与语言，必须只能求之于《圣经》与启示。"② 将信仰与哲学混杂在一起，对双方都有害。为了社会的安宁，斯宾诺莎主张，驱逐虚假的建制性宗教及其神学，回归每个人心中内在的信仰，让哲学从事自然和社会的自由探索与思想。

（六）斯宾诺莎的宗教批判的历史意义

在某种程度上说，斯宾诺莎的宗教批判是培根的"四假象说"的具体应用。想象和激情是宗教与迷信的共同基础，宗教则是理性与迷信的混合物，目的来自理性，手段来自迷信。早期人类想象力发达而理性脆弱的诗意化表达就是族类假象的具体化，使徒和教会对圣经书卷的篡改就是洞穴假象，希伯来语的特殊语词的任意解释和先知们各种不同意见就是市场假象，神学家们将各种哲学体系引入宗教信仰的做法就是剧场假象。

斯宾诺莎的宗教批判根源于伊壁鸠鲁和霍布斯的宗教批判，但更具有历史和政治含义。伊壁鸠鲁、霍布斯和斯宾诺莎的宗教批判都从人性

---

① ［荷兰］斯宾诺莎：《神学政治论》，温锡增译，北京：商务印书馆 2009 年版，第 189 页。

② ［荷兰］斯宾诺莎：《神学政治论》，温锡增译，北京：商务印书馆 2009 年版，第 202—203 页。

论出发，考虑个人的幸福或社会安宁。与伊壁鸠鲁一样，斯宾诺莎认为灵魂的宁静是生活的正当目的。不同之处在于，伊壁鸠鲁认为对神祇的恐惧是扰乱生活宁静的根源，因而要批判宗教。斯宾诺莎则认为，对神祇的恐惧、宗教迫害和大众的激情是扰乱生活宁静的根源，因而要批判宗教和建立一种抑制大众激情的民主政治。与伊壁鸠鲁只考虑个人的安宁略微不同的是，霍布斯和斯宾诺莎还考虑公众或国家的安宁。霍布斯和斯宾诺莎认为，进行科学研究的前提就是要破除迷行，对根源于虚荣或想象的宗教展开批判：人格的上帝是人的头脑中因恐惧而对自然原因不明的幻象，神迹是共谋的欺骗。由于凌驾于国家权威之上的宗教权威是一个国家衰败或内战的根源，霍布斯和斯宾诺莎都主张宗教权从属于政治权威。与霍布斯主张思想生产不同的是，斯宾诺莎进行宗教批判的目的是追求言论自由或哲学思考的自由。因此，霍布斯和斯宾诺莎代表着宗教批判从个体的心理根源角度向社会功用角度的转变。

同样重要的是，斯宾诺莎对维柯的思想产生的重要的影响。斯宾诺莎和维柯都立足于对古代文本的解读，分别将《圣经》和《荷马史诗》解读为犹太人和古希腊人的民族习惯法和神话故事。"两人不但提出了自己的宗教思想，在宗教分析上也取得了突破性进展，这种分析不仅涉及对宗教的解释，而且在探讨宗教真理问题的基础上，又探索了宗教至关重要的社会作用"。① 普鲁斯认为，维柯对民族的自负和学者的自负的批评、想象的共相说以及宗教作为原初人类制度的观念，都是将斯宾诺莎对"怀疑论者"和"独断论者"的批判、把《圣经》预言当作想象产物的分析以及社会契约就是宗教制度的理论的"改造和创造性转化"。同时，维柯将斯宾诺莎对希伯来民族史和神话的解释扩展到世界史和一切民族的古代神话，从而具有了普遍化的方法论意义。②

在对建制性宗教进行批判的同时，斯宾诺莎以圣经的基本教条为核心设想了一个爱的宗教。这种新宗教打破了各启示宗教的狭隘性和敌对状态，而是奠基于哲学家和艺术家作为教会统治者的普世宗教。在这种新的爱的宗教中，所有的人都从原来的宗教中解放出来，在更大范围内

---

① 普鲁斯：《斯宾诺莎、维柯与宗教想象》，见刘小枫、陈少明主编：《维柯与古今之争》，北京：华夏出版社2008年版，第59页。
② 普鲁斯：《斯宾诺莎、维柯与宗教想象》，见刘小枫、陈少明主编：《维柯与古今之争》，北京：华夏出版社2008年版，第63页。

追求共同的科学与艺术而实现融合和显示对上帝无尽的爱。① 在这个新的、普世性的、不区分民族的宗教中，对真善美拥有共同兴趣的哲学家和艺术家取代了祭司或牧师成为了教会的统治者，犹太人将会获得解放，与非犹太人和平地生活在新的社会之中。"康德的那些伟大的后继者们有意识地将斯宾诺莎的哲学与康德的哲学加以综合。斯宾诺莎对这一综合的独特贡献是一种关于上帝的全新构想。这样，斯宾诺莎就指出了一条通向新宗教或者新的宗教性（religiousness）的道路，这种新宗教或新的宗教性将激发一种全新类型的社会、一种全新类型的教会。"② 施莱尔马赫、圣西门和费尔巴哈设想的新宗教也是这样一种爱的宗教。

## 二、斯宾诺莎的政治哲学

在宗教批判的基础上，斯宾诺莎从复杂的人性论出发，构建了自己的政治哲学。其内容包括自由理论、权力的权利观、国家理论等。斯宾诺莎确立了一种现实主义的国家学说，反对乌托邦的政治理论与宗教。"这种学说关键在于，从人类天性的最终事实出发，对政治家熟稔人世的睿见所获得的结论加以证明或进行严格的推理。政治哲人从政客与政治家那里汲取经验教训。政治理论为遵循自身法则、独立于理论的政治行为提供正当性说明。"③ 斯宾诺莎确认的基本事实是，各种激情在政治或宗教领域占据主导地位，政治家的责任在于预防大众的激情所带来的危害性。

（一）人性论与理性国家观

与霍布斯一样，斯宾诺莎认为，在自然状态下个体的天赋权利就是其生存与发展的欲望与能力。"每个个体应竭力以保存其自身，不顾一切，只有自己，这是自然的最高的律法与权利。"④ 这种天赋权利与理智、道德和法律无关，是人与动物都享有的权利。"所以，个人（就受

---

① ［美］列奥·施特劳斯：《斯宾诺莎的宗教批判》，李永晶译，北京：华夏出版社2013年版，第32页。
② ［美］列奥·施特劳斯：《斯宾诺莎的宗教批判》，李永晶译，北京：华夏出版社2013年版，第32页。
③ ［美］列奥·施特劳斯：《斯宾诺莎的宗教批判》，李永晶译，北京：华夏出版社2013年版，第304页。
④ ［荷］斯宾诺莎：《神学政治论》，温锡增译，北京：商务印书馆2009年版，第214页。

天性左右而言）凡认为于其自身有用的，无论其为理智所指引，或为情欲所驱迫，他有绝大之权尽其可能以求之，以为己用，或用武力，或用狡黠，或用吁求，或用其他方法。……人类理智的规律其目的只在求人的真正的利益与保存。"① 在社会状态下，理性有助于协调欲望并遏制人与人之间的争夺与冲突，从而相互维护各自的权利和最大限度地实现人类的真正的福利。问题是，每个人都理性地追求自己的利益，如何达成一个社会契约形成社会状态呢？"人性的一条普遍规律是，凡人断为有利的，他必不会等闲视之，除非是希望获得更大的好处，或是出于害怕更大的祸患；他也不会忍受祸患，除非是为避免更大的祸患，或获得更大的好处。也就是说，人人是会两利相权取其大，两害相权取其轻。"② 这就意味着，人都有选择的自由。契约的价值在于其效用。契约会给订立契约的人带来好处多于坏处，也会给违反契约的人带来坏处多于好处。如果每一个人都有无限的信息，那么，人与人之间就可以直接达成可以实施的社会契约。"假如人人可以易于仅遵理智以行，能够认清对于国家什么是最好的与最有用的，就会没有不断然弃绝欺枉的人，其故是因为每人就会极其小心地遵守契约，为至高的善设想，那就是说，国家的保存，就会把守信看得比什么都重要以护卫国家。但是，并不是所有的人都不难只循理智以行；人人都为其快乐所导引，同时贪婪、野心、嫉妒、怨恨等盘踞在心中，以致理智在心中没有存留的余地了。"③

如果每一个人不具有无限的理性或智力水平参差不齐，无法信守诺言，那么，所有的人直接把自己的天赋之权转移给某个权威机构，让权威机构去实施社会契约。"一个社会就可以这样形成而不违犯天赋之权，契约能永远严格地遵守，就是说，若是每个个人把他的权力全部交付给国家，国家就有统御一切事物的天然之权；就是说，国家就有唯一绝对统治之权，每个人必须服从，否则就要受最严厉的处罚。这样的一个政

---

① ［荷兰］斯宾诺莎：《神学政治论》，温锡增译，北京：商务印书馆2009年版，第215—216页。
② ［荷兰］斯宾诺莎：《神学政治论》，温锡增译，北京：商务印书馆2009年版，第217页。
③ ［荷兰］斯宾诺莎：《神学政治论》，温锡增译，北京：商务印书馆2009年版，第218页。

体就是一个民主政体。"① 霍布斯在《利维坦》中心仪的专制政体,被斯宾诺莎命名为民主政体。"民主政体的界说可以说是一个社会,这一社会行使其全部的权能。统治权不受任何法律的限制,但是每个人无论什么事都要服从它;当人们把全部自卫之权,也就是说,他们所有的权利,暗含着或明白地交付给统治权的时候,就会是这种情形。"② 这种只有在生命遭到危险或战争威胁的极端情况下才存在的问题,被霍布斯和斯宾诺莎当作国家理论的基础。"在一个民主政体中,不合理的命令更不要怕,因为一个民族的大多数,特别是如果这个民族很大,竟会对于一个不合理的策划加以首肯,这几乎是不可能的。还有一层,民主政体的基本与目的在于避免不合理的欲求,竭力使人受理智的控制,这样大家才能和睦协调相处。……统治之权的目的在此,人民的义务我已说过是服从统治权的命令。除统治权所认许的权利以外,不承认任何其他权利。"③

尽管斯宾诺莎认可国家保存的社会契约论和理性君主的统治,但是认为每个人还保留部分天赋之权,因为君主也容易受到欲望和情绪的支配。为了获得生命以牺牲自己的行动自由,就是一种自愿为奴的行为。斯宾诺莎为此辩解,认为奴隶是没有理性的人,容易受到自己的欲望或快乐操纵,不知道自己的利益以及如何采取行动实现自己的利益。相比之下,接受理性君主专制的人,却是一个思想自由的理性的人。斯宾诺莎期望,理性统治者就像父亲为儿子的利益而命令一样,对公民的命令是为了公众的利益,所以公民必须服从统治权的命令。"握有统治权的人,无论是一个人,或是许多人,或是整个国家,有随意发布任何命令之权。凡由于自动,或由于强迫,把保护自己之权转付于他人之人,经此转付,就放弃了他的天赋之权,所以,事事他就不得不服从统治者的命令。"④ 这样,公民的生存权及其自由就要受到保护他的统治者的统治

---

① [荷兰] 斯宾诺莎:《神学政治论》,温锡增译,北京:商务印书馆2009年版,第219页。
② [荷兰] 斯宾诺莎:《神学政治论》,温锡增译,北京:商务印书馆2009年版,第219页。
③ [荷兰] 斯宾诺莎:《神学政治论》,温锡增译,北京:商务印书馆2009年版,第220页。
④ [荷兰] 斯宾诺莎:《神学政治论》,温锡增译,北京:商务印书馆2009年版,第221—222页。

权限制。不法行为就是违背统治者的法律，统治者随意行使统治权和平等地对待每一个人。

(二) 宗教权与统治权

斯宾诺莎认为，统治权包括世俗和宗教的统治权。当统治者的命令违背上帝的启示时，人们应先服从上帝。但是，由于人们在宗教问题上经常犯错，将想象当作启示，以违背信仰为借口不服从法律，所以必须服从统治者的命令。"只受神权与天赋之权的支配以保存与防守国家的法律的统治权，应该有最高之权适当地订制关于宗教方面的法律。"① 按照对上帝的诺言，每个人都必须服从统治者的命令。国家利用神权的目的在于垄断法律的解释权，让自己的任何命令带上神的色彩，从而增强君主随意命令的权威性。"那些运用或操政权的人，总是想法子用一种外衣以掩盖他们的强制的行动，让人看起来这种行动像是合法的。让人民相信他们的行动其动机是善的。若是他们是法律的唯一的解说的人，他们很容易做到这一点。因为显然这样他们就能有更多的自由，以实现其希求和欲望。如果解释法律之权归于别人之手，或者法律的条文极其明白，没有人会对于其意义有什么不明了之处，则操政权的人就不那么自由了。"② 如果法律解释权由另一个阶层占有，军队由自由人组成，以上帝的名义发布命令的预言家不断出现，那么君主或首领的权力会受到限制。由于希伯来人存在行政权与律法解释权的分离的问题，所以，祭司们或教会首领剥夺了行政之权，宗教也就变为迷信和内战的根源。最终，国王与祭司阶层之间争夺权力的斗争造成了以色列国的毁灭。

斯宾诺莎认为，上帝就是自然界的化身、根本没有人格神，各个国家构建宗教是为了统治的目的。这样，宗教权依赖于世俗统治权，"俗界的统治者自是神权的正当的解释者了"。公众的幸福与安全是最高的法律，国家居于宗教之上，宗教权与世俗之权都要归于国王。宗教权的独立和教皇势力的做大，容易造成宗教战争和国家的分裂。因此，神权从属于并归于王权，而君主是神权的合法的解释人与保护者。

---

① ［荷兰］斯宾诺莎：《神学政治论》，温锡增译，北京：商务印书馆2009年版，第227页。
② ［荷兰］斯宾诺莎：《神学政治论》，温锡增译，北京：商务印书馆2009年版，第243页。

## （三）统治权与政体演化

尽管广泛使用了自然权利、社会契约之类的术语，但是，斯宾诺莎的国家理论更具有历史的观念性。这种历史性不仅体现在民族之间的语言、风俗与法律的不同，而且体现在国家的历史建构性，特别是立法权与行政权之间关系的历史建构性之中。为了增强法律的权威与自愿服从性，统治者利用群众畏惧与希望的心理，将各民族的习惯法以宗教的形式打扮为上帝与民众之间的神约，从而以建制性的宗教协助行政权的实施。但是，在各民族的历史中，一旦行政权在内战、外敌入侵或者国家灭亡中遭到削弱，教会的法律解释权就会取得统治地位，借助想象力将历史神化而凌驾于国家之上并成为至高的律法。犹太律法就以摩西戒律的形式继续统治着散居世界各地的犹太人，耶稣的律法以基督教的形式统治着所有的基督徒，夹杂着奇迹、预言、弥撒亚、教权主义的各种特殊问题。

斯宾诺莎的历史哲学关注的焦点是，统治权的历史演化形式及其与宗教的内在冲突是如何体现在神权政体、君主政体和民主政体之中的。神权政体就是行政权与宗教权合一的政体。由于与上帝的盟约，神权政体确保了所有人在上帝的律法面前一律平等，从而具有了某种民主政体的性质。君主政体则是在行政权与宗教权相分离的情况下，行政权借助于宗教权进行统治的政体。因此，与神权政体的统治者相比，君主政体的统治者的统治权要小得多，并受制于宗教权和反叛的威胁。在民主政体中，宗教信仰被当作个人的内在自由，国家的统治权依靠社会契约发挥作用。这样，为了追求和平与安宁，一个社会的政体形式及其内在的权力关系会不断演化。在《政治论》中，斯宾诺莎不再考虑宗教权与行政权的关系，而是主要考虑立法权与行政权的关系来分析君主政体、贵族政体和民主政体及其与自由的关系。每一种政体下自由的界限成了新的问题。在斯宾诺莎看来，社会作为一个追求和平与安宁的有机统一体，其稳定程度不应该依赖于个人的信义、情感或嗜好，而应考虑国家权力的群众基础问题。

## （四）权力的权利观

法律权利是对权力的合法承认，个体权利的限度是权力的力量所能达到的最大限度。斯宾诺莎的力量权利观，既不同于法律承认的客观权利观，也不同于表达自由意志的主观权利观。这种力量的权利观在切断与责任的关联时,却将个体能力的独立性及其对他人的依赖性结合在一起。"实际上,就特定有限的自然实体而言,它们不仅相互依赖,而且每个实体当中都存在着依赖性与独立性的某种组合。人尤其是通过相对他人(并相对其他非人类的个体:动物、自然力,等等)而确认自身的独立性的,也正是与此同时,人差不多完全依赖于这些他者。"① 由此,权利就是一种不断变化或演化的力量平衡关系。

个体之间力量的失衡及其所带来的对和平与安宁的威胁就是自然状态。国家及其法律被引入来纠正这种失衡状态,以便创造和平与安宁,尽管增加了国家的力量失衡。法律权利或契约关系的社会建构过程在本质上就是权力体系的重建过程。如果个体之间的权力不平等,权利平等也很难实现。亦即,权利平等以权力平等为前提。激情和理性都是权力的来源,因而存在着源自激情的权利与源自理性的权利差别。激情与对他人力量的依赖性相关,理性与自身力量的独立性相关。由于理性的个体较少地依赖于他人的激情,因而,自由就被界定为理性压倒激情、独立性战胜依赖性的个体权利。② 国家和个人都是有机的个体,都需要持续的力量再生产来维持其持续的存在。"自然物继续存在所必需的那种力量同它开始存在所必需的是一样的。……它自己为了继续存在,却需要与它被创造所需要过的力量相同的力量。"③ 国家通过提供安全与和平来不断再生产个体的忠诚力量,个体通过对国家的服从来不断再生产自己的利益。国家与个体在各自力量的再生产中相互依赖,进而产生出长期和平与安全的稳定政体即最佳政体,或缺乏和平与安全的不稳定政体即邪恶政体。国家的败亡部分地来自国家间的战争或外部入侵引起,但更经常的原因却来自内部的制度性因素,如权力滥用、个体的公然违法、恐怖和腐化所激起的群众愤怒和反抗。因此,个体之间的权力失衡滋生了国家的需要,而国家的权力失衡催生了群众力量的抗衡。国家权力的稳定性与强大性随着参与人数的增加而不断增大,但是,人数的增加造成协调能力和决策能力的下降。历史的辩证法由此不断展开。与马基雅

---

① [法]艾蒂安·巴利巴尔:《斯宾诺莎与政治》,赵文译,西安:西北大学出版社2015年版,第97页。
② [法]艾蒂安·巴利巴尔:《斯宾诺莎与政治》,赵文译,西安:西北大学出版社2015年版,第100页。
③ [荷兰]斯宾诺莎:《政治论》,冯炳昆译,北京:商务印书馆1999年版,第9—10页。

维利关注君主权力的运用不同,斯宾诺莎关注政治权力结构的制度化。个人权力的充分运用受限于这种制度化的权力结构。不同的政体只是表现为不同权力结构的样态,权力结构的改变就伴随着政体的变迁。

(五) 斯宾诺莎的自由观

自由思想的权利是一种不可转让的天赋之权。斯宾诺莎考虑的问题是,在不危及国家的安宁和统治者的权势的状态下,思想自由的范围有多大。由于政府的建立让人免除恐惧和确保民众的安宁,所以,政府的真正目的是心灵自由。个人放弃天赋的行动之权而保留思想自由之权,即个人拥有建议权、言论自由权,但不拥有反对政府和推翻政府的权利。因为正义有赖于政府或"有赖于当局的法律的"政治正义。"一个国家最安全之道是定下一条规则,宗教只是在于实行仁爱与正义,统治者关于宗教的事务之权与关于世俗的事务之权一样,只应管到行动。但是每人都应随意思考,说他心里的话。"① 遵守统治者的法律而行动就是合乎理智的行为,让自由行动之权的契约无效的意见就是危险性的、有悖理智的意见。即使有些意见是危险性的,但个人从忠于国家和上帝出发采取切实维护国家的行动,那么,政府应该容忍哲学思辨的自由,以促进科学与艺术的发展。

这种多样化的独立思考和言论自由恰恰是民主政体力量的源泉,因为权力的实际发挥依赖于民众自愿服从的程度,而自由表达则是民众在心理上服从国家的前提条件。权力的力量是权力主体与权力客体相互作用的结果,忽视了权力客体的自愿服从性就削弱了权力的力量。尽管统治者有权采取暴力或随意发布命令的统治方式,但是,这种统治之权高度依赖于统治的能力,并具有高度的脆弱性。统治力的削弱就会带来革命或起义,实现政权的更迭。只有将被统治者的自愿服从整合进统治权之中时,统治力量才能得到最大的发挥,统治才最为稳固。民主政体的优点在于避免了不合理的命令和非理性的欲望。这样,民主政体就借助言论自由而在"社会行使其全部的权能"。在这种条件下,"统治权不受任何法律的限制,但是每个人无论什么事都要服从它"。② 这意味着,思

---

① [荷兰] 斯宾诺莎:《神学政治论》,温锡增译,北京:商务印书馆2009年版,第283页。

② [荷兰] 斯宾诺莎:《神学政治论》,温锡增译,北京:商务印书馆2009年版,第219页。

想自由或哲学摆脱神学或宗教的束缚只有在民主国家才能实现，即哲学与宗教的关系受制于政体形式。

如果政府越是限制言论自由或将某种意见强加给个人，那么，人们越是顽强地抵抗，损害的是社会的正直的精英群体。"抵抗统治者们的人却是那些因受良好的教育，有高尚的道德与品行，更为自由的人。"① 这种限制言论自由的法律不仅使社会的优秀分子不遵守法律，更坚决地坚持他们的言论和正直的人格，而且让反对言论自由的人把法律当做维护自身利益的特权，从而造成不同群体、党派或宗教派别之间展开争夺权力的斗争。因此，从减少社会的冲突、有利于市场的交易和促进科学艺术的繁荣角度，政府最好不要限制宗教自由和言论自由，因为"事实上，真正扰乱和平的人是那些在一个自由的国家中想法削减判断的自由的人，对这种自由他们是不能擅作威福的"。②

总体而言，斯宾诺莎的自由概念具有两重含义：一是思想和言论免于宗教或政治压迫的自由，即消极自由；二是个人的行动是受"理性的自我引导"而不是受制于欲望或激情的积极自由。在理性的指引下，公民应当不断介入当下、参与政治或社会的行动，以捍卫自由。斯宾诺莎强调政治与哲学的联姻：政治保护哲学的言论自由，哲学确保公民对国家的服从以及协助政治取得对宗教的主导权。斯宾诺莎反对宗教对哲学追求真理与言论自由的专制，并不反对政府对大众的专制。③

（六）斯宾诺莎与霍布斯：政治哲学的比较

霍布斯与斯宾诺莎都拥有独具特色的人性论、政治理论和宗教批判理论。在列奥·施特劳斯看来，斯宾诺莎的政治哲学是在马基雅维利的权力哲学基础上对霍布斯政治哲学的发展。"霍布斯拒绝了古代伦理思想家们提出的至福（beatitude）的构想，以得陇望蜀般的欲望与力量的无限增长的前景取而代之，并借助这种幸福概念进而将实证科学确立为技术的基础。斯宾诺莎的立场接近原本的伊壁鸠鲁主义，在这一点上无出

---

① ［荷兰］斯宾诺莎：《神学政治论》，温锡增译，北京：商务印书馆2009年版，第279页。
② ［荷兰］斯宾诺莎：《神学政治论》，温锡增译，北京：商务印书馆2009年版，第282页。
③ 贺晴川：《哲学的马基雅维利主义：重审斯宾诺莎的政治哲学》，载《世界哲学》，2019年第3期。

其右者，因为他对古典的至福观笃信无疑，认为科学是获得至福的一种工具、一种安定且完备的条件。"① 在这种解释下，人们便注重斯宾诺莎哲学中的方法论的个人主义与理性选择学说，从而将其打扮为一个古典自由主义者。② 这种解释忽视了斯宾诺莎在《伦理学》中阐述的复杂的人性论以及在《神学政治论》和《政治论》中贯穿的国家实体建构理论和权力的权利论。

霍布斯看重政治权力，斯宾诺莎看重知识对幸福的意义。在感官快乐、名望、权力和知识的追求中，霍布斯认为名望和权力的追求会带来更多的幸福和精神快乐，而斯宾诺莎则认为知识的追求是无限快乐的源泉。两人都认为宗教会危害对科学的自由研究和国家的安宁。在霍布斯看来，虚幻的宗教要篡夺或者分享国家的尘世权力，利用其追求虚荣欲望的疯狂危害社会的和平与安宁，因而要受到批判。只要宗教服从于国家的尘世权力，宗教就得到支持。与霍布斯将宗教当作维护国家的一种必要的意识形态的手段不同，斯宾诺莎主张宗教的去意识形态化，提倡一种爱的宗教和宗教宽容。

斯宾诺莎与霍布斯的政治理论都是基于社会契约论和自然权利学说，但是，斯宾诺莎坚持社会有机体理论，霍布斯秉持个体主义理论。结果是，霍布斯将个人的自然权利全部转让给专制君主，而斯宾诺莎将个人的自然权利转让给政府的幅度受限于是否会增强整个社会的力量。斯宾诺莎说："我的政治学说和霍布斯的政治学说有何差别，我可以回答如下，我永远要让自然权利不受侵犯，因而国家的最高权力只有与它超出臣民的力量相适应的权利，此外对臣民没有更多的权利。"③ 根据臣民保留自然权利的多少不同，斯宾诺莎秉持民主政治观念，而霍布斯则坚持君主专制理论。具体而言，两人的政治哲学存在如下的差异：

第一，目标不同。霍布斯和斯宾诺莎都主张力量与权利的等同，都将自我保全当作人的本质，但对自我保全的理解不同。尽管自然权利就是自由地运用自己的力量保全自己，但是，斯宾诺莎将知识视为（精

---

① [美] 列奥·施特劳斯：《斯宾诺莎的宗教批判》，李永晶译，北京：华夏出版社 2013 年版，第 284 页。
② [法] 艾蒂安·巴利巴尔：《斯宾诺莎与政治》，赵文译，西安：西北大学出版社 2015 年版，第 207 页。
③ [荷兰] 斯宾诺莎：《斯宾诺莎书信集》，洪汉鼎译，北京：商务印书馆 2009 年版，第 227 页。

神)自我保全的必需,而霍布斯则将和平与国家当作(肉体)自我保全的必需。

第二,自然权利的概念不同。霍布斯从国家建立之前的自然人的自我保护需求推断出自然权利,即自然状态下的理性行为的社会表达。这种自然权利是一种社会法权概念,适合于创建国家与社会的权利。斯宾诺莎从上帝或自然的力量或秩序推导出物体、人或动物的自然权利,这种自然权利是所有自然存在物共有的而与社会无关的权利。这两种自然权利,基于保命而采取的理性行动的自然权利和基于至高无上的自然法或物理法则(含有激情)的自然权利,是两种不同的自然权利。

第三,国家建构的方式不同。霍布斯以社会契约论和权利的让渡来建构专制国家,实现和平来确保生命的安全。斯宾诺莎反对从理性观点出发构建乌托邦政体,主张从人性和现实的政体经验出发构建政体。根据"权利即力量"及其预设的"自然及历史"的政治原理,斯宾诺莎从根本上否定了社会契约论的有效性,现实主义地考虑遵守契约还是不遵守契约的好处,强调政治权力的群众基础。由于大众激情和违背契约的自然权利会驱使强有力的狡诈与欺骗的精英统治,因此,理性的国家就是各种激情生活和谐共处的国家。因而,斯宾诺莎的国家观念具有更多的民主倾向。

第四,个体观与国家整体观的区别。霍布斯的国家主要是指政府,斯宾诺莎的国家则是包括民众与政府在内的整体。因而,斯宾诺莎注重国家的不同权力结构及其演变的分析。神权政体使民众与政府的对立而削弱了国家的力量,民主政体则使民众与政府的协同而增强了国家的力量。斯宾诺莎将国家当作一个自然个体或生命有机体,直接开启了19世纪德国的国家学说。[1] 但是,斯宾诺莎注重精英政治而对民众的激情抱着恐惧的心态,秉持一种英雄史观。"在他的思想中没有任何对民众加以启蒙的空间。他没有为民众着想的念头,没有对他们的怜悯。"[2] 不过,斯宾诺莎注意到了群众的重要性,从而为马克思在政治哲学中思考群众的历史作用提供了某些启发。

---

[1] [德]弗里德里希·迈内克:《马基雅维利主义》,时殷弘译,北京:商务印书馆2008年版,第325页。

[2] [美]列奥·施特劳斯:《斯宾诺莎的宗教批判》,李永晶译,北京:华夏出版社2013年版,第36页。

## 第四节　斯宾诺莎对马克思的影响

斯宾诺莎和马克思都是著名的犹太人，都生活在一个天主教与新教冲突剧烈、犹太教遭受压迫、争取政治民主和建立共和国的时代。相似的时代命运让他们面临许多相似的问题，如哲学与宗教分离、宗教与政治分离、宗教批判是政治批判的前提等。对于许多问题，斯宾诺莎提出了有意义的解决方案和论证思路。如果说斯宾诺莎的《神学政治论》反映了 17 世纪中叶荷兰在军事危机与宗教危机中教会与国家之间的关系及其解决方案，那么，黑格尔的《法哲学原理》则反映了 19 世纪初普鲁士的政治改革中财产所有制、家庭、行会与国家之间的关系及其政府各部门之间的权力重新分配的解决方案。由于处于资本主义的不同发展阶段，斯宾诺莎的民主解决方案和黑格尔的折中解决方案就为马克思的共产主义解决方案所取代。尽管如此，斯宾诺莎对马克思的影响还是非常明显的。

### 一、斯宾诺莎对马克思影响的间接路径

斯宾诺莎的《神学政治论》《伦理学》等著作长期遭到禁令。但是，斯宾诺莎的思想还是通过各种途径传播开来，如培尔的《历史的批判辞典》对斯宾诺莎的批判，维柯在《新科学》中按照《神学政治论》的方法来解读荷马史诗和古罗马的神话故事，等等。在德国，弗里德里希·雅可比（F. H. Jacobi, 1743—1819）在 1785 年出版了《论"门德尔松先生书简"中的斯宾诺莎学说》，公开了莱辛对斯宾诺莎学说尤其是上帝或自然的等同的推崇。斯宾诺莎认为人是自然的一部分，遵循自然的规律和法则；自然不是一个静止的状态，而是一个历史展开的、不断丰富的过程。自然的有机统一体即实体：一切都是整体上必然的或因果联系的，没有整体的偶然性。这就是能动的自然即神或无限实体，被动的自然则是我们所知道的自然。自然即历史和能动的观念，为德国唯心论做了最初的准备。谢林的潜能概念和黑格尔的绝对精神是对斯宾诺莎实体概念的动态发挥。① 谢林的《近代哲学史》、黑格尔的《哲学史讲演录》

---

① 倪逸偲、先刚：《斯宾诺莎—谢林：建立一种"力量本体论"的尝试》，载《南京社会科学》，2019 年第 5 期。

和费尔巴哈的《近代哲学史》都详细探讨斯宾诺莎的哲学及其与德国古典哲学之间的关系。黑格尔在《哲学史讲演录》和《逻辑学》中将斯宾诺莎哲学"仅仅作为充实和贯彻笛卡儿原则的结果",批判斯宾诺莎的实体概念缺乏"主观性的实体外化"和"否定性劳动"两个关键环节。但是,"斯宾诺莎拒绝了黑格尔式的辩证法"。① 费尔巴哈在《近代哲学史》中认为,《神学政治论》"包含头一次从理性主义观点对圣经进行比较彻底的批判"。② 美国学者瓦伦·蒙塔格说:"费尔巴哈的异化理论实际上要远比至今得到的承认更斯宾诺莎主义,也就是从费尔巴哈开始,出现了这样一种认识,认为斯宾诺莎'上帝或自然'的提法远比许多自命的唯物主义者的著作更彻底地消除了一切超越论的和观念性的形式。"③ 马克思熟悉培尔的《历史的批判辞典》、维柯的《新科学》、莱辛的思想、谢林、黑格尔和费尔巴哈的哲学史著作,从而加深了对斯宾诺莎的思想的理解。

## 二、斯宾诺莎对马克思影响的阅读证据

马克思在1841年3—4月对斯宾诺莎的《神学政治论》与《斯宾诺莎书信集》进行了不加评注的详尽摘录。马克思对《神学政治论》摘录了167处,将第六章论奇迹列为首章,然后较为详细地摘录了第14章到第20章关于论思想自由和民主政体合理性的内容;然后是摘录第7章到第13章的《圣经》批判;最后是第1章到5章的摘录,没有评论。在1858年致费迪南·拉萨尔的信中,马克思谈到了体系的内在结构与表述的差异:"即使在那些赋予自己的著作以系统的形式的哲学家如象斯宾诺莎那里,他的体系的实际的内部结构同他自觉地提出的体系所采用的形式是完全不同的。"④ 马克思重构《神学政治论》的结构,在冯波(2018)看来是将斯宾诺莎的"自觉体系"还原到"自在体系",在内田弘(2016)看来则是自然哲学的还原。在赫尔(2006)看来,这是马克

---

① [法]艾蒂安·巴利巴尔:《斯宾诺莎与政治》,赵文译,西安:西北大学出版社2015年版,第211页。
② [德]路德维希·费尔巴哈:《从培根到斯宾诺莎的近代哲学史》,涂纪亮译,北京:商务印书馆1978年版,第313—314页。
③ [法]艾蒂安·巴利巴尔:《斯宾诺莎与政治》,赵文译,西安:西北大学出版社2015年版,第205页。
④ 《马克思恩格斯全集》第29卷,北京:人民出版社1972年版,第540页。

思对斯宾诺莎的一种批判性解读和挪用，从而提供了一条探讨马克思思想的思路。①《政治神学论》的主旨是，以该书第 14 章的七条核心教义为基础，构建一个自由主义的社会。在这样一个社会中，国家是强制性的、与道德无关的人造物，"犹太教徒与基督徒能同等地成为该社会的成员，而且犹太教徒与基督徒在该社会中是平等的成员"，条件是犹太人放弃摩西律法或犹太教，以便同化在非犹太人的社会中并获得解放。② 鲍威尔等人秉持的犹太人解放方案就是这种自由主义的方案。马克思在《论犹太人问题》（1843）中对这种方案的局限性进行了批判。

马克思对《斯宾诺莎书信集》摘录了 27 封书信，包括实体、属性和样态的理论论述，哲学与宗教的分离，思想自由的问题。③ 这些摘录为马克思理解斯宾诺莎与谢林、黑格尔的思想渊源关系提供了充足的准备。在《神圣家族》中，马克思将斯宾诺莎的实体理论看成黑格尔绝对精神的一个构成要素："在黑格尔的体系中有三个因素：斯宾诺莎的实体，费希特的自我意识以及前两个因素在黑格尔那里的必然的矛盾的统一，即绝对精神。第一个因素是形而上学地改了装的、脱离人的自然。第二个因素是形而上学地改了装的、脱离自然的精神。第三个因素是形而上学地改了装的以上两个因素的统一，即现实的人和现实的人类。"④ 在马克思看来，大卫·施特劳斯发展了斯宾诺莎的实体概念，而鲍威尔则发挥了费希特的自我意识概念而形成了普遍的自我意识的历史哲学和英雄史观，费尔巴哈的人本主义哲学则将黑格尔的绝对精神理解为没有历史感的"以自然为基础的现实的人"即自然人，从而形成了对黑格尔哲学的片面理解。

### 三、马克思对斯宾诺莎的继承与批判

斯宾诺莎的圣经诠释学、宗教批判视角和方法、自由主义理论和理性国家观，都对马克思早期思想的发展产生了重要的影响。马克思联系

---

① 赫尔：《马克思对斯宾诺莎的反常阅读》，见刘小枫、陈少明编：《阅读的德性》，北京：华夏出版社 2006 年版，第 184 页。
② [美] 列奥·施特劳斯：《斯宾诺莎的宗教批判》，李永晶译，北京：华夏出版社 2013 年版，第 39 页。
③ 杨偲劢：《〈柏林笔记〉初探：文献状况与思想图景》，载《山东社会科学》，2018 年第 4 期。
④ 《马克思恩格斯全集》第 2 卷，北京：人民出版社 1957 年版，第 177 页。

当时的背景，在对黑格尔、鲍威尔、卢格等人的批判的基础上，对斯宾诺莎的思想进行了批判性地继承。

在《关于伊壁鸠鲁哲学的笔记》（五）中，马克思谈到亚里士多德、斯宾诺莎和黑格尔的宗教激情"具有更普遍的形式"，"更富有内容，更热烈，对启蒙教育的社会精神更为有益"，"燃烧成纯洁的理想的科学之火"。"斯宾诺莎以这种激情论述关于'从永恒的角度'观察世界，关于对神的爱或关于'人类精神的自由'。"① 马克思的第一篇文章就以书报检查制度为例来捍卫政治上的言论自由，而斯宾诺莎则争取宗教上的言论自由。斯宾诺莎认为，政治叛乱是由于言论自由和信仰自由的缺乏所带来的迷信和谣言所致。"自由比任何事物都为珍贵。我有鉴于此，欲证明容纳自由，不但于社会的治安没有妨害。而且，若无此自由，则敬神之心无由而兴，社会治安也不巩固。"② 马克思则从书报检查制度中看到，自由始终存在，不同社会的自由只是表现形式不同，是以特权、普遍权利还是以理性形式表现出来。尽管斯宾诺莎认为"让人人自由思想说他心中的话，这是统治者保留这种权利和维护国家安全的最好的办法"，③ 但是，普鲁士的政治现实却是压制民众的言论自由。马克思摘录了《神学政治论》的"国家的真正目的是自由"，"在所有政体之中，民主政体是最自然，与个人自由最相合的政体"等论述。但是，一旦马克思理解了政治正义的关键在于经济正义，那么，斯宾诺莎等人的民主制取向就不再适合于马克思的目的了。在1842年的科隆社论中，马克思就已经认识到，重建政治正义的基础需要回归到亚里士多德的《政治学》所谈到的经济正义。

马克思在1842年的《〈科隆日报〉第179号的社论》中谈到马基雅维利、霍布斯、斯宾诺莎等人"已经开始用人的眼光来观察国家了"。不过，这种"人的眼光"存在少数人的眼光或多数人的眼光之别。斯宾诺莎区分了有教养的民众与无知的民众，前者受理性指导，后者受到盲目的激情指导。马克思在博士论文中就谈到了"大众与苏格拉底"或实

---

① 《马克思恩格斯全集》第40卷，北京：人民出版社1982年版，第142页。
② ［荷兰］斯宾诺莎：《神学政治论》，温锡增译，北京：商务印书馆2009年版，第4页。
③ ［荷兰］斯宾诺莎：《神学政治论》，温锡增译，北京：商务印书馆2009年版，第8—9页。

践世界的承担者与理性世界的承担者之间的分裂问题。《莱茵报》时期接触到的物质问题推动了马克思对群众的历史作用问题进行深入的思考。在《评一个普鲁士人的〈普鲁士国王和社会改革〉一文》中,马克思针对卢格贬低工人的"无知"时说:"资产阶级,包括其哲学家和学者在内,有哪一部论述资产阶级解放——政治解放——的著作能和魏特林的《和谐与自由的保证》一书媲美呢?……可见,德国贫民的聪明才智和贫乏的德国人的聪明才智是成反比的。"① 最终,在批判斯宾诺莎等人的英雄史观的基础上,马克思得出了截然不同的群众史观。

尽管马克思不同意斯宾诺莎关于民主制和英雄史观的论述,但是,马克思在专制政体和宗教的批判方面却与斯宾诺莎保持高度的一致。在《神学政治论》中,斯宾诺莎对专制政体进行了猛烈的抨击:"专制政治的秘诀主要是欺瞒人民,用宗教的美丽的外衣来套在用以压倒民众的畏惧的外面,这样人民既可英勇地为安全而战,也可英勇地为奴隶制而战。"② 这样,斯宾诺莎就将专制政体与宗教欺骗联系在一起:宗教成了迷信与麻醉的鸦片。"宗教只能借有权命令人的人获得权能的力量,上帝只借现世秉权的人来统御人间。"③ 因此,宗教不过是统治的外衣,上帝的王国只能借统治之权在人间存在。所以,真正的问题不是宗教,而是国家本身。"宗教无论是借我们的天赋的智能,或借预言家的启示,完全是通过握有王权的人的命令,以获得命令的效力;而且,上帝借君主而统治,除了在这个意义之下,上帝在人间是没有王国的。"④ 不仅如此,宗教还压制自由。斯宾诺莎说:"把意见当作罪恶的政府是最暴虐的政府,因为每个人对于他的思想有不可剥夺之权。而且这种情形能够引起群情的激愤。"⑤ 在摘录了这些话语之后,马克思就在 1842 年初与普鲁士的书报检查制度展开了斗争,逐渐看到了自由与权力的内在关联,以及专制政体压制了人的自由创造性。在《〈黑格尔法哲学批判〉导言》

---

① 《马克思恩格斯全集》第 3 卷,北京:人民出版社 2002 年版,第 390—391 页。
② [荷兰] 斯宾诺莎:《神学政治论》,温锡增译,北京:商务印书馆 2009 年版,第 3 页。
③ [荷兰] 斯宾诺莎:《神学政治论》,温锡增译,北京:商务印书馆 2009 年版,第 263 页。
④ [荷兰] 斯宾诺莎:《神学政治论》,温锡增译,北京:商务印书馆 2009 年版,第 265 页。
⑤ [荷兰] 斯宾诺莎:《神学政治论》,温锡增译,北京:商务印书馆 2009 年版,第 258 页。

中，马克思深化了斯宾诺莎关于宗教批判与政治批判的关联，并推进了人的社会性的认识。马克思说："人就是人的世界，就是国家，社会。这个国家、这个社会产生了宗教，一种颠倒的世界意识，因为它们就是颠倒了的世界。……宗教是人的本质在幻想中的实现，因为人的本质不具有真正的现实性。因此，反宗教的斗争间接地也就是反对以宗教为精神性抚慰的那个世界的斗争。"① 可以说，马克思这段论述完全总结了斯宾诺莎的政治学研究主题，并以此为基础在《论犹太人问题》中展开了对鲍威尔的批判。在马克思看来，宗教是附属于政治的意识形态，宗教问题总是如斯宾诺莎所洞察的那样是一个政治问题。因此，宗教批判是其他一切批判的前提。在不对犹太人实行政治解放之前单纯要求犹太人放弃犹太教是无效的解决方案，而对犹太人的政治解放又与人的解放特别是经济解放紧密地联系在一起。

同样重要的是，斯宾诺莎的阅读文本方法、宗教批判和解构圣经的方法，都对马克思有影响。马克思摘录了斯宾诺莎对《圣经》的阅读方法："讨论《圣经》的内容只能从《圣经》本身及其历史出发，除此之外别无其他解释《圣经》的标准和论据。"根据这种方法，斯宾诺莎将《圣经》解读为犹太人的民族与国家参与斗争和立法、并以上帝的名义进行伪装的历史。马克思在1843年对黑格尔的《法哲学原理》采取了斯宾诺莎的批判式阅读方法，将黑格尔的《法哲学原理》解释为普鲁士的王权、行政权和立法权的现实历史，从而批判了黑格尔利用逻辑为普鲁士的政治现实进行辩护的做法。赫尔（Gordon Hull）说："马克思把斯宾诺莎的解经方法推到极致，并把这种方法应用到所有的经典著作中。"② 马克思在《1844年经济学哲学手稿》的"第一手稿"中展开了对古典政治经济学的批判，发现了古典政治经济学本质上是对资本主义或异化劳动的社会进行辩护的做法，从而为恢复对人类历史规律的研究做了充足的准备。阿尔都塞看到了斯宾诺莎的阅读方法与马克思之间的联系："斯宾诺莎是第一个对读，因而对写提出问题的人，他也是世界上第一个同时提出历史理论和直接物的不可知性的哲学的人。他在世界上第一次用想象与真实的差别的理论把阅读的本质同历史的本质联系起来。

---

① 《马克思恩格斯全集》第3卷，北京：人民出版社2002年版，第199—200页。
② 赫尔：《马克思对斯宾诺莎的反常阅读》，见刘小枫、陈少明编：《阅读的德性》，北京：华夏出版社2006年，第169页。

这一切使我们理解了，马克思之所以成为马克思就是因为他建立了历史理论以及意识形态和科学之间的历史差别的哲学，而这一切归根结蒂是在破除阅读的宗教神话的过程中完成的。"① 在《神圣家族》《德意志意识形态》等著作中，马克思继续对黑格尔的《精神现象学》和《逻辑学》中的概念辩证法进行了解构，破除了概念辩证法的逻辑神话。

在《1844 年经济学哲学手稿》中，马克思对历史的阐述融入了斯宾诺莎的自然即历史的概念："历史本身是自然史的即自然界生成为人这一过程的一个现实部分""正像一切自然物必须形成一样，人也有自己的形成过程即历史，但历史对人来说是被认识到的历史，因而它作为形成过程是一种有意识地扬弃自身的形成过程。历史是人的真正的自然史"。② 在历史中，人类的本性和能力处于不断变化之中。在《资本论》第一版的序言中，马克思进一步"把经济的社会形态的发展理解为一种自然史的过程"，犹如斯宾诺莎将政治权力的形态即政体理解为一种自然史的过程一样。但是，马克思将自然理解为人类的物质行为，人与自然的独立和依存的关系被改造为唯物史观。宗教将这种关系以谎言或颠倒的形式披上神秘的面纱。只要这种颠倒关系存在，宗教就会存在，因为"反宗教的批判的根据是：人创造了宗教，而不是宗教创造人"。③ 所以，不仅有伊壁鸠鲁、斯宾诺莎和维柯批判或揭露的古代的偶像崇拜、虚伪的众神、神话故事，也有现代资本主义的货币拜物教。这些都是意识形态的不同表现形式。如同斯宾诺莎在揭示政治权力的不同形态时需要对宗教展开批判一样，马克思在分析经济权力的不同形态时也需要对货币拜物教展开批判。因而，马克思在博士论文中借助伊壁鸠鲁展开的宗教批判，以及后来阅读霍布斯、斯宾诺莎、培尔、费尔巴哈等人宗教批判著作，无疑奠定了政治经济学批判的基础。斯宾诺莎在政治哲学中对权力结构及其演变的分析，无疑对马克思对资本主义的权力特别是经济权力（资本）结构及其演变的分析，具有重要的启示意义。

马克思摘录了斯宾诺莎书信中"限定是否定"的论述，在《1857—1858 年经济学手稿》中加以引用，并应用到生产、分配、交换和消费四

---

① ［法］路易·阿尔都塞、艾蒂安·巴利巴尔：《读〈资本论〉》李其庆、冯文光译，北京：中央编译出版社 2017 年版，第 5—6 页。
② 《马克思恩格斯全集》第 3 卷，北京：人民出版社 2002 年版，第 308、326 页。
③ 《马克思恩格斯全集》第 3 卷，北京：人民出版社 2002 年版，第 199 页。

个环节的相互限定和否定。同时，在《1857—1858年经济学手稿》中，马克思将斯宾诺莎《伦理学》的实体、属性、个体、样态等基本术语和思想用来分析社会和商品价值的不同形式。商品的使用价值被界定为来自于自然实体或具体劳动的"特殊的自然属性"，交换价值则是来自于社会实体或抽象劳动的"一般的社会属性"。劳动被当作实体对待，不仅包含着斯宾诺莎的无限实体或有机统一体的概念，而且蕴含着亚里士多德的第一实体（个体）和第二实体（形式）的概念。总之，斯宾诺莎的批判性阅读方法、理论建构和政治哲学思想，都对马克思产生了重要的影响。

# 第十一章　孟德斯鸠、卢梭、弗格森、舒尔茨与马克思

本章主要探讨孟德斯鸠、卢梭、弗格森和舒尔茨的思想及其对马克思的影响。孟德斯鸠是马克思在中学和大学时代就熟悉的思想家，而孟德斯鸠的思想实现了修昔底德的历史观与亚里士多德的社会政治思想的某种综合。卢梭与弗格森继承并发扬了孟德斯鸠的思想，强调公民的政治参与和积极自由，推崇公民美德和社会性情感，从人类学角度歌颂"高尚的野蛮"和鞭笞文明社会的异化，尝试构建一个理想的新社会。① 孟德斯鸠和卢梭提供了"政治上层建筑"的分类和演化的分析，弗格森在人的能动性与社会分工思想的基础上分析了市民社会与国家的演化，舒尔茨则在分工思想的基础上分析了物质生产和精神生产的历史分化和结合的规律。孟德斯鸠、卢梭、弗格森和舒尔茨都以历史辩证法的意识，展示了国家兴衰、物质生产和精神生产的历史逻辑。这些思想的有机整合就会历史地演化出唯物史观和历史辩证法。

## 第一节　孟德斯鸠与马克思

沙尔·路易·孟德斯鸠（1689—1755）是法国著名的自由主义政治思想家、政治经济学家、法律学家、历史学家和小说家。孟德斯鸠在《波斯人信札》中对封建专制制度及其所带来的社会危害性进行了批判，在《罗马盛衰原因论》中阐述了社会制度在国家兴衰和人口增减中的重要性，在《论法的精神》中提出了三权分立论、地理环境决定论和贸易和平论等思想。本节将集中阐述孟德斯鸠的人性论、国家动态变迁的理

---

① 项松林：《卢梭、弗格森社会思想之比较研究》，载《理论探索》，2014年第3期。

论、辩证法思想，对孟德斯鸠与马克思的理论进行比较，确定孟德斯鸠影响马克思的唯物史观、政治经济学研究、资本主义批判和人类学研究的路径。

## 一、社会的人性论

孟德斯鸠认为，人是具体的、社会的人，不是抽象的人。在《论法的精神》中，孟德斯鸠说："人是具有适应性的存在物，他在社会上能同别人的思想和印象相适应。同样也能够认识自己的本性，如果人们使他看到这个本性的话。他也能够失掉对自己本性的感觉，如果人们把这个本性掩饰起来，使他看不见的话"。① 这意味着，人的本性是社会创造的。作为物质世界的一部分，人会遵循物质运动的规律；作为生命世界的一部分，人会像植物和动物一样遵循生命运动的规律；作为独特的社会性动物，人会遵循社会运动的规律；作为有限智慧的存在物，人会独立自由地行动。

作为无数欲望和有限理性相结合的不断演化的社会性动物，人既热爱自己的生命保存，也看重荣誉的社会价值。"追求荣誉的愿望，与一切生物所具有的保全生命的本能并无区别。如果我们能使自己存在于他人的记忆之中，我们似乎就延长了自己的生命。荣誉使我们获得新的生命，它与我们受制于天的生命一样可贵。"② 自然生命充满了各种欲望，人因此是欲望的总和。失去了欲望，或被迫做"腐刑"，就意味着"失去人性"。③ 因此，人生的幸福首先在于个人"官能的满足和快感"。在欲望和利益的驱使下，社会就充满了从事劳动和发财致富的人群，催生出繁荣的工商业。"这种劳动热情，这种发财狂热，从一个阶层传到另一个阶层，从工匠直至王公大人，谁都不愿意比眼前仅次于己的那个人更穷。"④ 一个抑制人们的欲望、排斥奢侈消费的社会就是一个工商业枯竭、个人收入和国家税收减少的贫困社会。因此，要想使一个社会强盛，就要允许人民追求自己的幸福和安乐，允许人民消费各种生活必需品和

---

① ［法］孟德斯鸠：《论法的精神》上册，张雁深译，北京：商务印书馆2004年版，"著者原序"第30页。
② ［法］孟德斯鸠：《波斯人信札》，梁守锵译，北京：商务印书馆2009年版，第167页。
③ ［法］孟德斯鸠：《波斯人信札》，梁守锵译，北京：商务印书馆2009年版，第72页。
④ ［法］孟德斯鸠：《波斯人信札》，梁守锵译，北京：商务印书馆2009年版，第200页。

奢侈品，允许人民自由恋爱和自由离婚，最大限度地满足官能的快感。

在物质欲望得到满足之后，人们便想获得社会的荣誉，因为"人们生来便是彼此联结在一起的"。一个人对荣誉的追求，不仅与个人的想象力和所受的教育有关，而且与社会的自由密切相关。社会越自由，声誉的价值越大，人们追求荣誉的意愿就越强烈，越容易培养自己追求公平与正义的美德，竞相为善。社会越不自由，声誉随时贬值，人们越不愿追求荣誉，越容易受到私利的诱惑，竞相为恶。"荣誉是民族的神圣财宝，而且是君主无法任意支配的唯一财宝，因为他若这样做，便不能不与自己的利益相抵触。"① 当君主的好恶成为法律时，正义就会被践踏，极端不公的社会制度就形成了。每个只顾自己利益的人，在面临干旱、水涝、纠纷、疾病、瘟疫等问题时，都会遭到巨大的损失或者暴力的掠夺与抢劫。只有在公平与正义的美德之中，人与人通过合作才能最大限度地实现自己的利益。"他们尤其使子女们感受到：个人利益总是存在于公共利益之中；想把个人利益与公共利益割裂开来，等于自取灭亡；德行并不会使我们付出巨大代价，不应把美德视为一种苦役；对他人仁义就是为自己积德。"② 因此，公平和正义的美德也是幸福的根源。

但是，人一旦在社会中生活，就增强了自身的力量。欲望和满足欲望的手段也会发生变化，人们就趋向于以掠夺取代劳动来获得主要的利益和欲望的享受。社会化也意味着人的异化。只有那些感觉道德是个沉重负担的人，才希望找一个国王，用服从法律取代道德和风俗的约束。于是，"自由的"人，"如今却要受人奴役了"。③ 国家就在社会基础上建立起来，在不同国家之间和不同社会内部就会出现战争状态。调节国家之间利益的国际法、一国内部的统治者与被统治者之间利益的政治法和公民之间利益的民法也会建立起来。法律不仅要与一个国家的气候、地理环境、国土规模、生活方式等因素相关，而且要与政体的性质和原则、宗教、财富、人口、贸易、风俗、习惯以及其他法律相适应。这些法律关系的总和就构成了"法的精神"，而适用范围最广的法律就构成了人

---

① ［法］孟德斯鸠：《波斯人信札》，梁守锵译，北京：商务印书馆2009年版，第168页。
② ［法］孟德斯鸠：《波斯人信札》，梁守锵译，北京：商务印书馆2009年版，第22页。
③ ［法］孟德斯鸠：《波斯人信札》，梁守锵译，北京：商务印书馆2009年版，第26页。

类的理性。① 因此,战争、法律和国家都是社会的产物,在自然状态下是不存在大规模的战争和冲突的。

## 二、政体理论

在孟德斯鸠看来,政治权力和政治地位只不过是财产这种经济权力的表现形式。如果政治权力和政治地位的平等程度来源于财产的平等程度,政治上的不平等来源于经济上的不平等,那么,财富的两极分化是社会动乱的根源。因此,建立在私有财产制基础上的各种政体都表现出高度的不稳定性,都有演化或蜕变的风险。可以说,孟德斯鸠的政体理论主要研究了政治上层建筑的演化与瓦解的过程,设计了相应的社会制度来确保各种政体的持续稳定发展,但没有对这些社会制度的核心根源即私有财产制度进行根本的分析,因而对社会的经济基础并没有提出相应的理论。具体而言,孟德斯鸠的政体理论包括政体的分类、政体的原则、政体的特征、政体的演变和三权分离的理论,从本质上研究了政治平等及其根源。

### (一) 政体的分类

根据实施统治权力的方式和人数的多寡,孟德斯鸠将政体分为共和政体、君主政体和专制政体。"共和政体是全体人民或仅仅一部分人民握有最高权力的政体;君主政体是由单独一个人执政,不过遵照固定的和确立了的法律;专制政体是既无法律又无规章,由单独一个人按照一己的意志与反复无常的性情领导一切。……共和国的全体人民握有最高权力时,就是民主政治。共和国的一部分人民握有最高权力时,就是贵族政治。"② 不管是全体人民还是贵族、君主或专制者,统治权力的实施都是统治者意志的表现。

民主政治通过选举表现人民的意志,其宪法要规定投票的权利、选举的方式、投票的方式、议会的人数、人民与其代理人官吏之间的关系、人民的等级、人民和议会的立法权。人民公开选举能干的议员和官员来办事的做法,充分体现了人民拥有对人事的鉴别能力和判断能力,以弥

---

① [法]孟德斯鸠:《论法的精神》上册,张雁深译,北京:商务印书馆2004年版,第8页。
② [法]孟德斯鸠:《论法的精神》上册,张雁深译,北京:商务印书馆2004年版,第9页。

补其在国家安全、社会的整体利益等相关方面的办事能力的不足。孟德斯鸠在民主政治中看到了社会分工的一个侧面：信息和知识的有限性促使人民选择官员和议员去完成社会的职责和保障自身的利益。

贵族政治通过秘密抽签选举的方式来表现贵族的意志，人民被排除在统治权之外，贵族与人民的关系就像君主国中的君主与臣民的关系。在贵族政治中，贵族资格要尽可能降低，贵族人数要尽可能增多，官职的权力要与任期成反比，防止掌权者权力过大和滥用职权而导致腐败，最终颠覆贵族政治。"贵族政治越是近于民主政治，便越是完善；越是近于君主政体，便越不完善。"①

君主政体要求君主按照基本法律治理国家，并受到贵族、僧侣和高等法院这些中间权力的制约。缺乏这些中间权力阶层和基本法律的制约，君主政体就演变为专制政体，君主就演变为暴君。在政教分离的国家，教会与国家相互制约，从而减少了国家的危害性并推动了自由的发展。由于缺乏任何基本法律以及法律保卫机构，专制君主会放纵自己的情欲和意志，任性地采取人治和阴谋诡计的办法来治理国家。当稳定比发展、监督和压迫比自由更重要时，专制国家就会长期处于停滞状态。在习俗和传统起着重要作用的国家，专制政体受着某种约束。如果不受宗教和习惯约束，专制政体就演变为绝对的、失去理智的暴政。

孟德斯鸠看到，对贵族和获得权利的公民而言存在差别的共和国、君主国和专制国家，对于普通民众而言都是一种奴役和专制。希腊和罗马共和国中存在广泛的奴隶制，君主国和专制国中也存在农奴制。随着政治地位和权利的降低，同样的行为被加以惩罚的严厉程度急剧上升。除叛逆罪以外，高官显贵在犯法时受到的处罚一般很轻，甚至享有不受惩罚的特权，但普通平民在犯法时的处罚很重，甚至加倍处罚。孟德斯鸠因此主张罪刑相当：同样的犯罪要受到同样的惩罚，不同的犯罪要有不同的惩罚，以减少人们犯重罪的倾向。

（二）政体的原则

政体的原则是推动政体运动的东西。品德、节制、荣誉和暴力恐怖在不同政体中起着不同的作用。品德就是爱法律和祖国这些公共福利而

---

① ［法］孟德斯鸠：《论法的精神》上册，张雁深译，北京：商务印书馆2004年版，第17页。

牺牲自我利益的道德品质。荣誉就是追求权力、地位、身份和利益的成见。民主政治的原则是爱平等、爱俭朴、服从法律、承担责任的品德，贵族政治的原则是节制或宽和的精神，君主政体的原则是荣誉、特别是通过战争和扩张获得荣誉，专制政体的原则是恐怖。

共和政体和君主政体都有遵守法律的义务，但只有民主政体才是出于义务的需要遵守法律。因为在民主政体下，每一个人同时是平等的统治者和平等的被统治者，从而需要每一个人具有人人平等的品德。相比之下，贵族政体和君主政体对品德的需求较少。因为统治者与被统治者是分离的，严格地执行法律对贵族或君主的统治集团都是不利的，长期被法律压制的被统治者很难形成与其人性相匹配的优良品德。这样，贵族就在集团内部和利益的基础上形成节制或有限平等的品德，而在不平等的基础上对人民实行统治。如果在贵族内部还有某种有限的平等的话，那么，在君主国中，平等的统治完全消失，只存在平等的被统治。爱平等的品德因而消失或者变得困难，取而代之的是在法律的制约下不择手段地追求权力和地位的荣誉。由于缺乏品德，君主政体就将对君主私人的任何侵犯都当成最重要的公罪，从而忽视了国家的整体利益并排挤诚实的品德。

尽管如此，君主依然会采取道德或宗教的意识形态诈骗，在表面的仁义理智信的伪装下采取赤裸裸的权力斗争和利益的掠夺。这就是君主政体的原则：包含着权力和利益追求的荣誉，却无法培育出热爱整个国家的品德。尽管缺乏品德，但权力斗争或荣誉的追求已让社会结合在一起。"荣誉推动着政治机体的各个部分；它用自己的作用把各部分连结起来。这样当每个人自以为是奔向个人利益的时候，就是走向了公共的利益。"① 伯纳德·曼德维尔关于个人追求奢侈与虚荣的消费会无意识地带来公共利益的观点，被孟德斯鸠改造为个人追求荣誉的私利或私欲无意识地带来君主国的公共利益的观点。亚当·斯密后来将此进一步改造为无形之手原理，康德和黑格尔则将其接受与改造为恶的肯定性原理。与斯密将主要力量集中在每一个人在市场和生产中发挥劳动价值来推动公共利益不同，孟德斯鸠考虑的是如何束缚政治力量，减轻其掠夺或剥夺，为发挥每一个人的才能提供条件。

---

① ［法］孟德斯鸠：《论法的精神》上册，张雁深译，北京：商务印书馆2004年版，第29页。

在专制政体中，荣誉的伪装也被撕下，剩下的是赤裸裸的暴力和恐怖的统治，以及无穷的权力斗争。专制君主轻视他人的生命，要求绝对的服从与忠诚，以自己反复无常的意欲和不守信义来剥夺他人的合理欲望和生命，将荣誉和品德当作危险的东西连根拔起。暴君将所有其他人都变为平等的奴隶——只具有本能、服从与接受惩罚的无情感的牲畜。被统治者的勇气和野心都在专制统治下被完全压制而变得麻木不仁，专制统治者也完全失掉了人性而变成一个欲望的暴力机器，因为任何仁慈的暴君都会被更加残暴的暴君所推翻。与君主受到中间阶层和荣誉的制约不同，暴君最多只受到宗教或传统习俗的约束。

与柏拉图和亚里士多德一样，孟德斯鸠将政体与道德品质联系在一起，却将道德品质当作政体的精神和政体变动的根本动力。不同的政体有不同的道德观，不同的阶级也有不同的道德观，因此，没有普遍地适用于一切阶级和政体的伦理道德，只有阶级的道德。在一种政体中是好的法律和风俗习惯，在另一种政体中就可能是坏的法律和风俗习惯。"分散钱财给人民，这在民主政治是有害的，但在贵族政治却是有益的。这是一条基本准则。前者使人民丧失公民的精神，后者使人们恢复公民的精神。"① 因此，伦理道德是具体的、历史的、制度依赖的。

（三）政体的社会制度特征

民主政治的品德就是爱法律、爱祖国、爱平等和爱俭朴，要求个人将公共利益置于个人利益之上。因此，民主国家的政府能够展开庞大的公共支出和铺张浪费，个人和家庭之间没有贫富差距和奢侈腐化，也没有在贫富差距上的权力不平等和炫耀性的消费竞争。俭朴的生活和财富的平等互为表里。为了实现每个人都享有同样的幸福、同样的利益、同样的快乐和同样的希望，平等原则意味着建立土地和财产的平均分配制度、财产继承的均分制度、嫁妆赠予的限制制度和取消债务的制度，对富人的财产采取征收重税的制度，设立道德模仿和风俗传统的元老院和鼓励公共服务的竞争精神。俭朴的风俗需要财富的平等，但贸易会带来财富的增加和财富分配的不平等。欲望和需求会随着人口的集中和财富的增长而增加，贸易精神会遭到破坏，结果造成一个社会的奢侈腐化与

---

① [法] 孟德斯鸠：《论法的精神》上册，张雁深译，北京：商务印书馆2004年版，第62页。

财富两极分化的程度、都城的人口数量和财富的规模成正比。这样,金钱及贸易最终会成为共和国腐化堕落的根源。"金钱的效果使人的财富日益庞大,超越自然所规定的界限;使人学会毫无用处地保存那些无谓地积聚起来的东西;使人的嗜欲无穷尽地滋生。"① 为了减少贸易带来的财富两极分化和奢侈浪费的问题,一个国家应该在法律上规定由重要的公民经营贸易,保证富有的公民依靠劳动取得财富和在子女中平分财富,并对其多余的财富在贫民中进行再分配,以便让"每一个贫穷的公民获得相当宽裕的生活,可以和别人同样地工作",又让"每个有钱的公民的生活维持中等水平,使他不能不用劳动去保持或取得财富"。②

在贵族政体下,社会的财富分配很不平等,法律应该鼓励宽和的精神,贵族要表现得谦虚与朴实。贵族的私人特权不应高于贵族团体,贵族经营工商业要受到禁止。贵族与平民之间、贵族与贵族之间的极端不平等,都是社会动荡的根源。这种不平等表现在,贵族与平民的纳税条件不同,贵族与平民之间的通婚被禁止,贵族在担任公职中侵占公款、在征税中随意没收平民的财产、在贸易中实行垄断,贵族对犯罪行为进行庇护和不以公道对待人民。在极端不平等之中,贵族的特权就变成专横,平民会感到耻辱而反抗。如果进行统治的贵族遵守法律的话,贵族政体就演变为君主政体;如果统治贵族不遵守法律,专制政体就出现了。

君主政体的原则是追求荣誉。追求荣誉则意味着追求伟大、施展权谋、阿谀奉承、礼仪的烦琐和各种风味的讲究,所有人的行为都要求与社会等级所规定的财富、地位和权力相称。荣誉原则规定了君主国所要求的品德和各种社会行为准则,如以为君主作战为荣,重视财富甚于生命,以荣誉而非法律来规范自己的行为。为了维持君主政体的荣誉原则,法律就需要支持贵族,使贵族世袭化,赋予贵族的土地和本人以特权、遗产赎回权,简化征税程序和开展适当的贸易,只允许平民经营商业。贵族等中间阶层分享了君主的权力,但是会在君主与平民之间形成一个缓冲,防止民众的感情爆发导致革命或起义。当君主取消了贵族或其他中坚力量的特权,或长期进行大规模的战争时,权力就会越来越集中到

---

① [法]孟德斯鸠:《论法的精神》上册,张雁深译,北京:商务印书馆2004年版,第44页。
② [法]孟德斯鸠:《论法的精神》上册,张雁深译,北京:商务印书馆2004年版,第56页。

一人手里，君主政体也处于毁灭状态。

专制国家的恐怖原则意味着"专制国家是无所谓法律的。法官本身就是法律"。① 由于专制国家缺乏明确的法律规范和分权，以及权威的高度不稳定性，从暴君到最低级的官吏都按照自己的意志行事，整个社会也充斥着告密和罗列犯罪的风气。由于"在专制国家里，法律仅仅是君主的意志而已"，因此，专制君主或官吏直接充当法官，滥用权力，亲自审判刑事案件或叛逆罪，刑讯逼供，没收财产，以便在展现意志的过程中增强社会的恐怖，彻底扭曲法律的公正性。② 这样，所有上级与下级的关系就是暴君与臣民的关系。上级只有权力和惩罚，下级只有义务、服从和贿赂，权利与义务完全脱节。剥离了道德和风俗的约束，赤裸裸的利益追求就让人性显得邪恶，没有任何恻隐之心的君主们只能以不断加重的刑法来对付不断的反叛和阴谋。一边是严刑峻法，一边是到处的违法犯罪。"人民的精神被腐化了，习惯于专制主义了。……有两种腐化，一种是由于人民不遵守法律，另一种是人民被法律腐化了。被法律腐化是一种无可救药的弊端，因为这个弊端就存在于矫正方法本身中。"③ 法律腐化的结果是，专制国家没有伟大与宽宏大量的品德，只有奴才的性格、数不清的权谋与功利主义的贪婪，还有君主那反复无常的愤怒或报复的情绪。由于缺乏内在的精神和道德修养，专制君主就以奢侈和炫耀性消费来麻痹自己，在模仿效应的驱使下推动整个社会的腐化堕落。一个国家的财富和政治权利越是不平等，社会就会越加奢侈，贫富两极分化越加明显。政府越是暴虐，达官显贵越是对未来没有安全感，"惟一的快乐就是满足目前的骄傲、情欲与淫逸"。④ 掠夺是奢侈的基础，不劳而获则是掠夺的诱因，奢侈与掠夺伴随而来的是民众的普遍贫困和道德风俗的普遍败坏。如果说君主国的官吏在攫取利益或他人的劳动时还带着荣誉的面纱的话，专制国的官吏就是赤裸裸的功利主义者，不择

---

① ［法］孟德斯鸠:《论法的精神》上册，张雁深译，北京：商务印书馆2004年版，第91页。
② ［法］孟德斯鸠:《论法的精神》上册，张雁深译，北京：商务印书馆2004年版，第79页。
③ ［法］孟德斯鸠:《论法的精神》上册，张雁深译，北京：商务印书馆2004年版，第102页。
④ ［法］孟德斯鸠:《论法的精神》上册，张雁深译，北京：商务印书馆2004年版，第119页。

手段地掠夺较低阶层的财富和劳动来满足自己的奢侈需求。这就意味着，人的自私性受到政体和社会化的明显影响。追求私利的专制国家和君主国家会鼓励社会中每一个人的自私性，而追求共同利益的共和国就会抑制个人自私性的利益追求。这就是政体的异化。

（四）政体的演化

共和国的精神是爱平等的品德。这里的平等，仅仅是指人们在公民身份上的平等。"平等的真精神的含义并不是每个人都当指挥或是都不受指挥；而是我们服从或指挥同我们平等的人们。这种精神并不是打算不要有主人，而是仅仅要和我们平等的人去当主人。"① 在非公民身份领域，真平等要求存在各种自然的和道德的等级秩序和社会分工，自由只是秩序中的自由。但是，随着平等精神日益深入人心，或者突然取得的巨大丰功伟绩让每一个人骄傲自满，人们将政治领域的平等推广到所有一切领域，社会的秩序、风俗和分工体系就会崩溃，上下级之间、妻子与丈夫之间、父母与子女之间、主人与奴隶之间的权利与义务关系也因此瓦解了。人民不尊重官吏和元老院的决议和法律，年轻人不尊重老年人，子女不尊重父母，妻子不尊重丈夫，欠债的人不尊重债权人的权利。一切人都按照任性的自由或者情欲的放纵行事，整个社会陷入了霍布斯的人与人之间的平等化战争或无政府状态。为了掩盖自己的野心，官吏们就追求权谋，以赞美人民的伟大来掩盖自己的利益追求。"'腐化'将要在'腐化别人的人们'之中增长，也将在'已被腐化了的人们'之中增长。人民将要分享一切公共的钱财。他们办事懒惰，他们贫穷，又要奢侈享乐。但是他们既懒惰又奢侈，那就只有国库可以作为他们追求的目标了。"② 仇恨，勒索，敲诈，赤裸裸的剥削，都会不断滋生。因此，失去了品德，共和国就会腐化堕落，在极端平等中走向专制或无政府状态，或者在不平等中走向贵族政体或君主国。当贵族的权力变得专横时，贵族政体的宽和精神和社会活力将不复存在，尾随而来的是寡头政治、

---

① ［法］孟德斯鸠：《论法的精神》上册，张雁深译，北京：商务印书馆2004年版，第136页。
② ［法］孟德斯鸠：《论法的精神》上册，张雁深译，北京：商务印书馆2004年版，第134页。

君主政体或专制政体。①

　　相反，失去了品德或诚信，君主国和专制国依然会正常运转。但是，随着君主剥夺城市、贵族、教会、世袭职位的特权，对社会实行随心所欲的全面监管并将权力集中在个人手中，对朝臣或民众实行普遍的奴役，不尊重风俗和正义的习惯，以及人们对君主负有无限的义务时，君主政体就向专制政体转变了。这种转变是以持续不断的征服战争和领土扩张为动力的。战争在专制化过程中所起的作用超过了风俗和气候。专制政体一旦建立，专制的程度不断加深，专制的范围会不断扩大，直至每一个人的生命、财产、思想、言语、交往、行动都受到专制政府的监督和剥夺。"专制政体的原则是不断在腐化的，因为这个原则在性质上就是腐化的东西。"② 专制政体的王位继承和权力是不稳定的，法律也受到君主意志的左右。群情激昂的民众在他人的推波助澜下很容易走向革命或暴乱，因为"暴君没有任何东西可以约束他的百姓的心和他自己的心"。③

　　随着领土面积的扩大、可剥夺财富数量的增加和信息不对称性的增加，一个国家就从共和政体向君主政体和专制政体加速演进。国家本是为人类谋幸福和发挥才智的手段，但却成了少数人扩张权势、积累财富、压迫多数人和剥夺美德的工具。针对孟德斯鸠的政体理论和各种政体的原则，亚当·弗格森认为，不仅"正义、荣誉、中庸和恐惧的驱使"都存在于各种政体之中，而且"政体的类型经历了许许多多而且不易察觉的逐渐变化阶段"。当一切都在不断变化时，各种政体的区分就是相对的。即使是民主政体和专制政体这两个对立的极端，也存在相互转化的可能。"所有这些政体，不过是人类历史中的几个阶段而已，它们只是表明了人类在美德的支持下或受到罪恶的压抑时所经历的一闪即逝的境况而已。……在腐朽社会的混乱形势下，民主政体和专制政体经常互相更替。"④

---

　　① ［法］孟德斯鸠:《论法的精神》上册，张雁深译，北京：商务印书馆2004年版，第137页。
　　② ［法］孟德斯鸠:《论法的精神》上册，张雁深译，北京：商务印书馆2004年版，第141页。
　　③ ［法］孟德斯鸠:《论法的精神》上册，张雁深译，北京：商务印书馆2004年版，第69页。
　　④ ［英］亚当·弗格森:《文明社会史论》，林本椿、王绍祥译，杭州：浙江大学出版社2010年版，第81—82页。

## (五) 三权分立说和政治自由

在孟德斯鸠看来,设置国家的目的在于保障人民的生命、财产和自由,而自由只是在法律和道德的范围内"一个人能够做他应该做的事情,而不被强迫去做他不应该做的事情"。① 但是,国家带来的巨大问题是国家权力会急剧膨胀,掌握权力的人随时都可以任性地滥用权力而剥夺无权的他人的生命、财产和自由。这就造成政治自由在不同政体中的分布状况不同,有的人获得极端的自由即任性,另一些人完全没有自由。"民主政治和贵族政治的国家,在性质上,并不是自由的国家。政治自由只在宽和的政府里存在。……从事物的性质来说,要防止滥用权力,就必须以权力约束权力。"② 道德、风俗或外国的军事威胁都可以约束国家的政治权力,但最根本的方法还是对国家的政治权力实行分割和制衡,防止极少数人掌握全部的政治权力而损害他人的政治自由。在洛克将政治权力分割为立法权、执法权和联盟权的基础上,孟德斯鸠在《论法的精神》中将联盟权扩大到涵盖行政权,从而提出了立法权、行政权和司法权的三权分立学说。

三种权力集于一身的政体就是专制政体,政治自由在这种政体中不复存在。两种权力集于一身而第三种权力分开的政体是宽和的政体,三种权力完全分离的政体是自由的政体。"如果司法权不同立法权和行政权分立,自由也就不存在了。如果司法权同立法权合而为一,则将对公民的生命和自由施行专断的权力,因为法官就是立法者。如果司法权同行政权合而为一,法官便将握有压迫者的力量。"③ 在孟德斯鸠看来,保障政治自由的基本前提是司法权与立法权和行政权的分离。掌握司法权的法官应该来自人民阶层而非来自贵族或官吏,应与被告人处于同等的地位,按照固定的判例和法律条文的准确解释来裁决诉讼。随着人口的增多,每个人参与集体享有的立法权会带来越来越多的不便,因此,代议制就不可避免,需要从每个地理区域的居民中选择一名代表组成立法机

---

① [法]孟德斯鸠:《论法的精神》上册,张雁深译,北京:商务印书馆2004年版,第183页。
② [法]孟德斯鸠:《论法的精神》上册,张雁深译,北京:商务印书馆2004年版,第183—184页。
③ [法]孟德斯鸠:《论法的精神》上册,张雁深译,北京:商务印书馆2004年版,第185—186页。

关。由于绝大多数选民对具体的法律事务或政策缺乏必要的专业性知识，民众容易受到狂热情感的煽动和缺少足够的理性，"立法机关则为人民所信任，并且比人民有远见"，因此，孟德斯鸠认为，以代议制为基础的间接民主制就优越于"人民享有直接的权力"的直接民主制。① 为了防止人数太多的平民对贵族或富豪利益的剥夺，孟德斯鸠主张平民团体和贵族团体分别组成各自的立法机构进行制衡。这样，每个人"参与立法的程度应该和他们在国家中所享有的其他利益成正比例"。② 财富越多、地位越高的人享有的立法权力越多，而社会地位低微、缺乏独立意志的平民则不享有投票的政治权利和立法权力。这样，孟德斯鸠就将广大的民众特别是无产阶级排除在政治权利之外，而将自由和政治权利限制在有产者和贵族阶层。尽管接受了修昔底德等人关于直接民主制的缺陷的观点，但是，孟德斯鸠由此贬低了群众的作用，走上了英雄史观的道路。

行政权力则掌握在国王手中，因为一个人的决策和政治行动快于多个人的决策和管理。行政权决定立法机关召集会议的时间和期限、通过否决权来参与立法，立法机关则对行政部门及其官吏实施的法律情况进行审查，但不得对行政者本人及其行为进行审讯。征税的权力只能由立法机关拥有，而不能由行政权拥有。立法机关在下列情况下拥有司法权并组成审判法庭：贵族不能在普通法院审判，必须由特别法庭审判，以便对贵族与平民区别对待；代表平民的众议院向贵族院起诉那些侵犯人民利益的公民，贵族院对侵权人特别是国王进行审判。借助于三权分立的思想，孟德斯鸠就对亚里士多德的政体划分形式展开了批评，认为亚里士多德混淆了君主政体和共和政体，对君主政体没有一个正确的观念。③

在孟德斯鸠看来，三权分立的制度为政治自由奠定了基础，而良好的法律规范和实施则是政治自由的保障，君主和臣民的德行有益于政治自由的发展。良好的刑法要确保公民的生命安全，不受无端的陷害或无辜地判处死刑。刑法要针对行为的侵犯，而不能根据文字、言辞或思想

---

① ［法］孟德斯鸠：《论法的精神》上册，张雁深译，北京：商务印书馆2004年版，第384页。
② ［法］孟德斯鸠：《论法的精神》上册，张雁深译，北京：商务印书馆2004年版，第189—190页。
③ ［法］孟德斯鸠：《论法的精神》上册，张雁深译，北京：商务印书馆2004年版，第199页。

定罪，因为言辞与思想犯罪容易造成诬告；刑罚要根据犯罪的性质区别对待，只对危害公民的安全的人判处死刑；判处死刑的审判需要多个证人和证据；限制对复仇、阴谋、异端或邪术的追诉，防止猎巫行动和大逆罪成为暴政的泉源；对恶意的控告则加以罚金或刑罚；禁止债务奴隶或设置密探监视人民。由于税收是国民为保障财产的安全或快乐地享受财产的收益所支付的保险费，因此，税收应当按照国民的支付能力或者正义的规则确定，而不应当按照政府的征收能力确定。由于财富的源泉在于劳动，因此，对财富征收重税就等于鼓励人民懒惰，而重税盘剥则是人民贫困和丧失活力的根源。"一个国家富裕的结果，将使众人有雄心。贫穷的结果，将使众人产生失望心情。雄心从劳动得到激励，失望从怠惰得到慰藉。"①

孟德斯鸠指出，自由与赋税成正比。越是自由的国家，税收越沉重；越是专制的国家，税负越低。"自由产生了过分的赋税；但是过分的赋税将反而产生奴役，引起税收的递减。"② 除了政体、刑法和税收，政治自由还受制于风俗和习惯。"在自由和政制的关系上，建立自由的仅仅是法律，甚至仅仅是基本的法律。但是在自由和公民的关系上，风俗、规矩和惯例，都能够产生自由，而且某些民事法规也可能有利于自由，……此外，在大多数的国家，自由所受到的束缚、侵犯或摧残往往超过宪法所规定的范围。"③ 马克思后来认识到，资本主义的政治自由只是有产者的自由，而对无产者来说则是事实上的奴役。

### 三、地理环境决定论

为了解释法律、风俗习惯、生活方式和政体的多样性问题，孟德斯鸠在接受勒内·笛卡尔的动物精神说和约翰·洛克的感觉经验论的基础上提出了地理环境决定论。地理环境包括气候、土壤和地形。在孟德斯鸠看来，影响一个民族的习惯或法律的决定因素是气候。"不同气候的不

---

① ［法］孟德斯鸠：《论法的精神》上册，张雁深译，北京：商务印书馆2004年版，第254页。
② ［法］孟德斯鸠：《论法的精神》上册，张雁深译，北京：商务印书馆2004年版，第264页。
③ ［法］孟德斯鸠：《论法的精神》上册，张雁深译，北京：商务印书馆2004年版，第222页。

同需要产生了不同的生活方式；不同的生活方式产生了不同种类的法律。"① 气候不同的国家，法律差距也很大。对于民族精神而言，"气候的影响是一切影响中最强有力的影响"。②

按照气候的不同，孟德斯鸠将国家分为寒冷的北方国家与炎热的南方国家。在寒冷地带，较低的气温让人体更加强壮有力，让人更加自信、坦率、勇气十足和更加理性。但是，寒冷地区的人感觉迟钝、不活泼，对欢乐的感受性较低。在热带地区，人们的感受更丰富，情感和想象力较强，但更懒散和怯懦。因此，情感随着气温的增加而上升，道德与情感丰富成反比。在寒冷地区，宽和的法律和自由更容易形成，人们更习惯于自律、酗酒、沉思与学术。精神懒散、不爱劳动的热带地区的人的丰富想象力，刺激了宗教热情和文学才华的发展，犯罪和邪恶行为较多。随着纬度的增高和气温的降低，人的情欲不断下降，理性不断上升，人的力量则从萎顿和容易被奴役变为勇敢和自由，婚姻制度就从一夫多妻制转变为一夫一妻制度和一妻多夫制，南方的禁酒制度转变为北方的酗酒制度，宗教制度从南方的伊斯兰转变为北方寒冷地区的基督教制度，政体从专制转变到共和制度，家庭妇女从幽闭和奴役状态转变为自由，而妇女的道德则从纯洁转变到放纵。孟德斯鸠正确地认识到，气候和地理环境在一个民族的早期对民族精神起着决定性的作用，但是，随着社会的发展，宗教信仰、法律、风俗习惯和教育在民族精神中的作用变得越来越重要。这就表明，自然因素和社会因素在历史上影响民族性格方面存在交替作用。

气候和土壤还影响人类对自然进行劳动和生产的方式。地下土壤的养分和有毒物质的变化、空气的污染和病毒的传播，会影响粮食的生产、食物的组成、害虫的生成和水质的好坏，最终影响身体的健康和生产方式。孟德斯鸠正确地认识到，土壤的贫瘠或肥沃程度与人类的劳动开发和征服掠夺有关。土地越是贫瘠，人类的勤劳和智慧越是需要和被激发，不断的劳动开发和土地保养让贫瘠之地变为富裕之地。非洲和美洲的自然果实和野生动物众多，人类长期以狩猎或畜牧为主，而中东地区、亚

---

① ［法］孟德斯鸠：《论法的精神》上册，张雁深译，北京：商务印书馆2004年版，第280页。
② ［法］孟德斯鸠：《论法的精神》上册，张雁深译，北京：商务印书馆2004年版，第372页。

洲和欧洲自然条件较差，人类较早地从采集狩猎转换到农业种植。随着土地的开垦与耕种，单位土地面积生产的动植物数量和人口急剧增加，大量的农业生产工具和技艺随之出现，国家也因此奠基于农业文明之上。① 但是，富庶之地往往成为掠夺与战争频繁的地方，长期的战争让富庶之地变为荒凉不毛之地。② 亚洲广阔的肥沃平原和草原为建立大帝国或持续不断的割据战争提供了条件，而欧洲平原的狭小性和地形的多样性则为建立法治和自由贸易提供了条件。土壤肥沃的平原地区，容易建立以农业种植为核心的君主政体和专制政体，而土壤贫瘠的多山地区则容易建立以商业和贸易为核心的共和政体。

地理环境所带来的生产方式及其产生的后果不同，是不同群体的野蛮和文明多样性的基础性因素。在采集狩猎地区，婚姻很不巩固，土地分配制度根本没有，人类社会处于野蛮状态。在畜牧地区，婚姻较为巩固，土地分配制度在不同部落的较大范围内形成，人类社会处于半野蛮状态，掠夺和保护牲畜和女人成为最主要的风俗习惯。到处迁徙和漂泊的采集狩猎和游牧民族都享有众多的"公民的自由"，随身带有武器，但没有民事法律、货币和文字。耕种土地的农业与土地分配制度、开采矿产资源、加工业的形成、文字和货币的使用密切相关。③ 随着货币的使用，人变得更加狡诈、虚荣与骄傲，人的贪欲和奢侈增加，人的交往方式发生改变。采集狩猎和游牧地区以实物形式积累和掠夺财富的有限方式让位于以货币价值的形式积累和掠夺财富的无限方式，国家、奴役、冲突和战争的规模、范围和破坏性都不断扩大，民法、政治法和国际法就由此产生。

农业文明出现得越早的地区，越是将贫瘠的土地通过治理洪水和建立工程而改造成肥沃的土地，越容易成为财富争夺的中心和建立起专制政体，以减少割据战争造成的巨大破坏。结果，古代文明国家随着财富的增长和统治区域的扩大都走向了专制政体。正是人类社会的制度和彼此之间的交往改变着自然的贫瘠与富庶状态。"人类的勤劳和优良法律，

---

① [法]孟德斯鸠：《论法的精神》上册，张雁深译，北京：商务印书馆2004年版，第339页。
② [法]孟德斯鸠：《论法的精神》上册，张雁深译，北京：商务印书馆2004年版，第336页。
③ [法]孟德斯鸠：《论法的精神》上册，张雁深译，北京：商务印书馆2004年版，第343页。

已经使大地较为适合于居住了。我们看到过去湖泊沼泽之地，现在已经有河溪奔流了。"① 最终，财富的增长改变着国家的形式、法律和道德。

显然，孟德斯鸠的地理环境决定论是一种机械唯物论。从气候影响个人的身体和精神的事实得出气候影响社会制度、政体和民族精神的结论，在逻辑上存在一个巨大的飞跃和在现实中存在对人的能动性和创造性的忽视。杜尔哥看到了这种缺陷，指出"生活在不同气候中的某些民族，性格和心灵却很接近"的事实。② 寒冷地带的专制也很多，温暖地区也曾有自由，同一地区存在不同的政体演化。弗格森认为，地理和气候因素仍然无法确定"以何种方式影响居民的性情，培养他们的精神"，推动各民族的技术、艺术和国家政体的变化。③ 尽管带有明显错误的机械唯物论的痕迹，但是，孟德斯鸠无疑是伟大的探索者，利用法律、旅行游记、伦理道德等方面的广泛材料对世界范围内的人地之间的关系进行了探索性思考，从而将地理学从欧洲扩展到世界，从单纯的自然地理学扩展到历史地理学，将自然地理的多样性与历史上的战争征服与奴役、道德、政体、法律、婚姻制度的多样性联系起来。因而，孟德斯鸠的地理环境决定论包含着许多唯物史观的因素。

## 四、辩证法思想与历史演化的逻辑

孟德斯鸠之所以能够在政体理论和地理环境决定论中包含着丰富的唯物史观的思想，是与他的丰富的辩证法思想密切相关的。这包括主奴辩证法、历史演化的逻辑、任何社会制度都包含意想不到的社会后果、个人的利益追求可能会导致公共的善等多种形式。

（一）奴隶制的劳动剥削理论

孟德斯鸠在《论法的精神》提出了一个奴隶制的批判理论，分析了奴隶制的不同类型、起源和决定因素。在孟德斯鸠看来，奴隶制就是"建立在一个人对另一个人的支配权利，使他成为后者的生命与财产的绝

---

① [法]孟德斯鸠：《论法的精神》上册，张雁深译，北京：商务印书馆2004年版，第338页。
② 杜尔哥：《普遍历史两论纲》，见刘小枫编：《从普遍历史到历史主义》，北京：华夏出版社2017年版，第67页。
③ [英]亚当·弗格森：《文明社会史论》，林本椿、王绍祥译，杭州：浙江大学出版社2010年版，第133页。

对主人"的制度。① 这种将人划分为主人和奴隶的做法，根本不存在亚里士多德所说的天然的理由，而是人为或社会的做法。这不仅与每一个人的政治自由和天然的平等不相容，而且在道德上对主人或奴隶都没有好处，摧毁或贬抑人性。"它对奴隶没有益处，因为奴隶不可能出于品德的动机，而做出任何好事情。它对于主人没有益处，因为他有奴隶的缘故，便养成种种坏习惯，在不知不觉间丧失了一切道德品质，因而变得骄傲、急躁、暴戾、易怒、淫逸、残忍。"②

奴隶制分为政治奴隶制和民事奴隶制。政治奴隶制就是政体内在地隐含奴役、剥夺一部分人的政治自由的制度。在政治奴隶制中，一部分人被划分为自由人，另一部分人被当做奴隶。自然地，政治奴役伴随着奴隶的叛乱或持续不断的反抗。民事奴隶制就是在民事领域剥夺他人自由的制度，如战争奴隶、债务奴隶、种族奴役、家庭奴隶、对妇女的奴役等。家庭内部的奴役是与政治奴役紧密相关的，家庭内部的男女平等与政治领域中的平等是一致的。"君主的专制主义和妇女的奴役是自然地相结合的；妇女的自由和君主政体的精神也是相结合的。"③

由于每一个人都拥有生命和自由的不可转让的权利，因而，那种以战争杀戮、个人出生、性别、民族偏见、宗教、肤色、体力为理由来论证奴役权的合法性，是非常荒谬的，是完全违背一个人的利益的。为了躲避暴政、战争的威胁、税收的盘剥和财产的没收，人们自愿为奴则是合理的。"因为它是建立在一个人的自由选择上；他为着自己的利益，自由选择主人。"④ 但是，主人购买奴隶，不是试图养活奴隶，改善奴隶的生存状态，而是试图占用奴隶的劳动，剥夺其财产和自由，将奴隶当作"他们从事劫掠与获取光荣的工具"。⑤ 那些为奴隶制辩护的人是站在奴隶主立场的，而不是站在公共利益、自由或奴隶立场的。这些诡辩家是

---

① ［法］孟德斯鸠：《论法的精神》上册，张雁深译，北京：商务印书馆2004年版，第287页。
② ［法］孟德斯鸠：《论法的精神》上册，张雁深译，北京：商务印书馆2004年版，第287页。
③ ［法］孟德斯鸠：《论法的精神》上册，张雁深译，北京：商务印书馆2004年版，第372页。
④ ［法］孟德斯鸠：《论法的精神》上册，张雁深译，北京：商务印书馆2004年版，第293页。
⑤ ［法］孟德斯鸠：《论法的精神》上册，张雁深译，北京：商务印书馆2004年版，第300页。

与奴隶主一起享受奴隶的劳动收益,但不愿自己成为奴隶。"因此,赞成奴隶制的叫嚷,就是奢侈和淫逸的叫嚷而已,并不是爱护公共幸福的呼声。"①

实际上,强迫劳动不仅效率很低,而且否定了人的能动性和创造力。"如果支配劳动的是理性而不是贪婪的话,则任何劳动都不会太艰苦,以致达到和从事那种劳动的人的体力完全不相称的程度。在别的地方强迫奴隶去做的劳动,是可以通过技术所发明或所应用的机器的便利来代替。"② 如果自由的劳动还存在激励措施和良好的工作条件,那么,劳动者不仅会有较高的工作效率和劳动收入,而且会热爱他们的工作,不管工作有多艰苦或劳累。孟德斯鸠错误地认为,气候是造成奴隶制和一夫多妻制的主要原因之一。但是,他却正确地认识到,奴隶制与对劳动的剥夺密切相关,共和政体、君主政体和专制政体都存在各种不同类型的奴隶制。在表面的政治自由制度之下存在的却是事实上的奴隶制,古希腊和古罗马的共和国都是"以庞大的奴隶群作为公民生长的苗床"。③ 马克思将孟德斯鸠的这些思想加以系统化,形成了异化劳动的思想,并将奴隶制与私有制联系起来,从而为批判资本主义社会的隐秘的雇佣劳动奴隶制做好了准备。

(二) 主奴辩证法

在《波斯人信札》中,孟德斯鸠全面地展示了主奴辩证法。所有专制制度的共同特点都是奴役他人,无限制地满足专横者的私欲,从而造成整个社会的私欲横流。在权力受到一定限制的君主国中,君主会遵守人民的风俗习惯和宗教信仰。但是,随着火药、炸弹的发明和开采金银矿技术的发展,君主的权力得以加强,人民更容易被奴役或屠杀。④ 权力无边的专制国王则完全凭意志行事,随意处死他人。在失宠则面临死亡的地方,"恣意扰乱国家,密谋叛主"的事件随时会发生。为了维护自己的人身安全、避免死于非命或者为所欲为,专制君主会豢养庞大的

---

① [法] 孟德斯鸠:《论法的精神》上册,张雁深译,北京:商务印书馆2004年版,第295页。
② [法] 孟德斯鸠:《论法的精神》上册,张雁深译,北京:商务印书馆2004年版,第295页。
③ [法] 孟德斯鸠:《论法的精神》下册,张雁深译,北京:商务印书馆2004年版,第128页。
④ [法] 孟德斯鸠:《波斯人信札》,梁守锵译,北京:商务印书馆2009年版,第197页。

军队,设置各种秘密监视力量,躲在层层设防的宫中。在专制国家,任何改变现状的努力都会危害君主的权力和利益,任何进行改革的人"肯定一下子就会被一种令人生畏的、而且永远独一无二的权力所消灭。他没有时间进行变革,也缺乏变革的手段"。① 这样,专制与阴谋、革命相伴而生,最残酷的专制滋生最血腥的革命,基于暴力的强迫服从就在暴力革命中被摧毁。"如果一个君主,不让其臣民生活幸福,相反却压迫和摧残其臣民,那么臣民服从的基础便不存在;两者之间别无任何联系,也没有任何东西使臣民必须依附于君主,于是臣民便恢复了天赋的自由地位。"②

专制的国家催生出以感官享乐为唯一目的的专制的家庭。极端的欲望会吞噬和摧残理性。由于在专制宫廷中失宠、公共权力欲得不到满足,波斯人郁斯贝克以求知识为名远走西方以避祸。带着专制思维的镣铐,郁斯贝克有很强的占有欲和控制欲,奉行一夫多妻制,将成群的妻妾当作奴隶对待。除利用妻妾的内斗和相互监视外,郁斯贝克在自己远行时还采取控制和监禁自己后房的各种手段,以便女人成为他绝对"享受乐趣的活工具"。这些被奴役的女人"是失去了做人的尊严的奴隶的奴隶",她们失去了自由、幸福以及"为女性增光的那可贵的平等"。③ 但是,奴役者在奴役他人的时候,自己的心灵也被奴役了,毫无精神自由可言。"这些卑鄙的人削弱你们心中得自于自然的道德感,加上他们从你们童年时代就纠缠着你们,便把你们的这种道德感毁掉了。"④

于是,奴役他人的人嫉妒、怀疑、残暴不断,失去了理智的自由,竟然要求被奴役的人感激奴役。爱情甚至转化成了一种奴役的手段。肉体被奴役,心灵的自由交流和纯真的感情也就失去了,看到的都是虚情假意。没有相互的爱恋,只有一方的依附,另一方的占有。即使被奴役和囚禁,女人也依然有强烈的欲望。为了监控女人的欲望,郁斯贝克授予一个身心长期被摧残、看似无欲望的阉奴总管"无限制的权力",去实行恐怖和惩戒,让"所有的人终日惊慌失措"。⑤ 在这种身心都畸形的

---

① [法]孟德斯鸠:《波斯人信札》,梁守锵译,北京:商务印书馆2009年版,第193页。
② [法]孟德斯鸠:《波斯人信札》,梁守锵译,北京:商务印书馆2009年版,第194页。
③ [法]孟德斯鸠:《波斯人信札》,梁守锵译,北京:商务印书馆2009年版,第124—125页。
④ [法]孟德斯鸠:《波斯人信札》,梁守锵译,北京:商务印书馆2009年版,第60页。
⑤ [法]孟德斯鸠:《波斯人信札》,梁守锵译,北京:商务印书馆2009年版,第293页。

人眼中，没有平等，没有尊重。"只要能够折磨弱者，便同意受最强者的暴虐对待。"①

对主人的忠诚，也就意味着对其他被奴役人的残酷无情和抛弃任何伦理道德。"友谊、信仰、誓言、道德，都是我们随时必须献出的牺牲。我们必须不停地干活以保存性命和避免架在我们头上随时会落下的处罚。采取一切手段都是合法的，诡计、欺骗、狡诈，便是像我们这样不幸者的道德。"② 在情欲无法得到满足的情况下，阉奴总管从控制权中得到满足。"我不让她们得到任何自由，仿佛这是为了我自己而如此做的，这样，我总会得到一种间接的满足。"③ 被监管中的女人，无法满足的情欲滋生出报复欲和折磨欲，她们会用主人的欢心来惩罚监管者。

于是，主人、阉奴总管和被奴役的女人们形成了一个需要和控制的循环。每一方都没有完全的自由，没有健全的伦理道德，有的只是扭曲的欲望、不安的心灵和被奴役者的牺牲。奴役者为所欲为，希望摧毁被奴役者的欲望，却换来的是被奴役者的精神自由和满腔的仇恨。"我可以生活在奴役之中，但我始终是自由的；我按照自然的法律改造了你的法律，我的精神一直保持着独立。"④ 男女之所以不平等，或者家庭的奴役制之所以产生，是绝对的感官享乐和暴力对理智的胜利。在孟德斯鸠看来，一夫多妻制及其附带的奴役制会造成人口减少。不仅妻妾成群的男人的孩子数量不多，而且"这些孩子本身，十有八九孱弱不堪，很不健康"，还有大量不具有生育能力的阉奴和不允许生育的女奴、神甫、修士和修女。当妻妾成群的男人没有生育能力，而宗教和法律又禁止离婚时，人口的繁衍进一步减少。当然，到处充满监视的家庭奴役制还会造成有效劳动力的减少、技艺的停滞和工商业的衰败。那么，如何砸烂束缚着双手和精神的锁链而获得自由呢？孟德斯鸠认为，除主人的恻隐之心和恩赐、奴隶的自杀之外，利益在解放奴隶之中起了很大的作用。当然，奴隶或被压迫阶级的反抗，才应是推动奴隶获得自由的主要手段。

(三) 罗马历史的演化逻辑

在《罗马盛衰原因论》中，孟德斯鸠利用大量的史料试图阐明，伟

---

① [法] 孟德斯鸠：《波斯人信札》，梁守锵译，北京：商务印书馆2009年版，第60页。
② [法] 孟德斯鸠：《波斯人信札》，梁守锵译，北京：商务印书馆2009年版，第317—318页。
③ [法] 孟德斯鸠：《波斯人信札》，梁守锵译，北京：商务印书馆2009年版，第15页。
④ [法] 孟德斯鸠：《波斯人信札》，梁守锵译，北京：商务印书馆2009年版，第306页。

大的国王、共和制度和良好的道德风俗是罗马由贫穷和平等走向强盛的原因,而专制制度和道德败坏则是罗马从富裕和贫富两极分化走向衰亡的原因。

罗马本是一个资源匮乏和工商业落后的地区,在氏族部落林立的环境中依靠掠夺和战争殖民获取资源。共和时期的罗马通过选举不断更换执政官,改变了国王纵情享乐的情形。元老院和执政官为了摆脱人民的内部矛盾而不断发动对外战争,推动罗马共和国持续的扩张,利用获取的战利品和被征服的土地来满足人民的需要。

罗马建立了一系列确保对外扩张成功的制度。首先,永远处于战争状态的现实迫使罗马人不断引进外族的各种武器和工具,进行严格的军事训练,组建罗马军团。士兵坚忍、勇气、荣誉的战争品格就受到极度推崇。土地平分制度、人人参与军事训练和积极进行对外扩张,就会缓解由于贫富差距和土地集中产生的手工业、商业、奴隶和道德败坏问题。其次,罗马将被征服的民族逐渐并入国家,按照公平的法律进行平等的对待。这就消除了内部分裂的危险和增强了军队的实力。罗马设立了监察官,负责整顿风俗习惯,纠正法律的偏差和政府的错误,调节公共的纠纷,将腐败的官吏赶出元老院,防止权力的滥用。再次,建立各种同盟者和仲裁制度,削弱敌对力量和分化瓦解强大的被征服国家。

对外扩张的成功播种了衰落的种子。巨大的掠夺财富造就了国内从事工商业的奴隶制的繁荣和财富的争夺,因为罗马公民认为商业和手工业下贱,通过军功获得官位和荣誉更值得赞赏。元老院、贵族与保民官、平民争夺权力和自由的斗争越来越多,将军之间的内战也爆发。公民的权力被剥夺,士兵掠夺公民的财产或将其财产充公的事例越来越多。这就造成了新的伦理道德的产生。"我以为在共和国末期传入罗马的伊壁鸠鲁学派大大地有助于腐蚀罗马人的心灵和精神。"① 而且,随着罗马扩张和控制的领土越来越多,士兵对罗马的忠诚度降低,但对将领的忠诚度提高。城市之间的竞争和分裂的危险增加了,国家权力越来越集中在少数人手里。掌握军队的将领的权力欲不断膨胀。"他越是有权力,就越是拼命想取得权力;正是因为他已经有了许多,所

---

① [法]孟德斯鸠:《罗马盛衰原因论》,婉玲译,北京:商务印书馆2009年版,第59页。

以要求占有一切。"① 伴随着罗马扩张带来的权力结构和财富结构的改变，法律制度需要改变，因为"使一个小共和国变成大国的好法律，在这个国家扩大的时候，对它不方便起来了"。② 新的法律制度伴随着新政体的确立。这样，确保共和国的统一、和平秩序与国家安全，就产生了奥古斯都的独裁政权，崇尚自由的共和制度就沿着历史的逻辑走向了专制制度。

一旦帝国建立，领土扩张的、国外掠夺和奴役的逻辑就让位于稳定的、国内再分配和奴役的逻辑。皇帝以金钱收买军队来稳固权力，军队在无法追求更多权力的条件下则以赏金和报酬的多少来拥废皇帝。"每一支军队都想推戴自己的皇帝。"③ 结果，不劳而获，剥夺富豪财产，炫耀性消费，军队叛乱和贿赂之风就在专制制度下盛行起来。"人们总是看到贤明的皇帝被士兵杀死，而邪恶的皇帝则死于阴谋，或者死于元老院的决定。"④ 共和时期的公民，就变成了帝国时期的奴隶。斯多葛学派和基督教就此在罗马帝国传播开来，安抚不断失去权利、自由和财产的人。当边防的兵力遭到极度削弱时，罗马只能用金钱向入侵的民族购买和平，或者招募蛮族的军队来抵御外族的进攻。在无法获得战利品的情况下，虚弱的罗马帝国不得不加重税收，以应付不断增加的财政开支。帝国的虚弱、分裂、财政亏空、宗教的纷争和公民的逃亡就为匈奴人、日耳曼人、阿拉伯人和土耳其人的征服提供了条件。这样，孟德斯鸠就看到了罗马历史演变的辩证法：罗马共和国的对外扩张造成国家权力的膨胀和财富的集聚，迫使共和国向帝国的转变。皇帝们为了追求权力被迫向军队支付饷银、赏赐和赠予，造成军队的奢靡之风盛行和战斗力的丧失。进而，皇帝向入侵的民族纳贡或者招募蛮族来充实军队，最终在蛮族的入侵下灭亡。

总之，孟德斯鸠的《罗马盛衰原因论》从罗马政体的历史演变中提

---

① ［法］孟德斯鸠：《罗马盛衰原因论》，婉玲译，北京：商务印书馆2009年版，第69页。
② ［法］孟德斯鸠：《罗马盛衰原因论》，婉玲译，北京：商务印书馆2009年版，第58页。
③ ［法］孟德斯鸠：《罗马盛衰原因论》，婉玲译，北京：商务印书馆2009年版，第93页。
④ ［法］孟德斯鸠：《罗马盛衰原因论》，婉玲译，北京：商务印书馆2009年版，第103页。

供了一个历史与逻辑统一的范例。这个统一不是将逻辑强加在历史的结果,而是从罗马政治史的演变中引申出来的。孟德斯鸠洞察了历史规律在起作用。"支配着全世界的并不是命运。……有一些一般的原因,它们或者是道德方面的,或者是生理方面的。这些原因在每一个王国里都发生作用,它们使这个王国兴起,保持住它,或者是使它覆灭。"① 这些原因不是静止不变的,而是按照历史辩证法在不断发展变化。孟德斯鸠也认识到,人类社会的历史规律不同于物质运动的一般规律,因为人类社会不仅会制定"人为法",而且每一个人都有采取独立行动的自由意志、是一个受欲望驱使的"有局限性的存在物","并不永恒地遵守他们原始的规律"。② 显然,孟德斯鸠探索具体的国家兴亡的历史逻辑对马克思探寻一般国家和资本主义制度兴亡的历史逻辑是具有很大启发作用的。

(四) 经济基础与法律之间的辩证逻辑

尽管秉持地理环境决定论,但是,孟德斯鸠还是看到了劳动方式、贸易、人口、货币的使用与法律之间的内在关联,完全理解经济基础的变动与社会制度的演化之间的关系。

在孟德斯鸠看来,商业贸易产生善良的风俗习惯,让野蛮的风俗变得典雅与温厚,也让纯净的风俗走向奢侈与腐败。"商业能够治疗破坏性的偏见。因此,哪里有善良的风俗,哪里就有商业。哪里有商业,哪里就有善良的风俗。这几乎是一条普遍的规律。"③ 世界各国的贸易往来,让不同地区的风俗习惯得到比较和获得相应的尊重,产生出以利益交换为准绳的公道观念,从而以不断扩大的金钱观念取代战争和抢劫的野蛮观念。"贸易的自然结果就是和平。两个国家之间有了贸易,就彼此互相依存。如果此方由买进获利,则彼方由卖出获利,彼此间的一切结合是以相互的需要为基础的。"④ 贸易带来和平,但是金钱至上或货币拜物教也是贸易的异化后果。

---

① [法] 孟德斯鸠:《罗马盛衰原因论》,婉玲译,北京:商务印书馆2009年版,第115页。
② [法] 孟德斯鸠:《论法的精神》上册,张雁深译,北京:商务印书馆2004年版,第3—4页。
③ [法] 孟德斯鸠:《论法的精神》下册,张雁深译,北京:商务印书馆2004年版,第2页。
④ [法] 孟德斯鸠:《论法的精神》下册,张雁深译,北京:商务印书馆2004年版,第3页。

在一个充满抢劫和掠夺的专制社会，私有财产存在普遍的不安全，以奢侈品需求为主的贸易主要以满足少数人的骄奢淫逸的消费为主。公民之间存在普遍的好客、殷勤、慷慨、安贫乐道等优良的道德品质，但也有怀疑、不诚实、胆怯、不劳而获、习惯于偷窃、浪费成性、缺少竞争心等恶劣的道德品质。在一个实行贸易和讲究公平的共和国，私有财产存在普遍的安全，公民之间普遍存在斤斤计较、吝啬、金钱至上等恶劣的道德品质，但也有节俭、刚毅勇敢、相互信任、勇于冒险、公正等优良品德。这就意味着，道德品质与社会的交往方式密切相关，而一个国家的政治制度会对贸易的方式和社会的贫富产生不同的影响。

专制国家容易形成国家的垄断贸易，特别是与殖民地的垄断贸易，但银行和公司的建立会削弱君主的权力。在国家垄断贸易的情况下，贸易利益归于君主及其同伙，人们没有动力去扩大贸易量。如果将国内生产的粮食或矿产品出口之后换取外国的奢侈品用于贵族和君主消费，那么专制国家的大众将会普遍贫困。在限制对外贸易的情况下，专制君主、贵族的奢侈消费和奢侈品贸易反而会刺激国内的穷人的劳动、工艺的增加和经济的繁荣。

共和国则容易形成自由竞争和薄利多销的贸易，随之而来的是信用、银行体制、公司制度和自由港口的建立，以方便大规模地展开贸易的经营和货币的借贷。产品的互补性和由气候形成的偏好的多样性是贸易的根源，信息的闭塞会增加中间商的远程贸易。"贸易的本质就是使多余的东西变成有用的东西，又使有用的东西变成必需的东西。"① 自然资源丰富的国家出口需要劳动和工艺极少的农产品和矿产品，而自然资源匮乏的地区只有发展加工制造业或转口贸易才能维持贸易平衡。远程的海洋贸易会促进造船业及其相关产业的发展，也会促进海洋知识和自然地理的不断探索与进步，在不同地区的民族之间建立起文化和贸易联系。"贸易的结果是富裕；随着富裕而来的是奢侈；随着奢侈而来的是工艺的精良。"②

西班牙人在美洲的矿山中发现大量的金银，造成欧洲的物价飞涨和

---

① ［法］孟德斯鸠：《论法的精神》下册，张雁深译，北京：商务印书馆2004年版，第20页。

② ［法］孟德斯鸠：《论法的精神》下册，张雁深译，北京：商务印书馆2004年版，第24页。

金银价值的下降。金银是商品的价值的标记,而纸币则是金钱的价值的标记。当金银货币的含量不断减少时,金银货币就转化为想象的货币。由于商品的价格就由货币的数量与商品的数量之比决定。因此,金银或纸币供给的突然增加会导致商品价格的上升。不同国家的货币的名义价值可以由政府的命令规定,但是不同货币之间的相对价值或兑换率则是由各国的货币数量的比例确定。一个国家的货币供给越多或货币的含金量越少,物价越贵,只有汇率贬值才能增加出口和达到收支平衡。银行票据的发行和流通进一步增加了货币的周转速度,事实上等于增加了货币的数量和降低了金银开采的价值。这就是早期的货币数量论。随着商品种类的增加和交易规模的扩大,物物交换就让位于以货币为媒介的交换,批发商和零售商就可以从生产者中分化出来,因为货币的使用可以节约运输商品的巨额交易费用。随着贸易的展开,有关贸易的民事法律的数量也将急剧增加,"因为有了贸易,就会有各种不同的民族的人民汇集到同一个国家里去,契约、财产的种类和发财致富的途径都将是不可胜数了"。① 于是,法律和其他社会制度都是建立在贸易和交换基础上的。由于贸易与生产方式密切相关,因此,孟德斯鸠清楚地认识到生产方式与各种社会制度之间的内在逻辑,只是没有像马克思一样清楚地表述出来。

(五) 封建制的历史起源和演变

孟德斯鸠不仅详细研究了生产方式与贸易、法律和国家政体之间的关系,而且试图将历史的辩证法用来研究封建制的历史起源和演变。在凯撒的《高卢战记》和塔西佗的《日耳曼尼亚志》的基础上,孟德斯鸠继续探讨日耳曼人的风俗习惯及封建制的起源。日耳曼诸部落在入侵罗马帝国以前,处于畜牧阶段,风俗习惯和道德品格大都围绕畜牧和掠夺财物展开。士兵对首领的忠诚就是封臣的起源。在日耳曼人占领了农业经营的罗马帝国、成立了林立的小国和分配了土地之后,以农业为主的风俗习惯和法律就逐渐取代了畜牧业时期的风俗习惯,土地被国王或伯爵分封给享有特权的封臣并逐步在"贪婪、恶劣的行径和腐化的手段"中、农奴暴动和贵族反叛的推动下固定下来,形成了封建制和相应的法

---

① [法]孟德斯鸠:《论法的精神》下册,张雁深译,北京:商务印书馆2004年版,第15页。

律与道德。① 由于赠予的大量土地不断被任性的国王收回,在管辖的土地上拥有大量投资的贵族就有反叛和不认真履行义务的倾向。随着采地被分割给更多的封臣,这种随意收回采地的办法就增强了反叛力量,在与外国作战时的反叛就可能击垮柔弱的国王。这就迫使国王承诺不收回恩赐的采地,允许封臣的后代世袭土地,长子继承制就由此确立。

因此,封建制度本质上是领主们利用军事权力获得了对农奴或劳动者的司法管辖权和贡税权,是在社会分工中军事职业对劳动职业的压迫和剥削。"这种司法权和作战指挥权所以联结在一起的原因之一,是因为指挥作战的人同时征收财务上的赋税;这包括自由人应负担的某种车役,和一般的说,某些司法上的利益。"② 这种司法权是一种提供安全保护而获取私利的权利,因而,领主的司法权是世袭的。封建制的建立意味着贵族的世袭权利的确立和国王权力的缩小,无法自由支配土地和获得更多的财政收入。对外战争的减少和火器的广泛使用也不需要世袭贵族向国王提供军事服务,世袭贵族的军事服役就让于缴纳税收和官僚化,以便获得封地之外的稳定收入。随着内战对贵族权利的打击和中央集权的加强,封建制就会瓦解。从法律和风俗习惯的历史演变中,孟德斯鸠发现了社会状态和生产方式的演进。有什么样的生产方式,就有与此相适应的法律和风俗习惯。

各民族和国家的风俗习惯、法律、贸易政策、政体、婚姻制度、宗教制度的表现形式具有多样性与历史性,并与生产方式、气候和土壤的性质密切相关。日耳曼人的许多法律都来自早期的风俗习惯的法典化,并在征服过程中根据当地的风俗习惯和自身势力的强弱来修改早期的法律或者接受罗马法,从而更好地与被征服民族融合在一起。凡是日耳曼部落在征服的罗马地区采取极端歧视罗马法和偏好日耳曼习惯法的政策,罗马法就从当地消失了。凡是日耳曼部落平等地对待罗马法和日耳曼习惯法的地区,罗马法就借助其先进性和普遍性逐渐淘汰日耳曼习惯法的法典,只保留日耳曼习惯法的精神。在日耳曼习惯法盛行的地区,随着封建化的演进、中央权威的衰落和文化水平的降低,成文的日耳曼习惯

---

① [法]孟德斯鸠:《论法的精神》下册,张雁深译,北京:商务印书馆2004年版,第412—413页。
② [法]孟德斯鸠:《论法的精神》下册,张雁深译,北京:商务印书馆2004年版,第379页。

法让位于各封建领主的不成文的地方习惯,而罗马法被引进来解决各封地之间缺乏公共法律的问题。①

因此,凡是在封建制盛行、王权衰落和商业贸易得到迅速发展的地区,罗马法的继受就成为补充那些成文的领主习惯法的一个现实选择。法律的专门化和深邃性推动了法学家阶层和法律专业的崛起、法庭审判方式和司法程序的变革,领主和家臣的业余司法审判就让位于法官的专业审判权。随着罗马法的继受和王权的复兴,封建领主的习惯法的适用范围不断降低,国王法令的作用不断扩大。由于针对任何问题的法律在人的能动性参与下都有许多意想不到的后果,因此,不仅"和立法者的意图好像相背而驰的法律却常常是和这些意图相符合的",而且"相似的法律未必就有相同的效果""相似的法律不一定出自相同的动机""看来相反的法律有时是从相同的精神出发的"和"看来相同的法律有时实在是不相同的"。② 因此,两个国家或民族的法律比较,"要判断这些法律中哪一些最合乎理性,就不应当逐条逐条地比较;而应当把它们作为一个整体来看,进行整体的比较"。③ 对每一种法律都要结合其法律体系进行具体的历史的研究,在事实的基础上研究立法的情境、目的、动机、效果以及与其他法律之间的内在关系。"法律的推理应当从真实到真实,而不应当从真实到象征或是从象征到真实",更不能从缺乏事实的理性虚构到想象虚构。④

可以说,孟德斯鸠对日耳曼人的风俗习惯和法典化过程的研究,是将历史法学派和人类学相结合的一个典范,对后来历史法学派的崛起做出了贡献。与萨维尼的法律的民族精神说不同的是,孟德斯鸠从整个社会制度及其生产方式的演进角度探讨法律的演变。宪法、法律、风俗、习惯、宗教、道德和礼仪都是社会制度的组成部分。法律是立法者对公民行为的规范,而风俗和礼仪则是社会群体对人的行为的规范。"风俗以

---

① [法] 孟德斯鸠:《论法的精神》下册,张雁深译,北京:商务印书馆2004年版,第254页。
② [法] 孟德斯鸠:《论法的精神》下册,张雁深译,北京:商务印书馆2004年版,第327、329、331、333、334页。
③ [法] 孟德斯鸠:《论法的精神》下册,张雁深译,北京:商务印书馆2004年版,第334页。
④ [法] 孟德斯鸠:《论法的精神》下册,张雁深译,北京:商务印书馆2004年版,第340页。

人民'一般的精神'为渊源；法律则来自'特殊的制度'。"① 风俗是在人们的日常交往中缓慢地起着变化，法律会跟随风俗而改变。另一方面，法律会形成或强化一个民族的风俗、习惯和性格。因此，法律与风俗习惯是相互作用的，都随着生产方式的变化而演化。如果要突然改变法律和风俗，统治者最好"用法律去改革法律所建立了的东西，用习惯去改变习惯所确定了的东西；如果用法律去改变应该用习惯去改变的东西的话，那是极糟的策略"。② 总之，孟德斯鸠对文明国家的婚姻、风俗和宗教的世界性比较研究，开启了人类学对原始民族的宗教、婚姻和风俗的研究。

## 五、孟德斯鸠对马克思的影响

孟德斯鸠从人的角度和历史的角度提出了一个比较完整的国家起源、封建制的起源、多种政体形式的动态变迁、地理环境与政体之间的紧密关系、以战争为主的传统国家向以贸易为主的现代国家转型、政体与经济繁荣之间的内在关系、国家衰亡的政治经济根源等多种理论，并对各民族的风俗习惯、法律、政体、婚姻、宗教等社会制度进行了开创性的社会学或历史的分析。马克思在中学时期学习过《波斯人信札》，在大学时期阅读过《论法的精神》和《罗马盛衰原因论》，学习过安瑟姆·费尔巴哈的刑法理论、萨维尼的民法理论、李特尔的地理理论和甘斯的继承法思想。在1843年7—8月的《克罗茨纳赫笔记》中，马克思阅读并摘录了《论法的精神》的一百多条引文，主要涉及国家理论、形式、职能以及货币史的内容。③ 因此，孟德斯鸠对马克思的影响包括直接影响和间接影响两条途径，由此呈现出马克思的思想与孟德斯鸠的思想之间广泛的联系。

### （一）孟德斯鸠对马克思影响的文本证据

马克思在思想形成时期，批判地继承了孟德斯鸠的社会政治思想，

---

① ［法］孟德斯鸠：《论法的精神》上册，张雁深译，北京：商务印书馆2004年版，第370页。
② ［法］孟德斯鸠：《论法的精神》上册，张雁深译，北京：商务印书馆2004年版，第371页。
③ 王旭东、姜海波：《马克思〈克罗茨纳赫笔记〉研究读本》，北京：中央编译出版社2016年版，第87页。

既将孟德斯鸠的思想当作批判专制制度的武器,又指出孟德斯鸠的思想的局限性。同时,马克思还将孟德斯鸠的社会的人性论、三权分立等思想放在整个历史框架下进行理解。

首先,马克思在《莱茵报》时期广泛引用孟德斯鸠的言论作为批判的武器。在《关于新闻出版自由和公布省等级会议辩论情况的辩论》中,马克思引用了《论法的精神》第5章第14节关于"专制比法制更便于运用"的话语来批判书报检查制度。① 在《〈科隆日报〉第179号的社论》中,马克思谈到了孟德斯鸠将政治的品德当作国家的最高品质的论述,并认为拿破仑法典源于孟德斯鸠等人的思想,来批判颠倒历史的错误。在《关于林木盗窃法的辩论》中,马克思引用了孟德斯鸠关于人民不尊受法律和受法律腐败的论述,来批判"颠倒黑白"的法律对社会的危害性。根据孟德斯鸠关于专制政体异化的理论,马克思在《黑格尔法哲学批判》进一步得出了市民社会、官僚机构和私有财产异化的思想。

其次,马克思对孟德斯鸠的政体划分的批判。在1843年5月致阿诺德·卢格的信中,马克思从自己的政治实践经验角度说:"君主政体的原则总的说来就是轻视人,蔑视人,使人非人化;而孟德斯鸠认为君主政体的原则是荣誉,他完全错了。他求助于君主政体、专制制度和暴君三者之间的区别。但是这都是一个概念的不同名称,至多是在同一原则下习惯有所不同罢了。哪里有君主制的原则占优势,在那里人就占少数;哪里君主制的原则是天经地义的,在那里就根本不存在人。"②

第三,马克思借用孟德斯鸠的奴隶制思想来展开对资本主义制度的批判。在《神圣家族》中,马克思将古代奴隶制与市民社会的奴隶制联系在一起。马克思说:"已经向他指出,现代国家承认人权同古代国家承认奴隶制是一个意思。就是说,正如古代国家的自然基础是奴隶制一样,现代国家的自然基础是市民社会以及市民社会中的人,即仅仅通过私人利益和无意识的自然的必要性这一纽带同别人发生关系的独立的人,即自己营业的奴隶,自己以及别人的私欲的奴隶。"③ 在这样的类比和实质相同的条件下,对古代奴隶制的批判就必然要转化为对资本主义自由特别是契约自由的批判。"市民社会的奴隶制恰恰在表面上看来是最大的自

---

① 《马克思恩格斯全集》第1卷,北京:人民出版社1995年版,第174—175页。
② 《马克思恩格斯全集》第47卷,北京:人民出版社2004年版,第59页。
③ 《马克思恩格斯全集》第2卷,北京:人民出版社1957年版,第145页。

由，因为它似乎是个人独立的完备形式；这种个人往往把像财产、工业、宗教等这些孤立的生活要素所表现的那种既不再受一般的结合也不再受人所约束的不可遏止的运动，当做自己的自由，但是，这样的运动反而成了个人的完备的奴隶制和人性的直接对立物。这里，代替了特权的是法。"① 摆脱了封建特权约束的个人而成了彼此分离的个人，在财产和契约的必然性中，展开了"人反对人、个人反对个人的斗争"。② 斗争的结果，不是霍布斯的政治利维坦，而是资本的统治。这样，马克思就可以在同构的原则下借助政治哲学的资源，展开对资本的批判。

第四，马克思继承了孟德斯鸠关于个人发展与社会发展密不可分的思想。孟德斯鸠在曼德维尔的《蜜蜂的寓言》提出的私益即公益的思想的基础上，进一步研究了如何将追求权力和利益的个人构建为一个独具特色的国家，并按照政体的不同从历史角度研究如何进行权力约束和维持原有的政体，以避免霍布斯的人与人之间的战争状态的问题。曼德维尔和孟德斯鸠的这一思想，被亚当·斯密提升为"无形之手"的原理，被康德称之为"宇宙的蓝图"，被黑格尔称为"理性的狡计"。马克思在《德意志意识形》中也说："人们丝毫没有建立一个社会的意图，但他们的所作所为正是使社会发展起来，因为他们总是想作为孤独的人发展自身，因此他们也就只有在社会中并通过社会来获得他们自己的发展。"③ 在马克思看来，人的社会性是不依赖于意识而存在的，人在劳动中既促进了社会的发展也促进了自身的发展。

第五，三权分立与劳动分工的思想。孟德斯鸠是三权分立思想的倡导者。马克思进一步从劳动分工角度认为，司法权力的重要性是与分工和贸易的广泛发展密切相关的。"正是在介于贵族统治和资产阶级统治之间的时期，当时两个阶级的利益彼此发生了冲突，欧洲各国之间的贸易关系开始重要起来，从而国际关系本身也带上了资产阶级的色彩，正是在这样一个时期，法院的权力开始获得重要的意义；而在资产阶级统治下，当这种广泛发展的分工成为绝对必要的时候，法院的权力达到了自己的最高峰。"④ 这样，马克思就将社会分工理论推进到政治权力的

---

① 《马克思恩格斯全集》第 2 卷，北京：人民出版社 1957 年版，第 149 页。
② 《马克思恩格斯全集》第 2 卷，北京：人民出版社 1957 年版，第 149 页。
③ 《马克思恩格斯全集》第 3 卷，北京：人民出版社 1960 年版，第 235 页。
④ 《马克思恩格斯全集》第 3 卷，北京：人民出版社 1960 年版，第 396 页。

分立。

(二) 孟德斯鸠对马克思思想的间接影响

孟德斯鸠的社会政治思想影响了温克尔曼的艺术史观、贝卡利亚和安瑟姆·费尔巴哈的刑法理论、亚当·弗格森的社会发展理论、卢梭的国家异化理论和社会契约论的思想、历史学法派的民族精神说、李特尔的地理环境理论和甘斯关于继承法的比较历史研究。马克思直接阅读这些思想家的著作，或者直接受教育于其中的某些思想家，因而受到孟德斯鸠的间接影响。

首先，温克尔曼根据孟德斯鸠的地理环境决定论，研究了生产力发展水平、政治制度和风俗习惯与艺术演变之间的历史关联。马克思在大学时期阅读过温克尔曼的《古代艺术史》，更加深刻地认识到艺术、法律等社会意识与生产方式之间存在的广泛联系。

其次，孟德斯鸠的社会政治理论在苏格兰启蒙思想家中得到继承与发展。孟德斯鸠的思想与亚当·弗格森、休谟、亚当·斯密等人的思想存在内在的联系。他们都反对自然状态说和社会契约论，强调情感的力量和人的社会性，主张研究社会变迁的原因和规律，区分了市民社会与国家，形成了系统的市民社会理论。亚当·斯密在《国富论》（1776）和弗格森在《文明社会史论》（1767）中都主张，人类社会是一个自生自发的历史主义演进过程，而非理性设计的结果。按照生产方式的不同，人类社会经历了狩猎、游牧、农业和商业四个阶段，伴随着相应的所有权、法律、政体和道德的起源与演进。① 亚当·弗格森的社会分工理论和斯密的劳动分工思想都是马克思的重要思想来源。弗格森将孟德斯鸠的政府权力制衡思想推广到阶级之间的权力制衡和阶级斗争，认为民众、君主或贵族的权力不受制约都会导致无政府主义、君主专制和贵族专政等各种形式的暴政。

第三，孟德斯鸠对罗马继承法和封建制的起源的探讨，对萨维尼的罗马法研究和爱德华·甘斯对继承法的历史研究都具有重要的影响。马克思继承了萨维尼和甘斯这两位老师对法律的历史研究旨趣，将其方法拓展到对资本主义的起源和历史演变的研究，在《德意志意识形态》的

---

① ［英］S. H. 里格比：《马克思主义与历史学：一种批判性的研究》，吴英译，南京：译林出版社2012年版，第89页。

"费尔巴哈章"中展示了资本主义发展的历史逻辑。像孟德斯鸠一样，马克思还全力探讨各种法律和制度的经济与社会后果，在晚年的人类学笔记中努力探讨原始部落的婚姻、私有制和国家的起源与演变。

第四，李特尔以孟德斯鸠的地理环境决定论为基础，开创了自然地理学，强调地球整体性的思想。马克思所学习的地理学，是建立在孟德斯鸠和古代的自然地理基础上，而地理学在19世纪逐渐从自然地理向人文地理转变。借助于19世纪地理学所取得的重大发展，马克思对人与自然或者社会制度与地理环境的关系获得了全新的理解。

第五，卢梭的社会契约论和对人类不平等现象解释的思想，是建立在孟德斯鸠的社会政治思想基础之上的。马克思在大学时期学习自然法课程时，会阅读卢梭的《社会契约论》等著作。总之，孟德斯鸠对马克思的间接影响是非常广泛的，我们将在后面的章节分析这些思想家的思想。

## 六、孟德斯鸠与马克思的比较

孟德斯鸠对社会制度和生产方式之间的相互关系的开创性研究，在马克思手中被系统地发展为唯物史观和历史辩证法。马克思在《资本论》《剩余价值学说史》《法兰西内战》等著作和许多通信中，都谈到了孟德斯鸠。下面将阐述孟德斯鸠与马克思之间的异同之处，从中可以看到马克思对孟德斯鸠思想的继承与发展。

（一）相同点

孟德斯鸠和马克思在专业学习、读书习惯、奴隶制的分析、唯物史观的思想等方面都具有很多的共同之处。

第一，专业背景相同。孟德斯鸠和马克思都是法学专业出身，都受到古希腊和古罗马的历史和法学思想的熏陶，都对罗马法特别是查士丁尼法典及其历史演变进行了深入的研究，都具有历史法学派的部分思想。而且，两人都具有深厚的哲学素养。孟德斯鸠吸收了笛卡尔等人的哲学思想，形成了机械唯物论的世界观。马克思则受到德国古典哲学思想的影响，更习惯于对思想进行批判性和系统性处理，形成了历史唯物论的思想。

第二，两人都有写读书笔记和疯狂阅读的习惯。孟德斯鸠通过大量的阅读和做读书笔记来收集资料和提炼思想，留存下来的读书笔记有

《随笔》《随想录》和《地理篇》，在自己的著作中引用过他人的著述达398种。① 马克思流传下来的阅读笔记本则多达二百多本，在《资本论》中引用的著作高达500多种。

第三，两人都对社会的政治奴役和民事奴役展开了分析和批判。孟德斯鸠区分了民事奴隶制和政治奴隶制、自由劳动和强迫劳动，提出了主奴辩证法，认为奴隶制是一种不平等的劳动交换。与孟德斯鸠认为奴隶制和强迫劳动在热带地区和战乱中存在一定的合理性不同，马克思从社会关系角度将民事奴隶制分为直接奴隶制和间接奴隶制，反对一切形式的奴隶制和强迫劳动，甚至将资本主义制度下的劳动契约当作一种内在的民事奴役对待，从而构造了剩余价值理论，发现了资本主义的利润的源泉和剥削的规律。与孟德斯鸠认为政治奴隶制决定了民事奴隶制不同，马克思认为，民事奴隶制决定了政治奴隶制，是社会领域的广泛奴役关系决定了政治领域的狭隘奴役关系，是整个社会关系的异化才导致了政治领域的异化。

第四，两人都具有不同程度的唯物史观的思想。尽管受到地理环境论的限制，孟德斯鸠还是关心各种社会制度的历史起源、发展和衰亡的政治经济根源。这尤其体现在《论法的精神》中对古罗马的遗产继承、法国的司法审判和封建制的起源的研究上。在孟德斯鸠看来，私有制和国家都是历史发展和社会契约的必然产物。战争是一种旨在掠夺他人的财富、占领他人的领土或者奴役被征服者的社会现象，掠夺和战争造就了国家。一个社会采取什么国家制度受制于地理环境和土壤的性质，共和制比专制制度优越，而政治自由是经济和文化繁荣的基础，富裕随自由而来，政治平等产生财产平等。不过，孟德斯鸠过分强调了制度的作用，颠倒了政治与经济之间的关系。"公民间的地位的平等通常可以产生财产的平等，从而给政治机体的各个部分带来富足和生机，并把平等传播到各处。"② 专制制度下的政治不平等通过剥削产生财富的两极分化，抑制生育和造成内部分裂。马克思则以唯物史观为统一的理论框架，对不同的社会形态及其历史的演变进行政治经济学的研究。两人都反对脱离现实的抽象研究和一般性的演绎，强调在逻辑与历史的统一中对具体

---

① ［法］路易·戴格拉夫：《孟德斯鸠传》，许明龙、赵克非译，杭州：浙江大学出版社2016年版，第316页。

② ［法］孟德斯鸠：《波斯人信札》，梁守锵译，北京：商务印书馆2009年版，第230页。

问题要结合具体的历史条件进行分析。

第五，思想形成的路径相似。与孟德斯鸠通过归纳提出地理环境决定论一样，马克思关于唯物史观的思想形成过程也是归纳性的，或者是"根植于经验的"。① 他以犹太人的特殊历史背景和体验为起点，然后通过阅读、观察、交流、论战和分析来扩展他的观点，最后形成关于社会发展的总体理论。② 这种总体理论要求对人类历史从生产方式的发展和演变的角度来探讨社会形态和社会制度在地理空间上的多样性和时间轴上的变化性。

第六，对法律本质的理解相似。孟德斯鸠认为，不同的政体有不同的基本法律，而法律是维护和扩大统治者权力的工具。因此，"没有比在法律的借口之下和装出公正的姿态时所做出的事情更加残酷的暴政了"。③ 马克思则认为，法律是统治阶级意志的表现，不同的统治阶级有不同的意志。

（二）不同之处

尽管两人有很多相同之处，但是，孟德斯鸠和马克思之间的差异也是非常明显的。这体现在宗教观、阶级立场、自由观、群众观、经济基础和上层建筑的关系、哲学基础、社会进步的主导力量等方面。马克思在这些问题上之所以得出不同于孟德斯鸠的认识和思想，主要是与浪漫主义、德国唯心主义、地理学和历史主义的发展以及法国大革命的出现密切相关。马克思比孟德斯鸠拥有更好的历史条件，推进甚至完成了孟德斯鸠开启的许多重要思想。

第一，宗教观的差异。尽管把宗教当作一种社会现象进行了深入的研究，但是，孟德斯鸠是一个自然神论者，承认上帝的存在和宗教的社会价值，反对培尔的无神论思想。马克思则是站在培尔的角度，主张坚定的无神论思想，对一切宗教这种"颠倒的世界意识"都展开了批判。

第二，群众观的差异。尽管主张社会的民主和自由，但是，作为一

---

① ［法］亨利·列斐伏尔：《马克思的社会学》，谢永康、毛林林译，北京：北京师范大学出版社 2018 年版，"序言"第 2 页。

② ［法］亨利·列斐伏尔：《马克思的社会学》，谢永康、毛林林译，北京：北京师范大学出版社 2018 年版，"序言"第 1 页。

③ ［法］孟德斯鸠：《罗马盛衰原因论》，婉玲译，北京：商务印书馆 2009 年版，第 84 页。

个土地贵族和中等富裕的商人,孟德斯鸠站在贵族和商人角度,反对群众的盲目暴动,秉持英雄史观,将群众排斥在立法权和政治权利之外。马克思则是站在劳苦大众的立场,反对贵族和商人,秉持群众史观。与孟德斯鸠是法国科学院院士、波尔多科学院院士、普鲁士科学院院士和英国皇家学会会员不同,马克思是一个长期居住在伦敦的政治流亡者。这是阶级立场的差异。

第三,自由观不同。孟德斯鸠秉持贵族阶级的个人主义自由观。作为一个葡萄酒商人,孟德斯鸠将自己的庞大地产出租给大量的佃农,亲自经营葡萄酒的出口,关心对外贸易和政府对贸易的管制,从经验出发主张自由贸易。在孟德斯鸠看来,政体与公民的政治自由之间并不存在必然的对应关系,只有政府的权力被约束才能为政治自由开辟空间。风俗、规矩、惯例和民事法律都能促进政治自由的实现。马克思则要超越资本主义制度的政治自由观,倡导人类的全面解放,认为自由贸易会加剧资本家和工人之间的冲突。

第四,哲学基础不同。孟德斯鸠秉持一种机械论唯物主义的观点,认为运动是物质的基本要素,强调精神、情感或情趣的变化与身体器官的强弱密切相关,而身体器官的运动状态则与气候和土壤性质密切相关。孟德斯鸠认为,社会领域也存在类似于自然领域的必然性规律。与孟德斯鸠接受笛卡尔的哲学思想并将其推广到社会政治领域不同,马克思却是对德国古典哲学整体上展开了批判态度,对黑格尔的辩证法进行了批判性的改造,接受了德国唯心主义和浪漫主义关于人的能动性思想,系统地提出了历史唯物主义的观点,强调自由劳动的创造性。对马克思而言,任何哲学都是与特定社会阶层和阶级相关联的一种"异化了的世界的意识",而德国古典哲学则代表比较软弱的资产阶级的社会意识。[①] 对于无产阶级而言,德国古典哲学是一种阶级异化的哲学。

第五,关注经济基础与上层建筑研究的侧重点不同。孟德斯鸠从整体上关注社会制度特别是政治上层建筑的演变及其地理环境决定论,但也认为商业贸易有助于和平的实现和减少战争和宗教冲突,增强不同地区人民之间的相互理解,推动社会从野蛮的抢劫走向文明的交往。马克思将研究的重点放在了经济基础上,从劳动及其异化的角度来研究各种

---

[①]《马克思恩格斯全集》第3卷,北京:人民出版社2002年版,第318页。

社会形态特别是资本主义制度的历史变迁，但也在《黑格尔法哲学批判》《德意志意识形态》《路易·波拿巴的雾月十八日》等著作中对政治上层建筑和意识形态做了深入的批判性研究。与孟德斯鸠从政治权力分配的角度将政体划分为共和政体、君主政体和专制政体不同，马克思则从生产方式的演变角度将阶级社会的历史划分为奴隶制、封建制、资本主义制度和社会主义制度。

第六，对私有制的认识不同。孟德斯鸠坚守私有财产神圣不可侵犯的理念，认为君主立宪政体是最优的政体。马克思则从根本上反对私有制，认为私有制是劳动异化的根源，主张在废除私有制的基础上建立共产主义社会。

第七，推动历史变迁的主导力量不同。尽管认识到了生产方式和财富的生产在社会变迁中的作用，但是，孟德斯鸠认为，推动政体变迁的动力是精神，如共和国的品德、君主国的荣誉和专制国的恐怖精神。孟德斯鸠说："每一个民族都存在一种一般精神，而权力本身就是建立在这一精神之上的：当这个民族侵害这一精神时，它自己就受到了侵害，结果就必然停顿不前了。"① 马克思则将社会生产力和社会关系的相互作用当作社会变迁特别是政体、国家和其他上层建筑变迁的决定性力量。因而，在推动历史变迁的主导力量上，孟德斯鸠的唯心史观与马克思的唯物史观完全对立。

第八，改造社会的方式不同。对孟德斯鸠而言，如何实现政府的权力制衡是确保平等的政治权利和社会稳定的关键。对马克思而言，如何确保民众获得平等的经济权利和政治权利是创建一个美好社会所需要考虑的关键问题。在改变现存制度的问题上，孟德斯鸠是一个改革派，反对朝令夕改或"毫无必要地废除已经确立的法律"。在某种程度上说，孟德斯鸠的法律变革观念，与马克思所反对的历史法学派的观点比较接近。与孟德斯鸠主张法律和政治变革的渐进主义思想不同，马克思则坚持社会革命的思想和阶级斗争的理论。

第九，历史逻辑的关注点不同。与孟德斯鸠关注古罗马、古希腊等国家从君主制向共和制、共和制向专制制度转变的历史不同，马克思则关注整个人类历史的原始阶段、国家阶段和非国家阶段的演变逻辑。孟

---

① [英]罗伯特·夏克尔顿：《孟德斯鸠评传》，沈永兴等译，上海：上海人民出版社2018年版，第171页。

德斯鸠认为，政体演变的逻辑是权力逻辑向权力与财富相结合的逻辑转变，不同政体之间的演变受到地理环境的制约。马克思则认为，国家在历史中的演变和空间中的不同结构分布受到经济基础特别是生产力发展水平的制约。与孟德斯鸠主要关注奴隶制和封建制的历史逻辑不同，马克思主要关注资本主义制度的资本积累逻辑及其必然的阶级斗争和社会革命的后果。这种斗争体现在生产力与生产关系领域、财产与法律关系领域、政治上层建筑领域以及意识形态领域。

第十，法律的来源不同。孟德斯鸠认为法来源于人类的理性。人类的理性要求所有的人为法与自然法的原则相一致。政治法与民法要建立在自然法原则基础上，考虑气候、土壤、生活方式、自由、宗教、风俗、习惯、财富、人口、政体的性质等因素的作用。法律与所有这些因素之间的关系就构成了"法的精神"。马克思则认为，法律作为上层建筑的变迁主要受到经济基础的影响，地理环境与人的行为之间相互影响，根本不存在人类社会的自然法。①

## 第二节　卢梭与马克思

让-雅克·卢梭（1712—1778）是法国著名的启蒙思想家、哲学家、教育家和文学家，浪漫主义文学流派的开创者之一。卢梭的思想是一个有机的整体，其政治哲学的主题是批判和阐述人性和社会的异化，力图创造一个新人和德性完善的新社会，恢复人性的自由。从哲学角度看，卢梭提出了辩证的人性论、社会异化论、人类社会演化的历史辩证法和法治的国家理论。本节主要阐述卢梭的理论及其对马克思的重大影响。

### 一、动态的人性论

如果说霍布斯、洛克、休谟等人的人性论是以哲学著作表现出来的静态的、分析性的、机械的人性论，那么，卢梭的人性论则是以小说表达出来的动态的、综合性的、辩证的人性论。在卢梭看来，不仅人的意识是在人的一生中不断发展的，而且人的情感、理智和需要也存在一个社会化的发展和变化的过程。在人性的连续的、阶段性的和辩证发展的

---

① 余文博：《法律变迁因素管窥：马克思与孟德斯鸠的学说比较》，载《学理论》，2017年第9期。

过程之中，教育在人的思想、理智和人格的发展中占据重要的地位。

（一）动态的情感论

卢梭将人的欲望分为自然的欲望和社会的欲望两种。"我们的自然的欲念是很有限的，它们是我们达到自由的工具，它们使我们能够达到保存生存的目的。所有那些奴役我们和毁灭我们的欲念，都是从别处得来的；大自然并没有赋予我们这样的欲念，我们擅自把它们作为我们的欲念，是违反它的本意的。"① 在青春期之前，个人的欲望主要是自然的欲望，即保存生存和自身安全的欲望。"我们的种种欲念的发源，所有一切欲念的本源，唯一同人一起产生而且终生不离的根本欲念，是自爱。它是原始的、内在的、先于其他一切欲念的欲念，而且，从某一种意义上说，一切其他的欲念只不过是它的演变。"② 尽管自爱是自然的、善的，但是，社会交往让人们对他人产生了爱恨的情感。"起初，这种爱纯粹是无意识的。谁有助于我们的幸福，我们就喜欢他；谁给我们带来损害，我们就憎恨他，在这里完全是盲目的本能在起作用。使这种本能变为情感，使依依不舍之情变为爱，使厌恶变为仇恨的，是对方所表示的有害于或有益于我们生存的意图。"③ 婴幼儿在爱自己的同时也爱那些同他亲近的一切人，因为这些人满足了他的有限的需要，提供各种有利于他的帮助。身心的成长伴随着需求的增多和自我意识的增强。"但是，随着他的利害、他的需要、他主动或被动依赖别人的时候愈来愈多，他就开始意识到他同别人的关系，而且还进而意识到他的天职和他的好恶。这时候，孩子就变得性情傲慢、嫉妒，喜欢骗人和报复人了。"④ 不满足和付出的情形越多，孩子的内心反抗就越强，疑心越重。孩子越喜欢与他人进行比较，其自私性就越强。

伴随着青春期的到来，人的自然欲望不断增加，社会欲望更是急剧增加到占主导地位的地步。"一到人觉得需要一个伴侣的时候，他就不再

---

① ［法］卢梭：《爱弥儿：论教育》上卷，李平沤译，北京：商务印书馆1978年版，第288—289页。
② ［法］卢梭：《爱弥儿：论教育》上卷，李平沤译，北京：商务印书馆1978年版，第289页。
③ ［法］卢梭：《爱弥儿：论教育》上卷，李平沤译，北京：商务印书馆1978年版，第289页。
④ ［法］卢梭：《爱弥儿：论教育》上卷，李平沤译，北京：商务印书馆1978年版，第290页。

是一个孤独的人,他的心就不再是一个孤独的心了。他同别人的种种关系,他心中的一切爱,都将随着他同这个伴侣的关系同时发生。……只有在经过判断之后,我们才有所爱;只有在经过比较之后,我们才有所选择。"① 因而,爱和自私都是在人与人之间关系的比较的基础上产生的一种道德情感。性的需求是自然的,爱的需求或尊重的需求则是社会性的。

之所以孩子们对他人的友谊和爱情的需求不断增加,是因为孩子们生活在一个拥有强大力量和社会习俗的大人们的世界中,他们需要感情的纽带来增强他们的力量,更好地保护自己的心灵或情感的发展。友谊和爱情的力量在于,一个人需要按照他人的偏见或者某种异想天开的意见去冒险地生活或行动。这样,在试图摆脱成人世界的束缚之时,孩子们就落入了偏见或臆想的巢穴,爱恨催生出骄傲、虚荣、损人利己等观念。"在孩子们的心中是没有骄傲和欲念的根源的,所以不可能在其中自发地产生,纯粹是我们把这些欲念带到他们心中的,而且,要不是由于我们的过错的话,这些欲念也不可能在他们的心中扎下根的;但是,就青年人来说,情况就不是这样了,不管我们怎样努力,这些欲念都会在他们心中生长起来。"② 友谊的发生早于爱情,或者在想象力的感召下,同性的感情联系早于异性的感情联系,以便在团体中获得幸福的感觉。"人之所以合群,是由于他的身体软弱;我们之所以心爱人类,是由于我们有共同的苦难;……因为在痛苦中,我们才能更好地看出我们天性的一致,看出他们对我们的爱的保证。如果我们的共同的需要能通过利益把我们联系在一起,则我们的共同的苦难可通过感情把我们联系在一起。"③

人们对痛苦的同情多于对幸福的爱慕。一个原因在于,所有人都经历过各式各样的痛苦,而幸福的经验却是有限的。自己的痛苦经历在想象力的支配之下,就产生了对他人苦难的同情或怜悯。社会的权力、地位和财产越是面临战争、自然灾害、事故、疾病或者其他不确定因素的

---

① [法]卢梭:《爱弥儿:论教育》上卷,李平沤译,北京:商务印书馆1978年版,第291—292页。
② [法]卢梭:《爱弥儿:论教育》上卷,李平沤译,北京:商务印书馆1978年版,第293页。
③ [法]卢梭:《爱弥儿:论教育》上卷,李平沤译,北京:商务印书馆1978年版,第303页。

影响，命运越是不断的浮沉，人们越是具有同情心，以便在灾难降临到自己头上时还能在他人的同情中获得更多生存的希望。当一个社会的权力、地位和财产完全固化时，同情心就大幅度削弱了，最多只有阶级内部的同情心。"为什么帝王对他们的臣民一点也不怜惜呢？那是因为他们算定自己永远也不会成为一个普通人。为什么富人对穷人那样的心狠呢？那是因为他们没有陷入贫困的忧虑。为什么贵族们对老百姓那样看不起呢？那是因为一个贵族永远不会成为一个平民。"①

要产生同情，一个人不仅要有痛苦的经历、丰富的想象力和身处不确定性环境的担忧，而且要设想被同情的对象具有痛苦的感觉印象、无辜的行为和与自己缺少利害冲突。一个人在面对他人的痛苦而自己没有经历过这种痛苦时，或者一个人在面临另一个曾给自己造成伤害但却深陷痛苦之人的时候，是不会产生恻隐之心的。即使如此，随着对他人的痛苦获得的印象的增加，一个人也会对这种痛苦的人产生同情的心理。对他人的痛苦既没有印象也没有亲身感觉的人，就不会产生同情。一个将他人的痛苦隔离在自己的视野之外的人就会产生无情、狠毒和残忍的性格。隔离的距离越远，听到的痛苦的信息越少，这个人就会越狠毒。穷人与富人的距离越远，富人对穷人的感觉印象越少，其同情程度就越差。一个人想象被折磨者越邪恶，那么，被折磨者越痛苦，折磨的人越感到刺激。"有钱人的痛苦，不是来之于他的社会地位，而是来之于他的本身，是由于他滥用了他的社会地位。即使他比穷人痛苦的话，那也没有什么可怜的，因为他的痛苦都是他自己造成的，能不能幸福愉快地生活，完全取决于他自己。然而穷人的痛苦则是来之于环境，来之于压在他身上的严酷的命运。没有任何习惯的办法可以使他的肉体不感觉疲劳、穷困和饥饿；他的聪明智慧也不能使他免受他那个地位的痛苦。"②

在孩子时期，一个人是家庭的中心，有限的欲望随时得到满足，家庭内部没有财产、地位、荣誉的差别。但是，一旦进入社会，一个人就会面对财产、社会地位、权力、荣誉、长相、穿着打扮各不相同的家庭和人群，在比较中就会产生地位的卑劣、财富差距产生的羞耻、虚荣、

---

① [法]卢梭：《爱弥儿：论教育》上卷，李平沤译，北京：商务印书馆1978年版，第308页。

② [法]卢梭：《爱弥儿：论教育》上卷，李平沤译，北京：商务印书馆1978年版，第310—311页。

嫉妒的情感和各种欲望，物质的不满足与精神的空虚可能同时发展。"他垂涎一切，他妒忌每一个人，他到处想高居人上；虚荣在腐蚀他，不可克服的欲望的火焰焚烧着他年轻的心；有了欲望，同时也就产生了猜忌和仇恨。"① 社会促使人的欲望快速发展，而智力却停滞不前，于是理智与欲望失去了平衡。在无穷无尽的欲望之中，社会人感觉到的不是幸福而是痛苦，虚伪和做作的痛苦，丧失掉自我本性和屈从于他人的痛苦。为了避免这无尽的痛苦，一个人就不要受到财产、地位、虚荣和权力所产生的欲望的压榨，只需要时时流露出内心的喜悦与平静，才能赢得他人的尊重与信任。在卢梭看来，享乐并不是幸福，因为享乐特别是肉体的享乐会伴随着痛苦，而真正的幸福是没有痛苦的精神平淡和自由，并从他人的痛苦中获得同情的快乐。"我们发现心灵的甜蜜在于享乐适度，使欲望和烦恼无由产生。欲望一动，就必然使我们好奇和浮躁，无聊的狂欢则将给我们带来烦恼。"②

如果说善是建立在爱和同情的基础之上，那么，恶则是建立在自私的基础之上。"要使一个人在本质上很善良，就必须使他的需要少，而且不事事同别人进行比较；如果一个人的需要多，而且又听信偏见，则他在本质上必然要成为一个坏人。"③ 随着社会欲望的不断滋生，人的自私性就会不断增强，利用邪恶的手段来满足自己不断增长的需求的败德之事也不断增多。解决社会罪恶的最有效办法是利用法治将人从对人的依赖中解放出来。在想象的社会欲望发生变化的情况下，每个人都尽可能实现自力更生，将需要减少到能力可以供给的范围内。

(二) 主体能动性的培养与教育

在卢梭看来，观念是一种混合的或复合的感觉，观念形成的方式反映了不同心灵的特点。健全的心灵能够按照事物的真正关系形成观念，而肤浅的心灵则只能形成事物的表面关系的观念，疯子则虚构出事物实际不存在的关系。"简单的观念只是由感觉的互相比较而产生的。在简单

---

① [法] 卢梭：《爱弥儿：论教育》上卷，李平沤译，北京：商务印书馆1978年版，第316页。
② [法] 卢梭：《爱弥儿：论教育》上卷，李平沤译，北京：商务印书馆1978年版，第317页。
③ [法] 卢梭：《爱弥儿：论教育》上卷，李平沤译，北京：商务印书馆1978年版，第291页。

的感觉以及在复合的感觉（我称它为简单的观念）中，是包含着判断的。从感觉中产生的判断完全是被动的，它只能断定我们所感触的东西给予我们的感觉。从知觉或观念中产生的判断是主动的，它要进行综合和比较，它要断定感官所不能断定的关系。"① 感觉是不会出错的，错误的只是我们对事物产生的原因、事物的性质以及事物之间的关系所作的判断。对事物的感觉经验很少但专注于推理和抽象的人则是谬误很多。"他们愈是前进，便愈是远离真理，因为在判断上的自负自大比知识的增长快得多；他们每学到一个真理，同时也就会产生一百个错误的判断。"② 在社会中，人的好奇心和生活的需要推动人们对事物及其与人的关系作出各种判断和推理，由此产生大量的谬误。为了对感觉形成正确的判断或推理，卢梭主张将具体事物的观察、实验与判断结合起来培养独立判断的理智，在自己真实的感觉基础上形成真实的知识，而非笼罩在他人传授的偏见或谬误之中。

但是，从出生开始，人就处于教育之中。良好的教育意味着自然的教育、人的教育和事物的教育要相互协调一致。事物的教育就是事物对我们的感觉影响，如事物是否使我们感到愉快、方便舒适或者符合理性所赋予我们的幸福和美满的观念。一个事物越是让我们感觉愉快，提供给我们更多的效用，给我们带来更多的幸福，受到的习惯的阻碍越小，那么，这个事物对我们的影响就大。一个具有审美价值、带来身心愉悦并且能满足我们幸福生活的事物，就是能够高度刺激我们感官的事物。这意味着，事物对感官的刺激强度取决于主体的感受能力及其获得的效用的大小。外在事物的刺激、主体的感受能力和判断能力以及社会教育共同塑造了一个人的意识、行为和人性，脱离开社会的经验论或唯理论是不存在的。教育就是在面临习惯、身心发育过程中将一个自然人培养成为一个社会人或公民的过程。"自然人完全是为他自己而生活的；他是数的单位，是绝对的统一体，只同他自己和他的同胞才有关系。公民只不过是一个分数的单位，是依赖于分母的，它的价值在于他同总体，即同社会的关系。好的社会制度是这样的制度：它知道如何才能最好地使

---

① ［法］卢梭：《爱弥儿：论教育》上卷，李平沤译，北京：商务印书馆1978年版，第276页。
② ［法］卢梭：《爱弥儿：论教育》上卷，李平沤译，北京：商务印书馆1978年版，第278页。

人改变他的天性,如何才能剥夺他的绝对的存在,而给他以相对的存在,并且把'我'转移到共同体中去,以便使各个人不再把自己看作一个独立的人,而只看作共同体的一部分。"①

卢梭将人的主观能动性注入到洛克和孔狄亚克的感觉论之中。感觉到的东西只是孤立的印象,理解却需要将不同的记忆中的印象联系起来进行比较和分类。"尽管记忆和理解是两种在本质上不同的本能,然而两者只有互相结合才能得到真正的发展。……我们的感觉纯粹是被动的;反之,我们所有的理解或观念都是产生于能进行判断的主动的本原。"②由于所有的观念都需要用语言表达出来,而语词则是非常有限的,因此,同一个语词可能会表达多个不同的观念,或者多个不同的语词可能会表达同一个观念。要知道语词表达的观念的含义,就需要结合具体的语境进行推断。"语言在改变符号的同时,也就把它们所表达的观念改变了。知识是由语言形成的,而思想则带有观念的色彩,只有理性是共同的,每一种语言的精神都有它独特的形式。"③ 更重要的是,语词表达的意义往往还需要文化习俗来确定。脱离了文化习俗或者社会的生活方式,许多语词和历史事实是不可理解的。

由于孩子在成长过程中学习的是从语词到事物的次序的知识,因此,他们在大多数时候学到的知识就是语词本身,根本没有获得事物的观念。当语词与事物的观念脱节时,人们不仅丧失了判断力,而且容易形成极其危险的偏见。寓言更是扭曲了语言与观念之间的联系;奴化的教育控制了人们的心灵的发展,以至于自主性丧失殆尽。只有在自然教育中成长起来的人,才能形成独立判断和理性思维的能力,才能实现身心的协调发展。孩子最初要学习物理学,感知人与物体之间的关系,在劳动中了解物体的性质及其规律,以便更好地保持生存。孩子还要在教育中忍受各种痛苦,学习各种生活技能,锻炼各种感官,学会抑制黑暗中的恐惧心理,进行各种游戏和运动,学会观察和判断、选择食物和养成良好的饮食习惯。经过训练和锻炼之后,感觉器官就会变得更加敏感,更能

---

① [法]卢梭:《爱弥儿:论教育》上卷,李平沤译,北京:商务印书馆1978年版,第9—10页。
② [法]卢梭:《爱弥儿:论教育》上卷,李平沤译,北京:商务印书馆1978年版,第119—120页。
③ [法]卢梭:《爱弥儿:论教育》上卷,李平沤译,北京:商务印书馆1978年版,第122页。

辨别各种物体和指导我们的行动。这样,我们并不是被动地而是主动地使用感官来获取物体必要的信息。卢梭把五种感觉的协调使用称之为第六感觉、共通的感觉或知觉、观念,产生事物的性质以及事物之间关系的观念。感性的理解就是多种感觉组合成的简单观念,而理性的理解就是简单的观念组合成复杂的观念。

洛克和休谟的认识论都强调人的自然认识过程,但是,卢梭认识到,在社会状态下,自然认识过程是不存在的。人从幼儿到成年的成长过程中都会受到社会的习俗、偏见、风尚和教育的影响。这就会出现社会的异化,因而自然主义的教育就必须要考虑身体发育和需要增长之间的动态关系,即认识是从属于实践活动的。在少年时期,孩子的身体快速成长,但需要增长的速度较慢,因而体力在满足需要之外还有剩余。过剩的体力刚好可以成为孩子教育和学习的时期,但要学习有益的、可以理解的知识,以便为成年做准备,因为错误的或无法理解的知识到处充斥在书本之中。"真正有益于我们幸福的知识,为数是很少的,但是只有这样的知识才值得一个聪明的人去寻求,从而也才值得一个孩子去寻求,因为我们的目的就是要把他培养成那样的聪明的人。"① 因此,孩子学习最好从周围的事物观察和感觉学起,学习地理和事物的运动,最终将理性的发展与情感、欲望的发展相协调。

不仅社会性的认识在教育中容易出现异化,而且技术和工具对感觉也具有异化的作用。"由于发明了那样多的仪器帮助我们进行试验,补助我们的感官达到更精确的程度,因此就使我们不再重视感官的锻炼了。……我们的仪器愈精巧,我们的感官就变得愈粗笨;由于我们周围有一大堆机器,我们就不再拿我们自己当机器使用了。"② 随着智力和需要的发展,时间的价值凸显出来,教育的东西就要进行更多的选择,要教育那些对幸福和人生的发展具有更重要意义但又适合其理解能力的知识。不考虑孩子的经验、需要和能力,强行对孩子灌输某些知识和道德观念的做法,只会造成孩子的反感,抑制他的智力和兴趣的发展,并在长大成人后容易成为他人欺骗的对象。"我们真正的老师是经验和感

---

① [法]卢梭:《爱弥儿:论教育》上卷,李平沤译,北京:商务印书馆1978年版,第214页。
② [法]卢梭:《爱弥儿:论教育》上卷,李平沤译,北京:商务印书馆1978年版,第231—232页。

觉，一个人只有根据他所处的关系才能清楚地觉察哪些东西是适合于他的。"① 一旦发现一个东西有用，孩子就会努力去学习它。教师就可以从孩子对事物的模糊的有用性的知识为起点，传授与此事物相关的经验、知识和原理。此时，孩子学习的兴趣不仅很浓厚，而且学习的效率很高，学习的知识也很牢固。孩子的智力也得到很好地发展，继续学习的愿望也被激发出来。

（三）实践的人性论

与洛克、休谟等人将认识和情感相分离并采取静态的分析方法不同，卢梭则对认识和情感采取综合和辩证分析的方法。婴儿只有不完善的感觉、意识、意志、思想和情感，没有理性。人从出生开始就依赖于自己的父母和社会来发育自己的身体、感觉、情感和欲望，获得智力教育和德性教育。儿童的身体力量和满足自我需求的力量在他人的帮助下得到巨大发展，自我意识逐渐形成，在感觉不断完善的基础上产生了记忆、感觉推理、语言的使用和交流。视觉、触觉、嗅觉、味觉和听觉等感官知觉会在人类历史和个体生命发展的过程中发生敏感程度不同的变化，教育和训练会强化触觉和视觉的敏感性，培养少量的理智观念、道德观念和财产的观念。在体力、感觉和理性不断增强的基础上，人的主观能动性在少年时期也不断增强，能够更好地对各种感觉和观念进行比较、判断和选择。伴随着自我保存的本能、激情和理智的发展，少年就产生了自然的冲动或好奇心，从感觉和经验中去学习对自己有用的物理知识、工业和机械技术。由于缺乏对社会关系的了解，青少年也没有道德情感。随着青春期的到来，逐渐向成年过渡的少年开始获得超越于自爱的人与人之间关系的社会情感。

随着体力和智力的增长，孩子们满足自身需要的能力也增长，父母要防止提供过多的帮助来遏制或延缓孩子对自身能力的使用或发挥。父母对孩子过分的关心、照顾或者拔苗助长的教育，从孩子的角度看，就是一种束缚其能力的自由发展和带来无尽痛苦的行动。儿童的快乐来自于其欲望与能力的匹配。人的幸福就在于感受的快乐最多，感受的痛苦最少。人的强弱体现在需要和能力之间的差距上，需要远多于能力的人

---

① ［法］卢梭：《爱弥儿：论教育》上卷，李平沤译，北京：商务印书馆1978年版，第235页。

是柔弱的,能力超过需要的人则是强大的。一个人利用自己的劳动,是会生产足够满足自己需要的物质产品的。此时,这个人就会感到满足,也会很善良,无需去危害他人。但是,一旦一个人开始追求幸福,需要就开始超过能力,不幸或痛苦也接踵而来,恶也由此产生。

自然的需要是有限的,而想象的需要则是无止境的。除了身体的痛苦和良心的责备,我们的一切痛苦都是想象的,健康、快乐、富裕和内心的满足都不过是幻想。而想象的需要则与社会人群的聚合密切相关,精神上的痛苦也因此由社会的偏见和社会制度造成。"社会使人变得更柔弱了,其原因不仅是由于它剥夺了一个人运用自己力量的权利,而且还特别由于它使人的力量不够他自己的需要。"① 分工加剧了个人的依赖性、力量的丧失和欲望的成倍增加。依赖关系分为物的依赖和人的依赖。"物的隶属不含有善恶的因素,因此不损害自由,不产生罪恶;而人的隶属则非常紊乱,因此罪恶丛生,正是由于这种隶属,才使主人和奴隶都互相败坏了。如果说有什么方法可以医治社会中的这个弊病的话,那就是用法律来代替人,要用那高于任何个别意志行动的真正力量来武装公意。如果国家的法律也象自然的规律那样不稍变易,不为任何人的力量所左右,则人的隶属又可以变成物的隶属;我们在国家中就可以把所有自然状态和社会状态的好处统一起来,就可以把使人免于罪恶的自由和培养节操的道德互相结合。"② 无节制地过多满足孩子的欲望会造成其欲望的急剧膨胀,最终造成他的欲望超过父母所能提供的手段或能力,从而产生邪恶的、不服管教的破坏心理。这些专横暴戾的幼儿一旦长大成人,进入人类社会之后就会发现,家里的事事顺从和社会到处的阻力形成了鲜明的对比。娇生惯养的本意是要爱护和关怀儿童,但过头了之后就会造成虚幻的主人和奴仆意识,无形中削弱了儿童的能力的增长和剥夺了他的自由。

卢梭认为,人的天性是善良的,具有追求自我保存和内心幸福的自爱动机。"善良、怜悯、慷慨仗义,这些天性的首要倾向,不过是自爱的流露,在他的头脑中根本不会升格为严酷的义务,而是他心灵的需求。

---

① [法]卢梭:《爱弥儿:论教育》上卷,李平沤译,北京:商务印书馆1978年版,第81页。
② [法]卢梭:《爱弥儿:论教育》上卷,李平沤译,北京:商务印书馆1978年版,第82—83页。

他满足这些需求更多地是为了自己的幸福而不是出于人道主义的原则,他也不大会考虑将这个原则降格为规定。"① 这种自爱不是在孤立的个人中,而是在社会的交流中实现的。"因为感受深情滋养人的心灵,思想交流使人的精神充满活力。我们更美好的存在是相对的,是群体性的,而我们真正的'自我'并不完全在我们自身。"② 在社会交流中,每一个人仅仅因为是人而得到尊重,不是因为才华、地位、权力或财富而得到赞美。"聪明和才华对他来说只不过是价值的装饰物,并不构成价值。它们在事物前进中是必要的发挥,对生活舒适有它们的好处,但是它们从属于使人变得真正容易相处、真正善良的更宝贵的能力,这些宝贵的能力叫人高度赞赏秩序、正义、正直和纯洁,把它们看得高于一切其他优点。"③ 在自爱得到满足之后,如果没有虚荣心的刺激,自然人天生就是懒惰的。"但是随着虚荣心的觉醒,这虚荣心激励着他们,推动着他们,不断地让他们气喘吁吁,因为这是唯一的一直与他们内心进行对话的狂热。"④ 与霍布斯强调统治欲不同,卢梭强调虚荣的恶果。"虚荣心是一切恶行的原本,是社会使之产生的。在社会中,虚荣心越来越强,越来越膨胀。在社会中,每时每刻人都被迫与他人相比。……不是有人群就构成了社交关系,如果心与心之间相互排斥,身体相互接近亦是徒劳。"⑤

各种社会制度不仅构成了人们追求自我幸福的阻力,而且扭曲了自爱的动机,让人去追求虚荣本身而不是劳动。"本来自爱是一种良好的完美的情感,却这样变成了虚荣。这虚荣是一种不完全的情感,人们通过它来与别人攀比,它有偏有向,抱有这种情感纯粹是负面的,它不再寻

---

① [法]让-雅克·卢梭:《卢梭评判让-雅克:对话录》,袁树仁译,北京:商务印书馆2014年版,第187页。
② [法]让-雅克·卢梭:《卢梭评判让-雅克:对话录》,袁树仁译,北京:商务印书馆2014年版,第137—138页。
③ [法]让-雅克·卢梭:《卢梭评判让-雅克:对话录》,袁树仁译,北京:商务印书馆2014年版,第188页。
④ [法]让-雅克·卢梭:《卢梭评判让-雅克:对话录》,袁树仁译,北京:商务印书馆2014年版,第170页。
⑤ [法]让-雅克·卢梭:《卢梭评判让-雅克:对话录》,袁树仁译,北京:商务印书馆2014年版,第115页。

求通过我们自己的善来自我满足，而只是通过他人的不幸来寻求自我满足。"① 虚荣的一个表现就是以无限的激情去追求天国和灵魂不朽的梦幻。在这种宗教狂热的激情制约下，一个人就会对其他事情漠不关心或无所作为，从而出现软弱、恐惧、作恶、卑躬屈膝的倾向。在不受虚荣或相互评价的影响下，一个人会按照自己的本性去行事和追求自己的幸福，不会故意去伤害或欺骗别人，也不积极参加公共活动，不太重视财富积累，会平衡享受与劳动的艰辛。这些处于自然情感的人，不是基于荣誉或声誉去认识，而是基于发现真理、反对错误的激情去发挥自己的能动性。"唯有这些动机才会叫他们拿起笔来，而且还得思想新颖、漂亮、动人心弦，足以让他们热血沸腾，迫使其热情迸发。"② 相反，那些受虚荣控制的人，则发生了社会异化，习惯于弄虚作假、谎言的虚伪，为金钱、荣誉、职业而被动地发挥自己的才能。"他们的心灵变异得那么厉害，他们在表达感情和思想上不可能不带有这些变异的痕迹。"③

## 二、卢梭的历史哲学

在辩证的人性论基础之上，卢梭在卢克莱修的《物性论》基础上论述人类的演化史和国家的异化，并提倡创建理想的民主共和国。

（一）人性的社会异化论④

人性不仅是在社会中发展的，而且也是在历史中发展的。知识和技术让人类离开其原始状态，但造成了人性的异化和社会欲望的增多。人与人之间生来的平等就在社会化和历史的过程中变成了不平等。在理性

---

① ［法］让-雅克·卢梭：《卢梭评判让-雅克：对话录》，袁树仁译，北京：商务印书馆 2014 年版，第 5 页。
② ［法］让-雅克·卢梭：《卢梭评判让-雅克：对话录》，袁树仁译，北京：商务印书馆 2014 年版，第 9 页。
③ ［法］让-雅克·卢梭：《卢梭评判让-雅克：对话录》，袁树仁译，北京：商务印书馆 2014 年版，第 8 页。
④ 作为文学家和艺术家，卢梭表达的社会异化观念与莎士比亚相似：两人都是中小学水平的文化、流浪的艺术生涯，然后从乡村到达了大城市，置身于上流社会的游戏之中。在突然的创作灵感的爆发之后，他们都发觉了上流社会是一个虚伪的社会，乡村社会是一个真实的社会。区别是，莎士比亚将其政治理念以哲理或格言语言的形式融入了戏剧之中，卢梭将其政治理论与小说分开处理，并给其政治理论披上了哲学概念与论证的外衣。卢梭的一个创新是，将自己的人生感知体验与对原始人群的旅行报告的描述耦合起来，形成一种对文明社会的否定观念。这就像洛克利用儿童的成长与原始人群的观念否定形而上学观念、维柯利用原始人的诗性智慧否定哲人的深奥智慧一样。

出现之前，人类的自然法是从人的自我保存和关心自我的幸福、对死亡或痛苦所产生的厌恶之心和对他人的怜悯心中产生出来的。随着理性的发展，自然法才建立在理性基础之上。由于人是灵魂和肉体的结合，人类的不平等就分为自然的不平等和政治上的不平等两种。自然的不平等是由于年龄、健康、智力、体力或心理素质的差异所产生的不平等，而政治上的不平等则是由于习俗或社会的同意所产生的权利不平等。人类社会的问题是如何从自然的不平等发展到政治上的不平等。在社会的发展过程中，权利代替了暴力，臆想的安宁取代了人民对幸福的追求。教育和习惯败坏了人类的原始天性。在人类的发展过程中，身体、道德和精神都出现了退化的迹象。舒适的享受是人类退化的原因。工具和技术的发展让人的速度、力量、耐力、灵敏的技巧都丧失了，长寿让衰老和疾病的种类与数量增加，贫富差距增加了各种疾病的种类和沉思默想的理性习惯，动物的驯化和饲养使动物的自然能力退化。

但是，人还有自我完善的能力，即人的能力是在环境的帮助下不断发展的。野蛮人只具有动物的本能和能力，但在智力的推动下人的欲望不断得到满足，由此推动理性的不断完善。"欲望的根源来自我们的需要，而它们的发展则取决于我们的知识的进步，因为人之所以希冀或害怕某些事物，是由于人对它们已经有了某些概念或者是出于纯粹的自然冲动。"① 精神的进步与人类的需要或欲望成比例，贫瘠土地上的劳动需要推动了人类的勤劳和对自然的认识。野蛮人的需要很少，获取知识的动力不足，因而没有远见、好奇心、抽象的思维能力，只关心眼前的生存。因交流需要而产生的语言，将各族群的封闭和多样化的知识整合为一个可供广泛使用的知识系统，进一步扩展了人类获取知识的能力。在对看得见、眼前和容易描述的事物用手势表达之外，人类开始用声音来引起他人对看不见和不容易描述事物的注意，并根据声调的变化而逐步代替手势的使用范围，赋予具体事物专用的名词。一旦有了语言，人类就需要借助语言来进行思维，并利用想象力逐步扩展语言的词汇和抽象化。随着语言需要的发展，语言能力就成为人类在社会化过程中最重要的能力之一。

人类有自我发展的能力，但具体发展哪些能力则取决于运用这些能

---

① [法]卢梭：《论人与人不平等的起因和基础》，李平沤译，北京：商务印书馆2009年版，第62页。

力的机会和生活环境。在人类发展过程中，一些适合社会生存的能力得到了发展，而另外一些适合于自然状态下生存的能力则逐步丧失。与社会相联系的道德品质也发展起来，而自然状态下的早期人类谈不上有多少善恶、正义的道德品质。"我们认为野蛮人之所以不是恶人，其原因恰恰是由于他不知道什么是善，因为防止他们作恶的，既不是智慧的发达，也不是法律的约束，而是欲念的平静和对恶事的无知；他们从对恶事的无知中得到的益处，比别人从对美德的认识中得到的益处多得多。"① 由于自然欲望无所谓善恶，因而，缺少社会欲望的野蛮人就比现代人高贵。"野蛮人的欲望的冲动是那样的少，加之又受怜悯心的有益的制约，因此，他们行事虽粗野，但心地并不坏；他们更多的是注意于保护自己不受可能遇到的坏事的伤害，而无意于伤害别人；由于他们彼此之间没有任何种类的交往，所以很少发生危险的争端。"② 而且，卢梭认为，野蛮人不是按照族群居住的，而是孤立的个人居住，没有相互依赖，也就没有奴役与统治，没有政治上的不平等。"奴役的链条是由于人们的互相依赖和使他们联合在一起的互相需要形成的。不先使一个人处于不能不依赖另一个人的状态，就不可能奴役他；这种情况在自然状态中是不存在的；在自然状态中，每个人的身上都没有枷锁，最强者的法律是没有用的。"③

(二) 私有制的起源和演化

在卢梭看来，最初的原始人群接近于动物的采集生活，个体之间是相互独立的。采集狩猎的生活让土地和森林成为公共资源，但是部落固定在某一区域采集和狩猎就形成部落的私有财产。在与动物争夺食物和克服生活艰难的过程中，早期的人类学会了使用树枝和石头作为争斗工具。随着人口数量的增加和气候条件的改变，早期人类发明了新的技术来适应新的生活方式，鱼线、鱼钩、弓箭的发明和火的使用让采集部落变成狩猎或渔猎部落。工具的使用和新知识的获取，让人在与动物争夺

---

① [法] 卢梭：《论人与人不平等的起因和基础》，李平沤译，北京：商务印书馆 2009 年版，第 75 页。
② [法] 卢梭：《论人与人不平等的起因和基础》，李平沤译，北京：商务印书馆 2009 年版，第 79 页。
③ [法] 卢梭：《论人与人不平等的起因和基础》，李平沤译，北京：商务印书馆 2009 年版，第 85 页。

食物的过程中逐渐占据优势,产生了人乃万物之王的骄傲心。随着社会接触的不断增加和更多社会关系的出现,早期人类相互观察对方,约束自己的行为,以便在和睦共处中保障自己的安全与利益。

由于交流很少,原始人的语言比较简单、种类多,不同族群之间的语言很难交流。有了语言,"头脑愈开窍,技术也随之愈完善"。随着技术和工具种类的不断增加和效率的提高,原始人开始组建家庭和拥有某种财产。在创新与模仿的交替循环中,最初少数人搭建房子的做法逐渐被推广开来,每一个家庭自己建房而不是争夺他人的房子,避免发生激烈的冲突。定居和组建家庭,让人类首先在夫妻与父子之间出现了亲情。家庭的出现带来了男女之间的分工:女人看家和照顾孩子,男人出外觅食。群聚生活改善了生活质量。"然而,他们哪里知道,那些舒适的享受竟成了他们的第一道枷锁,并为他们的子孙种下了祸根,因为,只要他们继续这样享受下去,不仅会削弱他们的身体和精神,而且,时间一久,成了习惯便会使他们失去原先的兴味,从而变成一种不可或缺的真正的需要;因得不到这些享受而感到的痛苦,远比得到它们而感到的乐趣大得多;失去那些享受固然不幸,而得到那些享受,也不怎么感到幸福。"①

这样,卢梭把语言、工具和技术的发明与使用、情感、理性、个体力量和社会性的变化当作一个辩证的历史过程对待。语言在家庭中得到发展,因为家庭有情感交流的需要。人群之间不断增加的接触产生了共同语言的需要,逐渐形成共同的习俗和民族。共同的生活方式、食物和气候的影响维持着民族的生存与发展。定居生活和大量的交流,就会发生情感联系和审美需求。嫉妒心与爱情相伴随而生。"随着观念一个接一个地产生,人的精神和智慧也得到了提高:他们愈来愈温顺,彼此间的联系也愈来愈多,关系也愈来愈密切。"② 伴随着唱歌、跳舞、谈情说爱的审美艺术的发展,尊敬、虚荣心、羞耻心、羡慕心和对他人的轻视观念也随之产生。这是人类走向不平等和罪恶的第一步。获得尊重的需要

---

① [法]卢梭:《论人与人不平等的起因和基础》,李平沤译,北京:商务印书馆2009年版,第92页。
② [法]卢梭:《论人与人不平等的起因和基础》,李平沤译,北京:商务印书馆2009年版,第93页。

和对他人轻视的惩罚让"人变成了凶暴残忍的人"。① 在需要他人的帮助才能获得更多的食物之后，私有财产的观念就逐步形成，劳动成为生活的必需，冶金技术和农业的出现伴随着奴隶制和贫困的产生。"私有财产一旦被承认，初期的公正规则便随之产生，因为，必须把属于每一个人的东西归还给每一个人，是以每一个人都能拥有某些属于他自己的东西为前提的。"②

铁器的使用和个人的智力与体力的差别，就让人类逐渐摆脱平等的自然状态，进入不平等的社会状态。在私有财产的基础上，新的社会需要不断产生，人的官能与精神不断演化，道德和法律规则的需求也出现了。为了获取更多的利益、积累财富或显示自己的高贵与权势，一个人可能会奴役他人，使用奸诈、欺骗、虚伪或者其他伎俩。"总之，一方面是由于竞争和敌对，另一方面是由于利害冲突，使人们个个都暗藏有损人利己之心；这种灾祸，都是私有财产的第一个后果，是与新出现的不平等现象分不开的必然产物。"③ 贫富的两极分化促进了富人对穷人的"统治和奴役、暴力和掠夺"，富人从劳动获取财富的方式转化为掠夺穷人获取财富的方式。财富的争夺不仅让人变得更加自私，丧失掉了公正和怜悯心，而且让人与人之间处于战争状态。无数的战争和冲突让劳动者变得更加贫穷，不劳而获者变得更加富裕。

（三）国家制度的产生与发展

为了减少战争的损失、保障财产的稳定占有和防止被新的强者掠夺，富有的人群就构建了国家制度，让潜在的掠夺者成为富有人群的保护者，让穷人接受那些保障现有的财产安全和公正秩序的制度。穷人之间的争斗和贪婪就落入了富人设计的圈套，以牺牲自由来换取微薄的财产与人身的安全。在国家之中，法律被制定来保障私有财产和承认社会不平等的现实，并将"巧取豪夺的行径变成一种不可改变的权利"。富人获得了新的权力，穷人被戴上了终日劳作的镣铐，陷于奴役和贫困的境地。

---

① ［法］卢梭：《论人与人不平等的起因和基础》，李平沤译，北京：商务印书馆2009年版，第94页。

② ［法］卢梭：《论人与人不平等的起因和基础》，李平沤译，北京：商务印书馆2009年版，第98页。

③ ［法］卢梭：《论人与人不平等的起因和基础》，李平沤译，北京：商务印书馆2009年版，第100页。

这意味着，国家是建立在剩余产品和私有财产的制度之上的。①

随着国家的产生和扩散，私有财产制和奴役制也在地理空间上不断扩张。国家和民族之间的战争冲突也变得越来越残酷和频繁，而残酷杀害其他国家的人获得了英雄的称号和光荣的美德。"君主剥夺臣民，被认为是正当的权利；他让他们有一碗饭吃，竟被认为是君主的施恩。"② 美化战争的伦理道德就取代了劳动和家庭的伦理道德而成为社会的主流意识。因此，国家这种"社会制度是由那些可以从制度中获益的人发明的，而不是那些受制度之害的人发明的"社会契约。

由于人类缺乏足够的理性，国家就会经历一个从不完善到逐渐完善的历史过程，政体也随之变化。民主制、贵族制和君主制这些不同的政府形式的出现，最初取决于首领的不同的能力、品德、财富和威信，并经历了一个选举制向世袭制过度的历史。最终，政体到达了首领将官职当作他们的家产，把自己当作国家的主人，而把人民全部视为奴隶和财产的专制政府阶段。③ 这样，从个人财产权的建立表明富人与穷人之间的不平等的合法化，就经过官职的设置而出现了强者与弱者的不平等的合法化，最终到达了将合法的权力转变为专制的权力而出现的主人与奴隶之间的政治不平等的合法化。这种因政治上的差别而出现的统治欲望，最终在贪婪的、懒惰的、自我利益至上的人群中蔓延，造成整个社会的人与人之间在财富、地位、权势和个人能力方面的不平等。"在这四种不平等现象之中，人的地位的不平等是其他几种不平等的根源，而财富尽管是最后一个不平等，但其他各种不平等最后都将归纳到财富的不平等之中，因为财富是与人的幸福直接攸关的，是最容易使人感受到的，是可以用它来购买一切的。"④ 每一个人不择手段地去追求特权、地位和荣誉的欲望，既推动了人的才能、科学和财富的发展，也推动了恶行、谬误、残暴、剥削、压迫和贫困的发展。

---

① ［法］让·雅克·卢梭：《社会契约论》，徐强译，北京：中国社会科学出版社2009年版，第125页。
② ［法］卢梭：《论人与人不平等的起因和基础》，李平沤译，北京：商务印书馆2009年版，第110页。
③ ［法］卢梭：《论人与人不平等的起因和基础》，李平沤译，北京：商务印书馆2009年版，第112页。
④ ［法］卢梭：《论人与人不平等的起因和基础》，李平沤译，北京：商务印书馆2009年版，第118页。

一个国家以保护人民的安全为借口而对人民实行奴役的根源在于其他国家可能会侵犯人民的生命、财产和自由。防御外国入侵的威胁反而成为压迫人民自己的工具。所以，国家体系是与奴隶制相伴随而生，在其完善过程中不断创造新的奴役方式。专制制度是奴隶制的顶点。"到了这个地步，就到了不平等的极限：这里是关闭一个圆圈的终点，同时又是我们当初出发的起点。在这里，所有的人又都是平等的，因为他们已形同虚设，什么也不是了。臣民除服从主人的意志以外，便没有其他的法律可以遵循，而主人除了按他自己的欲望行事以外，便没有其他的规则来引导。善的观念和正义的原则已烟消云散。到这里，一切又都以最强者的法律为依据，从而又回到了新的自然状态。"① 在这种人的心灵、欲望、需要和乐趣都发生根本性改变的新的自然状态之中，暴君依靠暴力维持统治，人民也依靠群体的暴力推翻暴力统治。基于此，卢梭既反对"根据被奴役的人民的堕落状态"来评判人民是否赞成被奴役的做法，也反对根据父权制或人民的自愿来证明专制主义的合理性的做法，更反对霍布斯、普芬道夫等自然法学家关于一个人可以随意转让自己的自由而成为奴隶的说法。

### 三、法治国家的理论

为了摆脱专制制度的为所欲为或国家的自然状态，卢梭主张建立以普遍意志为基础的法治的共和国，以便最大程度地保障每一个人的自由，促进社会的道德完善。

（一）法治国家的理论基础：社会契约论

在卢梭看来，人人生是自由和平等的，有权利打破暴力强加的枷锁而重获自由，因为每个人都有维护自己的生存和自由地成为自己的主人的自然权利。"放弃自由就是放弃一个人的人性，就是放弃他作为人的权利，同样也是放弃了自己的义务。"② 每个人都追求自己的自由并不意味着退回到孤立的自然状态，而是要将服从建立在自愿的契约而非暴力的基础上。那种将奴隶制建立在战争的权利基础上的观点，不仅将生死权

---

① ［法］卢梭：《论人与人不平等的起因和基础》，李平沤译，北京：商务印书馆2009年版，第120页。
② ［法］让·雅克·卢梭：《社会契约论》，徐强译，北京：中国社会科学出版社2009年版，第12页。

等同于奴役权,混淆了生命与自由的不同,而且战争只是国家之间争夺财产的敌对行动,和平时期不存在奴役权。"是强力制造出了最初的奴隶,而奴隶们的怯懦胆小使他们永远处于奴隶状态。"① 主人和奴隶的区分意味着,主人和奴隶还是处于战争状态,奴隶有合法反抗的权利。因此,即使强权或暴力也要依靠社会契约才能建立起合法的权力和合法的义务,建立起永恒的主人与永恒的奴隶这样的制度。权利不是权力的简单延伸,而是在服从义务的基础上合法的权力的转化,因为权利和义务是互惠的和相互的。

既然人类无法在专制的社会继续生存下去,那么,人类就需要将所有分散的力量联合起来重建新的社会,保障每一个人的自由和利益。在社会契约中,每一个人用自己的天然自由和权利换取契约自由和权利,每个人将自己的所有与共同体有关的权利转让给共同体而成为共同体不可分割的组成部分,同时获得其他所有人的权利,以便组成一个社会共同体或自由人的联合体。每个人保留那些与共同体无关的部分权力、财物和自由。因此,任何个人都是主权者和国家的成员,按照公意的决定服从主权者的义务。公意就是人民共同体的普遍意志。公意必须是普遍的、理性的、公正的、神圣不可侵犯的、绝对正确的,来源于所有人,适用于所有人的共同利益。"公意是这样一种制度,在这种制度中每个人都必须使他自己服从于他强加给别人的同样的条件;利益和正义之间的这种绝妙的和谐一致,赋予了集体协商一种平等的品性。"② 也就是说,根据社会契约建立的公意,就确立了公民之间的政治平等,都平等地约束或者关怀着所有的公民。但是,公意不能干预或偏袒私人利益之间的纠纷与冲突,尤其是私人之间的财产交换。与公意只考虑公共的利益不同,作为个别意志的总和的众意只考虑私人利益。③

这种按照人民的公意确立和行使的主权是不可转让的、不可分割的、绝对的、完全神圣不可侵犯的,对其成员拥有绝对的控制权力。在这样的社会,法律从公共性角度出发可以规定特权和社会等级的存在,确定

---

① [法] 让·雅克·卢梭:《社会契约论》,徐强译,北京:中国社会科学出版社2009年版,第6页。

② [法] 让·雅克·卢梭:《社会契约论》,徐强译,北京:中国社会科学出版社2009年版,第49页。

③ 卢梭由此将市民社会与国家分离开来,每个人都有权利在国家的保护下按照民事契约处理自己的自由和财物。

皇家政府和世袭继承制。卢梭将政府分为共和政府和专制政府。共和政府，包括民主制、贵族制和君主制，就是人民与领导之间存在利益和意志的一致或者以人民的利益为目标的政府，而专制政府则是人民与领导之间不存在利益和意志的一致性的政府。对于共和政府而言，要遵循普遍意志，就需要联合起来建立普遍的法治，才能确保人民的生命、财产和自由不受任何人的侵犯。与孟德斯鸠一样，卢梭也认为共和国的国土面积不能太大，否则会削弱国家实力的发挥。因为国家的规模与行政管理机构的数量、管理成本和防御成本成正比，政府官员与人民之间的沟通数量随着距离的增加而减少。随着国土面积的扩大，法律和风俗习惯的多样化会增加，政府官员会花费太多的时间和精力解决不同族群之间的纠纷和进行扩张，以至于无法专心为人民谋求福利和保卫人民。这样，国家规模越大，人民的自由就越少，社会强制力就会增加，享有公共权威的政府就需要更多的控制和监督。由于群众的盲目、受私人欲望的驱使、无知甚至很少知道自身的利益，因此，群众就不能成为理性的立法者。只有真正的理性的立法者才能将公众的智慧与共同体的意志结合起来，让群众的欲望服从于理性的约束和认清其自身的利益，最终"使共同体的各部分达到和谐一致，并且使得共同体实现它的最大力量"。①

社会契约的目的在于实现人的自由与平等，权力的平等意味着一个人只能凭借法律和威望行使权力而不会将权力变成暴力，财富的平等意味着富人与穷人的财富差距小于购买自由的代价，以至于没有一个人成为主人或奴隶。在公民社会取代自然状态的条件下，卢梭设想，正义取代了本能成为行为的准则，人们的道德极大地提高，公民关注自身利益的行为受到社会理性的制约，并从社会获得的利益远大于所放弃的损失。在这样的条件下，每个公民都是一个具有社会理性的人，利用失去的自然的自由和对财产的绝对权利换取社会的自由和财产的合法权利。这种财产权利不是基于强者占有的私有制原则，而是基于劳动占有并以维持生活必需品为限的私有制原则。"可以说，根据需要和劳动赋予'最初占有者的权利'，实际上已经把这种权利扩展到了它所可能达到的最大极

---

① [法] 让·雅克·卢梭：《社会契约论》，徐强译，北京：中国社会科学出版社2009年版，第60页。

限了。"① 与自然状态下受欲望支配的奴隶状态不同，公民社会造就了道德自由，人类从此成为遵循自己的理性立法的主人，人与人之间从自然状态下的不平等转变为道德上和法律上的平等。

(二) 法治国家的制度设计原理：人民主权论

为了对法治国家进行制度设计，卢梭明确区分了主权者、国家和政府。主权者就是人民全体或社会共同体的共同意志或公共人格，主权者与领土相结合就构成国家。立法权力属于人民这个委托人，但行政权力不能属于作为立法者和主权者的人民全体，只能通过代理机构的个别的行为来实施。主权者以法律规定创建政府，人民任命政府的行政官员。"在这里，管理者仅仅是作为主权者的执行官员，以主权者的名义来行使主权者委托给他们的权力；而对于这种权力，主权者可以随其所愿加以限制、修改以及收回。"② 由于政府只是一个法律的人格，因此，一个运行良好的社会就需要主权者的权力与政府的权力之比等于政府的权力与臣民的权力之比。③

考虑到风俗习惯，卢梭主张，不同的民族或同一个民族在不同的时期应该有不同的政府形式。随着一个国家的公民人数增加，每个公民享有的主权比例或表决权的效力就会按比例下降，公民的自由也随之缩小，政府的力量就会增强，主权者就需要更多的权力控制政府。④ 主权者掌握立法权，主权者授权建立的政府负责执行法律，保障公民的自由和政治自由。"作为政治共同体的一个组成部分，政府应表达组建它的公意；但就政府本身来说，它也有它自己的意志。这两种意志有时候是协调一致的，有时候又是互相冲突的。正是在这既协调一致又互相冲突的关系中，整个机器才能运转。"⑤ 这意味着，全体人民的公意和政府成员的公意是不同的。政府只有以主权者的名义才有资格向人民发布命令，尽管

---

① [法] 让·雅克·卢梭：《社会契约论》，徐强译，北京：中国社会科学出版社 2009 年版，第 31 页。
② [法] 让·雅克·卢梭：《社会契约论》，徐强译，北京：中国社会科学出版社 2009 年版，第 93 页。
③ [法] 卢梭：《爱弥儿：论教育》下卷，李平沤译，北京：商务印书馆 1978 年版，第 712 页。
④ [法] 让·雅克·卢梭：《社会契约论》，徐强译，北京：中国社会科学出版社 2009 年版，第 95 页。
⑤ [法] 卢梭：《山中来信》，李平沤译，北京：商务印书馆 2016 年版，第 170 页。

可以随意调整政府的内部纪律。政府力量的强弱与政府人数成反比。政府的人数越多，政府的力量就越弱，国家的力量就越强，立法权就能完全控制行政权。政府的人数越少，政府的力量就越强，国家的力量就越弱，行政权就会凌驾于立法权之上。最好的政府就是行政权和立法权协调的贵族制政府。但是，随着社会事务的增多和交往成本的提高，行政权逐渐超越于主权，政府的暴政和国家的解体就会出现。①

（三）政府的建构原则

按照掌握政府的公民人数的多少，政体分为民主制、贵族制、君主制。民主制就是全体人民或绝大多数人民掌握政府的政体，贵族制就是由一部分公民掌握政府的政体，君主制就是由唯一一个行政官员掌握政府的政体。这三种形式可以产生不同的混合形式的政府。民主制适合于小国，贵族制适合于中等国家，君主制政府适合于大国。一个国家随着规模的扩大或公民人数的增多可以采取不同的、可能是最好的政体形式。

真正的民主制是没有的，也是不适合于人类的。这不仅是"因为大多数人进行统治而少数人被统治的状态是与自然秩序相违背的"，而且公民直接参加所有的公共事务会议的成本太高，而任命代理人参加会议又面临篡权或道德风险的问题。② 此外，民主制政府容易发生内战或内部冲突，因为民主制政府的公民需要武装，需要勇气和警惕保持民主制的政府不会被改变。真正的直接民主制只适合人数较少的、没有信息不对称的小国。在这样的小国，公民有良好的道德风尚，社会等级和财富高度平等，社会也不崇尚奢侈。

贵族制是最古老的政府形态。按照财富、权力、年龄作为划分的标准，贵族制分为自然的、选举的和世袭的贵族制。在卢梭看来，选举的贵族制最好，世袭的贵族制是所有政府中最坏的一种政体。选举贵族制的优点在于将主权者与政府分开，将政府官员限制为选举产生的少数贵族，更容易地召集会议和讨论公共事务。坏处是，在缺乏监督的情况下，贵族制政府会越来越少地按照公意来治理国家，造成部分行政权力逃避了法律的约束。贵族制政府的形成的条件包括国家规模要适中，人民要简朴而正直的德性，富人要节制，穷人要知足，容许财富分配的不平等。

---

① ［法］卢梭：《山中来信》，李平沤译，北京：商务印书馆 2016 年版，第 181—182 页。
② ［法］让·雅克·卢梭：《社会契约论》，徐强译，北京：中国社会科学出版社 2009 年版，第 107 页。

与贵族制和民主制不同，君主制的政府是君主的道德统一体和肉体统一体的合而为一，活力最强、最任性。根据比率原则，君主制只适合大国，利用庞大的中间等级将君主与人民联系起来。共和制政府总是要选择最有智慧、最有能力和最有德性的人当政府的高级行政官员，而君主制政府面临政府官员的逆向选择问题，即总是选择"那些缺乏头脑的、卑鄙的骗子、阴谋家"担任高官。① 统治者的治理和征服才能越大，君主制的国家规模就会越大，因而君主制的领土大小总是处在变动之中。君主制的缺陷是逆向选择投机者担任高官，君主缺乏继承上的连续性；新旧国王之间总有一个危险的权力真空期，带来了政变、叛国、权力争夺的血腥。而且，世袭君主制面临世袭国王的年龄太小或智力愚钝的问题，这就会出现摄政专权的危险。世袭国王也缺乏正义感和理性，容易养成为所欲为的习性。这就会造成君主的政策随意性和计划的变化无常，无法长时期确定一个政策目标或连贯的政策。错误估计自己才能的君主会给人民带来巨大的征服灾难。

因此，一个国家在特定的时期采取的政体形式是受到民族精神、地理条件、气候、国家规模、剩余产品的数量和周边国家的竞争关系影响的。一个国家的人民生产的剩余产品越多，国家规模越大，周边国家的竞争力越强，这个国家就越容易采取君主制甚至专制国家的形式。在贵族制和民主制中，"所有的东西都被用于公共的利益"；在君主制国家中，"私人的权力和公共的权力是相互竞争的，一个的增强要通过对一个的削弱来达成"；而专制国家的"治理人民的目的不是使人民幸福"，而是"通过使人民生活悲惨以便于统治他们"。② 在同一种气候条件下，生产力、体力和消费的差异就会产生不同的社会状态和政体。按照这种差异，野蛮人适合于寒冷的国家，专制更适合于热带国家，贵族制和君主制适合于温带国家。这是因为随着气温的上升，劳动生产力和食物的营养水平也会增加，而人均消耗量和奢侈消费则会减少。这就造成气温高的地区剩余产品较多、人口较为稀少，而气温低的地区剩余产品较少、人口密集，从而产生相应的国家类型。

---

① ［法］让·雅克·卢梭：《社会契约论》，徐强译，北京：中国社会科学出版社2009年版，第117页。
② ［法］让·雅克·卢梭：《社会契约论》，徐强译，北京：中国社会科学出版社2009年版，第127页。

此外，行政官员的个别意志也是影响政体的一个重要因素。行政官员的意志可以表现为为自身利益服务的个人意志，关心政府利益的团体意志和关心人民利益的主权者意志。因此，政府规模越大或行政官的数量越多，个别意志就越占主导地位，行政官的权力就越小，普遍意志越易遭到忽视。政府规模越小或行政官的数量越少，个别意志越是与团体意志一致。因此，最活跃的政府就是个人意志、团体意志和国家意志合而为一的君主制政府。相反，民主政府是最不活跃的政府，因为团体意志与普遍意志相混淆，个别意志各行其是。为了确保人民的自由，国家愈是庞大，政府的机构便愈应紧缩，行政官的人数就应越少。因此，从权力结构来看，各种政体在某些条件下都能成为最好的政府。好的政府必然是人丁兴旺并均匀分布在国土上的政府。坏的政府必然是人口不断减少而且高度集中于大城市的政府。卢梭清楚地认识到，政府在私人利益和权力欲的驱使下有集权的倾向，从而导致民主国或共和国瓦解或解体的倾向。政体演变的方式包括从民主制转变为贵族制和君主制，或者从法治国家变为非法的专制国家，如从民主制退化为暴民政治、贵族制退化为寡头政治、君主制退化为暴君制等。

（四）法治国的具体制度设计

由于各个社会的国际和国内条件、地理位置、资源、风俗民情、先例等因素不同，因而，各国的具体制度设计不同。为此目的，卢梭在《政治制度论》中提供了建立法治国的具体措施，包括树立公民美德和爱国精神、将国家与政府分开、建立法治体系、确保议会的立法权力不受干扰地正常运转、限制行政首脑的权力、根据议题的重要性确定不同的表决原则、培养社会各阶层特别是专职人员的法治意识、经济制度要与国家的立国目标一致、建立民兵制、职位升迁要注重美德的培养、防止财富的极端不平等、建立公正的税收制度和建立锁闭的农业国。

（五）意识形态异化论

在一个结党营私、虚伪腐化的社会中，谎言与欺诈在人性的作用下就成为掩盖真相的重要力量。那些敢于道出社会痛处的道德高尚之人，很容易成为利益相关者或名誉受损之人的眼中钉。于是，恶毒的阴谋策划者出于虚荣心而嫉妒或仇恨一个特立独行之人突然获得的名声和对他们的揭露，因为他的好名声意味着这些人的声誉价值急剧下降。为了打击和报复这样的道德高尚之人，阴谋策划者就开始采取歪曲、污蔑和欺骗的伎俩。"他们开始时先是歪曲他的全部原则,将一个严格的共和主义者歪曲为煽动暴乱的计划,将他对合法自由的热爱歪曲为放纵无度,将他对法律的尊重歪曲为憎恶王公贵族。他们指责他想推翻整个社会秩序,因为有人竟然胆敢借社会秩序之名让最有害的混乱长久下去,无视人类的苦难,将最罪恶滔天的弊端当成法律。"① 这些歪曲和篡改在大众中流传开来,就成了成见。这些狂热的歪曲,加上有意识的欺骗,引起了大众的恐慌和利益被损害的担忧。受虚荣心、好奇心和恐慌支配的大众由于缺乏独立的判断力,习惯于传播任何打击名人的声誉但却不受惩罚的信息,以便在无聊的生活中获得存在感的快乐。阴谋诡计者嫉妒的对象,就会在渲染中变成普通人眼中狂热仇恨的对象,无形之中助长了普通人在丧失理智中形成非此即彼的敌对观念。

一旦这个无辜之人在公众眼中变成了仇敌,那么,他的任何痛苦或遭受的侮辱都会带来公众的狂喜,从而刺激更多自诩为"公正"的邪恶之人疯狂地去监视、侮辱或伤害这个无辜之人。如果阴谋诡计者控制了教育机构,那么,仇恨的情感就会在新一代的人身上得到强化。"一旦机器开动起来,每个人都跟着大流走,而且还要加一把力。……于是,栽到他头上的事情越是荒唐,越是令人难以置信,人们就越是有思想准备要相信这些。"② 但是,阴谋策划者不仅要获得公众对迫害的赞同,防止公众揭穿其欺骗的行径,而且要将迫害的卑劣行为打扮成道德高尚的行为,以便将受害者置于随意的道德宰杀和无法自我辩解的境地,最终获得受害者的感激。这样,在将一个无辜之人阴谋陷害为罪恶累累之人时,阴谋诡计者则获得了高尚的道德美名,公众则在谎言的欺骗下成就了平庸之恶。于是,一个试图毁灭好人的名声、荣誉、自由和生命的道德异化社会,就这样形成了。

意识形态的异化不仅表现为道德的颠倒,而且表现为理论的伪善。在卢梭看来,将弱肉强食合法化的功利主义哲学就是这样一种富人欺骗穷人的、摧毁一切道德和社会关系的"野蛮的学说"。③ 在将权力扭曲为

---

① [法]让-雅克·卢梭:《卢梭评判让-雅克:对话录》,袁树仁译,北京:商务印书馆2014年版,第209页。

② [法]让-雅克·卢梭:《卢梭评判让-雅克:对话录》,袁树仁译,北京:商务印书馆2014年版,第214页。

③ [法]让-雅克·卢梭:《卢梭评判让-雅克:对话录》,袁树仁译,北京:商务印书馆2014年版,第293页。

人人都具有的私利之后，功利主义哲学的后果是新的暴君会出现，强者合法地剥削和掠夺弱者。在剥夺了法律和道德约束之后，功利主义哲学就演变为一种暴力的掠夺与抢劫哲学。但是，卢梭坚信，意识形态的欺骗不会永远持续下去，真相会大白。因为新生一代会有原始的情感和良知，人性和理性将会复苏。

## 四、卢梭的宗教哲学

卢梭认为，上帝是一个有生命的、有意志的有机统一体，物质和灵魂都是这个统一体的两种实体。上帝的意志就体现在人的灵魂之中，人只是灵魂与肉体的暂时结合。这个宇宙有神论的观念与亚里士多德、斯宾诺莎的观念高度一致。在此基础上，卢梭提倡自然宗教，反对人为的宗教，主张人要过有道德的生活。

### （一）宇宙有神论

根据动因来自物体内部或者外部，卢梭将物质的运动分为因他物的影响而发生的运动和自发的或随意的运动。无机物的动力只能来自物体的外部，它自身是不运动的；生命体是自动的，也可以在外来动力的推动下运动。由于物质宇宙井然有序地运动着，因此，物质世界的运动必然有一个外来的推力。"我相信，有一个意志在使宇宙运动，使自然具有生命。这是我的第一个定理，或者说我的第一个信条。"① 从宇宙的秩序和万物的和谐中，卢梭就得出了宇宙有神论，即宇宙的意志也是一个存在于宇宙有机体之中有生命的能思想的意志，从而反对机械唯物主义者主张的运动是物质的本质的观点。

卢梭秉持灵魂不灭论，认为人是不朽的灵魂与物质的暂时结合。"当肉体和灵魂的结合一瓦解之后，我想，肉体就消灭了，而灵魂则能保存。"② 人的痛苦在于肉体或欲望对灵魂的奴役，迫使灵魂去做满足肉体的罪恶事情，从而造成肉体对灵魂的异化。③ 永恒的上帝创造了世界，上帝与人类灵魂的关系就如同人类的灵魂与肉体的关系一样，因而人类

---

① ［法］卢梭：《爱弥儿：论教育》下卷，李平沤译，北京：商务印书馆1978年版，第389页。
② ［法］卢梭：《爱弥儿：论教育》下卷，李平沤译，北京：商务印书馆1978年版，第405页。
③ 功利主义只是亚里士多德的身心二元论在社会中的异化。

的灵魂也是上帝创造的产物。但是，人类的灵魂不能理解上帝的永恒观念，只能根据上帝创造的世界从内心深处来推知上帝的某些性质，只能直观地信仰上帝的存在。

由于不具有上帝的全知全能，有限理性的人类只能依靠良心行事。"良心是灵魂的声音，欲念是肉体的声音。……理性欺骗我们的时候是太多了，我们有充分的权利对它表示怀疑；良心从来没有欺骗过我们，它是人类真正的响导；它对于灵魂来说，就象本能对于肉体一样；按良心去做，就等于是服从自然，就用不着害怕迷失方向。"① 在理性的帮助下，每一个人要按照良心行事，并以良心作为判断行为是否正义和道德的准则。按照良知行事，就是合乎道德的行为。爱秩序而创造秩序的行为，就是善；爱秩序而保存秩序的行为，就是正义。善人得救和得福，是上帝的奖赏。这样，卢梭就将道德观和人的主体能动性的思想建立在宇宙有神论的基础之上，并对宗教展开了批判。

（二）对人为宗教的批判

卢梭提倡自然的心灵宗教，反对人为宗教。人为的宗教信仰就是依靠出生地偶然地而非依靠自己的良心选择的宗教信仰，充满了人造的启示、奇迹、预言、教义和宗教仪式。在卢梭看来，希望上帝特殊的恩宠就是希望上帝的不公正和仁慈，奇迹显示的是人的无知。启示就是人们"叫上帝按他们自己的方式说他们自己想说的话"，而所有的上帝的话语都是人为的谎言。② 所有人为的宗教只有与国家力量的结合才显出权威和力量。脱离了国家政权的支持，宗教信徒就是偏见迫害的对象。各国的宗教信徒也因此按照自己的宗教偏见去反对其他宗教，利用宗教去欺骗诚实和善良之人，利用经书和教会的权威去扼杀理性的判断。

一句话，人为的宗教都是服务于肉体欲望、扼杀良心和摧毁理性的宗教。"真正的崇拜是心的崇拜。只要是真心诚意地崇拜，则不论崇拜的形式怎样，上帝都是不会拒绝的。"③ 敬拜上帝是心灵的敬拜和精神上真

---

① ［法］卢梭：《爱弥儿：论教育》下卷，李平沤译，北京：商务印书馆1978年版，第411页。

② ［法］卢梭：《爱弥儿：论教育》下卷，李平沤译，北京：商务印书馆1978年版，第426页。

③ ［法］卢梭：《爱弥儿：论教育》下卷，李平沤译，北京：商务印书馆1978年版，第449页。

实的敬仰，而不是宗教仪式的敬拜。宗教义务就是不受人类制度影响的良心的义务。为了在灵魂的深处信仰上帝，一个人就要摆脱人为宗教的偏见，以理智控制感情和欲望，反对追求欲望满足的竞争，努力过上爱上帝、爱秩序和爱自己的有道德的生活。

### 五、卢梭对马克思的影响

卢梭是近代思想史上一位承上启下的关键人物。他在继承启蒙运动的精神的基础上复兴了古希腊的共和精神，以灵魂和肉体的二元论和社会异化为基础构建了一个庞大的理论体系，将辩证的人性论、人类历史的演化、法治国的建立和自然宗教的复兴融为一体。法国大革命的宪法体现了卢梭的共和精神，德国古典哲学和浪漫主义汲取了卢梭哲学和自然主义的营养，空想社会主义思想在卢梭哲学上生根发芽。马克思直接或间接地受惠于卢梭及其演化者的思想，在重塑卢梭及其演化者的思想的过程中创建了唯物史观。

（一）卢梭对马克思影响的直接文本证据

马克思的父亲是卢梭的信徒，一定会在早年的家庭教育中传播卢梭的思想。在大学的法学课程中，马克思学习了卢梭的自然法和社会政治思想。在《〈科隆日报〉第 179 号的社论》中，马克思谈到卢梭等人"已经开始用人的眼光来观察国家了"，以及拿破仑法典来源于卢梭、孟德斯鸠"这一思想学派"。① 在 1843 年 7—8 月的《克罗茨纳赫笔记》中，马克思阅读并摘录了《社会契约论》的一百多段引文，其中第一卷、第二卷和第三卷的前六章的每页都有摘录，第三卷的其余十二章的摘录逐渐减少，第四卷只摘录了两段。摘录的内容主要涉及人民主权、奴隶制、普遍意志、个人权利等。马克思在收藏的《社会契约论》中也做了大量的与引文不一致的评注。② 在《论犹太人问题》中，马克思认为，卢梭关于"自然人"和"社会人"的划分不过是市民社会中的"利己的人"和"政治人"的区分，或市民与公民的区分。③ 马克思指出："卢梭的通过契约来建立天生独立的主体之间的相互关系和联系的社会契

---

① 《马克思恩格斯全集》第 1 卷，北京：人民出版社 1995 年版，第 227—228 页。
② 王旭东、姜海波：《马克思〈克罗茨纳赫笔记〉研究读本》，北京：中央编译出版社 2016 年版，第 86 页。
③ 《马克思恩格斯全集》第 3 卷，北京：人民出版社 2002 年版，第 188 页。

约论",  "不是以 [在社会中进行生产的个人,——因而, 这些个人的一定社会性质的生产, 当然是出发点] 这种自然主义为基础的。"① 在《德意志意识形态》中, 马克思谈到"卢梭式的国家理论的'笨拙'原理", 并认为卢梭在社会契约论中没有想到"个人订立契约是出于对普遍东西的爱"。② 在1847年10月的《道德化的批评和批评化的道德》一文中, 马克思说:  "卢梭曾为波兰人草拟过最好的政治制度, 马布利也曾为科西嘉岛上的居民草拟过最好的政治制度。"③

在《〈政治经济学批判〉导言》和《1857—1858年经济学手稿》的开头, 马克思谈到卢梭是一位自然法的崇拜者, 试图通过社会契约建立市民社会。在《资本论》第二十四章 "所谓原始积累" 中, 马克思引用了卢梭的《论政治经济》, 以揭示大手工工场对小生产者的剥夺。恩格斯在《反对林论》中甚至说:  "我们在卢梭那里不仅已经可以看到那种和马克思《资本论》中所遵循的完全相同的思想进程, 而且还在他的详细叙述中可以看到马克思所使用的整整一系列辩证的说法: 按本性说是对抗的、包含着矛盾的过程, 每个极端向它的反面的转化, 最后, 作为整个过程的核心的否定之否定。"④ 在《哥达纲领批判》中, 马克思批判 "哥达纲领" 是 "抄袭卢梭的全部著作"。⑤ 这些引用充分说明, 马克思的各种文本已经直接地融入了卢梭的政治哲学、辩证法、政治经济思想。

(二) 卢梭对近代思想的影响: 间接证据

作为一位思想巨人, 卢梭对德国古典哲学、浪漫主义、空想社会主义等近代思想的发展产生了巨大的影响。由于马克思深受这些思想的影响, 因此, 卢梭以思想历史演化的方式间接地影响了马克思的思想发展。

第一, 德国古典哲学是卢梭哲学的继承和发展。⑥ 黑格尔认为, 不仅卢梭的自由原则 "提供了向康德哲学的过渡", 而且 "康德哲学在理

---

① 《马克思恩格斯全集》第46卷 (上册), 北京: 人民出版社1980年版, 第18页。
② 《马克思恩格斯全集》第3卷, 北京: 人民出版社1960年版, 第385、469页。
③ 《马克思恩格斯全集》第4卷, 北京: 人民出版社1958年版, 第348页。
④ 恩格斯:《反杜林论》, 中央编译局译, 北京: 人民出版社1974年版, 第138页。
⑤ 《马克思恩格斯选集》第3卷, 北京: 人民出版社1972年版, 第6页。
⑥ 杨适:《卢梭哲学是近代辩证法的开端》, 载《北京大学学报》 (哲学社会科学版), 1982年第5期。

论方面是以这个原则为基础的"。① 卢梭认为，真正的自由包括内在的道德自由和外在的法律保障的政治自由，而政治自由则是实现道德自由的前提。卢梭的道德自由、良心与康德的纯粹实践理性、善良意志之间存在密切的关联。可以说，康德的道德哲学是卢梭的道德自由原则的系统化阐述。同时，卢梭的社会有机体、普遍意志和锁闭的农业国的思想对费希特的国家有机体、民族精神说和锁闭的商业国的思想产生了重大影响。或者说，费希特的政治哲学系统化了卢梭的政治观。黑格尔的政治哲学则是卢梭的政治哲学的颠倒。卢梭的主体能动性和辩证法思想在德国古典哲学中演变为费希特的自我意识或黑格尔的绝对精神的辩证发展。恩格斯说："如果说在1754年卢梭还不能说黑格尔行话，那末，无论如何他在黑格尔诞生前十六年就已经深深地被黑格尔瘟疫、矛盾辩证法、逻各斯学说、神学逻辑等等所侵蚀。"②

第二，浪漫主义继承和发展了卢梭的主体能动性思想。除在政治思想上有革新之外，卢梭还在文学上有革新。在理性主义讲究文学规则的时代，卢梭在《新爱洛漪丝》中提倡自然情感和内在心灵的美好力量，反对虚幻的缺乏情感的功利主义社交活动，强调主体的可型塑性和人的能动性。在《爱弥儿》中，卢梭说："没有任何一样物质的存在在其本身是能动的，而我是能动的，和我争论这一点没有意义，我感觉到它，而且这种感觉对于我而言比与之相对的理性更加有力。"③ 哈曼、莱辛、歌德、赫尔德等人在其著作中深受卢梭的主体能动性思想的影响。施莱格尔兄弟、蒂克等人都发挥了超验的自我或主体的无限想象力的思想，形成了浪漫主义反讽的特殊风格。浪漫主义反讽融入了主客体的同一，存在与想象力的同一，实践和情感的同一和辩证演化的同一，而非存在与认识的同一。

第三，卢梭的社会平等思想直接影响了空想社会主义的发展。随着工业革命的出现，法国大革命时期出现了新的社会不平等和新的贫困，卢梭哲学遭遇了真正的危机。昂利·圣西门批判卢梭等启蒙思想家将追

---

① [德] 黑格尔：《哲学史讲演录》第四卷，贺麟、王太庆译，北京：商务印书馆2009年版，第284页。
② 恩格斯：《反杜林论》，中央编译局译，北京：人民出版社1974年版，第138页。
③ [德] 恩斯特·卡西勒：《卢梭问题》，王春华译，南京：译林出版社2009年版，第92页。

求法治和政治自由当作目的的做法。① 在圣西门看来，革命的目的本来是要建立政治自由的制度，无意中产生了无尽的党派权力之争和混乱的社会革命，制造了新的贫困。因此，新时代的任务是建立一个经济繁荣和社会平等的新社会，以便实现人的全面发展。作为启蒙运动、法国大革命和工业资本主义初期发展相互结合的产物，空想社会主义强调在理性的基础上发展生产力和在新的工业基础上建立传统的合作体制。但是，空想社会主义思想家在实现新社会的手段、构画新社会的蓝图、财产所有制等方面存在大量的争论。马克思交往很深的路德维希·冯·威斯特华伦男爵、爱德华·甘斯、海涅等人或者是圣西门主义者，或者与圣西门主义者有广泛的接触和交流。马克思在 1842 年 10 月写了《共产主义与奥格斯堡〈总汇报〉》一文，参与了赫斯在科隆发起的社会主义问题的讨论，深入钻研圣西门主义者比埃尔·勒鲁，傅立叶主义者维克多·孔西得朗、蒲鲁东、卡贝、德萨米、魏特林等人的著作。在 1843 年 10 月到 1845 年 4 月的巴黎居住期间，马克思与正义者同盟、法国工人的秘密团体的领导人进行私人交往，进一步研究了孔西得朗、勒鲁、卡贝、德萨米、邦纳萝蒂、劳蒂埃尔、维尔加德尔、圣西门、蒲鲁东、傅立叶等人的著作，以及德国社会主义者赫斯和魏特林的思想。可以说，《1844 年经济学哲学手稿》是马克思系统研究和批判地继承空想社会主义思想的结果。马克思在《神圣家族》中叙述了空想社会主义思想与法国唯物主义之间的渊源关系，并与恩格斯一起在《德意志意识形态》和《共产党宣言》中对各种空想主义者的思想进行了批判。② 这样，卢梭的平等观就经过空想社会主义者的演化，在马克思的思想中得到升华。

（三）卢梭与马克思的比较

除直接的文本证据和间接的思想潮流的影响之外，卢梭和马克思在人生经历和思想方面的高度相似性也是一个间接的影响证据。两人都出生于中产阶级的家庭，深受古希腊罗马文化的熏陶和影响，将古希腊当作理想社会的构建模型。共同的文化渊源让马克思易于接受或辨识卢梭的政治思想。

卢梭和马克思在早年都有改信宗教的经历，对宗教采取批判态度，

---

① 《圣西门选集》第一卷，王燕生等译，北京：商务印书馆1985年版，第256页。
② 《马克思恩格斯全集》第2卷，北京：人民出版社1957年版，第167—168页。

反对"基督教国家"的提法。卢梭把自己改信天主教看作"是一种歹徒的勾当",是"自己加在自己身上的锁链"。① 在卢梭看来,"基督教只是鼓吹奴役和服从,它的精神太有利于暴政,所以暴政不能不利用它。真正的基督徒是被培养出来做奴隶的"。② 在《莱茵报》时期,马克思采取卢梭式的思路对宗教以及普鲁士这个"基督教国家"展开了批判。只不过,卢梭的宗教批判局限于人为宗教,马克思的宗教批判涉及一切宗教;卢梭主张政教分离和自然宗教,马克思则主张在生产力发展的基础上实行宗教自由并最终消灭宗教。

卢梭和马克思都对法学具有精深的研究。马克思是法学专业出身,而卢梭则精通日内瓦、科西嘉、波兰、斯巴达、罗马、威尼斯、英国、法国和德国的宪法与法律。两人都精通自然法理论和政治理论,对自然法都展开了批判。卢梭认为,自然法是"从人类只有在脱离自然状态之后才能想象到的有利状况中归纳出来的"普遍有效的规则,因而犯了时代误置的错误,将社会状态下的需要、贪婪、压迫或骄傲等欲望时代误植地当作自然状态的东西来讲。③ 在马克思看来,自然法不外是体现了资产阶级在市民社会中为了追求私利而要求的贸易自由和平等的观念。在批判自然法的基础上,两人都主张从人类社会的演化角度研究私有制、法律、政体的起源和演变,从而都具有历史辩证法的思想。区别在于,卢梭在将私有制和政体的演变建立在生产力发展基础上的同时,却将法律建立在社会契约或者民族精神的基础之上。马克思则将法律、道德、国家的形式等社会意识都统一建立在社会生产力和生产关系的基础之上。

卢梭和马克思都对金钱和功利主义采取批判态度。卢梭认为,金钱让一切东西都变坏了。"我所追求的是纯洁的玩乐,而金钱会把一切玩乐都玷污。"④ 尤其是,金钱会带来奢侈腐化,是一切道德堕落的根源。在功利主义者看到文学、艺术、贸易和奢侈的行为使人们之间的社会关系变得相互需要和相互依赖的地方,使人们通过为他人的幸福而工作的办法来让自己变得更加幸福的地方,卢梭却看到人们之间的相互算计和掠

---

① [法]卢梭:《忏悔录》第一部,黎星译,北京:商务印书馆2009年版,第73页。
② [法]让-雅克·卢梭:《社会契约论》,徐强译,北京:中国社会科学出版社2009年版,第219页。
③ [法]卢梭:《论人与人不平等的起因和基础》,李平沤译,北京:商务印书馆2009年版,第39页。
④ [法]卢梭:《忏悔录》第一部,黎星译,北京:商务印书馆2009年版,第39—40页。

夺。"若要取得成功，除了欺骗或搞垮对方以外，便别无他法。一切暴力、背叛、忘恩负义和种种恐怖事情的可怕的根源，就在于此，因为，两个人彼此都在假装为对方的幸福或荣誉工作，而实际上却在千方百计地牺牲对方，抬高自己。"① 马克思在《德意志意识形态》中分析了功利主义哲学产生和发展的历史条件，并对建基于功利主义哲学基础之上的政治经济学在《资本论》中展开了系统性的批判。

卢梭和马克思在一生中都受到多国政府的迫害，失去了出生国的公民身份，被迫长期处于流亡和贫困的疾病生活之中。卢梭深受宗教迫害之苦，马克思则深受政治迫害之苦。两人都反对书报审查制度。在流亡中，卢梭长期做秘书或编辑的工作，马克思则长期做报刊编辑或撰稿的工作。卢梭回忆说："我做秘书工作比我做学生受益还多。我不仅学到了纯正的意大利语，而且对文学也发生了兴趣，同时还获得了一定的鉴别好书的能力。"② 两人都注重语言表达的纯正和优美的文体，都主张自学和广泛阅读，都留有大量的手稿。因为流浪生活的艰辛和过度的阅读与研究，卢梭和马克思都在三十岁之后健康下降，疾病缠身，并以顽强的毅力与病魔作斗争。卢梭有神经过敏症、失眠感觉迟钝、尿闭症、疝气病等疾病，马克思则患有痔疮、肝病、疖子痛、牙疼、呼吸道疾病、偏头痛、结膜炎等疾病。

卢梭和马克思都站在贫苦大众的立场反对阶级剥削与专制，努力追求并设计了一个更加平等与自由的社会。卢梭从社会下层人民的立场争取基本的人权、自由和平等，把自然情感丰富、注重友情和亲情的平民劳动者当作人的理想，而认为上层社会"只受利益或虚荣心的支配"，完全泯灭了自然情感。③ 马克思则争取工人阶级的解放。为此，卢梭与启蒙运动的主要思想家展开论战，马克思则与青年黑格尔派、空想社会主义者、庸俗经济学家、保守主义者等展开论战。卢梭和马克思都是批判大师，善于利用自相矛盾、循环论证、浪漫主义反讽等批判手段来解构对手。卢梭主张法律的渐进改革道路，反对党派斗争和暴力革命；马克思则追求社会的自由与解放，注重广泛的社会和革命实践活动，积极

---

① [法] 卢梭：《卢梭全集》第4卷，李平沤译，北京：商务印书馆2012年版，第428页。

② [法] 卢梭：《忏悔录》第一部，黎星译，北京：商务印书馆2009年版，第114页。

③ [法] 卢梭：《忏悔录》第一部，黎星译，北京：商务印书馆2009年版，第176页。

参与推翻暴政和建设美好世界的革命斗争。结果是，卢梭看不到推翻暴政的可能性，只好屈从于伊壁鸠鲁式的道德生活和追求精神自由，建议一个有德性的人要学会在暴政下生活。① 因而，卢梭是注重沉思的思想家，马克思则是理论与实践相结合的思想家。

卢梭和马克思都秉持有机体的思想。卢梭的有机体思想囊括宇宙有机体、社会有机体和个人有机体。除宇宙有机体是静态的之外，社会有机体和个人有机体都是辩证演化的。在《日内瓦手稿》中，卢梭说："让我们设想一下人类作为一个道德的人格，这种人格拥有对共同存在的情感，这种情感可以赋予自身以个体性，并且使之构成一个整体，拥有一种普遍的推动力，从而使每个部分都出于具有普遍性的，并且同全体有关的目的而行动。"② 这种全体的道德人格就是普遍意志，在国家中就体现为社会契约、人民主权和锁闭的农业国的思想，在个体中就体现为人性的可完善性。③ 马克思则在空间和时间上对社会有机体的概念进行了拓展，集中研究包含语言、思想或劳动及其关系在内的社会有机体的演化及其历史规律。马克思说："一切发展，不管其内容如何，都可以看做一系列不同的发展阶段，它们以一个否定另一个的方式彼此联系着。"④ 基于社会有机体观，卢梭和马克思都对哲学家特别是形而上学家展开了批判。卢梭认为哲学家受先入为主的偏见影响。⑤ 马克思批判哲学不过是一种为阶级利益进行辩护的意识形态，从而宣布哲学的终结。

尽管受到洛克和孔迪亚克的机械唯物论的影响，但是，由于高扬人的主体能动性，卢梭总体上坚持唯心主义思想和英雄史观，反对原子论和机械唯物主义思想。马克思则秉持唯物史观和群众史观的思想，反对卢梭的唯心主义思想和英雄史观。卢梭的唯心主义主要体现在三方面：一是承认宇宙的有神论和灵魂不灭，接受了莱布尼茨的宇宙和谐论；二是接受人是灵魂和肉体这两个实体的结合，灵魂主导良心并与上帝相连；

---

① ［法］卢梭：《爱弥儿：论教育》下卷，李平沤译，北京：商务印书馆1978年版，第729页。

② 转引自［美］马斯特：《卢梭的政治哲学》，胡兴建、黄涛等译，上海：华东师范大学出版社2013年版，第348页。

③ ［美］马斯特：《卢梭的政治哲学》，胡兴建、黄涛等译，上海：华东师范大学出版社2013年版，第25页。

④ 《马克思恩格斯全集》第4卷，北京：人民出版社1958年版，第329页。

⑤ ［法］卢梭：《爱弥儿：论教育》下卷，李平沤译，北京：商务印书馆1978年版，第390页。

三是在政治领域主张普遍意志对行政权力的主导作用，或者精神对物质的统治。藉此，卢梭注重社会的情感联合，马克思则注重社会的物质条件和劳动分工的联合。

（四）卢梭对青年马克思思想的影响

尽管卢梭对马克思的影响存在多样化的证据，但是，学术界对这种影响的研究还有待深入。曾枝盛（2012）认为，卢梭对马克思的思想影响体现在国家的权利和义务、自由平等和人的解放、辩证法思想等方面。德拉-沃尔佩认为，《黑格尔法哲学批判》是"一部自始至终渗透着典型的卢梭人民主权思想的著作"，而卢梭的《论人类不平等的起源和基础》则提出了马克思力求解决的人类不平等的问题。① 下面，我们主要从黑格尔法哲学的批判、劳动异化论、自由平等观、唯物史观等角度来分析卢梭对马克思思想的影响。

第一，黑格尔法哲学批判的影响。在某种程度上说，黑格尔的国家理论是对卢梭的人民主权论的颠倒，而马克思正是在阅读了卢梭的《社会契约论》之后系统地展开了黑格尔法哲学的批判的。第一，国家与市民社会之间的关系的颠倒。在卢梭看来，国家是以保障和实现人民的幸福和自由为其目的的工具。黑格尔则将市民社会当作家庭与政府之间的中介机构，将国家当作市民社会和家庭的内在目的。马克思对此说："家庭和市民社会都是国家的前提，它们才是真正活动着的；而在思辨的思维中这一切却是颠倒的。"② 第二，国家和政府之间关系的颠倒。在卢梭看来，体现人民主权和普遍意志的立法权是最高的、神圣不可侵犯、不可转让的权力，政府是主权者和臣民之间的中介机构，国王只是行政机构的首脑，行政官员只是一个代表政府利益的特殊阶级。黑格尔则认为，代表个别意志的王权是立法权和行政权的综合，是"立宪君主制的顶点和开端"和"人格化的主权"，立法权只是国家制度的一部分，行政官员是一个代表国家利益的普遍阶级。这样，黑格尔以君主的主权代替人民的主权，并批评人民主权是一种"混乱思想"。马克思则说："在这里，有'混乱思想'和'粗陋观念'的只是黑格尔。"③ 可以说，《黑格

---

① ［意］德拉-沃尔佩：《卢梭和马克思》，赵培杰译，重庆：重庆出版社版，1993年，"中译者序"第5页。
② 《马克思恩格斯全集》第3卷，北京：人民出版社2002年版，第10页。
③ 《马克思恩格斯全集》第3卷，北京：人民出版社2002年版，第38页。

尔法哲学批判》是马克思在以卢梭的政治哲学对抗黑格尔的政治哲学的基础上，提出了私有财产、市民社会和官僚机构的异化理论。

在《论犹太人问题》中，马克思以卢梭的《社会契约论》的政教分离为依据，结合法国大革命时期的宪法，阐述政治解放可以完全脱离宗教形态展开，不同的宗教信徒可以追求平等的政治自由，以及政治国家与市民社会最终分离的思想。从宗教束缚中解放出来的国家就代表着人的"类生活"或普遍意志，而市民社会则作为个人意志发挥作用的领域。"前一种是政治共同体中的生活，在这个共同体中，人把自己看作社会存在物；后一种是市民社会中的生活，在这个社会中，人作为私人进行活动，把他人看作工具，把自己也降为工具，并成为异己力量的玩物。……人在其最直接的现实中，在市民社会中，是尘世存在物。在这里，即在人把自己并把别人看作是现实的个人的地方，人是一种不真实的现象。相反，在国家中，即在人被看作是类存在物的地方，人是想像的主权中虚构的成员；在这里，他被剥夺了自己现实的个人生活，却充满了非现实的普遍性。"① 卢梭希望利用政治国家保障的个人自由和完善道德的理想在现实的资产阶级国家中沦落为保障市民社会中独立自主的个人的人身、私有财产和权利。"可见，任何一种所谓的人权都没有超出利己的人，没有超出作为市民社会成员的人，即没有超出作为退居于自身，退居于自己的私人利益和自己的私人任意，与共同体分隔开来的个体的人。在这些权利中，人绝对不是类存在物，相反，类生活本身，即社会，显现为诸个体的外部框架，显现为他们原有的独立性的限制。把他们连接起来的惟一纽带是自然的必然性，是需要和私人利益，是对他们的财产和他们的利己的人身的保护。……公民身份、政治共同体甚至都被那些谋求政治解放的人贬低为维护这些所谓人权的一种手段。"② 之所以会出现这样的政治共同体异化的社会现象，是由封建社会的特殊性质及其向资本主义社会转变的过程中新的社会性质造成的。在封建社会中，市民社会以相互分离和排斥的领主权、等级和同业公会等特殊形式存在。尽管个体同国家相分离，但是，个体在市民社会中还享有政治生活。资产阶级的政治革命摧毁了领主权、等级和同业公会，也就消灭了市民社会的政治生活，彻底将个体的生活同各种形式的政治共同体割

---

① 《马克思恩格斯全集》第 3 卷，北京：人民出版社 2002 年版，第 172—173 页。
② 《马克思恩格斯全集》第 3 卷，北京：人民出版社 2002 年版，第 184—185 页。

裂开来，同时将所有的政治权力收归国家所有。"政治国家的建立和市民社会分解为独立的个体——这些个体的关系通过法制表现出来，正像等级制度中和行帮制度中的人的关系通过特权表现出来一样——是通过同一种行为实现的。……政治革命把市民生活分解成几个组成部分，但没有变革这些组成部分本身，没有加以批判。它把市民社会，也就是把需要、劳动、私人利益、私人权利等领域看作自己持续存在的基础，看作无须进一步论证的前提，从而看作自己的自然基础。"① 恰恰是这个政治国家的"基础"，即私有制，才是需要进一步批判、革命和消灭的对象。"只有当现实的个人把抽象的公民复归于自身，并且作为个人，在自己的经验生活、自己的个体劳动、自己的个体关系中间，成为了类存在物的时候，只有当人认识到自身'固有的力量'是社会力量，并把这种力量组织起来因而不再把社会力量以政治力量的形式同自身分离的时候，只有到了那个时候，人的解放才能完成。"② 只有消灭了私有制，实现了人的解放，每一个人才能以社会化的自由个人完全融入社会共同体，克服人性的异化和人性的复归。

第二，对劳动异化论的影响。异化是阶级社会中的一个特殊的社会现象。③ 异化，从法律角度看，是权利的转让或丧失；从费希特和黑格尔的哲学角度看，则是外化或否定性；从费尔巴哈的宗教角度看，则是类本质的外化。王树人（1983）认为，"马克思的异化概念在本质上既不同于费尔巴哈的，也不同于黑格尔的"。④ 在马克思看来，异化就是人的产物转变为一种支配人、统治人的社会力量，从根本上造成人性的丧失。可以说，卢梭的社会异化论与马克思的劳动异化论之间存在内在的关联。

卢梭思想的一大特色就是充满了各种异化的思想。这包括肉体欲望对灵魂的异化，金钱对劳动的异化，语言对事物的异化，人为教育对自然教育的异化，人为宗教对自然宗教的异化，技术对感官能力的异化，行政权对立法权的异化，个人意志对普遍意志的异化，暴力对自然法的

---

① 《马克思恩格斯全集》第3卷，北京：人民出版社2002年版，第188页。
② 《马克思恩格斯全集》第3卷，北京：人民出版社2002年版，第189页。
③ 对象化和物化则是人类历史上的与劳动密切相关的一个普遍现象，只是在阶级社会的对象化和物化才带有异化的性质。
④ 王树人：《关于马克思主义之前的异化概念》，载《哲学研究》，1983年第10期，第36页。

异化,意识形态的异化,等等。这些不同形式的异化都是一种对自然秩序的颠倒,可能会造成自然秩序的退化、瓦解或解体。卢梭在政治哲学中尤其关注社会异化的表现形式和消极后果。在卢梭看来,社会异化的表现形式包括社会偏见或谬误的传染,社会欲望的培养,奢侈腐化的堕落,政治权力的篡夺,自由人的被奴役。为了消除异化的弊端,人要成为新人,国家要成为法治国家,教育要顺从自然,宗教要成为自然宗教,劳动要成为生活的必需,货币金融要消除。马克思在《〈黑格尔法哲学批判〉导言》中针对充满了各种异化的社会,提出了在政治解放的基础上实现人类解放的目标。要实现人类的解放,就必须分析和批判市民社会的异化,特别是物质生产和交换领域的劳动异化现象。犹如卢梭在《社会契约论》中所揭示的,国家的产生和发展是建立在剩余产品或物质资料的生产和再生产的市民社会的基础之上的。这自然地推动马克思进行政治经济学的研究和唯物史观的思考。《1844年的经济学哲学手稿》和《德意志意识形态》就是这种思想演进的结果。

在卢梭看来,独立自主的自然人向相互依赖的社会人的转化是以社会契约和法治国家的形式实现的。马克思进而认识到,卢梭所谓的自然人向社会人的转化不过是从"以自己劳动为基础的分散的个人私有制"转变为"以剥削他人的但形式上是自由劳动为基础的"资本主义私有制。① 这种转化不是以自愿的社会契约,而是在社会生产力发展的基础上以"征服、奴役、劫掠、杀戮"等暴力的剥削方式来实现的,并最终造成资本与劳动的分离、资产阶级与无产阶级相互对立的资本主义社会。但是,资本主义生产力的发展、生产资料的集中和劳动的社会化,最终会炸毁资本主义制度的外壳,"在协作和对土地及靠劳动本身生产的生产资料的共同占有的基础上,重新建立个人所有制"和"自由人联合体"的社会,即共产主义社会。②

第三,马克思对卢梭的自由观和平等观的继承与发展。卢梭将社会自由分为平等主义的自由和公民自由。平等主义的自由是"每一个人作为一个人身或在生活中发展其自身的人的潜力的自由",即每个人充分发

---

① [德]卡尔·马克思:《资本论》第一卷(下),中央编译局译,北京:人民出版社1975年版,第831页。
② [德]卡尔·马克思:《资本论》第一卷(下),中央编译局译,北京:人民出版社1975年版,第832页。

挥其主体能动性的自由。① 公民自由是个人不受国家权力的随意限制或约束的消极自由和享有某些政治权利的积极自由的总和。"它是个人经济主动性的自由和权利的总体，是生产资料中的私有财产所有权、人身保护权、宗教、信仰等等的保障。……也包括法律—政治的手段，即如国家权能分立，将立法权规定为国家主权等等的象征，或实行自由资产阶级国家的议会制。"② 这种自由在资本主义社会只适用于康德的"积极公民"，从而将无产阶级这些"消极公民"排除在外。同时，卢梭主张，政治自由的实现程度要根据政治上的不平等与自然的不平等相匹配的程度来判断。如果政治上的不平等与自然的不平等相称，并与自然法一致，那么，公民自由是允许政治上和经济上的不平等的。"分配的公正，和自然状态中严格的平等是相对立的，尽管它在文明社会中是可以实行的。由于国家的每个成员都应按自己的才干和能力为国家服务，所以公民可根据他们提供的服务的多少而受到相应的尊重和待遇。"③ 因此，公民自由只是实现平等主义的自由的初步条件之一。

在《论犹太人问题》中，马克思认为，公民的政治自由或政治平等可以通过卢梭经常谈论的政治解放来部分地实现，但要实现平等主义的自由或发挥主体能动性的自由则只有通过人类的解放或国家的消灭和私有制的废除来实现。在《〈黑格尔法哲学批判〉导言》中，马克思说："部分的纯政治的革命的基础是什么呢？就是市民社会的一部分解放自己，取得普遍统治，就是一定的阶级从自己的特殊地位出发，从事社会的普遍解放。"④ 共产主义因而被设想为自由的、平等的人之间的联合体。实现共产主义的目标当然不是通过卢梭式的改良主义或博爱的道德主义方法，而是通过阶级斗争和无产阶级专政的方法来实现。

从历史角度看，卢梭回到了亚里士多德的传统而将政体建立在伦理道德之上，主张国家是一个理性建构的意志共同体。在马克思看来，卢梭的共和国本质上是一个资产阶级的民主共和国，具有非理性的和非正

---

① [意] 德拉-沃尔佩：《卢梭和马克思》，赵培杰译，重庆：重庆出版社1993年版，第89页。
② [意] 德拉-沃尔佩：《卢梭和马克思》，赵培杰译，重庆：重庆出版社1993年版，第101页。
③ [法] 卢梭：《卢梭全集》第4卷，李平沤译，北京：商务印书馆2012年版，第347页。
④ 《马克思恩格斯全集》第3卷，北京：人民出版社2002年版，第210页。

义的特征。① 在人民没有权力和劳动异化的情况下，法治和平等都是虚假的。私有制不是人与物之间的关系，而是人与人之间的生产关系的总和。"既然所有这些资产阶级生产关系都是阶级关系……那末，这些关系当然只有在各阶级本身和他们的相互关系发生变化以后才能发生变化或根本消灭；而阶级间的关系的变化就是历史的变化，是整个社会活动的产物，总之，是一定'历史运动'的产物。"② 由于看不到阶级关系的变化，卢梭的平等自由观也就具有了空想的性质。"资产阶级著作家在资产阶级同封建主义进行斗争的时期提出的原则和理论无非是实际运动在理论上的表现，同时可以精确地看出，这种理论上的表现以其所处实际运动的阶段的不同而反映出空想主义的、教条主义的、学理主义的程度也往往不同。"③

在《哥达纲领批判》和《法兰西内战》中，马克思进一步指出，无产阶级专政或工人阶级政府就是通过无产阶级获取政治自由和实现按劳分配的原则，最终为在"各尽所能，按需分配"的共产主义社会全面发展每一个人的能动性创造条件。因为在无产阶级专政的社会中，政治上的权利平等和按劳分配制度的实行，则意味着人与人之间在经济上的不平等，而平等地分配社会劳动产品就意味着对不同等的劳动者的不平等的权利。"马克思列宁主义对于（共产主义）社会在经济上、从均衡的观点出发承认个体及其能力和需要的不平等或差异这个问题的深切关心，在一个新的历史水平上体现了对卢梭反对一拉平的平等主义思想的继承和发展。"④

第四，唯物史观和政治经济学研究的影响。卢梭关于私有制和国家建立在生产力发展的基础上、政体动态演变的思想，具有唯物史观的部分内涵。卢梭认识到，一个国家的政体形式是会随着生产力的发展和国家规模的扩大而变化的。"在宪制的第一步获得成功后，必然要求进一步的宪制改革。土地的耕耘将会培育心智；所有由耕种者构成的人民都会增长，这种增长相应于土地的产出，而如果土地肥沃，人民的增长会达

---

① 《马克思恩格斯全集》第20卷，北京：人民出版社1971年版，第20页。
② 《马克思恩格斯全集》第4卷，北京：人民出版社1958年版，第352页。
③ 《马克思恩格斯全集》第4卷，北京：人民出版社1958年版，第352—353页。
④ ［意］德拉-沃尔佩：《卢梭和马克思》，赵培杰译，重庆：重庆出版社1993年版，第135页。

到这样的程度,以致土地将不足以养活他们,于是他们被迫要么建立殖民地,要么改变政府形式。"① 由于注重生产力发展的作用,卢梭还阐述了生产、交换、比较优势、劳动分工、货币、价值等经济思想。"当人们只知道身体的需要时,每一个人都可以自己满足自己的要求;而一有了多余的产物,就不可避免地要进行产物的分配和劳动的分工;因为,尽管一个人单独干活只能够获得一个人所需要的东西,但一百个人合起来干,就可以获得足够两百个人生活的东西。"② 在自然人的世界中,劳动分工越少,对其他技术依赖越少,或者更多地依赖于自己的技巧制作或加工的技术或工具,人们的生活就越好,因为这样能保证自己生存的独立自主性和自身技巧的灵活性,防止对高度复杂技术的依赖造成自身技能的丧失,让自己成为细致的劳动分工的奴隶。

随着劳动分工而来的是交换的需要和货币的产生。为了获得幸福,一个人就要以自己不需要的工具交换自己需要的工具,以便充分利用社会的劳动分工的好处。"这样一来,我们就发现把它们交换一下对我们是有利的,但是,为了要进行交换,就必须了解彼此的需要,每一个人都必须知道别人所使用的工具和可以拿出来交换的工具。……每一个人由于继续不断地做一样工作,所以愈做愈是熟练,结果,所有这十个人的需要都全部得到满足了,而且还可能有剩余的东西供给其他的人。这就是我们所有一切的制度的显明的原理。"③ 在交换中,专业化分工能让每个人发挥各自的比较优势,不断提高生产效率。但是,为了交换的便利,人们就需要共同的价值尺度,货币也应运而生。"因此,通过货币,各种各样的东西才能用同一个单位的尺度来衡量,才能互相比较。"④ 尽管货币带来了交易的便利,但是,卢梭也认识到,货币带来了整个社会的财富积累和奢侈腐化。为了克服劳动分工和货币的异化作用,卢梭构建了一个锁闭的农业国的模型,要按照计划调节各部门的产品数量和实现经

---

① [法]卢梭:《政治制度论》,刘小枫编、崇明等译,北京:华夏出版社2013年版,第197页。
② [法]卢梭:《爱弥儿:论教育》上卷,李平沤译,北京:商务印书馆1978年版,第246页。
③ [法]卢梭:《爱弥儿:论教育》上卷,李平沤译,北京:商务印书馆1978年版,第258页。
④ [法]卢梭:《爱弥儿:论教育》上卷,李平沤译,北京:商务印书馆1978年版,第253页。

济的平衡。毫无疑问，青年马克思在阅读卢梭的小说和政治哲学的著作的过程中，无疑会注意到这些唯物史观和政治经济学的内容，从而铺平了从法学转向政治经济学研究的道路。

## 第三节 弗格森与马克思

亚当·弗格森（1723—1816）是英国的政治哲学家、历史学家和社会思想家，苏格兰启蒙运动的主要代表之一。在实践上，弗格森继承了亚里士多德的公民主义传统，强调人的能动性和创造性，特别是生机勃勃、乐观进取的、积极参与政治和公益事业的公民意识。在理论上，弗格森批判地继承了孟德斯鸠的民族精神说和政体划分的思想，提出了动态的社会人性论、社会分工理论和国家演化的理论。本节阐述弗格森的主要理论及其对马克思的影响。

### 一、动态的社会人性论

在弗格森看来，人是社会性的动物，在与社会环境的互动中表现出复杂多变的情感、理智和欲望的不同人性倾向。这包括保存肉体，促使种族繁衍的自我保存倾向；喜欢交友，注重亲情，与他人和睦相处，习惯于忠诚，热爱祖国等联盟的倾向；以自我牺牲的精神加入群体，在群体内外展开竞争，对群体外的他人抱有仇恨甚至发生冲突或战争的倾向；对他人或事物的感知和评价的理性倾向；受习惯影响的倾向；将自己与财产联系起来的倾向。借助于对财富欲望的社会演变机制的研究，弗格森不仅批判了功利主义思想，而且分析了人的能动性的社会表现，揭示了劳动分工的无意识的社会后果。

（一）人的社会能动性

人类社会的发展，不是孤立个人的发展，而是人类社会的不同群体的发展。在这种社会发展中，个人的身体和天赋都会得到发展。这种发展不是有意识的设计，而是不同群体试错和无意识发展的历史产物。伴随着社会的发展，人的能动性变得越来越强，个人也更加注重自我完善。"在某种程度上，他不仅是自己命运的创造者，而且还是自身躯体的创造者，并且自有人类以来，就注定要去创造、去奋斗。他把同样的天赋应用于各种各样的目的，在不同的场合扮演几乎相同的角色。他总是不断地改善自我。"① 在一个充满了爱的社会中,一个人最适合发挥自己的能力和才干,充分展现人的能动性和自由的本质,培养出令人敬佩的道德品质,最终增强人类心智的力量。"正是在处理文明社会事务时,人类发挥出了最佳才能,找到了寄托最美好情感的目标。"② 人类可以在政治、文学艺术、赌博娱乐、劳动和发明创造活动中发挥自己的才能。"由于爱财产生了手工艺术和商业艺术,并且由于可能不冒风险,有利可图而得到了促进。文学和文科七艺则产生于领悟力、想像和内心的感受。它们不过是运用心智去寻求奇特的快乐和消遣的结果而已,并且在任由思想驰骋的环境中得到发扬。"③

人类能动性的根源不仅在于依靠感觉获取外在事物的信息,而且"从观察和经验中去发现考察事物的普遍观点以及对他们具体行为行之有效的准则"。④ 科学研究加速了科学规律发现的进程,极大地增强了人类的能动性。根据各行各业掌握的规则和培养的判断力、洞察力不同,人类就形成了多样化的能力,以便解决与生计相关的各种问题。"遵照他人的意见行事,在公开场合发表自己的看法,充分运用人作为社会一分子,作为朋友或敌人所具有的情感和思维,这似乎是人类注定要从事的主要行业和职业。如果说他必须劳作才能生存,那么他生存的最崇高目的在于为人类谋福利。"⑤ 每一种能力的形成、发挥、模仿和交流,都是人的活力的表现。"在他身上,每一种可爱的、令人钦佩的素质都是一种活生生的力量,每一种值得称道的东西都是经过努力的结果。如果他犯下的错误和罪过是一个活生生的人的活动,那么同样他的美德和幸福就在于心智的运用。"⑥ 在维持生计的原动力推动下,这些能力也会受到社会竞

---

① [英]亚当·弗格森:《文明社会史论》,林本椿、王绍祥译,杭州:浙江大学出版社2010年版,第7页。
② [英]亚当·弗格森:《文明社会史论》,林本椿、王绍祥译,杭州:浙江大学出版社2010年版,第175页。
③ [英]亚当·弗格森:《文明社会史论》,林本椿、王绍祥译,杭州:浙江大学出版社2010年版,第192页。
④ [英]亚当·弗格森:《文明社会史论》,林本椿、王绍祥译,杭州:浙江大学出版社2010年版,第30页。
⑤ [英]亚当·弗格森:《文明社会史论》,林本椿、王绍祥译,杭州:浙江大学出版社2010年版,第32页。
⑥ [英]亚当·弗格森:《文明社会史论》,林本椿、王绍祥译,杭州:浙江大学出版社2010年版,第235页。

争或敌对情绪的激发。"人类的存在和交往激发了想像力和情感。通过存在于一个有雄心壮志、追求进步的民族中的竞争、友谊和对抗，使思想的主要源泉发挥作用，从而激发心中的想像力和情感，这时它们是最有活力的。"① 在发挥自身活力和创造力的过程中，人类不仅处于幸福的追求之中，而且形成了友情、仁慈、审慎、爱心、正义等道德情操。

但是，人的才能的最佳发挥和最重要的社会成就的取得则受到气候和地理环境的影响。适宜的气候和较好的地理环境不仅能够激发人的想象力、技能、理性思维能力和群体之间的竞争强度，而且能减少才能的损耗。温带地区的人类借助于理性和勤劳在国家的创建、战争、科学、技术、贸易、美德、勤劳等方面表现出突出，热带地区的人类则借助于丰富的想象力和情感的感召在文学、艺术、音乐、神话、迷信、宗教和娱乐方面成就斐然。手工艺术和制造技艺在各种气候条件下都得到发展。但是，在极端严寒的地区，人类的活动能力和欲望受到很大的约束，创造力表现得较少。

同一气候和地理环境条件下的同一民族在不同历史时期的民族精神和创造力呈现大幅度的波动起伏。其根本原因在于社会制度的不同。专制的社会制度抑制了个人的创造才能，政治自由促进了人的创造力的发挥和社会的繁荣。人类的发明与创造都是自由行动的产物，某个发明会成为新的创造欲望的源泉。"人类注定要修身养性，改善环境。为此人类找到了一个不断关注，不断创新，不断劳作的对象。虽然他没想过个人的能力提高，但正是在那些他似乎忘我投入的事务中，他的能力得到了增强……他依据眼前目标调整自己的手段，并且，通过提高发明创造的能力，使自己的艺术臻至完善。在前进的每一步中，如果他的技能增长了，提高艺术的渴望一定也会随之增大。"② 人们不仅从自己的劳动中获得新的技能与欲望，而且也从前人和他国的经验中学习知识、艺术和前进的目标。各民族在早期历史中的不受任何限制的自由表达、丰富的想象力和对生活的热爱铸就了各种伟大的诗歌、英雄故事和神圣的传说。在各个社会的文化和发明创造的交流中，在人们可以自由追求和保存所

---

① ［英］亚当·弗格森：《文明社会史论》，林本椿、王绍祥译，杭州：浙江大学出版社2010年版，第200页。
② ［英］亚当·弗格森：《文明社会史论》，林本椿、王绍祥译，杭州：浙江大学出版社2010年版，第189页。

需要的东西的过程中，所有的发明创造都得以积累，从而为新的发明创造提供了进步的源泉。

(二) 财富欲望的社会演化机制

弗格森在人性论上的一个重大贡献，是从生产方式的历史演变角度来考察财富欲望的起源与变迁。按照生产方式的不同，人类社会被分为狩猎社会、游牧社会、农业社会和商业社会四个不同的发展阶段。① 在采集渔猎的阶段，人类还没有土地财产和等级制度的观念，他们的财产只是他们自由地采集渔猎的食物和工具。在狩猎和早期农业阶段，耕种和狩猎的土地被宣布为家庭、氏族或部落的公共财产，人们进行共同的耕作、狩猎和消费，还没有土地私有财产的观念，也没有明确的等级和统治的观念。"处于最蒙昧阶段的人们在自然欲望的驱使下，所关注的只不过是温饱问题而已；他们对于财富的欲求也只不过是能聊以充饥的食物而已。他们并不认为拥有财富意味着地位的高低，否则，这就可能激发诸如贪婪、虚荣或野心之类根深蒂固的天性。"② 人们凭借能力、年龄或者家族的忠诚而获得权力，不同族群之间的冲突和战争也时有发生，被俘虏的人很容易成为苦力或奴隶。人们厌恶辛苦的农业劳动和卑贱的商业交换而喜欢自由闲适的狩猎或游牧活动，养成了掠夺和好战的习性。

但是，随着不同形式家庭的建立和家庭之间就财物的多寡展开竞争，追求私利的欲望和辛勤劳动的习惯逐渐在农业社会和畜牧业社会得以形成。"所以，人类经历了许多阶段才慢慢地养成了辛勤劳动的习惯。他们学会了注重私利；他们受到约束，不能进行劫掠；他们为自己的诚实劳动所得感到心安理得。工人、工匠和商人的习惯正是通过这些方式渐渐形成的。……但我们可以这样理解，个人有了各自的利益之分后，社会就不再具有很强的凝聚力，内部混乱也会愈发频繁了。每个群体成员因财产不均而尊卑不同，这就为永久而明显的等级制度打下了基础。"③

财富、商业、知识和技术都是人类进行自我保存的手段，而不是衡

---

① 从文化发展阶段来看，狩猎社会是野蛮社会，游牧社会是蒙昧社会，农业社会和商业社会则是文明社会。

② [英] 亚当·弗格森：《文明社会史论》，林本椿、王绍祥译，杭州：浙江大学出版社2010年版，第105页。

③ [英] 亚当·弗格森：《文明社会史论》，林本椿、王绍祥译，杭州：浙江大学出版社2010年版，第110—111页。

量幸福的准则。"但是必须承认,商业物资的积累是永无止境的,同样,用以加工这些材料的艺术也是能够得到不断完善的。财富的大小或技术的高低都不会减少假想的人类生活需求。完善和富足会造成新的欲望,同时又为满足欲望提供了手段或设计了方法。"① 商业发展不仅推动了劳动分工的发展和产品的完善,也会加剧社会的贫富分化。"对利润的渴望压抑了对完美的热爱。私利使想像力冷却了,使心灵变得冷酷无情。……但是,归根结底,就其最终影响而言,它会在某种程度上破坏社会纽带,以单纯的艺术形式和规则来替代聪明才智,并且使个人退出共同的职业活动。而共同的职业活动能使个人的情感和思想获得最惬意的感受。"② 只有全身心投入为人类服务的事业,个人才能获得最大的幸福。"如果个人每时每刻都能够考虑到公众利益的话,那么在进行这种考虑的同时,他得到了他毕生所能享受到的最大幸福;社会能给个人带来的最大幸福在于使人人都会依恋社会。人民最热爱的国家是最幸福的国家;一心为社会考虑的人是最幸福的人。"③

(三) 对功利主义的批判

在弗格森看来,自爱的倾向源自人的自我保存的倾向,并以异化的形式得以发展。"虽然利害关系的考虑是基于肉体需求和欲望之上的,但它的目的并不在于满足某种胃口的需求,而在于获得一种能满足所有需求的手段。它往往在恰恰产生它的欲望上施加了一种抑制力,这种抑制比宗教或责任的抑制更加有力,更加苛刻。它来自人体中自我保存的天性,但是它是那些天性的一种歪曲,或者至少说是对那些天性的偏误的结果。"④ 基于自私是人的自我保存倾向的异化的观念,弗格森就批判亚当·斯密和大卫·休谟等人将自私或自爱当作人类的主导感情的做法。"把爱与自我相提并论,我们不仅误用了'爱'这个字眼,而且,我们把这种假想的自私的爱的目标局限于私利或纯粹肉体生活手段的获得或

---

① [英] 亚当·弗格森:《文明社会史论》,林本椿、王绍祥译,杭州:浙江大学出版社 2010 年版,第 242 页。
② [英] 亚当·弗格森:《文明社会史论》,林本椿、王绍祥译,杭州:浙江大学出版社 2010 年版,第 243—244 页。
③ [英] 亚当·弗格森:《文明社会史论》,林本椿、王绍祥译,杭州:浙江大学出版社 2010 年版,第 65 页。
④ [英] 亚当·弗格森:《文明社会史论》,林本椿、王绍祥译,杭州:浙江大学出版社 2010 年版,第 14 页。

积累，在某种程度上说，侮辱了我们的天性。"① 随着"对于私利越来越敏感，我们把交易的精髓引用到情感交流中来了"，"并以此来衡量友谊和慷慨大度是否合宜"，以及讲究施恩图报和礼尚往来的交易准则。②

人生的主要目标不是追求快乐或避免痛苦这种主观感觉的幸福，而是积极的追求、忘我的劳动和发挥自己的能动性，避免物质满足感所带来的空虚与无聊。"作为社会的纽带，作为一种长远的追求，感官的需求是人类生活体系的一个重要组成部分。这些需求引导我们去实现大自然的意旨，保存个人，使整个人类世代繁衍下去。但是，如果把感官享乐看成是构成幸福的主体部分，这在思想上将是个错误，在行动上将是个更大的错误。"③ 由于习俗不同，有的民族以身体遭受痛苦为自豪的品格，另一些民族则以纵情娱乐为可耻的罪恶。与非生命物体不同，人类具有发挥自己的能力和决心的运动天性，在行动或斗争中感到精神的快乐和生命的充实，即使肉体承受痛苦或劳累。只有那些精神脆弱或怯懦天性的人，才会过于渴望生命的长期保存，从而陷入了宗教迷信的漩涡。由于缺乏对自然普遍原则的探索，人类总是"对于某种看不见、摸不着的力量有一种复杂的恐惧感"，由此"无知和神秘感助长了在疑虑中建立起的迷信"和各种神灵的崇拜。④

因此，对自私或自爱的过度推崇必然将人性中的仁爱、勇气、智慧等道德品质排除在外。"我们没有解释利益到底是什么，就把它理解为是人类行为的唯一合理的动机，甚至还有一种基于这种信条之上的哲学体系。……但这一体系的错误并不在于普遍原则，而在于具体运用；不在于教导人们应该自私，而在于使人们忘了他们最真切的爱、真诚、坦率、思想的独立，实际上是自身的一部分。"⑤ 将人类的仁慈、爱、仇恨、愤怒、狂暴等所有情感都归结为自私的动机，本质上是一种置事实于不顾

---

① ［英］亚当·弗格森：《文明社会史论》，林本椿、王绍祥译，杭州：浙江大学出版社2010年版，第14—15页。
② ［英］亚当·弗格森：《文明社会史论》，林本椿、王绍祥译，杭州：浙江大学出版社2010年版，第99页。
③ ［英］亚当·弗格森：《文明社会史论》，林本椿、王绍祥译，杭州：浙江大学出版社2010年版，第49页。
④ ［英］亚当·弗格森：《文明社会史论》，林本椿、王绍祥译，杭州：浙江大学出版社2010年版，第102页。
⑤ ［英］亚当·弗格森：《文明社会史论》，林本椿、王绍祥译，杭州：浙江大学出版社2010年版，第15页。

的文字假象，更不用说人类还牺牲自己的生命或利益去仇恨、报复或者结盟。只是在特定的商业社会中，对朋友、家庭、祖国的爱让位于私利的追求时，才会出现自私是推动人类进步唯一动机的想法。"在这种商业国家中，人们可能都全面地经历过个人在保存整个国家的过程中表现出的自私自利。正是在这一点上，我们有时会发现人类是一种孤立的、寂寞的生灵：一旦他找到了一个与他人竞争的目标，他就会为了利益，不惜像对待牲口、对待土地一样地对待他人。那种我们假想的创造了社会的强大发动机，只会让社会成员四分五裂，或者，只是在感情的纽带断了之后，社会成员才会继续互相往来。"① 同样不可忽视的是，对私利的狂热追求是被排斥在公共生活之外的异化结果。"财富的巨大好处一旦不能给人以虚荣，或者更重要的是，不能给人以独立和权力，就只能给人们提供肉体享乐而已。"② 功利考虑只是人类行为的动机之一，情感的满足和激情的发挥的力量更加强大。"爱和同情以一种并不亚于仇恨和愤怒的力量促使人们置私利于不顾，从容地渡过难关，脱离险境。"③

## 二、社会分工理论

弗格森秉持社会整体观，从劳动的社会分工角度来阐述人类社会的历史演化。在弗格森看来，人的社会能动性是在社会分工中得以实现的。人类社会的发展历史就是从群体内部的低效率的自我劳动和小范围的分工转变为群体之间和个人之间的高效率的劳动分工的历史。劳动分工不仅造成了财富分配不均，私欲的发展和公共美德的丧失，而且在财富积累的基础上导致了等级制的发展、国家的出现、自由的丧失，以及政体的不断演化。

在家庭和氏族的范围之内，只存在男女之间的有限劳动分工，家庭之间缺少足够的竞争性去从事辛勤的劳动或某一种特定的工作。随着群体规模的扩大和偶然的交换或掠夺所带来的欲望的刺激，劳动分工在更大范围内得以扩展。"生存之需分配不均的偶然性、倾向性和有利的机遇

---

① ［英］亚当·弗格森：《文明社会史论》，林本椿、王绍祥译，杭州：浙江大学出版社2010年版，第21—22页。
② ［英］亚当·弗格森：《文明社会史论》，林本椿、王绍祥译，杭州：浙江大学出版社2010年版，第35页。
③ ［英］亚当·弗格森：《文明社会史论》，林本椿、王绍祥译，杭州：浙江大学出版社2010年版，第40页。

确定了人类不同的职业。并且，实用意识又导致将这些职业无穷无尽地分为各种专业。"① 劳动分工的精细化程度不仅取决于群体规模的扩大和交换的发展，而且取决于技术的发明和应用程度。劳动分工不仅出现在生产部门内部，而且出现在生产部门与非生产部门之间。政治家与军人也实现了劳动分工，前者专门从事政府的管理，后者从事军事和战争业务。

劳动分工的结果就使得每一个人专业化生产特定的产品，从而使个人的技术更加娴熟，产品更加精美，产量也会大量增加。"艺术和专业分工后，财源大开，每一种原料都能加工到尽善尽美，每一种商品都能大量生产。……他们就像是一台发动机上的零件，不约而同地为一个目的而运作。"② 但是，劳动分工不仅让人们对本行业外的人类事物一无所知，而且其不断增加的复杂性和机器设备给人类社会带来了无法预测的普遍影响，让人类失去了对行业、职业和专业等分工的控制。"那些制度的出现源于人们取得的不断的进步，但是，人们从没有考虑过它们的普遍影响。而且它们使人类事务具备了一种复杂性，这是人类天生的最大的能力所无法预测的。就是把所有的这一切都付诸实施时，人们也无法全面理解。"③ 各种机器设备、技术、发明、职业和行业都以人们无法预知的方式出现的。在一些人的才能得到充分发挥的同时，另一些人的才能却因机器设备和技术的完善而被压制。"如果说每一门艺术和每个部门的具体事务中有许多方面都不需要能力，或者说，事实上会倾向于缩小、限制人们的视野，那么应该还有另一些方面可以引导人们进行全面的思考并扩大人们的思路。甚至于在制造业中，业主的天赋得到了培养，而下属工人的天赋却荒废了。"④ 也就是说，劳动分工及其所带来的机器设备和技术的发明，在提高劳动生产率和产品质量的同时，也会造成人的才能的两极分化。业主、政治家、将军和科学家进行全面的思考和想象，

---

① ［英］亚当·弗格森：《文明社会史论》，林本椿、王绍祥译，杭州：浙江大学出版社2010年版，第202页。

② ［英］亚当·弗格森：《文明社会史论》，林本椿、王绍祥译，杭州：浙江大学出版社2010年版，第203页。

③ ［英］亚当·弗格森：《文明社会史论》，林本椿、王绍祥译，杭州：浙江大学出版社2010年版，第204页。

④ ［英］亚当·弗格森：《文明社会史论》，林本椿、王绍祥译，杭州：浙江大学出版社2010年版，第205页。

而工人、平民、士兵和技术人员会变得更加无知，丧失了思考的能力。

这种知识的分化就为社会等级制度的发展提供了肥沃的土壤。"产生等级制度的一种理由是自然天赋和性情的不同，另一种理由是财富分配不均。还有一种同样充分的理由是在从事不同的艺术中养成的习惯。"① 自由民与奴隶、富人与穷人、贵族与平民、业主与工人就是这种等级制度在不同社会的表现形式。"财富分配不均，故而唯独富人不用劳动，穷人落到为糊口而工作的境地。对两者而言，私利都是他们最酷爱的。占有奴隶就像占有其他任何有利可图的财产一样，成为贪欲的目标。"② 因此，等级制度或者财富分配的不平等推动了私欲的广泛发展。那些只关心私利、视野很狭窄的人，很容易受到暴君的煽动，最终沦为暴君的奴隶。因此，财产的不平等最终导致政治的不平等、进一步的专业化分工和国家的建立。

### 三、国家的演化理论

作为人类所需要经历的暂时性阶段，国家或文明状态并非与自然状态或原始状态是绝对对立的。因为人类的所有行为都是人类天性发展的结果，这两种状态都有人类发明创造的痕迹，而发明创造来自于"最野蛮状态时所使用的某些方法的延续"。弗格森不仅取消了自然状态与文明状态的人为区分，而且认为国家也有一个兴衰的历史。

（一） 国家创建的历史偶然性

最初的国家是人类社会在竞争和冲突的环境中偶然建立起来的保障群体利益的政治组织。它是人类行为的无意识后果，而不是根据目标而计划的结果。下属自愿地追随领导者的行为在无意中培养了需要接受服从的义务，天赋能力强的领导者在领导与服从的关系中无意识地建立了后人模仿的永久的等级制度。"一代人交朋友的习性，到了下一代人就成了自然而然地团结在一起的天性。最初为共同防务建立的同盟会变成政

---

① ［英］亚当·弗格森：《文明社会史论》，林本椿、王绍祥译，杭州：浙江大学出版社2010年版，第206页。
② ［英］亚当·弗格森：《文明社会史论》，林本椿、王绍祥译，杭州：浙江大学出版社2010年版，第207页。

治力量的统一规划。维生之需会变成积累财富的欲望,商业艺术的基础。"① 在一个相互模仿、相互学习和相互竞争的社会中,一个无意识的创新行为就会在不同群体中扩散,以便增强自身群体的生存能力。"远在有哲学以前,社会形态就是人类出于本能而形成的,并非人类思辨的结果。在建立机构、采取措施方面,众人往往受到他们所处的环境的影响。他们很少会与自己的环境背道而驰,去追随某个规划人的计划。即便在所谓的启蒙年代,民众在迈出每一步,采取每一个行动时都没有考虑到未来。各国偶然建立了一些机构,事实上,这是人类行为的结果,而并非人们有意这么做。"② 因此,根本不存在根据某种社会契约或计划建立早期国家的尝试。"没有任何体制是经协商共同议定的,也没有任何政府是计划的翻版。"③ 那种"把仅凭经验获知的、人类智慧无法预见的"国家创建,"统统归咎为以前有意计划的"英雄产物的观点,不过是从根本上忽视了人类的创造性和当时的社会环境的一种时代误植的结果。④

各个氏族或部落在创建早期国家中存在的巨大差异,一方面与地理环境有关,另一方面则与偶然的组织创新获得持续发展的时间长短有关。一些强大的民族,在周围的氏族或部落的激烈竞争或侵略的威胁之下,将一些权宜之计的机构发展为永久性的政治组织和制度,并在战争或扩张中取得了成功;另外一些孤立的民族,则没有足够的动力将偶然的机构转变为永久性的政治组织和制度,从而在国家创建方面滞后。这些孤立的群体,固守小团体的独立、自由和安全,贪图财富而富有野心,掠夺征服与悠闲自得并重。只有外来的侵略威胁才能让众多独立的、不断增多的小群体联合起来,组成暂时性的联盟进行自保。结果,随着联盟规模的扩大,首领的统治欲望和权力开始膨胀,财富的掠夺与享受也让族群的私欲发酵,群体内部的权力之争也发展起来。"先前出于爱心和习惯或考虑到共同的自我保存而团结在一起的各方在争夺地位高低或利益

---

① [英]亚当·弗格森:《文明社会史论》,林本椿、王绍祥译,杭州:浙江大学出版社2010年版,第138页。
② [英]亚当·弗格森:《文明社会史论》,林本椿、王绍祥译,杭州:浙江大学出版社2010年版,第139页。
③ [英]亚当·弗格森:《文明社会史论》,林本椿、王绍祥译,杭州:浙江大学出版社2010年版,第139页。
④ [英]亚当·弗格森:《文明社会史论》,林本椿、王绍祥译,杭州:浙江大学出版社2010年版,第140页。

时产生了分歧。当内部宗派的积怨因此重新抬头,自由的要求和统治的要求相互对立时,每个社会的成员又找到了一个施展手脚的新天地。"① 财产的不平等与等级制度的出现,让从事战争掠夺的酋长及其随从获得了显赫的财富、世袭的权力和荣耀。狂热的战争增强了氏族社会的凝聚力和私利的掠夺,培养了军人所需要的忠诚、勇敢、慷慨、无私的美德。人口的增加和群体规模的扩大,不仅造成对外侵略和扩张的倾向,而且会造成内部的斗争加剧,从而促成群体构建某些军事—政治组织来应对群体内外的危机并增强群体的力量。

(二) 国家形式的演变

早期持续性的军事—政治组织就是国家的雏形。"这个政体最早的形式是什么,……取决于原始状态(rude state)下诸侯国的大小,取决于人类在开始反对滥用权力之前所承受的不平等的程度,同样,它也取决于我们称之为'偶然性'(accident)的东西:个人的性格或战事的发展。"② 当氏族或部落的规模很小和控制的领土有限,群体成员具有高度的同质性和拥有共同的信仰和习惯时,该群体容易建立起暂时性联盟性质的民主政体。

随着群体规模的扩大和占领领土的大幅度增加,小部分享有特权、获得战利品和控制俘虏的人就成为君主、贵族、牧师或其他特权阶层,贵族政体、君主政体或者无政府主义的混乱局面也随之出现。"在人类发展的过程中,环境及生活方式的变迁为国家造就了领导者和君主。同时,也缔造了贵族和各种各样的等级,这些人都要求享有比君主次一等的礼遇。迷信也可能造就一个阶级。这些人打着牧师的名号,忙着追逐私利。"③ 作为私有制发展的产物,国家就成为一种统治阶层牟取私利的工具,公众的利益和正义的原则都被排挤了。自由只有在阶级的分歧与对抗中才得以维护。但是,这种阶级对抗和冲突的威胁加剧了君主"借暴政、禁令及武力来维护他自己的王权"、剥夺贵族权利和扩大政府规模的

---

① [英] 亚当·弗格森:《文明社会史论》,林本椿、王绍祥译,杭州:浙江大学出版社 2010 年版,第 142 页。
② [英] 亚当·弗格森:《文明社会史论》,林本椿、王绍祥译,杭州:浙江大学出版社 2010 年版,第 143 页。
③ [英] 亚当·弗格森:《文明社会史论》,林本椿、王绍祥译,杭州:浙江大学出版社 2010 年版,第 144 页。

倾向。在人口和财富继续增加、领土规模不断扩大、群体异质性增加和阶级斗争日趋激烈的进程中，权力的滥用或不受约束的为所欲为越来越多，专制政体也随之发展起来。"专制政体是建立在腐化堕落和压抑所有社会美德和政治美德的基础上的。它要求臣民以恐惧为行为动机。它会以牺牲人类的利益为代价来平息少数人的情绪。而且，社会安定本身建立在产生人类精神享受、精神力量和精神升华的唯一基础——自由和信心的废墟上。"① 国家的不断增多和民族的大规模整合，为庞大帝国的建立和全面的专制奴役创造了条件。"独立的诸侯国好比机器的配件，很容易就能组装在一起，也好比加工过的建材，很轻易就能搭建起来。抗争过后，它们很容易拼凑在一起，也很容易拆散。弱国只有相互妒忌别国成为强国或所有国家都注意保持权力均衡时才可能保持独立。……利益的一致或冲突会使不同阶层的人们团结在一起或四分五裂，并且，通过维护他们各自不同的要求，引导他们建立起各种各样的政体。"②

于是，在同一区域，我们就可以看到政体的形式随着国家规模的扩大和阶级斗争的加剧从民主政体走向贵族政体、君主政体以及专制政体。在帝国的创建中，民主政体趋于消亡。但在帝国瓦解的基础上，新的国家很容易以君主政体或贵族政体的形式建立起来，并在国家规模的扩大和国际竞争的过程中走向专制政体。"在这些稍纵即逝的一幕幕中，政体只不过是办事的模式。在岁月的流逝中，它们各不相同。"③ 因此，政体的历史变迁呈现出非人力所能计划的演化规律性，而英雄人物借助于党派争夺或阶级斗争在确保或改变特定政体的历史进程中和选定国家的行动目标方面发挥着重要的作用。④

在同一个时代的不同地区，政体也会表现出多样性。"每个国家都是

---

① ［英］亚当·弗格森：《文明社会史论》，林本椿、王绍祥译，杭州：浙江大学出版社2010年版，第307页。
② ［英］亚当·弗格森：《文明社会史论》，林本椿、王绍祥译，杭州：浙江大学出版社2010年版，第150—151页。
③ ［英］亚当·弗格森：《文明社会史论》，林本椿、王绍祥译，杭州：浙江大学出版社2010年版，第152页。
④ 弗格森没有根据国家兴衰和政体变迁的历史规律进一步推断，随着国家体系在全球各个地区的建立和全球经济一体化的发展，国际竞争的加剧、民族意识的觉醒和阶级斗争的国际化会促进国家的进一步转型，新的社会形态而非古代的共和国形式成为新的可能。马克思敏锐地发现，地理大发现以来全球一体化的加深、资本主义的全面发展和无产阶级斗争将导致资本主义灭亡和国家的消亡。

由不同人物混杂的综合体。无论各国采纳的是哪一种政治体制，我们都可以找到某些例子说明这种多样性，这可能是由于人类心情、脾气和想法得到不同运用的结果。"① 各民族的政体的多样性来自于气候、时尚创造者、社会的目标及其拥有的资源的差异，进而对社会的观念和风俗习惯产生了影响。"政体为臣民规定了社会对他们的要求，故而，对臣民想法和习惯的形成产生了重大影响。……不同的观念体系产生不同的思想倾向。"② 不仅如此，国际体系的战争规则和国际惯例也受到政体的明显影响。在古希腊，摧毁敌国人民的财产和消灭敌人的战争方式受到共和政体的影响。在近代欧洲，战争方式则受到君主政体的影响。

（三）国家的目标

尽管存在着不同的等级制度、政治奴役和财富的剥夺，但是，国家的持续发展都依赖于特定目标的激励和实施。政策目标的不同不仅造成政府的机构设置和实现方式的不同，而且影响了人的潜能的发挥方式和欲望的发展。政府的目标分为三类。

一是得到普遍实施且富有成效的目标。国防、公正的分配、国家的自保、和平、掠夺性的扩张和国内的繁荣都是不同政体在历史上广泛追求的目标。将战争和国防放在第一位的国家往往偏好授予执政者或军事将领无限的权力，从而助长了君主政体的成长。尽管伴随着各种资源的有效使用和个人的某些品质的发展，但是，这些目标的追求很容易带来人的私欲的极度发展、劳动分工的异化和民族精神的丧失。"这种貌似完美的政府可能会削弱社会纽带，并且本着独立的信条分裂、疏远它意欲调和的不同阶层。"③

二是有益于社会的完善但很少实施的目标，如伦理道德、公民美德和政治自由。公民积极参与国家事务的美德不仅是政治自由的基础，而且也是人类自我完善的根本。政治自由在历史上可以采取美德之治和法律之治的手段实现。在实施美德之治的国家，"和平来自相互关心，相互

---

① [英] 亚当·弗格森：《文明社会史论》，林本椿、王绍祥译，杭州：浙江大学出版社2010年版，第211页。
② [英] 亚当·弗格森：《文明社会史论》，林本椿、王绍祥译，杭州：浙江大学出版社2010年版，第212—213页。
③ [英] 亚当·弗格森：《文明社会史论》，林本椿、王绍祥译，杭州：浙江大学出版社2010年版，第213页。

热爱",人们可以有效地"抵挡战争和竞争",积极参与公共事务。在实施法律之治的国家,社会通过规章制度和条约协调人们的意图,规定人们的权利与义务,确保财产和人身的安全,保障自由不受限制。人们从对官吏权力的限制中获得公正,依靠法律的保护获得财产和自由。这种消极的政治自由是与社会的公平正义不相容的,因为财富的有效保护和自由可能会导致财富分配的不均。"用以保护弱者免受压迫的许多国家制度,通过确保财产不受侵犯,纵容了财产分配不均,增加了那些人们担心会滥用权力的人的优势。"[1]

三是广泛实施但成效甚微的目标,如人口增长、促进贸易和经济发展等。在历史上,各个社会都将保存和增加人口作为国家的最重要目标,采取了鼓励生育、引诱人们结婚、惩罚不生育者、俘获敌国的妇女和儿童作为战利品、鼓励外来移民的政策。但是,许多社会习俗却鼓励弑婴、弃婴、流产、晚婚晚育,从而减少了一个社会的人口。瘟疫、战争和兴建殖民地也不断夺取许多人的生命。只有将人类的幸福和自由与人口的增长联系起来,促进人口增长的政策才会是有效的。"如果人口的增长和国家财富息息相关的话,那么自由和人身安全就是两者的重要基础。如果国家有了这一基础,那么大自然就可以保证人口的增长,保证他们的勤劳。一个是通过人体中最强烈的欲望实现的,另一个是通过人类思想中最统一、最始终如一的想法实现的。因此,考虑到这两方面,制定政策的伟大目标在于保证家庭的维生之计和住所,保护勤劳的人从事自己的职业,调和公共秩序中的限制条件,人类的社会公德心和他们各自为个人打算的追求间的矛盾。"[2]

(四)国家兴衰的影响因素

在弗格森看来,不仅国家状态是一个暂时性的历史阶段,而且每一个国家还在民族精神、国家的本性、历史惯性和国家异化的影响下存在兴衰存亡的历史逻辑。

首先,国家的兴衰与民族精神的爆发和衰落保持一致。在文明社会中,公共安全、国家的利益、政治制度、党派的权利要求、商业、艺

---

[1] [英]亚当·弗格森:《文明社会史论》,林本椿、王绍祥译,杭州:浙江大学出版社2010年版,第177页。

[2] [英]亚当·弗格森:《文明社会史论》,林本椿、王绍祥译,杭州:浙江大学出版社2010年版,第162页。

等都是社会关注的目标。在实现这些目标时表现出来的热情与活力是衡量民族精神的标准。但是，民族精神是起伏不定的，会随着仇恨与激情而爆发，也会随着漠不关心和厌倦而衰落。尤其是，民族精神受到国家之间力量均衡的程度、坚持斗争的动力、长期停战以及政治自由的影响。

第二，国家的战争本性的未预料到后果。每一个国家都认为自己是独一无二的，不愿意与其他国家平起平坐，从而造成了国家之间的持续竞争、战争和征服的倾向。一个民族成功的自我保存和战争胜利容易走上征服和扩张的道路。雅典在希腊与波斯之间的防御性战争中获胜，却走上了海上霸权的道路。限制扩张欲望的斯巴达在与雅典争霸的过程中，最终走上了军事扩张和政治奴役他国的道路。马其顿在成功的自我保存之后开始了报复与扩张，建立了一个庞大的帝国。"罗马人在进行战争时，并没有计划要征服多少个国家，可能也从未预见到他们会从臣服的遥远的土地上捞到什么好处，也不知道他们将以何种方式统治新领土，但他们仍然接二连三地获得了他们唾手可得的一切。……每一个时刻准备自卫，准备夺取胜利的国家同样也有被诱惑去征服其他国家的危险。"① 国家的扩张和征服战争导致一些国家灭亡，种族被屠杀，人民被奴役；另一些国家成为帝国或霸主，暴君或专制应运而生，然后走向崩溃或被新的国家征服。

第三，国家目标的追求或民族精神的片面爆发会为随后的衰落准备了条件。"虽然那些目标本身是通过美德才得以实现的，但是它们往往是导致腐化堕落和不良习气的根源。"② 一个时期的文学艺术的繁荣伴随着后来时期的知识学习和模仿、创造力的丧失。财富的积累和商业的繁荣不仅会造成社会的贫富差距加大，而且会窒息其他方面才能的发展。"对利润的渴望压抑了完美的爱。私利使想像力冷却了，使心灵变得冷酷无情。"③ 一个社会为了追求政治稳定和防止动乱而压制人们的自由争论，会造成人们的无所事事，抹杀民族精神。一个社会为了保护臣民的生命、财产和政治自由而不考虑臣民的政治品质，会造成私欲的横流、争权夺

---

① [英]亚当·弗格森：《文明社会史论》，林本椿、王绍祥译，杭州：浙江大学出版社2010年版，第173页。
② [英]亚当·弗格森：《文明社会史论》，林本椿、王绍祥译，杭州：浙江大学出版社2010年版，第231页。
③ [英]亚当·弗格森：《文明社会史论》，林本椿、王绍祥译，杭州：浙江大学出版社2010年版，第243页。

利的惨烈和美德的腐化堕落。同样,一个国家用于防御外敌入侵的庞大军队很容易变成统治和杀戮国内居民的部队与敌人,消耗巨额的财富,减少创造财富和利润的人数,最终威胁到政治自由和财产的安全。国家的兴衰与存亡都是无法预料的。这是因为,国民追求的国家安全、利益、政治制度、商业和艺术等目标已经不复存在,或者国民厌倦了这些目标的追求而失去了活力。

第四,国家的异化。军事与平民之间的劳动分工,不仅赋予军人凌驾于平民之上的权力,而且滋生出军队和政府的大量职业,形成了特殊的社会阶级。"每个国家的成员在艺术提高和政策发展的过程中分裂为阶级。在这种阶级划分刚开始时,最重要的区别莫过于斗士与和平居民的区别。……诚然,人类从未预见到,在追求文明的过程中,人们会颠倒这个秩序,更没有预见到他们会让不同的人掌握政府和军队。"① 随着国家规模的扩大,军事统治逐渐让位于民事统治,政治家取代军事领袖和贵族成为新的统治者。"文职政府各部门和军事部门分离开来,政治家被赋予显赫的地位以后,野心勃勃的人们自然而然地把服兵役的义务推脱给了那些满足于从属地位的人们。那些分得最多财富,在保卫国家方面与他们有最大利害关系的人,既然已经放下了利剑,就必须为这一不再履行的义务付出代价。"② 因为军队是社会中最重要的力量,军事领袖很容易操控政府并将政府转变为军政府或暴政。雇佣外国军队、设置常备军或频繁的战争加重了军队的破坏性和篡权的可能性,构成了对政治自由的威胁。在历史上,各国设立元老院、保民官,允许人民大众直接参与立法或司法工作,或者允许人民参与党派来建立政治平衡等众多代议制和法治的措施,都没有解决军队或政治家篡权的道德风险。"一旦王室或执政机关可以为所欲为,法规将永远得不到实施。……最公平的成文法往往与最极端的专制政体并存。"③ 最好的解决办法就是设立民兵制,让人民时刻有力量捍卫自己的权利,实现政治自由和保护自己的生命与财产不受专制政府的危害。

---

① [英]亚当·弗格森:《文明社会史论》,林本椿、王绍祥译,杭州:浙江大学出版社 2010 年版,第 170 页。
② [英]亚当·弗格森:《文明社会史论》,林本椿、王绍祥译,杭州:浙江大学出版社 2010 年版,第 170—171 页。
③ [英]亚当·弗格森:《文明社会史论》,林本椿、王绍祥译,杭州:浙江大学出版社 2010 年版,第 188 页。

当然，专制政体的贪婪和虚荣压抑了人们对大度、勇气、信任、友爱、合作的美德。"有了这种腐化堕落的基础，人类要么变得贪婪、狡诈、野蛮，动辄侵犯他人的权利，要么奴颜婢膝、唯利是图、卑鄙无耻，随时想交出自己的权利。"① 最终，一个国家会在民族精神萎缩，政治决策的错误和民族的不良风尚，奢侈浪费，苛捐杂税，赤字财政，以及无法最大限度地利用其资源和自然优势的情况下衰落下去。

### 四、弗格森对马克思的影响

除上面提到的主要思想之外，弗格森使用了"基础和上层建筑"的术语、市民社会或文明社会的概念，从生产方式演变的角度划分社会形态，与亚当·斯密一起开启了社会经济形态的分析范式。② 库诺（2006）因此认为，弗格森的思想"包含有马克思历史和社会学说成分的萌芽状态的观点"。③

（一）直接的文本证据

在《1844年经济学哲学手稿》中，马克思多次引用斯密的《国富论》并对商业和政治经济学采取批评态度，以弗格森对分工的有害后果来质疑斯密的分工理论。④ 马克思在《哲学的贫困》《1861—1863年经济学手稿》和《资本论》中大量引证弗格森《文明社会史论》第四章"论民用艺术和商业艺术的进步所产生的后果"第一、二节中涉及分工和民主思想的部分。诺曼·莱文认为，马克思只是在写作《德意志意识形态》之后和《哲学的贫困》之前阅读过《文明社会史论》，在《资本论》第一卷讨论分工的问题时引用了弗格森四次。⑤ 实际上，在《1844年经济学哲学手稿》中，马克思关于"分工提高劳动的生产力，增进社会的财富，促使社会精美完善，同时却使工人陷于贫困直到变为机器"

---

① [英]亚当·弗格森：《文明社会史论》，林本椿、王绍祥译，杭州：浙江大学出版社2010年版，第266页。
② 弗格森的《文明社会史论》受到赫尔德、哈曼的推崇，催生了席勒的戏剧理论。
③ [德]亨利希·库诺：《马克思的历史、社会和国家学说》，袁志英译，上海：上海译文出版社2006年版，第2页。
④ 臧峰宇：《马克思与苏格兰启蒙运动中的斯密和弗格森》，载《哲学动态》，2015年第10期。
⑤ Noman Levine, "The German Historical School of Law and the Origins of Historical Materialism", *Journal of the History of Ideas*, Vol. 48, No. 3, July-September 1987, p. 435.

的论述，非常类似于弗格森在《文明社会史论》第五章的论述。① 弗格森说："虽然专业分工似乎可以提高技术，并且实际上随着商业发展，专业分工也会使产品更加完美。但是，归根结底，就其最终影响而言，它会在某种程度上破坏社会纽带，以单纯的艺术形式和规则来代替聪明才智，并使个人退出共同的职业活动。"② 因此，非常可能的是，马克思在写作《1844年经济学哲学手稿》的过程中，就已经阅读了弗格森的《文明社会史论》，并深受其思想的影响。

（二）马克思与弗格森的思想亲和性

马克思在阅读弗格森的《文明社会史论》之后，很快将其主要思想融入自己的心智模式中。这得益于两人的思想具有多方面的亲和性。

第一，职业选择分析的相似性。马克思在中学毕业论文中主张选择为人类谋幸福的高尚职业，鄙视功利主义的职业选择。弗格森将人的职业分为自私型和社会型两种。在自私型的职业中，个人将自己与社会隔离开来，在竞争和敌意中追求私利和看重个人得失，沉迷于孤独的爱好与消遣，把他人当作自己"满足虚荣心、享乐和私欲的工具"。在社会型的职业中，个人在不同类型的社会群体中展示群体之爱和谋求群体的利益，把他人当作友善、爱和快乐的源泉。"无论是谁具有坚定地以这种眼光看待人生的智力，只要选择好职业，就能支配快乐，获得灵魂的自由。这两者或许构成了人类因其活动的天性注定要享有的那种特有的幸福。"③ 马克思赞成亚里士多德和弗格森的德福论，从而为批判蒲鲁东和施蒂纳奠定了基础。

第二，分析方法的相似性。弗格森既反对霍布斯和卢梭的理性演绎方法，也反对历史学家只关注特定历史事实的收集整理的方法，主张要将人类社会的理论建立在所有人性事实的基础上进行演绎。"在人类所拥有的众多品质中，我们选择了一种或几种特性来建立理论，来为自己所认为的人类在某种臆想中蒙昧状态下的情境自圆其说。我们忽视了他在我们所能观察得到的范围内以及史实记载中的真实面目。……我们应当

---

① 《马克思恩格斯全集》第3卷，北京：人民出版社2002年版，第231页。
② ［英］亚当·弗格森：《文明社会史论》，林本椿、王绍祥译，杭州：浙江大学出版社2010年版，第244页。
③ ［英］亚当·弗格森：《文明社会史论》，林本椿、王绍祥译，杭州：浙江大学出版社2010年版，第57页。

把这些事实作为所有对人类的推论的基础。"① 弗格森将美洲、非洲、亚洲和欧洲的原始人群和文明社会的史料与人性事实相结合，构建了一个从平等、无阶级和无国家到不平等、有阶级和有国家的人类演化史。在《德意志意识形态》第一卷第一章中，马克思和恩格斯认为，历史研究的前提是"一些现实的个人，是他们的活动和他们的物质生活条件"，而"这些前提可以用纯粹经验的方法来确定"。"以一定的方式进行生产活动的一定的个人，发生一定的社会关系和政治关系。经验的观察在任何情况下都应当根据经验来揭示社会结构和政治结构同生产的关系。"② 由于意识和观念都是物质生产活动的产物，因此，根据经验确定历史事实也需要根据经验确定意识和观念的历史演变。各个民族的历史向世界历史的转变，也是可以根据生产、交换和分工的世界化确定的历史事实。因此，弗格森和马克思都主张将经验事实与逻辑演绎结合起来分析人类历史的演化。

第三，批判功利主义的相似性。弗格森批判功利主义者将多样化的人性归结为唯一的自私本性，马克思则批判功利主义者将各种各样的社会关系归结为唯一的功利关系。弗格森说："从生存之需或者甚至从享受这个角度考虑财产问题几乎都不会使人类走向堕落，也不会使竞争和嫉妒的精神重新抬头。但是，如果我们从显赫地位、荣誉这个角度考虑财产问题，那么在以财富划分等级的地方，它们将激起人们最狂烈的情绪，耗尽人类所有的情感。它们使得野心和虚荣心与贪婪和卑鄙并行不悖，并引导人们通过唯利是图的肮脏手段来获得想像中的升迁和官职。"③ 不过，弗格森过于重视人类在行动中所获得的精神快乐，忽视了物质财富在人类的幸福追求中所占据的重要地位，从而陷入了唯心主义的巢穴。

第四，自由观的相似性。弗格森反对洛克、休谟等人的消极自由或"自由主义的"自由观，倡导积极自由或"共和主义的"自由观。在弗格森看来，个人不仅要关注自主和自我的实现，而且要重视对美德的追求、对政治的积极参与致力于公共善，以确保自己的权力。在《德意志

---

① [英]亚当·弗格森：《文明社会史论》，林本椿、王绍祥译，杭州：浙江大学出版社2010年版，第2—3页。
② 《马克思恩格斯全集》第3卷，北京：人民出版社1960年版，第28—29页。
③ [英]亚当·弗格森：《文明社会史论》，林本椿、王绍祥译，杭州：浙江大学出版社2010年版，第180页。

意识形态》中，马克思反对唯心主义者追求脱离尘世的自我规定的精神自由，倡导唯物主义自由观。自由就是决定个人生活于其中的各种境况和关系的权力，争取自由就是争取自己的权力。马克思认为，精神自由的解放需要满足两个条件：个人在自己的自我解放中要满足一定的、自己真正体验到的需要；个人身上存在的能力被肯定为真正的力量。忽视了需要和力量，就会产生抽象自由或消极自由的幻想。

第五，积极参与社会实践的相似性。由于秉持人的社会能动性和积极的自由观，弗格森和马克思都重视社会实践活动，都认为冲突和斗争是社会发展和人性完善的根本动力。弗格森主张建立民兵来取代常备军，以便保卫个人的自由。马克思则主张建立共产主义，来实现个人自由的全面发展。不过，弗格森反对革命，认为"革命清除或抑制了每一项天才研究或自由追求的对象，剥夺了公民作为大众一员发挥作用的机会，使公民意志消沉，情绪低落，不能很好地思考问题"。①

第六，异化理论的相似性。弗格森不仅区分了文明社会与市民社会，而且揭示了市民社会和国家的起源，强调市民社会对国家的基础性地位，明确提出了劳动异化和国家异化的思想。在弗格森看来，阶级和国家的出现都与社会分工有关。伴随着劳动分工，人们将自己的自由和财产的保护责任委托给政治家和军人。这些代理人的道德风险会彻底摧毁社会的自由，民族的幸福和财产的安全。"生活必需品积累了，财富增多了，我们就忽视了一个民族的幸福、道德和政治风貌。……为了增加财富、人口，人类受到腐败的侵蚀，无法捍卫自己的财产。最终，他们只好受压迫，走向毁灭。"② 弗格森认识到，人类受压迫的根源来源于被异化的劳动分工和财产私有制。在《黑格尔法哲学批判》中，马克思意识到，黑格尔将市民社会当作家庭与国家的中间环节，颠倒了市民社会与国家的关系，从而得出国家异化的结论。在《1844年经济学哲学手稿》中，马克思提出了劳动异化理论。面对社会分工异化的问题，弗格森提出的解决办法是重拾爱国与政治参与的公民美德，而不是像卢梭或马克思那样构建公意的共同体或共产主义社会。马克思在《莱茵报》时期就抛弃

---

① [英]亚当·弗格森：《文明社会史论》，林本椿、王绍祥译，杭州：浙江大学出版社2010年版，第239页。

② [英]亚当·弗格森：《文明社会史论》，林本椿、王绍祥译，杭州：浙江大学出版社2010年版，第164—165页。

了社会契约论和理性国家观，在 1843 年抛弃了黑格尔的市民社会观，将弗格森的文明社会改造为阶级社会，将黑格尔的市民社会当作资产阶级社会，文明社会的冲突与竞争改造为阶级斗争。①

第七，社会形态分类的相似性。弗格森按照生产方式的不同，将人类社会划分为狩猎社会、游牧社会、农业社会和商业社会四个阶段。在《德意志意识形态》中，马克思按照劳动分工的不同所有制表现形式，将人类社会划分为部落所有制、公社所有制、封建制和资本主义四种所有制形式。在《共产党宣言》中，马克思和恩格斯将阶级社会分为奴隶社会、封建社会和资本主义社会三种形式。在《1857—1858 年经济学手稿》的"论资本主义生产以前的各种形式"部分，马克思则在历史研究基础上提出了亚细亚的、古代的（罗马）、封建的、资本主义的历史演进图式。

（三）马克思对弗格森的社会分工思想的继承与超越

马克思的劳动分工思想是建立在柏拉图、亚里士多德、弗格森、亚当·斯密、安德鲁·尤尔等人的基础之上的。哈默维（Hamowy, 1968）认为，弗格森关于劳动分工的分析构成了马克思讨论分工的基础。② 在斯密看来，工场手工业的分工的实质在于同一个人熟练地完成同一劳动操作，因而按照每一个人的特殊技能来进行作坊内的分工就能提高劳动生产率。与斯密更多关注物质生产领域的微观分工及其效率、市民社会的社会整合功能不同，弗格森不仅从柏拉图关于社会分工使物品的生产更加完善的观点出发，强调分工与产品数量增多之间的关系，而且更加关注社会领域的宏观分工及其后果，开创了批判资本主义社会的先河。③ 在弗格森看来，专业化分工不仅导致劳动者的技能和能力的片面性和单一性，而且会导致职业分工和身份的固化，剥夺了个人的自由，为专制和篡权行为做了准备。这种专业化分工在商业社会中会促进财富的积累和德性的腐化，最终导致公共精神的丧失与政治奴役。据此，马克思认

---

① 梅艳玲：《从弗格森的文明社会概念到马克思的市民社会概念—基于〈文明社会史论〉的弗格森和马克思比较研究》，载《南京政治学院学报》，2012 年第 5 期。

② Ronald Hamowy, "Adam Smith, Adam Ferguson and the Division of Labor", *Economica*, Vol. 35, No. 139, August 1968, p. 258.

③ 张康之、张乾友：《在市民社会中阅读道德—弗格森、亚当·斯密到黑格尔》，载《学习与探索》，2009 年第 5 期。张康之、张乾友：《新市民社会背景下的国家与社会治理—对基于市民社会的国家理论的考察》，载《文史哲》，2011 年第 1 期。

为斯密的分工理论是抄袭和仿效弗格森的分工理论的结果。① 在《资本论》中，马克思说："亚当·斯密在这部著作的开头，曾专门颂扬分工，但后来，在最后一篇论述国家收入的源泉时，他又偶尔重复他的老师亚·弗格森的话，谴责了分工。"② 而且，马克思还吸收了安德鲁·尤尔在《工厂哲学》中关于机器对分工影响的理论。尤尔说："因此，工厂制度的原理就在于机器劳动排挤手工劳动，以及操作分解为各个组成部分以代替手工业者间的分工。在手工劳动制度下，人的劳动通常是任何一件产品最宝贵的因素；而在机器劳动制度下，手工业者的技艺就日益为看管机器的简单劳作所代替。"③ 这种机器不断代替熟练劳动和扩大非熟练劳动的使用范围的分析，加深了马克思对劳动分工特别是资本职能的理解。马克思将这些分散的劳动分工思想整合为一个系统的劳动分工理论，提出了劳动异化说，分析了社会内部的分工与工场内部的分工之间的辩证关系，并从劳动分工的历史演化中得出了唯物史观的结论。马克思研究的社会分工规律表现为经济基础与上层建筑之间的相互关系的规律，经济基础演变的规律，以市场交换为核心的资本主义生产方式的规律。

在马克思看来，劳动分工分为国际分工、社会内部的分工和工场内部的分工三种形式。社会内部的分工包括行业的分工、职业的分工、地域的分工、城乡的分离等。马克思认为，社会内部的分工和工场内部的分工具有内在的联系，都需要一定的人口数量和人口密度作为分工的物质前提。社会内部的分工是工场内部分工的基础，而社会内部的分工是受到生产力发展水平和社会制度制约的。④ "社会内部的分工愈不受权力的支配，作坊内的分工就愈发展，愈会从属于一人的权力。因此，在分工方面，作坊里的权力和社会上的权力是互成反比的。"⑤ 在机器的影响下，社会各部门之间的分工更加专业化，形成了各部门之间的职业壁垒。马克思说："总之，机器的采用加剧了社会内部的分工，简化了作坊内部

---

① 《马克思恩格斯选集》第2卷，北京：人民出版社1995年版，第90页。
② ［德］卡尔·马克思：《资本论》第一卷（上），中央编译局译，北京：人民出版社1975年版，第143页。
③ 《马克思恩格斯全集》第4卷，北京：人民出版社1958年版，第170页。
④ 斯密关于劳动分工受市场规模制约的观点，就被马克思改造为工场内部的分工由社会内部的分工特别是社会生产力决定的观点。
⑤ 《马克思恩格斯全集》第4卷，北京：人民出版社1958年版，第166页。

工人的职能,扩大了资本积累,使人进一步被分割。"① 这意味着,两者相互转化。"工场手工业的分工要求社会内部的分工已经达到一定的发展程度。相反地,工场手工业分工又发生反作用,发展并增加社会分工。"② 但是,从历史角度看,社会内部的分工和工场内部的分工存在本质的差异。

第一,交换的媒介不同。"社会内部的分工以不同劳动部门的产品的买卖为媒介;工场手工业内部各局部劳动之间的联系,以不同的劳动力出卖给同一个资本家,而这个资本家把它们作为一个结合劳动力来使用为媒介。"③ 第二,生产资料积聚的方式不同。"工场手工业分工以生产资料积聚在一个资本家手中为前提;社会分工则以生产资料分散在许多互不依赖的商品生产者中间为前提。"④ 第三,发生规律的方式不同。"在工场手工业中,保持比例数或比例的铁的规律使一定数量的工人从事一定的职能;而在商品生产者及其生产资料在社会不同劳动部门中的分配上,偶然性和任意性发挥着自己的杂乱无章的作用。"⑤ 这就是说,工场手工业的内部分工按照计划规则运行,社会内部的分工按照供求规律的波动性运行。"在工场内部的分工中预先地、有计划地起作用的规则,在社会内部的分工中只是在事后作为一种内在的、无声的自然必然性起着作用,这种自然必然性可以在市场价格的晴雨表的变动中觉察出来,并克服着商品生产者的无规则的任意行动。"⑥ 第四,服从的权威机制不同。"工场手工业分工以资本家对人的绝对权威为前提,人只是资本家所占有的总机构的部分;社会分工则使独立的商品生产者互相对立,他们不承认任何别的权威,只承认竞争的权威,只承认他们互相利益的压力

---

① 《马克思恩格斯全集》第 4 卷,北京:人民出版社 1958 年版,第 170 页。
② [德] 卡尔·马克思:《资本论》第一卷(上),中央编译局译,北京:人名出版社 1975 年版,第 391 页。
③ [德] 卡尔·马克思:《资本论》第一卷(上),中央编译局译,北京:人名出版社 1975 年版,第 393 页。
④ [德] 卡尔·马克思:《资本论》第一卷(上),中央编译局译,北京:人名出版社 1975 年版,第 393 页。
⑤ [德] 卡尔·马克思:《资本论》第一卷(上),中央编译局译,北京:人名出版社 1975 年版,第 393—394 页。
⑥ [德] 卡尔·马克思:《资本论》第一卷(上),中央编译局译,北京:人名出版社 1975 年版,第 394 页。

加在他们身上的强制。"① 第五，服从权威的演变机制不同。人类社会的分工从早期的计划状态逐渐演变为市场竞争的无政府状态，而工场内部的分工则从早期的随机状态发展为资本主义生产方式下的专制状态。"在资本主义生产方式的社会中，社会分工的无政府状态和工场手工业分工的专制是互相制约的，相反地，在职业的分离是自然发展起来、随后固定下来、最后由法律加以巩固的早期社会形态中，一方面，呈现出一幅有计划和有权威地组织社会劳动的图画，另一方面，工场内部完全没有分工，或者分工只是在很狭小的范围内，或者只是间或和偶然地得到发展。"② 随着社会分工的范围和工场规模的不断扩大，社会内部的分工越来越不受权威的支配，而工场内部的分工则越来越从属于内部的权威。社会分工带来的自由与工场内部的权威是协同演化的。第六，两者的起源不同。工场手工业的内部分工是在家庭和氏族内部的自然分工基础上发展起来的，而社会分工则是在不同的家庭、氏族和公社相互接触、整合和交换的基础上实现的各生产部门之间的依赖性分工。第七，普遍性程度不同。社会分工是普遍的，工场内部的分工是具体的、历史的。"整个社会内的分工，不论是否以商品交换为媒介，是各种社会经济形态所共有的，而工场手工业分工却完全是资本主义生产方式的独特创造。"③ 不同的社会经济形态，会发展出不同的组织及其内部分工的形式。可以说，社会内部的分工和工场内部的分工是一般的分工与个别的分工之间的关系。

马克思不仅发展了弗格森的社会分工思想，而且关注弗格森将分工与人的发展尤其是人的才能的片面发展相联系的思想，直接得出工厂内部的分工导致"工人的智力和独立发展被剥夺"的结论。④ 工场手工业的分工，不仅"压抑工人的多种多样的生产志趣和生产才能，人为地培植工人片面的技巧"，而且产生了"物质生产过程的智力作为别人的财产和统治工人的力量同工人相对立"的异化结果，造成了"人是机器的

---

① [德] 卡尔·马克思：《资本论》第一卷（上），中央编译局译，北京：人名出版社1975年版，第394页。

② [德] 卡尔·马克思：《资本论》第一卷（上），中央编译局译，北京：人名出版社1975年版，第395页。

③ [德] 卡尔·马克思：《资本论》第一卷（上），中央编译局译，北京：人名出版社1975年版，第397—398页。

④ 《马克思恩格斯全集》第47卷，北京：人民出版社1979年版，第327页。

各个部分"和贫富两极分化的社会后果。① 因此，马克思的劳动异化理论将弗格森的社会内部的劳动分工的社会危害性与斯密的生产部门的劳动分工理论综合起来，探讨社会和工厂内部的劳动分工带来的社会危害性。② 与斯密和弗格森承认劳动分工造成人的异化状态是技术专业化和商业化的必然结果不同，马克思强调社会制度特别是私有制在劳动异化中的地位和作用。在马克思看来，社会分工的存在是交换价值的基础。劳动分工理论不仅提供了解决劳动二重性和价值二重性的问题的钥匙，而且是发现剩余价值的秘密的根据地。

（四）社会分工的历史辩证法

在《德意志意识形态》中，马克思和恩格斯阐述了社会分工的历史辩证法。在马克思和恩格斯看来，人类的历史就是一个物质生产和交换的历史。人与动物的区别就在于人类能够生产自己的物质生活资料，而生活资料的生产则取决于物质生产方式和社会交往方式，后者取决于生产力发展水平和劳动分工。劳动分工表现为工商业劳动与农业劳动的分离、工业劳动与农业劳动的分离、物质劳动与精神劳动的分离。部门间的具体的分工方式则由相应的制度决定。因此，劳动分工的不同阶段表现为部落所有制、古代公社所有制与国家所有制、封建的或等级的所有制等所有制的不同形式。

在物质生产和交换的基础上，语言和意识得以产生，并表现为道德、法律、宗教、政治等精神生产活动。因此，生活资料的生产和交换还会产生相应的社会关系、社会意识和社会情感。这种社会意识是以自我为中心，从狭小的区域扩大到更广阔的区域，从周围的自然和群体关系扩大到国家甚至全球的生产和社会关系的意识。这种社会意识范围的扩大就伴随着宗教、法律、道德的历史变迁，也伴随着生产、交换和劳动分工的不断扩张。只有在物质劳动与精神劳动分离的时候，独立的意识才开始产生，或者脱离物质生产劳动的意识才有可能。

社会各个阶级或阶层构建的社会意识是与其掌握的物质力量高度相关的。掌握的物质力量越多，越需要构建相应的社会意识来维护其物质利益。统治阶级就是掌握最多物质力量的阶级，与他们的利益密切相关

---

① ［德］卡尔·马克思：《资本论》第一卷（上），中央编译局译，北京：人名出版社1975年版，第399—400页。
② 洪燕妮：《重思马克思"劳动分工"思想的源头》，载《哲学动态》，2016年第3期。

的阶层就会构建统治阶级的思想。在统治阶级的思想家之内，一部分对统治阶级的力量存在过分的夸大和幻想，将统治阶级的特殊利益幻想为普遍利益的代表；一部分对整个社会和统治阶级的力量具有比较清醒的认识，较少幻想。这两群人不仅会不断展开冲突与斗争，而且会与被统治阶级偶尔出现的某些革命思想产生更加复杂的斗争。在社会分工不断扩张的前提下，生产力、社会关系和社会意识之间就会发生矛盾，特殊的经验意识无法反映更普遍的生产力或社会关系。伴随着劳动分工出现的是劳动产品的不平等分配与所有制的出现和发展，个体利益与共同利益的矛盾也出现和发展，劳动异化和阶级斗争随之发展起来。

市场范围的不断扩大促进了各城市之间的劳动分工和手工业的持续不断的创新发展，带来了生产组织和资本形式的演变。世界市场的不断扩大引起了工业革命、产业结构、企业组织和国家组织的转变。以资本为中介的生产导致劳动的完全异化。无产阶级需要消除私有制，恢复人的自主性与能动性，建立新的社会组织，最终在生产力高度发展下实现共产主义。可以说，唯物史观是与马克思继承和发展弗格森的社会分工及历史演化的思想紧密联系在一起的。

## 第四节　舒尔茨与马克思

弗里德里希·威廉·舒尔茨（1797—1860）是德国的思想家和激进的民主主义者。① 马克思在《资本论》中评价舒尔茨的《生产运动》是"一部在某些方面值得称赞的著作"。② 在理论上，舒尔茨将弗格森、亚当·斯密的分工理论和社会发展阶段论与黑格尔的绝对精神外化的历史理论相结合，试图发现物质生产和精神生产的"扩展和再次结合"的历史运动规律，以便解释社会的贫困化和无产阶级运动的历史根源。在舒尔茨看来，教育、财产、精神产品和物质产品的分配问题，而非政治问题，是社会的贫困、阶级对立和各种意见纷争的主要原因。本节主要分

---

① 舒尔茨在1836—1848年期间在瑞士的苏黎世大学教书，并在《莱茵报》等报纸上发表各种评论。与卢梭和弗格森相似，舒尔茨也主张军事改革，建立民兵体制来捍卫人民的自由和民主。

② ［德］卡尔·马克思：《资本论》第一卷（上），中央编译局译，北京：人民出版社1975年版，第409页。

析舒尔茨的物质生产和精神生产的分化与结合规律，社会分工的历史演化，以及对马克思在劳动异化论、唯物史观、历史辩证法和各种思潮的批判方面的影响。

## 一、物质生产和精神生产的分化与结合规律

舒尔茨的一个理论贡献是从物质生产力发展的角度来理解社会分工或生产关系的演变规律。物质生产力包括人力、畜力、风力、水力、蒸汽力等动力，工具的使用是以人为动力，机器的使用则以非人力为动力。人类社会的发展就是以人作为物质生产的主要动力向以非人力作为物质生产的主要动力的方向发展，以致人类最终从物质生产领域解放出来而完全从事精神生产活动。

社会分工是伴随着劳动工具和生产方式的变化而逐渐发展起来的。物质生产力水平的变化造成了身体组织的某些退化，生产组织从家庭向手工工场和大机器工厂的发展，以及政治的生产和精神生产的变化。舒尔茨将社会分工与结合的过程当作一个主要的历史规律对待，认为没有分工的社会是一个落后的社会，而只有分工而忽视结合的社会则是一个违背自然的无政府状态。一个自由和平等的社会就是一个既有高度发达的社会分工又有能使社会各部门和各阶级实现有机结合的社会。

精神生产领域也充分体现了分化与结合的规律。语言是观念表达和传播的工具，在人类历史上经历了一个从口语语言向符号语言和文字语言发展的过程，而文字语言则经历了图画文字向象形文字和字母文字的演变过程。随着语言工具的日趋成熟，精神生产首先以宗教的形式表现出来，诗歌、舞蹈和艺术都是宗教的表达形式。宗教经历了拜物教、泛神论、多神论和一神论四个阶段。不同的民族处于不同的精神生产阶段之上，基督教是精神生产的最高阶段。只有在基督教中，"完整的和全部的人的概念被纳入了神的观念之中，因而现在人的完整意义变成了神的模板"。① 哲学、科学和艺术在古希腊时期从宗教中分化出来并独立发展，但在中世纪重新统一于基督教之内，实现了精神生产的高度结合。伴随着宗教改革运动的兴起，哲学、科学、文学、建筑艺术、音乐等精神活动再次从宗教中独立出来而走向了更细致的分化。基督教也分化为

---

① ［德］弗里德里希·威廉·舒尔茨：《生产运动》，李乾坤译，南京：南京大学出版社2019年版，第86页。

东正教、天主教和新教三个主要的派别。东正教国家的政教合一、天主教国家的政教分离和新教国家的政教的新联合展现了国家与教会关系的辩证发展，在宗教宪法中分别体现了君主制、贵族制和民主制的原则。一种宗教内部的教派分支越多，其发展和扩张就越显得有活力。秉持自由和民主原则的新教，成为近代欧洲的政治民主、精神自由和贸易自由的强大推动力量。日耳曼民族在宗教改革中的独特地位就赋予其在精神创造领域充分实现政治民主和精神自由的领袖地位。因此，德国在经历了宗教分裂和对立之后实现了宗教与国家的联合，基督教国家也成为德国实现其历史使命的开端。

在舒尔茨看来，人类的历史就是民族精神不断创造性地占有外在的原材料来生产物质产品和精神产品并赋予其价值的过程。"在最根本上，人的精神是大地之上最本真和最真实的原初产品，它将所有生产的材料不断地占有，并将其不断地构造为新的材料。……一片有人民居住的土地，就拥有了它肉体的内容，也就成为一个渗透了民族精神的民族身体，这两者统一为一个活生生的整体，相互决定、规定。"① 这些物质产品和精神产品在劳动分工和结合的规律下不断表现为工具、行业、组织、语言、宗教、艺术和科学的阶段性发展。前一阶段的物质产品和精神产品构成了后一阶段发展的前提，并不断地在区域范围之外扩展开来，从而在同一时期的世界各地展现了历史发展的阶梯性。

总之，舒尔茨在《生产劳动》中提出了物质生产和精神生产以分化与结合为表现形式的历史规律，即物质生产、语言的形成、宗教生产、艺术和科学的生产都存在不断扩展和重新结合的规律。可以看出，舒尔茨提出的分化和结合的规律还带有某种黑格尔辩证法的痕迹，也没有系统性地研究物质生产和精神生产的内在关系，并将政治和法律的生产与其他精神生产活动相分离。但是，舒尔茨将物质生产和精神生产，政治经济学、法学、哲学、空想主义思潮和宗教进行统一处理的方式，以及将宗教、科学和艺术之间的分化与联合及其内在联系的历史展示，就具有了不同于黑格尔的观念历史的重要意义。

---

① ［德］弗里德里希·威廉·舒尔茨：《生产运动》，李乾坤译，南京：南京大学出版社2019年版，第9—10页。

## 二、社会分工的历史演化

舒尔茨对亚当·斯密、弗格森的四阶段社会发展理论进行了修改，将物质生产力的变化置于社会分工的基础性地位。按照生产工具从双手向手工、工具和机器的转变，舒尔茨按照社会分工和结合的进化次序将人类社会的发展分为采集畜牧社会、农业社会、手工业社会和机器大工业社会四个阶段。"每一个阶段都以这种方式相联系，每一个较低的阶段都会成为更高阶段的基础，而无需被扬弃和消灭。"①

在采集畜牧时期，原始民族处于高度依赖本能的混沌状态。大自然占据主导地位，人类将自己的双手当作从大自然获取生存所需的食物、衣物和住房的"唯一的工具"，没有形成特殊的能力和技巧。社会形成以家庭为主的劳动分工的平等组织，不存在特定的阶级、等级、政治组织和立法活动，但出现了规范社会关系的宗教、道德和习俗习惯。

在农业时期，人类开始拥有固定的定居点，在农业的基础上催生出了手工业和商品交换的商业活动。劳动工具的种类和数量不断增加，分工范围不断扩大。"人们开始认识到更大范围分工的最初优势。所有从事物质生产的人，按照谋生活动更细的分类，依照更细的等级，被分化到农业、工业和商业之中。"② 这一劳动分工深化的过程也是工具劳动取代手工劳动以及身体在使用特定工具之中片面发展的过程。分工带来的大量重复活动促进了专业知识、惯例、权利、阶层和阶级的形成。"所有等级、阶层、行会或者公会都拥有了它们的特殊历史，在其中产生的特有的阶层精神和阶层学说便发展了出来，但是它们同时也导致了一定的片面性和偏见的形成、滋生。"③ 社会意识伴随着分工和阶层的分化而出现。在工具和财富得以积累的情况下，物质生产和为物质生产进行计划的精神生产之间的对立出现了。从事精神生产的神职人员和立法人员产生了，尽管民法和刑法、司法和管理的分离还未出现。因此，宗教和政治的出现是以物质生产和知识文化的发展为前提的，也是利用分工优势

---

① [德] 弗里德里希·威廉·舒尔茨:《生产运动》，李乾坤译，南京：南京大学出版社2019年版，第75页。

② [德] 弗里德里希·威廉·舒尔茨:《生产运动》，李乾坤译，南京：南京大学出版社2019年版，第13页。

③ [德] 弗里德里希·威廉·舒尔茨:《生产运动》，李乾坤译，南京：南京大学出版社2019年版，第14页。

的结果。"在这段时期里,知识活动在物质活动之外获得了一种特殊的,尤其受到推崇的位置,与此同时,物质生产则因为各种目的而被边缘化。"①

在农业发展的基础上,各族人民利用当地的农产品进行简单加工的手工业也逐渐发展起来,以便在农产品的多样化使用中满足不同的需求和爱好。手工业的发展催生了更多的加工能力的出现。当不同地区的农产品存在种类和数量的差异时,内部交往和跨地区交往的商业活动就逐渐发展起来。借助于商业活动,手工业开始对不同区域的产品进行加工,并逐渐从当地农业中独立出来。这样,工商业活动与农业的分离在物质生产力发展的基础上就出现了。这在历史发展阶段上表现为产业结构的变迁和城乡关系的变化,如农业人口的比重逐渐下降,工业和商业人口的比重不断上升。"平均来看,在生产最发达而国民收入相对最高的地方,从事工商业的人口相对农业人口的比例也最大。"② 这意味着,从事工商业的人口比例更大的国家或地区,物质生产力更加发达,物质文化的增长更快。不过,工商业的发达程度不仅与农业生产力的发达程度有关,还受到国家规模和人口密度的影响。国家规模越大或者人口密度越小,工商业越不发达,农业生产力或分工程度也较低。"从东亚到中亚,再到西欧,总体上农业文化中体现出了一种更大的多样性,因此,农业劳动中也有更多的细分和分化。同时,西欧的农奴制取消了,而地产更大的自由也导致了对地产的更深的分化。"③ 因此,与生产力发展水平相比,土地所有制在劳动分工中起着次要的作用。英国的大土地所有制和畜牧业的发展,造成大量的农业劳动者从事短工活动,或者涌入城市从事工商业活动。相比之下,法国的小土地所有制盛行,大量的人口从事农业活动和进行土地投机,农业领域的分工程度较低,工商业不发达,资本积累程度较低,在农业中使用机器和新的耕作方法也较差。工农业越发达,分工就越细致,各部门之间的联系就越紧密。"在农业耕作的领域中,我们已经可以发现,农业的不同分支越来越多地相互促进地联系

---

① [德] 弗里德里希·威廉·舒尔茨:《生产运动》,李乾坤译,南京:南京大学出版社2019年版,第16页。

② [德] 弗里德里希·威廉·舒尔茨:《生产运动》,李乾坤译,南京:南京大学出版社2019年版,第20页。

③ [德] 弗里德里希·威廉·舒尔茨:《生产运动》,李乾坤译,南京:南京大学出版社2019年版,第28—29页。

在一起,人的意志征服了不断增长的无理智的自然力量,并将其以合乎目的的方式运用于生产之中。真正的工业领域里,也展示出了完全相似的过程。"①

在不借助机器的情况下,为了同一个生产目的而使用专门化的工具进行分工和协作的单纯的手工活动,就是工场手工业的活动。舒尔茨不仅注意到斯密的劳动分工理论主要阐述了工场手工业的劳动分工与生产效率之间的关系,而且更加关注机器在劳动分工中的影响。在利用机器进行生产和制造的时代,劳动分工得到进一步的发展,机器主导了重复性的物质生产活动,人则更多地从事精神性的活动。"通过那些分工,谋生活动的不同种类分解为它们的最简单的程序(einfachsten Operationen),由外在自然无理智的力量被运用于此单纯机械的、简单重复的活动之中;因此人便保留了工业的更高的劳动(höhere Arbeit),并且变成了这种自然力的理性的、相对物质性而言更多是以精神性的方式进行活动的操纵者和领导者。"② 当然,商业活动也同工业和农业一样,遵循手的劳动、手工、工场和机器的分化规律。这意味着,组织内部和社会各部门之间的分工都是以物质生产力为基础的。

从原始社会到现代社会,各民族的物质文化和精神文化的差异就体现在非人力的生产力和分工的不同。非人力的生产力的总量越多,物质生产的增长速度越快,社会分工和组织内的分工就越细。"对无理智的自然力的不断征服,借助于人的意志和劳动的不断分化,以及工具和工艺的不断完善,通过劳动向其最简单的元素的分解和无数双手为了共同的生产目的而进行的分工,归根结底,通过人的精神和外在自然之间的分工,生产力(productive Kräfte)更广泛地结合起来:在农业中通过对其不同分支的有益的结合,在工业和商业中通过将运用在企业中的更大数量和更多种类的人力与自然力的最大程度的结合。"③ 各国的工业部门在机器的生产和使用的不断扩张中得到不同程度的发展。随着工厂的规模越来越大和国内外的商业贸易的交往范围不断扩大,机器制造替代手工

---

① [德]弗里德里希·威廉·舒尔茨:《生产运动》,李乾坤译,南京:南京大学出版社2019年版,第37页。
② [德]弗里德里希·威廉·舒尔茨:《生产运动》,李乾坤译,南京:南京大学出版社2019年版,第38页。
③ [德]弗里德里希·威廉·舒尔茨:《生产运动》,李乾坤译,南京:南京大学出版社2019年版,第40—41页。

劳动和工场手工业的趋势持续发展。工业资本逐渐深入到农业或商业领域，在实现工农业或工商业结合的基础上缓和了农业、工业和商业之间的利益对立，但却加深了资本家和工人之间的利益对立。随着工商业的发展和工商业人口的增加，农业产品的需求也不断增长。更多的荒地被开垦出来种植农业和饲养牲畜，农业的技术改良也会发生。伴随着技术和机器在农业、工业和商业中的广泛应用，在产品数量不断增加的同时高质量的产品也越来越多，并不断取代低质量的产品。结果，消费高质量产品的人群从富有阶级扩展到贫困阶级。由于国内外贸易和工农业的发展，农产品的价格波动幅度在不同地区间缩小，工业品的价格急剧下降。"这导致了现在的结果……工业的个别分支中出现了暂时性的生产过剩；频繁的破产出现了。在这一过程中，资本家和工厂主阶级内部产生了资产的不确定摇摆和波动，而这将经济损失的一部分转移到无产阶级头上；劳动经常、突然的中断或减少变得必然，雇佣工人阶级不断承受着这些恶果。而这种状况必须持续很长时间，并将其弊端不断扩大，以至于物质生产的整个范围和全部内容通过资本家的纯粹竞争而被片面地决定；以至于国家甚至不知道解决这一任务，即将社会全部阶层的利益考虑进去，从而对完全无政府的运动进行干预调节。"①

在资本、国民收入和工资收入不断增长的过程中，大量的低薪工作不断被机器代替而出现了工资和生活水平下降、劳动时间不断延长的趋势。"可以肯定地说，那些要求特殊才能或较长期预备训练的职业，总的来说已变得较能挣钱；而任何人都可以很容易地很快学会的那种机械而单调的活动的相应工资，则随着竞争的加剧而降低并且不得不降低。但正是这类劳动在劳动组织的现状下最为普遍。"② 随着富有阶层的收入不断增加和贫困阶层的收入不断下降，整个社会的贫富差距就会不断增大。工人阶级的绝对贫困和相对贫困的不断恶化也加剧了贫富之间的阶级对抗。"因为正是由于生产总量的增长，需要、欲望和要求也提高了，于是绝对的贫困减少，相对的贫困可能增加。……工人同社会其他阶级的对

---

① ［德］弗里德里希·威廉·舒尔茨：《生产运动》，李乾坤译，南京：南京大学出版社2019年版，第63页。
② ［德］弗里德里希·威廉·舒尔茨：《生产运动》，李乾坤译，南京：南京大学出版社2019年版，第65页。

抗和敌对的姿态成为其自身的一个标志，恰恰是我们的时代里出现的情况。"① 在资本主义私有制下，以大机器为代表的物质生产力高度发展的结果就是，生产过剩、经济危机、无产阶级的日益贫困化和劳动时间的不断延长，以及资本家与工人之间不断加剧的对立和斗争。与农民的孤立性、封闭性、固守传统习俗、反对改革和对政治的漠不关心不同，也与商人和手工业者习惯于个人交往不同，随着大机器工业的不断发展，工人则因为共同的利益和广泛的社会交往而容易联系起来形成一个有组织力量的阶级。"他们更容易处于共同利益之中，并且因为他们常常是在数量更多的共同体中劳动的，所以他们也因此以大规模的方式保持着联系。仅仅是因为利益和劳动自身的这种共同性就已经造成了特定的联系，这些共同性同时在特定形式下，以劳动者联合的方式，几乎在所有大工业国家都表现了出来。这种不断革新着的联合——在分割的孤立的农业人口之中是无法想象的——已经具备了增长着的政治和社会力量。"② 因此，无产阶级的运动是物质生产力发展的基础上社会分工的必然结果。"国民生产在总体上的这种增长，以及与此同时变得越来越多的贫困阶级，只造就了一个更加正义的控诉，对财富和享受的由国家控制、不平等、不稳定的分配和运动。"③

### 三、舒尔茨对马克思的影响

舒尔茨与马克思的思想渊源问题是一个值得探讨的学术问题。科尔纽在《马克思恩格斯传》（1955）第二卷中第一次探讨了舒尔茨与马克思的思想关系，认为马克思同意舒尔茨的主要观点，即"生产的发展在需要扩大的基础上的分工决定着各种社会形态和国家形态的依次更替，也决定着阶级的划分和阶级的斗争"。以色列历史学家瓦尔特·格拉布在《舒尔茨传：一个给予马克思灵感的人》（1979）中认为舒尔茨的思想构成了马克思思想的重要理论来源，尤其强调舒尔茨的《生产运动》与《1844年经济学哲学手稿》之间的内在联系。格拉布说："《经济学哲学

---

① ［德］弗里德里希·威廉·舒尔茨：《生产运动》，李乾坤译，南京：南京大学出版社2019年版，第66页。
② ［德］弗里德里希·威廉·舒尔茨：《生产运动》，李乾坤译，南京：南京大学出版社2019年版，第73页。
③ ［德］弗里德里希·威廉·舒尔茨：《生产运动》，李乾坤译，南京：南京大学出版社2019年版，第45页。

手稿》关于经济问题的反思显示出，马克思既同样感受到了舒尔茨对于施加在工人阶级身上的残酷剥削的深深的道德愤慨，也深受舒尔茨对少数人手中资本的聚集与消散，以及由之而产生的无产阶级的贫困所进行的统计学论证，以至于他将这些观点据为己有。"① 德国学者米夏埃尔·沙利希在博士论文《舒尔茨与马克思：论马克思对舒尔茨〈生产运动〉的接受及其对历史唯物主义的形成和政治经济学批判的影响》（1994）中甚至提出，舒尔茨的《生产运动》已经形成了"关于生产的历史的、辩证的唯物主义"思想。张一兵（2019）区分了舒尔茨的社会唯物主义与马克思的历史唯物主义，对舒尔茨思想中的唯心主义成分进行了批判。本部分试图在比较舒尔茨与马克思的思想基础上，分析舒尔茨对马克思的劳动异化论、唯物史观、历史辩证法以及对政治经济学批判等方面的影响。

（一）舒尔茨与马克思的比较

舒尔茨和马克思是在法国大革命后成长起来的、受到民主和自由思想深刻影响的思想家。两人相差二十岁，都是法学专业出身，都受到德国古典哲学特别是黑格尔哲学的熏陶，都对历史、政治经济学和文学艺术长期具有浓厚的兴趣，都是在争取民主运动的过程中被迫长期流亡在外的德国人。两人都极端反对普鲁士的专制制度和书报检查制度，都站在劳动阶级的立场试图解决社会的贫富分化和劳动异化问题，都认识到了资本主义社会的生产过剩、无产阶级的日益贫困化、无产阶级运动、资本家与工人之间的对立与斗争的社会问题及其隐含的革命意义。两人都旨在探索社会运动的历史规律来解释无产阶级运动的起源、发展和解决办法，都反对蒲鲁东、赫斯、圣西门主义者、傅立叶主义者和青年黑格尔派脱离实际和进行抽象分析的空想主义思想，批判政治经济学家不关注现实的贫困和阶级对立的问题。

相似的表面隐藏着众多实质性的差异。舒尔茨表达的历史规律是建立在生产力发展基础上的社会分工和结合的形式规律，物质生产和精神生产分别遵循各自的分化与结合的规律；马克思发现的历史规律则是包含着物质生产和生活内容的唯物史观，精神生产是由物质生产决定并反

---

① 转引自［德］弗里德里希·威廉·舒尔茨：《生产运动》，李乾坤译，南京：南京大学出版社2019年版，第210页。

作用于物质生产。由此，两人在解释这些社会问题的历史根源和解决这些问题的方案存在根本性的差别。舒尔茨隐约地认识到，工人的贫困化是在劳动分工的基础上生产力的发展与私有制相对立和冲突的产物，因为"在私权的领域中，在所有制违背自然的运动的不平衡中，存在着恶的原因"。① 但是，舒尔茨将生产过剩和工人获得较低工资的主要原因归结为受"盲目的偶然和传统"支配的价格形成机制的非正义性。因为某一行业的产品价格和工资在刚出现时比较高，但随着机器的大量使用和工作技能要求的降低、生产规模不断扩大和竞争的不断增强，产品价格和工资也就不断下降。"这种专制而恣意的价格等级制度——与之相关的是一种专制而恣意的职业声誉等级制度，数量最多的工人阶级因此在经济上和道德上被压低——因此产生了一种历史的正义和非正义。"② 当然，马克思看到的工人贫困化的根源不在于价格制度的历史变化，而在于私有制带来的剩余价值剥削程度的不断加深。

在对待无产阶级的贫困化问题上，舒尔茨坚持国家有机体的观念和政治改良主义，认为政府没有采取措施来防止工人不断贫困化的趋势是一种失职的行为。只要国家承担起"监督生产和消费的全部运行"的责任，只要政府采取计划的理性价格取代市场的盲目性和偶然性支配的价格，就能消除社会贫困。尽管意识到了工人阶级的巨大的潜在力量和社会革命的可能性，但是，舒尔茨从工人"更容易屈从于欺骗和诱惑"和受制于单调重复的机械劳动的现象出发，认为工人阶级无法作为一个独立的领导力量登上政治舞台，实现工人自身和整个社会的解放。只要机器不断发展和完善，并成为工人的奴隶和奴仆，只要政府能够消除劳动分工和机器发展带来的弊端，那么，资本主义社会就会从一个充满原子式自由竞争的机械体系转变为一个各个阶级共享物质生产和精神生产成果的平等的和自由的和谐社会。"一种共同的市民的自由和平等的理念"的社会就会出现。这显然是不同于马克思主张的工人阶级成为一个领导阶级、消灭资本主义和建立共产主义的革命道路。

马克思秉持国际主义精神，将政治解放和人的解放结合起来。舒尔

---

① ［德］弗里德里希·威廉·舒尔茨：《生产运动》，李乾坤译，南京：南京大学出版社2019年版，第25页。
② ［德］弗里德里希·威廉·舒尔茨：《生产运动》，李乾坤译，南京：南京大学出版社2019年版，第67页。

茨则持有日耳曼优越论的民族主义者观念，只关注德国的政治解放问题，因为德国被认为是承担着特殊历史使命的"文明的领头羊"和"新时代的普罗米修斯"。① 与黑格尔的历史哲学利用抽象的自由划分不同民族的优劣相似，舒尔茨则按照社会分工和结合的规律来划分不同民族的优劣。亚洲人、斯拉夫人、罗曼人和日耳曼人处于不同的精神文化和宗教等级的次序中，而日耳曼人特别是德国人在经济繁荣、社会自由、艺术审美和科学研究都具有优势。

马克思对宗教采取批判态度。舒尔茨则从精神生产角度高扬基督教的民主和自由的价值，认为基督教是"一种持续的、有机的和进步的宗教"。"基督教因此是根，和在最为广泛的联系中最为丰富的多样性的原则；它同时是自由、平等和统一的宗教。在其运动中，作为宗教的过程表现为前进着的自由、平衡和联合的宗教。"② 在舒尔茨看来，新教改革产生了商业和科学领域的自由竞争的体系，确立了教会的民主原则，加速了艺术的独立性，促进了哲学与神学的分离。而且，基督教是推动科学发现的主要动力。"占据支配地位的宗教和宗教教育，作为人民生活的首要精神食粮，通过人内部的每一根血脉，渗透到他全部沉思和思考方式之中，因此它在很大程度上决定了这些学说和艺术的发展。"③

马克思是无神论者，坚决反对普鲁士的基督教国家的观念。舒尔茨是有神论者，认为基督教德意志国家实现了宗教和国家的新的联合。"国家与教会之间的有机结合和富有生命力的自由联系——这正符合新教的精神，在本质上区别于两个机构仍未区分开的统一体，正如俄罗斯帝国和它的正教教会之间所发生的那样。"④ 基于此，舒尔茨将反对灵魂不死和人格化上帝的青年黑格尔派是一群"哲学暴徒"。⑤ 马克思在《神圣家族》中则认为青年黑格尔派的主要功劳在于宗教批判。因此，在马克思

---

① ［德］弗里德里希·威廉·舒尔茨：《生产运动》，李乾坤译，南京：南京大学出版社2019年版，第129页。
② ［德］弗里德里希·威廉·舒尔茨：《生产运动》，李乾坤译，南京：南京大学出版社2019年版，第86页。
③ ［德］弗里德里希·威廉·舒尔茨：《生产运动》，李乾坤译，南京：南京大学出版社2019年版，第113页。
④ ［德］弗里德里希·威廉·舒尔茨：《生产运动》，李乾坤译，南京：南京大学出版社2019年版，第149页。
⑤ ［德］弗里德里希·威廉·舒尔茨：《生产运动》，李乾坤译，南京：南京大学出版社2019年版，第175页。

看来,共产主义社会将建立在消灭宗教和消灭国家的物质生产力高度发达的基础之上。对于舒尔茨来说,新的社会需要一种新的宗教基础和国家承担更多的职责,以便将物资生产和精神生产结合起来克服社会的无政府状态。

(二) 劳动异化论的影响

在《1844年经济学哲学手稿》的第一部分,马克思以大量的篇幅引用了舒尔茨的《生产运动》第一章"物质生产"的11个段落,主要涉及工人的贫困化、劳动时间的延长、机器的非人化作用,以及对工人的身体和精神的伤害等方面的内容。在《资本论》中,马克思引用了舒尔茨对工具和机器的区分。从这些引用来看,马克思高度关注舒尔茨对劳动分工的社会后果的分析。

在对社会分工进行历史演化分析的同时,舒尔茨高度重视脱离了结合机制的社会分工在各个领域的大量弊端。对土地的过度细分会造成劳动时间和精力的"不成比例的更大消耗",以及机械化的农业耕作成为不可能。"更不用说,在行业生产中,不断增长的大量的工匠之中劳动的继续分化,也必将带来害处。这些工匠相互之间没有联系,并不为了共同的目的而劳动。工业总体上的结果,即国家层面上的富裕被缩短、停滞了,因为在这一过程中,如此重要的携手劳动消失了,这种劳动只有一个工匠和若干个帮工合作达到一定程度时才可能。"① 在大量使用机器的工厂中,不仅那些没有使用机器技能的工人被淘汰失业而陷入贫困中,而且掌握机器技能的工人在单调和重复性的工作中不断遭受身心的损害,如劳动强度增加、精神更加紧张、伤害事故更多和死亡率更高。随着机器越来越完善,工厂大量使用廉价的童工和妇女来代替报酬较高的熟练工人,从而对儿童造成全面的身心摧残和畸形发展。在身体的片面发展之外,物质生产者还面临着社会等级和精神的异化,以及工厂中的工人贫困化和被残暴地剥削的处境。

与舒尔茨主要从政治经济学的层面上分析劳动异化的表现不同,马克思在《1844年经济学哲学手稿》中则从哲学层面上分析劳动异化的私有制根源及不同表现。可以说,马克思在《1844年经济学哲学手稿》中

---

① [德]弗里德里希·威廉·舒尔茨:《生产运动》,李乾坤译,南京:南京大学出版社2019年版,第58页。

提出的劳动异化理论，本质上是对舒尔茨从政治经济学角度阐述的社会分工的异化论进行哲学概括的结果。与舒尔茨认为社会分工的异化是人为的任意细分或生产力发展的产物的观点不同，马克思则认为，劳动异化是劳动分工与私有制相结合的产物。不过，马克思在《资本论》中对资本主义的批判采取了舒尔茨的经济学思路。

（三）唯物史观的启示

尽管与马克思在宗教思想、精神生产与物质生产、新社会的设想和实现的手段上存在众多的差异，但是，舒尔茨仍然具有一定的唯物史观的思想。在《生产运动》中，舒尔茨不仅使用了劳动、社会交往、物质生产力、生产方式、生产关系等术语，而且认为社会分工建立在物质生产力的发展基础之上。随着社会分工和物质生产力的发展，人类社会就产生了私有财产、社会等级和国家。工商业的发展程度与政治状况紧密相连。在农业占绝对主导地位的国家一般都是君主政体，而在商业高度发达和工商业人口占多数的国家则倾向于民主政体。随着工农业生产的发展和进出口贸易的变化，法律制度也会发生相应的变化，因为总体上的法律"必须符合社会内容中的变化，人民生活的现实自身更多创造了其法律和规则"。① 印刷术的发明造成知识生产和传播的进一步分工，以及宗教、艺术和科学的不断分化。妇女更多的就业和经济独立会带来男女平等的要求，甚至影响家庭和婚姻的状况。

同时，上层建筑对生产力的发展具有一定的反作用。"国家也因其财产权和继承权而在根本上发挥作用"，并对资本与劳动、有产者阶级和无产者阶级之间的对立这个"社会的弊病负责"。② 工商业活动的快速发展是与法律上承认行业的自由竞争原则和废除行会特权密切相关的。农业的扩大经营和土地收益的高低则与土地所有权的自由分割和转让的法律承认和废除长子继承权相关。维护大地产的法律会造成大量的过剩人口和无产者集中在工商业领域，而维护小地产的法律会造成小土地所有者的负债不断增加和破产，间接地制造不满者阶级和大地产的形成。伴随着自由竞争和土地所有权的自由转让而来的是平等权利的诉求和对特权

---

① ［德］弗里德里希·威廉·舒尔茨：《生产运动》，李乾坤译，南京：南京大学出版社2019年版，第52页。
② ［德］弗里德里希·威廉·舒尔茨：《生产运动》，李乾坤译，南京：南京大学出版社2019年版，第52页。

的愤怒。关税保护制度增加了资本家和土地所有者的利益，但却损害了工人的利益，"只会导致无产阶级更大范围的形成和社会不同阶级之间矛盾的加深"。① 由于"它的扩张与公共生活自身以及人民权利有着密切的关系"，新闻报刊行业在自由竞争占统治地位和高度分裂的国家会获得高度繁荣的发展，生产、加工、交易和阅读的人群就会急剧增长。②

但是，舒尔茨的唯物史观思想不仅是零散的、非系统性的，而且包含着一定唯心主义的成分，过度强调了人类的精神或民族精神在物质生产力发展中的主导性作用。由于受到黑格尔的绝对精神外化思想的影响，舒尔茨甚至认为，语言、宗教、科学、艺术都是精神的外化，工具、机器等物质生产力的发展是精神的产物，从而得出精神生产决定物质生产、新教改革推动了资本主义的发展的结论。尽管在经济基础与上层建筑之间的关系上存在唯心主义成分，但是舒尔茨还是正确地描述了生产力与社会分工或生产关系之间的关系。这无疑对马克思在《德意志意识形态》中阐述的唯物史观思想具有重要的借鉴意义。

（四）历史辩证法的启示

舒尔茨的思想包含某种不同于黑格尔的形式辩证法的历史辩证法。黑格尔的辩证法只考虑时间序列的线性发展，而不考虑空间活动的多样性。舒尔茨因此批判黑格尔哲学的思维与存在同一的理念及其辩证法："它最终只是把自己变成了不可知的走向神的逻辑的思想之流，沉浸于一种幻想之中；人们通过将正题颠倒为反题，从中可以得出更生动、更具体的综合，通过这一综合，在无止境的逻辑学之中还有一种无止境的、疯癫的、如此敏锐地发展的理论，然而所得出的不是完整的运动的生命，而是这一生命的一个运动着的影子游戏；这一哲学在其更进一步的发展之中，被证明为只是一种内容更为丰富的时代的逻辑的胞衣。"③ 抛弃了形式的外衣，舒尔茨的历史辩证法将时间序列的辩证运动和空间变化的多样性结合起来，从而展现社会发展的历史进步性和多种社会形态在同

---

① ［德］弗里德里希·威廉·舒尔茨：《生产运动》，李乾坤译，南京：南京大学出版社2019年版，第56页。
② ［德］弗里德里希·威廉·舒尔茨：《生产运动》，李乾坤译，南京：南京大学出版社2019年版，第184页。
③ ［德］弗里德里希·威廉·舒尔茨：《生产运动》，李乾坤译，南京：南京大学出版社2019年版，第179页。

一时间的斗争性与差异性的统一。生产工具、农业、商业、工业、语言、宗教、政治制度和无产阶级的运动都体现了形式变化的历史性与现实多样性的统一。

当然，舒尔茨的历史辩证法还具有某些黑格尔辩证法的形式主义性质，没有探讨一个历史阶段向另一个历史阶段发展的内在逻辑和物质根源。尽管如此，舒尔茨对历史辩证法的探索还是为马克思彻底摆脱黑格尔的形式主义性质的辩证法而走向关注社会本身的历史辩证法的研究铺平了道路。马克思在《1844年经济学哲学手稿》中基于劳动异化论阐述了私有财产的辩证运动，批判了黑格尔的观念辩证法，并在《德意志意识形态》中基于物质生产力和社会分工的相互关系的理论，阐述了社会形态的演进特别是近代资本主义演变的历史辩证法。

(五) 舒尔茨对各种思潮批判的启示

舒尔茨从生产力发展和社会分工的历史演变的角度，对政治经济学、空想社会主义和黑格尔主义进行了批判，从而为马克思后来对这些思潮进行更深入的批判提供了有益的借鉴。

首先，对政治经济学的批判的启示。舒尔茨将社会作为一个物质生产和精神生产相结合的整体对待，因而批判政治经济学只关注物质生产而忽视精神生产活动的片面性。"政治经济学无论怎样都始终关注物的世界（Sachenwelt）和产品的堆积，以及工商业的扩张，而始终没有能下决心在人类本质自身中来研究生产的本质，并将人的肉体的和伦理的，进而将法律的要求作为研究人的起点和终点。"① 即使关注物质世界，政治经济学也是"按照一种所谓自由竞争原则的完全片面的观点，在国家周围架上一圈刺刀，其中，通过一些斗争和外在规矩观察，富人把穷人，狡猾者把敦厚者打趴在地"，从而造成财富不断增长中的普遍贫困化现象。② 由于只关注经济增长和劳动分工的平均好处，政治经济学就不关注社会贫困的现实及其根源，也忽视了劳动分工带来的极端恶果，从而制造出社会和谐的假象。"但是当代的政治学也总可以借助于统计学家，不断地将肚子、后背和四肢平均化，从而在整体上证明兴旺繁荣，而没

---

① [德] 弗里德里希·威廉·舒尔茨：《生产运动》，李乾坤译，南京：南京大学出版社2019年版，第57页。
② [德] 弗里德里希·威廉·舒尔茨：《生产运动》，李乾坤译，南京：南京大学出版社2019年版，第183页。

有注意到局部的萎缩和畸形。"① 马克思吸收了舒尔茨关于自由竞争的片面性和政治经济学忽视资本主义的畸形发展的观点，但更注重分析政治经济学的前提即私有制在自由竞争中的必然后果。

其次，对空想社会主义的批判的启示。舒尔茨不仅批判空想社会主义者的思想加剧了社会的无政府状态，而且指出空想社会主义者提出的大量政策主张都是违背历史和社会现实的空想。针对那种利用暴力的方式摧毁大城市和消灭城乡对立的空想主义思想，舒尔茨指出，城市和乡村在历史上经历了一个分离、对立到融合的辩证发展过程。随着物质生产力和工农业的发展，城乡之间在教育、生活方式、文化、语言、观点、服饰、习俗等方面都越来越趋同化，城乡之间的对立也不断消失。针对"社会困境在本质上就是因为劳动和收入的坏的划分"的问题，舒尔茨认为，移民、建立穷人的储蓄银行和富人的慈善捐赠都不是解决贫富不均问题的主要手段。"因为痛苦恰恰在于，千百万人只有通过糟蹋身体、损害道德和智力的紧张劳动，才挣钱勉强养活自己，而且他们甚至不得不把找到这样一种工作的不幸看作一种荣幸。故而在数不清的情况下，对那些贫苦工人提出的不公正的要求，要更多地去限制他有限的享受范围，更多地提高其劳累的程度，从而更早地耗尽他的生命力，节省下的时间也许正好省去了国家必须为其在医院中垂危至死的花费了吧？"② 因此，要求一无所有的无产者节约和积累资本，以便充分地利用自由营业的权利，只能是一种"空洞的、抽象的人格性权利"和"可怕的权利"。马克思后来对蒲鲁东的储蓄银行和其他空想主义的互助合作社思想进行了更深入的批判。

最后，对唯心主义的批判的启示。德国唯心主义者都推崇理性和精神自由。但是，对于绝大多数普通劳动者而言，精神自由需要体力劳动的解放和闲暇时间的获取。舒尔茨认识到物质生产的进步与精神自由之间的关系。"物质生产的进步的最大影响是在身体劳动、感官享受同精神劳动以及增长的精神需要之间整个关系上。在个别以及在总体中，在个体以及在国家层面上，当感性生活的需要达到一定程度时，这种精神的

---

① ［德］弗里德里希·威廉·舒尔茨：《生产运动》，李乾坤译，南京：南京大学出版社2019年版，第66页。
② ［德］弗里德里希·威廉·舒尔茨：《生产运动》，李乾坤译，南京：南京大学出版社2019年版，第60页。

活动和需要都在更高的程度上显露出来。国民要想在精神方面更自由地发展，就不应该再当自己肉体需要的奴隶、自己肉体的奴仆。因此，他们首先必须有能够进行精神创造和精神享受的时间。"① 尽管物质生产力的极大发展产生了满足社会物质需要的劳动时间的节约，但是，工人的实际劳动时间却延长了。为此，工人阶级展开了争取普遍的教育和更平等的自由精神享受的运动。这就表明，精神自由是一个社会化的过程，不是主体的思维主观决定的。马克思在《神圣家族》中对鲍威尔等人鼓吹的精神自由思想进行了批判，主张精神自由要建立在物质生产和生活的基础上。

总之，舒尔茨的《生产运动》所包含的丰富的、综合性的思想，为马克思摆脱彻底黑格尔主义和空想社会主义的思想羁绊以及走向政治经济学的批判，铺平了道路。同时，马克思利用《黑格尔法哲学批判》和《论犹太人问题》所获得的思想成就，将舒尔茨的核心思想重新整合进自己的思想框架，形成了《1844年经济学哲学手稿》的劳动异化理论和私有财产的辩证运动的思想，并在《1844年经济学哲学手稿》和《神圣家族》中对黑格尔的形式辩证法展开了批判，在《德意志意识形态》中阐述了历史辩证法和唯物史观并对空想社会主义思潮进行了批判。

---

① ［德］弗里德里希·威廉·舒尔茨：《生产运动》，李乾坤译，南京：南京大学出版社2019年版，第67—68页。

# 第十二章　马克思的阅读与心智模式变迁

马克思是一位阅读和批判大家，从阅读和批判中获得的知识和理论在其心智模式的变迁中起着异乎寻常的作用。毫无疑问，阅读笔记和手稿提供了一种展现马克思的阅读方法、选择性阅读的著作和思想演进的最佳文本，而张一兵提倡的"功能性深度阅读法"就是将马克思的阅读笔记和手稿与公开发表的著作结合起来对马克思的著作进行阅读的方法。① 柄谷行人（2006）认为，马克思在其博士论文中注重不同哲学家思想间的细微差别的对比阅读方法，在其政治经济学批判的过程中得到再次确认。王晓红（2008）考察了《克罗茨纳赫笔记》和《巴黎笔记》将摘录、评述和论述相结合的系统性阅读方法。法国哲学家路易斯·阿尔都塞认为，马克思在《资本论》中采用了栅栏筛选法和症候阅读法。② 阅读的过程就是阅读者与文本进行思想交流、吸收、批判、创造的过程。如果说所阅读的书籍和资料群体决定了思想的来源和构造方式，那么，书籍和资料群体的变迁就会改变思想的来源和构造方式，理论框架也会发生一定的变迁。本章从马克思的阅读方法出发，结合阅读心理学的最新研究成果，以《黑格尔法哲学批判》和《巴黎手稿》为例证，说明马克思的心智模式是如何在阅读政治哲学和古典政治经济学著作中演变和整合的。

## 第一节　文本阅读的理论与马克思的心智模式建构

马克思的阅读史是现代阅读心理学和心智模式建构的一个最好例证。

---

① 张一兵：《回到马克思》，南京：江苏人民出版社2014年版，第2页。
② [法] 路易·阿尔都塞、艾蒂安·巴利巴尔：《读〈资本论〉》，李其庆、冯文光译，北京：中央编译出版社2017年版，第6—8页。

马克思的一生，就是阅读的一生。其流传下来的 250 多本读书笔记就是其阅读历史的见证。现代阅读心理学高度关注阅读在心智模式建构中的演化机制，从而有助于我们从马克思自身阅读的角度探索其心智模式的变迁。

## 一、心智模式与文本阅读：一个现代观点

现代阅读的心智模式理论认为，人类的知识是以图式的方式储存于大脑之中的。所谓图式，就是以等级层次形式储存于长期记忆中的一组相互作用的知识结构。每一类型的知识就储存在图式之中，不同类型的图式按照一定的规则集聚在一起，就像各种砖块堆积成金字塔一样。这些知识的砖块不仅在不断积累和巩固，而且成为吸收或者排斥新信息的过滤器。"人们在认识新事物时总是将其与已知的事物联系在一起。对新事物的理解往往受头脑中已存在的图式的支配，而所激发的图式必须与输入的新信息相关联。"①

心智模式的理论，起源于康德的先天综合判断的先验图式。与先天综合判断强调知识结构的先天性和静态性不同，心智模式则是历史地构建的、能够认识事物本质的图式。皮亚杰的发生认识论探讨了新生儿到成年人的个体认知发生过程，而坎贝尔（D. T. Cambell）、雷德尔（R. Reidel）、卡尔·波普尔等人提出的进化认识论则探讨了生物到人类的认识发生过程。马克思的唯物史观指出，各种认识的社会形式还受到物质生产力的制约。这意味着，心智模式是一个具有层级结构的框架系统，最基础的层次是生命和人类的长期演化形成的底层框架，其次是个体成长过程形成的第二层框架，再次是物质生产力水平所形成的第三层框架，第四层框架则是传统习俗、教育和阅读所形成的概念框架。这就意味着，心智图式的建构既是一个自然历史的过程，又是一个社会化的过程，是一个先天与后天综合建构的过程。②

在阅读过程中，大脑中的图式预判信息的可接受性，或者信息不断去刺激大脑中的具体图式。图式的一种就是背景知识，即在日常生活和工作中以极高的频率出现或者交流的知识。当读者的经历与文本的背景

---

① 亓鲁霞、王初明：《景知识与语言难度在英语阅读理解中的作用》，载《外语教学与研究》，1988 年第 2 期。

② 李伯聪：《选择与建构》，北京：科学出版社 2008 年版，第 203 页。

知识高度重合时，读者不仅容易理解文本，而且阅读的速度明显加快。在基础阅读中，阅读者对文本背景的熟悉度、文本的语境和语言的难易程度都会对读者的理解形成不同的影响。在这三个因素中，背景的熟悉度对文本的理解影响最大。在阅读过程中，阅读者不仅接受或者排斥相关的信息，而且也在不断建构大脑的图式。

巴特勒特（Bartlett）在1932年对文本阅读的认知研究中进一步深化了阅读与回忆的理解。[1] 巴特勒特的研究发现，记忆的内容与文本的内容之间存在很大的差距。记忆的内容不仅遗失了文本内容的许多细节和语句，而且还过分强调了某些与经验一致的细节，并使这些被强调的细节保持前后一致。根据这些经验研究的结论，巴特勒特提出了阅读的图式理论。这个理论认为，图式是过去经验和知识所形成的模块。在阅读过程中，文本内容刺激了图示的再现，人们利用图示来吸收与图式一致的信息，排斥与图式不一致的信息。当与图式一致的信息得到再次肯定时，人们对这些信息的意识得到加强，表现为人们对这些信息的记忆比较清晰。当与图式不一致的信息出现时，图式就会修改和填补文本内容，大脑努力使文本内容变得更加条理化，文本的阅读难度就会增加，绝大部分信息都会被遗漏，只有少数符合图式的信息得以保留和记忆。卢莫哈特（Rumelhart，1981）则进一步认为，文本阅读理解就是选择和激发能够说明输入信息的图式与文本约束的过程。文本中的信息会在阅读过程中激发阅读者的记忆不断搜索寻找那些能够说明这些信息的图式。当文本信息与大脑中的图式取得某种联系，或者得到说明时，我们就说阅读者对文本产生了某种理解。读者对文本的理解是一个循环递进的过程。随着阅读行为的持续进行，更多、更高的图式会被不断激活，文本信息与大脑图式建立联系的种类、数量和稳固性会不断增加，理解就会变得不断深入，从文字的理解不断延伸到句子的理解、语段的理解、篇章的理解和文本整体的理解。

基钦和迪吉克（Kintsch & Dijk，1978）进一步认为，文本的阅读是分类或者分层次进行的。在阅读的过程中，阅读者首先根据知识框架中的文字和符号图式对文本的文字和符号进行表层解码，获得文本的表层

---

[1] R. F. Lorch and P. van den Brook, "Understanding Reading Comprehension: Current and Future Contributions of Coginitive Science", *Comtemporary Educational Psychology*, Vol. 22, No. 2, 1997, pp. 213–246.

结构。获取相应的文字和符号图式最基本的阅读方法就是基础阅读法或者摘录法。一旦获取了文本的表层结构，或者文字和符号不会造成进一步阅读和思考的障碍时，阅读者就会根据大脑中的知识框架将表层结构浓缩或者解释为文本内的一系列命题及其关系结构构成的语义结构水平（亦称命题表征），或者进一步将命题表征与先前的知识结构进行整合并在更深层次上形成文本表征的情景模型。从文字和符号的解码到命题的形成和情景模型的演进，阅读者对文本的理解得以不断深入。扎旺和莱德万斯基（Zwaan & Radvansky，1998）认为，大脑并不是在阅读过程中完全将文字表层结构、命题结构和情景模型按照时间序列进行分层表征的，而是每一个层次都是一个不断建构和更新的过程。在连续不断的构建、更新、激活和聚焦的交替过程中，情景模型也会由当前模型不断向整合模型和完全模型演变。也就是说，当阅读者开始阅读时，大脑会调动先前的知识结构，利用单个句子或者短语描述的情景形成当前模型。随着阅读的推进，越来越多的句子或者短语不断加入到当前模型之中而形成整合模型。整合模型是对当前模型的不断更新，也是对某些信息的聚焦的结果。当文本阅读结束之后，整合模型就成为完全模型储存于记忆之中并不断与先前的知识结构进行进一步的整合与融合。当读者受到某种刺激进行回忆时，经过进一步整合和融合的完全模型或者其成分就会从长时记忆中激活，成为判断、吸收或者排斥新信息的框架结构。可以说，大脑的知识和信息吸收就是一个不断建构知识图式或者模块的过程。

另外，文本阅读的建构主义理论认为，人们在阅读时总是在进行主动的意义搜寻，特别是读者在阅读过程中总是努力地去寻找能解释某一事件、行为、目标的一般及特定的信息源。这种意义的搜寻或者限制在文本的首尾因果关系上，或者限制在当前句子与先前句子之间的内在联系上，并以长时记忆为基础。毫无疑问，人们在阅读时会进行意义的搜寻以便对文本进行理解，但是，意义的搜寻不仅表现在当前阅读的句子与先前阅读的句子的意义整合和解释之中，而且也会表现在字和词的意义整合与解释之中，更会表现在文本的内容与大脑中的知识图式的整合与解释之中。因此，阅读不仅是一个意义搜寻过程，而且还是一个利用背景知识对文本进行整合而形成知识图式或者情景模型的过程。

## 二、马克思的早期阅读与心智模式的建构

从大学时期开始,马克思就逐渐养成了阅读和作阅读笔记的习惯。在1835—1836年期间,马克思在波恩大学选修了10门课程,其中有6门法学课程,如法学全书、法学纲要、罗马法史、德意志法学史,另外四门课程与美学有关,如希腊罗马神话、荷马研究诸问题、现代艺术史、普罗佩尔提乌斯的哀歌。① 伴随着美学课程的学习和受到任课教授、浪漫派创始人之一的奥古斯都·施莱格尔的影响,马克思根据兴趣和研究的需要阅读了大量的诗歌和文学作品。在1837年11月10致父亲的信中,马克思写道:"这时我养成了对我读过的一切书作摘录的习惯,例如,摘录莱辛的《拉奥孔》、佐尔格的《埃尔温》、温克尔曼的《艺术史》、卢登的《德国史》,并顺便写下自己的感想。……我读了克莱因的《刑法》和他的《年鉴》以及所有的文学新作,不过后者只是顺便浏览一下而已。"② 同时,马克思在此期间也写下了大量的诗歌和文学作品,如《爱之书》(一)、《爱之书》(二)、《歌之书》和《献给父亲的诗册》,还有幽默小说《斯科尔皮昂和费利克斯》和悲剧《乌兰内姆》,并向《德国缪斯年鉴》投稿和打算创办戏剧评论类的杂志。桦桢(2007)对马克思的诗歌主题进行了统计分析,认为马克思的诗歌主题涉及爱情67次和死亡54次,在意象方面涉及光明79次、黑暗54次、歌声和歌手46次、漂泊和远行30次。这些不同主题和意向的抒情诗,按照马克思的话说,充满了"对当代的抨击,漫无边际、异常奔放的感情,毫无自然的东西,纯粹的凭空想象,现有之物和应有之物的截然对立,以修辞上的刻意追求代替充满诗意的构思、不过或许也有某种热烈的感情和奋发向上的追求"。③ 通过对马克思的诗歌主题的分析,维塞尔认为,"马克思的浪漫派形象有意义地促成了他一生中寻求解决的根本问题的形成"。④

在1836年10月转入柏林大学后,马克思的阅读和创造兴趣逐渐从诗歌转移到法学和哲学著作的阅读和写作。在1836—1839年期间,马克

---

① 《马克思恩格斯全集》第40卷,北京:人民出版社1982年版,第844页。
② 《马克思恩格斯全集》第47卷,北京:人民出版社2004年版,第11—12页。
③ 《马克思恩格斯全集》第47卷,北京:人民出版社2004年版,第7页。
④ [美]维塞尔:《马克思与浪漫派的反讽—论马克思主义神话诗学的本源》,陈开华译,上海:华东师范大学出版社2008年版,第6页。

思在柏林大学选修了12门课程,其中法学课程有8门,包括萨维尼讲授的《罗马法全书》、甘斯讲授的刑法和普鲁士法,此外还选修了人类学、逻辑学等课程。① 为此,马克思在1836年的冬季学期写了300个印张的法学著作。在柏林大学经过一年的学习后,马克思在1837年11月10日致父亲的信中说:"我必须攻读法学,而且首先渴望专攻哲学。这两门学科紧密地交织在一起,因此我一方面不加任何批判地,像小学生一般地读了海奈克齐乌斯和蒂博的著作以及各种文献,例如,我把《学说汇纂》头两卷译成德文,另一方面又试图使一种法哲学贯穿整个法的领域。"② 在1837年的夏季学期,马克思在阅读康德、费希特、谢林、黑格尔及其"大部分弟子的著作"的基础上写了24印张的哲学对话集《克莱安泰斯,或论哲学的起点和必然的发展》,涉及"自然科学、谢林和历史"的庞大材料。由于写作哲学对话集未果,马克思开始认真研读法学著作。"此后不久,我只从事一些正面的研究。我研究了萨维尼论占有权的著作、费尔巴哈和格罗尔曼的刑法、克拉默的《论词义》、韦宁-英根海姆关于《学说汇纂》体系的著作和米伦布鲁赫的《关于〈学说汇纂〉的学说》,后者我现在还在研究;最后我还研究了劳特巴赫文集中的某些篇章;民事诉讼法,特别是教会法,后者的第一部分,即格拉蒂安的《矛盾宗规的协调》,几乎全部在《[法典]大全》中读完了,并且作了摘要;我也研究了附录——朗切洛蒂的《纲要》。后来,我还节译了亚里士多德《修辞学》,阅读了著名的维鲁拉姆男爵培根的《论科学的发展》,潜心研究了赖马鲁斯的著作,高兴地细读了他的著作《关于动物的复杂本能》。"③ 这些大量的阅读、笔记摘要以及不知疲倦的写作不仅为马克思在哲学特别是法学的心智模式打下了坚实的基础,而且也让马克思的思想更具有批判性和敏锐性。

从流传下来的证据来看,马克思的读书笔记最初体现在写作博士论文的七个笔记本《关于伊壁鸠鲁哲学的笔记》之中。马克思的读书笔记的一个显著特点是题录部分标记得很清楚,在每个笔记本的前面都详细注明摘录著作的名称、作者、版本、卷册和摘录顺序。在做摘录时,马克思力求准确地叙述所阅读书籍的内容,按照部分章节逐字逐句地摘引

---

① 《马克思恩格斯全集》第40卷,北京:人民出版社1982年版,第897页。
② 《马克思恩格斯全集》第47卷,北京:人民出版社2004年版,第7页。
③ 《马克思恩格斯全集》第47卷,北京:人民出版社2004年版,第13—14页。

或者复述，紧接着就写评注。马克思对那些与自己的研究主题密切相关、参考价值大的材料和观点作重点详细摘录和评注，而对那些参考价值不大的著作或文章仅作简要的摘录。① 从读书笔记的摘录内容来看，马克思对一个主题的最初摘录比较详细，但随着阅读的进展，摘录越来越简略，而评述、注解、对比分析和思想的发挥越来越多。聂锦芳说："马克思按照他的习惯，把他所研读的作品中重要之处打断摘录到笔记本上，同时常常写有评论性的意见，到后来甚至发展为其独立思想的长篇发挥。"② 随着阅读和研究的深入，马克思往往把所阅读书籍的叙述次序重新安排，利用从其他阅读中所获得的材料与正在阅读书籍所叙述的事实和观点加以对照和分析。除单独的读书笔记之外，马克思的阅读体会也部分地体现在阅读著作之中。拉法格说："他常折叠书角，画线，用铅笔在页边空白上做满记号。他不在书里写批注，但当他发现作者言过其实的时候，就常常忍不住要打上一个问号或一个惊叹号。画横线的方法使他能够非常容易地在书中找到所需要的东西。他有这样么一种习惯，隔一些时候就要重读一次他的笔记和书中做了记号的地方，来巩固他的非常强而且精确的记忆。"③

除了《关于伊壁鸠鲁哲学的笔记》，在1840—1841年准备博士论文的过程中，马克思的阅读摘要构成了八本《柏林笔记》，包括亚里士多德、斯宾诺莎、莱布尼茨、休谟的、罗森克兰茨、霍尔巴赫等人的著作。在此期间，马克思还认真研究了黑格尔的《逻辑学》和黑格尔的历史观，并撰写了未流传下来的"逻辑学著作"，从而达到了对黑格尔辩证法的合理内核的深刻理解，即"把历史理解为辩证的、合乎规律的发展过程和揭示它本质的与内在的推动力"。④ 依靠这些研究中得出的认识，马克思在博士论文中站在历史和现实政治的高度对哲学问题、宗教问题、哲学与宗教的关系问题进行了批判性审查。从大量的哲学阅读和博士论

---

① 彭清深：《马克思的科学研究方法探赜》，载《西北民族学院学报（哲学社会科学版）》1996年第3期。
② 聂锦芳：《清理与超越：重读马克思文本的意旨、基础与方法》，北京：北京大学出版社2005年版，第23页。
③ 保尔·拉法格：《忆马克思》，见中央编译局编：《回忆马克思》，北京：人民出版社2005年版，第189页。
④ 熊子云、张向东译：《马克思早期思想研究译文集》，重庆：重庆出版社1982年版，第95页。

文所取得的成就来看，马克思对黑格尔体系和哲学的未来走向非常关注，坚决地表现出对复辟政治和宗教的批判斗争精神，同时认识到思维与存在的同一需要经历实践的环节。由于认识到马克思的巨大创造才能，布鲁诺·鲍威尔努力争取马克思到波恩大学任教，并试图与马克思合作撰写《末日的宣告》这部宗教著作。在1842年4月至5月底迁居波恩后，为了撰写计划中的《论基督教艺术》，马克思做了五本《波恩笔记》，摘录了梅涅尔的《宗教批判通史》、巴尔贝拉克的《论神父的道德》、德布罗斯的《论物神崇拜》、伯提格尔的《艺术性神话的观念》、格隆德的《希腊人的绘画》、鲁莫尔的《意大利研究》等宗教史和艺术史的380条引文。在《评普鲁士最近的书报检查令》中，马克思充分利用了自己在法学、哲学、宗教和艺术领域的广博知识，在批判普鲁士的书报检查令"反自由主义"的同时引进了对基督教国家的批判。① 在关于林木盗窃法的辩论文章中，马克思运用了德布罗斯关于"上帝崇拜"著作的两处引文。但是，为《莱茵报》撰写重要的现实问题的政论文章迫使马克思逐渐放弃了宗教和艺术史的研究。②

在1842年至1843年初的《莱茵报》时期，马克思对书报检查制度、婚姻法草案、基督教国家的理念、林木盗窃的议会辩论等涉及权利和利益的法律和政治问题展开了批判和分析。从这些法律和政策讨论中，马克思看到等级议会和政府官僚都在为了自己的利益而剥夺和蔑视贫困阶层的利益，看到了国家和法律的本质不是理性而是私有财产的利益。参与等级会议关于出版自由和林木盗窃法的争论，以及在摩泽尔河谷的贫困问题上与官僚制度展开的论战，无疑加深了马克思对普鲁士政治制度的理解。而且，马克思认识到，"可能就没有任何一个经济问题不同国内外的政治问题有联系"，所以，"如果不把经济问题同国内外的政治问题联系起来考虑，就几乎没有一个经济问题能够得到真正的解决"。③ 因此，马克思认为，"应该从国家的本性、从国家本身的实质中"，"从人类社会的本质中引伸出各种国家形式的法"。④

---

① 马克西米安·吕贝:《法国大革命对青年马克思思想形成的影响》，载《第欧根尼》，1992年第1期。
② 熊子云、张向东译:《马克思思想早期研究译文集》，重庆:重庆出版社1982年版，第63页。
③ 《马克思恩格斯全集》第1卷，北京:人民出版社1956年版，第234页。
④ 《马克思恩格斯全集》第1卷，北京:人民出版社1956年版，第127页。

在1843年3月退出《莱茵报》编辑部之后，结合自己的政治实践经验和卢梭的政治哲学，马克思在对经验问题寻求理论支持的过程中展开了对黑格尔的法哲学的道德批判、历史批判和逻辑批判，写成了《黑格尔法哲学批判》的手稿。"对黑格尔法哲学的批判同时引起了在克罗茨纳赫进行历史与政治的研究，……逐渐转向分析具体的历史发展和具体的政治关系。"① 在1843年7—8月期间写作的五本《克罗茨纳赫笔记》中，马克思集中对法国、德国、英国、瑞典、波兰、意大利、美国等国的24本历史著作中关于现代国家与民族发展中的宪法的、行政的、法律的和社会历史诸方面进行系统摘录，第二册笔记涉及财产关系同政治法律关系之间的内在联系。除原始摘录外，马克思还在笔记中运用了"内容提要""索引"和"书目标题提要形式"。例如，《克罗茨纳赫笔记》的第一、二册都包含"内容提要"，以及引证的条目索引，如"议会""国民公会""行政权""立法权""权力的划分"等。从所阅读的瓦克斯穆特的著作所提示的书目中，马克思整理了关于法国革命史的一百多个书目。② 这就表明，马克思对高度关注的问题采取了系统性地阅读和研究的态度。而且，通过对比法国、英国、德国和瑞典等国的公共财产转变为私有财产、封建财产的结构以及封建财产如何演化出资本主义的私有制，马克思力图寻求不同财产形式在不同的历史条件下所展示的不同规律。在阅读这些国家的历史时，马克思还钻研了卢梭、孟德斯鸠、马基雅弗利的政治理论著作。"他的这种研究在于探讨资产阶级国家的与社会的理论同历史之间的内在联系。正是这种对马克思思想往后的整个发展如此具有特征的关于理论的与历史的研究方法的统一，在克罗茨纳赫摘录笔记的内容中明显地表现出来。"③《克罗茨纳赫笔记》的摘录内容，在《黑格尔法哲学批判》的结尾部分、关于作为私有制的政治制度的论述、等级制度的分析以及《论犹太人问题》中关于从政治上消灭私有制的论述中，都得到引用和利用。④

---

① 熊子云、张向东译：《马克思思想早期研究译文集》，重庆：重庆出版社1982年版，第64页。
② 王晓红：《马克思笔记的写作方法初探》，载《江汉论坛》，2008年第9期，第37页。
③ 熊子云、张向东译：《马克思思想早期研究译文集》，重庆：重庆出版社1982年版，第66页。
④ 熊子云、张向东译：《马克思思想早期研究译文集》，重庆：重庆出版社1982年版，第68页。

吕贝尔认为,马克思在《克罗茨纳赫笔记》的最后几页和《黑格尔法哲学批判》中就向政治经济学转移。"初始的社会分析标志着向政治经济学方向的转移:马克思认为不同职业的社会成员的地位与社会和阶级相关,他发现中产阶级社会'实现了个人主义原则'。"① 因此,从1843 年 10 月迁居到巴黎后,马克思就开始系统地转向政治经济学的学习和研究。在 1843—1845 年期间,马克思阅读的经济学书籍主要有以下几个特点:一是尽可能选择最近年份的影响较大的经济学书籍阅读。表1列举了马克思在此期间阅读的经济学著作的状况。在《巴黎笔记》《布鲁塞尔笔记》和《曼彻斯特笔记》对政治经济学及其学说史的著作摘录中,马克思总是选择最有权威性或者最近 10 年内出版的优秀著作进行阅读、摘录和分析,同时根据阅读书籍中的引用特别是经济学说史的著作来追寻新的著作。二是尽可能阅读各种权威教材。在马克思阅读政治经济学的初期,教材占了很大的一部分。例如,《巴黎笔记》《布鲁塞尔笔记》和《曼彻斯特笔记》分别摘录了 9 本、5 本和 4 本政治经济学教材。大规模地、有系统地阅读教材有助于建立起政治经济学的框架体系,发现各种教材对相同问题的分析和论述中不断表现出来的多样性和差异性。三是对重要的经济学著作采取交叉阅读的方式。例如,亚当·斯密的《国富论》出现在《巴黎笔记》的第 2 册和第 3 册,李嘉图的《政治经济学及赋税原理》出现在《巴黎笔记》的第 4 册和第 6 册,詹姆斯·穆勒的《政治经济学原理》出现在《巴黎笔记》的第 4 册和第 5 册,麦克库洛赫的《论政治经济学的起源、发展、特殊对象和重要性》出现在《巴黎笔记》第 5 册、《布鲁塞尔笔记》第 3 册和《曼彻斯特笔记》第 5 册。四是在掌握经济学基本框架的基础上逐渐阅读各种专著和报告。马克思在巴黎期间主要阅读有关贫困问题的专著,然后在布鲁塞尔期间结合贫困问题的研究来阅读机器、税收和政治经济学说史的各种专著,最后在曼彻斯特期间广泛阅读有关人口、贸易、货币、价格和财政方面的专著和报告。这些经济学书籍的阅读表明,马克思对经济学的研究是将经济学教材的阅读与经济学专著和报告的研究结合起来的,从而避免了拘泥于教材的形式而脱离经济生活的实际情况。

---

① [法] 吕贝尔:《吕贝尔马克思学文集》,郑吉伟等译,北京:北京师范大学出版社 2009 年版,第 121 页。

表 1　马克思阅读的经济学书籍的分析

| 笔记 | 经济学书籍的年代 | | | | 经济学书籍分类 | |
|---|---|---|---|---|---|---|
| | 5 年内 | 5—10 年 | 11—30 年 | 30 年以上 | 教材 | 非教材 |
| 《巴黎笔记》 | 6 | 2 | 7 | 5 | 9 | 3 |
| 《布鲁塞尔笔记》 | 8 | 4 | 7 | 1 | 5 | 20 |
| 《曼彻斯特笔记》 | 3 | 5 | 8 | 4 | 4 | 22 |

资料来源：张一兵：《回到马克思》，南京：江苏人民出版社 2014 年版，第 170—171、323—325、374—378 页。

从马克思早年的阅读史可以看出，马克思在每一个阶段的阅读主题都非常明确。波恩大学时期的诗歌和文学作品的阅读，柏林大学时期的法学和哲学著作的阅读，《关于伊壁鸠鲁哲学的笔记》和《柏林笔记》的哲学阅读，《波恩笔记》的宗教史和艺术史的阅读，《克罗茨纳赫笔记》的历史和政治著作的阅读，以及《巴黎笔记》的政治经济学著作的阅读，都充分体现了这一点。德国美学家和批评家沃尔夫冈·伊瑟尔认为，主题与视野的结构不仅确立了作为理解基础的文本与读者之间的关系，而且建立了阅读者汲取文本的观点和方法的过程。"它将读者积极地带入组合各种不断变化观点的综合过程之中，各种观点的变化不仅是一种观点修改另一种观点，而且是影响过去与将来的诸观点的综合。……每一个人的观点在与其他观点的关系中都会得到扩大与变化，这是我们从构成视野的各个角度观察所得的结论。"[①] 在《克罗茨纳赫笔记》中，马克思主要以法国革命史和所有制问题为中心，对 24 本历史著作中论述各国历史及有关公社所有制向私有制转变、封建所有制和封建占有的不同形式、封建社会内的资本主义关系的萌芽形式等论述都做了详细的摘录。因此，按照主题阅读的方法就有助于收集各种著作中对相同问题的多角度和多层次的论述资料，对比分析不同国家的历史，强化自己对各种观点的分析和鉴别能力。

除了受到阅读者的视野和主题选择的影响，马克思对阅读书籍、阅读内容及摘录的选择还受到心智模式或者前结构的制约。根据伽达默尔的诠释学，对文本的理解永远是被前理解的先把握活动所规定，而理解

---

[①] [德] 沃尔夫冈·伊瑟尔：《阅读活动—审美反应理论》，金元浦、周宁译，北京：中国社会科学出版社 1991 年版，第 117 页。

活动则是文本与诠释者之间相互作用的一种运动。联结文本与诠释者预期的东西是两者的共同性。"但这种共同性是在我们与传承物的关系中、在经常不断的教化过程中被把握的。这种共同性并不只是我们已经总是有的前提条件，而是我们自己把它生产出来，因为我们理解、参与传承物进程，并因而继续规定传承物进程。"① 随着阅读的不断深入，视野的扩大，主题越来越多样化，阅读者与文本之间的共同性就会越来越多。阅读者对文本的进一步反应是阅读者的前结构与文本的特定结构发生交流和碰撞的过程。"在阅读过程中，读者的角色是在不断地占领有利地形，以适合于先在结构的活动，将不同的视点纳入一个不断演化的模式。这使读者既能把握住本文视点的不同立场，又能了解各种立场最后的接合。这种最终的接合就是由不断变异的视点与逐渐展开的联接相互作用造成的。因此，读者的角色是由三种构成要素先在地结构而成。这三种构成要素是：显现于本文中的不同视点，组合诸视点的有利地形，以及殊途同归之处。"② 这种前结构表现在马克思的读书笔记中，就是根据已有的心智模式对文本特定的观点或者命题进行摘录和评论。

同样不可忽视的是，马克思的主题阅读笔记总是与撰写相应的著作和文章的计划密切相关。《关于伊壁鸠鲁哲学的笔记》和博士论文，《柏林笔记》与计划撰写的逻辑学著作和对特伦德伦堡的批判，《波恩笔记》和计划撰写的《论基督教的艺术》与《论宗教和艺术》，《克罗茨纳赫笔记》与《黑格尔法哲学批判》，以及《巴黎笔记》和《1844年经济学哲学手稿》，似乎都存在明显的对应关系。马克思在《神圣家族》《论犹太人问题》《评普鲁士人的〈普鲁士国王和社会改革〉一文》和《德意志意识形态》的著作中都充分利用了《克罗茨纳赫笔记》和《巴黎笔记》中有关世界历史和议会史的阅读摘要和心得体会。③ 因此，马克思的大量阅读笔记都是服务于著作的撰写和现实问题的解决目的的。在1868年4月11日致劳拉·拉法格的信中，马克思说："我亲爱的孩子，你也许会认为，我太喜欢书了，以致在这样不适当的时刻为了书的事还来打扰

---

① ［德］汉斯—格奥尔格·伽达默尔：《真理与方法：哲学诠释学的基本特征》，洪汉鼎译，北京：商务印书馆2007年版，第399页。
② ［德］沃尔夫冈·伊瑟尔：《阅读活动—审美反应理论》，金元浦、周宁译，北京：中国社会科学出版社1991年版，第45页。
③ 卢晓萍、章丽莉译：《关于巴黎笔记》，载《马列主义研究资料》，1983年第3辑，第41页。

你。但是你大错特错了。我只不过是一架机器，注定要吞食这些书籍，然后以改变了的形式把它们抛进历史的垃圾箱。"① 在围绕自己的著作撰写和高度关注现实问题的时候，马克思这位读者在"直接转向文字传承物中获得一种移动和扩展自己视域的真正可能性，并以此在一种根本深层的度向上使自己的世界得以充实"。②

因此，对马克思而言，阅读的过程就是一个受制于心智模式的肯定、否定和否定之否定的有目的的探索过程。详细摘录是一个选择性地肯定的过程。评论就是利用已有的心智模式或者理论框架去统摄文本内容的过程。在评论的过程中，阅读者可能会去关注与理论框架一致或者不一致的内容，而忽视其他与理论框架无关的内容。因此，评论是一个否定和吸收的过程。心得体会或者思想的发挥则是一个否定之否定的过程。"否定的否定所包含的肯定，或自我肯定和自我确证，被认为是对自身还不能确信因而自身还受对立面影响的、对自身怀疑因而需要证明的肯定，即被认为是还没有用自己的存在证明自身的、还没有被承认的肯定；可见，感觉确定的、以自身为基础的肯定是同这种肯定直接地而非间接地对立着的。"③ 阅读不是一个单向运动的过程，文本的思想并不能在读者心灵中进行直接的内在化。文本的理论和思想，是在与阅读者的心智模式进行交流的过程中进行相互作用、相互渗透和相互转化的。两者之间的对立与冲突构成了阅读者继续阅读的动力。其结果是，阅读实践活动既修正了文本的理论和思想，又修正了阅读者的概念框架。伊瑟尔说："人们在阅读活动中达成的成功的交流将依据本文在何种程度上作为相关物在读者意识中建构自身。人们往往以为，这种本文向读者的'转化'，完全是由本文形成的。但是，尽管这种转化一般总是从本文开始的，然而要想达成成功的转化，却必须取决于本文在何种程度上激活个体读者的个人领悟才能和加工才能。……易言之，本文对将由阅读活动所生成的一切只起一种导引作用，它自身并不就是这种生成。"④ 因此，主客体的辩证运动同等地体现在认识、阅读和实践过程之中。

---

① 《马克思恩格斯全集》第 32 卷，北京：人民出版社 1974 年版，第 533 页。
② [德] 汉斯—格奥尔格·伽达默尔：《真理与方法：哲学诠释学的基本特征》，洪汉鼎译，北京：商务印书馆 2007 年版，第 526 页。
③ 《马克思恩格斯全集》第 42 卷，北京：人民出版社 1979 年版，第 158—159 页。
④ [德] 沃尔夫冈·伊瑟尔：《阅读活动—审美反应理论》，金元浦、周宁译，北京：中国社会科学出版社 1991 年版，第 127 页。

## 第二节　马克思与《黑格尔法哲学批判》

《黑格尔法哲学批判》是马克思在1843年夏天对黑格尔的《法哲学原理》中有关"国家法"部分进行批判性阅读的著作，也是马克思在1859年的《〈政治经济学批判〉序言》中称作自己的"第一部著作"。尽管学术界对《黑格尔法哲学批判》的关注不断增多，但是，对马克思那独到的批判性阅读方法或者诠释学方法关注的却不多，更多的却是脱离马克思的思想发展历程的解读。阿尔都塞武断地说："对黑格尔进行的这一批判，就其理论原则而言，无非是费尔巴哈对黑格尔多次进行的杰出批判的重复、说明、发挥和引申。这是一次对黑格尔哲学的思辨和抽象所进行的批判，一次根据人本学的异化总问题的原则而进行的批判，一次需要从抽象和思辨转变到具体和物质的批判，一次企图从唯心主义总问题得到解放、但依旧受这个总问题奴役的批判。"① 阿维纳瑞在《马克思的社会和政治思想》中说："马克思在政治哲学领域完成了这一转译，在费尔巴哈的这种改造方法之上，用费尔巴哈的语言写下了《黑格尔法哲学批判》。"② 奥马利（Joseph O'Malley）在1970年为《黑格尔法哲学批判》的英译本所作序言《卡尔·马克思的方法论》一文中认为，马克思在《黑格尔法哲学批判》中使用了三种不同的批判技术：一是将费尔巴哈的"主谓词颠倒"的方法从宗教领域转移到政治社会领域，清除黑格尔法哲学的神秘和泛神论的特性；二是利用文本分析来揭露黑格尔表述中的矛盾；三是利用历史事实来批判黑格尔的论述的虚假性和澄清各种制度中的矛盾。③ 提波（Teeple，1984）在《马克思的政治批判：1842—1847年》一书中则否认马克思借用了费尔巴哈的"改造性批判"法，提出《黑格尔法哲学》中"批判"的含义在于通过分析具体对象，

---

① ［法］路易·阿尔都塞：《保卫马克思》，顾良译，北京：商务印书馆2016年版，第17页。
② Shlomo Avineri, *The Social and Political Thought of Karl Marx*, London: Cambridge University Press, 1968, p. 12.
③ ［美］约瑟夫·奥马利：《卡尔·马克思的方法论》，姚远译，载《金陵法律评论》，2012年第1期，第156页。

揭示其中的矛盾,尤其是追溯和说明这种矛盾的产生过程。① 丢奎特(Duquette,1989)也认为,主谓颠倒的改造方法"仅仅是形式性的,实际上在马克思进行具体的批判分析时并不能提供多大的帮助",而关键的批判工具是马克思对德国当时存在的官僚机构和同业公会、国家制度与立法权、立法机构与行政机构之间的矛盾进行发生学批判。②

中国哲学界对《黑格尔法哲学批判》的解读,因对马克思诠释学方法的内在发展认知不足,简单地以费尔巴哈的主谓颠倒的方法进行外在指认。孙伯鍨(2010)指出,马克思"在谈到民主制国家的实质时,直接运用了费尔巴哈的批判宗教的方法"。③ 张云阁(2007)则认为,《黑格尔法哲学批判》是马克思运用费尔巴哈的"主客'颠倒原则'"分析社会问题的第一部著作。④ 张一兵(2010)也认为马克思在《黑格尔法哲学批判》中"以费尔巴哈的唯物主义为武器,批判黑格尔颠倒了精神与物质的'主谓关系(即法、国家与市民社会的关系),并揭露了黑格尔思辨哲学的神秘主义本质"。⑤ 韩立新(2014)依然认为马克思在《黑格尔法哲学批判》中"还是继承了费尔巴哈的方法,从'主语和宾语的颠倒'角度对黑格尔的国家哲学进行了批判"。⑥ 朱学平(2014)直接指认马克思在《黑格尔法哲学批判》中所采取的主谓颠倒批判和基于历史事实的批判直接来源于费尔巴哈的改造性批判所包含的主谓颠倒批判和发生学批判两个方面。这些观点不仅忽视了马克思早年大量阅读的法学史和宗教史著作,忽视了马克思在《莱茵报》时期采用大量的逻辑批判和历史批判相结合的方法,而且忽视了《黑格尔法哲学批判》所包含批判方法的丰富多样性和马克思的创造性。

本节的基本观点是,马克思在《黑格尔法哲学批判》中采用了批判

---

① Gary Teeple, *Marx's Critique of Politics*:1842 – 1847, Toronto:University of Toronto Press, 1984, P. 87.

② David A. Duquette, "Marx's Idealist Critique of Hegel's Theory of Society and Politics", *The Review of Politics*, Vol. 51, No. 2, Spring 1989, p. 226.

③ 孙伯鍨:《探索者道路的探索》,南京:江苏人民出版社2010年版,第121页。

④ 张云阁:《马克思思维方式论:马克思哲学与费尔巴哈哲学关系研究》,武汉:武汉大学出版社2007年版,第92页。

⑤ 张一兵:《马克思历史辩证法的主体向度》,武汉:武汉大学出版社2010年版,第41页。

⑥ 韩立新:《〈巴黎手稿〉研究》,北京:北京师范大学出版社2014年版,第45页。

性阅读的方法，在理解和肯定黑格尔思想的基础上采取了道德批判、逻辑批判和历史批判的方法。道德批判主要基于马克思和黑格尔各自不同的政治立场，逻辑批判主要基于黑格尔《法哲学原理》的逻辑混乱和逻辑错误，历史批判主要指向黑格尔的国家理论落后于时代的要求。在逻辑批判中，即"根据他的内在的本质的意识来说明那个对于他本人具有一种外在的意识形式的东西"之中，① 马克思指出了黑格尔逻辑前提的非现实性、逻辑推理的任意性、类比推理的不恰当性、特设逻辑的故意性、逻辑前提和逻辑结论的颠倒性等十多种错误。根据对黑格尔的《法哲学原理》的逻辑批判，马克思认识到，逻辑公式不能简单地套在事物身上，而应该从具体事物的矛盾中引申出事物自身的特殊逻辑。这些结论不仅有助于加深对马克思思想发展的理解，而且有助于纠正学术界认为马克思高度依赖于费尔巴哈的主谓颠倒方法对黑格尔进行批判的有偏误读。

## 一、《黑格尔法哲学批判》写作的缘起

黑格尔的《法哲学原理》在普鲁士复辟时期是一部居主流地位的、引起众多争论的政治哲学著作。在《莱茵报》时期的宗教批判和政治斗争中，马克思不仅借用了黑格尔的有机国家观的理论资源，而且加深了对普鲁士的国家制度的理解。结合自己的政治实践经验，利用报刊文章和先前积累的批判分析技巧，借助于费尔巴哈的"类本质""主谓颠倒"的个别词句，马克思在对经验问题寻求理论支持的过程中展开了对黑格尔的法哲学的批判。

（一）黑格尔的《法哲学原理》的争论

黑格尔的《法哲学原理》是一部将市民社会与传统的家庭、同业公会，以及经过施泰因-哈登堡改革过的、具有某种立宪性质的君主制相结合的政治哲学著作。在《法哲学原理》第三篇"伦理"的第三章"国家"的第一节"国家法"中，黑格尔提出了"国家是伦理理念的现实"或者"国家是自觉的伦理的实体"的理论，并根据君主立宪制度的立场将孟德斯鸠关于立法、司法和行政的三权分立的思想改造为王权、行政权和立法权相结合的国家制度，突出王权的权力绝对性和立法权的咨询

---

① 《马克思恩格斯全集》第 1 卷，北京：人民出版社 1995 年版，第 75 页。

性质。① 在这部将自由主义和保守主义揉为一体的著作中，黑格尔还对施莱尔马赫的宗教观点、萨维尼的历史法学派和冯·哈勒的政治保守主义进行了攻击，从而使该著作自 1821 年出版以来就成为争论的焦点。施塔尔基于君权神授的观念攻击黑格尔的立宪君主制观念，萨维尼则从法的民族精神说角度攻击黑格尔的法律理性主义观念。马尔海奈凯等黑格尔右派则极力删除《法哲学原理》第二版中潜在的批判性评论，以便保护黑格尔免受保守主义者的攻击。在 1839 年的《论黑格尔的国家理论与普鲁士国家的最高生活原则的不可协调性》著作中，舒巴尔特集中攻击黑格尔的立宪君主制是一种穿着君主外衣的共和制，从而违背了普鲁士的"最高生活原则"即绝对君主制。爱德华·甘斯在 1839 年评论舒巴尔特的文章中从历史演化的角度试图证明，欧洲现代国家经历了一个从王权到国家主权的发展历程，正在成为一个由理性宪政统一起来的权力的集合。甘斯认为，普鲁士尽管不是一个完全意义的现代国家，但是在其政治机构和司法管理中存在一种实际的立宪，黑格尔的理论准确地描述了普鲁士的王权制度。奥根斯基（Immanuel Ogienski）在 1840 年进一步认为，舒巴尔特误解了黑格尔及其国家理论，因为普鲁士的历史提供了王权制度化的过程，而普鲁士也朝着君主立宪制的道路前进。在 1841 年写的《黑格尔与普鲁士》一书中，自由主义者卡拉沃（Friedrich Carové，1789—1852）指出弗里德里希大帝是普鲁士理性国家的构建人，提出通过捍卫法律和自由来增强普鲁士的"政治团结感"。在 1842 年的《黑格尔法哲学和我们时代的政治》一文中，卢格对黑格尔的《法哲学原理》展开了批判，反对黑格尔为普鲁士君主政体辩护的观点。

  这些争论驱使马克思对黑格尔的法哲学著作进行研究。在 1833 年黑格尔的《法哲学原理》第二版导言中，甘斯反对黑格尔对法的抽象解释和关于英国的法律草案不符合理性的观点，指出黑格尔未能准确地区分法和政治。在甘斯的影响下，马克思在柏林大学时期就开始认真研读黑格尔的《法哲学原理》。为了同普鲁士的君主立宪制"这个彻头彻尾自相矛盾和自我毁灭的混合物"作斗争，马克思在 1841 年对《法哲学原理》进行了深入的阅读，做了一些摘录和简要的评注，阐述了自己的一

---

① ［德］黑格尔：《法哲学原理》，范扬、张企泰译，北京：商务印书馆 2009 年版，"序言"第 3—4 页。

些感想。① 马克思在 1842 年 3 月 5 日致卢格的信中说要 "在内部的国家制度问题上对黑格尔自然法的批判",并打算给《德国年鉴》撰写一篇对黑格尔的法哲学的批判的文章;在同年 8 月致奥本海默的信中说要写一部批判黑格尔政治学的著作。② 马克思参与黑格尔法哲学公开批判的尝试在《莱茵报》时期暂时中断。

(二) 现实政治斗争的认知

威廉四世,"这个最伪善、最狡猾的普鲁士专制主义",在 1840 年成为普鲁士的 "基督教国王" 后提出了 "基督教国家" 的政策,试图依靠伦理道德、秘密警察制度、书报检查制度和法庭的起诉来恢复对日渐分裂的社会实行专制统治。③ 这就是马克思所说的 "普鲁士国王曾企图用一套连他父亲都没有想到过的理论来改变国家制度"。④ 为了与普鲁士的专制主义复辟进行斗争,马克思广泛汲取洛克、孟德斯鸠、康德和费希特的自由观和黑格尔的有机国家观作为批判的理论资源。

在《莱茵报》时期,马克思秉持国家有机体思想,反对将社会划分为等级制的机械国家观。在有机的国家或 "合乎伦理和理性的共同体" 中,每一个人不分等级地共同生活,"不会拿个别需要去同国家相对抗,而它的最高需要就是使国家本身得到实现,而且把国家看作是自己的事业、自己的国家"。"在真正的国家中,没有任何地产、工业和物质领域会作为这种粗陋的要素同国家达成协议;在这种国家中只有精神力量;自然力只有在自己的国家复活中,在自己的政治再生中,才能获得在国家中的发言权。国家用一些精神的神经贯穿整个自然,并在每一点上都必然表现出来,占主导地位的不是物质,而是形式,不是没有国家的自然,而是国家的自然,不是不自由的对象,而是自由的人。"⑤ 相反,等级制破坏了国家的有机性或精神。"四个等级以纷繁多样的形式在这些更高的统一体中彼此转化,它们之间的差别不在生活本身,而只在官方文件和登记表中。而那些由于自己的本质而时时刻刻正在统一的整体中消失的差别是普鲁士国家精神的自由创造物,而不是盲目的自然必然性和

---

① 《马克思恩格斯全集》第 3 卷,北京:人民出版社 2002 年版,第 159 页。
② 《马克思恩格斯全集》第 27 卷,北京:人民出版社 1972 年版,第 421、433 页。
③ 《马克思恩格斯全集》第 42 卷,北京:人民出版社 1979 年版,第 194 页。
④ 《马克思恩格斯全集》第 1 卷,北京:人民出版社 1956 年版,第 412 页。
⑤ 《马克思恩格斯全集》第 1 卷,北京:人民出版社 1995 年版,第 344—345 页。

旧时代的瓦解过程强加给时代的原料。…… 我们只要求坚持不懈地、全面地健全普鲁士的基本机构，我们要求人们不要突然离开现实的、有机的国家生活，而重新陷入不现实的、机械的、从属的、非国家的生活领域。我们要求国家不要在应当成为它内部统一的最高行为的行为中解体。"① 在等级制的国家中，每个等级都从自己的私人利益和需要出发，从而形成与国家对立的特殊利益和需要，破坏国家的有机理性。特殊利益的独立化或者国家成为特殊利益支配的领域都会导致国家的瓦解。

秉持有机国家观，马克思不仅在《评普鲁士最近的书报检查令》和《关于新闻出版自由和公布省等级会议辩论情况的辩论》中反对书报检查官和等级议员的狭隘的特殊利益，也在《评奥格斯堡〈总汇报〉论普鲁士等级委员会的文章》中反对报刊为等级利益辩护。进而，马克思认为，法是理性的产物。"邦法是建立在理智的抽象上的，这种理智的抽象本身是无内容的，它把自然的、法的和合乎伦理的内容当作外在的、没有内在规定的质料加以吸收，它试图按照外部的目的来改造、安排、调节这种没有精神、没有规律的质料。邦法不是按照对象世界所固有的规律来对待对象世界，而是按照任意的主观臆想和与事物本身无关的意图来对待对象世界。旧普鲁士法学家表现出他们对邦法的这种本性了解很差。"② 在《论离婚法草案》一文中，马克思说："可是，立法者应该把自己看作一个自然科学家。他不是在创造法律，不是在发明法律，而仅仅是在表述法律，他用有意识的实在法把精神关系的内在规律表现出来。如果一个立法者用自己的臆想来代替事情的本质，那么人们就应该责备他极端任性。"③ 立法者所要做的事情是，认识现实的伦理关系和其他社会关系的运动变化，并以法律的形式表述出来，形成"法律是人民意志的自觉表现，因而是同人民的意志一起产生并由人民的意志所创立"的真正法律。这样，"立法者的观点是必然性的观点"。④

马克思从德国社会的私有财产特权、等级议会、行业公会、基督教与国家的结盟、德国农民和手工业者的贫困、政府的随意颁布法令、片面的官僚制度、等级差别的存在、书报检查、城乡分离、国家制度、君

---

① 《马克思恩格斯全集》第 1 卷，北京：人民出版社 1995 年版，第 334 页。
② 《马克思恩格斯全集》第 1 卷，北京：人民出版社 1995 年版，第 316—317 页。
③ 《马克思恩格斯全集》第 1 卷，北京：人民出版社 1995 年版，第 347 页。
④ 《马克思恩格斯全集》第 1 卷，北京：人民出版社 1995 年版，第 349 页。

主政体的现实中认识到，现实的国家都是分裂的、代表着特殊阶级利益的工具。在《关于林木盗窃案的辩论》和《摩泽尔记者的辩护》等文章中，马克思看到，在物质利益的争夺之中，"伦理和理性的共同体"的观念荡然无存。法律的本质、婚姻的本质、宗教的本质、国家的本质等，都是一种社会关系。黑格尔的有机国家不过是概念辩证法掩盖下的现实的普鲁士国家制度。在《评部颁指令的指控》中，马克思说："黑格尔在世时认为，他在自己的法哲学中已奠定了普鲁士制度的基础，而且政府和德国公众也都这样认为。政府用来证明这一点的方式之一是通过官方来传播他的著作；而公众用来证明这一点的方式则是谴责他充当普鲁士的国家哲学家。这可以在旧莱比锡百科辞典中读到。黑格尔当时所想的正是施塔尔今日所想的。"① 崔蒂（Chitty，2006）认为，马克思在《莱茵报》上写的绝大多数文章都认可了黑格尔的国家理论，"似乎马克思1842年的国家本质的概念与黑格尔的观点很接近"。莱文（2015）则从对待离婚法、新闻自由、教会与国家的分离、法典编纂方面的一致性角度断言，马克思在《莱茵报》期间是黑格尔政治学说的捍卫者，但否认了黑格尔的政治哲学。② 在1843年3月致卢格的信中，马克思谈到要揭露"普鲁士制度及其明显的本质"和揭穿"我们空虚的爱国主义和畸形的国家制度"。③ 因此，对"最系统、最丰富和最完整的阐述"的黑格尔法哲学的批判，"不但是对现代国家和对同它联系着的现实的批判性分析，而且也是对到目前为止的德国政治意识和法意识的整个形式的最彻底的否定"。④ 当然，马克思对黑格尔的《法哲学原理》的批判不仅是"要揭露旧世界"，而且还是"希望在批判旧世界中发现新世界"，"从世界本身的原理中为世界阐发新原理"。⑤

## 二、马克思对黑格尔的文本诠释

《黑格尔法哲学批判》对黑格尔的《法哲学原理》的第261—313节进行了摘录。在摘录的基础上，马克思对摘录的字词、段落和命题按照

---

① 《马克思恩格斯全集》第1卷，北京：人民出版社1995年版，第425页。
② [美]诺曼·莱文：《马克思与黑格尔的对话》，周阳等译，北京：中国人民大学出版社2015年版，第180页。
③ 《马克思恩格斯全集》第1卷，北京：人民出版社1956年版，第407页。
④ 《马克思恩格斯全集》第1卷，北京：人民出版社1956年版，第459—460页。
⑤ 《马克思恩格斯全集》第1卷，北京：人民出版社1956年版，第418页。

黑格尔的思想进程进行了理解和分析。更为关键的是，马克思对黑格尔那些缺乏逻辑和历史基础的论述进行了批判和分析，并在批判中阐发了新的理论或者思想认识。这一阅读和批判程序基本符合现代阅读心理学的认知成果。

马克思对《法哲学原理》的文本诠释遵循黑格尔的思想进程，而不是脱离文本的随意理解。马克思多次说道，"我们且抛开黑格尔思想进程的这一根本缺陷来考察一下这一节的第一个命题"；"精密地考察这个思想进程是很重要的"；"在谈这个问题以前，让我们再来看看黑格尔的思想进程"；"关于这整个思想进程，我们首先要指出"；等等。① 从文本诠释的角度来看，马克思采取了理解、归纳、肯定和讽刺等多种阅读方法。表2按照这个分类对马克思摘录的53节内容进行文本编码。从表2可以看出，马克思在批判地分析黑格尔的文本之前，对绝大部分摘录的内容进行了理解或者归纳，对黑格尔取得的成就进行了肯定，对黑格尔的错误进行了讽刺或者谴责。

**表2 《黑格尔法哲学批判》摘录内容的文本诠释**

| 内容 | 理解 | 归纳 | 肯定 | 讽刺 |
| --- | --- | --- | --- | --- |
| 节数 | 34 | 12 | 12 | 11 |

（一）理解

理解，按照黑格尔的说法，就是"使本身已是合理的内容获得合理的形式"。② 这个"合理的形式"，就是用专门术语表述的概念系统。在《神圣家族》中，马克思指出："思辨哲学，特别是黑格尔哲学认为：一切问题，要能够给以回答，就必须把它们从正常的人类理智的形式变为思辨理性的形式，并把现实的问题变为思辨的问题。"③ 由于语言转换的问题，在《黑格尔法哲学批判》这个文本中，理解就是对黑格尔所使用的字词进行分析，应用清晰明白的语言重新表述黑格尔那晦涩难懂的话语，以及分析黑格尔所表述的概念和命题中的逻辑结构。

---

① 《马克思恩格斯全集》第1卷，北京：人民出版社1956年版，第273、334、338、350页。
② [德] 黑格尔：《法哲学原理》，范扬、张企泰译，北京：商务印书馆2009年版，第288页。
③ 《马克思恩格斯全集》第2卷，北京：人民出版社1957年版，第115页。

第一，字词的理解。马克思非常关注黑格尔所使用字词或者术语的准确性。例如，马克思说："'从属性'和'依存性'表现了'外在的'、强制的、表面的同一性，为了从逻辑上表述这种同一性，黑格尔正确地运用了'外在必然性'这一概念。"① 又比如，马克思说，"这个'还'字中所包含的许多令人难以置信的矛盾，都由黑格尔不加思索地说出来了"；如代表制的基础是信任与不信任、特殊利益与普遍利益、管理官府和管理同业公会的职能之间的矛盾；"代表忽而是人的代表，忽而又是特殊利益、特殊物质的代表"之间的矛盾。② 又比如，马克思认为，"市民社会在派议员时应当不以它的本来面目出现"的用词不准确，因为作为一个非政治性的社会，市民社会被要求"完成一个政治活动，并且要当做它的本质的、从它本身产生出来的活动去完成"。③ 借助于对字词的分析，马克思认识到，"在哲学语言里，思想通过词的形式具有自己本身的内容"。④

第二，摘录内容的重新表述。由于"黑格尔不是用人所共知的名词来称呼现在所谈论的问题"，以至于马克思都经常发出"这个命题简直是不知所云""这个论断根本无法理解"的感叹，所以，马克思对摘录内容的理解绝大部分都是用自己熟悉的语言重新表述其内容。⑤ 在进行重新表述时，马克思会经常说，"如果我们把这一命题译成普通的话，那就是这样""译成普通人的话就是这样""如果把这一段话译成人的话是这样""这一节的开头一句只不过是这样的意思""普通人说""这就是黑格尔在很困难的'行政权'这一章中所说的一切""现在我们就来详细考察一下他的思路"，等等。⑥ 从这些重新表述中，马克思认识到，"哲学家们只要把自己的语言还原为它从中抽象出来的普通语言，就可以认清他们的语言是被歪曲了的现实世界的语言，就可以懂得，无论思想或语言都不能独自组成特殊的王国，它们只是现实生活的表现"。⑦

第三，命题的理解。对于黑格尔提出的大量命题，马克思都要分析

---

① 《马克思恩格斯全集》第1卷，北京：人民出版社1956年版，第248页。
② 《马克思恩格斯全集》第1卷，北京：人民出版社1956年版，第402—403页。
③ 《马克思恩格斯全集》第1卷，北京：人民出版社1956年版，第385页。
④ 《马克思恩格斯全集》第3卷，北京：人民出版社1960年版，第525页。
⑤ 《马克思恩格斯全集》第1卷，北京：人民出版社1956年版，第338、278、288页。
⑥ 《马克思恩格斯全集》第1卷，北京：人民出版社1956年版，第249、254、261、268、275、299、303页。
⑦ 《马克思恩格斯全集》第3卷，北京：人民出版社1960年版，第525页。

这些命题的逻辑结构或者所依赖的证据。马克思多次说:"这种看法在下述两方面是值得注意的";"黑格尔的论点只有像下面这样解释才是合理的";"但是黑格尔究竟怎样来描述这一发现呢?";"关于黑格尔对问题的解释应当指出";"从黑格尔的这些论断只能得出这样的结论";等等。① 例如,在黑格尔谈到个人向国家承担义务需要交纳货币时,马克思写道:"本节中的第二个规定就是:国家向个人要求的唯一的劳务就是金钱。黑格尔为证明这一点而引用的根据是这样:(1)金钱是实物和劳务的现行普遍价值;(2)应该履行的义务只有折合为金钱,才能公平地规定;(3)只有这样,这种义务才能按下面这样的方式来规定:让个人按照自己的意志选择他应承担的特殊的工作和劳务。"② 又比如,马克思对第 306 节中黑格尔所谈论的长子继承制的根据时说:"第一个论点:国家不能光指望'一定政治情绪的简单的可能性';国家必须依靠某种'必然的东西'。第二个论点:'政治情绪是和财产无关的',就是说,完全与财产相适应的政治情绪是'简单可能性'。第三个论点:但是财产和政治情绪之间有'某种必然的联系',这种联系就是:'拥有独立财产的人……能……为国家做事',就是说,财产提供政治情绪的'可能性',但是要知道,根据第一个论点,单有这种'可能性'还是不够的。况且黑格尔也没有证明地产是唯一的'独立财产'。"③ 通过这样的重新表述,晦涩语言掩盖下的逻辑矛盾就显露出来了。

(二)归纳

除进行深入而详细的理解外,马克思有时还对摘录的内容进行直接归纳。例如:在第 261 节中,"黑格尔力图更详细地规定这些领域的关系";在第 287 节,"这是关于行政权的一般说明";在第 288 节,"这是对某些国家的经验事态的简单描述";在第 294—297 节,"关于官僚机构,黑格尔给我们作了一番经验的描述,其中一部分符合实际情况,一部分符合官僚机构本身对自己存在的看法——这就是黑格尔在很困难的'行政权'这一章中所说的一切";在第 301 节,"可见从内容上说来,各等级的代表只是一种纯粹的奢侈品";"在这里,在第三〇五节中,叙

---

① 《马克思恩格斯全集》第 1 卷,北京:人民出版社 1956 年版,第 250、251、255、262、268 页。
② 《马克思恩格斯全集》第 1 卷,北京:人民出版社 1956 年版,第 318 页。
③ 《马克思恩格斯全集》第 1 卷,北京:人民出版社 1956 年版,第 366 页。

述了'本身就能够构成这种政治关系'的农民等级的'原则'";等等。①

(三) 肯定或赞赏

马克思对黑格尔那些深刻的观察、描述和分析都表示了肯定或者由衷的赞赏。"第二六八节对政治情绪即爱国心作了很好的描述";在第269节,"把政治国家看做机体,因而把权力的划分不是看做机械的划分,而是看做有生命的和合乎理性的划分,——这标志着前进了一大步";在第270节,"这些抽象我可以运用到任何一种活动中去。既然我首先根据'抽象的现实性'的公式来考察国家,然后我就必须根据'具体的现实性'、'必然性'、被实现了的差别的公式来考察它";在第283—284节中,"黑格尔在这里纯经验地描写了大臣的权力,……所以思辨的因素在这里是很少的。相反地,议论的各个方面赖以立足的都是纯经验的根据,并且是非常抽象、非常糟糕的经验的根据";在第287节中,"黑格尔的独到之处只在于他使行政、警察、审判三权协调一致,而通常总是把行政权和审判权看成对立的东西";在第297节中,"在这里,黑格尔当然是正确地描写了现代的经验状况";在第298节中,"黑格尔的深刻之处也正是在于他处处都从各种规定……的对立出发,并把这种对立加以强调";在第301节,"就黑格尔所描述的组织而言,这自然是很对的";在第304—307节中,"黑格尔把市民社会和政治社会的分离看做一种矛盾,这是他较深刻的地方。但错误的是:他满足于只从表面上解决这种矛盾,并把这种表面当做事情的本质"。②当黑格尔在第308节谈到个人的私人和类的双重规定时,马克思说:"黑格尔在这里所谈的一切都是对的,不过要除去下面两点:(1)他把特殊等级和它的规定混为一谈,(2)这种规定(种,最近的类)也应该现实地、不仅自在而且自为地被看做普遍类的种,被看做普遍类的特殊性。"③对于黑格尔将"私人权利的人格和道德的主体"说成是"国家的人格和主体"时,马克思评论道:"黑格尔给现代的道德指出了真正的地位,这可以说是他的一大

---

① 《马克思恩格斯全集》第1卷,北京:人民出版社1956年版,第247、295、299、323、366页。
② 《马克思恩格斯全集》第1卷,北京:人民出版社1956年版,第255、261、289、295、307、312、323、338页。
③ 《马克思恩格斯全集》第1卷,北京:人民出版社1956年版,第397页。

功绩,虽然从某种意义(即黑格尔把以这种道德为前提的国家拿来冒充实在的伦理理念)上说是不自觉的功绩。"① 除认识到黑格尔观察的深刻性外,马克思还指出了其危害性:"黑格尔常常在思辨的叙述中作出把握住事物本身的、真实的叙述。这种思辨发展之中的现实的发展会使读者把思辨的发展当做现实的发展,而把现实的发展当做思辨的发展。"②

(四)讽刺或谴责

马克思对黑格尔的错误、故弄玄虚以及故意的歪曲事实进行了讽刺甚至谴责、抨击。当黑格尔谈到国王世袭制是根据国王的肉体出生来区分时,马克思讥讽道:"肉体的最高机能是生殖活动。因此,国王的最高国务活动就是他的生殖活动"③。如果"出生像决定牲畜的特质一样决定了君主的特质",那么,这种利用幻想和奇迹来解释君主的权威的必然结果是,"君主制就是合乎理性的意志的组织这样一种幻想"。④ 当黑格尔利用地产的独立性和长子继承制来论证世袭贵族的特殊性时,马克思讽刺道:"黑格尔变了一套戏法。他从绝对理念中引出了天生贵族、世袭领地等等,引出了这种'王位和社会的支柱'。"⑤ 当黑格尔把赦免权当作恩赐权时,马克思谴责说"黑格尔一本正经地把这种任性当成了君主的真正属性"。⑥ 当黑格尔谈到选民需要保证他们所派遣的议员执行普遍利益的任务时,马克思说,这是"反对选民、反对他们的'自信'的保障""黑格尔在这里所表现出的轻率的不一贯和'官府'的智能简直令人作呕""黑格尔在这里确实十分愚笨地对我们说国家是某种现成的存在物"。⑦ 进而,马克思愤怒地抨击道:"黑格尔在这点上几乎达到奴颜卑膝的地步。显然,黑格尔周身上都染上了普鲁士官场的那种可怜的妄自尊大的恶习,像官僚一样心胸狭隘,在对待'人民的主观意见'的'自信'时摆出一副趾高气扬的臭架子。他以为在任何地方'国家'和'政府'都是同一个东西。"⑧ 这些谴责、讽刺和抨击,是一种道德批判,

---

① 《马克思恩格斯全集》第1卷,北京:人民出版社1956年版,第380页。
② 《马克思恩格斯全集》第2卷,北京:人民出版社1957年版,第76页。
③ 《马克思恩格斯全集》第1卷,北京:人民出版社1956年版,第294页。
④ 《马克思恩格斯全集》第1卷,北京:人民出版社1956年版,第286页。
⑤ 《马克思恩格斯全集》第1卷,北京:人民出版社1956年版,第338页。
⑥ 《马克思恩格斯全集》第1卷,北京:人民出版社1956年版,第289页。
⑦ 《马克思恩格斯全集》第1卷,北京:人民出版社1956年版,第401页。
⑧ 《马克思恩格斯全集》第1卷,北京:人民出版社1956年版,第401页。

"它的主要情感是愤怒，主要工作是揭露"。①

从马克思的阅读模式可以看出，马克思在《黑格尔法哲学批判》中所展现的认知结构符合现代阅读心理学的认知结构。在理解《法哲学原理》的表层文本结构的基础上，马克思对黑格尔文本内的一系列命题及其关系进行了归纳、肯定或者谴责。这为马克思解构黑格尔的文本奠定了坚实的基础。

### 三、《黑格尔法哲学批判》批判方法分析

在对黑格尔的文本进行详细解读的基础上，马克思对《法哲学原理》的混乱逻辑进行了深邃的批判。在《法哲学原理》的序言中，黑格尔强调其著作的不同之处在于应用《逻辑学》所"详尽阐述"的"整套思辨的认识方法"。黑格尔指出，"由于对象具体，且其本身具有各色各样的性状，就无法在所有每个细节上证明并指出逻辑推演，所以从略"，但仍会"对进展和方法随时略加说明"，因此，"我希望对本书主要从这方面予以理解和评价"。② 黑格尔还说："对著者的一切批评，如果采取对事情本身进行科学讨论以外的其他方式，将被视为纯粹的主观结论和任意专断，著者一概置之不理。"③ 而且，黑格尔认为，《法哲学原理》一书的主要创新之处在于提供一种新的国家理论。"现在这本书是以国家学为内容的，既然如此，它就是把国家作为其自身是一种理性的东西来理解和叙述的尝试，除此以外，它什么也不是。"④ 马克思认识到："在这里，注意的中心不是法哲学，而是逻辑学。在这里，哲学的工作不是使思维体现在政治规定中，而是使现存的政治规定化为乌有，变成抽象的思想。在这里具有哲学意义的不是事物本身的逻辑，而是逻辑本身的事物。不是用逻辑来论证国家，而是用国家来论证逻辑。……由此可见，整个法哲学只不过是对逻辑学的补充。"⑤ 马克思正是从逻辑学的角度对

---

① 《马克思恩格斯全集》第1卷，北京：人民出版社1956年版，第455页。
② ［德］黑格尔：《法哲学原理》，范扬、张企泰译，北京：商务印书馆2009年版，"序言"第2页。
③ ［德］黑格尔：《法哲学原理》，范扬、张企泰译，北京：商务印书馆2009年版，"序言"第16页。
④ ［德］黑格尔：《法哲学原理》，范扬、张企泰译，北京：商务印书馆2009年版，"序言"第13—14页。
⑤ 《马克思恩格斯全集》第1卷，北京：人民出版社1956年版，第263—264页。

《法哲学原理》的"国家法"部分的内容进行"理解和评价"。

批判就是指出文本所包含的各种矛盾，如句子不符合语法规则、语词的使用前后不一致、前提的非现实性、论点之间前后矛盾、论点与论据之间矛盾、论点与结论之间矛盾、文本所列举的证据与事实矛盾、文本中的理论与公认的理论框架矛盾，等等。在1841年3月的博士论文中，马克思对德谟克利特的许多语句和观点的自相矛盾进行了批判。在1842年4月写的《第六届莱茵省议会的辩论（第一篇论文）》中，马克思广泛使用各种批判方法，如类比的任意性、自相矛盾的论据、与历史事实不相符合、前提的非普遍性和非现实性等。在1844年7月底写的《评普鲁士人的〈普鲁士国王和社会改革〉一文》中，马克思对卢格论文的逻辑不一致性和与经验事实相矛盾进行批判。《莱茵报》时期的其他批判文章大致也遵循了同样的批判方法。因此，我们可以推断，马克思在《黑格尔法哲学批判》中使用的批判方法与《莱茵报》时期和《德法年鉴》时期的批判方法是一致的，尽管会更加具体、更加丰富和更加系统，更加依靠严格的阅读方法和理论的认知。根据《黑格尔法哲学批判》的文本解码，我们将马克思在各节摘录中采用的批判方法归纳为主谓颠倒、自相矛盾、同义反复、任意类比、逻辑不连贯、偷换概念、经验冒充逻辑、认识不足、特设逻辑和历史事实分析等十类。表3列举了这些批判方法及其出现的节数。这些具体的批判方法的分析，将更加充实马克思在1843年10月到12月期间所写的《黑格尔法哲学批判》的手稿索引所强调的"体系的发展的二重化""逻辑的神秘主义""神秘的陈述方法""作为主体的观念""现实的主体变成单纯的名称"等理论要点。①

表3 《黑格尔法哲学批判》的批判方法分类

| 批判方法 | 出现的节数 | 批判方法 | 出现的节数 |
| --- | --- | --- | --- |
| 主谓颠倒 | 9 | 经验冒充逻辑 | 5 |
| 自相矛盾 | 13 | 认识不足 | 5 |
| 任意类比 | 4 | 偷换概念 | 4 |
| 同义反复 | 4 | 特设逻辑 | 2 |
| 逻辑不连贯 | 2 | 历史事实 | 1 |

① 朱学平：《改造性批判与历史发生学批判—关于马克思〈黑格尔法哲学批判〉之"批判"概念辩正》，载《南京大学学报》（哲学·人文科学·社会科学），2014年第4期，第29页。

(一) 主谓颠倒的批判

中国学者非常重视主谓颠倒的批判在《黑格尔法哲学批判》中的作用，因为主谓颠倒的批判通常与费尔巴哈的改造性批判相联系。在1843年的《基督教的本质》第二版的序言中，费尔巴哈对主谓词的关系进行了具体阐述："主词之必然性，仅仅包含在宾词之必然性当中……主词是什么，得由宾词来确定；宾词是主词之真实性；主词是人格化了的、实在着的宾词。"① 之所以如此，根据罗歇·科莱蒂的说法，是因为在黑格尔的辩证法中，"真正的对象被融解在逻辑的矛盾中——这是第一个运动；在第二个运动中，逻辑的矛盾倒过来成了客观的和实在的"。② 按照马尔库塞的解释，黑格尔对"A 是 B"的判断进行了如下的理解："判断不仅能把宾语归于不变的主语，而且表明了主语的一个实际过程。这个过程是宾语借以实现其本质的过程。主语就是成为宾语的并且否定宾语的过程。这个过程被分解成大量的对立关系的不变主语，这不变的主语是传统逻辑已经设定的。"③ 根据这种关系，费尔巴哈指出："一般思辨哲学的改革宗教的批判方法，与宗教哲学曾经应用过的方法并没有什么不同。我们只要经常将宾词当作主词，将主体当作客体和原则，就是说，只要将思辨哲学颠倒过来，就能得到毫无掩饰的、纯粹的、显明的真理。"④ 在费尔巴哈看来，通过这种主谓颠倒的批判，就能建立起"存在是主体，思维是宾词。思维是从存在而来的""思维和存在的真正关系"。⑤ 因此，在张云阁（2007）看来，费尔巴哈的主谓颠倒原则包括两方面的内容："一是在批判黑格尔唯心主义时，指出它的实质就在于颠倒了思维与存在、主词与宾词的关系；二是主张用主词和宾词再颠倒的方法把唯物主义的内容再恢复过来"。⑥ 其实，颠倒存在同一问题结构下的

---

① [德] 费尔巴哈：《基督教的本质》，荣震华译，北京：商务印书馆2009年版，第19页。
② Lucio Colletti, *Marxism and Hegel*, Lawrence Carner trans, London: New Left Books, 1973, p. 20.
③ [美] 赫伯特·马尔库塞：《理性和革命：黑格尔和社会理论的兴起》，程志民等译，上海：上海人民出版社2007年版，第36页。
④ 《费尔巴哈哲学著作选集》上卷，荣震华等译，北京：商务印书馆1984年版，第115页。
⑤ 《费尔巴哈哲学著作选集》上卷，荣震华等译，北京：商务印书馆1984年版，第115页。
⑥ 张云阁：《马克思思维方式论：马克思哲学与费尔巴哈哲学关系研究》，武汉：武汉大学出版社2007年版，第80页。

位置的颠倒和不同问题的本质性的颠倒的区别。在博士论文中，马克思谈到了伊壁鸠鲁的感觉唯物主义对德谟克利特的理性唯物主义的颠倒、黑格尔哲学体系对现实的颠倒认识、自由派和实证派的相互颠倒等位置互换的颠倒。马克思对黑格尔辩证法的颠倒则是本质性的颠倒。因此，我们需要对《黑格尔法哲学批判》文本中使用的主谓颠倒的批判进行深入的分析，以便判断马克思是受费尔巴哈的边缘性影响还是实质性影响。

1. 主谓颠倒的含义

在《黑格尔法哲学批判》中，马克思在第262节、第267节、第269节、第270节、第274节、第275节、第279节、第280节和第301节中使用了主谓颠倒的批判方法，总共使用了"主体"79次和"谓语"32次。经过文本分析，我们认为，马克思使用的主谓颠倒的批判具有三层含义：一是句子的主语和谓语的颠倒或者语法意义上的主谓颠倒。这就是"把普遍物和经验的存在直接混淆起来，同时也就立即非批判地把有限的事物当做理念的表现"。① 二是命题的前提和结论的颠倒或者逻辑学意义上的主谓颠倒。这就是说，黑格尔把"真实的相互关系弄颠倒了"，即"应当成为出发点的东西变成了神秘的结果，而应当成为合理的结果的东西却成了神秘的出发点"。② 三是内容和形式的颠倒。在黑格尔看来，"形式就是作为概念认识的那种理性，而内容是作为伦理现实和自然现实的实体性的本质的那种理性"。③ 而在马克思看来，内容就是现实，而形式则是合乎理性的形式。

2. 语法学意义上的主谓颠倒的批判

这涉及概念的真实性问题。黑格尔认为，概念的真实性依赖于先前的概念而不是现实的抽象。"作为科学的一个部门，它具有一定的出发点，这个出发点就是先前的成果和真理，正是这先前的东西构成对出发点的所谓证明。所以，法的概念就其生成来说是属于法学范围之外的，它的演绎在这里被预先假定着，而且它应该作为已知的东西而予以接

---

① 《马克思恩格斯全集》第1卷，北京：人民出版社1956年版，第296页。
② 《马克思恩格斯全集》第1卷，北京：人民出版社1956年版，第294页。
③ ［德］黑格尔：《法哲学原理》，范扬、张企泰译，北京：商务印书馆2009年版，"序言"第15页。

受。"① 黑格尔论证的前提假设是概念的自生性："概念是从它本身发展起来的，这种发展纯粹是概念规定内在的前进运动和产物。"② 当黑格尔在第267节中说"理想性中的必然性是政治情绪"时，马克思批判道："在这里主体是'理想性中的必然性'，'理念内部自身'，而谓语则是政治情绪和政治制度。……重要的是黑格尔在任何地方都把理念当做主体，而把真正的现实的主体，例如'政治情绪'变成了谓语。而事实上发展却总是在谓语方面完成的。"③ 针对黑格尔在第269节中说"这一机体是理念向它的各种差别及各种差别的客观现实性发展的结果"的表述，马克思说："前提、主体是政治制度的现实的差别或各个不同方面。谓语是这些不同方面的规定，即有机的规定。可是在这里理念反而变成了主体；各种差别及各种差别的现实性被看做理念的发展，看做理念发展的结果，实则恰好相反，理念本身应当从现实的差别中产生出来。"④ 针对黑格尔在270节中说"国家的抽象的现实性就是国家的必然性，就是精神"的说法，马克思说："既然黑格尔的出发点总是被他当做主体、当做现实本质的'理念'或'实体'，现实的主体就只能是抽象谓语的最后谓语。"⑤ 在长子继承制中，世袭领地成了实体，土地占有者、长子继承权的享有者成了"偶性"和"农奴"。因此"主体是物，谓语却是人。意志成了财产的财产""私有财产成了意志的主体，意志则成了私有财产的简单谓语"。⑥

进而，马克思揭露了主谓颠倒的根源："黑格尔把谓语、客体变成某种独立的东西，但是这样一来，他就把它们同它们的真正的独立性、同它们的主体割裂开来。随后真正的主体即作为结果而出现，实则正应当从现实的主体出发，并把它的客体化作为自己的研究对象。……正因为黑格尔不是从实在的对象（主体）出发，而是从谓语、从一般规定出发（而这种规定的某一体现者总是应该有的），于是神秘的理念变成了这类

---

① ［德］黑格尔：《法哲学原理》，范扬、张企泰译，北京：商务印书馆2009年版，第2页。
② ［德］黑格尔：《法哲学原理》，范扬、张企泰译，北京：商务印书馆2009年版，第43页。
③ 《马克思恩格斯全集》第1卷，北京：人民出版社1956年版，第254—255页。
④ 《马克思恩格斯全集》第1卷，北京：人民出版社1956年版，第256页。
⑤ 《马克思恩格斯全集》第1卷，北京：人民出版社1956年版，第263页。
⑥ 《马克思恩格斯全集》第1卷，北京：人民出版社1956年版，第378、370页。

体现者。"① 或者说，"这样用客观的东西偷换主观的东西，用主观的东西偷换客观的东西……所产生的必然的结果，是把某种经验的存在非批判地当做理念的现实真理"。② 有时，偶然的历史事件也被抬高为最终现实的一个标准。在1843年7月总结利奥波德·兰克关于法国大革命的研究成果时，马克思指出："黑格尔将国家理念的各个环节变成一个主词并将旧的政治安排变成一个谓词，而在历史现实中事情总是背道而驰：国家理念始终是这些政治安排的一个谓词。因此，黑格尔表达的只是那个时期的普遍政治情形、它的政治目的论。他的哲学—宗教泛神论同样如此。于是，所有非理性的形式都成了理性的形式。"③ 在《神圣家族》中，马克思进一步指出了主谓颠倒的构造方法：第一步是将"大家所知道的、实际上是有目共睹的属性当做他自己发现的规定"；第二步是将观念之间的推移当作"绝对主体的自我活动"，从而"把实体了解为主体，了解为内部的过程，了解为绝对的人格"。④ 首先，主谓颠倒的结果是"这样一来，随便哪一种经验的存在都可以解释为理念的实在环节了"；其次，"这样也就造成了一种神秘和深奥的印象。……现在，这种内容获得了哲学的形式、哲学的证明书"；再次，"这种神秘思辨的另一结果就是：特殊的经验存在、单一的经验存在和其他的经验存在不同，它被看做理念的定在。"⑤ 因此，采取主谓颠倒的办法，逻辑学就能证明任何现实的合理性。

3. 逻辑学意义上的主谓颠倒的批判

在1842年4月写的《历史法学派的哲学宣言》一文中，马克思就批判"历史法学派"的主要缺陷之一是在研究上采取了实证的或者非批判的方法。⑥ 马克思对黑格尔的国家理论批判的重心之一就是逻辑前提的非真实性或者非批判性的问题。当黑格尔在第283—284节谈到君主有权任免大臣而无须承担任何责任时，马克思说："如果从立宪的前提出发，黑格尔的证明还是可信的，但是黑格尔没有从这些前提的基本观念来分

---

① 《马克思恩格斯全集》第1卷，北京：人民出版社1956年版，第273页。
② 《马克思恩格斯全集》第1卷，北京：人民出版社1956年版，第292页。
③ [以]阿维纳瑞：《马克思的社会与政治思想》，张东辉译，北京：知识产权出版社2016年版，第35页。
④ 《马克思恩格斯全集》第2卷，北京：人民出版社1957年版，第75页。
⑤ 《马克思恩格斯全集》第1卷，北京：人民出版社1956年版，第293页。
⑥ 《马克思恩格斯全集》第1卷，北京：人民出版社1995年版，第231页。

析这些前提，从而证明这些前提。这种混乱表现了黑格尔法哲学的全部非批判性。"① 当黑格尔在第 262 节中将家庭和市民社会当作国家的"材料分配"的领域而不是当作国家的前提，马克思认为"这一节集法哲学和黑格尔全部哲学的神秘主义之大成"，因为"逻辑的泛神论的神秘主义在这里已经暴露无遗"。② "理念变成了独立的主体，而家庭和市民社会对国家的现实关系变成了理念所具有的想像的内部活动。实际上，家庭和市民社会是国家的前提，它们才是真正的活动者；而思辨的思维却把这一切头足倒置。"③ 当黑格尔在第 274 节中说"每一个民族的国家制度总是取决于该民族的自我意识的性质和形成"时，马克思说："它〔国家制度〕是一个决定性的起点和原则，它本身具有和意识的发展一同进步、和现实的人一同进步的能力。但是这只有在'人'成为国家制度的原则的条件下才有可能。"④ 基于不同的逻辑前提，马克思指出："黑格尔从国家出发，把人变成主体化的国家。民主制从人出发，把国家变成客体化的人。正如同不是宗教创造人而是人创造宗教一样，不是国家制度创造人民，而是人民创造国家制度。"⑤ 在《德意志意识形态》的"费尔巴哈"章，马克思在创立历史唯物主义理论时，非常注重理论的前提，如"我们首先应当确定一切人类生存的第一个前提""我们的出发点是从事实际活动的人"，并区分理论的前提与历史发展的逻辑顺序。⑥ 但是，黑格尔却将结论或者历史发展的顺序与目的相混淆。例如，世代交替的历史"被思辨地颠倒成这样：好像后一个时期历史乃是前一个时期历史的目的……其实，以往历史的'使命'、'目的'、'萌芽'、'观念'等词所表明的东西，无非是从后来历史中得出的抽象，无非是从先前历史对后来历史发生的积极影响中得出的抽象"，从而将观念与现实相颠倒。⑦ 同时，黑格尔将整个历史过程看成是"人"的自我异化过程的做法，不过是"用后来阶段的普通人来代替过去阶段的人并赋予过去的个人以后来的意识"的"本末倒置的做法"，从而在舍弃历史条件

---

① 《马克思恩格斯全集》第 1 卷，北京：人民出版社 1956 年版，第 290 页。
② 《马克思恩格斯全集》第 1 卷，北京：人民出版社 1956 年版，第 253、250 页。
③ 《马克思恩格斯全集》第 1 卷，北京：人民出版社 1956 年版，第 250—251 页。
④ 《马克思恩格斯全集》第 1 卷，北京：人民出版社 1956 年版，第 268 页。
⑤ 《马克思恩格斯全集》第 1 卷，北京：人民出版社 1956 年版，第 281 页。
⑥ 《马克思恩格斯全集》第 3 卷，北京：人民出版社 1960 年版，第 30、31 页。
⑦ 《马克思恩格斯全集》第 3 卷，北京：人民出版社 1960 年版，第 51 页。

的状态下将历史变成意识发展的过程。①

### 4. 内容和形式的颠倒批判

黑格尔在《法哲学原理》中对缺乏深入研究但只有了解和观察的国家问题，按照辩证法的逻辑结构进行类比规定，结果造成"具体的内容即现实的规定成了形式上的东西，而完全抽象的形式规定成了具体的内容"。② 实际上"这些规定的哲学意义就在于国家在其中具有逻辑意义"，因为"这些具体的规定同样可以用其他的具体规定来代替，因而它们是非本质的"。③ 马克思批评说："黑格尔把内容和形式、把自在的存在和自为的存在彼此分割开来，而且这种自为的存在只是在黑格尔当做形式的环节从外面塞进来的。在黑格尔看来，这种现成的内容存在于许许多多的形式中，但这些形式却不是这个内容的形式；可是显而易见，现在应该拿来当做内容的真正形式的那种形式，却又没有一个真正的内容来做自身的内容。"④ "可是这样一来我们并没有得到任何新的内容，只不过改变一下旧内容的形式而已。现在，这种内容获得了哲学的形式、哲学的证明书。"⑤ 例如，"黑格尔完全没有考察官僚政治的内容，只是给官僚政治的'形式'组织做了某些一般的规定"。⑥ 由于黑格尔没有研究对各种问题赋予的"形式是否合理，是否合适"，因此，"黑格尔给他自己的逻辑提供了政治形体，但他并没有提供政治形体的逻辑"。⑦ 所以，马克思才说："整个法哲学只不过是对逻辑学的补充。"⑧ 根据君主制是民主制的颠倒，马克思认为，"民主制是内容和形式，君主制似乎只是形式，而实际上它在伪造内容"。⑨ 因为国家的真正内容是财产、契约、婚姻、市民社会等，而君主制和民主制仅仅是一种组织形式。"在北美，财产等等，即法和国家的全部内容，同普鲁士的完全一样，只不过略有改变而已。所以，那里的共和制同这里的君主制一样，都只是一种国家形

---

① 《马克思恩格斯全集》第 3 卷，北京：人民出版社 1960 年版，第 77 页。
② 《马克思恩格斯全集》第 1 卷，北京：人民出版社 1956 年版，第 263 页。
③ 《马克思恩格斯全集》第 1 卷，北京：人民出版社 1956 年版，第 264 页。
④ 《马克思恩格斯全集》第 1 卷，北京：人民出版社 1956 年版，第 321 页。
⑤ 《马克思恩格斯全集》第 1 卷，北京：人民出版社 1956 年版，第 293 页。
⑥ 《马克思恩格斯全集》第 1 卷，北京：人民出版社 1956 年版，第 300 页。
⑦ 《马克思恩格斯全集》第 1 卷，北京：人民出版社 1956 年版，第 304 页。
⑧ 《马克思恩格斯全集》第 1 卷，北京：人民出版社 1956 年版，第 264 页。
⑨ 《马克思恩格斯全集》第 1 卷，北京：人民出版社 1956 年版，第 280 页。

式。"① 因此，内容和形式的颠倒批判就蕴含了具体的历史逻辑的探寻。作为内容和形式的颠倒最有名的例子就是马克思对商品拜物教的批判。在《资本论》中，马克思指出，商品拜物教的实质在于，"商品形式在人们面前把人们本身劳动的社会性质反映成劳动产品本身的物的性质，反映成这些物的天然的社会属性，从而把生产者同总劳动的社会关系反映成存在于生产者之外的物与物之间的社会关系"。②

阿维瑞纳认为，马克思受到《关于哲学改革的临时纲要》的影响，于是将"费尔巴哈对黑格尔哲学的普遍批判应用到政治学中"，形成了《黑格尔法哲学批判》。③ 这里的"普遍批判"是指费尔巴哈的"主谓颠倒法"。阿维瑞纳断言，马克思的《黑格尔法哲学批判》就建立在费尔巴哈的主谓颠倒法基础之上，甚至"马克思的唯物论就是从对黑格尔的这种内在批判开始的"。④ 从以上的分析可以看出，马克思使用了费尔巴哈有关主谓颠倒的词句，并分析了其产生的根源。但是，马克思使用的主谓颠倒批判是非常丰富的，除了句子的主谓颠倒，还有逻辑前提的非真实性批判、内容和形式颠倒的批判。诺拉由此说："马克思并不依赖费尔巴哈的颠倒原则完成了对黑格尔政治哲学的批判，但对它的应用确实使其在很大程度上摆脱了黑格尔理论中使精神神秘化的倾向。……这种颠倒原则，在不触及经验内容的情况下，也只是揭示出黑格尔关于这些经验内容的神秘化表达的虚假的深刻性。"⑤ 更为关键的是，马克思总是从现实出发进行主谓颠倒的批判。这就避免了观念领域的虚假抽象的颠倒依然是虚假抽象的困境。由于这种转换，马克思就能从费尔巴哈那种单纯思想领域的宗教异化批判转向现实领域的政治异化批判，从而为采

---

① 《马克思恩格斯全集》第1卷，北京：人民出版社1956年版，第283页。
② [德] 卡尔·马克思：《资本论》第一卷（上），中央编译局译，北京：人民出版社1975年版，第88—89页。
③ [以] 阿维纳瑞：《马克思的社会与政治思想》，张东辉译，北京：知识产权出版社2016年版，第11页。
④ [以] 阿维纳瑞：《马克思的社会与政治思想》，张东辉译，北京：知识产权出版社2016年版，第13页。
⑤ 罗伯特·诺拉：《青年黑格尔派、费尔巴哈与马克思》，见 [美] 罗伯特·C. 所罗门、凯特林·M. 希金斯主编：《德国唯心主义时代》，储昭华等译，北京：中国人民大学出版社2016年版，第351页。

取行动而不是单纯的批判来改变世界和人性的观点的发展铺平了道路。①在《资本论》第三卷中，马克思以剩余价值和利润的关系为例进一步说明了现实的颠倒。马克思说："不过，剩余价值借助利润率而转化为利润形式的方式，只是生产过程中已经发生的主体和客体的颠倒的进一步发展。……从这种颠倒的关系出发，甚至在简单的生产关系内，也必然会产生出相应的颠倒的观念，即颠倒的意识，这种意识由于真正流通过程的各种转化和变形而进一步发展了。"② 这就意味着，主谓颠倒仅仅是现实的主客体颠倒的一种意识反映。

（二）自相矛盾的揭露

马克思使用的自相矛盾的批判包括概念的矛盾、命题的矛盾和命题之间的逻辑矛盾的批判。

1. 概念的矛盾

黑格尔非常注重概念的同一性或者非矛盾性。黑格尔说："事实上，法的规定愈是前后不一致和自相矛盾，在这种法中下定义就愈缺少可能，因为定义应该包含一般的规定，但这么一来，就会把矛盾着的东西，在这里就是不法的东西，赤裸裸地暴露出来。"③ 马克思根据黑格尔所说的"哲学应该指出概念的片面性和非真理性"和从概念的现实性中发现，黑格尔使用的许多概念存在内在的矛盾。④ 例如，黑格尔利用非政治等级获得政治意义这个矛盾来定义私人等级。⑤ 当黑格尔批评君主的主权和人民的主权相对立是基于"人民的荒谬观念"时，马克思则说："主权这个概念本身就不可能有双重的存在，更不可能有和自身对立的存在。……这两个主权当中有一个是虚构的，虽然确实已经被虚构出来了。"⑥ 当黑格尔说立法权以国家制度为前提和国家制度"本质地生成

---

① N. Lobkowicz, "Karl Marx's Attitude toward Religion", *The Review of Politics*, Vol. 26, No. 3, July 1964, p. 346.
② ［德］卡尔·马克思：《资本论》第三卷（上），中央编译局译，北京：人民出版社1975年版，第53—54页。
③ ［德］黑格尔：《法哲学原理》，范扬、张企泰译，北京：商务印书馆2009年版，第2页。
④ ［德］黑格尔：《法哲学原理》，范扬、张企泰译，北京：商务印书馆2009年版，第1页。
⑤ 《马克思恩格斯全集》第1卷，北京：人民出版社1956年版，第335页。
⑥ 《马克思恩格斯全集》第1卷，北京：人民出版社1956年版，第279—280页。

着"时，马克思指出："从它本身的使命来说，它是不变的，但是实际上它却在改变，不过这种变化是没有意识的，是无形的。现象和本质发生了矛盾。……国家制度和立法权之间的抵触只不过是国家制度本身的自相冲突，是国家制度这一概念中的矛盾。"①

2. 命题的矛盾

在对黑格尔的理论分析中，马克思发现大量的命题都是自相矛盾的。例如，国家是家庭和市民社会的外在必然性和内在目的的"二律背反"；由各种社会力量交织在一起的市民社会同由某些特殊社会力量构成但确可以超越市民社会的国家之间的矛盾；和平引起灾难；市民社会与国家冲突却发展出国家精神；立法权是一个整体与立法权是君主权和行政权的两个环节之间的矛盾；等级要素的本质在于经验普遍性与反对一切人有权都参与国家事务之间的矛盾；特殊利益的代表却需要代表普遍利益；议员是同业公会的代表和议员之间存在本质差别之间的矛盾。② 当黑格尔在第307节中说私人等级要保持"它现在这个样子"而"和普遍物真正地联系起来"时，马克思则认为，私人等级保持"它现在这个样子"就不能获得"政治意义和政治效能"，而"私人等级要获得'政治意义和政治效能'，就不应该再成为现在这个样子，不应该再成为私人等级"。"因此，他要成为真正的公民，要获得政治意义和政治效能，就应该走出自己的市民现实性的范围，摆脱这种现实性，离开这整个的组织而进入自己的个体性，因为他暴露出来的个体性本身是他为自己的公民身分找到的唯一的存在形式。"③

3. 命题之间的逻辑矛盾

除单个命题包含自身的逻辑矛盾外，黑格尔所阐述的不同的命题之间也存在着大量的逻辑矛盾。例如，王权的非理性和各环节的理性之间的矛盾；国王的无责任性和国王的良心之间的矛盾；从等级差别中引出各等级是为了使各等级不致成为"简单的经验普遍性"，而为了从各等级中引出等级差别是为了使它们成为"简单的经验普遍性"；财产的可

---

① 《马克思恩格斯全集》第1卷，北京：人民出版社1956年版，第314—316页。
② 《马克思恩格斯全集》第1卷，北京：人民出版社1956年版，第249、271、296、319、390、398、401页。
③ 《马克思恩格斯全集》第1卷，北京：人民出版社1956年版，第341页。

转让性和长子继承制的私有财产的不可转让之间的矛盾；代表制的基础是信任和不信任的"两个绝对矛盾"；一种由它的所有者自由地加以处置对象的财产与同个人意志相割裂的限定继承的财产之间的矛盾；贵族家庭的伦理优越性与长子继承制缺乏爱之间的矛盾。① 当黑格尔说君主权和市民社会这两个极端必然在行政权和等级要素这个中介之间充当中介人时，马克思抨击道："在这里，这些忽而起着极端作用、忽而起着居间者作用的极端所包含的荒谬性完全暴露出来了。……最妙的是，把中介作用的这种荒谬性归结为抽象逻辑（因而也是并非虚构的、毋庸异议的）说法的黑格尔，同时还把这种中介作用说成是逻辑的思辨奥秘，是合乎理性的关系，是推论。真正的极端之所以不能被中介所调和，就因为它们是真正的极端。同时它们也不需要任何中介，因为它们在本质上是互相对立的。"②

从以上分析可以看出，黑格尔的许多概念、命题和命题之间都存在大量的逻辑矛盾。康德说："要从一个经验命题榨取必然性（ex pumice aquam [从石头中榨取水]），还要借助这种必然性为一个判断谋取真正的普遍性（没有这种普遍性，就没有理性推理，因而也就没有出自类比的推理，类比是一种至少推测到的普遍性和客观的必然性，所以总还是以真正的普遍性为前提条件），这是不折不扣的自相矛盾。"③ 黑格尔正是依靠这些似是而非的概念和命题来为君主立宪制、等级议会和官僚体制进行辩护。

（三）任意类比的批判

在黑格尔论证立宪君主制和国家是伦理精神的最高实现的技巧中，推移技术或者类比论证起着至关重要的作用。黑格尔说："从纯自我规定的概念到存在的直接性，从而到自然性的这种推移，带有纯思辨的性质，因而对这种推移的认识属于逻辑哲学的范围。可是大体说来，这正是那种被公认为意志的本性的推移，这种推移是内容从主观性（想象中的目的）转化为定在的过程。但是这里所考察的理念和这种推移的独特形式

---

① 《马克思恩格斯全集》第 1 卷，北京：人民出版社 1956 年版，第 290、352、371、403 页。
② 《马克思恩格斯全集》第 1 卷，北京：人民出版社 1956 年版，第 354—355 页。
③ 李秋零主编：《康德著作全集》第 5 卷，北京：中国人民大学出版社 2006 年版，第 13 页。

就是意志的纯自我规定（简单概念本身）直接转变为'这个'和自然的定在，而没有特殊内容（行动中的目的）作为中介。"① "中介不是别的，只是运动着的自身同一，换句话说，它是自身反映，自为存在着的自我的环节，纯粹的否定性，或就其纯粹的抽象而言，它是单纯的形成过程。"② 利用这种推移技术，黑格尔就从家庭和市民社会推移到国家，从个人有人格推演国家有君主的人格，从而完成君主立宪和伦理国家的论证。对此，马克思说："这正是黑格尔在逻辑中所玩弄的那种从本质领域到概念领域的推移。在自然哲学中也玩弄这种推移——从无机界到生物界的推移。永远是同样的一些范畴时而为这一些领域，时而为另一些领域提供灵魂。总之，就是在替各个具体规定寻求适应于它们的抽象规定。"③ 在马克思看来，这种推移技术的缺陷在于，"把最尖锐的矛盾说成同一，把最大的不连贯性当成连贯性""他所陈述的独特的差别已经独特到能够消灭一切类似物，并且用巫术来代替'意志的本性'"。④

（四）同义反复的批判

黑格尔的许多表述存在同义反复的问题，马克思在第269节、第277节和第279节中予以明确指出。马克思说："政治制度是国家的机体，或者国家的机体是政治制度。任何机体的各个被划分的部分都处于由机体的本性所决定的必然的联系之中，这种说法纯粹是同义反复"；"自然，如果特殊的职能和活动指的是国家的职能和活动，是国家的职能和国家的权力，那末它们就不可能是私有财产，而只是国家财产。这是同义反复"。⑤

（五）逻辑不连贯的批判

在对黑格尔的《法哲学原理》进行批判性阅读时，马克思也非常注重逻辑连贯性问题。当黑格尔说"这一机体就是理念向它的各种差别及各种差别的客观现实性发展的结果。由此可见，这些被划分的不同方面

---

① ［德］黑格尔：《法哲学原理》，范扬、张企泰译，北京：商务印书馆2009年版，第342页。
② ［德］黑格尔：《精神现象学》上卷，贺麟、王玖兴译，上海：上海人民出版社2013年版，第63页。
③ 《马克思恩格斯全集》第1卷，北京：人民出版社1956年版，第254页。
④ 《马克思恩格斯全集》第1卷，北京：人民出版社1956年版，第286、287页。
⑤ 《马克思恩格斯全集》第1卷，北京：人民出版社1956年版，第255、270页。

就是各种不同的权力及其职能和活动领域"时，马克思说："我们在这里可以注意一下黑格尔在文体上的一个特点，这个特点是随处都可以见到的，它也是神秘主义的产物。"① 这个特点就是利用连接词将不相关的两个命题连接起来，造成一种逻辑连贯的假象。马克思对此说："利用'由此可见'这几个字造成连贯、演绎和发展的假象。……由于插入了'由此可见'这几个字，便造成一种错觉，好像这些'各种不同的权力'是从关于机体（理念的发展）的中间命题引申出来的。"②

为了论证"国家制度存在着，同时也本质地生成着"的观点，黑格尔列举了两个例子：一是德国各邦诸侯及其家庭的财富从私人财产转变为国有财产；二是皇帝的审判权转移至法官。③ 对这个举例不恰当的论证，马克思批评道："黑格尔引了一些例子来说明国家制度的逐渐变化，但是引得并不高明。……第一种推移只在于过去属于国家的全部财产已成了诸侯的私人财产。此外，所有这些改变都只具有局部的性质。"④

（六）经验冒充逻辑的批判

除利用连接词外，黑格尔还将经验混淆在逻辑中，用逻辑来填充现实。当黑格尔在第 269 节将机体的各个方面与权力相联系时，马克思说："'国家的不同的方面就是各种不同的权力'这一命题是经验的真理，不能冒充哲学上的发现。这一命题也决不能像结论一样从先前的思想中产生出来。……他不是从对象中发展自己的思想，而是按照做完了自己的事情并且是在抽象的逻辑领域做完了自己的事情的思维的样式来制造自己的对象。黑格尔要做的事情不是发展政治制度的现成的特定的理念，而是使政治制度和抽象理念发生关系，使政治制度成为理念发展链条上的一个环节，这是露骨的神秘主义。"⑤ 当黑格尔把国家意识包含在官僚政治中和将公众意识当作多数人的观点和思想的简单混合时，马克思批评道："这种抽象把同官僚机构的本质格格不入的本质偷偷塞进了官僚机构，同样，它把不适合于真正本质的表现形式加给真正本质。"⑥ 对于这

---

① 《马克思恩格斯全集》第 1 卷，北京：人民出版社 1956 年版，第 257 页。
② 《马克思恩格斯全集》第 1 卷，北京：人民出版社 1956 年版，第 256—257 页。
③ [德] 黑格尔：《法哲学原理》，范扬、张企泰译，北京：商务印书馆 2009 年版，第 358—359 页。
④ 《马克思恩格斯全集》第 1 卷，北京：人民出版社 1956 年版年，第 315 页。
⑤ 《马克思恩格斯全集》第 1 卷，北京：人民出版社 1956 年版，第 258—259 页。
⑥ 《马克思恩格斯全集》第 1 卷，北京：人民出版社 1956 年版，第 320 页。

些经验冒充逻辑的做法，马克思总结道："黑格尔应该受到责难的地方，并不在于他如实地描写了现代国家的本质，而在于他用现存的东西来冒充国家的本质。合乎理性的东西都是现实的，证明这一点的却正好是非理性的现实性的矛盾，这种非理性的现实性处处都同它关于自己的说法相反，而它关于自己的说法又同它的本来面目相反。……我说：这是任性的抽象。"①

（七）认识不足的批判

马克思多次明确指出，黑格尔过多地关注国家问题的逻辑形式，对国家问题的实际内容阐述很少。当黑格尔说国家的各种权力消融和保存在整体力量时，马克思则说"但应当说明怎样来实现它"；当黑格尔说行政权是维护国家的普遍利益和法制时，马克思则说"黑格尔并没有揭示出行政权的本性"；当黑格尔说官僚机构需要报酬、道德和理智的教育以及监督来避免滥用职权时，马克思则说"黑格尔完全没有考察官僚政治的内容，只是给官僚政治的'形式的'组织做了某些一般的规定"；②当黑格尔谈到"国家的各种权力的有机统一"时，马克思评论道："但是，黑格尔正好没有把这种有机的统一构思出来。他认为不同的权力有不同的原则。此外，这些权力还是稳固的现实性。因此，黑格尔不去阐明这些权力是有机统一的各个环节，反而抛开这些权力之间的现实冲突［如国家制度与立法权、立法权与行政权之间的冲突］，逃到想像中的'有机的统一'中去，然而，这不过是一套空洞神秘的遁术。"③当黑格尔说政治等级是国家和市民社会的中介时，马克思则说："但是各等级到底怎样把这两种互相矛盾的主张结合在自身中，黑格尔并没有说明……黑格尔偏重于谈各等级的地位即它们的政治身分，而各等级活动的内容即立法权却谈得很少。"④因此，黑格尔的国家理论，除包含大量的经验描述和逻辑形式外，缺乏实质性的内容。这可能是促使马克思在1843年7—8月在克罗茨纳赫阅读大量的历史著作的原因，也可能是马克思在1844年11月打算撰写一本"现代国家的著作"的原因。⑤

---

① 《马克思恩格斯全集》第1卷，北京：人民出版社1956年版，第324页。
② 《马克思恩格斯全集》第1卷，北京：人民出版社1956年版，第269、295、300页。
③ 《马克思恩格斯全集》第1卷，北京：人民出版社1956年版，第317页。
④ 《马克思恩格斯全集》第1卷，北京：人民出版社1956年版，第328—330页。
⑤ 《马克思恩格斯全集》第42卷，北京：人民出版社1979年版，第238页。

## （八）特设逻辑和任意推论的批判

除依靠推移技术外，黑格尔还依靠特设逻辑和任意推论为君主立宪制进行辩护。黑格尔认为，君主是"绝对地起源于自身"和依靠肉体的出生来获得统治权威。马克思对此批评道："从某种意义上说，任何必然的存在都是'绝对地起源于自身的'，在这方面君主身上的虱子同君主本人没有丝毫区别。所以，黑格尔并没有说出构成君主的特殊性的任何东西。"① 对于君主的出生标志，马克思批判道："一个有理性的机体，不可能头是铁的，而身体却是肉的。各个部分为了保存自己必须具有同样的素质，必须具有同样的血肉。但世袭的君主天赋有特殊的素质，他是由与众不同的材料做成的。在这里，自然的巫术就和国家其他成员的普通的合理意志对立起来。"② 这种"非人"的特殊意志显然就会与普遍的意志或者理性相对立。对于一个国家需要"一个单一的东西"即君主来统治时，马克思则说："真是高明的推论！黑格尔还可以根据同样的理由做出这样的推论：因为每一个单个的人都是一个单一的东西，所以全人类只是一个唯一的人。"③

黑格尔在《哲学史讲演录》中曾把这种随意提出的理由叫做"一个蜡制的假鼻""诡辩"。黑格尔说："什么理由应算作好的理由须视目的、利益为转移。目的、利益是在先的东西，能够给予理由以力量。因此理由乃是一般的主观的东西。……这些好的理由却并不是实质、客观事物的本身，而只是属于我的任性、任意的事情，琐屑无聊的事情；凭借这些理由我就可以长篇大论地欺骗自己，以为我具有高尚的意向。这正是忘怀自我投身于事情本身的反面。"④ 因此，尽管我们不能说"他的见解背后隐藏着不可告人的意图"，但是，黑格尔为君主立宪制进行辩护的特设逻辑或者"诡辩"却总是包含着他的某种"目的、利益"。⑤

## （九）偷换概念的批判

当特设逻辑或者任意推论不足以满足论证的要求时，黑格尔还诉诸

---

① 《马克思恩格斯全集》第 1 卷，北京：人民出版社 1956 年版，第 278 页。
② 《马克思恩格斯全集》第 1 卷，北京：人民出版社 1956 年版，第 290 页。
③ 《马克思恩格斯全集》第 1 卷，北京：人民出版社 1956 年版，第 277 页。
④ ［德］黑格尔：《哲学史讲演录》第三卷，贺麟、王太庆译，北京：商务印书馆 2009 年版，第 47 页。
⑤ 《马克思恩格斯全集》第 1 卷，北京：人民出版社 1995 年版，第 74 页。

于偷换概念的伎俩。例如，黑格尔混淆个人的私人特质和社会特质，以便将国家和个人"以外在的和偶然的方式"联系起来，否认人民有普遍参与政治的权利；混淆国家主权和君主王权，以便将国家的权力赋予君主；混淆整体国家和政治国家，以便否定市民的国家成员资格；将君主的独断专行看作君主选举制的"伟大之处"，尽管"对世袭的君主说来倒是更恰当些"。① 当黑格尔将私人等级的两个主体即政治国家和市民社会利用"比喻的冒名顶替"当作"虚幻的同一"时，马克思怒斥道："黑格尔企图发展这样一个原理：市民社会各等级是政治的等级，而且为了证明这一原理，就偷偷地把它换成了另一个原理：市民社会各等级是'政治国家的孤立化'，也就是说，市民社会是政治社会。'国家内部的特殊物'这种说法在这里只能理解为'国家的孤立化'。黑格尔别有用心地选择了这个模棱两可的说法。"②

（十）基于历史事实的批判

在黑格尔看来，法的历史研究和哲学考察应该相互分离。"对于各种法律规定在时间上的出现和发展加以考察，这是一种纯历史的研究。这种研究以及对这些法律规定的理智的结论加以承认（这种结论是从法律规定的既存法律关系的比较中得出），在各自领域中固然都有其功用和价值，但是与哲学上的考察无关，因为基于历史上原因的发展不得与出于概念的发展相混淆，而且历史的说明和论证也不得被扩展而成为具有自在自为地有效的那种论证的意义。"③ 但是，马克思从《莱茵报》时期的政治实践中发现，理论研究与历史事实是密不可分的，理论研究在历史事实的支持下具有更强的现实性。在对《法哲学原理》第307节和308节的批判性阅读过程中，马克思对比分析了古罗马的私有制和德国的私有制之间的差别，特别是立遗嘱的自由和长子继承制之间的差别，以及英国和法国的议会制度与黑格尔所构想的等级议会制度之间的差别。从这种历史分析中，马克思不仅揭示了"整个国家制度都建立在私有财产的基础上"的事实，也批判了黑格尔"用新眼光来解释旧世界观的那一

---

① 《马克思恩格斯全集》第1卷，北京：人民出版社1956年版，第270、279、288页。
② 《马克思恩格斯全集》第1卷，北京：人民出版社1956年版，第342页。
③ ［德］黑格尔：《法哲学原理》，范扬、张企泰译，北京：商务印书馆2009年版，第6页。

套非批判的神秘主义做法"。① 马克思指出："黑格尔的政治国家到处都需要它以外的各种领域的保障。它不是被实现了的力量。……在黑格尔看来，本来的物质原则是理念，是被看做主体的国家所具有的抽象的逻辑形式，是本身不包含任何消极因素，任何物质因素的绝对理念。"② 不幸的是，黑格尔的国家理论在历史事实面前最后全部暴露出了自己的落后、保守和反动的本质。

从以上分析可以看出，马克思在对黑格尔的《法哲学原理》进行批判性阅读时，采用了逻辑批判与历史批判相结合的方法。所谓逻辑批判，就是在文本分析中对概念的真实性和同一性、逻辑前提的现实性、命题内部和命题之间的逻辑一致性、逻辑结论与证据符合的分析。如果批判是一种解构的话，那么，可以说，马克思在《黑格尔法哲学批判》中的逻辑批判就完全解构了黑格尔在《法哲学原理》中的逻辑。与历史批判相比，逻辑批判占据绝对的主导地位。马克思揭示出，黑格尔的国家理论不仅落后于时代、流于形式，而且存在逻辑前提不真实、概念和命题自相矛盾、任意类比、偷换概念和使用虚假逻辑的问题。德拉-沃尔佩也非常重视马克思对黑格尔的逻辑批判："通过对黑格尔的批判，马克思揭露了先验论的、唯心主义的而且一般说来思辨的辩证法的'神秘方面'。这些神秘方面是黑格尔的基本的逻辑矛盾或实际上的（而不仅仅是形式上的）毫无意义的同语反复，它们来自这种辩证法的概念结构的类的（generic）（先验的）特征。"③

## 四、《黑格尔法哲学批判》的理论阐发

马克思在《黑格尔法哲学批判》中不仅全面解构了黑格尔的逻辑，而且在批判的基础上获得了许多新的理论认知，取得了"从世界本身的原理中为世界阐发新原理"的初步成果。在《莱茵报》时期，马克思对普鲁士的官僚政治、等级议会的辩论以及基督教国家的任性都有所了解和批判，认识到政治对经济关系特别是贫困的重大影响。在《黑格尔法哲学批判》中，马克思对普鲁士的政治现状获得了更多的经验认识，也

---

① 《马克思恩格斯全集》第1卷，北京：人民出版社1956年版，第348页。
② 《马克思恩格斯全集》第1卷，北京：人民出版社1956年版，第388—390页。
③ [意] 德拉-沃尔佩：《卢梭和马克思》，赵培杰译，重庆：重庆出版社1993年版，第154页。

认识到"轻视人，蔑视人，使人不成其为人"的世袭君主制和世袭贵族制都是建立在虚假的理由基础之上的制度。这就更加激发了马克思的革命民主主义的战斗精神，"要对现存的一切进行无情的批判"，"把我们的批判和实际斗争结合起来，并把批判和实际斗争看做同一件事情"。①阿维纳瑞甚至说："马克思后来思想（如私有财产、异化和国家的扬弃）的所有主要成就和困境，均源于这部著作。"② 但是，对于马克思在《黑格尔法哲学批判》中获得的成果，学术界存在很多争论。贺麟在《黑格尔著〈法哲学原理〉一书评述》中，将马克思在《黑格尔法哲学批判》中"由破而立的几个主要论点"归结为民主制的优越性、反对私有制的立场、批判主谓颠倒的唯心主义、反对"逐渐推移"和对"中介"的调和立场而发展唯物辩证法。③ 王东和郭丽兰（2008）则认为，《黑格尔法哲学批判》的理论贡献在于重新厘定了国家和市民社会的关系，实现了哲学前提和方法论的转变。霍布斯鲍姆（2014）将《黑格尔法哲学批判》的理论贡献归结为国家是历史的产物、国家是建立在私有制基础之上的阶级权力、国家和市民社会将随着真正民主社会的建立而消亡等观点。④ 尽管这些不同的归纳大体上是准确的，但是没有按照马克思的思想演进的角度来看待和具体地分析马克思的思想创新。结合前面的阅读分析和批判的内容，我们认为，马克思在《黑格尔法哲学批判》中取得的理论成就主要包括私有财产异化的政治理论、市民社会异化的理论、官僚机构的异化理论以及批判现实的方法论等四方面。

（一）私有财产异化的政治理论

在马克思看来，私有财产是一切政治制度和国家制度的实质和内容，而政治制度和国家制度只是私有财产的不同表现形式。在长子继承制和世袭贵族的本质中，马克思看到了"抽象的私有财产对政治国家的支配权"。这"表现在政治国家使私有财产脱离家庭和社会而孤立，把它奉为抽象的独立物。政治国家对私有财产的支配权究竟是什么呢？是私有

---

① 《马克思恩格斯全集》第 1 卷，北京：人民出版社 1956 年版，第 416—418 页。
② Shlomo Avineri, *The Social and Political Thought of Karl Marx*, London: Cambridge University Press, 1968, p. 3.
③ ［德］黑格尔：《法哲学原理》（范扬、张企泰译），北京：商务印书馆 2009 年版，第 36—41 页。
④ ［英］埃里克·霍布斯鲍姆：《如何改变世界：马克思和马克思主义的传奇》，吕增奎译，北京：中央编译出版社 2014 年版，第 48 页。

财产本身的权力，是私有财产的已经得到实现的本质"。① "因此，最高阶段的政治制度就是私有制。政治情绪的最高阶段就是私有制的情绪。"② 当拥有私产财产的社会各等级通过成为王权的参与者和同盟者、通过代表群众的意志和采取同国家利益妥协的行动而起着中介作用时，各等级在等级议会中就处于政府的反对派和人民的保守派的地位，形成了某种政治异化。马克思指出："私有财产在政治国家中所具有的意义是它的本质的意义，真正的意义；等级差别在政治国家中所具有的意义是等级差别的本质的意义。……'独立的私有财产'或'真正的私有财产'不仅是'国家制度的支柱'，而且还是'国家制度本身'。"③ 因此，国家制度本质上就是"私有财产的国家制度"，私有财产就是"一种普遍的国家联系"。④

马克思指出，立法权是真正的政治国家，拥有私有财产的市民社会决定着政治国家的现实。这在中世纪表现为政治国家与市民社会的统一，而在近代表现为政治国家与市民社会的分离。造成这种差别的原因"在于国家制度本身同现实的人民生活一起发展到了特殊现实性的程度，在于政治国家成了国家其他一切方面的制度"。⑤ 政治国家与人民的不同结合就表现为君主制或者民主制。在民主制中，政治国家"本身只是人民的特殊内容和人民的特殊存在形式"，"国家制度、法律、国家本身都只是人民的自我规定和特定内容"。⑥ 在君主制中，政治国家和市民社会都表现为"特殊的存在方式"，"政治国家就是国家的内容"。因此，"君主制是这种异化的完整的表现，共和制则是这种异化在它自己的领域内的否定"。⑦ 由于立法权具有"现实的立法职能，又是代表的、抽象政治的职能"的"双重的本性"，而且"选举构成了真正市民社会的最重要的政治利益"，所以，"选举制的改革就是在抽象的政治国家的范围内要求取消这个国家，但同时也取消市民社会"。⑧ 这样，政治国家和国家制度

---

① 《马克思恩格斯全集》第1卷，北京：人民出版社1956年版，第369页。
② 《马克思恩格斯全集》第1卷，北京：人民出版社1956年版，第368页。
③ 《马克思恩格斯全集》第1卷，北京：人民出版社1956年版，第378—379页。
④ 《马克思恩格斯全集》第1卷，北京：人民出版社1956年版，第381页。
⑤ 《马克思恩格斯全集》第1卷，北京：人民出版社1956年版，第285页。
⑥ 《马克思恩格斯全集》第1卷，北京：人民出版社1956年版，第282页。
⑦ 《马克思恩格斯全集》第1卷，北京：人民出版社1956年版，第283页。
⑧ 《马克思恩格斯全集》第1卷，北京：人民出版社1956年版，第396页。

就是私有财产的异化,而政治国家和国家制度的扬弃就等于私有财产的扬弃。借助于私有财产异化的政治理论,马克思在《1844年经济学哲学手稿》和《共产党宣言》中勾画出了共产主义的蓝图。

(二) 市民社会异化的理论

伴随着私有财产的政治异化,人脱离社会共同体的异化历程也开始了。在中世纪,由于"一切私人领域都具有政治性质",因此,"政治制度就是私有财产的制度","人民的生活和国家的生活是同一的"。① 政治等级转变为社会等级的过程,就是一个不断消除同一社会等级内部的政治等级差别的过程,使市民社会的等级差别完全变成社会差别,"这样就完成了政治生活同市民社会分离的过程"。同时,市民社会也出现城乡差别以及以"金钱和教养"为主要标准的各种社会集团。在资本主义社会,随着市民社会和政治国家的分离,人的本质也分化为公民和市民。"因此,人就不能不使自己在本质上二重化。……市民社会和政治国家的分离必然表现为政治市民即公民脱离市民社会,脱离自己固有的、真正的、经验的现实性,因为作为国家的理想主义者,公民完全是另外一种存在物,他不同于他的现实性,而且是同它对立的。"② 与封建社会的社会等级被当作一种社会纽带"并对个人保持稳固关系的客观共同体"不同,市民社会的社会等级主要取决于机缘和个人所从事的劳动并分裂为等级和社会地位,而"消费和消费能力是市民等级或市民社会的原则"。由于社会等级的分裂和个人摆脱"客观共同体","人脱离自己的普遍本质","变成直接受本身的规定性所摆布的动物"和"社会生物",因此,"现实的人就是现代国家的私人","现代的市民社会是彻底实现了个人主义原则,个人的生存是最终目的;活动、劳动、内容等等都不过是手段而已"。③ 这就意味着,市民社会的异化就蕴含着人的异化。尽管市民社会的异化理论不是一个普遍性的理论,但是,这个理论阐述却为马克思在《论犹太人问题》的货币异化论、《詹姆斯·穆勒〈政治经济学原理〉一书摘要》的交往异化论和《1844年经济学哲学手稿》中的劳动异化论的阐述奠定了基础,也为在《论犹太人问题》中区分政治解放和人类解放,以及在《〈黑格尔法哲学批判〉导言》中提出无产阶级的历史

---

① 《马克思恩格斯全集》第1卷,北京:人民出版社1956年版,第284页。
② 《马克思恩格斯全集》第1卷,北京:人民出版社1956年版,第340—341页。
③ 《马克思恩格斯全集》第1卷,北京:人民出版社1956年版,第345—346页。

使命的论述提供了必要的理论前提。

(三) 官僚机构的异化理论

官僚机构的异化理论是马克思将《莱茵报》时期与书报检查官打交道的政治经验同理论分析相结合的初步尝试。在1815—1848年期间，普鲁士政府试图建立一个高效、理性和良性的官僚体制来严格执行法律，满足民众的利益诉求和缓解民众对立宪君主制和议会代表制的渴望。① 在1841—1842年期间，普鲁士国王曾基于善良愿望放松书报检查制度。但是，在马克思看来，书报检查制度就是"把承认恶和否定善作为检查制度的根据"。② 在《评普鲁士最近的书报检查令》中，马克思攻击书报检查制度是对理性的侵犯，也谴责书报检察官的无能。《莱茵报》的被查封增强了马克思对官僚机构的反感和更理性的认识。

在马克思看来，官僚机构是市民社会的"国家形式主义"，是"同业公会的唯灵论"，"官僚精神纯粹是一种耶稣会的精神、神学的精神"，而同业公会是"官僚机构的唯物主义"，是"市民社会企图成为国家的尝试"。③ 作为市民社会的两种管理结构，同业公会与官僚机构在争夺权力时是对立的，但在市民社会的力量日趋强大的情况下官僚机构就要竭力复兴同业公会以便巩固权力。"因此，官僚在国家中形成特殊的闭关自守的集团。但官僚机构想把同业公会当做一种虚假的力量保存下来。"④ 由于掌握了权威和国家，官僚机构就发生了异化，"国家已经只是作为由从属关系和盲目服从联系起来的各派官僚势力而存在"。"于是，国家的现实目的对官僚机构说来就成了反国家的目的。官僚精神就是'形式的国家精神'。因此，官僚机构把'形式的国家精神'或实际的国家无精神变成了绝对命令。官僚机构认为它自己是国家的最终目的。"⑤ 崇拜权威、保守秘密、例行公事、追求物质化、升官发财、推崇意志、蔑视知识就是其政治异化的表现，以致于在官僚机构中"国家利益成为一种同其他私人目的相对立的特殊的私人目的"。这样，官僚机构作为维护国家

---

① André Liebich, "On the Origins of a Marxist Theory of Bureaucracy in the Critique of Hegel's *Philosophy of Right*", *Political Theory*, Vol. 10, No. 1, February 1982, p. 84.
② 《马克思恩格斯全集》第1卷，北京：人民出版社1956年版，第65页。
③ 《马克思恩格斯全集》第1卷，北京：人民出版社1956年版，第300—301页。
④ 《马克思恩格斯全集》第1卷，北京：人民出版社1956年版，第301页。
⑤ 《马克思恩格斯全集》第1卷，北京：人民出版社1956年版，第301页。

利益的一种工具转变为国家成为维护官僚机构利益的工具。国家事务变成了官僚阶级的世袭财产，官僚阶级仅仅以国家的名义来攫取它自身的利益。怎么解决官僚机构异化的问题呢？"只有普遍利益在实际上而不只是（像黑格尔所想像的那样）在思想上、在抽象概念中成为特殊利益，才能铲除官僚政治；而这又只有在特殊利益在实际上成为普遍利益时才可能。"① 这意味着，只有在消除国家的情况下才能消灭官僚政治。

在后来的许多著作中，马克思依然高度关注现实国家中官僚机构异化的问题。在《德意志意识形态》中，马克思将官僚阶级看作德意志各邦败坏现状的典型。在《路易·波拿巴的雾月十八日》中，马克思将法国看作是官僚阶级的典型国家，而官僚阶级"它是统治阶级的工具，为统治阶级自身争取权力"。在《法兰西的内战》中，马克思指出法国的官僚阶级"它甚至践踏统治阶级的利益，它用自己挑选的立法团和它出钱供养的参议院代替统治阶级摆样子的议会。……它既给统治阶级用这种统治形式加以束缚的工人阶级带来屈辱，也给统治阶级本身带来屈辱"。② 显然，马克思的官僚机构异化理论与马克斯·韦伯的官僚理性主义理论形成了强烈的对比，尽管两人都是从职能分工和等级来描述官僚阶级的特征。

（四）批判现实的方法论

黑格尔那种"只知直接采取一些抽象的思维规定，以为只消运用这些抽象规定，便可有效地作为表达真理"的方法，本质上就是一种形而上学的方法。③ 针对黑格尔"把现象的矛盾理解为本质中的理念中的统一"而不是理解为"本质的矛盾"的唯心主义，针对教条主义"攻击自己的对象"的错误和"发现到处都有矛盾"的"庸俗的批判"，马克思强调要揭露观念和现实的内在根源，描述其产生的情形。"对现代国家制度的真正哲学的批判，不仅要揭露这种制度中实际存在的矛盾，而且要解释这些矛盾；真正哲学的批判要理解这些矛盾的根源和必然性，从它们的特殊意义上来把握它们。但是，这种理解不在于像黑格尔所想像的

---

① 《马克思恩格斯全集》第 1 卷，北京：人民出版社 1956 年版，第 303 页。
② [以] 阿维纳瑞：《马克思的社会与政治思想》，张东辉译，北京：知识产权出版社 2016 年版，第 57 页。
③ [德] 黑格尔：《小逻辑》，贺麟译，北京：商务印书馆 1994 年版，第 96 页。

那样到处去寻找逻辑概念的规定，而在于把握特殊对象的特殊逻辑。"①这就意味着，对现实的批判就是要分析各种现实矛盾中所存在的各种具体的规律，不是像黑格尔那样用逻辑学的概念来取代对现实的分析。

在对现实的逻辑进行分析中，中介或矛盾要从事物的本质和"固有规定中引申出来的要求"，而不是从"本质规定以外的某种东西而引申出来的要求"，概念并不是"作为一种独立的东西而有意义，而是作为脱离某物的抽象并且仅仅是作为这样一种抽象而具有意义"。② 在对事物进行分析时，要避免将本质范围内的差别同本质的抽象、对立的本质相混同。这一思想在现代称为矛盾辩证法，即要注意矛盾的客观性、区分不同类型的矛盾和研究具体矛盾的规律。③ 借助于批判现实的方法论或者矛盾辩证法，马克思在《神圣家族》《评普鲁士人的〈普鲁士国王和社会改革〉一文》《德意志意识形态》等著作中对鲍威尔、卢格、施蒂纳、费尔巴哈等人展开了批判，也在《1844年经济学哲学手稿》中对政治经济学展开了初步的批判。

从以上分析可以看出，马克思在对黑格尔的《法哲学原理》的批判中取得了初步的理论成果。官僚机构的异化理论可以作为一种独立存在的理论，尽管在《神圣家族》中马克思认识到官僚机构在与封建主义的斗争和现代国家的形成过程中起着重要的作用。私有财产异化的政治理论和市民社会异化的理论逐渐演化为劳动异化的理论、社会生产关系的理论和剩余价值理论。批判现实的方法论在马克思的研究中不断完善为历史辩证法，即"在对现存事物的肯定的理解的同时包含对现存事物的否定的理解"，"对每一种既成的形式都是从不断地运动中，因而也是从它的暂时性方面去理解"。④

## 五、结束语

本节根据马克思在《黑格尔法哲学批判》中展现的思想历程来对马克思使用的阅读和批判方法进行了详细而深入的文本解读。马克思利用

---

① 《马克思恩格斯全集》第1卷，北京：人民出版社1956年版，第359页。
② 《马克思恩格斯全集》第1卷，北京：人民出版社1956年版，第356页。
③ 王东、郭丽兰：《马克思哲学创新的重要铺垫——〈黑格尔法哲学批判〉的历史地位新论》，载《天津行政学院学报》，2008年第2期，第15页。
④ [德] 卡尔·马克思：《资本论》第一卷（上），中央编译局译，北京：人民出版社1975年版，第24页。

多种逻辑批判的技术与历史事实相结合的方法对黑格尔的《法哲学原理》进行了解构，肯定了黑格尔在观察德国政治现实方面的深刻性，否定了黑格尔利用逻辑学为君主立宪制进行论证的虚假性，同时创造性地发展了私有财产异化的政治理论、市民社会异化的理论和官僚机构异化的理论，提出了基于现实的矛盾进行逻辑分析的方法。

《黑格尔法哲学批判》所取得的理论成就和有待解决的问题，在马克思看来，是他转向政治经济学研究的重要原因，也是"转变为对资产阶级社会和资产阶级国家的历史的批判分析"的起点。① 尽管马克思得出了私有财产异化的政治理论和市民社会异化的理论，得出了扬弃国家、建立"真正的民主制"和消除阶级差别的关键在于扬弃私有财产的结论，但是，马克思对私有财产和市民社会的运动规律却有待研究。在《黑格尔法哲学批判》中谈到市民社会内部分化为不同的"金钱和教养"集团时，马克思说："不过，这个问题我们不准备在这里谈，而留到批判黑格尔对市民社会的看法时再谈。……这里的特点只是，被剥夺了一切财产的人们和直接劳动即具体劳动的等级，与其说是市民社会中的一个等级，还不如说是市民社会各集团赖以安身和活动的基础。"② 同时，在《黑格尔法哲学批判》中谈到"人的实物本质""脱离了人"而发生异化时，马克思也说："关于这一点，我们在谈到'市民社会'这一章时再比较详细地研究。"③ 这正像马克思在1859年的《〈政治经济学批判〉序言》中所说的"对市民社会的解剖应该到政治经济学中去寻求"，促进了马克思对政治经济学的研究。④

同时，对《黑格尔法哲学批判》的全面研究表明，马克思不仅使用了十种批判方法来揭露黑格尔的逻辑混乱，而且将费尔巴哈的主谓颠倒的批判技术发展为逻辑前提与结论的颠倒和内容与形式的颠倒的批判，从而为辩证地理解现实提供了新的方法。与此相反，费尔巴哈的主谓颠倒批判，本质上是一种新的逻辑公式或者形而上学。在对事物本身缺乏研究的情况下随意使用费尔巴哈的改造性批判，必然将理论引向神秘主

---

① 王旭东、姜海波：《马克思〈克罗茨纳赫笔记〉研究读本》，北京：中央编译出版社2016年版，第2页。
② 《马克思恩格斯全集》第1卷，北京：人民出版社1956年版，第344—345页。
③ 《马克思恩格斯全集》第1卷，北京：人民出版社1956年版，第346页。
④ 《马克思恩格斯选集》第2卷，北京：人民出版社1972年版，第82页。

义。在 1845 年 3 月所写的《关于费尔巴哈的提纲》中，马克思对费尔巴哈的理论进行了批判，肯定了费尔巴哈"把宗教世界归结于它的世俗基础"和"把宗教的本质归结于人的本质"方面所取得的成就，批判了费尔巴哈没有对宗教的世俗基础"从它的矛盾中去理解"和对人的本质从"历史的进程"和"在其现实性上"去理解。① 马克思在《黑格尔法哲学批判》和《关于费尔巴哈的提纲》中所采用的批判方法都是逻辑批判和历史批判相结合的方法，指出黑格尔滥用逻辑方法来为君主制进行辩护，而费尔巴哈因采用"直观的形式"而缺乏相应的逻辑方法。因此，从文本诠释的角度看，马克思在早年使用的文本批判方法具有高度的一致性，没有发生"方法论的断裂"，尽管所采用的批判技术处于不断丰富和完善的过程中。

而且，费尔巴哈的主谓颠倒方法是一种从客体而不是从主体性角度理解的方法。《关于费尔巴哈的提纲》第一条就指明了这一点。阿尔都塞也说："用头着地的人，转过来用脚走路，总是同一个人！在这个意义上，哲学的颠倒无非是位置的颠倒，是一种理论比喻：事实上，哲学的结构、问题、问题的意义，始终由同一个总问题贯穿着。"② 从对象性理解的必然的结果，依然是把思维与存在的同一性理解为同质性而非异质性基础上的同一性，即简单的反映论。③ 在《德意志意识形态》中，马克思指出，青年黑格尔派由于"没有研究过它的一般哲学前提"，其结果"不仅是它的回答，而且连它所提出的问题本身，都包含着神秘主义"。④ 在《1857—1858 年经济学手稿》中，马克思在谈论政治经济学的方法时就从主体性角度区别了"从具体上升到抽象"和"从抽象上升到具体"之间的差别。马克思写道："具体之所以具体，因为它是许多规定的综合，因而是多样性的统一。因此，它在思维中表现为综合的过程，表现为结果，而不是表现为起点，虽然它是实际的起点，因而也是直观和表象的起点。"⑤ 作为从主体性角度理解的另一个例子，就是"社

---

① 《马克思恩格斯全集》第 3 卷，北京：人民出版社 1960 年版，第 7 页。
② [法] 路易·阿尔都塞：《保卫马克思》，顾良译，北京：商务印书馆 2016 年版，第 54 页。
③ 俞吾金：《从思维与存在的同质性到思维与存在的异质性：马克思思想演化中的一个关节点》，载《哲学研究》，2005 年第 12 期。
④ 《马克思恩格斯全集》第 3 卷，北京：人民出版社 1960 年版，第 21 页。
⑤ 《马克思恩格斯全集》第 46 卷（上），北京：人民出版社 1979 年版，第 38 页。

会生产关系"概念的提出和发展。这体现在《关于费尔巴哈的提纲》《德意志意识形态》《哲学的贫困》等著作中。这就意味着，费尔巴哈的主谓颠倒的批判方法在马克思的《黑格尔法哲学批判》不具有实质性的影响。因此，阿尔都塞说："所谓'对黑格尔的颠倒'在概念上是含糊不清的。我觉得，这个说法严格地讲对费尔巴哈完全适合，因为他的确重新'使思维哲学用脚站地'（不过，费尔巴哈根据严格的逻辑，从这次颠倒中只得出了唯心主义的人本学）。但是，这种说法不适用于马克思，至少不适用于已脱离了'人本学'阶段的马克思。"①

实际上，马克思真正创新之处不在于类比使用费尔巴哈的主谓颠倒的批判方法，而是借助于孟德斯鸠、卢梭、休谟、弗格森等人对人的本质的初步认识为中介，逐步把人的本质从黑格尔的意识主体转移到社会关系这个主体上来。通过对人这个主体的重新界定和主体范畴的转换，马克思就移动了哲学的基本前提，实现了与传统哲学的断裂。② 所以，在《关于费尔巴哈的提纲》第一条中，马克思才信心十足地说："从前的一切唯物主义——包括费尔巴哈的唯物主义——的主要缺点是：对事物、现实、感性，只是从客体的或者直观的形式去理解，而不是把它们当作人的感性活动，当作实践去理解，不是从主观方面去理解。"③ 由于社会关系的物化就是劳动产品的生产和交换以及资本的积累过程，自我意识的外化就是整个认识过程和人的心智模式不断发展的过程，因此，探寻社会关系以商品为中介的动态变迁过程就可以利用黑格尔在《精神现象学》中讨论的绝对理念的发展过程的模式。④ 这一点可以从马克思在《1844年经济学哲学手稿》中对黑格尔的《精神现象学》的详细考察得到说明。所以，马克思说："能动的方面却被唯心主义发展了，但只是抽象地发展了。"⑤

因此，《黑格尔法哲学批判》，作为马克思的第一部著作，在马克思

---

① [法]路易·阿尔都塞：《保卫马克思》，顾良译，北京：商务印书馆2016年版，第67页。

② [法]埃蒂安·巴利巴尔：《马克思的哲学》，王吉会译，北京：中国人民大学出版社2007年版，第94页。

③ 《马克思恩格斯全集》第3卷，北京：人民出版社1960年版，第3页。

④ N. Lobkowicz, "Karl Marx's Attitude toward Religion", *The Review of Politics*, Vol. 26, No. 3, July 1964, p. 349.

⑤ 《马克思恩格斯全集》第3卷，北京：人民出版社1960年版，第3页。

的思想发展中占有非常重要的地位。按照王东和郭丽兰的说法，"这是马克思对黑格尔唯心主义的第一次系统批判，是马克思对于政治国家与市民社会关系首次作出唯物主义的解释。《批判》中包含了马克思政治哲学思想的初步构想，是马克思哲学世界观发生基本转变的重要标志，是马克思哲学创新的重要铺垫"。① 但是，由于缺乏对马克思的文本进行深入而全面的解读，学术界通常认为马克思是依靠费尔巴哈的方法和语言对黑格尔展开批判的。本节不仅明确指出了这种误解，而且指出了马克思是在不断积累批判方法和分析技术的过程中实现理论创新的。

## 第三节 《巴黎手稿》与马克思心智模式的变迁

《巴黎手稿》，包括《巴黎笔记》和《1844年经济学哲学手稿》，在马克思的心智模式变迁或理论框架的形成中占据着非常重要的地位。穆斯托（Musto，2009）认为，马克思在《1844年经济学哲学手稿》和《巴黎笔记》中都在摘录和评论中发展思想，两者是交叉进行而无法分离的整体。② 张一兵（2014）认为，《詹姆斯·穆勒〈政治经济学原理〉一书摘要》（以下简称《穆勒评注》）是在《巴黎笔记》之后和《1844年经济学哲学手稿》之前完成的，代表着马克思的"一次重大认识飞跃"和"一种话语的转换"，即"从经济学学习的跟读语境转换到哲学话语的统摄性运作"。③ 韩立新（2014）却认为，由于马克思在《穆勒评注》中重新认识到黑格尔的市民社会概念，《穆勒评注》是《1844年经济学哲学手稿》中第二手稿脱落的部分，应该位于第一手稿和第三手稿之间，代表着马克思从劳动异化论向社会交往异化论的转换。本节主要从马克思的心智模式变迁角度来阅读和理解《巴黎手稿》。

### 一、《巴黎笔记》与马克思的政治经济学阅读分析

《巴黎笔记》是马克思在1843年10月至1845年1月期间阅读经济

---

① 王东、郭丽兰：《马克思哲学创新的重要铺垫——〈黑格尔法哲学批判〉的历史地位新论》，载《天津行政学院学报》，2008年第2期，第18页。
② Marcello Musto, "Marx in Paris: Manuscripts and Notebooks of 1844", *Science & Society*, Vol. 73, No. 3, July 2009, p. 393.
③ 张一兵：《回到马克思》，南京：江苏人民出版社，2014年，第200页。

学和其他著作所摘录和评注的七册、30个印张的读书笔记。① 在《巴黎笔记》中，马克思主要阅读和摘录了让·巴蒂斯特·萨伊的《政治经济学概论》、亚当·斯密的《国富论》、大卫·李嘉图的《政治经济学及赋税原理》、詹姆斯·穆勒的《政治经济学原理》等15位作者的19部经济学教材和阐述贫困的著作。② 由于受到语言和背景知识的限制，马克思在此期间阅读的经济学著作基本都是德语、法语或者法语的翻译著作。从表4可以看出，马克思对亚当·斯密的《国富论》和萨伊的《政治经济学概论》摘录了370个段落，而对李嘉图的《政治经济学及赋税原理》摘录了80个段落。这充分表明了马克思对政治经济学学习的热情。《巴黎笔记》只在对普雷沃、李嘉图、穆勒和布阿吉尔贝尔著作的摘录中包含了较多的评论，对其他著作的评论很少。由于受经济异化的主导思维和否定性批判方法的制约，马克思采取选择性阅读的意向非常明显，大量的经济学内容都遭到忽视。马克思在阅读经济学著作时最初没有注意到政治经济学的经验归纳法、李斯特和罗雪尔的历史分析法、劳动价值论等内容。③

表4 马克思的《巴黎笔记》摘录和评注的文本分析

| 作者 | 书名 | 摘录 | 评注 |
| --- | --- | --- | --- |
| 萨伊 | 《政治经济学概论》 | 200 | 1个 |
| 斯密 | 《国富论》 | 170 | 很少 |
| 麦克库洛赫 | 《论政治经济学的起源、发展、特殊对象和重要性》 | 40 | 较少 |
| 特拉西 | 《意识形态原理》 | 30 | 无 |
| 李嘉图 | 《政治经济学及赋税原理》 | 80 | 增多 |
| 詹姆斯·穆勒 | 《政治经济学原理》 | 60 | 55个 |

资料来源：张一兵：《回到马克思》，南京：江苏人民出版社2014年版，根据第二章第三节整理。

但是，由于之前对财产所有权、经济异化、文本的表层与深层结构差异的高度关注，马克思在阅读萨伊的《政治经济学概伦》时注意到

---

① 卢晓萍、章丽莉译：《关于巴黎笔记》，载《马列主义研究资料》，1983年第3辑，第41页。
② 在巴黎居住期间，马克思还广泛阅读了孔西得朗、列鲁、蒲鲁东、卡贝、傅立叶、罗伯特·欧文等社会主义者的著作，但未摘录在《巴黎笔记》上。
③ 张一兵：《回到马克思》，南京：江苏人民出版社2014年版，第181页。

"私有制是国民经济学不予论证的一个事实，但这个事实却形成国民经济学的基础"，在阅读斯密的《国富论》的分工章节时关注分工与交换的"循环论证"，在阅读李斯特的《政治经济学的国民体系》时注意到李斯特的立论依据是以私有制为基础的。① 由于在《莱茵报》时期对贫困问题的高度关注，马克思详细摘录了欧仁·毕莱的《英国和法国劳动阶级的贫困》一书中有关劳动者贫困状况的实例以及英国的济贫法的情况的评论，摘录了勒瓦瑟尔的《前国民议会议员"回忆录"》中有关法国贫民状况的资料以及法国解决赤贫现象的办法。② 由于坚持工人贫困的现实是异化的产物，马克思对依赖于事实和观察的经济学被称为科学就感到非常愤怒。对于经济学研究一般的或者平均数的状况，马克思质问道："这些平均数说明了什么呢？它证明：人愈来愈被抽象掉，现实生活也愈来愈被抛在一边，而考察物质的、非人的财产的抽象运动。这些平均数是对各个现实的个人的真正侮辱诽谤。"③ 针对李嘉图学派提出的资本是积累劳动的说法，马克思评论道："国民经济学愈是承认劳动是财富的惟一原理，工人（Arbeiter）就愈是被贬低，就愈是贫困，劳动本身就愈是成为商品。"④

随着经济学著作阅读的不断增多，马克思的理论框架中经济学成分也在不断增多，开始尝试对不同经济学家的观点进行比较、分析和批判。例如，在《巴黎笔记》的第四册笔记中，马克思在阅读李嘉图的《政治经济学及赋税原理》时，注意到李嘉图和萨伊在价值和地租问题上的区别、斯密和蒲鲁东在自然价格决定于生产费用还是竞争问题上的争论、李嘉图的"资本也是劳动"和蒲鲁东对私有制的批判，认可萨伊关于"自然财富"和"以私有制为前提"的"社会财富"的差别，对比李斯特的保护关税论与斯密的自由贸易论。即便如此，马克思在对这些观点进行吸收时，仍然受到先前的理论框架和道德立场的极大制约。按照张一兵的说法，就是"决定其取舍抉择的标准主要是这些观点的政治立场，

---

① 张一兵：《回到马克思》，南京：江苏人民出版社2014年版，第184—186页。
② 这些有关英法的贫困现象及解决贫困问题的行政办法的摘录，在马克思于1844年7月31日写的《评普鲁士人的〈普鲁士国王和社会改革〉一文》中得到广泛的利用。
③ 王福民译：《巴黎笔记选译》，见《马克思恩格斯研究资料汇编》，北京：书目文献出版社1982年版，第42页。
④ 王福民译：《巴黎笔记选译》，见《马克思恩格斯研究资料汇编》，北京：书目文献出版社1982年版，第44页。

而不是经济学的理论"。① 例如,在评论李嘉图和斯密关于资本在竞争中的矛盾后,马克思指出:"国民经济学不仅碰到生产过剩和过度贫困的怪事,而且也碰到一方面是资本及其使用方式的扩大以及由于这种扩大而缺少生产机会的怪事。"② 从李嘉图的著作阅读中,马克思进一步发现,经济学"否定了生活的一切意义","人性在国民经济学之外,非人性在国民经济学之中"。在伊瑟尔看来,文本"唤起了读者的想象与感知能力,促使读者调节甚至改变自己的倾向"。③ 针对政治经济学看不到"英国地下室住所充满瘟疫菌的空气""英国贫民窟的破烂不堪的衣衫""妇女们饱受劳动和贫困折磨的憔悴面容和干瘪肌肤""工厂里单调的机器的过度劳动造成的畸形人",马克思在1844年7月写的《评普鲁士人的〈普鲁士国王和社会改革〉一文》中愤怒地谴责道:"的确,面对着由这种市民生活、这种私有制、这种商业、这种工业、各个市民集团间这种相互掠夺的非社会本性所引起的后果,行政管理机构的无能成了一个自然规律。因为这种割裂状态、这种卑鄙行为、这种市民社会的奴隶制是现代国家赖以存在的天然基础。"④

但是,随着马克思阅读的经济学著作越来越多,先前的理论框架开始逐渐与新获得的经济学理论框架融合。伊瑟尔说:"我们对每一主题的态度都受到过去主题的视野的影响,而每一主题在阅读流程中都变成了视野的一部分,因而对以后的主题也产生了影响。"⑤ 在《巴黎笔记》的第四册笔记摘录和评注詹姆斯·穆勒的《政治经济学原理》中,马克思在"论分配"中按照地租、工资和资本的利润进行摘录,注意到土地的边际收益递减规律和地租是单位资本的最高与最低产出之间的差额,也注意到工资是工人和资本家在劳动的供给和资本的需求之间讨价还价的结果、人类的普遍贫困是人口比资本增长更快的结果,还注意到资本是积累的劳动、利润与工资成反比的论述。⑥ 而且,马克思也注意到经济

---

① 张一兵:《回到马克思》,南京:江苏人民出版社2014年版,第196页。
② 王福民译:《巴黎笔记选译》,见《马克思恩格斯研究资料汇编》,北京:书目文献出版社1982年版,第36页。
③ [德]沃尔夫冈·伊瑟尔:《阅读活动—审美反应理论》,金元浦、周宁译,北京:中国社会科学出版社1991年版,第2页。
④ 《马克思恩格斯全集》第3卷,北京:人民出版社2002年版,第386页。
⑤ [德]沃尔夫冈·伊瑟尔:《阅读活动—审美反应理论》,金元浦、周宁译,北京:中国社会科学出版社1991年版,第119页。
⑥ 《马克思恩格斯全集》第42卷,北京:人民出版社1979年版,第5—15页。

学表述中的遗漏或者错误。当阅读到穆勒的《政治经济学原理》第三部分"交换"的第 7—8 节有关货币和金属价值决定货币的数量及金银的价值由生产费用决定时,马克思评论道:"穆勒——完全和李嘉图学派一样——犯了这样的错误:在表述抽象规律的时候忽视了这种规律的变化或不断扬弃,而抽象规律正是通过变化和不断扬弃才得以实现的。……在国民经济学中,规律由它的对立面,由无规律来决定。国民经济学的真正规律是偶然性。"①

更重要的是,马克思逐渐用异化的语言对相关的经济学概念和命题进行重新的表述和分析。在《黑格尔法哲学批判》中,马克思共使用了"中介"63 次和"异化"7 次,从而为后来熟练地使用中介和异化这些语词奠定了基础。在 1843 年秋写的《论犹太人问题》一文中,马克思谈到国家从宗教中解放出来也就意味着"人是通过国家的中介摆脱某种限制而得到政治解放"。马克思还说:"国家是人和人的自由之间的中介物。正像基督是一个中介物,人把自己的全部神性、全部宗教狭隘性转移到他身上一样,国家也是一个中介物,人把自己的全部非神性、全部人的自由寄托在它身上。"② 联系到自己在《论犹太人问题》中关于货币是人的类本质异化和外化的观点以及宗教是人的本质的异化的观点,马克思对穆勒关于货币是交换的媒介的论述进行了重新的表述。马克思说:"这个媒介是私有财产的丧失了自身的、异化的本质,是在自身之外的、外化的私有财产,是在人的生产与人的生产之间起外化的中介作用,是人的外化的类活动。因此,凡是人的这种类生产活动的属性,都可以转移给这个媒介。"③ 由于货币这个媒介是"一种不依赖于他和他人的力量",取得了支配物的价值的"真正的权力",因此,货币"这个媒介就成为真正的上帝",货币的本质就是"人的、社会的行动异化了并成为在人之外的物质东西的属性"。④ 随着货币的形式从金属铸币发展到纸币、汇票、信贷等,货币的价值与其物质属性的价值成反比例的发展,货币的异化就越严重。在银行业和信贷业中,"道德的存在、社会的存在、人自己的内在生命"都完全遭到异化,因为"在信贷关系中用货币

---

① 《马克思恩格斯全集》第 42 卷,北京:人民出版社 1979 年版,第 18 页。
② 《马克思恩格斯全集》第 1 卷,北京:人民出版社 1956 年版,第 427 页。
③ 《马克思恩格斯全集》第 42 卷,北京:人民出版社 1979 年版,第 19 页。
④ 《马克思恩格斯全集》第 42 卷,北京:人民出版社 1979 年版,第 18 页。

来估价一个人"就意味着"信贷是对一个人的道德作出的国民经济学的判断"。马克思说:"在信贷中,人本身代替了金属或纸币,成为交换的媒介,……在信贷关系中,不是货币被人取消,而是人本身变成货币,或者是货币和人并为一体。人的个性本身、人的道德本身既成了买卖的物品,又成了货币存在于其中的物质。"① 人通过货币和信贷的异化在经济上不仅表现为资本家同工人之间的对立越来越大和富人具有更多的财富积累的机会,而且促使人在异化中"以狡诈、谣言等手段来骗取信用",贫困的工人在得不到信任的时候就被贬为"社会的贱民,坏人"。②

在阐述人在货币和信贷中异化时,马克思将人的本质从类本质向社会联系的方向推进了一步。"不论是生产本身中人的活动的交换,还是人的产品的交换,其意义都相当于类活动和类精神——它们的真实的、有意识的、真正的存在是社会的活动和社会的享受。因为人的本质是人的真正的社会联系,所以人在积极实现自己本质的过程中创造、生产人的社会联系、社会本质,……真正的社会联系并不是由反思产生的,它是由于有了个人的需要和利己主义才出现的,也就是个人在积极实现其存在物时的直接产物。"③ 当"以交换和贸易的形式来探讨人们的社会联系"时,古典政治经济学就在马克思的眼中以"异化的形式作为本质的和最初的形式、作为同人的本性相适应的形式确定下来了"。④ 由于"两个私有者的社会的联系或社会的关系表现为私有财产的相互外化,表现为双方外化的关系或作为这两个私有者的关系的外化",因此,"交换或物物交换是社会的、类的行为","私有财产本身的存在就成了它作为代替物,作为等价物的存在",这种等价物"成了价值并且直接成了交换价值"。⑤ 当然,"交换关系的前提是劳动成为直接谋生的劳动",而直接谋生的劳动就意味着劳动对劳动主体和劳动对象的"异化和偶然联系"。"等价物在货币中获得自己作为等价物的存在,而货币现在是谋生的劳动的直接结果、是交换的媒介。"⑥ 这样,借助于先前的货币异化的心智模式和经济学中的价值和等价物的讨论,马克思就从货币异化延伸到私有

---

① 《马克思恩格斯全集》第 42 卷,北京:人民出版社 1979 年版,第 22—23 页。
② 《马克思恩格斯全集》第 42 卷,北京:人民出版社 1979 年版,第 23 页。
③ 《马克思恩格斯全集》第 42 卷,北京:人民出版社 1979 年版,第 24 页。
④ 《马克思恩格斯全集》第 42 卷,北京:人民出版社 1979 年版,第 25 页。
⑤ 《马克思恩格斯全集》第 42 卷,北京:人民出版社 1979 年版,第 27 页。
⑥ 《马克思恩格斯全集》第 42 卷,北京:人民出版社 1979 年版,第 29 页。

财产的异化，从私有财产或者劳动产品的异化延伸到劳动的异化，对人的本质的认知也从类本质扩展到经济学的社会联系。"这就是说，在重新唤起文本意义的过程中解释者自己的思想总是已经参与了进去。就此而言，解释者自己的视域具有决定性作用，但这种视域却又不像人们所坚持或贯彻的那种自己的观点，它乃是更像一种我们可发挥作用或进行冒险的意见或可能性，并以此帮助我们真正占有文本所说的内容。"① 这种批判性地阅读获得理论的进展的方式，充分说明了马克思"在批判旧世界中发现新世界"观点的正确性。②

当阅读到穆勒的《政治经济学原理》第四部分"论消费"第3节关于"一个人进行生产只是由于需要占有"和"一个人所提供的等价物品就是需求的工具"时，马克思再次与人的本性相联系进行评论："生产的目的就是占有。生产不仅有这样一种功利的目的，而且有一种自私自利的目的。"③ 在这样的状态下，生产就成为一种谋生的劳动，对他人产品交换的需要就使一个人的需要、愿望、意志依赖于他人的产品，从而使产品成为支配他人的权力的手段。当"我们彼此的产品是满足我们彼此需要的手段、媒介、工具、公认的权力"和"我们互相承认对方对自己的物品的权力，这却是一场斗争"时，"我的剩余产品是精确地估计到你的需求"就演变为"双方都进行观念上和思想上的欺骗"。④ 之所以如此，是因为人的社会本质在私有制的社会生活中被异化了，本应追求"自我享受""天然禀赋和精神目的实现"的自由劳动却在现实的交换关系中为谋生劳动所挤压和取代，本应追求满足人的需要的生产却为追求货币和财富的生产所取代。在这样的虚假表象中，"我们彼此同人的本质相异化已经到了这种程度，以致这种本质的直接语言在我们看来成了对人类尊严的侮辱，相反，物的价值的异化语言倒成了完全符合于理所当然的、自信的和自我认可的人类尊严的东西"。⑤ 因此，对人的本性的认识，探讨私有制和分工与劳动异化之间的关系，总结劳动异化的各种演化形式，以及其他被政治经济学所遮蔽的问题，就是值得认真深入思考

---

① [德] 汉斯—格奥尔格·伽达默尔：《真理与方法：哲学诠释学的基本特征》，洪汉鼎译，北京：商务印书馆2007年版，第524页。
② 《马克思恩格斯全集》第1卷，北京：人民出版社1956年版，第416页。
③ 《马克思恩格斯全集》第42卷，北京：人民出版社1979年版，第33页。
④ 《马克思恩格斯全集》第42卷，北京：人民出版社1979年版，第35—36页。
⑤ 《马克思恩格斯全集》第42卷，北京：人民出版社1979年版，第36页。

和探讨的问题。

## 二、《1844年经济学哲学手稿》与马克思的理论框架的初步整合

对以上问题的深入思考以及相关政治经济学理论和思辨哲学的整合体现在《1844年经济学哲学手稿》中。在该手稿的序言中，马克思说："我在《德法年鉴》上曾预告要以黑格尔法哲学批判的形式对法学和国家学进行批判。在加工整理准备付印的时候发现，把仅仅针对思辨的批判同针对各种不同材料本身的批判混在一起，十分不妥，这样会妨碍阐述，增加理解的困难……因此，我打算连续用不同的单独小册子来批判法、道德、政治等，最后再以一本专著来说明整体的联系、各部分的关系并对这一切材料的思辨加工进行批判。由于这个理由，在本著作中谈到的国民经济学家同国家、法、道德、市民社会等的关系，只限于国民经济学本身所专门涉及的范围。"① 这说明，马克思试图依靠批判的武器把所阅读的政治经济学材料整合进原有的理论框架中，克服思辨批判"它自身的局限性和自发性"。

《1844年经济学哲学手稿》由三个笔记本组成，第一个笔记本现存36页、第二个笔记本现存4页和第三个笔记本现存41页，收录在《马克思恩格斯全集》中文第1版第42卷之中。在第一手稿中，马克思按照工资、资本利润和地租这三个收入来源总结了政治经济学的主要观点及其对工人的逻辑蕴涵。表5列举了马克思在《1844年经济学哲学手稿》中对经济学材料的引用状况。斯密的《国富论》是马克思引证最多的著作。在108次的引证中，《国富论》就占了65次。舒尔茨的《生产运动》、劳顿的《人口等问题的解决办法》、毕莱的《论英法工人阶级的贫困》、贝魁尔的《社会经济和政治经济的新理论》等书的引用都与工人的贫困和痛苦的论述有关。在某种程度上说，这些引用的资料都成了马克思对问题的理解和概念提升的诠释材料。伽达默尔说："某个传承下来的文本成为解释的对象，这已经意味着该文本对解释者提出了一个问题。所以，解释经常包含着与提给我们的问题的本质关联。理解一个文本，就是理解这个问题。……谁想寻求理解，谁就必须反过来追问所说的话

---

① 《马克思恩格斯全集》第42卷，北京：人民出版社1979年版，第45页。

背后的东西。他必须从一个问题出发把所说的话理解为一种回答,即对这个问题的回答。"①

表5 《1844年经济学哲学手稿》各章节对经济学著作的引用次数

| 作者 | 工资 | 资本的利润 | 地租 | 需要、生产和分工 |
| --- | --- | --- | --- | --- |
| 亚当·斯密 | 3 | 33 | 28 | 1 |
| 萨伊 | 0 | 4 | 3 | 1 |
| 李嘉图 | 0 | 1 | 0 | 0 |
| 詹姆斯·穆勒 | 0 | 0 | 0 | 1 |
| 西斯蒙第 | 0 | 1 | 0 | 0 |
| 舒尔茨 | 8 | 4 | 0 | 0 |
| 贝魁尔 | 6 | 4 | 0 | 0 |
| 毕莱 | 8 | 1 | 0 | 0 |
| 劳顿 | 2 | 0 | 0 | 0 |
| 斯卡尔贝克 | 0 | 0 | 0 | 1 |

资料来源:《马克思恩格斯全集》第42卷,北京:人民出版社1979年版,第49—155页。作者整理。

(一) 第一手稿与劳动异化

在"工资"部分,马克思从工人获得生存工资和没有地租和利息的前提出发,认为劳动需求或者"富人和资本家的兴致"的任何变化都会使工人首先吃亏或者陷入贫困的边缘。之所以如此,是因为资本比劳动"转用于其他方面的这种能力"更强,从而造成市场价格的波动对地租和利润的影响比工资小。而且,市场价格的波动与生活资料的价格波动高度相关,而"决定于资本家和工人之间的敌对的斗争"的工资具有刚性,结果造成"当资本家赢利时工人不一定得到好处,而当资本家亏损时工人一定跟着吃亏"的局面。因此,在社会财富处于衰落状态时,"工人所受的痛苦最大";在资本和收入处于增长的时候,工人因为工资提高而被迫过度劳动、"沦为资本的奴隶"以至于缩短寿命和饿死。② 随着资本的积累和劳动分工带来"工人越来越片面化和从属化"以及其他

---

① [德]汉斯—格奥尔格·伽达默尔:《真理与方法:哲学诠释学的基本特征》,洪汉鼎译,北京:商务印书馆2007年版,第501页。
② 《马克思恩格斯全集》第42卷,北京:人民出版社1979年版,第51页。

形式的劳动异化，劳动创造的价值与劳动者从劳动产品中获得贫困的对立就非常明显，"贫困从现代劳动本身的本质中产生出来"。这样，研究发财致富的政治经济学就是"有害的，造孽的"，其实质就是在为"社会的不幸"和"把工人当作劳动的动物"的行为进行掩盖或者辩护。①

在"资本"部分，马克思从政治经济学中看到的不仅"资本就是积累的劳动"，而且"资本是对劳动及其产品的支配权"。在《国富论》中，斯密认为，资本家的唯一动机就是追逐私人利润，甚至采取"欺骗和压迫公众"的方式获得利润，而不关心劳动者的就业情况。影响资本利润率高低的因素包括利息率、地租和工资的高低，在市场上利用商业秘密和专利来获得垄断差价的大小，市场规模的大小，加工环节的多少，所承担的风险大小以及货币的便捷程度。如同垄断提高产品的价格和利润一样，资本家之间的竞争会降低利润。但是，竞争会造成资本的积累，固定资本的需求会增大，生产过剩和商业危机会出现，小资本家会遭到淘汰或者陷入破产，假冒伪劣和有毒产品会到处流行。因此，资本的积累和社会贫困的增加是相伴而行。②

在"地租"部分，马克思在政治经济学中看到"土地所有者的权利来源于掠夺"。当斯密说地租的数量取决于土地的肥力和土地的位置时，马克思说："这清楚地证明了国民经济学把土地肥力变成土地所有者的属性的这种概念的颠倒。……地租是通过租地农场主和土地所有者之间的斗争确定的。在国民经济学中，我们到处可以看到，各种利益的敌对性的对立、斗争、战争被认为是社会组织的基础。"③由于影响地租增加的因素包括人口的增加、基础设施的修建、新的发明以及工业品价格的下降，因此，土地所有者的利益是同社会的利益相敌对，地租的上涨与贫困相对立，地租的不断上升会加剧土地的集中和小土地所有者的破产。如果"资本家和土地所有者之间的差别消失"，整个社会只剩下"工人阶级和资本家阶级"，那么，"所有者和劳动者之间的关系必然归结为剥削者和被剥削者的经济关系"。④

根据对工资、利润和地租及其所蕴含的贫困和剥削的分析，马克思

---

① 《马克思恩格斯全集》第42卷，北京：人民出版社1979年版，第55页。
② 《马克思恩格斯全集》第42卷，北京：人民出版社1979年版，第74页。
③ 《马克思恩格斯全集》第42卷，北京：人民出版社1979年版，第76页。
④ 《马克思恩格斯全集》第42卷，北京：人民出版社1979年版，第84页。

看到，政治经济学没有对私有制这个前提及其所演化出的各种异化形式的规律进行深入分析。"国民经济学从私有财产的事实出发，但是，它没有给我们说明这个事实。它把私有财产在现实中所经历的物质过程，放进一般的、抽象的公式，然后又把这些公式当作规律。它不理解这些规律，也就是说，它没有指明这些规律是怎样从私有财产的本质中产生出来的。国民经济学没有给我们提供一切理解劳动和资本分离以及资本和土地分离的根源的钥匙。例如，当它确定工资和资本利润之间的关系时，它把资本家的利益当作最后的根据；也就是说，它把应当加以论证的东西当作前提。同样竞争无孔不入，人们却用外部情况来说明。国民经济学也根本没有告诉我们，这种似乎偶然的外部情况在多大程度上仅仅是一种必然的发展过程的表现。我们已经看到，交换本身在它看来是偶然的事实。贪欲以及贪欲者之间的战争即竞争，是国民经济学家所推动的唯一的车轮。……因此，我们现在必须弄清楚私有制、贪欲同劳动、资本、地产三者的分离之间的本质联系，以及交换和竞争之间、人的价值和人的贬值之间、垄断和竞争等之间，这全部异化和货币制度之间的本质联系。"①

一旦明白劳动异化的各种形式都是私有制的产物，马克思就能将政治经济学的各种表述及其后果用劳动异化的语言重新表述出来。例如，"劳动的实现就是劳动的对象化"，而"劳动的这种实现表现为工人的失去现实性，对象化表现为对象的丧失和被对象奴役，占有表现为异化、外化"。② 具体而言，在私有制下，劳动的异化表现为劳动产品的异化（物的异化）、劳动活动的异化（自我异化）、类本质的异化和人同人相异化。这样，从私有财产的运动中，马克思就获得了异化劳动或者外化劳动的概念。"但是对这一概念的分析表明，与其说私有财产表现为外化劳动的根据和原因，还不如说它是外化劳动的结果，正象神原先不是人类理性迷误的原因，而是人类理性迷误的结果一样。后来，这种关系就变成相互作用的关系。私有财产只有发展到最后的、最高的阶段，它的这个秘密才重新暴露出来，私有财产一方面是外化劳动的产物，另一方面又是劳动借以外化的手段，是这一外化的实现。"③ 根据异化劳动与私

---

① 《马克思恩格斯全集》第 42 卷，北京：人民出版社 1979 年版，第 89—90 页。
② 《马克思恩格斯全集》第 42 卷，北京：人民出版社 1979 年版，第 91 页。
③ 《马克思恩格斯全集》第 42 卷，北京：人民出版社 1979 年版，第 100 页。

有制的内在一致性，马克思认识到，不仅"国民经济学只不过表述了异化劳动的规律罢了"，"商业、竞争、资本、货币"等"国民经济学的一切范畴""不过是这两个基本因素的特定的、展开了的表现而已"，而且"社会从私有财产等等的解放，从奴役制的解放，是通过工人解放这种政治形式表现出来的"。① 因此，通过"把私有财产的起源问题变为异化劳动同人类发展的关系问题"，马克思认为，"问题的这种新的提法本身就已包含问题的解决"。② 马克思的这种提法与伽达默尔的诠释学有异曲同工之妙。伽达默尔说："重构那些把文本的意义理解为对其回答的问题其实变成了我们自己的提问。因为文本必须被理解为对某个真正提问的回答。……因为提出问题，就是打开了意义的各种可能性，因而让有意义的东西进入自己的意见中。"③

（二）第二手稿与人的本质的异化

当私有财产从劳动异化的角度看待时，所需要解决的问题就是："私有财产的普遍本质"是什么？劳动异化是如何发生和演化的？在第二手稿"私有财产的关系"中，马克思认为，私有财产的关系或者"普遍本质"就是劳动与其异化物资本之间的动态的对立统一的关系。劳动"分解为自身和工资"，而劳动的"自身"又不断经历从奴隶、农奴到雇佣工人的演化；资本"分解为自身和自己的利息"，而资本"自身"又不断经历从不动产向动产演化，"利息又分解为利息和利润"以及地租。④ 当劳动异化发生在工人身上时，劳动异化的四个规定都会出现在工人身上。"工人生产资本，资本生产工人，因而工人生产自身，而且人作为工人、作为商品就是这整个运动的产物。人只不过是工人，并且作为工人，他只具有对他是异己的资本所需要的那些人的特性。但是因为资本和工人彼此是异己的，从而处于漠不关心的、外部的和偶然的相互关系中，所以，这种异己性也必然现实地表现出来。"⑤ 例如，土地所有者将资本家看成"昨日的奴隶"，而资本家将土地所有者看成"昨天的主人"和

---

① 《马克思恩格斯全集》第 42 卷，北京：人民出版社 1979 年版，第 101 页。
② 《马克思恩格斯全集》第 42 卷，北京：人民出版社 1979 年版，第 102 页。
③ [德] 汉斯—格奥尔格·伽达默尔：《真理与方法：哲学诠释学的基本特征》，洪汉鼎译，北京：商务印书馆 2007 年版，第 508 页。
④ 《马克思恩格斯全集》第 42 卷，北京：人民出版社 1979 年版，第 111 页。
⑤ 《马克思恩格斯全集》第 42 卷，北京：人民出版社 1979 年版，第 104 页。

"自由的资本的直接对立面"。重农学派和古典政治经济学分别成了土地所有者和资本家的代表,捍卫各自阶级的利益。由于劳动不断异化为资本,丧失了自己的本性,追求发财致富的政治经济学就只看到生产费用,看不到人,"不知道有失业的工人,不知道有处于劳动关系之外的劳动人"。① 对此,李嘉图、穆勒等古典政治经济学家则宣扬这样的意识形态:"动产已经使人民获得了政治的自由,解脱了市民社会的桎梏,把世界连成一体,创造了博爱的商业、纯粹的道德、温文尔雅的教养;它给人民以文明的需要来代替粗陋的需要,并提供了满足需要的手段;……资本的文明的胜利恰恰在于,资本发现并促使人的劳动代替死的物而成为财富的源泉。"② 这就意味着,从异化劳动出发比从私有财产出发更能发现政治经济学的意识形态功能,也能发现私有财产的秘密在于劳动异化本身。这种意识形态就是,"把具有活动形式的私有财产变成主体",赞美"工业的能量和发展,使之变成意识的力量"。③

在马克思的视野中,共产主义就是"私有财产即人的自我异化的积极的扬弃",既包括经济异化的扬弃,又包括意识形态异化的扬弃,从而使人"向社会的(即人的)人的复归"。④ 对共产主义的分析导致马克思对人性的认识全面转向人的社会性。这种"重要的理论意想的转换",按照张一兵的说法,"是一种十分重要的新理论生长点,一种新理论思考逻辑"。⑤ 在对"粗陋的共产主义"提倡"公妻制"的批判中,马克思说:"人和人之间的直接的、自然的、必然的关系是男女之间的关系。在这种自然的、类的关系中,人同自然界的关系直接就是人和人之间的关系,而人和人之间的关系直接就是人同自然界的关系,就是他自己的自然的规定。因此,这种关系通过感性的形式,作为一种显而易见的事实,表现出人的本质在何种程度上对人说来成了自然界,或者自然界在何种程度上成了人具有的人的本质。因而,从这种关系就可以判断人的整个教养程度。从这种关系的性质就可以看出,人在何种程度上成为并把自己理解为类存在物、人。"⑥ 这种类本质更多的还是人的自然属性。但

---

① 《马克思恩格斯全集》第42卷,北京:人民出版社1979年版,第105页。
② 《马克思恩格斯全集》第42卷,北京:人民出版社1979年版,第109—110页。
③ 《马克思恩格斯全集》第42卷,北京:人民出版社1979年版,第112—113页。
④ 《马克思恩格斯全集》第42卷,北京:人民出版社1979年版,第120页。
⑤ 张一兵:《回到马克思》,南京:江苏人民出版社2014年版,第270页。
⑥ 《马克思恩格斯全集》第42卷,北京:人民出版社1979年版,第119页。

是，一旦马克思将共产主义界定为"私有财产即人的自我异化的积极的扬弃，因而是通过人并且为了人而对人的本质的真正占有；因此，它是人向自身、向社会的（即人的）人的复归"，那么，如何理解人的本质就在共产主义运动中具有根本的重要性。① 显然，人的本质不仅是自然属性，更重要的是社会性。"活动和享受，无论就其内容或就其存在方式来说，都是社会的，是社会的活动和社会的享受。自然界的人的本质只有对社会的人说来才是存在的；因为只有在社会中，自然界对人说来才是人与人联系的纽带，才是他为别人的存在和别人为他的存在，才是人的现实的生活要素；只有在社会中，自然界才是人自己的人的存在的基础。只有在社会中，人的自然的存在对他说来才是他的人的存在，而自然界对他说来才成为人。因此，社会是人同自然的完成了的本质的统一，是自然界的真正复活，是人的实现了的自然主义和自然界的实现了的人道主义。"② 在这样的理解中，马克思认识到，"个人是社会存在物"，个人的活动、享受、语言、意识都是社会性的，人的需要和创造性是丰富多彩的。一旦自我异化得到积极的扬弃，人的本质力量（最明显体现在科学和工业的力量）就会得以充分发挥，人的本性就得以恢复。而要恢复人的本性，光靠理论的认识是不行的，还必须借助于"实践方式"或者革命运动。

因此，在私有制下人的异化不仅是人的自然属性的异化，而且是社会性的异化，"一切肉体的和精神的感觉都被这一切感觉的单纯异化即拥有的感觉所代替"。③ 具体而言，人的需要在私有制下表现出如下的异化形式：

首先，虚假的需求和无节制的货币贪欲。"每个人都千方百计在别人身上唤起某种新的需要，以便迫使他作出新的牺牲，使他处于一种新的依赖地位，诱使他追求新的享受方式，从而陷入经济上的破产。每个人都力图创造出一种支配他人的、异己的本质力量，以便从这里面找到自己的利己需要的满足。因此，随着对象的数量的增长，压制人的异己本质的王国也在扩展，而每一个新产品都是产生相互欺骗和相互掠夺的新的潜在力量。人作为人越来越贫穷，他为了占有敌对的本质越来越需要

---

① 《马克思恩格斯全集》第 42 卷，北京：人民出版社 1979 年版，第 120 页。
② 《马克思恩格斯全集》第 42 卷，北京：人民出版社 1979 年版，第 121—122 页。
③ 《马克思恩格斯全集》第 42 卷，北京：人民出版社 1979 年版，第 124 页。

货币。"①

其次，病态欲望的扩展。"产品和需要的范围的扩大，成为非人的、过分精致的、非自然的和臆想出来的欲望的机敏的和总是精打细算的奴隶。……工业的宦官投合消费者的最下流的意念，充当他和他的需要之间的牵线人，激起他的病态的欲望，窥伺他的每一个弱点，然后要求对这种殷勤的服务付报酬。"②持有这种病态欲望的人，不仅会"把别人的奴隶劳动、人的血汗看作自己的贪欲的虏获物，因而把人本身——因而也把他本身——看作毫无价值的牺牲品"，而且会"把人的本质力量的实现，仅仅看作自己放纵的欲望、古怪的癖好和离奇的念头的实现"。③辩证运动的结果是，挥霍的食利者和土地所有者的财富必然会耗光，走向破产，这反过来推动利息的降低和整个社会的工业化。"这是私有财产对它的一切表面上还是人的特性的彻底胜利和私有者对私有财产的本质——劳动——的完全屈服。……而且，这一运动正沿着胜利的道路即工业资本胜利的道路前进。"④

第三，需要的精致化与需要的简单化相对立。"一方面所发生的需要和满足需要的资料的精致化，在另一方面产生着需要的牲畜般的野蛮化和最彻底的、粗糙的、抽象的简单化，或者无宁说这种精致化只是再生产相反意义上的自身。甚至对新鲜空气的需要在工人那里也不再成其为需要了。人又退回到洞穴中，不过这洞穴现在已被文明的熏人毒气污染。……肮脏，人的这种腐化堕落，文明的阴沟（就这个词的本意而言），成了工人的生活要素。完全违反自然的荒芜，日益腐败的自然界，成了他的生活要素。"⑤在马克思看来，政治经济学将"工人的需要归结为维持最必需的、最可怜的肉体生活"，将"工人的活动归结为最抽象的机械运动"，将"工人变成没有感觉和没有需要的存在物"，从而在剥夺工人的任何奢侈享受和积极活动的基础上将"关于财富的科学"和"关于惊人的勤劳的科学"转变为"关于克制、穷困和节约的科学""关于禁欲主义的科学"。⑥

---

① 《马克思恩格斯全集》第42卷，北京：人民出版社1979年版，第132页。
② 《马克思恩格斯全集》第42卷，北京：人民出版社1979年版，第132—133页。
③ 《马克思恩格斯全集》第42卷，北京：人民出版社1979年版，第141—142页。
④ 《马克思恩格斯全集》第42卷，北京：人民出版社1979年版，第143—144页。
⑤ 《马克思恩格斯全集》第42卷，北京：人民出版社1979年版，第133—134页。
⑥ 《马克思恩格斯全集》第42卷，北京：人民出版社1979年版，第134—135页。

第四，在这样的社会异化下，财富与贫困就会呈现两极分化。"你的存在越微不足道，你表现你的生命越少，你的财富就越多，你的外化的生命就越大，你的异化本质也积累得越多。国民经济学家把从你那里夺取的那一部分生命和人性，全用货币和财富补偿给你……因此，一切激情和一切活动都必然湮没在发财欲之中。"①

第五，道德感的丧失。当同情、信任、良心、德行、肉体等一切都"变成可以出卖的"，"变成有用的"时，人的道德感就完全丧失了。"如果我根本不存在，我又怎么能有德行呢？如果我什么都不知道，我又怎么会富有道德心呢？……国民经济学不过是以自己的方式表现着道德规律。"② 例如，马尔萨斯的人口论提倡穷人的节育就是如此。更重要的是，作为"具有购买一切东西、占有一切对象的特性"，作为"人类的外化的能力"，作为"把我同人的生活、把我同社会、把我同自然界和人们联结起来的纽带"，货币具有"使一切人的和自然的性质颠倒和混淆"的能力。"它把坚贞变成背叛，把爱变成恨，把恨变成爱，把德行变成恶行，把恶行变成德行，把奴隶变成主人，把主人变成奴隶，把愚蠢变成明智，把明智变成愚蠢。"③

因此，通过对人的需求异化的分析，马克思认识到，不仅雇佣劳动、资本和土地所有是劳动异化的不同形式，而且"分工也无非是人的活动作为真正类活动——或作为类存在物的人的活动——的异化、外化的设定"，"作为类活动的人的活动的这种异化和外化的形式"。④ 通过摘录和重新表述亚当·斯密、让·巴·萨伊、斯卡尔贝克、詹姆斯·穆勒有关分工和交换的叙述，马克思将分工和交换纳入异化劳动的范畴。"分工和交换是人的活动和本质力量——作为类的活动和本质力量——的明显外化的表现。……分工和交换是私有财产的形式这一情况恰恰包含着双重证明：一方面人的生命为了本身的实现曾经需要私有财产；另一方面人的生命现在需要消灭私有财产。"⑤ 一旦认识到人的本质力量来源于"个人的、他所固有的力量"和社会的"分工和交换"，尽管"分工使个人

---

① 《马克思恩格斯全集》第 42 卷，北京：人民出版社 1979 年版，第 135 页。
② 《马克思恩格斯全集》第 42 卷，北京：人民出版社 1979 年版，第 137 页。
③ 《马克思恩格斯全集》第 42 卷，北京：人民出版社 1979 年版，第 155 页。
④ 《马克思恩格斯全集》第 42 卷，北京：人民出版社 1979 年版，第 144 页。
⑤ 《马克思恩格斯全集》第 42 卷，北京：人民出版社 1979 年版，第 148 页。

活动贫乏和退化",马克思就肯定了私有财产的积极意义,即"只有通过发达的工业,也就是以私有财产为中介,人的激情的本体论本质才能在总体上、合乎人性地实现;因此,关于人的科学本身是人在实践上的自我实现的产物"。① 但是,政治经济学不是把私有制下的人当作异化的人对待,而是当作抽象的人对待。这是马克思所极力反对的。"在国民经济学家看来,社会是资产阶级社会,在这里任何个人都是各种需要的整体,并且就人人互为手段而言,个人为别人而存在,别人也为他而存在。正象政治家议论人权时那样,国民经济学家也把一切都归结为人即归结为被他抹煞了一切特性,从而只看到资本家或工人的个人。"② 拥有了这样深刻的认识,就离深入政治经济学的内部批判政治经济学和创造新的理论的路程不远了。

(三)第三手稿与方法论的寻求

由于获得了新的人性认识和看到历史的运动是现实的运动和认识的运动的统一,马克思感觉到能够对先前的哲学心智模式进行更新。马克思说:"私有财产的运动——生产和消费——是以往全部生产的运动的感性表现,也就是说,是人的实现或现实。宗教、家庭、国家、法、道德、科学、艺术等等,都不过是生产的一些特殊的方式,并且受生产的普遍规律的支配。"③ 这就把生产的普遍性与劳动分工的多样性结合在一起。由于看到了"宗教的异化本身只是发生在人内心深处的意识领域中,而经济的异化则是现实生活的异化",马克思在"对黑格尔的辩证法和整个哲学的批判"一节中对德国的哲学展开了批判。与大卫·斯特劳斯和布鲁诺·鲍威尔"完全拘泥于所批判的材料"和"对批判的方法采取完全非批判的态度"不同,马克思认为,"费尔巴哈是唯一对黑格尔辩证法采取严肃的、批判的态度的人"。④ 在马克思看来,费尔巴哈的"伟大功绩在于","从感觉确定的东西出发","证明了"哲学和宗教"不过是人的本质的异化的另一种形式和存在方式",看到了"'人与人之间的'社会关系成了理论的基本原则"。⑤ 这就击破了黑格尔哲学的绝对观念的

---

① 《马克思恩格斯全集》第 42 卷,北京:人民出版社 1979 年版,第 150 页。
② 《马克思恩格斯全集》第 42 卷,北京:人民出版社 1979 年版,第 144 页。
③ 《马克思恩格斯全集》第 42 卷,北京:人民出版社 1979 年版,第 121 页。
④ 《马克思恩格斯全集》第 42 卷,北京:人民出版社 1979 年版,第 156—157 页。
⑤ 《马克思恩格斯全集》第 42 卷,北京:人民出版社 1979 年版,第 158 页。

自我运动和"逻辑的思辨的思维的生产史",因为"整整一部《哲学全书》不过是哲学精神的展开的本质,是哲学精神的自我对象化;而哲学精神不过是在它的自我异化内部通过思考理解即抽象地理解自身的、异化的世界精神"。① 尽管黑格尔的辩证法"只是为那种历史的运动找到抽象的、逻辑的、思辨的表达",但是,"这种历史运动还不是作为既定的主体的人的现实的历史,而只是人的产生的活动、人的发生的历史"。② 基于这样的认识,马克思认为,黑格尔有"双重错误",一是将财富、国家权力等感性的现实当作"抽象的哲学思维的异化"的产物,是一种"非批判的实证主义和同样非批判的唯心主义";二是"只有精神才是人的真正本质","自然界的人性和历史所创造的自然界——人的产品——的人性,就表现在它们是抽象精神的产物"。③ 显然,这种观点是与马克思关于人是社会的产物和劳动是人的本质的观点相对立的。

但是,马克思认识到,黑格尔在《精神现象学》中"紧紧抓住人的异化",将"意识和自我意识的不同形式"当作"异化的各种不同形式"的运动,"能把哲学的各个环节总括起来",从而为理论构建"准备好和加过工了""批判的一切要素"。④ "因此,黑格尔的《现象学》及其最后成果——作为推动原则和创造原则的否定性的辩证法——的伟大之处首先在于,黑格尔把人的自我产生看作一个过程,把对象化看作失去对象,看作外化和这种外化的扬弃;因而,他抓住了劳动的本质,把对象性的人、现实的因而是真正的人理解为他自己的劳动的结果",尽管"黑格尔唯一知道并承认的劳动是抽象的精神的劳动",而不是更为根本的生产劳动。⑤ 其实,亚里士多德早就说过:"活跃的思辨生活也是有行动的生活,而且也不限于行动与结果之间类的思辨,更多的是纯粹以思辨为目的或为思辨而思辨。这是因为这类思辨的目的是'做得好',因此在某种意义上也是行动。"⑥ 在马克思的视野中,黑格尔提供的精神劳动的异化理论在政治经济学和历史研究的撞击下被延伸到所有的劳动

---

① 《马克思恩格斯全集》第42卷,北京:人民出版社1979年版,第160页。
② 《马克思恩格斯全集》第42卷,北京:人民出版社1979年版,第159页。
③ 《马克思恩格斯全集》第42卷,北京:人民出版社1979年版,第161—162页。
④ 《马克思恩格斯全集》第42卷,北京:人民出版社1979年版,第162页。
⑤ 《马克思恩格斯全集》第42卷,北京:人民出版社1979年版,第163页。
⑥ [古希腊]亚里士多德:《政治学》,郭仲德译,兰州:西北大学出版社2016年版,第185页。

（物质劳动和精神劳动）历史地异化的理论。因此，人在社会的劳动中如何动态地、历史地发展和演化出各种制度和社会形态，以及异化劳动在现实中表现出来的各种规律的深入研究，就需要对黑格尔哲学的批判性思考和深入的分析，以便借鉴黑格尔"把各个环节总括起来"的技巧。具体而言，马克思在"对黑格尔的辩证法和整个哲学的批判"一节中实现三个目的。

首先，借助于获得的劳动异化论和历史辩证法的理解，马克思准备对鲍威尔、斯特劳斯等人的空洞的批判展开批判。这体现在《神圣家族》《德意志意识形态》等著作对青年黑格尔派的系统性批判之中。

其次，认识到黑格尔的整个哲学的核心是意识和自我意识的运动过程，从而为理论研究中范畴的展开和合理利用政治经济学的材料提供参考。在黑格尔看来，"哲学的最高目的就在于确认思想与经验的一致，并达到自觉的理性与存在于事物中的理性的和解，亦即达到理性和现实的和解"。[1] 如果"意识必须既依据自己的各个规定的总体来对待对象，同样也必须依据这个总体的每一个规定来考察对象"，[2] 那么，理论把握材料的过程就是"意识的对象的克服"的过程，就是理论设定材料对象的"物性"并扬弃这种"外化和对象性"而返回到自身的过程。对于遭遇材料的理论而言，"内容丰富的、活生生的、感性的、具体的"各种材料就是对理论的否定，而理论对材料所作的抽象或者"无内容的扬弃"就是否定之否定。看到了黑格尔辩证法的"积极的东西"，马克思于是赞扬道："因此，这就是普遍的，抽象的，适合任何内容的，从而既超脱任何内容同时又正是对任何内容都通用的，脱离现实的精神和现实的自然界的抽象形式、思维形式、逻辑范畴。"[3] 在1858年1月14日致恩格斯的信中，马克思也说："我又把黑格尔的《逻辑学》浏览了一遍，这在材料加工的方法上帮了我很大的忙。"[4] 事实上，马克思在《1857—1858年经济学手稿》和《资本论》都大量运用了黑格尔的《逻辑学》的概念和表述方法。

最后，由于"逻辑学是精神的货币"，马克思认识到劳动与资本之

---

[1] [德] 黑格尔：《小逻辑》，贺麟译，北京：商务印书馆1980年版，第43页。
[2] 《马克思恩格斯全集》第42卷，北京：人民出版社1979年版，第166页。
[3] 《马克思恩格斯全集》第42卷，北京：人民出版社1979年版，第176页。
[4] 《马克思恩格斯全集》第29卷，北京：人民出版社1972年版，第250页。

间的关系类似于意识和思维辩证法之间的关系，从而可以利用黑格尔的《逻辑学》作为参考来研究并表述资本的运动规律。聂锦芳认为："其实，黑格尔哲学体系的构成及其各要素之间的过渡和转换给了马克思很大的启示。"① 卡尔·科尔施在《卡尔·马克思》一书中也认为，"在马克思的关于物质生产力的真正的发展和按照黑格尔的观念所说的概念'发展'之间"，"依然存在着许多类似性"。② 德国学者赫尔莫特·赖克特（Helmut Reichelt）断定，马克思的资本概念与黑格尔的精神概念在结构上是完全相同的。这体现在《资本论》第三卷中。③ 美国学者阿瑟通过对《1861—1863年经济学手稿》中小前提概念的解释后认为，"在我看来，马克思的表现方法类似于黑格尔的表现方法，那只是因为资本概念本身具有某些'理念'的成分"。④ 在第二手稿"私有财产的关系"的最后半页中，马克思认识到"私有财产的关系是劳动、资本以及二者的关系"，并按照"二者直接的或间接的统一""二者的对立""二者各自同自身对立"的标题进行了罗列。在第三手稿的"对黑格尔的辩证法和整个哲学的批判"一节中，马克思尤其强调《精神现象学》的最后一章"绝对知识"。"这一章既概括地阐述了《现象学》的精神、它同思辨的辩证法的关系，也概括地阐述了黑格尔对这二者及其相互关系的理解。"⑤ 用阿隆的话说，"当借助于一种哲学的概念化重新解释英国古典经济学的时候，他发现了异化和物化的一种类似形式（不是同样或相同的形式）"。⑥ 尽管意识到相似的关系具有类比的作用，但是，马克思对简单类比的局限性具有清醒的认识。"极为相似的事情，但在不同的历史环境中出现就引起了完全不同的结果。如果把这些发展过程中的每一个

---

① 聂锦芳：《关于重新研究"巴黎手稿"的一个路线图》，载《马克思主义与现实》，2013年第3期，第124页。
② 转引自俞吾金：《问题域的转换》，北京：人民出版社2007年版，第14页。
③ 罗伯特·芬奇：《商品的辩证法和它的理论说明：20世纪70年代德国人争论的评述》，见［意］理查德·贝洛菲尔、罗伯特·芬奇主编：《重读马克思：历史考证版之后的新视野》，徐素华译，北京：东方出版社2010年版，第75页。
④ 克里斯托普·阿瑟：《〈资本论〉拥有的精神：小前提/颠倒/矛盾》，见［意］理查德·贝洛菲尔、罗伯特·芬奇主编：《重读马克思：历史考证版之后的新视野》，徐素华译，北京：东方出版社2010年版，第195页。
⑤ 《马克思恩格斯全集》第42卷，北京：人民出版社1979年版，第163页。
⑥ ［法］雷蒙·阿隆：《想象的马克思主义》，姜志辉译，上海：上海译文出版社2007年版，第167页。

都分别加以研究,然后再把它们加以比较,我们就会很容易地找到理解这种现象的钥匙。"① 正是意识到了资本和劳动的关系与意识和自我意识的关系具有类似性,又具有重大的差别,马克思才能在批判地继承黑格尔的基础上将自己的理论逐步建立在现实生活分析的坚实基础上。

总之,在《1844 年经济学哲学手稿》中,马克思从政治经济学忽视劳动贫困的现实和异化的概念框架出发,将贫困看作是劳动异化的产物。在此基础上,马克思探究了异化劳动的不同形式,异化劳动与私有制之间的关系,从而将政治经济学的基本范畴都看作是异化劳动的不同表达方式。对异化劳动的深入探讨,让马克思意识到,异化劳动的根源在于人的本质的异化,这表现在货币的贪欲、病态的欲望、道德的丧失等方面。一旦拥有了异化劳动和人的本质的异化的思想,马克思就能对青年黑格尔派的思想进行批判,同时也认识到黑格尔的《精神现象学》中关于意识的运动模式对于研究资本的运动具有巨大的参考价值。

## 三、结束语

从现代阅读心理学的角度来说,青年马克思的思想演进对文本阅读的图式理论提供了一个强有力的例证。在 1835 年到 1845 年期间,马克思的阅读主题从文学和诗歌、法学、哲学不断向宗教和艺术、历史和政治、政治经济学的方向演进。在对这些不同主题的著作进行系统性阅读和笔记摘录时,马克思总是与自己的研究目的或者所处境遇紧密相连。伽达默尔说:"研讨某个传承物的解释者就是试图把这种传承物应用于自身。……但是为了理解这种东西,他一定不能无视他自己和他自己所处的具体的诠释学境况。如果他想根本理解的话,他必须把文本与这种境况联系起来。"② 把文本与自己的境况联系起来的表现方式就是阅读笔记的摘录和著作的撰写。在大学时期,抒情诗的写作让马克思意识到单纯的理想主义很容易模糊现实的东西,法学著作的写作让马克思意识到形式体系的内在空洞性是"随后产生的无可救药的错误的划分的根源"和需要"从对象的发展上细心研究对象本身",哲学对话集的写作让马克

---

① 《马克思恩格斯全集》第 19 卷,北京:人民出版社 1963 年版,第 131 页。
② [德] 汉斯—格奥尔格·伽达默尔:《真理与方法:哲学诠释学的基本特征》,洪汉鼎译,北京:商务印书馆 2007 年版,第 441 页。

思意识到辩证地处理材料的艰难性和广泛阅读的必要性。① 博士论文和《莱茵报》时期的报刊文章的写作让马克思意识到，任何著作的写作与发表都涉及现实的斗争。基于对现实政治问题理解的需要，马克思阅读了大量的历史著作，撰写了《黑格尔法哲学批判》。

伽达默尔说："研究的主题和对象实际上是由探究的动机所构成的。"② 探究的动机在文本阅读中就表现为问题意识。接触物质利益问题和新闻报道中的政治现实性问题是促使马克思从现实的视角而非理念的视角来对现实进行批判的重要原因。在1842年的《〈科隆日报〉第179号的社论》中，马克思强调哲学要关注现实问题："任何真正的哲学都是自己时代的精神上的精华，因此，必然会出现这样的时代：那时哲学家不仅在内部通过自己的内容，而且在外部通过自己的表现，同自己时代的现实世界接触并相互作用。"③ 在1842年5月17日的《集权问题》一文中，马克思写道："一个时代的迫切问题，有着和任何在内容上有根据的因而也是合理的问题共同的命运：主要的困难不是答案，而是问题。因此，真正的批判要分析的不是答案，而是问题。正如一道代数方程式只要题目出得非常精确周密就能解出来一样，每个问题只要已成为现实的问题，就能得到答案。世界史本身，除了用新问题来解答和解决老问题之外，没有别的办法。……问题就是时代的格言，是表现时代自己内心状态的最实际的呼声。"④ 在1843年9月致卢格的信中，马克思说："从现存的现实特有的形式中引伸出作为它的应有和它的最终目的的真正现实。"⑤ 可以说，问题意识是马克思在《巴黎笔记》中选择和摘录政治经济学著作并进行相关评论的依据。除摘录基本理论和事实外，马克思尤其关注政治经济学著作中有关工人的贫困、机器、财产占有不平等、对资本主义进行批判和控诉的章节。在阅读政治经济学著作的过程中，马克思将政治经济学整合进哲学的理论框架中，形成了《1844年经济学哲学手稿》中异化劳动和人的本质异化的核心内容。这些每一阶段的主题阅读、著作撰写和深入的思考，都构成了马克思心智模式中的一部分，

---

① 《马克思恩格斯全集》第47卷，北京：人民出版社2004年版，第8页。
② [德] 汉斯—格奥尔格·伽达默尔：《真理与方法：哲学诠释学的基本特征》，洪汉鼎译，北京：商务印书馆2007年版，第387页。
③ 《马克思恩格斯全集》第1卷，北京：人民出版社1995年版，第220页。
④ 《马克思恩格斯全集》第1卷，北京：人民出版社1995年版，第203页。
⑤ 《马克思恩格斯全集》第47卷，北京：人民出版社2004年版，第65页。

并且得到不断的充实和整合。诚如澳大利亚经济学家沃克雷（Allen Oakley）在《马克思批判理论的形成》中说："马克思文献学上的年表——这一年表的顺序包括他所进行的研究，和他对研究结论阐述的尝试，以及他从中所形成的论点——构成了对马克思批判理论发展的恰当解释和评价的完整和必不可少的组成部分。任何脱离文献上的背景来解释马克思思想在理论上的变化的努力，都忽视了这种根本的相互依存关系。"① 可以说，在对现实问题的高度关注和批判性的阅读中，马克思的心智模式得以有效地构建，并最终取得创造性的突破。

阿尔都塞在《读〈资本论〉》一书中区分了"无辜的阅读"和"有罪的阅读"两种方式，认为青年马克思能够直接抛弃原有的想法而直接进入到阅读文献之中，只是在哲学变革和创立了历史理论之后才破除了"无辜的阅读"并采取了"有罪的阅读"方式，从而出现了"认识论的断裂"。从《黑格尔法哲学批判》《巴黎笔记》和《1844年经济学哲学手稿》的阅读和思想演进的逻辑来看，青年马克思的阅读是在原有的心智模式主导并在适应性地调整中进行持续不断的"有罪的阅读"，并没有出现"认识论的断裂"。这种"有罪的阅读"方式，在张一兵和孙伯鍨看来，就是"两条理论逻辑始终处于一种对立和动态的相互消长中"。② 实际上，马克思理论逻辑并没有发生变化，而是心智模式发生了变化，特别是对人性的认识发生了转变，即从强调人的理性和自由本质到以劳动和交往为中心的社会联系的本质的转变。在1843年秋的《论犹太人问题》一文中，马克思认识到，"利己主义的人"是"政治国家的基础、前提"，但是，与"政治人只是抽象的、人为的人，寓意的人，法人"不同，"利己主义的个人才是现实的人"，"是具有感性的、单个的、直接存在的人"。③ 在《〈黑格尔法哲学批判〉导言》中，马克思进一步认识到："人不是抽象的蛰居于世界之外的存在物。人就是人的世界，就是国家，社会。"④ 在《1844年经济学哲学手稿》中，马克思认识到"人是社会存在物"，"人是社会联系的产物"，人与自然的关系本

---

① 转引自顾海良：《马克思经济思想的当代视界》，北京：经济科学出版社2005年版，第159页。
② 张一兵：《回到马克思》，南京：江苏人民出版社2014年版，第10页。
③ 《马克思恩格斯全集》第3卷，北京：人民出版社2002年版，第188页。
④ 《马克思恩格斯全集》第3卷，北京：人民出版社2002年版，第199页。

质上表现为人与人之间的关系。基于这种人性认识的变化，马克思在《1844年经济学哲学手稿》中一方面对政治经济学只谈论抽象的人的各种"规律"进行了批判，另一方面也对青年黑格尔派将人的本质当作意识或者自然的人的观点进行了初步的批判。对青年黑格尔派的批判进一步体现在《神圣家族》和《德意志意识形态》中。在这些批判中，马克思的心智模式也得到不断的充实和更新，唯物史观和历史辩证法也最终得以形成。

# 第十三章　青年马克思的思想起源与变革

马克思的思想是人类历史上的一个伟大的综合性创造。他将不同来源的思想整合进一个有机整体，从而形成了自己独具特色的唯物史观、历史辩证法和劳动异化论。正是这一出色的包容性和开放性将各种来源的思想提升到了一个伟大的程度，从而标志着近代的哲学、历史学、社会学、人类学、政治经济学和社会主义思想的根本转变。在这个转变过程之中，哲学不仅给予科学整体性思维和反思其基础假设与方法合理性的机会，而且在科学的边界进行探索性思维，从而为新门类的科学诞生和发展提供最初的动力与"存在之家"。法哲学和政治哲学不仅提供了政治和法律上层建筑的各种形式及其演化方式，而且提供了根本性改造政治经济学的权力和社会关系的概念。政治经济学和历史学则反过来为构建哲学、法哲学和政治哲学的现实基础提供了新的可能。这意味着，哲学、政治经济学和历史学在马克思的心智模式中达到了内在的多样化的统一。

## 第一节　马克思思想起源的理论与重构

亚里士多德曾说，哲学是研究事物的本原和原因的智慧。本原有两种含义：一是指构成，非本原的事物由本原的事物构成；二是指来源，非本原的事物来源于本原的事物。维柯认为，说明起源就是说明本性。"我们说明了最初原则产生的各种方式，这就是说明了它们的本性，说明本性便是科学所以为科学的特殊标志。"① 因此，一个思想的起源就构成

---

① ［意］维柯：《新科学》上册，朱光潜译，北京：商务印书馆2009年版，第168页。

了这个思想的本性：一个思想由哪些本质要素构成，这些本质要素从哪里获取或接近的。葛兰西说："首先必须重视这位思想家的思想发展进程，以便识别哪些因素变成稳定的和'永久'的，换句话说，就是那些成为思想家自己的思想，同他早先所研究过的和对他起过激励作用的'材料'有所不同并高于这些材料的因素。只有这些因素才是发展过程的主要方面。……抛弃掉这位思想家在某些时期可能曾表示过某种同情，甚至一度接受过它们并利用它们来进行他的批评工作，以及历史的和科学的创造的局部的学说和理论。"① 根据这些本质要素而非偶性，伟大的思想就会沿着体系化的道路通过创造性的想象力被建构出来，并且还会保持下去，得到不断的充实和完善。

## 一、思想起源的理论

思想起源的过程就是一个实践、阅读、分析、溯源和综合的过程。实践提供了经验认知和问题导向，阅读提供了与问题相关的或具有启发意义的各种理论、经验证据和分析方法，分析则是对理论、证据或方法的相似点和差异点进行归类的过程，溯源是对各种理论因素的内在变化与联系的分析，综合是把分析和溯源的结果在施加限制条件、补充新的关系、修改关键概念的含义和转变视野的基础上组织成为一个具有内在结构的统一体。

（一）思想的起源、开端和演进的界定

学术界关于青年马克思是否是马克思的问题，本质上混淆了思想起源与思想开端的差异。② 每一个伟大的思想家都是新思想的开端者。"新精神的开端乃是各种文化形式上的一个彻底变革的产物，乃是走完各种错综复杂的道路并作出各种艰苦的奋斗努力而后取得的代价。这个开端乃是在继承了过去并扩展了自己以后重返自身的全体，乃是对这全体所形成的单纯概念。"③ 开端的重要性在于，它是一个持续的、有意义的、有意图的过程的起始点。一个开始性意图不仅包含了日后由此衍生出一

---

① ［意］葛兰西：《实践哲学》，徐崇温译，重庆：重庆出版社1990年版，第69—70页。
② ［法］路易·阿尔都塞：《保卫马克思》，顾良译，北京：商务印书馆2016年版，第32页。
③ ［德］黑格尔：《精神现象学》上卷，贺麟、王玖兴译，上海：上海人民出版社2013年版，第58页。

系列行为的概念，而且表明了一种处于开端的欲望和需求。在萨义德看来，开端是一种有自己特殊生命的造物，是一个内设于时间和社会的"活动领域、思维习惯、有待实现的条件相联系"的行动。① 开端也确立了后续行为创新的起点和标准，"意味着第一次开启了一个与其他进程之间没有连续性的进程"。② 因此，开端不仅是一个自然的时间起点和确认自我价值的技术时间的起点，而且是一个制造差异性的历史性活动。对开端的建构行为，发生在一种独特的视角和个人选择的材料之间，以便产生一个图像，享受心智在建构运动中所带来的喜悦，体验知识的发现过程，或者"成功地应对心智所面对的世界中的种种空洞、裂隙、脱漏、不连续"。③ 识别一个开端就是一个滞后于事实的辨析和历史理解的行为，是一种对确定性的原始需求进行反思的意图行为和建构行为，是依靠思想和语言的力量建立一个合法传统和赋予行为独特意义的开始。思想的演进则是开端思想的展开，以便丰富和充实思想的框架。黑格尔说："思想是一种结果，是被产生出来的，思想同时是生命力、自身产生其自身的活动力。"④ 一旦思想被生产了出来，它就需要充实自己，以便利用更详细的论证、更精确的表述和更深入的研究在旧有的思想市场为自己开辟道路。"开端乃是自行建基者和抢先者；在通过开端而得到探基的基础中自行建基；作为建基的抢先，而且因而是不可赶超的。"⑤《关于费尔巴哈的提纲》和《德意志意识形态》通常被确认为马克思创建唯物史观的开端，后来的著作则是思想的演进。

思想的起源在于通过开端建立一个可持续发展的理论框架，是先前思想暗示的一种继续传递。与开端蕴含着行为主体相对主动的意义不同，起源则指代行为主体相对被动的意义或者被他人影响的结果。保罗·瓦雷里说："作品在另一个心智中获得了一种卓越的（singular）价值，导

---

① [美] 爱德华·W. 萨义德：《开端：意图和方法》，章乐天译，北京：三联书店2014年版，第42页。
② [美] 爱德华·W. 萨义德：《开端：意图和方法》，章乐天译，北京：三联书店2014年版，第59页。
③ [美] 爱德华·W. 萨义德：《开端：意图和方法》，章乐天译，北京：三联书店2014年版，第108页。
④ [德] 黑格尔：《哲学史讲演录》第一卷，贺麟、王太庆译，北京：商务印书馆2009年版，第58页。
⑤ [德] 马丁·海德格尔：《哲学论稿：从本有而来》，孙周兴译，北京：商务印书馆2012年版，第60页。

致了不可能预见、在许多情况下也永远不可能查明的积极的后果。我们所知的是，这一衍生出来的活动对于一切形式的思想生产都是关键性的。不管在科学里还是在艺术里，如果我们寻找一种成就的源泉，我们就能发现，一个人所做的不是重复就是反对另一人已做了的——用另一种语调重复它、精炼或详述或简化它、给它装载或过度装载意义；或者驳斥、推翻、摧毁以及拒绝承认它，但也因此而假定它的存在，并且以不可见的方式利用了它。"① 思想起源研究不仅要考察先前思想家已经思考和语言表达出来的东西，而且要考察先前思想家未思考或者未用语言表达出来而被后来思想家思考或表达出来的东西。先前的思想或者被扬弃并作为后来思想的一个环节，或者诱发"普遍地未被追问的东西"而成为后来思想的源泉。②

(二) 思想起源的解释理论

所有思想起源的理论都必须解释，先前的思想与后来的思想的相互联系的机制，在后来的思想中占据了多大的和持续时间多长的作用。思想间的相互联系涉及思想的传播方式、影响方式和思想的差异化程度。思想传播的方式包括原著和评论性著作的阅读、教师传达、朋友交流、其他著作的引用或者教材的学习。思想的影响方式包括启发、类比迁移、问题的关注及解答、方法和理论框架的借用或使用、术语的使用、理论和方法的批判、历史资料的引用、对其他思想家的态度等。显然，传播方式越直接，思想间的差异性越小，那么，思想之间的联系就越紧密。传播方式越间接或越难以确定，思想间的差异性越大，那么，思想之间的关系就越松弛。

1. 黑格尔的线性演化观

在黑格尔看来，不同的思想体系是在"真理的前进发展"过程中构成"有机统一体的环节"。③ "每一个哲学系统即是一个范畴，但它并不因此就与别的范畴互相排斥。这些范畴有不可逃避的命运，这就是它们

---

① 转引自 [美] 爱德华·W. 萨义德：《开端：意图和方法》，章乐天译，北京：三联书店 2014 年版，第 36—37 页。

② [德] 马丁·海德格尔：《同一与差异》，孙周兴等译，北京：商务印书馆 2011 年版，第 55 页。

③ [德] 黑格尔：《精神现象学》上卷，贺麟、王玖兴译，上海：上海人民出版社 2013 年版，第 52 页。

必然要被结合在一起，并被降为一个整体中的诸环节。每一系统所采取的独立的形态又须被扬弃。"① 按照这种有机统一体的观点，思想的发展就是一个理性化的过程，先前的思想与后来的思想之间存在逻辑的必然性，每一个先前的思想都被降低为一个隐而不显的环节并包含着在后来的思想环节之中。"在思想的进展里，不同阶段的出现，可以具有必然性的意识，每一继起阶段的派生及其所以仅具有这种特性和形式，皆依此必然性而出；或者也可以没有必然性的意识，而只是采取一种自然的、好像是偶然出现的方式，在这种方式下，概念诚然仍内在地依规律产生效果，但这种规律却没有被明白表现出来。"② 黑格尔的线性演化观不仅体现在黑格尔的《哲学史讲演录》、谢林的《近代哲学史》、海涅的《论德国的宗教和哲学的历史》等著作中，而且体现在马克思的思想起源的传统观点之中。这种观点认为，马克思的哲学思想是黑格尔的辩证法与费尔巴哈的唯物主义的综合。

这种强调思想连续性的线性演化观，不仅否定了主体的自主选择性、创造性的想象力、思想的断裂性和多样性，而且忽视了不同时代所关注的问题和解决方案的不同。克罗齐说："精神的进步通过解决前人未曾关注的新问题而得以实现；前人的事业本身就存在于这些新问题之中，起初它作为'自在之物'（即作为无，置于新精神之前），逐渐地它作为问题而成为新精神的组成部分：这样理解前人和超越前人不是两个截然分开的阶段，而是一个阶段；不是两个过程，而是唯一过程。"③ 即使针对同一个问题，解决方案的不完备性、内在的多样性和历史含义依然可能是不同的。"人类思想本质上所具有的局限性在于，它的局限性随着历史情境的变化而变化，而某一特定时代的思想所固有的局限性乃是任何人类的努力都无法克服的。人们曾经一再地而且也还将一再地看到，令人吃惊的、全然出人意料的视野的变化，急剧地改变了人们原先所具有的全部知识的含义。"④ 这就意味着，人类思想的局限性或不完备性是不可

---

① ［德］黑格尔：《哲学史讲演录》第一卷，贺麟、王太庆译，北京：商务印书馆2009年版，第41页。
② ［德］黑格尔：《哲学史讲演录》第一卷，贺麟、王太庆译，北京：商务印书馆2009年版，第35—36页。
③ ［意］克罗齐：《自我评论》，田时纲译，北京：商务印书馆2015年版，第28—29页。
④ ［美］列奥·斯特劳斯：《自然权利与历史》，彭刚译，北京：三联书店2003年版，第22页。

知的，其含义是在历史演化中通过人的实践活动得以展示并体现在新的思想之中。克罗齐说："实际上一种思想从不产生影响，而总是合作；正像一位作者的思想是以前历史和当代历史合作的产物。正像人们不够准确的说法，由于那种思想出自某人并传播给他人，这一思想的历史就不再是其作者的历史，而是欢迎它、完善它，甚至否定它、误解它、反对它和不懂它的所有人们的历史，总之，是为自己思考它的人们的历史。"① 任何前人的思想和方法都只是为后来的人提供了丰富的质料，拥有不同心智模式的后人则掌握着如何吸收这些思想质料的能动性。

2. 海德格尔的思想断裂观

弗里德里希·尼采在《道德谱系学》（1881）中认为，历史只是权力意志在特定的历史条件下不断打破原来的结构、建立新结构的自由变化过程。这种过程不是有规律的连续过程，而是有差异的连续结构形态。在海德格尔的视野中，思想起源问题就是存在状态的断裂性表达问题。这意味着，任何思想体系都是不完备的历史表达。"这些作品不是别的，而只是无穷力量的隐密的聚集体，唯有解开这些力量，一种创造性定在才燃烧起来。一种定在的伟大首先表现在，它是否能发现它的本质具有的超出它的巨大抵抗，并能掌握之。"② 话语表达的是人的思想与精神，对话语的理解需要生命主体的体验、历史认知和创造性的想象。"一种哲学作品的意义正在于揭开一个新的领域，设起一些新的开端和产生一些新的推动，以此作为自己的手段与道路便被证明是被克服了的和不充足的。"③ 开端的思想作为必然性的基础和遮蔽者，作为支配性的知识，作为澄明着的遮蔽的真理，作为"进一步加工的材料、进步的动力、扩展和放大的机会"，具有重演、沉思和提问的可能性，目的是把另一开端激发和争辩出来。"未来的思想乃是一种思想—进程（Gedanken-gang），通过它，迄今为止完全隐而不显的存有之本现的领域得以穿越，因而才得以澄明，并且才获得其最本己的本有特征。"④

---

① ［意］克罗齐：《自我评论》，田时纲译，北京：商务印书馆2015年版，第41—42页。
② ［德］马丁·海德格尔：《谢林论人类自由的本质》，薛华译，北京：中国法制出版社2009年版，第167页。
③ ［德］马丁·海德格尔：《谢林论人类自由的本质》，薛华译，北京：中国法制出版社2009年版，第15页。
④ ［德］马丁·海德格尔：《哲学论稿：从本有而来》，孙周兴译，北京：商务印书馆2012年版，第2页。

另一个开端对于第一个开端而言,是酝酿的、隐蔽的、无所知的和并非必然的。人们带着惊恐、抑制和畏惧的情感追问的是隐瞒的问题及其解决方案的合理性。先前哲学之所以向将来哲学进行过渡的暗示,是因为先前的哲学著作"首先唤起和促成了有所运思的追问,成了这种追问的种种决断的场所"。① 追问首先唤起的是一种具有"收缩、阻碍甚至于否定的假象"的怀疑或批判,但是,"在追问的推动性冲锋中,乃有对未被解决者的肯定,向尚未称量的有待考量者的扩展",体验、谋制的回响,争辩、开裂和解构的传送,思想翻转的跳跃和自由的建基。② 在海德格尔看来,对一个思想的否定不仅具有"拒斥、清除、贬降甚至败坏"的意思,而且"否定兴许具有比'是'(Ja)还更深刻的本质",一种更原始的"本质占有"。否定一个思想就是在分离先前思想的基础上,将其自行解构,让其开端性的历史暴露出来,自行展开出来。③ 用诠释学的术语说,文本的阅读和理解的过程,就是确定文本思想的本质特征的历史过程。这个本质特征不是显而易见地摆放在文本中,而是需要阅读者去发现和搜索的过程。在发现和搜索的过程中,人的理论框架或者人的本质可能就会发生转变。因此,阅读不是阅读者去捕捉文本隐含信息的过程,而是阅读者在文本的帮助下进行创造和突破文本的过程。阿尔都塞提出的"认识论断裂"观点是海德格尔的思想断裂论的一个误用。这种观点认为,青年马克思经历了一个从康德和费希特派到费尔巴哈派和黑格尔派的转变,然后在 1845 年随着研究总问题和使用术语的根本性变化,出现了与黑格尔和费尔巴哈思想的断裂。④

3. 波普尔的知识进化论

卡尔·波普尔认为,人类知识和个体知识的演进过程是一个类似于自然选择的排除错误的过程。在《进化与知识之树》一文中,波普尔说:"我们知识的增长是一个十分类似于达尔文叫做'自然选择'的过

---

① [德] 马丁·海德格尔:《哲学论稿:从本有而来》,孙周兴译,北京:商务印书馆 2012 年版,第 5 页。
② [德] 马丁·海德格尔:《哲学论稿:从本有而来》,孙周兴译,北京:商务印书馆 2012 年版,第 11 页。
③ [德] 马丁·海德格尔:《哲学论稿:从本有而来》,孙周兴译,北京:商务印书馆 2012 年版,第 186 页。
④ [法] 路易·阿尔都塞:《保卫马克思》,顾良译,北京:商务印书馆 2016 年版,第 15 页。

程的结果;即自然选择假说:我们的知识时时刻刻由那些假说组成,这些假说迄今在它们的生存斗争中幸存下来,由此显示它们的(比较的)适应性;竞争性的斗争淘汰那些不适应的假说。"① 借助于猜想与反驳的批判性尝试,知识的成长过程也是一个从老问题到新问题的发展过程。对于个体而言,选择的标准是新知识是否与心智模式结构保持内在的一致性。只有那些与心智模式高度兼容的新知识才能被吸收进心智模式,那些与心智模式不兼容的知识将会被淘汰。批判地理解的过程就是确定新知识与心智模式是否兼容的过程。对于那些缺乏心智模式的人而言,一个理论可能被机械地掌握或接受。随着大量的证据和用途的涌现,这样的理论会无意识地成长为心智模式的一部分。对于一个具有某种心智模式的人而言,一个理论可能会具有某种启发的功用。但是,对于一个建立起成熟心智模式的人而言,一个理论可能会唤起某种挑战,迫使他或者批驳此理论,或者将其融入自己的心智模式,作为某种特殊的推论。

随着新知识整合进个体的心智模式,知识的增长在个体层面就呈现出一种创造性综合与高度专门化两种不同的现象。一个人的知识面越广,吸收的知识种类越多,理论能力越强,创造性综合的概率越大。一个人的知识面越窄,吸收的知识种类越少,高度专门化的概率就越大。因此,高度专门化的思想领域容易出现线性进化的现象。但在跨学科的领域,创造性综合或"整合性成长"则更容易出现。"在人类思想史和科学史上,分化与综合总是处在辩证的运动和相互作用之中。分化是综合的前提,而综合则构成科学发展的新的基础。"②

## 二、唯物史观的起源

学术界普遍接受恩格斯提出的《关于费尔巴哈的提纲》"其实就是"历史唯物主义的起源的观点。③ 由于通常与历史唯物主义的开端混淆起来,唯物史观的真正起源问题就成了一个边缘的学术问题。帕斯卡(Pascal, 1938)认为,唯物史观是建立在亚当·斯密等人的四阶段历史

---

① [英]卡尔·波普尔:《客观知识:一个进化论的研究》,舒伟光等译,上海:上海译文出版社1987年版,第273页。
② 朱红文:《人文精神与人文科学:人文科学方法论导论》,北京:中共中央党校出版社1994年版,第136页。
③ 段忠桥:《为什么说〈提纲〉其实就是历史唯物主义的起源》,载《学习与探索》,2009年第1期。

分期的思想基础之上的。米克（Meek, 1967）进一步断言，唯物史观起源于苏格兰启蒙运动的历史社会学思想，如产业发展四阶段理论和生产的历史演进观念。莱文（Levine, 1987）则认为，德国历史学派的胡果关于古希腊罗马和日耳曼所有制形式的区分，萨维尼关于财产所有权与占有的区分，以及尼布尔引入的东方的、氏族的、古典的和封建的所有制形式，为马克思在《德意志意识形态》中从所有制角度进行历史的分期奠定了基础。李佃来（2017）建议从近代政治哲学、实践哲学和黑格尔辩证法三个角度来理解唯物史观的起源，并说："总体上看，历史唯物主义的起源问题是一个远未得到根本澄清和解决的开放性的理论问题。"①本节认为，马克思的唯物史观是在唯物主义的基础之上，经过人性论、生产力理论、物质生产决定作用的理论、上层建筑的反作用理论、物质生产与精神生产的关系理论的重塑和归纳，以及对唯心史观的批判性吸收，在《德意志意识形态》中得以初步的表述。

（一）唯物主义立场的来源

唯物主义立场是马克思的原始起点。这不仅与马克思的家庭出身、生活经历、宗教改宗和犹太人在特殊的环境下注重物质财富有关，而且也与马克思在大学的法学训练有关。因为法学主要涉及物质财产的占有和转让的起源、形式、合法性、处罚与历史变迁的问题。在博士论文期间，马克思接触到了伊壁鸠鲁、德谟克利特、卢克莱修、培根、霍布斯、洛克、霍尔巴赫等人的唯物主义思想，对柏拉图、普卢塔克、康德、黑格尔等人的宗教唯心主义展开了批判，并以伊壁鸠鲁的原子论来对抗亚里士多德的灵魂不朽论和莱布尼茨的单子论。因此，马克思从来就不是一个唯心主义者，不存在一个从唯心主义向唯物主义的转变阶段，尽管在博士论文中策略性地采纳了自我意识哲学和在《莱茵报》时期采纳了康德的自由观和黑格尔的理性国家观。

（二）人性论、主体能动性和实践的来源

唯物主义认为，世界本质上是一个运动的物质世界，不存在独立于物质的精神或灵魂。在17世纪之前，宇宙循环或不变理论、物种不变论和人类社会的堕落论或循环论盛行。牛顿力学认为，整个宇宙受到力学

---

① 李佃来：《重新理解历史唯物主义的理论起源》，载《理论探索》，2017年第2期，第68页。

规律的支配，因而是不变的。这种机械宇宙观与神创论是相容的。两者都认为所有物种都是上帝一次性创造出来的，物种的本性和形式都是固定不变的，从而否认宇宙、物种和人类社会的历史演化。不变的人性论充斥在霍布斯、洛克、卢梭、霍尔巴哈和其他启蒙思想家的著作中。①他们争论的的焦点是，人性是否受到社会制度或宗教的扭曲，或者人的心灵是否随着医学的进步和教育的改革而完善和进步。在认识到"人类的见解是受他们社会的立法和教育制度所支配的"和"社会制度是受人类的见解所制约和控制的"观点之后，启蒙思想家提倡通过开明君主专制、批判宗教愚昧和传播新发现的知识来实现人类理智的进步。不断完善的灵魂在代际之间传递的思想就构成了伊拉斯谟·达尔文、歌德、拉马克等人的生物进化思想，以及杜尔哥、赫尔德和孔多塞等人关于理性是人类精神进步推动力的历史哲学思想的核心。德国古典哲学的历史哲学将人类精神进步的历史观从个人的精神拓展到民族精神和世界精神，构建了精神运动的辩证法，并将现实的历史当作精神的偶然表达形式。这种精神史观在哲学史、法律史、宗教史、国家史、文学史等历史研究领域就表现为唯心史观。黑格尔、谢林、萨维尼、兰克、鲍威尔等人都在各自的领域都持有唯心史观。新人文主义教育，历史法学派的训练，黑格尔哲学、历史和唯物主义思想的研究，以及《莱茵报》时期的政治斗争，都向马克思表明，一切不彻底的唯物主义，包括伊壁鸠鲁和费尔巴哈的唯物主义，都容易导致与一切蔑视人的专制制度和英雄史观存在内在关联的历史唯心主义。

因此，彻底的唯物主义不仅要承认世界的物质本性，而且也要认识到人性的可变性和能动性。与唯物主义哲学家过度强调人在认识领域的被动性不同，唯心主义哲学家则强调了人在认识领域的主体能动性或理论哲学的优先性。休谟看到了想象力在建构因果关系中的作用，康德则强调自由意志在建构人类道德中的作用，费希特、谢林和黑格尔则强调人的主体能动性在知识体系建构中的作用，德国浪漫主义者强调人在艺术领域的创造性。同时，文学作品更加关注人性的动态演变过程及其与

---

① 在哲学上，洛克、休谟等人采用机械论的方法将人性分割为理性、感觉、情感、精神、意识、本能等要素加以分析，卢梭则采用整体论的方法强调人性的各构成要素的协调发展。歌德的小说就体现了人性在社会实践中协调发展的思想。神学、法学和政治经济学都接受了不变的人性论假设。

社会环境和实践活动之间的关系。莎士比亚、卢梭、歌德等人的文学作品就是从社会实践的角度探讨人性的复杂性和多变性。从这些思想演变史可以看出，人在精神方面的主体能动性思想在哲学和文学中得到了充分的强调和发展，但是，人在社会方面和物质领域的主体能动性和实践的思想在哲学上遭到了普遍的忽视，在文学领域得到重视。因此，要想将人性的可变性与全面的能动性协调起来，就必须采纳维柯关于人的本性是在创造中改变的社会思想。哲学的基础也就不能建立在认识的基础上，必须建立在社会实践和社会关系的基础上。萨维尼在法学中提倡的理论与实践的统一的观点和法律的社会关系理论，无疑为这种新的能动的实践观提供了某种有益的启示。

（三）社会生产力理论的来源

尽管黑格尔关于精神的自我生产的观点有助于马克思理解主体性的社会再生产过程，但是，满足人类需要的物质再生产过程却位于传统哲学之外。弗格森指出，人的社会能动性是在劳动分工中实现的。亚当·斯密则在《国富论》中将劳动分工与社会经济发展系统地联系起来，指出劳动分工特别是资本的积累是社会生产力发展的决定性因素。弗里德里希·李斯特则在《政治经济学的国民体系》（1841）中提出了系统的社会生产力发展理论。在李斯特看来，一个国家的制造业生产力越发达，国家越是独立和强大。与物质资本相比，公民的精神资本（教育、专利、思想交流）和社会资本（政府制度、立法、司法制度）是最重要的生产力构成要素。政治的首要任务就是发展物质生产力，激励本国经济的持续发展。德国著名化学家李比希在农业经济学著作《化学在农业和生理学上的应用》（1840）中研究了农业生产力的决定因素。① 在李比希看来，一块土地的农作物产量取决于土地的肥力或者土地的生产力，而土地的生产力则取决于土壤中富含的植物营养元素的数量。借助于土壤的矿物质营养说、最低量理论以及植物吸收固定成分的理论，李比希就解释了农业劳动的边际报酬递减的原理。而且，李比希还在土地肥力动态变化的基础上描述了人口的变化、国家和民族的兴衰、人际关系的变化、宗教和道德的变化，以及现代的贸易和生活方式、城市的人口集中对土

---

① ［德］尤·李比希：《化学在农业和生理学上的应用》，刘更另译，北京：农业出版社1983年版。

地生产力变化的影响。在1866年2月13日致恩格斯的信中,马克思说:"德国的新农业化学,特别是李比希和申拜因,对这种事情[地租理论],比所有的经济学家加起来,还更重要。"① 可以说,到1840年代,社会生产力的理论已经比较成熟。从阅读政治经济学和自然科学领域的著作中,马克思看到,斯密颠倒了物质生产力和劳动分工之间的关系,李斯特则颠倒了物质生产力和政治上层建筑之间的关系。

(四)物质生产力决定作用的理论

马克思在早期阅读中,就了解了物质生产力决定作用的思想。修昔底德在《伯罗奔尼撒战争史》强调物质力量是决定战争胜败的决定性因素,孟德斯鸠在《罗马盛衰原因论》中强调物质财富的获取和分配对罗马的政治制度和道德的影响。卢克莱修在《物性论》第五卷描述了物质生产力和社会交往在人类演化史中的主导作用。卢梭认识到,私有制和国家是建立在生产力发展的基础上,一个国家的政体形式是会随着生产力的发展和国家规模的扩大而变化的。温克尔曼在《古代艺术史》中将艺术的演变置于物质生产力发展的基础之上,阐述了物质生产力的发展与艺术表达形式之间的关系。歌德在小说中形象化地提出了生产力和技术的发展是社会进步的基础的观点。孟德斯鸠看到了劳动方式、贸易、人口、货币的使用与法律之间的内在关联,完全理解经济基础的变动与社会制度的演化之间的关系。萨维尼的民族精神说主张,法律是从人民的历史和生活,特别是从他们的风俗习惯和传统中经过法学家之手提炼出来的。舒尔茨则从物质生产力发展的角度理解社会分工及其演进。这些不同的理论可以归纳为,劳动分工、国家形式、法律、道德、艺术和战争形式都是建立在物质生产力发展的基础之上的。

(五)上层建筑反作用的思想

所有的政治哲学都强调不同的政体和社会制度对个人的自由、道德、财产的保护都具有重大的影响。休谟和温克尔曼看到了自由政体和专制政体对科学和艺术发展的不同影响。舒尔茨和李斯特强调社会制度和政策对物质生产力发展的决定性作用。

(六)物质生产与精神生产的关系的理论

在政治哲学领域中,亚里士多德的最优城邦模型是建立在身心二元

---

① 《马克思恩格斯全集》第31卷,北京:人民出版社1972年版,第181页。

论的基础之上的，孟德斯鸠则提出了地理环境决定一个国家的政体形式的理论，卢梭和弗格森则将私有制和政体的基础建立在物质生产力的发展基础上。亚当·斯密还将生产方式的演变与所有权关系、法律和政府类型对应起来。舒尔茨从物质生产力发展的角度来理解生产关系和精神生产的演变规律。李特尔和亚历山大·洪堡的地理学和斯特芬斯的人类学都强调人与自然之间的相互作用关系，以及人类史只是自然史的一部分的观点。这些不同领域的思想表明，人与自然之间，物质生产力、生产关系与上层建筑之间的相互作用关系的问题到 1840 年代逐渐变得清晰起来。

总之，唯物史观的主要构成要素在政治哲学、艺术史、社会史、法律史、文学、地理学中早已存在。马克思的广泛阅读和强大的创造力将这些要素在深入研究和归纳的基础上经过根本性的改造而融为一体，创造性地建构了一个统一的唯物史观框架。巴枯宁说："作为一个思想家，马克思的道路是正确的。他提出了这样一个基本命题，即历史上的一切宗教的、政治的和法律的过程都不是经济过程的原因，而是经济过程的结果。这是一个伟大的、内容丰富的思想，但发现这一思想的荣誉并不属于他一个人。另外有许多人很早以前就意识到了这一思想，甚至部分地表述这一思想，但马克思的功绩却是给了它一个巩固的理论基础，并且使它成为自己的整个经济学说的基础。"① 人的社会关系性、实践和主体能动性等概念的根本性改造和内在同一性无疑是建构这个"巩固的理论基础"的关节点。马克思说："人的本质是人的真正的社会联系，所以人在积极实现自己本质的过程中创造、生产人的社会联系、社会本质，而社会本质不是一种同单个人相对立的抽象的一般的力量，而是每一个单个人的本质，是他自己的活动，他自己的生活，他自己的享受，他自己的财富。"②

### 三、历史辩证法的起源

马克思的历史辩证法与其唯物史观具有内在的关联。但是，其起源问题，由于受制于黑格尔辩证法的强大影响和马克思没有撰写独立的辩

---

① [法] 奥古斯特·科尔纽：《马克思恩格斯传》第二卷，王以铸等译，北京：三联书店 1963 年版，第 71 页。
② 《马克思恩格斯全集》第 42 卷，北京：人民出版社 1979 年版，第 24 页。

证法著作,基本上遭到了学术界的忽视。我们认为,马克思的历史辩证法是建立在自然演化和社会历史演化、历史分期、历史研究的批判考证、逻辑学研究的基础之上,对黑格尔的概念辩证法进行批判性改造的结果。

(一) 物质和生物演化的自然科学思想

伊壁鸠鲁-卢克莱修的宇宙演化思想和康德的星云假说都表明,物质世界的天体具有生成和发展的历史。居维叶的灾变论认为,地球经历了多次的巨大灾变。地质学还存在岩石生成的水成论与火成论的争论。歌德、拉马克和道尔顿的生物演化论认为,地球上的物种是不断演化的,尽管神一次性地创造了所有的物种。尽管谢林和黑格尔的自然哲学还在宣扬宇宙充满了精神生命力的思想,但是,能量守恒与转化定律、细胞学说和达尔文的进化论在肯定宇宙的能量守恒和生命演化的基础上,就彻底摧毁了宇宙精神辩证发展的可能性,留下了生命世界自身演化的思想。

(二) 社会和历史演化的思想

随着宇宙和生物演化的思想的不断发展,人类社会演化的思想也不断发展。卢克莱修的《物性论》、杜尔哥的《普遍历史两论提纲》、卢梭的《论人类不平等的基础和起因》、赫尔德的《关于人类历史哲学的思想》等著作都描述了人类历史的演化。维柯认为,每个民族的历史都存在神的阶段、英雄的阶段和人的阶段,每个历史阶段都是各种制度和人的心智演变的总和。同时,杜尔哥、亚当·弗格森和亚当·斯密等人关注生活资料的生产方式的演变,认为人类依次经过了狩猎、游牧、农业和商业四个阶段。圣西门则是在生产方式演变的四阶段理论基础上注重工业生产方式和科学家工程师的领导作用。舒尔茨将人类社会的发展分为采集畜牧社会、农业社会、手工业社会和机器大工业社会四个阶段。因此,人类社会不仅存在阶段性不同的演化,而且演化的关注点从精神转移到物质生产力和生产方式。这些思想为马克思划分社会形态和探寻不同社会形态的特殊历史规律奠定了基础。

(三) 历史演化的逻辑

大量的思想家提供了探讨历史演化逻辑的范例。修昔底德探讨了古希腊城邦兴衰的历史逻辑,孟德斯鸠探讨了主奴辩证法和罗马帝国兴衰的历史逻辑,弗格森也探讨了国家兴衰的历史逻辑。维柯则提出了社会历史演变的辩证法，强调阶级斗争在推动各民族的历史演化中的作用。卢梭则探讨了人性在社会中的辩证发展逻辑。因此，不同社会对象的演变的历史逻辑及其动力机制就存在很大的差异。

(四) 历史研究方法

马克思长期受到历史和文学的影响，注重经验证据和历史现实，反对抽象的演绎和思辨方法。兰克史学、历史法学派、沃尔夫的语言学都强调资料的充分收集、史实的考证、批判的方法和特殊历史规律的寻求。"与黑格尔一样，尼布尔、萨维尼和兰克都赞同真正的哲学与真正的历史在本质上是一体的。他们与黑格尔的不同在于他们相信这一根本现实只能通过历史研究来加以认识，因为它是更为复杂、更有活力和难以捉摸的，而且其中自发性和独特性所占的空间比黑格尔的泛逻辑主义的宇宙观所许可的要更为广阔。简言之，只有历史为那些哲学的根本问题提供了答案。"① 这就意味着，历史研究，而不是哲学的思辨，是通往我们人类生活状况的真正知识的唯一途径。在历史学派看来，不存在普遍的自然法，所有被称之为普遍的东西不过是特定民族和国家的习俗和传统。"历史学派一经否定了普遍规范的意义（如果不是它们的存在的话），也就摧毁了所有超越现实的努力的唯一稳固的根基。……它相信，人们一旦理解了他们的过去、他们所禀有的遗产和他们的历史处境，他们就能够达到与更古老的、在历史主义之前的政治哲学所声称的同样客观的原则。并且，这些原则不会是抽象的或者普遍的以至于会妨碍明智的行动或真实的人生，而是具体的或特殊的——它们是适合于特定时代或特定民族的原则，是与特定时代或特定民族相关联的原则。"② 因此，历史研究对发现客观的、特殊的历史原则和经验就具有头等的重要性。弗·施莱格尔还认为，特殊的或阶段性的历史规律的研究是发现人类普遍的历史规律的必要条件。因此，在强烈的历史意识的影响下，马克思不仅注重民族和国家的特殊性，重视各历史阶段的特殊规律的寻求，而且坚信人类社会存在普遍的历史规律，生产方式和阶级在历史进步中具有基础性的作用。

---

① [美] 格奥尔格·G. 伊格尔斯:《德国的历史观》，彭刚、顾杭译，南京：译林出版社2006年版，第84页。

② [美] 列奥·施特劳斯:《自然权利与历史》，彭刚译，北京：三联书店2003年版，第17页。

## （五）黑格尔的辩证法与逻辑学的研究

马克思在一生中都在对黑格尔的概念辩证法和逻辑学进行研究和定位。在柏林大学时期，马克思选修过加布勒讲授的黑格尔的逻辑学，并阅读了亚里士多德的《工具论》和《论灵魂》、培根的《新工具论》、莱布尼茨的逻辑学、休谟的《人性论》、特兰德伦堡的《逻辑研究》等涉及知识问题和逻辑研究的著作。布鲁诺·鲍威尔在1839年12月11日致马克思的信中说："你告诉了我一些你夜间钻研逻辑学的情况。……你谈到关于逻辑上的对立力量等等，我认为，黑格尔在论方法那一节的有关地方对它们作了十分明确的阐述，在本质论中它们具有反思的形式并以这样的形式得到了阐述。关于存在，黑格尔自己在某个地方说，在这里形式的辩证法和规定性的运动只是'零散地提到'，因此不能为反思而加以强调，这只有在本质论中才是可能的。……这样你才能毫无阻碍地从事你的逻辑学研究，特别是你要能重新修改本质论，那就好了！"① 马克思与逻辑学教授加布勒保持了良好的关系，以至于鲍威尔在1840年3月不仅要求寻求教职的马克思，"把你的打算告诉加布勒，他听到又多一个黑格尔分子要来讲课，会更乐意，考试时会更高兴"，而且希望马克思"你作为一个公正的局外人可以对黑格尔著作的出版发表一些至今没有人谈到过的看法"。② 马克思在博士论文中不同意特兰德伦堡在《逻辑研究》中将亚里士多德看成形式逻辑学家的说法，也不满意黑格尔在哲学史中按照辩证法的方式贬低伊壁鸠鲁和忽视其宗教批判的做法。鲍威尔在1841年3月致马克思的信中因此说，特兰德伦堡"当然会是你献给受凌辱的哲学的第一批祭品之一"。③ 在1841年6月3日致马克思的信中，卡尔·弗里德里希·科本告诉马克思关于叔本华的《伦理学的两个基本问题》的情况："在这两篇论文中，他对黑格尔，附带也对费希特（至今他被认为是费希特的追随者）进行了严厉的谴责。他把这位杰出的哲学家——他对黑格尔的称呼——直截了当地说成是丧失理智的人。……

---

① 史清竹主编：《马克思主义研究资料》第26卷，北京：中央编译出版社2015年版，第288页。
② 史清竹主编：《马克思主义研究资料》第26卷，北京：中央编译出版社2015年版，第293—296页。
③ 史清竹主编：《马克思主义研究资料》第26卷，北京：中央编译出版社2015年版，第310页。

我给你写这些，是为了使你有机会时能尊敬地记起特伦德伦堡和叔本华。"① 莫泽斯·赫斯甚至在1841年9月2日的一封信中说："如果我在波恩，他讲授逻辑学时，我将会成为他的最勤奋的听众。我一直盼望有这样一个人作哲学教授。现在我才感到，在真正的哲学中我是个地道的门外汉。……马克思博士——这是我所崇拜的人的名字——还是个十分年轻的人（至多不过二十四岁左右），他将给中世纪的宗教和政治以致命的打击。他把最深刻的哲学的严肃性同最机敏的智慧结合起来了。设想一下，如果把卢梭、伏尔泰、霍尔巴赫、莱辛、海涅和黑格尔结合为一个人（我说的是结合，而不是凑合），那么结果就是一个马克思博士。"②

在1842年为《莱茵报》撰写的关于出版自由、林木盗窃法以及第六届莱茵省议会的文章中，马克思就显示了自己的辩证分析才能。在1843年2月28日的《曼海姆晚报》刊登的一篇评论写道："读过这些长篇文章的读者还记得那敏锐透彻的理解力，那确实令人赞叹的辩证法，可以说作者就借助于这些钻进了议员们的空论中，然后从内里摧毁这些空论，通过这种以破坏为乐事的高超技能表现出来的批判的理智是不多见的，它从不明显地流露出自己对所谓肯定的东西的仇恨，它把肯定的东西紧束在自己的罗网中加以消灭。……反对《奥格斯堡报》和《科伦日报》的论战无论如何是由马克思领导的，他的全部辩证方式，他的结论，他对任意行事的鄙夷，都极其明显地表现在论战中。可以肯定地说，马克思是《莱茵报》的真正的论战家。"③ 借助于自己辩证思维的发展，马克思在1843年的《黑格尔法哲学批判》中全面解构了黑格尔的《法哲学原理》及其隐含的辩证法，在《1844年的经济学哲学手稿》和《神圣家族》中对黑格尔的辩证法进行了批判，将其重新解读为人的自我生产过程。这是因为黑格尔将理性理解为旨在追求自我选择的有目的的活动。"理性既规定了一种目的的已安排好的等级也规定了达到它们的动机性手段。用柏拉图式的语言来说，黑格尔把理性作为一种朝向实现它自己的

---

① 史清竹主编：《马克思主义研究资料》第26卷，北京：中央编译出版社2015年版，第322页。
② 史清竹主编：《马克思主义研究资料》第27卷，北京：中央编译出版社2015年版，第302—303页。
③ 史清竹主编：《马克思主义研究资料》第27卷，北京：中央编译出版社2015年版，第334—335页。

目标的'爱欲'活动。"① 理性的这种自我产生和追求无限的历史活动，就是绝对精神在世界历史中展现和在民族精神中实现的辩证法。这种理性欲求的辩证运动结构，与修昔底德、霍布斯、斯宾诺莎和孟德斯鸠揭示的权力运动具有相似的结构，也与马克思揭示的资本家追求财富的欲望具有类似的结构。

正是由于这种相似性，马克思在写作《1857—1858年经济学手稿》时重温了黑格尔的《逻辑学》，后者也因此对马克思的手稿及《资本论》的逻辑架构产生了显著的影响。马克思在1858年1月14日致恩格斯的信中说，他希望撰写一部辩证法的专著；在1860—1863年撰写《资本论》第二手稿期间，马克思详细摘录了黑格尔《小逻辑》的"存在论"部分；在1863—1865年撰写《资本论》第三手稿期间，马克思与恩格斯频繁推敲《资本论》的逻辑；马克思在《资本论》出版后的德文第二版和法文第一版中，集中修改第一卷第一部分的逻辑。② 在1873年的《资本论》德文第二版《跋》中，马克思明确阐述了自己的辩证法思想："我的辩证法，从根本上来说，不仅和黑格尔的辩证法不同，而且和它截然相反。在黑格尔看来，思维过程，即他称为观念而甚至把它变成独立主体的思维过程，是现实事物的造物主，而现实事物只是思维过程的外部表现。我的看法则相反，观念的东西不外是移入人的头脑并在人的头脑中改造过的物质的东西而已。"③ 因此，马克思承认，黑格尔是"第一个全面地有意识地叙述了辩证法的一般运动形式"的人。但是，分析具体的历史运动需要对黑格尔的逻辑表达形式施加历史的条件和物质运动的内容。这只有对黑格尔的辩证法经过批判性改造，才能从形式辩证法转化为包含内容的历史辩证法。

## 四、政治经济学研究的起源

在1859年《政治经济学批判》序言中，马克思谈到"为了解决我

---

① 斯密斯：《辩证法的起源：黑格尔对古代怀疑论的挪用》，见［美］麦卡锡选编：《马克思与亚里士多德：十九世纪德国社会理论与古典的古代》，郝亿春等译，上海：华东师范大学出版社2015年版，第127页。
② 王东：《马克思是辩证唯物主义奠基人》，载《毛泽东邓小平理论研究》，2012年第3期。
③ ［德］卡尔·马克思：《资本论》第一卷（上），中央编译局译，北京：人民出版社1975年版，第24页。

苦恼的疑问"逐步转向政治经济学批判的历史。"1842—1843年间，我作为《莱茵报》的主编，第一次遇到要对物质利益发表意见的难事。莱茵省议会关于林木盗窃和地产分析的讨论，当时的莱茵省总督冯·沙培尔先生就摩泽尔农民状况同《莱茵报》展开的官方论战，最后，关于自由贸易和保护关税的辩论，是促使我去研究经济问题的最初动因。"① 从现有文献材料来看，在1842年底发表的《关于林木盗窃法的辩论》和《摩泽尔记者的辩护》等文章表明，马克思开始关注法律与财产的关系，特别是对经济关系的研究，探求农民贫困化的制度根源。马克思后来也多次强调，"正是他对林木盗窃法和摩泽尔地区农民处境的研究，推动他由纯政治转向研究经济关系，并从而走向社会主义"。② 《马克思恩格斯全集》德文版补卷第1卷的"前言"认为，马克思对政治经济学的兴趣主要由如下情况引起的："他以往的思想与政治的整个发展，在《莱茵报》工作期间必须钻研经济和社会的问题，对黑格尔从亚当·斯密、大卫·李嘉图和其他经济学家个别原理中得出哲学结论的深刻了解，他在批判黑格尔法哲学中所获得的见解——法律制度和国家形式根源于物质的生活条件之中，并开始对资本主义私有制的本质的理解，以及对共产主义问题的研究。"③ 除政治经济学、社会主义理论和德国古典哲学外，马克思还"从他所身处的生活本身，从英国的资本主义现实，从著名的蓝皮书（Blue Books），从一切类型的文学、哲学、宗教和科学文本"汲取了很多的知识资源。④ 应该说，这个论述是比较全面而笼统的。下面将详细地论述马克思在转向研究物质利益之前获得政治经济学思想的路径。

（一）政治哲学著作的阅读

由于古希腊罗马的商品经济不发达，政治哲学家坚持城邦的自然演化、追求道德完善和社会正义的思想，因此，古希腊罗马的政治哲学一般不包含丰富的经济学思想。即使如此，柏拉图还是提出了分工即正义的思想。马克思在《政治经济学批判》中认为，柏拉图在《理想国》中

---

① 《马克思恩格斯选集》第2卷，北京：人民出版社1972年版，第81—82页。
② 《马克思恩格斯全集》第39卷，北京：人民出版社1974年版，第446页。
③ 熊子云、张向东译：《马克思思想早期研究译文集》，重庆：重庆出版社1982年版，第10页。
④ ［英］伯尔基：《马克思主义的起源》，伍庆、王文扬译，上海：华东师范大学出版社2007年版，第10页。

的分工理论是亚当·斯密分工理论的"直接的基础和出发点"。① 亚里士多德则区分了价值和使用价值，批判了追求财富的功利主义思想。随着近代商业的快速发展，政治哲学家引入社会契约论来解释国家的起源，将国家建立在保护财产权的基础之上。因此，近代的政治哲学一般都包含大量的经济学思想，如洛克提出的劳动产权理论和劳动价值论，休谟提出的货币数量论，卢梭提出的锁闭农业国的计划经济思想，康德对亚当·斯密的无形之手原理的批判性改造，费希特对劳动产权理论和计划经济思想的批判性改造，黑格尔将财产权与劳动分工、斯密的无形之手原理结合起来。傅立叶、欧文等空想社会主义者更是集中阐述经济问题，批判资本主义市场交换的消极后果。由于熟悉将国家理论与政治经济学理论融为一体的政治哲学和空想社会主义的著作，因此，马克思无疑在柏林大学时期和《莱茵报》了解大量的、也许是非系统性的政治经济学思想。

（二）文学作品的阅读

马克思所阅读的大量文学作品都包含各种经济现象的描述或者阐述一些经济学思想。莎士比亚在《威尼斯商人》和《雅典的泰门》等著作对货币、商人的唯利是图，高利贷者的形象化描述与批判是众所周知的。歌德在《威廉·迈斯特的漫游时代》中描述了生产力的发展，批判机器代替手工劳动和劳动分配不均的可怕后果。奥·施莱格尔在《启蒙运动批判》中对市民社会的功利主义和工业化造成的人性异化进行了批判。伊默曼的《蒙豪森》则描述了德国资本主义的崛起和工业化带来的社会问题。这些和其他描述和批判现实经济问题的小说和文学著作的阅读，无疑会增强马克思对经济问题的领悟力和感受力。

（三）法学教育和法学著作的阅读

罗马法高度关注财产的占有和转移的各种形式。德国的民法学家则努力从伦理学、权利义务或法律关系角度将财产权和债权体系化，试图将法律行为与人性及其经济后果联系起来。例如，萨维尼在《当代罗马法体系》中认为，私有制是贫富分化的根源，不当得利意味着抢劫、奴役和剥削。由于深受民法思想的影响，马克思很容易看到财产权和契约所隐含的物质利益关系，可能会预见到全面的私有制和不当得利盛行的

---

① 《马克思恩格斯全集》第44卷，北京：人民出版社2001年版，第424页。

社会产生的严重后果。

由于深受政治哲学和民法的影响,马克思对政治经济学的理解就独具特色。在政治经济学中,人和物都被当作生产要素对待。对习惯于权利主体与权利客体进行严格区分的法学人士而言,这就意味着人被异化为物,从主体地位降低为客体。劳动异化论就出现了。而且,马克思将货币、资本等概念都界定为权力或关系。"货币不是东西,而是一种社会关系。"① "资本不仅……是对他人劳动的支配权,……而且是不经交换,不支付等价物,但在交换的假象下占有他人劳动的权力。"② 市场竞争就是资本之间的权力竞争。"社会内部的分工愈不受权力的支配,作坊内的分工就愈发展,愈会从属于一人的权力。因此,在分工方面,作坊里的权力和社会上的权力是互成反比的。"③ 从这个角度看,《1857—1858年的经济学手稿》和《资本论》体现的是一种权力的经济学分析。"因此,从货币到剩余价值—这就是提供阶级武器的政治学途径。"④

(四) 历史研究的需要

马克思在中学时期就学习了罗马史、中世纪史和近代史,在大学时期选修过罗马法史、德意志法学史、近代艺术史和阅读过大量的哲学史著作,在《波恩笔记》中摘录了380条宗教史和艺术史的引文,在《柏林笔记》中摘录了24本历史著作的引文。马克思对历史研究的伟大贡献就在于,根据历史变迁的趋势和机制来建构概念及历史分析。这个建构就是以唯物的历史概念为出发点,以人类自身历史的变迁因素为基础,排除了主观的期望、价值判断和外在神秘原因的猜测,从而达到了人类依靠自己持续增长的劳动能力,能够实现改善自己内在和外在处境的客观目标。在人类改善自己处境及演化的过程中,劳动产品的分配和再分配制度起着至关重要的作用。当私有制以牺牲多数人的基本生活需要为代价来服务于少数人的权力和财富的追求时,那么,这样的阶级社会就会出现以不断扩大的不平等特别是不断扩大的阶级不平等和地区不平等的社会现象。伴随着财富与贫困的两极分化,社会道德和社会正义就会

---

① 《马克思恩格斯全集》第4卷,北京:人民出版社1958年版,第119页。
② 《马克思恩格斯全集》第30卷,北京:人民出版社1995年版,第551页。
③ 《马克思恩格斯全集》第4卷,北京:人民出版社1958年版,第166页。
④ [意]奈格里:《〈大纲〉:超越马克思的马克思》,张梧等译,北京:北京师范大学出版社2011年版,第85页。

沦丧。问题是，在不同的社会历史阶段上，不同的劳动产品的分配和再分配机制如何演变及转换，其演变和转换的条件及后果是什么。沿着这样的历史逻辑，马克思就需要将历史与政治经济分析整合起来，更何况许多历史著作还会涉及所有制形式的演化、财产的争夺与分配、农业和商业的兴衰、工具和技术的发展等经济内容。

（五）研究经济问题的现实需要

随着施泰因-哈登堡改革的继续、工业化的发展、关税同盟的建立和德国的资本主义制度的日趋确立，农业萧条、市场竞争带来的价格下降、大量的农民和手工业者失业、经济危机等问题逐渐成为主要的社会问题。亨利希·海涅在《法兰西状况》（1832）中说："这些问题所涉及的不是政体，不是人，不是建立共和国或限制君主国，——这些问题所涉及的是人民的物质福利。"① 在 1836 年致古茨科夫的信中，格奥尔格·毕希纳说："我们的时代是纯粹物质的，您越直接地从事政治活动，就会越快地到达那种改革自动停步的地方。"② 由于"贫富之间的关系是世界上唯一的革命因素"和物质的贫困是群众无尽反抗的根源，因此，革命必须解决人民的生活问题。③ 任何无法解决人民的生活问题的革命都是脱离群众的表现，也是革命失败的根源。深受圣西门主义影响的爱德华·甘斯在讲课时谈到，物质财富的生产和分配问题是当时最重要的社会问题。由于莱茵省在失掉法国市场之后还面临英国产品竞争带来的工业危机和葡萄歉收引起的农业危机，因此，自由贸易和保护关税的争论在 1840 年代初尤其突出。马克思主编的《莱茵报》刊登了大量的经济文章，包括马克思写的林木盗窃和摩泽尔河谷的葡萄酒价格下降的文章。这些争论无疑会推动马克思去研究经济问题和阅读经济学著作。要不是《莱茵报》在 1843 年 2 月被查封，马克思可能在 1843 年会有更多的经济问题的文章发表，更早地转入经济学的系统性研究。

---

① ［法］奥古斯特·科尔纽：《马克思恩格斯传》第一卷，刘磊等译，北京：三联书店 1963 年版，第 52 页。
② ［德］格奥尔格·毕希纳：《毕希纳全集》，李士勋、傅惟慈译，北京：人民出版社 2008 年版，第 359 页。
③ ［德］格奥尔格·毕希纳：《毕希纳全集》，李士勋、傅惟慈译，北京：人民出版社 2008 年版，第 329 页。

（六）与社会主义者论战和交流的需要

在《莱茵报》时期，马克思主张对保留私有制的空想社会主义思想和消灭私有制的共产主义思想进行深入的研究。在德国社会主义者中，赫斯的《论货币的本质》、魏特林的《和谐与自由的保证》和恩格斯的《国民经济学批判大纲》都涉及经济问题或经济学思想的表述，卡尔·格律恩则是弗里德里希·李斯特的《政治经济学的国民体系》的信奉者。在1843年10月移居巴黎之后，马克思更是与法国的蒲鲁东、傅立叶主义者、圣西门主义者进行了密切的交往。马克思与蒲鲁东就黑格尔的辩证法、私有制、政治经济学的批判等问题进行交流与争论。① 魏特林和卡贝则主张以暴力革命废除私有财产，建立财产共有共享的共产主义社会。犹如加入博士俱乐部的结果是加强了马克思对宗教和哲学的研究一样，不断扩大与社会主义者的交流和争论会增强马克思对政治经济学研究的动力。

## 五、马克思的思想起源与综合性创造

传统观点将马克思的思想起源与马克思主义的组成部分相等同，认为马克思主义存在哲学、政治经济学和科学社会主义三个组成部分，就意味着马克思的思想起源由黑格尔的辩证法和费尔巴哈的唯物主义构成的德国古典哲学、英国的古典政治经济学和法国的空想社会主义构成。这种还原主义的阅读方法本质上是黑格尔的概念辩证法的一个应用，即将青年马克思的思想演变过程局限于思想范畴的演进、术语的使用或者问题态度的转变。② 这不仅割裂了思想的内在联系和著作的整体性，而且忽视了思想家的创造性和心智模式的有机演化。任何一位伟大思想家的思想，都不能简单地追根溯源。马克思的思想起源，如前所述，就是"极其多样、极为复杂、看上去最不相同的素质，都在灵魂形成中发挥作用。相反的因素未必相斥；不仅如此，而且相辅相成"。③ 在马克思的思

---

① ［法］奥古斯特·科尔纽：《马克思恩格斯传》第二卷，王以铸等译，北京：三联书店1963年版，第74—75页。

② ［法］路易·阿尔都塞：《保卫马克思》，顾良译，北京：商务印书馆2016年版，第41页。

③ ［法］维克多·雨果：《莎士比亚传》，丁世忠译，北京：团结出版社2005年版，第114—115页。

想发展的历史过程中，文学、艺术、法律、宗教、哲学、历史和自然科学的思想交叉穿梭，共同推动马克思不断地探索并转向政治经济学的研究，形成了独具特色的唯物史观、历史辩证法和劳动异化论。

（一）马克思思想起源的四因说

按照亚里士多德的四因说，对一个思想起源的充分解释需要综合考虑目的因、动力因、形式因和质料因。威廉·洪堡说："研究如果应该达到探讨各种事物的原因或者达到理智的极限，除精神的深邃以外，它还都是精神财富的丰富多彩和精神的内在热情，以及以联合在一起的各种人的力量的努力为前提。也许只有纯分析的哲学家能够通过不仅是平静的而且也是冷淡的理智的简单运作达到他的最终目的。仅仅为了发现连接各种综合原理的纽带，就需要真正的深邃精神和一种善于使它的所有力量都获得同样强劲的精神。"① 对于马克思而言，创造一个充分发挥所有自由人的能动性的新社会是一个内置于新人文主义教育的理想。这个理想在古希腊社会中得到部分的实现，在德国古典哲学和浪漫主义文学中得到唯心主义的发挥，在空想社会主义中遭到扭曲。这个伟大的理想与普鲁士的封建复辟和资本主义社会的"新奴隶制"之间的巨大差距，以及探寻无产阶级的解放之路，构成了马克思无尽地阅读、批判和研究的强大动力。采取的手段就是革命实践活动和无情的批判活动。马克思不仅展开了宗教批判、哲学批判、空想社会主义批判和政治经济学批判，而且展开了对资本主义社会的现实批判。大量的阅读和摘录不仅精练了批判方法，而且不断提供思想质料。这些思想质料在想象力的多样化联结和心智模式的共同作用下，推动马克思的思想的不断发展。因此，马克思那些伟大的、有生命力的思想，不是来源于他人思想的大杂烩式的综合，而是来源于创造性的综合。马克思也说："一切划时代的体系的真正的内容都是由于产生这些体系的那个时期的需要而形成起来的。所有这些体系都是以本国过去的整个发展为基础的，是以阶级关系的历史形式及其政治的、道德的、哲学的以及其他的后果为基础的。"②

（二）创造性综合思想的演进机制

与将各种现成的理论和思想拼凑成一个大杂烩，其中原有的思想和

---

① ［德］威廉·冯·洪堡：《论国家的作用》，林荣远、冯兴元译，北京：中国社会科学出版社1998年版，第103页。

② 《马克思恩格斯全集》第3卷，北京：人民出版社1960年版，第544页。

理论保持各自独立的形态的大杂烩式的综合不同，创造性的综合是将各种现成的理论和思想创造性地改变后融入一个新理论的过程。在科恩看来，创造性综合的思想的变革存在继承、变革和创新三个阶段。继承不是机械的记忆，而是包含着主动的文本选择和心智模式的筛选。思想的选择也意味着关系的增多和含义的改变。"他谨慎地选择一些思想（概念、定理、定义、法则、定律和假设），并且变革它们，赋予它们中的每一个以对他有用的新的形式。……首先选择那些他发现是对的或有用的东西，然后抛弃其余的。但是，在许多情况下，只有挑选出来的思想被演变为基本上新的和不同的思想之后，'综合'才有可能。在一些情况下，它们明显地变为新的、不同的东西，因为原型和最后的结果存在着矛盾。在另一些情况下，它们以新的方式（或用在超出它的原作者的意图和限制的新的场合）去共同构筑新的思想。在另外一些情况下，它们变成了那些同原来的思想只有些许相似的新思想的起点。"①

对他人思想的变革是创新的契机和源泉，因为他人的思想提供了可能具有变革潜力的概念。"'变革'揭示了不仅是对看似有用的思想的认识，而且看透那些不明显的思想的潜力以及那些只有通过具有高度创造才能的科学心灵的力量和行动所产生的变革才能被认识的思想的潜力。"② 具有批判精神的马克思的问题意识和周围的社会环境可能对他人的思想的选择提供了某些接触机会和限制条件，马克思的创造性心灵将他人思想中的某些概念或学说转化为解决自己问题的工具。不同领域的他人思想可能具有启发或刺激的变革作用。大量被修改和变革的思想，同马克思自己的思想相结合，成为一个新的理论框架中的一部分，并用来为新的目的服务。在对较早的体系、学说或概念经过一系列选择、变化和变革，对原有概念的含义进行重新界定，引进新的概念和新的传导机制，实现表述方法和表达方式的变化，并认识到较早思想的具有变革的潜力和作为新思想发展基础的趋势之后，"真正具有英雄性、创造性品质的心灵"就能实现理论的综合和创新。

这个综合性创造的演进机制需要我们对马克思的理论框架的演变进

---

① [美] I. B. 科恩：《牛顿革命》，颜锋等译，南昌：江西教育出版社1999年版，第173页。

② [美] I. B. 科恩：《牛顿革命》，颜锋等译，南昌：江西教育出版社1999年版，第180页。

行分析,也需要在框架理论中来理解和说明他人的思想是如何被马克思创造性地运用和认识的。我们不仅要区分他人思想中的不变成分和变革成分,也要将他人思想中的变革成分与马克思的思想创新结合起来。马克思在广泛的阅读过程中,做了大量的注释、评价、评论,不断发展他的新思想,最终经过多次努力实现了框架体系的革新。从马克思的阅读来看,他的每一步的批判都向我们显示了他的创造性才能和伟大的批判能力。但是,这些革新与原始思想的关联,有一些是马克思明确承认来自他人的思想及其启示,如哲学、政治经济学、科学社会主义来源,另外一些则是马克思未承认的、隐蔽的甚至长期被遗忘的思想来源,如地理学、文学、历史主义的来源。在研究马克思阅读的书籍、日记和笔记的过程中,我们不仅能弄清楚马克思的思想与前人的思想是如何关联的,而且也能弄清楚马克思是以什么方式对他人的思想一个个地进行中肯的和有意义的分析和评价的。

(三) 思想变革的相似性途径

第欧根尼·拉尔修说:"一切我们思想的形成,或者是由于间接的知觉或者是由于相似性,或类比,或变换,或组合,或对立。"① 在人的思维中,相似性起着异乎寻常的联结作用。"正是相似性才主要地引导着文本的注释与阐释;正是相似性才组织着符号的运作,使人类知晓许多可见和不可见的事物,并引导着表象事物的艺术。"② 福柯将相似性的构造总结为四种来源。一是位置临近或接触产生的适合相似性,如空间和场所的相似性与属性的相似性。借助这种包容或接触,事物的性质就会被相互转让,事物也因此被联系为一个整体。二是仿效产生的相似性。这种相似性以象征或比喻的形式将不临近或任意的事物有序地联系在一起,从而缩短了事物之间的距离,确立了人与事物之间的亲和性。三是类推产生的相似性,将所有的人与事物联系在一起。"在这一类推中,适合与仿效重叠在一起。类似于仿效,类推确保穿越空间的相似性神奇地相对抗;但是,类似于适合,它也谈及配合、联系和接合。类推的力量是巨大的,因为它所处理的相似性并不是事物本身之间的可见的实体的相似

---

① [美] G. 墨费、J. 柯瓦奇:《近代心理学历史导引》上册,林方、王景和译,北京:商务印书馆2009年版,第72页。
② [法] 米歇尔·福柯:《词与物:人文科学考古学》,莫伟民译,上海:三联书店2001年版,第23页。

性；它们只需是较为微妙的关系相似性。"① 四是交感的作用产生的相似性。交感就是想象力或情感让世界上任何想象的或现实的事物相互接近或等同，实现性质的置换或事物之间的相互同化。不同学科之间的概念、理论、方法、模型存在借用、仿效、应用、隐喻、类比、同源（还原）和同一性等不同层次的相似性互动。思想家只能在事物的特性或者理论模型的相互借鉴中获得前进的推动力。

1. 借用、仿效和应用

解释马克思的思想起源的传统哲学观点非常接近于借用、仿效和应用的相似性观点。马克思在博士论文中利用自我意识的术语表述原子运动的事实，就被解读为马克思是一位受到鲍威尔或费希特的自我意识哲学影响的唯心主义者。马克思使用主谓颠倒和异化的词句就被解释为马克思受到费尔巴哈的唯物主义立场的影响，于是费尔巴哈就成了马克思从唯心主义转向唯物主义的中介人物。马克思使用黑格尔辩证法的术语就被解读为马克思的辩证法就是去掉唯心主义的黑格尔的辩证法。莱文甚至说："马克思在社会理论领域的最大成就是，完善了黑格尔仅仅暗示的东西，即将黑格尔主义运用于政治经济学。马克思采取黑格尔思想的某些核心方面，并将其用作反对资本主义体系的批判武器。因为马克思以德国唯心主义标准来衡量英国古典政治经济学，《1844 年经济学哲学手稿》的独特性就产生了"。② 毫无疑问，马克思在各种著作中借用或仿效了各种哲学家、文学家、历史学家、科学家、神话、传说、报刊和政府报告的术语、概念、词句甚至思想，作为论证的质料、支持性权威或者符合社会规范的语言表达形式。"许多伟大进展与其说来自于把观念从一个科学分支复制转移到另一个科学分支，不如说来自于一种改造，来自于对原始观念的重大修改。……无论这种转移发生在类比物、同源物还是隐喻的层次，往往都会从不同知识领域之间的差异中产生某种扭曲或转变。"③

---

① ［法］米歇尔·福柯：《词与物：人文科学考古学》，莫伟民译，上海：三联书店2001年版，第29页。
② ［美］莱文：《不同的路径：马克思主义与恩格斯主义中的黑格尔》，臧峰宇译，北京：北京师范大学出版社2009年版，第79页。
③ ［美］伯纳德·科恩：《自然科学与社会科学的互动》，张卜天译，北京：商务印书馆2016年版，第108—110页。

自然哲学的发展历史表明，不能机械化地将一个领域的认识机械地推广到其他领域去。在博士论文中，马克思不赞成通过寻找原子自由运动的根源来论证个人在社会中的自由，坚决反对将自然科学的研究成果机械化地推广到人类社会的做法。在马克思看来，人在社会中的自由是受到社会制度限制的，自然中的自由是受必然性所支配的，自然和社会遵循不同的规律。这意味着，马克思放弃了谢林和黑格尔那种通过逻辑的或自创的术语来重新阐述自然科学的最新成果的自然哲学的思辨思路。既然自然科学研究是人的社会行为，那么，包括自然科学在内的哲学研究就要受到社会的历史的制约。因此，自然科学研究和社会科学研究都会有共同的社会历史和实践的根源，即唯物史观的根源。自然和社会在实践上的统一性和运动规律的差异性意味着，简单的术语应用容易犯泛逻辑主义的错误。一个领域的基本理论或概念不是简单的逻辑应用，而是认真研究和归纳总结的结果。

2. 隐喻

与简单的借用或模仿不同，隐喻蕴含着将熟悉的形象、概念和理论延伸至不熟悉的事物而实现表象上不同的事物取得内在的同一性。隐喻不仅具有修辞功能，而且具有思想建构的功能。由于深受语言哲学和文学特别是浪漫主义文学的影响，马克思的"思想表现出对一套比喻性结构的持久追求"，在各种文本中广泛使用兼具修辞和思想建构功能的隐喻，如商品拜物教、经济基础和上层建筑的空间隐喻，资本是吸血鬼、幽灵，资本的原始积累是原罪等，来综合对历史和现实的理解。[①] "比喻起到了开启马克思强加给自己的结构限制所不能容纳的新层次的作用：这是内容上的决定性收获，是文学修饰和比喻带来的专业益处，否则，对这些修饰和比喻的喜好就是一种自我放纵。"[②]

如果说隐喻的修辞功能增强了马克思的论证力量，那么，隐喻的思想建构功能则增强了马克思融合不同学科的核心概念和思想的综合能力，即"人们的确倾向于使用熟悉的关系系统作为在智慧上借以同化起初陌

---

[①] [美]海登·怀特：《元史学：十九世纪欧洲的历史想像》，陈新译，南京：译林出版社2009年版，第343页。

[②] [美]弗雷德里克·詹姆逊：《重读〈资本论〉》，胡志国、陈清贵译，北京：中国人民大学出版社2015版年，第30页。

生的经验领域的模型"的能力。① 对于马克思而言，隐喻架起了从法律、哲学和文学通向政治经济学和历史理解的桥梁。萨维尼关于法律的社会关系理论、休谟关于关系多样化和因果关系的分析，莎士比亚和歌德关于人的社会关系演变过程的形象化描述，以及卢梭关于人的社会异化的理论，共同推动了马克思从社会关系角度理解人及其建构物的努力。美国生态学家沃斯特说："浪漫主义对待自然的姿态基本上还是生态型的；也就是说，它关注的是关系、相互依赖性和整体性。"② 霍布斯的权力与权利的区分和斯宾诺莎关于政体是不同权力结构的分布的理论，推动了马克思将社会理解为各种权力特别是阶级权力分布和斗争的总体。借助于权力和社会关系的理解，马克思就将经济学的范畴和历史的结构理解为权力和社会关系的不同表现形式。马克思说："资本显然是关系，而且只能是生产关系。"③ "货币是'无个性的'财产。我可以用货币的形式把一般社会权力和一般社会联系，社会实体，随身揣在我的口袋里。货币把社会权力当作物品交到私人手里，而私人就以私人的身分来运用这种权力。社会联系，社会的物质变换本身通过货币表现为某种外在的东西，同它的所有者没有任何个人关系，因此，他所运用的这种权力也表现为某种完全偶然的，对他说来是外在的东西。"④ 又比如，马克思在博士论文中认识到宗教的功利主义本质，而刑罚的处罚又是建立在功利主义基础之上的，因此，本质上说，宗教的奖惩制度是法律的契约理论的一个神学应用而已。"正如人们在上天奖赏的观念中只是把人间的雇佣奴役理想化了一样，人们在天上的刑罚理论中也只是把尘世的刑罚理论理想化罢了。"⑤ 根据这样的理解，宗教批判就与政治经济学批判具有同构性。借助于宗教批判和黑格尔批判获得的方法，马克思就在掌握基本的政治经济学内容基础上在《哲学的贫困》中对蒲鲁东进行了批判。因此，隐喻在马克思的政治经济学批判、资本积累理论和唯物史观的建构方面发挥了巨大的作用。

---

① [美] 欧内斯特·内格尔：《科学的结构：科学说明的逻辑问题》，徐向东译，上海：上海译文出版社 2002 年版，第 128 页。

② D. Worster, *Nature's Economyl: A History of Ecological Ideas*, New York: Oxford University Press, 1985, p. 68.

③ 《马克思恩格斯全集》第 30 卷，北京：人民出版社 1995 年版，第 510 页。

④ 《马克思恩格斯全集》第 31 卷，北京：人民出版社 1998 年版，第 316—317 页。

⑤ 《马克思恩格斯全集》第 2 卷，北京：人民出版社 1957 年版，第 240 页。

3. 理论还原

还原就是以更基本的相似的理论或现象来说明一个研究领域中一个类似或从属理论或现象。还原的过程就是理论对同类事物的应用范围不断扩大或者将表面看起来不相似的现象纳入一个同质结构的理论化过程。理论还原是构建综合性理论的一个重要手段，以便让不同的理论被组织在统一框架之下。内格尔认为，不同学科或现象之间的理论还原需要满足形式条件和非形式条件。还原的形式条件包括：（1）具有明确的、意义确定的公理、专门假说和实验定律；（2）每门科学都包含着从更基本的表达式中构造出来的隐含或明确的语言结构；（3）可还原的科学之间存在大量共同的、按同样的意义相联系的表达式。当然，要实现理论还原，一般要加入理论术语之间的"可连接性条件"和"可推导性条件"，以便满足从属学科的特殊要求。还原的非形式条件包括：（1）基本科学的理论假定得到足够的经验证据的支持；（2）还原需要跨学科的系统研究和基础学科的相当成熟。①

黑格尔试图用逻辑语言来重新编排所有学科的知识的努力是一种形式化的理论还原。马克思的劳动异化论则是一种实质性的理论还原。马克思在文学和哲学著作中，了解到众多异化现象的描述或理论，如莎士比亚的权力异化观、宗教异化观、财富异化观，洛克的语言异化观，卢梭的人性异化论，休谟和费尔巴哈的宗教异化观，海涅的文化异化观，赫斯的货币异化论。谢林也有异化的观念，如宗教是对哲学的异化、人和自然界都是上帝的现实异化。这些不同形式的异化现象的共同特征就是主体性的丧失。马克思在《黑格尔法哲学批判》中认识到了私有财产的异化、市民社会的异化和官僚机构的异化，在《1844年经济学哲学手稿》中将各种形式的异化归结为劳动异化的不同表达形式，并在《德意志意识形态》中以唯物史观的形式阐述了各种异化形式之间的内在联系。由于政治经济学发展了比较成熟的劳动价值论，马克思于是将劳动异化论与劳动价值论相结合，通过将资本理解为积累的劳动，最终将劳动异化论融入了定量化表达的资本积累理论和剩余价值理论，实现了政治经济学的根本性变革。

---

① ［美］欧内斯特·内格尔：《科学的结构：科学说明的逻辑问题》，徐向东译，上海：上海译文出版社2002年版，第413—432页。

4. 类比

类比是通过比较不同的对象或不同领域之间的某些相似性，从而推导出另一种相似性的推理形式。类比不仅可以充当发现的启发式工具和论证的解释工具，而且帮助构想特定关系的模式，证明一个无法检验的结论的有效性，创造性地转移概念、模型或者表达工具，澄清一个给定命题的意义，阐明某些概念的含义。内格尔将类比分为实质类比和形式类比两类。① 实质类比就是在事物具有相似结构、性质或功能之间的类比。比如，马克思将社会的劳动分工与人体器官的功能分工相类比，在政治权力与经济权力的类比基础上重构了政治与经济的关系。形式类比就是利用熟悉的抽象关系结构作为建构新理论的模型。从现实问题如何提升出理论问题，需要经过理论术语的转换并符合理论框架的结构。形式类比就提供了这样一种转换机制。马克思的历史辩证法就是在与黑格尔的概念辩证法类比的基础上进行了根本性的改造，增加了历史的特殊逻辑，从而实现了表达形式与历史内容的辩证统一。使用类比发展新的理论恰好证明，理论的发展是一个理论的连续延伸性与创造的间断性之间的高度统一。"理论之构造往往是通过与某些熟悉的材料相类比来进行的，这样绝大多数理论词项便与从类比的产生中引出的概念和意象相联系。"② 因此，马克思熟练地掌握政治哲学的权力分析和黑格尔的辩证法的本质特点及其内在缺陷，就为成功地进行类比借鉴提供了坚实的基础。③

马克思也在批判的过程中大量使用类比思维。马克思将对黑格尔的思辨哲学的批判延伸到对政治经济学的批判，因为功利主义者将一切人类关系归结为"唯一的功利关系"的做法非常类似于黑格尔将一切关系归结为绝对精神的关系。马克思说："不难一眼看出，'利用'范畴是从我和别人发生的现实的交往关系中抽象出来的，而完全不是从反思或仅仅从一种意志中抽象出来的；其次也不难看出，通过纯思辨的方法，这

---

① ［美］欧内斯特·内格尔：《科学的结构：科学说明的逻辑问题》，徐向东译，上海：上海译文出版社2002年版，第130页。
② ［美］欧内斯特·内格尔：《科学的结构：科学说明的逻辑问题》，徐向东译，上海：上海译文出版社2002年版，第100—101页。
③ 孔德和斯宾塞依靠进化论模型建立整个社会科学的努力和黑格尔依靠概念辩证法建构整个科学的努力，就是因为没有区分本质的特点与非本质特点的差别而失败了。

些关系反过来被用来冒充这个从那些关系本身中抽象出来的范畴的现实性。黑格尔就完全是用同样的方法和同样的根据把一切关系都描述成客观精神的关系。"① 在《哲学的贫困》第二章"政治经济学的形而上学"中，马克思将对蒲鲁东的政治经济学批判纳入黑格尔哲学的批判框架，批判其概念体系的虚假性和缺乏现实性。马克思说："经济学家在论断中采用的方式是非常奇怪的。他们认为只有两种制度：一种是人为的，一种是天然的。封建制度是人为的，资产阶级制度是天然的。在这方面，经济学家很象那些把宗教也分为两类的神学家。一切异教都是人们臆造的，而他们自己的教则是神的启示。"② 当然，马克思注重类比的界限，即不同事物之间的相似性和差异性之间的界限，因为"极为相似的事变发生在不同的历史环境中就引起了完全不同的结果"。③

## 第二节 青年马克思的思想变革

由于植根于古希腊罗马的理想主义，马克思的思想与近代自由主义思想之间形成了巨大的张力。这种张力是马克思既要克服又要超越的力量源泉，也形成了马克思的思想与之持续不断斗争的根源。德国古典哲学的贡献之一，就是打通了人的自由与人的能动性的内在关联。这是德国古典哲学超越于英法哲学的关键所在。由于将人的自由内置于人的能动性之中，马克思的唯物史观也不同于完全抹杀人的能动性和创造性的机械唯物主义。自由的本质在于人的能动性和创造力，但自由的实现需要借助于人的物质劳动和物质生产力。社会的自由只有植根于物质生产力的创造才能得以根本实现。基于这样的逻辑，马克思就实现了哲学的根本转变，在实践的基础上系统性地提出了唯物史观和历史辩证法。

### 一、哲学的功能

马克思对哲学变革始于哲学功能的变革。《关于费尔巴哈的提纲》第十一条说："哲学家只是用不同的方式解释世界，问题在于改变世

---

① 《马克思恩格斯全集》第3卷，北京：人民出版社1960年版，第480页。
② 《马克思恩格斯全集》第4卷，北京：人民出版社1958年版，第153—154页。
③ 《马克思恩格斯全集》第25卷，北京：人民出版社2001年版，第145页。

界。"① 这种将哲学的重心定位于实践功能的见解，与该提纲的第八条所说的"全部社会生活在本质上是实践的"和第二条所说的"人应该在实践中证明自己思维的真理性，即自己思维的现实性和力量，亦即自己思维的此岸性"是高度一致的。② 从历史角度看，哲学的功能经历了一个从价值提倡、辩护、批判、理解、建构和解释向实践转变的历史演化的过程。③ 在继承哲学的批判、理解和构建功能的基础上，马克思则强调哲学的解释和改造社会的实践功能。随着哲学功能的演变，在马克思的视野中，注重体系化建构的德国古典哲学就终结了。

(一) 提倡某种价值观或社会目标

哲学的一个主要功能就是根据时代的变化提倡某种独特的价值观。古希腊哲学家们在"人是万物的尺度""人是万物之灵"的口号下，高扬人性的尊严。近代哲学家们倡导人的思维、精神、伦理道德或者劳动的独特性。启蒙时代的思想家倡导建立一个自由、平等和博爱的新社会。康德、费希特和黑格尔都提倡建立一个精神自由的社会。空想社会主义者倡导建立一个以合作为基础的平等社会，共产主义者倡导建立一个能够发挥主体能动性的自由人联合体的新社会。柏拉图、亚里士多德、笛卡尔、斯宾诺莎、康德等哲学家将对真理和知识的追求放在世俗功利追求之上。黑格尔说："追求真理的勇气和对于精神力量的信仰是研究哲学的第一个条件。人既然是精神，则他必须而且应该自视为配得上最高尚的东西，切不可低估或小视他本身精神的伟大和力量。"④

(二) 意识形态辩护

哲学的另一功能就是为特定个人、民族、种族、国家、集团和阶级的利益、制度、政策和行为进行意识形态辩护。黑格尔强调哲学的意识形态功能，即"哲学具有公众的即与公众有关的存在，它主要是或纯粹

---

① 《马克思恩格斯全集》第 3 卷，北京：人民出版社 1960 年版，第 8 页。
② 《马克思恩格斯全集》第 3 卷，北京：人民出版社 1960 年版，第 7—8 页。
③ 阿兰·巴迪欧认为，哲学具有对现实不满的叛逆欲望，相信论证和推理力量的逻辑欲望，探讨普遍性的欲望，以及支持独立观点的冒险欲望。这四种欲望面临商品的统治、交往的统治、技术专业化的需要以及现实精细安排的安全的必要性的限制。
④ [德] 黑格尔：《哲学史讲演录》第一卷，贺麟、王太庆译，北京：商务印书馆 2009 年版，第 3 页。

是为国家服务的"，① 或者"哲学在自己的行动范围内……应该能够成为政府各种良好意图的直接补充"。② 启蒙时代的哲学家利用文明与野蛮的区分为文明国家对野蛮国家的征服与掠夺进行辩护，利用君权神授论、父权论和社会契约论为专制政体或民主政体进行辩护。柏拉图利用社会分工理论和亚里士多德利用身心二元论来为社会等级制辩护，费希特利用语言的原生性与次生性的区分来为日耳曼民族的优越性进行辩护，黑格尔利用理性国家理论和辩证法来为霸权国家和专制政体进行辩护。休谟利用社会功用来为个人的欲望追求进行辩护，古典政治经济学则利用社会和谐论来为资本主义的永恒性进行辩护。马克思的意识形态理论对意识形态产生的社会根源和表现形式进行了分析和批判。

（三）批判功能

批判就是在彻底的区分、检验和驳斥中决定方向和价值的根据。依据根据的不同，哲学批判分为现实批判、理论批判和意识形态批判。哲学史充满了对形而上学和宗教的理论批判，即"对该原则的发展以及对其缺陷的补足"。③ 亚里士多德、培根、休谟和德国古典哲学家都展示了强有力的理论批判倾向，但往往不注重对现实展开社会批判。空想社会主义者、政治浪漫主义者和青年黑格尔派都强调哲学的社会批判功能。鲍威尔在《末日的宣告》中说："哲学是对现存事物的批判。"④ 批判的方法就是理想与现实对照的理性批判方法。费希特说："尽管理想在现实世界里不能加以具体描述，但现实仍然必须按照理想加以评判，并且必须由那些感到自己有力量这么做的人加以改变。"⑤

马克思则将现实批判、理论批判和意识形态批判结合在一起，对宗教、政治、黑格尔哲学、青年黑格尔派、政治经济学、空想社会主义、功利主义展开了综合性的批判。马克思在《黑格尔法哲学批判》中阐述

---

① ［德］黑格尔：《法哲学原理》，范扬、张启泰译，北京：商务印书馆2009年版，"序言"第9页。
② ［法］雅克·董特：《黑格尔传》，李成季、邓刚译，上海：上海人民出版社2015年版，第312页。
③ ［德］黑格尔：《精神现象学》上卷，贺麟、王玖兴译，上海：上海人民出版社2013年版，第65页。
④ ［波］兹维·罗森：《布鲁诺·鲍威尔和卡尔·马克思：鲍威尔对马克思思想的影响》，王谨等译，北京：中国人民大学出版社1984年版，第149页。
⑤ ［德］费希特：《费希特文集》第2卷，梁志学编译，北京：商务印书馆2014年版，第249页。

了社会批判的辩证法:"对现代国家制度的真正哲学的批判,不仅揭露这种制度中存在着的矛盾,而且解释这些矛盾,了解这些矛盾的形成过程和这些矛盾的必然性。这种批判从这些矛盾的本来意义上来把握矛盾。但是,这种理解不在于到处去重新辨认逻辑概念的规定,像黑格尔所想像的那样,而在于把握特有对象的特有逻辑。"① 这种哲学批判就是一种历史的理解和解释,一种透过层层的现象和假象看本质的遮蔽法、抽象法和历史辩证法。②

（四）理解功能

如果说价值倡导、意识形态辩护和批判是传统哲学的辅助功能,那么,理解则是传统哲学的主要功能。叔本华说:"真正的思想家致力于获得深刻的见解,并且只以获得这些见解为目的,因为他们热切渴望的是以某种方式理解其所在的世界。"③ 在费希特看来,"理解就是确定、规定、界定"。④ 对事物及其关系的确定就是对事物的认识。斯宾诺莎认为,哲学的主要功能就是理解人的本性和自然各部分之间的相互联系,而理解一个事物就是把握该事物得以产生的原因。在约翰·洛克看来,理解就是人们对心中的观念、符号的意义、观念的联合和矛盾、事物之间的关系的知觉。按照黑格尔的见解,对事物的理解分为三个层次:一是对事物的特性及其与其他事物的区别进行抽象的知性规定;二是将不同事物的规定性联系起来,在事物的辩证运动中发现其"内在联系和必然性";三是认识到对立事物中存在的统一性。⑤ 由于对事物的理解涉及直观、推理、经验、实验、想象等手段的多样性,也存在有限理性与无限理性、个体视野与整体视野、物质与精神主导性的差别,认识领域也就充斥着理性主义与非理性主义、经验论与唯理论、可知论与不可知论、机械论与辩证法、唯物主义与唯心主义、绝对真理与相对真理之间的持续争论,对同一事物的理解就存在多样性和历史变迁性。哲学史就成为了一个理解手段、理解方式、理解限度、理解的主体与客体之间关系的

---

① 《马克思恩格斯全集》第 3 卷,北京:人民出版社 2002 年版,第 114 页。
② 张一兵:《回到马克思》,南京:江苏人民出版社 2014 年,第 559 页。
③ [德] 叔本华:《叔本华哲学随笔》,韦启昌译,上海:上海人民出版社 2018 年版,第 176 页。
④ [德] 费希特:《费希特文集》第 2 卷,梁志学编译,北京:商务印书馆 2014 年版,第 334 页。
⑤ [德] 黑格尔:《小逻辑》,贺麟译,北京:商务印书馆 1994 年版,第 172 页。

争论和批判史。

对文本的理解就是诠释。一个文本需要有完整的内在结构来反映其创作意图或理论,但文本的内在结构需要结合文本的内容、文本的创作过程和确定性程度、手稿、日记、外在历史所诱发的问题及可能的解答,以及与其他著作之间的联系来界定。作者不仅给文本的诠释施加了时空限制,确定了文本及隐含信息的边界,而且允许读者将某些文本以作者的名字进行归类和界定,并与其他名字的文本进行比较和区别。这样,不同作者之间的文本就出现了某种可分辨的断裂和分类。这样的分类受到不同作者的经验、人格、才能、思想、学识、社会环境等方面的影响。如果说文本的选择"体现出富有我们自身特点的欲望和适应的模式",那么,文本的诠释就是一种个性的体现。在阅读的过程中,读者在文本的影响下不仅产生满足、愤怒、恐惧、批评、赞扬等方面的情感,而且还会将自身的经验、心智模式、关心的特殊主题与阅读相联系,在笔记和批注中筛选和强化阅读的信息和价值。① 理解的实质在于,读者以文本为中介理解作者,并且通过理解作者来理解自己及其所关注的主题。因此,理解是在共同的人性和语言基础之上,借助猜测、比较和特定诠释方法而得以实现。霍布斯、斯宾诺莎、维柯、施莱尔马赫、萨维尼等人都对早期的诠释学做出了杰出的贡献。作为现代诠释学之父,施莱尔马赫强调,所有文本都必须置于历史语境中才得以理解。作者的生命体验通过语言部分地表达出来,读者以语言为媒介把握作者的经验。为了达到与作者相似的理解,读者需要采用心理学的移情方法,设身处地地考虑到文本的整个历史背景、作者的生平传记和独特的思维方式,在对作者的整个人生进行"心理重建"中达到对文本的理解。美学家姚斯说:"在阅读过程中,永远不停地发生着从简单接受到批评性的理解,从被动接受到主动接受,从认识的审美标准到超越以往的新的生产的转换。"② 由于对历史的理解只有借助对文献资料、考古资料、化石或者地质资料的考证和理解才能实现,因此,德国哲学家伽达默尔认为,施莱

---

① 洪涛:《红楼梦与诠释方法论》,北京:北京图书馆出版社2008年版,第209页。
② [德]姚斯、[美]霍拉勃:《接受美学与接受理论》,周宁等译,沈阳:辽宁人民出版社1987年版,第24页。

尔马赫的诠释学就成了历史学的基础，从而为历史科学提供了方法论指南。① 马克思在阅读和研究中既注重对现实矛盾的理解和把握，也注重对文本的理解和诠释，从而在批判中展示了自己独特的力量。

（五）体系建构功能

德国古典哲学的一个显著特征就是强调哲学的体系建构功能，认为知识的真理性在于体系而不是命题。康德认为，体系的建构是将日常知识提高到科学水平的关键，因为科学理论需要把经验定律构造成为一个相互依赖且具有等级关系的体系。费希特明确将哲学的建构功能确定为理性的自我规定能力。在费希特看来，哲学需要"把经验的现有多样性归结为一个共同的原理的统一性，然后用这种统一性详尽地说明和推导那种多样性"。但是，哲学家先验地构建的"共同的原理"或概念框架并不需要依赖于经验的研究，只是作为理解经验现象必然性的理论基础。② 在谢林看来，体系的建构首先必须找到融贯于体系之中的本原或者基础性原理；其次，体系的包容力必须足够强，容纳下任何与之相关的东西；第三，必须找到一种发展或前进的方法，以便推动体系包容更多地内容。③ 黑格尔则进一步将哲学的体系建构功能推向顶峰，明确建构了概念辩证法作为将不同学科的知识整合成为一个真理的科学体系的"唯一方法"。在马克思看来，随着各门科学的独立和多样化发展，体系化的哲学就终结了。

（六）解释功能

亚里士多德认为，哲学是解释事物存在的本质及其原因的智慧。解释就是对事物或者现象作出某种客观的或合理性的说明，以便将说明与结果以某种可理解的或逻辑的形式连接起来的程序。说明可以分为原因性的说明、相关性的说明或者类比性的说明。原因性的说明既需要确定原因，将真实的原因与虚假的原因区别开来，又要采取合理的语言表达形式或论证方式。亚里士多德提出质料因、形式因、动力因和目的因的四因说，作为区分解释的好坏和判断解释的客观性的标准。亚里士多德

---

① ［德］汉斯—格奥尔格·伽达默尔：《真理与方法：哲学诠释学的基本特征》，洪汉鼎译，北京：商务印书馆2007年版，第257页。
② ［德］费希特：《费希特文集》第4卷，梁志学编译，北京：商务印书馆2014年版，第446—447页。
③ 先刚：《永恒与时间—谢林哲学研究》，北京：商务印书馆2008年版，第52页。

认为，对一个事物的充分解释需要正确地列举所有这四种原因，但在确定原因与结果的先后时，要考虑原因的潜在性或现实性。休谟则认为，因果律只是一个在习惯上形成的、包含盖然性的经验定律。因而，叔本华在《论充足理由律的四重根》中提出，因果律、逻辑推理、数学证明和行为动机都构成解释的充足理由律。

在哲学史上，重视经验或事实的哲学家往往强调哲学的解释功能，并提出一些理论来解释现象或事物的运动变化。亚里士多德的灵魂说、伊壁鸠鲁的原子论、歌德的颜色理论、康德的星云假说就是如此。柏拉图、近代唯理论者、德国古典哲学家等理性主义哲学家则过度重视哲学的理解或建构功能，在思维与存在同一的假设下忽视对经验事实的解释。谢林说："在笛卡尔以来的各种哲学体系里面，老派的形而上学之所以没有实现自己的目的，就是因为它太不重视经验，太迷恋于单纯的普遍概念，与此同时，另外一些体系（尤其是斯宾诺莎的体系）最终说来仅仅是立足于一个事实，一个它们错误地以为是真正事实或最高事实的东西。……哲学必须解释事实（Tatsache）。"① 黑格尔尤其拒斥哲学的解释功能。在黑格尔看来，解释就是"把构成必然性的整个过程的诸多环节加以列举"并用文字表达出来的过程。② 在解释中，文字表达的必然性并不一定就是事物自身的必然性，从而造成解释是一种自我满足的内在缺陷。"在解释之中，也可以说，意识是在和它自己作直接的自我交谈，它只是欣赏它自己。诚然在解释中，意识仿佛是在认识某种别的东西，然而事实上它只是在认识它自己。"③ 马克思高度重视哲学的解释功能，提出了唯物史观、劳动异化论和剩余价值理论，作为解释人类社会特别是资本主义社会的运动规律。

（七）实践功能

古希腊哲学在苏格拉底之后的一个重要转向就是脱离公共政治活动，集中于理论沉思。柏拉图的学院派、亚里士多德的逍遥派、伊壁鸠鲁派、斯多葛派和怀疑派就是这种"理性与实践分离，与雄辩分离，与宗教分

---

① ［德］谢林：《近代哲学史》，先刚译，北京：北京大学出版社2016年版，第277页。
② ［德］黑格尔：《精神现象学》上卷，贺麟、王玖兴译，上海：上海人民出版社2013年版，第159页。
③ ［德］黑格尔：《精神现象学》上卷，贺麟、王玖兴译，上海人民出版社2013年版，第168页。

离"的典型，无形中助长了基督教的兴起和政教的分离。① 近代唯理论派和德国古典哲学家继续专注于理性沉思活动，英国的经验主义哲学家和法国的启蒙哲学家则在理论沉思时间断性地进行咨询性或批判性的政治实践活动。"实践、并且因此实践的智慧或审慎，首先是由于它们所关注的是特殊和可变之物，而理论所关注的是普遍和不变之物，它们就因而与理论大相迥异。"② 费希特认为学者的使命就是为社会服务，即"高度重视人类一般的实际发展进程，经常促进这种发展进程"。但是，费希特强调的学者使命还局限于通过科学研究、教育和道德影响实现社会的改造。"学者只能用道德手段影响社会。学者绝不会打算用强制手段、用体力去迫使人们接受他的信念。"③ 青年黑格尔派则将宗教批判当作政治活动的一种手段。

要知道，实践是将主体的需要与客体的感性连接在一起的历史的、具体的社会性活动。"实践的概念包含着诸多差别、层次、分裂和矛盾。"④ 根据对象的不同，实践包括生产实践、技术实践、政治实践、革命实践、理论实践等；根据主体的创造性不同，实践分为重复性实践、模仿性实践和创造性实践三种形式。⑤ 在马克思看来，社会的本质是实践和行为的互动过程，认识的真理性在于实践活动。人与世界的关系是通过实践活动而不是通过认识活动联系起来的。马克思将物质生产劳动当作一种主要的社会实践活动，将哲学的实践功能理解为革命斗争、对现存世界的批判和改造。脱离社会实践的认识只是一种抽象的、思辨的认识，单纯意识领域的批判和斗争都是虚幻的，只有触及物质生产领域的认识和改造才具有革命性的变革。这种新的理论与实践的关系，既反对脱离理论的经验主义和实证主义的哲学态度，又反对脱离感性实践活动的抽象思想的哲学态度。在分析实践活动的社会结构及其运动的基础

---

① [美] 马克·里拉：《维柯：反现代的创生》，张小勇译，北京：新星出版社 2008 年版，第 128 页。
② [美] 列奥·施特劳斯：《自然权利与历史》，彭刚译，北京：三联书店 2003 年版，第 311 页。
③ [德] 费希特：《费希特文集》第 2 卷，梁志学编译，北京：商务印书馆 2014 年版，第 44 页。
④ [法] 亨利·列斐伏尔：《马克思的社会学》，谢永康、毛林林译，北京：北京师范大学出版社 2018 年版，第 24 页。
⑤ [法] 亨利·列斐伏尔：《马克思的社会学》，谢永康、毛林林译，北京：北京师范大学出版社 2018 年版，第 37 页。

上，马克思在理论上理清了社会实践的效果即社会生产力与劳动分工、生产关系及其社会化意识之间的关系，形成了唯物史观，在实践上则重视革命实践活动。

## 二、辩证法：马克思与黑格尔的比较

辩证法是事物的结构及其运动的非定量化的逻辑表达形式，分为形式辩证法和内容辩证法。黑格尔的概念辩证法是一种形式辩证法，具有统一的表达形式；马克思的历史辩证法属于内容辩证法，因历史内容不同而呈现不同的表达形式。形式辩证法对应于结构的同质性，内容辩证法对应于结构的异质性。黑格尔的辩证法是一种文本叙述方法，马克思的辩证法是一种历史分析方法。黑格尔的对立统一是一种简单形式的、抽象的否定之否定、带有虚假语词的意识统一，马克思的对立统一律表现形式是具体的、历史的、多样性的，是力量之间的对立和斗争的统一。

### （一）黑格尔概念辩证法的起源及其争论

黑格尔的概念辩证法是对康德的先验逻辑的批判性改造。康德在区分物自体和表象的基础上，进一步将逻辑区分为与特定对象相关的特殊逻辑和与对象无关的普通逻辑。普通逻辑包含着正确使用理解和理性的原则，无差别地适用于所有的思维，但不指涉概念的内容或对象。特殊逻辑则是正确地思考特定对象或科学规则的逻辑，要求拥有对象的先验知识或范畴，因此又称为先验逻辑。这样，普通逻辑就是与内容无关的形式逻辑，如排中律、同一律等；先验逻辑则是与纯直观内容相关的、体现在范畴表中的完善的逻辑，用于对事物的经验内容进行评估，如因果律。黑格尔否认形式逻辑与哲学的相关性，不承认与对象无关的普通逻辑的存在，而认为逻辑形式与内容是不可分离的。所有逻辑都是先验逻辑或辩证法。[①] 这种先验逻辑不是像康德那样是直观内容的抽象，而是参与所有的内容的辩证法。因此，黑格尔重新将逻辑定义为纯理念的科学，从而将逻辑与形而上学的内容合二为一。这样，针对康德基于主客体的分离产生的逻辑的形式主义观点，黑格尔则基于主客体的同一提出了逻辑实体主义的观点。该观点由所有思维都是客观的、逻辑并非形

---

① Stephan Käufer, "Hegel to Frege: Concepts and Conceptual Content in Nineteenth-century Logic", *History of Philosophy Quarterly*, Vol. 22, No. 3, July 2005, pp. 259–280.

式和逻辑是形而上学三个论点组成，从而将单纯的想象和语言游戏排除在逻辑多样性之外。在黑格尔看来，思维的内容与概念结构是密不可分的，思维的真理性在于其内部的一致性或概念之间的逻辑关系，而不在于其直观地反映客体。

黑格尔接受了传统逻辑关于概念、判断和推理的划分，但将判断和推理当作概念之间的逻辑关系进行处理。为了解决概念、判断和推理之间缺乏内在必然联系和系统性的问题，黑格尔引入了具有总体性质的"理念"概念，用以表明所有知识以概念的形式逻辑一致地构成一个完善的总体。任何一个概念的价值不在于其是否反映了事物的属性，而在于与其他概念构成的关系总体之中。因此，概念不是由属性组成，而是由逻辑关系的总体组成。有的逻辑关系是量的关系，有的则是质的关系。概念的规定性就是相互之间处于质与量的各种关系之中，判断和推理就以不同的形式阐述概念的规定性及其相互之间的关系。任何试图将概念的规定性简化为数量或空间关系的企图，都将会忽视其他的逻辑关系。因此，黑格尔批判形式逻辑过度地对属性进行了量化解释和注重语词之间的外在关系，完全忽略了概念、判断和推理的内在本质，从而未能提出有助于概念关系演算或概念运动的辩证法。

黑格尔的概念辩证法在德国逻辑学界引起了巨大的争论和斗争。康德派继续坚持和完善形式逻辑。黑格尔的弟子们，如费舍尔（Kuno Fischer）、米希勒（Karl Ludwig Michelet）、加布勒，努力维护黑格尔关于逻辑结构与本体论结构同一的形而上学逻辑。伊曼纽尔·费希特、魏斯、谢林、巴赫曼、费尔巴哈等人都对黑格尔的逻辑学进行了批判。特兰德伦堡、鲁道夫·洛采（Rudolf Hermann Lotze，1817—1881）等人组成的批判学派，既反对康德主义者将逻辑与形而上学分离的做法，也反对黑格尔将两者完全等同的做法。他们在亚里士多德、柏拉图、施莱尔马赫的基础之上，提出思维形式与对象的特征之间存在基础性的有限关系。

亚里士多德主义者特兰德伦堡（Adolf Trendelenburg，1802—1872）在《逻辑研究》（1840）中反对黑格尔关于思维与存在的同一、逻辑与形而上学的同一、绝对以纯思维的形式辩证发展的理念，对黑格尔的概念辩证法进行了系统性的批判。在特兰德伦堡看来，辩证法居于黑格尔哲学体系的中心地位，并贯穿于黑格尔的所有著作和所有论题的表述之中。① 特兰德伦堡说:"我们研究了人类的思维,询问是否存在如黑格尔所断言和使用的在人类掌控能力范围之内的任何创造性的辩证法。我们的回答是否定的,不仅因为辩证法所依赖的概念不成立,而且因为辩证法使用的手段仅仅是错觉。"② 与黑格尔声称辩证法是一种独立于直观内容的思维逻辑相反,概念从肯定到否定的每一个辩证运动都依靠直观,而不是单纯的思维本身。例如,黑格尔的《逻辑学》开始于"存在"概念,但是,"存在"的纯逻辑否定不是包含某些内容的"无",而是根本不含内容的"不存在"。③ 因此,黑格尔的辩证法就将纯粹的否定与真实的对立混为一谈,从而误以为纯粹的思维就能产生概念的无限辩证运动。而且,在《黑格尔体系中的逻辑问题》(1842)一文中,特兰德伦堡进一步指出,黑格尔的纯推理的辩证法不是一种科学程序,因为黑格尔的辩证法在科学领域没有产生出任何积极的成果。在概念缺乏内涵时进行的纯逻辑推理,必然伴随着逻辑式的语言游戏和各种错误。这场关于辩证法的争论为马克思在《神圣家族》和《德意志意识形态》中系统地批判黑格尔的概念辩证法提供了必要的准备。

(二) 黑格尔的概念辩证法的本质和缺陷

黑格尔在近代哲学中的伟大贡献是独创了否定性的概念辩证法并构建了一个包罗万象的哲学体系。"他不仅是这种思维形式的伟大理论家,而且是出现在历史上最伟大的、真正的辩证法的思想者。"④ 在黑格尔看来,任何有限事物通过辩证运动,都能与整体联系起来,达到真理的认识。辩证法的每个在后的阶段都包含着在前的所有阶段,每一个前面的阶段在全体中都有适当的位置。真理就是在《逻辑学》中所揭示的一个不断生成的概念体系。任何一个概念的意义和功能都是由在真理总体中的位置所决定的,并通过与其他概念的联系得到理解。"仅当每一个概念被从内部理解——也就是说,根据它的否定——我们才能抓住他们之间

---

① [德] 克劳斯·杜辛:《黑格尔与哲学史: 古代、近代的本体论与辩证法》,王树人译,北京: 社会科学文献出版社1992年版,第89页。

② Adolf Trendelenburg, "The Logical Question in Hegel's system", *Journal of Speculative Philosophy*, Vol. 6, No. 2, April 1872, p. 174.

③ Adolf Trendelenburg, "The Logical Question in Hegel's system", *Journal of Speculative Philosophy*, Vol. 5, No. 4, October 1871, pp. 349–359.

④ [意] 克罗齐:《黑格尔哲学中的活东西和死东西》,王衍孔译,北京: 商务印书馆1959年版,第30页。

的理性或必然性。因此，每一个概念成为一个更大整体的'环节'，由此，整体仅能根据它的部分来理解，部分根据整体来理解。"① 因此，真理就是全体。

1. 黑格尔辩证法的本质

究其实质而言，黑格尔的概念辩证法是一种赋予矛盾材料以逻辑形式的表述方法。黑格尔谈到辩证法的本质："归根到底，它不过是一种原本人人都有的矛盾意识，辩证法只是使其规律化并变为方法论罢了；它的巨大作用在于分辨真伪。"② 在《逻辑学》的"第一版序言"中，黑格尔说："本书的陈述……要揭示出如何根据一个新的方法去给予哲学以一种新的处理，这方法，我希望，将会公认为唯一的真正与内容相一致的方法。"③ 与简单的排比材料或者按照一定固定的格式"外在地武断地将所有的材料平行排列"不同，黑格尔提倡的表述方法则是将材料按照概念的逻辑演进整合成为一个概念系统的方法。马克思在1842年的《摩泽尔记者的辩护》一文中，就采取了"先撇开事实，把讨论引导到一般的基本思想上来，然后再进一步突出那些引人注目的很少的几件事实"的黑格尔辩证法。④ 马克思正是为了更好地表述《资本论》的各种材料才在1858年重新认真地阅读了黑格尔的《逻辑学》，利用其方法去"规范思想，指导思想去把握实质，并保存于实质中"。⑤ 马克思在《资本论》第一卷序言中明确区分了研究方法与表述方法的不同，并明确承认在劳动价值论部分使用了黑格尔的辩证表述方法。显然，黑格尔的概念辩证法只是一种形式的辩证法，而不是真正内容的辩证法。要获得内容的辩证法，就需要对事物的内容进行研究。不同的事物具有不同的内容，事物本身的运动及变化就会呈现不同于其形式的辩证形态。

---

① 斯密斯：《辩证法的起源：黑格尔对古代怀疑论的挪用》，见 [美] 麦卡锡选编：《马克思与亚里士多德：十九世纪德国社会理论与古典的古代》，郝亿春等译，上海：华东师范大学出版社2015年版，第124页。

② [德] 艾克曼：《歌德谈话录》，杨武能译，成都：四川文艺出版社2007年版，第172页。

③ [德] 黑格尔：《小逻辑》，贺麟译，北京：商务印书馆1994年版，第1页。

④ 史清竹主编：《马克思主义研究资料》第27卷，北京：中央编译出版社2015年版，第335页。

⑤ [德] 黑格尔：《小逻辑》，贺麟译，北京：商务印书馆1994年版，第5页。

2. 黑格尔辩证法的内在缺陷

黑格尔辩证法的内在缺陷一直受到众多的批评。谢林在《近代哲学史》中指出，黑格尔的辩证法的缺陷在于概念缺乏经验内容和随意构造概念之间的联系。费尔巴哈在《黑格尔哲学批判》中指出黑格尔的辩证法否定了多样性事物的并列和并存，将一般性与具体的东西在逻辑上进行割裂。脱离具体性和个别性的一般性不仅仅是一个理论的抽象，而且无法完全展现具体性的丰富内容。特兰德伦堡在《逻辑研究》中指出，黑格尔的概念辩证法隐含了直观和现实经验内容的前提。在《哲学全书》及各种讲演录中，黑格尔则将各种具体实在误认为是抽象的假设，把各种具有自主性的精神形式当作绝对精神的一个环节，从而将自然和精神、思维和存在强行拉入对立面统一的公式中，重新陷入了二元论或唯心论，无法真正认识艺术、历史和自然科学的固有价值和真正本质。①在马克思看来，黑格尔概念辩证法的错误在于将事物的共同属性当作实体的主谓颠倒，利用同义语和同位语伎俩任意地进行语词关联，将区别、差别、对立和消失都混淆在否定的名称之下，忽视了人的创造性和历史的多样性。马克思在《黑格尔法哲学批判》中也批判了黑格尔的极端对立的双方通过中介作用进行统一的观点。黑格尔关于南极与北极、男性与女性的对立只不过是在相同本质上的有差别的规定。"真正的、现实的极端是极和非极、人类和非人类。在前一种场合，差别是存在上的差别，在后一种场合，则是各本质之间的差别，是两种本质之间的差别。"②

克罗齐在特兰德伦堡和马克思批判的基础上，进一步揭示了黑格尔的辩证法混淆了相异与对立的错误。"两个相异的概念甚至在它们的相异中自行联合起来，像我们在上边所曾说过的，至于两个对立的概念便好像互相排斥：这个呈现时，另一个便完全消灭。一个相异的概念，依照观念的序列，在随着而来的概念中，以预先设定的状态存在着，至于一个对立的概念便被别个相反的概念所杀死。……相反能令在哲学底普遍中发生深刻的裂痕和令它的每个特殊形式发生不可调和的二元现象。"③

---

① ［意］克罗齐：《黑格尔哲学中的活东西和死东西》，王衍孔译，北京：商务印书馆1959年版，第68页。
② 《马克思恩格斯全集》第3卷，北京：人民出版社2002年版，第111页。
③ ［意］克罗齐：《黑格尔哲学中的活东西和死东西》，王衍孔译，北京：商务印书馆1959年版，第6页。

这就是说，两个相异的概念都是"具体的"哲学概念，在具体的实存中处于不同的发展阶段，存在不对称的独立与依赖的关系。相反，两个对立的概念则是"抽象的"哲学概念，只是在具体实存这个统一体的抽象假设中才存在完全对称的对立关系。黑格尔说："否定是简单的规定性。否定的否定是矛盾，它否定了否定；因此它是肯定，但也同样是一般的否定。"① 从逻辑上说，黑格尔的否定之否定的辩证法展示的是相反的概念之间的"对立逻辑"或"相反的辩证法"，而不是相异的概念之间的"蕴含的逻辑"或"相异的辩证法"。②

此外，罗素认为，黑格尔在辩证法中混淆了事物的独立性质与关系性质的区别，误以为能从事物的独立性质中逻辑地推导出关系性质及其与整体的关系。③ 事实上，休谟在《人性论》中分析了七种哲学关系，并指出了因果关系的不确定性和大量的关系存在想象性质。马克思的历史辩证法强调概念的关系性质、事物及其关系的历史演变。

（二）马克思的辩证法与黑格尔的辩证法的比较

马克思的历史辩证法是研究社会运动及其变化规律的历史分析方法，而黑格尔的辩证法则是研究精神形态的运动及其变化规律的逻辑表达方法，因而是"倒立着"的辩证法。这两种辩证法的关系在学术界一直存在争论。莱文认为，马克思扬弃了黑格尔辩证法，保留了其中的"主观性、实践性和否定性概念"的积极因素。④ 德拉-沃尔佩和科莱蒂认为黑格尔的辩证法沿着"抽象—具体—抽象"的过程，不同于马克思的"具体—抽象—具体"的科学方法原则。⑤ 阿尔都塞则认为，马克思的辩证

---

① ［德］黑格尔：《哲学史讲演录》第四卷，贺麟、王太庆译，北京：商务印书馆2009年版，第111页。
② 马克思与克罗齐站在黑格尔的两侧。两者都认为黑格尔的辩证法存在死的东西、滥用的情形和活的东西，主张发掘出活的、有生命力的东西。两者都主张构建统一的科学、哲学与历史的统一以及哲学是历史学的方法论，两者都反对形而上学、实证主义和社会科学领域中的进化论。但是，克罗齐在历史基础上构建的是精神哲学和唯心史观，只是对黑格尔辩证法的改进提出了一些建议；马克思则构建的是统一的历史科学和唯物史观，在概念是一种关系的基础上创造性地发展了黑格尔的辩证法，并使之服从于历史的辩证法。
③ ［英］伯特兰·罗素：《西方哲学史》下卷，马元德译，北京：商务印书馆2004年版，第294页。
④ 《马列著作编译资料》第14辑，北京：人民出版社1981年版，第34—35页。
⑤ ［意］德拉-沃尔佩：《卢梭和马克思》，赵培杰译，重庆：重庆出版社1993年版，第135页。

法与黑格尔的辩证法是一种相异的关系，前者是多元结构的辩证法，而后者则是非结构的一元辩证法。① 事实上，马克思的辩证法和黑格尔的辩证法强调一些共同性要素，如总体、矛盾、辩证运动、对立统一、否定之否定、肯定与否定等概念和运动规律。但是，这种表面的相似性掩盖了两者在起源、总体的概念、思想总体与实在总体的同一性、矛盾的结构和动力机制、历史与逻辑的统一等方面存在的巨大差异。

1. 起源不同

黑格尔的概念辩证法主要来自康德的先验逻辑与本体论相结合的改造。马克思的历史辩证法则来自历史和逻辑学的研究与对黑格尔的辩证法的改造的结合。霍普纳早在 1950 年代末的《关于黑格尔向马克思过渡的几个错误观点》论文中就指出："马克思单靠黑格尔的辩证法作点修补是不能解决问题的，他依靠的主要是对历史、社会学和政治经济学等等所进行的十分具体的调查……马克思主义辩证法主要是由马克思开垦的理论处女地上诞生的。"② 马克思的辩证法 "从黑格尔式的问题构成本身走出来，实现了非连续性的变化"。③ 修昔底德的战争辩证法、卢梭的人性演化的辩证法、卢克莱修和卢梭的人类社会演化的辩证法等内容辩证法对马克思的影响是不可忽视的。同时，基于对历史的深入研究，马克思非常理解修昔底德、卢克莱修、维柯、孟德斯鸠、卢梭、赫尔德展示的历史逻辑，区别于康德、费希特和黑格尔展示的精神逻辑。这体现在《黑格尔法哲学批判》和《1844 年经济学哲学手稿》第三手稿对黑格尔辩证法的批判性解读。两人都把辩证法（否定的否定）作为一切运动的推动原则和创造原则，但是，黑格尔把辩证法当作逻辑学的抽象的、辩证的和思辨的三个环节中的一个环节，而马克思将辩证法当做了整体本身。黑格尔的辩证法包含目的论色彩，马克思的辩证法没有目的论色彩。

2. 总体概念的不同

总体或整体就是各构成元素或部分处于各种动态依赖关系之中的组织系统，其中任何元素或部分的缺失都会影响整体的功能或正常运行。

---

① 潘宇鹏、吴婷：《阿尔都塞论马克思与黑格尔辩证法的差异》，载《齐齐哈尔大学学报》（哲学社会科学版），2019 年第 2 期。
② ［法］路易·阿尔都塞：《保卫马克思》，顾良译，北京：商务印书馆 2016 年版，第 58 页。
③ ［日］柄谷行人：《跨越性批判：康德与马克思》，赵京华译，北京：中央编译出版社 2011 年版，第 97 页。

整体论是指，在一个具有层级结构的组织中，较高组织层次的性质不能从较低组织层次的性质得到说明或者预言，因为低层次组织之间的相互作用会突现了某些无法预料的性质。对于具有内在目的性的有机体而言，较低组织层次的性质或部分的过程本身甚至是由整体的内在本性决定并得以说明的。① 同时，由于宇宙和社会的层级结构是在不断地变化的，因而，没有永恒不变的自然和社会规律，自然和社会的规律只能是历史地决定的，即事物或现象之间的依赖模式在不同的时代会呈现出不同。②

尽管在总体的名称下谈论实体、生命有机体、国家、民族、简单总体和复杂总体、无条件的总体和有条件的总体，但是，黑格尔阐述的总体不过是具有同质结构的机械整体。"黑格尔的总体是简单统一体和简单本原的异化发展，这一发展本身又是观念发展的一个阶段。因此，严格说来，黑格尔的总体是简单本原的现象和自我表现。"③ 黑格尔在《精神现象学》《逻辑学》《自然哲学》甚至《哲学史讲演录》中认为，精神或自然界的生命有机体存在一个从简单到复杂的演变过程。复杂的生命有机体是简单生命体的复杂化和发展了的现象。但是，这里的复杂只是简单的层级的累积，其结构与简单总体是一样的，都是简单的对立面的统一。"这个原始统一体在把自己撕裂成为两个对立面的同时实现了自己的异化，使自己成为既是自己又是他物；而两个对立面则在两重性中具有统一性，在外在性中具有内在性。所以，它们各自是对方的对立面和抽象，由于每个对立面是对方的自在形式，它也就不知不觉地成为对方的抽象。这种状况直到对立面恢复了原有的统一性为止。对立面的相互抽象是对原来的统一性的否定，而新的统一体从原有统一体的撕裂和异化中又对这种抽象实现了否定，从而丰富了自己的内容。于是，对立面重归统一，重建起了新的简单统一体。"④ 这意味着，黑格尔的总体是无条件的，似乎任何事物的发展都遵循这个辩证运动的机械过程。

---

① [美] 欧内斯特·内格尔：《科学的结构：科学说明的逻辑问题》，徐向东译，上海：上海译文出版社2002年版，第469页。
② [美] 欧内斯特·内格尔：《科学的结构：科学说明的逻辑问题》，徐向东译，上海：上海译文出版社2002年版，第452页。
③ [法] 路易·阿尔都塞：《保卫马克思》，顾良译，北京：商务印书馆2016年版，第173页。
④ [法] 路易·阿尔都塞：《保卫马克思》，顾良译，北京：商务印书馆2016年版，第167—168页。

马克思的总体是一个矛盾统一体或具有突现性质的社会有机体。马克思的社会有机总体概念"来自于对黑格尔概念的革命性改造，而非仅仅是简单地颠倒过来使用"，因为"它的结构是生态系统的"，由不同的关系所组成。① 与生命有机体是自然建构的不同，社会有机体是人为建构的具有复杂内在结构的有机体。② 社会有机体的边界和范围都取决于理论的认识和实践活动建立起来的联系。这种联系，如阶级或社会关系，既可以向复杂化的方向发展，也可以向简单化的方向发展。马克思认为，在封建社会，财产的占有关系混杂在家庭或主奴关系之中；从封建社会向资本主义社会发展的过程中，社会的阶级关系变得简单化了，形成了资产阶级与无产阶级的对立与斗争。因此，马克思的总体是具体的、有条件的，即总体只是特定历史阶段与环境相互依存的社会总体。"如果说条件无非是复杂整体的现实存在，条件同样也是复杂整体的矛盾本身，而每个矛盾反映着它在复杂整体的主导结构中与其他矛盾的有机关系。"③ 这样，社会总体与其历史条件和环境条件在更大范围内形成了一个新的总体，其内在结构和行为会反映出这些历史条件和环境条件的不同。对原有社会总体的理解就需要考虑这些存在条件，而离开了这些存在条件，总体就会成为一个孤立的脱离时空的理论抽象物。考虑到存在条件的连续性，社会总体就会在空间中存在多样性，在时间中存在动态性。即是说，对一个社会的分析，既要考虑到其历史前提和劳动改造过的自然环境，也要考虑其他社会的发展状态及其与该社会之间的关系，还要考虑不同的历史阶段。

与马克思将存在条件当作总体的不可分割的组成部分不同，黑格尔将地理环境等存在条件当作精神总体的外在偶然性的东西，当作观念运动的偶然表现形式。这意味着，在黑格尔那里，存在条件与总体并不构成一个新的总体，精神总体只是一个高度封闭的、只能外化、结构简单的总体。这种精神总体在外化中沿着线性进化的方向发展。相比之下，马克思的总体是一个相互联系、开放的、结构复杂的总体，并在与历史

---

① [美] 大卫·哈维：《跟大卫·哈维读〈资本论〉》第二卷，谢富胜等译，上海：上海译文出版社2016年版，第18页。
② 黑格尔在国家、民族和世袭君主概念中也强调血缘关系的重要性。
③ [法] 路易·阿尔都塞：《保卫马克思》，顾良译，北京：商务印书馆2016年版，第177页。

条件和其他总体的相互作用中呈现多样化的发展。因而，马克思的总体是一种社会关系，而黑格尔的总体还带有本质的实体性质，尽管会产生一些外化的偶然关系。可以说，黑格尔的总体概念是斯宾诺莎的实体概念与马克思的总体概念之间的一个历史过渡。由于总体是一种社会关系，理论家和政治领袖的作用就在于认识不同类型的社会关系及其相互作用，引导或改变某些社会关系更有效地发挥作用。但是，理论家和政治领袖并不能从根本上改变全部的社会关系，特别是历史条件，因而，历史中起决定作用的还是社会关系的主体即大众本身。在这些社会关系中，有些是一致的、自然的，有些是高度冲突的、扭曲的。恰恰是高度冲突的社会关系，比如阶级斗争、种族冲突或革命，不断推动其他社会关系甚至总体的发展与变化。由于主要的社会关系在不断地发生变化，理论家和政治领袖就可能会发生认识或判断上的失误，从而对社会总体的发展造成伤害或产生阻碍作用。相反，在黑格尔那兼具实体和偶然关系的总体之中，一切似乎都是绝对精神的必然外化形式，英雄或大众都是理性的狡计，人类的历史因而成为一个虚无的历史，只有绝对精神或上帝是永恒不朽的。这样，黑格尔的总体概念就与其唯心史观、宗教史观紧密关联，而马克思的总体概念是与唯物史观和群众史观具有内在的关联。

3. 实在总体与思维总体的关系不同

黑格尔强调思维与存在的同一性、实在总体与思维总体的同一性，并认为自我意识和绝对精神的展开或抽象概念的自生的过程就是具体实在演化的过程。马克思说，当黑格尔"把实在理解为自我综合、自我深化和自我运动的思维的结果"或者把产生科学认识的工作当作"具体本身（实在）的产生过程"时，就混淆了实在总体与思维总体的差别。在《逻辑学》中，黑格尔将认识开始时就具有的"存在"等普遍性概念以及思维总体当作了辩证运动过程的本质和动力。① 马克思在《〈政治经济学批判〉导言》中明确区分实在总体与思维总体的不同，并将思维总体区分为具体总体和抽象总体。马克思说："具体总体作为思维总体、作为思维具体，事实上是思维的、理论的产物；但是，决不是处于直观和表象之外或驾于其上而思维着的、自我产生着的概念的产物，而是把直观

---

① ［法］路易·阿尔都塞：《保卫马克思》，顾良译，北京：商务印书馆2016年版，第141页。

和表象加工成概念这一过程的产物。"① 实在总体是实在的具体总体，思维总体是实在总体的抽象化，但思维总体在对实在总体进行抽象化的过程中会呈现抽象总体和具体总体的不同阶段，体现在研究方法上就是从具体上升到抽象的过程和在叙述方法上从抽象下降到具体的过程。研究分析方法就是从"整体的一个混沌的表象"开始，"并且通过更切近的规定我就会在分析中达到越来越简单的概念；从表象中的具体达到越来越稀薄的抽象，直到我达到一些最简单的规定"。② 而叙述的方法就是从"最简单的规定"开始，逐步达到"一个具有许多规定和关系的丰富的总体"，而不是"整体的一个混沌的表象"。③ 而且，从实在总体向抽象总体和具体总体的演绎过程还会受到特定的理论和研究方法的影响，从而造成实在总体与思维总体之间出现间断、突变或质的飞跃。面对同样的现实，拥有的方法和理论框架不同，建构的思维总体即具体总体和抽象总体也不尽相同。例如，黑格尔对现实的思辨抽象就不同于马克思对现实的唯物史观抽象，形成了两种不同的辩证法和历史观。至于思维总体与实在总体是否具有同一性的问题，马克思则诉诸于人民的社会实践而非理论家的先验逻辑。

4. 矛盾概念的不同

黑格尔的矛盾概念只是纯粹观念抽象的结果，是一种抽象的简单的矛盾意识。矛盾的复杂性只是绝对精神的自我生成和表现的众多环节，在每一个环节中旧的矛盾就被扬弃，从而形成发展的重复性和内在化积累的简单矛盾。在《精神现象学》中，"意识在其演变过程的每个阶段上，都通过它以往本质的各种回音，通过相应的历史形式在现在形式中的潜存在，体验和感受自己的本质"。④ 在《历史哲学》中，黑格尔揭示了自由意识在高度同一的绝对精神的外化中如何从古代东方的一个人的自由发展到近代西方每个人的自由的历史演变过程，并将各种不同的社会制度简单地归结为世界精神而非物质生活的不同表达形式。在绝对精神不断外化的推动下，真实的世界历史就是一个霸权民族连续地占据世

---

① 《马克思恩格斯选集》第2卷，北京：人民出版社1972年版，第104页。
② 《马克思恩格斯全集》第30卷，北京：人民出版社1995年版，第41页。
③ 《马克思恩格斯全集》第30卷，北京：人民出版社1995年版，第41页。
④ [法] 路易·阿尔都塞：《保卫马克思》，顾良译，北京：商务印书馆2016年版，第79页。

界舞台中央，不存在真正的突变、结束和开端的历史。马克思的矛盾则是具体的、历史的矛盾，主要矛盾和各种次要矛盾都有自己独特的作用和运动方式，在构成统一体中依然保持各自独立本质且相互依赖的能力。阿尔都塞在《矛盾与多元决定》一文中说："它们在构成统一体的同时，重新组成和实现自身的根本统一性，并表现出它们的性质：'矛盾'是同整个社会机体的结构不可分割的，是同该结构的存在条件和制约领域不可分割的；'矛盾'在其内部受到各种不同矛盾的影响，它在同一项运动中既规定着社会形态的各方面和各领域，同时又被它们所规定。"①这种矛盾的内在多样性就造成了矛盾运动的不平衡性。《资本论》不仅展示了工人与资本家之间争夺工资与剩余价值的主要矛盾，而且展示了产业资本家、金融资本家和土地资本家之间争夺剩余价值化的利润、利息和地租之间的次要矛盾，有机构成不同的大资本家、中等资本家和小资本家之间争夺社会平均剩余价值之间的次要矛盾，等等。尽管工人阶级与资产阶级之间的主要矛盾是推动资本主义发展的主要动力，但是，资产阶级内部和工人阶级内部的共存的多样性次要矛盾甚至在特定的历史阶段会上升为社会的主要矛盾，从而掩盖了资本家与工人之间的阶级斗争。而且，过去的历史不是作为一种"回忆"或"被扬弃的东西"，而是作为一种历史前提，在不同程度上参与当今社会的矛盾运动。宗教、习俗和某些制度具有相当大的稳固性，可能会在不同的社会和不同的历史阶段发挥强有力的作用。这样，一个社会在历史的参与下就会表现出动态多样性，如进步、倒退、停滞、融合、分裂或灭亡。

5. 推动总体或矛盾统一体的动力机制不同

在黑格尔看来，理性追求自身完满和实现的欲望或精神的内在冲突，是推动事物发展的主导力量。"对于黑格尔来说，整体就是理性整体，一个封闭的观念体系，最终与历史的理性体系相一致，黑格尔的辩证过程因而就是一个普遍的观念过程，在这个过程中，历史被存在的形而上学过程所限定。"② 解决冲突的方式就是将对立双方纳入一个更高的统一体之中，从而排除了和平共处、相互隔离、注意力的转移等多种解决冲突

---

① ［法］路易·阿尔都塞：《保卫马克思》，顾良译，北京：商务印书馆2016年版，第78页。
② ［美］赫伯特·马尔库塞：《理性和革命：黑格尔和社会理论的兴起》，程志民等译，上海：上海人民出版社2007年版，第266页。

的方式。因此，黑格尔的辩证法是理性或精神的自我发展的必然过程，真理或绝对精神是自动地从其先前的状态中产生。对马克思来说，力量的对立与斗争是推动事物发展的主导因素，阶级力量的对立是推动阶级社会发展的否定性力量。在资本主义社会，资本对劳动的剥削体现了强大资本权力对弱小劳动力的剥削，等量资本获得等量利润的法则就是一个推动资本积累的权力斗争法则。马克思的辩证法强调，只有在阶级的经济斗争、政治斗争和革命中才能取消现存状态的整体并产生一个新的社会秩序。

6. 适用范围不同

黑格尔认为，所有的自然和社会的运动，如机械运动、化学运动、磁场运动、生物运动、不同政府形式和苦乐的转变等都蕴含着辩证运动。黑格尔说："辩证法是现实世界中一切运动、一切生命，一切事物的推动原则。同样，辩证法又是知识范围内一切真正科学认识的灵魂。……它是一种普遍存在于其他各级意识和普通经验里的法则。"① 由于将任何有限事物的变化消逝和对立面的转化都当做了辩证法，因此，黑格尔无限夸大了辩证法的范围，忽视了辩证法适用的前提条件和历史条件。作为"一种还原性的、简单化的模式"，黑格尔的概念辩证法总是"在事件之后应用，而不是用作一种预见，因而它的解释效力便是有限的"，并且在不考虑具体的历史条件和冲突力量的前提下很容易走向"任意性"的空洞解释。② 海涅在《论德国的宗教与哲学的历史》中说："这种编织蜘蛛网的柏林辩证法不能把随便哪条狗从炉门里引诱出来，它连猫都杀不死，更不用说会杀死一位神了。"③ 马克思则将辩证运动限制在社会历史领域。"马克思辩证法的本质所要表述的是，随着从阶级社会所代表的史前史向无阶级社会的历史的过渡，历史运动的整个结构将发生变革。"④

7. 所体现的历史观不同

黑格尔的意识辩证法与马克思的历史辩证法的根本区别，对应的是

---

① ［德］黑格尔：《小逻辑》，贺麟译，北京：商务印书馆1994年版，第177—179页。
② ［美］罗伯特·C. 所罗门、凯特林·M. 希金斯主编：《德国唯心主义时代》，储昭华等译，北京：中国人民大学出版社2016年版，第287页。
③ ［德］弗里茨·约·拉达茨：《海因里希·海涅传》，胡其鼎译，北京：东方出版社2001年版，第68页。
④ ［美］赫伯特·马尔库塞：《理性和革命：黑格尔和社会理论的兴起》，程志民等译，上海：上海人民出版社2007年版，第268页。

唯心史观与唯物史观及相应术语体系的区别。① 对于黑格尔而言，历史只是绝对精神演化的历史，各民族的物质生活只是绝对精神外化过程中的一种理性诡计，作为民族精神体现者和"观念的现实"的国家独立于社会。为此，黑格尔在政治哲学中用需求的世界、市民社会、国家、民族精神、理性的诡计等术语来抽象地描述现实社会。相反，马克思在对黑格尔的政治哲学批判的基础上，逐渐转向具体的社会形态研究，并形成了以生产力、生产关系、经济基础、上层建筑、阶级斗争、无产阶级、资产阶级等术语为核心的唯物史观。对于马克思而言，国家是统治阶级剥削和压迫的阶级工具，是伴随着生产力的发展和剩余产品的增加而出现的一种私有制的历史现象。在不同的生产力发展阶段，国家会伴随着社会经济形态和阶级斗争的演化而经历不同的表现形式。最终，国家会在生产力高度发达的社会和阶级斗争之中逐渐消亡，并被另一种新的社会组织形态所取代。

8. 历史与逻辑的关系不同

历史与哲学在传统上是割裂的。亚里士多德的哲学没有历史的位置，最多只有证实哲学真理或道德劝诫的功能。在近代，历史起着收集事实资料，证实某种神意或政策的功能。维柯根据认识的真理性在于创造真实与否的原则，将历史科学提高到自然科学和数学之上。如果说维柯从语言学角度论证了人类社会制度的内在演化原则，那么，康德的先天综合判断则从哲学上间接地论证了人类历史的内在逻辑特性。赫尔德在维柯的基础上构建了人类演化的历史，而康德和费希特则构建了人类精神演变的历史。"由于黑格尔，先天综合在观念或普遍概念中确定，它是普遍与个别的统一，它同历史概念相结合，是黑格尔把历史概念从另一巨大障碍中解放出来，并依靠辩证法为历史概念注入新力量，通过承认否定环节的肯定功能，构建生成或发展的逻辑，从而哲学被强烈地历史化了。"② 但是，黑格尔忽视真实的历史事实，并将历史视为一种概念体系。《自然哲学》展示了自然科学各种概念的演绎，《历史哲学》则展示了世界精神在各主导民族上的循环演绎。黑格尔的辩证法只是历史运动的"抽象的、逻辑的、思辨的表达"，历史与逻辑是分离的，或者历史

---

① [法]路易·阿尔都塞：《保卫马克思》，顾良译，北京：商务印书馆2016年版，第84页。

② [意]克罗齐：《自我评论》，田时纲译，北京：商务印书馆2015年版，第108页。

被扭曲于逻辑之中的。"由于某事件产生的历史意义、历史式的叙述和成为易于理解,跟有关同一事件的产生和事物的概念的那种哲学观点,属于各不相同的领域,所以在这限度内双方可以保持互不关心的立场。"① 这意味着,黑格尔不会去理解各种现象的历史起源和发展,其强调的历史与逻辑的同一只是用历史事实去填充虚假的逻辑体系。世界历史就不是历史学家所关注的原本的历史或反思的历史,而是精神不断地将自身的潜能实现出来的、合乎理性的历史。这种精神不是直接体现在个人之中,而是"以间接的形式"体现在民族国家的进程之中而表现为民族精神。世界历史也因此是由世界各民族国家的民族生活统一起来而构成的世界精神。在《逻辑学》中,黑格尔一方面指出"哲学史总有责任去确切指出哲学内容的历史开展与纯逻辑理念的辩证开展一方面如何一致,另一方面如何有出入",但是,另一方面根据巴门尼德最初思考了一般存在的问题而与黑格尔的逻辑学开端契合,就说"逻辑开始之处即真正的哲学史开始之处"。② 这样,黑格尔的体系不仅为唯心史观铺平了道路,也造成注重考据的历史学家和注重实验的自然科学家普遍反对他抽象的概念体系。

与黑格尔的历史就是精神发展史不同,马克思的社会历史就是劳动和生产的历史。马克思的伟大贡献,就在于将辩证法置于真实的历史基础之上,并像维柯一样从人类自身的活动中寻找历史前进的真实动力,形成历史与哲学的内在统一。这不仅需要对黑格尔的辩证法进行根本性的改造,而且需要对实践、人的社会性和历史的动力机制进行创造性的综合,还需要对概念的一般性与历史性内涵进行区分,即"对适用于一切历史阶段的规定和只适用于特定时期的规定作出区分,并且在理解现实时能够给予后者以适当的重要性"。③ 在《哲学的贫困》中,马克思反对把经济范畴看作永恒不变的观念,将经济范畴理解为历史的、与物质生产发展的一定阶段相适应的生产关系的理论表现。"经济学家把人们的社会生产关系和受这些关系支配的物所获得的规定性看作物的自然属性,

---

① [德] 黑格尔:《法哲学原理》,范扬、张启泰译,北京:商务印书馆2009年版,第7页。
② [德] 黑格尔:《小逻辑》,贺麟译,北京:商务印书馆1994年版,第191页。
③ [意] 马赛罗·默斯托:《马克思的〈大纲〉——〈政治经济学批判大纲〉150年》,闫月梅译,北京:中国人民大学出版社2010年版,第40页。

这种粗俗的唯物主义，是一种同样粗俗的唯心主义，甚至是一种拜物教，它把社会关系作为物的内在规定归之于物，从而使物神秘化。"① 价值、价格、交换、货币、信用、雇佣劳动等经济范畴都是历史发展的产物，只是在资本主义社会得到充分的发展。"人们按照自己的物质生产的发展建立相应的社会关系，正是这些人又按照自己的社会关系创造了相应的原理、观念和范畴。所以，这些观念、范畴也同它们所表现的关系一样，不是永恒的。它们是历史的暂时的产物。"② 由于生产"总是指在一定社会发展阶段上的生产——社会个人的生产"，因此，生产等概念是包含着历史内容的、具有实证功能的"共同标志、共同规定"，是"思维中的特征"同"特殊事物和个别事物的形式并存的、特殊的现实形式"相结合的一种形式。③ 马克思不仅谈论抽象的"自由"，而且谈论具体的自由；不仅谈论抽象的公正，而谈论具体的阶级的正义；不仅谈论一般的国家，而且谈论具体的资本主义的国家；不仅谈论一般的劳动、一般的生产、一般的资本、一般的分工，而且谈论各种历史条件下的具体劳动、具体生产、具体资本和具体的分工。只有将历史的具体规定性融入一般概念和具体概念的层级结构之中，从事物存在的矛盾中才能"把握特殊对象的特殊逻辑"。④ 在《资本论》中，马克思不仅谈论资本的一般运动规律，而且谈论金融资本和土地资本的特殊运动规律。因此，历史与逻辑的统一不仅意味着历史的经验内容要再现在概念及概念之间的关系的特殊逻辑之中，而且逻辑表达的内涵要与历史的经验事实具有高度的一致性。逻辑与历史的统一就表现出抽象和具体的辩证统一。

马克思的辩证法是"人的现实历史"的运动，是历史与逻辑的统一。人类历史的逻辑大致体现在《德意志意识形态》之中，封建社会向资本主义社会转型的逻辑体现在《1857—1858年经济学手稿》中，资本主义的历史逻辑体现在《资本论》中。在《资本论》中，马克思展示的资本主义社会的历史辩证法是，所有资本家无限地追求剩余价值和资本积累的努力，在剥削工人的基础上必然会造成生产过剩的危机和有效需求的不足。随着经济危机的持续爆发和积累，资本主义社会必将灭亡。

---

① 《马克思恩格斯全集》第30卷，北京：人民出版社1995年版，第85页。
② 《马克思恩格斯全集》第4卷，北京：人民出版社1958年版，第144页。
③ 《马克思恩格斯全集》第30卷，北京：人民出版社1995年版，第441页。
④ 《马克思恩格斯全集》第1卷，北京：人民出版社1956年版，第359页。

这种历史的辩证法将个体的利益追求与总体社会的后果结合起来，实现了对资本家活动的否定。至于原始社会、奴隶社会和封建社会的历史辩证法如何，则需要具体的深入研究，尽管这些不同社会的辩证运动受制于生产力和生产关系之间的总体关联。显然，马克思将唯物史观与各具体社会形态的历史辩证法相结合的方法，就不同于黑格尔的抽象同一的概念辩证法公式。所以，马克思在《资本论》第二版跋关于黑格尔辩证法的颠倒论述："辩证法在对现存事物的肯定的理解中同时包含着对现存事物的否定的理解，即对现存事物必然灭亡的理解。"① 但是，对现存事物的理解，并不是抽象的，而是具体的历史的。封建社会产生、发展和灭亡的历史逻辑就不同于资本主义产生、发展和灭亡的历史逻辑。其根源在于社会的经济基础不同。在《哲学的贫困》中，马克思说："这样，为了正确地判断封建的生产，必须把它当做以对抗为基础的生产方式来考察。必须指出，财富怎样在这种对抗中间形成，生产力怎样和阶级对抗同时发展，这些阶级中一个代表着社会上坏的、否定的方面的阶级怎样不断地成长，直到它求得解放的物质条件最后成熟。"② 在封建社会内部，资产者与无产者结成同盟，共同反对封建地主阶级。"随着资产阶级的发展，在它的内部发展着一个新的无产阶级，即现代无产阶级。……资产阶级运动在其中进行的那些生产关系的性质绝不是一致的单纯的，而是双重的；在产生财富的那些关系中也产生贫困；在发展生产力的那些关系中也发展一种产生压迫的力量；只有在不断消灭资产阶级个别成员的财富和形成不断壮大的无产阶级的条件下，这些关系才能产生资产者的财富，即资产阶级的财富；这一切都一天比一天明显了。"③ 因此，各社会形态运动的历史逻辑既遵循唯物史观的基本逻辑，又受到其特殊历史条件的限制。

## 三、唯物史观与人类社会的规律

马克思关于唯物史观的思想，其发展过程明显地是归纳性的。他以犹太人的特殊历史背景和体验为起点，然后通过实践、阅读、观察、交

---

① ［德］卡尔·马克思：《资本论》第一卷（上），中央编译局译，北京：人民出版社1975年版，第24页。
② 《马克思恩格斯全集》第4卷，北京：人民出版社1958年版，第154—155页。
③ 《马克思恩格斯全集》第4卷，北京：人民出版社1958年版，第155—156页。

流、论战和分析来扩展他的观点,最后形成关于社会发展的总体理论。马克思创立唯物史观,犹如亚里士多德创立逻辑学一样。希尔兹说:"这当然不是说亚里士多德'发明'了逻辑学,就像不能说爱因斯坦'发明'了相对论理论一样。在这两个事例中,我们都被建议更好的还是用'发现'。但即便是这样,这个说法还需要加上一些限定。因为并不能说亚里士多德之前的伟大哲学家们就不能逻辑地思考或有时是非逻辑的。但亚里士多德确实第一个挖掘出逻辑推理的基本原理,并对之进行整理,进而表明主要逻辑形式之间的基本联系。"① 这段话同样适用于马克思。在马克思之前,许多伟大的历史学家、艺术家或科学家自觉地或不自觉地以不完整的唯物史观的方式进行思考,如修昔底德、卢克莱修、维柯、孟德斯鸠、杜尔哥、弗格森、温克尔曼、李比希等。但是,马克思确实是第一个挖掘出唯物史观的基本原理,并对之进行整理,进而表明人类历史的主要关系是生产力与生产关系、经济基础与上层建筑之间的关系。马克思认识到,人类社会是独特的。它既不像动物那样完全受制于自然环境的控制,也不像唯心论所宣传的那样人具有神性。人类依靠自己的劳动,从自然界中发展起来,不断地创造自己的历史,形成不同于生物演化规律的社会规律。

(一)人的主体能动性

在中学毕业论文《青年在选择职业时的考虑》中,马克思看到了人与动物的区别在于人"不是作为奴隶般的工具,而是在自己的领域内独立地进行创造",如诗歌、文学、哲学的创造。这种强调主体自由创造的思想,在大学时期阅读浪漫主义作品、康德、费希特和谢林的著作中得到进一步的强化。缺乏创造性,或者创造性被剥夺,人就与动物无异。黑格尔的绝对精神将人的主体创造性转变为一种纯逻辑的结构,从而让人的主体性出现了异化。这种绝对精神的异化首先体现在自然之中,然后体现在社会之中。如马克思在博士论文中所论证的,在异化的自然和异化的社会中,个体的自由自我意识首先在伊壁鸠鲁哲学中发现。原子的自由运动就是这种自我意识的体现。自由是创造力实现的前提,人的创造力在雕像、绘画、改造自然中得以体现。但是,"我们在社会上的关

---

① [美]克里斯托弗·希尔兹:《亚里士多德》,余友辉译,北京:华夏出版社2015年版,第108页。

系"，特别是宗教，以及私有制及其相应的专制制度，继续对个体的自我意识施加异化的影响。在《莱茵报》时期，马克思在现实世界中看到了各阶层的人成为了私人利益的奴隶，为了自己的私利奴役和剥削他人。人与物之间关系的颠倒性，就把人变为宗教、国家、私有财产的奴隶甚至动物，人自身出现了宗教异化、政治异化甚至劳动异化。马克思认识到，宗教异化、政治异化的基础在于劳动异化。这些不同形式的社会异化的一个共同特征都是采取"倒因为果，倒果为因"，将真正的主体变为客体，将构造的客体当作真正主体的根据。这种主谓颠倒法完全剥夺了人的主体创造性。① 因此，批判、理解这种造成劳动异化的社会制度，并与之斗争，恢复人的创造本性，就成为马克思终身追求的目标。《黑格尔法哲学批判》和《1844年经济学哲学手稿》分别对政治异化和劳动异化进行了批判，《论犹太人问题》则阐述了政治解放与人类解放之间的关系。在马克思看来，政治解放并没有解决人的社会异化或者人的本性异化的问题，只有"推翻那些使人成为受屈辱、被奴役、被遗弃和被蔑视的东西的一切关系的"人类解放才能恢复人的创造性，将人从工具手段转变为目的本身。马克思说："只有当现实的个人同时也是抽象的公民，并且作为个人，在自己的经验生活、自己的个人劳动、自己的个人关系中间，成为类存在物的时候，只有当人认识到自己的'原有力量'并把这种力量组织成为社会力量因而不在把社会力量当做政治力量跟自己分开的时候，只有到了那个时候，人类解放才能完成。"②

（二）社会实践观

实践是人类社会的最基本特征。在《1844年经济学哲学手稿》中，马克思说："人直接地是自然存在物。人作为自然存在物，而且是作为有生命的自然存在物，一方面具有自然力、生命力，是能动的自然存在物；这些力量作为天赋和才能、作为欲望存在于人身上；另一方面，人作为自然的、肉体的、感性的、对象性的存在物，同动植物一样，是受动的、

---

① 许多传统学者认为，这是马克思受到费尔巴哈的"主谓颠倒法"影响或启发的结果。实际上，对社会历史现实颠倒的判断取决于认识的深度和广度，费尔巴哈只是提供了"主谓颠倒法"这样一种逻辑批判形式。而且，马克思谈论的"主谓颠倒"是主体及其创造物的颠倒，而费尔巴哈的"主谓颠倒"则是一个事物的主词及其属性（谓语）的颠倒。国家、宗教、私有制都是人的创造物，却被颠倒为社会的主体，人被颠倒为缺乏创造力的奴隶（客体）。这种"主谓颠倒"就不是逻辑形式的颠倒，而是人的创造力的颠倒。

② 《马克思恩格斯全集》第1卷，北京：人民出版社1956年版，第443页。

受制约的和受限制的存在物，……饥饿是自然的需要；因此，为了使自身得到满足，使自身解除饥饿，它需要自身之外的自然界、自身之外的对象。饥饿是我的身体对某一对象的公认的需要。"① 这就是说，作为自然存在物的人，尽管生理的需要使人受制于自然界，但是，天赋和才能使人在自然界中具有能动性。这种能动性使人的实践性活动区别于动物的本能性活动。马克思说："通过实践创造对象世界，改造无机界，人证明自己是有意识的类存在物……诚然，动物也生产。它为自己营造巢穴或住所，如蜜蜂、海狸、蚂蚁等。但是，动物只生产它自己或它的幼仔所直接需要的东西；动物的生产是片面的，而人的生产是全面的；动物只是在直接的肉体需要的支配下生产，而人甚至不受肉体需要的影响也进行生产，并且只有不受这种需要的影响才进行真正的生产；动物只生产自身，而人再生产整个自然界；动物的产品直接属于它的肉体，而人则自由地面对自己的产品。动物只是按照它所属的那个种的尺度和需要来构造，而人懂得按照任何一个种的尺度来进行生产，并且懂得处处把内在的尺度运用于对象；因此，人也按照美的规律来构造。"② 之所以人类的实践活动区别于动物的本能性活动，是因为动物只有食物满足和性交的生理需要或者生存需要，而人则在生理需要之外还有大量的社会需要。在马克思的各种论述中，人的社会需要包括足够的食物、水、衣物、住所；新鲜的空气和阳光；适当的生活与工作空间；个人及环境的清洁；多种多样的社会和政治活动；智力开发、社会交际和自由发挥大脑的活动；个人的成长和进步；审美刺激、玩耍、有意义的人际关系，等等。③ 这些多样化的社会需求，促使人的实践性活动是有意识有目的的活动。

这些有意识有目的的社会实践性活动，马克思将之分为三类，一是与生产力发展相关的物质实践活动，二是与生产关系相关的政治实践活动，三是与精神与意识相关的理论实践和意识形态实践活动。在马克思看来，与生产力发展有关的实践性活动在人类社会的生存与发展中具有决定性的意义。与生产力发展相关的实践活动同与生产关系有关的实践活动相结合，形成社会的经济基础，共同主导与精神和意识相关的实践

---

① 《马克思恩格斯全集》第 3 卷，北京：人民出版社 2002 年版，第 324—325 页。
② 《马克思恩格斯全集》第 3 卷，北京：人民出版社 2002 年版，第 273—274 页。
③ [美] 托马斯·C. 帕特森：《卡尔·马克思：人类学家》，何国强译，昆明：云南大学出版社 2013 年版，第 69 页。

活动，如法律、宗教、文化、科学、意识形态等。这些实践性活动的总和，就构造了人类的历史。"整个所谓世界历史不外是人通过人的劳动而诞生的过程，是自然界对人来说的生成过程。"① 因此，人类通过实践塑造他们的世界，也创造了人类自身。不过，在阶级社会，人类的实践性活动发生了异化，人类自身也发生了异化。这样，人类社会的发展规律，就会与动植物在自然界的严格约束下所形成的进化规律完全不同。在极端的情况下，当人类社会完全主导了动植物的发展时，如家畜的饲养、杂交或者植物的接种，动植物的进化规律也可能会发生改变。

（三）人的社会性

在马克思看来，人是社会关系的总和，人性是可变的。这种社会性不仅体现在共时的社会交往和实践关系里，而且也体现在历时的生产力和交往关系的继承关系之中。在《德意志意识形态》中，马克思说："一个人的发展取决于和他直接或间接进行交往的其他一切人的发展；彼此发生关系的个人的世世代代是相互联系的，后代的肉体的存在是由他们的前代决定的，后代继承着前代积累起来的生产力和交往形式，这就决定了他们这一代的相互关系。总之，我们可以看到，发展不断地进行着，单个人的历史决不能脱离他以前的或同时代的个人的历史，而是由这种历史决定的。"② 而且，人关于价值判断、目的、手段等方面的意识和语言本身也是一种社会现象，是受社会历史决定的活动。马克思说："语言也和意识一样，只是由于需要，由于和他人交往的迫切需要才产生的。……意识一开始就是社会的产物，而且只要人们还存在着，它就仍然是这种产物。"③ 在《〈政治经济学批判〉导言》中，马克思进一步对社会意识与物质生活的关系进行了总结："人们在自己生活的社会生产中发生一定的、必然的、不以他们的意志为转移的关系，即同他们的物质生产力的一定发展阶段相适应的生产关系。这些生产关系的总和构成社会的经济结构，即有法律的和政治的上层建筑竖立其上并有一定的社会意识形式与之相适应的现实基础。物质生活的生产方式制约着整个社会生活、政治生活和精神生活的过程。"④

---

① 《马克思恩格斯全集》第3卷，北京：人民出版社2002年版，第310页。
② 《马克思恩格斯全集》第3卷，北京：人民出版社1960年版，第515页。
③ 《马克思恩格斯全集》第3卷，北京：人民出版社1960年版，第34页。
④ 《马克思恩格斯全集》第31卷，北京：人民出版社1998年版，第412页。

由于个人的意识受到社会语言、教育、道德规范和物质生产方式的制约，因此，个人的选择就不是一种自然选择，而是一种社会选择。在这种社会选择中，个人之间的关系主要是在群体中的社会分工与合作的关系，而不是斗争关系。在人类历史的绝大部分时期，群体共有土地及其资源，共同劳动和分享食物。驯养动物和栽培植物的出现推动了群体内部新的分工和合作形式的发展。只有在特定的条件下，群体中的个人关系因阶级的原因而转变为阶级斗争的关系。这个特定条件就是社会分工和专业化造成某些群体对社会的依赖性增加、自主性和独立性较低，从而造成社会的剥削和劳动异化。这样，个人的社会性在历史上表现为三个阶段：人的依赖关系，物的依赖关系和"建立在个人全面发展和他们共同的、社会的生产能力成为从属于他们的社会财富这一基础上的自由个性"的新社会关系。所谓人的依赖关系，就是"作为具有某种规定性的个人而互相发生关系，如作为封建主和臣仆、地主和农奴等等，或作为种姓成员等等，或属于某个等级等等"。① 人的依赖关系和物的依赖关系的区别在于，"在前一场合表现为人的限制即个人受他人限制的那种规定性，在后一场合则在发达的形态上表现为物的限制即个人受不以他为转移并独立存在的关系的限制"；两者的共同点在于"个人受抽象统治，而他们以前是互相依赖的"。② 这样，作为中间阶段，"一切劳动产品、能力和活动进行私人交换，既同以个人相互之间的统治和从属关系（自然发生的或政治性的）为基础的分配相对立……又同在共同占有和共同控制生产资料的基础上联合起来的个人所进行的自由交换相对立"。③ 处于物的依赖关系的资本主义阶段，马克思认为，"才形成普遍的社会物质变换、全面的关系、多方面的需要以及全面的能力的体系"。人的社会性、相互联系或者相互依赖，在经济上"表现在不断交换的必要性上和作为全面中介的交换价值上"，而"交换价值无非是人们互相间生产活动的关系""是个人支配他人的使用价值的权力，是个人的社会关系"。④ 货币和商品不外是"人们互相间的物化的关系"或者"社会

---

① 《马克思恩格斯全集》第 30 卷，北京：人民出版社 1995 年版，第 113 页。
② 《马克思恩格斯全集》第 30 卷，北京：人民出版社 1995 年版，第 114 页。
③ 《马克思恩格斯全集》第 30 卷，北京：人民出版社 1995 年版，第 108—109 页。
④ 《马克思恩格斯全集》第 30 卷，北京：人民出版社 1995 年版，第 106 页、110、127 页。

联系的物化",是交换的产物。这样,人的社会性探讨就导向了政治经济学的研究。

(四) 社会形态的历史发展

由于人的社会性和实践的根本作用,人类社会的发展就不是像动植物界那样主要表现为个体的重复发展和偶然的变异,而是主要表现为多样化的社会共同体在不断的整合和分解过程中形成的多样化的社会形态的发展。社会共同体包括家庭、氏族、部落、公社、国家、民族等。在《1857—1858年经济学手稿》中,马克思区分了资本主义的生产方式和资本主义以前的生产方式这两个社会形态范畴,区分的标准是人与自然分离的程度。马克思写道:"在土地所有制处于支配地位的一切社会形式中,自然联系还占优势。在资本处于支配地位的社会形式中,社会、历史所创造的因素占优势。"① 在资本主义社会,工人与生产资料、生活资料相分离,工人创造的剩余价值被生产资料所有者占有。

资本主义以前的社会形态,在马克思看来,还存在着原始社会的、亚细亚的、古代希腊和罗马的、日耳曼的、斯拉夫的和封建社会等不同的形式。原始社会的产品生产和交换是在家庭、氏族和公社层面而非个人层面发生的。"不同的公社在各自的自然环境中,找到不同的生产资料和不同的生活资料。因此,它们的生产方式、生活方式和产品,也就各不相同。"② 因为采用不同的生产方式和生活方式,世界各地区的原始社会的发展道路和解体方式也就不同。在《给维·伊·查苏利奇的复信草稿—初稿》中,马克思说:"各种原始公社(把所有的原始公社混为一谈是错误的;正像地质的形成一样,在这些历史的形成中,有一系列原生的、次生的、再次生的等等类型)的解体的历史,还有待于撰述。"③

除了原始社会,这些不同的形式并非是进化的序列或连续的进程,而是不同的个体发展和财产关系的形式。马克思说:"在所有这些形式中,土地财产和农业构成经济制度的基础,因而经济的目的是生产使用价值,是在个人对公社(个人构成公社的基础)的一定关系中把个人再生产出来——在所有这些形式中,都存在着以下特点:(1)对劳动的自然条件的占有,即对土地这种最初的劳动工具、实验场和原料贮藏所的

---

① 《马克思恩格斯全集》第46卷上册,北京:人民出版社1980年版,第45页。
② 《马克思恩格斯全集》第23卷,北京:人民出版社1972年版,第390页。
③ 《马克思恩格斯全集》第19卷,北京:人民出版社1963年版,第432页。

占有，不是通过劳动进行的，而是劳动的前提。……（2）但是，这种把土地，把大地当作劳动的个人的财产来看待的关系……直接要以个人作为某一公社成员的自然形成的、或多或少历史地发展了的和变化了的存在，要以他作为部落等成员的自然形成的存在为中介。"① 具体而言，在亚细亚的生产方式中，"公社的单个成员对公社从来不处于可能会使他丧失他同公社的联系（客观的、经济的联系）的那种自由的关系之中"；在古代的生产方式中，"这种共同体继续存在的前提，是组成共同体的那些自由而自给自足的农民之间保持平等，以及作为他们的财产继续存在的条件的本人劳动"；在日耳曼人的生产方式中，"公社便表现为一种联合而不是联合体，表现为以土地所有者为独立主体的一种统一，而不是表现为统一体"；在封建的生产方式中，共同体表现为小农奴与土地贵族的对立，城乡的对立。② 这些以农业为主的前资本主义社会形态的一个最大特点，与资本主义的动态变迁相比，就是基本经济结构的静态性和重复性。从前资本主义社会特别是封建社会向资本主义社会的转换过程，不是采取自然演化的方式，而是"利用集中的、有组织的社会暴力"，因为"暴力是每一个孕育着新社会的旧社会的助产婆。暴力本身就是一种经济力"。③ 从历史角度来看，独立的个人是从氏族、家庭以及"以人身依附为特征"的封建社会解体后逐渐从社会关系网络特别是交换中发展起来的。"交换本身就是造成这种孤立化的一种主要手段。它使群的存在成为不必要，并使之解体。"④ 更重要的是，社会的再生产不仅会改变客观条件，而且也会改变生产者，"他炼出新的品质，通过生产而发展和改造着自身，造成新的力量和新的观念，造成新的交往方式，新的需要和新的语言"。⑤

在《资本论》第一卷的序言中，马克思将"社会经济形态的发展"而不是把个体看作"一种自然历史过程"。这里的"自然历史过程"，不是动植物演化的自然历史过程，而是地质变迁和沉积的自然历史过程。马克思说："地球的太古结构或原生结构是由一系列不同时期的沉积组成

---

① 《马克思恩格斯全集》第30卷，北京：人民出版社1995年版，第476—477页。
② 《马克思恩格斯全集》第30卷，北京：人民出版社1995年版，第487、470、474页。
③ 《马克思恩格斯全集》第44卷，北京：人民出版社2001年版，第861页。
④ 《马克思恩格斯全集》第30卷，北京：人民出版社1995年版，第489页。
⑤ 《马克思恩格斯全集》第30卷，北京：人民出版社1995年版，第487页。

的。古代社会形态也是这样,表现为一系列不同的、标志着依次更迭的时代的阶段。"① 在《人类学笔记》中,马克思继续探讨不同社会经济形态特别是资本主义社会与前资本主义社会的接触和交流过程中会发生多样性路径的可能性。② 因此,马克思的社会形态发展的历史理论就不仅包括以生产方式和暴力相结合的动力机制,而且包括社会形态的多样性结构。这些动力机制和结构在动植物中是不存在的。

(五)人类社会的异化与解放

人的实践本性和社会性所带来的社会分工,既为人类改善自身的条件提供了必要的前提,也为人类社会的异化提供了某种可能性。当社会生产力发展到有剩余劳动产品出现的时候,一些人无偿占有另一些人的劳动产品就具有了现实性。私有财产和社会阶级就出现了,异化就发生了。马克思说:"这种物质的、直接感性的私有财产,是异化了的、人的生命的物质的、感性的表现。私有财产的运动——生产和消费——是以往全部生产的运动的感性表现……宗教、家庭、国家、法、道德、科学、艺术等等,都不过是生产的一些特殊的方式,并且受生产的普遍规律的支配。"③ 劳动异化主要与阶级社会相关,并以不同的形式表现在不同的社会经济形态中。

在马克思看来,以劳动雇佣制、私有财产制和市场交换为核心的资本主义社会,最突出地体现了劳动异化的实质和危害性。在资本主义社会,劳动异化不仅表现在工人同生产资料的分离、工人同自己的劳动产品相分离、工人同他人相异化和工人同他的类本质相异化,而且表现为"劳动的产品,作为一种异己的存在物,作为不依赖于生产者的力量,同劳动相对立",甚至表现为资本这种劳动产品成为压迫和剥削工人的一种力量。④ 更为神奇的是,对于各种社会形态普遍存在的劳动异化现象,宗教等意识形态以各种理由证明其神圣性,政治和法律制度维护其合理性。在《〈黑格尔法哲学批判〉导言》中,马克思说:"宗教里的苦难既是现实的苦难的表现,又是对这种现实的苦难的抗议。宗教是被压迫生

---

① 《马克思恩格斯全集》第 19 卷,北京:人民出版社 1963 年版,第 444 页。
② Kevin Anderson, "Marx's Late Writings on Non-Western and Precapitalist Societies and Gender", *Rethinking Marxism*, Vol. 14, No. 4, 2002, pp. 84–96.
③ 《马克思恩格斯全集》第 42 卷,北京:人民出版社 1979 年版,第 121 页。
④ 《马克思恩格斯全集》第 3 卷,北京:人民出版社 2002 年版,第 267 页。

灵的叹息，是无情世界的心境，正像它是无精神活力的制度的精神一样。宗教是人民的鸦片。"① 在资本主义社会，宗教的麻痹作用让位于经济学，因为"国民经济学由于不考察工人（劳动）同产品的直接关系而掩盖劳动本质的异化"。② 在《资本论》中，马克思就分析了资本主义社会的劳动异化的运动规律即剩余价值的生产和分配的规律，以及剩余价值生产所带来的失业、经济危机、环境破坏和工人生命的摧残。为了全面终结这种劳动异化的现象，工人必须团结起来形成阶级，废除生产资料私人所有制，建立一个无剥削、无压迫的新社会。马克思在《1844年经济学哲学手稿》中说："社会从私有财产等等解放出来、从奴役制解放出来，是通过工人解放这种政治形式来表现的，这并不是因为这里涉及的仅仅是工人的解放，而是因为工人的解放还包含普遍的人的解放；其所以如此，是因为整个的人类奴役制就包含在工人对生产的关系中，而一切奴役关系只不过是这种关系的变形和后果罢了。"③

（六）《德意志意识形态》与唯物史观的全面阐述

在《德意志意识形态》中，马克思和恩格斯按照历史辩证法的形式全面阐述了唯物史观。在他们看来，人首先是肉体组织的物质之人，因而需要物质生活资料的源源不断供给来维持生命的存续和满足人类生活的不断扩大的需要。人们获得生活资料的数量取决于物质生产力、社会的分工和交往形式。这种社会分工首先表现为工商业劳动和农业劳动的分离、城乡的分离与对立，接着是商业劳动和工业劳动的分离，然后是同一部门内部不同个人之间的分工。由于"这些种种细致的分工的相互关系是由农业劳动、工业劳动和商业劳动的经营方式（父权制、奴隶制、等级、阶级）决定的"，因此，"分工发展的各个不同阶段，同时也就是所有制的各种不同形式"。④ 这就意味着，一定的生产方式总是与一定的社会关系紧密联系的。

只有在物质生产活动和人们的实际生活过程中才会产生相应的意识和观念。"思想、观念、意识的生产最初是直接与人们的物质活动，与人们的物质交往，与现实生活的语言交织在一起的。……意识在任何时候

---

① 《马克思恩格斯全集》第3卷，北京：人民出版社2002年版，第200页。
② 《马克思恩格斯全集》第3卷，北京：人民出版社2002年版，第269页。
③ 《马克思恩格斯全集》第3卷，北京：人民出版社2002年版，第278页。
④ 《马克思恩格斯全集》第3卷，北京：人民出版社1960年版，第25页。

都只能是被意识到了的存在,而人们的存在就是他们的实际生活过程"①这就意味着,唯物史观首先强调物质生产过程的优先性和意识的依附性。"那些发展着自己的物质生产和物质交往的人们,在改变自己的这个现实的同时也改变着自己的思维和思维的产物。不是意识决定生活,而是生活决定意识。"② 这些社会产物的意识最初在落后的生产和分工不发达的社会表现为人们"对周围的可感知的环境的一种意识",包括个人对他人关系的意识和对自然界的意识。自然宗教就是人们"对自然界的一种纯粹动物式的意识",而自然宗教或对自然界的特定关系,是受社会形态制约的。③ 人们的意识不是纯粹的直接的意识,而是必须通过社会这个中介的间接意识。由于社会本质上就是一个物质生产力和交往形式的总和,因此,人们的意识就受到物质生产力和交往形式的制约。物质生产力和交往形式不同,人们的意识就会发生变化,从而呈现出社会意识随着物质生产力和交往形式的发展而历史性地变迁的情形。只有在物质生产劳动和精神生产劳动出现了真实分工的条件下,社会意识才会表现出某种独立性。"从这时候起,意识才能摆脱世界而去构造'纯粹的'理论、神学、道德等等。但是,如果这种理论、神学、哲学、道德等等和现存的关系发生矛盾,那末,这仅仅是因为现存的社会关系和现存的生产力发生了矛盾。"④ 因此,社会生产力的发展会带来社会分工的不断演进,由此产生不同的观念。社会生产力、社会分工和观念的多样性和在人群中分布的不平衡性之间就会产生矛盾与冲突。

同时,社会分工带来的一个问题就是物质产品在人群中的分配问题。"与这种分工同时出现的还有分配,而且是劳动及其产品的不平等的分配(无论是数量上还是质量上);因而也产生了所有制。"⑤ 这种劳动和产品的分配问题不仅在家庭中存在,而且在不同社会群体之间、个人利益与社会利益之间都普遍存在,从而产生了更多的矛盾。社会越发展,社会规模越大,社会矛盾就越多。当虚假的公共利益或社会利益凌驾于个人利益之上而主导了个人利益之时,社会分工带来的劳动异化的现象就出

---

① 《马克思恩格斯全集》第3卷,北京:人民出版社1960年版,第29页。
② 《马克思恩格斯全集》第3卷,北京:人民出版社1960年版,第30页。
③ 《马克思恩格斯全集》第3卷,北京:人民出版社1960年版,第35页。
④ 《马克思恩格斯全集》第3卷,北京:人民出版社1960年版,第35—36页。
⑤ 《马克思恩格斯全集》第3卷,北京:人民出版社1960年版,第36页。

现了。"正是由于私人利益和公共利益之间的这种矛盾,公共利益才以国家的姿态而采取一种和实际利益(不论是单个的还是共同的)脱离的独立形式,也就是说采取一种虚幻的共同体的形式。"① 一旦国家出现,不管其形式如何,国内的一切斗争就在根本上表现为不同阶级之间争夺物质产品控制权的"真正的斗争"。这些斗争采取了暴力活动、政治组织建构、思想冲突等多种多样的形式。但是,在统治阶级中,并非每一个人都会去生产和阐述统治阶级的思想,而是按照分工的原则实行物质劳动和精神劳动的分工。进行精神生产的思想家向统治阶级提供必要的思想和幻想。这些思想与幻想可能与进行物质劳动控制的统治阶级群体的感觉和认识不一致,从而造成统治阶级内部争夺思想控制的斗争。统治阶级内部在思想领域的斗争在面临被统治阶级的威胁和反抗时就会减弱或消失。获得社会统治权的阶级就会把他们的特殊利益说成是社会的普遍利益,演化出一系列的意识形态;被统治阶级则会为反对统治阶级的干涉与约束而展开那些维护自己利益的斗争。这种斗争不仅具有历史的连续性,而且在空间范围内不断扩大,从而造成统治阶级和被统治阶级的地位在历史中的交替。"每一个新阶级赖以建立自己统治的基础,比它以前的统治阶级所依赖的基础要宽广一些;可是后来,非统治阶级和取得统治阶级之间的对立也发展得更尖锐和更深刻。"②

物质劳动与精神劳动的分工不仅体现在统治阶级与被统治阶级之间,而且也体现在统治阶级内部。从空间上说,"物质劳动和精神劳动的最大的一次分工,就是城市与乡村的分离",城市的人口集中与乡村人口分散的分离,城市的资本与乡村的地产的分离。③ 随着城市人口的集中和资本的积累,相应的政治管理机构即国家和确定产品分配制度的私有制也发展起来,从而造成城乡之间的对立与斗争。随着中世纪的农奴不断逃入城市,各种行会制度得以在城市发展。由于各行会之间只存在非常原始的分工,等级资本积累有限,因此,城市的暴动和反抗的规模就很小,其对立与斗争都是在小范围内发生的。随着农村和城市的发展,贸易联系不断扩大,商业与生产逐渐分离,形成了独特的商人阶级和城市的市民阶级。由于各个地区的交通工具、社会治安状况以及需求的发展程度

---

① 《马克思恩格斯全集》第 3 卷,北京:人民出版社 1960 年版,第 37—38 页。
② 《马克思恩格斯全集》第 3 卷,北京:人民出版社 1960 年版,第 54 页。
③ 《马克思恩格斯全集》第 3 卷,北京:人民出版社 1960 年版,第 56—57 页。

不同，各个地区的贸易状况、分工状况和资产阶级的发展程度也表现出多样性和不平衡性。在不同城市之间的分工程度较高、资本积累越多和乡村人口不断增加的地区，就出现了超出行会制度的工场手工业。由于劳动的流动受到封建制度和行会的制约以及需求的巨大性，因此，首先是与机器紧密联系的纺织业在乡村和小市镇发展起来。伴随着工场手工业而来的是等级资本向商人资本的转变，封建制度的瓦解，帮工与师傅之间的宗法关系转变为工人与资本家之间的金钱关系，各国之间的商业竞争和斗争在新航线开辟后不断加剧，各种关税保护制度和重商主义政策也逐渐发展起来。商业和航运的快速发展开辟了一个充满了各种关税和禁令的世界市场，各国展开了争夺殖民地和世界市场的斗争。工场手工业的巨大集中和世界市场的巨大需求之间的矛盾就推动了采用机器生产和实行广泛分工的大工业的出现。

大工业一方面创造了更加快速的交通工具和更紧密联系的世界市场，发展了巨大的生产力，在将商业资本转变为工业资本的过程中加速了资本的集中，建立了现代的大工业城市，另一方面转变了或消灭了旧的生产关系或劳动组织形式，形成了以金钱关系为主的资本家与工人之间相互对立的新的生产关系。"大工业不仅使工人与资本家的关系，而且使劳动本身都成为工人所不堪忍受的东西。"① 之所以如此，是因为资产阶级将国家变成了保护私有财产的一种统治工具，共同剥削和控制工人。"由于私有制摆脱了共同体，国家获得了和市民社会并列的并且在市民社会之外的独立存在；实际上国家不外是资产者为了在国内外相互保障自己的财产和利益所必然要采取的一种组织形式。"② 为了保障资产者的财产及其增殖，国家不仅确立了私法和私有制，而且还不断承认新的财产获得方式和组织形式的合法性。随着大工业的发展和资本的积累，共同体内部的交往逐步让位于个人之间以货币为中介的交换。个人越是屈从于劳动的分工，资本和劳动的分裂就越明显，财富的两极分化就越突出。生产力的高度发展不仅可以避免"贫穷的普遍化"，防止革命重新开始成为争取必需品的斗争，而且有助于建立起各民族之间的普遍交往，从而让"狭隘地域性的个人成为世界历史性的、真正普遍的个人所代替"，让强迫劳动转化为自主活动。"共产主义只有作为占统治地位的各民族

---

① 《马克思恩格斯全集》第 3 卷，北京：人民出版社 1960 年版，第 68 页。
② 《马克思恩格斯全集》第 3 卷，北京：人民出版社 1960 年版，第 70 页。

'立即'同时发生的行动才可能是经验的,而这是以生产力的普遍发展和与此有关的世界交往的普遍发展为前提的。"① 随着共产主义的实现,私有制和供求关系的统治也将消失,劳动异化的关系也将被消灭,生产、交换及其相互之间的关系将重新受人们自己的力量而非异化的力量支配。"共产主义和所有过去的运动不同的地方在于:它推翻了一切旧的生产和交往的关系的基础,并且破天荒第一次自觉地把一切自发产生的前提看作是先前世世代代的创造,消除这些前提的自发性,使它们受联合起来的个人的支配。"② 在这个新的共产主义集体中,每一个人而非只有统治阶级内部的个人才能自由地获得全面发展自己才能的手段,每一个人是作为个人而非阶级的成员形成这个自由人的联合体。

因此,唯物史观就需要从物质生产力出发,研究人们的交往(分工、分配、组织和交换)形式即市民社会以及由此产生的各种意识形式的演化关系和动力机制。"由此可见,这种历史观就在于:从直接生活的物质生产出发来考察现实的生产过程,并把与该生产方式相联系的、它所产生的交往形式,即各个不同阶段上的市民社会,理解为整个历史的基础;然后必须在国家生活的范围内描述市民社会的活动,同时从市民社会出发来阐明各种不同的理论产物和意识形式,如宗教、哲学、道德等等,并在这个基础上追溯它们产生的过程。"③ 历史不仅是物质生产力、交往方式和历史条件在世代交替中不断继承、发展和积累的历史,而且是物质生产力和交往方式在空间范围内不断扩大和相互作用的历史,从而造成技术、产品、生活方式和观念在不同民族和群体中的交流,让地方历史逐渐成为世界历史和地方性斗争演变为世界性斗争。在世界历史的舞台上,各民族之间的联系更加紧密,一方面是分工与合作,另一方面是斗争和财富的再分配。因此,历史是随着物质生产力和交往形式的发展在时间的演变中和空间的扩展中不断地客观建构的过程。"这种历史观和唯心主义历史观不同,它不是在每个时代中寻找某种范畴,而是始终站在现实历史的基础上,不是从观念出发来解释实践,而是从物质实践出发来解释观念的东西,由此还可得出下述结论:意识的一切形式和产物不是可以用精神的批判来消灭的,也不是可以通过它们消融在'自我意

---

① 《马克思恩格斯全集》第 3 卷,北京:人民出版社 1960 年版,第 39—40 页。
② 《马克思恩格斯全集》第 3 卷,北京:人民出版社 1960 年版,第 79 页。
③ 《马克思恩格斯全集》第 3 卷,北京:人民出版社 1960 年版,第 42—43 页。

识'中或化为'幽灵'、'怪影'、'怪想'等等来消灭的,而只有实际地推翻这一切唯心主义谬论所由产生的现实的社会关系,才能把它们消灭;历史的动力以及宗教、哲学和任何其他理论的动力是革命,而不是批判。"① 如果看不到物质生产力和社会交往形式的现实基础,那么,秉持唯心史观的人就会看到人与自然的对立,英雄的历史决定作用和各种理论斗争的虚幻伟大,从而产生历史内容与意识形式的颠倒,造成"历史上始终是思想占统治地位"并演化出现实的假象。②

---

① 《马克思恩格斯全集》第3卷,北京:人民出版社1960年版,第43页。
② 《马克思恩格斯全集》第3卷,北京:人民出版社1960年版,第55页。

# 参考文献

［法］路易·阿尔都塞:《来日方长:阿尔都塞自传》,蔡鸿滨译,上海:上海人民出版社2012年版。

［法］路易·阿尔都塞:《保卫马克思》,顾良译,北京:商务印书馆2016年版。

［法］路易·阿尔都塞、艾蒂安·巴利巴尔:《读〈资本论〉》,李其庆、冯文光译,北京:中央编译出版社2017年版。

［法］雷蒙·阿隆:《想象的马克思主义》,姜志辉译,上海:上海译文出版社2007年版。

［以］阿维纳瑞:《马克思的社会与政治思想》,张东辉译,北京:知识产权出版社2016年版。

［以色列］阿维纳瑞:《黑格尔的现代国家理论》,朱学平、王兴赛译,北京:知识产权出版社2016年版。

［德］爱因斯坦:《爱因斯坦文集》第1卷,许良英等编译,北京:商务印书馆1976年版。

［德］艾克曼:《歌德谈话录》,杨武能译,成都:四川文艺出版社2007年版。

［英］佩里·安德森:《西方马克思主义探讨》,高铦等译,北京:人民出版社1981年版。

［意］卡洛·安东尼:《历史主义》,黄艳红译,上海:格致出版社2010年版。

安启念:《阿尔都塞马克思哲学思想"认识论断裂说"批判》,载《北京大学学报》(哲学社会科学版),2017年第3期。

［法］安若澜:《作为亚里士多德阐释者的马克思》,载《世界哲学》,2017年第5期。

［美］约瑟夫·奥马利：《卡尔·马克思的方法论》，姚远译，载《金陵法律评论》，2012年第1期。

尤西·巴克曼、许振旭：《行动的目的：阿伦特对亚里士多德实践概念的批判》，载《伦理学术》，2018年第2期。

［法］埃蒂安·巴利巴尔：《马克思的哲学》，王吉会译，北京：中国人民大学出版社2007年版。

［法］艾蒂安·巴利巴尔：《斯宾诺莎与政治》，赵文译，西安：西北大学出版社2015年版。

［美］欧文·白璧德：《卢梭与浪漫主义》，孙宜学译，北京：商务印书馆2015年版。

白刚、邰爽：《正义的转向：从亚里士多德、黑格尔到马克思》，载《理论探索》，2019年第6期。

［德］弗·鲍尔生：《德国教育史》，滕大春、滕大生译，北京：人民教育出版社1986年版。

［英］鲍桑葵：《美学史》，张今译，北京：商务印书馆1985年版。

［德］弗里德里希·包尔生：《德国大学与大学学习》，张弛等译，北京：人民出版社2009年版。

［美］刘易斯·贝克：《〈实践理性批判〉通释》，黄涛译，上海：华东师范大学出版社2010年版。

［意］理查德·贝洛菲尔、罗伯特·芬奇主编：《重读马克思：历史考证版之后的新视野》，徐素华译，北京：东方出版社2010年版。

［德］格奥尔格·毕希纳：《毕希纳全集》，李士勋、傅惟慈译，北京：人民出版社2008年版。

［日］柄谷行人：《马克思，其可能性的中心》，中田友美译，北京：中央编译出版社2006年版。

［日］柄谷行人：《跨越性批判：康德与马克思》，赵京华译，北京：中央编译出版社2011年版。

柄谷行人：《康德、黑格尔与马克思》，载《哲学动态》，2013年第10期。

［英］卡尔·波普尔：《客观知识：一个进化论的研究》，舒伟光等译，上海：上海译文出版社1987年版。

［英］柏克：《法国革命论》，何兆武等译，北京：商务印书馆2009

年版。

［古希腊］柏拉图：《柏拉图全集》第二卷，王晓朝译，北京：人民出版社 2017 年版。

［英］希·萨·柏拉威尔：《马克思和世界文学》，梅绍武等译，北京：三联书店 1980 年版。

［英］伯尔基：《马克思主义的起源》，伍庆、王文杨译，上海：华东师范大学出版社 2007 年版。

［英］以赛亚·伯林：《浪漫主义的根源》，吕梁等译，南京：译林出版社 2011 年版。

［丹麦］勃兰兑斯：《十九世纪文学主流》第六分册，高中甫译，北京：人民文学出版社 1986 年版。

［美］沃伦·布雷克曼：《废黜自我：马克思、青年黑格尔派及激进社会理论的起源》，李佃来译，北京：北京师范大学出版社 2013 年版。

［美］阿兰·布鲁姆、哈瑞·雅法：《莎士比亚的政治》，潘望译，南京：江苏人民出版社 2012 年版。

［美］韦恩·C. 布斯：《修辞的复兴：韦恩·布斯精粹》，穆雷等译，南京：译林出版社 2009 年版。

曹俊峰、朱立元、张玉能：《德国古典美学》，北京：北京师范大学 2013 年版。

陈顾：《法权的兴起与危机：〈威尼斯商人〉的法哲学解读》，载《北大法律评论》，2013 年第 2 期。

陈晓斌、刘同舫：《哲学作为一种救赎方式——马克思〈博士论文〉的政治哲学思想解读》，载《哲学动态》，2009 年第 3 期。

陈学明：《应当重视马克思对宗教目的论的批判——评 J. B. 福斯特对马克思"博士论文"的研究》，载《科学与无神论》，2010 年第 6 期。

陈莹雪：《修昔底德与现代希腊的古典文化复兴（1790—1830）》，载《史学理论研究》，2017 年第 3 期。

程志敏：《论哲学思辨的异化：亚里士多德哲学批判》，载《贵州社会科学》，2015 年第 12 期。

城塚登：《青年马克思的思想》，尚晶晶、李成鼎等译校，北京：求实出版社 1988 年版，第 35 页。

［英］查尔斯·达尔文：《物种起源》，周建人、叶笃庄、方宗熙译，

北京：商务印书馆2009年版。

［法］路易·戴格拉夫：《孟德斯鸠传》，许明龙、赵克非译，杭州：浙江大学出版社2016年版。

［英］詹姆斯·戴利：《马克思与正义》，载《山东社会科学》，2020年第8期。

戴兆国：《明理与敬义：康德道德哲学研究》，北京：中国社会科学出版社2012年版。

邓晓芒：《康德历史哲学："第四批判"和自由感——兼与何兆武先生商榷》，载《哲学研究》，2004年第4期。

［德］狄尔泰：《历史中的意义》，艾彦等译，北京：中国城市出版社2002年版。

［德］威廉·狄尔泰：《体验与诗》，胡其鼎译，北京：三联书店2003年版。

［德］蒂博：《论制定一部德意志统一民法典之必要性》，傅广宇译，载《比较法研究》，2008年第3期。

［英］蒂利亚德：《莎士比亚的历史剧》，牟芳芳译，北京：华夏出版社2016年版。

丁立群：《马克思与亚里士多德：实践理论范式的转换》，载《哲学研究》，2020年第6期。

［法］雅克·董特：《黑格尔传》，李成季、邓刚译，上海：上海人民出版社2015年版。

董仲其：《费尔巴哈对马克思研究伊壁鸠鲁哲学的影响》，载《求索》，1992年第2期。

都岩：《康德—费希特哲学对马克思学生时期思想发展的影响》，载《马克思主义与现实》，2014年第2期。

［德］克劳斯·杜辛：《黑格尔与哲学史：古代、近代的本体论与辩证法》，王树人译，北京：社会科学文献出版社1992年版。

段忠桥：《为什么说〈提纲〉其实就是历史唯物主义的起源》，载《学习与探索》，2009年第1期。

恩格斯：《反杜林论》，中央编译局译，北京：人民出版社1974年版。

范明生：《十七十八世纪美学》，北京：北京师范大学出版社2013

年版。

方在庆:《歌德对牛顿光学理论的拒斥及其文化背景》,载《自然辩证法通讯》,1996 年第 5 期。

[德] 路德维希·费尔巴哈:《从培根到斯宾诺莎的近代哲学史》,涂纪亮译,北京:商务印书馆 1978 年版。

《费尔巴哈哲学著作选集》上卷,荣震华等译,北京:商务印书馆 1984 年版。

《费尔巴哈哲学著作选集》下卷,荣震华等译,北京:商务印书馆 1984 年版。

[德] 费尔巴哈:《基督教的本质》,荣震华译,北京:商务印书馆 2009 年版。

[德] 伊林·费彻尔:《马克思:思想传记》,黄文前译,北京:北京师范大学出版社 2013 年版。

[德] 克劳斯·费舍尔:《德国反犹史》,钱坤译,南京:江苏人民出版社 2007 年版。

[德] 费希特:《伦理学体系》,梁志学、李理译,北京:商务印书馆 2010 年版。

[德] 费希特:《对德意志民族的演讲》,梁志学等译,北京:商务印书馆 2010 年版。

[德] 费希特:《费希特文集》第 2 卷,梁志学编译,北京:商务印书馆 2014 年版。

[德] 费希特:《费希特文集》第 4 卷,梁志学编译,北京:商务印书馆 2014 年版。

冯波:《后期谢林背景下的马克思与施蒂纳之争——以"现实"概念为中心》,载《马克思主义与现实》,2017 年第 5 期。

冯波:《马克思对斯宾诺莎的双重阅读:以马克思的〈神学政治论〉摘录为中心》,载《哲学动态》,2018 年第 1 期。

[东德] W. 弗尔斯特:《论歌德的哲学成就》,载《哲学译丛》,1983 年第 2 期。

[美] 威廉·弗格森:《希腊帝国主义》,晏绍祥译,上海:三联书店 2005 年版。

[英] 亚当·弗格森:《文明社会史论》,林本椿、王绍祥译,杭州:

浙江大学出版社 2010 年版。

［德］曼弗雷德·弗兰克：《德国早期浪漫主义美学导论》，聂军等译，长春：吉林人民出版社 2005 年版。

［法］米歇尔·福柯：《词与物：人文科学考古学》，莫伟民译，上海：三联书店 2001 年版。

［美］格雷格·福斯特：《从洛克出发》，孙礼中译，哈尔滨：黑龙江教育出版社 2016 年版。

［德］曼弗雷德·盖耶尔：《洪堡兄弟：时代的双星》，赵蕾莲译，哈尔滨：黑龙江教育出版社 2016 年版。

高全喜：《浮士德精神》，北京：北京时代文化书局 2014 年版。

［法］高宣扬：《德国哲学通史》第一卷，上海：同济大学出版社 2007 年版。

［德］歌德：《威廉·迈斯特的漫游时代》，张荣昌译，石家庄：河北教育出版社 1999 年版。

［德］歌德：《歌德自传：诗与真》，李咸菊译，北京：团结出版社 2004 年版。

［意］葛兰西：《实践哲学》，徐崇温译，重庆：重庆出版社 1990 年版。

葛斯：《德国空想社会主义者亨利希·路德维希·加尔》，载《国际共运史研究》，1988 年第 1 期。

［德］海因里希·格姆科夫等：《马克思传》，易廷镇、侯焕良译，北京：三联书店 1983 年版。

［苏］阿·符·古留加：《赫尔德》，侯鸿勋译，上海：上海人民出版社 1985 年版。

［苏］阿尔森·古留加：《谢林传》，贾泽林等译，北京：商务印书馆 1990 年版。

［英］乔治·皮博迪·古奇：《十九世纪历史学与历史学家》，耿淡如译，北京：商务印书馆 2009 年版。

谷裕：《现代市民史诗：十九世纪德语小说研究》，上海：上海书店出版社 2007 年版。

顾海良：《马克思经济思想的当代视界》，北京：经济科学出版社 2005 年版。

［美］大卫·哈维：《跟大卫·哈维读〈资本论〉》第二卷，谢富胜等译，上海：上海译文出版社2016年版。

海德格尔：《晚期海德格尔的三天讨论班纪要》，丁耘摘译，载《哲学译丛》，2001年第3期。

［德］马丁·海德格尔：《谢林论人类自由的本质》，薛华译，北京：中国法制出版社2009年版。

［德］马丁·海德格尔：《同一与差异》，孙周兴等译，北京：商务印书馆2011年版。

［德］马丁·海德格尔：《哲学论稿：从本有而来》，孙周兴译，北京：商务印书馆2012年版。

［德］马丁·海德格尔：《德国观念论与当前哲学的困境》，庄振华、李华译，西安：西北大学出版社2016年版。

［德］亨利希·海涅：《浪漫派》，薛华译，上海：上海人民出版社2003年版。

［德］海因里希·海涅：《莎士比亚的少女和妇人》，绿原译，上海：上海文艺出版社2007年版。

韩立新：《〈巴黎手稿〉研究—马克思思想的转折点》，北京：北京师范大学出版社2014年版。

郗戈：《"后黑格尔"虚无主义境遇与马克思的哲学革命—以〈关于伊壁鸠鲁哲学的笔记〉为中心》，载《中国人民大学学报》，2014年第5期。

何平：《历史进步观与18、19世纪西方史学》，载《学术研究》，2002年第1期。

何元国：《科学的、客观的、超然的？—二十世纪以来修昔底德史家形象之嬗变》，载《历史研究》，2011年第1期。

和建伟：《马克思与西方经典作家关系研究：以但丁、莎士比亚、歌德、巴尔扎克为中心》，上海：华东师范大学博士论文2016年版。

和建伟：《马克思对浮士德精神的承传与超越》，载《河南科技大学学报》（社会科学版），2018年第2期。

贺骥：《论歌德的政治思想》，载《同济大学学报》（社会科学版），2016年第4期。

贺晴川：《哲学的马基雅维利主义：重审斯宾诺莎的政治哲学》，载

《世界哲学》，2019年第3期。

［德］奥特弗里德·赫费：《康德：生平、著作与影响》，郑伊倩译，北京：人民出版社2007年版。

［德］约翰·哥特弗里特·赫尔德：《赫尔德美学文选》，张玉能译，上海：同济大学出版社2007年版。

［德］J. G. 赫尔德：《论语言的起源》，姚小平译，北京：商务印书馆2009年版。

［德］约翰·哥特弗雷德·赫尔德：《反纯粹理性：论宗教、语言和历史文选》，张晓梅译，北京：商务印书馆2010年版。

［德］黑格尔：《黑格尔早期神学著作》，贺麟译，北京：商务印书馆1988年版。

［德］黑格尔：《小逻辑》，贺麟译，北京：商务印书馆1994年版。

［德］黑格尔：《黑格尔政治著作选》，薛华译，北京：中国法制出版社2008年版。

［德］黑格尔：《法哲学原理》，范扬、张启泰译，北京：商务印书馆2009年版。

［德］黑格尔：《哲学史演讲录》第一卷，贺麟、王太庆译，北京：商务印书馆2009年版。

［德］黑格尔：《哲学史讲演录》第二卷，贺麟、王太庆译，北京：商务印书馆2009年版。

［德］黑格尔：《哲学史讲演录》第三卷，贺麟、王太庆译，北京：商务印书馆2009年版。

［德］黑格尔：《哲学史讲演录》第四卷，贺麟、王太庆译，北京：商务印书馆2009年版。

［德］黑格尔：《自然哲学》，梁志学等译，北京：商务印书馆2009年版。

［德］黑格尔：《黑格尔历史哲学》，潘高峰译，北京：九州出版社2011年版。

［德］黑格尔：《精神现象学》上卷，贺麟、王玖兴译，上海：上海人民出版社2013年版。

［德］威廉·冯·洪堡：《论国家的作用》，林荣远、冯兴元译，北京：中国社会科学出版社1998年版。

洪涛：《红楼梦与诠释方法论》，北京：北京图书馆出版社 2008 年版。

洪燕妮：《重思马克思"劳动分工"思想的源头》，载《哲学动态》，2016 年第 3 期。

侯小丰：《伊壁鸠鲁哲学的现实指向与马克思自由观的奠基—重读马克思博士论文》，载《东岳论丛》，2012 年第 12 期。

黄枬森、庄福龄：《马克思主义哲学史教学资料选编》上册，北京：北京大学出版社 1984 年版。

黄秋生：《青年马克思的哲学立场》，载《求索》，2008 年第 12 期。

黄学胜：《青年马克思与启蒙》，上海：复旦大学出版社 2013 年版。

桦桢：《卡尔·马克思诗歌中的意象与主题》，载《陕西青年管理干部学院学报》2007 年第 2 期。

［英］霍布斯：《利维坦》，黎思复、黎廷弼译，北京：商务印书馆 2009 年版。

［英］埃里克·霍布斯鲍姆：《如何改变世界：马克思和马克思主义的传奇》，吕增奎译，北京：中央编译出版社 2014 年版。

［英］艾瑞克·霍布斯鲍姆：《论历史》，黄煜文译，北京：中信出版社 2015 年版。

［美］海登·怀特：《元史学：十九世纪欧洲的历史想像》，陈新译，南京：译林出版社 2009 年版。

［俄］加比托娃：《德国浪漫哲学》，王念宁译，北京：中央编译出版社 2007 年版。

［美］玛丽·加布里埃尔：《爱与资本：马克思家事》，朱艳辉译，长沙：湖南人民出版社 2018 年版。

［德］汉斯—格奥尔格·伽达默尔：《真理与方法：哲学诠释学的基本特征》，洪汉鼎译，北京：商务印书馆 2007 年版。

贾涵斐：《知识秩序中"完整的人"—论歌德小说〈威廉·迈斯特的学习时代〉》，载《外国文学》，2018 年第 4 期。

江怡：《重新审视德国古典哲学的意义》，载《华中科技大学学报》（社会科学版），2016 年第 2 期。

［联邦德国］卡岑巴赫：《赫尔德传》，任立译，北京：商务印书馆 1993 年版。

[德] F. W. 卡岑巴赫：《施莱尔马赫传》，任力译，北京：商务印书馆 1998 年版。

[德] 卡西尔：《卢梭·康德·歌德》，刘东译，北京：三联书店 2015 年版。

[德] E. 卡西勒：《启蒙哲学》，顾伟铭等译，济南：山东人民出版社 1988 年版。

[德] 恩斯特·卡西勒：《卢梭问题》，王春华译，南京：译林出版社 2009 年版。

[德] 康德：《历史理性批判文集》，何兆武译，北京：商务印书馆 2009 年版。

[德] 康德：《法的形而上学原理》，沈叔平译，北京：商务印书馆 2009 年版。

[德] 康德：《单纯理性限度内的宗教》，李秋零译，北京：商务印书馆 2012 年版。

[德] 康德：《道德形而上学探本》，唐钺译，北京：商务印书馆 2012 年版。

[德] 康德：《道德形而上学》，张荣、李秋零译，北京：中国人民大学出版社 2013 年版。

[美] I. B. 科恩：《牛顿革命》，颜锋等译，南昌：江西教育出版社 1999 年版。

[美] 伯纳德·科恩：《自然科学与社会科学的互动》，张卜天译，北京：商务印书馆 2016 年版。

[美] I. 伯纳德·科恩：《科学中的革命》，鲁旭东、赵培杰译，北京：商务印书馆 2017 年版。

[法] 奥古斯特·科尔纽：《马克思恩格斯传》第一卷，刘磊等译，北京：三联书店 1963 年版。

[法] 奥古斯特·科尔纽：《马克思恩格斯传》第二卷，王以铸等译，北京：三联书店 1963 年版。

[法] 科尔纽：《马克思的思想起源》，北京：中国人民大学出版社 1987 年版。

[波兰] 莱泽克·科拉科夫斯基：《马克思主义的主要流派》第一卷，唐少杰等译，哈尔滨：黑龙江大学出版社 2015 年版。

［美］布莱迪·科马克、玛莎·C. 努斯鲍姆、理查德·斯特瑞尔：《莎士比亚与法：学科与职业的对话》，哈尔滨：黑龙江教育出版社2015年版。

［丹麦］索伦·奥碧·克尔凯郭尔：《论反讽概念》，汤晨溪译，北京：中国社会科学出版社2005年版。

［德］曼弗雷德·克利姆：《马克思文献传记》，李成毅等译，郑州：河南人民出版社1992年版。

［意］克罗齐：《黑格尔哲学中的活东西和死东西》，王衍孔译，北京：商务印书馆1959年版。

［意］克罗齐：《历史学的理论和历史》，田时纲译，北京：中国社会科学出版社2005年版。

［意］克罗齐：《美学的历史》，王天清译，北京：商务印书馆2015年版。

［意］克罗齐：《自我评论》，田时纲译，北京：商务印书馆2015年版。

［英］曼弗雷德·库恩：《康德传》，黄添盛译，上海：上海人民出版社2014年版。

［德］亨利希·库诺：《马克思的历史、社会和国家学说》，袁志英译，上海：上海译文出版社2006年版。

［苏］尼·拉宾：《马克思的青年时代》，南京大学外文系俄罗斯语言文学教研室翻译组译，北京：三联书店1982年版。

［德］弗里茨·约·拉达茨：《海因里希·海涅传》，胡其鼎译，北京：东方出版社2001年版。

［英］迈克尔·莱斯诺夫等：《社会契约论》，刘训练等译，南京：江苏人民出版社2009年版。

［德］莱辛：《拉奥孔》，朱光潜译，北京：商务印书馆2013年版。

［美］诺曼·莱文：《马克思与黑格尔思想的连续性》，载《马克思主义与现实》，2008年第5期。

［美］莱文：《不同的路径：马克思主义与恩格斯主义中的黑格尔》，臧峰宇译，北京：北京师范大学出版社2009年版。

［美］诺曼·莱文：《马克思与黑格尔的对话》，周阳等译，北京：中国人民大学出版社2015年版。

赖金良:《费尔巴哈哲学不是马克思世界观转变过程中的"中间环节"》,载《学术月刊》,1986年第9期。

[德]利奥波德·冯·兰克:《历史上的各个时代:兰克史学文选之一》,杨培英译,北京:北京大学出版社2010年版。

[美]马蒂阿斯·雷曼:《19世纪德国法律科学》,常鹏翱译,载《私法》,2005年第1期。

[德]尤·李比希:《化学在农业和生理学上的应用》,刘更另译,北京:农业出版社1983年版。

李伯聪:《选择与建构》,北京:科学出版社2008年版。

李伯杰:《德国浪漫派的研究》,载《外国文学评论》,1994年第3期。

李佃来:《重新理解历史唯物主义的理论起源》,载《理论探索》,2017年第2期。

李定清:《马克思恩格斯文艺思想与欧洲文学》,武汉:华中师范大学博士论文2011年版。

李金和:《论黑格尔〈法哲学原理〉的政治经济学及其对马克思政治经济学研究的启迪》,载《理论月刊》,2012年第8期。

李昆明主编:《马克思主义基本原理研究报告(2006—2009)》,北京:人民出版社2011年版。

李娉:《马克思对黑格尔的继承与超越:以〈黑格尔法哲学批判〉为中心》,载《江西社会科学》,2013年第2期。

李乾坤:《马克思柏林笔记文本群的形成、内容及意义》,载《南京大学学报》(哲学·人文科学·社会科学),2020年第3期。

李秋零:《从康德的"自然意图"到黑格尔的"理性狡计"——德国古典历史哲学发展的一条重要线索》,载《中国人民大学学报》,1991年第5期。

李秋零主编:《康德著作全集》第5卷,北京:中国人民大学出版社2006年版。

李淑梅:《马克思〈莱茵报〉时期的政治哲学思想》,载《哲学研究》,2009年第6期。

李艳梅:《莎士比亚历史剧研究》,北京:中国社会科学出版社2009年版。

李轶南：《文化视野下的艺术史观：温克尔曼史学思想探微》，载《艺术百家》，2013年第2期。

［英］S. H. 里格比：《马克思主义与历史学：一种批判性的研究》，吴英译，南京：译林出版社2012年版。

［美］马克·里拉：《维柯：反现代的创生》，张小勇译，北京：新星出版社2008年版。

［美］詹姆斯·C. 利文斯顿：《现代基督教思想》，何光沪译，成都：四川人民出版社1999年版。

梁志学：《费希特柏林时期的体系演变》，北京：中国社会科学出版社2003年版。

［法］亨利·列斐伏尔：《马克思的社会学》，谢永康、毛林林译，北京：北京师范大学出版社2018年版。

《列宁选集》第2卷，北京：人民出版社1960年版。

林进平主编：《马克思主义研究资料》第24卷，北京：中央编译出版社2015年版。

刘聪：《通往"蓝花"深处—马克思与德国浪漫派研究》，北京：中央编译出版社2013年版。

刘华萍：《试析马克思对柏拉图分工理论的解读》，载《社会科学辑刊》，2009年第5期。

刘铭：《论温克尔曼的古代艺术观》，载《文艺研究》，2011年第11期。

刘森林：《启蒙主义、浪漫主义与唯物史观》，载《南京大学学报》（哲学·人文科学·社会科学），2010年第3期。

刘森林：《切入现实：马克思对德国早期浪漫派的批判与超越》，载《中国社会科学》，2015年第8期。

刘乃勇：《马克思的思想原点—马克思特里尔时期文本新解读》，载《江汉论坛》，2010年第2期。

刘乃勇：《马克思自述传略》，北京：新华出版社2014年版。

刘小枫编：《城邦与自然：亚里士多德与现代性》，北京：华夏出版社2010年版。

刘小枫编：《从普遍历史到历史主义》，北京：华夏出版社2017年版。

刘小枫、陈少明编：《阅读的德性》，北京：华夏出版社2006年版。

刘小枫、陈少明主编：《莎士比亚笔下的王者》，北京：华夏出版社2007年版。

刘小枫、陈少明主编：《政治哲学中的莎士比亚》，北京：华夏出版社2007年版。

刘小枫、陈少明主编：《索福克勒斯与雅典启蒙》，北京：华夏出版社2007年版。

刘小枫、陈少明主编：《维柯与古今之争》，北京：华夏出版社2008年版。

［匈］卢卡契：《卢卡契文学论文集》第2卷，北京：中国社会科学出版社1981年版，第535页。

［匈］卢卡奇：《历史与阶级意识》，北京：商务印书馆1999年版。

［法］卢梭：《爱弥儿：论教育》上卷，李平沤译，北京：商务印书馆1978年版。

［法］卢梭：《爱弥儿：论教育》下卷，李平沤译，北京：商务印书馆1978年版。

［法］卢梭：《论人与人不平等的起因和基础》，李平沤译，北京：商务印书馆2009年版。

［法］让·雅克·卢梭：《社会契约论》，徐强译，北京：中国社会科学出版社2009年版。

［法］卢梭：《忏悔录》第一部，黎星译，北京：商务印书馆2009年版。

［法］卢梭：《卢梭全集》第4卷，李平沤译，北京：商务印书馆2012年版。

［法］卢梭：《政治制度论》，刘小枫编、崇明等译，北京：华夏出版社2013年版。

［法］让-雅克·卢梭：《卢梭评判让-雅克：对话录》，袁树仁译，北京：商务印书馆2014年版。

［法］卢梭：《山中来信》，李平沤译，北京：商务印书馆2016年版。

卢晓萍、章丽莉译：《关于巴黎笔记》，载《马列主义研究资料》，1983年第3辑。

［英］洛克：《人类理解论》，关文运译，北京：商务印书馆 1997 年版。

［英］洛克：《政府论》下篇，叶启芳、瞿菊农译，北京：商务印书馆 2009 年版。

［美］汤姆·洛克莫尔：《费希特、马克思与德国哲学传统》，夏莹译，北京：北京师范大学出版社 2018 年版。

［德］卡尔·洛维特：《从黑格尔到尼采》，李秋零译，北京：三联书店 2006 年版。

［美］约翰·罗尔斯：《道德哲学史讲义》，张国清译，上海：三联书店 2003 年版。

罗纲：《马克思与浪漫主义初探》，载《马克思主义研究》，2008 年第 11 期。

［法］雅克利娜·德·罗米伊：《探求自由的古希腊》，张竝译，上海：华东师范大学出版社 2015 年版。

［波］兹维·罗森：《布鲁诺·鲍威尔和卡尔·马克思：鲍威尔对马克思思想的影响》，王谨等译，北京：中国人民大学出版 1984 年版。

［英］伯特兰·罗素：《西方哲学史》上卷，何兆武、李约瑟译，北京：商务印书馆 2004 年版。

［英］伯特兰·罗素：《西方哲学史》下卷，马元德译，北京：商务印书馆 2004 年版。

马克西米安·吕贝：《法国大革命对青年马克思思想形成的影响》，载《第欧根尼》，1992 年第 1 期。

［法］吕贝尔：《吕贝尔马克思学文集》，郑吉伟等译，北京：北京师范大学出版社 2009 年版。

吕大吉：《青年黑格尔派和费尔巴哈宗教观理论概说—马克思主义宗教理论的历史背景之二》，载《社会科学战线》，2010 年第 2 期。

麻磊：《论谢林和马克思内在逻辑继承性—即马克思对黑格尔批判谢林所做的超越》，载《山西青年》，2016 年第 21 期。

［美］A. P. 马蒂尼奇：《霍布斯传》，陈玉明译，上海：上海人民出版社 2006 年版。

［美］杰弗里·马丁：《所有可能的世界：地理学思想史》，成一农、王雪梅译，上海：上海人民出版社 2008 年版。

［德］米夏埃尔·马丁内克：《德意志法学之光：巨匠与杰作》，田士永译，北京：法律出版社2016年版。

［美］赫伯特·马尔库塞：《理性和革命：黑格尔和社会理论的兴起》，程志民等译，上海：上海人民出版社2007年版。

［德］卡尔·马克思：《资本论》第一卷（上），中央编译局译，北京：人民出版社1975年版。

［德］卡尔·马克思：《资本论》第一卷（下），中央编译局译，北京：人民出版社1975年版。

［德］卡尔·马克思：《资本论》第三卷（上），中央编译局译，北京：人民出版社1975年版。

［德］卡尔·马克思：《资本论》第三卷（下），中央编译局译，北京：人民出版社1975年版。

《马克思恩格斯全集》第1卷，北京：人民出版社1956年版。
《马克思恩格斯全集》第2卷，北京：人民出版社1957年版。
《马克思恩格斯全集》第3卷，北京：人民出版社1960年版。
《马克思恩格斯全集》第4卷，北京：人民出版社1958年版。
《马克思恩格斯全集》第7卷，北京：人民出版社1959年版。
《马克思恩格斯全集》第12卷，北京：人民出版社1962年版。
《马克思恩格斯全集》第19卷，北京：人民出版社1963年版。
《马克思恩格斯全集》第20卷，北京：人民出版社1971年版。
《马克思恩格斯全集》第22卷，北京：人民出版社1965年版。
《马克思恩格斯全集》第23卷，北京：人民出版社1972年版。
《马克思恩格斯全集》第26卷第1册，北京：人民出版社1972年版。
《马克思恩格斯全集》第27卷，北京：人民出版社1972年版。
《马克思恩格斯全集》第29卷，北京：人民出版社1972年版。
《马克思恩格斯全集》第30卷，北京：人民出版社1974年版。
《马克思恩格斯全集》第31卷，北京：人民出版社1972年版。
《马克思恩格斯全集》第32卷，北京：人民出版社1974年版。
《马克思恩格斯全集》第38卷，北京：人民出版社1972年版。
《马克思恩格斯全集》第39卷，北京：人民出版社1974年版
《马克思恩格斯全集》第40卷，北京：人民出版社1982年版。
《马克思恩格斯全集》第42卷，北京：人民出版社1979年版。

《马克思恩格斯全集》第 44 卷,北京:人民出版社 1982 年版。

《马克思恩格斯全集》第 46 卷(上册),北京:人民出版社 1980 年版。

《马克思恩格斯全集》第 47 卷,北京:人民出版社 1979 年版。

《马克思恩格斯全集》第 48 卷,北京:人民出版社 1985 年版。

《马克思恩格斯全集》第 1 卷,北京:人民出版社 1995 年版。

《马克思恩格斯全集》第 3 卷,北京:人民出版社 2002 年版。

《马克思恩格斯全集》第 25 卷,北京:人民出版社 2001 年版。

《马克思恩格斯全集》第 30 卷,北京:人民出版社 1995 年版。

《马克思恩格斯全集》第 31 卷,北京:人民出版社 1998 年版。

《马克思恩格斯全集》第 44 卷,北京:人民出版社 2001 年版。

《马克思恩格斯全集》第 47 卷,北京:人民出版社 2004 年版。

《马克思恩格斯选集》第 2 卷,北京:人民出版社 1972 年版。

《马克思恩格斯选集》第 3 卷,北京:人民出版社 1972 年版。

《马克思恩格斯选集》第 2 卷,北京:人民出版社 1995 年版。

《马克思恩格斯选集》第 3 卷,北京:人民出版社 1995 年版。

《马克思恩格斯选集》第 4 卷,北京:人民出版社 1995 年版。

《马克思恩格斯研究资料汇编》,北京:书目文献出版社 1982 年版。

《马列著作编译资料》第 14 辑,北京:人民出版社 1981 年版。

[苏] 马利宁、申卡鲁克:《黑格尔左派批判分析》,曾盛林译,北京:社会科学文献出版社 1987 年版。

[美] 马斯特:《卢梭的政治哲学》,胡兴建、黄涛等译,上海:华东师范大学出版社 2013 年版。

[美] 麦卡锡:《马克思与古人》,王文扬译,上海:华东师范大学出版社 2011 年版。

[美] 麦卡锡选编:《马克思与亚里士多德:十九世纪德国社会理论与古典的古代》,郝亿春等译,上海:华东师范大学出版社 2015 年版。

[英] 戴维·麦克莱伦:《马克思主义以前的马克思》,北京:社会科学文献出版社 1992 年版。

[英] 戴维·麦克莱伦:《马克思传》,王珍译,北京:中国人民大学出版社 2016 年版。

[英] 约翰·麦克唐纳、爱德华·曼森:《世界上伟大的法学家》,

何勤华等译，上海：上海人民出版社 2013 年版。

［德］弗里德里希·迈内克：《马基雅维利主义》，时殷弘译，北京：商务印书馆 2008 年版。

［美］刘易斯·芒福德：《机器神话》上卷，宋俊岭译，上海：上海三联书店 2017 版年。

［美］刘易斯·芒福德：《机器神话》下卷，宋俊岭译，上海：上海三联书店 2017 年版。

［美］斯蒂芬·芒泽：《财产理论》，彭诚信译，北京：北京大学出版社 2006 年版。

毛华滨、林剑：《青年马克思思想转变的内在逻辑》，载《求索》，2008 年第 12 期。

毛华滨、刘苏燕：《黑格尔法哲学的经济内容对马克思的影响》，载《社会科学家》，2011 年第 6 期。

［德］弗·梅林：《马克思传》上，樊集译，北京：人民出版社 1972 年版。

［德］弗里德里希·梅尼克：《世界主义与民族国家》，孟钟捷译，上海：三联书店 2007 年版。

梅艳玲：《从弗格森的文明社会概念到马克思的市民社会概念——基于〈文明社会史论〉的弗格森和马克思比较研究》，载《南京政治学院学报》，2012 年第 5 期。

［法］孟德斯鸠：《论法的精神》上册，张雁深译，北京：商务印书馆 2004 年版。

［法］孟德斯鸠：《论法的精神》下册，张雁深译，北京：商务印书馆 2004 年版。

［法］孟德斯鸠：《波斯人信札》，梁守锵译，北京：商务印书馆 2009 年版。

［法］孟德斯鸠：《罗马盛衰原因论》，婉玲译，北京：商务印书馆 2009 年版。

苗力田主编：《亚里士多德全集》第三卷，北京：中国人民大学出版社 1992 年版。

苗力田主编：《亚里士多德全集》第七卷，北京：中国人民大学出版社 1992 年版。

苗力田主编：《亚里士多德全集》第八卷，北京：中国人民大学出版社 1992 年版。

苗力田主编：《亚里士多德全集》第九卷，北京：中国人民大学出版社 1993 年版。

苗力田译编：《黑格尔通信百封》，上海：上海人民出版社 1981 年版。

苗力田译编：《黑格尔通信百封》，北京：中国人民大学出版社 2015 年版。

莫光华：《色彩是"光的业绩，业绩和苦难"——论歌德的〈色彩学〉和色彩观》，载《同济大学学报》（社会科学版），2012 年第 4 期。

莫贤梁：《大自然的隐蔽计划：斯密与康德的无形之手思想诠释》，载《理论界》，2013 年第 1 期。

［意］马赛罗·默斯托：《马克思的〈大纲〉—〈政治经济学批判大纲〉150 年》，闫月梅译，北京：中国人民大学出版社 2010 年版。

［美］G. 墨费、J. 柯瓦奇：《近代心理学历史导引》上册，林方、王景和译，北京：商务印书馆 2009 年版。

［意］奈格里：《〈大纲〉：超越马克思的马克思》，张梧等译，北京：北京师范大学出版社 2011 年版。

［美］欧内斯特·内格尔：《科学的结构：科学说明的逻辑问题》，徐向东译，上海：上海译文出版社 2002 年版。

［日］内田弘：《对称的〈资本论〉—博士论文确立了马克思的终身主题》，姜国敏译，载《当代国外马克思主义评论》，2015 年第 0 期。

［日］内田弘：《马克思的斯宾诺莎〈神学政治论〉研究的问题像》，由阳译，载《当代国外马克思主义评论》，2016 年第 0 期。

倪逸偲、先刚：《斯宾诺莎—谢林：建立一种"力量本体论"的尝试》，载《南京社会科学》，2019 年第 5 期。

聂锦芳：《清理与超越：重读马克思文本的意旨、基础与方法》，北京：北京大学出版社 2005 年版。

聂锦芳：《马克思的"新哲学"》，北京：中国社会科学出版社 2013 年版。

聂锦芳：《关于重新研究"巴黎手稿"的一个路线图》，载《马克思主义与现实》，2013 年第 3 期。

聂锦芳：《复仇与征服：马克思早期作品〈乌兰内姆〉中的情节与主题》，载《北京行政学院学报》，2014年第5期。

聂锦芳：《作为马克思哲学思想起点的伊壁鸠鲁哲学》，载《北京大学学报》（哲学社会科学版），2014年第5期。

［加］戴维·欧瑞尔：《科学之美》，潘志刚译，北京：电子工业出版社2015年版

［美］欧文：《修昔底德笔下的人性》，戴智恒译，北京：华夏出版社2015年版。

［美］托马斯·C.帕特森：《卡尔·马克思：人类学家》，何国强译，昆明：云南大学出版社2013年版。

［德］潘能伯格：《神学与哲学》，李秋零译，北京：商务印书馆2014年版。

潘宇鹏、吴婷：《阿尔都塞论马克思与黑格尔辩证法的差异》，载《齐齐哈尔大学学报》（哲学社会科学版），2019年第2期。

［英］利昂·庞帕编译：《维柯著作选》，陆晓禾译，北京：商务印书馆1997年版。

［英］弗朗西斯·培根：《学术的进展》，刘运同译，上海：上海人民出版社2007年版。

［英］培根：《新工具》，许宝骙译，北京：商务印书馆2009年版。

［英］弗朗西斯·培根：《论占人的智慧》，李长春译，北京：华夏出版社2017年版。

裴植：《国内学者研究马克思"博士论文"成果综述》，载《长沙理工大学学报》（社会科学版），2014年第1期。

彭磊选编：《莎士比亚戏剧与政治哲学》，马洪涛等译，北京：华夏出版社2011年版。

彭清深：《马克思的科学研究方法探赜》，载《西北民族学院学报（哲学社会科学版）》1996年第3期。

［美］罗伯特·皮平：《黑格尔的观念论：自意识的满足》，陈虎平译，北京：华夏出版社2006年版。

［美］特里·平卡德：《黑格尔传》，朱进东、朱天幸译，北京：商务印书馆2015年版。

［德］鲁道夫·普法伊费尔：《古典学术史》下卷，张弢译，北京：

北京大学出版社 2015 年版。

《普列汉诺夫哲学著作选集》第三卷，北京：三联书店 1959 年版。

齐勇：《实践哲学古典理想的继承与超越：从亚里士多德到马克思》，载《社会科学辑刊》，2020 年第 4 期。

亓鲁霞、王初明：《景知识与语言难度在英语阅读理解中的作用》，载《外语教学与研究》，1988 年第 2 期。

[南] M. 切凯奇：《介绍我的两本书：一、〈从康德到马克思〉——论主体和客体的认识论关系；二、〈认识与劳动〉——关于马克思的劳动认识论》，载《哲学译丛》，1979 年第 6 期。

[德] 吕迪格尔·萨弗兰斯基：《荣耀与丑闻：反思德国浪漫主义》，卫茂平译，上海：上海人民出版社 2014 年版。

[德] 萨维尼：《论立法与法学的当代使命》，许章润译，北京：中国法制出版社 2001 年版。

[德] 弗里德里希·卡尔·冯·萨维尼：《论占有》，朱虎、刘智慧译，北京：法律出版社 2007 年版。

[德] 萨维尼、格林：《萨维尼法学方法论讲义与格林笔记》，杨代雄译，北京：法律出版社 2008 年版。

[德] 萨维尼：《当代罗马法体系》第一卷，朱虎译，北京：中国法制出版社 2010 年版。

[美] 爱德华·W. 萨义德：《开端：意图和方法》，章乐天译，北京：三联书店 2014 年版。

[德] 维尔纳·桑巴特：《犹太人与现代资本主义》，艾仁贵译，上海：三联书店 2015 年版。

佘文博：《法律变迁因素管窥：马克思与孟德斯鸠的学说比较》，载《学理论》，2017 年第 9 期。

沈真编：《马克思恩格斯早期哲学思想研究》，北京：中国社会科学出版社 1982 年版。

沈真主编：《费希特在当代各国》，北京：中国社会科学出版社 2006 年版。

沈真、梁志学：《费希特与马克思》，载《中国社会科学》，1995 年第 6 期。

《圣西门选集》第一卷，王燕生等译，北京：商务印书馆 1985 年版。

［德］施勒格尔：《浪漫派风格—施勒格尔批评文集》，李伯杰译，北京：华夏出版社2005年版。

［德］卡尔·施米特：《政治的浪漫派》，冯克利、刘锋译，上海：上海人民出版社2004年版。

［德］阿尔弗雷德·施密特：《历史和结构》，重庆：重庆出版社1993年版。

［美］詹姆斯·施密特编：《启蒙运动与现代性：18世纪与20世纪的对话》，徐向东、卢华萍译，上海：上海人民出版社2005年版。

［美］列奥·施特劳斯：《自然权利与历史》，彭刚译，北京：三联书店2003年版。

［美］列奥·施特劳斯：《霍布斯的宗教批判：论理解启蒙》，杨丽等译，北京：华夏出版社2012年版。

［美］列奥·施特劳斯：《斯宾诺莎的宗教批判》，李永晶译，北京：华夏出版社2013年版。

石文静：《马克思"人天生是社会动物"的思想》，《新闻界》2013年第9期。

史清竹主编：《马克思主义研究资料》第26卷，北京：中央编译出版社2015年版。

史清竹主编：《马克思主义研究资料》第27卷，北京：中央编译出版社2015年版。

史志谨：《马克思和他最喜欢的诗人》，载《延安大学学报》（社会科学版），1983年第3期。

［德］弗里德里希·威廉·舒尔茨：《生产运动》，李乾坤译，南京：南京大学出版社2019年版。

舒国滢：《19世纪德国"学说汇纂"体系的形成与发展》，载《中外法学》，2016年第1期。

［德］叔本华：《作为意志和表象的世界》，石冲白译，北京：商务印书馆2009年版。

［德］叔本华：《叔本华哲学随笔》，韦启昌译，上海：上海人民出版社2018年版。

［荷兰］斯宾诺莎：《笛卡尔哲学原理》，王荫庭、洪汉鼎译，北京：商务印书馆2009年版。

［荷兰］斯宾诺莎：《政治论》，冯炳昆译，北京：商务印书馆1999年版。

［荷兰］斯宾诺莎：《神学政治论》，温锡增译，北京：商务印书馆2009年版。

［荷兰］斯宾诺莎：《斯宾诺莎书信集》，洪汉鼎译，北京：商务印书馆2009年版。

［荷兰］斯宾诺莎：《知性改进论》，贺麟译，北京：商务印书馆2009年版。

［美］乔纳森·斯珀伯：《卡尔·马克思：一个19世纪的人》，邓峰译，北京：中信出版社2014年版。

［美］罗兰·斯特龙伯格：《西方现代思想史》，刘北成、赵国新译，北京：金城出版社2012年版。

司强：《青年马克思与费希特思想关系研究》，北京：中国社会科学出版社2014年版。

孙伯鍨：《探索者道路的探索》，南京：江苏人民出版社2010年版。

孙凤城：《德国浪漫主义作品选》，北京：人民文学出版社1997年版。

孙海洋：《国外马克思主义者论马克思与黑格尔的关系：一种谱系学分析》，载《国外理论动态》，2015年第9期。

孙洋：《康德哲学及其对马克思主义哲学的意义》，载《攀登》，2008年第2期。

［美］罗伯特·C.所罗门、凯特林·M.希金斯主编：《德国唯心主义时代》，储昭华等译，北京：中国人民大学出版社2016年版。

［加］查尔斯·泰勒：《黑格尔与现代社会》，徐文瑞译，长春：吉林出版集团有限责任公司2009年版。

［美］J.W.汤普森：《历史著作史》下卷第三分册，孙秉莹、谢德风译，北京：商务印书馆2009年版。

［美］J.W.汤普森：《历史著作史》下卷第四分册，孙秉莹、谢德风译，北京：商务印书馆2009年版。

［法］茨维坦·托多罗夫：《象征理论》，王国卿译，北京：商务印书馆2004年版。

王东：《马克思是辩证唯物主义奠基人》，载《毛泽东邓小平理论研究》，2012 年第 3 期。

王东、郭丽兰：《马克思哲学创新的重要铺垫——〈黑格尔法哲学批判〉的历史地位新论》，载《天津行政学院学报》，2008 年第 2 期。

王浩斌、张亮：《马克思的自我意识哲学：起源、形成与特征》，载《江海学刊》，2005 年第 3 期。

王树人：《关于马克思主义之前的异化概念》，载《哲学研究》，1983 年第 10 期。

王晓红：《马克思笔记的写作方法初探》，载《江汉论坛》，2008 年第 9 期。

王晓红：《马克思笔记写作过程新探》，载《东岳论丛》，2009 年第 2 期。

王兴辉：《如何看待历史唯物主义语言观的转向：从社会实践到政治话语》，载《哲学动态》，2019 年第 7 期。

王旭东、姜海波：《马克思〈克罗茨纳赫笔记〉研究读本》，北京：中央编译出版社 2016 年版。

王一哲：《自然与自我的同一：论谢林与马克思的"自然"概念》，载《理论观察》，2019 年第 11 期。

［美］史蒂夫·威尔肯斯、阿兰·G·帕杰特：《基督教与西方思想》卷二，刘平译，北京：北京大学出版社 2005 年版。

［意］维柯：《新科学》上册，朱光潜译，北京：商务印书馆 2009 年版。

［意］维柯：《新科学》下册，朱光潜译，北京：商务印书馆 2009 年版。

［美］维塞尔：《马克思与浪漫派的反讽——论马克思主义的神话诗学的本原》，陈开华译，上海：华东师范大学出版社 2008 年版。

［美］维塞尔：《普罗米修斯的束缚：马克思科学思想的神话结构》，李昀、万益译，上海：华东师范大学出版社 2014 年版。

［德］弗朗茨·维亚克尔：《近代私法史：以德意志的发展为观察重点》下，陈爱娥、黄建辉译，上海：上海三联书店 2005 年版。

［美］雷纳·韦勒克：《近代文学批评史》第二卷，杨自伍译，上海：上海译文出版社 2009 年版。

韦森：《经济学如诗》，上海：上海人民出版社 2003 年版。

卫茂平：《德语文学辞典：作家与作品》，上海：复旦大学出版社2010年版。

［德］威廉·魏特林：《和谐与自由的保证》，孙则明译，北京：商务印书馆1997年版。

［德］温克尔曼：《希腊人的艺术》，邵大箴译，桂林：广西师范大学出版社2001年版。

［意］德拉-沃尔佩：《卢梭和马克思》，赵培杰译，重庆：重庆出版社1993年版。

［英］彼得·沃森：《德国天才》卷一，张弢、孟钟捷译，北京：商务印书馆2016年版。

［英］彼得·沃森：《德国天才》卷二，王志华译，北京：商务印书馆2016年版。

吴树博：《阅读与解释：论斯宾诺莎的历史观念及其效用》，上海：三联书店2015年版。

吴晓明：《形而上学的没落》，北京：人民出版社2006年版。

吴彦编：《康德法哲学及其起源：德意志法哲学文选（一）》，北京：知识产权出版社2015年版。

［美］伍德：《黑格尔的伦理思想》，黄涛译，北京：知识产权出版社2016年版。

［美］克里斯托弗·希尔兹：《亚里士多德》，余友辉译，北京：华夏出版社2015年版。

［德］席勒：《美育书简》，徐恒醇译，北京：中国文联出版公司1984年版。

［德］席勒：《席勒散文选》，张玉能译，天津：百花文艺出版社1997年版。

［英］罗伯特·夏克尔顿：《孟德斯鸠评传》，沈永兴等译，上海：上海人民出版社2018年版。

先刚：《永恒与时间—谢林哲学研究》，北京：商务印书馆2008年版。

先刚：《重思谢林对于黑格尔的批评以及黑格尔的可能回应》，载《江苏社会科学》，2020年第4期。

项松林：《卢梭、弗格森社会思想之比较研究》，载《理论探索》，

2014年第3期。

肖汉森、黄正柏：《分裂、统一的德国与国际关系》，上海：华东师范大学出版社1998年版。

谢鸿飞：《法律与历史：体系化法史学与法律历史社会学》，北京：北京大学出版社2012年版。

［苏］伽·谢列布里雅柯娃：《马克思的青年时代》，刘辽逸等译，北京：中国青年出版社1982年版。

［德］谢林：《近代哲学史》，先刚译，北京：北京大学出版社2016年版。

［德］谢林：《哲学与宗教》，先刚译，北京：北京大学出版社2017年版。

［德］谢林：《世界时代》，先刚译，北京：北京大学出版社2018年。

［德］谢林：《学术研究方法论》，先刚译，北京：北京大学出版社2019年版。

熊子云、张向东译：《马克思早期思想研究译文集》，重庆：重庆出版社1982年版。

［英］休谟：《人性论》上册，关文运译，北京：商务印书馆1997年版。

［英］休谟：《人类理智研究》，吕大吉译，北京：商务印书馆2009年版。

［英］休谟：《人性论》下册，关文运译，北京：商务印书馆2009年版。

［英］大卫·休谟：《论道德原理；论人类理智》，周晓亮译，南京：译林出版社2010年版。

［英］大卫·休谟：《论政治与经济》，张正萍译，杭州：浙江大学出版社2011年版。

［古希腊］修昔底德：《伯罗奔尼撒战争史》上册，徐松岩译注，上海：上海人民出版社2017年版。

［古希腊］修昔底德：《伯罗奔尼撒战争史》下册，徐松岩译注，上海：上海人民出版社2017年版。

许俊达：《超越人本主义：青年马克思与人本主义哲学》，北京：中国人民大学出版社2000年版。

许章润主编：《萨维尼与历史法学派》，桂林：广西师范大学出版社2004年版。

［古希腊］亚里士多德：《政治学》，吴寿彭译，北京：商务印书馆1965年版。

［古希腊］亚里士多德：《政治学》，郭仲德译，兰州：西北大学出版社2016年版。

杨代雄：《古典私权一般理论及其对民法体系构造的影响》，北京：北京大学出版社2009年版。

杨适：《卢梭哲学是近代辩证法的开端》，载《北京大学学报》（哲学社会科学版），1982年第5期。

杨偲劢：《〈柏林笔记〉初探：文献状况与思想图景》，载《山东社会科学》，2018年第4期。

仰海峰：《马克思对黑格尔哲学的五次批判——对唯物辩证法的一个发生学研究》，载《南京政治学院学报》，1998年第4期。

［德］姚斯、［美］霍拉勃：《接受美学与接受理论》，周宁等译，沈阳：辽宁人民出版社1987年版。

姚颖主编：《马克思主义研究资料》第11卷，北京：中央编译出版社2015年版。

姚远：《隐蔽的谢林批判：马克思〈博士论文〉旨趣新探》，载《江海学刊》，2016年第2期。

叶隽：《歌德学术史研究》，南京：译林出版社2013年版。

叶隽编选：《歌德研究文集》，南京：译林出版社2014年版。

叶廷芳、王建主编：《歌德和席勒的现实意义》，北京：中央编译出版社2006年版。

［古希腊］伊壁鸠鲁、［古罗马］卢克来修：《自然与快乐：伊壁鸠鲁的哲学》，包利民等译，北京：中国社会科学出版社2004年版。

［美］格奥尔格·G.伊格尔斯：《德国的历史观》，彭刚、顾杭译，南京：译林出版社2006年版。

［德］沃尔夫冈·伊瑟尔：《阅读活动——审美反应理论》，金元浦、周宁译，北京：中国社会科学出版社1991年版。

易兰：《西方史学通史》第五卷，上海：复旦大学出版社2011年版。

余丽嫦：《培根及其哲学》，北京：人民出版社 1987 年版。

余品华：《略论费尔巴哈对青年马克思和恩格斯的不同影响》，载《江西社会科学》，1988 年第 1 期。

余履雪：《德国历史法学派：方法与传统》，北京：清华大学出版社 2011 年版。

[法] 维克多·雨果：《莎士比亚传》，丁世忠译，北京：团结出版社 2005 年版。

俞吾金：《从思维与存在的同质性到思维与存在的异质性：马克思思想演化中的一个关节点》，载《哲学研究》，2005 年第 12 期。

俞吾金：《重新理解马克思》，北京：北京师范大学出版社 2005 年版。

俞吾金：《问题域的转换》，北京：人民出版社 2007 年版。

俞吾金：《康德是通向马克思的桥梁》，载《复旦学报》（社会科学版），2009 年第 4 期。

俞吾金：《从康德的"理性恨"到黑格尔的"理性的狡计"》，载《哲学研究》，2010 年第 8 期。

俞吾金：《被遮蔽的马克思》，北京：人民出版社 2012 年版。

袁建新：《光、空间量知觉和几何学：从牛顿的光学论休谟的空间思想》，载《自然辩证法研究》，2009 年第 7 期。

臧峰宇：《马克思与苏格兰启蒙运动中的斯密和弗格森》，载《哲学动态》，2015 年第 10 期。

曾枝盛：《卢梭及其在马克思主义中的地位》，载《马克思主义与现实》，2012 年第 3 期。

[南非] 詹姆斯：《财产与德性：费希特的社会与政治哲学》，张东辉、柳波译，北京：知识产权出版社 2016 年版。

[美] 弗雷德里克·詹姆逊：《重读〈资本论〉》，胡志国、陈清贵译，北京：中国人民大学出版社 2015 版年。

张东辉：《费希特的法权哲学》，北京：中国社会科学出版社 2010 年版。

张广智：《"惩罚暴君的鞭子"：塔西佗的社会历史观及其他》，载《河北学刊》，2003 年第 1 期。

张会永：《施莱尔马赫至善学说研究》，北京：中国社会科学出版社

2013 年版。

张康之、张乾友：《在市民社会中阅读道德—弗格森、亚当·斯密到黑格尔》，载《学习与探索》，2009 年第 5 期。

张康之、张乾友：《新市民社会背景下的国家与社会治理—对基于市民社会的国家理论的考察》，载《文史哲》，2011 年第 1 期。

张慎主编：《德国古典哲学》，南京：江苏人民出版社 2005 年版。

张梧：《马克思对洛克财产权理论的透视与批判》，载《哲学研究》，2020 年第 5 期。

张一兵：《马克思哲学的历史原像》，北京：人民出版社 2009 年版。

张一兵：《回到马克思》，南京：江苏人民出版社 2014 年版。

张一兵：《马克思历史辩证法的主体向度》，武汉：武汉大学出版社 2010 年版。

张一兵：《马克思历史辩证法的主体向度：似自然性、物役性批判理论研究》，北京：北京师范大学出版社 2017 年版。

张一兵：《重拾社会唯物主义与历史唯物主义的边界：舒尔茨〈生产运动〉的解读》，载《求是学刊》，2019 年第 1 期。

张园：《谢林艺术哲学及其对马克思美学思想的影响》，哈尔滨：黑龙江大学博士论文 2010 年版。

张云阁：《马克思思维方式论：马克思哲学与费尔巴哈哲学关系研究》，武汉：武汉大学出版社 2007 年版。

赵敦华：《〈资本论〉和〈逻辑学〉的互文性解读"，载《哲学研究》，2017 年第 7 期。

赵广明：《康德政治哲学的双重根基》，载《哲学研究》，2015 年第 11 期。

郑忆石：《马克思的哲学轨迹》，上海：华东师范大学出版社 2007 年版。

郑寅达：《德国史》，北京：人民出版社 2014 年版。

中国社会科学院外国文学研究所外国文学研究资料丛刊编辑委员会编：《欧美古典作家论现实主义和浪漫主义》，北京：中国社会科学出版社 1981 年版。

中央编译局编：《回忆马克思》，北京：人民出版社 2005 年版。

周丹、安维复：《对机械论的再评价—基于思想史及文献的考察》，载《湖北社会科学》，2018年第10期。

周士琳：《马克思与莎士比亚》，载《外国语》（上海外国语学院学报），1982年第2期。

朱光潜：《朱光潜全集》第10卷，合肥：安徽教育出版社1993年版。

朱红文：《人文精神与人文科学：人文科学方法论导论》，北京：中共中央党校出版社1994年版。

朱学平：《改造性批判与历史发生学批判—关于马克思〈黑格尔法哲学批判〉之"批判"概念辩正》，载《南京大学学报》（哲学·人文科学·社会科学），2014年第4期。

邹诗鹏：《马克思哲学中的斯宾诺莎因素》，载《哲学研究》，2017年第1期。

Kevin Anderson, "Marx's Late Writings on Non-Western and Precapitalist Societies and Gender", *Rethinking Marxism*, Vol. 14, No. 4, 2002, pp. 84 – 96.

Christopher J. Arthur, *The New Dialectic and Marx's Capital*, Leiden and Boston: Brill, 2004.

Shlomo Avineri, *The Social and Political Thought of Karl Marx*, London: Cambridge University Press, 1968.

Laurence Baronovitch, "Two Appendices to a Doctoral Dissertation: Some New Light on the Origin of Karl Marx's Dissertation from Bruno Bauer and the Young Hegelians", *Philosophical Forum*, Vol. 8, No. 2 – 4, 1978, pp. 224 – 235.

Laurence Baronovitch, "German Idealism, Greek Materialism, and the Young Karl Marx", *International Philosophical Quarterly*, Vol. 24, No. 3, September 1984, pp. 245 – 266.

Warren Breckman, "Eduard Gans and the Crisis of Hegelianism", *Journal of the History of Ideas*, Vol. 62, No. 3, July 2001, pp. 543 – 564.

Andrew Chitty, "The Basis of the State in the Marx of 1842", in Douglas Moggach (ed.), *The New Hegelians*, Cambridge: Cambridge University Press, 2006, pp. 220 – 241.

Lucio Colletti, *Marxism and Hegel*, Lawrence Carner trans, London:

New Left Books, 1973.

Richard Crouter, "Hegel and Schleiermacher at Berlin: A Many-sided Debate", *Journal of the American Academy of Religion*, Vol. 48, No. 1, March 1980, pp. 19 – 43.

David A. Duquette, "Marx's Idealist Critique of Hegel's Theory of Society and Politics", *The Review of Politics*, Vol. 51, No. 2, Spring 1989, pp. 218 – 240.

Peter Fenves, "Marx's Doctoral Thesis on Two Greek Atomists and the Post-Kantian Interpretation", *Journal of the History of Ideas*, Vol. 47, No. 3, July-September 1986, pp. 433 – 452.

R. Fineschi, "Dialectic of the Commodity and Its Exposition", in Riccardo Bellofiore and Roberto Fineschi (eds.), *Re-reading Marx*, Basingstoke: Palgrave Macmillan, 2009.

Miachel Gagern, "The Puzzling Pattern of the Marxist Critique of Feuerbach", *Studies in Soviety Thought*, Vol. 11, No. 3, 1971, pp. 135 – 158.

David H. Galaty, "The Philosophical Basis of Mid-nineteenth Century German Reductionism", *Journal of the History of Medicine and Allied Sciences*, Vol. 29, No. 3, July 1974, pp. 295 – 316.

Ruth Gay, *The Jews of Germany: A Historical Portrait*, New Haven: Yale University Press, 1992.

Frederick Gregory, "Kant, Schelling, and the Administration of Science in the Romantic Era", *Osiris*, Vol. 5, No. 1, February 1989, pp. 17 – 35.

Stuart Hall, "Marx's Note on Method: A 'Reading' of the '1857 Introduction'", *Cultural Studies*, Vol. 17, No. 2, 2003, pp. 113 – 149.

Ronald Hamowy, "Adam Smith, Adam Ferguson and the Division of Labor", *Economica*, Vol. 35, No. 139, August 1968, pp. 249 – 259.

John Whitt-Hansen, "Some Remarks on Philosophy in Denmark", *Philosophy and Phenomenological Research*, Vol. 12, No. 3, March 1952, pp. 377 – 391.

Gunther Hillmann, *Marx and Hegel: Von der Spekulation zur Dialektik*, Frankfurt, FRG: Europaische Verlagsanstalt, 1966.

Jeffrey Hoover, "The Origin of the Conflict between Hegel and Schleiermacher at Berlin", *Owl of Minerva*, Vol. 20, No. 1, Fall 1988, pp. 69 – 79.

Stephan Käufer, "Hegel to Frege: Concepts and Conceptual Content in Nineteenth-century Logic", *History of Philosophy Quarterly*, Vol. 22, No. 3, July 2005, pp. 259 – 280.

Donald R. Kelley, "The Metaphysics of Law: An Essay on the Very Young Marx", *American Historical Review*, Vol. 83, No. 2, April 1978, pp. 350 – 367.

W. Kintsch and T. A. van Dijk, "Toward a Model of Text Comprehension and Production", *Psychological Review*, Vol. 85, No. 5, 1978, pp. 363 – 394.

Hermann Klenner, "Savigny's Research Program of the Historical School of Law and Its Intellectual Impact in $19^{th}$ Century Berlin", *American Journal of Comparative Law*, Vol. 37, No. 1, Winter 1989, pp. 67 – 80.

Fritz L. Kramer, "A Note on Carl Ritter, 1779 – 1859", *Geographical Review*, Vol. 49, No. 3, July 1959, pp. 406 – 409.

David Leopold, *The Young Karl Marx*, Cambridge: Cambridge University Press, 2007.

Norman Levine, "The German Hisotorical School of Law and the Origin of Historical Materialism", *Journal of the History of Ideas*, Vol. 48, No. 3, July-September 1987, pp. 431 – 451.

André Liebich, "On the Origins of a Marxist Theory of Bureaucracy in the Critique of Hegel's *Philosophy of Right*", *Political Theory*, Vol. 10, No. 1, February 1982, pp. 77 – 93.

Mikhail Lifshitz, *The Philosophy of Arts of Karl Marx*, London: Pluto Press, 1973.

N. Lobkowicz, "Karl Marx's Attitude toward Religion", *The Review of Politics*, Vol. 26, No. 3, July 1964, pp. 319 – 352.

R. F. Lorch and P. van den Brook, "Understanding Reading Comprehension: Current and Future Contributions of Coginitive Science", *Comtemporary Educational Psychology*, Vol. 22, No. 2, 1997, pp. 213 – 246.

Rolland Ray Lutz, Jr, "The 'New Left' of Restoration Germany", *Journal of the History of Ideas*, Vol. 31, No. 2, April-June 1970, pp. 235 – 252.

David Macgregor, *Hegel and Marx after the Fall of Communism*, University of Wales Press, 1998.

Ronald D. Meek, "The Scottish Contribution to Marxist Sociology," in Ronald D. Meek, *Economics and Ideology*, London: Chapman and Hall, 1967, pp. 34–50.

Marcello Musto, "Marx in Paris: Manuscripts and Notebooks of 1844", *Science & Society*, Vol. 73, No. 3, July 2009, pp. 386–402.

Roy Pascal, "Property and Society", *The Modern Quarterly*, Vol. 1, No. 2, March 1938, pp. 167–179.

C. A. Phillips, "The Development of Methods in Teaching Modern Elementary Geography", *The Elementary School Teacher*, Vol. 10, No. 9, May 1910, pp. 427–439.

Linda Richter, "The Meteorology and Medicine of the Romantic Era in context: Henrik Steffens' Ideas on Medical Meteorology (1811) and Its Reception by the Prussian State", *NTM*, Vol. 27, No. 2, May 2019, pp. 145–163.

Zvi Rosen, "The Radicalism of a Young Hegelian: Bruno Bauer", *The Review of Politics*, Vol. 33, No. 3, July 1971, pp. 377–404.

Ayon Roy, "Hegel contra Schlegel; Kierkegaard contra de Man", *PMLA*, Vol. 124, No. 1, January 2009, pp. 107–126.

D. E. Rumelhart, "Schemata: The Building Blocks of Cognition", In J. T. Gruthrie (ed.), *Comprehension and Teaching: Research Reviews*, Newark, Delaware: International Reading Association, 1981.

J. E. Seigel, "Marx's Early Development: Vocation, Rebellion, and Realism", *Journal of Interdisciplinary History*, Vol. 3, No. 3, Winter 1973, pp. 475–508.

Raman Selden, *Practicing Theory and Reading Literature*, Kentucky: The University Press of Kentucky, 1989.

Heinrich von Staden, "Greek Art and Literature in Marx's Aesthetics", *rethusa*, Vol. 8, No. 1, Spring 1975, pp. 119–144.

Gary Teeple, *Marx's Critique of Politics: 1842–1847*, Toronto: University of Toronto Press, 1984.

John E. Toews, "The Immanent Genesis and Transcendental Goal of Law:

Savigny, Stahl, and the Ideology of the Christian German State", *The American Journal of Comparative Law*, Vol. 37, No. 1, Winter 1989, pp. 139 – 169.

Adolf Trendelenburg, "The Logical Question in Hegel's System", *Journal of Speculative Philosophy*, Vol. 5, No. 4, October 1871, pp. 349 – 359.

Adolf Trendelenburg, "The Logical Question in Hegel's System", *Journal of Speculative Philosophy*, Vol. 6, No. 2, April 1872, pp. 82 – 93.

Leo Waibel, "The Climate theory of the Plantation: A Critique", *Geographical Review*, Vol. 32, No. 2, April 1942, pp. 307 – 310.

Nobert Waszek, "Eduard Gans on Property: Between Hegel and Saint-Simon", *The Owl of Minerva*, Vol. 18, No. 2, Spring 1987, pp. 171 – 172.

George A. Wells, "Goethe and Evolution", *Journal of the History of Ideas*, Vol. 28, No. 4, October-December 1967, pp. 537 – 550.

Abelein von Werner, *Henrik Steffens' Politische Schriften: Zum Politischen Denken in Deutschland in den Jahren um die Befreiungskriege*, Tübingen: Niemeyer, 1977.

Robert S. Wistrich, "Radical Anti-Semitism in France and Germany (1840 – 1880)", *Modern Judaism*, Vol. 15, No. 2, May 1995, pp. 109 – 135.

D. Worster, *Nature's Economyl: A History of Ecological Ideas*, New York: Oxford University Press, 1985.

R. A. Zwaan and G. A. Radvansky, "Situation Models in Language Comprehension and Memory", *Psychological Bulletin*, Vol. 123, No. 2, March 1998, pp. 162 – 185.